# 题王原祁《虞山秋色图》

［清］爱新觉罗·弘历

虞山山色朝夕变，惟有秋光最可人。
老笔萧萧为写照，高松落落皆传神。
尽饶红叶争繁艳，却与白云结好邻。
吴下年年秋不改，麓台几度参迷因。

爱新觉罗·弘历（1711—1799），清高宗，年号乾隆，在位60年。有《乐善堂全集》等。王原祁，号麓台、石师道人，太仓人，清初画坛“四王”之一。

中国年鉴资源全文数据库核心年鉴／中国知识资源总库

# 常熟年鉴 2018

CHANGSHU YEARBOOK

常熟市人民政府 主办
常熟市地方志编纂委员会办公室 编

方志出版社
Publishing House of Local Records

图书在版编目（CIP）数据

常熟年鉴. 2018/常熟市地方志编纂委员会办公室编. —北京：方志出版社，2018.9

ISBN 978-7-5144-3299-2

Ⅰ.①常… Ⅱ.①常… Ⅲ.①常熟-2018-年鉴 Ⅳ.①Z525.33

中国版本图书馆CIP数据核字（2018）第224456号

常熟年鉴（2018）

编　　者：常熟市地方志编纂委员会办公室
责任编辑：程　倩

出 版 人：冀祥德
出 版 者：方志出版社
　　　　　地址　北京市朝阳区潘家园东里9号（国家方志馆4层）
　　　　　邮编　100021
　　　　　网址　http://www.fzph.org
发　　行：方志出版社图书经销中心
　　　　　电话（010）67110500
经　　销：各地新华书店
印　　刷：常熟市梅李印刷有限公司

开　　本：889×1194　1/16
印　　张：30.5
字　　数：1058千字
版　　次：2018年9月第1版　2018年9月第1次印刷
印　　数：0001~1500册

ISBN 978-7-5144-3299-2　定价：250.00元

# 常熟市地方志编纂委员会

**主　　任**　周勤第　中共常熟市委副书记、常熟市人民政府市长

**常务副主任**　赵　红　常熟市人民政府副市长

**副 主 任**　孙　健　中共常熟市委常委、宣传部部长
陶　理　常熟市人大常委会副主任
殷丽萍　政协常熟市委员会副主席

**成　　员**　朱兴元　中共常熟市委办公室主任
支立新　常熟市人大常委会办公室主任
马维刚　常熟市人民政府办公室主任
施　晨　政协常熟市委员会秘书长
陆乾元　常熟市地方志编纂委员会办公室主任
邹燕兰　中共常熟市委组织部副部长
时映光　中共常熟市委宣传部副部长
吴建兴　中共常熟市委农村工作办公室主任
丁　琪　常熟市发展和改革委员会主任
朱晓峰　常熟市经济和信息化委员会主任
陈邵东　常熟市教育局局长
潘　伟　常熟市科学技术局局长
戴炳元　常熟市民政局局长
浦梅萍　常熟市财政局局长
徐惠东　常熟市人力资源和社会保障局局长
钱建平　常熟市住房和城乡建设局局长
俞　翔　常熟市规划局局长
唐志军　常熟市交通运输局局长
乔小力　常熟市水利局局长
邓国华　常熟市农业委员会主任
吴　伟　常熟市文化广电新闻出版局局长
沈育军　常熟市卫生和计划生育委员会主任
顾玉芬　常熟市环境保护局局长
李志刚　常熟市统计局局长
丁　雷　常熟市档案局（馆）局（馆）长
张　怡　常熟市广播电视总台台长
范建峰　常熟日报社总编辑

# 《常熟年鉴》编辑部


**主　　编**　陆乾元

**副 主 编**　陈建东　王　宏　汤　涵

**编　　辑**　祝慧江　浦君芝　刘品玉　邹　萍
　　　　　　虞　柳　张　军　李明芳

**编　　务**　杨沁怡　李　妍

**索　　引**　曹培根

**英文翻译**　吴　磊


### 《常熟年鉴》书名字体说明：

《常熟年鉴》书名集翁同龢书法而成。翁同龢（1830—1904），字声甫，号叔平，晚号松禅，江苏常熟人。清末政治家、书法家。清咸丰六年（1856年）状元，为同治、光绪两帝之师。历任刑部、工部、户部尚书，协办大学士，都察院左都御史、军机大臣兼总理各国事务衙门大臣等职。

# 《常熟年鉴（2018）》审稿人员

（以姓氏笔画为序）

丁　琪　丁　雷　卜鸿昌　卜蕾蕾　万晓军　马志强　马维刚　王　钢
王　渊　王　维　王小民　王丽红　王剑江　王晓勇　邓　玒　邓国华
平永良　冯　超　朱凤伟　朱永涛　朱兴元　朱国清　朱晓峰　朱懿嘉
齐　竑　乔小力　江运昌　祁　伟　祁德元　许晓东　孙　波　孙玉华
苏加宏　苏建东　杜巍巍　李　忠　李兴祥　李志刚　李学东　李根发
李晓敏　杨　刚　杨坚红　时利锋　时映光　吴　伟　吴　勇　吴忠庆
吴建伟　吴建兴　邱正祥　何　刚　何跃进　沈　成　沈育军　沈秋农
沈靖波　张　怡　张万银　张卫忠　张龙卫　张康德　陆　清　陆士良
陆凤妹　陆晓棣　陈　平　陈　军　陈玉福　陈正东　陈向忠　陈安丽
陈红娟　陈效东　范建峰　范葆华　杭　杰　罗卫刚　周　晓　周　健
周　燕　周一凡　周志坚　周裕良　庞凤琴　庞凤琴　孟雨青　赵　斌
赵文健　郝　磊　胡　军　查玉英　须亚军　须建国　俞　翔　费卫东
姚卫东　姚建祥　袁达明　袁新龙　贾宇烨　夏　军　顾玉芬　顾晓兰
钱建平　钱建春　钱敏磊　钱瑞龙　钱新锋　徐　力　徐　明　凌解良
高雪峰　唐　政　唐　奕　唐　晓　唐志锋　唐佩军　唐剑锋　浦方勇
浦明霞　浦梅萍　谈晓华　陶　俭　陶少锋　陶俊明　黄小龙　黄心珏
黄晓东　黄雯华　章一帆　章桂生　董　萍　董国新　蒋伟国　游立志
阚国良　缪晓东　潘　伟　潘志英　薛志恒　戴亚芳　戴建东　戴炳元
魏　军　瞿晓峰

尚湖水上森林

# 编辑说明

一、《常熟年鉴》是在中共常熟市委领导下，由常熟市人民政府主办，常熟市地方志编纂委员会办公室承编的地方信息资料性文献。1996年创刊，每年一卷。《常熟年鉴（2018）》为第23卷。

二、本部年鉴以马克思列宁主义、毛泽东思想、邓小平理论、“三个代表”重要思想、科学发展观、习近平新时代中国特色社会主义思想为指导，坚持辩证唯物主义和历史唯物主义的立场、观点和方法。围绕“精致城市”建设，全面、系统、翔实地记载2017年度常熟市政治、经济、文化和社会生活等方面的基本情况，为各级领导决策和社会各界了解常熟、研究常熟提供基本信息资料。

三、本部年鉴采用分类编辑法。全书设36个类目、253个分目，次分目2个，卷首彩页配有照片46帧，随文照片215帧，表格73张，地图2幅。不同层次的标题，通过字体、字号和版式设计加以区别；条目标题加“【】”表示。以“综述”“概况”等形式介绍行业或事业发展情况。

四、本部年鉴中的条目由全市各区镇街道、部门、有关单位（包括驻常单位）指定专人撰写，并经主管领导审核签发，确保资料、数据的真实性、准确性和权威性。由于涉及部门、单位较多，加上数据来源和统计时间、方法不同，文中涉及的各类数据如有差异，一律以常熟市统计局编辑的《常熟统计年鉴》为准。

五、为便于读者检索，年鉴卷首有中文细目和英文简目；卷末附有索引。全书所有信息资料均可从目录、索引、书眉、大事记等内容中获得，并配有年鉴电子光盘。

六、《常熟年鉴（2018）》的编纂出版得到了全市各机关、单位和社会各界的支持和帮助，在此深表谢意！

2018年工作总的要求是：全面贯彻党的十九大精神，以习近平新时代中国特色社会主义思想为指导，对标习近平总书记视察江苏重要讲话精神，认真落实中央经济工作会议精神，按照省委十三届三次全会和苏州市委十二届五次全会部署要求，坚持稳中求进工作总基调，坚持新发展理念，统筹推进“五位一体”总体布局和协调推进“四个全面”战略布局，以供给侧结构性改革为主线，以实施系列“三年行动计划”和“10项”重点工作为抓手，丰富提升精致城市内涵，着力推动高质量发展，在加快“强富美高”新常熟建设上迈出坚实步伐，为苏州勇当“两个标杆”、建设“四个名城”作出积极贡献。

——市委书记王飏《在市委十三届六次全体（扩大）会议上的报告》

2017年12月29日

# 常熟获得的全国性荣誉

HONOR

| | |
|---|---|
| 国务院农业生产丰产奖状 | 1958 |
| 棉花皮棉亩产全国第二 | 1966 |
| 县级外贸出口全国第二 | 1977 |
| 国家历史文化名城 | 1986 |
| 中国明星县（市） | 1993 |
| 全国150个植棉大县（市）之一 | 1994 |
| 全国农村电气化市 | 1995 |
| 1994年全国财政收入百强县（市） | 1995 |
| 中国综合实力百强县 | 1995 |
| 全国卫生城市 | 1996 |
| 全国科技实力百强县（市） | 1996 |
| 全国城市环境综合整治优秀县级市 | 1996 |
| 全国农科教结合示范区先行县（市） | 1996 |
| 全国水利经济十强县 | 1996 |
| 1995年全国财政收入百强县（市） | 1996 |
| 全国持续高效农业技术研究与示范区 | 1998 |
| 国家卫生城市 | 1999 |
| 中国优秀旅游城市 | 2001 |
| 城市交通畅通工程优秀城市 | 2001 |
| 国家环保模范城市 | 2001 |
| 全国"畅通工程"模范管理城市 | 2001 |
| 国家园林城市 | 2002 |
| 中国纺织产业基地市 | 2002 |
| 中国休闲服装名城 | 2002 |
| 全国村民自治模范市 | 2003 |
| 中国人居环境范例奖 | 2003 |
| 国家园林城市 | 2003 |
| 全国双拥模范城 | 2003 |

| | |
|---|---|
| 全国篮球城市 | 2004 |
| 全国绿化模范城市 | 2004 |
| 中国古琴之乡 | 2004 |
| 国际花园城市 | 2004 |
| 全国科普示范市 | 2004 |
| 全国科技进步示范市 | 2004 |
| 全国计划生育优秀服务先进市 | 2005 |
| 全国生态示范区 | 2005 |
| 全国环境优美镇"满堂红" | 2005 |
| 全国"双合格"家庭教育工作示范市 | 2005 |
| 马可·波罗国际金奖城市 | 2006 |
| 国家生态市 | 2006 |
| 全国亿万农民健康促进行动示范县（区） | 2006 |
| 全国农村社区建设实验县（市） | 2007 |
| 中国十佳休闲旅游名市 | 2007 |
| 全国首批旅游文化示范地 | 2007 |
| 全国农村社区建设实验县（市、区） | 2007 |
| 全国消防科普教育基地 | 2007 |
| 全国绿色学校创建活动优秀组织单位 | 2007 |
| 全国双拥模范城 | 2007 |
| 中国最受游客喜爱的地方 | 2007 |
| 中国县域旅游品牌十强县 | 2007 |
| 中国自驾车旅游品牌十大目的地 | 2007 |
| 全国首批基层残疾人组织规范化建设达标城市 | 2007 |
| 中国改革十大创新城市 | 2008 |
| 中国十大文化生态旅游城市 | 2008 |
| 中国品牌城市 | 2008 |
| 中国购物中心城市贡献奖城市 | 2008 |

# 常熟获得的全国性荣誉

HONOR

| | |
|---|---|
| 中国曲艺之乡 | 2008 |
| 中国民间文化艺术之乡 | 2008 |
| 中国大陆最佳商业城市（县级市）首位 | 2008 |
| 全国心理教育优秀实验区 | 2008 |
| 全国健康城市优秀实验奖 | 2008 |
| 中国市场名城 | 2008 |
| 全国文化信息资源共享工程示范市 | 2008 |
| 中国全面小康十大示范县 | 2009 |
| 中国商业名城 | 2009 |
| 中国十大服装专业市场榜首 | 2009 |
| 第二批全国生态文明建设试点城市 | 2009 |
| 全国和谐社区建设示范区 | 2009 |
| 全国首批白内障无障碍县 | 2009 |
| 中国书法之乡 | 2009 |
| 全国群众艺术示范基地 | 2009 |
| 全国实施农民体育健身工程先进县 | 2009 |
| 2010中国大陆最佳县级城市 | 2010 |
| 中国休闲服装名城和纺织产业基地市 | 2010 |
| 品牌中国（县域旅游）十大品牌目的地 | 2010 |
| 全国双拥模范城 | 2011 |
| 中国红色经典文化旅游名城 | 2011 |
| 国家节水型城市 | 2011 |
| 国家生态文明示范城市试点市 | 2011 |
| 全国六星级慈善城市 | 2011 |
| 中国人居环境奖 | 2011 |
| 中国十佳绿色城市 | 2011 |
| 中国民间艺术之乡 | 2011 |
| 全国法制宣传教育先进县（市） | 2011 |

| | |
|---|---|
| 全国纺织模范产业集群 | 2012 |
| 全国十大服装产业示范集群 | 2012 |
| 全国粮食生产先进单位 | 2012 |
| 江南音乐创作基地 | 2012 |
| 全国节水型社会建设示范区 | 2013 |
| 2013中国休闲小城 | 2013 |
| 国家级出口电子信息产品质量安全示范区 | 2013 |
| 国家火炬特色产业基地 | 2013 |
| 中国产学研合作创新示范基地 | 2013 |
| 全国七星级慈善城市 | 2014 |
| 全国“六五”普法中期先进集体 | 2014 |
| 全国文明城市提名城市 | 2014 |
| 中国休闲城市标准示范市 | 2014 |
| 全国首批电子商务进农村综合示范县 | 2015 |
| 常熟高新区升格为国家级高新区 | 2015 |
| 全国率先实施农村生活污水治理PPP项目 | 2015 |
| 国家智慧城市试点市 | 2015 |
| 全国“书香城市”称号 | 2016 |
| 全国县级市中唯一的普法先进“六连冠”城市 | 2016 |
| 全国国土资源节约集约模范市 | 2016 |
| 国际生态学协会：湿地建设最佳典范奖 | 2016 |
| 全国首个生态建设示范市称号 | 2016 |
| 全国双拥模范城“四连冠” | 2016 |
| 第五届全国文明城市 | 2017 |
| 全国森林旅游示范县 | 2017 |
| 国家生态园林城市 | 2017 |

HONOR

2017 CHRONICLE OF EVENTS IN CHANGSHU

# 常熟大事纪略

- 学习贯彻党的十九大精神
- 开展『百村千企万户大走访』活动
- 开展『263』专项行动
- 虞山高新园获批筹建省级高新区
- 大数据、金融、电商、文创四大产业园起步运营
- 蒋巷村成为首批省五星级乡村旅游区
- 建设铁黄沙生态岛
- 虞山镇行政区划调整
- 常熟获评国家生态园林城市
- 常熟成功创建全国文明城市
- 昆承快速路通车

# 数字常熟 2017

常熟港货物吞吐量 **8828** 万吨

私家车保有量 **38.37** 万辆

邮电业务总收入 **48.72** 亿元

接待境内外游客 **2146.58** 万人次

旅游收入 **344.20** 亿元

全部金融机构本外币各项存款余额 **3119.21** 亿元

保险机构保费收入 **52.54** 亿元

全市人才总量 **32.09** 万人

各类学校 **110** 所

在校学生数 **15.76** 万人

专任教师 **1.07** 万人

各类医疗卫生机构 **483** 个

医疗卫生机构床位 **8247** 张

卫生技术人员 **9508** 人

全民健身工程（点） **548** 个

全市居民人均可支配收入 **49066** 元

新开工各类保障性住房 **2083** 套

已建成老年人日间照料中心 **219** 家

镇级居家养老服务管理中心覆盖率 **100%**

各类养老床位数 **1.64** 万张

2017年11月28日，国家旅游局局长李金早（左）在第二届全国工业旅游创新大会上为隆力奇养生小镇授牌（市旅游局提供）

2017年7月7日，科技部副部长徐南平（前右）到常熟国家农业科技园区考察（常熟国家农业科技园区提供）

2017年11月18日，水利部党组成员、纪检组长田野（右二）到常熟视察望虞河枢纽及张桥水文站　（市水利局提供）

2017年3月30日，中国保监会副主席陈文辉（右）到常熟调研农业保险工作　（支塘镇提供）

2017年3月22日，中国纺织工业联合会副会长、中国针织工业协会会长杨纪朝（右二）到梅李镇调研　　（梅李镇提供）

2017年2月21日，省委书记、省人大常委会主任李强（前左）到常熟开关制造有限公司调研　　（虞山高新园提供）

2017年5月18日，北京大学校长林建华（左）和江苏省委常委、苏州市委书记周乃翔（右）共同为北京大学分子工程苏南研究院揭牌　　（高新区提供）

2017年5月6日，副省长蓝绍敏（左）到常熟检查防汛工作　　（市水利局提供）

2017年9月13日，省政协副主席阎立（右二）到海虞镇调研生态湿地

（海虞镇提供）

2017年11月16日，苏州市委副书记、代市长李亚平（中）走进古里镇紫霞社区了解基层党组织学习宣传党的十九大精神情况，并与基层干部群众互动交流

（古里镇提供）

古城风貌

2017年9月4日，常熟市与德国弗莱堡市签署合作备忘录　　（市外事办提供）

2017年12月12日，2017年“黄玫瑰之夜”圣诞晚会暨“常熟之友”授予仪式在常熟大剧院举行　　（市外事办提供）

2017年11月18日，常熟经济技术开发区举行重点项目集中开工、竣工仪式

（经开区提供）

2017年3月20日，奇瑞捷豹路虎汽车有限公司举行第10万台整车批售及发运仪式

（常熟日报社提供）

2017年10月26-27日，第十一届（2017）中国汽车轻量化塑料及创新材料发展论坛暨第七届国际汽车轻量化技术及材料科技创新应用年度峰会、国际汽车轻量化绿色科技联盟（中国）年度峰会在常熟举行　　（经开区提供）

2017年6月22日，法雷奥-西门子新能源汽车驱动电机项目签约落户常熟高新区　　（高新区提供）

2017年11月22日，2017第十二届中国智能交通年会暨2017常熟国际智能汽车周开幕　（高新区提供）

2017年5月23日，苏南国家自主创新示范区常熟“一站式”服务中心揭牌启用　（高新区提供）

2017年4月10-11日，全省县域科技体制改革经验交流会在常熟召开

（市科技局提供）

2017年11月16日，常熟创新发展大会自主创新产品展、大院大所新成果展在常熟会议中心举行

（常熟日报社提供）

2017年2月23日，常熟高新区、常熟市教育局与清华附中、中国常熟世界联合学院举行教育合作签约　　（高新区提供）

2017年4月17日，全省现代学徒制试点工作现场推进会代表考察常熟中专现代学徒中心　　（常熟日报社提供）

2017年5月20日，2017江南国际时装周暨第十八届中国江苏（常熟）服装服饰博览会开幕

（王健 摄）

2017年9月28日，首届中国戈汕红木文化研讨会在常熟开幕

（常熟日报社提供）

2017年5月27日，王淦昌故居修缮竣工启用揭牌　　　　（支塘镇提供）

2017年9月22-23日，世界著名的理论物理学家、1999年诺贝尔物理学奖得主Gerardus't Hooft（杰拉德·特·胡夫特）教授到常熟考察，并与市中师生举行了一场“与诺奖科学家面对面”科学教育主题演讲　　　　（市科协提供）

2017年10月15日，常熟市第七届体育运动会开幕式在市体育中心举行

（常熟日报社提供）

2017年5月6日，2017第九届长三角城市龙舟邀请赛在尚湖景区举行

（虞山旅游度假区提供）

2017年1月17日，常熟市高技能人才颁奖典礼举行　　（市人社局提供）

2017年5月20日，常熟市首届新市民集体婚礼在常熟东方百合文化创意园举行
（汤若冰 摄）

2017年9月17日，常熟市道德模范与身边好人现场交流活动在沙家浜镇举行
（沙家浜镇提供）

文明城市创建宣传 （常熟日报社提供）

沙家浜国家湿地公园

（沙家浜旅游度假区提供）

2017年7月28日，苏州（常熟）-中亚（跨里海地区）市场采购贸易专列开通

（市商务局提供）

2017年12月28日，昆承快速路通车　　（常熟日报社提供）

# 常熟市城区图

常福街道
虞山街道
琴川街道
古里镇
东南街道
莫城街道
尚湖镇
虞山国家森林公园
虞山风景区
尚湖风景区
尚湖
昆承湖
琴湖
琴湖公园
市政府
龙腾工业园
通苏嘉城际铁路
沿江城际铁路
沪通铁路(在建)
三环快速
山水文化园
荷香洲公园
钓鱼渚公园
虞山尚湖旅游度假区管委会
图例
市政府
镇政府、街道办
管委会、管理区
林场管理区
村委会
居委会
汽车站
医院
学校
企、事业单位
停车场
酒店
市场
高速
国道、省道
一般道路
乡镇界
铁路(在建)
规划路
小路
绿地
河流
航道
厕所
加油站
图上界线不作实地划界依据
南京星光测绘科技有限公司 制作 ©2018
地图审查：图苏E审(2018)058号

文昌阁夜景　　（常熟日报社提供）

清晨的方塔园　　（常熟日报社提供）

2017年民生实事工程之一——常熟市第二自来水厂升级改造完成。此次升级提升了供水水质，实现了厂区自动化全覆盖，并改善了厂区的生产环境

（常熟日报社提供）

秋收　　（常熟日报社提供）

# 总　　目

# 目　录

## 特　载



## 专　记



## 大　事　记



## 市情概览

## 中国共产党常熟市委员会

## 常熟市人民政府

## 中国人民政治协商会议常熟市委员会

## 纪检·监察



## 民主党派·工商联·群众团体

## 法 治 · 军 事

## 开放型经济



## 开发区建设

## 港口·口岸



## 现代农业

## 工业和信息化

## 商贸服务业



## 旅　游　业

## 城乡建设

## 交通·邮政·快递



## 水　利·水　务

## 环境保护



## 财政·税务



## 金融

## 综合经济管理

## 科学技术



## 教育



## 文化·新闻·出版

## 人力资源和社会保障



## 社会民生

# 街道·镇

## 人物·荣誉



## 附　录



## 索　引

# Main Contents

# Contents

## Legal & Military Affairs



## Open-oriented Economy



## Economic Development Zone



## Port Administration



## Modern Agriculture



## Industry and Informatization



## Commercial Service Industry



## Tourist Industry



## Urban & Rural Construction

## HR & Social Insurance



## People's Livelihoods



## Sub-districts & Towns



## Figures & Honors



## Appendix

## Index

# 以党的十九大精神指引常熟发展
# 全力打造高质量发展特色优势

## ——在市委十三届六次全体(扩大)会议上的报告

中共常熟市委书记　王　飏

(2017 年 12 月 29 日)

市委书记　王　飏

同志们:

这次全会的主要任务是:高举习近平新时代中国特色社会主义思想伟大旗帜,全面贯彻党的十九大精神,深入落实习近平总书记视察江苏重要讲话精神,按照中央经济工作会议、省委十三届三次全会和苏州市委十二届五次全会部署,回顾总结今年工作,研究部署明年任务,在新时代新征程上,动员全市各级党组织和广大党员干部群众,不忘初心、牢记使命,团结拼搏、砥砺奋进,为打造高质量发展特色优势,建设"强富美高"新常熟而努力奋斗。

下面,根据会议安排,我讲四点意见:

### 一、紧扣中央、省委和苏州市委决策部署,凝心聚力抓落实,全市各项事业取得新的进展

2017 年,在以习近平同志为核心的党中央坚强领导下,全市上下认真落实省委和苏州市委决策部署,以迎接党的十九大胜利召开、学习宣传贯彻党的十九大精神为工作大局,抓大事、处要事,积极配合省委巡视工作并扎实抓好巡视整改工作,全力做好"7·16"纵火案善后处置工作,顺利实施虞山镇行政管理体制改革和行政区划调整,圆满完成全年各项目标任务,改革发展和党的建设取得新的进步。特别是成功创建全国文明城市,凝聚了力量、提振了信心,广大干部群众展现出"奋进新时代、争创新业绩"的精神风貌。

1. 突出"高举旗帜、维护核心",政治建设有力加强。市委把学习宣传贯彻党的十九大精神作为首要政治任务,把党的政治建设摆在首位,第一时间传达学习党的十九大精神和习近平总书记系列重要讲话精神,推动全市上下迅速掀起学习宣传贯彻热潮,在学深悟透、融会贯通上下功夫,在真学真懂、真信真用上下功夫。市委常委会多次开展专题学习,分

批集中轮训1200名科级领导干部和5000名基层党组织书记,成立市委宣讲团,市四套班子领导带头到20个基层单位进行宣讲。扎实推进“两学一做”学习教育常态化制度化,开展“旗帜鲜明讲政治”专题教育,教育引导广大党员干部强化“四个意识”,坚定“四个自信”,坚决维护以习近平同志为核心的党中央权威和集中统一领导。

2. 突出“存量提升、增量带动”,经济运行提质增效。经济运行保持“增速稳、质量优、动力强”态势,预计全年实现地区生产总值2280亿元,增长7.3%;一般公共预算收入192亿元,增长10.5%;工业总产值4820亿元,其中规模以上工业产值3950亿元,分别增长5.3%和8.5%;“3+5”产业产值占规上工业产值比重76.8%;实施智能化改造项目121个,新增省示范智能车间8家、“两化”融合企业105家;完成全社会固定资产投资550亿元;实现社会消费品零售总额804亿元,增长8.5%。四大招商体系作用初步显现,“三区一园”支撑作用凸显,虞山高新园获批筹建省级高新区;引进世界500强项目6个,实际利用外资6.09亿美元;完成进出口总额238亿美元,其中出口162亿美元,分别增长19.8%和21.6%。房地产市场保持平稳,服务业增加值占GDP比重达46.9%;农业生产基本稳定,新增高标准农田5.5万亩。

3. 突出“创新驱动、深化改革”,发展动力更加强劲。国家市场采购贸易方式试点成效明显,市场采购出口货值超10亿美元;出色完成省科技“综改”试点任务,改革经验在全省推广;高新技术产业、新兴产业产值分别增长10%和13.5%,新增新型研发机构6家,全社会研发经费支出占比2.66%。供给侧结构性改革取得新进展,降低企业成本38.6亿元,组建文旅公司,新增上市和新三板挂牌企业8家;“放管服”改革持续深化,新增各类市场主体3.3万户,个私经济累计注册资本1793亿元。顺利实施虞山镇行政管理体制改革和行政区划调整,设立虞山、常福、莫城、琴川4个街道,“区政合一”管理框架基本形成。“三优三保”试点和村级工业用地整合成效显现,盘活存量土地8200亩,整合村级工业用地2000亩。

4. 突出“全城创建、治理创新”,城市品质显著提升。紧扣文明城市“创则必成”目标,创建决心之大、力度之大、成效之大前所未有,以优异成绩获评全国文明城市,为精致城市建设添上了浓墨重彩一笔。全面推进“三个百日”行动,整改重大隐患挂牌项目81个,整治“三合一”消防隐患9055家、出租房9311家;圆满完成十九大安保维稳任务;“7·16”纵火案快速侦破、善后处置有力有序,刑事发案率实现“十连降”;建立网格化社会治理联动机制,平安常熟建设持续深化,社会大局保持稳定。城市功能日益完善,16个零星地块改造扎实推进,建成安置房2766套;交通建设力度加大,昆承快速路全线贯通,实施公交优先三期工程、城区景观照明工程,实施“村道改善”122条46公里,完成60个组团式村庄环境整治。

5. 突出“生态优先、源头治理”,生态质量明显改善。扎实推进“263”专项行动11大类285项重点任务,抓好中央和省环保督察问题整改落实,完成“两减”任务,减少煤炭消费量64万吨,单位地区生产总值能耗下降4.3%;严格落实“河长制”,完成黑臭水体整治103条,新改建污水收集管网70公里,完成266家工业企业生活污水收集处理,顺利通过国家节水型社会达标县验收。重大环境基础设施建设扎实推进,中电环保污泥焚烧处置项目投运,启动第二生活垃圾焚烧厂扩建,建成垃圾临时填埋场10个。开展“两路一河”整治,成功创建国家生态园林城市。

6. 突出“聚焦富民、均衡发展”,民生福祉持续增进。实施富民“1+N”政策,20项重点民生实事基本完成,居民医保人均筹资标准提高到1000元,民生支出占一般公共预算支出比重75%,新增就业人数2.8万人,居民收入增长总体快于GDP增长。建成精准帮扶信息系统,实施慈善救助行动,建立“一对一”帮扶机制。公共服务不断优化,教育均等化水平不断提高,健康市民“531”行动扎实推进,北部医院开工建设,每千名老人拥有养老床位数达42张。文化惠民工程持续推进,虞山生态步道基本建成,累计建成健身步道59公里;隆重举行纪念王淦昌诞辰110周年活动,成功举办江南文化节暨沙家浜旅游节等活动,历史文化名城效应持续放大。

7. 突出“全面从严、正风肃纪”,政治生态更加清明。积极配合省委巡视组和苏州市委巡察组工作,扎实开展省委巡视反馈意见整改落实,同步抓好苏州市委对“两区”巡察反馈意见整改落实,研究制定15个方面451条整改措施。意识形态工作进一步加强,建立考评标准,出台实施细则,强化阵地管理。严格落实中央八项规定精神,作风建设常态化、长效化机制更加健全。完成市委巡察机构、市纪委派驻机构改革,实现对68家市一级党和国家机关派驻监督的全覆盖以及对乡镇巡察的全覆盖。圆满完成市人大、政府和政协换届工作。完善干部选拔任用机制,实施“四个一百”梯队建设工程,选优配强和从严管理干部。推进基层党建“补短板”项目,在苏州率先推进中小学校党组织管理体制改革,完成7万多名党员基本信息采集审核工作。构建容错免责机制,激励干部干事创业。推进“两个责任”规范化建设,强化监督执纪“四种形态”运用,推进监察体制改革试点,持续加大反腐倡廉力度,立案查处各类违纪案件353件。深入开展“百村千企万户大走访”活动,累计走访城乡居民家庭44万户、市场主体4.3万家,梳理解决22个共性问题。出台健全市人大讨论决定重大事项制度,民主政治建设不断加强,人大、政协重要作用得到充分发挥,党的群团工作改革扎实推进,统战、工青妇、人武、双拥、老干部、对口帮扶等工作取得新的成绩。

这些成绩的取得,是习近平新时代中国特色社会主义思想在常熟的鲜活实践,是“强富美高”新江苏建设的具体行动,是常熟各项事业迈上新台阶的生动缩影,为我们落实新部署、开启新征程奠定了坚实基础。在此,我代表市委常委会,向所有为常熟发展作出贡献的同志们表示衷心的感谢!

在肯定成绩的同时,也要清醒看到存在的不足和差距,主要是：发展不平衡不充分的问题尚未解决；经济结构性矛盾依然突出；城市能级、功能品质的提升还有较大空间；节能减排、环境保护任务艰巨；社会治理遇到许多新情况新问题，公共安全监管仍需加大力度；少数干部担当精神还不足，纠正“四风”、加强作风建设还需付出更大努力。对此，我们要采取切实有效的措施，认真加以解决。

## 二、深入学习贯彻党的十九大精神，以习近平总书记视察江苏重要讲话精神为遵循，努力在新时代展现新作为

学习贯彻党的十九大精神，是当前和今后一个时期的首要政治任务。要按照走在前列的要求，坚持系统化思维、注重规律性把握，切实把思想和行动统一到党的十九大精神上来，凝聚到党的十九大确定的各项目标任务上来，融汇到推进“强富美高”新常熟建设上来。学习贯彻党的十九大精神，重中之重是要以习近平新时代中国特色社会主义思想这个十九大的灵魂、全党奋斗的精神旗帜，武装头脑、指导实践、推动工作，更加自觉肩负起进行伟大斗争、建设伟大工程、推进伟大事业、实现伟大梦想的历史使命，推动创新性、探索性、引领性发展，让十九大精神在常熟大地落地生根。

*践行新思想，我们必须学在深处，把牢政治方向。*党的十九大用“八个明确”概括了习近平新时代中国特色社会主义思想的丰富内涵，提出了“十四个坚持”的基本方略；中央经济工作会议用“七个坚持”概括了习近平新时代中国特色社会主义经济思想。理论创新每前进一步，理论武装就要跟进一步。要持续在学懂弄通做实上下功夫，读原著、学原文、悟原理，把握精髓要义，着力增强忠诚核心、拥戴核心、维护核心、紧跟核心的自觉性坚定性。要把学习贯彻党的十九大精神与深入落实习近平总书记视察江苏重要讲话精神结合起来。习近平总书记对江苏发展十分关心、寄予厚望，明确了“强富美高”新江苏的目标定位，指出了“五个迈上新台阶”的现实路径，强调了高质量发展的鲜明导向，这是习近平新时代中国特色社会主义思想在江苏的具体化，是对江苏发展的定向指航。我们要沿着总书记指引的方向，紧扣“强富美高”总目标，致力“两聚一高”新实践，围绕苏州市委提出的勇当“两个标杆”、建设“四个名城”的要求，以强烈的使命意识和进取精神展开工作布局，开辟新时代常熟发展新境界。

*勇担新使命，我们必须谋在新处，明确发展定位。*要按照党的十九大要求对标定向，勇于解放思想，善于抢抓机遇，强化创新引领，注重系统提升，着力在“四个新”上下功夫、见成效。一是发展标杆要有新高度。按照高质量发展要求，在更大范围“对标”，向着更高目标“进发”，推动质量变革、效率变革、动力变革，着力打造实体经济特色、县域创新特色、生态环境特色、城乡融合特色、社会治理特色、文化引领特色等“六个特色”，确保到2020年建成体现高水平标准、符合新发展理念要求的全面小康社会。在此基础上，乘势开启全面建设现代化新征程，努力走出具有常熟特色的现代化发展路子。二是城市发展要有新风采。以创成全国文明城市为新的起点，在更高层次上提升精致城市内涵，做到生产空间集约高效、生活空间宜居适度、生态空间山清水秀，实现现代产业与现代城市互促并进、繁华城区与美丽镇村统筹协调、高品质硬件与精细化管理有机融合，让人民生活更方便、更舒心、更美好。要永葆绿水青山，把生态建设作为“千年大计”，坚定走生产发展、生活富裕、生态良好的文明发展道路，凸显常熟山水城融为一体的独特优势，形成“城中有山、湖在城中、山水相依、林绿相嵌”的城市特色。三是社会文明要有新风尚。围绕实现文明创建“二连冠”与“大满贯”目标，推动文明创建工作由“冲刺型”向“内涵式”转变，着力提高社会文明程度和市民文明素养，在优化市容市貌、完善基础设施、规范社会秩序、提升服务质态上狠下功夫，打造一个文化软实力强、公平正义得到保障、尊法守法成为习惯、诚信友善蔚然成风、社会秩序有条不紊的社会生态系统，充分展现全国文明城市的魅力。四是干部面貌要有新气象。弘扬低调务实不张扬的作风，以兼收并蓄的胸襟学习先进经验，以博采众长的态度借鉴成功做法，以永不懈怠的姿态开辟发展新境界。坚持底线思维，把握好“有守”和“有为”的统一，牢牢守住稳定、安全、廉政、生态“四条底线”，决不能发生严重危害社会稳定的问题，决不能以牺牲群众利益为代价推动发展，决不能以工作为借口破坏廉洁纪律，决不能为了发展破坏生态环境。

## 三、紧紧围绕高质量发展，全力完成明年各项目标任务，丰富提升精致城市内涵品质

2018年是贯彻党的十九大精神的开局之年，是改革开放40周年，是决胜全面建成小康社会、实施“十三五”规划承前启后的关键一年。中央经济工作会议强调，推动高质量发展，是保持经济持续健康发展的必然要求，是适应我国社会主要矛盾变化和全面建成小康社会、全面建设社会主义现代化国家的必然要求，是遵循经济规律发展的必然要求。省委明确了经济发展高质量、改革开放高质量、城乡建设高质量、文化建设高质量、生态环境高质量、人民生活高质量六个重点；苏州市委部署了推动经济发展更加高质、改革开放更加深化、城乡发展更加融合、文化魅力更加彰显、生态环境更加优化、人民生活更加幸福六项工作。高质量发展，是体现新发展理念的发展，是创新成为第一动力、协调成为内生特点、绿色成为普遍形态、开放成为必由之路、共享成为根本目的的发展。

按照中央、省委和苏州市委的部署，结合常熟实际，明年工作总的要求是：全面贯彻党的十九大精神，以习近平新时代中国特色社会主义思想为指导，对标习近平总书记视察江苏重要讲话精神，认真落实中央经济工作会议精神，按照省委十三届三次全会和苏州市委十二届五次全会部署要求，坚持稳中求进工作总基调，坚持新发展理念，统筹推进“五位一

体"总体布局和协调推进"四个全面"战略布局,以供给侧结构性改革为主线,以实施系列"三年行动计划"和"10项"重点工作为抓手,丰富提升精致城市内涵,着力推动高质量发展,在加快"强富美高"新常熟建设上迈出坚实步伐,为苏州勇当"两个标杆"、建设"四个名城"作出积极贡献。

主要预期目标是:地区生产总值增长7%以上;一般公共预算收入增长8%以上;工业总产值增长4%,规模以上工业产值增长5%,工业增加值率提升0.5个百分点以上,高新技术产业产值增长10%,新兴产业产值占规上工业产值比重达50%;全社会固定资产投资规模与上年持平,其中工业技改投资增长10%、高新技术产业投资增长10%;服务业增加值占GDP比重提高0.2个百分点;社会消费品零售总额增长8.5%左右;实际利用外资6亿美元;外贸进出口总额保持增长;全社会研发经费支出占比提高到2.8%;居民人均可支配收入增速高于GDP增速;完成上级下达的节能减排、环境治理任务。重点抓好六项工作:

1. 着力打造实体经济特色,推动经济发展高质量。认真学习习近平新时代中国特色社会主义经济思想,牢牢把握高质量发展的要求。坚守实体经济,坚持以先进制造为主、以特色产业为主、以骨干企业为主,彰显常熟实体经济基础厚实的优势,加快从常熟制造向常熟创造转变、高速增长向高质量发展转变。一要做大特色产业集群。发挥投资对稳增长优结构的关键性作用,扎实推进146只重点产业项目,做大做强"3+5"特色产业集群,推动产业从中低端向中高端迈进。加快路虎汽车二期、路虎发动机二期、丰田新一代变速器等重点项目建设,拉长汽车产业链,增强产业竞争力,力争明年"两整车"销量突破20万辆。前瞻布局未来产业项目,加快培育汽车智能化、轻量化、绿色化、网联化产业,培育智能制造产业;加快推进北大分子工程苏南研究院、省产研院金属研究所建设,培育发展新材料产业,积极打造新的增长极。二要推动经济提质增效。深化供给侧结构性改革,重点在"破、立、降"上下功夫,着力破除无效供给,培育发展新动能,降低实体经济成本,促进生产要素从低质低效领域向优质高效领域流动。更大力度推进企业智能化改造,实施"163"计划,全年新增智能化改造项目150个、示范企业20家、"两化"融合企业120家。实施企业股改培育工程,加大企业上市力度,三年实现上市企业市值倍增。发挥好产业基金作用,重点推进纺织服装、装备制造存量企业提升,加快纺织服装产业向时尚创意产业转型。激发各类市场主体活力,支持和鼓励民营企业做强做优,打造一批细分行业的"单打冠军"。探索企业"零地"增长模式,优化存量资源配置,着力提高厂房容积率和亩均产出效益。坚持倒逼淘汰落后和严控低端流入"两手抓""两手硬",切实加强工业用地监管,坚决杜绝和防止外地低端产业进驻我市。三要打造现代特色园区。以"一特三提升"为导向,推动从"圈地招商"向"墙内提升"转型,加快"三区一园"向现代产业园区转型,重点打造汽车及零部件、新能源汽车、智能制造、大数据、军民融合等特色产业园区,把国家级经开区打造成千亿级的现代化汽车城,把国家级高新区打造成千亿级的新能源及智能汽车核心零部件集聚区,把虞山高新区打造成先进制造业集聚区,把新材料产业园打造成高端化学材料和生物医药产业园。深化开发区体制改革,推进国家级开发区全链审批赋权工作,主动对接复制自贸试验区、自由贸易港建设等改革成果。提高大数据、文创、金融、电商四大产业园运营发展水平,做大做强城市经济。

2. 着力打造县域创新特色,推动改革开放高质量。积极融入苏南国家自主创新示范区建设,更大力度集聚创新资源要素,打造省科技"综改"升级版,争创国家创新型示范县(市)。一是科技创新引擎要更强。发挥政策叠加效应,加大科技研发投入,推动更多企业加强技术改造与升级,培育壮大一批"科技小巨人"和"专精特新"企业。启动省级以上科技孵化器全覆盖工程,建成10家左右新型研发机构,新增产学研合作项目200项。加大创新资源整合,增强大学科技园溢出带动效应,拓展科技镇长团内涵,实施重点创新平台市场化改造,完善与常熟理工学院校地合作机制,发挥中国智能车中心、省产研院智能液晶所等特色平台作用,推进产学研协同创新、集成攻关,加速科技成果产业化。进一步优化创新生态系统,引进知名创投机构和管理团队,构建"创新资源+社会资本+股权激励"的科技投入新机制。统筹推进各领域人才工作,建设和运行好高端装备制造和纺织服装两大产业专家智库,加强"双创"人才引进和培养,新增市级以上人才项目40个。扎实推进职业教育改革,促进人才培养供给侧和产业需求侧全方位融合,培养大批高素质创新人才和技术技能人才。二是重点改革落地要更快。坚持需求导向、问题导向、效果导向,找准"痛点""堵点",以"不见面审批""3540"改革为抓手,开展"放管服"改革效率提升年活动,推进相对集中行政许可权改革试点,组建行政审批局,逐步实现"一枚印章管审批",构建简约便民、阳光高效的现代治理架构。深化要素市场化配置改革,加快建立现代财政制度,深化投融资体制改革。用足用好"3个百亿"基金,推动更多产业引领、科技创新、生态建设、民生保障等重点项目落地。加快国资国企改革创新,加强市场化主体建设,打造综合投融资主体。启动海虞镇经济发达镇行政管理体制改革,放大重点改革的集成效应。三是开放发展水平要更高。拓展开放范围层次,优化开放结构布局,完善开放体制机制,更加主动融入国家对外开放大战略,加快嵌入全球产业链、价值链、创新链。深化国家市场采购贸易方式试点,持续推进服装城转型,优化贸易体系,集聚贸易主体,力争采购贸易出口额超15亿美元。优化四大招商体系,探索市场化、公司化运作模式,坚持引资引智引业并重,多元集聚高端资源要素。加快转变外贸发展方式,大力培育贸易新业态新模式,加强出口基地、贸易平台和国际营销网络建设,提高一般贸易比重和加工贸易增值率,推动外贸向"优进优出""优质优价"转变。主动参与"一带一路"和长江经济带建设,支持企业加快"走出去"步伐,培育一批本土跨国企业。

3. 着力打造生态环境特色,推动绿色发展高质量。牢固树立“绿水青山就是金山银山”的理念，持续打好污染治理攻坚战，以良好的生态形成新一轮发展的引领性优势。一要构建大生态格局。优化生产、生活、生态三大布局，在继续保护和建设好以虞山、尚湖为主的生态核心圈，以昆承湖、沙家浜、南湖为主的生态涵养圈的基础上，加快规划建设以铁黄沙半岛为核心的沿江生态经济圈。加强铁黄沙半岛生态保护和规划控制，研究完善核心区规划设计，实施万亩景观农业等生态保护工程，同步推进望虞河、海洋泾、常浒河三条绿色廊道建设，大手笔勾画全域生态布局，打造由三大生态圈和三条绿色廊道组成的“三横三纵”大生态格局。推进绿色发展，统筹谋划生态保护修复、产业绿色改造、集镇布局优化、旅游资源整合等工作，凸显城市滨江临湖沿河生态资源优势，全面提升城市绿色发展质量和宜居魅力。二要突出水环境整治。以深化开展“263”专项行动为抓手，坚持源头治理、系统治理、综合施策，严格落实“河长制”“断面长制”，加大“散乱污”企业整治力度，推进农村“厕所革命”，加快污水收集管网建设，深化望虞河、七浦塘等重点流域、区域河道综合治理。深入实施“畅流活水”工程，持续开展河道清淤疏浚，着力消灭黑臭水体；加强滨湖沿河景观打造，再现江南水乡宁静自然、和谐美丽的景观；加大水资源保护力度，推进节水型社会建设，推进农村生活污水治理设施改造，加快PPP项目三期建设，提高治理设施运营管理水平。三要推进环境系统治理。严守“资源消耗上限、环境质量底线和生态保护红线”，出台生态功能区负面清单，形成产业链清晰、资源综合利用、绿色低碳为特征的循环经济产业格局。加快重大环境基础设施建设，推进城东净水厂、洪洞净水厂、第二生活垃圾焚烧发电厂扩建等工程，用三年时间基本形成较为完善的城乡垃圾、污水治理设施。实施新一轮大气污染防治行动，加快环境监测信息化步伐，健全环境监管网格体系，建立多元化生态补偿机制，完善环境行政执法与司法联动机制，严厉打击环境违法行为，推动生态文明建设常态化长效化。

4. 着力打造城乡融合特色，推动民生改善高质量。持之以恒推进城乡发展一体化，完善促进城乡融合发展体制机制，提升中心城区首位度和新型城镇化水平，提高人民群众获得感幸福感。一要优化城市功能布局。强化规划引领，以“接轨上海、融入苏州主城区”为方向，扎实推进“多规合一”，构建中心城区和乡镇板块融合发展格局。以城区设立4个街道为契机，实现行政区划与功能区划有机融合，构建“区政合一”管理新体制。虞山街道要着力打造成山水城融为一体的全域旅游核心区；常福街道要着力打造成以科技创新驱动为引领的先进制造业集聚区；莫城街道要着力打造成以时尚创意产业为引领的现代服务业集聚区；琴川街道要着力打造成以科技文化为核心的城市经济集聚区。推进“城中村”自主更新试点，加强城铁、琴湖等重点片区建设，高标准打造“城市客厅”。完善城市功能设施，加快交通引领性发展，实施“南融、东接、西拓、北优”重点交通工程，构建快速路网、轨道交通、主次干道衔接顺畅的综合交通运输体系。立足加快与苏州主城区深度融合，开展市域轨道交通规划研究，实施G524快速化改造，推进常熟高新区与苏州工业园区、昆承湖与金鸡湖“双区双湖”的畅通联动。二要实施乡村振兴战略。按照“产业兴旺、生态宜居、乡风文明、治理有效、生活富裕”的总要求，坚持农业农村优先发展，推进农业农村现代化。深化农业供给侧结构性改革，坚持质量兴农、绿色兴农，加强新型职业农民培训，大力培育新型经营主体，提高农业物质技术装备水平，加快构建现代农业“三个体系”，完成高标准农田建设4万亩，休耕轮作5万亩以上。实施“幸福镇村”建设行动，强化镇村片区规划和功能规划，加强被撤并镇整治提升，推进镇村道路提档升级，推动城乡基础设施互联互通、共建共享，加快补齐农村居民公共服务短板，促进城乡统筹协调发展。推进特色田园乡村建设，打造沙家浜田园水乡特色小镇、古里健康特色小镇、海虞无忧特色小镇、辛庄科技康养特色小镇、莫城云裳特色小镇等。加强村庄风貌引导，优化农民住宅形态，完善农宅翻建管理办法，推进组团式村庄环境整治。启动新一轮薄弱村精准帮扶工作，全面开展“三优三保”工作，加强村级工业用地整合，促进村级集体经济均衡发展。积极实施文明乡风工程，深入开展农村移风易俗，打造文明乡风特色品牌，实现城市精致与乡村美丽同频共振、农民文明素养与农村环境面貌同步提升。三要稳步保障改善民生。把解决发展不平衡不充分问题作为民生工作的着力点，坚持“保基本、兜底线”民生保障导向，尽力而为、量力而行，实施20项民生实事项目，推进基本公共服务均等化。深化“名城名校”融合发展，优化教育资源布局，加强各类学校建设，完善集团办学机制，努力让每个孩子都能享有公平而有质量的教育。实施“健康常熟”战略，优化卫生资源布局，推进综合医改试点，组建3个医疗共同体，深化医保支付方式改革，完善分级诊疗服务体系，提高公共卫生服务能力。加强养老服务体系建设，推进医养融合发展。推动全民健身与全民健康协调发展，提高公共体育设施服务效能。进一步完善住房保障体系，把握土地供应节奏，稳定市场预期，促进房地产市场平稳有序发展。落实“1＋N”富民政策，发挥产业富民基础性、关键性作用，做好富民惠民文章，拓宽居民经营性收入和财产性收入渠道，稳步提升城乡居民收入水平。落实就业优先战略和积极就业政策，确保全年新增就业2.5万人，高校毕业生就业率超过95％。完善“一户一档一策”机制，探索完善慈善事业与社会保障、社会救助体系相衔接的运行机制，构建“呈梯次、重基本、有分类、多层次”的救助帮扶体系，织密社会保障网络，努力让困难群众生活有保障。

5. 着力打造社会治理特色，推动共建共治高质量。围绕推进治理体系和治理能力现代化，推动社会治理重心下移，实现政府治理和社会调节、居民自治良性互动，构建共建共治共享的社会治理格局。一要推进社会治理现代化。发挥镇域综合执法与网格化联动机制作用，以综合执法、网格叠加、数据共享为重点，把各类治理要素全部融入网格，重点对安全生产、环境污染、出租房、“三合一”等加强监管，优化闭环处置流程，打造基层社会治理“一张网”。切实把村党支部、村委会工作重心转移到农村基层社会治理上来,建立完善村民自治共治机制,构建以村党组织为引领、村自治组织为主导、村民为主体的乡村治理架构。扎实推进智慧城市建设,打造"技防城"升级版,重点推进电子门牌、智慧警务、智慧交通建设,建成一批技防街,实现社会治理精准化、专业化、高效化。二要守住安全稳定底线。高度重视安全稳定工作,强化底线思维,深入开展"大化解、大整治"行动,深化基础管控,化解社会矛盾,持续推进安全隐患突出问题整治,提高预知预警预防能力,打好隐患治理"组合拳",筑牢公共安全防线。严格落实安全生产责任制,全面推行安全风险分级管控和隐患排查治理双重预防机制,细化分解工作责任,坚持源头严防、过程严管、后果严惩,以政府挂牌督办的形式消除重大隐患,以强化执法检查的途径消除一般隐患,以网格员综合监管的机制遏制中小隐患,以标准化建设压降整体风险隐患,确保不发生重特大安全生产事故。进一步优化金融生态环境,继续做好政府债券置换工作,加大不良贷款处置力度,坚决打击违法违规金融活动,守住不发生系统性金融风险底线。三要构建文明和谐社会生态。强化教育引导、实践养成、制度保障,坚持干部带头、全民行动,实施文明城市建设新三年行动计划,开展文明城市共建共治共享行动,抓创建促惠民、抓整治促管理、抓交通促规范、抓常态促长效,引导市民把规矩变成习惯,整体提高社会文明程度和市民文明素养,着力打造"志愿之城""诚信之城""德善之城""公益之城"。实施公民道德建设工程,激励人们向上向善、孝老爱亲、诚实守信,强化社会责任意识、规则意识、奉献意识,培育自尊自信、理性平和、积极向上的社会心态。

6. 着力打造文化引领特色,推动文化建设高质量。实施文化引领战略,用大视野看文化,用大格局做文化,坚持保护性传承、创造性转化、创新性发展,增强文化引领力、文化凝聚力、文化软实力,厚植新时代常熟文化发展新优势。一要落实意识形态责任制。坚持正确舆论导向,推进传统媒体和新兴媒体融合发展,强化正面宣传,创新传播手段,提高新闻舆论传播力、引导力、影响力、公信力。细化"责任清单""任务清单",加强意识形态领域阵地管理和风险防控,加强互联网内容建设,建立网络综合治理体系,提升突发事件网络舆情应急处置能力,营造清朗的网络空间。二要弘扬社会主义核心价值观。深化中国特色社会主义和中国梦宣传教育,围绕纪念改革开放40周年,深入总结中国特色社会主义在常熟的成功实践和经验启示,广泛开展丰富多彩、生动活泼的群众性主题教育,进一步坚定改革开放的前景自信。启动中共常熟党史馆暨李强故居修缮工程,用好沙家浜革命历史文化资源,精心设计开展富有仪式感的教育活动,提升活动的感染力影响力,用核心价值凝聚力量。三要打造"文化常熟"品牌。实施文化发展和改革"十三五"规划,光大名城传统文化,发展时代先进文化,引导大众流行文化,改造消极落后文化,推动文化事业、文化产业繁荣发展。充分发挥常熟文化遗存丰富的优势,打造文化标识,延展古城文化核心区,延伸城市文脉肌理,打造"江南儒城"名片;精心举办江南文化节、沙家浜旅游节等活动,推进文化与旅游、文化与生态融合发展,打造"江南福地"名片;实施"文化+"行动,发展时尚创意产业和历史经典产业,打造"时尚之都"名片;扎实推进文化惠民工程、文化精品工程,整合公共文化存量资源,打造"书香城市"名片;加强城市形象推介,挖掘精致内涵,解读城市精神,讲好常熟故事,建好精神家园,打造"美好城市"名片。

## 四、认真落实全面从严治党新要求,切实加强党的领导,为新时代各项事业发展提供坚强保证

党的十九大立足党和国家事业发展全局,提出了新时代党的建设总要求。要把抓好党建作为最大政绩,毫不动摇坚持和加强党的领导,推动各级党组织真正成为建设"强富美高"新常熟的坚强领导核心、广大党员干部成为引领和推进高质量发展的时代先锋。

1. 始终把政治建设摆在首位。要旗帜鲜明讲政治,坚决贯彻《中共中央政治局关于加强和维护党中央集中统一领导的若干规定》精神,严格遵守政治纪律和政治规矩,在思想上高度认同,政治上坚决维护,组织上自觉服从,行动上紧紧跟随,在政治立场、政治方向、政治原则、政治道路上同以习近平同志为核心的党中央保持高度一致。推进"两学一做"学习教育常态化制度化,开展"不忘初心、牢记使命"主题教育,严格落实党委中心组学习制度,教育引导各级党员干部牢记党的宗旨,不断汲取信念的力量、真理的力量、奋斗的力量、创新的力量。坚持把抓好省委巡视整改工作作为推进全面从严治党的有力抓手,坚持问题导向,注重标本兼治,加强成果运用,确保巡视反馈意见整改落实到位。要严肃党内政治生活,认真落实民主生活会、"三会一课"等党内生活制度,加强党性锻炼,坚定理想信念,强化对党忠诚、为党分忧、为党尽职、为民造福的政治担当。

2. 坚持党对一切工作的领导。全市各级党委要强化大局意识,突出把方向、管大局、作决策、保落实,把党的领导核心作用贯穿于改革发展各个领域、各个方面、各项工作。坚持和完善人民代表大会制度,支持市人大及其常委会依法履职;发挥社会主义协商民主重要作用,推动协商民主广泛、多层、制度化发展。加强和改进党的群团工作,推进军民融合发展,做好老干部工作。经济建设是党的中心工作,要健全党委对经济工作的领导机制和协调机制,深刻领会中央和省委对经济形势作出的重大判断、对经济工作作出的重大决策,定期分析经济形势、研究解决重大问题。面对新时代新任务新要求,既要政治过硬,也要本领高强。各级党员领导干部要注重培养理论素养和专业能力,增强工作的前瞻性预见性,立足全市"一盘棋"谋划工作,想问题作决策充分体现上级精神、符合常熟实际、对接发展所需、符合民心所向。要大兴调查研究之风,崇尚实干、力戒空谈,找准短板、精准发力,深入研究解决群众反映强烈的突出问题、城市快速发展

# 政府工作报告

## ——在常熟市第十五届人民代表大会第二次会议上

常熟市人民政府市长　周勤第

(2018年1月3日)

市长　周勤第

各位代表：

现在，我代表常熟市人民政府，向大会报告工作，请予审议，并请市政协委员和其他列席人员提出意见。

## 2017年工作回顾

2017年，在市委的正确领导下，在市人大和市政协的支持监督下，全市上下齐心协力、攻坚克难，全力以赴推进经济平稳健康发展、社会大局和谐稳定，较好地完成了市十五届人大一次会议确定的各项目标任务。预计全年实现地区生产总值2280亿元、增长7.3%，一般公共预算收入192亿元、增长10.5%、税收占比86%，服务业增加值占GDP比重46.9%，社会消费品零售总额增长8.5%，全社会固定资产投资550亿元，外贸进出口238亿美元、增长19.8%。荣膺第五届全国文明城市。

### 一、以实体经济为基石谋发展，转型升级加快

1. *存量提升扎实推进。*预计实现工业总产值4820亿元、增长5.3%；规上工业总产值3950亿元、增长8.5%，规上工业增加值率22.5%，规上工业企业全员劳动生产率24.4万元/人。“3+5”产业发展态势良好，三大主导产业规上产值预计增长10%，其中汽车及零部件产业增长20%。加快“八个一批”企业培育，突出智能制造示范引领，成立产业联盟，命名“十佳示范车间”，培育4家专业技术服务商，确定首批24家示范培育企业，实施重点项目改造121个，推广使用工业机器人1000余台套。22家“小巨人”企业预计开票销售增长25%。新增两化融合企业105家、“专精特新”产品34个、上市和挂牌企业8家，1家企业入选国家首批绿色制造体系示范企业。加强军民融合发展，5家企业新申领“军工四证”9张。金融服务实体经济能力增强，新登陆“苏州综合金融服务平台”企业241家，“3+5”产业贷款增长8.5%。推进国资国企改革，完善水投公司治理结构，组建文旅公司。

2. *招商选资成效明显。*创新工作机制，组建四大招商体系，完善激励政策，强化队伍建设。常熟营商环境信息发布暨投资创新(上海)交流会、常熟服装贸易(广州)招商推介会营造浓厚招商氛围，实现工业投资248亿元，新引进重大项目98个，其中世界500强企业项目6个、超1亿美元投资项目8个，实际利用外资6.09亿美元。强化工业用地项目评价管理，提高落地项目质量。落实重点项目推进机制，开工率提高7.3个百分点，48只重大项目竣工投产。外贸持续向好，一般贸易进出口增幅15.9%，新增省出口名牌4个。常熟港完成货物吞吐量8800万吨。

3. *创新体系不断完善。*开展“创新四问”活动，持续推进省科技创新体制综合改革试点，签约落地重大创新合作项目64个，试点工作得到省政府肯定。科技创新成果转化加快，新实施省重大科技成果转化项目5个。发放科技创新券3590万元，覆盖企业超300家。高企倍增计划取得实效，新认定高新技术企业60家、高新技术产品290只，省高新培育企业入库34家，高新技术产业、新兴产业产值预计分别增长10%和13.5%。创新载体承载能力不断加强，虞山高新园获批筹建省级高新区，北大分子工程苏南研究院、省产业研究院金属研究所等重大创新平台相继落户，新增苏州市级以上众创空间、孵化器13个。推动建设新型研发机构6家，全市大中型工业企业和规上高新技术企业研发机构建有率达92.7%。预计全社会研发经费支出占GDP比重达2.66%，万人有效发明专利拥有量25.6件。不断完善双创人才政策体系，入选苏州市级以上人才计划26人，其中国家千人计划

2人，新增市级领军型人才项目41个。开展职业技能培训1.2万人。常熟创新发展大会、第十二届中国智能交通年会、第九届中国智能车未来挑战赛、2017CCF大数据与计算智能大赛，为常熟创新发展集聚资源和智慧。

4. 城市经济逐步壮大。城市经济占服务业增加值比重达54.5%。扎实推进服装城转型，100余个原创设计师品牌加快成长，特色标签市场新业态专区加速形成，整合打造时尚公共服务平台，加快实施服装城集团公司去行政化改革，预计实现市场成交额1488亿元、增长8%；市场采购贸易试点成效明显，出口额超10亿美元。大数据、金融、电商、文创四大产业园起步运营，预计电子商务交易额增长32%，金融总资产超4000亿元，银行不良率1.9%以下，金融业增加值增长11%。全域旅游稳步推进，创新推出“常塾·研学堂”等旅游品牌，预计旅游总收入增长5.5%，获评“全国森林旅游示范县”，隆力奇养生小镇入选全国十大工业旅游示范基地，蒋巷村跻身首批省五星级乡村旅游区。启动特色小镇建设，海虞镇入选全国特色小镇，云裳小镇入选首批苏州市级特色小镇。

5. 农业发展稳中有进。农业供给侧结构性改革成效明显，粮食、蔬菜、水产提质增效，农业总产值80亿元。设施建设持续推进，建设高标准农田面积5.5万亩，新增现代农业园区面积1.3万余亩，农业机械化水平达91%。农业科技园区和“星创天地”建设扎实推进。扶持新型农业经营主体，提升家庭农场发展水平，规范农村专业合作社管理，探索“村级合作农场＋”综合社模式。加强农民职业培训，认定新型职业农民206人。发挥农业龙头企业带动作用，农业新业态、新模式和农村电商加快发展。加强湿地保护，建成全省首个县级湿地生态监测中心，获得国际湿地城市认证遴选提名。

## 二、以“263”专项行动为重点优生态，环境质量改善

1. 精准“减”“治”推进有力。完成电力行业燃煤锅炉提标改造9台，淘汰燃煤工业窑炉234台，减少煤炭消费量64万吨，淘汰低端低效产能企业134家，关停并转化工企业79家。实施废弃农药包装物回收处理，全面关停禁养区规模化养殖户，完成限养及适养区规模化养殖户治理174户。望虞河除险加固和西岸控制工程开工，常浒河枢纽、环城河溢流堰建成投运，青墩塘、太平港枢纽等5座闸站启动建设，完成黑臭河道整治103条。拓浚整治市镇两级河道，开工14条67.3公里。完成内河码头扬尘污染治理220个、挥发性有机物治理367家、砖瓦生产企业整治34家。关停取缔“散乱污”企业500余家，完成整改4500余家。PM2.5平均浓度比去年同期下降17.6%，空气质量优良率71.8%，全市断面水质达标率74.3%，比去年同期上升11个百分点。通过国家节水型社会达标县创建验收。

2. 环保项目稳步实施。中电环保污泥干化焚烧处置项目建成投用，第二生活垃圾焚烧发电厂扩建项目开工建设，建筑材料再生资源利用中心项目基本完成前期。餐厨垃圾处理项目持续推进，建成乡镇生活垃圾临时填埋场10个。中电国际燃气热电联产项目获批。扎实推进城东净水厂及配套管网工程、洪洞净水厂前期。完成第二水厂深度处理工程，开展第三水厂深度处理工程前期。完成561个村庄、1.57万户农村生活污水收集处理，新改建污水主次、控源截污管网70公里，完成266家工业企业生活污水收集处理。

3. 制度机制不断健全。开展生态文明立项监察、领导干部自然资源离任审计，实施与污染物排放总量挂钩的财政政策。调整完善生态补偿政策，实施水环境区域补偿，优化调整生态红线管控区范围。公布企业环境信用评级“红黑榜”，对重污染企业试行差别化征收污水处理费。开征建筑工地扬尘排污费。推行“河长制”，建立“市镇村”三级河长体系，完成市级重要河湖“一河一策”方案编制。推进“三优三保”和村级工业用地整优，盘活存量土地8200亩。建立常态化明查暗访、曝光整改、挂牌督办、约谈问责等制度，查处各类环境违法行为700余件。

## 三、以创建文明城市为抓手提品质，功能配套优化

1. 城市功能日益完善。完成城市总规修改并上报省政府，深化琴湖、昆承、城铁等重点片区控规和城市设计。积极推进城区16块零星地块改造，其中5个地块完成投用，改善周边公共服务配套。完成大院户改造48户，各类房屋征收搬迁1720户，建成安置房2766套，完成560户拆迁户安置。加大文化名城保护力度，南门坛上核心区整治基本完成。

2. 交通链接加快推进。昆承快速路实现贯通。通港路高架全线桩基基本完成。新世纪大道北延一期工程完成前期，G524快速化改造工程完成工可审查。S342常熟西段改线、青墩塘路快速化改造工程加快方案稳定。沪通铁路建设稳步推进，苏南沿江铁路前期扎实开展，通苏嘉铁路形成工可线位、站位方案。报慈北路、昭文路改造和香榭路、刘船浜路贯通等工程基本完工。完成20个交叉口公交优先改造，新增更新133辆公交车，新改建150个公交候车亭。完成方塔园等8处区域交通组织微循环改造。

3. 公建配套持续加强。推进城市绿化、亮化和美化，新增绿地、林地67.5万平方米，完成海虞园、新世纪大道沿线路口等28个游园和节点改造，实施古城区、标志性建筑、城市主要出入口景观亮化改造。获评国家生态园林城市。推进无障碍设施建设，新建盲道19.1公里，完成城区70座公厕无障碍设施改造。更新104个公共自行车站点、4000辆公共自行车。规范和增加机动车停车位3500个、非机动车泊位近万个，在农委大院试点行政事业单位停车位错时开放。

4. 城市管理逐步精细。深入推进社会信用体系建设，县级城市信用监测指数名列全国第五、全省第一。创新城市管理方法，建立集贸市场综合监管新机制，推行“非现场执法＋信用联合惩戒”执法模式，破解“牛皮癣”治理难题，“门前三包”等制度有效落实。开展交通秩序大整治大提升行动，处罚各类违法行为28.3万起。打造方塔街等4条精致街

道。完成数字化门牌项目系统前期建设。实施三环区域内及部分重点场所烟花爆竹禁放工作。完成“两路一河”沿线绿化和环境整治。推进城乡垃圾大分流，建立农村有机垃圾分类收运处理体系，推进建筑装修垃圾分选和综合利用。

## 四、以实事项目为载体惠民生，群众获得感增强

1. 富民强村积极推进。建立富民“1＋N”政策体系，民生支出占一般公共预算支出比重达75％。居民人均可支配收入达48800元、增长8.3％。积极扩大就业，新增就业人数2.8万人，城镇登记失业率1.8％，本市籍高校毕业生就业率达96.9％。持续推进美丽镇村建设，完成60个组团式村庄环境综合整治。实施“村道改善”122条、46公里。推进特色田园乡村建设试点。完成农村集体“三资”管理专项治理，农村土地承包经营权确权登记颁证全面完成，社区股份合作社股权固化改革扎实推进。

2. 公共服务不断优化。20项重点民生实事项目基本完成。元和中学、锦荷学校及幼儿园、兴隆中学等新改扩建工程稳步推进。社会力量举办学前教育启动实施。稳妥推进教师“县管校聘”改革，启动校长职级制，推动优秀校长、教师城乡交流。认真办理人大一号议案，推动基层医疗机构提档升级，新改扩建10家基层医疗机构，创建10个基层特色科室；统筹推进综合医改，准备工作基本完成。实施健康市民“531”行动计划，完善院前急救体系建设，完成1.8万人次应急救护培训，全面开展家庭医生签约服务。支持社会办医，北部医院开工建设。举办江南文化旅游节、首届“非遗”博览会、中国古琴艺术节，原创评弹《芦荡枪声》获省曲艺“芦花奖”。举办第七届体育运动会、国际男篮争霸赛等大型活动赛事，群众性文体生活丰富多彩。建成58.9公里健身步道，虞山步道开工新建12公里。学校体育设施免费向社会开放率达75％。

3. 社会保障更加健全。居民医保筹资标准提高到1000元/人。城乡低保标准调整至875元/月。机关事业养老保险制度改革全面实施。公办养老机构社会化改革稳步推进，新增日间照料中心64家，每千名老人拥有养老床位数超42张。新增缴存公积金职工6.3万人。落实房地产调控政策，加大经营性土地出让力度，出台优先购房、优租房租赁管理等政策，有效缓解住房供需矛盾。社会救助制度体系进一步完善，慈善帮扶作用更加明显，发放各类社会救助帮扶资金1.6亿元，惠及贫困对象约1.2万人。

4. 社会治理持续改进。全面推进三个“百日行动”，整改安全生产隐患3.4万条、重大事故隐患挂牌项目81个，整治“三合一”消防隐患9055家、出租房屋9311家，取缔无证网吧81家，整改教育培训（咨询）场所183家。落实领导干部接访、下访和包案制度，积极推进县南街等重点问题化解，信访存量下降26％。平安建设持续深化，刑事发案率继续下降。创建省级食品安全示范城市，食品药品安全监管水平不断提高。建立网格化社会治理联动机制，大联动框架基本形成。结合完善农村基础设施，引导村民充分参与村级事务管理，村民自治意识逐步增强。推进“社区服务社会化”“三社联动”“农村社区建设”试点，加强社工队伍建设，培育发展社区社会组织。推进“七五”普法，实施“两法”衔接，全市乡镇、街道法治文化阵地覆盖率100％。

## 五、以“十件事”为牵引抓落实，履职能力提升

1. 履职责任不断压实。改进部门绩效考核，建立以上率下压实责任绩效考核机制，逐级落实年度“十项”重点工作，强化压力传导。深化阶段性重点工作推进和督查机制，坚持市领导挂钩联系重点项目、重点企业、矛盾隐患排查整治等制度，强化工作推进。解放思想，务实担当，围绕“三合一”整治、城市管理、重点改革等创新制度供给和工作方式。

2. 政府服务不断优化。深入开展“百村千企万户大走访”活动，走访居民家庭44万户、企业4.3万家，解决问题7万余个，当好“店小二”、服务老百姓。深化“放管服”改革，“先照后证”“多证合一”“一照一码”改革持续深入，新登记市场主体3.3万户、增长105％。推进政务服务“一张网”建设，不见面审批（服务）事项占94.9％。实施项目“多评合一”“多图联审”“并联审批”“代办服务”，“3540”改革目标全面实现。深化市场监管体制、镇域综合执法改革，探索农业综合执法。分类推进乡镇政府职能转变和机构改革，深化经济发达镇行政管理体制改革，顺利实施虞山镇行政管理体制改革和行政区划调整。

3. 法治建设不断加强。推进“两学一做”学习教育常态化制度化，学习贯彻党的十九大精神，旗帜鲜明讲政治。严格党风廉政建设责任制，深化廉洁诚信积分管理和作风效能建设，驰而不息纠“四风”。加强审计监督和行政监察，强化权力监督制约。坚持依法行政，落实政府法律顾问、市政府常务会议学法等制度，加快重大行政决策标准化建设，接受人大法律监督、政协民主监督，办复人大代表建议159件、政协提案157件，满意率分别达98.7％和99.4％。加大政府信息公开力度，落实新闻发布制度。严格财政预决算公开和管理，推进产业基金有序投资，强化政府性债务管理，提高财政资金使用绩效，预计“三公”经费支出下降18％。

此外，民族宗教、侨台事务、对外协作、人民防空、统计、气象、外事、档案、地方志、工会、共青团、妇女儿童等工作都取得新的进步。

各位代表，在过去的一年里，全市上下倾情付出、倾力作为，谱写了常熟经济社会发展新篇章。在此，我谨代表常熟市人民政府，向全体人大代表、政协委员，向全市广大干部群众和离退休老同志，向驻常部队、武警官兵，向各民主党派、工商联和无党派人士、人民团体，向所有关心支持常熟经济社会发展的海内外朋友，表示衷心的感谢和崇高的敬意！

同时，我们也清醒地看到，工作中还存在许多不足，也面临不少困难和挑战。一是存量企业竞争力提升任务很重，传统产业升级转型任重道远；二是“两新”产业规模不大，创新

驱动力还有待进一步增强；三是公共安全形势不容乐观，主体责任和监管责任还要继续有效落实；四是水、气、垃圾等方面的环境问题还比较突出，环保基础设施建设还需加快；五是基本公共服务还不够完善、均衡，多元供给能力不足；六是少数干部精神状态不够振奋，担当的肩膀不宽不硬。这些问题，必须采取有效举措，认真加以解决。

## 2018 年重点工作安排

党的十九大指出，中国特色社会主义进入新时代，我国社会主要矛盾已经转化为人民日益增长的美好生活需要和不平衡不充分发展之间的矛盾，作出了决胜全面建成小康社会、开启全面建设社会主义现代化国家新征程的战略部署。中央经济工作会议和省委、苏州市委、常熟市委全会对做好今年和今后一个时期工作提出明确要求。我们要顺应新时代、适应新变化、矢志新征程，立足当前、着眼长远，因势而谋、顺势而为，按照党的十九大部署要求，根据市十五届人大一次会议确定的政府五年目标，紧扣现实变化和群众期盼，用系统性思维和改革的办法谋划推动工作，努力开创发展新局面。

2018 年政府工作的总体要求是：全面贯彻党的十九大精神，以习近平新时代中国特色社会主义思想为指导，坚持稳中求进工作总基调，坚持新发展理念，紧扣我国社会主要矛盾变化，按照高质量发展的要求，坚持以供给侧结构性改革为主线，以“两聚一高”为目标，以创新性探索性引领性发展为牵引，以精致城市建设为路径，坚持系统化思维、注重规律性把握，围绕打造实体经济、县域创新、生态环境、城乡融合、社会治理、文化引领“六个特色”，促进经济社会持续健康发展。

2018 年全市国民经济和社会发展的主要预期目标是：地区生产总值增长 7%以上；服务业增加值占 GDP 比重提升 0.2 个百分点；一般公共预算收入增长 8%以上；工业总产值增长 4%；规上工业产值增长 5%；工业增加值率提升 0.5 个百分点以上；高新技术产业产值增长 10%；新兴产业产值占规上产业产值比重达 50%；全社会研发经费支出占 GDP 比重提高到 2.8%；全社会固定资产投资规模与上年持平，其中：工业技改投资增长 10%，高新技术产业投资增长 10%；社会消费品零售总额增长 8.5%左右；实际利用外资 6 亿美元；外贸进出口总额保持增长；居民人均可支配收入增速高于 GDP 增速；完成上级下达的节能减排、环境治理任务。

为实现上述目标，我们将重点抓好以下七方面工作：

### 一、聚焦发展质效，做快经济转型

以高质量发展为根本要求，注重质量、效率、动力三大变革，坚持提升存量和培育增量同步推进、夯实基础和转换动能齐头并进，着力在存量上求提升、增量上求优质、创新上求深入、结构上求优化，实现更高质量、更高效率、更可持续的精明增长。

1. *升级传统产业*。推动企业加快智能化改造，实施“163”计划，重点对集聚度高、用工密集的装备制造、纺织服装、新能源、模具、货架等行业进行智能化改造，强化示范引领，锁定目标分批推进，全年新增智能制造示范企业 20 家、智能化改造重点项目 150 个、工业机器人 1000 台套，培育两化融合企业 120 家。充分发挥常熟理工学院应用型教研优势和本土智能制造专业技术服务商作用，大力引进外部服务资源，满足企业改造需求。加强企业分类指导培育，精准抓好“专精特新”、“小巨人”、小微进规模企业目标管理，梯度培育，跟踪服务，新增“专精特新”产品 30 个、“小巨人”企业 3 家、小微进规模企业 75 家，新认定高新技术企业 60 家。实施企业上市和上市企业“倍增”计划，新增上市和挂牌企业 8 家、辅导期企业 5 家，完成股改企业 20 家；推动上市企业并购重组，支持企业利用资本市场做大做强，三年实现上市企业市值倍增；引导创投资本对接创新创业企业，鼓励企业对接多层次资本市场，培植创新发展新亮点。

2. *扩大有效投入*。增强四大招商体系整体招商功能和区镇联动效应，强化资本、信息、资源对接，多形式开展招商活动，力争全年重点产业项目投资超 200 亿元。加强载体建设，按照“一特三提升”和“一区多园”要求，促进开发区改革创新发展，推动“三区一园”加快向现代产业园区转型。经开区突出汽车产业特色，打造研发、金融、物流、人才四大平台，开展补链、延链、强链招商，努力实现“五区共建”；高新区加快新能源汽车、智能制造、大数据、人力资源等特色产业园建设，吸引高端资源集聚，加快形成产业技术优势和规模优势；虞山高新区(筹)利用军民融合、医疗器械等基础优势，打造特色产业园；新材料产业园发挥资源稀缺优势，强化集约利用，提高准入门槛，加快建设高端新材料特色产业基地；镇级工业集中区加强基础设施和配套建设，提升承载能力和水平。推进重点项目建设，加快开工进度，力争重点项目开工率提速 5 个百分点。加强出口基地、品牌和营销渠道建设，创新贸易方式，推进一般贸易、市场采购、跨境电商联动发展。整合提升港口资源利用效率，推动口岸“三个一”“三互”机制和“国际贸易单一窗口”成熟化运作，提高贸易便利化水平。

3. *加快动能转换*。谋划布局前瞻性产业，发挥中国智能车研发测试中心等特色创新平台作用，加快培育汽车智能化、网联化、轻量化产业；着力提升智能制造解决方案服务商能力，培育智能制造产业；加快推进北大分子工程苏南研究院和省产业研究院液晶所、金属研究所等高校院所建设，谋划发展新材料产业，努力形成新增长极。持续推进科技创新，深化科技“综改”，加快政策落实，完善运行机制，强化企业创新主体地位，支持新型研发机构项目孵化和成果转化。完善产学研协同创新机制，推动产学研合作项目与产业基金对接，拓展科技镇长团内涵和创新发展大会成果，新增产学研合作项目 200 个。加快实施重点创新平台市场化改造，加强省级以上科技企业孵化器建设。实施专利质量提升工程，全市万人有效发明专利拥有量超 27 件。加强“双创人才”培养，新增市级以上人才项目40个。

4．优化经济结构。大力发展城市经济，持续推进服装城转型，加快智慧商城、智能物流建设，规划建设国际贸易公路港，设立欧韩国际轻奢品牌运营中心，做强3个以上具有行业影响力的标签市场、专业市场，增添符合市场需求的时尚元素和品牌效应；深化市场采购贸易试点，优化体系，完善平台，集聚主体，市场采购贸易出口额超15亿美元。盘活城区闲置房产资源，聚集更多优质的大数据、文创、金融、电商企业，提高四大产业园运营发展水平。加快全域旅游发展，健全工作机制，完善智慧旅游大数据平台等配套设施，借力社会资本打造特色鲜明的旅游主题、主线，谋划建设虞山尚湖古城融为一体的全域旅游核心区，积极推进沙家浜高品质旅游度假示范项目，提高旅游核心竞争力。创新特色小镇培育机制，立足产业，注重特色，培育2～3家符合实际、引领发展的市级特色小镇。

## 二、聚焦内生动力，做深改革文章

秉持问题导向、目标导向，聚焦制约发展的关键点，以供给侧结构性改革为主线，认真抓好各项改革，着力在破解难题、优化服务、释放活力上取得新突破。

1．深化“放管服”改革。组建行政审批局，稳妥开展相对集中行政许可权改革试点，推进国家级开发区全链审批赋权工作，逐步实现“一枚印章管审批”。深入推进“互联网＋政务服务”，真正实现“不见面”审批，巩固“3540”改革成效，进一步优化审批流程、提供便捷服务。深化商事制度改革，完善事中事后监管体系，深入推行“双随机、一公开”，维护良好市场秩序。

2．深化国资国企改革。清晰定位直属国资公司的功能和任务，优化业务结构，做优做强主业，实现差异化发展。完善治理结构，健全现代企业制度和监事会工作机制，加强国企团队建设，推动国企逐步向市场主体转型，提升市场竞争能力。优化资本结构，进一步整合资产资源，引入多元投资主体，加快中法水务IPO步伐。

3．深化社会领域改革。进一步深化机构和行政体制改革，继续完善虞山、常福、莫城、琴川四个街道“区政合一”管理模式，提升治理能力。推进第二批经济发达镇行政管理体制改革，探索乡镇集成改革。深化镇域综合执法改革，统一运作模式，加强网格化社会治理数据库和基础平台建设，建立综合执法与网格化社会综合治理的联动协作机制。探索利用大数据、云计算、人工智能等技术手段，强化信息融合与数据共享，发挥“城市大脑”在社会治理体系中的作用。推进职业教育产教融合、校企联动，鼓励学校企业联合招生、联合培养，按照企业需求设置专业、课程，创新实训基地建设，优化职教队伍和薪酬分配，提升老师教、学生学的积极性。深化公立医疗卫生体制改革试点，分片区建立三大医疗共同体，实施财政投入、医保支付、药品采购、岗位管理、人事薪酬等综合改革，实现以医疗为中心向以健康为中心转变。不断创新社区治理机制，积极培育社会组织，加强社工机构和人才建设。深化社会信用体系建设，加强信用监管和联合奖惩，探索信用积分管理，打造诚信城市。

## 三、聚焦功能品质，做优城建格局

坚持着眼长远与立足当前相结合，规划建设与长效管理相统筹，持续构建大交通格局，推进城市更新改造，落实城市精细管理，促进文明城市创建长效常态。

1．持续抓好交通建设。狠抓工程前期准备、开工节点、建设进度，推进昆承大道全线竣工通车，完成通港路高架主体结构。G524快速化改造，新世纪大道北延，常台高速常熟高新区互通新建，东南大道东延及常熟东互通改扩建工程开工。青墩塘路快速化改造、S342常熟西段改线、苏南沿江铁路、通苏嘉铁路方案基本稳定。

2．着力推进片区开发。推进城铁片区开发，对核心区继续实施整体征收搬迁，完善静海路、黄浦路、碧海路等基础设施。推进琴湖片区开发，完善片区方案设计，加快拆迁扫尾，完成陶山路南延、湖苑路、胜湖北路建设。推进南部新城片区开发，完成金湾路等7条市政道路建设，形成片区道路框架，完成片区水系调整和绿化慢行系统建设。推进龙腾片区开发，完成相关基础设施建设。积极谋划花溪、藕渠片区整治。

3．加快实施城市改造。完成沿江生态经济圈概念规划，启动昆承湖周边区域规划研究编制工作，推进历史文化名城、历史街区、历史建筑保护整修，南门坛上核心区开街运营。加快推进城中村自主更新改造。新建金腾家园二期等安置房项目5个、安置房2500套，完成1000户以上拆迁户安置。选址六八塘开工建设琴川城市公园，实施昆承大道两侧等绿化工程，提升绿化管养水平。完成虞山步道建设。推进公交优先和公交信息化建设项目，优化区域公交线网。编制新一轮老小区综合整治方案，实施10万平方米以上整治改造。推进民用管道天然气工程，接入2.5万户。新增设38个公共自行车站点、投放1000辆自行车。加快推进征收搬迁工作。

4．巩固深化城市管理。总结全国文明城市创建经验，推行集贸市场、停车秩序、“牛皮癣”、犬类等长效管理机制，深化交通秩序整治和规范管理。完成1/3以上行政事业单位停车位对周边居民错时开放。理顺市级部门与街道的城市管理职责。推行组合清扫、巡回保洁、应急响应、群防群治、内部联动“五道防线”的城市管理措施，进一步提升城市市容秩序水平，打造2～3条精致街道。持续推进“厕所革命”。加强物业管理，完善维修基金管理使用办法。推进城乡生活垃圾分类治理，实现城区公共机构和相关企业生活垃圾强制分类，完成40个行政村有机垃圾分类处置，探索就近处理餐厨及可腐垃圾新办法。

## 四、聚焦百姓福祉，做好民生事业

坚持以人民为中心的发展思想，着眼满足人民群众日益增长的美好生活需要，推进基本公共服务标准化均等化，加大公共服务和产品供给，完善多元化投入机制，把尽力而为与量力而行、满足多元需求与兜住民生底线统一起来，办好20项民生实事，增强群众获得感。

1. 强化“三农”工作。贯彻乡村振兴战略要求。加强农村集体资产管理，开展以镇为单位的村级经营性资产联合发展公司试点工作，建成镇村农村集体“三资”信息化管理统一系统。启动新一轮薄弱村精准帮扶工作。进一步优化美化村庄风貌和农民住房形态色调，完善农宅翻建办法，实行常态化管理。推进特色田园乡村和美丽镇村建设，分类推进组团式村庄环境综合整治60个。抓好被撤并乡镇集镇区综合整治。完成“村道改善”120条、45公里，引导村民通过制定自治章程、村规民约，探索自治、德治、法治相结合的乡村治理体系。持续推进农业供给侧结构性改革，强化农业基础支撑，完成高标准农田建设4万亩，休耕轮作5万亩以上，加大农业机械应用，增强农业综合生产能力。调整优化农业扶持政策，壮大农业龙头企业，发挥农业园区示范作用，推进“智慧农业”建设。着力推动蔬菜区适度规模经营，开展种养结合和生态养殖试点，促进农产品品牌整合提升和农业产业延伸。强化新型职业农民培训，依托高校和职业院校定向培养涉农人才。全力创建国际湿地城市。

2. 发展社会事业。加快学校建设，新建公望小学及幼儿园、扩建昆承中学等5所学校，竣工或投用衡丰幼儿园、滨江小学等9所学校。推进教育优质均衡发展，把集团化办学落到实处，丰富高中阶段教育内涵。强化新市民子弟学校帮扶提升和规范管理。支持社会力量兴办学前教育。北部医院主体结构封顶，谋划南部医院布点，实施10家基层医疗机构新改扩建。完成卫生城市国家级复审。实施家庭医生签约服务扩面工程，重点人群签约率达60%。组织开展2018江南文化旅游节、市民阅读节，实施言子旧宅维修及周边环境整治工程，启动中共常熟党史馆暨李强故居修缮，启用档案馆新馆，新布局一批城乡图书馆，整合资源推进村（社区）综合性文化服务中心标准化建设，增强城乡公共文化氛围。完成《曾朴文集》终审出版，启动《常熟文库》编纂工程。举办全民健身月、户外运动节、尚湖国际马拉松赛等群众性体育赛事，办好亚足联U23锦标赛等大型赛事。启动建设“虞城闪付”项目，逐步实现在公交、医疗等公共服务领域便民支付。

3. 完善社会保障。新增就业2.5万人，城镇登记失业率控制在2.5%以内，本市高校毕业生就业率95%以上。加大社会保险扩面征缴力度，推进本地户籍人员和稳定就业外来务工人员依法参保。实施长期护理保险试点。完成公办养老机构改革2家以上，推动医养融合发展；加大社区养老设施建设力度，新增日间照料中心25家。新增缴存住房公积金职工3万人。有序安排经营性土地出让，加强优租房租赁管理，进一步完善住房保障体系。用好“阳光扶贫”“困难群众精准帮扶”等信息系统，加强支出型贫困家庭精准帮扶。做好社会救助、慈善事业、残疾康复和老年人关爱工作。

## 五、聚焦环境质量，做美宜居生态

践行“绿水青山就是金山银山”理念，坚持补齐短板打基础、聚焦问题抓治理、多措并举强保护、综合施策保长效，守护好绿水青山、呵护好蓝天净土，建设美丽常熟。

1. 补齐设施短板。加快第二生活垃圾焚烧发电厂扩建，开工建设建筑材料再生资源利用中心。开工建设城东净水厂，完成洪洞净水厂前期工作，实施第三水厂深度处理工程。新改建污水主次、控源截污管网50公里，完成1.6万户城乡家庭、650家人员密集场所生活污水收集处理。完善水质、空气自动监测体系建设，提升环境监测能力。深入实施“畅流活水”工程，持续推进望虞河除险加固和西控等工程，开工建设白茆塘枢纽等闸站，年内实现城区防洪大包围，拓浚整治镇级河道16条、50.9公里。

2. 深化专项治理。持续开展“263”专项行动，集中解决一批突出环境问题。完善“散乱污”企业发现、严控和联合整治机制。严格落实“河长制”“断面长制”，深化望虞河、七浦塘等重点流域、区域河道综合治理，完成黑臭河道整治203条。实施新一轮大气污染防治行动，大力推进挥发性有机物治理、燃煤锅炉整治和码头堆场扬尘控制等重点任务，落实重污染天气应急管控措施，打好“蓝天”保卫战。深化限养区、适养区规模化养殖场治理。启动第二次污染源普查。

3. 推进绿色发展。落实环境保护税改革，试行乡镇上下游断面双向补偿，综合发挥环境经济政策的激励和约束作用。开展环保专项执法“利剑行动”，持续推进企业环境管理标准化建设，落实企业环保主体责任。着力推进“三优三保”，加快村级工业用地整优，村级工业用地只减不增，盘活存量建设用地4700亩。探索实施存量企业“零地倍增”计划，提高产出效率。建设工业大数据平台，发挥工业企业资源集约利用平台作用，探索实施企业分类评价差别化政策。推进绿色建筑发展，创建绿色建筑示范市。加大节能技术改造，完成上级下达的能源消费总量控制目标。

## 六、聚焦社会治理，做密安全防线

把社会治理摆上突出位置，时刻绷紧安全稳定这根弦，坚持底线思维，压实各方责任，对各类安全稳定隐患发现在早、预警在先、处置在小，确保社会大局和谐稳定。

1. 防范公共安全风险。开展三个“百日行动”回头看。巩固出租房屋整治成效，完善基础数据采集，探索利用信息化等手段加强常态化管理。提高信访工作专业化、法治化、信息化水平，化解积案减存量，排查矛盾降增量。深化社会治安防控体系，抓好人员密集场所安全防范和突出治安问题整治，提升防控质态，增设2000套监控系统。加强市政消火栓维护管理，开展消防安全培训6万人以上，提升火灾预防能力。推进食用农产品质量安全监管体系建设，防控食品安全风险。持续开展非法用工和劳务市场清理整顿。

2. 防范安全生产风险。突出“强主体、严监管、抓标准、除隐患”四项重点，严格落实主体责任，对规模较大企业，督促强化投入、落实制度,扩大安全生产标准化建设覆盖面;对小微企业,压实企业法人安全责任,通过高频次宣传培训和严格事前处罚,强化安全意识。注重安全工作实效,突出危化品、粉尘涉爆、建筑施工、职业危害、城镇燃气、“三合一”、出租房、道路交通、特种设备等重点领域,紧盯事故易发的关键点,制定接地气、易接受、快整改的方案,开展整治攻坚。积极探索企业安全风险分级管控和隐患排查治理双重预防机制,关口前移,精准监管,增强防控能力。深化安全隐患排查整治,全面完成重大事故隐患挂牌项目整改。完善事故应急处置预案,提升快速反应能力。

3. 防范金融债务风险。推进互联网金融整治,加大金融风险化解工作力度,坚持“打早打小”,主动出击,积极防控非法集资风险。加大不良贷款处置力度,优化金融生态环境。做好政府债券置换存量债务工作,严格新实施项目审批管理,探索公益行业项目投融资机制改革,确保不发生违规举债行为和系统性区域性债务风险。

## 七、聚焦作风效能,做实政府服务

着力练就担当的宽肩膀、成事的真本领,认真负责抓好省委巡视反馈意见整改落实,以上率下推进年度“十项”重点工作,做到胸中有“大格局”,眼中有“时间表”,肩上有“责任状”,手中有“施工图”。

1. 坚持务实为政。多沉下去找准问题,落实挂钩联系制度,“深潜”到基层,为企业和群众办实事、解难题。多层次形成共识,对确定的决策部署,思想统一,执行有力,遇到困难及时沟通协调。多方法推动工作,加强理念、制度和方法创新,善于突出重点、抓住关键、盯牢过程,落实重点工作推进和督查机制,排出进度,拿出力度,干出精度。多担当解决问题,不当“二传手”,争当“主攻手”,勇于任事,主动作为,担当起该担当的责任;坚持公心办事,落实容错免责机制,改进绩效考核,花更大力气推动遗留问题解决。

2. 坚持廉洁从政。深入学习贯彻党的十九大精神,扎实开展“不忘初心、牢记使命”主题教育,提高政治站位,树牢“四个意识”。落实全面从严治党政治责任,严守政治纪律和政治规矩,加强意识形态领域引导和管理,坚决贯彻执行中央八项规定实施细则精神,聚焦“四风”突出问题特别是形式主义、官僚主义新表现,持之以恒正风肃纪。加强权力监督制约,坚持抓早抓小、挺纪在前,强化审计监督,支持监察委员会履职。坚持节用裕民之道,提高财政资金使用绩效,严控“三公”经费,用政府的“紧日子”换取群众和企业的“好日子”。

3. 坚持依法行政。做好“七五”普法中期评估,落实普法责任制。加强法治政府建设,严格按照法定权限和程序行使权力、履行职责,完善决策程序和机制,加强政府信息公开和行政复议工作。主动向市委报告工作,自觉接受人大法律监督、政协民主监督,持续抓好人大议案、代表建议和政协提案办理,积极回应“12345”热线等群众呼声。开设“为企服务”专用邮箱,受理企业诉求,精准帮助企业解决困难。

各位代表,人勤春来早。2018年是一个挑战多于机遇的年份,国内社会主要矛盾已经变化,国际社会发展环境更加复杂,政府工作将面临更多更大的挑战。我们将在中共常熟市委的坚强领导下,在人大、政协的支持监督下,团结依靠广大干部群众,不忘初心、牢记使命,放下架子、扑下身子,接地气、通下情,身入心至、低调务实谋发展、转动能、解难题,全力推动经济社会高质量发展,为打造“精致常熟”和建设“强富美高”新常熟而努力奋斗!

东南街道景观 (常熟日报社提供)

责任编辑 邹 萍

促检查到位。按照“谁主管、谁负责,谁丢分、谁负责”的原则,明确责任分工,严格责任追究。

周勤第要求全市各部门按照职责分工,狠抓落实,确保创建工作横向到边、纵向到底,不留盲区,不留死角。市创建指挥部、办公室要制定周密方案,细化责任分工,确保各项工作落实到位。要充分运用各类媒体、户外宣传栏、公益广告牌、宣传资料等多种载体,加大宣传力度,精心组织系列宣传活动,进一步形成全城动员、全民参与、共建共享的良好局面。

韩卫兵就创建工作作具体部署,要求各地各部门认清形势、找准差距,切实增强创建工作紧迫感,要突出重点、明确责任,把创建工作引向深入,要强化领导、狠抓落实,确保创建工作取得新成效。

推进会后,常熟市以“创建为民、创建惠民、创建育民、创建靠民”为出发点,通过网格化管理,强化日常监管、统筹协调、高效处置,构建全面覆盖、各方参与、上下联动的常态化创建管理模式,将监督和处置相分离,使传统、被动和分散的管理,转变为现代、主动和系统的管理,进一步完善市行业主管部门、属地政府协调联动的工作机制,实现城市管理的精细化、科学化、常态化。具体负责市容市貌维护、交通秩序维护、市场秩序维护、基础设施维护、窗口单位的文明创建、校园周边环境管理等工作。

2017年5月19日,常熟市召开创建全国文明城市迎检动员会暨点评交办会,部署落实文明城市江苏省级测评迎检工作。市委书记王飚强调,现在距江苏省级测评还有2周不到时间,全市上下要拿出“创则必成”的信心和勇气,全身心投入、全方位发力,以最好的工作状态推进创建工作,确保顺利通过江苏省级测评。市委副书记、市长周勤第,市人大常委会主任杨崇华,市委副书记、市政协主席、市委宣传部部长韩卫兵等市四套班子领导出席会议。

就做好迎检工作,王飚提出三点要求:

认识再深化。各地各部门要把负重迎检的压力转化为攻坚克难的动力,下定“志在必得”的决心,拿出“战则必胜”的劲头,咬定目标抓落实、紧扣指标促提升,全力发起创建工作决战冲刺,“一鼓作气”确保“一举成功”;要有最佳的状态,在迎接省级测评的关键时期,始终拉满文明创建的“弓”,全身心投入创建各项任务中;要有细致的作风,仔细梳理本地本部门负责的指标任务,逐项逐条对标找差,举一反三,把已经开展的工作做得更好,把还有短板的项目补齐起来,抓实抓细,确保在测评期间经得起查、经得起看。

志愿者上街宣传　　（市委宣传部提供）

措施再强化。要聚焦重点难点问题,全力以赴攻克薄弱环节、补齐创建短板;要激发活力,通过加大宣传力度、加强氛围营造、动员社会参与等举措,做到全民共创、全民共享,确保形成浓厚的创建氛围;要运用巧力,对迎检过程中反复出现的一些复杂问题,要善于创新工作思路和方式,运用有针对性的措施,克服政策性障碍,最终达到解决问题的目的。

责任再细化。各地各部门“一把手”要带头示范,切实履行第一责任人职责,抓问题排查、抓任务分解、抓分工合作、抓工作落实,对督查中反馈的重点问题要亲自过问、督促落实,确保尽早解决问题;要层层压责,各地各部门要对照测评体系要求,迅速制订迎检工作方案,明确职责、明确要求、明确时限,把任务落实到每个相关人员,保证创建工作不落空、抓到底;要严肃问责,市委将出台创建文明城市工作问责《实施办法》,各地各部门务必保持清醒头脑,切实履职尽责,确保完成任务。

周勤第对当前需要重点整改的镇村社区创建活动开展不到位等七方面问题进行点评和交办部署,强调迎检期间各地各部门要做好社会主义核心价值观等公益广告发布,组织文明礼仪、文明行为规范和文明城市创建知识宣传,积极开展志愿服务活动,落实“门前三包”责任制,切实做好相关迎检工作。

韩卫兵通报上次点评交办会事项落实情况,与会者一同观看暗访视频。

2017年5月23～26日,市四套班子主要领导分批带队实地督查文明城市创建工作。市领导明确要针对镇村环境、交通秩序、社区管理、公益宣传等突出问题,列出清单专项整治,对照标准逐一销号。对照测评体系要求,划清责任范围,明确责任内容,进一步压实责任。要调动群众、企业参与志愿服务热情,让创建真正体现社会效应、体现文明程度,高效推进各项创建工作,持续营造文明城市氛围。

2017年8月20日,市召开创建全国文明城市再动员大会。市委书记王飚在会上讲话,市委副书记、市长周勤第,市人大常委会主任杨崇华,市委副书记、市政协主席、宣传部部长韩卫兵等市四套班子领导出席会议。

王飏提出四点要求：

提高站位，坚定"创则必成"决心。全市各级干部要进一步强化政治意识、大局意识和责任担当，切实把文明创建放在全局和战略的高度来把握和推进，以"创则必成"的信心和勇气，自我加压，奋力拼搏，全力做好测评迎检工作。要从旗帜鲜明讲政治的高度，进一步提高政治站位，进一步提振精气神，着力消除思想误区，更加坚定创建的信心和决心，保持久久为功的韧劲，全力以赴实现"志在必得、创则必成"目标；各级领导干部要不忘初心，坚定信心，保持定力，把各项工作抓紧抓实，全力以赴打赢创建攻坚战，让全市人民翘首以盼的目标变为现实。

提高标准，实现"争先进位"目标。要严格按照中央文明委最新测评要求，紧扣"保二争一"目标，强化问题导向，主攻薄弱环节，全力争先进位。要跟"问题"较劲，必须聚焦重点难点，坚持问题导向，精准施策、精准发力，全力加大突击整治的力度；各地要严格对照国家测评标准，开展拉网式检查，严格落实"定人、定岗、定职责"措施，包干到底、强力管控，使各类现场都能经得起细查、严查；要紧盯省内排名前列的对手，扎实做好创建冲刺工作，确保在竞争中确立优势、胜券在握。

提升水平，深化"全域创建"工作。采取"突击整治"和"长效管理"相结合方式，狠抓新指标新要求落实和突出问题、薄弱区域整治，巩固创建成果，推进全域创建、全员参与，全面提升创建水平。要坚持"一把手"点评交办制度，各级各部门要主动对标找差、对号入座，进一步提升工作标准、创新工作机制，真正把工作做在经常、做到极致；要扎实做好考察点迎检准备，各地各部门要对市域40个大类实地考察点开展重点检查，逐一过堂、挂图作战，确保全部待考察点位全面超过测评标准要求；要在巩固前期创建成果的基础上，建立常态化长效化机制，实现城市文明创建的常态长效；要提升创建工作特色品牌，组织开展百万市民"学礼仪、守规则、践公德"主题活动，持续推进社会主义核心价值观、"讲文明树新风"等公益广告常态发布。

提升能力，压实"冲刺迎检"责任。全市上下特别是各级各部门、广大党员干部，要拿出拼劲、拿出担当，抓落实、抓推进。要提升抓领导、重落实能力，各级党委、政府要加强创建的统筹协调，市四套班子领导要沉下身子，靠前指挥；要提升抓突击、敢担当的能力，继续发扬认真负责、担当实干的作风，发扬"5+2""白加黑"的精神，全力以赴投入创建迎检，特别是公安、城管、住建等部门，以及虞山镇、服装城、度假区等城市管理主体，要组织好力量，确保拿出最佳状态；要提升抓安全、保稳定的能力，扎实推进三个"百日整治"行动和"散乱污"专项整治，形成创建工作的强大合力；要提升抓宣传、造声势能力，通过报刊、电视、广播、微信、网络等载体开展全方位、多角度、立体化的宣传动员，迅速形成强大的舆论环境。

韩卫兵对下阶段的创建工作进行部署，要求各地各部门认清形势，坚定信心决心。抓住关键，突破创建瓶颈，全面加强秩序管理。真抓实干，确保夺取胜利。

**（二）"百日整治、百日巩固"**

2017年2月22日至5月31日，常熟市在全市范围开展争创全国文明城市"百日整治"专项行动，从2017年6月1日至9月30日，开展"百日巩固"行动。在推进过程中，实行"双百日"专项行动市领导分工负责制，明确相应职责，各部门主动对接任务，按照序时进度推进各项工作。

2017年9月6～8日，市四套班子主要领导分路督查全国文明城市创建迎检工作情况，并对发现的问题现场交办。针对重点场所、农贸市场、窗口单位的公益广告牌设置、市容秩序和环卫保洁等问题，市领导要求立即整改到位，加强回头看补短板，切实营造好创建氛围，确保各项创建工作高效落实到位，以决战之姿全力冲刺全国文明城市创建。

**（三）上下协力，成功创建**

2017年8月以来，中央文明办根据中央文明委2017年版《全国文明城市测评体系》，按照城市自主申报、省级择优推荐、中央部委审核、组织综合测评、听取市民意见、进行综合计分、媒体集中公示等评选程序，严谨规范组织第五届全国文明城市评选工作，以实地暗访考察、入户问卷调查和网上材料审核三种方式对166个参评城市进行测评，严格依据参评城市的2015年、2016年、2017年三年测评总成绩排名，报中央文明委领导批准，提出第五届全国文明城市名单。11月14日，第五届全国文明城市名单和复查确认继续保留荣誉称号的往届全国文明城市名单正式公布。常熟市荣登榜单，跻身全国文明城市行列。

2017年11月，常熟市获评全国文明城市　　（市委宣传部提供）

## 二、主要做法

**（一）始终坚持"一把手"主抓**

建立书记、市长点评交办制度，以上率下，切实做到工作在一线推动，问题在一线解决。2017年先后召开重点问题点评交办会13次，组织现场督查17次，针对基础设施、生态环境、公共秩序等15个方面问题开展集中整治并取得实效，构建起"市领导分区牵头负总责、部门主要领导抓落实、机关干部包区域"的工作体系。市委常委会7次研究文明城市创建工作，召开全市精神文明建设大会部署深化群众性精神文明建设工作，把文明创建纳入市委市政府重点工作、纳入机关和板块绩效管理考核重点内容。创建办抽调30人组成督导督查组，问题反馈交办实行晒单销号，检查点位8000多个，发现问题2.1万个，问题办结率达99.99%；委托第三方开展实地测评6次，对督查整改完成情况等进行量化考核和通报。

**（二）始终坚持“一条主线”贯穿**

围绕培育和践行社会主义核心价值观这条主线，坚持把创建的着力点放在社会文明程度和市民素质提高上。

注重典型示范引领。建立每月发布“最美人物”、设立“善行义举榜”、媒体集中宣传报道的“三同时”机制，开通江苏首个好人网上展厅，打造多形式好人园，建设400多所道德讲堂，开展“道德评弹故事汇”“一村宣讲一故事”“六个一”关爱礼遇道德模范等活动，营造见贤思齐、崇德向善的良好社会风尚。

注重公益广告宣传。突出抓好公益广告常态发布，以“景观化”“立体化”“流动化”形式，将核心价值观、“讲文明树新风”融入市民生活环境、城市规划建设和城乡公交线路，新增景观造型100多个，墙绘150多处，公交车车身广告662辆，形成环城北路、书院街、泰山路、虞山北路等一批文明风景线。

注重文明行为养成。在城乡发放文明礼仪宣传手册100多万份，发布文明广场舞《公约》和文明养犬《公约》，设置公共文明引导岗380个、文明健身点200个、文明晾晒点80个，安装宠物便便箱600多个。广泛开展“大手牵小手、文明一起走”和“遵守常熟文明20条、争做文明有礼常熟人”主题活动，公共场所讲卫生、遵公德、守秩序成为市民的行为自觉。建立“百姓路长”“百姓河长”“百姓楼长”三支志愿服务队伍，结合“百姓城管”手机APP，让志愿者直接参与城市治理。全市注册志愿者超过14万人，年参与志愿服务40多万人次，98个“学雷锋”志愿服务驿站遍布城乡主要街区。

汽车路边有序停放　　（市委宣传部提供）

百姓路长现场纠正乱堆放　　（市委宣传部提供）

**（三）始终坚持“一体化”推进**

在实际推进全国文明城市的创建过程中，常熟市以城带乡、以点带面，把创建工作融入市民群众生产生活。

推进市容市貌整治。累计查纠流动摊贩、占道经营、乱停车等各类乱象24万多起，清理乱涂贴近33万余处。严查违规养犬行为，捕捉留验流浪犬只1702条、办理犬证1016张，处罚违规养犬主44人。改建无障碍厕所179座，增设盲道6600平方米。新装路灯1508套，主干道亮灯率达99%以上，街巷小区亮灯率达98%以上，完成环城河、枫泾河、西门大街沿线景观及建筑、阜成门及城墙、三峰寺等16处景观亮化提升工程。

推进文明交通。设置75个主要路口及111条严管路段，新增监控布点1100多套，基本实现道路监控无盲区、全覆盖，全市共计处罚各类非机动车违法17.6万余起。组织公交车、出租车司机开展“文明公交车”“十佳”驾驶员、“文明公交线路”创建活动，城区交通秩序明显改善、道路更加通畅。

推进市场秩序维护。对城区2条商业大街、8大商圈、33家集贸市场、12所学校等周边环境秩序实行一体化管理，集中开展旅游市场检查整治活动。

**（四）始终坚持“一套制度”管理**

通过全国文明城市创建的活动全过程，常熟市形成了行之有效的城市管理制度和机制。

市容环境管理制度和机制。在江苏省率先实现数字城管网络城镇全覆盖，建成集城乡生活垃圾收运监管、餐厨垃圾收运处置、建筑垃圾处置管理等多子系统于一体的环卫综合管理信息平台，创新固化“城管＋”“牛皮癣”治理、“非现场执法＋信用联动惩戒”等诸多常态长效措施，实施“牛皮癣”电话号

泰山南路景观　（常熟日报社提供）

码联合通讯商停机措施。城区生活垃圾分类设施覆盖率已超60%，城区道路机械化清扫率达94%。

交通组织制度和机制。完善交通协管员制度，交警、城管、义警和志愿者互为补充，引导和指挥非机动车、行人文明出行。规范统一人力客运三轮，对符合条件的388辆人力客运三轮车集中进行外观统一更换。规范和增设机动车、非机动车停车泊位1.3万处，增设禁行、让行标志746处，对医院、学校等交通吸引量较大的区域设置即停即走车位。建立公交优先和保障公交路权的制度，实施主要道路交叉口公交优先改造，优化公交线网布局，形成城市、城乡、镇域公交三级网络，全市公交日均发班4782班，日均运送旅客30.61万人次。

行业管理制度和机制。建立诚信"红黑名单"制度以及守信联合激励和失信联合惩戒制度，在全国县级市中首创将社会法人、自然人违反城市管理行为的失信纪录纳入征信体系。全市窗口行业（单位）全面公开服务标准、服务承诺、服务项目及收费标准等行业规范；全面推行服务承诺制、首问负责制、限时办结制，健全投诉处理机制；在服务大厅设立学雷锋志愿服务站点，深化"诚信在行业满意在窗口"优质服务竞赛活动，市民对窗口行业的满意度不断提高。

## 三、落 实 长 效

### （一）成功创建的经验体会

坚持把创建惠民作为根本目的。在整个文明城市的创建过程中，常熟市始终坚持以人民为中心的创建思想，突出全民参与、全程创建，着力解决群众关心的重点难点热点问题，不断满足人民群众对美好生活的需求。

坚持把崇德向善作为价值引领。常熟市围绕培育和践行社会主义核心价值观主线，着力提升市民文明素质和城市文明程度，形成了"德润人心、向上向善、诚信互助"的良好社会风尚。

坚持把重在建设作为基本方略。常熟市坚持在落细落小落实上下功夫，突出市民素质建设，突出城市软环境建设，突出城乡文化建设，突出社会风尚建设、突出未成年人思想道德建设，使文明创建成为群众积极参与、共建共享的民心工程。

坚持把机制建设作为重要保障。常熟市各级党政主要领导亲自抓部署、抓督促、抓落实，加大创建力量投入，建立市领导定期点评制度，用干部的责任感增强群众的获得感。

### （二）推进文明创建常态化

不断深化思想认识。始终把创建工作融入"五位一体"总体布局和"四个全面"战略布局，牢固树立"四个意识"，自觉主动地向党中央协调推进"两个文明"建设的政治站位和鲜明态度看齐，向党中央加强精神文明建设、推进新型城镇化的重大决策部署看齐，不断提高深化文明城市创建工作的原则性、系统性、预见性和创造性。

不断突出灵魂主线。常熟市始终把核心价值观贯穿创建工作全过程；深入实施公民道德建设工程，推进社会公德、职业道德、家庭美德、个人品德建设，大力培育市民的公德意识、社会责任意识、规则意识、法治意识、生态意识和奉献意识等现代公民意识；制定文化发展和改革十三五规划，着力推进城市文化建设。

不断推进城乡一体。常熟市大力实施文明乡风工程、新型农民培养工程、农村文化繁荣工程，丰富农民精神文化生活，推进农村移风易俗；培育优良家风、培育良好民风、培育乡贤文化，加强农村综合文化服务中心和文化礼堂建设；深化基层社会治理，形成自治、法治、德治相结合的乡村治理体系。扎实开展"城市环境大家管、市容秩序大提升"等综合治理行动。

不断打造特色亮点。常熟市始终把改进创新、打造亮点作为推进创建工作的强大动力，在实践中充实新内容、创造新载体、运用新手段、覆盖新人群，使创建工作更接地气、更富活力。围绕文明创建"大满贯"目标，推进各领域文明创建，持续开展文明家庭、文明社区、文明校园、文明村镇和道德模范、身边好人、最美人物等评选活动。

始终注重共建共享。常熟市始终把文明城市共建共治共享摆上重要位置，创设全城同创、全民参与、创建惠民、共建共享的平台载体，把社会各界、广大市民的力量调动起来、激发起来。着力推进"门前三包"责任制全面落实，引导社会组织、行业组织在自律的基础上服务城市、服务社区，引导社会各界爱心人士履行社会责任，参与创建活动。

（朱宇骋　陈建东）

# 常熟市创建国家生态园林城市纪实

自2002年常熟市在全国县级市中率先获得国家园林城市称号以来，全市持续加大园林绿化建设投入。2005年常熟市在全国率先开展创建国家生态园林城市工作，至2017年的12年间，城市园林绿化和城市生态建设成效显著。常熟市国家生态园林创建工作开展以来，城市建成区绿化覆盖率提高至45.78%，绿地率达42.62%，人均公园绿地面积达19.63平方米。2017年10月27日，常熟市被住建部命名为国家生态园林城市。

## 一、创 建 过 程

2005年常熟就参与讨论制定国家生态园林城市标准工作，2007年6月常熟市被住建部确定为“国家生态园林城市试点城市”之一。2011年和2015年，常熟两次接受并通过住建部现场考查。2016年12月，常熟市政府向省住建厅递交创建国家生态园林城市申请，2017年6月完成申报材料报送，当年成为全国11个国家生态园林城市之一。

### （一）成立领导小组

2011年4月1日，常熟市成立创建“国家生态园林城市”领导小组。由市长任组长，分管副市长、住建局局长任副组长，市政府办公室、环保局、规划局、财政局、交通局、水利局、发改委等26个部门相关负责人任组员。下设办公室（在市住建局绿委办）。2016年新标准出台后，对原有“创建国家生态园林城市领导小组”进行调整，充实部分职能部门，明确工作职责，使创建工作更加细致、全面。

### （二）主要申报历程

编写申报材料。2016年10月，住建部发布《关于印发国家园林城市系列标准及申报评审管理办法的通知》，新的国家生态园林城市标准在原有基础上，分为综合管理、绿地建设、建设管控、生态环境、市政设施、节能减排、综合否决项等7大类47个指标。创建办结合实际，将工作任务进行整理和分配，各牵头单位根据《目标任务、责任分工表》中列出的具体任务，对照创建要求，整理翔实的达标自评情况说明及支撑材料，第一轮基础资料收集工作于4月底完成。在此基础上，创建办认真核实基础资料，补充缺项，提炼城市特色，放大亮点工作，于6月底完成纸质材料和技术报告片的上报。

拍摄技术报告片。城市创建工作技术报告片作为申报材料的重要部分，是直观介绍常熟国家生态园林城市创建工作的重要载体。创建办根据47个指标，结合常熟实际情况，没有委托第三方进行拍摄制作，市会同常熟电视台工作人员对虞山尚湖、南湖湿地、昆承湖湿地，城区的大小公园绿地，城区主干道两侧绿地、住宅区绿地、单位绿地、园林废弃物循环生产基地等点位进行采风、拍摄及收集素材。采用静态拍摄、动态拍摄、摆拍、航拍等多种拍摄手法准确地表达常熟创建的成果。同时对解说词逐字推敲，几易其稿，确保数据翔实，表达到位，突出创建亮点和工作特点。初片完成后两次赴省厅请省厅专家把脉，虚心听取意见建议，进行调整、补充，最终成片。

通过省厅调研。2017年5月11～12日，省住建厅风景园林处组织专家组调研常熟国家生态园林城市创建工作。调研组进行实地察看，审阅指标资料和台账，观看创建国家生态园林城市技术报告片初稿，听取常熟创建国家生态园林城市工作汇报。调研组各领导、专家对常熟创建工作给予肯定，一致认为，常熟山水林田湖一体，城市特色明显，生态格局良好，园林文化深厚，创建国家生态园林城市有一定的优势，同时，在步行、自行车道建设、污水处理等指标方面成效明显。针对薄弱环节，调研组提出明确意见和建议。

通过现场考查。2017年9月8～9日，住房城乡建设部专家组对常熟创建国家生态园林城市工作进行实地考察。市委王飚书记出席创建工作汇报会致辞，副市长王建国代表常熟市人民政府汇报创建工作情况。汇报会上，考查组观看常熟创园技术报告片，会后专家组集中考查市生态园林城市建设成果，并

常熟市创建国家生态园林城市申报资料　（市绿委办提供）

于当日晚间查阅创建资料台账。9月9日，考查组分三组分别对市园林绿化、生态、市政住房等方面进行现场查看，实地了解常熟创建情况。

考查组一致认为，常熟市委市政府高度重视创建工作，各个部门密切配合，干部群众振奋向上，生态园林城市建设取得实效，园林绿化工作中有许多做法值得总结和推广，符合创建标准。在园林绿化方面，生态育市理念先进，绿地指标远超国家标准。在生态建设方面，大力推进120平方千米核心生态圈生态修复工作，风景区、公园保护管理效果显著。在市政建设方面，城市容貌建设管理规范，管网水良性运转，污水处理特色明显。考查组还就防护绿地、城市公园管理、垃圾分类等给方面给常熟创建国家生态园林城市工作提出意见和建议。

市委副书记、市长周勤第对专家组细致的工作表示感谢，同时表示常熟下一步将抓好问题整改，补齐创建短板，提高城市的建设水平；健全管理制度，整合财政资金强化投入，织牢织密绿色发展的保障网；统筹生产、生活、生态三大布局，夯实生态基础；营造浓厚氛围，形成共建共享共治新局面。

**（三）成功创建**

经住建部综合评议并以考评第一名进行公示，2017年10月27日，住建部发布《关于命名2017年国家园林城市的通报》，命名常熟等4个城市为国家生态园林城市。2017年10月31日，在广州举行的世界城市日论坛活动上，由住建部副部长倪虹授予常熟市国家生态园林城市奖牌。

## 二、主要做法

常熟市委、市政府坚定不移地把园林绿化建设和城市生态保护摆上全市经济社会发展的突出位置，全市上下凝心聚力，广泛参与，扎实推进，取得良好生态环境效益和经济社会效益。城市环境全面改善，生态效应日益提升。城市建成以“三湖一山”的核心生态圈，形成良好生态绿地系统，积极为广大市民提供园林式居住环境。城市物种增多，城市热岛效应逐渐下降。城市经济借力发展，综合实力显著增强。通过生态园林城市创建，城市基础设施水平不断提升，城市功能布局得到明显改善，带动了以五大新兴产业为主的工业经济持续快速增长，以低碳绿色经济为标志的企业转型升级取得显著实效。城市文化得到弘扬，城市特色更加鲜明。古城格局、历史街区、文物古迹和自然遗产均得到很好保护，新城延续山水城市传统格局，历史人文资源得到深入挖掘，保持历史文化名城的独特个性，成为江南水乡城市代表。

**（一）政府主导，公众广泛参与**

在推进生态园林城市建设工作中，常熟市加强对创建工作的组织领导，制定详细创建工作方案，完善督查考评机制，形成齐抓共管、整体推进的创建合力。确立“生态育市”的理念，建立生态文明全民教育机制和公众参与机制，实施生态文化普及工程。通过广泛宣传和动员，“善待自然，保护环境”已经成为市民一致共识和自觉行动。每年有20万人次参加义务植树活动，建成公仆林、共青林、母亲林等10多个义务植树基地，园林式单位、园林式小区创建活动在全社会得到积极响应。青年人在结婚、生日等纪念日种植纪念树已经成为一种时尚。许多民营企业家在风景区内租赁土地建设公园、景点、植物园，向公众开放。本市很多农村居民加入绿化行业，建办起数以万计的花草、苗木基地，为城市生态园林化建设提供源源不断的种源，并向城市输送一支支精通业务的绿化管养队伍。动物保护爱好者定期开展野生动物的研究和保护活动，生物协会每年举办野生动植物标本展览；园艺爱好者经常性地举办各类花会、盆景展览和插花比赛，全市形成了浓厚的爱绿护绿意识和氛围。

**（二）规划引领，理念前瞻推动**

1983年常熟撤县设市，其后修编的城市总体规划中提出建设山水城市目标。1996年城市总体规划再次修编时，进一步强调建设现代化山水园林城市的定位，与之相配套，前后三次编制《常熟市城市绿地系统规划》，并根据城市现代化要求及时编制城市道路交通、给水排水、防洪设施等各项专业规划。进入新世纪，市委、市政府更加明确地将建设山水园林城市和生态型城市列为城市建设的发展战略，并严格按照古城区、新城区、商城区、港城区、风景区规划布局有序实施建设。2013年重新对《常熟市城市绿地系统规划》进行修编，规划充分遵循生态学和生物学原理，从保护区域生态平衡和城市绿地防震避难功能等角度进行更加科学的定位，规划形成较为系统合理的市域绿地结构。常熟还编制生态文明规划，确保生态园

2017年9月8日，住建部专家组对常熟市创建国家生态园林城市进行实地考察

（市绿委办提供）

林城市建设健康持续推进。

**(三)理念引领,构建科学系统**

根据《常熟市城市绿地系统规划》,市充分利用自然山水条件,大手笔加快城市园林绿化建设,配建各类城市绿地。一是新建改建的所有城市道路都规划建设"一路一主景"道路绿化,有条件的地方结合道路两侧宽带绿地贯彻"海绵城市"理念,建设下凹集雨型小微湿地。二是对环城河、枫泾河和城市七条航道等进行"拆房建绿",初步形成了以环城路、青墩塘、常浒河为代表、覆盖城市各个片区的滨河绿带网。三是对城市出入口实施生态化改造,分别建设大片生态性绿地,在古城区、新城区辟建石梅、漕泾、老县场、海虞桥、亮山工程等多处广场绿地,对10多处较大公园进行全面扩建提升,并按照合理的服务半径,积极发展街头游园,以更好地满足市民对运动和游憩空间的需求。四是广泛开展居住区、单位绿化和群众性绿化,使新建改建的居住区绿地达标率为100%,涌现出一大批园林式小区、园林式单位和企业。五是环山、环湖、环城道路都建设防护林带,城乡联动建设了数以万亩的生产绿地。全市形成"双楔、三环、七溪"为主要结构,山林、湿地、公园、广场绿地为主体,经络环抱、有机融合、分布均匀、功能齐全的城市绿地生态系统。

**(四)修复生态,打造核心生态圈**

在生态园林城市建设中,常熟市始终坚持把生态修复放在突出位置,投入巨大人力物力,持之以恒地开展生态修复保护行动。1985年对尚湖作出退田还湖建设风景区重大决策,重现"湖甸烟雨"自然美景,尚湖成为住建部首批国家城市湿地公园。对虞山风景名胜区实施丰富物种、恢复绿地植被及构建生态安全的系统改造,优化林相,丰富物种,提升虞山整体绿化效果和生态功能。2006年开始,市委、市政府着手启动对城郊33平方千米的昆承湖区域,实施以生态修复、景观改善为目标的生态修复工程,湖中水质由劣质五类上升到三类,开始出现白鹭、野鸭等大批鸟类聚集。在城市外围建成沙家浜国家湿地公园以及25平方千米省级南湖湿地公园,在城市中心区域抓紧实施琴湖生态修复,一个120平方千米城市核心生态圈已经形成。

**(五)保护遗存,彰显独特气质**

自1986年常熟市被国务院列为第二批国家历史文化名城以来,常熟市严格遵循保护老城、打造新城的总体思路,坚持"重点保护、合理保留、局部改造、普遍完善"原则,注重历史文化继承与创新,讲究传统风格与现代气息相互协调、传统文化与现代文明交相辉映,积极完善古城区基础设施,增加绿化,优化老城功能布局,切实提高老城生态环境质量。

*保护历史遗存*。实施石梅广场、虞山公园扩建项目,拆除古城区围挡虞山的建筑物,建设开敞绿地,与虞山公园连成一体,与城市无缝对接,形成开敞式的城市绿地公园;全面恢复虞山城门、虞山城墙、镇海台和西城楼阁等历史建筑。将沿山的虞山公园、言子墓、仲雍墓以及博物馆、图书馆和石梅广场等串联起来,虞山及其丰富的自然和人文景观被零距离地引至城市空间,再现了古人笔下"十里青山半入城"的独特城市风貌。

*保护现存文物古迹*。修复言子、仲雍墓道,扩建修复曾园、赵园和燕园等古典私家园林,把翁同龢故居整修成为纪念馆。结合方塔园的扩建,修建碑刻馆和常熟名人馆等特色场馆。迁出居民,整治环境,修复古代著名的藏书楼脉望馆,并辟为古琴艺术馆。

*保护古树名木*。将城区内见证古城历史文化变迁的古树名木,全部登记造册,制定严格的保护制度,即使属于私人所有也严禁砍伐、出售和随意移植,切实弘扬古城文化、保护生态环境。建成区内现有古树名木472株,其中一级古树105株,全部实施GPS定位。目前城区共有477株70年以上树龄的树木被列为古树名木后续资源。

*保护传统街区格局*。建成具有明清建筑风格的清和坊居住区,具有南宋

虞山尚湖景区 (常熟日报社提供)

# 2017 年常熟市“百村千企万户大走访”活动纪实

按照江苏省委 2016 年底的部署要求，2017 年，常熟市深入开展“百村千企万户大走访”活动。活动中广大机关党员干部强化政治责任，突出问题导向，深入基层广泛听取群众的意见和建议、诉诸和困难，努力做到把群众需求摸准、把群众工作做实，着力解决存在问题、化解各类矛盾，推动中央决策部署真正落实到基层，以促进发展、造福人民、维护稳定。通过大走访广大党员干部深切地体会到，接通地气才能号准脉象，只有满怀真情下去，才能找到办法上来，从而切实把大走访、大落实上升为推动“两聚一高”新实践在常熟落地生根的重要路径。

## 一、深入动员，统一思想

2017 年 2 月 3 日，即春节上班后第一天，常熟市委、市政府即召开全面深化“百村千企万户大走访”活动动员部署会。市委书记王飚就全面深化大走访活动作动员部署。要求全市各级充分利用大走访活动这一有效载体，积极问政于民、问需于民、问计于民，真正把基层情况摸清楚，把精准施策的路数理清楚，把党的方针政策带下去，把支持举措带下去，把关怀温暖带下去，把基层和群众意见建议带上来，把企业的需求呼声带上来，把解决矛盾问题的办法经验带上来，确保走深访透，推动“两聚一高”在常熟落地生根，努力实现干部受教育、群众得实惠、基层能满意、社会真欢迎的叠加效应。

### （一）总体要求

这次大走访活动要坚持集中大走访与经常性走访相结合，2 月份和 8 月份为全市集中走访月，周末为常态化走访日，承担走访任务的主体为全市副科职以上领导干部。

*坚持真访真走。*要带着“为什么去，到哪里去，去干什么”三个课题开展大走访活动，把这三个问题想明白，用脚板丈量发展短板，全面摸清社情、村情、民情、企情，走进镇街村居、园区企业、重大项目、低收入农户，力争用半年时间把情况基本摸清楚，用一年时间把所联系的村（社区）跑一遍，把所在板块的规上工业企业跑一遍，把所在板块的高新技术企业、“专精特新”企业和“小巨人”企业跑一遍，把经济薄弱村和软弱涣散基层党组织跑一遍。确保做到“五个全覆盖”：党员领导干部参与全覆盖，所有镇（街道）、村（社区）联系全覆盖，城乡困难家庭全覆盖，所有规模以上企业和重大项目挂钩服务全覆盖，有重点信访案件地区落实领导包案全覆盖。

*做好建档立卡。*围绕摸清“底子”、找准“路子”、拿出“着子”，精准把脉，推行“三个一”全程纪实，每人发放一本“民情簿”，每访一户填写一张基本情况表，每次集中走访填写一份走访回执单，全程记录基层群众和企业的基本情况和问题诉求。要全面建立农户档案制度，抓好走访对象的建档立卡工作。真正摸清贫困家庭底数，健全贫困家庭档案，为分类施策、精准帮扶打下坚实可靠的基础。

*做到访透做实。*重点访城乡居民家庭、访市场主体和重点项目、访镇（街道）和村（社区）等三类对象。要找准影响群众生产生活的“痛点”，找准制约企业发展壮大的“难点”，确保大走访活动取得实效。要紧盯市场主体“访企业”，围绕回答好“创新四问”，完善市镇两级政府联系企业制度，建立经常性联系企业机制，尤其要深入了解掌握企业科技创新中遇到的困难问题，找准阻碍创新的瓶颈制约，进一步激发市场主体的创新意识，全力推动存量企业提升，推动招商选资工作，推动产业科技创新，推动城市经济发展，交出常熟“创新四问”的满意答卷。

*防止扰民扰企。*所有领导干部和

2017 年 6 月 10 日，市委书记王飚在梅李镇珍北村和村民一起冒雨查看河道水情

（常熟日报社提供）

机关部门下基层走访要严禁层层陪同，严禁迎来送往，严禁干扰企业精力，严禁影响基层群众正常生产生活。原则上市领导走访由一名镇领导陪同，机关部门走访指定一名工作人员负责联系，镇领导一律不准陪同，机关干部要直接下到走访联系的村（社区）和农户家里，使大走访成为转作风、提效能、促发展过程，成为察实情、抓创新、促富民过程。

**（二）重点环节**

全市大走访活动按照“领导带头、划区组团，全面覆盖、突出重点，上下联动、层层跟进，责任包保、常态长效”原则，既把“规定动作”完成好、做到位，又让“自选动作”有特色、出亮点，确保活动衔接紧凑、推进有序。

*划区分组*。全市以镇（街道）、板块为走访点分成13个走访组，集中走访，了解实情。每个走访组根据实际情况，对参与本组走访的单位部门及党员干部进行合理分工，形成盖边沉底、责任清晰的走访网络，做到党员干部全部参与，村居、企业、项目、家庭全面覆盖。

*梳理情况*。在集中大走访基础上，对情况进行全面梳理，深入分析，形成走访报告，建立走访台账，列出问题清单、任务清单、建议清单，推动问题解决。围绕一些重大问题、共性难题，适时开展专题研究，组织专项行动，进行集中整治。围绕创新能力不强、创新动力不足的难点，居民收入与经济发展还不匹配的痛点，生态环境质量方面的薄弱点，社会稳定方面的风险点等，着手研究相关政策措施。

*定期回访*。各级党员干部要定期到联系镇（街道）、板块进行回访，建立机制，常态开展。坚持常态长效，把分工负责的区域和对象，固化为基层群众工作责任区、创新工作试验田、维稳工作包保点，相对固定、长期坚持。常态化走访调研按照市委关于下基层调研相关规定执行，全年走访调研时间不少于2个月。提倡各级领导干部利用周末和节假日深入基层进行走访，推动下基层、察民情、促发展蔚然成风。

**（三）全力推进**

2017年5月25日，常熟市召开全市“百村千企万户大走访”工作推进会，对全市大走访活动进行再动员、再部署、再推进，确保如期完成走访任务。市委书记王飚讲话强调：

*充分认识大走访政治意义*。要从讲政治的高度认识大走访重大意义，各地各部门对大走访工作的认识一定要到位，每一位走访同志的认识也一定要到位。要着力消除各种认识误区。必须坚决从思想上扫除障碍、清除误区。要切实践行为民服务宗旨。要带着感情下基层，帮助企业、群众解决实际困难，与基层建立感情联系，要切实避免形式主义，真正做到走访不走秀、访民不扰民。

*以“全覆盖”为目标*。全市7月底之前完成走访全市所有城乡居民家庭和企业，即45万户家庭、4万多家企业，做到一户不漏、一企不落。各地各部门要进一步统一思想，尽快行动，细化走访“任务书”和“路线图”，落实到人头。走访主体要扩大，走访对象要调整，走访数量要增加，走访方式要创新。走访时间要调整。明确6、7两个月要加大走访频次，所有党员干部每周要确保抽出2天时间集中走访调研，其中1天为工作日、1天为休息日，确保走访达到序时进度、完成“全覆盖”目标任务。

*更加注重实效*。要突出解决问题，在真访真走上下更大功夫，确保取得实际成效。要压紧压实走访责任，要着力解决实际问题。要抓住几个突出共性问题：第一个是困难群体社会救助问题。第二个是道路交通问题。第三个是农村医疗卫生等公共服务问题。要建立完善走访制度。进一步完善和固化大走访各项制度，健全完善意见问题交办流程，建立收集整理、分类梳理、分拣转办、结果反馈、评价考核、跟踪督查等工作机制。

*做好宣传工作*。要着力营造大走访的浓厚氛围，提高社会知晓率。要及时总结大走访的好做法，树立工作新标杆。要不断创新大走访的宣传方式，扩大群众参与度。要借助新媒体吸引广大群众关注大走访、参与大走访，持续扩大全市大走访活动在苏州以及全省的影响力。

市委副书记韩卫兵在会上对全市大走访近期九项工作重点作说明：要明确时间节点，全力以赴在7月底前基本

2017年6月4日，市长周勤第在古里镇坞坵村陈家湾与村民拉家常、听民声
（常熟日报社提供）

实现“全覆盖”。要明确参与人员，就是必须人人参与。要明确走访对象，决不能打折扣、搞“缩水”。要创新走访方式，鼓励灵活多样。要严格登记制度，及时录入平台。要结合本职工作，不能搞“两张皮”。要广泛宣传动员，营造良好氛围。要树立先进典型，发挥示范引领作用。要组织全市督查，用督查倒逼“全覆盖”。

**（四）制定活动工作方案**

2017年5月25日，中共常熟市委办公室、常熟市人民政府办公室印发《关于深入推进“百村千企万户大走访”活动工作方案》，明确大走访的目标任务、工作要求、保障措施。

目标任务。围绕省委“下基层、察实情、促富民”走访调研、苏州市委“六个一”基层走访调研部署要求，深入推进“百村千企万户大走访”活动，力争做到一户不漏、一企不落。

要在收集社情民意方面、促进企业创新方面、推动项目建设方面、化解矛盾问题方面、总结基层典型方面、完善政策措施方面，及时梳理汇总群众反映集中的普遍性困难和问题，在政策措施方面迅速跟进，及时解决。

工作要求。明确走访主体及走访数量，明确走访形式和走访时间，明确走访汇总办理流程。每次走访调研结束后，要在3个工作日内登录“六个一”基层走访调研信息平台，将收集到的问题和意见填入《走访调研记录》和《“六个一”基层走访调研问题、意见采集表》，形成问题、意见清单。市便民服务中心在问题、意见办结后5个工作日内进行电话回访，及时了解基层单位或问题、意见提出人对办理情况的满意度。

保障措施。加强组织领导，加大考核力度，着力宣传引导。充分运用报刊、广播、电视、网络等新闻媒体，开设专题专栏，集中采编力量，切实加强对走访调研活动宣传报道，形成强大宣传声势组织采写一批具有较高质量、反映常熟特色的稿件信息，推动稿件报送工作常态化，努力提高录用率。

常熟市国税局在深化“百村千企万户大走访”中，采取与中小企业代表座谈、到村头田间、农户家里走访等形式，着力倾听群众的民生诉求，为群众排忧解难，使大走访成为密切干群关系、解决困难群众需求的“连心桥”　（孙益新　摄）

## 二、健全组织，加强领导

**（一）成立领导小组**

为全面坚强深化常熟市领导干部“百村千企万户大走访”活动，常熟市成立了全面深化“百村千企万户大走访”活动领导小组。组长：王飚（市委书记）、周勤第（市委副书记、市政府市长），常务副组长：韩卫兵（市委副书记、市政协主席、市委宣传部长），副组长：沈晓东（市委常委、市政府副市长）、陆文明（市委常委、组织部长、统战部长）、华红（市委常委、纪委书记）、吴军（市委常委、政法委书记、公安局局长）、范建青（市政府副市长），成员：周荣葆（市人大常委会副主任、市委办公室主任）、马维刚（市政府办公室主任）、沈剑峰（市纪委副书记、监察局局长）、陈正东（市委组织部副部长、市级机关工委书记）、时映光（市委宣传部副部长、社科联主席）、许晓东（市委政法委副书记、综治办主任）、吴建兴（市委农工办主任）、费卫东（市编办主任）、李丽芳（市发改委主任）、邓国华（市经信委主任）、戴炳元（市民政局局长）、赵东方（市商务局局长）。

2017年3月20日，根据省委和苏州市委要求，经研究，常熟市调整全面深化“百村千企万户大走访”活动领导小组，组长：王飚（市委书记）、周勤第（市委副书记、市政府市长），常务副组长：韩卫兵（市委副书记、市政协主席、宣传部部长），副组长：沈晓东（市委常委、市政府副市长）、陆文明（市委常委、组织部部长、市委统战部部长）、华红（市委常委、纪委书记）、吴军（市委常委、政法委书记、公安局局长）、范建青（市政府副市长），成员：程锋（市委办公室主任）、马维刚（市政府办公室主任）、沈剑峰（市纪委副书记、监察局局长）、陈正东（市委组织部副部长、市级机关党工委书记）、时映光（市委宣传部副部长、社科联主席）、许晓东（市委政法委副书记、综治办主任）、吴建兴（市委农工办主任）、费卫东（市编办主任）、沈靖波（市信访局局长）、丁琪（市发改委党委书记、主任）、朱晓峰（市经信委党委书记、主任）、戴炳元（市民政局党委书记、局长）、赵东方（市商务局党委书记、局长）、潘伟（市科技局局长）、戴建东（市便民服务中心主任）。

**（二）设立领导小组办公室**

领导小组下设办公室，办公室设在市委组织部，由市委组织部副部长、市级机关工委书记陈正东兼任办公室主任，同时成员单位的分管领导兼任办公室副主任。办公室主要职责是管理协调集中走访和常态化走访调研，定期会商调研走访相关事宜，协调推进工作落实，做好走访中任务分解、收集汇总、日常统计、交办会办、编发简报、总结经验、选树典型、严明纪律、考核测评、督查督办等工作。

2017年3月20日后领导小组办公室设在市委办公室，由市委办公室主任程锋兼任办公室主任，市委组织部副部长、市级机关工委书记陈正东兼任办公室常务副主任，上述成员单位的分管领导兼任办公室副主任。办公室主要职责是管理协调集中走访和常态化走访调研，定期会商调研走访相关事宜，协调推进工作落实，做好走访中任务分解、收集汇总、日常统计、交办会办、编发简报、总结经验、选树典型、严明纪律、考核测评、督查督办等工作。

各镇（街道）、板块同时成立相应的工作机构，负责做好协调服务工作。各党委（党组）主要负责同志承担起第一责任人的职责，把大走访活动紧紧抓在手上，带头走访调研，带头征求意见，带头解决问题，发挥好示范推动作用。

### （三）健全工作机制

形成责任体系。常熟市建立健全走访城乡居民双向互动机制、经常性联系企业机制、重点项目联系推进机制等一系列有效管用的机制，形成常走常访、常访常促的基层工作责任体系。常熟市建立大走访工作纪实通报制度，通报交流走访调研情况，推动活动扎实开展；建立交办会办制度，将收集到的意见建议交有关部门办理，定期不定期进行会商会办，确保企业和群众反映的问题得到有效解决。

强化舆论氛围。常熟市利用各种媒体广泛宣传引导，激发党员干部参加活动的内在动力，营造党员干部广泛参与、社会共同关注的良好氛围。常熟市尊重基层首创精神，挖掘和宣传服务群众、服务企业中的先进典型，认真总结活动中涌现的新鲜经验、成功做法，不断把活动引向深入，让全市老百姓得到、看到更多实惠。

严格督查考核。常熟市认真执行中央"八项规定"和省市委各项规定，加强对大走访活动任务落实情况的督查督办，对走形式、走过场、敷衍了事的，进行通报批评、限期整改；对工作不力、作风不实、执行纪律不严的，发现一起，严肃处理一起。

## 三、沉下身子，狠抓落实

### （一）明确阶段区分

第一阶段。2017年2月开展"百村千企万户大走访"活动以来，全市5700多名党员干部认真贯彻省委"大走访大落实"活动部署要求，紧扣苏州市委"六个一"走访调研目标，深入基层一线摸真情、办实事、解难题。截至当年7月底已基本完成"两个全覆盖"目标，全市5700多名党员干部共走访城乡居民家庭44.1万多户、市场主体4.3万多户，收集问题意见7万多个，现场解决问题2.5万多个，需要进一步解决的登记问题数3.8万多个，至9月中旬基本获得解决。

第二阶段。2017年8月，市深入落实省委、苏州市委关于开展社会矛盾和安全隐患大排查大整治的部署要求，以及省委、苏州市委主要领导关于"大走访大落实"活动最新要求，将"百村千企万户大走访"活动转入"集中开展安全稳定隐患深入排查"阶段，市委常委、副市长带头到挂钩联系点开展走访调研，召开由群众代表、企业代表、网格长代表、镇村干部代表参加的座谈会，全面排查基层矛盾纠纷和安全隐患。由各镇、板块填写安全生产排查、矛盾纠纷化解、治安问题整治、重点人群引导、基层基础建设方面的5份工作清单，对矛盾和隐患做到精确管控，为党的十九大胜利召开营造良好环境。

第三阶段。2017年9月上旬，常熟市结合文明创建工作，为提高市民群众对文明城市创建的知晓率、支持率、参与率和满意率，虞山镇、服装城和度假区会同挂钩联系部门对城区5万户家庭进行走访（扣除含市级机关和事业单位人员的家庭约2万户，含中小学、幼儿园家庭约6万户），通过入户宣传，激发群众参与创建的热情，营造全民参与文明城市创建氛围。

第四阶段。2017年11月30日至12月3日，常熟市积极开展"阳光扶贫"帮扶责任人进村入户走访，全市1300多名副科级以上领导干部与21个经济薄弱村、2600多户城乡低保和特困供养人员、3300多名贫困对象建立"一对一"帮扶机制，完成相关信息采集和录入。

### （二）坚持访在深处

常熟市先后召开30多家企业座谈会，听取企业意见建议，汇编成册企业创新特色亮点，出台聚力产业科技创新12条、企业提升竞争力"八个一批"等4个政策文件，召开全市科技创新和产业

尚湖镇党员干部进企入村入户，体察民情民意，用行动化解民忧民难，服务企业发展
（常熟日报社提供）

升级推进大会，全力推进省科技创新体制“综改”试点，设立总额100亿元科技创新产业引导基金、双创人才创业投资基金、新型研发公司基金等产业升级专项基金，年度财政科技投入不少于20亿元，用于科技创新、人才引进和产业升级，打通“科技强”到“经济强”的通道。

**（三）坚持抓在细处**

常熟市列出富民增收、环境整治、社会治理等10多个调研题目，善于发现问题，勇于解决问题，理清工作的思路，落实群众的实事，解决好村民百姓大大小小的揪心事。以大走访做好“富生态”文章，以大走访做好“富口袋”文章，以大走访做好“富脑袋”文章。实施农村文化礼堂建设，制定村规民约，构建党建引领、村民自治、乡风文明、美丽乡村相融合的共建共治共享新模式，推动农民文明素养与镇村环境面貌同步提升。去年以来全市农村共拆除各类违章搭建近5万平方米，建成30个组团174个美丽乡村。

**（四）坚持干在实处**

为有效防止走访变走秀的现象，常熟市采取五条举措，确保“真访真走”：市领导率先垂范，市镇村三级联动，集中办公制度化，收集情况信息化，问题办理流程化。大走访领导小组办公室围绕一些重大问题、共性难题，适时开展专题研究，组织专项行动，进行集中整治。走访过程中统一明确走访城乡居民家庭“八问”、市场主体“八必知”、重点项目“八清楚”、村（社区）“八掌握”，做到要素全、情况明、问题清。

## 四、完善制度，贵在持久

**（一）完善制度化解决措施**

通过梳理出24类共性问题，分别明确责任部门，要求相关部门乃至市级层面加强调查研究，出台系统措施，推动问题有效解决。市出台《关于进一步推进科技创新创业人才优先发展的实施意见》《常熟市水环境区域补偿工作方案（试行）》《关于调整完善生态补偿政策的意见》《常熟市土壤污染防治工作方案》《常熟市政府有关部门和单位安全生产工作职责》《常熟市优租房租赁管理办法》《常熟市消火栓维护和管理办法》《常熟市公办养老机构改革实施意见》等，实现大走访与全市工作大局同频共振。

**（二）完善网格化大联动机制**

全力打造共建共治共享社会治理格局。梅李镇8月份全面启动网格化大联动机制建设，在先行先试取得经验的基础上，10月底全市将梅李经验在各个乡镇全面铺开。全市按照构建基层社会治理一张网的要求，加快构建“网格化”与“大联动”社会治理机制，实现镇域综合执法、社会综合治理等“多网叠加”，将镇、村（社区）管理力量以及党员干部、社会志愿者等力量分配到网格，通过经常性走访排摸，把各类矛盾纠纷化解在基层一线、消除在萌芽状态，真正做到小事不出网格、大事不出社区。

**（三）完善常态化联系机制**

精确掌握不同群体和个体的不同需求，提升精准服务的能力，突出重点难点，推进各类富民措施。通过微信、微博、论坛听真话、察实情，与被走访对象增加互动，全面真实地掌握群众和企业的需求，整合资源，精准发力，切实推动一批问题解决。在走访市场主体和重点项目方面，着力建立经常性联系企业机制，通过定期召开座谈会等方式，面对面了解产业升级的瓶颈制约，倾听企业生产经营的堵点、痛点、难点，开启意见建议直通车，帮助企业解决难题，提振产业发展信心。

（市委办等供稿　陈建东整理）

辛庄镇张港泾村景观　（常熟日报社提供）

# 常熟市科技创新工作纪实

进入21世纪，常熟市充分把握省科技体制综合改革试点市建设与苏南自主创新示范区建设的发展机遇，大力实施创新驱动核心战略和科教与人才强市基础战略，积极推进科技企业孵化器、众创空间、大学研究院、新型研发机构等科技创新载体多元化建设，引导科技创新载体专业化发展，构建科技创新创业孵化全链条，丰富科技创新创业生态体系，增强科技创新载体可持续发展能力。

## 一、创新创业载体建设

### （一）探索建设众创空间

常熟市以建设科技企业孵化器为依托，前后两端延伸建设众创空间和加速器，完成不同发展阶段创业企业在空间上的集聚，形成创新创业孵化全链条服务。截至2017年年底，常熟市已拥有省级及以上科技企业孵化器10家，其中国家级科技企业孵化器6家；省级众创空间16家，其中国家级众创空间1家、省级众创社区试点1家、省级科技企业加速器1家、省级科技创业孵化链条建设示范单位1家。全市省级以上孵化器面积达467680平方米，集聚在孵企业668家，累计毕业259家，科技服务机构近百家，构建为科技创新创业服务的物理空间载体。

创新载体建设多元化。常熟市除政府建设科技园区外，目前还有民营资本、高校院所、龙头骨干企业、风投机构等参与建设创新载体。常熟市瑞特科技创业中心作为2017年度新认定的省级科技企业孵化器，是常熟市瑞特创业发展有限公司运行的专业型科技企业孵化器。市还积极探索创新载体建设的不同路径，鼓励各园区、企业构建符合自身特色和实际情况的创新载体。国家大学科技园采用“企—园—校”逆向建园模式，成为市科技创新、引领产业转型升级、增强区域创新能力的重要战略平台。科创园作为开发区招才引智、科技创新及领军型人才创业的重要载体和平台，吸引南理工、华东理工、大连理工、西工大、北理工、香港浸会大学等10所国内外著名高校、科研院所在区设立研究院（所），引入国家级实验室、国家技术转移中心分支机构4家。

与地方产业有效结合。随着常熟市以打造汽车及零部件、高端装备制造、纺织服装三大千亿级产业为重点的工业转型升级持续推进，常熟市各板块按照各自优势产业，错位发展，有序竞争，打造各自特色载体，形成苏虞生物医药产业园、纺织服装科技创意园、先进制造产业园等一批专业型创新载体。以常熟高新区“江苏省汽车零部件产业产学研协同创新基地”为例，截至2017年底，基地内汽车及零部件产业产值达688.52亿元；产业相关的配套设施已建成200万平方米，科技金融机构达75家，科技服务机构的服务面积达7.05万平方米；集聚汽车及零部件企业130家，营业收入超10亿企业达15家，超亿元企业达66家，高新技术企业达44家，在孵企业达26家；基地内已有合作高校院所16家，累计引进项目团队80个，柔性引进人才总数达202人，当年基地内企业承担省级以上科技项目6项，立项金额2160万元；累计建立校企联盟32家，拥有校企共建研发机构37家。

发挥众创平台集聚效应。探索建设创客空间等新型孵化器，发展具有苏南特色的新型“创客根据地”，形成以投资主体、专业方向、服务模式多元化的创新创业生态体系。常熟高新区继开展全省众创空间集聚区试点后，区内先进制造众创社区在2017年11月被列入首批20家江苏省众创社区备案试点名单。该众创社区依托常熟国家高新区和常熟国家大学科技园的创新基础，于2015年启动建设。截至2017年年底，众创社区累计入驻企业350余家，培育高新技术企业51家，孵化新三板挂牌企业3家，培育和引进国家“千人计划”人才9人次、万人计划人才3人次，江苏省双创人才22人次、苏州市姑苏人才36人次、常熟市领军人才151人次。

### （二）着力推动校地合作

常熟市以大学研究院为创新载体的工作重点，先后出台《常熟市科技创新载体三年行动计划》《关于推进产业载体建设提升发展的若干意见》等，着力打造一批符合全市经济发展和产业

常熟苏虞医药产业园　　（海虞镇提供）

需求的校地合作大学研究院。截至2017年底，全市拥有各级各类产学研创新载体30多个，其中国家级大学科技园1个，省级留学人员创业园1个，省级高新技术创业服务中心1个，大学研究院25家，纳入省级新型研发机构序列的22个。

大学研究院建设成效初显。2008年省政府将常熟确定为科技镇长团（科技特派员）试点，其后被教育部列入“蓝火计划”试点。常熟市以此为契机，积极探索建立以政府为引导、企业为主体、市场为导向、高校为依托的政产学研合作长效机制，加快推动校地合作载体建设。几年来，通过大学研究院的产学研合作，一批高校科研成果向常熟转移，一批校企合作开发项目落地常熟，一批创新创业领军人才落户常熟。吸引包括北大、浙大、上海交大、南大、南理工、南师大、华东理工、大连理工、西工大、香港浸会大学等20多所著名高校到常熟合作共建研究院，累计引进国家千人计划、省双创等各类领军人才项目110多个，常熟高新区、南理工常熟研究院获“中国产学研合作创新示范基地”称号。

探索市场化运行机制改革。坚持增量创新与存量提升并举，加快全市落户大学研究院股份化改造和市场化提升，为存量大学研究院注入更强劲的内生动力和发展活力。至2017年年底汇聚25个大学研究院，上海交大轻量化研究院在尚湖镇设立产业化基地，南大生态研究院瞄准资本市场进行股份制改革谋划B轮融资，浙大常熟应用研究院设立中成药成果转化及产业化基地，南师大常熟研究院知识产权运营成为国家队。

**（三）推进新型研发机构建设**

2017年，为贯彻落实市政府《关于聚力产业科技创新的工作意见》文件精神，聚焦科技创新关键环节和科技体制综改，市科技局坚持增量创新与存量提升并举，加快全市新型研发机构建设进程，不断强化企业创新主体地位。与此同时，市科技局加强新型研发机构政策宣讲，通过三个层面推动新型研发机构建设。全年新设立独立法人的新型研发机构6家，推进存量新型研发机构市场化改造4家，并培育和储备一批新型研发机构。

营建政策环境。常熟市初步建立“四个一”引导支持体系：出台一个指导文件（《关于聚力产业科技创新的工作意见》及实施细则），设立一支引导基金（5个亿规模的新型研发公司基金），制定一套操作流程（研发公司基金操作指引），形成一套鼓励政策（包括科技投入结构、成果转移转化、科技创新创业在内的政策系统）。

推进具体路径。培育科技研发产业。推动新型研发机构从“母体”分离。近年来，常熟市积极引导龙头骨干企业内设研发机构实行独立法人化运作。大众机器人、瑞特创新中心、亨通海底高压电缆研究院、华益分子影像研究院等一批新型研发机构应运而生，有力推动传统行业催生新兴产业，新兴产业反哺改造传统行业。

一是推进市场化改造。基于对所属板块和高校的沟通协作，同时听取大学研究院的改革构想，市重点选取一批大学研究院市场化改革试点。通过股权和分红激励制度和薪酬制度改革，允许和扩大管理层和核心骨干持股比例；引入市产业基金、风险基金及金融机构进行股权投资或融资，为新型研发机构市场化改革提供资金支持。

二是引进研究院自建所。加快推进北大分子工程苏南研究院和省产业研究院智能液晶所、金属研究所等高校院所建设，谋划发展新材料产业，培育形成新增长极。其中，智能液晶所集聚欧洲科学院院士、美国科学院院士等一批国际顶尖专家，致力于液晶技术的研发、专利技术的产业化与商品化开发、液晶相关高科技企业的衍生孵化，打造“聚焦于非平板显示智能液晶技术”的前瞻性工业技术研究开放式平台。至2017年底，平台已衍生孵化苏州晶萃光学科技有限公司等企业5家。累计获评各级人才项目10项、科技项目1项。

## 二、常熟市科技镇长团工作

自2008年江苏省委、省政府在常熟先行试点“科技镇长团”工作以来，共有10批153人次共107位主要来自高校、科研院所的高层次人员到常熟各镇、开发区任职。历届“科技镇长团”秉承主动沟通、集聚资源、做好服务的理念，充分发挥校地企科技、人才合作交流的桥梁纽带作用，推动创新资源向产业和企业聚集，加速政府科技管理重心下移，推进以企业为主体、市场为导向、产学研相结合的区域科技创新体系建设。2017年8月，第9批科技镇长团16位团员结束任期，第10批科技镇长团10位团员到常熟挂职。

**（一）主要做法**

常熟科技镇长团工作紧密结合常熟市科技体制综合改革试点任务及创新发展要求，着力在体制机制探索、新兴产业培育、创新集群打造、高端人才引进方面做文章。

加快转变。科技镇长团成员主动对接，频繁走访，迅速实现由高校院所科技人员到地方干部的角色转变，全面融入县镇两级科技管理工作之中，成为地方科技管理干部队伍的组成部分，有效提高两级政府服务科技创新的能力和水平。

主动对接。科技镇长团成员把挖掘板块和骨干企业创新发展需求作为工作重点，充分发挥政策解读能力强、专业学术背景深、学科联系面广等优势，做好人才科技政策宣讲，组织高校专家开展难题攻关，围绕产业发展撰写调研报告，有效服务地方发展。他们还积极依靠派出单位的人才优势，积极宣传推介常熟，配合做好人才团队和项目落户。

深度融合。科技镇长团建立各项规章制度，并通过工作例会、集中调研等，加强集体学习。多次邀请有关部门领导、优秀企业家、金融投资或创新创业指导师等，为团员进行专题培训。通过组织比赛、参加博士联谊会等活动，激发团员的集体荣誉感。

**（二）工作成效**

推动重大创新平台建设。在镇长团积极参与下，北京大学“十三五”期间在校外布局建设的首家创新平台——北大分子工程苏南研究院落地常熟，同高校院所代表（郑南宁）、常熟籍院士代表（陈祥宝）、常熟籍杰出人士代表（金立群）等嘉宾分别作交流发言。

**（四）会议重要节点**

投资峰会。2017 年 11 月 15 日，常熟市在常熟中江皇冠假日酒店举行创新发展大会投资峰会。峰会上，海朋资本创始合伙人方茗，北京君合银丰投资管理有限公司创始合伙人兼执行董事骆漫，极地国际创新中心联合创始人兼总经理刘刚，启迪众创工社总经理李小忠，常熟市创业投资协会秘书长兼常熟开晟东南股权投资基金管理有限公司总经理吴昊等嘉宾围绕产业资本与常熟创新进行深入探讨，共洽新金融和产业融合发展路径，为共同推进常熟新时代下的产业创新发展献计献策。据悉，为进一步深化国内外创新创业团队与常熟本土企业的创新创业合作交流，常熟极地国际创新中心和启迪众创工社等创新型机构还将依托常熟良好的创新创业氛围，聚合政、产、学、研、金、介、贸、媒等立体化创新要素，打造“孵化服务＋创业培训＋天使投资＋创业服务”四位一体的服务体系，搭建人才、技术、资本有机结合、良性互动的生态闭环，形成常熟更强大的创新创业氛围。

县域科技体制改革与创新发展论坛。2017 年 11 月 16 日下午，县域科技体制改革与创新发展论坛作为常熟创新发展大会主题活动之一在会议中心方塔厅举行。来自政府机关、研究机构、相关高校院所、企业代表等近 100 人参加论坛。论坛上，中国科学技术信息研究所党委书记赵志耘和原中国科学技术发展战略研究院常务副院长王元分别作主旨演讲；相关高校院所、研究机构专家对区域创新发展提出各自看法；浙江新昌县、江苏海安县就科技综改试点工作交流经验做法。与会专家、学者表示，本次论坛的成功举办，有助于研究县域科技体制改革途径，推动各县域经济体全面创新，打造发展新引擎、培育发展新动能。

特种高分子材料产业技术创新战略联盟成立仪式暨论坛。2017 年 11 月 16 日，特种高分子材料产业技术创新战略联盟成立仪式暨论坛在常熟会议中心报告厅举行。活动现场举行特种高分子材料产业技术创新战略联盟成立仪式。联盟接受市科技局的指导管理，由大连理工大学常熟研究院负责日常运作。成立仪式结束后，中国工程院院士、大连理工大学教授蹇锡高，吉林大学研究员张晓安，中科院长春应化所副所长高连勋分别为产业论坛作主旨演讲，并与现场专家学者和相关企业领军人才代表共同探讨特种高分子材料产业发展前景。常熟大力推进“3＋5”特色产业集群建设，以“创新四问”为导向，加速人才和项目集聚，优化空间布局和资源配置，持续提升核心竞争力。特种高分子材料产业技术创新战略联盟将进一步密切高校、科研院所、企业及地方政府的合作，有效整合人才、技术、产业、资本等各类创新要素，推动特种高分子材料技术发展。

自主创新产品展。2017 年 11 月 16～17 日，常熟创新发展大会自主创新产品展在国际会议中心举办。常熟 66 家参展单位围绕汽车及零部件、装备制造、纺织服装三大主导产业，以及新一代信息技术、新材料、新能源、生物医药及高端医疗器械、节能环保等五大新兴产业。自主产品展还邀请奇瑞捷豹路虎汽车有限公司、观致汽车有限公司、常熟华东汽车有限公司、中欧汽车股份有限公司和中国智能车综合技术研发与测试中心各自特色的整车进行重点展示。中交天和机械设备制造有限公司的 14.93 超大直径泥水气压平衡复合式盾构机（模型）、罗伯泰克自动化科技（苏州）有限公司的多层穿梭机器人、苏州莱茵电梯股份有限公司的新型智能斜行电梯、波司登国际控股有限公司新研发的功能服装等反映常熟市创新发展成果的产品进行重点布展。在两天的展示中，约 1300 多人参观常熟市自主创新产品展。

大院大所创新成果展。2017 年 11 月 16 日，常熟创新发展大会大院大所创新成果展举行，35 所高校院所携带 300 余项科技成果汇聚常熟，为常熟创新驱动发展提供强有力的科技支撑。围绕常熟汽车及零部件、装备制造、纺织服装三大主导产业，以及新一代信息技术、新材料、新能源、生物医药及高端医疗器械、节能环保五大新兴产业，此次大院大所创新成果展重点邀请中科院系统、清华大学、北京大学、南京大学、浙江大学等知名高校及科研单位。展厅依据高校科研院所成果的应用领域及行业分类，分为汽车及零部件展区、纺织服装展区、军民融合展区及重点合作展区。

（唐建峰　陈建东）

2017 年 11 月 16 日，常熟创新发展大会县域科技体制改革和创新发展论坛举行

（市科技局提供）

# 2017 年常熟市“263”专项行动纪实

“263”行动是“两减六治三提升”专项行动简称，“两减”是指减少煤炭消费总量和减少落后化工产能；“六治”是指治理太湖及长江流域水环境、生活垃圾、黑臭水体、畜禽养殖污染、挥发性有机物和环境隐患；“三提升”是指提升生态保护水平、环境经济政策调控水平和环境执法监管水平。此项行动是由江苏省委、省政府于 2016 年年底部署启动。常熟市委、市政府坚决执行省委、省政府指示要求精神，于 2016 年 12 月启动行动筹备工作。行动开展一年来，全市空气质量优良率达 71.8%，PM2.5 平均浓度 38 微克/立方米，比 2016 年同期下降 17.4%；全市断面水质达标率 74.3%，比 2016 年同期上升 11.1 个百分点。其中，上级考核断面水质达标率 100%，比 2016 年同期上升 20 个百分点，上级考核断面水质优Ⅲ比例 80%，比 2016 年同期上升 30 个百分点。

## 一、制订方案，落实责任

2017 年 1 月，市“263”专项办下发通知，要求各工作组以及各镇、板块结合本市“263”行动总体方案和配套子方案的编制，梳理上报 2017 年重点工程项目清单。在完成汇总工作后，市“263”专项办又多次召集相关部门和板块专题会商，结合上级相关文件精神，吸收各方反馈意见，最终明确 2017 年“263”重点工程对应专项行动各个子方案，共有 11 个部分 285 项重点工程，并明确相应的责任单位和完成时限。3 月 15 日，市政府印发《常熟市“两减六治三提升”专项行动治理环境隐患实施方案》通知。随即，一场声势浩大、轰轰烈烈的“263”专项行动由此在全市范围内全面铺开。

### （一）指导思想

坚持绿色安全发展导向，以重点流域、重点领域、重点企业的环境风险防控为核心，排查一批重点环境风险源，治理一批突出环境风险隐患，关闭一批违法违规设施，严格源头管控和监督管理，加强风险防控能力建设，系统构建事前严防、事中严管、事后处置的全过程风险防控体系，有效保障全市生态环境安全。

### （二）工作目标

常熟市要求到 2020 年，全市环境风险防范体系建设较为完善，环境风险隐患得到有效防范和化解。(1)全市重点环境风险企业入库、整改率达 100%，化工企业安全生产和监管水平明显提升，企业环境安全主体责任得到有效落实；(2)全面取缔饮用水源地保护区内的违法违规设施，完成长江沿岸危化品码头和储罐的清理整治，强化水上运输安全监管，有效保障水环境安全；(3)提高空气环境监测能力，强化废气污染源监管，修订完善重污染天气应急预案，有效保障空气环境安全；(4)污染地块安全利用率达 90%以上，重点行业重金属排放量下降比例达到国家要求，有效保障土壤环境安全；(5)危废重点源规范化考核达标率 100%，环境应急处置能力得到全面提升。

### （三）重点任务

落实企业环境安全主体责任，保障水环境安全，保障空气环境安全，保障土壤环境安全，提升环境应急处置能力。市政府要求建立完善全市应急处置综合体系，构建市、镇、企业三级应急指挥响应网络。进一步完善市、镇两级应急物资、队伍建设，配齐配好各类环境应急物资，组织各类应急培训，定期进行应急演练，提升队伍能力。针对各类突发环境事件，第一时间到达现场，第一时间进行应急处置，第一时间向上报告，强化信息沟通，提升环境应急事件处置能力。此项工作任务由市环保局牵头，各镇、各板块负责落实。

### （四）保障措施

加强组织实施。市相关部门要切实履行主管部门职责，制定完善相关实施方案，督促指导板块编制专项工作计划，对重点工作任务和工程项目加强指导和把关。

严格督查考核。加强对各板块和市有关部门落实环境隐患治理任务进展情况的督查，督查情况及时通报。组织开展年度考核，提出奖惩建议，考评情况报送市“263”专项行动领导小组办公室，并向社会公布。严格执行《江苏省党政领导干部生态环境损害责任追究实施细则》，有责必问，问责必严。

2017 年 6 月 4～19 日，常熟市举行生态文明建设暨“263”工作论坛

（市环保局提供）

## 二、高点站位，上下联动

**（一）健全组织**

常熟市政府主要领导亲任领导小组组长，6位市委常委和7位市政府领导分别挂钩全市所有板块，强力推动专项行动落实。领导小组下设办公室，由市政府分管市长担任办公室主任，实行集中办公、实体化运作。

**（二）落实制度**

常熟市建立健全工作例会、暗访曝光、挂牌销号、督查通报、自查自纠、约谈问责等工作机制，印发“1+13”方案体系，项目化推进2017年度285个重点任务，全年共开展专项督查50次、编发《督查专报》71期、《工作简报》49期。各地均由“一把手”挂帅，层层传递压力，全市构建层级清晰的市、镇（街道、区）上下联动的工作体系。

**（三）全市“一盘棋”**

常熟市委、市政府先后三次召开大会，其中一次会议对象从原先单一的机关部门扩大到了全市所有的行政村。市委主要领导要求各地各部门把推进“263”行动作为打造精致城市的重要抓手，聚焦目标抓进度、突出重点抓突破、完善机制抓落实，以铁的决心和意志深入推进“263”，推动全市生态文明建设和环境保护工作向纵深发展。

**（四）部门精准发力**

常熟市9个牵头部门充分发挥牵头抓总作用，紧扣子方案落实，以工作创新为抓手，年度任务全面完成。

市发改委。克服电煤占比高、用电量增长快等诸多不利因素，深挖“减煤”潜力，2017年完成5台138.5万千瓦煤电机组节能改造，6台138.7万千瓦煤电机组环保改造，关停淘汰燃煤窑炉237台。中电环保污泥焚烧项目建成投用，中电常熟燃气热电项目通过省级优选，金陵海虞关停替代扩建项目正式获批。全年实现减煤76万吨，超额完成上级下达年度减煤任务。

市经信委。聚合力推进“减化”，专门成立联席会议办公室，强化部门协作联动，对全市263家企业开展拉网式排查，按照“三年任务两年完成”，分类确定关停名单，“一企一档”扎实推进，建立健全“周调度、月通报”工作机制，全年关停并转化工企业81家，超额完成年度任务。

2017年6月，常熟市启动“碧水行动”夜间环保专项执法检查

（市环保局提供）

市环保局。扎实推进牵头的5个子方案实施，率先成立局“263”办，创新“八个一”工作制度，健全局领导班子挂钩联系板块制度。强化环境质量改善，全年完成望虞河整治项目438项、挥发性有机物治理重点工程370项，督促95家企业完成环境安全达标建设、195家企业通过危废规范化治理验收。强化机制创新，实施生态环境保护“一票否决”制度，对重污染企业试行差别化征收污水处理费。强化执法监管，全年组织开展环保专项执法检查超过45次，查处各类环境违法行为超过800件，处罚数和处罚金额均位居苏州大市前列，全年以来办理的33件环境违法涉刑涉拘案件，有12人被行政拘留、10人被判刑。

市水利局。以“河长制”为抓手，按照市委市政府印发的《关于全面深化河长制的工作方案》，组织建立市镇村三级河长制工作体系，全市落实三级河长共457名，完成市级重要河湖“一河一策”方案编制，“一事一办”落实清单治理项目1142个，望虞河除险加固和西岸控制工程开工，常浒河枢纽、环城河溢流堰建成投用，2017年完成黑臭水体整治103条，开工整治市镇两级河道14条67.3千米，完成561个村庄、1.57万户农村生活污水收集处理，完成266家工业企业生活污水收集处理，城镇、集镇、农村生活污水处理率分别达93.8%、84.8%、67.3%。

市城管局。全力构筑“组合清扫、巡回保洁、应急响应、群防群治、内部联动”五道防线，实现城环一体化运作、网格化全日制保洁、市场化专业管理、多元化参与共治，2017年累计处置垃圾56.2万吨，建成城区生活垃圾分类示范点26个、乡镇生活垃圾临时填埋场10处，44个村开展有机垃圾分类投放、分类收集、分类运输和就地处置工作，加快推进建筑材料再生资源利用中心项目建设，第二生活垃圾焚烧发电厂扩建项目开工建设。

市农委。2017年6月底全面完成所有62户关停任务，成为全市“263”行动率先完成治理项目。强化技术指导和督查调研，“一场一策”推进限（适）养区174户养殖场治理，截至2017年年底治理率达63.5%，超额完成下达的60%目标，治理后的养殖点全部“雨污分流、干湿分离、全量还田”，实现“零排放”。

市交运局。统筹推进“263”专项行动，全面对接“两路一河”绿化与环境整治及内河码头综合整治提升行动，成立局“263”办，建立信息动态旬报制度，坚持试点先行、典型带路。全年完成内河码头扬尘污染治理220个、其中关停36家，完成码头垃圾回收设施建设67家，且全部纳入船舶防污染管理平台进行监管。

市港口局。编制出台《常熟市沿江港口和船舶污染物接收、转运及处置设施建设方案》，完成17座码头污染防治设施改造，华润电力码头船舶岸基供电设施项目建成投用，实现沿江港口船舶各类污染物接收能力和沿江浮吊过驳作业区、锚地水域各类污染物接收转运及处置能力三个100%。

市财政局。以“提升环境经济政策调控水平”为主线，充分发挥财政职能，确保政策文件制订到位、项目资金保障到位，全力为“263”专项行动保驾护航。市级财政预算安排超过1.8亿元用于市级生态补偿和环境保护工作，调整完善生态补偿政策，执行与污染物排放总量挂钩的财政政策，超额完成苏州下达的环境污染责任保险参保任务。

**（五）成员单位协力推进**

市委宣传部结合全国文明城市创建，为“263”专项行动拓展宣传阵地、营造良好氛围。市监察局多次会同市“263”办组织开展联合督查，有力地推动和落实工作。市法制办主动梳理出60多条实用性执法依据，下发手册给各相关执法部门和镇综合执法局，为“263”专项行动综合执法提供了依据。积极发挥法律顾问和参谋助手作用，组织相关主管部门针对违法排污、安全生产、职业病防治、消防安全、无照经营、违法建设拆除等方面，因地制宜梳理确定以停产停业、关闭为主要处罚手段的“263”专项行动执法依据。团市委组织成立“263”专项行动志愿者队伍，凝聚青年力量，开展“虞青助力263”系列活动。

## 三、强化监督，压实责任

2017年，市委、市政府主要领导带领市分管领导、有关部门负责同志深入到一线，暗访问题、督促整改。13位市领导对挂钩板块“263”专项行动推进情况开展半年度督查，并分别带队开展明查暗访，督促解决突出环境问题。常熟市委、市政府主要领导多次就“263”重点工作和突出问题作出批示，要求举一反三，落实责任，强化措施，解决问题。常熟市还实施与污染物排放总量挂钩财政政策，卡住钱袋子，督促引导各镇（板块）主动强化治污减排，进而改善环境质量。

**（一）落实企业主体责任**

常熟市通过开展企业环境管理标准化建设，编发环境管理标准化手册，制作企业日常环境管理须知短片，分板块培训91场次、覆盖超过6100人次。同时强化政策倒逼，公布企业环境信用评级“红黑榜”，会同相关部门出台实施差别化水电费政策，督促企业环保信息全公开，试点“第三方环保体检”。坚持执法监管与服务企业双轮驱动，结合环评制度改革，积极推行“3540”“一张网”“不见面审批”等工作，劝退不符合产业政策、环境污染重、资源消耗大的建设项目6个，总投资超过4.7亿元。

**（二）落实问责制度**

常熟市先后出台两项考核办法，分别对各乡镇（板块）以及“263”工作组牵头部门年度工作情况开展考核，以实绩论英雄，奖优罚劣，考核结果纳入全年绩效。出台《常熟市“两减六治三提升”专项行动约谈暂行办法》《常熟市“两减六治三提升”专项行动问责暂行办法》两个办法，对逾期未整改到位挂牌件以及“263”专项行动中曝光问题较为突出的村，开展集中约谈，全年共问责4人。

**（三）开展环保专项执法检查**

2017年，常熟市开展环保专项执法检查超过45次，查处环境违法行为超过800件，市镇两级行政处罚417件、处罚金额达2496万元。办理环境违法涉刑涉拘案件33件，有12人被行拘、有10人被判刑。所有这一切，为全市环境质量得到有效提升，为建设“资源节约型、环境友好型”社会，打造“强富美高”精致常熟提供了有力生态保障。

**（四）面上经验做法**

常熟经济技术开发区。2017年投资900万元用于环境质量在线监控，在化工集中区南侧边界安装4套在线监控装置，东张、吴市2个环境敏感点建设空气自动站；长春化工、住友橡胶、烨辉科技和理文化工四家废气重点排放企业履行企业主体责任，对主要废气排放口及厂界无组织废气实施在线监控，设备已完成安装并与开发区安全环保中心联网。借助这套监控系统，开发区能够实时掌握区域环境质量及企业废气排放情况，从而进一步改善区域的环境质量。

常熟高新技术产业开发区。联合第三方资质机构对辖区内103家环保重点企业开展环保核查，及时给出可操作性高、针对性强的整改方案和建议。核查结束后，根据第三方出具的环保核查报告书，高新区及时督促企业进行整改。核查数据皆录入高新区环境保护动态数据管理平台，用于长期管理。

梅李镇。2017年6月完成关停4家小化工厂，提前完成减化任务。期间为杜绝因化工厂关停产生环境隐患，镇环保部门全程监督指导，严防企业停产前放松环保日常管理、严防企业停产后危险废物遗留、严防关停企业地块遗留土壤污染隐患，并聘请第三方资质单位对地块进行土壤污染评估调查，成为全市首个开展关停化工企业地块污染现状评估的乡镇，并根据评估结果完成复耕复垦工作。

海虞镇。把全镇“263”各项任务清单全部上墙，逐一对照项目进度，并设置专项行动曝光栏，用于张贴整治前后对比照片。镇“263”办创新工作机制，依托综合执法局网格员队伍，对全镇范围内生活固废污染、流域水环境污染等情况进行全天无死角巡查，组建专门的微信工作群，巡查过程中发现问题后第一时间反馈到微信群中，由镇“263”办专人进行登记、分类、派送及汇总，并将各类问题及时分派到各相关工作组进行处置。

古里镇。将“263”专项行动与村级零星工业用地整优工作、“文明城市”创建、“百村千企万户大走访”活动相结合，将村级零星企业纳入整治范围，通过联合执法、行政处罚等手段倒逼企业关停退出，着力解决一批基层群众反映强烈的环保信访问题，指导和鼓励传统企业淘汰落后设备和工艺，实施技术改造，推进企业绿色发展。

沙家浜镇。通过提前预防机制，对照其他乡镇板块发现曝光的环境问题，重点对村庄环境、水利河道、“散乱污”企业等突出问题开展自查自纠，排查环境风险隐患，查找存在的问题和不足，切实解决一批影响群众工作生活的突出环境问题，推进环境质量持续改善。

支塘镇。实行“一案一档、限期销号”，对群众反映强烈、重复信访严重、涉及多部门的信访问题，由镇“263”办进行前期调查取证后，由镇长签发镇级督办单，要求承办部门按要求限期整改到位，经过镇“263”办后督查通过后销案。

董浜镇。开通24小时镇级“263”举报电话，及早发现、及时处理百姓身边存在的环境问题。通过镇微信公众号、镇广播电台、沿街道路围墙等平台，开展形式多样、内容丰富宣传报道，对工作开展情况和成效，第一时间向社会公开，引导全社会力量共同参与、共同监督，营造共建共治共享的良好社会氛围。

尚湖镇。建立例会制度，将专项行动中的各项任务纳入各部门绩效考核，明确时间节点，确保每一项工作落实到具体部门、处室和个人，并按周提醒、每月督查、季度通报、年度考核。在前期与企业负责人积极沟通商谈的基础上，倒排时间节点，循序推进关停程序，稳步加快评估、签订协议和实施停产、拆除工作，按月通报具体进展，按周跟进即时进度。

辛庄镇。在推进“散乱污”整治、解决一批影响群众生产生活的环境问题的同时，结合“三优三保”，完善空间架构，优化产业结构，释放发展活力，累计关停161家“散乱污”企业，盘活空间指标348亩，为村级财力建设腾出更多发展空间。

碧溪街道。高度重视媒体曝光的突出环境问题，对曝光企业立即停产整顿，在苏州曝光问题整治过程中，曝光点所属辖区吴市办事处、太平桥村创新工作手法，首次采用整改承诺书、整改进度上墙公示制度。通过透明化整改的方式，督促涉事单位加快整改进度，接受上级部门及人民群众监督。该措施将在新区今后工作中逐步推广。

## 四、畅通渠道，凝聚共识

自专项行动开展以来，通过组织和机制创新，全市在苏州县市区率先设立“263”有奖举报热线（52751263），开通“常熟263”微信平台，对公众举报的突出环境问题，经调查核实并在媒体曝光后，最高给予150元的话费充值奖励，群众参与热情高涨，2017年全年累计受理信访问题850件，按时办结率100%，回访满意率超过95%。

### （一）媒体积极参与

2017年专项行动期间，常熟市在常熟日报、常熟广电开设“263在行动”专栏，常态化曝光环境问题，发布各地“263”专项行动推进情况。2017年“世界环境日”市成功举办生态文明暨“263”工作论坛，累计超过2000人次参与，市政府分管领导受邀走进“民声汇”直播现场，与群众一起畅谈“263”。同时，通过新闻发布厅、圆桌会议、绿色沙龙等形式，搭建政府与公众面对面交流的新平台，营造出“人人参与263”的良好社会氛围。

### （二）开展志愿者亲水公益跑

2017年9月15日，常熟市400多名青年志愿者用环尚湖8千米亲水公益奔跑这一绿色健康环保的形式宣传“263”专项整治行动、文明城市创建和生态环保建设，传递公益的声音，虞青助力“263”专项行动由此全面启动。来自尚湖镇的青年志愿者代表在活动现场宣读环保倡议书，呼吁常熟市民参与到“263”行动中来，倡导广大市民节约保护水资源、低碳环保和“爱水、护水”的理念，积极争做环保志愿者。

### （三）举行企业环境管理培训

2017年9月21日，常熟市在梅李镇举行企业环境管理培训活动暨梅李镇培训现场会。参加此次的培训对象，从以往的重点监管企业延伸到一般监管企业，会前与会企业向环保主管部门递交环境保护责任书。至此，全市开展专项行动8个多月以来，共推进实施了500多项重点治理项目，各板块排查整治1300多个突出环境问题，一大批过去的“老大难”环境问题得到了解决。

### （四）整治行动个案选例

位于虞山街道元和村的自然村落蒋家村旁，有一条700多米的蒋家村河。这河道由于多年淤积、生活污水直排、违章建筑侵占水面等原因，曾经是一条名副其实的“黑臭河”。2017年全市“263”专项行动开始后，因为整治需要拆除沿岸的20多户村民的违章建筑，工程还未实施，就遭到了村民的反对。后在工作人员日复一日的劝说中消除殆尽，赢得群众的理解与配合后，拆违清障工作仅用一个月即顺利快速完成。蒋家村河道整治也由民生工程转变成民心工程。

（张　健　陈建东）

**责任编辑　陈建东**

2017年9月16日，虞青助力“263”启动仪式暨亲水公益跑活动在尚湖风景区举行　（市“263”专项办提供）

# 大事记

## 1月

**4日** 中国人民政治协商会议江苏省常熟市第十四届委员会第一次会议在常熟会议中心开幕。

**5日** 常熟市第十五届人民代表大会第一次会议在常熟会议中心开幕。

**10日** 国务院法制办协调司副司长袁诗鸣率宁夏中卫市考察团一行到常熟调研镇域综合执法工作。

**15日** 全市"两减六治三提升"专项行动暨化工行业优化提升整治专项行动动员会举行。

**同日** 常熟市人民法院开展涉民生案件集中执行行动。

**17日** 市委副书记、市政协主席、市委宣传部部长韩卫兵赴装甲某旅、苏州武警支队走访慰问。市领导吴军、范建青参加慰问。

**19日** 市委副书记、市长周勤第带队慰问苏州军分区。苏州市委常委、苏州军分区司令员杨晋出席活动。

**20日** "亲情中华——苏州市华侨文化交流基地"揭牌仪式在常熟市海虞镇新峰美术馆举行。

**23日** 市委书记王飚赴省军区、73047部队走访慰问。省军区政治部主任李少、73047部队副政治委员杜全武出席慰问。

**26日** 市委、市政府举行2017年春节团拜会。

## 2月

**4日** 江苏省纪委常委、苏州市委常委、市纪委书记马士光一行到常熟，调研常熟纪检监察队伍自身建设情况。

**同日** 市委书记王飚赴梅李镇开展"百村千企万户大走访"活动。

**9日** 苏州市委常委、副市长吴庆文到常熟高新区调研。

**12日** 江苏省重大项目集中开工现场推进会举行。常熟市设立高新区、经济技术开发区、虞山高新园3个分会场，收听收看会议，并举行全市重大项目集中开工启动仪式。

**13日** 常熟市首张网络预约出租汽车运输证从市交通运输管理处发出。

**16日** 苏州市副市长金洁一行到常熟，调研开放型经济。

**19日** 江苏省科技厅组织专家在南京理工大学常熟研究院召开"江苏省产学研联合创新资金/重大创新载体建设项目——南京理工大学常熟研究院建设项目"验收会。

**21日** 省委书记、省人大常委会主任李强到常熟调研。

**24日** 2017"服装世界，常来常熟"跨国采购贸易对接会举行。来自俄罗斯、乌克兰、巴基斯坦的50多位采购商参加活动。

**同日** 常熟服装城市场采购贸易方式试点启动新闻发布会举行。

**26日** 苏州市委副书记、市长曲福田到常熟，调研服装城市场采购贸易方式试点工作。

**同日** 常熟市虞山镇社区矫正和安置帮教志愿服务中队成立暨"和爱"相伴社会化服务活动举行。这是常熟市首次以政府购买服务的形式引进社工组织参与社区矫正工作。

**28日** 省委举办以"大走访"为主题的县委书记工作讲坛。市委书记王飚在常熟分会场作交流发言，介绍了本市深化开展"百村千企万户大走访"活动的做法和成效。

## 3月

**1日** 常熟市举行仪式，欢送全国人大代表钱月宝、高德康赴京参会。

**2日** 市委书记王飚在常熟会议中心会见印度驻上海总领事古光明。

**3日** 高速公路(重点国、省道)及内河主要航道沿线绿化和环境整治动员大会召开。

**同日** "学习雷锋好榜样，践行核心价值观"常熟市第十二届志愿服务月暨"爱心点亮希望，奉献传递温暖"万名志愿者、虞山镇第六届"虞城热心人"志愿服务集中行动在漕湖社区琴湖邻里中心举行。

**5日** 常熟国际装饰城正式开业。

**6日** 市委副书记、市长周勤第会见到常熟考察纺织服装产业情况的意大利对华友好协会主席艾琳·皮韦蒂。双方就服装企业合作、时尚品牌打造、经济文化交流等方面达成共识。

**7日** 河南省开封市兰考县党政考察团到常熟考察城市规划建设、城乡一体化建设、污水收集处理等方面的经验和做法,并举行座谈会。

**同日** 南京大学党委书记张异宾一行到常熟对接交流,并为"南京大学国家双创示范基地"授牌。

**8日** 亚足联和中国足协考察团一行25人到常熟,考察2018年亚足联U23锦标赛常熟赛区。

**同日** 澳大利亚昆士兰州 SunshineBeach School 的老师到藕渠中学进行为期3天的考察活动。

**10日** 苏州市委常委、副市长吴庆文到常熟,对工业企业资源集约利用工作推进情况进行专项督查并召开座谈会。

**16日** 常熟市市场监管局紧急部署央视"3·15"晚会曝光问题产品的清查行动,及时组织12个小组在全市范围内全面清查产自日本核污染区的进口食品。

**17日** 江苏省商务厅厅长马明龙一行到常熟进行市场采购贸易方式专题调研。

**17~19日** 2017年全市小学生田径锦标赛暨苏州市小学生田径选拔赛在莫城中学举行。

**20日** 市委书记王飏会见株式会社日立产机系统社长荒谷丰,并出席项目落户签约仪式。

**同日** 落户于常熟经济技术开发区的奇瑞捷豹路虎汽车有限公司举行第10万台整车批售及发运仪式。

**21日** 平安银行常熟支行正式挂牌开业。

**23日** 省"263"办公室工作一组对常熟市"减少煤炭消费总量""减少落后化工产能"工作开展情况进行调研。

**24日** 虞山印派"方寸博雅"篆刻特展在福建民俗博物馆展出。

**25日** "花俏江南、美丽假日"第26届中国(常熟)尚湖牡丹花会启动。

**同日** 《天下南社》采编座谈会暨北影常熟研究院与中国南社辛亥研究战略合作签约仪式在北京电影学院常熟影视技术与艺术研究院举行。

**28日** 太仓市党政考察团到常熟考察重大项目建设、科技创新、生态文明建设等方面的经验和做法。

**同日** 2017年"碧水琴川"廉政文艺基层行启动仪式在辛庄镇星海广场举行。

**30日** 中国保险监督管理委员会副主席陈文辉等一行10人到常熟调研农业保险工作。

## 4月

**1日** "有一种风情叫常熟"2017常熟春季旅游推介会在苏州举行,两地旅游局的代表等共百余人参加推介会。

**6~7日** 中国世界贸易组织研究会隆力奇研讨会在隆力奇召开。商务部、法律界、经济界20余名专家组成的专家团出席研讨会。

**7日** 国家林业局湿地保护管理中心主任王志高一行到常熟,调研"国际湿地城市"创建工作。

**8日** 云南省委常委、宣传部部长赵金带领丽江、普洱、保山、腾冲等市相关领导到常熟,考察常熟在文明城市创建工作中取得的经验和做法。

**同日** 常熟市旗袍协会成立。

**10日** 到常熟参加全省县域科技体制改革经验交流会的代表们在副省长张敬华的带领下,参观考察常熟科技创新工作。

**11日** 全省县域科技体制改革经验交流会在常熟市召开,总结交流常熟、海安等地科技体制综合改革试点经验,研究部署全省县域科技创新工作任务,切实推进"两聚一高"和"强富美高"新江苏建设。省委副书记、省长石泰峰,副省长张敬华出席会议。常熟市委书记王飏在会上作经验交流,市委副书记、市长周勤第在常熟分会场收听收看了会议。

**14日** 苏州市委副书记、代市长李亚平在常熟调研。

**同日** "李强与隐蔽战线专题展"揭幕仪式在沙家浜革命历史纪念馆举行。

**15日** 2017年常熟市第五届市民徒步大会在南湖湿地公园举行,全市各地5000多名徒步爱好者参与活动。

**16日** 省公安厅党委副书记、省委维稳办主任陈逸中到常熟新市民事务中心调研指导。

**同日** 2017"太平洋产险杯"常熟市第八届足球俱乐部甲、乙、丙联赛在市体育中心开幕。

**17~18日** 全省现代学徒制试点工作现场推进会在常熟举行,交流学习现代学徒制实践探索的经验,研究部署下阶段江苏省推进现代学徒制试点工作的各项任务。

**18日** 省委常委、苏州市委书记周乃翔到常熟,开展七浦塘河长制工作调研。

**20日** 江苏常熟服装城市场采购贸易方式试点招商推介会在义乌万豪国际酒店举行,面向全球国际采购商进行专题推介。

**22日** 中国激流与漂流推广季(常熟站)中国苏州"波司登"全民皮划艇大赛在昆承湖国际体育运动公园开幕。

**同日** 第十届常熟市阅读节、第七届常熟市少儿阅读节启动仪式在虞山镇人民政府举行。

**23日** 2017第七届常熟尚湖国际半程马拉松赛暨环太湖马拉松系列赛(常熟站)启动仪式在尚湖风景区举行。

**26日** 中国医药工业研究总院教授陈代杰到古里镇,举行科普讲座暨书籍捐赠仪式。

## 5月

**5日** 常熟蓝天救援队队员张宇朴、臧叶付代表中国蓝天救援队应缅甸若开邦实兑消防总署邀请出席缅甸消防建立71周年纪念典礼。

**6日** 江苏省副省长蓝绍敏到常熟检查防汛工作。

**同日** 2017第九届长三角城市龙舟邀请赛在尚湖风景区举办。

**11日** "爱的守护"2017常熟市国际护士节纪念表彰活动在市广播电视总台演播厅举行。

冠军。

**21 日**　奇瑞捷豹路虎汽车有限公司全新发动机工厂正式投产。

**22 日**　常熟万达广场正式开业。

**同日**　香港三乐国际教育集团首届亲子运动会在市体育馆举行

**23 日**　“大闹天宫乐聚杯”第三届全国青少年机器人及人工智能创新大赛在辛庄中心小学举行。全国 11 个省（直辖市、自治区）共 360 多名学校教师和学生选手参加比赛。

**25 日**　2017 年全国百城千村健身气功交流展示系列活动（常熟）大赛在市体育馆举行。

**25～29 日**　2017 年江苏省少年儿童游泳锦标赛在扬州举行。市体校游泳队 12 名队员参赛，获 6 金 3 银 5 铜，总分 153.5 分。

**26 日**　苏州市政府督查组到常熟，就 2017 年上半年城镇黑臭水体整治有关水体排查、任务落实、推进力度、项目进展以及措施到位等方面的情况进行全面督查。

**同日**　在南京农业大学参加 2017 年两岸大学生新农村建设研习营的台湾大学、嘉义大学、中央大学、宜兰大学、屏东科技大学等 5 所大学的 30 名师生到支塘镇蒋巷村，考察调研社会主义新农村建设发展。

**同日**　2017“中国寻根之旅”海外华裔青少年夏令营江苏苏州营的 70 多名华裔青少年到常熟游览，并参加闭营仪式。

**27 日**　全省重要产品追溯体系建设现场会的与会人员到常客隆冷链配送中心，了解常熟市重要产品追溯体系建设情况。

**28 日**　苏州（常熟）—中亚市场采购专列在苏州火车西站正式开通。

**29 日**　2017 国际女排对抗赛在市体育中心篮球馆举行。

**31 日**　市委召开十三届四次全体（扩大）会议，市委书记王飚受市委常委会委托，向大会作了题为“聚力创新求突破，聚焦富民补短板，以优异成绩迎接党的十九大胜利召开”的报告。

**同日**　“鱼水情深”常熟市庆祝中国人民解放军建军 90 周年军民联欢晚会在市广电总台演播厅举行。

## 8 月

**1～3 日**　2017 年全国大众跆拳道邀请赛在市体育中心举行，该邀请赛是常熟首次承办的全国性跆拳道赛事。

**2 日**　省委第七巡视组在常熟市召开巡视工作动员会，陈逸中组长作动员讲话，苏州市委副书记、代市长李亚平出席会议并讲话，常熟市委书记王飚主持会议并作表态发言。

**8 日**　常熟第四届公益采购活动启动仪式在市儿童福利院举行。

**11 日**　江苏省政府批复同意在虞山高新园基础上筹建江苏省常熟虞山高新技术产业开发区，实行现行的省级高新技术产业开发区政策。

**14 日**　常熟港应急物资储备库挂牌设立。

**17 日**　出席江苏省第七次侨联代表大会的海外嘉宾一行 46 人到支塘镇蒋巷村参观考察社会主义新农村。

**17～18 日**　江苏省人力资源服务品牌及国际化建设高级研修班在常熟举办，全省各地人力资源行业近百人参加培训。

**18 日**　市委书记王飚带领常熟市党政慰问团前往省军区、73047 部队走访慰问。省军区副政委、纪委书记李少，73047 部队政委姚兰祥出席慰问。

**同日**　《关于进一步完善我市商品住宅销售管理工作的通知》出台。

**20 日**　全市创建全国文明城市再动员大会召开，动员全市上下以饱满的热情、临战的状态、扎实的作风，高标准做好迎接国家测评各项工作。

**同日**　常熟市第三届中小学生武术比赛在市体育馆举行，全市 23 所中小学 300 多名选手汇聚一堂互相切磋。

**21 日**　由中国纺织品进出口商会和江苏省贸促会联合举办的加拿大服装纺织品采购展（ATSC）在加拿大多伦多国际展览中心举办，常熟服装城会同江苏金辰纺织有限公司等 22 家纺织服装专业生产商及贸易商组团亮相展会。

**21 日**　苏州市正式公布第三批《苏州园林名录》，聚沙园、读书台、拂水山庄、翁家花园、倚晴园等 5 处常熟园林入选。至此，全市共有 11 处园林入选《苏州园林名录》。

**23 日**　飞煌工业园二期暨英杰维特中国 LD 项目奠基仪式在虞山高新园举行。

**23～26 日**　第十二届全国大学生智能汽车竞赛总决赛在常熟理工学院举行，全国近 200 所高校及中小学校的 377 支队伍、1600 余名师生参加比赛。

**24 日**　国家质检总局检验监管司司长孙文康一行到常熟调研。

**同日**　苏州市副市长曹后灵一行到常熟，调研基层医疗卫生服务体系建设。

**25 日**　国际湿地城市评估专家组专家考察常熟湿地公园和乡村湿地，查看人工湿地，了解常熟国际湿地城市创建工作开展情况。

**同日**　全市大排查大整治暨“三个百日行动”工作推进会召开。

**同日**　常熟理工学院、团市委联合举行第十二届全国大学生智能汽车竞赛全国总决赛主题拓展活动。

**26 日**　苏州市委副书记、代市长李亚平到常熟调研经济社会发展情况。

**29 日**　苏州市委常委、常务副市长王翔到常熟，调研长江常熟段河长制工作。

**同日**　全市首个由社区居民自发成立的社区基金“服装城社区公益金”正式成立。

**30 日**　南京市党政代表团到常熟考察。

**同日**　“常熟拉波尼未成年人观护帮教基地”签约揭牌仪式在苏州拉波尼服饰有限公司内进行。

**同日**　2017 年国际乒联残疾人乒乓球亚洲锦标赛在北京中国残疾人体育运动管理中心落幕。曹宁宁、周影、谷晓丹、杨中慧 4 位常熟选手在比赛中共获两金四银一铜。

**31 日**　市政府公布《常熟市第一批历史建筑名录》。

## 9月

**2日** 苏州电视台大型时政访谈节目《“创新四问”市(县)区书记访谈》,播出常熟市委书记王飚访谈。

**3日** 市城管局向市区一家健身会所负责人开出违反“门前三包”规定的罚单。这是《常熟市市容环卫“门前三包”责任制实施方案》施行后,城管部门开具的首张行政处罚告知单。

**同日** 中国台湾泰雅族代表参访团到常熟考察,共同探讨开展两岸少数民族文化交流的途径。

**4～16日** 第十三届全国学生运动会在杭州举行。常熟运动员王浩获得田径男子4×100米接力冠军和100米季军,赵婧纯和吴苏彤分获4×100米自由泳接力季军和200米混合泳第六名。

**5日** 市委书记王飚在世联学院会见应邀到常熟访问的德国弗莱堡市市长迪尔特·萨勒门,探讨开展友好交流事宜。

**同日** 常熟出入境检验检疫局首次成功电子核发国境口岸卫生许可证,常熟市港区外轮服务有限公司等3家企业获得向国际航行船舶供应食品和饮用水的资质。

**6日** 市纪委派驻机构改革动员部署会举行,市纪委向68家市一级党和国家机关、市直属事业单位派驻16个纪检组,实现派驻监督全覆盖。

**同日** 市委专题召开全市国有企业党的建设工作会议,学习贯彻习近平总书记重要讲话精神和中央、省委、苏州市委关于国有企业党建工作部署要求,认真分析形势,研究部署本市国企党建工作。

**同日** 全市定兵工作会议召开。

**9日** “邮缘在一起、文明在社区”2017年常熟市广场舞大赛开幕式暨首场预赛在市体育馆举行。

**12日** “国际雕刻大师”马丁·莫克苏州首签暨《音律华章》邮册首发活动在常熟图书馆举行。

**13日** 省政协副主席阎立一行到常熟,调研科技支撑特色小镇创新发展情况。

**同日** 中华慈善总会和波司登公益基金会举行战略合作签约仪式。

**15日** 常熟市2017年全国科普日主场活动暨“两弹精神·薪火相传”——王淦昌事迹进校园系列活动启动仪式在藕渠中学举行。

**16日** 第十五届全国篮球城市体育交流活动在市体育中心开幕。

**17日** 在苏州参加培训学习的新疆昌吉州、西藏林周县、内蒙古锡林浩特市的近百名党员干部到支塘镇蒋巷村参观考察。

**18～19日** 澳大利亚汤斯维尔市国际教育代表团在市长珍妮·希尔率领下,到常熟进行友好访问,推动两市文化教育间合作交流。

**18日** 常熟市城市管理局、常熟市社会信用体系建设领导小组办公室联合举行新闻发布会,向社会公布《常熟市城市管理失信行为管理办法(试行)》,并解读相关条文。

**同日** 常熟出入境检验检疫局保健中心为常熟理工学院首届留学生开展入境监测体检。

**20日** 常熟理工学院汽车工程学院举行2017赛季CIT车队新车发布会。由该校40多名学生自主设计研发的第四代方程式赛车面世。

**21日** 央视七套摄制组走进虞山尚湖,以采菱吃菱为主题,聚焦常熟农家生活,展示虞山尚湖风光。

**23日** 越南祖国阵线中央委员会副主席张氏玉映率越南祖国阵线代表团一行5人到支塘镇蒋巷村,考察学习蒋巷村新农村建设方面的先进经验。

**同日** 常熟舰官兵代表从南海远赴常熟,捐资帮助常熟籍困难学生。

**同日** 常熟市台湾同胞投资企业协会十四周年联谊会举行。

**24日** 全市普降暴雨,其中小东门自23日起累计降雨量114.4毫米,沙家浜180毫米,徐市156毫米。截至晚上7时,小东门水位由雨前的3.5米上升至4.2米,超警戒水位0.5米。

**同日** 2017常熟阳光跑步俱乐部第八届登山比赛在虞山公园镇海台举行。比赛起点位于虞山公园镇海台,终点为剑门停车场,全长4.5千米。

**25日** 2017常熟江南文化节暨沙家浜旅游节开幕式在常熟大剧院举行。开幕式上,举行了年度文化旅游重点获奖项目授牌颁奖仪式、第十届中国旅游电视周及“2017文明旅游常熟行”电视短片邀请赛颁奖仪式。

**同日** 由中国银行和常熟旅游局联合发行的全国县域首张全域旅游主题卡——“常来常熟”全域旅游主题卡在常熟发布。

**同日** “常塾·研学堂”常熟研学游品牌发布会暨研学游课程设计大赛启动仪式举行。

**26日** 第六届古琴艺术节开幕式暨2017中国民族管弦乐学会古琴专业委员会常务理事扩大会议在常熟举行。

**同日** 苏州通润驱动设备股份有限公司第100万台曳引机成功交付,成为全球曳引机行业达到百万台销售的企业。

**同日** 浙商银行常熟支行开业。

**27日** 2017年“启·承”元四家故里中国画精品展在新峰美术馆举办。

**同日** 参加2017青年企业家创新发展国际合作周活动的16个国家50余名中外青年企业家到常熟,参观特色企业,探访中国智能制造,共商“一带一路”建设。

**同日** 2017年常熟市留学人才及博士联谊会年会暨高层次人才迎中秋联谊活动在常熟会议中心举行。

**28日** 国家农业科技园区调研组到常熟调研。

**同日** 常熟市启动第三届“常熟公益汇”活动,并正式发布第四届常熟公益采购项目。

**同日** 常熟两位中国书协会员陈炳彪、陈未父女的“翰墨情”书法作品展在马里兰大学中国文化节期间举行,共展出作品70多件。

**同日** 大风天下·大风堂同人三代书画展在常熟理文铂尔曼酒店开幕。

**同日** 祭孔大典在常熟文庙大成门前举行,50名市民代表前往观看。

**同日** 纪念王翚逝世三百周年虞山画派艺术学术研讨会在常举行,邀请

14位国内外专家学者参与研讨。

**同日** 首届中国“戈汕”红木文化研讨会在常熟举行。

## 10月

**9日** 《2017年中国中小城市科学发展指数研究报告》发布,“2017全国综合实力百强县市”“2017全国综合实力百强区”“2017全国综合实力千强镇”等榜单出炉。常熟在全国中小城市综合实力百强县市中位列第四,虞山镇名列全国综合实力千强镇第四位。

**同日** 常熟市第三十二届集邮展览在市图书馆开幕。

**11日** 常熟出入境检验检疫局发布消息,经中国检验检疫科学研究院确认,江苏常熟口岸全国首次截获扁柏大树蜂 Urocerusmultifaciatus。

**15日** 常熟市第七届体育运动会开幕式在市体育中心体育馆举行。

**18~21日** 日本萨摩川内市经贸代表团到常熟访问。

**19~20日** 省政协副主席王雪非到常熟,考察调研繁荣发展文艺事业专题。

**21日** 常熟服装城组织优质商户、外贸企业参加第23届义乌国际小商品博览会。

**26日** 第十一届(2017)中国汽车轻量化塑料及创新材料发展论坛暨第七届国际汽车轻量化技术及材料科技创新应用年度峰会、国际汽车轻量化绿色科技联盟(中国)年度峰会在常熟举行。

**27日** 市十五届人大常委会正式设立常委会专家咨询组,并向首批聘任的专家颁发了聘书。

**28日** 常熟乡村旅游巡礼暨2017首届蒋巷乡村旅游节在蒋巷村开幕。

**29日** 2017第七届常熟尚湖国际半程马拉松赛暨环太湖马拉松系列赛(常熟站)开赛。全球24个国家和地区、国内33个省120个地级市的10000多名跑友参加比赛。

**30日** 全省首个县市级智能制造供需对接交流互动平台——“智联谷”公共服务平台正式上线。

**同日** 丰田氢燃料电池车“MI-RAI未来”国内的实证实验在丰田汽车研发中心(中国)有限公司启动。丰田在中国建成的首个加氢站同时落成。

## 11月

**1日** 搭乘“中欧班列—汉新欧”的进口货物首次在常熟综保区清关。

**8日** 西交利物浦大学思政教育基地授牌仪式暨西浦职工党员教育活动日在支塘镇蒋巷村举行。

**14日** 《第五届全国文明城市名单》公布,常熟市成功入选。

**16日** 中国石油和化学工业联合会会长李寿生到常熟新材料产业园调研产业发展情况。

**同日** 以“约在常熟,聚力创新,共筑梦想”为主题的常熟创新发展大会开幕式在常熟会议中心举行。开幕式上,44个项目进行签约文本互换,项目总投资达203亿元。

**同日** 常熟创新发展大会大院大所创新成果展举行。

**同日** 特种高分子材料产业技术创新战略联盟成立仪式暨论坛在常熟会议中心举行。

**21日** 第六届联合国世界旅游组织旅游可持续发展中国观测点年度工作会议在常熟开幕,世界旅游组织、联合国世界旅游组织旅游可持续发展观测点管理与监测中心、国家旅游局、江苏省旅游局、苏州市旅游局以及印尼、希腊、河南、黄山、张家界等国内外观测点的代表和媒体代表近百人参加会议。

**22日** 2017第十二届中国智能交通年会暨常熟国际智能汽车周在常熟国际展览中心启动。

**28日** 市委市政府召开虞山镇行政体制改革和行政区划调整宣布大会。会议宣读了上级批复,同意撤销常熟市虞山镇,设立虞山街道、琴川街道、莫城街道、常福街道,并宣布各街道筹建组组长、副组长及成员名单。会议还举行了新设街道揭牌仪式。

**同日** 常熟籍人士徐义刚当选为中科院院士。

## 12月

**4~5日** 中国新闻技联区域新媒体分会年会暨“融合与发展”主题论坛在常熟举行。

**7日** 江苏省地方志编纂委员会办公室在常熟市举办江苏名镇名村志编修业务会议。

**12日** 2017年“黄玫瑰之夜”圣诞晚会暨“常熟之友”授予仪式在常熟大剧院举行。

**20日** 省委常委、苏州市委书记周乃翔到常熟调研经济社会发展情况。

**同日** “名城缘·书画情”常熟、衢州政协书画作品展在常熟美术馆开幕。

**25日** 2017年第4期国家湿地公园建设管理培训班在沙家浜国家湿地公园举办。

**26日** 常熟市召开“两减六治三提升”专项行动领导小组办公室第五次全体会议,梳理总结2017年度工作,全面部署2018年工作任务。

**同日** 中共常熟市委离退休干部工作委员会揭牌暨《常熟老干部工作志》首发仪式举行。

**28日** 全国政协副主席、原九三学社中央主席韩启德到常熟参观王淦昌故居。

**同日** 常熟首家社会化运营的社区文化服务中心——阿庆嫂文化广场举行启动仪式。 (常 鉴)

**责任编辑 汤 涵**

# 市情概览

## 地理　自然

【地理位置】　常熟市简称虞、虞城，又称江南言子故里，古称琴川、海虞、南沙等。位于江苏省东南部，北濒长江，与南通市隔江相望，东邻太仓市，南接昆山市、苏州市相城区，西连江阴市、无锡市锡山区，西北与张家港市接壤。境域南北距37千米，处北纬31°31′～31°50′，东西宽49千米，处东经120°33′～121°03′，国土面积1276.32平方千米（含所属长江水域面积）。市人民政府所在地为虞山街道金沙江路8号。

【地质地貌】　地层　常熟境域地层归属江南地层区，依时代先后，已知有古生界、中生界与新生界。古生界：寒武系始于距今约5.7亿年；奥陶系始于距今约5亿年；志留系始于距今约4.4亿年；泥盆系始于距今约4亿年；石炭系始于距今约3.5亿年；二叠系始于距今约2.85亿年。中生界：三叠系始于距今约2.3亿年；侏罗系始于距今约1.95亿年；白垩系始于距今约1.37亿年。新生界：下第三系始于距今约6700万年；上第三系始于距今约2500万年；第四系始于距今约2500万年，含更新统与全新统。

地质　常熟境域所在地区属于扬子准地台，属地壳相对较稳定的构造单元。在扬子准地台范围内，包孕常熟及其邻近区域的次一级构造单元，为下扬子—钱塘褶皱带，是曾经历地壳运动较显著的地带，在下扬子—钱塘褶皱带的东部，发育有一系列中生代的断褶凹陷与隆起，均属更次一级的构造单元。

地貌　常熟境域南部低洼，属太湖水网平原，为阳澄湖、昆承湖等浅水湖群的分布区域；西北部与东北部略高，属长江冲积平原，为江口段南岸冲积物的覆盖区域，其中西北部地面多分布老冲积物，东北部地面多分布新冲积物。

平原　常熟境域的平原，为长江三角洲的一部分，土地平旷，水网交织。地势大致由西北向东南微倾，海拔多在3～7米，少数低洼区域为2.5米左右，局部高亢地段可达8米，地面几乎全部为第四系沉积物所覆盖。依地表结构，常熟境内平原通常析为三片，即为沿江平原、昆承平原和虞西平原。

山丘　常熟境域内山丘有虞山、顾山、殿山、铜官山和西山等，依其形态，虞山属低山类型，余者形体矮小，属零星散布的孤丘。虞山古名乌目山，一称海隅山，商末仲雍即虞仲定居吴地，殁后葬此，遂名虞山。其位置处于市域中部，略偏西侧。山形略呈长条状，大致由西北向东南延伸，山脊线长约6400多米，主峰称锦峰，峰顶高程为261.1米。

日沐虞城　　（常熟日报社提供）

【水系】　长江过境部分　长江流经常熟北境，按江苏省划定的界线，属常熟境的江面为109.74平方千米，约占境内水域总面积的38.59%。江岸西起福山闸西，东至白茆塘口东，长约31.9千米。江面宽度，徐六泾口外为5.5千米，至白茆塘口外宽8.1千米。为5.5公里，至白茆塘口外宽8.1千米。

通江河道　据常熟历代旧志记载，常熟境内通江河道，已数易其位。梁代有二十四浦通江，历经沧桑，大多湮没或改道。中华人民共和国成立后，大兴水利，入江诸河都经整治，并开望虞河等河道，至今境内有福山塘、望虞河、耿泾、海洋泾、常浒河、徐六泾、金泾、白茆塘等河通江。

境内河网　常熟境域内河均属长江下游的太湖水系，河流总面积为129.23平方千米，约占境内水域总面积的45.43%，分布的特征是以城区为中心，向四方放射扩散。主要河道有望虞河、张家港、元和塘、常浒河、锡北运河、盐铁塘、七浦塘(七鸦浦)、福山塘、耿泾、海洋泾、辛安塘、蛇泾、西塘河、苏家滃、大滃、尤泾、三泾、金泾、徐六泾、青墩塘、横泾塘、山前塘、大义塘、环城河、东环河、护城河、琴川运河等。境域南部诸河分布较密，北部诸河分布较稀。河道比降小，水流平缓，部分河道无固定流向。各河之中，有属主干河道和著名河道，还有分属有关乡镇的重要河道，至于为数众多的小型港泾浜溇等，则分布更广。

境内湖荡　常熟境域内湖荡中，主要有昆承湖、尚湖、南湖荡等，还有面积200亩以上的水域10多处，至于小面积的水域以及人工开挖用作水产养殖的池塘，则为数更多。全境较大型的湖荡面积为26.53平方千米，约占水域总面积的9.33%。小潭荡、上浜河面积15.60平方千米，约占水域总面积的5.48%，人工开挖的鱼池面积3.33平方千米，约占水域总面积的1.17%。

【气候】 2017年，常熟市气温略偏高，降水偏多，日照正常。

气温　全年平均气温17.6度，比历年(1981～2010年)平均偏高1.4度(历年平均值为16.2度)。7月24日，最高气温40.9度，创历史新高。

降水　全年降水量1458.9毫米，比历年平均偏多323.3毫米(历年平均值为1135.6毫米)。6月19日入梅，7月6日出梅，入梅略偏迟、出梅偏早，梅长17天，较常年偏短7天，梅雨量196.7毫米，较常年偏少4%。

日照　2017年全年日照时数为1827.9小时，比历年平均偏多14小时(历年平均值为1813.9小时)。

气象灾害　9月24～25日，受暴雨和大暴雨影响，城区普遍出现内涝现象，给居民生活带来一定影响。7月12日～29日，常熟市出现持续的高温天气，其中22～25日最高气温超过40度，对生产和生活造成一定影响。

# 建置　区划

【建置沿革】 秦代以前　据1988年在常熟谢桥白龙港北岸发掘的钱底巷新石器文化遗址证实，早在5500年前，常熟的土地上已经有人类居住。殷商时称荆蛮之地。商初，邑人巫咸为商太戊帝宰相，其子贤为商祖乙帝宰相。商代末，周族君长古公亶父之子太伯、仲雍南奔至吴，与当地民众融合，建立勾吴。常熟地方为勾吴北境。周代初，仲雍曾孙周章在吴继位，受周王加封，列为诸侯。常熟地方属吴国。春秋战国时，越灭吴、楚灭越、秦灭楚，常熟境域先后属越、楚、秦。

秦至西晋　公元前221年，秦始皇统一中国，设立会稽郡于苏州，下属吴县，常熟属之。西汉景帝前元时期(公元前156～前150年)，常熟地方建虞乡，隶会稽郡吴县。东汉常熟地方东北建南沙乡，隶吴郡吴县，设司盐都尉(相当于副县级)。三国吴黄武年间(222～229)，虞乡设虞农都尉。西晋太康二年(281)，毗陵郡置暨阳县，南沙乡割属暨阳县。西晋太康四年(283)，以虞乡设置海虞县，县治设海虞城(今虞山镇古城区)，隶于吴郡。为常熟境域有县治之始。

东晋至民国　东晋咸康七年(341)，撤司盐都尉署，以南沙乡建立南沙县，隶于晋陵郡。南朝齐永泰元年(498)，海虞县北境设置海阳县，隶于晋陵郡。南朝梁大同六年(540)，南沙县地置常熟县，县治设南沙城(今福山)，隶于信义郡(郡治在今昆山市)，是为常熟县名之始。

隋开皇(589～600)年间，废信义郡，以海阳、兴国、海虞等县并入常熟县，县治设南沙城，隶属于苏州。开皇九年(589)，以常熟县置常州，设常州理。旋移常州理于晋陵县。常熟复为县，隶于苏州。元元贞元年(1295)，常熟县升为常熟州。至明洪武二年(1369)，常熟州复为县。明弘治十年(1497)，朝廷设太仓州，将常熟双凤的5个都划给太仓。清雍正四年(1726)，析常熟县东境置昭文县，两县同城分治。1911年辛亥革命后，两县重新合并为常熟县。

中华人民共和国成立至今　1949年4月27日，常熟解放。5月3日，常熟市军管会颁令，划常熟城区为市，成立常熟市人民政府，由常熟县人民政府县长钱伯荪兼任市长。1958年4月25日，常熟市人民委员会、常熟市政协召开联席会议，宣布国务院第七十四次会议撤销常熟市，建立虞山镇，将原常熟市境划归常熟县。

三环快速路东北角景观　　(常熟日报社提供)

1961年11月18日，根据国务院文件，常熟县划出三兴、乐余、兆丰、合兴、东莱、锦丰、塘桥、西张、乘航、鹿苑、凤凰、恬庄、南丰、妙桥等14个公社和常阴沙农场约3.33万公顷耕地、34万人口归属新设置的沙洲县（现张家港市）。翌年元旦，沙洲县正式成立。1983年1月18日，根据国务院决定，撤销常熟县，设立县级常熟市至今。

**【名称由来】** 关于常熟地名的由来，通常说法是取自旧志"土壤膏沃、岁无水旱""原隰异壤，虽大水大旱，不能概之为灾，则岁得常稔"之意。北宋杨备《题常熟》诗赞："远逼江垠傍海壖，落帆多是往来船。县庭无讼乡间富，岁岁多收常熟田。"同时代沈坰《乾元宫兴造记》云："姑苏之北，有大邑焉，曰常熟，山长而水远，泉甘而土肥，民富物庶，人乐其业。"

2017年，常熟文史专家在《读书台》杂志发表文章，《大方广佛华严经·卷第十五·入不思议解脱境界普贤行愿品》记载："复有果树，名为常熟，形如金山，味如甘露，柔软香美常放光明。"作者认为，南北朝时佛教盛行，《华严经》有可能已经传入常熟，这是南沙县改称常熟县的原意所在，这可供文史爱好者研究参考。常熟之名，象征着富贵吉祥、甜蜜幸福和快乐安康。

**【行政区划】** 常熟地域内行政区域划分始于唐代。据唐陆广微《吴地记》称：常熟"管乡二十四"，其后集又载"常熟县十二都"。宋代，常熟境内设9乡，乡下设都、里、村。元代改里为图。清代中期，易乡为场，以场统都，以都统图。清末民初，实行市乡制，常熟境内划为4市31乡。

民国18年（1929），县以下实行区乡制，以区统乡。民国23年（1934），乡以下推行保甲制。其间，区乡划分几经变更。1949年中华人民共和国建立后，重新调整区划。1957年撤区，由县直辖各乡。1958年各乡建办人民公社，实行政社合一体制。1972年，撤销原浒浦镇，常熟县时有镇1个、公社33个和林场1个。1983年实行政社分离，仍为乡（原公社）建制，乡以下为行政村。是年，常熟撤县建市，设市属镇1个、33个乡、3个场。1985年10月，继福山撤乡建镇后，各乡陆续改建为镇。

1992年起，常熟实施乡镇合并，继是年12月城郊、琴南两乡并入虞山镇后，1999年6月以来，先后又有梅李镇、赵市镇、珍门镇合并为梅李镇；王市镇、福山镇、周行镇以及市棉花原种场合并为海虞镇；碧溪镇、浒浦镇、吴市镇、东张镇（2003年并入）合并为新港镇，2008年新港镇改称碧溪镇，2010年撤碧溪镇建街道，设立碧溪新区，和国家级常熟经济技术开发区实行一体化管理；藕渠镇、兴隆镇、莫城镇、谢桥镇、大义镇先后并入虞山镇；古里镇、淼泉镇、白茆镇先后合并为古里镇；董浜镇、徐市镇合并为董浜镇；支塘镇、任阳镇、何市镇合并为支塘镇；沙家浜镇、唐市镇合并为沙家浜镇；辛庄镇、杨园镇合并为辛庄镇；王庄镇、冶塘镇合并为王庄镇；练塘镇、张桥镇合并为练塘镇；后张桥镇并入辛庄镇，练塘镇并入王庄镇，同时王庄镇改称尚湖镇。

2017年11月28日，常熟市撤销虞山镇，重新整合划分成虞山（原方塔管理区、兴福管理区、虞山尚湖旅游度假区）、常福（原大义管理区、谢桥管理区）、莫城（原莫城管理区、常熟服装城）、琴川（原琴湖管理区、虹桥管理区）四个街道办事处。至此，全市有建置镇8个，街道办事处6个，林场1个；另有国家级开发区2个，省级开发区1个，国家级专业市场1个，工业园区2个，本科院校1所。

## 人口　资源

**【人口户丁】** 常熟历来是人口大县。西汉景帝三年（公元前154年），常熟地方设虞乡，稍后又设立南沙乡，两乡人口近1万人。唐会昌年间（841～846），常熟有1.38万户。宋淳熙十年（1183），常熟有2.6万多户，13.25万人。元至正二十七年（1367），常熟有6万多户，约24.1万人。明弘治十年（1497），析置太仓州，常熟划出1.5万多户、5.8万多人。清嘉庆二十五年（1820），是常熟（含常熟、昭文两县）古代人口最多的一年，有111.4万人，其中男63.87万人、女47.57万人。道光以后，由于连年灾荒等因素，人口大幅下降。直到清末，人口总数一直徘徊在80万左右。民国期间，人口增长缓慢。尤其是民国26年（1937）日军入侵常熟后，造成大量人口的死伤与逃亡。民国37年（1948），常熟有21.1万多户、95.2万人，其中男47.9万人、女47.3万人。1950年，常熟有102.68万人。截至2012年年底，常熟有户籍人口1067798人。

2017年底，常熟市有户籍人口1069079人。其中，男性有518302人，占48.48%，女性有550777人，占51.52%。新生儿登记6925人，死亡6942人。全市总户数为324753户，年内新迁入3332人，迁出1682人。截至12月31日，全市外来人口实有数960718人，与2016年同期884456人相比，上升了8.6%。是年，常熟市平均期望寿命82.23岁，其中男性平均期望寿命79.75岁，女性平均期望寿命84.65岁。

常熟人口以汉族为主。改革开放以来，随着经济社会的快速发展，人口流动日趋活跃。进入21世纪，常熟境域有蒙古族、回族、维吾尔族、苗族、彝族、壮族、布依族、朝鲜族、满族、侗族、土家族、藏族、哈尼族、哈萨克族、羌族、白族、高山族、拉祜族等40多个少数民族。

**【物产】** 农产特产　"含桃最说出东吴，香色鲜秾气味殊。洽恰举头千万颗，婆娑拂面两三株"（唐代白居易诗）"岁岁多收常熟田"（北宋杨备诗），历史上，常熟向以农业精耕细作著称，农作物以水稻、小麦、棉花为主，兼有部分油料作物、蔬菜、瓜果、药材等。特产有鸭血糯、宝岩杨梅、虞山绿茶、王庄西瓜、梅李南瓜、虞山水蜜桃、桂花栗子等。

水产资源　常熟境域为水网地区，水产资源十分丰富，有出自长江的鲥鱼、刀鱼、海白虾等，出自内河的有鲫鱼、草鱼、鲢鱼、鳊鱼、青虾和阳澄湖大

海虞镇七峰村茶园　　（常熟日报社提供）

闸蟹等。

野生植物　常熟境域野生植物资源有乔木、灌木、药材、草、蕈菌等5大类200多种。野生乔木主要有紫檀、柘树；野生灌木主要有山楂、金樱子；野生药材有何首乌、蒲公英等765种；草类繁多，有芦苇、野燕麦等20多种；蕈菌类有松树蕈等。

人工栽培植物　常熟境域人工栽培的树木有300多种。其中用材林有马尾松、黑松、刺槐、水杉等，竹类有燕竹、蔑竹、象竹、毛竹等，果树有银杏、板栗、杨梅等，特种经济林有杞柳、桑树、茶和观赏性花木等。

野生动物　常熟境域野生动物主要有哺乳类、鸟类800余种。

【资源】 矿类资源　常熟境域有矿类资源高岭土、黄沙、煤、泥炭、石英砂、天然气等。

地下水资源　常熟境域地下水均以第四系孔隙水为主。由于埋深适中，地层稳定，分布面广，水量丰富，水质上乘，曾被广泛采用。近年来为防陆地沉降，已渐回填停用。虞山、福山等山丘地段，地下水常以下降泉形式出露，形成间歇性涧泉，如秦坡涧、桃源涧、玉蟹泉、焦尾泉、舜过泉等，流量较少，但水质优良，矿化度0.05千克～0.07千克/升，硬度一般小于50毫克/升，为极软水。

## 方言　宗教

【常熟方言】 常熟方言是吴语方言的一种，属于吴语太湖片苏沪嘉小片，和北吴其他方言如苏州话、上海话等基本能互通。常熟方言是吴方言中保留古音最完整的方言，有33个声母、50个韵母，清浊、尖团音、平翘判然有别，有整齐的八声调，普通话只有阴平、阳平、上声、去声四个音，苏州话和上海话有7个声调，而常熟话有8个声调，平上去入各分阴阳，接近中古发音，和唐朝语言较为接近，是一种较为独特而又颇具代表性的吴语次方言。

【宗教】 佛教　常熟佛教文化十分兴盛。早在三国时期，常熟梅李即有吉祥庵，一名赤乌古刹，传为东吴所建。东晋著名佛教学者支遁在常熟创立双凤寺（双凤现属太仓）。南朝时期佛教在江南兴盛，常熟早期的兴福寺、三峰寺等名刹皆建于萧梁，慧日寺、宝岩寺等也都是这一时期建立起来的。唐宋以后，常熟又陆续建立了一批寺院尼庵，其中较著名而且一直存续到清末民国的，有智林教寺、增福禅院、维摩寺、藏海寺等，遍布城乡各地。清末民初统计，全县有寺宇庵堂305处。

道教　常熟道教历史悠久，南朝梁代天监二年（503），道教创始人汉代张道陵的十二代孙张道裕在虞山山麓建道观“招真治”，梁昭明太子萧统为之撰《招真治碑记》。招真治后改称“乾元宫”，自北宋始，相继扩葺，宣和七年（1125）又赐名“致道观”，后一直沿用。明清时期，致道观规模宏伟，为江南著名道观，清咸丰十年（1860）拆毁。常熟的民间崇拜兴盛，如周神、金七总管等，遍布常熟城乡。近代常熟多散居道士。百姓凡动土兴工、起造宅宇等，都要延请道士修设斋醮“谢洪”，意为“酬谢洪恩”，求安保泰。

天主教　天主教在16世纪明代晚期传入中国，常熟也成为天主教较早传播的地区之一。明末科学家、邑人瞿太素为常熟第一位天主教徒（1605）。清康熙年间，常熟籍画家吴历在51岁时成为天主教司铎，是中国最早的司铎之一。基督教在清光绪年间正式传入常熟。

## 人文　旅游

【历史名人】 常熟自古钟灵毓秀、人杰地灵，被誉为“人文昌盛之邦，文物著于江南”。在数千年的文明史发展过程中，常熟境域孕育了众多杰出人才，在诸多领域里，为人类的文明进步作出了贡献。常熟在唐代至清代的科举时代，中进士的有486名，其中状元8名、榜眼4名、探花5名。常熟历史上最早的有商相、古天文学家巫咸，其儿子巫贤，也是有名的贤相。商末，有泰伯、仲雍奔吴，随即“断发纹身”，化吴夷之俗为一体。仲雍（又称虞仲）卒后葬于虞山，山由此得名。明邑人吴讷《仲雍古墓》诗云：“仲雍随伯氏，让国来荆蛮。放言求自废，民迹终忘还。端委治勾吴，子孙列雄藩。配食至德庙，丘陵寄空山。缅怀雍门言，临风为长叹。”

春秋时，言偃北上师事孔子，成为“孔门十哲”之一，是启迪东南文化的先驱。明末有抗清名臣瞿式耜。清代有著名政治家、两朝帝师翁同龢等。同时，还涌现了众多独树一帜、蜚声中外的艺术家、文学家。绘画方面，元代有俗称方塔，位于城区大东门方塔园内，为常熟城区标志性建筑，2006年5月国务院公布其为全国重点文物保护单位；建于明代的赵用贤宅（脉望馆），位于城区南赵弄，2006年5月国务院公布其为全国重点文物保护单位。常熟燕园为城内著名的园林，梅李聚沙塔为旧时常熟东乡地标性建筑，2013年5月燕园和聚沙塔被国务院批准为第七批全国重点文物保护单位。位于虞山北麓的兴福寺，始建于南齐年间，为国务院确定的汉族地区佛教全国重点寺院。

## 经济　创新

【概况】　2017年是实施"十三五"规划的重要一年，也是推进供给侧结构性改革的深化之年。年度以来，面对错综复杂的国内外经济形势，全市上下坚持稳中求进工作总基调，自觉践行新发展理念，稳步推进供给侧结构性改革，努力提高发展质量和效益，经济运行总体呈现稳中有进、稳中向好的发展态势。

【经济发展稳中有进】　经济增长保持平稳　2017年，常熟市实现地区生产总值2279.55亿元，按可比价计算同比增长7.2%，增速比苏州大市高0.1个百分点。前四季度，GDP累计增速分别为7.2%、7.3%、7.3%、7.2%，总体保持较为平稳的态势。

财政税收稳步增长　2017年完成一般公共预算收入191.81亿元，同比增长10.5%，增速较去年同期提升0.4个百分点。其中，入库税收完成165.02亿元，同比增长13.4%，入库税收占一般公共预算收入的比重为86.0%，较去年同期提升2.2个百分点。

工业经济持续回升　2017年完成规模以上工业总产值3920.69亿元，同比增长8.6%，增速较上年同期提升5.6个百分点，较上半年提升0.6个百分点。全市规模以上工业32个大类行业中有23个行业产值同比实现增长，占行业总数的71.9%。

【产业转型步伐加快】　现代农业加速推进　2017年建设高标准农田面积5.46万亩，新增现代农业园区面积1.3万多亩，农业机械化水平达91%。农业发展方式加快转变，新增三品产地面积9万亩，"三品"产量占比达40%。龙头企业拉动有力，70家农业龙头企业实现销售收入约280多亿元，实现利润12亿元。新兴业态成果喜人，30家农业企业实行"互联网＋"，开展网络营销，全年实现销售额2.5亿元。

工业结构优化升级　主导产业规模壮大，2017年，"3＋5"产业完成产值3026.46亿元，同比增长9.0%，占规上工业产值的比重为77.2%。其中，"三大千亿级"产业完成产值1952.40亿元，同比增长11.0%，占规上工业产值的比重为49.8%。汽车制造业引领增长，2017年完成产值466.73亿元，同比增长21.7%，占规上工业产值的比重达11.9%，在行业中排名进一步上升至第三位。

服务业经济提质增效　2017年服务业增加值占GDP的比重为47.0%，同比提升0.3个百分点。规模以上服务业企业实现营业收入174.85亿元，同比增长8.4%。新兴服务业发展较快，规上营业收入中信息传输、软件和信息技术服务业同比增长13.9%，交通运输、仓储和邮政业增长11.6%。全域旅游稳步推进，创新推出"常塾·研学堂"等旅游品牌，旅游总收入增长13.4%，获评"全国森林旅游示范县"。

【三驾马车协同发力】　投资实现扭负为正　2017年，常熟市全社会固定资产投资实现正增长，完成550.25亿元，同比增长1.0%，较去年同期回升14.7个百分点。其中，工业投资247.77亿元，增长1.7%；服务业投资302.48亿元，增长0.4%。投资运行质量向好，高新技术产业投资同比增长13.4%，增速高于工业投资11.7个百分点；高耗能投资占工业投资的比重为26.6%，较去年同期下降3.5个百分点；八大新兴产业完成投资占全社会投资的比重为26.0个百分点，较去年同期提升0.9个百分点。

对外贸易全面复苏　2017年全市进出口持续发力，增速始终保持两位数增长，实现进出口总额244.74亿美元，同比增长23.3%。其中，出口额167.60亿美元，增长25.5%；进口额77.14亿美元，增长18.7%。分出口方式看，加工贸易出口75.02亿美元，同比增长21.7%；一般贸易出口78.91亿美元，增长12.2%。分出口市场看，对欧盟市场出口同比增长28.3%，对美国市场出口增长23.8%，对东盟市场出口增长21.9%。

消费市场稳步提升　2017年实现社会消费品零售总额800.41亿元，同比增长8.1%。其中，住宿和餐饮业实现零售额68.87亿元，同比增长

中交天和机械设备制造有限公司盾构机车间　　（常熟日报社提供）

10.3%，较去年同期提升 2.7 个百分点；批发和零售业实现零售额 731.54 亿元，增长 7.8%。2017 年实现商品市场成交额 1970.78 亿元，同比增长 7.3%，增速较上年同期提升 2.7 个百分点，其中服装城成交额 1489.18 亿元，增长 8.0%。

【创新驱动加速引领】 科技创新能力增强 2017 年，常熟市全社会研发与试验发展经费支出占地区生产总值的比重提高到 2.66%以上。新认定高新技术企业 118 家、高新技术产品 363 个，省高新培育企业入库 34 家。全年新增各类省级企业研发机构 22 家，全市大中型工业企业和规模以上高新技术企业研发机构建有率达 92.7%，增长 10.7%。区域创新布局不断优化，加速拓展众创空间，签约落地重大创新合作项目 64 个，新实施省重大科技成果转化项目 5 个，新增苏州市级以上众创空间、孵化器 17 个。

专利发展质量提升 2017 年全市专利申请量和授权量分别达 6914 件和 3088 件，其中发明专利申请量和授权量分别为 2823 件和 640 件。年末，拥有有效发明专利 4003 件，按常住人口计算的万人发明专利拥有量增加至 26.46 件，比 2016 年增加 2.1 件。

人才集聚助推创新 2017 年全市人才总量达 32 万多人，其中高层次人才 2.4 万人，高技能人才 7.26 万人，同比分别增长 6.7%、10.6%和 2.8%。年末拥有国家“千人计划”人才 23 人、省“双创人才”67 人、“姑苏领军人才计划”人才 107 人，本市级双创人才(团队)374 个。

## 社会 民生

【民生保障持续提升】 社保水平不断提升 2017 年，常熟市建立富民“1+N”政策体系，民生支出占一般公共预算支出比重达 78.6%。新增就业人数 2.8 万人，城镇登记失业率 1.86%，本市籍高校毕业生就业率达 96.9%。主要险种保险覆盖率均超 99%，居民医保筹资标准提高到 1000 元/人，城乡低保标准调整至 875 元/月。发放各类社会救助帮扶资金约 1.6 亿元，惠及贫困对象约 1.2 万人。新增日间照料中心 64 家，每千名老人拥有养老床位数超 42 张。

居民收入持续增长 2017 年，全市全体居民人均可支配收入 49066 元，同比增长 8.9%，其中城镇居民 59015 元，增长 8.5%，农村居民 30288 元，增长 8.3%，城乡居民收入比为 1.95∶1。物价水平温和上涨，2017 年全市居民消费价格同比上涨 1.4%。

【社会事业成果丰硕】 教育事业明显加强 以促进教育内涵发展为中心，推进Ⅰ素质教育，深化教育改革，优化教育资源，教育均等化水平不断提高，元和中学、锦荷学校及幼儿园、兴隆中学等新改扩建工程稳步推进。2017 年末，全市拥有各类学校 109 所，在校学生数 15.76 万人，高等教育毛入学率达 69.9%。

卫生事业加速发展 推动基层医疗机构提档升级，统筹推进综合医改，新改扩建 10 家基层医疗机构，北部医院开工建设。实施健康市民“531”行动计划，完善院前急救体系建设，完成 1.89 万人次应急救护培训。年末拥有各类医疗卫生机构 481 个，拥有床位 8241 张。年末，拥有卫生技术人员 9200 多人，其中执业医师(助理)3900 多人。

文体事业欣欣向荣 成功举办江南文化旅游节、首届“非遗”博览会、中国古琴艺术节，原创评弹《芦荡枪声》获省曲艺“芦花奖”。2017 年年末，人均公共文化设施面积达 0.36 平方米。举办第七届体育运动会、国际男篮争霸赛等大型赛事活动，群众性文体生活丰富多彩，建成健身步道 58.9 千米，虞山步道开工新建 15 千米。2017 年末，人均公共体育场地面积达 3.9 平方米，学校体育设施免费向社会开放率达 75.8%。

## 生态 环境

【生态环境日益改善】 2017 年，常熟市 PM2.5 平均浓度比去年同期下 | Ⅰ降 17.4%，空气质量优良率 72.05%，全市断面水质达标率 74.3%，比去年同期上升 11 个百分点，林木覆盖率达 17.7%。严格落实“河长制”，完成黑臭水体整治 103 条，完成 561 个村庄、1.57 万户农村生活污水收集处理，新改建污水收集管网 70 千米，完成 266 家工业企业生活污水收集处理，城镇、集镇、农村生活污水处理率分别达 93.8%、84.4%、67.3%。

【资源利用效率提升】 2017 年，常熟市完成上级下达节能减排任务，主要

海虞镇全民健身广场 （常熟日报社提供）

污染物排放强度持续下降，完成电力行业燃煤锅炉，提标改造10台，淘汰燃煤工业窑炉237台，减少煤炭消费量76万吨，淘汰低端低效产能企业134家，关停并转化工企业81家。推进“三优三保”和村级工业用地整优，盘活存量土地9044亩。

**【持续推进美丽镇村建设】** 2017年，常熟市累计建成省美丽乡村“面上示范”5个（组团，下同）、苏州市美丽村庄示范点13个、苏州市三星级康居乡村98个。（陈建东）

# 组织机构及领导人名录

（截至2017年12月31日）

## 常熟市四套班子领导机构及市纪委机构

### 中共常熟市第十三届委员会

书　　记　王　飚
副 书 记　周勤第　韩卫兵
常　　委　潘志嘉　沈晓东　陆文明　张万银　华　红　沈一平　孙　健　张建强　吴　军

### 常熟市第十四届人民代表大会常务委员会

主　　任　杨崇华
副 主 任　陈惠良　范建国　陶　理　周荣葆
党组书记　杨崇华
副 书 记　陈惠良　范建国

### 常熟市人民政府

市　　长　周勤第
副 市 长　沈晓东　王建国　徐海东　陆继军　赵　红　张月明　雷　波　周灵群（挂职）　杜陆军（挂职）
党组书记　周勤第
副 书 记　沈晓东

### 中国人民政治协商会议常熟市第十三届委员会

主　　席　韩卫兵
副 主 席　桑五官　吴国华　殷丽萍　陆建达
党组书记　韩卫兵
副 书 记　桑五官

### 中共常熟市纪律检查委员会

书　　记　华　红
副 书 记　沈剑峰　须建国
常　　委　薛建伟　李　艳　周志新　袁建军

## 常熟市人民武装、审判、检察机构

### 市人民武装部

部长、党委副书记　张万银
政治委员、党委书记　宋　刚

### 市人民法院

院长、党组书记　杨晓春
副 院 长　庾　晨　金健峰　张志强　李根发
党组副书记　庾　晨

### 市人民检察院

检察长、党组书记　夏　军
副检察长　吴伯初　胡　烨　方　宇

## 中共常熟市委工作机构及部门管理机构

### 市委办公室

（挂市委研究室、市委保密委员会办公室（市国家保密工作局）、市委机要局牌子）

主　　任　朱兴元
副 主 任　钱耀良　章桂生　衡成军　王　刚　叶　进

### 市委研究室

主　　任　章桂生
副 主 任　朱　钰

### 市委保密委员会办公室

（市国家保密工作局）

主任、局长　衡成军
副主任、副局长　马志强

### 市委机要局

局　　长　空缺
副 局 长　朱凤伟

### 市委组织部

部　　长　陆文明
副 部 长　陈正东　邹燕兰　陆凤妹　周春阳

### 市委非公有制企业和社会组织工委

（与市委组织部合署办公）

书　　记　邹燕兰
副 书 记　丁建刚

### 市人才工作办公室

（市委组织部挂牌机构）

主　　任　陈正东
副 主 任　吴夏阳

### 市委老干部局

（由市委组织部管理）

局　　长　陆凤妹
副 局 长　谢　坚　王　燕

### 市委宣传部

（挂市委对外宣传办公室、市精神文明建设指导委员会办公室牌子，市哲学社会科学界联合会挂靠）

部　　长　孙　健
副 部 长　时映光　范建峰　奚　坚　吴文进　王　燕

### 市精神文明建设指导委员会办公室

主　　任　吴文进
副 主 任　洪云伟

### 市委对外宣传办公室

主　　任　奚　坚

### 市社科联

主　　席　时映光
副 主 席　空缺

### 市委统一战线工作部
（挂市政府侨务办公室牌子）

部　　长　陆文明
副 部 长　范葆华　苏建东　邓　玨
　　　　　陆兢业　王剑江

### 市政府侨务办公室

主　　任　邓　玨
副 主 任　李江南

### 市委台湾工作办公室
（挂市政府台湾事务办公室牌子）

主　　任　朱国清
副 主 任　刘益举

### 市委政法委员会
（挂市社会治安综合治理委员会办公室、市依法治市领导小组办公室牌子）

书　　记　吴　军
副 书 记　王建国　许晓东　王建良

### 市社会治安综合治理委员会办公室

主　　任　许晓东
副 主 任　仲　华　柯志刚　杨　林

### 市国家安全领导小组办公室
（与市委政法委员会合署办公）

主　　任　王建良
副 主 任　毛振南

### 市委巡察办

主　　任　须建国
副 主 任　汤　涌　高延君

### 市委巡察组

组　　长　李　艳　徐文胜　陈晓华
　　　　　邵　燕
副 组 长　苏惠元　董卫兵　薛　政
　　　　　陈　立　王　蓝　毛建锋
　　　　　张培新　张金华

### 市委农村工作办公室
（挂市政府农村集体资产管理办公室牌子）

主　　任　吴建兴
副 主 任　钱振新　邹拥军　张建华

### 市委市级机关工作委员会

书　　记　陈正东（兼）
副 书 记　薛　刚　邵　洁

### 市机构编制委员会办公室

主　　任　费卫东
副 主 任　葛　刚　陆　珩

## 常熟市人大常委会工作机构

### 市人大常委会办公室
（挂市人大常委会研究室牌子）

主　　任　支立新
副 主 任　陈士民　浦明霞

### 市人大常委会研究室

主　　任　浦明霞

### 市人大常委会人事代表联络工作委员会

主　　任　张俊华
副 主 任　宗　霞

### 市人大常委会内务司法工作委员会

主　　任　戴玉华
副 主 任　黄立新

### 市人大常委会财政经济工作委员会

主　　任　陈　飞
副 主 任　吴育农

### 市人大常委会城建环保工作委员会

主　　任　夏建国
副 主 任　蔡伟民

### 市人大常委会教科文卫工作委员会

主　　任　范浩康
副 主 任　武　琦

### 市人大常委会外事民宗侨台工作委员会

主　　任　范浩康
副 主 任　武　琦

## 常熟市人民政府工作部门及派出机构

### 市政府办公室
（挂市政府外事办公室、市人民政府新闻办公室、市政府金融工作办公室、市政府研究室牌子）

主任、党组书记　马维刚
副 主 任　唐　坚　范立军　钱敏磊
　　　　　沈卫东　杨俊达　金　晓
　　　　　戴亚芳

### 市政府外事办公室

主　　任　唐　坚
副 主 任　空缺

### 市政府金融工作办公室

主　　任　章一帆
副 主 任　陆小强　顾　晨

### 市政府研究室

主　　任　范立军

### 市发展和改革委员会
（挂市物价局、市服务业发展办公室、市企业上市工作办公室牌子）

主任、党委书记　丁　琪
副 主 任　赵　军　刘永祥　顾　麟
　　　　　殷　伟

### 市物价局

局　　长　赵　军
副 局 长　季中英

### 市服务业发展办公室

主　　任　刘永祥
副 主 任　黄惠明

### 市企业上市工作办公室

主　　任　章一帆

## 市经济和信息化委员会

（挂市中小企业局牌子）

主任、党委书记　朱晓峰

副　主　任　陆云鹤　顾利东
　　　　　　唐建军　叶　斌

党委副书记　周　伟

## 市中小企业局

局　　长　陆云鹤

## 市教育局

局长、党委书记　陈邵东

副 局 长　王金涛　唐佩军　唐建雪
　　　　　赵明华　顾　泳

党委副书记　王金涛

## 市科学技术局

（挂市知识产权局牌子）

局长、党组书记　潘　伟

副 局 长　高向军　查银华　陈　岚
　　　　　彭伟国

## 市公安局

局长、党委书记　吴建伟

政治委员　钱振荣

副 局 长　夏建刚　吴　宏　唐志强
　　　　　管卫东　吴　勇

副 政 委　宁爱民

党委副书记　钱振荣

政治处主任　宁爱民

## 市外来人员服务和管理办公室

（挂市新市民事务中心牌子）

主　　任　庞学海

副 主 任　钱建春　王卫青　钱学军

## 市公安消防大队

大队长、党委副书记　杜巍巍

教导员、党委书记　倪东伟

副大队长　陆　强　赵　帅

## 市监察局

（与纪律检查委员会合署办公）

局　　长　沈剑锋

副 局 长　唐国林

## 市民政局

局长、党委书记　戴炳元

副 局 长　徐　健　陆培新　周　青

## 市司法局

局长、党组书记　陈向忠

副 局 长　周卫良　顾明月　薛建国
　　　　　朱一鸣

## 市财政局

局长、党组书记　浦梅萍

副 局 长　朱正刚　章一帆　黄熙枚
　　　　　殷新勇

党组副书记　朱兴生　季俊华

## 市政府国有资产监督管办公室

（与市财政局合署办公）

主　　任　季俊华

副 主 任　邓美英

## 市人力资源和社会保障局

局长、党委书记　沈育军

副 局 长　沈建新　张卫忠　钱雪平
　　　　　沈　军　刘颂东

党委副书记　沈建新

## 市国土资源局

局长、党组书记　徐　力

副 局 长　陈建刚　张林元　吴志平

## 市土地储备中心

（市政府委托市国土资源局管理）

主　　任　陈建刚

副 主 任　姚晓阳　姚晓锋

## 市住房和城乡建设局

（挂市地震局、市房产管理处、
市城市建设基金管理中心、
市绿委办牌子）

局长、党委书记　蒋向阳

副 局 长　钱新锋　薛志恒　王建国
　　　　　杨　燕　姚文龙　陆志明

党委副书记　钱新锋

## 市地震局

局　　长　蒋向阳

## 市房产管理处

主　　任　薛志恒

副 主 任　杨黎明　刘顺根　陈志军

## 市绿化委员会办公室

主　　任　钱新锋

副 主 任　陈　喆　徐毅平

## 市城市建设基金管理中心

主　　任　邱正祥

副 主 任　徐婷婷

## 市房屋征收管理办公室

主　　任　邱正祥

副 主 任　戈建明　吴　胜

## 市规划局

局　　长　俞　翔

副 局 长　马　新　徐雪峰　王　曦

党组书记　朱立新

## 市城市管理局

（挂市城市管理行政执法局牌子）

局长、党委书记　郁海成

副 局 长　殷志江　尹　柯　徐建东

党委副书记　朱永涛

## 市环境卫生指导中心

主　　任　空缺

副 主 任　周　政　朱明华

## 市交通运输局

局长、党委书记　唐志军

副 局 长　戚晓飞　周宜军　赵国良
　　　　　仲春剑　张国庆

党委副书记　戚晓飞

## 市水利局

（挂市水务局牌子）

局长、党委书记　乔小力

副 局 长　周建英　闻振东
　　　　　皇甫建国

党委副书记　蔡水明　周建英

总工程师　周　锷

## 市农业委员会

（挂市林业局牌子）

主任、党委书记　邓国华

副 主 任　程凤鸣　王建军　霍惠明
　　　　　陆　益

党委副书记　程凤鸣

### 市商务局

局长、党委书记　赵东方
副局长　陆建华　张　毅　戚晓维
　　　　蔡宇恒
党委副书记　张一鸣

### 市文化广电新闻出版局
（挂市文物局、版权局牌子）

局长、党委书记　吴　伟
副局长　王洪良　何君良　殷德刚
党委副书记　柴　畅

### 市版权局

局　长　吴　伟

### 市文物局

局　长　吴　伟

### 市卫生和计划生育委员会

主任、党委书记　朱兴元
副主任　魏　奇　徐晓萍　钱向前
　　　　王志强　马汉青
党委副书记　魏　奇

### 市体育局

局长、党组书记　黄雯华
副局长　余　阳　谈晓枫

### 市环境保护局

局长、党组书记　顾玉芬
副局长　屈春山　王晓东
　　　　沈　宇　刘　玮
党组副书记　鞠庆丰
总工程师　刘家鹏

### 市旅游局

局长、党委书记　唐　晓
副局长　沈　琴　瞿建良
　　　　章　理　王金良
党委副书记　沈　琴

### 市民族宗教事务局

局长、党组书记　苏建东
副局长　顾叙明　徐　俭

### 市审计局

局长、党组书记　黄晓东
副局长　朱　仪　徐晓华
　　　　王海燕　潘建国
党组副书记　朱　仪

### 市安全生产监督管理局

局长、党组书记　姚卫东
副局长　高建国　陈　瑜
　　　　蒋永卫　应正球

### 市市场监督管理局
（挂市食品药品监督管理局牌子）

局长、党委书记　阚国良
副局长　钱　强　金志强
　　　　张　雷　殷仁亭
　　　　秦雪元　朱建中
党委副书记　钱　强

### 市食品药品监督管理局

局　长　阚国良

### 市食品安全委员会办公室

主　任　阚国良
专职副主任　朱正宇

### 市检验检测中心

主任、党组书记　季建农
副书记　诸雪梅
副主任　唐拥军　龚　阶

### 市统计局

局长、党组书记　李志刚
副局长　管建良

### 市粮食局

局长、党委书记　杨坚红
副局长　张振环　程庆红
　　　　罗卫刚
党委副书记　张振环

### 市信访局

局长、党组书记　沈靖波
副局长　杨岳忠　王　燕
　　　　徐家农

### 市民防局
（挂市人民防空办公室牌子）

局长、党组书记　丁　雷
副局长　平永良　季建宏

### 市政府法制办公室

主　任　唐剑锋
副主任　施珉钰　高　虎

### 市供销合作总社

主任、党委书记　徐学东
副主任　王忠达　何国华
党委副书记　王忠达

### 市政务服务管理办公室

主任、党工委书记　谈晓华
副主任　吴云龙　苗卫东
　　　　吕　松

## 常熟市政协工作机构

### 市政协秘书处

秘书长　施　晨
副秘书长　蒋伟国　何晓东　项　颖

### 市政协办公室
（挂市政协研究室牌子）

主　任　施　晨
副主任　蒋伟国　何晓东　项　颖

### 市政协研究室

主　任　蒋伟国

### 市政协提案委员会

主　任　马国熙
副主任　朱素倩

### 市政协经济科技委员会

主　任　高金华
副主任　陆敏学

### 市政协城乡建设委员会

主　任　许建明
副主任　秦卫东

### 市政协社会事业委员会

主　任　卫　欣
副主任　徐澍中

### 市政协港澳台侨（民族宗教）委员会

主　任　钱晓东

副 主 任　王耀翔

### 市政协文史委员会

主　　任　王金龙

### 政协委员服务联络工作办公室

主　　任　何晓东

## 中共常熟市委、市政府直属事业单位

### 市委党校

（挂市行政学校牌子）

校　　长　韩卫兵
副校长、校务委员会委员
　　凌解良　周　军　王美华
　　陈云水

### 市行政学校

校　长　凌解良
副校长　周　军　钱雪平

### 市委党史工作办公室
### 市地方志编纂委员会办公室

主任、党组书记　陆乾元
副 主 任　陈建东　王　宏

### 市档案局（馆）

局（馆）长、党组书记　顾志强
副局（馆）长　殷　红　桑建刚

### 市市级机关事务管理中心

主任、党组书记　钱耀良
副 主 任　戴建东　王剑江　石建东

### 市接待办

主　　任　钱耀良
副 主 任　卜蕾蕾　姚志强

### 市广播电视总台

台长、党委书记　张　怡
副 台 长　戚晓峰　杨　绮
党委副书记　孙国平

### 常熟日报社

总编辑、党组书记　范建峰
副总编辑　巴泽民　归岳嵚　陶　胜

## 垂直条线管理机构

### 江苏省电力公司常熟市供电公司

总 经 理　胡　军
副总经理　马灿明　顾仲德　陆　斌
　　颜建国　苏　宁
党委书记　马灿明
党委副书记　胡　军
纪委书记　顾仲德

### 常熟邮政管理局

局　长　郝　磊

### 中国邮政集团公司
### 江苏省常熟市分公司

总经理、党委书记　祁　伟
副总经理　陆一鸣　李　骏　储海春

### 中国邮政速递物流股份公司

总经理　姚峰明

### 中国电信股份有限公司常熟分公司
### 市电信局

总经理、局长、党委书记　黄小龙
副总经理、副局长　朱建宏　顾金华
　　曹唯一
纪委书记　朱建宏

### 中国移动通信集团
### 江苏有限公司常熟分公司

总 经 理　袁新龙
副总经理　夏国良　黄克非

### 中国联合网络通信有限公司
### 常熟市分公司

总 经 理　陈　军
副总经理　金　震　周　锋　曹　彬

### 江苏有线常熟分公司

总 经 理　杨　伟
副总经理　艾俊兴　刘　强

### 苏州市住房公积金管理中心
### 常熟分中心

主　　任　冯　超
副 主 任　沈利亚

### 市国家税务局

局长、党组书记　李兴祥
副 局 长　汤振华　俞　羚
　　邵力洲　黄　峰
纪检组长　杨照生

### 常熟地方税务局

局长、党组书记　周　健
副 局 长　汤　洪　吴才丰
　　韩音梅　包军英

### 中国人民银行常熟市支行
### 国家外汇管理局常熟支局

行（局）长、党组书记　张军阳
副 行 长　金耀良

### 中国银行业监督管理委员
### 苏州监管分局常熟监管办事处

主　　任　肖　民

### 中国工商银行股份有限公司
### 常熟市支行

行长、党委书记　江运昌
副 行 长　瞿　易　张学忠　汪晓峰
纪委书记　须韶锬

### 中国农业银行股份有限公司常熟分行

行长、党委书记　孙　波
副 行 长　徐于蓝　朱春笋　张琳莹
纪委书记　季玉珍

### 中国农业发展银行常熟市支行

行　　长　金春萍

### 中国银行股份有限公司常熟支行

行长、党委书记　祈德元
副 行 长　孙晓明　王文亚

### 中国建设银行股份有限公司常熟支行

行长、党委书记　高雪峰
副 行 长　芦育文　章　莉　陈大鹏
纪委书记　尹才新

### 交通银行股份有限公司常熟分行

行　　长　齐　竝
副 行 长　杜艳营

### 常熟经济技术开发区党政办公室

主　　任　周一凡
副 主 任　陆耀光

### 常熟经济技术开发区招商局

局　　长　贺勇胜
副 局 长　赵红芳　张志强　李春洪

### 常熟经济技术开发区经济发展局

局　　长　王向东
副 局 长　金永青　许　柳　王井刚

### 常熟经济技术开发区规划建设局

局　　长　徐　岗
副 局 长　范金良　盛振琪　周　杨

### 常熟经济技术开发区财政局

局　　长　黄　卫
副 局 长　冯　静　郑　健

### 常熟经济技术开发区劳动人事局（党群工作办）

局　　长　戴富保
副 局 长　徐正玉　吴燕婷

### 常熟经济技术开发区安全生产监督管理和环境保护局

局　　长　王　奕
副 局 长　沈建康

### 常熟出口加工区管理局

局　　长　李　军
副 局 长　王晓楠　周军丽

### 常熟科创园管理服务中心

主　　任　戴富保（兼）
副 主 任　沈晓明　葛　龙

### 常熟高新技术产业开发区党工委

书　　记　空缺
副 书 记　沈一平　陆晓棣
党工委委员　姚丽英　张　燕
　　　　　陈国栋　沈建平

### 常熟高新技术产业开发区管委会

主　　任　空缺
副 主 任　沈一平　陆晓棣　姚丽英
　　　　　张　燕　陈国栋

### 常熟高新技术产业开发区纪工委

书　　记　沈建平
副 书 记　沈小弟

### 常熟高新技术产业开发区监察室（审计室）

主　　任　沈小弟

### 常熟高新技术产业开发区党政办公室

主　　任　殷坚东
副 主 任　毛雨东　李　斌

### 常熟高新技术产业开发区组织人事劳动局

局　　长　陆筱元
副 局 长　俞　敬

### 常熟高新技术产业开发区规划建设局

局　　长　章伟东
副 局 长　顾军明　金义龙

### 常熟高新技术产业开发区招商局

局　　长　顾志强
副 局 长　王险峰　梁红梅　姚　成
　　　　　陶传龙　李索一

### 常熟高新技术产业开发区安全生产监督管理和环境保护局

局　　长　钱晓东
副 局 长　曹仁明

### 常熟高新技术产业开发区经济发展局

局　　长　沈　阳
副 局 长　王　娴

### 常熟高新技术产业开发区科技与知识产权局

局　　长　张　健
副 局 长　杨　晋　姚国鹏（挂职）

### 常熟高新技术产业开发区财政局

局　　长　张军波
副 局 长　苏　燕

### 常熟高新技术产业开发区社会事业局

副 局 长　王　维

### 常熟综合保税区 B 区管理局

局　　长　王国平

### 常熟国家大学科技园管委会

副 主 任　王奇峰　浦梅萍　顾志强

### 常熟国家大学科技园科技招商部

副 部 长　王　翼

### 常熟国家大学科技园企业服务部

副 部 长　范立成（挂职）

### 常熟服装城党工委

书　　记　刘　洪
副 书 记　万晓军　蒋　学（挂职）
党工委委员　邓国华　汪　群
　　　　　张建明　毛　华
　　　　　陈美华　唐国林

### 常熟服装城管理委员会

主　　任　万晓军
副 主 任　俞国荣　沈瑞良
　　　　　邓运华　汪　群

### 常熟服装城纪工委

书　　记　汪　群

### 常熟服装城经济发展办公室

主　　任　毛　华

### 常熟服装城财政和资产管理办公室

主　　任　陈美华

### 常熟服装城社会事业办公室

主　　任　罗来一

### 常熟服装城规划建设管理办公室

主　　任　须文胜

### 常熟服装城贸易促进办公室

主　　任　顾辛辛

### 常熟服装城党建办公室

主　　任　王丽红

### 常熟虞山尚湖旅游度假区党工委

党工委书记　刘　洪
副　书　记　朱卫东

### 常熟虞山尚湖旅游度假区管委会

管委会主任　空缺
副　主　任　朱卫东　蒋国华
　　　　　　徐振祥　高桂兴

### 常熟国家农业科技园区党工委

书　　记　空缺
副书记　高向军

### 常熟国家农业科技园区管委会

主　　任　空缺
副主任　高向军　张颂跃

### 市发展投资有限公司

董事长、总经理、党委书记　徐学峰
副总经理　陶少锋
副书记　王雪军

### 市城市经营投资有限公司

董事长、总经理、党委书记　钱瑞龙
副总经理　顾洪良　黄延飞
党委副书记、纪委书记　支建新
监事会主席　查志宽

### 市保障房开发建设有限公司

董事长、总经理　钱瑞龙
监事会主席　查志宽

### 江苏江南商贸集团有限责任公司

董事长、总经理、党委书记　游立志
党委副书记　陈剑江
监事会主席　马可玮
总经理助理　沈架飞

### 常熟经济开发区高新技术产业园党工委

书　　记　孙　健
副书记　徐惠东　何　明

### 常熟经济开发区高新技术产业园管委会

主　　任　徐惠东
副主任　何　明　何根元　徐建良
　　　　吴　洁　姚　君

### 江苏高科技氟化学工业园（江苏常熟新材料产业园）党工委

书　　记　朱惠明
副书记　周志坚

### 江苏高科技氟化学工业园（江苏常熟新材料产业园）管委会

主　　任　周志坚
副主任　王纪渊　王　诚
　　　　余振荣　马卫江

### 市政府口岸办公室（挂港口管理局牌子）

主任（局长）、党组书记　陶俊明
副主任　邵云涛　陈龙章

### 市港口管理处

主　　任　陶俊明
副主任　邵佩标　金　红　姚哲翊

### 中华人民共和国常熟边防检查站

站长、党委副书记　张　群
政治委员、党委书记　吴　勇
副站长　周　标　张文勇
副政委、纪委书记　李正林

### 中华人民共和国常熟海关

关长、党组书记　掌孝恩
副关长　陈玉福　孙　彧
　　　　陈　葵

### 中华人民共和国常熟出入境检验检疫局

局长、党组书记　唐　政
副局长　顾巧元　颜　军
　　　　李信军　李　喆

### 中华人民共和国江苏常熟海事局

局长、党组书记　李宏兵
政委、党组副书记、纪检组长　王建成
副局长　孟雨青　周　勇　陆　义

## 驻常部属企业

### 江苏常熟发电有限公司

党委书记　吴国庆
总经理　刘丛涛
副总经理　俞卫新　曹学华　杭桂男
总工程师　薛建强
总会计师　陈敏芳

## 高等学校、中专、省重点中学及市直属医院

### 常熟理工学院

党委书记　张庆奎
院　　长　朱士中
副院长　沈宗根　周　宏　钱素平
　　　　姜建明　张根华　张德高
党委副书记　朱士中　丁晓原
纪委书记　丁晓原

### 江苏省常熟职业教育中心校

校　　长　苏建青
党委书记

### 江苏省常熟中学

校长、党委书记　潘一兵

### 常熟市中学

校长、党委书记　马　骏

### 市第一人民医院

院　　长　陈　波
党委书记　黄　伟

### 市第二人民医院

院　　长　吴　钢
党委书记　吕卫华

### 市中医院（新区医院）

院　　长　唐　键
党委书记　马汉青

## 各街道、镇（场）领导机构

### 虞山街道

筹建组组长　刘　洪
筹建组副组长　褚宏伟　朱卫东
　　　　　　　梁　盾
筹建组组员　蒋国华　徐振祥
　　　　　　高桂兴　范仲华
　　　　　　王建华　钱丽萍

瞿美娟　金雪庆
沈　成　冯文澜
邵雪明　朱　徵

## 常福街道

筹建组组长　程　锋
筹建组副组长　徐惠东　庞凤琴
顾　锋
筹建组组员　李惠华　邹　捷
何根元　徐建良
吴　洁　姚　君
李军良　徐　耘
蔡　胜

## 莫城街道

筹建组组长　万晓军
筹建组副组长　俞　铁　张建明
陈继发
筹建组组员　毛　华　陈美华
唐国林　罗来一
须文胜　顾辛辛
王丽红

## 琴川街道

筹建组组长　钱建平
筹建组副组长　王　峰　汪　群
查玉英
筹建组组员　朱　炬　蔡晓军
徐　强　石　君
尹　伟　张蔼琦
罗文中　王浩强

## 梅　李　镇

党委书记　张宁江
副 书 记　陆益斌　顾君明
浦方勇　朱沙医（挂职）
党委委员　冯利明　陈伟娟
周琴花　仲建东
王志明　石　梅
纪委书记　王志明
人大主席　吴建兴
副 主 席　仲建东
镇　　长　陆益斌
副 镇 长　冯利明　陈伟娟　瞿文明
陆建东　陆超群
政协工委主任　顾君明

## 海　虞　镇

党委书记　朱惠明
副 书 记　须亚军　周志坚
童建清　冯仁华（挂职）
党委委员　王卫东　窦卫东　张振良
陈　义　吴　江　苏剑峰
顾晓丹　夏玲慧
纪委书记　王卫东
人大主席　范国华
镇　　长　须亚军
副 镇 长　唐　亿　凌建东　钱志国
吕　宏
政协工委主任　童建清

### （海虞镇福山办事处）

主　　任　吴　江

### （海虞镇周行办事处）

主　　任　张学清

## 碧溪新区（碧溪街道）

党工委书记　王　钢
副 书 记　陆　清　陆志强
徐　海（挂职）
委　　员　窦明春　王学东　黄晓红
戴忠明　周丽芳　毛国昌
纪工委书记　毛国昌
主　　任　陆　清
副 主 任　季黎明　盛建明　夏　健
陶培雄
人大工委主任　王伟东
政协工委主任　空缺

### （碧溪新区碧溪办事处）

党工委书记　窦明春
主　　任　张顺兴

### （碧溪新区浒浦办事处）

党工委书记　黄晓红
主　　任　朱正阳

### （碧溪新区吴市办事处）

党工委书记　王学东
主　　任　朱　慧

### （碧溪新区东张办事处）

党工委书记　空缺
主　　任　范惠清

## 东　南　街　道

党工委书记　殷坚东
副 书 记　王　维
党委委员　王永前　戴庆仁　顾雪峰
陈燕薇　张扣其
纪委书记　陈燕薇
主　　任　王　维
副 主 任　戴庆仁　顾雪峰

## 古　里　镇

党委书记　陈国栋
副 书 记　赵　斌　陈建青　顾小燕
党委委员　张旦红　高　平　毛建峰
钱英杰　吴　俊　何静芬
吴　晓（挂职）
纪委书记　顾小燕
副 书 记　毛建峰
人大主席　陈建青
人大副主席　钱英杰
镇　　长　赵　斌
副 镇 长　张旦红　郭晓峰　吕廷均
刘　呈　万拥东　陶建东
政协工委主任　顾小燕

### （古里镇白茆办事处）

主　　任　万拥东

### （古里镇淼泉办事处）

主　　任　陶建冬

## 沙　家　浜　镇

党委书记　季恒义
副 书 记　徐　峰　张康德　夏　冬
彭　刚（挂职）
党委委员　李伟国　邹拥军　金国峰
赵庆锋　吴　坤　田菊芳
时利峰　查仁芳
纪委书记　赵庆锋
人大主席　夏　东
镇　　长　徐　峰
副 镇 长　李伟国　支月明　姚彩莲
朱惠江　马伟宇　浦晓峰
政协工委主任　张康德

### （沙家浜镇沙家浜办事处）

书　　记　胡剑栋

## 沙家浜旅游度假区

党工委书记　季恒义
副 书 记　瞿晓峰　顾永忠

副 主 任　瞿晓峰（主持工作）
顾永忠　吴　旭

## 支　塘　镇

党委书记　董国新
副 书 记　潘　健　沈振新　许　俊
蒋　学（挂职）
党委委员　王　陶　屠文英　李晓明
胥保石　王静宇　洪　卫
纪委书记　胥保石
人大主席　沈振新
副 主 席　屠文英　陈建中
镇　　长　潘　健
副 镇 长　王　陶　汤　炜　张丽芳
朱文勇　支晓东　付春秀
政协工委主任　周大利

### （支塘镇任阳办事处）

主　　任　葛春庭

### （支塘镇何市办事处）

主　　任　吴文英

## 董　浜　镇

党委书记　许晓波
副 书 记　许晓挺　顾建东
党委委员　苏利刚　朱云涛　俞拥军
章伟平　马建新　黄　剑
纪委书记　顾建东
人大主席　秦建明
镇　　长　许晓挺
副 镇 长　苏利刚　龚春霞　王静良
王志丰
政协工委主任　李美新

### （董浜镇徐市办事处）

主　　任　顾晓文

## 尚　湖　镇

党委书记　顾伟明
副 书 记　倪嘉臻　贾宇烨　吕　刚
方　宇（挂职）
党委委员　金雪良　周冬青　浦利明
陈　瑜　顾丽娟　沈　锋
朱方明
纪委书记　周冬青
人大主席　沈志明
副 主 席　顾丽娟
镇　　长　倪嘉臻
副 镇 长　金雪良　金国清　钱芝英
周振洪　马建峰
政协工委主任　王卫刚
政协工委副主任　王志军

### （尚湖镇王庄办事处）

主　　任　倪静洁

### （尚湖镇练塘办事处）

主　　任　陶文军

## 辛　庄　镇

党委书记　芮伟国
副 书 记　陈　勇　潘志英　龚　强
党委委员　陈建良　王正国　袁　瑜
钱　韧　秦雅红　陆任协
纪委书记　陈建良
人大主席　范建新
镇　　长　陈　勇
副 镇 长　王正国　姚富民　吴利峰
钱　韧　陈　雷　吴文龙
范立成（挂职）
政协工委主任　潘志英

### （辛庄镇张桥办事处）

主　　任　范建新

### （辛庄镇杨园办事处）

主　　任　张卫芬

## 虞 山 林 场

党委书记　刘　洪
副 书 记　朱卫东
场　　长　空缺
副 场 长　范仲华　王建华

---

说明：名录由市委组织部、各单位等提供并审核。如有误，一律以正式文件为准

责任编辑　王　宏

# 中国共产党常熟市委员会

## 综　　述

【概况】 2017年，常熟市认真落实省委和苏州市委决策部署，以迎接党的十九大胜利召开、学习宣传贯彻党的十九大精神为工作大局，积极配合省委巡视工作并扎实抓好巡视整改工作，全力做好“7·16”纵火案善后处置工作，成功创建全国文明城市，顺利实施虞山镇行政管理体制改革和行政区划调整，圆满完成全年各项目标任务，改革发展和党的建设取得新的进步。

突出“高举旗帜、维护核心”，政治建设有力加强 市委把学习宣传贯彻党的十九大精神作为首要政治任务，把党的政治建设摆在首位，第一时间传达学习党的十九大精神和习近平总书记系列重要讲话精神，推动全市上下迅速掀起学习宣传贯彻热潮。扎实推进“两学一做”学习教育常态化制度化，开展“旗帜鲜明讲政治”专题教育。

突出“存量提升、增量带动”，经济运行提质增效 2017年，全市经济运行保持“增速稳、质量优、动力强”态势，四大招商体系作用初步显现，“三区一园”支撑作用凸显，虞山高新园获批筹建省级高新区。

突出“创新驱动、深化改革”，发展动力更加强劲 2017年，常熟市国家市场采购贸易方式试点成效明显，市场采购出口货值超10亿美元；完成省科技“综改”试点任务，改革经验在全省推广。供给侧结构性改革取得新进展，降低企业成本38.6亿元，组建文旅公司，新增上市和新三板挂牌企业8家；“放管服”改革持续深化，新增各类市场主体3.3万户，个私经济累计注册资本1793亿元。顺利实施虞山镇行政管理体制改革和行政区划调整，设立虞山、常福、莫城、琴川4个街道，“区政合一”管理框架基本形成。“三优三保”试点和村级工业用地整合成效显现。

突出“全城创建、治理创新”，城市

2017年12月29日，中共常熟市委十三届六次全体（扩大）会议召开　　（常熟日报社提供）

**品质显著提升** 以优异成绩获评全国文明城市，全面推进“三个百日”行动，圆满完成十九大安保维稳任务，“7·16”纵火案快速侦破、善后处置有力有序，刑事发案率实现“十连降”；建立网格化社会治理联动机制，平安常熟建设持续深化，社会大局保持稳定。

**突出“生态优先、源头治理”，生态质量明显改善** 扎实推进“263”专项行动11大类285项重点任务，抓好中央和省环保督察问题整改落实，完成“两减”任务；严格落实“河长制”，完成黑臭水体整治103条，顺利通过国家节水型社会达标县验收。成功创建国家生态园林城市。

**突出“聚焦富民、均衡发展”，民生福祉持续增进** 实施富民“1+N”政策，20项重点民生实事基本完成。建成精准帮扶信息系统，实施慈善救助行动，建立“一对一”帮扶机制。公共服务不断优化，教育均等化水平不断提高，健康市民“531”行动扎实推进。文化惠民工程持续推进，虞山生态步道基本建成，累计建成健身步道59千米；举行纪念王淦昌诞辰110周年活动，成功举办江南文化节暨沙家浜旅游节等活动，历史文化名城效应持续放大。

**突出“全面从严、正风肃纪”，政治生态更加清明** 积极配合省委巡视组和苏州市委巡察组工作，扎实开展省委巡视反馈意见整改落实，同步抓好苏州市委对“两区”巡察反馈意见整改落实。意识形态工作进一步加强，建立考评标准，出台实施细则，强化阵地管理。严格落实中央八项规定精神，作风建设常态化、长效化机制更加健全。完成市委巡察机构、市纪委派驻机构改革，实现对68家市一级党和国家机关派驻监督的全覆盖以及对乡镇巡察的全覆盖。完成市人大、政府和政协换届工作。完善干部选拔任用机制，实施“四个一百”梯队建设工程，选优配强和从严管理干部。推进基层党建“补短板”项目，在苏州率先推进中小学校党组织管理体制改革。构建容错免责机制，激励干部干事创业。推进“两个责任”规范化建设，强化监督执纪“四种形态”运用，推进监察体制改革试点，持续加大反腐倡廉力度。深入开展“百村千企万户大走访”活动。出台健全市人大讨论决定重大事项制度，民主政治建设不断加强。

## 重要会议

**【落实党风廉政建设责任制情况汇报会召开】** 2017年1月13日，常熟市举行2016年度落实党风廉政建设责任制情况汇报会。苏州市委常委、副市长王翔以及常熟市委书记王飚，市委副书记、市长周勤第，市人大常委会主任杨崇华等市四套班子领导出席会议。

王翔对常熟2016年的党风廉政建设工作给予充分肯定，并代表苏州市委就贯彻落实全面从严治党要求，认真落实党委主体责任和纪委监督责任提出要求。王飚代表市委作履行党风廉政建设主体责任情况汇报。市委常委、市纪委书记华红代表市纪委作了履行党风廉政建设监督责任情况汇报。王飚、华红分别作了述责述廉报告，其他常委作了书面述责述廉报告。考核组就常熟市落实党风廉政建设责任制情况进行了民主测评。

**【常熟市作风效能建设大会】** 2017年2月3日，常熟市作风效能建设大会召开。市委书记王飚出席会议并讲话。市委副书记、市长周勤第主持会议，市人大常委会主任杨崇华，市委副书记、市政协主席、市委宣传部部长韩卫兵等市四套班子全体领导出席会议。会上，韩卫兵通报2016年机关和板块绩效考核情况，市委常委、常务副市长沈晓东总结2016年全市作风效能建设和绩效管理工作。经开区、财政局、国税局、尚湖镇、教育局等板块和部门负责人作了交流发言。

**【常熟市党建工作会议】** 2017年3月1日，常熟市党建工作会议召开。市委书记王飚出席会议并讲话。市委副书记、市长周勤第主持。市委副书记、市政协主席、市委宣传部部长韩卫兵就2017年党建工作要点作专题部署。会上，各板块、各部门提交《党建工作责任书》和《党风廉政建设责任书》。市委常委、组织部部长、统战部部长陆文明，市委常委、市纪委书记华红出席会议。

**【常熟市政法工作会议】** 2017年3月1日，常熟市政法工作会议举行。市委书记王飚在会上要求，全市上下特别是政法系统，要全面贯彻落实习总书记对政法工作重要指示精神，按照中央、省政法工作会议要求，牢固树立忧患意识，切实增强政治责任感，提高工作预见性，从严从实从细做好保安全、护稳定工作，坚持一手抓突出问题整治，一手抓社会治理创新，推动平安常熟、法治常熟和过硬队伍建设再上新台阶，努力打造和谐稳定、平等竞争、充满活力、公平正义、全民守法的发展环境，以优异成绩迎接党的十九大胜利召开。市委常委、政法委书记吴军在会上作政法工作报告。副市长范建青出席会议。

**【常熟市精神文明建设大会】** 2017年3月22日，常熟市精神文明建设大会召开，市委书记王飚出席会议并讲话。市委副书记、市长周勤第主持会议，市人大常委会主任杨崇华，市委副书记、市政协主席、市委宣传部部长韩卫兵出席会议。王飚就深化全市精神文明建设工作提出三点意见。梅李镇、市文广新局、虞山镇北门大街社区等5个部门作了交流发言。

**【常熟市农村工作会议】** 2017年3月23日，常熟市农村工作会议召开，谋划部署新形势下本市农业农村工作重点任务。市委书记王飚在会上要求全市上下深入贯彻习近平总书记系列重要讲话和治国理政新理念新思想新战略，以推进农业供给侧结构性改革为主题主线，以促进农民持续增收为中心任务，以推进幸福镇村建设为重中之重，聚力农业创新求突破，聚焦农民增收求实效，在更高水平上协调推进农业现代化和城乡一体化。市人大常委会主任杨崇华，市委副书记、市政协主席、市委宣传部部长韩卫兵出席会议。

**【常熟市推进“两学一做”学习教育常态化制度化工作座谈会】** 2017年5月9日，常熟市推进“两学一做”学习教育常态化制度化工作座谈会召开，总结交流全市“两学一做”学习教育开展情况，对推进学习教育常态化制度化进行部署安排。市委书记王飚出席会议并讲话。市委副书记、市政协主席、市委宣传部部长韩卫兵出席会议并传达中央、省委和苏州市委推进“两学一做”学习教育常态化制度化工作座谈会精神。梅李镇党委、交通运输局党委、辛庄镇旺倪桥村党委、实验小学党总支作了交流发言。市领导陆文明、华红出席会议。

**【常熟市社会矛盾和安全隐患大排查大整治工作会议】** 2017年7月20日，常熟市召开安全稳定工作会议。会议研究部署当前和下阶段全市安全稳定工作，加快构建立体化、全方位的公共安全网，为党的十九大胜利召开营造安全稳定的社会环境。市委书记王飚出席会议并讲话。市委常委、常务副市长沈晓东对当前和下阶段全市安全稳定工作作具体部署。副市长徐海东出席会议。

**【中共常熟市委十三届四次全体（扩大）会议】** 2017年7月31日，中共常熟市委召开十三届四次全体（扩大）会议，深入学习贯彻习近平总书记系列重要讲话精神和治国理政新理念新思想新战略，全面落实省委十三届二次全会、苏州市委十二届四次全会部署要求，总结上半年工作，部署下半年任务，动员全市各级党组织、广大党员和干部群众，坚定信心，奋发有为，聚力创新求突破，聚焦富民补短板，确保圆满完成全年各项目标任务，以优异成绩迎接党的十九大胜利召开。市委常委会主持会议。市委书记王飚受市委常委会委托，向大会作题为“聚力创新求突破，聚焦富民补短板，以优异成绩迎接党的十九大胜利召开”的报告。会议审议通过了《中国共产党常熟市第十三届委员会第四次全体（扩大）会议决议》。市委副书记、市长周勤第作会议总结，并对当前工作进行部署。

**【省委第七巡视组巡视常熟市工作动员会】** 根据省委统一部署，省委第七巡视组对常熟市开展为期2个月的巡视工作。2017年8月2日上午，省委第七巡视组在常熟市召开巡视工作动员会，陈逸中组长作动员讲话，苏州市委副书记、代市长李亚平出席会议并讲话，常熟市委书记王飚主持会议并作表态发言。

**【省委第七巡视组巡视常熟市情况反馈会】** 2017年10月27日下午，省委第七巡视组向常熟市反馈巡视情况。朱跃宁副组长代表巡视组向常熟市领导班子进行了反馈，陈逸中组长对巡视整改工作提出要求，苏州市委副书记、市委统战部部长朱民代表市委提出要求。常熟市委书记王飚主持会议并作表态发言。

**【常熟市委务虚会议】** 2017年12月9日，中共常熟市委召开务虚会议。市委书记王飚出席会议并讲话。市委副书记、市长周勤第，市人大常委会主任杨崇华，市委副书记、市政协主席韩卫兵等市四套班子领导出席会议。王飚强调，要从新时代的大背景把握常熟发展的新定位新使命。一是理论武装要有新深度。二是发展标杆要有新高度。三是城市发展要有新风采。四是社会文明要有新风尚。五是干部面貌要有新气象。会上，市委、市政府、市人大、市政协主要领导就贯彻落实十九大精神，结合各自工作实际交流了明年工作初步思路、目标。

**【常熟市创建全国文明城市工作总结推进大会】** （参见《专记》“常熟市创建全国文明城市纪实”）

**【中共常熟市委十三届六次全体（扩大）会议】** 2017年12月29日，市委召开十三届六次全体（扩大）会议，全面贯彻党的十九大精神，深入落实习近平总书记视察江苏重要讲话精神，按照中央经济工作会议、省委十三届三次全会和苏州市委十二届五次全会部署，回顾总结今年工作，研究部署明年任务，动员全市各级党组织和广大党员干部群众，不忘初心、牢记使命，团结拼搏、砥砺奋进，为打造高质量发展特色优势，建设“强富美高”新常熟而努力奋斗。

市委常委会主持会议。市委书记王飚受市委常委会委托，向大会作了题为“以党的十九大精神指引常熟发展，全力打造高质量发展特色优势”的工作报告。会议审议通过了《中国共产党常熟市第十三届委员会第六次全体（扩大）会议决议》。市委副书记、市长周勤第对当前工作进行部署。

## 重要活动

**【纪念王淦昌诞辰110周年座谈会】** 5月27日，常熟市委、市政府举行纪念王淦昌诞辰110周年座谈会。九三学社中央常务副主席、全国政协常委、副秘书长、中央社会主义学院副院长邵鸿，中国科协原党组副书记、副主席、国际核能院院士张勤，以及中国工程物理研究院、中国核学会、中国物理学会、清华大学、浙江大学、山东大学、中国原子能科学研究院、江苏省科协、苏州市科协等单位的领导和13名两院院士出席会议。市委书记王飚出席座谈会并讲话。会上，胡思得、杜祥琬、张维岩、朱邦芬、王乃彦、吕敏、王世绩、范滇元、黄崇祺、朱诗尧等一批“两院”院士、专家、王淦昌家属，从不同角度回忆讲述了王淦昌的治学经历、科研成就、国防贡献和精神品格，让大家对王淦昌广博的学识、严谨的学风、坚持真理的科学精神，以及爱国奉献的崇高风范有了更为深刻的认知。会议强调，隆重纪念王淦昌先生，就是要弘扬其热爱祖国、献身科学的“两弹一星”精神，学习其不忘初心、潜心科研的生动事迹，传承其德馨品高、行为世范的优秀品格。

**【常熟市庆祝中国共产党成立96周年大会】** 2017年6月29日，常体制机制保障。虞山镇行政管理体制改革和行政区划调整按照"统筹协调、精简高效、布局合理、转变职能、积极稳妥"的原则进行。 (俞进锋)

## 调查研究

【概况】 2017年,市委研究室坚持以习近平新时代中国特色社会主义思想为指导,深入践行"五个坚持"要求,切实强化"三服务"意识,充分发挥参谋助手作用,撰写重要会议材料、领导讲话、署名文章、综合汇报材料350多篇,编发《内参》4期,《常办简报》(通报)49篇,被省级以上报刊录用的署名文章4篇,起草整理各类会议纪要87篇。

【起草文稿】 2017年,市委研究室紧贴全市中心工作,积极主动为市委战略决策和重大工作部署服务,较好地完成了市委十三届四次、六次全体(扩大)会议、党建工作会议、农村工作会议、智能制造大会等常规会议讲话材料起草任务,完成了市领导在省市重要工作会议上的多篇讲话稿起草,包括在县委书记讲坛、全省科技"综改"交流会及全市"263"专项行动、"六个一"大走访、全国文明城市创建、"7·16"纵火案处置、省委巡视及整改落实、虞山镇行政管理体制改革、创新发展大会、党的十九大精神宣讲等文字材料的起草工作。

【改革协调】 2017年,积极负责处理市委全面深化改革领导小组日常事务工作,组织召开市委深改组会议8次,协助市委深改组制定2017年改革工作要点和20项重点改革任务。加强与苏州市委改革办和市各有关部门的协调沟通,关于省科技"综改"试点工作的调研报告主要内容被省政府办公厅作为试点经验采用,在全省发文推广。开展"一把手抓改革"、国家市场采购贸易方式试点推进情况等专项督察,做好苏州重点改革任务季度报表工作,完成省委改革办、苏州市委改革办对常熟市科技"综改"试点、"263"专项行动治理黑臭水体工作等专项督察任务。对常熟市承担的省级以上改革试点进行梳理,提出分类推进的建议,形成汇报材料报市委主要领导审阅。

【调查研究】 2017年,积极办好《常办通报》(简报)《内参》及各类会议纪要,市委书记王飚署名文章《满怀真情下去,找到办法上来》在《新华日报》上发表,《打好综改主攻仗,增强发展新动能》先后在《江苏通讯》和苏州市委研究室、改革办《苏州改革》上发表,《访出真实情,干出真实效》在《江苏通讯》上发表。

【编辑《常熟通讯》】 2017年,坚持把围绕中心、服务大局作为工作的出发点,及时精准宣传中央和省、市委的方针政策与决策部署,尤其是党的十九大精神和习近平新时代中国特色社会主义思想,深度解读市委市政府重大决策、重要部署、重点工作,积极总结交流反映全市各板块、各部门的新思路、新举措、新成效。坚持发名篇、出精品、创名刊之路,加强调研类文章和散文、随笔、文史类文稿的约稿,增强图文配合效果,增强刊物的可读性,全年共编发《常熟通讯》12期。 (韩庆芳)

## 组织工作

【概况】 2017年,全市组织工作在市委的坚强领导和上级组织部门有力指导下,深入学习贯彻党的十九大精神和习近平新时代中国特色社会主义思想,紧紧围绕全市改革发展大局,切实抓好干部、基层党建、人才工作和组织部门自身建设,圆满完成全年各项目标任务,为打造精致城市,建设"强富美高"新常熟提供坚强组织保障和人才支撑。至2017年末,全市共有基层党组织6175个,其中党委223个、党总支349个、党支部5603个。全年新发展党员802人,转入984人,共有党员人数74665人。全市有副主任科员以上干部1337人,其中女干部209人,占15.63%;非中共党员人数44人,占3.29%;大专以上学历1325人,占99.1%。

【开展迎接和贯彻党的十九大各项工作】 2017年,开展喜迎十九大"网上学习会"主题领读活动,市四套班子领导、各党(工)委书记及"十佳共产党员标兵"共同参与,共推送75期。开展"喜迎十九大·说说心里话"党员寄语征集活动,共收集各党(工)委作品近700篇,择优推送36期470多篇作品。开展"喜迎十九大·先锋党课展播"活动,共推送14期,其中10部作品入围苏州市百部优秀党课,2部作品入围江苏省百部优秀微党课作品。为全市7.4万多名党员和5000多个基层党支部下发新《中国共产党章程》《十九大报告》《十九大报告学习辅导百问》《十九大党章修正案学习问答》等学习资料,召开党的十九大报告基层党组织书记学习会。分期分批对1200多名科级领导干部和5000多名基层党组织书记进行集中轮训,会同有关部门抓好党委(党组)中心组学习,组织全市各级党组织紧扣"学习贯彻十九大干事创业当标杆"主题开展专题党日活动,在全市上下掀起学习宣传贯彻十九大精神热潮。

【"两学一做"学习教育常态化制度化】 2017年,制订《关于推进"两学一做"学习教育常态化制度化的实施方案》,召开全市"两学一做"学习教育常态化制度化座谈会,推动学习教育抓在日常、严在经常。建立完善"六个一"学习机制,开展"旗帜鲜明讲政治"专题组织生活会和党员专题阅读活动,组织党员干部系统学习党章党规和习近平总书记系列重要讲话精神。开展"一支部一清单"专项督查,对全市200多个党支部"两学一做"开展情况进行现场督查。建立专题组织生活会督听制度,对全市3748个党支部、285个党小组的专题组织生活会进行督听,751名科级以上领导班子成员参加双重组织生活,确保"三会一课"、组织生活会、民主评议党员等基本制度严格落实到位。全面深化"百村千企万户大走访"活动,全市机关党员干部下基层41.5万人次，走访家庭44.2万户，走访企业43.5万家，收集问题70645个。加强对大走访工作的跟踪督查，建立大走访领导小组成员单位定期办公会议制和问题办理情况通报制，确保问题解决到位，共帮助群众和市场主体解决问题70432个，办结率达99.68%，问题办理满意率达99.83%。

**【配合市委履行省委巡视工作职责】** 2017年，按照市委巡视工作分工，做好省委巡视组、省委组织部选人用人专项检查组到常巡视、检查的配合协调工作。建立巡视工作联络机制，安排专职联络员负责巡视组巡视期间的沟通对接，服从巡视组工作安排，主动配合检查，客观公正提供情况，实事求是反映问题，全面准确及时提供各类文件资料及工作数据。巡视期间，共陆续提供干部档案100余本，各类说明材料、统计数据30余份。做好领导干部个别访谈的沟通协调，组织安排领导干部访谈266人(次)。对照巡视反馈意见建议和市委《整改工作方案》，针对由组织部牵头的10个具体问题、15个具体表现，制定细化整改工作方案，明确60条整改措施。细化整改工作措施，加强建章立制，研究治本之策，制定出台《关于从严从实加强干部日常管理监督的若干规定》，从加强党的政治建设、规范选人用人、请示报告、干部的行为约束、完善考评奖惩等方面，从严从紧压实干部选拔任用工作主体责任，切实把从严的精神落实到从实的举措上。

**【推进"四个一百"梯队建设】** 2017年，制定全市年轻干部培养选拔工作方案，分层次分时段对选配目标进行细化分解。建立完善中层干部调整预审制度，对面上年轻干部配备情况实施动态监测和过堂把关，确保新提拔中层干部中年轻干部数量保持一定占比和增幅。全年共提拔80后年轻干部21人，其中90后4人，全市80后年轻干部累计74人。

实施年轻干部"三年专项培训计划"，突出"多模块组合，多维度历练"，分两期对全市80名优秀年轻干部进行为期一个月的脱产培训。搭建年轻干部实践锻炼平台，分层分类推进年轻干部挂职锻炼，选派年轻干部赴苏州金融机构挂职学习、赴贵州省思南县对口帮扶、赴市重点项目、搬迁安置一线挂职历练等，优化年轻干部成长路径。拓宽日常接触了解年轻干部渠道，组织召开各类年轻干部座谈会11场。面向全国高校公开选聘优秀毕业生29名，接收省委选调生4名。按照村、社区、"两新"、机关事业和国有企业五个领域和引领型、先锋型、成长型三个层次遴选优秀基层党组织书记，建立150个选树培育对象数据库。

2017年10月31日，2017年常熟市选派年轻干部赴苏州金融机构专题挂职工作总结会召开 （市委组织部提供）

启动实施百名高端潜质人才精准服务计划，做好国家"千人计划"、省"双创计划"等各类人才计划申报的指导服务工作，全年新增国家"千人计划"2人、省"双创计划"10人、苏州"姑苏计划"14人、市级科技创新创业领军人才项目41个。

**【完成市人大、政府和政协换届工作】** 2017年，落实上级党委对换届工作部署要求，总结运用市委换届工作成功经验，做好市第十五届人大一次会议和市政协十四届一次会议的筹备及服务工作，选举新一届市人大、政府、政协领导班子和法检"两长"以及81名出席苏州市第十六届人民代表大会代表，组织提名人选全部当选。加强换届风气监督，遵守"九严禁"等换届纪律，实现换届风清气正。做好十三届全国人大代表、十三届省人大代表和十二届省政协委员酝酿推选等相关工作。

**【加强干部管理监督】** 2017年，制定《市管干部人选动议酝酿实施办法》，加强党组织在干部选拔任用中的领导和把关作用。强化干部选拔任用审核把关，严格执行职数预报和全程纪实制度，全面落实"凡提四必"要求和"双签字"制度。突出对党政"一把手"的监督，对16名领导干部进行"三责联审"或经济责任审计，督促21名领导干部完成离任交接手续。做好县处级以上领导干部个人有关事项集中填报指导和全市正股职以上个人有关事项集中填报工作，对196名市管干部的个人有关事项报告进行抽查核实，对填报不实的有关干部进行组织处理。加大提醒、函询、诫勉工作力度，全年发出函询通知书10份，提醒、诫勉10人。健全公务员日常考核机制，制定《关于进一步加强机关公务员平时考核实施意见》。加强对机关部门干部人事检查指导，对全市74家单位选人用人工作和干部档案专项审查工作进行督查，受理各单位中层干部调整预审88批635人次。推进全市干部档案专项审核工作，通过苏州市委组织部检查验收。严格执行领导干部出国境会审工作制度，做好领导干部出国（境）证照管理。

【推进各领域基层党建工作】 2017年，加强党组织对各领域基层组织政治领导，试点推进网格化党建和"红色先锋站"建设。设立社区党组织为民服务项目专项经费，启动"锋火行动"创新党建引领公益项目。开展"两新"党建"品牌建设"主题年活动，召开社会组织党建"两个覆盖"推进会，全市社会组织党组织覆盖数超过850家，覆盖率超过70%。召开全市国有企业党的建设工作会议，评选表彰全市10家国企先锋党支部。召开全市机关党的建设工作会议，建立机关基层党组织书记党建工作例会制，推动机关党建工作始终走在前、作表率。召开全市中小学校党建工作会议，将全市76家中小学校的党组织隶属关系由属地党（工）委统一调整为由市委教育工委领导和管理，出台《关于加强全市中小学校党的建设工作的实施意见》，健全完善中小学校党组织管理体制和运行机制。

【开展党员教育管理服务】 2017年，组织开展纪念建党96周年系列活动，召开"七一"纪念大会，8名村党组织书记获江苏省农村基层党建工作突出贡献奖，5名基层党组织书记获苏州市基层党建工作突出奉献奖。完成全市5000多个基层党组织、7万多名党员基本信息的采集、审核、录入工作。启动党员档案普查工作，完善党员基本信息库。开展党内关爱帮扶，共发放各类关爱帮扶金900多万元。举办全市发展党员和党员管理工作专题培训班，推行入党积极分子考试合格准入和发展对象、新党员标准化培训，全年共发展党员802名。推进全市远程教育"学用工作深化年"活动，深化党建片"三上三进"工程。开展"精致城市、先锋行动""书记讲堂""身边故事""我做什么""表率在前"等活动。

【完善人才政策体系】 2017年，聚焦"双创"人才，出台《关于进一步推进科技创新创业人才优先发展的实施意见》及《实施细则》，设立5亿元"双创"人才企业创业投资基金，为重大创新团队提供最高5000万元的政策支持。聚焦纺织服装主导产业，开展纺织服装产业专项人才计划试点，制定《常熟市纺织服装产业专项人才计划试点实施办法》，突出以薪酬为主要依据的市场化评价，为创意设计人才、生产技术人才和销售贸易人才提供能力提升资助，扩大人才政策覆盖面。

【做好引才聚才工作】 2017年，举办苏州国际精英周常熟系列引才活动，常态化举办海外华侨华人高层次人才江苏行、美南专协联常熟行等活动，全面实施"校园引才"活动，借助人才社会化机构等，不断拓展新的引才渠道。全年累计落户项目87个。深化政产学研合作，抓好第十批科技镇长团选派。推动北大分子工程苏南研究院、省产研院金属材料与加工研究所签约落地。召开第九、十批科技镇长团迎送座谈会，编印《青山十里激扬十年》镇长团专刊，举办镇长团十年"回家"活动等。

（陈　浩）

2017年7月1日，梅李镇举行纪念建党96周年暨"两学一做"学习教育文艺专场演出
（常熟日报社提供）

## ·"两新"党建·

【概况】 2017年，全市深入开展"两新"党建"品牌建设年"活动，推出10项具体措施，全力推进"两新"党建。全市共建立非公企业党组织3277个，其中独立党组织2393个，联合党支部884个（覆盖企业12222家），组织覆盖率达100%，共有非公企业党员20499名；共建立社会组织党组织326个，组织覆盖率达72.2%，共有社会组织党员1236名。

▲ 中共常熟市委非公有制企业和社会组织工作委员会，简称市委"两新"工委。

【开展"四个集中"行动】 2017年4月10日，召开全市社会组织党建"两个覆盖"推进会，印发《关于在社会组织中开展"四个集中"行动推进党的组织和工作覆盖的通知》和《关于加强全市社会组织党的建设工作的实施办法（试行）》，通过集中摸排、集中组建、集中巩固、集中保障，全面推进社会组织党建"两个覆盖"，组织覆盖882家社会组织，覆盖率达72.2%。

【出台加强开发园区非公党建实施办法】 2017年5月，出台《关于加强全市开发园区非公企业党建工作的实施办法》，明确5个方面15条措施，大力加强开发园区非公党建工作。

【开展"两区两园党建联合体"活动】 2017年，以经济技术开发区、高新技术产业开发区、高新技术产业园、新材料产业园为主体的“两区两园党建联合体”，年内共开展“两区两园党建联合体”互学互访活动3次。

【选派第十二批党建工作指导员】2017年，制定《关于做好第十二批非公企业党建工作指导员选派工作的意见》，在全市选派145名党建工作指导员，明确工作职责，加强日常管理。同时下拨工作补贴，办理商业保险，完善选派工作基础保障并对第十二批21名优秀专职党建指导员予以表彰。

【做好“两新”党建保障】2017年，由市镇两级按每名党员200元的标准下拨“两新”党组织活动经费，全年市级共下拨经费175.38万元；对“两新”党员交纳党费实行全额返还，全年共返还“两新”组织党费311.07万元。

（杨　晨）

## 宣传工作

【概况】2017年，常熟市宣传思想文化战线认真贯彻习近平新时代中国特色社会主义思想，按照中央、省委和市委决策部署，紧紧围绕迎接宣传贯彻党的十九大主线，把好政治方向、宣传导向、价值取向，着力唱响主旋律、弘扬正能量、振奋精气神，推动宣传思想文化工作取得新的进展和成效，为建设精致城市提供思想保证、精神动力、舆论支持和文化条件。

【迎接、宣传、贯彻党的十九大】2017年，制订《迎接党的十九宣传工作方案》并全面掀起热潮。组织党员干部“迎接十九大——读原著、学原文、悟原理”系列活动，举办县处级领导干部“旗帜鲜明讲政治，‘两聚一高’当先锋”专题读书调研。策划“砥砺奋进的五年”“喜迎党的十九大”主题宣传报道，推出专题系列报道30多组，围绕五年来新成就新经验推出图文、音视频等原创作品10多部，在入城道口、主要道路、公交车站、户外广告、移动屏幕等设置主题宣传标语100多处，组织“砥砺奋进的江苏”大型主题图片展、“学习贯彻党的十九大精神”挂图宣传和以历史文化、生态文化、新农村新业态为主题的参观活动。

【做好意识形态工作】2017年，制订《党委（党组）意识形态工作责任制实施细则（试行）》，把意识形态工作纳入党建工作责任制，纳入“新风杯”竞赛和部门绩效管理考核，纳入执行党的纪律尤其是政治纪律和政治规矩的监督考察范围。召开全市意识形态领域情况分析研判联席会议，举办市委中心组“当前意识形态领域的新变化及对策”专题学习报告会。设立市委网络安全和信息化办公室和市互联网信息办公室，严格社科研究项目备案审核和审批立项程序，建立重大新闻主题策划制度、报道审批制度、新闻通报制度，强化图书馆、大剧院、文化馆和各类演艺场所等文化阵地管理。

【做好理论工作】2017年，制订《2017年度全市党委（党组）中心组专题学习计划》《关于进一步加强全市党委（党组）理论学习中心组学习的实施意见》，举行6次专题学习报告会。常熟入选2016年度“全省基层党员冬训工作示范县（市）”，沙家浜镇被评为2016年度“全省基层党员冬训工作示范乡（镇）”。“搭建‘工·地’联建平台，推进党员教育制度化常态化”等3个专题活动被命名为2017年度苏州市基层党校“争先创优”活动优秀项目。虞山镇党委、苏州通润驱动设备股份有限公司党总支获评苏州市首批学习型党组织建设工作示范点。开展精致城市建设专题研究，编印特刊《琴川论丛——精致城市的常熟思考》，翁同龢纪念馆、常熟市图书馆分别被认定为国家、省级社会科学普及示范基地，入选2017年度省社科联社科普及资助项目3个、2017年度苏州市社科普及创新引导扶持项目1个。

【引导新闻舆论】2017年，开设《打造精致城市，建设“强富美高”新常熟》《共创文明城市，共享精致生活》等专题专栏50余组，宣传推进“两聚一高”、回答“创新四问”的常熟实践。致力推介城市新形象，《人民日报》、新华社、中央电视台等中央媒体刊播常熟报道93篇（条），在浙江卫视、东方卫视等投放城市旅游形象广告，制作《2017常熟概览》《书房里的中国》，不断提升城市知名度、美誉度。建立健全新闻发布、舆情引导、舆情预警、舆情处置等工作机制，组织“常熟服装城市场采购贸易方式试点”等主题新闻发布会12场。有效构

2017年7月15日，由新华网、新浪网、中国新闻出版传媒集团等10余家媒体代表组成的“全民阅读联盟”采风团到常熟，开展“书香中国万里行·苏州站”新闻行动

（常熟日报社提供）

建网络生态，监看各类网络信息逾 92 万条，清除不良信息近 2.5 万条，开展网评活动 210 余次，处置“7 · 16”纵火案、达富电脑职工群体性纠纷等网络舆情 50 多起，组织网络安全专项检查，处置网络安全事件 20 多起。实施网络主题宣传，组织第四届常熟市网络文化节，开展“温暖中国”网络媒体走基层活动。加强政务微博微信群建设，“i 常熟”政务微信稳居苏州政务微信排行榜前列。

**【深化文明内涵】** 2017 年，常熟市正式入选第五届全国文明城市，古里镇康博村获评全国文明村。推动文明城市创建工作由集中整治向长效、常态延伸，制定网格化管理、共建共享等实施意见，推行“门前三包”责任制，公益广告实现常态发布。抓好志愿服务制度化建设，学雷锋志愿服务站（点）在全市镇、村、社区和单位实现全覆盖，实施志愿服务引导扶持项目 25 个，辛庄镇“小厨大爱”德善坊志愿服务活动等 3 个项目入选 2017 年度苏州市百个重点志愿服务项目。加强未成年人思想道德建设，组织“清明祭英烈、践行中国梦”等系列教育实践活动，建成 4 个“家在苏州 · e 路成长”未成年人活动体验站并实现站校联动。组织首届常熟市文明家庭、文明校园和第二届师德模范、医德之星、孝亲敬老之星评选，深入开展“寻访身边道德模范”“我推荐我评议身边好人”活动，刘渝家庭获评全国幸福家庭，1 人参评“中国好人”，2 人分别获评“江苏好人”“江苏省岗位学雷锋标兵”，18 人入选“苏州好人”，钱月宝先进事迹被收录人物传记《最美江苏人》。

**【文化建设繁荣】** 2017 年，全市组织“文化惠民村村演”100 场、“情暖常熟”群众文艺巡演 50 场、“评弹进百村”活动 100 场以及新农村发展成果现场展示活动（“五进城”）3 场。举办 2017 江南文化节、纪念王淦昌诞辰 110 周年系列活动，组织首届常熟非遗博览会和山歌、花鼓、红木雕刻等非遗项目现场展示展演。组织“阅读 · 让常熟更美丽”第十届常熟市阅读节，成立“常熟市余音朗诵艺术团”，建成图书馆星光天地分馆、螺蛳湾文化园等流通点，少儿数字体验馆正式开馆。开展首届常熟市群众文艺原创作品“星光奖”评选，18 个表演艺术类作品入围第二届苏州市群众文化“繁星奖”决赛，精心打造原创中篇评弹《芦荡枪声》，复排经典锡剧《双珠凤》。举办首届常熟市文学艺术奖评选，制定 2017 年度高层次宣传文化人才项目资助计划，以项目补贴、奖励、贷款贴息等方式下拨文化产业引导资金 240 万元，扶持激励贝纳川原创男装设计、两岸文创交流平台等文化产业项目 10 个。实施文物保护工程，修缮启用王淦昌故居，启动中共常熟党史馆暨李强故居修缮工程。

**【第十届常熟市阅读节】** 2017 年 4 月 22 日，第十届常熟市阅读节、第七届常熟市少儿阅读节启动仪式在虞山镇举行。阅读节以“阅读，让常熟更美丽”为主题，共举办各类阅读活动 185 项，其中市级主体活动 10 项，市级机关、乡镇、企事业单位、民间阅读推广组织开展阅读活动 170 多项。

**【2017 常熟市百姓名嘴风采大赛】** 2017 年 7 月 5 日，“‘两聚一高’中的你我他”2017 年常熟市百姓名嘴风采大赛在市委党校举行。活动由 32 位宣讲人分别讲述身边人身边事，充分展现基层干部群众在“两聚一高”新实践中的精神风采。

**2017 年省级以上主流媒体对常熟市的重要报道一览表**

表 1

| 媒　体 | 版　面 | 标　　题 | 日　期 |
|---|---|---|---|
| 人民日报 | 第 16 版 | 以存量创新探索县域经济发展之路—常熟，集聚发展新动能 | 6 月 14 日 |
| 人民日报 | 第 10 版 | 江苏常熟农村生活污水处理率达 70% | 8 月 5 日 |
| 人民日报 | 第 11 版 | 曲径通幽兴福寺（跟着唐诗宋词去旅游） | 11 月 18 日 |
| 人民日报 | 第 15 版 | 江苏依靠科技进步发展绿色农业现代农业——水稻有了病虫害拍照上传找专家 | 11 月 29 日 |
| 人民日报 | 第 20 版 | 中国智能车未来挑战赛举行 | 12 月 18 日 |
| 光明日报 | 第 5 版 | 乡村文明治理成效应列入政绩考核体系 | 3 月 19 日 |
| 光明日报 | 第 6 版 | 思政工作接地气才能聚人气——访常熟理工学院党委书记张庆奎 | 6 月 23 日 |
| 光明日报 | 第 4 版 | 打造精致城市提升幸福指数 | 11 月 27 日 |
| 第一财经日报 | | 常熟产业变形记：从千亿服装城到千亿汽车城 | 5 月 22 日 |
| 经济日报 | | 常熟市营商信息发布暨投资创新（上海）交流会举行 | 5 月 27 日 |
| 中国环境报 | 第 6 版 | 常熟建立餐饮油烟监控平台 | 6 月 14 日 |
| 科技日报 | 第 7 版 | 常熟科技镇长团：乐当产学研合作“双面胶” | 5 月 11 日 |
| 中央电视台 | 走遍中国栏目 | 家门口通了动力电 | 6 月 22 日 |
| 中央电视台 | 中国新闻 | 江苏常熟举办江南文化节 | 9 月 26 日 |
| 中央电视台 | 新闻直播间 | 江苏常熟传承保护古琴艺术千年古韵焕发新活力 | 9 月 29 日 |

（朱宇骋）

## 机关党建

【概况】 2017年，市级机关党工委在服务大局中提高政治站位，在聚焦主业中把握职能定位，在党内监督中积极主动作为，全面从严治党，深入推进。全年新发展党员32人，其中女性13人，评选出市级机关优秀党员168人。年内，市级机关党工委下辖党委8个，党总支17个，党支部31个，党员3542人。下辖工会组织56个、团组织29个、妇女组织54个。

【落实党建工作责任制】 2017年初，召开市级机关党的工作会议，根据党委、党总支部、党支部不同类型，与下属党组织签订年度机关党建工作目标责任书。年内，每季度下发党建工作指导意见、召开党组织书记例会。健全定期调研制度和联系点制度，班子领导每月走访4个部门党组织，旁听联系点党组织党日活动。修订完善《2017年度机关党建考核细则》，设置8大类47项具体考核指标。开展年中和年底两次党建考核督查，对考核情况实名通报，对考核结果较差的党组织进行约谈。落实党组织书记抓党建工作双向述职评议制度，年底开展党工委书记专项述职和党组织书记述职评议活动。

【"精致常熟"建设大讲坛】 2017年，贯彻落实市第十三次党代会精神，围绕"精明增长、精准定位、精细服务、精神内涵"专题，举办市级机关"精致常熟"建设大讲坛4期，邀请市商务局、旅游局、规划局、城管局、卫计委、市场监督管理局、文广新局、文明办主要领导，向市级机关党员干部广泛宣传"精致常熟"建设内涵，介绍全市招商引资、旅游、规划、城市管理、民生安全、卫生、文化领域的"精致城市"建设举措，共有机关干部800多人次参加。

【开展党员志愿服务】 2017年，通过党员志愿服务助力文明城市创建，组织开展"公共文明引导志愿服务先锋行动""党旗在虞山飘扬"护林防火、"爱心奉献、血脉相连"无偿献血三大党员志愿服务品牌活动。将每月一次的"先锋行动"升级为"周周行"活动，并组织开展"先锋行动实践周"，常态化宣传文明交通法规常识，协助维持交通秩序。组织开展市级机关"文明城市、从我做起、向我看齐"主题实践活动，各机关党组织以文明交通引导、社区共建、清洁家园、公益服务等为重点，举办丰富多彩的"五个一"志愿活动。全年参与志愿服务的党员志愿者达2000人次以上。

2017年3月7日，市级机关党的工作会议召开　　（机关党工委提供）

【"两学一做"学习教育常态化制度化】 2017年，把学习贯彻十九大精神作为首要政治任务，把坚定理想信念、加强党性修养、提升思想境界作为党内教育的重点内容，通过中心组学习、"党章学习日"、主要领导上党课、远程教育等形式，加强机关党员干部的理论武装和党性教育。首次组织市级机关部分优秀党员赴安徽泾县开展革命传统教育。与市委组织部联合举办基层党组织书记学习贯彻党的十九大精神集中轮训示范班，通过网上知识测试、临时支部组织生活会、参观党性教育基地，对192名机关基层党组织书记进行培训。在2016年"一评一赛"活动基础上，制作《常熟市市级机关党支部优秀案例汇编》和《我身边的共产党员汇编》。联合市委组织部对各党组织"两学一做"开展情况进行专项督查，对"两学一做"学习教育情况进行全面检查。

【"党在我心·聚力前进"微党课评比】 2017年，以喜迎"十九大"为契机，结合"两学一做"学习教育，在市级机关开展"党在我心·聚力前进"微党课评比。活动期间，各机关部门共131个党支部组织微党课372堂，超过3100人次的机关党员干部、入党积极分子、群众参与听课。活动分初赛、复赛和决赛三个阶段，初赛由各党支部根据党课实际效果与群众满意度推选出110个"支部优秀微党课"。复赛中100多名选手分8组进行现场讲课，通过相互投票，20个选手进入决赛。决赛由各党组织书记担任评委，通过现场讲课展示最终评选出"机关十佳微党课"。

【基层组织建设】 2017年初，梳理任期届满党组织名单，提醒督促按期换届。规范党费收缴，公开近三年来党费收支情况。要求下属党组织每月开展一次党员活动，开展领导干部参加双重组织生活情况督查，督听基层组织生活会。实行在职党员进社区"双向登记、两个为主"机制，机关部门在职党员进社区报到率达到95%以上，平均各部门进社区组织活动4次以上。注重党员发展的质量，组织入党积极分子和新党员参加标准化培训。落实党员承诺践诺评诺和党员分类管理、积分考核制度。重视党务干部队伍建设，组织部分党组织书记参加苏州机关工委专题培训班。举办党务干部实务操作和第三期机关中层干部培训，开展困难党员排摸和走访慰问。

【落实全面从严治党“两个责任”】2017年，指导、督促各下属党组织充分履职，要求每个党员年初制定和公布包括廉洁自律在内的《党员承诺书》，首次实行领导干部《党员承诺书》党工委备案制。通过网络平台对上年评选出的市级机关部门主要领导“十佳”廉政党课进行展播。“5·10”期间对新提拔的50名机关中层干部进行集体廉政谈话，组织参观沙家浜廉政教育基地、苏州反腐败典型案例展。在重点节日时段向机关党务干部、中层干部发送廉政短信177条次。准确运用监督执纪“四种形态”，对下属党组织两名党员开展提醒谈话。重视党员干部家风建设，组织机关党员干部参观常熟历史上的家规家训展览，选派机关党员干部代表聆听“同和讲堂”家风讲座。查处党员干部违纪，年内共办理6名机关党员违纪案件。

【市级机关部门绩效管理考核】2017年，对市级机关部门绩效管理考核评价方案“规范管理”的“基础管理”部分进行牵头考核。提前谋划考核工作，对基础管理7项指标具体考核部门进行分工安排，组织具体考核部门座谈研究考核操作方法。在年底绩效管理考核正式启动后，及时召开碰头会，培训绩效平台操作方法和考核方式、程序等，在平台中分配账号、权限，对考核部门提交的考核结果进行认真审核。负责机关部门绩效管理考核中的满意度评议工作。年内，满意度评议调查样本量增加到3185份。

【健全机关党建联盟机制】2017年，机关党建联盟试行“1＋N”模式，在原有机关党组织成员单位的基础上，吸纳社区、企业、学校党组织开展活动，打破区域、隶属壁垒，加强机关党组织与各领域基层党组织之间的联动，进一步丰富了机关党建联盟的内涵。9月份，市财政局、国税局新组建财税党建联盟。

【机关群团工作】2017年，加强和改进对机关工会、共青团、妇女等群团组织的领导。全年共指导任期届满的16个工会进行换届，机关13个团组织完成集中换届，基层组织网络进一步巩固。机关工会举办工会工作优秀案例评选，共评选出8个优秀案例、8个好案例；妇工委开展市级机关妇女工作创新案例评选，评出8个创新案例和5个优秀案例；团工委举办第六届机关“十佳创意团活动”评选。举办第十二届机关健身运动会，全系统43个单位464名职工报名参赛。举办“迎国庆”第二十二届市级机关乒乓球比赛。牵头成立市级机关队参加市第七届运动会，总分和奖牌数均获得系统组第4名，获得优秀组织奖和常熟市群众体育先进单位称号。结合学习型党组织建设和“书香常熟”建设，开通“虞书漂”微信公众号，年内已有注册用户500多人，共有2100多本书籍通过公众号进行漂流，被评为常熟市全民阅读先进集体。团工委开展精致城市摄影比赛、虞青助力263、青年心理健康咨询等活动。与团市委联合开展非“常”假期大学生社会实践活动，共有19个党政机关为在常熟大学生提供暑期实习岗位。妇工委举办市级机关妇女干部培训班，举办手工制作培训。年内，机关工会共推荐评选出常熟市级劳模5名、苏州市“五一劳动奖章”1名、苏州市工人先锋号1个。团工委履行向党组织推荐优秀团员的职责，开展入党申请书评比活动，共“推优入党”8名新党员。获评江苏省“五四红旗团支部”1个，市级五四红旗团委、团支部各4个，市级青年岗位能手1名。深化“巾帼文明岗”争创活动，获评省级“巾帼文明岗”2个、苏州市级“巾帼文明岗”2个、市级“优秀巾帼文明岗”、市级“巾帼文明岗”各1个。获评首届常熟市文明家庭、第十二届苏州市健康家庭各1户。

（钱韵娅）

# 统战工作

【概况】2017年，全市统一战线以学习贯彻党的十九大精神为主线，坚持围绕中心、服务大局主题，突出“八个重点”，积极开拓创新，扎实贯彻落实中央、省委和苏州市委关于统一战线重大决策部署，着力推进全市各领域统一战线工作科学化、规范化建设，各领域统战工作取得了新进展、新成效。统战部获2017年苏州市统战工作实践创新成果奖、信息工作一等奖、宣传工作二等奖，市工商联获评全国“五好县（市）工商联”，市侨办被省侨办评为全省侨务工作示范单位，市委台办得到省委台办嘉奖表扬。

【市委统一战线工作领导小组成立】2017年5月，市委统一战线工作领导小组成立。9月15日，领导小组召开第一次全体会议，审议通过《中共常熟市委统一战线工作领导小组工作规则》等三项制度规定，明确领导小组各成员单位的职责要求、工作规则等。以构建“大统战”工作格局为目标，以创新组织体系和运行机制为切入点，进一步建立完善非公有制经济代表人士综合评价工作、新的社会阶层人士统战工作、党外代表人士队伍建设以及港澳台海外统战工作等四项联席会议机制，厘清工作关系，强化力量整合，激发工作活力。

【新的社会阶层人士统战工作会议】2017年9月21日，全市新的社会阶层人士统战工作会议召开，会议制定下发新的社会阶层人士统战工作联席会议制度及实施方案，细化工作要求，明确各部门各单位职责任务，初步建立起党委领导、统战部牵头协调、有关部门（板块）党组织为责任主体、社会有关团体组织参与的工作格局。据统计，全市共有各类新的社会阶层人士4.7万展对象，并协助党派按照计划、程序进行推荐、培养、考察，对拟发展对象征求意见、拟发展对象中非公人士进行综合评价。年内新发展民盟盟员15人、民建会员21人、民进会员14人、农工党党员14人、民革党员6人、九三学社成员4人、知联会会员5人，至年末，全市民主党派共有成员1506人，其中民盟275人、民建381人、民进314人、农工党374人、民革74人、九三学社36人、知联会会员52人。

**【非公领域“两个健康”】** 2017年，探索商会“党建红色联盟”新模式，建立“党建联盟”3个，构建起各商会党建资源共享、活动联动的新模式。开展“坚持‘四信’、做‘四有’商人”主题教育活动，组织第三届全市中国特色社会主义事业优秀建设者和文明企业家评比表彰和先进事迹宣传。关注青年企业家成长，引导他们坚持实体经济、坚守工匠精神。用好光彩事业载体，推进“百企帮百村”扶贫活动，引导非公经济人士主动参与社会公益慈善事业。“7·16”纵火案发生后，组织发动商会会员进行爱心捐款，共筹到善款25多万元。8月，组织部分商会开展“大手牵小手，情系学子心”助学活动，为单亲、贫困家庭子女捐赠5000元助学金以及学习用品。11月，组织市货架商会向贵州思南大河坝镇马河坝村捐助20万元人民币用于扶贫项目，被思南县工商联授予“千企帮千村”爱心单位。

**【非公经济转型发展】** 2017年，着力构建亲清政商关系，围绕优化政企互通平台、银企合作平台、交流联谊平台，积极创新服务方式，联合有关部门为企业进行政策解读会、经济形势报告会、民营经济发展座谈会共6场次；发挥“纳税人之家”“调委会”“劳动关系三方协调机制”等服务工作品牌作用，为非公企业提供精准服务；引导会员企业积极响应“一带一路”发展战略，组织5批企业家赴孟加拉国、日本等地考察交流，寻求发展合作机遇。

**【商会组织服务管理】** 2017年，以推进基层、行业、异地商会规范化建设为抓手，不断优化会员队伍结构比例，重点吸收科技创新、领军人才、新兴产业及现代服务业等企业加入商会。至年底全市共有各类商会组织90家，会员总数突破6000家，会员企业产值占全市总产值60%以上，全市70%的百强企业，80%的上市企业是工商联会员。全面落实社团法人资格制度，突出抓好各类商会组织制度建设和组织功能作用发挥，3家商会通过4A以上社会组织等级评审。

**【民宗事务依法依规管理】** 2017年，贯彻落实中央、省、苏州市民族宗教工作会议精神，研究起草《关于加强和改进新形势下民族工作的实施意见》和《关于加强和改进新形势下宗教工作的实施意见》。召开全市民族宗教工作会议，进一步规范民宗事务管理工作。加强宗教活动的管理，确保“香汛”安全有序。全面落实宗教活动场所组织机构代码证和登记证“两证合一”换发新证工作。

**【宗教团体队伍管理】** 2017年，健全宗教团体联席会议制度，加强对团体建设的有效指导与监管。强化基督教聚会点联系与服务，多手段实施监管工作。加强宗教人才队伍建设，优化教职人员队伍结构，组织宗教界人士政治培训，指导市宗教团体定期开展场所负责人业务培训。国家宗教局批复同意筹建江苏佛学院法界学院，常熟成为省内第一个拥有佛教院校的县级市。组织举办第三届“华严论坛”“宗仰法师与近现代佛教研讨会”等，扩大常熟佛教对外交流。

**【宗教界规范开展公益慈善活动】** 2017年，举办“宗教慈善周活动”，以9月第三个星期为时间节点，前后一个月时间。活动期间，全市宗教界共募集款(物)近20万元，惠及众多社会困难人群和教内困难家庭。指导佛教界做强“兴福慈善功德会”公益品牌，开展服务社会、扶危济困、爱心助学、关爱孤老等活动，向全市环卫工人举行“暖冬行动”和“感恩送清凉”行动，开启“爱心A+”计划，设立了6家“兴福爱心栈”。市基督教堂成立环保义工团，为文明城市创建作贡献。

**【推进民族团结进步】** 2017年，规范伊斯兰教临时活动点管理工作，建立多部门联控机制。充分发挥民族工作网络作用，宣传落实民族政策，及时协调处理矛盾纠纷，促进民族团结和睦。全年共办理少数民族考试中考加分35人次，接待群众更改民族成分政策咨询10多次，积极筹措资金帮扶9名少数民族学生和23户

2017年11月4日，澳门苏州联谊会交流团到常熟参观考察
（市委统战部提供）

少数民族贫困家庭。

【拓展海外联络联谊】 2017年，以文化和友情、乡情为纽带，积极扩大联系交流。认真做好江苏发展大会常熟籍嘉宾以及常熟创新发展大会相关嘉宾的邀请、协调和服务工作；4月、9月先后赴香港组织开展庆祝香港回归20周年和迎国庆联谊活动等，进一步巩固与香港同胞的沟通联系；4月赴澳门与乡亲进行联络、联谊，11月接待澳门苏州联谊会一行30多人到常参观考察，拓展澳门地区的工作；举办“苏州市侨界书画艺术巡展”“同圆共享”侨界书画邀请展等；承办2017年海外华裔青少年“中国寻根之旅”夏令营苏州营闭营式、“亲情中华，感知江苏”海外侨领常熟参访等活动；接待香港著名人士张耀章先生后人——张大凯一行到常熟寻根参访。做好省级对台交流基地申报和建设工作，指导推进“一中心三馆”建设，举办第二届黄公望主题两岸文创设计大赛。

【发挥海外统战资源优势招才引智】 2017年，引进承办引凤工程创新创业赛、美南专协联常熟行、创业中华建设江苏——侨资侨智常熟对接交流会、海外华侨华人高层次人才江苏行常熟专场等活动，为招才引智牵线搭桥。创新搭建两岸青年企业家交流平台，举行台青会与青企协“两岸青年文化交流会”，推进两岸青年一代交流交往；举办台资企业环保专题培训，服务台企转型升级。协助市委、市政府办好“常熟创新发展大会”，为邀请海内外常熟籍成功人士、会议召开和成功签约44个项目(总投资204亿元)作出贡献。

【侨务工作载体建设】 2017年，深化侨务工作进社区、园区工作，推进侨务工作站(侨之家)工作，在莆田商会、青田商会设立商会侨之家，深化侨法宣传和为侨服务工作。积极运用微信平台、手机报、网站等新手段，扩大宣传交流，广泛开展交流联系、凝聚人心。按照“五有”要求，推进基层侨联组织建设，6家基层侨联率先达标成功创建。指导成立澳大利亚墨尔本常熟联谊会，在孟加拉国、尼日利亚等国设立“常熟海外华侨华人联谊联络处”，拓展联系渠道。

（朱明明）

# 农村工作

【概况】 2017年，中共常熟市委农村工作办公室(简称市委农工办)不断深化农村改革，着力推进富民强村，积极构建农业经营体系，组织实施“三资”管理专项治理，持续推进美丽乡村建设，“三农”工作取得新进展。市委农工办被评为苏州市农村土地承包经营权确权登记颁证工作先进集体、2017年度常熟市机关绩效考核优胜单位、常熟市创建文明城市工作集体三等奖，常熟市社会主义新农村建设领导小组办公室被评为苏州市美丽村庄建设先进集体单位。

【农村土地承包经营权确权登记颁证全面完成】 2017年，全市155个实施村全部完成权属调查、审核公示、完善合同、建立登记簿、数据入库、权证颁发、档案归集、市级验收和省委托苏州市级验收及省验收组验收检查工作，完成第三方质量质检和建立确权数据库工作。制定印发《常熟市农村承包土地经营权抵押贷款试点暂行办法(试行)》，推动农村承包土地经营权抵押贷款试点工作。

【股权固化改革】 2017年，组织召开全市农村社区股份合作社股权固化改革推进会议，制定宣传动员、开展人员调查、制定实施方案、选举成员代表、表决实施方案、资产清理、配置股权、会议筹备、召开大会、资料归档等“十步走”的程序规范，实施股权固化改革工作。截至2017年底全市社区股份合作社已调查确认人员信息24万户，112万人。全市共计完成固化改革合作社157家。

【“政经分开”试点实施】 2017年，制定《关于村自治组织和集体经济组织实施“政经分开”改革的指导意见》，积极稳妥推进14个村的村民委员会与村社区股份合作社的“机构职能、人员选举、议事决策、财务核算和资产管理”五个分开的“政经分开”试点工作。

【规范农村集体资产资源流转交易】 2017年，注册组建常熟市农村产权交易中心有限公司，设立苏州市农村产权交易中心常熟分中心，全面负责全市农村产权交易业务。全市农村集体

美丽村庄　　（海虞镇提供）

资产交易全部纳入江苏省、苏州市农村产权交易服务平台，实行线上公开交易。

【推进村级经济均衡健康发展】 2017年，全市村级稳定性收入15.7亿元，比上年增长3.5%，村均稳定性收入680万元，薄弱村村级稳定性收入村村超200万元。落实市委、市政府《关于聚焦富民持续提高城乡居民收入水平的工作意见》（常发〔2017〕52号）、《关于建设幸福镇村的实施意见》（常发〔2017〕19号），促进农民持续增收，农民收入实现了较快增长，2017年农民人均纯收入为34572.3元，增长8%。

【“三资”管理水平规范提升】 2017年，拓展村务公开渠道。依托互联网信息技术，全市所有行政村都建立微信公众平台，及时向村民推送党务、村务、服务、财务、资源交易、重大事项决策等信息。全面推行村级资金支付非现金结算。制定《常熟市村级集体资金非现金管理暂行办法》，全面使用“常熟市农村集体资金管理系统”，实行村级集体资金支付银行联动监管，全面推行村级小额支付“村务卡”制度，实现资金支付留痕管理。全面实施村级集体财务第三方代理。制定《常熟市村级集体财务第三方代理实施方案》，各镇（区）建立农村财务监管中心，公开招标第三方代理机构，实行村级集体财务第三方代理。全面开展农村集体资产清产核资。按照“统一工作规范、统一操作步骤、统一资产编码、统一账务处理、统一数据平台”的要求，全面开展镇级农村集体资产清理和组织实施村级集体资产清理“回头看”试点。

【开展“三星级康居乡村”和整洁村庄建设】 2017年，市政府列入为民办实事工程50个组团，各镇（区）申报实施60个。至12月31日，全市60个综合整治组团村庄的工程建设项目全面竣工完成，并通过市委农办、市财政局、城管局的联合验收，超额完成年度目标任务。建成27个组团“三星级康居乡村”，33个组团“整洁村庄”和苏州康居特色村1个。

【开展“两路一河”沿线绿化和环境整治】 2017年，市政府开展“两路一河”沿线绿化和环境整治。全市投资4350万元，完成绿化改造提升面积119.8公顷；补植绿化面积148.1万平方米，补植各类乔木14.8万株。完成农田环境整治面积1206公顷，完成高标准农田建设面积953.13公顷，完成养殖池塘改造面积36.6公顷，完成综合治理畜禽养殖户61家；完成鱼塘看护棚整治722个；创建了2个省级蔬菜标准园，创建清洁生产示范基地100公顷。整治违章搭建或破旧建筑物178项，拆除违章建筑面积11822平方米，整治户外广告73项，清理暴露垃圾及白色污染145项；国省干线完成路域环境整治138千米，共清理摊点696个，非标465块，清除障碍物797立方米，封闭非法道口18处，安装护栏105块，清理桥梁隐蔽部位堆积物454立方米，在桥下通道边界安装隔离栏240余米，隔离网680米，安装防抛网380米。按照保洁提档升级、河道疏浚整治、河岸生态绿化要求，整治河道149条，共修复立面6处、清理废船43条，清淤河道19.08千米、绿化补植5.46千米、护坡修建13.5千米、坝梗拆除12处，按期完成目标任务；清理网围网箱渔簖423处；清理内河航道岸线9.6千米、码头206个。创建三星级康居乡村66个（自然村庄），完成50个整洁村庄（自然村庄）、100个一般整治村庄（自然村庄）整治工作。六是企业整治初见成效。拆除非保留企业49家，拆除建筑面积109246平方米；整治非保留企业518家。

【实施“村道改善”工程】 2017年，全市共有221条村道和18座桥梁改造列入，其中，201条村道完成方案或施工图设计；184条村道和17座桥梁经召开户代表会议讨论确定方案后开工建设。全市共完成“村道改善”工程122条，涉及215个自然村庄，总里程45.96千米，道路面积19.95万平方米；完成桥梁12座。

【构建新型农业经营体系】 2017年，全市经工商登记家庭农场新增21家、累计达134家。加强示范家庭农场创建，新增省级示范家庭农场2家，累计15家。全市经工商登记农民合作社新增14家、累计达到818家（含村社区股份合作社）。推进“升级版”综合合作社建设。梳理不同类型“示范村级合作农场”运行管理模式，形成了“升级版”专业合作社的实现形式及其组织架构、章程、各主体间关系、运行机制等。新增村级合作农场3家，累计达到65家。

（张怡冬）

## 机构编制

【概况】 2017年，市机构编制部门紧紧围绕常熟经济社会发展大局，精心组织、综合施策、系统推进，各项改革措施成效显著，机构编制管理持续加强，绩效考核体系逐步完善，为打造精致城市、建设“强富美高”新常熟提供强有力体制机制保障。

【行政审批制度改革】 2017年，以“3个工作日开办企业、5个工作日取得不动产权证、40个工作日取得施工许可”为核心目标，深入推进“3540”改革。先后出台《关于全市推行“3550”改革的实施意见》《常熟市“开办企业3个工作日内完成”实施方案》《常熟市关于“5个工作日内完成不动产登记”实施方案》《常熟市关于“工业建设项目施工许可40个工作日内完成”的实施方案》，“3540”改革目标基本实现。积极推行“不见面审批”办理模式，根据省、苏州市相关要求，制定实施常熟市“不见面审批”方案，积极推广审批事项网上办理，至2017年底，共有94.9%的事项实现“不见面审批”。按照“明确标准、找准依据、严格清理”的原则，会同相关部门开展市级行政审批事项专项调整，动态调整行政审批事项目录清单。2017年，共调整6个部门的8项行政许可事项。9月，先后制定出台《关于全市推行施工图多图联审的实施意见》和《关于全市推行企业投资项目多评合一的工作方案》，全面推行施工图多图联审，推进企业投资建设项目“多评合一”，不断优化创业创新政务环境。加快推进“双随机、一公开”监管机制，着力完善事中事后监管体系。4月，出台《市政府部门随机抽查事项清单》，通过加强和改进行政日常监管，解决群众、企业反映的突出问题。8月，开展“双随机、一公开”进展情况督查，对事中事后监管重点部门和进度缓慢的部门进行专项调研，督促部门落实相关机制，规范监管行为，提高监管效能。至2017年底，全市28个主要执法部门共建立随机抽查事项194项，并全部建立随机抽查对象库和执法检查人员名录库，随机抽查对象和执法检查人员总数分别为29757个和1459名，全年累计开展“双随机、一公开”执法检查3565次。

【行政管理体制改革】 2017年，分类推进乡镇政府行政管理体制改革。2月，以提升基层政府治理能力为目标，研究出台常熟市《推进乡镇政府职能转变和深化乡镇机构改革的实施意见》，科学界定乡镇(街道)职责，按照机构整合设置、人员编制精干、管理扁平高效、运行机制灵活的新型基层政府架构的要求，在海虞镇、辛庄镇、古里镇、支塘镇、沙家浜镇、董浜镇、尚湖镇、碧溪新区(街道)8个乡镇(街道)机关分别综合设置“五办二所一局”8个机构，进一步理顺政府与市场、政府与社会、政府层级间的关系，建立以“3张清单、1个平台、7项相关改革”为主要内容的简政放权、转变职能基本架构，加快形成权界清晰、分工合理、权责一致、运转高效、法治保障的基层政府机构职能体系。持续深化经济发达镇行政管理体制改革，跟踪指导梅李镇改革试点工作，及时研究调整机构设置、优化职责配置，不断解决改革中出现的各类问题，进一步完善梅李镇权限和职能。3月，批准设立梅李镇不动产登记分中心，受理除查解封登记、存量房抵押登记、商品房首次登记以外的不动产登记业务。8月，将梅李镇便民服务中心更名为行政审批局，并增挂安全生产监督管理办公室牌子。配合上级做好行政管理体制改革镇新一轮赋权的调研和征求意见工作，分析前期下放梅李镇事项权限的运行情况，加强培训、指导和业务对接，适时做好相应的动态调整，确保改革试点的各项措施落到实处。推进经济发达镇行政管理体制改革试点扩围工作。11月12日，经省委、省政府批准，海虞镇被确定为第二批经济发达镇行政管理体制改革试点镇。稳步推进虞山镇行政管理体制改革，着力破解城关镇改革难题。11月，出台《关于虞山镇行政管理体制改革的实施意见》，启动实施虞山镇行政管理体制改革和行政区划调整，改设四个“区政合一”街道，解决虞山镇管理体制不够顺畅、职责边界不够清晰、发展特色不够鲜明、权责关系不够匹配等问题，拓展出特色鲜明的发展空间，加快了常熟市治理体系和治理能力现代化的步伐。积极推动综合执法体制改革。针对多头多层执法、基层执法力量不足等问题，在总结市场监管综合执法经验的基础上，9月出台《常熟市农业综合执法体制改革实施方案》，探索推进农业领域综合执法改革，进一步推动执法力量下沉。将市渔政监督大队、常熟渔港监督、市农机安全监理所3个机构成建制并入市农林行政综合执法大队，对外保留牌子。市农委收回原委托市动物卫生监督所、市植保植检站、市林业站承担的行政处罚权，将收回的行政处罚权委托市农林行政综合执法大队具体行使。整合农委既有执法力量，建立简约高效、职责明晰、运转协调、执法有力的综合执法体系，为常熟市现代农业建设提供法治保障。配合法制办继续做好镇域综合执法体系建设，积极完善乡镇审批、监管、执法管理链条，推动监管重心下移。加强便民服务中心标准化建设，从服务设施设置、工作人员选配、服务流程等6个方面对乡镇(街道)便民服务中心建设提出规范性要求，不断完善乡镇(街道)便民服务体系建设，实现公共服务事项向乡镇延伸全覆盖。

【机构编制管理】 2017年，严格贯彻落实上级关于控编减编的相关要求，在扎实开展控编减编专项自查的基础上，8月，出台《关于进一步加强和完善机构编制管理严控机构编制增长的意见》，通过建章立制进一步提升常熟市控编减编工作的系统性和规范性。2017年，除上级明确要求增设的机构外，其余部门提出的增设机构需求均通过“撤一建一”、更名或挂牌等方式解决。全年，通过系统内部挖潜和常熟市本级总量中调剂相结合的方式，调剂解决了交通局等22家单位共计250名编制使用需求。进一步优化资源配置，着力保障全市重点领域和关键环节的机构编制需求。在党的建设领域。按照上级精神，增设市委巡察工作办公室和4个巡察组，调剂使用行政编制27名。在全市69个部门综合派驻16个纪检组，调剂使用行政编制64名，实现常熟市一级党和国家机关派驻监督全覆盖。进一步健全完善中小学党组织管理体制，明确市委教育工委对各中小学校党的建设的统一领导和指导，明确扎口负责党建工作的具体科室。在意识形态领域，筹建市互联网信息办公室，在经开区和高新区党政办增挂“宣传办公室”牌子，并明确职责。在安全生产和质量监督领域，调剂增加了市安全生产监察大队、交通工程管理处、交通工程质量监督站和消防服务中心等单位事业编制共11名，增配消防服务中心消防文员20名。在城市发展重点领域。有效推进市场采购贸易试点工作，积极构建高效便捷的管理服务体系，在服装城管委会内部增设贸易促进局，增配服装城经济服务中心事业编制3名。深入推进科技创新体制综合改革，配齐配强综改办工作力量。根据上级关于河长制改革的相关要求，在水利局内部增设了“河长制”改革科，并明确职责。进一步提升常熟市湿地管理水平，建立常熟市湿地保护管理站，并制定了“三定”规定，加快了创建国际湿地城市和沙家浜国际重要湿地的步伐。在公共服务及民生领域。整合组建市妇幼保健和计划生育服务中心，进一步优化卫生和计划生育技术服务资源配置，统筹推进卫生计生综合执法。积极推进教育系统体制改革,配合市教育局研究制定义务教育阶段教师“县管校聘”改革实施意见。协调推进卫生系统体制改革,配合相关部门推进基层医疗卫生机构提档升级行动,配合市卫计委研究拟定公立医院综合改革方案以及公立医院人员备案制管理实施办法,组建市卫生人力资源管理服务中心,为公立医院综合改革做好铺垫。进一步完善社会综合治理联动机制,建立“市城市综合治理联动指挥中心”并升格为正科级建制,将既有的“12345”便民综合服务管理平台进行升级改造并向乡镇、部门延伸,同时增配13名话务(座席)员。进一步优化不动产登记服务体系,制定市不动产登记中心“三定”规定,理顺工作职责,同时将服务窗口延伸至乡镇,并增配公益性岗位人员10名。配合市人社局完成机关事业单位养老保险改革涉及机构编制审核的相关工作。在司法体制改革领域,调整市法院内设机构设置及职责,实现了审判权与裁判权分离。同时,增配了公益性岗位20名。在其他领域,调整了市金融办、市司法局、市国土局和市农委等单位的内设机构,调整市广电总台和常熟日报社的内设机构和分支机构,进一步理顺了工作职责,提高了运转效率。

【机构编制责任审核】 2017年,加强机构编制实名制管理,严格执行机构编制核查月报制度,将实名制信息系统管理效果纳入市级机关绩效考核评价指标,充分发挥实名制管理在服务行政体制改革、机构改革和机构编制管理工作中的重要作用。加强机构编制责任审核,2017年,会同市委组织部和市审计局对市公安局、梅李镇、市住建局、市广电总台4家单位领导干部实施“三责联审”,进一步增强了党政领导干部履职尽责、科学用编、依法管理的意识。

【市级机关绩效考核】 2017年5月,修订出台《2017年常熟市市级机关部门绩效管理工作实施意见》和《2017年市级机关部门绩效管理考核评价细则》,根据市委、市政府明确的“考出动力、推动工作、鼓励担当、激励作为”指导思想,围绕“推动市委市政府重点工作”与“鼓励创新创优、攻坚克难”两个中心,以更加突显部门基础管理与鼓励担当作为为目标,构建起以“规范管理、部门履职、创新创优、重点工作”4项为主要内容的市级机关绩效考核指标体系,并根据工作重要性和难易程度优化各级指标权重与计分方式。会同各牵头部门研究确定各项指标的具体考核方案,根据责任部门分工细化具体考核办法,明确日常督查与年终考核相结合的常态化考核要求,确保各项考核工作落到实处。12月,建成具备权限分配、指标管理、考核评分、审核确认和统计排名等功能的市级机关部门绩效管理工作平台。

【事业单位登记管理】 2017年,在政务公开网站上对全市550个事业单位进行2016年度事业单位年度报告公示。根据机构设置及事业单位法人变更要求,完成了30个事业单位的新设立登记,85个单位有关法人登记事项的变更,2个事业单位的法人证书注销。组织开办2017年度常熟市事业单位法定代表人培训班,共有50人参加培训。根据上级要求,持续做好机关、编办直接管理机构编制的群众团体统一社会信用代码赋码工作。2017年,累计完成赋码或变更39个单位。 (密 悦)

## 保密工作

【概况】 2017年,全市保密工作深入学习贯彻习近平新时代中国特色社会主义思想,以《中共中央关于加强和改进保密工作的意见》为依据,以推进保密工作转型升级、打赢信息化条件下保密战为目标,全面实施《苏州市保密工作“十三五”发展规划》,聚焦重点目标任务,持续深化“三大管理”,强化保密科技支撑,不断推动保密工作标准化管理上台阶上水平。年内,市保密局贯彻落实《国家秘密定密管理暂行规定》,指导重点涉密机关、单位做好定密责任人确定管理、《国家秘密事项一览表》调整和定密程序细化等工作,重点解决定密随意、不确定保密期限、只定不解等问题。认真做好以电子政务内网建设为主体的涉密信息系统分级保护工作,加强电子政务内网改造过渡期内的保密管理,积极做好电子政务内网以及部分等涉密广域网的测评审批和风险评估工作,严格落实涉密网络接入审查规范和要求,杜绝涉密网络“带病运行”和“无证运行”。按照《关于进一步加强涉密人员保密管理工作的意见》和上级统一部署,建立完善了全市涉密人员管理档案。定期开展军队技侦退役人员脱密期管理回访工作,督促其所在单位加强保密教育与日常监管。

【保密宣传教育规划】 2017年,根据保密法制宣传教育规划要求,对全市保密法制教育情况进行总结验收。充分发挥党校阵地作用、保密部门主导作用和党政机关、涉密单位的主体作用,不断推动保密法及其实施条例的贯彻落实,形成各司其责、密切配合的保密教育培训格局。突出重点人员保密教育培训,积极开展涉密人员上岗资格业务培训,逐步建立定密责任人及涉密信息系统“三员”培训及持证上岗管理制度。积极探索保密文化建设和信息化保密普法宣教活动,努力营造保密工作舆论氛围,不断提高“两识”教育的针对性和实效性。组织全市军工资质单位开展“保密在身边,使命记心间”演讲比赛。年内,发放保密“两识”教育相关书籍500余册,为全市115家党政机关和涉密单位赠阅《保密工作》《保密科技》等保密业务期刊580余份。

【保密监督检查】 2017年,严格执行《苏州市保密检查工作暂行办法》,完善综合检查与专项检查相结合、定期检查与随机抽查相结合、保密部门检查与机关单位自查相结合的常态化保密检查机制,拓宽保密检查覆盖面。根据《机关、单位保密自查自评工作规则》要求,组织全市各单位开展保密自评自查，不断强化机关单位保密主体责任，及时消除泄密隐患。10月底至12月下旬，结合保密自查自评工作督查，围绕涉密载体、涉密信息设备、信息公开保密审查等重点环节，对全市重点涉密单位和乡镇板块单位进行了专项检查督查。及时发现和纠正涉密载体违规销毁、在非涉密网络流转涉密文件和信息公开发布保密审查不严等行为，积极采取补救措施，对发生问题的单位，责成作出书面情况说明，责成单位对相关人员进行教育谈话，并督促做好类似情况的排查和整改工作。

【保密管理】 2017年，严格执行涉密载体销毁管理规定，重点抓好国家秘密载体的分类回收销毁保密管理，杜绝涉密文件资料、电子办公设备违规外流造成泄密。认真做好全市内部级以上和非密计算机U管软件以及安全U盘的日常维护工作。与相关涉密信息系统集成企业做好对接，及时做好新增涉密计算机"三合一"监管系统的安装调试工作。开展各类国家统一考试保密工作的指导和监督，协助组织考试的单位和部门做好保密制度建设及考前检查。会同财政局、信息公开办等部门，做好市级部门预决算涉密事项保密审查工作，为相关单位提供了保密审查指导和服务，确保相关信息及时向社会公开。按照定点复制单位和军工企业资质要求，指导相关企业做好保密资质申领准备工作，协助上级保密行政部门和国防科工部门做好企业资质审核评定工作。

（蒋小春）

## 机要工作

【概况】 2017年，市委机要局开通邮政速递公司等5家单位，整合虞山镇等7家单位机要网点，全面完成机关大院外余下55家单位接入内网光纤线路改造。年内，市委机要局经机要内网共下发及督查公务电子邮件1024份，全市170家接入用户通过机要内网累计发送公务电子邮件24638份，流转办理325141份次。市委机要局被评为2017年全省机要密码工作先进集体，张孙浩琛被评为2017年全省机要密码工作先进个人。

【电子政务内网、电子公文系统安全可靠应用试点工程建设】 2017年，市委机要局继续推进常熟市电子政务内网建设（以下简称内网建设）及电子公文系统安全可靠应用试点建设（以下简称公文试点建设）的相关工作。2017年内网建设主要内容为内网安全系统功能建设及市级机关大院外接入线路改造工程。至8月底，横向连接机关大院外各单位、纵向连接区镇街道的线路与原电子政务内网光纤线路的整合改造工作全部完成，27家单位接入线路，年租赁费可节省19.44万元。下半年，根据上级要求，机要局配合市纪委、组织部、宣传部、市委办等部门完成涉密网络6个接入点的改造与接入工作；依据涉密网络最新防护要求，开展针对机关大院内14个内网机房的分级保护加固工程。12月底，内网建设项目整体评审与验收同步完成。公文试点建设项目（一期），基于X86硬件+纯国产化软件环境，招标工作在2016年12月完成，2017年2月召开项目启动会，组织搭建开发原型，召开用户论证会、完善项目需求，确定实施方案。之后以项目可行性报告为基础，推进解决系统架构、加密存储、结构化存储、历史数据迁移、系统集成、归档数据接口交换、功能组件适配等一系列技术问题。上线测试阶段，组织项目组人员赴安徽、湖北两地试点单位学习考察，借鉴并改进公文系统功能、操作流程，优化使用界面等内容。公文试点项目（一期）于12月底通过全功能全流程用户稳定性测试，并经省、苏州和常熟三地组成的专家组完成评审验收。

【党委系统信息化】 2017年，市委机要局加强党委系统信息化工作。年内，进一步完善全市电话通讯录自动排版打印系统、网页版录入系统，于5月编印电话通讯录中实践应用，印刷制作费用节省一半。继续做好信息报送、维稳信息报送、法规系统等运维保障，并改进相关功能。更新内网经济类文章233篇，其他类文章16篇。新增技术维护类资料、软件、音视频学习材料50多篇。完成基于电子政务内网4个加密视频会议室的改造工程，共计完成8次加密视频会议的保障任务。为接入政务内网并开展业务应用系统的部门提供各类技术服务，帮助指导市纪委、市国安办做好政务内网规划、涉密项目招标等工作。全年共到部门、基层维护计算机等各类网络及办公设备累计达200多台次。

【信息化密码保障】 2017年，市委机要局协调相关技术专家，维护解决市信息资源管理中心企业库应用平台（外网）、纪委勤廉预警系统（内网）中数字证书应用中的具体问题累计30多台次；新增250套数字证书，352个电子印章用于政务内网电子公文系统安全可靠应用试点项目，并完成内网数字证书制证升级和外网数字证书制证部署工作。协同市信息化办做好政务服务管理办外网电子签章系统的运营维护工作。

（黄　斐）

## 党史工作

【概况】 2017年，市委党史工作办公室围绕党史工作中心，加强业务学习，提升工作质量，充分发挥职能作用。年内，派员参加全省党史干部业务培训班。撰写《继续开展党史资料的征集工作》论文。做好涉及党史的来信来访工作，为来信来访者提供资料、答疑解惑。完成上级和市委交办的工作任务，配合相关部门、乡镇做好工作。会同梅李镇举办纪念薛惠民烈士诞生100周年座谈会。前往海门征集任天石和宗筱薇的资料，前往上海任天石被捕处祥康里拍摄内外景。12月，党史工办党史科科长刘品玉获评全省党史系统先进工作者。

【党史书籍编辑出版】 2017年，配合梅李镇新四军历史研究会编写《梅李三杰》，完成《任天石传》的初稿写作和序言写作任务，篇幅4万多字。完成上级党史部门交办的《李强传略》的写作任务，篇幅约2万字。配合沙家浜风景区管委会和上海市新四军历史研究会编辑《记忆沙家浜》图册，认真做好审稿工作。

【纪念设施建设】 2017年，市委、市政府启动在李强故居和常熟第一个党组织活动旧址亦爱庐建设纪念设施，明确由市委党史工作办公室承担常熟党史馆（暂定名）陈列大纲的编写任务，市委党史工作办公室积极开展党史资料的征集工作。沙家浜风景区增设后方医院、修枪所、印报所等景点，市委党史工作办公室参与了景点建设方案的论证工作，并提供历史资料。谢恺烈士是常熟历史上第一个为革命牺牲的共产党员，张家港市塘桥镇建设谢恺烈士故居，作为爱国主义和革命传统教育基地，常熟市委党史工作办公室协助做好谢恺烈士故居建设的文字资料工作，该馆于7月下旬开馆。

【党史宣传教育】 2017年7～8月，市委党史工作办公室与市电视台《春来茶馆》栏目联合开展讲革命故事活动，由市委党史工作办公室提供故事素材、《春来茶馆》节目播出。与《常熟日报》社开展寻访抗日故事活动，由市委党史工作办公室提出采访方案，由报社记者负责采访写作。 （刘品玉）

## 党校工作

【概况】 2017年，中共常熟市委党校（以下简称党校）举办各类培训班次136期，培训15780人次。其中，主体班31期（含10期“菜单式”选学讲座），培训9230人次；与各乡镇和部门联合举办各类培训班66期，培训3700人次；外地干部到常各类培训班39期，培训2850人次。全体教师共对外宣讲550多场，授课对象49500人次，新增宣讲课题12个，宣讲内容包括党的十八届六中全会、十九大精神解读，党中央治国理政新理念新思想新战略，新形势下党内政治生活准则，党内监督条例解读，提高干部依法行政能力，做优秀的中层干部，常熟经济社会发展情况介绍和党史国史党章，党员权利与义务教育等。新增现场教学基地3个，形成井冈山、泾县、余姚、韶山、开封5个市外干部培训基地。修订出台《科研工作管理办法》《市委党校智库外聘专家工作管理办法》，先后聘请党校智库学术顾问4名和党校智库特约研究员5名。出版4期《市情研究》，发送单位增加至300多家，组织完成4期《信息专报》，整理出版《常熟调研（2013－2016）》。立项省社科联市县专项课题1项，立项完成苏州党校协作课题3项、常熟市社科联立项课题7项、校级立项课题13项。全校教师全年在各级各类刊物上共计正式发表论文28篇，其中省级以上10篇，获得苏州市第三届社科应用研究精品工程三等奖1项，获得苏州市哲学社会科学第十届学术大会一等奖1项。

【建立临时党支部】 2017年，临时党支部依据党内法规体系，在党校党总支的指导下，重点做好学员思想引领、严肃学员政治生活、加强学员组织监督三个方面的工作，实施“5个一”工作法，即“一个支部班子、一项党支部制度、一次政治理论测试、一份党性分析报告、一次组织生活会”。在常熟市年轻干部能力素养培训班、组工干部班、新任科级领导干部班等班级充分发挥学员自我管理、自我服务、自我教育的核心作用，在多期基层党组织书记学习贯彻党的十九大精神集中轮训示范班上得到进一步推广和使用，并入选常熟市级机关2017年机关党建创新创优项目。

【“清风伴我行”活动】 2017年，开展四项活动。一是组织观看警示教育专题片。3月21日，组织全体在职党员观看警示教育片，进一步加强党风廉政建设宣传教育，在思想上牢固构筑起拒腐防变的思想防线。二是开展廉政教育点现场教学。5月10日，组织全体在职党员到翁同龢纪念馆开展训廉日活动，进一步加强党校党风廉政建设，教育、引导广大党员干部崇德守正、遵规守纪。三是举办廉政书籍品读分享会。9月12日，开展“清风伴我行”系列活动——廉政书籍品读分享会。三位教师代表分别就《北欧廉政制度与文化研究》《习近平的七年知青岁月》《习近平关于严明党的纪律和规矩论述摘编》这三本书谈了自己的理解与体会。四是召开“廉政大家议”座谈会。9月12日，举办“清风伴我行”系列活动——“廉政大家议”座谈会。副校长陈云水就中纪委十八届七次全会重要讲话精神结合党校工作带头分享学习体会，几位教师代表做交流发言。

【推进新型智库建设】 2017年，推进三项重点工作。一是修订出台《科研工作管理办法》《市委党校智库外聘专家工作管理办法》，落实专项经费，列入党校经常性项目经费，建立经费管理使用机制。二是聘请党校智库学术顾问4名和党校智库特约研究员5名，作为党校智库建设的外聘专家，完成党校第1期智库专家队伍的组建工作。三是举办“名师讲坛”系列活动。邀请党校智库学术顾问、苏州大学教授方世南到校讲课，拉开“名师讲坛”系列活动的序幕。 （胡敏玉）

## 老干部工作

【概况】 2017年，全市老干部工作以“五心四到三满意”工作法为引领，围绕中心，服务大局，进一步加强离退休干部思想政治引领和党组织建设，提升老干部服务保障水平，发挥老干部独特优势作用，从严管理老干部工作队伍，较好地落实全市269名离休干部政治生活待遇。出台《常熟市关于进一步加强和改进离退休干部工作的实施方案》。

工作成果转换的重要标志，贯彻落实十九大关于“认真做好离退休干部工作”的重要举措，发挥“存史资政育人”的作用。

【老干部参观现代化建设成果】 2017年3月2日，以“我和春天有个约会——走进沙家浜”为主题，组织全市14名离休女干部参观沙家浜生态湿地建设，共享精致常熟建设成果。6月16日，组织地市级离休干部及市四套班子退休干部27人赴张家港市参观考察文明城市创建成果，听取张家港市委书记朱立凡对该市经济社会发展成果介绍。10月24日，开展“看常熟新貌，享改革成果”参观活动，组织59名离休干部参观碧溪新区，感受城镇发展成果，领略灵动碧溪和谐美景。10月31日，组织易地安置到常离休干部参观虞山三峰胜景。11月9日，组织地市级离休干部及市四套班子退休干部31人参观考察尚湖镇苏州阿尔泰商用设备有限责任公司，中和集团，尚湖镇文明展示馆、王庄戏曲馆等地。市委书记王飚出席活动并向老领导通报全市经济社会发展情况、省巡视组巡视常熟反馈情况及虞山镇撤镇设街道概况。尚湖镇党委书记顾伟明向老领导汇报该镇经济社会发展情况。

【开展“红、黄、橙、绿”四色分类结对服务】 2017年4月18日，召开全市老干部“四就近”服务工作会议，研究部署离休干部“红、黄、橙、绿”四色分类结对服务工作。5月，印发《关于在离休干部中推行“红、黄、橙、绿”四色分类服务的实施意见》，明确以家庭服务为基础，以颜色划分为服务导向，通过对老干部分门别类完善服务管理，延伸老干部局、老干部管理单位、社区服务管理内容，构建起老干部局、老干部管理单位、社区、家庭“四位一体”服务新模式。

【第三届“彩虹韵”老干部文化体育节举办】 2017年5～10月，以“阅精致生活，读魅力金秋”为主题举办第三届“彩虹韵”老干部文化体育节。联合市人社、民政、文化、体育等部门，发挥老干部团组协会优势，打造了书法小品展、“七一”红歌会、“夏日情怀”诗会、重温入党誓词、展播红色电影、展览红色藏品、专题知识讲座、“悦动金秋”体育赛事、老干部摄影展、老干部盆景展等“十个一”主题活动，充分展示老干部享受生活的阳光心态和乐而有为的金秋风采。

【完善老干部学习活动平台建设】 2017年，市委老干部局围绕老干部身体、心理特点，会同市图书馆打造标准化图书室，满足老干部阅读需要。举办老干部耆英大讲堂、读书分享会，组织专家学者面向全体离退休干部开展养生保健、志愿服务、历史知识等培训讲座。支持老干部书画协会举办“光辉岁月”常熟市老干部书画作品展、诗词组出版《石梅诗韵》。做好老年大学老干部分校教学工作，开设合唱班、舞蹈班、古筝班等8个教学班，不断满足老干部文化养老需求。全年，还举办迎春祝福送春联、老干部器乐展示、欢欢喜喜闹元宵等活动20多场次，组织老干部团组协会开展交流活动10多场次，承办参加苏州市级、常熟市级大型活动近20场次，让更多老干部走出家门、融入社会、享受生活，真正在老干部园地中展现风采、贡献余热。

【开展“走基层、树典型、传递正能量”系列宣传报道活动】 2017年2月13日，印发《关于在全市离退休干部中开展“走基层、树典型、传递正能量”系列宣传报道的通知》。全年，以“一月一典型”报道形式集中宣传俞惠良、沈月英、何凤英、郭家利、张炳元、徐世民、朱惠鹏、张宝生、张奎保、钱福兴、钱桂华、周浩忠、仲伟行等13名离退休干部关心青少年健康成长、支持全市老干部工作、热心公益、服务社会、助力离退休干部党建工作，推动文化常熟建设等方面先进事迹。每季度制作《“走基层、树典型、传递正能量”系列宣传报道特辑》分送全市离退休干部，营造学习老干部、致敬老干部的浓厚氛围。（王晓波）

2017年6月，常熟市四套班子老领导赴尚湖镇参观考察

（市委老干部局提供）

## 接 待 工 作

【概况】 2017年，市接待办参与接待来宾270批14207人次。其中，党和国家领导人1批72人次（包括工作人员）；省部级领导41批3243人次（包括工作人员）；地厅级领导77批2425人次（包括工作人员）；县市级领导55批2091人次（包括工作人员）。同时，参与全市其他重大会务、活动共接待来宾96批6376人次。

【中央级领导视察常熟】 2017年，莅临常熟的党和国家领导人共有一位。12月28日，全国政协副主席韩启德到常熟，视察沙家浜革命教育基地、尚湖城市湿地、翁同龢纪念馆、虞山国家森林公园及王淦昌故居等。

**【省部级领导到常考察调研】** 2017年，接待亚洲基础设施投资银行行长金立群，全国政协常委、副秘书长、九三学社中央常务副主席邵鸿，九三学社中央副主席、全国人大常委会委员丛斌，中华慈善总会会长李本公，农业部总畜牧师马爱国，科技部副部长徐南平，国家旅游局副局长魏洪涛，国家证监会副主席姜洋，保监会副主席陈文辉，驻水利部纪检组组长田野，公安部副部长李伟，国家自然基金委主任杨卫，北京大学校长林建华，中国工程院院士李国杰，中国电视艺术家协会名誉主席赵化勇，全国政协委员、中国文联副主席夏潮，中国作家协会副主席何建明，中国纺织工业联合会会长孙瑞哲，国家电网副总经理刘泽洪，工业和信息化部原党组成员、纪检组长金书波，工业和信息化部原党组成员、总工程师、中国企业联合会、中国企业家协会常务副会长兼理事长朱宏任，省委书记、省人大常委会主任李强，省委副书记、省长石泰峰，省委常委、秘书长樊金龙，省委常委、苏州市委书记周乃翔，省慈善总会会长蒋宏坤，省旅游协会会长张卫国，省政府副省长张敬华，省政府副省长蓝绍敏，省政协副主席阎立，省政协副主席王雪非，省关心下一代工作委员会常务副主任王敏生，江苏省军区副政委李少，云南省委常委、宣传部部长赵金，内蒙古自治区政协副主席郑福田等省部级领导到常考察调研。

**【县(市)级以上党政代表团考察活动】** 2017年，接待南京市高淳区考察团、镇江市科技创新考察团、镇江市考察团、镇江市高新区考察团、句容市党政考察团、常州市武进区考察团、常州市高新区考察团、溧阳市考察团、太仓市党政考察团、如皋市经技技术开发区考察团、无锡市惠山区洛社镇考察团、泗洪县考察团、杭州市西湖区考察团、浙江省慈溪市考察团、浙江省德清县党政考察团、山东省莒县党政考察团、山东省新泰市考察团、山东省泰安市岱岳区考察团、山东省招远市考察团、山东省寿光市考察团、山东省潍坊市坊子区考察团、山东省昌邑市考察团、山东省夏津县考察团、山东省诸城市考察团、山东省邹城市代表团、安徽省宁国市考察团、安徽省黄山市考察团、贵州省思南县考察团、贵州省松桃苗族自治县考察团、江西省信丰县考察团、江西省上饶市政府教育考察团、江西省于都县考察团、四川省广汉市考察团、四川省罗江县考察团、四川省绵竹市土门镇考察团、河南省兰考县党政考察团、云南省瑞丽市考察团、西藏自治区达孜县考察团、西藏自治区林周县党政考察团、河北省怀来县考察团、湖北省武穴市考察团等48批考察团到常考察。

**【全市大型会议、活动组织保障工作】** 2017年，接待办积极配合做好江苏省县域科技体制改革经验交流会、纪念王淦昌诞辰110周年活动、全市科技创新和产业升级推进大会、常熟创新发展大会、常熟市重点项目现场推进会、2017常熟江南文化节暨沙家浜旅游节、2017江南国际时装周暨第18届中国江苏(常熟)服装服饰博览会开幕式、江苏省现代学徒制试点工作现场推进会、全国旅游系统红色旅游工作专题培训班、第十届中国旅游电视周“文明旅游常熟行”电视短片邀请赛作品展播启动暨2017常熟“文明与旅游同行”主题活动、2017年苏州(常熟)国际精英创新创业合作洽谈会、常熟市第九、第十批“科技镇长团”座谈会、苏州市关心下一代工作委员会在常召开主题教育活动和校外教育辅导站建设推进会、常熟市关心下一代工作委员会成立25周年纪念大会、苏州市各县(市)区慈善总会会长会议、常熟市慈善总会第四届会员代表大会、烈士纪念日公祭活动、2017青年企业家创新发展国际合作周(常熟)活动、苏州市清华企业家商会年会、北京大学分子工程苏南研究院签约揭牌活动、常熟高新区与常熟理工学院全面合作签约仪式、第十一届(2017)中国国际汽车塑料及创新材料发展论坛暨2017第七届国际汽车轻量化技术及材料科技创新应用年度峰会、2017第十二届中国智能交通年会暨常熟国际智能汽车周开幕式、第九届中国智能车未来挑战赛开幕式、2017CCF大数据与计算智能大赛活动等各类重要会议活动的组织保障工作。

**【市级外出考察活动联系、上级监督检查接待工作】** 2017年，认真细致做好市主要领导赴江阴市、镇江市、深圳市等考察活动的联络对接工作。配合做好上级到常熟的李克强总理江苏考察回访督查组、省委调研省委省政府创新40条政策落实情况督查组、省军区枪弹专项整治检查组、省委“六个一”基层走访调研督查组、省政府到常检查防汛工作组、对常熟开展社会矛盾和安全隐患大排查大整治行动督查的省第二督查组、省委第七巡视组、国家林业局国际湿地城市考察评审小组、水利部太湖局2017年第3次节水供水重大水利工程建设督查组、省第三环保督查组第四下沉组、国家农业科技园区调研组、苏州市“江苏省双拥模范城”检查考核组、苏州市人大常委会“263”专项行动治理环境隐患工作督查组等考核验收工作，做到后勤保障有力、接待工作周全。

**【服务全市重大商务活动】** 2017年，市接待办积极服务全市经济工作，参与高新区与清华附中合作办学签约仪式、常熟国际装饰城开业仪式、康迪泰克(中国)橡塑技术有限公司涂胶布项目开业仪式、苏州施耐德电梯有限公司开业五周年庆典暨研发大楼奠基仪式、马勒压缩机(苏州)有限公司开业仪式、法雷奥—西门子项目签约仪式、苏通GIL综合管廊工程“卓越号”盾构机始发动员会、常熟绿色智能制造技术创新中心启航峰会、奇瑞捷豹路虎发动机工厂开业典礼、“中华慈善总会、波司登公益基金会”战略合作仪式、延锋安道拓项目开工仪式、常熟经济技术开发区重点项目开工、竣工仪式等接待活动。 (李　锐)

责任编辑　刘品玉

# 常熟市人民代表大会

## 综　　述

【概况】　2017年，常熟市人大常委会紧紧围绕中央和省、市委重大决策部署，把握时代发展新要求和人民群众新期待，紧贴常熟经济社会发展新实践，切实履行宪法和法律赋予的各项职权，充分发挥地方国家权力机关的重要作用，不断开创全市人大工作的新局面，共召开8次常委会会议和11次主任会议，听取和审议“一府两院”专项工作报告36项，组织开展执法检查、专题视察8次，依法任免国家机关工作人员109人次，全面完成了市十五届人大一次会议确定的各项任务。立足新起点、把握新形势，在坚持党的领导上坚定不移。坚持以习近平总书记系列重要讲话精神为根本遵循，深入推进“两学一做”学习教育常态化制度化，第一时间学习中央和省委、市委重要会议精神，全方位、深层次做好党的十九大精神的学习宣传和贯彻，主动把人大工作纳入到市委总体工作布局来谋划，行使好监督权、重大事项决定权、人事任免权和立法建议权。引领新常态、落实新理念，在服务发展大局上担当有为。突出创新转型，听取审议科技创新省级综改试点、服装城市场采购贸易试点、商贸业转型发展等工作情况的汇报，推动经济稳中有进；突出以民为本，听取审议关于各类招生工作、新市民中心工作、高标准农田建设工作、环境质量状况和环境保护目标完成情况的汇报，开展完善大交通格局、美丽村庄建设和政府实事工程建设情况视察，增进民生福祉；突出依法治市，组织开展《中华人民共和国文物保护法》、《中华人民共和国食品安全法》执法检查，对《中华人民共和国消防法》实施情况开展视察，听取审议常熟市“七五”普法实施情况、法检两院司法改革情况的汇报，推动法治环境优化。搭建新平台、激发新活力，在发挥代表作用上凝心聚力。加强闭会期间代表工作，优化代表履职平台，全面建立人民法庭“代表联络站”，定期组织培训，深化代表履职保障。认真督办关于基层医疗机构提档升级的代表议案，对十四届人大水循环体系建设议案实施“回头看”专题视察，十五届一次大会提出的182件书面建议全部按要求办结，代表满意率达98.7%。展现新面貌、塑造新形象，在加强自身建设上与时俱进。增设市人大常委会农业农村工委，探索推进人大法制、财经两个专门委员会建设，配齐配强常委会组成人员和人大机关干部队伍，设立人大常委会专家咨询组，完成机关党支部和工会换届选举。办实办好“常熟人大”原创性微信公众号，宣传媒介阵地不断拓宽。围绕全年工作各项议题及时开展调研，为提高审议质量和监督实效

2017年1月5～9日，常熟市第十五届人民代表大会第一次会议在常熟会议中心举行　（常熟日报社提供）

奠定坚实基础。

## 重要会议

**【常熟市第十五届人民代表大会第一次会议】** 2017年1月5～9日，常熟市第十五届人民代表大会第一次会议在常熟会议中心举行。会议听取审议市人民政府代市长周勤第所作的《常熟市人民政府工作报告》，审议《常熟市2016年国民经济和社会发展计划执行情况与2017年国民经济和社会发展计划（草案）的报告》和《常熟市2016年财政预算执行情况和2017年财政预算（草案）的报告》；听取审议市人大常委会主任秦卫星所作的《常熟市人大常委会工作报告》、市人民法院院长杨晓春所作的《常熟市人民法院工作报告》、市人民检察院检察长陆建中所作的《常熟市人民检察院工作报告》，并通过相关决议。会议以无记名投票方式选举杨崇华为市人大常委会主任，陈惠良、范建国、陶理、周荣葆为市人大常委会副主任，选举周勤第为市人民政府市长，沈晓东、王建国、徐海东、陆继军、范建青、赵红、张月明为市人民政府副市长，选举杨晓春为市人民法院院长，陆建中为市人民检察院检察长。会议选举产生了常熟市出席苏州市第十六届人民代表大会代表81人，市十五届人大常委会委员35人。

**【市人大常委会会议】** 2017年2月21日，常熟市十五届人大常委会举行第一次会议。会议审议通过市人大常委会2017年工作要点和工作安排，审议通过市十五届人大常委会代表资格审查委员会和各工作委员会成员名单，听取审议关于《中华人民共和国劳动合同法》实施情况的汇报。

2017年3月3日，常熟市十五届人大常委会举行第二次会议。会议听取审议关于全市环境质量状况和环境目标完成情况的汇报，并通过有关人事任免事项。

2017年4月10日，常熟市十五届人大常委会举行第三次会议。会议听取审议了杨崇华所作的《关于补选苏州市第十六届人民代表大会代表的说明》，经无记名投票补选李亚平为苏州市第十六届人民代表大会代表。

2017年5月26日，常熟市十五届人大常委会举行第四次会议。会议听取审议关于推进省级科技综改试点、推动区域创新发展情况的汇报，听取审议关于全市农村集体资产管理情况的汇报，听取审议关于《常熟市城市总体规划(2010—2030)》(2017年修改)编制情况的汇报，听取审议了关于全市重点项目推进情况的汇报，并通过有关人事任免事项。

2017年7月27日，常熟市十五届人大常委会举行第五次会议。市委副书记、市长周勤第，市政府组成部门主要负责人以及来自社会各界的100多名人大代表受邀列席会议。会议听取审议关于2017年上半年全市经济社会发展情况和下半年重点工作安排的报告，听取审议常熟市2016年财政决算的报告、2016年度常熟市本级财政预算执行及其他财政收支的审计工作报告，审议关于常熟市2017年上半年国民经济和社会发展计划执行情况的报告、关于常熟市2017年1～6月财政预算执行情况的报告，审议通过《文物保护法》实施情况的执法检查报告，并以无记名投票方式表决通过有关人事任免事项。

2017年9月22日，常熟市十五届人大常委会举行第六次会议。会议听取审议关于全市高标准农田建设工作情况的汇报、关于常熟市"多规合一"工作情况的汇报、代表建议办理情况的汇报，听取关于养老改革有关情况的报告，听取市经信委、市公安局、市交通运输局、市旅游局、常熟检验检疫局工作情况汇报并开展评议，讨论通过《常熟市人民代表大会常务委员会讨论、决定重大事项的暂行规定》和《常熟市人民代表大会常务委员会关于完善代表联系群众制度的意见》，审议作出《常熟市第十五届人民代表大会常务委员会关于接受范建青辞去常熟市人民政府副市长职务请求的决定》，以无记名投票方式表决通过市人民政府市长周勤第、市人民检察院检察长陆建中提请的有关人事任免事项。

2017年11月8日，常熟市十五届人大常委会召开第七次会议。会议听取审议关于新市民中心工作情况的汇报，听取审议关于吸引社会资本办学情况的汇报，审议通过《中华人民共和国食品安全法》实施情况的执法检查报告，作出关于补选市第十五届人民代表大会代表的决定，并以无记名投票方式表决通过有关人事任免事项。

2017年12月22日，常熟市十五届人大常委会举行第八次会议。会议听取审议关于"实施基层医疗机构'提档升级'工程，完善基层卫生服务体系"代表议案实施情况的汇报；听取审议关于常熟市市本级2017年财政预算调整方案（草案）的汇报；听取关于常熟市2017年财政预算执行情况和2018年财政预算草案的报告，并进行初审；听取审议关于G524常熟安定互通至相城界段快速化改造情况的汇报。会议作出关于召开市十五届人大二次会议的决定：常熟市第十五届人民代表大会第二次会议于2018年1月3日至5日举行，会期三天。会议还审议关于代表变动情况和补选代表资格的审查报告（草案），讨论提请市十五届人大二次会议审议通过的各项文件草案和建议名单，决定市十五届人大二次会议列席人员名单，讨论市人大常委会工作报告，通过了相关人事任免，作出了关于接受陆建中辞去常熟市人民检察院检察长职务和苏州市第十六届人民代表大会代表职务请求的决定以及关于夏军代理常熟市人民检察院检察长职务的决定，并补选夏军为苏州市第十六届人民代表大会代表。

**【市人大常委会主任会议】** 2017年1月25日，常熟市十五届人大常委会举行第一次主任会议。会议讨论市人大常委会2017年工作要点和工作安排（草案）、市十五届人大常委会代表资格审查委员会和各工作委员会委员建议名单、市十四届人大五次会议以来的优秀人大代表建议及承办人大代表议案、建议先进单位名单。

2017年2月8日，常熟市十五届人大常委会举行第二次主任会议。会议对市十五届人大一次会议期间，新一届人大代表提出的182件书面建议进行了交办。会议还听取了关于市十四届人大代表议案、建议办理情况总结和市十五届人大一次会议代表议案、建议情况的说明，并对市十四届人大五次会议以来人大代表优秀建议和承办人大代表议案、建议先进单位进行了表彰。

2017年4月10日，常熟市十五届人大常委会举行第三次主任会议。会议讨论补选苏州市第十六届人民代表大会代表相关事宜。

2017年4月18日，常熟市十五届人大常委会举行第四次主任会议。会议听取市财政局所作的关于2017年市级政府投资项目建设资金需求计划的报告，听取市绿委办所作的关于全市绿化工作情况的汇报。讨论关于开展全市美丽村庄建设情况的视察活动方案、关于开展人大代表“统一接待日”活动的实施方案和市人大常委会组成人员联系代表相关安排。

2017年5月23日，常熟市十五届人大常委会举行第五次主任会议。会议听取关于2017年秋季各类招生工作情况的汇报，听取关于全市落实“三优三保”，做好集约用地情况的汇报，听取市人民法院、人民检察院关于司法改革情况的汇报，并讨论关于开展《中华人民共和国文物保护法》实施情况的执法检查方案。

2017年6月23日，常熟市十五届人大常委会举行第六次主任会议。会议听取了关于2016年审计整改落实情况的报告、关于《江苏省湿地保护条例》贯彻实施情况的汇报，并讨论关于《中华人民共和国文物保护法》实施情况的执法检查报告（草案）以及关于开展部门工作评议的实施方案。

2017年8月10日，常熟市十五届人大常委会举行第七次主任会议。会议听取市政府通报有关工作。

2017年8月22日，常熟市十五届人大常委会举行第八次主任会议。]会议听取关于“实施基层医疗机构‘提档升级’工程，完善基层卫生服务体系”代表议案实施方案的汇报、关于全市安全生产情况的汇报、关于“七五”普法实施情况的汇报，听取部门工作评议调研情况的汇报，并讨论关于《中华人民共和国食品安全法》实施情况的执法检查方案、关于全市工业重点项目建设情况的视察活动方案。

2017年10月20日，常熟市十五届人大常委会举行第九次主任会议。会议听取关于经信委、公安局、交通运输局、旅游局、检验检疫局等五个被评议部门落实人大评议意见的整改方案报告，关于服装城市场采购贸易试点情况的汇报以及“两减六治三提升”专项行动情况的汇报。会议还讨论通过《关于设立市人大常委会专家咨询组的决定》，关于《中华人民共和国食品安全法》实施情况的执法检查报告（草案），关于开展消防工作情况的视察活动方案，关于开展我市完善大交通格局、提升与周边地区交通快速通行能力情况的视察活动方案，关于开展“实施基层医疗机构‘提档升级’工程，完善基层卫生服务体系”代表议案实施情况与水循环体系建设情况的视察活动方案，关于开展政府实事工程建设情况的视察活动方案。

## 讨论、决定重要事项

**【表彰优秀议案、建议】** 2017年1月25日，市十五届人大常委会第一次主任会议讨论通过了关于表彰市十四届人大五次会议以来优秀人大代表议案、建议和承办人大代表议案、建议先进单位的决定。

**【批准总规修改】** 2017年5月26日，市十五届人大常委会第四次会议审议通过了关于批准《常熟市城市总体规划（2010－2030）》（2017年修改）的决议。

**【批准财政决算】** 2017年7月27日，市十五届人大常委会第五次会议审议通过了关于批准常熟市2016年财政决算的决议。

**【批准区划调整】** 2017年11月8日，市十五届人大常委会第七次会议审议通过了关于批准《虞山镇行政区划调整方案》的决议。

## 监督工作

**【审议《中华人民共和国劳动合同法》实施情况】** 2017年2月21日，市十五届人大常委会第一次会议听取审议了关于《中华人民共和国劳动合同法》实施情况的汇报。会议要求，市政府及相关部门进一步加大宣传培训力度，强化全社会依法用工的观念；加大服务指导力度，提升企业依法用工的水平；加大劳动争议调处力度，建立有效的劳动监察执法机制，维护广大职工队伍和社会的稳定。

**【审议环境目标完成情况】** 2017年3月3日，市十五届人大常委会第二次会议听取审议关于全市环境质量状况和环境目标完成情况的汇报。会议要求，市政府及相关职能部门要长抓不懈，持续加强环境保护宣传引导，依法公开环境信息，增强公众对环保工作的参与度和知晓度。要不断推进产业结构转型升级，坚持创新驱动发展，严控“两高”行业新增产能，大力发展循环经济。要加快形成齐抓共管强大合力，统筹部署生态文明建设各项目标任务，形成资源共享、责任共担的环保工作联动机制；进一步完善生态环保考核体系，督促各类企业、事业单位和社会组织落实环保主体责任；同时完善公众参与程序，引导群众通过司法渠道维护环境权益。要切实强化环境违法监管与打击，加大执法力度，对各类环境违法行为“零容忍”；强化司法保护，实现行政处罚和刑事处罚无缝衔接；加强队伍建设，确保环境监管反应及时、不留死角，切实推进全市环保工作再上新台阶。

**【审议省级科技综改试点工作】** 2017年5月26日，市十五届人大常委会第四次会议听取审议了关于推进省级科技综改试点、推动区域创新发展情况的汇报。会议要求，市政府及相关职能部门要加快确立科技创新核心位置，倾力打造先行先试政策高地，努力做出改革试点工作品牌。

**【审议农村集体资产管理情况】** 2017年5月26日，市十五届人大常委会第四次会议听取审议关于全市农村集体资产管理情况的汇报。会议要求，市政府及相关职能部门要坚持正确方向，切实维护农民合法权益；要处理好积极与稳妥、规范与高效的关系；要抓好农村集体资产清产核资，加快农村集体"三资"管理信息化建设，加强农村集体资产管理体系建设，加强业务建设。

**【审议全市重点项目推进工作】** 2017年5月26日，市十五届人大常委会第四次会议听取审议关于全市重点项目推进情况的汇报。会议要求，市政府及相关职能部门要进一步创新体制机制建设，解决瓶颈制约问题，做好项目接续落地工作，为经济增长提供有力支撑。

**【审议上半年政府工作报告及财政、计划报告】** 2017年7月28日，市十五届人大常委会第五次会议听取审议关于2017年上半年全市经济社会发展情况和下半年重点工作安排的报告，听取审议常熟市2016年财政决算的报告、2016年度常熟市本级财政预算执行及其他财政收支的审计工作报告，审议关于常熟市2017年上半年国民经济和社会发展计划执行情况的报告、关于常熟市2017年1～6月财政预算执行情况的报告。会议要求，全市上下特别是政府各部门要围绕目标任务，进一步开拓进取，积极作为，扎实推进各项工作。围绕财政决算与审计、计划与预算执行等议题，会议要求市政府及经济工作部门要进一步发挥财税部门职能作用，以统筹推进供给侧结构性改革为着力点，强化对新政策、新形势的学习研判，注重对经济运行情况的监测、预测和统筹协调，认真做好全市重点产业、重点项目的跟踪和服务，保障市委市政府决策落实和各项发展目标实现。要进一步夯实经济发展基础，发挥投资对稳增长的关键作用，加大有效投入，全面落实中央、省减税降费、扶持企业等各项优惠政策，为企业创造宽松的发展环境，继续提高"两大开发区"对全市财税收入的贡献率，加快推动产业结构提档升级，夯实新的经济增长基础。要进一步优化财政收支管理，认真贯彻落实预算法，严格依法理财，既要完善税收监管，挖掘税收潜力，也要继续优化支出结构，把富民惠民作为财政工作的鲜明导向和财政资金的主要投向。要进一步强化政府性债务风险防控，建立健全政府债务风险管控机制，做好应急预案和政策储备，形成应对风险的快速决策和反应机制，确保不发生系统性金融风险、市镇两级财政平稳健康运行。

**【审议高标准农田建设情况】** 2017年9月22日，市十五届人大常委会第六次会议听取审议了关于全市高标准农田建设工作情况的汇报。会议要求，相关部门要把高标准农田建设作为农村基础设施建设的一项重要内容，高度重视，强化组织领导，增强高标准农田建设整体合力；突出重点，严格质量标准，加强监督管理，压实任务责任，高质高效完成高标准农田建设任务；统筹协调，加强业务建设，完善长效管护机制，强化高标准农田建设监督管理。

**【审议"多规合一"工作】** 2017年9月22日，市十五届人大常委会第六次会议听取审议了关于全市"多规合一"工作情况的汇报、代表建议办理情况的汇报。会议要求，市政府及相关部门要统一思想，提高认识，深刻理解这项工作的重要性、复杂性和科学性；要加强研究，深化试点，处理好"多规"与"合一"的关系、"一规"与"现状"的关系；要加强领导，突破障碍，形成"多规合一"工作合力，加快信息管理平台建设，力争绘制出一张造福常熟的宏伟蓝图。

**【审议新市民中心工作】** 2017年11月8日，市十五届人大常委会第七次会议听取审议关于新市民中心工作情况的汇报。会议要求，市政府及相关部门要高度重视新市民数据分析结果的应用，进一步创新社会综合管理工作；要完善新市民公共服务相关政策，进一步增强新市民的认同感、归属感；要加强新市民积分管理体系建设，进一步提高新市民自我服务、自我管理水平，引导新市民更好地融入常熟，为全市经济社会发展作出贡献。

**【审议吸引社会资本办学工作】** 2017年11月8日，市十五届人大常委会第七次会议听取审议关于吸引社会资本办学情况的汇报。会议要求，各级政府及相关部门要提高思想认识，加强组织领导，落实责任分工，共同营造开放包容新态势；要注重政策引导，探索多元投资模式，加大财政保障力度，切实优化社会办学新环境；要规范办学行为，加强行业监管，强化安全管理，打造现代教育发展新气象；要加强队伍建设，注重品牌打造，提高办学质量，推动民办教育迈上新台阶。

**【审议项目投资计划】** 2017年4月18日，市十五届人大常委会第四次主任会议听取关于2017年市级政府投资项目建设资金需求计划的报告。会议要求，市政府及相关部门要进一步加强对经济形势和金融政策的研究，切实增强政府性投资的可持续发展能力；加强对项目和资金的精细化管理，切实提高政府性投资的绩效水平；加强对政府性债务结构和规模的控制，积极防范和化解政府债务风险。

**【审议绿化工作】** 2017年4月18日，市十五届人大常委会第四次主任会议听取关于全市绿化工作情况的汇报。会议要求，市政府及相关部门要加强宣传，提高认识，形成全民护绿的良好氛围；坚持规划引领，严控绿线，实现城市绿化可持续发展；强化监管，依法行政，不断提高执法水平；提质升级，加快改造，不断完善公园绿地功能。

## 人 事 任 免

**【市十五届人大常委会第二次会议决定任免名单】** 马维刚任市人民政府办公室主任；丁琪任市发展和改革委员会主任；朱晓峰任市经济和信息化委员会主任；陈邵东任市教育局局长；潘伟任市科学技术局局长；吴军任市公安局局长；沈剑峰任市监察局局长；戴炳元任市民政局局长；陈向忠任市司法局局长；浦梅萍任市财政局局长；沈育军任市人力资源和社会保障局局长；蒋向阳任市住房和城乡建设局局长；俞翔任市规划局局长；郁海成任市城市管理局局长；唐志军任市交通运输局局长；乔小力任市水利局局长；邓国华任市农业委员会主任；赵东方任市商务局局长；吴伟任市文化广电新闻出版局局长；朱兴元任市卫生和计划生育委员会主任；黄雯华任市体育局局长；顾玉芬任市环境保护局局长；唐晓任市旅游局局长；苏建东任市民族宗教事务局局长；黄晓东任市审计局局长；姚卫东任市安全生产监督管理局局长；阚国良任市市场监督管理局局长；陆益斌任市统计局局长；杨坚红任市粮食局局长；丁雷任市民防局局长；唐剑锋任市政府法制办公室主任；季俊华任市政府国有资产监督管理办公室主任；免去姚正明的市人民法院审判员职务；免去甘国露的市人民法院审判员职务；免去丁建华的市人民检察院检察委员会委员职务；免去陆婷婷的市人民检察院检察员职务。

**【市十五届人大常委会第四次会议决定任免名单】** 免去陆益斌市统计局局长职务；赵一波任市人民法院虞山人民法庭庭长，免去市人民法院支塘人民法庭庭长职务；张晓东任市人民法院经济开发区人民法庭庭长，免去市人民法院审判委员会委员职务；戴卫忠任市人民法院审判委员会委员，免去市人民法院经济开发区人民法庭庭长职务；浦小宝任市人民法院民事审判第四庭庭长，免去市人民法院尚湖人民法庭庭长职务；周薇任市人民法院民事审判第二庭庭长，免去市人民法院民事审判第四庭庭长职务；朱文奎任市人民法院支塘人民法庭副庭长，免去市人民法院梅李人民法庭副庭长职务；曹瑞秋任市人民法院尚湖人民法庭副庭长，免去市人民法院刑事审判庭副庭长职务；邵钧任市人民法院尚湖人民法庭副庭长；免去邓志萍市人民法院审判监督庭副庭长职务；免去陆文洪市人民法院虞山人民法庭庭长、审判员职务；免去姜壮志市人民法院民事审判第一庭副庭长、审判员职务；免去曾昊清市人民法院审判员职务；免去吴振球市人民法院审判员职务。

**【市十五届人大常委会第五次会议决定任免名单】** 免去武琦市人大常委会教科文卫工作委员会副主任职务；许浩任常熟市人民政府副市长（挂职）；李志刚任市统计局局长；蒋东英任市人民法院审判监督庭副庭长；免去谷建昌市人民法院行政审判庭庭长职务；免去邵宝华市人民法院古里人民法庭副庭长职务；方宇任市人民检察院副检察长；免去唐晓毅市人民检察院检察委员会委员、检察员职务。

**【市十五届人大常委会第六次会议决定任免名单】** 雷波任常熟市人民政府副市长；周晓明任常熟市人民政府副市长（挂职）；吴建伟任市公安局局长；免去吴军市公安局局长职务；免去刘倩市人民检察院检察员职务。

**【市十五届人大常委会第七次会议决定任免名单】** 曹华任市人大常委会农业农村工委副主任；陈娟任市人民法院审判员；邵英任市人民法院审判员；周婷任市人民法院审判员。

## 重 要 活 动

**【督办议案实施】** 2017年在市第十五届人民代表大会第一次会议上，由范国华等16名人大代表提出的“实施基层医疗机构‘提档升级’工程，完善基层卫生服务体系”议案被列为“一号议案”。8月22日，市十五届人大常委会召开第八次主任会议，听取议案实施方案汇报。12月6日，市人大常委会组织视察组对人大“一号议案”实施情况进行视察。市人大常委会主任杨崇华对一号议案实施取得的阶段性成效予以肯定，并指出市人大及其常委会将继续关注议案办理进程与实效，适时安排督查、视察、调研等活动，全力助推基层医疗机构“提档升级”工程有序有效实施。

**【钱月宝、高德康参加全国人代会】** 2017年3月5～15日，在常熟市的全国人大代表钱月宝、高德康赴北京参加第十二届全国人民代表大会第五次会议。会议期间，两位代表认真审议《政府工作报告》等各项重要报告。会上，钱月宝提交着力扶持民营经济创新发展、利用大数据建立企业排污监管平台、从金融角度加大对实体经济发展支持、加快推进乡村治理现代化、制定“农田保护法”等5份建议，高德康提交了加快纺织服装产业智能升级、加强农村生态环境保护、规范不动产抵押登记等3份建议。

**【学习贯彻“两会”精神会议召开】** 2017年3月17日，常熟市举行学习贯彻“两会”精神会议，市委书记王飚，市人大常委会主任杨崇华，市委副书记、市政协主席、市委宣传部部长韩卫兵等市四套班子领导出席会议。全国人大代表钱月宝和高德康分别作十二届全国人大五次会议精神传达报告。王飚就贯彻落实全国“两会”精神进行部署。他要求全市上下把深入学习贯彻全国“两会”精神作为一项重要政治任务，周密部署、细致安排，切实把全市上下的思想和行动统一到全国“两会”精神上来，集中精力谋发展，一着不让抓创新，全力以赴促富民，努力走在“两聚一高”新实践的前列。

**【法制委员会全体会议召开】** 2017年6月19日，市人大法制委员会召开第一次全体会议，市人大常委会主任杨崇华出席会议。就市人大法制委员会学决策、促进政府工作发挥积极作用。

## 监督检查

【开展《中华人民共和国文物保护法》执法检查】 2017年6月2日，市人大常委会组成执法检查组，对全市《中华人民共和国文物保护法》贯彻实施情况进行执法检查。市人大常委会主任杨崇华参加检查。检查组查看兴福寺、燕园、南门坛上历史街区得意楼、上塘街马宅、周孝子庙、古里镇刘氏敦厚堂、支塘镇王淦昌故居、支塘镇姚厅张宅、支塘镇集贤桥等文物保护单位，听取了市文广新局关于《中华人民共和国文物保护法》贯彻实施情况汇报，并进行了情况汇总和依法审议。检查组指出，要正确认识文保的重要意义，增强相关板块、部门的责任担当、创新理念和使命意识；要强化政策保障、细化摸底排查、突出重点工程，有序推进文保工作；要强化组织领导、加大资金支持，深化综合管理，提高文保水平。

【开展《中华人民共和国食品安全法》执法检查】 2017年9月7日，市人大常委会执法检查组对全市实施《中华人民共和国食品安全法》情况开展执法检查。市人大常委会主任杨崇华等参加活动。检查组一行实地察看常熟农副产品交易城、江南王四食品有限公司、昆承小学食堂、香格里酒店食品有限公司尚品美食坊世茂店等，并听取了相关汇报。执法检查组指出要继续加大普法宣传力度，强化食品安全意识；要强化基层基础，进一步提升监管能力和水平；要坚持严格执法，进一步发挥法律震慑作用；要健全食品安全责任体系，着力构建食品安全社会共治格局。

【开展美丽乡村建设情况视察】 2017年4月26日，市人大常委会组成视察组，对全市全面推进美丽乡村建设情况进行视察。市人大常委会主任杨崇华参加视察。视察组一行实地察看辛庄镇张港泾村、尚湖镇新巷村、虞山尚湖旅游度假区三峰管理区三湾里、虞山镇福圩村汪家宅基等四个不同类型、不同层次的村庄现场，并召开视察汇报会议听取《关于常熟市美丽乡村建设工作情况的汇报》。会议要求各镇（区）、相关部门要统一思想，提高认识，切实增强建设美丽乡村的责任感和紧迫感；要把握关键，突出重点，扎实做好美丽乡村建设各项工作；各地各部门要加强领导，凝聚合力，为加快美丽乡村建设提供坚强保障，使百姓在美丽乡村建设中真正得实惠，切实提升百姓幸福指数。

【开展工业重点项目建设情况视察】 2017年8月31日，市人大常委会对全市工业重点项目建设情况进行视察。市人大常委会主任杨崇华参加视察。视察组一行对瑞特股份研发中心、奇瑞捷豹路虎汽车有限公司二期、华安钢宝利汽车钢板项目、爱斯达克汽车空调系统有限公司、丰田汽车（常熟）零部件公司五期等市工业重点项目进行了实地视察，并召开会议听取了相关情况汇报．会议要求市政府及相关部门要坚定发展要务，推动转型升级；要强化工作措施，破解制约瓶颈；要加大有效投入，做好项目储备；要优化政府服务，提升发展环境。

【开展消防工作情况视察】 2017年10月25日，市人大常委会就全市消防工作情况开展视察。市人大常委会主任杨崇华参加视察。视察人员分三组对消防大数据业务平台、消防特勤中队、“三合一”火灾现场以及高层小区隐患、“三合一”火灾隐患、商业类隐患、印染业安全隐患等各类火灾隐患场所进行了实地视察，并集中召开汇报会听取市政府关于消防工作情况的汇报。会议要求市政府及相关部门落实消防安全责任，加强公共消防设施建设，加大火灾隐患整治力度，加强消防力量体系建设，加强消防安全宣传培训。

【开展大交通格局视察】 2017年10月27日，市人大常委会组成视察组，开展了完善大交通格局、提升与周边地区快速通行能力视察活动。市人大常委会主任杨崇华参加视察。视察组实地察看了G524安定互通至相城界段快速化改造工程、常沙线快速化改造工程和通港路快速化改造工程的建设情况，随后召开会议听取了市交通运输局《关于我市完善对外交通，构建常熟大交通格局情况的汇报》。会议要求，各相关部门和板块要统一思想提高认识，优化完善交通规划，切实加快项目推进，把交通工程打造为民心工程、精品工程。

2017年10月25日，市人大常委会就全市消防工作情况开展视察

（市人大办提供）

**【开展民生实事工程建设情况视察】** 2017年11月30日，市人大常委会对政府民生实事工程建设情况进行视察，市人大常委会主任杨崇华参加视察。视察组实地查看大院户改造、零星地块改造、蒋家村河道整治、虞山健身步道建设、兴隆中学改扩建、市中医院危重新生儿救治(分)中心建设、组团式村庄环境综合整治、新丰家园、亮化工程等民生实事项目建设进度，并听取市发改委、市委农工办、教育局、住建局、交运局、水利局、卫计委关于民生实事项目情况的汇报。视察组肯定各项民生实事项目已取得初步成效，并提出要践行十九大精神，把好改善民生的“方向盘”，始终坚持以人民为中心，为群众提供更加便利高效的服务；要打造精品工程，系好项目建设的“安全带”，努力把民生实事重点工程建设成为经得起时间检验的精品工程，让群众普受益、得实惠的民心工程；要善于改革创新，做好新征程的“开拓者”，确保项目建成一个、投入使用一个、发挥效益一个。

2017年11月30日，市人大常委会对政府民生实事工程建设情况进行视察
（市人大办提供）

**【开展近年来人大“一号议案”实施情况视察】** 2017年12月6日，市人大常委会组织视察组对人大“一号议案”实施情况进行视察。市人大常委会主任杨崇华参加视察。视察组分组察看市支塘中心医院、度假区社区卫生服务中心等6个基层医疗服务机构，以及环城河溢流堰、常浒河枢纽闸站等5个水利建设项目，召开汇报会并听取市卫计委、水利局关于议案实施情况的汇报。视察组对相关工作予以充分肯定，并要求市政府和相关部门要进一步凝聚思想共识，持续强化落实，密切部门配合，加大宣传力度，促进议案实施有效落地，让群众更有获得感。（陈传法）

**责任编辑　刘品玉**

虞城夜景
（常熟日报社提供）

# 常熟市人民政府

## 综　述

【概况】 2017年，常熟市人民政府(以下简称市政府)深入贯彻落实党的十八大和十九大精神，坚持以习近平总书记系列重要讲话特别是视察江苏重要讲话精神为根本遵循，团结依靠全市人民，聚力创新，聚焦富民，全力以赴稳增长、促改革、调结构、惠民生、防风险，各方面工作取得新进展，较好地完成市十五届人大一次会议确定的各项目标任务。全年实现地区生产总值2279.55亿元，增长7.2%；一般公共预算收入191.8亿元，增长10.5%；完成工业产值4715亿元，增长3%；全社会固定资产投资550亿元，增长1%；社会消费品零售总额800亿元，增长8.1%；外贸进出口244.7亿美元，增长23.3%；实际利用外资7亿美元，增长11.2%。

2017年，市政府重点采取以下六方面措施。着力抓存量、带增量，推动经济转型升级。坚持稳中求进工作总基调，突出"存量提升、增量带动"，支持和推动实体经济发展，经济运行总体保持稳中有进、稳中向好的良好态势。现代农业发展水平不断提升，实现农业总产值78.5亿元，粮食总产量26.11万吨，新增高标准农田0.364万公顷、现代农业园区0.087万公顷，农业机械化水平达91%。推进农业科技园区和"星创天地"建设，扶持新型农业经营主体，规范农村专业合作社管理，完成农村土地承包经营权确权登记颁证。工业转型升级步伐加快，完成工业投资247.77亿元，增长1.7%；实现规模以上工业产值3920.7亿元，增长8.6%。主导产业规模壮大，"3＋5"产业完成产值3026.5亿元，增长9%，占规模以上工业产值比重77.2%。其中，汽车及零部件、纺织服装、装备制造"三大千亿级"产业完成产值1952.4亿元，增长11%，占规模以上工业产值比重49.8%。推动智能制造示范引领，培育4家智能制造专业技术服务商，确定首批24家智能制造示范培育企业，实施智能化改造项目121个，新增"专精特新"产品30个、"两化"融合企业105家、省示范智能车间8家。组建四大招商体系，举办常熟营商环境信息发布暨投资创新(上海)交流会、常熟服装贸易(广州)招商推介会等招商活动，全年新引进重大项目近百个。民营经济加快发展，新增各类市场主体3.2万户，个私经济累计注册资本1794亿元。资本市场"常熟板块"不断壮大，新增上市企业、"新三板"挂牌企业8家。服务业发展提质增效，服务业增加值占地区生产总值比重提升至47%。城市经济逐步壮大，占服务业增加值比重达54.5%。全域旅游和特色小镇建设稳步推进，旅游总收入增长13.4%，获评"全国森林旅游示范县"，隆力奇养生小镇入选全国十大工业旅游示范基地，蒋巷村跻身首批省五星级乡村旅游区，海虞镇入选全国特色小镇，云裳小镇入选首批苏州市级特色小镇。

2017年4月8日，虞山生态步道开工　　(虞山尚湖旅游度假区提供)

着力抓改革、促创新，增强发展动力活力。稳步推进供给侧结构性改革，降低企业成本约38.6亿元，银行贷款不良率1.9%以下。加大经营性土地供给，出台优先购房、优租房租赁管理政策，住房供需矛盾有所缓解。市场采购贸易试点成效明显，出口额超10亿美元。深化"放管服"改革，实施项目"多评合一”“多图联审”“并联审批”“代办服务”，实现“3个工作日开办企业、5个工作日取得不动产权证、50个工作日取得施工许可”的改革目标。建设政务服务“一张网”，不见面审批（服务）事项占94.9%。推进市场监管体制、镇域综合执法、乡镇政府职能转变和机构改革，实施虞山镇行政管理体制改革和行政区划调整，设立虞山、常福、莫城、琴川4个街道，“区政合一”管理框架基本形成。推进“三优三保”和村级工业用地整优，盘活存量土地602.93公顷。实施创新驱动，全社会研发与试验发展经费支出占地区生产总值比重提高到2.66%，发放“科技创新券”3590万元。持续推进省科技创新体制综合改革试点，改革经验在全省推广。加强科技创新平台载体建设，虞山高新园获批筹建省级高新区，新增苏州市级以上众创空间、孵化器17个，签约落地重大创新合作项目64个。推动建设新型研发机构6家，新增各类省级企业研发机构22家，全市大中型工业企业和规上高新技术企业研发机构建有率达92.7%。万人有效发明专利拥有量增加至26.46件。加快科技创新成果转化，新实施省重大科技成果转化项目5个。推进高新技术企业倍增计划，新认定高新技术企业118家、高新技术产品363个，省高新培育企业入库34家。实现高新技术产业产值1237.5亿元，八大新兴产业产值1877.3亿元，分别增长11%和8.9%。完善双创人才政策体系，入选苏州市级以上人才计划26人，新增市级领军型人才项目41个。

着力抓创建、提品质，优化城市功能配套。完善城市规划设计，完成城市总规修改并上报省政府，深化琴湖、昆承、城铁等重点片区控规和城市设计。推进城市更新改造，完成城区大院户改造48户，各类房屋征收搬迁1720户，建成安置房2766套，完成560户拆迁户安置。加大文化名城保护力度，南门坛上核心区整治基本完成。加快重大基础设施建设，昆承快速路实现贯通，通港路高架全线桩基基本完成。新世纪大道北延、S342常熟西段改线、G524快速化改造和青墩塘路快速化改造工程，以及沪通铁路、苏南沿江铁路、通苏嘉铁路方案设计、前期工作等有序推进。优化城市功能配套，推进城区16块零星地块改造，5个地块实现投用。实施公交优先三期工程，完成20个交叉口公交优先改造，新增更新公交车133辆，新改建公交候车亭150个。方塔园等8处区域完成交通组织微循环改造。推进城市绿化、亮化和美化，新增绿地、林地67.5万平方米，完成海虞园、新世纪大道沿线路口等28个游园和节点改造，实施古城区、标志性建筑、城市主要出入口景观亮化改造。推进无障碍设施建设，完成城区公厕无障碍设施改造70座，新建盲道19.1千米。更新104个公共自行车站点、4000辆公共自行车。规范和增加机动车停车位3500个、非机动车泊位近万个，在农委大院试点行政事业单位停车位错时开放。创新城市管理办法，推进社会信用体系建设，县级城市信用监测指数名列全国第五、全省第一。落实“门前三包”等制度，建立集贸市场综合监管新机制，推行“非现场执法＋信用联合惩戒”执法模式。开展交通秩序大整治大提升行动，实施三环区域内及部分重点场所烟花爆竹禁放工作。全力创建并成功荣膺第五届全国文明城市。

着力抓治理、优生态，改善城乡环境面貌。扎实推进“263”专项行动11大类285项重点任务，抓好中央和省环保督察问题整改落实。完成上级下达节能减排任务，完成电力行业燃煤锅炉提标改造10台，淘汰燃煤工业窑炉237台，减少煤炭消费量76万吨，淘汰低端低效产能企业134家，关停并转化工企业81家。实施废弃农药包装物回收处理。全面关停禁养区规模化养殖户，完成限养及适养区规模化养殖户治理174户，内河码头扬尘污染治理220个、挥发性有机物治理367家、砖瓦生产企业整治34家。关停取缔“散乱污”企业500余家，整改4500余家。全面推行“河长制”，整治黑臭水体103条，新改建污水收集管网70千米，完成561个村庄、1.57万户农村生活污水和266家工业企业生活污水收集处理，城区、集镇、农村生活污水处理率分别达93.8%、84.4%和67.3%。望虞河除险加固和西岸控制工程开工，常浒河枢纽、环城河溢流堰建成投运，第二水厂深度处理工程完成。全市断面水质达标率74.3%，通过国家节水型社会达标县验收。推进重大环境基础设施建设，启动第二生活垃圾焚烧厂扩建，中电环保污泥焚烧处置项目投运，建成垃圾临时填埋场10个。抓好大气污染防治，开征建筑工地扬尘排污费。PM2.5平均浓度较2016年同期下降17.4%，空气环境质量优良率达72.05%。有序推进美丽镇村建设和特色田园乡村建设试点，完成60个组团式村庄环境综合整治。开展“两路一河”整治，实施“村道改善”122条46千米。获评国家生态园林城市、国际湿地城市认证遴选提名。

着力抓民生、办实事，统筹发展社会事业。建立富民“1＋N”政策体系，加大民生投入力度，民生支出占一般公共预算支出比重78.6%。居民收入持续增长，全体居民人均可支配收入49066元，增长8.9%。就业形势保持稳定，全年新增就业人数2.8万人，城镇登记失业率1.86%，本市籍高校毕业生就业率达96.9%。城乡低保标准调整至875元/月，居民医保筹资标准提高到1000元/人。主要险种保险覆盖率均超99%。建成精准帮扶信息系统，实施慈善救助行动，发放各类社会救助帮扶资金1.6亿元，惠及贫困对象约1.2万人。持续优化公共服务，20项重点民生实事基本完成。启动社会力量举办学前教育，推进教师“县管校聘”改革，实施校长职级制，推动优秀校长、教师城乡交流。抓好人大一号议案办理，推进基层医疗机构提档升级，新改扩建基层医疗机构10家，创建基层特色科室10个。深化公立医院综合改革，准备工作基本完成。支持社会办医，北部医院开工建设。实施健康市民“531”行动计划，推进院前急救体系建设，完成1.89万人次应急救护培训，全面开展家庭医生签约服务。完善养老服务体系，推进公办养老机构社会化改革，新增日间照料中心64家，每千名老人拥有养老床位数超42张。推进文化惠民工程，举办江南文化旅游节、首届“非遗”博览会、中国古琴艺术节、第七届体育运动会等活动。虞山生态步道基本建成，累计建成健身步道 59 公里。学校体育设施免费向社会开放率达 75.8%。创新社会治理模式，推进“社区服务社会化”“三社联动”“农村社区建设”试点，加强社工队伍建设，培育发展社区社会组织。建立网格化社会治理联动机制，大联动框架基本形成。推进“七五”普法，实施“两法”衔接，全市乡镇、街道法治文化阵地覆盖率 100%。实施三个“百日行动”，整改重大隐患挂牌项目 81 个，整治“三合一”消防隐患 9055 家、出租房屋 9311 家，取缔无证网吧 81 家，整改教育培训（咨询）场所 183 家。妥善处置“7·16”纵火案，刑事发案率实现“十连降”，全市社会大局总体保持和谐稳定。

着力抓重点、强效能，提高履职能力水平建立以上率下压实责任绩效考核机制，逐级落实年度“十项”重点工作。深化阶段性重点工作推进和督查机制，坚持市领导挂钩联系重点项目、重点企业、矛盾隐患排查整治等制度。坚持依法行政，落实政府法律顾问、市政府常务会议学法等制度，加快重大行政决策标准化建设，自觉接受人大法律监督、政协民主监督，全年办复人大代表建议 159 件、政协提案 157 件，满意率分别达 98.7% 和 99.4%。加大政府信息公开力度，落实新闻发布制度。严格财政预决算公开和管理，推进产业基金有序投资，强化政府性债务管理，提高财政资金使用绩效，“三公”经费支出下降 18% 左右。开展“百村千企万户大走访”活动，累计走访城乡居民家庭 44 万户、市场主体 4.3 万家，解决问题 7 万多个。

**【市政府全体（扩大）会议】** 2017 年 3 月 10 日，市政府召开全体（扩大）会议。会议围绕市十五届人大一次会议确定的全市经济社会发展目标任务，对 2017 年的重点工作进行安排部署，着力推动各项工作落到实处。会议强调，各地各部门要深剖不足找差距，更新理念求突破，务实担当出成效，以上率下树正气，确保全面完成各项目标任务。会议由市委副书记、市长周勤第主持，市政府全体领导参加会议并分别就分管领域重点工作做安排部署。

**【市政府常务会议】** 2017 年 2 月 9 日，市长周勤第主持召开新一届政府第 1 次常务会议，听取政府系统承办市十五届人大一次会议代表建议、市政协十四届一次会议提案工作打算，2017 年度市本级建设资金筹措计划，2016 年度常熟市科学技术奖励评审工作，2017 年苏州市、常熟市两级政府安全生产重大事故隐患拟挂牌项目、2016 年全市安全生产情况及 2017 年全市安全生产工作意见的汇报，研究《常熟市“两减六治三提升”专项行动实施方案》《常熟市加快推进建筑产业现代化发展实施意见》《产业升级基金操作指引》《绿色发展基金操作指引》《城市发展基金操作指引》《关于聚力产业科技创新工作意见的实施细则》《关于提升存量企业竞争力工作意见的实施细则》等事宜。

2017 年 3 月 2 日，市长周勤第主持召开市政府第 2 次常务会议。会上举行政府法律顾问聘任仪式，研究了《关于加强全市集贸市场综合管理的若干意见》《常熟市开展“文明交通大整治大提升行动”工作方案》《进一步完善产业评价机制及工业用地出让方式的意见》《关于高速公路（重点国、省道）和主要内河航道沿线绿化及环境专项整治计划》《常熟市被撤并镇整治提升工作实施意见》《常熟市美丽城镇建设实施意见（2017～2020 年）》《常熟市城市景观照明管理办法》《常熟虞山生态步道工程方案设计》《加快发展社会办医的实施意见（试行）》《全市“村道改善”工程的实施意见》等事宜。

2017 年 4 月 15 日，市长周勤第主持召开市政府第 3 次常务会议，听取了推荐评选 2014～2016 年常熟市劳动模范、2016 年度记功奖励、完善 2017 年市级机关部门绩效管理工作、2017 年常熟市“263”专项行动工作任务和编制市级部门公共服务、行政许可中介服务、随机抽查事项三张清单情况的汇报，传达全省县域科技体制改革试点交流会精神，部署下阶段重点工作，研究《2017 年度重大行政决策项目初审意见》《全面深化河长制的工作方案》《支持社会力量举办学前教育的实施意见》《关于进一步规范常熟市经营性土地挂牌出让工作意见》《关于 2017 年度板块经济发展“创先争优”考核实施意见》《常熟市 2017 年度镇（开发区、服装城、度假区）绩效管理工作实施意见》《常熟市交通运输“十三五”发展规划》《G524（原 S227）安定互通——相城段快速化改造方案》等事宜。

2017 年 5 月 19 日，市长周勤第主持召开市政府第 4 次常务会议，传达部署法治政府建设工作，学习贯彻习近平总书记在中央深改组第三十三次会议上的重要讲话精神，听取了加快融入省政务服务“一张网”运行的工作方案，2017 年秋季高中、初中、小学、幼儿园招生计划及办法的汇报，研究了《水处理污泥规范化管理暂行办法》《关于调整完善生态补偿政策的意见》《常熟市城市总体规划（2010～2030）修改》等事宜。

2017 年 6 月 16 日，市长周勤第主持召开市政府第 5 次常务会议，传达苏州太湖治理紧急会议精神、关于处置企业违法违规行为有关问题的说明，听取了关于调整常熟市公办幼儿园收费标准、2017 年全市第一批科技创新创业领军人才引进计划项目评审情况、调整社会保险有关缴费基数以及 2017 年全市城乡居民养老保险待遇调整的汇报，审议《常熟市支持社会办学前教育专项资金管理办法》《关于常熟市加快推进“不见面审批（服务）”改革实施方案》《常熟市首批“不见面审批（服务）”事项清单》《深化行政审批制度改革加快简政放权激发市场活力的实施意见》《常熟市新建商品房预售资金监管暂行办法》等事宜。

2017 年 7 月 28 日，市长周勤第主持召开市政府第 6 次常务会议，审议《常熟市安全生产“百日行动”工作方案》《常熟市出租居住房屋和网吧、教育培训（咨询）场所消防安全专项整治“百日行动”工作方案》《关于集中开展“散乱污”企业专项整治方案》《常熟市人民政府关于禁止燃放烟花爆竹的通告》《常熟市烟花爆竹禁放工作实施意见》

《常熟市公办养老机构改革实施意见》《常熟市水美乡镇河网水系规划》《常熟市工业用地项目评价管理办法(试行)》等事宜。

2017年8月17日，市长周勤第主持召开市政府第7次常务会议，传达苏州市规范政府举债融资行为清理整改会议精神，审议《常熟市"263"专项行动提升生态保护水平实施方案》《常熟市"两减六治三提升"专项行动提升环境经济政策调控水平实施方案》《常熟市"263"专项行动提升环境执法监管水平实施方案》《关于进一步推进科技创新创业人才优先发展的实施意见》《聚焦富民持续提高城乡居民收入水平工作意见》和《关于开办企业3个工作日内完成的实施方案》《关于5个工作日内完成不动产登记的实施方案》《关于工业建设项目施工许可40个工作日内完成的实施方案》等事宜。

2017年9月14日，市长周勤第主持召开市政府第8次常务会议，审议《常熟市生活垃圾分类和治理工作实施方案》《常熟市控制和查处违法建设暂行办法的补充意见》《关于调整完善生态补偿政策的意见》《常熟市废弃农药包装物统一回收集中处理实施意见(讨论稿)》《全市推行企业投资项目多评合一工作方案》《全市推行施工图多图联审的实施意见》《常熟市农业综合执法体制改革实施方案》等事宜。

2017年9月29日，市长周勤第主持召开市政府第9次常务会议，审议《常熟市土壤污染防治工作方案》《常熟市政府性债务风险评估及预警管理暂行办法》《常熟市政府性债务风险应急处置预案》，听取了关于下调非居民天然气销售价格、常熟市政府性债务基本情况的汇报等事宜。

2017年10月13日，市长周勤第主持召开市政府第10次常务会议，审议《常熟市优租房租赁管理办法》《常熟市消火栓维护和管理办法》《常熟市〈声环境质量标准〉使用区域划分及执行标准的规定》《常熟市水环境区域补偿工作方案(试行)》《关于推进常熟市耕地轮作休耕的实施意见》《关于进一步完善市与区镇财政管理体制的通知》《推动城市经济发展的实施细则》等事宜。

2017年11月7日，市长周勤第主持召开市政府第11次常务会议，听取关于《虞山镇行政区划调整的建议方案》《常熟市地方债务化解方案》的汇报。

2017年11月24日，市长周勤第主持召开市政府第12次常务会议，听取关于"散乱污"企业专项整治工作情况、安全生产"百日行动"工作情况、化解信访矛盾维护社会稳定"百日行动"工作情况、"两减六治三提升"专项行动工作进展情况、新市民积分管理办法修订报告、调整三项指标有偿调剂补偿标准、2017年第二批科技创新创业领军人才引进计划项目评审情况的汇报，审议《常熟市关于新市民子弟学校帮扶提升工作的实施意见》《常熟市公共财政支持新市民子弟学校发展专项资金管理办法》《常熟市支出型贫困家庭精准帮扶暂行办法》《关于建立投资建设项目审批代办服务制度的实施方案》《关于多措并举促进农民增收的意见》《常熟市纺织服装产业专项人才计划试点实施办法》等事宜。

2017年12月14日，市长周勤第主持召开市政府第13次常务会议，听取关于《政府工作报告》(征求意见稿)起草工作、2018年民生实事项目和服务业重点项目与重点工业内资项目及外资重点项目、常熟市2017年国民经济和社会发展计划执行情况与2018年国民经济和社会发展计划草案、2017年预算执行情况和2018年预算编制情况的汇报，审议《调整招生有关政策》《进一步加强就业创业促进富民增收的实施意见》《常熟市沿江生态经济圈概念规划》等事宜。

(严敏亚)

# 体制改革

【概况】 2017年，常熟市学习贯彻党的十八大、十九大精神，贯彻落实中央和省委、苏州市委改革部署，突出改革重点，压实改革责任，健全工作机制，重点领域改革取得新的突破。市委深改组牵头抓总作用突出。市委深改组会议由研究部署全市改革总体工作向研究审议重点改革事项拓展，原则上涉及重点改革的有关方案、文件都要经深改组会议讨论决定。全年共召开8次深改组会议，研究审议《关于全市推进"3550"改革的实施意见》《常熟市公办养老机构改革实施意见》《常熟市农业综合执法体制改革实施方案》等各个领域20多项改革方案和相关文件。制定年度改革工作要点和20项改革重点任务，明确牵头领导和责任部门。扎实推进经济体制改革。全面落实"三去一降一补"，制定"提升存量企业竞争力""聚力产业科技创新"等4个政策文件，优化存量资源配置，扩大优质增量供给，全力推动经济转型升级、提质增效。淘汰落后产能企业134家，超额完成苏州下达的目标任务，实施兼并重组、帮扶解困及破产重组困难企业10家。商业办公用房去化周期由44.72个月缩减到20.3个月。加快发展直接融资，新增上市公司2家、"新三板"挂牌企业6家。全面落实各项减税降费政策，降低企业成本43.21亿元。深化国资国企改革，实现水投公司实体化运行，启动文旅公司组建工作，实施国企经营业绩分类差别化考核，优化工资增长与国企效益挂钩指标体系。建立5大领域"补短板专项工程"，重点推进154个重大项目，完成投资103.6亿元。完成省科技创新体制综合改革试点任务，虞山高新园获批筹建省级高新区。引进和建成北大分子工程苏南研究院、绿色智能制造中心、知识产权服务广场等一批创新平台，新增高新企业60家，设立新型研发机构6家，大中型工业企业和规模以上高新技术企业研发机构建有率达92.7%，高新技术产业产值增长10%。国家市场采购贸易方式试点成效明显，初步建立跨境贸易综合监管服务体系，成功开通市场采购中亚国际专列，培育、引进市场采购外贸服务企业47家，其中出口超千万美元15家，市场采购出口额突破12亿美元，在全国同一批试点单位中位居前列。加大"放管服"改革力度。完善政务服务"一张网"体系建设，全面开展"不见面审批(服务)"

改革，公布第一批“不见面审批（服务）”清单290项。出台“3550”改革实施意见和“3540”改革实施方案，制定“多图联审”实施意见和“多评合一”工作方案，顺利实现“3540”改革目标。推进国家级开发区赋权和建设项目代办制工作，出台投资建设项目审批代办制服务实施方案。推进虞山镇行政管理体制改革，实施区划调整，撤销虞山镇，设立虞山、常福、莫城、琴川四个街道。推进乡镇政府职能转变和机构改革，深化镇域综合执法，开展乡镇（街道）便民服务中心规范化建设和镇级便民服务中心应用平台建设，促进了基层政府治理体系和治理能力现代化。深化农村各项改革。全面推进农村社区股份合作社股权固化改革，确定固化改革方案162家，其中已完成改革56家。深化农村集体土地“三权分置”改革，全面完成土地确权登记颁证工作，落实“刚性底价保护、市场决定流转价格”的承包经营户经营权收益保障机制，研究制定了农村土地经营权认定、经营权价值评估、经营权抵押贷款操作规程以及经营权抵押风险分担等意见，探索农村承包土地经营权抵押贷款。组建新型农业经营主体，新增农民合作社6家、家庭农场10家，建成3家以村级合作农场为核心，联结家庭农场、种养大户、农民合作社、家庭承包户等成员，实行“统一管理、统一加工、统一品牌、统一销售、统一经营”，产加销一体的“升级版”农民合作社。扎实推进生态文明建设体制改革。推进“263”专项行动11大类285项重点任务，项目完成率达70%，挂牌督办整改完成率81%，完成“两减”任务，关停并转化工企业78家，整治“散乱污”企业8300多家，关停取缔477家。严格落实“河长制”，全市PM2.5平均浓度比上年同期下降17.8%。深化文化体制改革。完善历史文化名城保护机制，充分发挥国家历史文化名城保护管理委员会和“名城办”统筹协调作用，重点推进“琴川河三街区两名镇”保护更新，留住历史文脉，彰显古城风貌。持续深化社会事业领域改革。制定落实富民“1+N”政策，出台《常熟市关于支持社会力量举办学前教育的实施意见》《关于加快发展社会化办医的实施意见（试行）》《常熟市公办养老机构改革实施意见》等文件，推进社会化办医、社会化办学前教育、社会化养老改革，以多元化投入满足人民群众对公共服务的多层次需求。社会治理不断创新。制定《常熟市社会综合治理联动机制实施意见》，构建“网格化”与“大联动”社会治理机制。推动党的制度建设改革。推动“两个责任”规范化建设，贯彻落实意识形态工作责任制，制订考评标准，出台实施细则，强化阵地管理。完成市委巡察机构、市纪委派驻机构改革工作，市纪委设立16个派驻纪检组，向68家市一级党和国家机关实行派驻，实现派驻全覆盖。深化干部人事制度改革，出台《常熟市管干部人选动议酝酿实施办法》，明确“五种情形”和“四步流程”，严格落实“凡提四必”要求和党委、纪委负责人“双签字”等制度；建立健全综合分析研判工作机制，提高领导班子和领导干部科学化管理水平。制定《关于鼓励党员干部干事创业建立容错免责机制的实施办法》，建立拟问责事前告知书制度，推动党员干部尽职履职担当干事，全年实施容错免责5例。推进基层组织建设制度改革，修订完善党委管党10项刚性措施，推进全市党（工）委书记基层党建“补短板项目”44个、个性项目43个。深化“新农”党建试点工作，制定加强社会组织党建工作实施办法，全市社会组织党组织覆盖数超850家，覆盖率达70%，工作覆盖100%。推进群团工作改革，制定出台工青妇三家群团组织改革方案。

【全省县域科技体制改革经验交流会在常熟召开】 2017年4月10日，到常熟参加全省县域科技体制改革经验交流会的代表现场参观考察常熟市科技创新工作。与会人员分别走进常熟开关制造有限公司、常熟市知识产权服务广场、菱创智能科技（常熟）有限公司和中国智能车综合技术研发与测试中心，听取相关人员对企业科技创新和创新平台的介绍，分享他们的创新经验。11日，大会以电视电话会议形式召开，省长石泰峰到会并作重要讲话，副省长张敬华主持会议并对贯彻落实会议精神作出安排，省政府秘书长王奇出席会议。各设区市、县（市、区）主要负责人在分会场参加会议。会后省政府印发文件向全省推广常熟市在科技管理体制、工作机制和发展模式等方面取得的经验。

【常熟云裳小镇列入苏州第一批特色小镇创建名单】 2017年，结合江苏省、苏州市培育创建特色小镇要求，常熟立足区位优势和产业集聚，在原有纺织服装创意产业园发展基础上，率先启动云裳小镇的培育创建。经过激励

常熟服装城跨国贸易采购对接会 （常熟日报社提供）

注册,总注册资金 1588 万元。加大思南旅游宣传。9 月 25～27 日,思南县人大常委会副主任谢建康带领相关人员赴常熟参加 2017 常熟江南文化节暨沙家浜旅游节,在现场发放近千份思南文化旅游宣传册。探索产业联动发展,在 2018 年常熟旅游年卡中增设思南景点,让思南景区搭上常熟旅游年卡的班车,把宣传推介成果进一步巩固落实。

(姜楠婗)

## 政府法制工作

【概况】 2017 年,常熟市政府法制办公室围绕省、苏州市法治政府建设工作要点,结合常熟市实际,制定出台《2017 年常熟市法治政府建设工作要点》,从六个方面谋划明确年度目标任务和主要措施。定期组织开展市政府常务会议学法,书面学习《党政主要负责人履行推进法治建设第一责任人职责规定》《不动产登记暂行条例》《江苏省行政程序规定》以及《中华人民共和国政府信息公开条例》。全面推行重大行政决策目录化管理,全市共发文征集到建议项目 11 个,经调研论证并经市政府第 3 次常务会议讨论通过,将"自来水价格调整""常熟市虞山健身步道专项建设""常熟市农产品批发市场销售质量安全监管体系建设"3 个事项列入 2017 年度市级重大行政决策目录,在"中国常熟"门户网站向社会公布,并报苏州市政府法制办公室备案。重大行政决策网上运行系统建成,实现决策过程网上全程备案留痕。起草并公布《关于禁止燃放烟花爆竹的通告》。审查备案各镇(街道)、各部门规范性文件 24 件,向苏州市政府报备政府规范性文件 7 件,承办《江苏省石油天然气管道建设和保护办法(征求意见稿)》《江苏省太湖水污染防治条例》等省、苏州市法规、规章征求意见 29 件。推行立法征求意见反馈机制,2017 年共向市水利局、市环保局、海虞镇政府等单位发出意见采纳情况复函 40 份。审核市政府重要文件 86 件,常务会议议题 95 件,其中涉及民生议题 23 件,专项资金管理议题 4 件。全年共受理行政复议案件 52 件,审结 46 件,其中维持原具体行政行为 14 件,终止行政复议 24 件,驳回 8 件;另审结年度结转案件 12 件,其中维持原具体行政行为 5 件,驳回 3 件。采取听证程序办理 9 件,复议委员会案审会审理疑难复杂案件 6 件,提出复议意见书 3 份。2017 年 3 月至 9 月,市政府法制办联合常熟理工学院举办常熟市镇域综合执法人员法学理论基础培训班,为期 6 个月,培训 1008 人次。组织住建局、商务局、国土局第二批下放权力的市级部门对镇域综合执法人员开展业务培训。起草印发《常熟市镇域综合执法文书制作规范》,统一各综合执法局文书制作规范。规范行政权力网上运行,全市 20 个部门实行了处罚案件网上运行,权力库累计录入权力 11812 项,在用权力 11491 项,其中行政处罚 10723 项;共编制权力内外部流程图 23624 个。全市综合执法局共开展各类执法检查 244522 次,专项整治 2880 次,办理行政处罚案件 3616 件,其中已办结 3321 件。1 月,常熟市政府法制办公室获评 2016 年度全省政府法制工作成绩突出单位。

【重大行政决策标准化建设】 2017 年 1 月 23 日,"常熟市重大行政决策系统项目"被列为 2017 年度信息化建设项目,9 月开始系统建设。11 月完成系统建设、测试、培训并运行,12 月完成项目验收。系统包括目录管理平台、决策论证平台、实施后评估平台、决策监督平台。2017 年"常熟市虞山健身步道专项建设"等 3 个项目列入市级重大行政决策目录。项目全部通过网上系统运行,履行六项法定程序。年内,平台已完成 2 个市级项目、4 个部门项目、7 个镇级项目运行,1 个市级项目、1 个部门级项目正在论证过程中。11 月,常熟市被苏州确定为第一批重大行政决策规范管理标准化体系化试点单位。

【综合执法运行模式统一】 2017 年 3 月,全市镇域综合执法工作领导小组办公室第九次工作会议召开,会议首次明确要统一综合执法运行模式。10 月,经市政府法制办调研后,以市政府名义印发了《市政府关于进一步推进镇域综合执法工作的实施意见》。11 月,组织召开全市镇域综合执法工作领导小组办公室第十次工作会议,要求落实统一运行模式工作。市政府法制办经过调研、指导,各镇均已参照梅李、海虞对综合执法局运行模式进行统一,将安监办、环保办等机构整合至综合执法局。

【规范性文件及"放管服"文件清理公布】 2017 年 3 月,根据《江苏省规范性文件制定和备案规定》要求,市政府法制办启动规范性文件清理工作,以市政府办公室名义印发《市政府办公室关于开展规范性文件清理工作的通知》(常政办发〔2017〕45 号),要求全市各板块、市政府工作部门针对 2016 年 12 月 31 日以前公布的现行有效规范性文件进行清理。8 月,根据"放管服"改革要求,印发《市政府办公室关于做好"放管服"改革等涉及的规范性文件清理工作的通知》,对涉及"放管服"改革以及生态文明建设的规范性文件进行清理。清理结果分为失效、拟修改、废止、继续有效四种,由部门对照实际情况确定。市政府法制办统一审核汇总后提交市政府。9 月 18 日,市政府印发《关于公布 2016 年以前规范性文件清理结果的通知》(常政发规字〔2017〕3 号)、《市政府关于公布"放管服"改革等涉及文件清理结果的通知》(常政发规字〔2017〕4 号),公布清理结果。

【"两法衔接"工作机制建立】 2017 年 4 月 13 日,行政执法与刑事司法衔接工作座谈会召开,讨论形成"两法衔接"实施办法和工作制度。制定出台《常熟市行政执法与刑事司法衔接工作实施办法》和《常熟市行政执法与刑事司法衔接工作联席会议制度》。市政府法制办于 7 月和 11 月分别组织了两法衔接第一次工作联席会议以及第一次"两法衔接"联络员例会,探讨"两法衔接"工作热点和难点问题。制定工作报告制度,要求各行政执法机关、市公安局、市检察院根据案件办理情况按月报送《两法衔接工作报表》和年度工作总结。2017 年行政机关移送涉刑案件 115 起，刑事立案 111 件，采取刑事强制措施 144 人。

【重大行政决策项目和规范性文件实施后评估】 2017 年 8 月，市政府办公室发文启动决策和文件后评估工作。市政府法制办委托常熟理工学院和江苏少平律师事务所，分别对市政府重大行政决策"镇域综合执法"和市政府规范性文件《常熟市征地补偿和被征地农民社会保障办法》《常熟市征地补偿和被征地农民社会保障实施细则》进行实施后评估。评估机构独立开展评估工作，提交初步评估报告。11 月 28 日，市政府法制办召集苏州市政府法制办，市人大、政协、纪委、财政、维稳办相关负责人，以及市政府法律顾问组成专家评审组，对评估报告进行评审。专家评审组通过查看评估报告资料、听取汇报、现场交流等形式，对评估报告进行点评，提出修改意见。第三方机构根据专家评审意见对报告进行修改，市政府法制办审核后提交市政府。

【烟花爆竹禁放通告起草并公布】 苏州市政府规章《苏州市市区禁止燃放烟花爆竹规定》施行后，2017 年，市政府法制办牵头起草《常熟市禁止燃放烟花爆竹规定(征求意见稿)》。通过召开座谈会、书面征求意见以及门户网站、微信公众号征求意见等形式，向各镇(板块)、相关部门及人大代表、政协委员、社区居民代表和律师代表、普通群众征求意见并修改完善。2 月中旬，地方性法规《苏州市禁止燃放烟花爆竹条例》征求意见后，市政府法制办修改《规定》内容，并向市政府提交《制定情况汇报》，建议以通告形式确定禁止燃放范围，其余内容直接适用上位法规定。市长周勤弟批示"按照苏州条例精神修改，内容不设限放区域"。苏州《条例》公布后，市政府法制办对《关于禁止燃放烟花爆竹的通告》内容进行修改。经市党政联席会议审议通过，市政府于 9 月 8 日通过"中国常熟"网站发布《通告》，并于 10 月 1 日起正式施行。

【"三合一"整治法律依据适用论证】 2017 年 12 月 7 日，苏州市人大公布《苏州市人大常委会 2018 年立法计划》，常熟市对《苏州市消防条例》和《苏州市居住房屋出租管理办法》提出的修改建议获得苏州市人大采纳，拟制定《苏州市居住房屋出租安全管理条例》，成为 2018 年立法计划中唯一一部拟新制定的地方性法规。2017 年市政府法制办向苏州市政府法制办和各级法院提出将"出租居住房屋集中供他人居住，出租居室达到 10 间及 10 间以上，或者出租床位达到 10 个及 10 个以上的，视为其他供社会公众活动的场所"，研究论证对出租人适用《中华人民共和国治安管理处罚法》第三十九条进行拘留处罚的依据。4 月 14 日，市政府法制办邀请苏州市行政复议和行政审判联席会议在常熟市召开，研究讨论法律依据适用问题。4 月 21 日，市政府法制办组织省高院、苏州中院行政庭专家赴常熟市就"三合一"整治法律依据进行论证，获得专家论证通过。常熟市公安机关 10 月完成全省首例对违反消防安全规定拒不整改行为的拘留处罚。

【行政机关负责人参加行政复议听证会制度出台】 2017 年 2 月 3 日，《市政府办公室关于推进行政机关负责人参加行政复议听证会制度的通知》出台，该制度规定行政机关负责人应当出席行政复议机关组织的听证会，有特殊情况不能出席的，要提前 2 日向行政复议机关书面说明情况，经行政复议机关同意可委托本机关相关责任人参加。并将该项制度纳入依法行政、绩效、"安定杯"考核体系。2017 年，市政府法制办组织的行政复议听证会 6 起，行政机关负责人 100%参加复议听证。

【江苏省执法程序规定和"三项制度"落实情况督查】 2017 年 5 月 3 日，市政府法制办公室印发《市政府法制办公室关于开展〈江苏省行政程序规定〉实施情况检查的通知》。9 月 5 日，市政府法制办印发《市政府法制办公室关于开展行政执法公示制度、执法全过程记录制度、重大执法决定法制审核制度落实情况检查的通知》，同时开展落实情况检查，行政执法机关自查与检查组抽查相结合。最后根据督查情况，撰写《江苏省行政程序规定》和"三项制度"自查报告上报苏州。

【"263"专项行动执法依据手册编印】 2017 年 5 月 18 日，市政府法制办公室编印"263"专项行动执法依据手册下发给各相关执法部门和镇综合执法局。市政府法制办针对实际情况，组织相关主管部门围绕违法排污、安全生产、消防安全等方面，确定执法依据，涉及 18 部法律法规规章共 60 项执法依据，其中可以直接采取关闭措施的有 17 个法条 19 项规定。结合镇域综合执法工作实际，确定对应的执法主体，将执法依据明确到条、款、项，在执法手册中对应注明。

【依法行政示范点评选开展】 2017 年 6 月 19 日，常熟市 2017～2018 年市级依法行政示范点公布，梅李镇、市公安局等 14 个单位入选。2017 年 3 月市全面推进依法行政工作领导小组办公室下发《市全面推进依法行政工作领导小组办公室关于开展 2017—2018 年度市级依法行政示范点申报确认工作的通知》，全市 19 家执法单位选取项目进行申报。领导小组办公室于 5 月召开申报单位示范项目评审会，邀请各执法单位听取申报单位项目介绍，进行投票评选，经向市政府进行情况报告，登报公示等程序，最终确定入选单位。

【燃气管理办法征求意见座谈会举行】 2017 年 8 月 17 日，苏州市政府法制办党组书记、主任黄涧秋一行到常熟开展《苏州市燃气管理办法》征求意见座谈会。会上，苏州市政府法制办法规处陆启亮介绍管理办法修订过程。燃气公司、能源公司以及部门代表对管理办法的合理性、可操作性、语言表述准确性提出看法。会后，苏州市政府法制办根据修改意见对管理办法进行细化修订。

【政府法制干部专题培训班举办】 2017年8月19～25日，市政府法制办举办全市政府法制干部专题培训班，各镇（街道）、板块法制办负责人、综合执法局局长及各部门法制科长共60人参加培训。培训班围绕政府法制干部综合素质和业务能力提升，赴中国政法大学开展培训。邀请国务院法制办、国家行政学院和中国政法大学专家教授，讲授了"法治政府建设的新起点和当前主要问题""政府信息公开中的行政复议""执法体制改革与理念更新""新行政诉讼法的实施"等6堂课程。

【政府法律顾问管理办法出台】 2017年8月23日，《常熟市政府法律顾问管理办法》出台，文件明确法律顾问的选聘机制。建立由专家、学者、执业律师组成的全市政府法律顾问人才库，各行政机关统一在人才库中聘用法律顾问。系统单位必须为其下属单位统一聘请法律顾问，确保法律顾问全覆盖。《办法》同时明确法律顾问费支付方式、标准和考核评价。

【市级依法行政示范点推介会召开】 2017年9月1日，市政府法制办在常熟海事局组织召开2017～2018年度市级依法行政示范点推介会，全市各主要行政执法部门法制科长参加会议。会上，常熟海事局介绍了推进行政执法全过程记录的工作措施，并作经验交流；市口岸办介绍了本单位的创新做法。参会人员观摩了海事执法人员执法检查全过程。

【镇域综合执法人员法学理论基础培训班举办】 2017年3～9月，全市镇域综合执法人员法学理论基础培训班在常熟理工学院开班。此次培训对象为全市综合执法局非法律专业的在编人员，针对参训人员的情况，邀请常熟理工学院法学专家定制20堂的专业课程，涵盖"法的概念、本质""法的特征、要素与程序""法律适用"等内容。培训持续6个月时间，每周五下午一课一练，课后布置作业，培训结束进行考试。

【行政复议应诉暨重大行政决策系统操作培训班举办】 2017年10月12日，常熟市举办行政复议应诉暨重大行政决策系统操作业务培训班。全市各镇（街道）法制办负责人、各部门、条线垂直单位法制科长、各镇（街道）综合执法局局长、法制员参加培训。培训邀请了苏州市政府法制办行政应诉处处长周雷、苏州市中院行政庭副庭长曹军分别就行政复议工作实务与热点难点以及行政诉讼案件受理范围进行现场剖析。

【省政府法制办开展立法调研】 2017年10月27日，省政府法制办党组书记、主任高建新，省边防总队副总队长蔡锦明一行到常开展《江苏省上下外国船舶管理办法（草案）》立法调研。苏州市政府法制办主任黄润秋，市政府副市长张月明、雷波陪同参加调研座谈。座谈会上，市法制办、边检站、口岸办、海关、海事局、检验检疫局、公安局、交通运输局、外办等单位提出意见建议。调研组还考察了常熟港。

【"三法联考"年度工作开展】 12月12～13日，开展2017年度法治建设、依法行政和法制宣传联合检查考核工作。考核将市委政法委、市政府法制办、市司法局三项年度考核工作合并进行，覆盖全市所有部委办局，但考核标准对主要行政执法部门和党委部门有所区别。采取集中听汇报、看台账等方式进行对账式检查，考核成绩列入各部门年度绩效考核和乡镇"安定杯"评价。

（邢靓雯）

## 民族宗教工作

【概况】 2017年，市民族宗教事务局深入学习贯彻新修订的《宗教事务条例》，落实全国宗教工作会议精神和省、市民族宗教工作会议精神，加强依法管理民族宗教事务，抓住主要矛盾，解决突出问题，切实维护全市民族宗教领域安全稳定。全市依法登记宗教活动场所52处，其中佛教32处、道教2处、天主教9处，基督教9处（含临时活动点2处）。常住少数民族人口2274人，外来流动人口27012人，年内办理少数民族考生中考加分服务38人。

【确保重大宗教节日的安全稳定】 2017年，加强民族宗教领域安全隐患和矛盾纠纷排查，健全完善宗教场所安全应急预案。完善春节香汛文明敬香宣传和安全防护措施，市政府成立全市香汛安全指挥部，指导全市香汛工作。民宗局工作人员在各重点寺庙全程值守，确保了全市春节香汛安全有序。2017年春节期间敬香人数达到30万人次，其中虞山范围内的寺庙接待敬香群众达15万人次，未发生安全事故。天主教朝圣月期间，协调组织近800名教友租用16辆大巴赴江阴青阳朝圣。9月2日，古尔邦节期间，安排场地给穆斯林信众开展活动，确保活动安全正常开展。12月份全面做好安全预案，确保圣诞节活动的安全有序。

【推动宗教场所规范管理】 2017年，以深化星级场所评定工作为载体，以打造精致场所为目标，加强宗教活动场所规范化、标准化、特色化建设，督促指导各场所档案、财务、消防等基础性指标达到较高标准。年内，成功创建省四星级宗教活动场所1处，省三星级场所6处，宗教场所档案通过省一星级4处。在全市宗教活动场所开展安全检查，对照省里下发的"50看"标准，进行全面系统的检查和整改。同时市基督教堂综合改造全面完成，市堂面貌焕然一新，于圣诞节期间顺利投用。

【实现三级工作网络全覆盖】 2017年，构建完善市、镇、村（社区）三级网络，做到全市13个镇场、板块有专职民宗干部，下面每个村、社区有民宗工作联络员，实现横向到边、纵向到底。加强对民宗工作的日常管理，做到心中有数，合规有序，形成"统一领导、齐抓共管、共同参与、全域覆盖、责任到人"的

2017年5月16日,“奇门遁甲”科普园剪彩仪式举行　　（市民宗局提供）

民宗工作网络化新格局。

【推进宗教文化建设】 2017年,规范市佛协《兴福》杂志等内部资料出版物的编辑发行工作。5月16日,真武观“奇门遁甲”科普园开园仪式举行,江苏省道教协会会长杨世华等参加仪式。5月19～21日,指导常熟市佛教协会举办“宗仰法师与近现代佛教研讨会”,全国各地30多位专家学者、大德法师共同探讨宗仰上人的佛学思想。11月13～16日,指导常熟市佛教协会举办第三届“百年华严”论坛,加强学术研讨交流,做好对外宣传。

【加强对临时活动点的管理引导】 2017年,引导本地有教派特色的一处基督教临时活动点建章立制,实行规范化管理;引导伊斯兰教临时活动点选举产生民主管理小组,实行相关管理制度。针对古尔邦节活动,做好专项预案,调配出体育馆中心场馆供使用,既保证活动安全,又对该活动进行合理引导。通过加强管理,确保宗教活动健康、有序进行。

【开展清真饮食店普查】 2017年,在全市范围内进行清真饮食店普查工作,掌握拉面店数量、从业人员基本情况和用工情况。全市有拉面店124家,涉及少数民族用工330人。同时还开展第十四个民族团结进步宣传月活动,宣传民族政策法律法规,筑牢民族团结进步的基石。

【做好登记证换证工作】 从2018年开始,全省宗教活动场所组织机构代码证和登记证将停止使用,需换发新版登记证。由于历史、年龄等条件限制,部分佛教场所和基督教场所负责人不符合《宗教事务条例》要求,在这次换证工作中需要重新选任。经过民宗局与相关属地政府、宗教团体协商,对担任宗教场所负责人资质和人选进行核查,逐步落实登记证换证和“二证合一”工作。同时,积极落实不见面审批工作和双随机一公开的相关工作。

【团体联席会议制度建立】 2017年,组织团体学习上级有关文件精神、交流彼此工作经验。督促指导各宗教团体召开常务会议,发扬民主办教精神,重大事项要经团体办公会议研究讨论,民宗局对口联系的工作人员列席会议,部署阶段性工作任务。

【办好宗教院校】 2017年,国家宗教局到调研常熟法界学院的办学资质情况,并于3月份正式批复同意筹建江苏佛学院法界学院,使常熟市成为江苏第一个拥有佛教院校的县级市。指导并协助市佛教协会加强学院班子、教师和管理人员的队伍建设,完善基础设施和其他软硬件建设,积累教育教学和管理经验。

【宗教人才队伍建设】 2017年,指导市佛教协会每月两次僧人学习日活动,邀请常熟理工学院的专家学者授课辅导,民宗局人员讲授政策、法规和信息写作等。由于基督教人才匮乏、年龄结构不合理,长期制约了基督教的健康发展。4月份,在苏州市基督教两会的帮助下,市基督教团体提早制订工作方案,通过公开招聘和面试的方式引进了一名金陵神学院毕业生。

【宗教慈善活动】 2017年,举办“宗教慈善周活动”,以9月第三个星期为时间节点,前后一个月时间。活动期间,宗教界共募集款(物)近20万元,惠及众多社会困难人群和教内困难家庭。指导佛教界做强“兴福慈善功德会”公益品牌,开展服务社会、扶危济困、爱心助学、关爱孤老等活动,向全市环卫工人举行“暖冬行动”和“感恩送清凉”行动,开启“爱心A+”计划,设立了6家“兴福爱心栈”。市基督教堂成立了环保义工团,积极为文明城市创建作出贡献。

【帮扶少数民族贫困对象】 2017年初,筹措资金2.6万元帮扶9名少数民族学生和23户少数民族贫困家庭,并发动兴福慈善功德会对个别困难少数民族家庭给予结对帮扶。6月安排人员赴对口帮扶地区贵州省思南县,开展少数民族帮扶调研,11月份对思南县100名贫困对象送上御冬棉衣。

【开展联谊文艺活动】 2017年,组织市内少数民族与吴江少数民族联谊会开展联谊活动。选送节目参加苏州市第二届少数民族文艺会演，舞蹈《幸福天路》在整场节目中获优秀创作奖，常熟市民宗局获评优秀组织奖。

（顾文婷）

## 对台工作

【概况】 2017年，市委台湾工作办公室(简称市台办)贯彻落实中央和省委关于对台工作的部署要求，充分发挥常熟独特优势，创新交流工作载体，以基层交流为重点，推进常台各领域交流合作迈上新台阶。市台办被省台办评为16家通报表扬的县(市、区)台办之一，并得到市委批示鼓励。常台两地经贸、文化、农业、宗教、教育等领域的交流合作不断深化，全年到常熟参访的台商台胞及调研对台工作的各级领导共16批190多人次，其中包括台湾三义木雕协会、台湾华夏文化经贸促进协会、台湾实践大学实习生、台湾新北市新庄区和五股区里长参访团、台湾新竹县尖石乡民意代表团等。

【服务台资企业发展】 2017年，全市新建台资企业12家，投资总额0.8亿美元，注册资本0.31亿美元；增资6家，投资总额2.05亿美元，注册资本0.88亿美元。为促进常熟台资企业健康发展，市台办多措并举积极服务台企台商。一方面，结合上级台办赴台企调研，深入走访烨辉科技、长春化工、京辉置业、华新特钢、鑫锐光学、大成机械、旭信电子等全市重点和典型台企，实地了解企业生产经营状况，加强对台企的服务和政策指导。5月，配合苏州市台办、苏州市商务局开展台资经济发展专题调研，赴长春化工等重点台企座谈交流。11月，组织台企相互电子和台太兴业参加由两岸企业家峰会和全国台湾同胞投资企业联谊会举办的大陆台资企业产品展销会，展示常熟台企发展成果。12月，赴经开区和高新区召开重点台资企业座谈会，深入了解企业生产经营情况，并与民革常熟市基层委开展对口联系调研活动，调研台企烨辉科技。另一方面，强化协调沟通，致力排忧解难。10月，举办台资企业环保业务专题培训班，邀请环保局专家专题授课。同时全力帮助台商协调处理经济纠纷、环保、劳工、子女就学等问题，全年共协调处理台商诉求案件12起。

2017年10月24日，中国台湾新北市新庄区和五股区里长参访团到常熟参访

（市台办提供）

【“黄公望文创产业园”申创省级对台交流基地】 2017年，市台办整合常熟对台交流优势资源，努力申创“黄公望文创产业园”为省级对台交流基地，指导“一中心三馆”的建设工作，深化黄公望文化研究，积极开展“黄公望主题两岸文创设计大赛”等专题活动，创新常台两地文化交流、青年交流、基层交流形式，打造“缘来常熟”对台交流工作品牌，彰显常台文化和创意产业交流的鲜明特色。

【首届黄公望主题两岸文创设计大赛颁奖典礼】 2017年4月19日，由市台办等部门策划指导的“奇山妙水竞艺东方”首届黄公望主题两岸文创设计大赛颁奖典礼在台北举行。此次大赛圆满成功，共收到两岸35所院校105人共124件参赛作品，其中金奖由中国台湾艺术大学吴培铭以“富阳戏墨”获得，银奖和铜奖得主分别为南台科技大学和安徽淮南师范学院学生。市委副书记、市政协主席、市委宣传部部长韩卫兵出席颁奖典礼并致辞，世界客属总会总会长吴伯雄为大赛题词：“作育英才，惠泽两岸”。央视四套、新华社、中新社、《人民日报》《中国时报》、海峡卫视、湖南卫视、东南卫视、《福建日报》《台商周报》等60多家媒体对颁奖典礼进行报道。

【第二届黄公望主题两岸文创设计大赛启动新闻发布会举行】 2017年10月28日，由市台办等部门策划指导的“天工妙艺展艺东方”第二届黄公望主题两岸文创设计大赛在台北启动，新华通讯社、中央电视台新闻频道、中央电视台中文国际频道、中央人民广播电台、《人民日报》、《海峡导报》、海峡卫视、《中国时报》、《大成报》、三立电视、《台湾时报》、东南卫视等30多家两岸媒体现场报道。大赛将最高奖金提高为18万元新台币，比赛时间为2017年10月至2018年4月，参赛对象包括两岸(含香港、澳门)院校师生，获奖者有机会入股参与文创品牌的孵化与开发，分享文创品牌效益。

【赴台湾文创产业考察】 2017年4

2017 年 10 月 28 日，第二届黄公望两岸文创设计大赛启动　（市台办提供）

月 18～23 日，由市委副书记、市政协主席、市委宣传部部长韩卫兵带队的常熟市文创产业考察团一行，赴台湾开展为期 6 天的考察交流，考察了台北市汐止社区、松烟文创产业园、新竹县尖石乡、高雄义联集团等，分别就社区建设、文创产业合作以及医疗合作等方面进行了深入的探讨与交流。

【参与省台办主题征文、微视频大赛及史料征集活动】 2017 年，市台办与常熟日报社、常熟电视台联合拍摄微视频《合璧梦圆·情牵两岸》，与常熟广电总台联合摄制纪录片《传灯》，参与省台办“两岸一家亲——苏台交流合作 30 周年”主题征文、微视频大赛及史料征集评选活动。市台办获微视频大赛优秀组织奖，《合璧梦圆·情牵两岸》获评十佳微视频，《传灯》获评微视频优秀作品奖。同时广泛向台胞台属征集相关资料，共征集书籍、杂志、征文、信函、照片等 19 件。

【对市台协会的指导和管理】 2017 年，指导市台湾同胞投资企业协会（简称市台协会）完善各项规章制度，依法开展各项会务活动。贯彻落实支持台湾同胞就业、创业、生活的政策措施，指导市台协会举办好迎春联谊会、成立十四周年庆典、台商端午节和母亲节联谊等活动；鼓励市台青会与市青企协开展形式多样的交流联谊活动，成功举行“两岸青年文化交流会”，组织 60 多位两岸青年企业家代表参加，并举办篮球友谊赛，搭建常台青年互动交流平台。

【对市台谊会的指导和管理】 2017 年，指导市台谊会完善自身制度，坚持常务理事双月座谈会制度，深入学习领会中央对台方针政策。认真组织交流学习，11 月组织台谊会常务理事赴西安参观考察；同时加强与周边县市台谊会的联系，与太仓市台谊会就新形势下做好台谊会工作交换经验。鼓励台谊会成员多与台湾亲友联系交流，为促进常台两地交流合作多作贡献，同时组织台界政协委员深入调查研究，关心社情民意，为全市经济社会发展建言献策。

（曹　妍）

## 侨务工作

【概况】 2017 年，市侨办紧紧围绕为侨服务、为大局服务中心，努力涵养侨务资源，提升服务水平，积极引侨资侨智、聚侨心侨力，侨务工作取得新成效。积极搭建招才引智平台，先后参与举办省致公党“引凤工程”创业大赛等 6 项活动，累计吸引海外华侨华人高层次人才 180 人到常交流考察。注重与海外侨团侨领、常熟籍华侨华人重点人士的联系，经大华府常熟联谊会牵线搭桥，常熟知名书画家陈炳彪父女在美国举行“翰墨情”书画展。组织孟加拉国中国企业商会、土耳其中国侨商会等常熟籍侨领与常熟市“一带一路”相关企业进行项目对接，推动常熟企业走出去进行海外投资。派员赴孟加拉国进行经贸考察，并在孟加拉和尼日利亚分别设立常熟海外华侨华人联谊联络处。积极为新侨创业发展提供服务，与科创园联合举办“第五届创业服务文化周”活动。经市侨办推荐，常熟高新区江苏亨睿碳纤维科技有限公司顾勇涛团队被授予“国务院侨办重点华侨华人创业团队”，江苏贝泰福医疗科技有限公司董事长兼总经理、美籍华人赵勇等 6 名华侨华人获 2017 年“常熟之友”荣誉称号。开展全市侨界新春联谊活动、中秋国庆侨爱暖巢慰问走访活动，组织近 10 名医生赴项桥村开展“走基层”义诊活动，开展海外留学生及其家长的联谊活动，进一步密切与侨界人士的联系。落实全省一张网审批事项改革，严格按照规范程序办理华侨回国定居、三侨生中高考加分、华侨子女入学等涉侨事务，妥善处理涉侨信访 10 件。侨法宣传周期间，下发侨法宣传资料 500 份，挂横幅 30 条。在澳洲《大洋日报》刊出常熟专版，讲好常熟故事。市侨办获评“全省侨办系统先进集体”，海虞镇被评为“全省社区侨务工作示范单位”。

【“2017 海外华侨华人高层次人才江苏行常熟专场”活动举行】 2017 年 10 月 25～27 日，由江苏省侨办主办，常熟市人才办、市侨办承办的“2017 海外华侨华人高层次人才江苏行常熟专场”活动在常熟举行。市侨办先后与美国华人医药科学家协会、中国留德学者计算机协会、欧美同学会苏州海创学院、常熟极地国际创新中心等海内外专业协会建立合作关系，邀请来自美国、德国、加拿大、瑞典、澳大利亚、日本6个国家的20名海外华侨华人高层次人才到常熟考察交流。活动期间，海外高层次人才先后参观了科创园展厅、大科园中国智能车中心、浙江大学常熟光电技术联合研究中心，并进行项目路演，项目涉及新材料、生物医药、人工智能、汽车部件等多个领域，最后与有关板块达成初步合作意向。

【2017“中国寻根之旅”夏令营苏州营在常熟闭营】 2017年7月26日，由国务院侨办主办、江苏省侨办和苏州市侨办共同承办的2017年海外华裔青少年“中国寻根之旅”夏令营江苏苏州营走进常熟，来自美国、加拿大、丹麦、印度尼西亚等国家和中国香港地区的70多名海外华裔青少年参观游览了常熟沙家浜景区、虞山尚湖风景区，在常熟文庙体验了拓碑和古琴欣赏等中华传统文化活动，感受常熟这座历史名城的山水之美和中华传统文化的博大精深。当天举行的闭营仪式上，全体营员共同回顾了苏州营的活动历程，并共同欣赏一台自编自演汇报演出。

【常熟市“同圆共享—侨界书画邀请展”活动举行】 2017年9月22日，民盟常熟市委、常熟市侨办和市文联联合举办的“同圆共享—侨界书画邀请展”在常熟市文化馆开幕。此次书画展以海内外侨界人士“同圆共享中国梦”为主题，参展对象为全市归侨侨眷和华侨华人。参展作品共53幅，作品中书法种类齐全，绘画风格多样，来自美国、加拿大、日本的华侨华人书画家专门从海外寄回作品参展。作品反映了常熟经济社会发展成果以及常熟侨界人士时代精神风貌，是一次海内外中华文化交流。常熟市文化馆展出结束后，作品还在辛庄镇文化中心、海虞镇新峰美术馆进行巡展。

【“常熟留学生科创园一日行”活动】 2017年8月4日，常熟市侨办与科创园首次联合举办“常熟留学生科创园一日行”活动。组织近30名就读于美国、加拿大、英国、德国、瑞士等7个国家和中国香港地区的常熟籍留学生到科创园，先后参观了科创园华东理工常熟研究院、苏州汉宣检测科技有限公司、江苏慧光电子科技有限公司及北京电影学院常熟影视文化产业创新园，并进行座谈交流。活动为海外常熟籍留学生搭建联谊平台，也让他们进一步了解常熟招才引智政策和创新创业情况。

【侨界人士英语口语公益课堂举办】 2017年4月23日，常熟市侨办联合新东方苏州学校常熟校区举办的常熟市侨界人士英语口语公益课堂正式开课。该次公益课堂为期三个月，精心策划教学内容，以满足侨界人士经常出国使用日常交际口语的需要。前期常熟市侨界人士踊跃报名，最终基础班报名27人，提高班报名17人。免费培训期间，侨界学员通过学习、交流、纠正发音，使口语水平得到提高。

【开展“走进侨企宣传侨法”活动】 2017年中秋节前夕，市侨办开展“走进侨企宣传侨法”活动，分别走访罗伯泰克自动化科技有限公司、苏州富士莱医药股份有限公司、苏州攀星光电科技有限公司、江苏集萃智能液晶科技公司等近10家侨资企业，与企业负责人进行座谈交流，详细了解企业生产经营情况，并面对面宣传和讲解涉侨法律法规政策，及时掌握侨企需求并提供帮助，让侨资企业扎根常熟、顺利发展。

【创新成立两家商会“侨之家”】 2017年，为充分发挥侨乡资源优势，服务商会和地方发展，市侨办选择莆田、青田两个侨资源相对集中的异地商会，创新成立两家商会“侨之家”。1月8日，“常熟莆田商会侨之家”揭牌，宣告常熟市首家商会“侨之家”成立。10月30日，常熟市青田商会“侨之家”揭牌成立。商会“侨之家”是常熟市侨务阵地的延伸，旨在进一步服务商会侨界人士，凝聚商会侨界力量。

【社区侨务工作亮点纷呈】 2017年，全市镇区侨务工作站全覆盖后，基层侨务工作更加深入具体，活动形式更加丰富多彩。虞山镇启动虞山侨史征集工作，完成“七彩侨苑”改造提升，新成立“侨爱驿站”，组建“侨爱志愿者服务队”，举办“侨心相印·爱在虞城”第四届侨界文化周活动、“同心同圆——用声音连接世界”侨界人士朗诵汇、侨界人士摄影作品邀请展。海虞镇建立“一中心四站点”为侨服务载体，全新打造海虞侨之家。碧溪新区举办“侨心相连”文艺专场，侨志愿服务、民俗文化展示、爱心义卖多种活动，积极引导海外侨胞参与各项社会慈善事业。董浜镇开展“喜迎十九大·共话中国梦”中秋茶话会活动，组织侨界人士开展招商引资、农业指导、科技创新、文艺创作小组。辛庄镇开展“端午慰问·情暖侨心”活动，沙家浜镇至中秋节组织侨眷做月饼，重阳节为侨眷老人义诊。

（高　璐）

## 外事工作

【概况】 2017年，常熟市政府外事办公室（以下简称外事办）共接待来自友城团队共7批69人次，出访友城团组共8批70人次，派遣1名国际交流员赴日本萨摩川内市进行为期1年的交流；接待或协助接待其他外宾7批34人次；妥善处置涉外事（案）件3起；申办因公出国（境）团组护照、签证38批123人次，其中自组团27批111人次，上组团11批12人次；成功申报APEC商务旅行卡71人次；代发外国人来华被授权单位邀请函186人次。常熟市与德国弗莱堡市签署合作备忘录，常熟市与日本萨摩川内市实现港口经贸深度合作，授予15人“常熟之友”荣誉称号。

【友城交往】 2017年，常熟市外事办共接待来自友城团队共7批69人次，出访友城团组共8批70人次。4月10日，外事办派遣本办科员徐梦星赴日本

表 2

**2017 年“常熟之友”一览表**

| 类别 | 姓名 | 单位及职务 |
|---|---|---|
| 常熟之友 | 山　德 | 大陆汽车系统(常熟)有限公司总经理 |
| | 立见广树 | 三菱重工(常熟)机械有限公司董事长兼总经理 |
| | 刘云志 | 常熟京辉置业有限公司总经理 |
| | 李锺元 | 斗山电子(常熟)有限公司总经理 |
| | 孟立秋 | 德国科学院和巴伐利亚科学院院士 |
| | 何赛灵 | 常熟市浙大紫金光电技术研究中心主任 |
| | 陈　默 | 江苏舒茨测控设备股份有限公司董事长兼总经理 |
| | 泷水元司 | 常熟日油化工有限公司副董事长兼总经理 |
| | 罗　浩 | 阿缇希展示架(常熟)有限公司总经理 |
| | 保　罗 | 达涅利冶金设备(中国)有限公司生产运营总监 |
| | 赵　勇 | 江苏贝泰福医疗科技有限公司董事长兼总经理 |
| | 欧浩明 | 科慕(常熟)氟化物科技有限公司氟产品部亚太区运营总监 |
| | 柏瑞德 | 常熟美桥汽车传动系统制造技术有限公司工厂经理 |
| | 顾勇涛 | 江苏亨睿碳纤维科技有限公司总经理 |
| | 喻冬青 | 加通汽车内饰(常熟)有限公司中国区总经理 |

(刘　娜)

# 地方志工作

【概况】 2017 年,市地方志工作在市委、市政府领导下,在上级业务部门指导下,认真贯彻党的十九大精神,紧紧围绕市委、市政府工作大局,积极主动服务全市政治文化和经济社会建设,强化部门协作配合,创新发展常熟地方志文化,为全面推进“文化强市”“精致城市”和党风廉政建设做出了应有的贡献。

【《常熟年鉴(2017)》出版发行】 2017 年 11 月,《常熟年鉴(2017 卷)》由方志出版社出版发行。《常熟年鉴(2017 卷)》是 1996 年创刊后的第 22 卷。全书 99.7 万字,分 36 个类目,配有随文图片 135 帧,表格 69 张,另有专记 4 则,全面反映常熟 2016 年的政治、经济、社会情况和重大活动、主要工作成就。《常熟年鉴(2017 卷)》为常熟的建设和发展发挥了应有的功能,起到了积极的作用。

【指导全市地方志工作】 2017 年,《碧溪新区志》《碧溪新区地名志》《常熟民政志》《蒋巷村志》《常熟经济技术开发区志》等启动编纂;《常熟市粮食志》《常熟市水利志》《常熟市总工会志》《常熟第一人民医院志》《常熟老干部工作志》《常熟政法志(续编)》等编纂进展顺利;《常熟市环境保护志》《常熟市司法志》《常熟市城管执法志》《常熟教育志》等即将启动编纂。《中华人民共和国标准地名词典·江苏卷常熟部分》《古里镇志》完成终审稿。

【多部镇、部门志书编纂出版】 2017 年,市地方志办公室充分发挥职能部门作用,主动作为、精心指导,推进全市镇、部门志书编纂任务的完成。通过上下一致,共同努力,地方志编纂出版工作硕果累累。至年底,《辛庄镇志(3+1)》《支塘镇志(综合卷)》《常熟卫生志》《塔前小学志》《虞山藏海寺志》《沙家浜景区志》《浒浦渔业志》《常熟市普法志》《常熟老干部工作志》等出版发行。

【做好国家和江苏省名镇志编纂】 2015 年,“中国名镇志丛书”《虞山镇志》《沙家浜镇志》的编纂工作启动。2017 年 12 月 12 日,以“中华优秀传统文化的传承和发展·乡镇篇——城镇化进程中优秀传统文化的继承和发展”为主题的第二届全国名镇论坛暨第二批中国名镇志丛书出版座谈会在雷山县西江镇开幕。会上,江苏省常熟市的“中国名镇志丛书”《虞山镇志》《沙家浜镇志》历经两年多的打磨,正式出版发行,中国地方志指导小组领导向第二批名镇志编纂单位授牌和颁发证书。列入二轮中国名镇志的《梅李镇志》,历经近 2 年努力,于 2017 年 9 月通过终审。年初,列入首批江苏名镇志系列丛书的《支塘镇志》启动编纂。

【开展常熟旧县志影印整理】 2017 年,市地方志办完成影印出版明代万历《皇明常熟文献志》(邑人管一德主修,成于明万历三十三年,即 1605 年)、清代康熙《常熟县志》(邑人钱陆灿主修,成于清康熙二十六年,即 1687 年)。前者为明代整理常熟古代文献的资料书,后者为清代常熟首部县志,均为比较珍贵的古籍。

【编辑《常熟史志》】 2017 年 12 月上旬,《常熟史志》第一至第四期(季刊,总第 22~25 期)出版。目前,《常熟史志》已编辑刊用各类文章 700 多篇。多年来,《常熟史志》从多方面、多角度介绍常熟悠久灿烂的历史和人文,以及全市地方志工作全貌。其作者来自于常熟各领域,有离退休老干部、文史爱好者,也有在职的地方志工作者和市文史新锐。另外，每年第四期设有总目录，便于读者查询相关文献资料。

【方志文化资源挖掘】 2017年，遵照习近平总书记关于要重视家风家教的重要指示精神，3月2日，由常熟市纪委、常熟市地方志办公室（负责主编）和常熟市文广新局等联合编写的《绵延的古风——常熟历史上名门望族家风家规》一书正式启动，10月完成出版社审稿，12月出版。全书遴选常熟历史上20个较有影响力的家族作为解读对象，通过对这些家族的家规家训进行系统梳理、深度挖掘，以此探寻隐藏在家族发展和文脉传承中的文化基因，以及这些家族名人辈出与家风建设的关系，启迪广大党员干部传承良好家规家训，涵养良好家风家教，不断带动党风向好、民风向善，为创建文明城市、打造"精致常熟"营造风清气正的良好环境。

【加强史志公共文化服务】 2017年，市地方志办公室继续以馆、网、刊为载体，利用常熟电子政务网、中国常熟门户网站"常熟历史上的今天"专栏，"常熟史志"政务微博，《常熟史志》期刊，发布党史地情知识宣传和研究文章；进一步丰富图书馆史志资料分中心建设，宣传常熟地方历史文化。继续开展史、志、鉴进机关、进学校、进企业、进农村、进军营、进社区的"六进"活动，更好地发挥志书为地方经济建设、社会建设、精神文明建设服务的功能。加强方志宣传服务。积极开展"读史用志"活动。利用修志成果，加强专栏宣传，传播常熟历史文化。

【办公室制作名门望族家风家训展板】 2017年5月17日，办公室撷取常熟历史上言、翁、庞、归、蒋、曾、钱、瞿等8个大家族，制成展板8块，集中在办公室走廊展示。展板通过对他们家族渊源、家风家训、代表人物、重要政绩等的展示，并配以数十幅图片，让大家对这些家族有一个概要的了解。使大家懂得家庭、家族是社会的有机组成部分，家庭、家族的稳定和健康发展，对社会有着重要的影响。家庭、家族在哪里会变，家庭成员也会变，但始终不变的是推崇忠孝节义、教导礼义廉耻的家风家训。

【《常熟历史上的家规家训》展览举办】 2017年6月30日，市委党史工办、市方志办联合市纪委、市机关工委、文广新局等单位联合举办"常熟历史上的家规家训展览"。本次展览以常熟历史上的家规家训整理对象，通过查阅家谱、志书等史料，梳理出这20个家族的渊源、代表性家规家训、主要代表性人物。通过深度挖掘，以此探寻隐藏在家族发展和文脉传承中的文化基因，以及这些家族名人辈出与家风建设的关系，制作成图文并茂、通俗易懂的展板，以此来传播本地优秀家风家规，从而启迪广大党员干部传承家规家训，涵养良好家风，不断带动党风向好、民风向善。本次专题展览在市图书馆大厅展出，吸引众多市民参观浏览。

【《全国革命老区县发展史·常熟分册》启动编纂】 2017年，为进一步学习贯彻习近平总书记"发扬红色资源优势，深入进行党史、军史、老区革命史优良传统教育，把红色基因代代传下去"重要讲话精神，10月20日，江苏省编纂革命老区发展史工作推进会在南通召开，常熟市老区建设促进会会长吴方良和市地方志办公室相关负责人参加。根据计划安排，将用两年时间，全国1559个革命老区县（其中江苏省81个）完成编纂《全国革命老区县发展史》。常熟市是江苏省革命老区县之一，早在1926年2月11日，即成立中共常熟特别支部。《全国革命老区县发展史·常熟卷》将重点突出四个方面内容的记述：一是常熟市在创建和发展革命根据地斗争中的历史贡献和地位作用；二是凸显常熟市在中国革命和建设中的重大历史事件、著名英模英烈事迹、崇高革命精神和光荣传统；三是挖掘整理常熟市著名革命历史遗迹、文物、纪念馆等红色文化资源；四是大力宣扬新中国成立以来，特别是党的十八大以来，常熟市人民在以习近平总书记为核心的党中央领导下，发扬自力更生、艰苦奋斗光荣传统，脱贫攻坚，改变贫困落后面貌发生的巨大变化及涌现出来的先进典型。全书要求图文并茂，文字约25万字。

【"常熟史志"微信公众号开通】 2017年11月6日，"常熟史志"微信公众号正式开通。微信公众号为常熟市委党史工作办公室、常熟市地方志编纂委员会办公室官方微信公众号。主要推送内容为：一、常熟市地方党史、地方志编研成果。二、各界人士撰写的常熟地方历史人文文章。三、常熟地方历史文化普及性文章。四、常熟地方志工作开

2017年6月30日，"正勤廉家风、扬传统美德"——常熟历史上的家规家训展览在常熟图书馆开幕

展情况介绍。五、常熟地方志编纂经验和研讨。六、其他相关文章。微信公众号开通以来,先后推出“常熟方塔的历史”“1937年常熟大灾难”、有关常熟地方志办公室出版书籍介绍和重要工作开展情况等,受到广大读者广泛好评。

【《铁蹄下的江南名城》出版发行】 2017年12月13日,常熟市史志、档案工作者沈秋农主编的《铁蹄下的江南名城——常熟老人口述日军暴行》一书首发式在市图书馆市民大讲堂举行。《铁蹄下的江南名城——常熟老人口述日军暴行》全书共28万字,收录了作者沈秋农征集的一百多篇日军暴行口述档案,征访对象是100多位常熟籍老人,其中有戴逸、祁龙威等专家、学者,也有城乡普通百姓。口述内容绝大部分为口述者的亲历所见,也有少部分听长辈忆述。这些口述史既讲述了100多个家庭在日军铁蹄下的悲惨经历,也讲到了常熟人民的抗日斗争史,具有很强的地域性、时代性、乡土性和真实性。该书由中国社会科学出版社出版。国家清史编纂委员会主任、中国史学会原会长、邑人戴逸作序。

【江苏名镇名村志编修业务会议在常熟召开】 2017年12月6~8日,江苏名镇名村志编修业务会议在常熟市国际饭店(会议中心)召开。江苏省地方志办公室主任、党组书记漆冠山和副主任蔡金良,苏州市地方志办公室主任陈兴南,常熟市副市长赵红,常熟市地方志办公室主任陆乾元等领导莅临会议。全省各市、县(县级市、区)的地方志业务科室负责人,在编名镇名村志的编修人员、指导员,共100多人参加会议。漆冠山、蔡金良、陈兴南、赵红等在会上讲话。 (陈建东)

## 档案工作

【概况】 2017年,常熟市档案局在市委、市政府的正确领导下,在上级档案部门的关心指导下,坚持“为党管档、为国守史、为民服务”宗旨,落实辅政为民服务各项措施,为实现“两聚一高”、打造精致城市积极作为,较好地完成了年度各项工作任务。

【档案行政管理创新模式】 2017年,市档案局“地方档案行政监管信息化研究与应用”项目获国家档案局优秀科技成果奖。“常熟市档案信息化行政监管系统”进一步优化,拓展“常熟档案监管”微信功能,监管工作信息初步实现移动互联。信息更新及时,系统应用日益成熟。教育系统档案年报全部实现系统内统计和上报,市镇两级机关应用辅助统计的单位明显增加。应用系统用户达到434家。库房温湿度数据与“档案行政监管系统”成功连接。市档案局在线利用“规范化建设”“年报统计”“信息发布”等功能,行政效率进一步提高。“常熟市社情档案系统”进一步修改完善,试点实施进展顺利。

【档案馆新馆建设】 市档案馆新馆(城投公司代建项目)于2015年8月1日正式桩基开工,2017年12月通过规划验收。智慧档案馆项目完成方案设计,结合技术发展与建筑工程进展不断完善。由宣传部牵头的城市展示馆(设于档案馆新馆二楼)同步推进。

【基层档案工作】 2017年,召开市级机关协作组档案工作会议、镇档案馆业务座谈会;编制《2017年协作组通讯录》;完成121家列入协作组单位归档文件目录的审核;完成2016年全市各单位的年报统计;修订2017年度档案工作年度评价标准。星级测评方面,2017年共有91家单位通过省星级复查和升级测评,海虞镇、梅李镇、尚湖镇、辛庄镇通过五星级复查,沙家浜镇完成三星级复查,碧溪新区完成四星级升级测评;市级机关档案工作有序推进,教育、市场监管、宗教、住建等主管部门对下指导有力,下属单位档案工作巩固扎实。培训教育方面,举办省星级规范化建设的培训,共87家单位95人参加培训。新农村工作方面,积极推进全市确权登记颁证档案工作,紧紧围绕全市“农村土地承包经营权确权登记”中心工作,与农办沟通联系,统一业务标准,做好日常指导;配合农办推进农民合作社档案工作,上报两个试点合作社重点工程。经济领域方面,2017年市档案局联合发改委起草印发《关于做好2017年度常熟市重点工程项目档案登记和验收工作的通知》,完成82项常熟市重点工程的登记备案,上报省级重点工程登记备案1项,苏州市重点工程21项;对常熟市三环路快速化改造工程(东南环段)的重点工程档案进行了指导;在年初和年中分别组织召开了民营企业协作组座谈会,2017年海伦电子、中科梦兰2家企业通过了省星级的升级复查;开展对“百湖百川”环境治理档案工

市档案馆窗口工作人员为退伍军人查档 (市档案局提供)

作的调研，对全市“河长制”档案工作进行指导，上报“百湖百川试点建档情况统计表”。

【档案信息化工作】 2017年完成名人档案J02－J77等全宗共1433596页档案的数字化工作。在探索参与智慧城市建设工作上，档案信息首次进入智慧城市资源中心，常熟市档案馆开放档案电子目录102万多条在市民公共信息服务平台发布。加强对扫描外包公司工场管理，监管好数字化扫描工作，管理质量得到进一步提高。开展档案馆馆藏数据治理，对核心库数据进行纠错治理。举办争创省A级数字档案室业务培训班，全面推进创建省A级数字档案室建设工作。

【拓展爱国主义教育】 2017年，充分挖掘馆藏文化，正式出版《常熟契约凭据档案校注》。参与全市王淦昌100周年纪念活动，编印《王淦昌》画册，该书获苏州市档案文化精品二等奖。在王淦昌故居制作王淦昌事迹陈列展，展览通过精彩图文、原声视频、实物模型、互动装置、大德故事等展示手段，比较全面地反映了王淦昌先生的治学经历、科研成就、国防贡献和精神品格，王淦昌故居成为宣传王淦昌事迹、弘扬王淦昌精神的重要场所。12月底，全国政协副主席韩启德专程到支塘参观，该展览获苏州市档案文化精品优秀奖。

【征集馆藏档案】 2017年，市档案馆共接收档案24791卷2688件，资料619册。征集各类档案16442件（张）。至年底，馆藏档案429351卷、115458件。完成第二批1996～2001年度档案的预接收鉴定工作，接收农工党、司法局、民防局等11家单位移交的1996－2001年度档案进馆。多次赴外地征集名人档案，从山东大学、浙江大学征集到王淦昌照片等档案100多件，首次征集到白茆山歌纪录片、李市古村照片等乡村记忆档案。

【档案利用工作】 2017年，市档案局文档阅览中心继续深化“兰台公信，心系百姓”服务品牌内涵，增强服务意识，优化服务环境，提高服务效能，提供更安全方便的利用环境。2017年，查阅接待利用19654人次、23596卷25件，复印43495页，档案查阅利用主要以民生档案利用为主，为工龄衔接、农户建房、婚姻、独生子女政策等提供档案利用6000余人次，提供查阅退伍军人档案利用4468人次，同时积极为乡镇机关文书、人事资料查阅、编史修志提供利用服务。

【档案宣教工作】 2017年通过苏州市人大对《苏州市档案条例》贯彻实施情况的专项执法检查。开展2017年度档案人员上岗培训工作，133人通过2017年度的网上岗位培训，其中127人参加并通过现场考试。积极响应省档案局倡导的全省档案系统“一盘棋”新理念，推动南北挂钩，与泗洪县档案局开展各种合作交流，联合组织两县（市）60名重点监管单位和高星级单位的档案干部赴上海交通大学进行档案理论培训。组织开展“6·9”国际档案日“2017档案法制宣传周”等系列档案宣传活动。规范档案行政权力运行，积极对接全省政务服务“一张网”系统，做好“不见面审批（服务）”相关工作。

（倪冬梅）

## 信访工作

【概况】 2017年，市信访部门共收到信访事项复查申请106件，劝退59件，其余47件全部调查核实，其中16件出具市政府信访复查意见，31件出具不予受理意见。此外，办理上级交办案件和市领导批办信件15件。全年，未发生大规模集体上访事件、未发生影响社会稳定的重大群体性事件、未发生有影响的个人极端事件。

【减少信访积案存量】 1月，市信访工作联席办部署对存量信访问题和重点信访人员的全面排查工作，经各板块、部门排查摸底、市信访工作联席办梳理汇总，全市共排查各类信访突出问题40件。信访突出问题主要涉及城乡建设、劳动保障、司法行政与社会管理、环境保护及民政等领域。2月23日，市委第21次常委会明确，对通过努力有可能处理的9件矛盾问题，列入化解重点，在做好稳控的基础上，建立由市党政领导牵头、属地板块和市相关部门负责的工作机制，一事一策研究确定解决方案，落实各项工作措施，全力争取从源头上缓解解决一批历史遗留问题；未列入市领导牵头的其他27件突出信访问题，由属地板块和市相关部门负责处理，需要市级层面协调解决的，按程序上报市委、市政府研究；对涉法涉诉、信访终结、上级政策暂时无法突破等突出信访问题，主要以稳控为主。对市党政领导牵头推动化解的9件重点矛盾问题，市信访局定期编报动态进展情况上报市委、市政府。对其他27件突出信访问题化解稳控工作，由市信访局领导班子成员按照分工联系点，挂钩联系对接，上述信访问题取得明显进展或者群体出现反复异动的，采取一事一报的方式向市委、市政府报告。5月24日市长周勤第专门组织召开9大重点信访矛盾化解进展情况汇报会，推动积案化解。全年，市领导牵头包案推进化解的9件矛盾问题，沪通铁路工程项目相关地块征地补偿问题得以化解，县南街改造项目问题和服装城新茂星河湾逾期交房问题即将启动破产重组或清算的法律程序，矛盾得以缓解。27件由属地、部门领导包案的信访突出问题化解8件，暂时难以化解的全部落实稳控。存量信访突出问题全年压降26%。2017年三季度，在全市开展的化解信访矛盾维护社会稳定“百日行动”中，市信访局结合实际，深入推进大排查、大接访、大化解工作。对省、苏州市交办及市本级新增的自排信访突出问题进行梳理整合，42件信访突出问题全部实行领导包案，逐案制定化解方案，延期交房、商铺纠纷、劳动保障等领域5件信访突出问题得到化解。省信访局交办常熟市18件重点信访事项化解7件，结案11件，化解率38.89%，结案率100%；市信访局自排的8件信访事项，全部化解。

【压降越级访量】 2017年,各级党代会、“一带一路”国际高峰论坛及江苏发展大会等重要时期,信访形势平稳。市信访局主动与政法、综治、维稳、公安等相关部门协调、对接、合作,互通信息、共享资源,建立左右贯通、前后联动、运转高效的工作机制,把绝大多数信访矛盾化解在基层、稳定在当地,得到江苏省、苏州市驻京工作组的肯定,全年两次收到苏州市信访工作领导小组的感谢信。2017年下半年,全市创建全国文明城市进入考核迎检攻坚期、“7·16”纵火案突发、省委第七巡视组到常熟市巡视。为保证重要时期常熟市社会层面的信访稳定,在持续推进信访突出问题化解的同时,全力做好人员稳控。对重点信访人员,以属地(实际居住地)政府为稳控责任主体,组织公安(派出所)、综治、司法及信访人所在单位等部门,对重点人员进行分析研判,全面了解其诉求、近期工作情况、思想动态等,突出重点,因人施策,逐人有专班,既抓化解又抓稳控。对重点信访人员还未走完司法程序、信访程序、行政复核、听证等程序的,积极引导进入法定途径。“7·16”纵火案突发后,市信访局就加强值班、配合善后处置等制订方案,全力做好到市可能集访的一线处置,全力维护市政府周边信访秩序。强化信访体系联动,对善后工作中难以推进的个别家庭,通过市、省信访工作联席办跨省协调遇难者当地党委政府,协助善后,快速推进善后攻坚工作。省委第七巡视组巡视和全国文明城市考核期间,制定《省委巡视组驻点信访接待期间应急处置预案》和《全国文明城市考核检查期间几种信访情形的应急处置办法》,每日上报信访动态,全力保持良好的信访秩序。

【压降全市信访总量】 2017年,常熟市按照上级工作要求,结合全市信访维稳形势,市委办公室、市政府办公室两次联合下发《关于做好2017年领导干部定期接待群众来访的通知》。接待群众来访主要采取定点接访和约访方式,通过党政领导接访下访和各级领导驻点接访,现场协调,基层一批群众关切的突出问题得到及时就地化解和妥善处理。

【提升工作质态】 2017年,市积极创建省级“群众满意文明接访窗口”。12月6日,新的市人民来访接待中心正式启用。市信访局直接申报全省首批“群众满意文明接访窗口”。根据省信访局“群众满意文明接访窗口”的创建要求和标准,在优化接访场所环境,完善公示公开制度,规范工作办理流程等项目上做强做优,已通过苏州市和省信访局考核组初审。加强规范化建设,以“阳光信访”信息系统建设为契机,完善信、访、网等各项基础业务工作规范,同时推广落实信访事项简易办理程序,确保群众诉求得到及时高效受理办理。市信访局迁址办公后,积极摸索多中心合一运行模式。根据省委政法委的统一部署,涉法涉诉、人民调解等窗口要与人民来访中心合并办公。多中心合一后,市信访局抓住分类引导和首接负责二个关键点,提高运行效率,缩短部门磨合期。深化改革加强引导,全面推行诉访分离、分类处理信访投诉请求和“群众依法逐级走访权益保障卡”等信访工作制度改革,主体责任更加明确、办理过程更加规范、群众依法逐级走访更加自觉、信访秩序更加有序。以国务院《信访条例》和《江苏省信访条例》宣传为重点,在全市范围内组织开展《信访条例》法制宣传月活动,并坚持在接访过程中向来访群众发放《信访人权利义务告知书》《信访知识问答》的宣传小册子,向社会进行有关法律政策的宣传,积极引导信访群众增强法律意识,依法逐级反映信访诉求。

【提升群众工作水平】 2017年,强化党务政务建设,以“抓党建、带队伍、促工作、保和谐”为主线,着力夯实党建基础,旗帜鲜明讲政治,增强信访干部“四个意识”,推动党员干部从思想上、政治上、行动上坚决拥护以习近平同志为核心的党中央;培育信访队伍群众观念,强化宗旨意识、服务意识,严肃廉政纪律,改进工作作风,进一步建树良好形象。强化能力素质培训。根据中办、国办《关于进一步加强信访干部队伍建设的意见》,把提高基层信访干部业务素质作为工作重点,3月组织市局和乡镇的30余名信访干部赴苏州市委党校参加“苏州市信访干部培训班”;5月、6月组织局机关业务骨干参加苏州市信访系统“提能力、强素质”专题教育培训班;参加苏州市信访系统接访业务大比武,取得优异成绩;11月,组织全市信访系统“党性教育暨信访业务培训班”。通过系统性地培训学习,切实提高了全市信访干部的业务能力与水平。

(童　恺)

# 机关事务

【概况】 2017年,常熟市市级机关事务管理中心加强市级机关行政事业经费管理,编制预算、规范支出,增强经费保障功能,提高扎口部门资金使用效率。加强市级机关国有资产管理,规范办公用房管理,推进办公用房调整优化,巩固办公用房清理整改成果。加强公共机构节能工作,抓好节能考核、节能创建、节能宣传,组织开展节能宣传活动,强化节能意识,营造节能氛围。加强公务用车管理,运用常熟公务车智能化管理平台,开展公务用车督查工作,严格公务用车购置更新程序,落实全市公车改革后续工作。加强市级以上重要会议和重大活动的后勤保障,抓好市级机关物业管理、安保服务工作,对群体性上访事件妥善处置,确保市级机关设备设施安全运行。加强常熟市机关医务室日常管理,提高机关干部的日常接诊质量。

【公务用车改革管理】 2017年初,建成常熟市公务车智能化管理平台,公务用车全面安装北斗定位系统,车身标识化喷涂工作全面推开,公车监管更进一步。5月19日,联合市纪委、市财政局、市政府督查室等部门组成联合督查小组,对市法院、市委老干部局、市检察院等10个部门的公务用车使用情况及加油卡使用情况进行督查，发现不到位之处，均已督促整改完毕。11月，制定出台《常熟市公务用车管理工作规程（试行）》（常政办发〔2017〕237号），对公车编制核定、新增、更新、采购、上牌程序、淘汰车辆处置等做了具体规定。按照江苏省、苏州市关于企事业公车改革信息统计工作的要求，对全市527家非参公事业单位、232家国有企业进行严密基础信息填报及审核工作，为下一步推进公车改革夯实基础。

【机关办公用房调整改造】 2017年，全市推进改造工程共10处，完成海事局项目（虞山北路47、49号）、信访局项目（金沙江路10号）等8处工程，建设局项目（海虞北路46号）、石梅园办公房改造项目已开工，正在按计划施工中。组织搬迁工程3处，海事局、信访局、党史办均已搬迁到位。完成市委第一会议室、市级机关食堂二楼视频会议室、人大大会议室的硬件设施升级改造工作。

【办公用房清理整改督查】 2017年8月，组织开展全市党政机关办公用房清理整改“回头看”工作。截至8月31日，全市党政机关、乡镇板块共91家单位基本整改到位，及时整理上报《党政机关办公用房清理腾退情况统计表》《领导干部办公用房使用情况表》。中秋、国庆期间，由市级机关事务管理中心牵头对常熟市5个机关部门、3个乡镇的办公用房进行了专项督查，共对96间办公用房使用面积进行了逐间测量，对发现的问题，下发《督查情况反馈单》，明确责任和整改期限，确保全市党政机关办公用房使用符合规定。

【公共机构节能管理】 2017年，制定出台《常熟市2017年公共机构节能工作要点及能耗定额标准》《常熟市2017年公共机构节能管理目标考核细则》等文件，从政策和制度上引导和规范全市公共机构节能工作。上半年，指导古里镇完成省级节能示范单位创建验收工作。6月11日至6月17日，以“节能有我，绿色共享”为节能宣传周主题，组织全市公共机构开展各项宣传活动，主要有：国税局开展节能知识竞赛，地税局开展“小蜜蜂”自行车骑行活动，市妇联、市环保局开展“最美绿色家庭”征集活动，海虞镇举办创意墙绘活动等。收集节能宣传信息40余篇，被全国公共机构节能网录用3篇，被江苏省机关事务管理局录用4篇，被苏州市节能网采纳11篇。

【市级机关物业安保】 2017年，加强对外包物业公司（江苏金枫物业服务公司）的监管，出台《常熟市市级机关物业管理服务项目考核办法（试行）》，制定《市级机关大院物业管理服务项目考核人员工作制度》，全年对保洁、会务、绿化、餐饮、设备设施维护、物业内部管理及工作协调机制等进行逐一轮回式检查。引进金枫物业餐饮部进驻服务珠江路172号食堂。5月，制定出台《常熟市机关大院突发公共事件总体应急预案》《常熟市机关大院反恐防暴工作应急预案》，全面升级改造市政府安防系统，提升机关安保水平。定期组织安保检查，尤其是节假日前和“7·16”事件后对重点部位进行专项检查，结合“119”全国消防日，组织市级机关物业安保队伍消防演练，保障机关平安。

（唐凯雯）

责任编辑　刘品玉

2017年8月23日，市委书记王飚做客苏州广电总台大型时政访谈节目《“创新四问”市（县）区书记访谈》

（常熟日报社提供）

# 中国人民政治协商会议常熟市委员会

## 综述

【概况】 2017年，市政协把学习领会中共十九大精神和习近平新时代中国特色社会主义思想作为统揽全市政协工作的总纲，增进高度的政治认同、思想认同、理论认同、情感认同，夯实团结奋斗的共同思想政治基础，确保把党的领导贯穿于政协工作的全过程，确保把中央、省委和市委关于推进政协事业发展的一系列新部署、新要求落到实处。

市政协常委会、各参加单位和各界人士认真学习中共十九大精神和习近平新时代中国特色社会主义思想，深刻领会精神实质，准确把握丰富内涵，坚决贯彻落实到位。全年召开党组学习会6次，举办全体政协委员学习班1期，组织专题培训2期，为新时代政协工作健康发展提供坚实的政治保障。

市政协聚焦党委、政府中心任务，紧扣“两聚一高”新实践，围绕特色小镇建设、百年企业打造、文旅融合发展、养老体系完善、文明城市创建、美丽乡村推进、社区管理提升、城际交通接轨等具有政协特色、时代特征、常熟特点的议题，开展广泛、多层次的协商履职活动，切实发挥政协协商民主重要渠道和专门机构的作用，传递政协声音，体现政协担当，展示政协作为，为促进改革创新、经济发展、民生幸福积极鼓与呼。全年组织全员视察1次，常委会议重点协商2次，主席会议专题协商4次，主席专题视察4次，政情通报3次，专委会对口协商18次，市委、市政府领导参加市政协协商活动20余次。

市政协围绕团结和民主两大主题，立足精、准要求，坚持严、实标准，搞好策划，配强队伍，改进方式，务实精准建言，并探索和规范政协履职成果的报送、督查、跟踪和落实。实现与党委政府的着力点、社会各界的关注点和政协委员的关切点的有机融合。全年围绕各层次协商开展调研42次，形成委员建言材料55份，上报各类建议案、社情民意专报13件，市委、市政府主要领导作出批示20次；转送社情民意信息161件。立案办理的176件提案，解决、基本解决和列入计划拟解决的占92.6%，满意率达99.4%，确保建言建在需要时、议政议在点子上。

市政协坚持将群众路线的优势转化为协商民主的丰富资源，推进作风转变。坚持聚焦基层所需，坚持关注困难群体，坚持直击企业难题，全面开展“百村千企万户大走访”活动。突出政协特色，组织开展主席、副主席走访常委和委员活动，实现走访常委和一线委员全覆盖。市政协领导参加界别和乡镇（街道）工委活动，零距离与委员交流，了解委员所思所盼，鼓励委员“双岗尽责”，指导界别和乡镇（街道）工委特色履职。

2017年1月4～7日，中国人民政治协商会议常熟市第十四届委员会第一次会议在常熟会议中心举行

（常熟日报社提供）

（扩大）会议召开，通报协商“创新运行机制，推进文化旅游产业发展”议题。市委副书记、市政协主席韩卫兵出席会议，副市长赵红应邀参加会议。会议听取市政府的专题情况通报。政协委员从不同角度围绕主题进行了专题建言。会后，形成《调整思路创新体制，推动文旅融合发展》的建议案，提出要项目化运作、品牌化建设、专业化招商、企业化运营等建议，并提出要尽快组建文旅集团，加快调整虞山镇行政区划，将方塔管理区并入虞山尚湖旅游度假区实现旅游资源整合。市委主要领导批示要求积极吸收，创新文旅融合发展新路。

7月27日，市政协十四届三次主席（扩大）会议召开，通报协商“营造发展氛围，造就百年企业”议题。市委副书记、市政协主席韩卫兵出席会议，副市长徐海东应邀参加会议。会议听取市经信委的专题情况通报和江苏通润机电公司的情况介绍。政协委员从不同角度围绕主题进行专题建言。会后，形成了《找准目标定位，造就百年企业》的建议案，提出坚持创新立企、激发内生增长活力，坚持文化强企、解码掌握长寿基因，坚持品牌兴企、营造良好发展生态等具体建议。

9月22日，市政协十四届四次主席（扩大）会议召开，通报协商“接轨上海、融入苏州主城区格局下的大交通”议题。市委副书记、市政协主席韩卫兵出席会议，副市长王建国应邀参加会议。会议听取市交通运输局的专题情况通报。政协委员从不同角度围绕主题进行专题建言。会后，形成《以接轨上海、融入苏州主城区为重点，构建我市的大交通格局》的建议案，在重点发展方向、调优运输方式、创新投融资模式、调整产业布局等方面作了积极思考。市委主要领导作出批示，要求在交通规划和项目安排中注意吸收政协建议。

**【政协政情通报会】** 2017年2月15日，市政协举行政情通报会，听取省科技体制综合改革试点情况的通报。市政府副市长徐海东作专题通报。政协委员代表分别从科技管理体制、财政支撑、改革目标愿景和实质措施等方面，与市编办、市财政局、市科技局进行了互动交流。

6月20日，市政协举行政情通报会，听取全市“完善医疗卫生体系，提高医疗服务水平”工作情况的通报，以进一步促进委员知情明政、建言献策。副市长张月明就医疗体制改革的思路和重要方面作了说明，并提出推动医疗能力和公共卫生计生服务水平取得新提升的下一步工作举措。政协委员代表分别从医联体作用发挥、医保结算、医技力量等方面，与市卫计委、市人社局、市编办进行了互动交流。

10月19日，市政协举行政情通报会，听取全市垃圾分类处理情况的通报。副市长王建国出席会议并讲话，市城管局代表市政府作了情况通报。政协委员代表分别从垃圾分类处理实施打算、学校教育宣传、基层指导和财政保障等方面，与市城管局、市教育局、虞山镇、市财政局进行了互动交流。

2017年9月22日，市政协召开十四届四次主席（扩大）会议，通报协商“接轨上海、融入苏州主城区格局下的大交通”议题（市政协办提供）

**【政协党组会议】** 2017年1月26日，市政协党组召开专题民主生活会。市政协党组书记、主席韩卫兵主持会议。韩卫兵代表市政协党组作对照检查。党组班子成员从有利于常熟发展、政协工作推进和班子团结的角度，开展了自我批评和相互批评。

2月16日，市政协召开党组会议，学习交流《中国共产党党组工作条例（试行）》，审议通过《市政协党组议事规则》。政协党组书记、主席韩卫兵主持会议。政协党组成员集中学习了《中国共产党党组工作条例（试行）》，交流了心得体会，并原则通过了《常熟市政协党组议事规则》。

6月22日，市政协召开党组会议，审议讨论《政协党组履行党风廉政建设主体责任清单》。市委副书记、政协党组书记、主席韩卫兵出席会议。会议还研究市政协机关人事事项。

10月31日，市政协召开党组（扩大）会议，传达学习党的十九大和十九届一中全会精神，学习十九大报告中对政协工作提出的新思路、新要求，并部署学习宣传贯彻十九大工作。市政协党组书记、主席韩卫兵主持会议并讲话。

## 政治协商

**【主席专题视察】** 2017年5月26日，市政协围绕“着眼科技发展前沿，务实精准招商引资”开展主席专题视察。市委副书记、政协主席韩卫兵出席活动，副市长范建青应邀参加活动。视察组一行视察了海虞镇中新海虞花园城、众创魔方、恒基科技公司，听取市商务局专题情况通报。政协委员分别围绕优化投资营商环境、做强产业链服务链、加强顶层设计和板块联动等方面进行协商建言。

6月30日，市政协围绕“全民参与，共建文明城市”开展主席专题视察。市委副书记、政协主席韩卫兵出席活动。视察组一行先后视察了市公安局交巡警大队交通指挥中心和虞山镇北门大街社区，听取市文明办关于创建全国文明城市工作情况的汇报。政协委员分别从城市管理、农村环境治理、调动市民参与等角度建言献策，助力创建工作。

8月24日，市政协围绕“加强自然村落规划布局，提升美丽村庄建设品质”开展主席专题视察。市委副书记、市政协主席韩卫兵出席活动。视察组一行先后视察了董浜镇里睦村新桥组团、梅李镇珍北村下塘泾组团，听取市委农工办的专题情况通报。政协委员从科学规划设计、完善基础设施、落实长效管理等方面，开展了协商建言。

10月27日，市政协围绕“减负增效，切实提高社区治理和服务水平”开展主席专题视察。市委副书记、市政协主席韩卫兵出席会议，副市长赵红应邀参加活动。会议听取市民政局的专题情况通报。政协委员从理顺机制、加强居民自治、推进社区服务社会化、提高志愿者参与度等方面开展协商建言。

**【委员全员视察】** 2017年11月27日和29日，市政协组织开展委员全员视察，分批实地视察产业经济、生态环境修复和社会事业发展成果，让委员进一步知情明政，更好地发挥参政议政、建言献策作用。市委副书记、市政协主席韩卫兵参加视察。市委常委、常熟经济技术开发区党工委副书记、管委会副主任张建强陪同视察。委员们分别视察江苏常熟国家农业科技园区、中交天和机械设备制造有限公司、万达广场、泥仓溇湿地公园、泰达物流码头、江南印象、大众机器人研究院等地，增进了对全市经济社会发展的了解，为更好履职尽责、建言献策创造了良好条件。

**【委员集中培训】** 2017年4月12日，市政协举行政协委员学习培训活动。会议邀请江苏省政协研究室副主任金建明作报告，传达全国政协十二届五次会议精神，并就人民政协履职知识作了专项辅导，帮助委员进一步了解掌握统一战线和人民政协的理论，提高思想政治素质和参政议政能力。

**【政协界别组活动】** 2017年3月9日，市政协组织经济界别组委员走进农商行。市委副书记、市政协主席韩卫兵参加活动。市财政局介绍全市产业基金的使用管理办法，农商行专家分析了当前国内外金融形势，农商行领导介绍了服务企业的金融产品并与委员进行了互动，帮助委员充分了解金融业发展情况。

7月26日，市政协民宗界别组委员视察宗教场所。市委副书记、市政协主席韩卫兵参加视察。委员们实地参观了尚湖老宅天主堂和兴福禅寺，市民宗局介绍全市民族宗教工作的现状，政协委员进行了交流发言。

8月17日，市政协民盟界别组围绕“尽早规划布局，高标准打造文化新地标”开展调研。市委副书记、政协主席韩卫兵，民盟市委主委、政协副主席吴国华参加活动。委员们参观了名人馆、博物馆、图书馆，政协委员围绕常熟文博发展状况和文博场馆的规划布局进行了交流发言。

9月7日，市政协民建界别组围绕“263”减化开展调研活动，市委副书记、市政协主席韩卫兵，市政府副市长、民建市委主委张月明参加调研。委员们实地参观了常熟市平方轮椅有限公司，并与尚湖镇相关领导就“263”减化工作开展了交流互动，提出了意见和建议。

9月20日，市政协民进界别组围绕“繁荣常熟书画市场”开展视察调研活动。市委副书记、市政协主席韩卫兵参加调研。委员们实地参观了常熟开明画院、王振铎书画室，并进行座谈交流，政协委员就繁荣传统书画、后继人才培养、书画教育进校园等问题提出了建议。

9月28日，市政协农工党界别组围绕“基层医疗机构发展”开展调研活动。市委副书记、市政协主席韩卫兵参加活动。委员们实地参观了沙家浜卫生院，市卫计委介绍全市医疗卫生事业的发展状况，政协委员围绕基层医疗机构发展建言献策。

10月26日，市政协无党派界别组围绕“从目前方塔商圈的商业困境看区域管理的体制机制”开展调研活动。市委副书记、市政协主席韩卫兵参加活动。委员们实地参观了方塔园周边商业和第一百货，听取商务局、城管局、方塔管理区、城投公司等的情况介绍，并与公司代表开展集中座谈，为深化课题积累素材。

12月19日，市政协科协界别组围绕“十四届二次会议提案工作和明年课题”开展界别活动。市委副书记、市政协主席韩卫兵参加活动。委员们实地

2017年11月27日、29日，市政协组织委员全员视察，分批实地视察本市产业经济、生态环境修复和社会事业发展成果 （市政协办提供）

参观了市科普馆、中利万农项目基地、中利科协科技人员之家，听取了界别组工作情况年度总结，并进行了交流发言，为推进提案工作、深化课题工作积累了素材，提供了参考。

**【助推文明城市创建】** 2017年，市政协组织开展以“全民参与，共建文明城市”为主题的主席专题视察，在听取责任部门的创建汇报后，有针对性地提出了要扩大文明城市创建“朋友圈”，找准与群众意愿相结合的最大“公约数”，绘就携手共建美好家园的“同心圆”等建议，引起相关部门的重视和采纳。重视创建举措的落细、落小、落实，充分发挥社情民意信息“直通车”优势，在“僵尸车”处理、诚信积分管理、规范养犬、文明出行、公益广告设置等方面专题收集社情民意，并转交职能部门办理，助力文明城市创建工作补短板、抓细节、增亮点。注重发挥自身优势，积极身体力行。政协乡镇(街道)工委组织开展辖区内的文明城市创建视察调研，部分工委主任分管文明城市创建工作；一些界别积极参与“百姓城管”志愿服务行动；不少委员从自身实际出发，发挥职业特长、知识专长，投身志愿服务活动、参与城乡环境治理，用实际行动带动文明自觉，推动全民参与、共建共享格局的形成。

**【关注生态文明建设】** 2017年，市政协持续助力深化“263”专项行动，组织委员实地视察“263”整治项目和农村生活污水处理施工现场，并进行座谈交流，对“263”行动提出了聚焦问题、制度、目标，坚持铁腕治理、标本兼治等对策建议。全面落实“河长制”，围绕政协牵头担责的河流，在实地查勘的基础上，研究“一河一策”行动计划，建议要循着水资源、水环境、水文化、水安全等理念统筹考量、综合施策。围绕垃圾分类举行政情咨询，商讨建立分类投放、收集、运输、处理的垃圾处理系统的可行性，市政府及其职能部门认真回应政协委员关切，表示将尽快完成垃圾分类与处理专项规划的编制，加快建成投运终端处理设施，提升城乡垃圾分类处理水平。

**【聚焦民生福祉改善】** 2017年，市政协通过主席专题视察、民主评议、交办政协提案、反映社情民意、专项调查研究等履职形式，在增加民生福祉上持续用劲、在增强百姓获得感上谋划新招，全年安排的民生类协商课题占总数的三分之一，办理的民生类提案、社情民意信息分别占总数的二分之一、五分之四。针对群众普遍反映的“看病难、看病贵”问题，以“完善医疗卫生体系，提高医疗服务水平”为主题，将视察监督与政情通报相结合，就常熟医改工作的推进情况听取主管部门通报，围绕医联体建设、医保结算、医技力量等与相关部门进行座谈交流。

**【提案工作】** 2017年，市政协十四届一次会议以来，共收到以提案形式反映的书面意见和建议307件，其中集体提案93件，联名提案78件，个人提案136件。经审查，共立案176件(其中并案24件)，转为社情民意信息11件，转为意见建议92件(其中合并4件)。市政协遵循“围绕中心、服务大局、提高质量、讲求实效”的提案工作方针，不断研究协商民主新形势下提案工作的特点和规律，致力提高提案质量。突出选题引导，围绕市委、市政府中心工作和市民关注的热点、难点问题，整理汇编《提案选题参考目录》；广泛收集民意，向社会公开征集提案线索；培育重点提案，引导和鼓励各民主党派、团体、政协专委会和各界别组，发挥党派团体人才荟萃、智力密集优势，科学定题，集合众智，加强调研，打造提案精品；严格审查立案，提案委反复讨论协商，并向各民主党派、各相关部门征求意见，严格提案立案标准。提升提案办理效果。优化提案交办，协商形成提案预交办方案，召开预交办会议进行面对面沟通协商，通过提案办理系统进行二次预交办；强化办理协商，各承办单位在办前、办中、办后与委员“三见面”，通过召开座谈会、征求意见会、实地调研考察、专题视察等形式，加强与委员沟通协商，各承办单位通过提案委印发提案办理记录本，对提案办理协商过程进行全程记录留痕，推进办理协商的规范化、制度化建设；深化部门协作，提案委积极为承办部门搭建平台，完善提案联办、会办制度，明确办理责任，组织召开提案办理推进会，编发《提案办理专报》9期，市府办和有关主办单位主动会同相关部门联合办理综合性提案，部门共商、板块协作、相互沟通，推动难点问题取得进展，提高多方协商的实效性。注重提案成果转化。坚持政府领导领办、政协主席督办提案，各位副市长领办7件提案，参与调研和提案委员面对面沟通，组织座谈会和答复见面会，提案中的真知灼见得到很好的采纳，带动了面上提案办理工作深入开展；各位副主席对4件督办提案，加强提案办理协商和督查，推动了提案办理落实；提案委会同市府办督查室，对24件提案进行“回头看”，重点督查提案中合理化建议落实情况和答复后的进展情况，促进委员知情明政、激发履职积极性，促进提案成果的转化，推动提案“办结率”向“落实率”转变；创新媒体跟踪办理，在电视台、电台、报纸开设《履职进行时》专栏，选取4件市民关注程度高的重点提案进行跟踪报道，通过提案内容、办理过程、办理结果“三公开”，全景展示重点提案的形成、办理和效果，将提案监督和舆论监督有机结合起来，促进提案办理效果和社会影响度的双提升；加大宣传力度，在《人民政协报》《江苏政协》上刊登提案办理经验交流文章，扩大对外影响力。176件提案，经58个承办部门认真办理，所提问题已经解决或基本解决的提案69件，占39.2%；列入计划拟解决的提案94件，占53.4%；因条件所限，暂时难以解决，留作参考的提案13件，占7.4%。委员反馈评价办理情况，总体满意率达99.4%。

## 民主监督

**【民主监督专项评议】** 2017年，市政协选取市民政局、人社局两个重点民生部门开展民主监督专项评议，通过走访调研、座谈交流全面详细了解部门情况，在认真研究、反复征询的基础上，列出了重要的建议意见专题向市委常委会汇报，同时向市委、市政府书面上报民主监督专项评议报告。市民政局、人社局认真吸纳建议，专门研究制定整改意见，并逐项落实。

【突出党派团体作用】 2017年，市政协认真贯彻长期共存、互相监督、肝胆相照、荣辱与共的方针，加强与市各民主党派、工商联和无党派代表人士的经常性联系。注重采用开放民主的知情参政形式，调动各党派团体的履职热情，在各类调研视察、监督活动中，主动吸纳党派团体委员参与，并推荐其在政协会议上发表见解、在民主监督职能部门时参与评议，切实增强政协组织的整体合力。支持党派团体利用政协全体会议、常委会议、专题视察、提案办理、反映社情民意等平台多建睿智之言、多献务实之策，为民主党派和无党派人士更好发挥作用拓展渠道、创造条件。参加政协的各党派团体智力密集、人才荟萃优势得到有效发挥，全年共提交大会专题发言15份，占总数的51.7%；提交集体提案103件，占总数的33.6%；提交社情民意信息31条，占总数的19.3%，展现了中国共产党领导的多党合作和政治协商制度的优势和活力。

【加强各界联络联系】 2017年，市政协注重密切与非公经济人士、其他新的社会阶层人士的联系，引导他们政治上自信、发展上自强、守法上自觉；注重密切与民族宗教界代表人士的经常性沟通，主动关心、及时反映少数民族同胞和信教群众的困难和要求；注重做好侨资、台资企业走访工作，主动协调解决他们当前转型发展中遇到的问题，同时引导他们积极投身社会公益事业。市政协高度重视界别工作，年初组织召开界别组长座谈会，促进界别之间的工作交流；平时精心选择课题，指导帮助界别特色履职，先后组织经济界别走进农商行、民宗界别视察宗教活动场所、无党派界别开展繁荣方塔商圈调研等。

【推进专委会工作】 2017年，各专委会积极做好调查研究、对口协商、联系委员等各类经常性活动，有效发挥了基础性作用。提案委在提案收集立案、交办落实、成果转化等环节专门召开会议，不断增强提案办理协商实效；经科委召开经济运行情况分析会和市场采购贸易方式座谈会，开展银企对接恳谈会，共商经济转型升级和创新发展大计；城乡委开展"七五"普法阶段性工作、"关爱民生法治行"专项视察和镇域综合执法情况调研；社事委组织全市中考高考招生专题通报会，开展对教育领域政府实事工程和文保单位保护利用等专题视察；港澳台侨(民宗)委调研考察寺庙档案工作，关心侨资企业文化建设，助力侨资侨智对接活动；文史委围绕历史文化名镇建设、传统村落保护开展调研，推动对历史文化遗存的保护和利用。

【密切与乡镇(街道)工委联系】 2017年，市政协按照协商于民、协商为民的要求，依托政协乡镇(街道)工委，大力发展基层协商民主。围绕"干什么"，召开乡镇(街道)工委主任座谈会，研究讨论工作重点，帮助做好工作打算；围绕"怎么干"，建立政协领导、专委会分工联系乡镇(街道)工委制度，定期深入所联系的镇(街道)，检查指导基层政协工作。乡镇(街道)工委履职活动规范有序，建言活力显著提升：开展政协章程学习，做好新委员履职培训；组织委员就民生热点难点开展专题调研，引导委员积极为民履职；组织委员视察实事工程，既帮助委员知情明政，又助推履行监督职能。不断创新履职方式，建立社情民意信息员队伍，设置政协委员民主监督信箱，邀请委员参与机关效能考核测评，开展委员年度述职，为基层协商民主的发展增添了活力。

## 参政议政

【发挥文史社会功能】 2017年，着眼文史资料工作的系统性、连续性、计划性，制定出台《常熟市政协文史资料工作五年规划(2017—2021)》，重点征集社会主义建设时期和改革开放新时期的"亲历、亲见、亲闻"资料，重点征集整理名人资料。突出文史资料工作的地方特色，围绕虞城街巷、乡贤轶事、家族文化、科教文化等开展征集研讨，编辑出版《常熟文史》第52辑。对已刊印各类文史资料60辑共1000多万字，启动文史资料数字化工程，加强对文史资料的存储、传播和利用。

【深化学习研究】 2017年，在思想理论学习方面，深入学习宣传贯彻中共十九大精神和习近平新时代中国特色社会主义思想，积极引导和推动政协各参加单位、全体委员开展丰富多彩、形式各样的学习活动；在政协知识学习方面，邀请省政协研究室领导围绕懂政协、会协商、善议政给全体委员作专题讲座，组织骨干委员赴全国政协培训中心、井冈山干部学院学习培训，帮助委员掌握人民政协理论，提高思想政治素质和参政议政能力；在让委员知情明政方面，组织全体委员视察重大工程项目和民生实事工程，组织在常苏州委员深入企业考察智能制造、开展异地视察，为委员开阔建言思路、激发履职活力提供条件；在理论实践结合方面，将读书活动与大走访活动结合，将理论研究与政协实践结合，形成了《为基层政协工作提供不竭滋养》等调研文章。

【提升宣传效应】 加大宣传力度，在《人民政协报》《江苏政协》《苏州日报》《苏州政协》《常熟日报》上刊登信息、工作研究近百篇；在"苏州政协"微信公众号宣传常熟政协履职成效52篇；试水媒体跟踪提案办理，在电台、电视台、报纸开设专栏，选取事关民生热点难点的重点提案进行跟踪报道。加强政协自身媒体宣传工作，《常熟政协》杂志常编常新，"常熟政协"及时刷新，"常熟政协"微信公众号即时更新。做好履职交流，在省政协、苏州政协到常熟开展专题调研时，精心安排、认真配合，为总结常熟经验、展示常熟成就提供渠道。注重文化交流，开展了与浙江省衢州市的"名城缘"书画联展、"风雅琴川——常熟市政协女委员五人书画(南京)展"，切实加强文化宣传。 (颜　容)

责任编辑　刘品玉

# 纪检·监察

## 综 述

【概况】 2017 年，在市委和上级纪委的坚强领导下，全市各级纪检监察组织以习近平新时代中国特色社会主义思想为指导，深入学习贯彻党的十九大精神，履行党章职责使命、聚焦监督执纪问责、锻造过硬纪检队伍，推动全市党风廉政建设和反腐败工作取得新进展、新成效，市纪委获全省纪检监察系统先进集体荣誉。

按照上级部署要求，全面推进纪律检查体制改革，推动监察体制改革工作，完成巡察、派驻机构改革任务，持续深化“三转”，清理议事协调机构，助推各级纪检监察组织聚焦主责主业。严格落实“两个责任”，构建“两个责任”规范化体系，推动各级党组织和纪检组织定责明责、履责尽责。保持高压威慑态势，全年共立案审查 353 件，挽回经济损失近 1800 万元。规范运用“四种形态”特别是“第一种形态”，让“红脸出汗”成为常态，运用“四种形态”处理 486 人次。用好问责利器，加大对“263”专项整治、安全生产等市委市政府中心工作督查力度，对 7 名领导干部进行问责。持之以恒推进作风建设，组织作风建设专项督查和明查暗访活动 70 余次，查处违反中央八项规定精神问题 19 起。出台《领导干部作风建设评价办法》，将全市 1700 多名科级领导干部纳入监管范围。制定《关于鼓励党员干部干事创业建立容错免责机制的实施办法》《错告诬告党员干部信访举报行为查核处理办法》，实施容错免责 5 例。深化“媒体问政”品牌，政风行风热线“基层行”走进 8 个乡镇板块，答复解决群众诉求 360 多条。扎实开展巡察工作，建立市级巡察和乡镇巡审联动机制，全力配合做好省委第七巡视组到常巡视和反馈意见整改工作。加强廉政宣传教育，开通“碧水琴川”微信公众号，开展第九个“510 训廉日”、廉政诗歌朗诵等活动，编印廉政书籍《延绵的古风》，召开全市领导干部警示教育大会。贯彻落实“打铁还需自身硬”专项行动要求，深入推进“两学一做”学习教育常态化制度化，在全系统开展“知敬畏、树标杆、铸忠诚”主题教育活动，加强对纪检监察干部的教育、监督、管理，提升队伍凝聚力和战斗力。

2017 年 3 月 22 日，全市巡察工作推进会召开　　（市纪委提供）

## 纪检监察体制改革

【概况】 2017 年，常熟市紧跟中央、省、市部署要求，深入推进纪检监察体制改革，实施监察体制、巡察机构、派驻监督三大改革，持续深化市镇纪委“三转”工作，着力开创新时代纪检监察工作新局面。

【实施监察体制改革】 2017 年，常熟市全面落实省委、市委和上级纪委决策部署，积极稳妥推进监察体制改革。制定实施方案，科学设置内设机构，在原有 10 个职能室的基础上，增设 3 个纪检监察室，划转检察院反贪、反渎、预防职务犯罪部门人员编制 29 名，实际转隶人员 23 名。坚持人岗相适、交叉编成、统筹调配原则，根据转隶人员具体情况合理定岗，纪委机关干部与检察机关转隶人员混合配置，促进全面融合。认真落实《监督执纪工作规则》要求，健全内控措施，建立案件监督管理、案件审理、执纪监督、审查调查协调制约工作机制，切实防止"灯下黑"。

**【完善巡察机构设置】** 2017年，常熟市全面落实省委巡视工作领导小组部署，完成市委巡察机构组建工作。设立市委巡察工作办公室，列入市委职能部门，设在市纪委，正科级建制，核定人员编制7名，主要承担统筹协调、组织指导、监督管理、联络督查等工作。设立4个市委巡察组，在市委巡察工作领导小组领导下承担巡察任务。从严把好巡察干部"入口关"，从敢担当、敢负责的党员干部中选拔巡察组组长、副组长，把优秀人才选调到巡察一线培养锻炼，建立巡察干部人才库，充实巡察干部队伍力量，提升巡察监督质效。

**【完成派驻机构改革】** 2017年，常熟市制定派驻机构改革实施方案，设置16个派驻纪检组，实现对68家市一级党和国家机关、市直属事业单位的派驻监督全覆盖。出台派驻机构管理和监督办法，明确工作体制和管理关系，改革后，派驻机构人、财、物划归市纪委直接领导，以监督"独立性"保证监督"权威性"。出台派驻纪检组工作暂行规定，推动派驻机构聚焦监督重点、规范履行职责、提升工作成效。各派驻机构对照责任清单和履职细则，积极履职尽责，2017年，累计收到问题线索、信访件133件次，对31人开展谈话函询，给予11人党政纪处分，组织处理18人。

**【持续深化市镇两级纪委"三转"】** 2017年，常熟市全面清理议事协调机构，对不符合"三转"要求的坚决退出，市纪委清理退出议事协调机构15个，镇(街道)纪委清理退出议事协调机构97个。认真落实乡镇纪委书记、副书记提名考察办法，对由党委副书记兼任的9个镇(板块)纪委书记进行职务调整，明确由原党委委员、纪委副书记担任专职纪委书记，增配东南街道纪工委书记，按要求配备纪委副书记，规范纪委书记、副书记分工与兼职，确保纪委聚焦主责主业。

## 执纪审查

**【概况】** 2017年，全市各级纪检监察组织共受理信访举报325件，立案审查353件，同比增长6.33%。其中，科级以上干部16人，移送司法机关9人；查办违反组织纪律案件5件，违反廉洁纪律案件28件，违反群众纪律案件4件，违反工作纪律案件4件，违反生活纪律案件2件。重点查处中邮速递常熟分公司原总经理、中邮集团常熟分公司原党委委员陆某受贿、挪用公款案，移送司法机关追究刑事责任；虞山镇琴湖管理区动迁办原工作人员谭某滥用职权案，移送司法机关追究刑事责任；练塘储备粮库有限公司原主任沈某、原副主任许某贪污案，移送司法机关追究刑事责任。

**【出台问题线索集中管理办法】** 2017年，《市纪委、监察局问题线索集中管理办法(试行)》出台，明确各类问题线索由市纪委案管室集中管理。建立完善问题线索管理信息库，专人负责问题线索收集、受理和移交工作，逐件登记、规范交接手续，全程留痕，确保问题线索集中管理科学化和规范化。强化问题线索处置，详细登记问题线索，及时下发至承办部门或单位办理。加强问题线索研判分析，由委领导牵头信访、执纪审查等部门集中研判，确保问题线索得到精准处置，不沉淀、不拖延、不积压。

**【加强一般性审查谈话场所建设】** 2017年，对照省纪委要求，改建市纪委一般性审查谈话室，配备专用电脑、打印机、门禁系统以及全程录音录像设备，为安全谈话提供保障。建立工作台账，审查谈话一律在规定场所进行并全程录音录像，保障被审查人合法权益。督促指导各乡镇(板块)建设一般性审查谈话室，并建立配套的管理使用规定和安全防护措施。

**【出台《错告诬告党员干部信访举报行为查核处理办法》】** 2017年，针对错告诬告党员干部信访举报行为，出台查核处理办法，将不实信访举报区分为错告、诬告，并明确对于错告者，由承办部门对其进行批评教育或运用执纪监督第一种形态进行处理。对于诬告陷害者，严格按照相关法律规定，视其具体情节作出处理，并计入个人诚信系统。文件明确规定对冒用他人名义、严重干扰换届选举和干部选拔任用等七种诬告陷害行为给予从重处理，以此向诬告陷害行为"亮剑"，为清白正派干部"撑腰"。

**【推进执纪审理标准化建设】** 2017年，围绕"二十四字"审理工作要求，将执纪审查和执纪审理流程细化，制定普通程序、简易程序、乡案协审、缺席审理等"流程图"，切实推进执纪流程标准化建设。规范处分执行告知机制，对全市处分执行情况"回头看"，确保处分决定执行到位。4月、5月，开展2016年度全市党纪政纪案件质量大检查，对各板块办理的216件案件和市直机关15件案件进行集中检查，提升基层办案质效。2017年，全市案件质量在苏州市纪委质量检查评比中名列第一。

**【维护十九大期间信访稳定】** 2017年，贯彻省、苏州市纪委纪检监察信访稳定工作部署要求，落实十九大前后各项稳控措施。组织召开十九大前信访维稳工作会议，全面分析全市信访举报形势，研究部署稳控化解工作。完善信访包案责任制，对各级纪检监察组织排查出的越级访、重复访、集体访以及其他不稳定因素进行梳理，按照"谁主管、谁负责"和"属地管理、分级负责"原则，逐一明确落实主体责任，做到责任到人、工作到位、有备无患，力保十九大期间社会环境平稳安定。

## 党风政风监督

**【概况】** 2017年，全市党风政风监督工作聚焦重点领域和重点对象，严格落实“两个责任”，扎实推进标本兼治，驰而不息纠正“四风”，推动全面从严治党向基层延伸。

**【压紧压实“两个责任”】** 2017年，建立党委主体责任全程记实制度，下发落实主体责任规范化手册，将落实主体责任工作细化为18类41项“规定动作”，做到实时记实、全程留痕。协助市委召开落实全面从严治党主体责任述职点评会，以3项个性化项目和5项规定项目为重点，开展“3＋5”主体责任考核评价。认真贯彻执行问责条例，提请市委主要领导开展履责约谈、诫勉谈话5人次，全年共对落实“两个责任”不力的2个党组织、7名领导干部进行问责，其中给予党纪政纪处分2人，通报2起。

**【开展作风建设专项整治】** 2017年，持续正风肃纪，紧盯重要时间节点、具体问题线索和“四风”问题新动向，组织作风建设专项督查和明查暗访活动70余次，坚持发现一起、查处一起，坚决防止不正之风反弹回潮。深入开展违规吃请和公款吃喝问题专项整治“回头看”、公务接待“四个严禁”贯彻落实情况专项督查、私人会所、隐蔽场所专项清理整治等，全市累计查处违规公款吃喝、公款旅游、违规发放津补贴、违规使用加油卡等违反中央八项规定精神问题19起、处理42人、党纪政纪处分17人，对10起13名党员干部典型案例进行点名道姓通报曝光。

**【开展农村集体“三资”管理专项治理】** 2017年，督促农村工作主管部门及各镇板块开展农村集体“三资”管理专项治理，推行村务公开“e阳光行动”，规范农村集体资产资源流转交易，统一推行村级财务第三方代理，建立村级资金支付非现金结算制度，组织实施镇级集体资产清产核资和产权登记，完成社区股份合作社股权固化改革，积极探索“政经分开”以及加强审计监督，促进农村集体“三资”管理规范化、民主化、信息化，从源头上遏制基层腐败问题。制定《农村集体“三资”监管重点工作督查方案》，下发督查通知，通过强化监督加快工作推进，并将农村集体“三资”监管工作作为评价主体责任落实情况的重要指标，列入党风廉政建设责任制检查考核内容。

**【出台“四种形态”工作制度】** 2017年，协助市委出台《关于把握运用监督执纪“四种形态”的意见》，明确运用监督执纪“四种形态”的工作原则、工作内容、运用方式和工作要求。围绕“第一种形态”，出台《规范运用监督执纪“第一种形态”实施办法》，强化各级党组织对“第一种形态”的全面理解、准确把握和实践运用，让“红脸出汗”成为常态。建立“四种形态”数据报送机制，加强分析研判，引导各级党组织、纪检监察组织加强履职尽责。2017年，全市纪检监察组织共谈话函询129件次，共运用“四种形态”处理486人次，其中，运用第一、第二种形态占84.7%，第三种形态占2.7%，第四种形态占12.6%，“四种形态”结构性特征基本显现。

**【开展领导干部作风建设评价】** 2017年，以廉洁诚信管理体系为基础，出台《领导干部作风建设评价办法》，从思想作风、学风会风、工作作风、领导作风及生活作风五个方面入手，建立完善干部作风考核评价机制。开发信息系统，实施“智慧监督”，全市1700多名科级领导干部纳入监管范围，2017年度总计121人因教育培训不合格、出租房屋存在安全隐患问题等被扣分警示。将评价结果与干部提拔使用、绩效考核挂钩，作为评估作风建设成效、建立长效机制的重要参考。

## 行政监察

**【概况】** 2017年，全市行政监察工作立足“监督的再监督”职能，坚持问题导向，加强对市委市政府重点工作的监督检查，进一步推进监督检查制度化、规范化。

**【建立健全容错免责机制】** 2017年，《关于鼓励党员干部干事创业建立容错免责机制的实施办法》出台，实施容错免责5例。针对“263”专项行动28件逾期整改未到位挂牌督办件的情况，以下发拟问责通知书形式，督促项目相关单位加快整改解决问题，给予责任人纠错空间，促进党员干部履职尽责。通过相关事例的不断应用，容错免责机制基本确立，进入常态化执行阶段。

**【开展安全生产领域问责行动】** 2017年，突出主责主业，严肃生产安全事故及执法监管中失职渎职的责任追究。在“2·26”常熟市失蜡铸件厂一般高处坠落事故中，配合苏州市人民政府事故调查组实施提级调查，问责处理8名负有监管责任的党员干部。严肃查处企业安全事故主体责任，督促各板块问责企业党员负责人32人；从严追究属地政府及村委会监管责任，共问责处理13人，其中采取第一种形态5人，党政纪处理8人。

**【督促推动生态文明建设】** 2017年，配合相关部门开展对“263”专项治理、散乱污企业专项整治、省环保督察组反馈问题的专项督查，制定《常熟市“263”专项行动失职问责暂行办法》和《加强全市“263”专项行动约谈暂行办法》。通过明查暗访、通报曝光、会议督查、不定期抽查等形式加大对各板块、各部门落实专项行动的检查力度。会同263办下发督查专报48期、督办交办单83期，对351项影响生态环境治理的问题进行点名专项督办。

## 巡察巡审

**【概况】** 2017年，按照市委巡察工作总体规划，分两轮对7个镇、2个街道、6家市级机关部门开展常规巡察，实现对乡镇巡察全覆盖，对45家村（社区）开展巡审监督，切实发挥巡察巡审利剑作用。

**【健全巡察工作制度体系】** 2017

一起挂廉政铭牌，宣传“正歪树、治病树、拔烂树”的理念，使他们正确把握“树木”与“森林”、“形态”与“生态”的关系，筑牢初心、廉洁自律。

**【开展“碧水琴川”廉政文艺基层行活动】** 2017年，结合“文化惠民村村演”活动，以廉政小戏小品为重点启动廉政文艺基层行活动，通过党员干部和群众喜闻乐见的形式，在全市各镇各板块农村、社区进行巡演，推动廉政文化扎根农村基层，进一步弘扬廉风尚，传递正能量，全年演出达100场（次），观众达6万人次。同时在全市各镇巡演廉政评弹《忠魂》，进一步营造崇廉尚洁的社会氛围。

**【开展第九个“510训廉日”系列活动】** 2017年5月10日，围绕“严守纪律规矩、自觉接受监督”主题，开展全市党风廉政建设宣传教育月活动。以2016年5月以后新提任市管领导干部为重点进行集中廉政教育，督促新提任领导干部一日训廉、日日思廉。坚持上下联动，组织发动全市同步开展主题活动，在全市掀起党风廉政宣传教育高潮。在市级层面上，重点开展了创作一句廉政格言、接受一次党性教育、举行一次廉洁自律宣誓等“六个一”活动，并创新开展“同植廉心树、共育清风林”主题活动。

**【开展“正风反腐、从严治党”警示教育活动】** 2017年，重点做好查办案件的“后半篇文章”。一是做好案件信息的跟踪发布，及时披露有关案情；二是做好各地各单位参观警示教育基地的服务工作，2017年，共有20多批1000多人（次）参观警示教育基地；三是拍摄制作《前车之鉴》警示教育片，并组织召开全市领导干部警示教育大会。四是加强常态化教育，抓住元旦、春节、五一、十一等时间节点，通过报纸、电视、短信、网络等载体，加强节日期间的作风教育和提醒，对典型的“四风”问题优先通报和曝光，使关爱常在、震慑常在。

**【开展“正勤廉家风、扬传统美德”系列活动】** 2017年，开展“正勤廉家风、扬传统美德”系列宣传活动，依托“同和讲堂”，以“廉洁文化公开课”的形式，邀请上海师范大学王澧华教授讲述《曾国藩的为官与治家》；挖掘古里铁琴铜剑楼瞿氏家族的家风家训，拍摄《书香传家琴剑流芳》宣传片，并积极推送至中纪委网站；将常熟历史上世代传承中形成的优秀传统道德规范、为人做事之道、生活工作作风等作为挖掘重点，组织文史专家编印出版《绵延的古风》一书，并以此为蓝本遴选20个家族的家规家训进行集中展出，通过组织参观学习启迪全市党员干部和市民群众传承家规家训，涵养良好家风。

## 纪检监察队伍建设

**【概况】** 2017年，全面落实“打铁还需自身硬”要求，扎实推进纪检监察队伍建设，以政治建设为统领，增强“四个意识”，坚定“四个自信”，着力打造一支忠诚干净担当的纪检监察干部队伍。

**【加大干部选任力度】** 2017年，适应纪检监察体制改革要求，加大干部选拔任用力度，拓宽选人视野，综合运用组织选调、基层推荐、军转安置、公开遴选、转岗等方式广纳贤能。把轮岗交流作为提高干部综合素质的有效途径和优化干部队伍结构的重要举措，加大机关、巡察机构、派驻机构、基层单位纪检干部的交流轮岗，进一步激发干部队伍活力。全年选拔任用干部21人，选调干部36人，系统内轮岗交流12人，系统外交流任职8人。

**【开展“知敬畏、树标杆、铸忠诚”主题教育实践活动】** 2017年，出台“知敬畏、树标杆、铸忠诚”主题教育实践活动实施意见，实施“十二个一”专项行动。加强理想信念教育，组织纪检干部赴焦裕禄干部学院开展党性锻炼，举办青年纪检干部党性锻炼、主题演讲活动，学习先进、强化担当。强化警示教育，组织收看《打铁还需自身硬》专题片，编印纪检监察干部违纪案例警示教育册，引导干部汲取教训，做党的忠诚卫士。建立常态化培训机制，开设纪检监察干部微讲堂，组织6名基层干部到市纪委参加跟班学习，举办省纪委监督执纪工作规则和“1＋N”制度体系轮训班。

**【强化廉政风险防控】** 2017年，以构建廉政风险防控闭环为目标，全覆盖、多层次在全市纪检监察系统开展廉政风险排查和防控工作，梳理权力清单、查找廉政风险、制定防控措施，加强对权力运行的监督和制约。委局领导班子及其成员共排出岗位风险点170个，制订防控措施110条，各职能室（机构）、各基层纪检监察组织共计排出风险点1370个、制订防控措施968条。

**【健全纪检监察干部监督机制】** 2017年，制定出台《关于对全市纪检监察干部“八小时外”社会交往活动监督的暂行规定》《常熟市纪检监察干部打听案情、过问案件、说情干预及违规接触被审查对象等登记备案暂行办法》，组织全市纪检监察干部签订“六不行为规范”承诺书，严格遵守“六条禁令”。建立纪检监察干部个人有关事项报告制度，认真执行《作风效能积分警示管理办法》，分层实施分类谈心谈话制度。

**【严格审核领导干部党风廉政情况】** 2017年，认真履行监督专责，在干部使用、出国境审核、评先评优工作中，牵头做好党员干部党风廉政情况征求意见回复工作，严把政治关、廉洁关，防止带病提拔、带病评优。2017年共审核回复干部选任廉政意见24批299人次，回复出国境人员廉政意见12批187人次，回复评先评优人员廉政意见19批739人次、集体146个。（吴逸飞）

责任编辑　刘品玉

# 民主党派·工商联·群众团体

## 中国国民党革命委员会常熟市基层委员会

【概况】 2017年，中国国民党革命委员会常熟市基层委员会（简称民革基层委）下属5个支部，年内新发展党员6人，现有党员74人，党员平均年龄48.8岁，离退休人员15人，在职党员中100%为大专以上学历（其中博士7人，硕士8人），女党员23人占26%，1人当选苏州市人大代表，1人任苏州市政协委员，14人任市政协委员，党员以政府机关、文教、经济和社会组织等单位为主。2017年是民革"开展坚持和发展中国特色社会主义学习实践活动"收官之年，民革基层委全体党员认真学习贯彻中共十九大会议精神，领会习近平新时代中国特色社会主义思想，通过收听报告、专题讲座会、撰写学习心得体会等形式，正确理解新时代下所取得的新成就、新使命、新思想、新方略、新目标、新征程、新部署和新要求，把思想和行动凝聚到贯彻习近平新时代中国特色社会主义思想上来，凝聚到贯彻落实富强、民主、文明、和谐、美丽发展理念上来，引导广大党员吃透精神实质内涵，把握核心要义，持续深入开展坚持和发展中国特色社会主义学习实践活动；组织党员"观故居——走多党合作之路"参观昆山市"孙中山与振东侨乡"陈列馆和"巢湖三将军"故居，让党员们进一步了解前辈们为新中国成立做出的丰功伟绩，更加清醒地认识到与中共肝胆相照、荣辱与共、亲密合作的优良传统，加深了民主党派合作历史的了解，接受了一次党史教育和心灵洗礼，更加坚定了理想信念；组织党员骨干赴宁波和新党员赴苏州参加政党理论知识培训，组织党员利用支部例会、专题调研会等学习《民革党章》《中国共产党领导的多党合作和政治协商制度建设的意见》，贯彻共产党的基本路线、基本纲领、基本经验和统战理论，充分认识中国共产党领导的历史必然性和巨大优越性，自觉接受和坚持中国共产党的领导，巩固党员的共同思想政治基础。基层委成立课题组，承担了市软科学研究课题"交通管理创新促进常熟经济增长的机制与对策研究"。2017年民革基层委获得民革中央授予的"全国参政议政工作先进集体"，党员张文金和夏中获得国家卫计委、红十字总会等授予的"2014－2015年度全国无偿献血奉献奖金奖"，党员唐伟荣获江苏省委"优秀中国特色社会主义事业建设者"称号。

【参政议政】 2017年，民革基层委加强调研活动，先后组织党员赴相关部门和乡镇调研常熟市"三农"工作、现代农业、农村脱贫、农村生活污水治理、科技创新、台资企业转型升级、传统媒体和新媒体融合、快递业、城市生态、房产质量、民防工程等工作，进一步提高了党员的知情权，提高参政议政的水平和能力。查银华主委等代表民革基层委参加市委双月座谈会，围绕高新区核心建设、物业管理、村庄环境整治、平安常熟、专精特新等内容认真调研，积极建言，提出建议30多条。民革苏州市人大代表在苏州市第十六届人大一次会议上提交个人建议1条，在政协常熟市十四届一次大会上，主委查银华代表民革基层委作"寻回江南水韵·打造精致常熟城"的大会发言，民革基层委向大会提交集体提案5件，市政协委员向大会提交个人或联名提案21件，民革政协委员查银华、曹正丰等联名提出的《关于进一步推进镇村道路提档升级工作的建议》、张文金提出的《大力发展智能制造，推进常熟产业升级》和王文品提出的《加强农村生活污水治理的几点建议》等3件提案被列为市政府领导领办提案（领办提案共7件），民革常熟市基层委的《关于加强企业诚信建设的建议》（第69号）、民革政协委员张文金提出的《大力发展智能制造·助推常熟产业升级》（第3号）和王文品提出的《关于加强我市农村生活水治理的几点建议》（第4号）等提案列入本届一次会议7件重点提案"回头看"之中，民革重点提案"回头看"率逾40%，年内反映社情民意20条。在政协常熟市第十四届一次会议开幕式上，把张文金在十三届一次会议上提出的个人提案《关于我市学校体育设施（场馆）向社会开放的建议》和常熟民革在十三届三次会议上提出的集体提案《关于进一步提升昭文路常浒河滨河绿带建设的建议》列为常熟十三届政协十大重点优秀提案进行表彰，查银华、边习虞、沈愈、黄育新获年度市政协"双岗尽责"先进个人。

【社会服务】 2017年春节前夕，主委查银华带领民革骨干来到碧溪新区浒东村等处4户农村低保和残疾人困难家庭,开展2017年春节“伸出博爱之手——民革基层组织牵手困难群众活动”。三八国际妇女节前组织全体妇女党员到沙家浜幼儿园举行“牵小手,筑爱心”的活动。第46个“六·五”世界环境日的到来前,民革基层委组织党员在虞山公园镇海台广场举行了“保护绿水青山,打造精致城市”主题宣传活动,宣读了“保护绿水青山,打造精致城市”倡议书,开展了“我为环保献一计”征集活动和环保知识科普和有奖问答,志愿者们还开展了捡垃圾“清洁虞山”活动。党员夏中发扬“奉献、友爱、互助、进步”的志愿服务理念和红十字“人道、博爱、奉献”的社会救助社会服务精神,年内向各慈善机构及个人捐款22800元,还利用业余时间为近万人次免费按摩治疗。（张文金）

## 中国民主同盟常熟市委员会

**【概况】** 2017年,中国民主同盟常熟市委员会(简称民盟常熟市委)有14个支部,盟员276人。盟员平均年龄56岁,退离休人员87人,占31.5%,中高级职称人员272人,占98.55%,分布在教育、科技、文化、医卫等9个界别。在市政协十四届一次会议上,民盟市委提交了11件集体提案,盟员政协委员个人提交了24件提案,就全市名人文化、精致城市建设、医疗机构发展、农产品直销、社会组织公益服务、养老事业发展等方面提出了积极的建议。民盟市委有5件提案和建议被评为优秀提案和优秀建言,其中“做强南泾堂名人文化,彰显名城特色优势”作为大会口头发言,《提升健身绿道文化,打造精致城市生活》作为大会书面发言。民盟界别被评为先进界别活动组,盟员王忠良、张卫东、周皞、查建英获得“双岗尽责”先进委员。提案《试点引领,推动乡镇敬老院转型升级》和《设立体育产业引导资金,推动常熟体育产业发展》,被列为市长领办提案。提案《在推进城镇化

2017年5月7日,民盟常熟市委开展中青年盟员拓展训练活动

（民盟常熟市委提供）

过程中不断加强新型农村社区建设的建议》被列为苏州民盟集体提案。社情民意《建议修订〈江苏省太湖水污染防治条例〉》等被省委统战部采用。是年,民盟常熟市委创建“常熟民盟”微信公众号,及时推送信息,实现“线上”信息共享。《常熟民盟》网站内容及时更新,印发《常熟民盟》刊物6期。获得民盟江苏省委宣传工作先进集体,民盟苏州市委社情民意、盟史知识学习征文优秀组织奖。

**【社会服务】** 2017年,民盟常熟市委以“送教育、送医疗、送文化、送志愿”的“四送”服务为亮点,开展特色创建,继续开展“烛光行动”助学助教,盟员企业家为甘肃礼县16位学生和贵州思南5位学生捐资10万元,同时为两地小学生捐助羽绒服400件;联合市政协港澳台侨委组织盟员前往尚湖镇常兴村开展送医下乡活动,共为300多人次提供了医疗服务;依托泰山社区、报本社区和翁同龢纪念馆设立的“民盟社会服务工作站”,开展文化讲座、送春联、举办书画展等活动。分别赴富阳社区、湖圩村等开展“笔墨凝香进社区——民盟书法家送福进社区”活动,共送出春联1000多幅;常熟盟员参与苏州民盟“春风公益大课堂”活动,先后3次走进“黄丝带帮教基地”,为90多位矫正人员进行“机器人的昨天、今天和明天”、“孩子心里的好父母”、“就业指导——就业形势对策和分析”的专题讲座。

**【举办中青年盟员“凝心聚力,携手前行”拓展训练】** 5月7日,常熟民盟中青年盟员“凝心聚力,携手前行”拓展训练在常熟市体育中心举行。青年工作委员会和部分中青年盟员进行为期一天的拓展训练。“高效蕴于熔炼,潜能破于激发”,此次活动有效增强参训年轻盟员的凝聚力和向心力,增进盟员间的团结协作意识,同时通过相互间的交流和学习,使大家认识到了彼此信任、团队合作和善于创新的重要性,对年轻盟员“双岗尽责汇民意,参政议政谏诤言”起到积极的作用。

**【开展“不忘合作初心,寻访先贤足迹”活动】** 2017年7月23～25日,民盟常熟市委组织市委委员、支部主委、政协委员、人大代表20多人赴安徽开展“不忘合作初心,寻访先贤足迹”学习考察活动。考察组一行先后参观了位于黄山歙县的中国民主同盟传统教育基地陶行知纪念馆和泾县城西郊水西山麓的皖南事变烈士陵园内的皖南事变陈列馆,通过学习考察,大家深刻认识到中国共产党与民主党派团结合作的光辉历程和优良传统,坚定了切实履行好参政议政、民主监督、政治协商职能,不忘合作初心,继续携手前进的信心和决心。

**【政协民盟界别组调研文化事业发展】** 2017年8月17日,常熟市政协民盟界别组开展调研活动,围绕“尽早规

划布局，高标准打造文化常熟新地标”视察调研。中共常熟市委副书记、市政协主席韩卫兵，市政协副主席、民盟市委主委吴国华参加活动。政协委员们参观常熟名人馆、博物馆、图书馆，并开展集中座谈。会上，盟员围绕常熟文化事业发展状况和文博场馆的规划布局，分别就博物馆、名人馆、非遗展示馆、藏书楼、古籍馆建设，提升文化名人影响力，注重历史文化建设规划，重视对外宣传等提出意见和建议。

【举办“读民盟历史·讲民盟故事”演讲诵读比赛】 2017年8月28日，民盟常熟市委举行“读民盟历史讲民盟故事”主题演讲诵读比赛。市政协副主席、民盟市委主委吴国华和各支部代表共40余人观摩比赛。各支部盟员分别做了演讲，优秀作品代表常熟民盟参加民盟苏州市委组织的演讲诵读活动。其中作品《闻一多生命之歌》获三等奖，作品《不忘初心，坚定前行在“专业公益”的道路上》和《坚持、坚持、再坚持一下——常熟田径的悄然崛起》获优秀奖。比赛展示自我，使盟员之间产生强烈的共鸣，提高了盟员的自信和活力。

【承办苏州民盟“青年之家”常熟专场主题座谈会】 2017年9月12日，苏州民盟“青年之家”常熟专场主题座谈会在民盟常熟市委召开，苏州民盟副主委毛昌宁、调研处处长张导、常熟市政协社会事业委员会主任卫欣、民盟常熟市委青年工作委员会成员等参加座谈会。大家借助苏州民盟“青年之家”这一平台，围绕“志愿团队建设”展开座谈。分别就志愿团队党建、文明城市建设、财务监督、学生心理咨询、无偿支教等方面建言献策，形成调研报告《加强志愿团队建设，打响志愿服务品牌》，在政协大会期间作为集体提案提交。

【共同主办“同圆共享”书画邀请展】 2017年9月22日，由民盟常熟市委、市侨办和市文联联合主办，常熟民盟新阶层联谊会承办的“同圆共享——常熟市侨界书画邀请展”在常熟市文化馆开幕，随后在辛庄文化中心和海虞新峰美术馆进行巡展。此次邀请展共遴选出52幅书画作品，其中民盟书画家展出作品14幅。书法作品篆、隶、行、楷、草种类齐全，绘画作品中西结合，各有异趣。常熟市委常委、组织部部长、统战部部长陆文明出席开幕式并讲话，民盟常熟市委副主委兼秘书长陈红娟、民盟参展书画家及新联会成员出席开幕仪式。

【开展跨市盟务交流活动】 2017年11月14日，民盟江阴市委主委、江阴市人大常委会副主任龚振东带领调研组赴常熟进行盟务工作交流和参观调研活动。中共江阴市委统战部副部长潘少峰，常熟市政协副主席、民盟常熟市委主委吴国华，副主委陈红娟，中共常熟市委统战部副部长陆兢业等参加活动。期间，双方就开展关于村级医疗互助联合调研进行座谈，并参观了翁同龢纪念馆“光明之家·盟员学习宣传基地”。

【“盟员之家”成立】 2017年12月28日，文化支部“盟员之家”在“栗桂苑”茶餐厅成立，这是民盟常熟市委成立的第一个“盟员之家”。常熟市政协副主席、民盟市委主委吴国华、苏州民盟副主委黄学贤、秘书长蔡徐频、中共常熟市委统战部副部长陆兢业等参加揭牌仪式。“盟员之家”是根据苏州民盟《关于印发苏州民盟“盟员之家”建设基本要求（试行）的通知》成立，具备固定会议室，“民盟之家”标识牌，民盟内容展板，基层组织台账和盟内刊物等学习宣传纸质材料等。“盟员之家”的成立能充分加强盟员之间的组织凝聚力，成为促进盟员思想建设、展示盟务工作成果、提升盟务水平的一个重要平台。

（张　闽）

2017年12月28日，民盟常熟市文化支部“盟员之家”揭牌仪式举行
（民盟常熟市委提供）

## 中国民主建国会常熟市委员会

【概况】 2017年，中国民主建国会常熟市委员会（简称民建常熟市委）发展会员21名，机关调入1人，共有16个支部、380名会员，设有参政议政、社会服务、青年、老年和妇女5个工作委员会。市委机关设有组织处、宣传处、秘书处3个处室。成员以经济界为主延伸至机关综合部门、财经、水农、建设、交通、文教、卫生界等。会员平均年龄52.1岁，在职会员占76.4%，本（专）科学历、研究生文化程度分别占总数的74.5%、10.2%，有博士7名，女会员占25.5%，有各级人大代表、政协委员38人。民建常熟市委围绕“喜迎十九大”和纪念常熟民建地方组织成立65周年两条主

2017年5月20日,民建常熟市委开展专题教育活动,赴上海参观黄炎培故居 (民建常熟市委提供)

线,在全会开展理论学习活动,争做一个合格的民建会员,重点开展"不忘合作初心、继续携手前进"专题教育,下发《专题教育学习参考目录》,开展了专题调研、主题征文、书画征集、茶话会议、新会员培训班等形式,提高教育的普及面和有效性。主题征文1篇获民建省委优秀征文、3篇获民建苏州市委优秀征文、5篇获中共市委统战部表彰。市委会分别和民建江阴、太仓市委,民建镇江丹徒区基层委员会,民建常州天宁一支部开展跨地区交流活动,组织会员参观太仓科创园、上海黄炎培故居、镇江冷遹故居、嘉兴沈钧儒故居、泰州梅兰芳故居,加强不同层次的学习。民建常熟市委建立"一支部一调研"工作机制,把参政议政工作融入组织生活中,各支部发挥本支部会员的特点和优势,选定专题,共提交19篇调研报告;探索社会服务工作手段,完善工作机制,在工作中逐步形成了"慈善爱心服务品牌"和"志愿服务品牌"2个社会服务品牌。依托慈善爱心基金,市委会先后开展捐资助学、爱心义卖、帮扶失独困难家庭、捐赠轮椅、"百姓城管""爱我虞山"等活动。

【参政议政】 2017年1月4~7日,政协常熟市第十四届委员会第一次会议召开,民建常熟市委共向大会提交了《注重细节提升城市品质不断提升百姓幸福指数》等2篇大会发言、《关于进一步发挥中医"治未病"作用的建议》等10篇集体提案和《关于扎实推进我市服装家纺企业的转型升级的对策与建议》等18件个人提案以及《关于推进城乡垃圾分类及可腐垃圾资源化利用的建议》等19件个人联名提案。此外,《关于健全政府法律顾问制度的思考和建议》的集体提案荣获市十三届政协10件重点优秀提案,会员陈骐、徐澍中荣获2016年市政协"双岗尽责"主题活动先进委员,《深化企业"健康体检",加强企业风险防控》等3篇提案荣获2016年市政协优秀提案,政协民建界别组获2016年市政协先进界别活动组。

【5名代表参加民建江苏省九大】 2017年6月28至29日,中国民主建国会江苏省第九次代表大会在南京召开,常熟民建的5名代表张月明、吴忠庆、孙国强、吴亮、甘成明出席会议。会议审议并通过了民建江苏省第八届委员会报告,选举产生了民建江苏省第九届委员会,通过了江苏省出席中国民主建国会第十一次全国代表大会的代表名单,讨论并通过了相关决议。民建常熟市委主委张月明当选为民建江苏省第九届委员会常务委员,并将作为代表出席中国民主建国会第十一次全国代表大会。

【张月明赴京参加民建十一大】 2017年12月15日至20日,中国民主建国会第十一次全国代表大会在北京举行,副市长、民建市委主委张月明作为苏州地区三个代表之一,赴京参加会议。大会学习了中共十九大精神和中共中央致民建十一大的贺词,审议批准了陈昌智代表第十届中央委员会所作的报告,审议通过了《中国民主建国会第十一次全国代表大会决议》和《中国民主建国会第十一次全国代表大会关于〈中国民主建国会章程(修正案)〉的决议》,选举产生由205名中央委员组成的新一届民建中央委员会。张月明全程参加此次会议,认真履行了自己的代表职责。

【民建中央副主席陈政立到常熟视察】 2017年11月14日,民建中央副主席陈政立一行到常熟视察调研。苏州市政协副主席、民建江苏省委副主委、民建苏州市委主委周晓敏,常熟市副市长、民建常熟市委主委张月明等陪同调研。陈政立一行视察了常熟国际精密公司,参观了企业的生产现场,听取了企业负责人的汇报,并举行座谈会。座谈会上,陈政立就企业科技研发、人才培养储备、市场的销售等方面提出了要求和目标;周晓敏主委希望企业要加强和当地政府的沟通与协作,与地方职业院校合作,订单式培育一线操作员工,建立企业实践基地;张月明主委就校企的合作与开发、企业的转型升级改造,智能化的运用等提出了意见和建议。

【民建江苏省委到常熟调研基层组织生活】 2017年10月20日,民建江苏省委一行5人,在秘书长洪继东的带领下到常熟专题调研基层组织建设的情况。民建苏州市委副主委夏海涛,中共常熟市委统战部副部长陆兢业等参加调研活动。常熟市副市长、民建常熟市委主委张月明,副主委徐澍中、吴忠庆、屈建龙等陪同调研。调研组一行到东南综合支部，参观了支部活动基地，并举行了座谈会，听取了常熟民建近年来的工作情况，特别是在思想建设、支部创新和宣传工作上取得的成绩。东南综合支部负责人汇报了支部在自身建设、参政议政、社会服务、组织活动、会员参与等方面开展的工作情况及取得的成绩。

**【纪念组织成立65周年系列活动】** 2017年是民建常熟地方组织成立65周年，市委会开展了系列纪念活动。11月2日，举行纪念地方组织成立65周年座谈会，市委委员、支部主委出席座谈会。与会人员共同回顾了常熟民建65年的发展历程。11月18日，民建常熟市委组织市委委员、支部主委及会务骨干，到浙江省嘉兴市，用学习、调研的形式纪念组织成立65周年。在南湖革命纪念馆，大家观看历史图片，重温红船精神，接受革命精神教育。在沈钧儒纪念馆，大家瞻仰了先贤的革命事迹，接收革命优良传统教育。在歌斐颂巧克力小镇，大家学习特色小镇建设，拓展建言献策思路。

**【常熟市首个冠名慈善基金成立】** 2017年5月28日，常熟市首个冠名慈善基金——“常熟民建爱心慈善基金”在尚湖一藏一见会馆正式成立。在碧溪、支塘的23名贫困学生以及70多名各界领导和志愿者的共同见证下，常熟市副市长、民建常熟市委主委张月明，市民政局局长戴炳元为基金揭牌。该基金由常熟市慈善基金会负责保管，专款专用，所有捐款均用于社会慈善救助。

**【开展系列爱心助学行动】** 2017年5月28日，民建常熟市委携手常熟市集贤里义工社、碧溪新区、支塘镇政府，举行“六一爱心助学活动”，向23名贫困学生捐赠爱心款和图书、文具等，还安排了志愿者和孩子一起开展科技体验活动——放飞孩子们的梦想，并观看了励志电影。5月31日，民建常熟市委携手市东南幼儿园，开展“‘庆六一’变废为宝爱心义卖活动”，会员捐款帮助儿童购买礼品，所献爱心款也将由学生家长代表捐给市红十字会，市委会还向参与变废为宝制作的小朋友们捐赠了图书，同时向学校捐赠了手帕1200条。8月25日，民建常熟市委走进尚湖镇，举行“关爱未来成就梦想”爱心助学行动，向10位贫困家庭的学生捐赠了助学金和书籍，并建立长期助学关系。

**【微信公众号开通及会刊改版】** 2017年3月7日，民建常熟市委微信公众号“常熟民建”正式开通，公众号作为新媒体的宣传平台，宣传反映民建常熟市委及各基层组织的工作成果，引导广大会员坚持中国共产党的领导，坚定走中国特色社会主义道路，自觉传承民建的优良传统和作风，为民建各项工作做出贡献。8月，改版后的民建常熟市委会刊《常熟民建》首期出刊，刊物由原来的每期8版扩充到32版，彩色印刷，封面、内页版式、栏目设置等都进行了相应调整。年内出版3期。《常熟民建》创刊至2017年年底共出版285期。

（盛　晔）

## 中国民主促进会常熟市委员会

**【概况】** 中国民主促进会常熟市委员会（简称民进常熟市委）现有12个基层支部，314名会员，普通教育界会员占61%，文化书画界会员占16.5%，经济、医卫等其他界别会员占22.5%。其中50岁以下会员占41%，中高级职称比例高达93%。在巩固政治交接的基础上，根据民进中央的部署，开展“不忘合作初心，继续携手前进”专题教育活动，进一步提高广大会员的政治素养。结合“喜迎十九大”这条主线，多次召开主委会议、市委扩大会议，在全会学习贯彻习近平总书记重要讲话精神和中共十八大、十八届历次全会精神，组织学习会章会史，激发会员荣誉感和责任感，争做合格会员。年内，共计30余人次参加学习和会议培训，进一步提升了广大会员理论水平。在民进江苏省委、江苏省叶圣陶研究会组织的“语文教师的语言修养”研讨活动中，钱静霞的论文获一等奖，顾丽芳、季晓红、韩红英、王群英、葛丽萍获二等奖。民进常熟市委全体机关人员参与了苏州民进北上学习交流活动，拜访了民进江苏省委机关，与民进济宁市委会、民进济南市委会、民进中央有关处室座谈交流。在全国民进机关会议上，组织处长徐静芳被评为全国民进机关先进个人，民进市委被评为全省机关先进集体。缪晓东副主委撰写的《关注“新型农民工”群体——流动到外地从事承包种植业的农民》、徐静芳处长撰写《传统路灯能耗问题突出亟待升级为智慧照明》上报民进中央。在民进中央参政党理论研究会组织的2017年课题招标评审活动中，以殷丽萍为组长，以常熟民进会员为主体的课题组中标《经济发达地区县级民主党派加强和规范民主监督工作的机制创新研究》课题，并顺利结题。民进常熟市委还中标民进江苏省委招标课题《关于加强长江下游沿岸滩涂水生生物保护的建议》，成果材料均通过专家组评。开展好各类主题活动。三八妇女节组织会内女会员参加由江苏省政协书画室、常熟市政协联合主办的“风雅琴川”常熟市政协女委员五人书画展在南京总统府礼堂举办的开幕活动。在市图书馆举办纪念王石谷逝世300周年书画作品展暨“常熟开明画院”揭牌成立仪式。邀请江苏省国画院一级美术师萧平前来作公益讲座。在海虞镇姚新峰美术馆举办“吴韵徽风——马鞍山常熟书画联展”。

**【民进江苏省委到常熟调研】** 2017年3月27日，民进江苏省委秘书长王鲁彬带领省委机关一行5人到常熟开展“走基层·转作风”调研活动，民进苏州市委副主委陆丽瑾陪同调研。市政协副主席、民进常熟市委主委殷丽萍，副主委朱晞、邹科惠、缪晓东参加了座谈。会上，调研组一行与民进市委领导班子及新老支部主任代表、新阶层代表进行了座谈交流，听取了他们对新一届民进常熟市委班子及机关的意见建议。调研组一行还实地走访了民进会员企业常熟电子仪器厂,通过与企业老总面对面交流掌握第一手资料。

【邀请萧平作书画公益讲座】 2017年4月6日,民进常熟市委邀请江苏省国画院一级美术师萧平前来作公益讲座"书画今夕谈",60多位书画爱好者参加了讲座。此次公益讲座是民进常熟市委常熟开明画院成立系列活动之二,也是民进江苏省委"大师走基层"活动的第一站。通过活动旨在深入挖掘民进优良传统的时代内涵,弘扬社会主义核心价值观,做强文化自信,体现出民进作为参政党为中国特色社会主义事业的发展贡献力量的决心和信心。

【赴贵州开展捐资助学】 2017年4月11日,常熟市政协副主席、民进常熟市委主委殷丽萍、江苏省金龙机械科技股份有限公司董事长金水良、常熟市电子仪器公司董事长陈岳平、常熟市芝友电梯安装工程有限公司董事长陆雁等一行6人赴贵州金沙县沙土镇常熟希望小学开展"同心·彩虹"捐资助学活动,捐赠15万元用于改善学校办学条件。金沙县委常委、统战部部长蒙敏,民进毕节市工委主委、民进金沙县工委主委罗庆军及金沙县教育局、沙土镇党委政府相关领导出席捐赠仪式。民进常熟市委一行还实地考察了校舍、食堂、校园文化建设等。自2007年捐建常熟希望学校以来,民进常熟市委从组织会员企业家捐赠现金、图书、学习用品、电脑、投影仪、学生礼仪服、演出服等,到组织教育专家教师作专题教育讲座、上示范课,开展培训帮教活动。

【举办"吴韵徽风——马鞍山常熟书画联展"】 2017年6月3日,民进常熟市委在海虞镇姚新峰美术馆举办"吴韵徽风——马鞍山常熟书画联展"。常熟市政协副主席、民进常熟市委主委殷丽萍出席活动。联展共展出了常熟开明画院、马鞍山开明画院艺术家们创作的60余幅作品。开幕式后,两地书画家还赴沙家浜革命历史纪念馆进行笔会交流。

【举办首场"民家讲堂"】 2017年9月29日,民进常熟市委首场"民家讲堂"在教育局教研室开幕。"民家讲堂"邀请了"民进全国社会服务先进集体"具体工作承担者——小教支部主任、全国优秀化学教研员倪宁丹讲述支部及个人成长故事。民进常熟市委全体机关人员,各基层支部骨干会员参加活动。首场讲堂上,倪宁丹讲述了在民进成长、成才的故事。"民家讲堂"旨在邀请民进会内各界(教育界、文化界、经济界、医卫界等)名人行家以开授讲堂的方式,给民进会员多一个展示自我风采的窗口,扩宽会员视野,提升文化素养,从而推动会内进一步形成崇尚知识、参政建言、热衷会务、双岗尽职的良好氛围。

(俞丹洁)

2017年4月1日,民进常熟市委在市图书馆举办纪念王石谷逝世300周年书画作品展暨"常熟开明画院"揭牌成立仪式 (民进常熟市委提供)

## 中国农工民主党常熟市委员会

【概况】 2017年,中国农工民主党常熟市委员会(简称农工党常熟市委)下设秘书处、组织处、宣传处3个工作部门和参政议政、青年工作、社会服务、老龄妇女4个工作委员会、1个总支、16个支部。2017年分别在医药卫生、环保、经济、文化、教育以及政府机关等领域发展党员14名,平均年龄40岁,全部为本科学历及中高级以上职称,继续保持了党员发展的精英化和年轻化。截至年末,全市党员人数374人。具有中高级职称的345人,占97.6%(其中:正高级技术职称48人,博士3人,硕士18人)。党员中现有苏州市人大代表2人(其中常委会委员1人),苏州市政协委员2人(其中常委1人);常熟市人大代表3人(常委会委员2人),常熟市政协委员28人(其中常委6人)。

【参政议政】 2017年,农工党常熟市委围绕打造精致城市,建设"强富美高"新常熟的目标,在市政协第十四届一次会议上,农工党市委共提交集体提案10件,其中大会发言2件;集体提案和个人提案各1件成为市长领办提案;农工党市委的《精准施策,科学推进大气污染的防治》,农工党党员陆志平、范家林等的《以加快重点项目建设为切入点,推动全市医院科学布局的建议》以及农工党党员褚东明、赵文健等的《加快推进常熟老年养护事业的建议》被评为2016年市政协优秀提案。农工党员范家林、徐忠明被评为"双岗尽责"主题活动先进个人,常熟市政协"农工党界别"被评为先进界别活动组。社情民意是民主党派参政议政、建言献策的常用载体。经过层层发动,2017年,市委共向政协提交社情民意信息20件。其中《关于建设常熟室内网球馆的建议》得位画家颁发了聘书。此次展览共展出100多幅书画摄影作品。

【茉莉花绽放雪域高原】 农工党党员黄轶花,女,1976年1月出生,常熟市疾控中心预防医学门诊部副主任、工会副主席、农工党常熟公卫中心支部委员会委员。2017年7月20日赴西藏林周县开展的为期两个月的医疗援助工作。2017年8月9日上午,在西藏因公殉职,年仅41岁。农工党中央、江苏省委、苏州市委、常熟市委都对黄轶花的事迹进行了高度评价,一致认为黄轶花同志是新时期农工党党员的优秀代表。她的先进事迹,集中展现了农工党人与中国共产党同心同行,无私奉献的价值追求,具有鲜明的时代特征,是广大农工党党员学习的楷模。农工党江苏省委主委周健民号召全省农工党党员学习黄轶花的先进事迹,进一步增强农工党党员的政治责任感和历史使命感,不忘合作初心,继续携手前进,以优异成绩迎接农工党十六大和中共十九大的胜利召开。2017年11月27日,中国农工民主党第十六次全国代表大会在北京开幕。大会追认黄轶花为农工党中央优秀党员,同时,农工党江苏省委和农工党苏州市委也分别追认黄轶花为"优秀党员"。 (陈敏新)

## 九三学社常熟市支社

【概况】 2017年,九三学社常熟市支社新发展社员2名,基层组织建设稳步推进。该社坚持理论学习,通过自学、参加社组织和统战部门组织的培训等多种形式提高统战理论水平和基层组织管理水平。全年组织开展学习中共组织、政协及九三学社上级部门各类文件精神会议5次。下半年,集中开展中共十九大宣传学习活动,认真组织社员学习讨论,加强对习近平新时代中国特色社会主义的系统学习,自觉与中共在思想上、行动上保持高度一致。选派数名社员参加省社会主义学院、苏州社会主义学院培训班学习,社员理论素养不断提高。2017年6月,被评为九三学社江苏省第七届委员会"思想建设优秀基层组织"。

【参政议政】 2017年,九三学社常熟市支社围绕地方经济、政治、文化、社会、生态"五个文明"建设积极建言献策,向常熟市政协提交集体提案1项,委员提案7项。其中,集体提案"关于规范我市外地农民生产管理的建议"被评为常熟市政协十四届一次会议以来优秀提案。2017年5月,支社提议建设的王淦昌故居正式开馆。全国政协常委、副秘书长、九三学社中央常务副主席邵鸿,九三学社省委主委、省住房和城乡建设厅厅长周岚到常熟参加纪念王淦昌诞辰110周年活动暨王淦昌故居开馆仪式。十二届全国政协副主席、九三学社中央主席、中国科学技术协会名誉主席韩启德专门为王淦昌先生诞辰110周年题词"殊勋耀华夏大范垂后昆"。王淦昌故居还成为首批苏州市统一战线传统教育基地。

【社会调研】 2017年,九三学社常熟市支社积极参与民主党派集体调研和市政府、市政协、相关部门的座谈会,充分发挥支社在人文社科方面的优势,将科学研究与社会调查结合起来,组织社员深入农村、企业、社区开展社会调研。2017年,共有4篇研究报告被苏州市级党政内参采用。其中,社员童举希研究成果《关于进一步提升发展我市农民专业合作社的建议》、社员施杨研究成果《加快苏州农业科技特派员队伍建设的调查和思考》先后被中共苏州市委副书记朱民批示。

【对口联系】 2017年,九三学社常熟市支社不断健全日常工作通报制和协商制度,形成以联系为纽带、以调研为抓手、以活动为载体的工作机制。在市科技局支持下,研究报告《关于我市特色小镇建设的思考》被列入2017年常熟市软科学项目。同时,积极加强与兄弟组织的密切联系,先后接待九三学社溧水支社、九三学社绵阳市委员会等到常熟考察,交流工作经验。

【社会服务】 2017年,九三学社常熟市支社在职社员立足本职工作,服务地方经济社会发展,积极参与社会服务。社员朱文新、张青松、严华参加纪念"五一口号"发布69周年常熟市民主党派、无党派人士为民服务活动,开展医疗卫生咨询服务。社员魏亚平利用业余时间,为全市各类文娱、比赛活动义务摄影;社员朱卫刚充分发挥艺术特长,为市民提供艺术品免费鉴定,其参赛作品《非遗手工艺+互联网+金融交易平台》获第五届中国江苏创新创业大赛三等奖;社员孙德荣律师深入农村,进行法律知识宣讲;社员刘燕、杨秀云利用业余时间,为在校大学生提供教学、考研等辅导。 (施 杨)

## 常熟市工商业联合会(总商会)

【概况】 2017年,常熟市工商业联合会(简称市工商联)注重推进换届工作,对2个行业商会(市建材商会、市沙家浜玻璃模具商会)、2个异地商会(市安徽商会、市河南商会)进行换届,新成立市中小企业促进会、市河北商会2家商会,新增会员300名。积极推进商会规范化建设,配合市民政局做好商会社团年度检查工作,通过第三方机构对商会进行了财务审计,推进行业商会与行政机关脱钩"五分离"工作,强化商会财务监督,建立风险防控机制。开展"争做'四有'新苏商"为主要内容的理想信念教育实践活动,帮助广大民营企业家坚定发展信心,坚守实体经济,持续不断创新,强化社会责任,在"两聚一高"中建功立业、担当重任。组织工商联机关和所属商会收看十九大,开展十九大报告和新党章的学习活动;组织3批次6人,参加江苏省苏州市非有制公代表人士理想信念教育培训班赴江西干部学校学习;拓展培训网络,组织常执委和商会企业家开展3次民营经济座谈会;组织部分机关人员和商会会长赴武进、

2017年6月29日，市工商联组织党建联盟各成员单位赴中利集团、沙家浜廉政教育馆开展党日活动　　（市工商联提供）

昆山和张家港等市学习交流；同市电视台联合创办服务企业的专业性栏目—《常熟企业》，共宣传了24位具有代表性的会员企业家；同市弘成教育培训中心合作，举办赴青岛海尔、红领两家标杆企业开放式培训和一期“创造利润倍增——中国式阿米巴经营策略”公益讲座；利用《常熟工商联》杂志、网站、微信公众号等现代媒体，积极宣传第三届“常熟市优秀中国特色社会主义建设者”和“常熟市文明企业家”。拓展法律服务平台，新成立市温州商会、建材商会、旧机动车商会、浦江商会人民调解委员会，全市商会调委会达到15家。利用“纳税人之家”平台，组织市房地产业商会会员，开展纳税专项咨询服务。积极参与市劳动关系三方协调，对规模企业和行业协会进行政策宣传。带头履行社会责任，工商联机关对结对社区进行帮建，联合市义乌、浦江商会支部捐助泰安社区贫困儿童5000元和部分学习用品；市总商会和市货架商会分别向江苏省泗洪县和贵州省思南县捐助10万元和20万元；市安徽商会、河南商会积极应对“7·16”纵火案，对遇难者家属做好安抚工作，并发动会员进行爱心捐款，分别筹集善款20多万元和5万多元。加强调研，积极建言献策。完成全国工商联第19次上规模民营企业调研，上报全市2016年度营业收入总额5亿元以上民营企业29家，有2家企业上榜2017中国民营企业500强；上报完成苏州市工商联下达的关于常熟市1个典型行业、2个乡镇、1家民营企业的经济发展报告的撰写任务。组织工商联界别20名政协委员参加市政协十四届一次会议，专门作了《提升特色产业打造特色小镇》的大会专题发言，并被列为市政协1号提案，年终获“优秀提案奖”；提交《关于加强我市民营企业家队伍建设的建议》等10件团体提案。扎实开展商会党建工作，召开全市商会系统党员冬训动员大会，邀请市检察院顾万炎就民营企业如何做好公司管理、预防职务犯罪作案例分析和专题讲座；召开总商会党委（扩大）会议，与各支部书记签定党建工作目标责任书；组织商会党支部负责人赴安徽省泾县开展以“走进革命老区，深化党性教育”为主题的党员教育活动；总商会党委组织建立“党建红色联盟”3个，并在泰安社区设立党建活动实践基地；全年新发展党员1名，预备党员转正1名，全市共有异地商会党支部10个，党员70名。12月，市工商联再次蝉联2017年全国“五好”县级工商联。

**【市第三届优秀建设者、文明企业家命名大会召开】** 2017年3月31日，市“第三届优秀中国特色社会主义事业建设者”、“第三届文明企业家”命名大会在常熟会议中心召开，全市各行各业的民营企业家代表、工商联常执委企业、商会代表200多人参加。市委副书记、市政协主席、市委宣传部部长韩卫兵出席大会并讲话。大会对王春华等19名优秀中国特色社会主义事业建设者、江建龙等10名文明企业家进行了命名、授牌。江苏新合作常客隆连锁超市有限公司董事长包乾申、江苏鸽球环保科技集团有限公司董事长蒋永峰、市虞山镇大方园酒楼总经理曹国华分别代表优秀建设者、文明企业家作了大会交流发言。

**【常熟企业上榜“2017中国民营企业500强”】** （参见《工业和信息化》“生产制造”分目）

**【赴泗洪县开展精准扶贫活动】** 2017年12月23～24日，市工商联组织市供销总社、江苏新合作常客隆连锁超市有限公司、市委组织部、江苏美迪洋皮件有限公司等一行8人赴泗洪县开展精准扶贫活动。泗洪县工商联组织了双沟镇周冲村和太平镇香城社区及天岗湖乡崇溪村的支部书记召开扶贫工作座谈会。双沟镇镇长徐伟介绍了双沟镇的经济社会情况。江苏新合作常客隆连锁超市有限公司经理蒋学范和美迪洋皮件有限公司泗洪分公司总经理沈骏代表企业同帮扶村就如何通过皮革加工和农产品销售，提高村和社区的财力收入水平进行了深入讨论。会上，常熟市光彩事业促进会向天岗湖乡崇溪村捐款4万元，向双沟镇周冲村和太平镇香城社区各捐款3万元。

**【《常熟企业》栏目开播】** 2017年1月1日，常熟电视《常熟企业》栏目开播。该栏目是常熟工商联和常熟广电总台联合创办的一档服务企业的专业性栏目。开设子栏目“行业风向标”“产销新高地”“企业新动态”“对话企业家”“产品展示厅”“工匠新传说”等，将企业在资金运行、生产技术、环境保护、产品推广等方面的诸多成功事例传播给会员企业。该栏目每周一期，在周六晚上6点城镇财经频道首播，并在一周内复播。2017年共宣传了24位具有代表性的市工商联会员企业家。

**【赴孟加拉、日本经贸交流】** 2017年3月20～24日，常熟市赴孟加拉经贸考察团对孟加拉达卡市进行经贸考察。6月3～7日，工商联组织民营企业家经济交流团赴友好城市日本萨摩川内市进行经贸交流活动。苏州华姿服饰有限公司、博涛机电设备有限公司、天晨睿企业管理有限公司、轻工装饰材料有限公司、佳盛农业发展科技有限公司、景丽针织服饰有限公司等企业家参加活动。（吴学明）

## 常熟市无党派知识分子联谊会

**【概况】** 2017年，常熟市无党派知识分子联谊会（简称知联会）有会员52人，平均年龄47岁。有苏州市人大代表1人，苏州市政协委员2人，常熟市政协委员23人（其中10人为常委）。年初，知联会秘书长张月明加入民建，当选常熟市人民政府副市长。2017年知联会吸收新会员5名，涉及国土、政法、住建、经济等领域。知联会强化理论学习，提升会员思想境界。通过参加培训班、报告会、自主学习等多种形式，系统学习习近平总书记系列重要讲话精神。

**【参政议政】** 2017年，知联会在市政协第十四届一次会议上共提出提案18件，大会发言2篇，其中《建立完善绿道建管体系—提升市民健康幸福指数》、《对进一步完善我市城市商业格局的建议》被市政协评为优秀提案，《对进一步完善我市城市商业格局的建议》列为市政府领导领办提案。会员俞翔、周钧被评为市政协2017年度政协委员“双岗尽责”主题活动先进委员。3月，以“推进智能制造，加快绿色发展”为主题，前往高新园区的绿色智能制造创新中心等地进行考察调研，在调研的基础上形成“推进智能制造，加快绿色发展”的集体提案。10月，赴天津和杭州，就“推进方塔商圈提升与改造”开展考察调研活动，在一系列深入充分调研的基础上，形成“多措并举探索开创方塔商圈管理新模式”的专题调研报告，提交政协作为知联会在十四届二次会议的大会发言。针对老龄化社会所带来的大量老年病、慢性病、各种生活功能障碍、各种残疾等民生问题，形成“加快全市养老服务体系建设全面提升社会化养老水平”调研报告，并在政协常委会作专题发言，在有关职能部门中引起很大反响。针对全民健身逐步成为广大市民共识的情况，形成“建立完善绿道建管体系提升市民健康幸福指数”的提案，同时被评为政协十四届一次会议优秀提案。完成“向科技要防范和管理力量继续推进平安常熟建设”“科学规划设计引领美丽乡村建设”“关于进一步加强我市农村基层党风廉政建设的几点看法和建议”“多措并举做好物业管理的宣传工作”等六篇发言材料，由会领导在市委双月座谈会向中共市委领导与有关职能部门提出意见建议，多角度开展资政建言。同时不少会员通过“我为精致城市建设献一策”等方法形式，发表自己的意见建议。

**【社会服务】** 2017年初，知联会与常熟市新市民事务中心结对合作，成立知联会新市民法律援助中心，为广大新市民提供学法守法和法律咨询等服务。6月24日，在古里镇人民政府，举办了常熟市新市民法律援助签约仪式暨首次法律知识讲座，常熟市人民政府副市长赵红出席了签约仪式。年内，知联会法律专家为新市民提升法律知识准备了“法治大讲堂”“法律服务直通车”“学法大比拼”等一系列活动，为新市民上课，搭建学法知法的课堂；积极参加统战部组织的社会服务活动，派出医卫、教育方面的专家会员参与“送医送教下乡”活动。会员单位江苏亿通、江苏阿仕顿等企业主动招聘应届毕业大学生就业，阿仕顿公司每年接纳大学毕业生20多人。知联会已连续9年帮助一名苏州市级退休劳模与一名古里贫困小学生，每年定期前往走访与慰问。知联会10位政协常委及其他副局级领导也每年定期捐助结对贫困人员，表达自己的一份爱心。（陆家琪）

## 常熟市总工会

**【概况】** 2017年，常熟市总工会围绕建设“双满意”工会目标，突出主责主业，夯实基层基础，致力精准服务，持续深化改革。全市新增建会企业200家，新增会员1万名，完成会员信息实名登记52.6万名，新增职工服务站点10个。截至2017年年底，全市共建成市级职工服务中心1个、镇（区）职工服务中心15个、95个职工服务站（点），形成了覆盖全市的职工帮扶服务网络。评选表彰2014—2016年度常熟市劳动模范98名。加强镇（街道）工会建设，推动全市各镇、街道、开发区普遍成立总工会。推进工会改革，《常熟市总工会改革实施方案》经市委全面深化改革领导小组第六次会议审议通过，并由市委办公室印发实施。市总工会财务部被评为2016年度“全国工会财务工作先进单位”，市总工会荣获苏州市“职工读书月”活动组织奖和常熟市“全民阅读先进集体”荣誉称号。

**【职工宣教】** 2017年，市总工会组织工会干部深入学习贯彻落实党的十九大精神，在职工群众中广泛开展十九大精神宣传活动，运用网站、微信等新媒体广泛宣传十九大精神和习近平新时代中国特色社会主义思想，推动十九大精神进企业、进车间、进班组。加强典型宣传，评选表彰2014～2016年度常熟市劳动模范98名，申报获评苏州市级以上“五一劳动奖章”19名、苏州市级以上“工人先锋号”14个，与市文明办联合表彰文明岗（班组）50个、文明职工100名。深入开展“职工书屋”示范点和“书香企业”创建活动，新建苏州市“职工读书站”示范点7家、常熟市“职工书屋”示范点11家。阿特斯公司被评为“全国职工书屋示范点”，达富电脑和通润驱动分别被命名为江苏省和苏州市“书香企业”。成功举办“阅读点亮人生—我的阅读故事”征文演讲比赛、“匠心筑梦”常熟职工摄影大赛等活动。

**【职工帮扶】** 2017年，市总工会“双节”期间走访慰问困难职工405人、特困职工113人，发放慰问金118.1万元。夏季“三送”期间走访慰问一线职工6500多人，发放防暑降温物资50多万元。开展“金秋助学”活动，向196名困难职工家庭学生发放助学金33.1万元。组织困难、特困职工518人进行免费体检。发挥职工互助互济保障作用，启动第七期互助会，向51名职工发放补助金98.1万元。向市区特困职工发放生活救助金、天然气费补贴等，做好日常救助工作。关注女职工等特殊职工群体的权益，新建“妈妈驿站”10家。认真落实劳模政策待遇，走访慰问一线劳模、困难劳模、高龄劳模等400多人次，发放各级劳模三金202万元。

**【劳模宣传】** 2017年，市总工会制定实施《2017年当选常熟市级劳模宣传方案》，以媒体宣传、征文比赛、巡回宣讲、风采摄影、事迹展览等形式全方位展示劳模风采。9月，开展“弘扬劳模精神、共创精致城市”征文活动和摄影比赛。10月，在《常熟日报》推出“弘扬劳模精神、共创精致城市”主题宣传活动暨劳模风采专栏，专栏每周出刊一次，每次刊载2位劳模先进事迹，《常广新闻》和市总工会微信公众号同步推出。

**【企业培训】** 2017年，市总工会围绕“工会组织强服务会员职工得实惠”，依托职工学校，开展“培训送企业”活动，免费为广大职工提供学习新知识、掌握新技能的机会。2017年开设有19个培训备选课题，内容涉及团队管理、员工心理、安全生产、职业规划、商务礼仪、户外拓展等多个方面，开展培训36场次，惠及职工1600多人次。

**【劳动竞赛】** 2017年，市总工会开展立功竞赛活动，逐步形成以班组竞赛为基础、区域竞赛为重点、行业竞赛为龙头的竞赛新格局。联合市人社局、市人才办等单位举办2017年常熟市职业技能竞赛，竞赛项目涵盖叉车、汽车检测与维修、电线电缆制造等13个工种。组织开展劳动竞赛120多场次，参赛职工近万名。广泛开展技术培训、岗位练兵、名师带徒等活动，探索完善培训、练兵、比武、晋级“四位一体”的职工职业技能发展模式。实施“科学文化提升”行动和“农民工圆梦计划”，为290名职工提供了学费补贴。市量具刃具厂辛鲁皖当选为苏州市“时代工匠”。

**【劳动保护】** 2017年，市总工会开展“安康杯”竞赛，海虞镇总工会被评为全国“安康杯”竞赛安全文化宣传工作先进单位，住友橡胶被评为江苏省“安康杯”优秀企业。广泛开展“安全隐患随手拍”“查隐患·防事故”等群众性安全文化活动。配合市安委会做好安全生产咨询宣传活动，发放宣传手册3000余册。新建劳动保护监督检查员片区服务站3家，辛庄镇南湖农场片区服务站被省总工会评为“五星级”片区服务站。认真履行法定职责，对全市30多个单位进行了劳动保护专项监督检查，参与生产安全事故调查处理40余起。

2017年，市总工会开展“培训送企业”活动　　（市总工会提供）

**【工会法律】** 2017年，市总工会完善“五会同建”机制，工会劳动法律监督委员会建制率达90%。印发《常熟市工会劳动法律监督评价方案》，推进全市工会劳动法律监督组织规范化建设。深入开展“七五”普法活动，组织开展“宪法日”宣传、女职工特别保护法制宣传、农民工学法宣传等主题普法活动19场次，发放各类宣传资料2500多份。深入开展劳资纠纷排查化解专项行动和女职工劳动保护、农民工欠薪等专项检查，推动维权重点向镇（街道）及基层延伸。主动介入相关企业关停并转事项，成功调处各类劳动争议120多件。接收劳动关系预警信息160多条，接待职工信访90多人次，受理各类咨询1300多起。推进全市工会统一信用代码证换证工作，寄发督促申领函2416封，工会法人资格证书转换率达100%。

**【劳动关系】** 2017年，市总工会以提质增效为目标，推动建会企业普遍开展工资集体协商，集体合同续签建制面保持100%，新签建制面保持在95%以上。完善职代会各项机制，推进企业民主管理建设，辛庄镇总工会被评为“全省推动厂务公开民主管理工作先进单位”，日立汽车系统、华润电力公司荣获“江苏省厂务公开民主管理先进单位”称号。深入开展和谐劳动关系创建活动，三爱富氟化工等23家企业被评为“2015—2016年苏州市和谐企业”；虞山高新园被评为“苏州市和谐园区”；环湖宏顺彩钢泡塑公司等38家企业被评为“常熟市劳动关系和谐企业”。

**【基层工会建设】** 2017年，市总工会加强镇（街道）工会建设，推动全市各镇、街道、开发区普遍成立总工会。根据苏州市总工会部署,开展“三落实”行动:完成新增建会企业200家,新增会员1万名;推动全市建会企业普遍建立健全《建家台账》并通过验收;完成苏州平台会员实名信息入库52.6万名,完成率94%,是唯一按时完成目标要求的县级市。选树先进典型,以点带面推进基层工会规范化建设,评选表彰首批“常熟市示范企业工会”10家。加强工会干部队伍建设,在厦门大学举办综合素质提升培训班4期,参训工会干部220名;指导各镇、系统工会开展业务培训、适应性培训27期,参训基层工会干部3700多人次。(胡素芬)

## 中国共产主义青年团常熟市委员会

【概况】 2017年,中国共产主义青年团常熟市委员会以打造常熟共青团特色工作品牌为抓手,不断推动常熟共青团事业的稳步发展。截至2017年年底,全市共有14~35周岁的青少年常住人口22.8万人、外来人口40.7万人,其中团员89817人;直属团组织42个,基层团委数110个,基层团工委数10个,基层团总支数120个,基层团支部数2151个。新增苏州市级青年文明号5家(其中“十佳青年文明号”2家)。全市共有国家级青年文明号7家,省级29家,苏州市级164家。2017年,团市委获得了“2016年度全省共青团工作创新创优成果一等奖”“2016年度苏州共青团工作先进单位标兵”“苏州市第三届少先队辅导员风采大赛团体一等奖”等荣誉称号。

【主题教育活动】 2017年,团市委全年围绕“党的十九大”这一政治主线,全力做好宣传造势和深入学习宣传贯彻工作。在“青春常熟”微信公众号开辟“青春好读书”“团代表大声说”“青春聚焦十九大”等主题专栏,共推出原创音频21条,十九大主题原创微信28条,累计阅读量6万余次;线上线下发起“为十九大喝彩为新时代写诗”原创诗歌征集活动,收到作品103篇,并评选出12篇优秀作品登报展示;组织成立以团市委机关干部为主的党的十九大精神宣讲团,以“上好第一课奋进新时代”为主题,走进机关、国企、学校、非公有制经济组织、青年社会组织等各行各业,深入基层一线。与此同时,组织全市开展“上好第一课奋进新时代”基层团支部书记讲团课活动50余场。截至2017年12月,全市各级团组织共开展学习党的十九大精神主题大讨论53场,主题团日活动89场,主题宣传学习活动102场,覆盖青年达3300人次。

2017年11月20日,共青团常熟市第十九次代表大会在常熟会议中心召开
(团市委提供)

【选树青年典型活动】 2017年选树常熟市“四创”好青年典型100名,并在微信平台开展“握手‘四创’好青年”大型线上互动活动,宣传好青年在“创新、创业、创富、创效”实践中的青春故事,号召全市团员青年见贤思齐,在“四创”中青春建功,微信活动访问量突破10万人次,握手数达到2.5万人次;配合上级团组织开展“我们身边的好青年”海选活动,网站、微信平台同步发布事迹展示,网络推荐好青年30余人,“创新创业”好青年职业农民陈波入选省好青年百人榜;开展“青年岗位能手”“最美中学生(中职生)”等选树活动,常熟高新园中等专业学校李旗开荣获2017年全国“最美中职生”;定期举办“好青年”事迹分享会,联合广电总台、常熟日报社等本市主流媒体,开辟“悦动青春”“创青春”“五四好青年”等专栏,传递社会主义核心价值观向上向善的鲜明导向。

【青年文化活动】 2017年,团市委把握“五四”、建党、国庆等重要节点,开展各类青少年文化活动。举办“文明新‘枫’益启青春”公益品牌项目发布会,整合资源激发基层团组织活力,打造充满正能量的“五四”公益青春盛会;联合旅游局主办“朗读常熟”海选活动,传承优秀经典文化,培育和践行社会主义核心价值观;举办“共青团之夜”话剧观演活动共11场,全年累计参与青年300余人次,引导团员青年树立良好的价值观。

【引领青年“四创”建功】 2017年,团市委聚焦创新。依托常熟市青年企业家协会,联合市人才办、经信委,全面深化“领航工程”,组织上海交通大学专题培训,举行政企对话、管理大讲堂、参访标杆企业等活动20余次,承接2017国际青年合作周活动。高晓东、徐利等4人入围省领军型新生代企业家,王伟峰入围省双创英才。推报通润驱动、众成青年创新工作室、常熟开关制造有限公司动力设备技改科技改组等青年创新工作室3个。联合常熟理工学院承办第十二届全国大学生智能汽车竞赛全国总决赛。聚焦创业。实施“创青春”品牌行动，依托众创青年服务中心，打造青年创新创业生态圈。稳步推进“创青春”常熟市青年创新创业大赛。推报第四届中国青年创新创业大赛江苏地区赛项目5个、省双创大赛项目1个、扬州创业大赛项目4个。申报慧谷创业＋等“苏青C空间”13个，准确录入“C空间数字地图”，及时更新信息、发布活动。常态化开展创业、培训服务，开设金融培训班4期、电商培训班3期、英语口语班3期，“众创门诊”公益课程16场，“大咖来了”创业分享会7期，累计各类青创培训近40期，服务创业青年2300人次。聚焦创富。联合人社局、商务局等部门开展中国微商创业大赛(常熟赛区)。加强农村青年致富带头人培养，吉礼葡萄专业合作社陈波被推报为江苏省致富带头人。聚焦创效。“青年文明号”争创有序推进，实施“魔方计划”，提高争创影响力。举行广场集中志愿示范服务活动，54家“青年文明号”集体、志愿者组织的300多名青年志愿者参与活动。综合评价认定2016年度常熟市级“青年文明号”集体37家，2017年度争创44家；农商行家庭金融部获评2017年度苏州市十佳青年文明号，梅李青少年驿站、海事局指挥中心等3家获评2017年度苏州市级文明号。人民检察院公诉科积极争创2016年度省级文明号，东南幼儿园青年教师集体完成2017年度省级申报备案。表彰2016年度常熟市级青年岗位能手30人；联合相关部门开展常熟市公交车驾驶员技能竞赛、品牌导游大赛、警辅基本功技能大赛等赛事10余场，集中授予“常熟市青年岗位能手”称号38人；获评苏州市级青年岗位能手5人；推报江苏省级1人。开展青年安全生产示范岗创建，推荐中交天和为省级青年安全生产示范岗，推报苏州市级3个。

**【青少年教育】** 2017年，举办“喜迎十九大美文颂家乡”红领巾＋文化工程启动仪式、“青春喜迎十九大不忘初心跟党走”离队入团仪式、“喜迎十九大领巾亮风采”少先队礼仪大赛暨动感中队风采秀等，激发青少年热爱党、热爱共青团、热爱少先队的思想感情；开展“创新与青春同行”中学中职学校“五四”青年节系列活动，通过“最美中学生(中职生)”寻访活动、中学中职学校“魅力团支书、活力团支部”风采展示、青春园地展评等活动，切实做好青少年学生的成长服务和思想引领工作。开展青少年假期自护教育活动。利用寒暑假期，发动各中小学团队组织，以自护故事、情景演练、话题讨论等形式，增强青少年的安全自护意识和能力；通过举办首届青少年成长冬令营、开展“轻松备考·与你同行”——“阳光行动”、召开贯彻落实《江苏省预防未成年人犯罪条例》工作座谈会等，为青少年健康成长服务营造良好氛围。全市共建设“青年之家”服务阵地14家，目前苏州市示范青少年综合服务平台2家，江苏省示范青少年综合服务平台3家，苏州市示范“国家电网·希望来吧”1家，江苏省示范“国家电网·希望来吧”1家。其中，常熟市心融青少年成长服务中心获评江苏省级示范青少年综合服务平台，常熟市古里镇“青益家”紫霞青少年服务站今年获评苏州市示范青少年综合服务平台，常熟支塘镇“希望来吧”年内获评江苏省示范“国家电网·希望来吧”。全年共开设公益课程200余次，累计服务青少年达6000人次。此外，团市委常态化运营“青年社区学校”，积极引进社会公益资源，共开设英语口语、电子商务、金融培训等课程4期，招募学员累计173人。在常熟市星光天地六楼六里打造“筑梦家园”，为新兴青年建造交流、创作基地。

**【志愿服务活动】** 2017年，团市委开展“青绿虞城·为蓝生活”——虞青助力“263”行动、“蓝色四月——关爱自闭症儿童月”系列活动，全市“七彩大篷车，志愿社区行”志愿服务主题月活动累计开展广场集中服务活动11次，主题活动28次，对接社区55家，参与志愿者人2517人。积极组织青年企业家赴贵州省铜仁市思南县开展对口帮扶活动，捐款捐物近30万元；先后承接“阿科玛杯”第十五届全国篮球城市体育交流活动、2017常熟国际智能车周、2017中国大数据与计算智能大赛、2018亚足联U23锦标赛等高规格赛会志愿服务工作。在全市开展“家在苏州e路成长”未成年人社会实践体验活动站志愿者招募培训，共建立4家体验站。主管全市涵盖志愿服务、青少年关爱帮扶、青年创新创业、青年文化体育爱好等不同领域的青年社会组织共20家。2017年，共组织开展公益活动400余场，累计服务时间近30万小时。此外，推报小星社会工作服务中心尤美军获评江苏省青年志愿服务事业贡献奖，推报“幸福家园——关爱社区百名空巢老人”项目获评江苏省青年公益项目大赛志愿服务类项目优秀奖，推报虞山青年手语队获评江苏省优秀青年志愿服务项目。

**【基层团建公益品牌项目】** 2017年，团市委组织各镇(街道)、板块团开展年度团建公益品牌项目申报工作，形成团建公益品牌项目14个，结对爱心企业22家，认筹项目资金32.6万元，结对青年社会组织8家，并在五四纪念大会上进行了结对仪式。全年开展活动百余次，受益人次逾万人。

**【改进改优工作机制】** 2017年，团市委全面落实“1＋100”团干部直接联系青年制度，举办团市委机关专题开放日、青春恳谈会等10余场，参与人次300多；实施新兴青年群体筑梦计划，开展“青乐集”常熟市新兴青年座谈会、“青梅煮酒”青年新媒体人交流会、“筑梦加油站”培育行动等，为新兴青年发展搭建平台；建立中学中职共青团分片联系制度，定期召开片长工作会议，开展分片走访调研、“六个一”团建项目示范校互检互学等工作。江苏省常熟中等专业学校被团中央确定为全国中学共青团改革示范学校。依托“红领巾工作室”，组织少先队辅导员开展课题研究、专题培训等活动，推进少先队工作队伍专业化建设，发挥工作室在促进辅导员队伍建设和基层少先队工作中的重要作用。

（丁　科）

## 常熟市妇女联合会

【概况】 2017年，常熟市妇女联合会（简称市妇联）主动适应新常态，扎实推进“巾帼和谐、巾帼建功、巾帼维权、巾帼关爱、巾帼强基”五大行动，积极实现新作为，为打造精致常熟贡献巾帼力量。10月，市委办印发《常熟市妇联改革实施方案》，全面推进妇联组织和妇联工作转型创新。加强对海虞镇妇联区域化建设试点工作的指导，召开常熟市镇妇联区域化建设海虞座谈会，成立苏州首个电商园妇联，把镇妇联的组织覆盖拓展到辖区内机关、企事业单位、“两新”组织。成立苏州首个商会妇联、常熟首个市场妇联。加强妇女儿童之家规范化建设与管理。继续实施妇女儿童之家活力绽放计划，引进社会组织落地妇女儿童之家开展精准化、专业化、个性化服务。举办常熟市第三届妇女儿童家庭公益微创投项目创意赛，征集项目14个，签约实施项目3个，组织活动31次，服务妇女儿童702人次。编印《第二届妇女儿童家庭公益微创投项目汇编》。举办“创文明家庭·建美好家园”常熟市第九届家庭文化节，紧扣文明城市创建中心工作，预告、直播、回顾全方位展示，电视、报纸、网络、微信多媒体发力。举办“和谐·圆融”家庭风采大赛，通过家庭走秀、主题演讲、才艺表演等全方面展现家庭和谐美好新风尚，并通过微信进行现场直播。联办“新家园·新梦想”常熟首届新市民集体婚礼、第八届情缘尚湖相亲大会。推进公共场所母乳哺育室建设，提升城市文明形象。年内，常熟市公积金中心、沙家浜风景区、尚湖风景区、宝岩景区、虞山公园、支塘人民医院和汽车客运北站7家公共场所母乳哺育室建成投用。市妇联获评江苏省“巾帼建功”先进集体。

【宣传教育】 2017年，市妇联举办“巾帼心向党·扬帆新征程”党的十九大精神学习论坛，妇女干部、女企业家代表共话十九大，畅谈巾帼梦想。举办“三八”国际妇女节107周年纪念大会暨“最美的她”巾帼事迹宣讲。以“建精致常熟·展巾帼风采”为主题，在新闻媒体、网站、微信上开设专栏、专版，滚动式宣传巾帼典型事迹。举办妇联干部新媒体工作论坛，开展“巾帼聚力·共创文明”“巾帼心向党·喜迎十九大”等主题宣传。举办2017“常熟妈妈”双拥行动，“最美兵妈妈”走进军营，为战士们送上书籍、讲座。开展“品悦读人生·做精致女人”女性悦读活动，第二届“让心灵与好书美丽邂逅”点书读书活动，提升妇女读书热情。举办“女性大讲堂”活动。联合市文明办出台《常熟市文明家庭评选标准》，命名首届常熟市文明家庭。举办“全国文明家庭”钱敏丹家庭和首届常熟市文明家庭家风故事分享会。王玉平家庭获评江苏省“文明家庭”，吴义刚家庭获评江苏省“最美家庭”。举办“巾帼心向党·建功新时代”妇联干部读家风家训活动。举办“童心飞扬·快乐成长”常熟市庆“六一”优秀童谣展演活动，开展“相伴共读·快乐成长”2017年亲子阅读夏令营、“孩子眼中的绿色生活”创意绘画比赛。出台常熟市家庭教育工作“十三五”计划，召开家庭教育研究会2017年年会，举办家庭教育讲座，帮助家长更新家庭教育理念。

【妇女创业就业】 2017年，市妇联通过组织培训、参观、交流等，帮助妇女提升创业创新本领。组织女能手、种养殖大户实用技术培训21期，培训3012人次。组织67名妇女参加SYB、IYB培训。组织“双学双比”女能手协会会员赴江苏阿里巴巴有限公司樱桃基地、苏州星圣娜玫瑰园艺有限公司等巾帼现代农业示范基地参观学习。召开女企业家协会第二十二次年会，举办经济形势分析专题讲座，组织女企业家赴吴江参观学习，走进第六届“创博会”，鼓励参与微商创业大赛等，引领女企业家开拓眼界，创新思维，做好做强企业。市女企协、市妇联赴对口帮扶县贵州省思南县捐建图书室并考察企业。发展市巾帼现代农业示范基地6个、巾帼电商基地2个、巾帼农家乐1个，带动1019名妇女就业增收。梅李镇新丰蔬菜专业合作社等4个基地被命名为省巾帼示范基地。发放妇女贴息小额担保贷款747万，受惠妇女65人，带动701名妇女增收。城乡联动举办31场女性公益性招聘专场，为女性提供2万多个岗位，其中市级女性人力资源公益性招聘会提供各类岗位2507个、人才需求3100人，700多名女性进场应聘，340人达成初步就业意向。开展2016年度“优秀巾帼文明岗”验收，组织“巾帼文明岗”优质服务进社区活动，31个系统的70多名“巾帼文明岗”参赛岗员集中开展便民利民服务。2017年，新增尚湖旅游服务有限公司游客接待部“全国巾帼文明岗”1个、市国家税务局第八税务

2017年5月13日，“创文明家庭 建美好家园”常熟市第九届家庭文化节闭幕式暨“和谐·圆融”家庭风采大赛举行（市妇联提供）

下书法篆刻艺术的整体面貌和创作水平。

**【翰墨飘香——苏州市书法家家规家训主题创作作品巡展】** 2017年4月1日,翰墨飘香——苏州市书法家家规家训主题创作作品巡展在常熟市文艺交流中心展出。展出作品由苏州书法家以优秀家规家训为内容进行主题创作,近百位老中青书法家在近一个月的时间里完成了创作,正、草、隶、篆、行五体俱全,风格各异,基本反映出了苏州书法家的创作水平。

**【"花俏江南"全国中国画名家诗意牡丹常熟尚湖邀请展】** 2017年4月8日,由中共常熟市委宣传部、常熟虞山尚湖旅游度假区管委会、市文联、江苏省美协花鸟画艺委会共同主办的"花俏江南"全国中国画名家诗意牡丹常熟尚湖邀请展于常熟尚湖26届牡丹花会期间开幕。展览由江苏省美协副主席徐惠泉和江苏省美协花鸟画艺委会主任喻慧揭幕,邀请了全国各地50余位中国画名家及20余位常熟本市的老中青画家,展出100多幅以牡丹为主题的作品。

**【中国苏作红木文化研究发展中心落户常熟】** 2017年9月28日,中国苏作红木文化研究发展中心和国家级非物质文化遗产家具制作技艺"苏作红木文化艺术保护传承基地"落户常熟。该中心是中国民间文艺家协会批准成立的,隶属于中国民间文艺家协会的专业研究机构,致力于苏作红木文化的研究,着重从历朝吴地园林及居家内置苏作家具的制作题材中溯源发掘,对装饰、包镶、雕刻制作传统工艺进行整理研究。

**【纪念王淦昌诞辰110周年书画作品展】** 2017年5月27日,纪念王淦昌诞辰110周年事迹回顾及书画作品展暨《王淦昌》画册首发仪式在常熟市图书馆举办。活动通过60块展板、50多幅书画作品,展现王淦昌报国为民的理想追求、不懈创新的科学精神、淡泊名利的品德风范,弘扬两弹一星精神。

**【含英咀华——郑济炎中国画展】** 2017年9月15日,由常熟美术馆主办,市文联、中国民主促进会常熟市委员会、市文化广电新闻出版局联办的含英咀华——郑济炎中国画展在常熟美术馆开幕。展览从临摹、写生、创作三方面入手,系统而又全面地展示了郑济炎的学画经历及其不同时期、不同面貌的国画作品,不仅是对其个人从艺近一甲子的小结,也是对中国画艺术本体精神的一次思考。

**【2017年"启·承"元四家故里中国画精品展】** 2017年9月27日,由常熟市文联、嘉善县文联、富阳市文联、余杭区文联、平阳县文联、锡山区文联联合主办的2017年"启·承"元四家故里中国画精品展在新峰美术馆举办。该活动为常熟2017江南文化节活动之一,展出了常熟、嘉善、富阳、余杭、平阳、锡山区六地57件当代中国画精品。这是常熟市文联连续六年举办此项主题展览,旨在促进"元四家"故里的文学艺术交流,推进江南文化的繁荣与发展。

**【常熟市首届文学艺术奖完成评奖】** 2017年,《常熟市文学艺术奖评选奖励办法》《常熟市首届文学艺术奖评奖实施细则》相继出台。常熟市文学艺术奖是常熟市文学艺术最高政府奖,包括文学类(含小说、诗歌、散文、戏剧影视剧本)、美术类、书法类、摄影类、音乐类、舞蹈类、戏剧类、曲艺类、民间文艺类、影视剧类、文艺理论类等文艺门类,获奖作品和获奖个人代表常熟市一定时期的文学艺术某一方面的最高成就。首届文艺奖评奖自2017年3月启动,经申报推荐、专家评审、评审委员成员评审和社会公示等程序,最终评出一等奖3件、二等奖6件、三等奖14件、入围作品16件。

**【"翰墨千秋"国家历史文化名城江苏省高邮、常熟、宜兴三县市书画联展】** 2017年11月18日,由江苏省文联指导,三地宣传部、文联共同主办的"翰墨千秋"国家历史文化名城江苏省高邮、常熟、宜兴三县市书画联展开幕。在开幕式上,由三地发起成立的国家历史文化名城县级城市书画联盟揭牌。联盟将以书画为媒,展现名城风采,进行文化交流,深化名城效应,扩大名城区域影响力。

**【青少年书画考级】** 2017年,市文联组织专人到培训点和基层乡镇进行专业辅导,严格落实考级标准,加强城乡阵地建设,并通过艺术考级进行工作指导,及时发现和纠正考生在学习上存在的问题和辅导老师在教学中存在的偏差,使考生的艺术水平和辅导老师的教学水平得到不断的提高。2017年,新增了和庐文化培训中心、报社青少年艺术培训中心、贝贝乐培训中心等考点,考级工作呈现出社会教学与学校教学相融、城区与乡镇互动、相对自主与逐步规范并重的特色。 (陈 晨)

## 常熟市科学技术协会

**【概况】** 2017年,常熟市成为全国科协系统率先出台县级科协系统改革方案的城市,被中国科协确定为2017年地方科协深化改革工作全省唯一试点市县。年内,完成全市镇、板块科协换届工作,基层科协力量不断加强;举办纪念王淦昌诞辰110周年座谈会,纪念王淦昌诞辰110周年事迹回顾及书画作品展暨《王淦昌》画册首发式,常熟军民融合产业发展对接会,苏州(常熟)首届"全国科技工作者日"活动开幕式暨纪念王淦昌诞辰110周年院士报告会等系列活动;召开常熟市第四届专家咨询团工作会议,新聘任专家50名,聘期3年;全年新建企业科协20个,企业科技人员之家12个,申报2017年常熟市科技人员创新行动项目525个;认定3个创新创业服务示范基地、科技服务站、首席专家(工程师)项目,资助12个软科学研究课题;中交天和机械设备制造有限公司副总经理、总工程师周骏获得中国科协创新争先行动中突出优秀科技工作者专题宣传候选人和江苏省“创新争先奖状”荣誉称号，列入苏州市重大宣传典型；常熟市葡萄协会评为全国优秀农村专业技术协会，姜波为全国农技协先进工作者；碧溪新区江枫苑社区获江苏省“社区科普益民计划”科普示范社区荣誉称号；市科协获得江苏省科协2017年度实施“县级科协创新发展能力提升计划”优秀单位。

**【科协系统改革】** 2016年12月28日，市委办、市政府办印发《常熟市科协系统深化改革实施方案》，常熟市被中国科协确定为2017年地方科协深化改革工作全省唯一试点市县。3月20日，市科协印发关于落实《常熟市科协系统深化改革实施方案》细化目标任务分解表，全面推进科协系统各项改革工作。截至11月，虞山镇科协、海虞镇科协等全市14个镇、板块科协换届工作全部完成，不断强化基层科协力量。

**【服务企业科技创新】** 2017年，“建家群创”行动再上台阶。全年新建企业科协20个，企业科技人员之家12个，申报常熟市科技人员创新行动项目525个，表彰2016年度科技人员创新行动“十佳”科技创新团队、“十佳”科技创新标兵和40个科技创新项目。企业科协“科技创新券”列入市政府聚力创新科技成果资助范畴，全年申领企业科协“科技创新券”项目25个，兑付120万元，新增利润7400多万元。充分发挥企业科协联合会作用，“群创谷”公共科技服务平台成效明显，常熟宝沣特种纤维流程梳理等一批群创成果项目得到普及推广应用，会同网禾智造被命名为第五批省级众创空间，纳入省级科技企业孵化器管理服务体系。联合主流媒体对全市14个创新团队、创新标兵的先进事迹进行专题宣传报道，使广大企业科技人员的创造动能不断释放、创新成果不断涌现，创新氛围愈加浓厚。

**【全民科学素质工作】** 2017年，市科协开展“5·30”首个科技工作者日、第25届科普宣传周、全国科普日等400多项科普主题实践活动，让30多万市民享受了科普“大餐”。新增科普电子屏62台，实现城市社区科普信息传播全覆盖。王淦昌青少年核科普馆建成开放，为创建全国文明城市添砖加瓦，深受市民欢迎。碧溪新区江枫苑社区获江苏省“社区科普益民计划”科普示范社区荣誉称号，常熟新材料产业园生态湿地科普教育基地、小狐狸动植物科普教育基地被命名为“苏州市科普教育基地”。塔前小学、义庄中心小学在第28届江苏省青少年科技创新大赛决赛上分获一等奖和三等奖。在“沪苏两地科普动起来”家庭创意比赛决赛中，常熟代表队获得二等奖1个，三等奖1个。常熟国际学校、练塘中学、辛庄中心小学分获江苏省STEM教育项目和“十三五”首批苏州市和省级科学教育综合示范学校称号。

**【第二十五届科普宣传周】** 2017年5月20～27日，常熟市举办第二十五届科普宣传周，主题为“提高市民科学素养，创建全国文明城市”。开幕式上举办了常熟市2017年青少年心算王挑战赛、首届青少年科学体验营授旗、赠送科普书籍等活动。科普周期间，全市共举办大型广场科技咨询服务、常熟市第一届湿地保护宣传周暨第三十二届爱鸟护鸟宣传周、“三减三健进古里”科普惠民卫生志愿者健康行动、社区科普文艺汇演、科普专家讲师团基层行、常熟市第十一届青少年科技创新大赛暨第六届青少年科技节、“科技强国、创新圆梦”科技人员在行动新闻宣传报道等20项主题活动和269项科普活动，在全社会大力“弘扬科学精神、普及科学知识、保护生态湿地、营造创新氛围”。

**【纪念王淦昌诞辰110周年座谈会】** （参见《中国共产党常熟市委员会》“重要活动”分目）

**【纪念王淦昌诞辰110周年事迹回顾及书画作品展】** 2017年5月27日，纪念王淦昌诞辰110周年事迹回顾及书画作品展暨《王淦昌》画册首发式举行。活动由中国核学会、市委宣传部、市文联、市档案局、市科协、支塘镇人民政府联合主办。活动共展出60块展板，诗文、楹联、书画等作品52幅，全面回顾和展示了王淦昌生平事迹，赞美和弘扬了他的爱国精神。《王淦昌》画册由市委宣传部和市档案局联合编纂。全书全面地反映了王淦昌的科研成就、国防贡献、工作经历和道德事例。

**【军民融合产业发展对接会】** 2017年5月28日，常熟军民融合产业发展对接会在常熟会议中心举行。副市长徐海东、两院院士王乃彦、范滇元、黄崇

2017年5月27日，纪念王淦昌诞辰110周年事迹回顾及书画作品展暨《王淦昌》画册首发式举行　（市科协提供）

祺和中国工程物理研究院、中国原子能科学研究院、中国核学会、中国物理学会、浙江大学、秦山核电公司的专家教授应邀出席会议。会上,中国核学会、中国物理学会代表分别与常熟市科协签订了科技服务站合作协议。中国工程物理研究院、中国原子能科学研究院、浙江大学专家代表分别向与会企业推介了各自的项目情况。黄崇祺院士向大家展示了最新的研究成果和方向,受到了企业的欢迎。

**【苏州(常熟)首届“全国科技工作者日”活动】** 国务院批准从2017年起,每年5月30日定为“全国科技工作者日”。5月28日,以“弘扬‘两弹一星’精神,助力‘两聚一高’建设”为主题,苏州(常熟)首届“全国科技工作者日”系列活动开幕式暨纪念王淦昌先生诞辰110周年报告会在常熟会议中心举行。中国工程院院士、中国工程院原副院长、中国工程物理研究院原副院长杜祥琬、中国“两弹一星”研究会王淦昌事迹宣讲师、中核新能源投资有限公司副总经理熊继祖应邀作报告。苏州市委常委、宣传部部长盛蕾,常熟市委副书记、市政协主席、市委宣传部部长韩卫兵,常熟市副市长赵红,苏州市科协党组书记、主席程波出席活动。会议向科技工作者代表赠送了《苏州院士》《追梦在路上——苏州魅力科技人物的故事》《人因梦想而伟大——领军人物话科普》等书籍,并作王淦昌先生诞辰110周年报告会,通过亲身所见、所感、所听、所闻,生动讲述了王淦昌先生一生奉献给中国核科学事业的感人故事,让与会科技工作者深刻感受到王淦昌先生“无私奉献、以身许国”的爱国情怀,“不畏艰险、求实创新”的科学精神,“大爱无疆、不计得失”的人格魅力。

**【2017年全国科普日系列活动】** 2017年9月15～22日,2017年全国科普日系列活动在全市城乡举行,以“创新驱动发展科学破除愚昧”为主题,举办广场科技咨询服务、科普专家讲师团基层行、“童问科学”科技探秘活动、诺奖常熟励志教育沙龙、“科普常熟”公众微信平台科普知识有奖竞答、企业科技人员科普游等10多项主题活动和170多项全市性基层科普活动。9月15日,启动仪式暨“两弹精神·薪火相传”——王淦昌事迹进校园系列活动举行,副市长赵红出席活动。9月17日,《科技创新》纪念邮票首发,展示了我国在科技领域取得的一批国际领先重大科技成果,体现了时代特征和传统文化相结合的创新主题。9月22日至23日,世界著名的理论物理学家、1999年诺贝尔物理学奖得主Gerardus′tHooft(杰拉德·特·胡夫特)教授夫妇在常熟市中学开展“诺奖科学家面对面”科学教育主题演讲,并考察世界联合学院中国常熟分校。

2017年9月23日,2017欧美海智人才常熟行活动启动　(市科协提供)

**【2017欧美海智人才常熟行活动】** 2017年9月23～25日,以“汇聚海智、厚植优势、双创共赢”为主题的2017′欧美海智人才常熟行活动举办。江苏省科协副主席阮仁良出席活动。德国、美国、加拿大、新加坡等国的26名海外高层次人才携带37个项目与两区两园及创新载体、企业进行对接,3个项目达成意向。市科协与常春藤创新创业联盟、欧美同学会苏州海归创业学院签订合作协议。

**【常熟市科普场馆联合会成立】** 2017年10月25日,常熟市科普场馆联合会成立大会召开。科普场馆联合会64名会员参加了会议。江苏省科普场馆协会理事长吴国斌、苏州市科协副主席张亿锋出席会议并为科普场馆联合会揭牌。会议审议通过《常熟市科普场馆联合会章程》《常熟市科普场馆联合会选举办法》,选举产生联合会首届理事会理事、理事长,决定聘请名誉理事长。　(薛琼瑜)

## 常熟市归国华侨联合会

**【概况】** 2017年,常熟市侨联遵循中国侨联改革方向,强化组织建设,制订主席办公会议、全委会议和领导班子分工联系制度,设立“主席交流日”“侨联公益日”和“委员活动日”制度,推进基层“双五有”侨联组织创建工作,夯实工作基础,凝聚整体合力。举办“创业中华建设江苏”2017侨资侨智对接交流会、“2017美南中国专家协会联合会常熟行”等人才活动,承办“亲情中华·感知江苏”海外嘉宾常熟参访活动。邀请德国科学院院士孟立秋为常熟市委中心组作题为“在变化创新中求生存”的专题报告,邀请市侨联海外委员朱赤为家乡高校作专题学术报告,为常熟发展出谋划策。市侨联率团赴德国开展海外引智活动,推介常熟创新创业环境。支持墨尔本侨胞成立常熟联谊会,鼓励美国大华府、香港常熟联谊会等同乡组织开展联谊活动。巩固加强与美南专协联等友好侨社团的联系，保持与常熟籍海外重点人士的联络交往，全年接待来(回)常考察交流、探亲访友的海外华侨华人160多人次。坚持在春节、中秋、重阳等传统节日，开展“迎双节送祝福”、“关爱老侨相聚重阳”等暖侨惠侨活动，举办“走基层办实事惠民生”浒西村义诊活动，拉近侨联组织和群众的距离。年内，常熟市侨联在苏州市侨联系统年度考评中获优秀；在省侨联七代会上，王小民荣获“全省侨联系统先进工作者”称号，袁林娣荣获“江苏省侨联归侨侨眷先进个人”称号；常熟东方红木家俱艺术馆被省侨联命名为“江苏省华侨文化交流基地”，凤兰少儿戏曲馆、江南糕饼创意园、碧溪非物质文化遗产展示馆(革命传统教育馆)3家单位被苏州市侨联命名为“苏州市华侨文化交流基地”。

**【墨尔本常熟联谊会成立】** 2017年2月22日，澳大利亚墨尔本常熟联谊会成立，墨尔本侨商、侨眷、留学生家属代表等20多人出席。会议通过联谊会章程，明确以爱国爱乡、团结互助、联络联谊、牵线搭桥为办会宗旨，联谊会成员将以旅居墨尔本的常熟籍侨胞为主体，并吸收在常熟与墨尔本联系密切的侨商侨眷、墨尔本常熟留学生及其家属参加。会议推举江宁为墨尔本常熟联谊会会长，聘请市侨联原主席仲建刚为顾问。这是继香港常熟联谊会、美国大华府常熟联谊会后，成立的第3家常熟同乡组织。

**【2017美南中国专家协会联合会常熟行活动】** 2017年4月26～27日，市人才办、市侨联联合举办“2017美南中国专家协会联合会常熟行”活动，美国美南中国专家协会联合会的29名海外精英与常熟各科技创新载体开展人才项目对接，聚焦创新创业。市委常委、组织部部长、统战部部长陆文明会见了代表团一行。市侨联主席王小民向海外嘉宾介绍了常熟社会经济发展情况和人才科技政策。千人计划专家、海归人才落户代表宋波与海外嘉宾分享了自己在常熟的创业体会。海外嘉宾们考察了常熟科创园、常熟大学科技园，以及虞山镇、梅李镇、海虞镇、古里镇和辛庄镇等乡镇创业载体，与意向板块就科技人才项目合作进行深度对接。

**【“创业中华建设江苏”侨资侨智对接交流会】** 2017年6月29～30日，“创业中华建设江苏”2017侨资侨智对接交流会在常熟举行，17个国家、地区的侨商和专业技术人才近百位嘉宾到常熟洽谈对接。中国侨联副秘书长、经济科技部部长赵红英，江苏省侨联副主席镇翔等出席。海内外嘉宾听取了常熟城市风貌、产业特色、文化特质以及人才工作情况和相关配套政策的介绍，实地考察了常熟国家大学科技园、常熟科创园、菱创智能科技等创业载体和企业。

**【“亲情中华感知江苏”海外嘉宾常熟参访活动】** 2017年8月17日，美国、泰国、匈牙利、俄罗斯等20个国家和地区的近30位海外嘉宾到常熟，参加“亲情中华感知江苏”常熟参访活动。市委常委、组织部部长、统战部部长陆文明会见了来访的海外嘉宾，并介绍了常熟经济社会发展情况。海外嘉宾参观考察了沙家浜革命传统教育基地、菱创智能科技平台和全国文明村——蒋巷村，对常熟优美的生态环境、创新创业的浓厚氛围以及新农村建设的生动实践留下深刻印象。

**【侨联公益日走进思南】** 2017年8月28日，由常熟侨界企业家资助的思南县黄家湾村幼儿园改造工程竣工启用。贵州省思南县委常委、副县长王晓东，常熟市侨联主席王小民以及常熟侨界爱心企业家代表出席了启用暨捐赠仪式。思南县双塘街道黄家湾村幼儿园创建于2015年9月，服务于黄家湾村、何家寨村、山星3个村，有教学班2个，75名小朋友，4名教师和2名保教人员。为更好地服务乡村教育，该园于2017年7月启动改扩建提升工程。常熟是思南的对口帮扶地区，市侨联在得知该园改造面临资金缺口后，倡议并组织了爱心资金募集活动，得到侨界企业家热烈响应。常熟侨界爱心企业和爱心人士共捐赠了幼儿园改造资金6万元以及一批衣物和教具、玩具。为表彰常熟侨界的爱心善举，该园从新学期开始更名为“思南·常熟侨心幼儿园”。

**【搭建平台推进多方合作】** 2017年，市侨联通过调研了解新侨企业与本土企业发展需求，以“产业创新与合作”为主题，分别在海虞镇、梅李镇举办新侨人才与本土企业对接交流活动，寻找发展聚合点，推进双方合作，促成汉宣科技等新侨企业与本土企业的合作；牵线常熟理工学院与太仓德资工业园开启校地企三方合作，实现优势互补，谋求合作共赢；推动海外侨团与高新区、

2017年6月29日，“创业中华 建设江苏”2017侨资侨智对接交流会举行
（市侨联提供）

菱创科技的人才、技术对接合作，牵线泰国侨团与本土企业的交流，助力本市企业走出去参与“一带一路”战略。

**【侨界特色活动】** 2017年，市侨联通过组织主题鲜明、内容丰富、参与性强的各种活动，展侨界风采，促侨心凝聚。以网络召集的“喜迎十九大·最爱家乡美”微摄影大赛，收到70多幅侨界人士参赛作品，有5.8万人次参与网上互动投票。联合苏州文化交流基地——常熟东方红木家俱艺术馆承办“翰墨侨韵·东方雅集”侨界书画作品（常熟）巡展，展出来自苏州、常熟两地侨界书画家近百幅代表作品。引进并参与承办的“名城印记常熟城市定向赛”再次落户常熟，成为群众参与度最高的全市性品牌赛事。与市侨办联合举办“迎新春侨界人士联谊会”，来自全市各地的近百位侨界人士共度佳节。举行第四届“侨联杯”乒乓球团体赛，40多位侨眷、新侨创业人才、留学生家属等组成7支代表队参赛，赛事规模和影响力进一步扩大。

**【6家基层侨联获首批“双五有”】** 在完成乡镇、开发区、高校侨联全覆盖的基础上，2017年2月，制订下发了《在全市侨联系统开展创建双“五有”侨联组织活动的通知》（双“五有”指：有组织、有队伍、有经费、有阵地、有活动；服务侨胞有真情、凝聚侨胞有载体、团结侨胞有骨干、活跃组织有品牌、维护侨益有能力），对基层侨联组织建设、侨联活动、联络联谊、文化宣传、服务发展、服务侨界等方面的内容细化落实，涌现出海虞镇、辛庄镇、虞山镇、碧溪新区、理工学院、沙家浜镇等6家首批达标单位。

（李玉萍）

## 常熟市残疾人联合会

**【概况】** 2017年，全市的残疾人工作，全面落实党的十九大精神，紧扣“两聚一高”主题，以增加残疾人幸福感和获得感为工作导向，扎实有效开展工作。全市共有各类持证残疾人19649人，其中肢体残疾8869人，视力残疾2044人，听力残疾622人，言语残疾62人，精神残疾3701人，智力残疾3259人，多重残疾1092人。全年新增6家残疾人之家，全市10个镇的残疾人之家已全部建成，总数为12家，其中10家为民办非企注册，2家为社会化运作，残疾人之家实现全覆盖。5月，常熟残联微信公众号上线运行。在全国助残日期间举办了“自强模范、助残先进”事迹经验交流会，挖掘典型事迹，发挥先进事迹的引领作用。

**【残疾人就业】** 2017年，全市共举办6场残疾人就业专场招聘会。3月25日，在常熟经开区举办了“绿色通道，暖心就业”为主题的公益性就业援助专场招聘会；5月21日助残日，在市人才市场举办“携手献爱心、共圆就业梦”大型公益性专场招聘会；7月15日，在虞山镇大义管理区举办“职场新机会，上门送岗位”公益性就业援助招聘会；8月5日、27日，分别在东南国际人才城和海虞镇海福新城社区举办了2场“职场新机会上门送岗位”公益性就业援助招聘会；9月24日，在市人才市场举办“守望相助，追梦职场”为主题的毕业生公益性岗位就业援助专场。全年累计向残疾人提供岗位400余个，共有300多名残疾人前来招聘，达成初步意向残疾人有85人，最终达成就业意向签订劳动协议的45人。全年新增残疾人就业135人。同时，全市的“残疾人之家”安排123名残疾人参与串辅助性工作，收到了良好的效果。

**【残疾人康复服务】** 2017年，《精准康复服务实施办法》出台，全市177名0～14岁残疾儿童进入定点康复机构进行康复训练，康复训练补助340多万元。全面开展残疾人辅助器具适配服务，为全市1031名残疾人配发相适配的康复辅助器具，同时充分利用市党员关爱基金，为困难残疾人适配辅助器具530多件；为15名困难家庭的肢体残疾人安装了假肢和矫形器。为全市盲一级残疾人发放无障碍门铃778件；为贫困精神病人免费发药726人；进一步做好全市的防盲治盲工作，联合市第二人民医院眼科医院在全市13个贫困村（社区）开展视力残疾预防眼病筛查活动，为2979名疑似白内障患者进行了眼病筛查，有90多名贫困白内障患者得到手术费用减免，重见光明。

**【残疾人体育运动】** 2017年，常熟成功举办第四届残疾人体育运动会，共举行了门球、田径、游泳等8个大项的比赛，来自全市各镇的11个残联代表队约300名残疾人运动员参加了比赛。残疾人康复体育在虞山镇、辛庄镇完成试点工作，选择了合适的服务项目、服务器材、服务组织，为40名不易出户的残疾人开展康复体育服务。开展苏州市第四届社区型残疾人文体活动兴趣团队（小组）常熟赛区展评活动。积极选送我市优秀选手参加各类大赛，我市运动员在全国残疾人乒乓球锦标赛、国际乒联残疾人乒乓球亚洲锦标赛、西班牙残疾人乒乓球公开赛等大赛中取得了较好成绩。

**【乡镇残联换届选举】** 2017年，市残联做好基层换届选举的摸底调查工作，加强和苏州残联沟通联系。并向市委副书记和组织部分管部长作了专题汇报。下发《关于筹备召开市、镇（区、街道）两级残联代表大会的请示》，召开乡镇残联工作会议，专门布置换届工作。12月22日海虞镇作为全市试点召开换届大会，其余各镇换届大会陆续召开，2018年1月中旬完成换届任务。

**【残疾人证评定发放】** 2017年，市残联组织23名专家深入基层一线，借助10个基层医院、敬老院、社区服务中心等主要平台，在4月中旬和10月中旬组织评残专家下乡集中评残。全年共为1767名肢体、听力、言语、视力、精神、智力六类残疾人集中评残鉴定，并抽空穿插安排为11名重症人员上门评残鉴定。年内新增762人，初申领677人，升级85人，补证116人。

**【落实重度残疾人护理补贴政策】** 2017年，出台重度残疾人护理补贴政策文件并下发各镇（区）残联。根据上级有关“残疾人两项补贴制度自2016年1月1日起实施”的规定，2016年度和2017年度为7789名重度残疾人发放2050万元护理补贴。使符合条件的残疾人100%享受护理服务，帮助残疾人家庭解决实际困难。

**【残疾人保障金年审】** 2017年，根据省、苏州市有关文件精神，我市及时调整征缴年审方式，对征收主体、征收标准、征收模式、管理方式、征缴时间都进行了及时调整。依据新的政策精神，在全市9个镇（区）及2个开发区设立审核点14个，已年审用人单位1728家，年审就业的残疾人3867人，截至12月，完成保障金征缴5617万元。

（邹永兴）

## 常熟市红十字会

**【概况】** 2017年，市红十字会围绕中心，坚持以人为本，注重开拓创新，认真实施各项核心业务。召开六届五次理事会议，调整会长、常务副会长、副会长和部分理事、常务理事。在虞山镇颜北社区建立了第一家红十字博爱家园，建立了红十字养老照护志愿服务队，启动红十字养老照护志愿服务。举行第23届、24届捐献造血干细胞血液采样入库活动，有181名志愿者加入中华骨髓库。全年报名登记遗体（器官）捐献52人，实现遗体捐献8人。全年接受社会捐款100.46万元，发放各类救助金145.81万元，结对资助四川内江东兴区、绵竹土门镇及本市贫困学生88人，设立“常客隆博爱助学基金”，结对助学常熟市扶贫对口县——贵州省思南县10名贫困家庭高一学生。全年举办公益性应急救护培训班111期，完成初级救护员培训1764人、普及性培训17131人，选送3人参加省级应急救护师资初训。举办应急救护培训师资教学技能比赛，在“世界急救日”开展应急救护技能演练和应急救护知识微信有奖竞答活动，宣传普及应急救护知识和技能。

2017年5月8日，颜北社区红十字博爱家园揭牌启动 （市红十字会提供）

推进学校红十字工作，在全市中小学组织开展青少年红十字民防知识竞赛，开展青少年红十字民防夏令营活动，举行2017年常熟市高一新生红十字民防应急救护知识与技能演练比赛，常熟市实验中学获“江苏省红十字示范学校”称号。做好红十字宣传传播，积极开展《中华人民共和国红十字会法》宣传培训，市红十字会获2017年度中国红十字会总会报刊宣传先进集体二等奖、《中华人民共和国红十字会法》暨全国红十字应急救护知识竞赛最佳组织三等奖，常熟日报社记者撰写的《九年，这份爱从不间断》获中国红十字会总会2017年度优秀新闻作品奖。

**【建立红十字博爱家园】** 2017年，根据省红十字会关于深入开展博爱家园工作的要求，市红十字会在虞山镇颜北社区建立了第一家红十字博爱家园，于5月8日举行启动仪式，市政府副市长、市红十字会会长张月明出席并为博爱家园揭牌。市红十字会组建了养老照护志愿服务队，与社区50名高龄独居老年人结对，每月2次上门走访，开展血压测量、小家政、聊天陪伴等服务，每月安排专业理发师到社区为老年居民开展理发服务。同时通过博爱阵地、博爱课堂开展红十字文化传播和应急救护培训，将博爱家园打造成融红十字宣传传播、救护培训、红十字志愿服务为一体的综合服务平台。

**【开展红十字会法宣传】** 2017年5月8日，新修订的《中华人民共和国红十字会法》正式实施，全市红十字系统广泛开展了新法的宣传传播。市红十字会组织各镇（板块）红十字会负责人参加苏州市红十字会专题学法活动，在全市红十字志愿者中开展新法专题宣讲，通过常熟电台《政风行风热线》对新修订的《中华人民共和国红十字会法》进行解读，将新法纳入全市领导干部、公务员网上学法考试的范围，同时积极参加中国红十字会总会举办的新法知识竞赛活动，订阅5000份试卷分发至各基层红十字会。各镇（板块）通过讲座、微信有奖答题等方式开展宣传。

**【举办世界急救日主题活动】** 2017年9月9日第18个“世界急救日”，市红十字会会同虞山镇人民政府、市医疗急救中心、常熟万达广场举行了应急救护情景演练活动。红十字志愿者通过情景剧的形式，向市民展示了在各种常见突发危险情况下，如何正确开展止血、包扎、固定、搬运及心肺复苏术等自救互救措施。现场还进行了爱心义卖、血压测量和救护、消防、防灾减灾、卫生计生知识宣传咨询等。市红十字会还通过微信公众号，开展救护知识有奖答题，有2900多人参与活动。

**【丰富青少年红十字活动】** 2017年4月起，市红十字会会同市教育局、市民防局举办了青少年红十字民防知识竞赛，各中小学校以协作区为单位分组举行初赛，有18所中小学代表队、54名选手进入决赛。6月8日，决赛在常熟市绿地实验小学举行。7月1日，组织在青少年红十字民防知识竞赛中进入决赛的54名学生参加“生存拓展”青少年红十字民防夏令营，学习急救知识技能，开展团队拓展活动。11月30日，会同市教育局、市民防局、市卫计委在常熟高新园中等专业学校举办2017年常熟市高一新生红十字民防应急救护知识与技能演练比赛，全市10所普通高中（职教学校）的100名高一新生参加比赛，开展应急救护知识和技能的比拼。

【拓展红十字志愿服务】 2017年，红十字志愿服务不断拓展和深化，造血干细胞宣传劝捐活动开展94场，参与服务红十字志愿者781人次，服务时间2131小时。遗体（器官）捐献服务队开展志愿服务240次，参与服务志愿者300人次，服务时间450小时。红十字流动募捐开展50场次，募集爱心捐款8231.4元。依托博爱家园成立养老照护志愿服务队，为老年人开展理发、测量血压、陪聊、家政等服务700多人次，组织开展2期养老照护知识培训，培训护工、志愿者118人。启动红十字“援手救心”应急救护知识宣传培训志愿服务项目，在街头、社区开展全民急救知识宣传普及，项目被纳入全市公益服务采购项目。2017年，市流水琴川义工协会红十字会会长、红十字志愿者刘渝获江苏省“优秀志愿者”荣誉称号。

【遗体捐献创新高】 2017年报名登记遗体（器官）捐献52人，实现遗体捐献8人。其中支塘镇何市社区何巧英老人实现遗体捐献，带动了亲属、邻居等15人主动报名登记，引导了文明新风尚，体现了新家风。至2017年年底，全市实现身后捐献遗体市民30人、捐献器官（角膜）3人。2017年有杨建刚（1月2日）、何巧英（1月30日）、陆瑞芬（5月25日）、束凤珍（6月10日）、张炳泉（7月25日）、杨搏（8月26日）、胡蔚然（12月26日）、钱雪舫（12月28日）捐献遗体，用于苏州大学医学部教学及科研。（张承欢）

# 常熟市哲学社会科学界联合会

【概况】 2017年，常熟市哲学社会科学界联合会组织市、镇两级宣讲团队深入基层巡回宣讲；组织基层理论宣讲骨干培训，举办“党的十九大精神”专题培训班；组织开展“学习十九大拥抱新时代”常熟市精品党课“大比武”和“‘两聚一高’中的你我他”百姓名嘴风采展示活动；配合市委组织市委中心组专题学习报告会，邀请专家作专题报告6次；以县处级领导干部为重点，开展“旗帜鲜明讲政治，‘两聚一高’当先锋”专题读书调研活动；结合江苏省、苏州市重点应用课题研究工程，围绕市委市政府提出的建设“强富美高”新常熟目标，组织开展年度社会科学应用研究课题招标工作；开展精致城市建设专题研究，出刊《琴川论丛—精致城市的常熟思考》；编印《常熟市2015—2016年度社科应用研究获奖成果汇编》；组织开展社科普及宣传周等系列社科普及活动；举办“同和讲堂”学术讲座11期；组织召开社科联二届四次理事会，下发2017年度常熟市社科工作要点，评比表彰年度先进社团；完成2017年度社团年检工作；开展社团党组织建设情况调查；被江苏省社科联授予江苏省社科联系统2017年度“工作创新奖”。

【常熟市第十二届社会科学普及宣传周】 2017年，常熟市第十二届社会科学普及宣传周由市委宣传部、市社科联主办，以“服务‘两聚一高’新实践，建设‘强富美高’新常熟”为主题，以全面贯彻落实《江苏省社会科学普及促进条例》为重要内容，重点面向未成年人、农民、城镇劳动者、领导干部和公务员等五大人群，积极创新社科普及走进机关、学校、社区、乡镇、企业、军营的“六进”活动内容与形式，举办各类专题演讲、主题征文、知识竞赛、社科成果展示、文博展览、人文知识讲座、社科普及宣传专栏（视频）、社科书市、图书漂流、书画摄影展等活动，广泛吸引公众参与。

【2017年度社会科学立项课题招标】 2017年，结合省、苏州市重点应用课题研究工程和市委市政府工作目标，确定2017年度社科应用研究课题指南，面向全市开展年度社会科学应用研究课题招标工作，确定“市场采购贸易方式推动常熟服装城打造国内功能最强专业外贸综合交易平台的对策措施”等34个课题为市社科联年度应用研究立项课题，《创新驱动加快产业转型升级》等32个课题结项。

【组织精致城市建设专题研究】 2017年，围绕市第十三次党代会提出的建设精致城市“四个必须”的要求，组织专家以“精致城市建设”为主题撰写调研文章，出刊《琴川论丛—精致城市的常熟思考》，为“聚力创新促转型、聚焦富民惠百姓、打造独具魅力的精致城市”提供智力支撑。

【社科活动载体】 翁同龢纪念馆、常熟图书馆被认定为2017～2019年“江苏省社会科学普及示范基地”。“‘体悟书香中的优雅’阅读实践课堂”、“常熟理论（csllun）微信公众号”、“翁氏家风传习馆”获评2017年度省社科联社科普及资助项目。同时，“‘体悟书香中的优雅’阅读实践课堂”入选2017年度苏州市社科普及创新引导扶持项目。

（陈雪莲）

《琴川论丛专刊——精致城市的常熟思考》（市社科联提供）

责任编辑 王 宏

及稳评事项典型案例介绍。

**【“忠诚奉献清廉担当”主题摄影巡展】** 2017年10月18日，由市委政法委和市文联主办，市摄影家协会、政法文联承办的“忠诚奉献清廉担当”主题摄影巡展举行。在作品征集过程中，共收到全市政法系统摄影爱好者和市摄影家协会会员作品200多幅，选取其中45幅优秀作品展出，同时在市法院、检察院、公安局、司法局的微信公众号同步推送。

**【深化镇域综合执法】** 2017年全市综合执法局共开展各类执法检查14.9万余次，专项整治1990次，办理行政处罚案件2392件，其中已办结1985件。召开第9次领导小组办公室会议，总结改革经验，部署包括统一综合执法模式、开展综合执法规范化建设和推行“两法衔接”等重点工作。2016年11月第二批下放275项行政处罚权后，督促权力下放部门组织培训指导，及时牵头国土、水利部门将相关执法人员下划到位。下发《常熟市镇域综合执法文书制作规范》，统一综合执法文书格式，提升规范化水平。举办第二期“法制大讲堂”，组织全市综合执法局48名无法学教育背景的骨干人员开展为期6个月的专题培训。组织第二批权力下放部门按照年度计划分期分批开展业务培训。全年进行各类检查396896次、各类执法检查4267次，办理行政处罚4529件，已办结4123件。

**【推进全市网格化社会治理联动机制建设】** 2017年，《常熟市社会综合治理网格划分指导意见》出台，明确网格划分的原则、层次、类型助记词力量配备、工作要求。10月31日，市委市政府召开全市网格化社会治理联动机制建设部署推进会，进一步落实省、苏州市关于加强社会综合治理联动机制建设的部署要求，部署下阶段重点工作，按照“一长四员”将网格力量配置到位，初步形成以责任清单为依据，一个平台管流程、一张网络管治理、一个号码管服务、一套机制管运行、一支队伍管执法、一个办法管考核的“六个一”工作体系，初步构建社会治理的数据汇聚、指挥集成、力量整合以及执法联动格局。11月27日至12月8日，全市开展对1900多名网格员的培训工作。市联动办从市公安消防大队、安监局、环保局、人社局等部门抽调专业人员组成培训班子，到10个镇（板块）进行专题培训。通过下发《工作规范》《企业检查任务清单》《指挥手册》等培训手册和现场教学，帮助网格员熟悉工作内容和工作流程，提升专职网格员的业务知识和发现、处理问题的能力。

**【开展第十一轮“关爱民生法治行”】** 2017年，为更好满足人民群众对美好生活的需求，依法保障和改善民生，建设社会认可、百姓满意的法治常熟，第十一轮“关爱民生法治行”活动启动。年末，市政协组织部分政协委员对“关爱民生法治行”实事项目进行了视察，对此予以肯定。其中市盐务局的“加强市场监管确保食用盐安全”项目入选苏州市“关爱民生法治行”活动优秀项目。

**【贯彻落实《江苏省预防未成年人犯罪条例》工作座谈会】** 2017年7月11日，常熟市贯彻落实《江苏省预防未成年人犯罪条例》工作座谈会召开。座谈会贯彻落实习近平总书记关心下一代工作的重要指示精神，维护青少年合法权益，护航青少年健康成长。市司法局、检察院、法院、预青办、关工委负责人，市委常委、政法委书记、公安局局长吴军分别进行了交流发言。会议要求认真贯彻实施《江苏省预防未成年人犯罪条例》，强化责任担当意识、预防措施落实和服务机制保障。

**【推进“两法”衔接工作】** 2017年，常熟市出台《常熟市行政执法与刑事司法衔接工作联席会议制度》和《常熟市行政执法与刑事司法衔接工作实施办法》，建立行政机关与公安、检察、审判机关信息共享、案情通报、案件移送等制度。7月28日，召开全市第一次行政执法与刑事司法衔接工作联席会议，部署落实“两法”衔接工作各项配套制度，启用信息共享平台，开展专项工作培训，理顺综合执法中“两法”衔接关系等工作。

**【全市“平安常熟”建设情况通报会】** 2017年，举行第六次双月座谈会，通报协商全市“平安常熟”建设情况，征求党外人士意见。与会人员参观市便民服务中心“12345”热线平台和市公安局指挥中心，听取“平安常熟”建设工作介绍，提出了夯实基层基础、推进“三社联动”、构建公安调解机制等意见和建议。

**【持续推进“三合一”和出租房屋安全隐患整治】** 2017年5月，召开常熟服装城及周边区域社会秩序综合整治推进会议，从宣传发动、督促指导、组织保障等方面作出部署。对“三合一”场所的历史成因、现状和危害作深入调研，调研成果获苏州市法制办和江苏省、苏州市、张家港市三级法院专家论证通过，认可全市对“三合一”场所出租人（房东）适用《中华人民共和国治安管理处罚法》第三十九条进行拘留处罚，同时要求谨慎使用限制人身自由的处罚，为“三合一”源头整治提供了有力的法律支撑。市综治办联合市法制办起草《常熟市居住房屋出租安全管理暂行规定》，对出租居住房屋的人均居住面积、租赁双方当事人的法定责任、居住房屋的消防安全标准等作出规定，对各部门在出租房管理中的法定职责进行明确。召开全市“三合一”场所、出租房安全隐患整治现场会暨冬春防火工作会议，明确分工，合力推进整治工作。截至年末，全市“三合一”场所和出租房屋安全隐患整治工作进度均已过半，莫城管理区完成苏州市重点地区挂牌整治任务。

**【市涉法涉诉联合接访中心迁入市综治中心】** 12月，市涉法涉诉联合接访中心由市人民法院执行局迁入市综治中心，并投入运行。

【全面推进第三方机构稳评工作】 2017年市维稳办发出《关于印发〈常熟市第三方稳评机构行为准则〉〈常熟市第三方稳评机构工作考核办法〉的通知》，进一步推动全市第三方社会稳定风险评估机构的良性发展，规范第三方稳评机构的运行和长效管理，引导和规范第三方稳评机构参与全市各项重大项目稳评工作，推进全市稳评工作规范化。

【推进社会风险评估】 2017年共完成269个稳评项目，发放问卷5600多份，走访1600多人，召开群众座谈会150次，专家论证会144次，排查化解矛盾2次，帮助解决群众实际困难3个。269个稳评项目中第三方稳评机构完成202个，占总数的75%。

【常熟法治建设满意度达99.7%】 苏州市2017年度法治建设满意度调查情况揭晓，常熟市满意率达99.7%。2017年，常熟市全面加强法治建设，以提高法治建设工作质效为目标，准确把握法治建设的内涵，注重以社会公平正义为根本价值追求、以保障公民合法权益为根本任务，通过具体实在的举措，让人民群众感受法治建设成效，享受法治惠民成果。 （马芯怡）

## 公　安

【概况】 2017年，全市违法犯罪警情24572起，同比下降5.19%，刑事发案8504起，同比下降9.4%，实现刑事发案“十连降”目标；全口径刑事案件破案3432起，破案率达到40.4%，较去年上升5.6%，破案率实现“七连升”；全市群众安全感和公安队伍建设满意度分别达98.75%、98.74%。

【维护稳定】 全年紧扣十九大安保维稳工作主线，深入开展全警大走访、五项集中攻坚行动，滚动排摸各类不安定因素信息2176条，其中各类灾害事故644条，各类社会矛盾918条，群体性事件预警率达100%。不断增强快速应急处突能力，妥善处置“7·16”曹泾新村纵火案、“8·26”达富电脑公司宿舍区妨碍公务案以及“钱宝系”“蛙宝网”等203起突发案事件。完成春节香汛、全国“两会”、张学友演唱会、国家公祭日等一系列重大活动安保工作。全年来信来访938件，同比下降3.0%。当场化解处理312件，占总数33.26%；重复访278件，占总数29.64%；受理348件，占总数37.1%，同比下降1.4%，办结342起，办结率98.3%。按期高质量办结市人大代表建议、市政协委员提案24件，人大代表和政协委员满意率100%。化解省公安厅交办常熟的信访积案40件，化解率97.6%。全年110移送调解1.89万起，较上年翻5.56倍，移送率11.8%，调解成功1.81万起，调解成功率95.8%。推动律师进所进队服务覆盖全市基层所队，参与化解纠纷1200余件。

【打击刑事犯罪】 全年共立刑事案件8504起，其中8类案件立286起，同比分别下降4.7%；抢夺案件立4起，同比下降60%；盗窃案件发4302起，下降14.8%；诈骗案件发2245起，下降13.2%；其他类型立案1395起，上升22.7%；毒品案件立59起，下降31.4%；经济案件立213起，下降5.3%。全年破案3241起，其中8类案件破276起，9起命案全破，抢夺案件破2起，盗窃案件破1528起，诈骗案件破203起，其他类型案件破1232起，毒品案件破59起，经济案件破132起。连续破获2起10年以上命案积案，成功破获公安部督办网络制贩枪支弹药系列案件。

【基层基础建设】 2017年底，全市总人口为1069079人，其中男性518302人，占比48.48%，女性550777人，占比51.52%，新生登记6925人，死亡6942人。全市总户数为324753户，年内新迁入3332人，迁出1682人。截至12月31日，全市外来人口实有数960718人，同比上升8.6%。稳步推进民生实事项目数字化门牌建设工作，选取泰安街为试点安装门牌969块。对全市13.5万户出租户上门核查，发现群租、“三合一”、违章搭建、不符合安全条件、车库住人等安全隐患的出租户48856户，已核查48033户，核查率为98.32%；2012户群租房中，1863户完成整改，整改率为92.6%。会同新市民中心开展8轮外来人员信息采集实地检查、系统抽查和案后倒查，共抽查外来人员5120人次，登记5007人次，登记率为97.8%，准确率91.05%。对按日或者按小时提供住宿服务的日租房进行摸底调查，出动警力2064人，排查居住房屋9714处，发现日租房7处，发现消防隐患7处。省外异地二代身份证受理点增至10处，并运行身份证工本费微信支付业

倾听 （常熟日报社提供）

务，共办理省内异地身份证 8503 张、省外异地身份证 21281 张。

【社会管理】 2017 年，开发建设治安管理信息化平台，将治安管理的各个平台系统都纳入，方便查询和操作，目前开锁业系统已植入；推行智慧危险品安全监管平台，实现物品流向、存放部位安全、智能分析预警实时监管、动态监管。该平台已完成招标，即将进入实施阶段。全面推动寄递业管理集中攻坚，主动对接邮管部门获取寄递行业数据，组织警力深入寄递企业、网点实地走访排摸，按照“一家一档”制度管理要求，对全市 25 家寄递企业、14 家分支机构、11 家分拨中心、445 个网点、3269 名从业人员以及 1754 辆派送车辆，逐个企业、逐个网点建立网点情况、企业法人、从业人员、安防设施、日常检查等台账，并实时更新维护，确保档案信息鲜活、全面。深入开展犬类管理，制定《文明养犬公约》在微信、微博、零距离网站等新媒体平台发布，制作《文明养犬》宣传短剧，在常熟电视台 4 个频道和全市公交车辆、户外大屏滚动播放，严查违规养犬行为，会同辖区派出所、城管部门对城区各居民小区开展集中联合整治行动，共捕捉留验流浪犬 1702 条、办理犬证 1016 张，处罚违规养犬主 44 人。稳步推进烟花爆竹禁放工作，牵头起草《常熟市烟花爆竹禁放工作实施意见》，于 7 月 28 日提交市政府第 6 次常务会议审议通过，确定于 2017 年 10 月起在三环路高架以内约 81 平方公里区域实施禁止燃放烟花爆竹；会同市安监等部门对禁放区内 47 家烟花爆竹零售点《烟花爆竹销售许可证》进行回收，回收烟花爆竹 6500 余箱，合计 62.76 万元，累计查处 29 起违规燃放行为。探索民宿、无人机等新业态管理，开发上线手机版旅客信息系统，做好无人机生产、销售、使用单位及人员的基础信息采集、重点时期宣传告知等工作。抓实环食药打处，破获非法生产销售有毒有害食品案件 20 起，采取刑事强制措施 35 人；破获环境污染案件 8 起，采取刑事强制措 18 人；查破非法捕捞水产品案件 12 起，采取刑事强制措施 21 人，查破非法狩猎案件 8 起，采取刑事强制措施 18 人。

【打击经济犯罪】 2017 年，接报经济犯罪警情 278 起，受理经济犯罪案件 224 起，立案 213 起，涉案总价值 6 亿多元；破案 136 起，挽回经济损失 143.6 万多元。受理非法集资等涉众型案件 7 起，立案 5 起，破案 1 起。立侵犯知识产权案件 25 起，破案 14 起。在省公安厅发起的 2 起“2017 云端”专项行动中，破获总案值 1000 余万元的网络销售假冒注册商标商品案件，查获仿冒阿玛尼、CK、阿迪达斯等品牌服饰 10 多万件，截获在常熟海关报关准备出口伊朗的假冒服装 6000 多件。涉税案件立案 33 起、破案 26 起，为国家追缴税款 1000 多万元。探索建立金融领域风险监测预警机制，密切关注“e 租宝”“易乾宁”“钱宝网”“蛙宝网”等涉众型受害群体，重点盯防民间投资机构、P2P 网贷电商平台，选择重点单位举办警示教育专题讲座和约谈。开展打击传销犯罪、“110”宣传日、“3·15”维权宣传、“4·26”知识产权宣传周、“5·15”打击预防经济犯罪宣传日等宣传活动，发放宣传资料 1300 多份，接受群众咨询 250 多人次，在主流媒体上发表宣传报道 31 篇，其中省级媒体 8 篇，编撰《经侦时讯》3 期。

【网络监控管理】 2017 年，通过网络巡查收集整理各类网络舆情 861 条，流转办结涉警、涉稳类舆情 47 件；应急新闻发布报备 4 次；开展负面舆情导控 36 次，发布引导帖文 1602 多篇；通过官方微博、微信平台紧急发布 4 次。报送网络舆情 331 期 3761 条，配合处置发布不实信息的网民 12 人，其中 10 人行政处罚，2 人采取刑事强制措施。全市在册登记有证营业网吧 140 家，较上年减少 6 家，采集上网人员数据 649.65 万人次。全市所有网吧实行身份证加手机短信验证上网机制。

【交通管理】 2017 年，全市机动车保有量 46.5 万辆，驾驶员 55 万人，电动自行车 120 万辆，全年交通事故警情 122142 起，较上年升 4%，发生道路交通死亡事故 216 起、死亡 217 人。制定出台《常熟市开展“文明交通大整治大提升行动”工作方案》，对 8 类重点整治内容，11 个重点整治区域和 20 条重点整治道路进行明确，当场处罚违法行为 33.2 万多起，同比上升 175%。其中，非机动车处罚 19.1 万起，同比上升 397%，违法停车处罚 59.2 万余起，同比上升 256%。建设全省首套“智能电警”抓拍系统，新增抓拍斑马线汽车不礼让行人违法，共计查处开车拨打电话违法 14181 起，开车不系安全带 30506 起。对 29 条设施缺失、损坏路段进行修复治理，完成颜南弄等 10 个点位修复改造。对南三环高架、义虞路、常海线等 7 条主要道路进行设施整改，先后增设停车泊位 4000 多个，增设禁行、让行等标志 428 处，漆划标线量 20 万平方米。梳理出 16 块城区近期可利用零星地块，确定其中 9 块约 69 亩用于停车场建设，可新增车位 1080 个。对全市 33 个菜场及 8 大商圈进行全方位排查，优化交通设施布局，已完成整改菜场 23 个，增加非机动车泊位 858 个。实施商圈部分路段单向通行微循环改造 3 处。做好十九大交通保畅工作，十九大期间，全市交通事故警情同比下降 1.21%，未发生有影响力的重大交通事故，检查重点运输企业 190 多家次，下发整改通知书 9 份，49 家企业与车管所签订安全管理责任状，“两客一危”车辆检验率达到 100%，重点驾驶人驾驶证审验率 99.08%，换证率 99.97%。拓展轻微交通事故快速处理，在原有 4 个城区快速理赔受理点基础上，新增 4 个快速理赔受理点，将轻微交通事故快速处理延伸至几个重点乡镇，全年累计处理轻微交通事故 8004 起。会同交通运管部门强化对公路客车、旅游客车、公交车、校车、危险品运输车的安全监管，查扣超 15 起以上未处理车辆 330 辆。针对酒驾行为发生特点组织针对性勤务，实施灵活多变的弹性勤务机制，开展“零点行动”，并协调派出所、交通警务室、巡防环城查报站警力共同参与查处，延伸整治时段、整治区域，全年查处酒驾 719 起，醉驾 611 起。加大对行人、非机动车的路面管理力度，查处行人、非机动车违法16441起。建成董浜机动车驾驶人考试分中心，市民可在网上预约、就近考试。

**【禁毒工作】** 2017年，以“6·27”“8·31”工程为抓手，全面加强禁毒工作，遏制毒品蔓延，减少毒品危害。破获毒品犯罪案件65起，缴获各类毒品约6千克。严格落实“逢嫌必检”和司法鉴定零口供处罚等措施，查获吸毒人员631人，执行强制隔离戒毒160人，社区戒毒258人，20多名吸毒人员被注销驾照。将吸毒人员社区戒毒和社区康复工作纳入社会治安综合管理、考核体系，全市社区康复执行率达到100%，在册吸毒人员管控率达到99%。严密掌控易制毒化学品流向，与工商、食药监等部门联动，把牢公司注册审核关，全市有证易制毒化学品单位1070家，自《易制毒化学品管理条例》实施以来，连续12年没有发生易制毒化学品流入非法制毒渠道案件。持续抓好禁毒宣传，常态化开展“不让毒品进我家”“社区青少年远离毒品”“不让毒品进校园”“禁毒志愿者行动”等禁毒宣传，联合市教育局在全市开展毒品预防教育师资队伍培训，培训教师110多人。创新宣传方式，6月26日国际禁毒日之前，以真实案件为原型的微电影《毒怨》正式上线，收到社会各界一致好评，在省禁毒系统微电影微视频大赛中获优秀奖。加快禁毒社会组织建设，成立禁毒志愿者大队，有禁毒志愿者134名，全年开展活动50次，开展志愿服务6700小时。加强队伍教育培训，举办吸毒检测培训200多人次，颁发吸毒检测培训合格证书191本、吸毒成瘾认定培训合格证书6本。

**【城市巡逻防控】** 2017年，全市建成治安监控、高清抓拍、村级监控2.2万个，整合居民小区、企事业单位等社会面监控资源近5万路。依托警用地理信息基础平台、北斗车载GPS定位系统等科技手段，将404辆巡逻警车、195辆警摩全部上图显示，实现对路面巡逻防控警力的扁平化指挥、快速化调度，遇有盗抢等重大警情，网格巡防警力3分钟内到达现场，5分钟就可以形成第一道包围堵控圈，同步下达“关城门”指令，全市治安卡口、治安查报站同时关闭，全市所有常设、非常设卡口同时上岗，巡特警、派出所巡逻警力同时上路，形成第二、三道包围圈。强化盘查数据采集，日均盘查可疑人员4000多人次，盘查数据总量达160万条，盘查物品信息53万条。

**【出入境管理】** 2017年，全市办理临时到常境外人员45099人次，同比增加17.6%。其中外国人35765人次，中国台湾居民7591人次，中国港澳居民1643人次，华侨100人次。常住境外人员4305人，同比下降约10.7%，其中，外国人2217人，台湾居民2088人。办理境外人员各类签证(注)2535件次，同比减少0.8%。其中外国人办理各类签证2302件次，台湾居民办理各类签注、证件233件次，出入境通行证10件次。此外，签发船员过境签证384件次，同比去年持平。查处非法居留外国人21人、非法入境外国人16人、非法就业外国人56人，违反住宿登记案件16人，立案侦查组织他人偷越国(边)境案件1起。受理出国出境申请63896人次，同比上升1.6%。其中出国31955人次、往来港澳21798人次、往来台湾1011人次、出入境通行证23人。启用全国版出入境管理信息系统，为9个中心镇分理点各配备一台24小时港澳自助签注服务设备，开通出入境证件免费邮递服务。集中走访涉外单位100多家，发放临时住宿登记宣传册500多份。破获一起组织他人偷越国(边)境案件。

**【大型活动安全保卫】** 2017年，完成春节香汛、农历“三月三”香汛、全国“两会”、张学友演唱会、尚湖国际铁人三项邀请赛、“大金杯”国际男篮争霸赛、“沙家浜冰雪节”杯国际女排对抗赛、全国会计专业技术资格(中级)考试、中国足协室内五人制足球国际邀请赛、年江苏省高等教育自学考试、“常熟银行杯”第七届常熟尚湖国际半程马拉松赛、国家公祭日等一系列重大活动安保工作。

**【信息化建设】** 2017年，市公安部门与华为公司合作，搭建完成华为大数据基础硬件平台，试运行平稳，实现公安数据运载、处理模式的统一；完成“价值视频库”系统；新增25个动态人像卡口点位；部署“车辆大数据系统”；实施“视频分析处理系统”信息化建设项目，完成“主干道抓拍系统升级改造”项目；完成“苏州视频共享系统的联网”，将17659路村级监控及2886路三年技防高清监控共享至苏州市局图像控制中心。升级单兵、车载、视频、通讯设备，完成4G执法记录仪项目设备采购，“车载移动视频监控系统”二期项目正在实

昼夜巡查 (常熟日报社提供)

施;升级市局实战监控平台,达到支持国标 GB/T28181 协议的要求,目已部署完成所需的 12 套硬件服务器,软件开发正在进行中;完成 350M 数字集群系统建设,数字信号(室外)已基本覆盖全市,完成与 DS110 语音、PGIS 对接,实现 110 调度台与数字电台的通信和数字电台的北斗定位;更新北斗定位设备,目前正在试用,总体运行状态良好;配置最新的适合移动端设备使用的离线 PGIS 地图,为接处警提供导航服务,并为后续警情研判分析工作提供支撑。建成公安网与互联网、公安网与视频专网等 5 条数据及视频交换链路,接入北斗定位数据、经信委数据、便民服务中心数据等各类业务 20 多个,系统运行正常。完成重要事件及重点人员管理系统、执法工作质量评估管理系统、人力情报系统、勤务云链、政工小平台等多项服务应用系统、软件开发。完成 32 个技防街区建设,推广应用 1 万套技防入户产品,推动接入 200 个社会性视频监控资源。完成社会治安动态监控系统(村级监控系统)高清化升级项目二期建设,通过第三方检测和专家验收,投入使用。完成 11 个老旧住宅小区的技防设施改造设计方案论证。试点九小场所综合管理系统,并申报苏州科技强警项目。

**【群防群治】** 2017 年,进一步规范和促进以义警为主体的群防群治志愿服务队伍建设,制定出台《常熟义警须知》《管理人员工作职责》《常熟市义警总会 2017 年度工作方案》等各项规范。召开全市义警工作会议,任命各大队、中队负责人,成立常熟义警总会海虞分会。义警队伍壮大至 1.8 万人,全年组织义警活动 2.6 万多次,义务奉献 70 多万小时。在文明城市创建过程中,组织文明交通执勤 616 次、车站站台引导 160 次、志愿服务岗亭 20 次、广场文明游园 12 次。发起“让书飘流,让爱传递”图书募捐活动,共募捐图书 2000 多册。与常熟理工学院团委签订建立大学生社会实践基地协议。依托“琴川群众”线索征集平台,接收各类防范线索 6000 多条。首次参加政府公益采购项目招投标,成功竞标“邻里守望,共建美好社区”项目,开展为期 9 个月的新建农村安置小区的社区服务活动。申报苏州市社会组织 4A 级评估。

**【单位内部保卫管理】** 2017 年年底,全市登记在册内部单位 47388 家,其中省级 1 家、市级 46 家、县(区)级 319 家、社区关注单位 1504 家、一般单位 9705 家、个体工商户 33173 家。比上年底减少 5695 家。全年共检查企事业单位 3849 家次,其中常规检查 1472 家次、主动检查 1445 家次、专项检查 922 家次、整改复查 10 家次,等级以上实有单位检查率达 100%,共查处 58 家隐患单位,128 处隐患,当场改正 9 家,限期整改并处警告 24 家。全市有中小学幼儿园 269 所,其中中小学 120 所,幼儿园 149 所。成立“平安企业(单位)”创建活动领导小组,召开“平安企业”创建工作推进会,将苏州下发的 2299 家企业名单下发到全市各派出所,完成基本信息核查梳理工作。做好大排查大整治工作,共排查企事业单位 865 家,发现隐患单位 13 家,各类隐患 29 处,责令限期整改并处警告 2 家;检查校园 269 所,发现隐患单位 9 所,各类隐患 6 个,当场整改 4 所,限期整改 2 所;抽查单位 121 多家,发现隐患单位 3 家,当场整改 3 家。做好 5 项攻坚和十九大期间安保工作,排查中小学、幼儿园安全隐患 184 处,中小学幼儿园保安合格率达 77.3%,校园门口防冲撞装置安装率达 73.2%;维护医疗机构治安秩序,检查医院 19 次,发出整改措施 2 条。配合市安监局参与重大安全生产事故调查 43 起,立案侦查 20 起,不予立案 1 起,采取行政强制措施 23 人,移送起诉 17 人。健全单位案件倒查问责机制,全年单位内部发案 433 起,同比下降 50.06%,其中下发可防性刑事倒查案件 20 起,同比下降 28.57%。6 家有警务室的医院共发刑事案件 16 起,破案 6 起,破案率 37.5%;治安案件 21 起,查处 9 起,查处率 42.9%;参与处置医患纠纷 5 起。开展以大堂经理、柜员以及网点保安为主体的专题培训 38 次,培训一线从业人员 1500 多人次,发放宣传资料 1.5 万多份等,对 12 起案件进行倒查。配合市教育局、人社局、财政局、建设局等部门,做好学业水平测试、高考、中考、会计专业技术初级资格考试、自学考试的安保工作,出动警力 400 多人次,圆满完成各类考试的安全保卫任务 8 场。

**【行政服务】** 2017 年,公安窗口办理各类事项 329051 件,其中治安 48788 件、交警 187275 件、出入境 58858 件、人口管理 20492 件、禁毒 12838 件、消防 800 件。优化入驻服务中心办事流程 9 项,精简材料 11 项,提供预约服务 21 次,上门服务 7 次,帮办服务 21 次,联合服务 15 次,全年办件零差错、零有效投诉。扩容“一张网”受理业务,100 项行政许可审批类业务事项,64 个事项实现上网办理,进入“江苏省公安厅旗舰店”,实现上网事项达到苏州市局要求应上尽上事项的 100%。“不见面审批项目”占比达 90%,100 个行政审批业务事项,确定 90 个为“不见面”审批事项,通过邮政部门入驻政务服务中心向群众提供免费快递服务的方式,保障“不见面”的要求。推进“3550”工作提速增效,开办企业申请材料压缩至营业执照和法人代表身份证两项,企业印章刻制的时间缩短至 0.5 个工作日。起草《常熟市公安局“双随机一公开”工作实施细则》,于 11 月 8 日正式发布实施,建立“双随机一公开”抽查平台,实现针对 9 个事项的随机抽取。延伸拓展公安网上服务、掌上服务项目 71 项。

**【全国部分地区巡防工作会议在常召开】** 2017 年 12 月 26 日,公安部治安局在常熟召开全国部分地区巡逻防控工作座谈会。公安部三局副局长钱熊飞,省公安厅党委副书记、副厅长尚建荣,苏州市副市长、公安局党委书记江海等领导,天津、辽宁、上海、江苏、江西、山东、河南、广东、云南、甘肃、新疆 11 个省市自治区公安厅治安总队分管领导以及沈阳、苏州、九江、济宁、郑州、深圳、昆明、兰州、乌鲁木齐 9 个城市公安局负责巡逻防控工作的有关领导共计 40 多人出席会议。与会人员参观了市公安局巡特警大队机动中队。市政府党组成员、公安局党委书记、局长吴建伟就近年来常熟市公安局巡逻防控工作的经验做法作了介绍。市公安局副局长吴勇结合移动警务通、移动平板及静态人像识别系统的现场演示，展示依托信息化手段推动巡防质态升级的具体做法。与会人员还参观了巡特警大队勤务指挥室、便衣中队及市公安局指挥中心，了解常熟巡特警借力信息技术，串联业务、勤务工作，通过科学管理运作，实现精准投放警力、精准指挥调度、精准高效研判、精准落地打击。省公安厅党委副书记、副厅长尚建荣，常熟市委常委、政法委书记吴军分别在座谈会上讲话，苏州市公安局党委副书记、副局长钱志健介绍了巡防工作经验做法。公安部三局副局长钱熊飞对常熟巡逻防控工作给予充分肯定。全国部分地区公安机关交流了经验做法。

**【完成党的十九大期间安保任务】** 2017年9月7日正式启动党的十九大期间安保，至10月25日结束，期间全市违法犯罪警情同比下降11.7%，刑事案件同比下降15%，未发生有影响的重大案件，完成“两个绝不能”和“三个不发生”的安保工作目标。深入开展“三打击一整治”“京安行动”、打黑除恶等专项行动，盗窃、通讯网络诈骗分别下降29.5%和25.44%，辗转安徽、四川、浙江、贵州等地，破获公安部督办网络贩枪案件。抓好公共安全监管，对隐患严重、拒不整改的典型“三合一”隐患场所，综合采取“关、停、改、搬、防”等措施。10月14日，市公安局首次依据《治安管理处罚法》第39条对违反消防安全规定的房东开出全省首张治安拘留处罚决定书。持续深入开展五项基础管控集中攻坚行动，会同相关部门处罚快递网点10家，关停代收代投点76个。开展酒驾、毒驾、“三小车”整治行动，突出对运输企业、校车、旅游车的安全排查，防止重特大交通事故的发生。强化危险物品监管，累计检查危险物品单位330家次，排查整改各类安全隐患150多处，处罚易制爆单位200多家，检查旅馆1005家次，处罚宾馆11家，检查网吧284家。督促水、电、油、气等相关重要目标和部位严格落实安全责任制，全面落实人防物防技防措施，加强守卫力度，严防发生捣乱破坏事件。

（栗桂财）

## 检　察

**【概况】** 2017年，市人民检察院履行法律监督职责，深化各项检察改革，提升检察队伍素能，被评为第九届全国检察机关“文明接待示范窗口”、全国检察宣传先进单位、全国检察机关派驻监管场所一级规范化检察室。

强化审查逮捕、审查起诉　依法严把批捕关、起诉关，受理提请逮捕各类刑事案件1246件1663人，批准或决定逮捕1140人；受理审查起诉各类刑事案件2383件3077人，提起公诉2775人。健全重大案件提前介入侦查、引导取证工作机制，对公安部督办的“曙光行动”跨国电信诈骗专案，派员赴西班牙现场引导侦查机关精准搜集、固定犯罪证据，先后对30名犯罪嫌疑人从严从速批准逮捕。引导公安机关开展侦查实验，成功办理一件“零口供”盗窃案，中央电视台《法治在线》栏目予以专题报道。强化检察环节自行补充侦查，办理的一件挪用公款、贪污案被评为苏州检察机关公诉十大精品案件。全面贯彻宽严相济刑事政策，依法对构成犯罪但无社会危害性的不批准逮捕242人，对犯罪情节轻微不需要判处刑罚的不起诉170人。

防控风险维护稳定　结合“百村千企万户”大走访，组织实施化解基层涉检信访“百日行动”，依法妥善处理各类信访172件，获全国检察机关“文明接待示范窗口”。建立多元化司法救助机制，救助刑事案件被害人16人，中央电视台、《检察日报》等予以报道。结合办案提出城区群租房管理、企业非法用工等风险研判报告，与相关职能部门共商化解风险举措，得到苏州市、常熟市党政主要领导批示肯定。

强化执法司法活动监督　加强对侦查活动的监督，依法对侦查取证不规范等情形发出书面纠正意见24份，追诉漏罪10件，追诉漏犯4人。加强刑事审判活动监督，依法发出再审检察建议5件，提出抗诉2件，1件案件获评全省检察机关刑事申诉十大精品案件。加强刑事执行活动监督，办理羁押必要性审查52件，与法院协作配合，监督3名罪犯履行财产刑。加强社区矫正检察，对违反监督管理规定的，依法监督收监执行3人。1件案件获评全国检察机关刑罚交付执行法律监督精品案件。

强化民事行政检察监督　开展民事执行监督，联合人民法院严厉打击通过签订虚假合同阻碍法院执行的行为，1件案件获评全省检察机关民行检察典型案例。加强行政检察监督，对行政机关违法或怠于履职的行为，依法发出检察建议4件，督促行政机关依法正确履职，助力法治政府建设。深化行政执法与刑事司法衔接工作，与市场监管、环保等部门探索建立双向咨询沟通机制，试行重大行政执法案件听取检察机关意见制度，建议行政机关移送涉嫌刑事犯罪案件15件。

查办职务犯罪　立案查办贪污、受贿、挪用公款等职务犯罪8件9人，其中科级干部2人，为国家和集体追回赃款和挽回经济损失1538万余元。聚焦群众反映强烈的不作为、乱作为现象，在房屋拆迁、治安管理、消防管理等领域，查办滥用职权犯罪3件3人，查办帮助犯罪分子逃避处罚犯罪1件1人。惩治发生在群众身边的腐败，在基层国有粮库领域立案查办贪污贿赂犯罪3件4人。

推进职务犯罪预防　组织开展教育系统“廉校行动”、非公经济领域专项预防等，促进职能部门完善内控机制、堵塞管理漏洞。办理行贿犯罪档案查询9457批次，促进社会诚信体系建设。与邮政部门共建“预防邮路”，向党员干部寄发预防职务犯罪信息，做法被《江苏法制报》报道。提出《惩治和预防职务犯罪年度综合报告》，得到市委主要领导批示肯定。

**【推动绿色发展】** 2017年，常熟市出台《护航全市“两减六治三提升”专项行动的十条意见》，综合运用打击、预防、监督、教育、保护等手段，对污染环境犯罪提起公诉36人，对非法捕捞水产品、非法狩猎犯罪提起公诉83人。妥善办理横跨苏浙两省的“12·18”长江倾倒垃圾污染环境案等有重大社会影响的案件。

【深化司法体制改革】 2017年，常熟市全面落实司法责任制，刑事检察部门检察官独立决定案件占比80%以上，检察长、副检察长带头直接办理案件107件。完善司法责任制改革配套机制，制定《员额检察官司法档案管理细则》等配套制度3项。深化公益诉讼制度改革，办理民事公益诉讼2件。

【落实国家监察体制改革要求】 2017年，常熟市贯彻中央关于国家监察体制改革的决策部署，配合做好反贪污贿赂、反渎职侵权、职务犯罪预防等部门的机构、编制、人员、装备等划转、转隶工作。

【推进检察网信建设】 2017年，常熟市研发“涉罪未成年人矫治分类评估系统”，充分发挥大数据技术辅助决策作用。做好检察机关检务保障信息系统应用试点工作，推动财务数据标准化、核算规范化、管理信息化，得到高检院调研组充分肯定。 （姚伟波）

## 法 院

【概况】 2017年，市人民法院共受理各类案件30913件，结案27363件，同比分别上升7.53%和8.6%，创历史新高。法官人均结案297件，同比上升9.79%。

刑事案件审 审结刑事案件2151件，判处罪犯2670人。依法严惩抢劫、抢夺、盗窃等侵犯公民人身、财产权利犯罪，结案682件。深入打击毒品犯罪，结案56件。维护市场经济秩序，审结合同诈骗、非法吸收公众存款犯罪案件14件。严惩危害民生犯罪，审结电信网络诈骗及危害食品药品安全犯罪案件36件。严厉打击利用职务上的便利实施的各类犯罪，结案41件。组织职务犯罪庭审旁听活动2次。会同市司法局回访社区矫正对象，举行法治教育讲座5次。加强人权司法保护，依法审结5起外籍被告人犯罪案件。审结涉少刑事案件48件，封存24名未成年人犯罪记录，帮助他们更好地回归社会。

民商事审判 审结民商事案件14140件。审结人身损害赔偿案件2252件，消费者权益保护案件41件。审结商品房买卖和建设工程案件789件。审结婚姻家庭类纠纷1493件，调解、撤诉851件，占57%。审结公司法类案件84件。审结民间借贷和金融借款案件2555件。审结买卖、租赁、承揽等合同案件3522件。

知识产权审判 加强智力成果司法保护，审结知识产权案件314件。审理涉少民事案件，结案331件。

行政审判 依法保护行政相对人合法权益，监督和助推行政机关依法行政，审结行政案件79件，同比上升64.58%。妥善审理土地征收、房屋拆迁等行政争议，加强案件协调和矛盾化解工作。推进行政机关负责人出庭应诉，行政机关负责人出庭应诉率100%。市法院关于规范集体土地使用权证和村镇房屋所有权证审批手续的司法建议获评全省法院优秀司法建议。

执行工作 与市信用办联合下发《常熟市失信被执行人联合惩戒办法（试行）》。将3189名失信被执行人纳入“黑名单”，同比上升34.51%。向常熟市信用征信平台传输7741名失信被执行人，同比上升9.55%，其中向新市民中心传输4702名外地籍失信被执行人，有28人在新市民积分中被一票否决。常态化开展“凌晨执行”“假日执行”，开展涉民工工资、金融等专项执行行动24次，共执结涉民生案件2593件4628.82万元，涉金融案件994件6.04亿元，司法拘留228人次。对实施执行案件被执行人财产统一查控、集中拍卖，网络司法拍卖成交13.66亿元。落实24小时值班制度，开通24小时举报电话，保持随时出警查人扣车。协助兄弟法院实施异地查控，快速有效执行被江苏高院9次通报表扬。

立案信访 升级线上、线下诉讼服务，网上立案5019件，同比增加341.42%。向当事人提供案件查询589件次、诉讼指导311件次、法律咨询335件次、接转材料386件次。办理公告案件2275件，办结公示催告案件225件，涉外送达6件，接受委托送达、保全、解封59件。12368诉讼服务热线接听案件查询、法律咨询等1525八次。继续推进律师诉讼服务中心值班制度，公益律师值班窗口接受法律咨询、代写诉状

2017年12月4日，市人民法院组织举行宪法宣誓仪式，并与全国法院同步开展公众开放日活动。图为市法院法官代表向国旗宣誓（常熟日报社提供）

刑事法律援助指定通知案件和自行申请案件手续齐全、信息准确、流程完善;此外,双方明确了法律援助中心、法律援助律师、承办民警三方沟通联系方式,细化了工作流程,有利于提升刑事法律援助工作质量。

**【首次利用新媒体开展学法考试】** 2017年3月20日,市司法局利用“常熟司法行政在线”微信公众号及“常熟便民司法”APP,面向全市4964名公务员,首次开展2017年第一季度网上学法考试。

**【安置帮教工作进入社会化运作】** 2017年3月28日,市司法局与市春风社会事务所举行签约仪式。春风社会事务所参与重点刑释人员“必接必送”工作,建立帮教名册,组建帮教小组,制定精准帮教方案,每月根据走访情况进行危险性评估,对重点帮教对象实行月度考核,并将考核评定结果及时反馈给司法所,同时协助司法所落实低保、就业、安置、救济等分类帮教工作。

**【“千企律师法务团”成立】** 2017年3月31日,市律师协会成立64人“千企律师法务团”,为千家重点企业提供法律服务。“千企律师法务团”由执业5年以上,精通商事法律,熟悉企业经营管理,有较好公司法务功底的律师自愿报名组成,对全市商会、行业协会、重点企业开展普查式、会诊式大走访,了解企业生产经营状况、面临的主要问题和困难,摸排行业普遍存在和潜在的服务需求、法律风险,提出针对性的风险防范建议。

**【新市民集体婚礼体验法治】** 2017年5月20日,由市文明办、司法局、广播电视总台等单位主办的“牵手新市民”常熟首届新市民集体婚礼举行。20对新市民新人参加传统中式婚礼,参观市法治雕塑公园,直观地感受法律对公民美好生活的保障作用。

**【首家个人命名人民调解工作室成立】** 2017年6月20日,常熟市首家以个人命名的调解工作室——“周永良人民调解工作室”成立。该工作室是调解汽车行业矛盾纠纷的群众性组织,隶属于市人民调解委员会,业务上接受市司法局的指导和监督。

2017年10月13日,“讲法治·颂廉洁——喜迎党的十九大”情景诗歌朗诵大赛举行决赛 (市司法局提供)

**【启动“以案释法基层行”】** 2017年6月22日,市司法局在东南街道会议中心举行“美好生活·德法相伴”以案释法基层行启动仪式。活动从6月起一直持续到9月,覆盖全市各镇(街道)和村居,旨在为基层群众普及法律知识,营造学法、守法、用法的良好氛围。

**【《法润琴川》创刊发行】** 2017年7月1日,市法制宣传教育领导小组办公室、市司法局主办的普法专刊《法润琴川》创刊发行。《法润琴川》为季刊,提供法治宣传教育的政策指导、地方动态等资讯服务,为各成员单位普法信息沟通交流提供渠道,是“谁执法谁普法”责任制落实的载体。

**【法律援助中心挂牌成立大学生社会实践基地】** 2017年7月3日,市法律援助中心与常熟理工学院团委签订共建协议,在市法律援助中心挂牌成立“常熟理工学院社会实践基地”,为大学生志愿者开展法律援助社会实践活动创造有利条件。

**【开展“不忘初心跟党走”主题演讲比赛】** 2017年8月16日,市司法局开展“喜迎十九大,不忘初心跟党走”主题演讲比赛。10名参赛选手用真切的情感和身边的故事,讲述了自己的成长经历以及身边优秀共产党员的典型事迹,展现了全市司法行政系统凝心聚力、干事创业、奋勇争先的精神风貌。

**【督查执法部门普法责任制落实情况】** 2017年9月27日,市法制宣传教育领导小组办公室会同市依法治市领导小组办公室联合开展督查行动,以实地查看、听取汇报、座谈交流、查阅台账的形式对市法院、检察院、城管局、地税局等执法部门进行重点督查。督查结果显示,受督查部门严格按照责任清单,落实普法责任制,充分发挥传统媒体和新媒体作用,开展多种形式的普法宣传,进一步扩大了法治宣传教育的社会影响。

**【情景诗歌朗诵大赛决赛】** 2017年10月13日,由市纪委、市委宣传部、市司法局、市文化广电新闻出版局等单位主办的“讲法治·颂廉洁——喜迎党的十九大”情景诗歌朗诵大赛举行决赛。经前期选拔,收到诗歌稿件29件,其中优秀作品14件,有10件作品进入决赛。

【法律咨询援助进监所】　2017年11月2日，市法律援助中心组织司法鉴定所、公证处、优秀刑事律师组成法律服务团走进市看守所举办法律咨询，以面对面交流的形式为服刑人员及犯罪嫌疑人普及法律知识、解答法律疑问，发放法律援助宣传手册，帮助他们增强法律意识、努力重塑自我、顺利回归社会。

【试点社区家庭律师服务】　2017年12月1日，市律师协会青年与文化工作委员会与中南世纪城南苑社区居民签订服务合同，明确双方权利义务，律师免费为居民家庭提供法律咨询和法律建议，也可接受居民家庭的委托，办理家庭成员相关法律事务。

【省司法厅到常督查司法行政基层基础建设】　2017年12月14日，省司法厅社区矫正工作局副局长张仪一行对市司法局实战化和基层基础建设“365”工程以及聚焦富民15项举措落实情况进行专项督查。察看了法治雕塑公园、市医疗纠纷人民调解委员会、市税收文化宣传教育基地、梅李镇司法所、梅李镇公共法律服务中心、梅李社区、“12348”协调指挥中心、市社区矫正管理教育中心等，听取了工作汇报，查阅了工作台账。　（汤　妍　沈泽威）

征兵家访　（常熟日报社提供）

## 人民武装

【概况】　2017年，市人民武装部抓紧军事训练，做好日常管理与战备考核，顺利完成征兵工作，持续开展“双拥”，各项工作取得显著成绩。

【军事训练】　2017年，市人武部根据上级要求及时修订完善战备方案和各类应急预案，按照每日一题、每周一图、每月一文的要求，以作战需求、作战必备的战术标图识图用图、军用文书、战术作业等科目为基础，强化干部业务训练，干部队伍业务能力明显提升。民兵预役人员完成“三实”训练和共同课目训练，多次组织带战术背景的演练活动，规范作战值班和升级作战值班室建设，较好地配合地方完成各项中心任务。

【民兵整组工作】　2017年，常熟年度民兵整组自1月开始至4月结束。3月19日，举行人民武装工作系统业务培训。4月上中旬，利用一周时间，采取听取汇报、座谈交流、查阅资料、查看场所等形式，对全市11个镇、街道整组基本情况进行检查，提出整改意见。

【发挥民兵作用】　2017年，市人武部、组织民兵开展义务护林防火巡逻和“安全祭祀、文明祭祀”宣传教育活动，春节、“五一”、国庆等重大节日长假和重大活动敏感时期开展军警民联防，组织联合巡逻，民兵队伍“快、准、稳”处置突发事件能力得到提升。10月15日，常熟市第七届体育运动会开幕，市人民武装部组织民兵担任仪仗队和升旗手。

【征兵工作】　2017年，常熟先后召开3次征兵工作领导小组会议和5次全市专职武装干部征兵工作会议。制定《常熟市2017年度征兵工作措施》等文件。年初开展征兵宣传工作，播发各类征兵稿件300多篇，张贴和悬挂条幅1000多幅，播出电子滚动字幕1000多条，推送宣传短信10多万条，赠发宣传手册2万多本。全市适龄青年兵役登记率达99.8%，信息准确率达100%。应征青年中具有大学学历的人数大幅度提高。信息公开透明，办事廉洁公正，圆满完成新兵入伍任务。

2017年5月16日，古里镇举行2017年基干民兵应急排点验，代表苏州市接受省军区检查组抽点　（古里镇提供）

**【双拥工作】** 2017年，常熟以更高标准做好省双拥模范城“八连冠”、全国双拥模范城“五连冠”创建工作，双拥工作基础更加扎实、特色更加鲜明、成效更加显著、军政军民关系更加融洽。中央电视台、《解放军报》、人民网、新华网等中央级媒体，均以大篇幅报道了常熟市党政军民70多年薪火传承的鱼水情。继续做好与“沙家浜部队”和“常熟舰”联络工作；做好“百名常熟妈妈认亲子弟兵”工作；举办“最美兵妈妈”评选活动，树立了11名兵妈妈典型。常熟被驻军官兵赞誉为“子弟兵永远的家”。

**【优抚安置工作率先做到10个100%】** 常熟市优抚安置工作在全国率先做到10个100%，包括优抚对象的抚恤优待金100%落实动态调整机制，每年市、镇两级财政发放抚恤优待金近亿元；重点优抚对象100%免费办理医保；重点优抚对象100%组织慰问；对低于当地群众生活水平的优抚对象100%给予扶持等。

**【军民融合发展】** 2017年，市政府对华东汽车有限公司、瑞特电气股份有限公司、天银机电股份有限公司、中利电子信息科技有限公司、宝沣特种纤维有限公司、亨通高压电缆有限公司等企业多个军民融合项目发放扶助资金3000多万元。常熟开关厂制造有限公司、常熟佳合陶瓷材料公司、常熟电子仪器仪表厂、江苏梦兰龙芯科技有限公司等16家企业实现了军工产品的量产能力。华东汽车有限公司研制生产的大型特种火箭垂直运输车，成功用于酒泉、太原、西昌三大航天发射场；常熟开关制造有限公司生产的大型舰艇集成电源开关，已在“辽宁舰”等多艘现代化军舰上安装使用；常熟佳合陶瓷材料公司的产品性能受到中央军委领导批示肯定。一些国产新型导弹驱逐舰、护卫舰的部分元器件均产自常熟，军民通用产业融合发展，提升了民营企业的核心竞争力。

**【调整国防委员会组成成员】** 2017年，市委常委议军会议对原常熟市国防动员委员会组成成员作调整：委员会第一主任由市委书记王飚担任，主任由市委副书记、市长周勤第担任，韩卫兵、沈晓东、陆文明、张万银、吴军、范建青、宋刚、程锋、马维刚任副主任。

**【战备武器管理】** 2017年，市人武部进一步完善各级武器仓库执勤场所的安防措施，对武器库的高压电网重新进行布设，更新置换武器库的保温除湿设备，全面升级人武部作战值班室和民兵武器库的监控视频设备。对民兵武器仓库安全防护情况进行全方位、全天候的实时监控，同时增添报警设备，更新维护安全防护设施。落实武器仓库值班制度。在十九大召开期间，坚决执行人武部领导住库值班制度、作战值班与正副双值班和安全稳定工作“零报告”制度。

**【后勤保障管理】** 2017年，市人武部按照“齐全配套、充分运用”的要求，修订完善后勤保障方案，使方案的计划性、衔接性、可靠性符合实战要求。完善用车制度，组织车辆及驾驶员年度审验，严格财务审核，严格保密制度。

（孙 坤）

## 消 防

**【概况】** 2017年，市公安消防大队着力提高社会火灾防控能力，增强灭火救援实战效能，健全完善责任体系，夯实基层基础工作，强化火灾防控措施，创新消防治理方式。

**【提升部队整体战斗力】** 2017年，市公安消防大队提请市政府制定下发新一轮《常熟市消防队站及车辆装备建设方案(2017—2019)》。完成13辆消防车和各类常规器材装备、化工事故处置专项器材装备的采购任务。贯彻落实省政府第101号令，协调、督促完成沙家浜政府专职消防中队建设任务，督促完成古里战勤保障消防中队土建工程建设任务，完成新材料产业园政府专职消防中队建设项目的发改委立项和规划局审批工作。招收、培训83名政府专职消防员，为新消防站投用做好准备。针对人员密集场所、易燃易爆单位、高层建筑以及敬老院等特殊场所，开展联合演练36次，开展演练1344次，修订完善灭火救援预案320份。特勤五中队被命名为“2017年度苏州市青年文明号”。海虞中队被江苏总队评为先进中队。董浜中队、梅李中队、辛庄中队被苏州支队评为先进中队。服装城中队、支塘中队、辛庄中队被苏州支队评为党的十九大消防安保先进中队。特勤五中队器材革新项目“简易泡沫桶吊升装备”参与江苏总队组织的灭火救援装备“小革新小发明小创造”活动评比，荣获三等奖。在江苏省政府专职消防队伍业务竞赛中，常熟市4名政府专

市公安消防大队海虞中队的消防战士开展技能练兵训练

（常熟日报社提供）

职消防员为苏州代表队取得企业队团体第一、政府队团体第二名、总成绩第一名的优异成绩。在苏州支队去冬今春执勤训练中，特勤五中队获先进中队称号。服装城中队、化工集中区中队、董浜中队在苏州支队组织的政府专职队三月份比武竞赛中获团体第一、第二、第三名；海虞中队、化工集中区中队、辛庄中队在苏州支队九月份专勤器材竞赛中，获团体第一名、第三名、第六名。

【落实各级消防工作责任】 2017年，市公安消防大队提请市政府印发《2017年常熟市消防工作意见》，与各板块签订消防工作目标责任书，推进消防工作责任落实。通过政府常务会议、消防工作会议、消防安全委员会会议、专项整治部署会等形式，督促基层板块落实"党政同责、一岗双责"要求，研究解决"三合一"、高层建筑消防安全隐患整治、人员密集场所隐患治理、消火栓维护管理等重大消防安全问题。督促消防安全委员会成员单位全面落实部门监管职责，建立健全行业部门消防安全情况通报、会商研判、联合检查、协调联动机制，推动各行业部门完善并落实行业消防管理标准，开展专项治理、示范建设和抽查验收。督促公安派出所落实消防监督管理职能，强化公安派出所社区警务平台消防模块功能运用，通过平台检查各类单位19.7万家次，发现隐患单位17.8万家，隐患处理率达96.9%。推广应用"微消防"移动消防安全综合巡检系统，利用系统督促全市820家重点单位开展消防安全隐患自查自纠，向全市3.2万家"九小"场所推送火灾隐患自查清单，督促社会单位严格落实消防安全"户籍化"管理、消防安全评估、专职消防管理人、建筑消防设施定期维护保养、火灾隐患法人承诺整改制度和"六加一"措施，全面提升单位消防安全"四个能力"。

【加强基层基础工作】 2017年，市公安消防大队提请市政府修订出台《常熟市消火栓维护和管理办法》。推动将消防安全网格化管理纳入综治管理服务平台，强化基层网格员人员配备及培训管理工作，充分借助现有基层工作平台或移动终端APP，组织网格员开展消防信息采集、情况反馈、问题督办，巩固和深化安监、消防网格叠加管理成效。推进消防大数据成果运用，将全市3.5万家单位纳入大数据火眼系统研判范围，预警火灾高风险单位2971家，排查整改火灾隐患4032处，大大降低了火灾发生概率。落实技防措施，在公共娱乐场所推广安全简易喷淋37套，推广安装电气火灾监控设施42套。在全市各村、社区建立308个微型消防站，在全市二、三级消防安全重点单位建立微型消防站781个。

【抓好火灾防控】 2017年，市公安消防大队提请市政府于年初制定《2017年"三合一"隐患专项整治工作方案》和《服装城及周边区域社会秩序综合整治行动方案》。进一步优化住宅类、商业类"三合一"隐患整治标准及处罚细则，完成整改12066家；落实技防措施，安装独立式感烟火灾探测报警器5000个。贯彻落实各级冬春火灾防控部署，检查各类单位3157家，发现并督促整改火灾隐患或违法行为7345处，实施消防行政处罚119起、临时查封131家、责令"三停"15家，行政拘留4人。夏季消防检查单位5093家，发现火灾隐患10855处，办理消防行政处罚案件249起，临时查封661家，责令"三停"29家，行政拘留28人。推进高层建筑外墙保温材料不合格、管道井封堵、疏散通道堵塞、消防设施瘫痪、电瓶车违规停放充电等排查工作，共排查高层建筑1035幢，发现隐患762处，整改隐患633处。做好党的十九大期间消防安全保卫工作，部署开展对化工企业、学校、医院、不放心、重大隐患单位的集中约谈和对各类场所的督查检查，检查各类单位1867家，发现并督促整改火灾隐患或违法行为4320处，实施消防行政处罚32起、临时查封266家、责令"三停"2家、行政拘留4人。完成虞城护理院重大火灾隐患整改。配合相关职能部门和板块政府整治"三合一"隐患2318处，整治群租隐患1542个，整治不符合安全条件隐患5727个，整治车库住人隐患258个，整治违章搭建隐患2244个，整治有隐患教育培训（咨询）场所145家，整治有隐患的网吧43家，取缔无证网吧77家，扣押电脑主机814台。

【提高消防服务效能】 2017年，市公安消防大队推行行政许可绿色通道制度，全程服务申报工程项目，办理消防行政许可项目100个，办理消防备案项目134个，办理消防开业前安全检查257个。落实消防技术保障服务制度，参与政府职能部门组织的相关检查、培训、调查，及时为各部门提供消防技术指导。

【加强宣传培训】 2017年，市公安消防大队完成820家重点单位安全管理人员、责任人员的培训教育，完成230名消防控制室操作人员的培训考试，完成全市407名社区民警、兼职消防民警的业务培训。以深入开展"七进"宣传为主线，结合安全生产月、暑期消防夏令营、"119"消防宣传月等工作部署，利用全市13块户外大屏、20块户外固定宣传广告牌、28块交通路况电子显示屏、121个居民住宅区LED滚动宣传栏、245块社会单位LED滚动字幕显示栏、300个村（社区）宣传橱窗等，开展社会面消防宣传，发放消防宣传单、知识手册6.2万份，播放消防公益广告140次，悬挂消防安全警示条幅1000条。完成对4000名高中、大学新生的消防教育培训。发挥消防队站对外开放的常态化宣传作用，全市14个消防中队接待参观群众62批次、1万人。在常熟电视台、常熟人民广播电台、常熟日报开设专栏，刊播新闻报道，逢重要节庆在常熟电视台滚动播出消防提醒字幕。通过官方微信累计推送资讯725条，受众3.4万多人。 （朱 婷）

## 人民防空

【概况】 2017年，全市民防工作完成

并超额完成各级下达的年度工作目标，被江苏省民防局评为县(市、区)民防工作先进单位，被苏州市民防局被为“民防工作创新发展”先进单位。

公共人防工程建设　人防工程建设超额完成结建人防工程各项指标。开工、竣工人防工程面积分别比政府年度目标增181%和364%。从4月1日起，新开工项目人防工程质量监督职责由市民防局履行，为此，制定人防工程质量监督管理流程。完成“掌上人防”智能系统软件开发及调试等工作，实现人防工程“掌上”管理。召开全市人防工程建设质量管理工作会议。完成2016年末竣工项目的录入，摸排涉及115个人防工程。发放人防工程平时使用证26份，2017年竣工人防工程平时使用证发放率100%。

通信指挥系统建设　做好民防机动指挥平台维护工作并形成战斗力，做好战备器材库和资料库建设；做好全省重要经济目标防护试点工作；做好全市基层民防工作人员培训工作，组织民防引偏诱爆专业队集训和心理防护专业队训练，完成局机关人员训练。指导各社区完成人防疏散演练，指导碧溪新区完成人民防空综合演习；进行警报设施设备安全检查和维护保养，全市新装电声警报器2台。完成沙家浜镇疏散地域指挥所建设并通过苏州市民访局验收，完成大义指挥所维修和谢桥指挥所弱电系统改造。

民防法治体系建设　完成民防9项政务服务事项与“省政务服务一张网”对接，对9项政务服务事项实行“在线咨询、网上申请、网上审批、网端推送、快递送达”办事模式，“不见面审批率”达100%。召开全市人防工程建设管理座谈会，对如何做好政务服务事项“网上办、集中批、联合审、区域评、代办制、不见面”等服务模式进行交流。制定“双随机、一公开”工作机制实施方案，制定随机抽查事项清单。健全“两法衔接”工作机制，聘请两名律师为常年法律顾问。

民防依法行政管理　在项目方案设计阶段为建设单位提供人防政策适用咨询，进行事前指导，提高人防设计方案预审一次通过率。对一些重大项目和人防工程较大项目在方案阶段组织专家进行评审，使人防工程方案更趋优化合理。全年对48个新建民用建筑项目进行了方案预审。1月1日起，按照《省民防局关于印发〈江苏省防空地下室建设实施细则(试行)〉的通知》要求进行民用建筑项目人防许可审批。针对一些特殊项目，人防经费除根据国家、省相关规定享受优惠政策外，确保应收尽收。全年对103个项目进行了行政许可审批，审批民用建筑面积425.74万平方米；做好省局内控机制平台数据填报工作。妥善处理市民通过“12345”热线和寒山闻钟网站咨询和反映问题的帖子51例。及时做好竣工人防工程的标识标注，对损坏的人防工程标识及时更换。对一些早期人防工程落实维保资金，进行防护设备的维修保养，确保人防工程处于完好状态。

民防知识宣传教育　市民防教育体验馆接待参观2000多人次；指导碧溪新区在聚和佳苑建成全市第一个社区人防科普馆；在绿地实验小学民防教育馆组织举办青少年红十字民防知识竞赛决赛。与老年协会联合开展民防宣传进社区活动；与市红十字会联合举办“常熟市红十字应急救护情景演练”主题活动；开展“全国科普日”广场科技咨询服务；开展“12.4”国家宪法日广场宣传咨询，发放民防宣传书签等材料200份；会同市应急办制作4万多本《市民应急手册》，发放至乡镇和社区。不定期组织乡镇、社区开展人民防空演练和防灾减灾专题培训，在“3.1”国际民防日、“5.12”国家防灾减灾日、“9.18”全市防空警报试鸣日、“12.4”宪法日、人防宣传周、科普宣传周等时间段，通过广场宣传、电子屏、宣传栏、演习演练、以案释法等形式，利用政务网站、微信、微博、零距离、杂志等载体开展人防法律法规宣传教育。

2017年8月15日，市民防局、市电信局举行人防机动指挥通信系统交接仪式　（市民防局提供）

**【碧溪新区建成全市第一个社区人防科普馆】**　2017年3月28日，碧溪新区在聚和佳苑建成全市第一个社区人防科普馆，设置民防、国防知识科普教育区域，分民防知识介绍、现代国防兵种知识、应急急救知识等展区，为集器材摆放和民防国防教育功能于一体的综合性科普馆。

**【“生存·拓展”青少年民防夏令营】**　2017年7月1日，市民防局、市教育局、市红十字会联合举办以“民防教育体验”为主题的“生存·拓展”青少年夏令营，来自全市18所中小学的52名学生参加。活动包括开营仪式、拓展活动、救护培训等。

**【完成大型地下空间(含人防工程)识别系统研发】**　2017年4月委托江

2017 年 6 月 8 日，2017 年常熟市青少年红十字民防知识竞赛决赛在绿地实验小学举行　（市民防局提供）

苏省人防与地下空间研究中心、江苏省第二建筑设计研究院有限责任公司和江苏省天安人防工程管理有限公司启动编制《常熟市大型地下空间识别和引导规则》，6 月下旬完成《规则》征求意见稿，经广泛征求意见后作进一步修改，形成《规则》评审稿。8 月 15 日举行专家论证会获通过，会后按照专家组提出的意见完成修改。9 月 4 日《规则》在常熟市人民政府网站进行公示，10 月 18 日《规则》通过市政府批复同意。

**【人防机动指挥通信系统交接】** 2017 年 8 月 15 日，市民防局、市电信局在市人防地面指挥所举行人防机动指挥通信系统交接仪式，该系统具有 4G 传输、现场图像采集和监控、视音频处理、短波、超短波通讯、广播、警报、北斗自主定位、自主发电等功能，由市电信局代为运行维护。

**【第四届应急救护培训师资教学技能比赛举行】** 2017 年 10 月 31 日，市民防局和市红十字会联合举办第四届常熟市红十字民防应急救护培训师资教学技能比赛，14 名参赛选手均获得省红十字会救护培训师资质，并具有应急救护培训授课经历。比赛内容有教案编写、课件制作和教学授课、技能演示，包括创伤救护、心肺复苏等。

**【高一新生应急救护知识与技能演练】** 2017 年 11 月 30 日，市民防局、市红十字会、市教育局、市卫计委联合举办高一新生应急救护知识和技能演练比赛，全市 10 所中学（专）的 100 名高一新生参加比赛，比赛有理论知识、技能演练（创伤救护和心肺复苏）两项。

**【协同城管、规划等部门挖掘地下停车资源】** 2017 年在沃尔玛东侧绿地公园地下建设停车库，规划停车位 500 多个，项目建成后可缓解市二院停车压力。在九鑫园绿地公园地下建设地下停车库，规划停车位近百个，项目建成后可缓解崇文小学停车压力。

（孙奕瑾）

**责任编辑　祝慧江**

2017 年 9 月，虞山镇投入专项资金购置电动消防车，并配发充实到全镇老城区域，进一步加强老城区抵御初始火灾能力　（常熟日报社提供）

# 开放型经济

## 综　　述

【概况】　2017年，全市新增注册外资及港澳台资9.44亿美元，实际利用外资及港澳台资7.46亿美元，历史累计注册外资及港澳台资267.27亿美元，实际利用外资及港澳台资161.98亿美元。全市外资及港澳台资企业全年实现开票销售2147.32亿元，同比增长20.59%，涉外税收134.17亿元，同比增长20.11%，外贸进出口额174.77亿美元。全市货物贸易进出口244.74亿美元，同比增长23.3%。其中，出口167.6亿美元，同比增长25.5%；进口77.14亿美元，同比增长18.7%，进出口增幅位列苏州各县市第一。2月，常熟服装城国家第三批市场采购贸易方式试点在有关基础条件通过江苏省组织的验收后正式启动，市场采购贸易出口纳入通道并逐步放量。截至年末，区域内通过市场采购贸易联网信息监管平台出口报关9985票，出口额12.73亿美元，为市场成交额增长贡献近5个百分点，为全市外贸出口增长贡献约8个百分点。全市实现境外中方协议投资额17100万美元，对外承包工程和劳务新签合同额24756万美元，同比增长2.09%，实现营业额20916万美元，同比增长9.92%。截至年底，全市共有境外投资企业168家，累计中方投资额10.62亿美元，分布于世界50多个国家和地区，其中本市企业在“一带一路”沿线16个国家投资了51个项目，投资总额5亿美元。全市劳务输出保持稳定，全年外派劳务人员84人，至年末累计在外人员479人。继续推动全市服务外包工作，全市实现服务外包业务合同额24723.82万美元，执行额21080.27万美元；离岸业务合同额19837.62万美元，执行额17520.71万美元。

2017年11月22日，捷豹XEL首台量产车下线　　（经开区提供）

【全市进一步加强招商选资工作会议】　2017年4月13日，全市进一步加强招商选资工作会议召开。常熟市委书记王飚，市委副书记、市长周勤第出席会议。王飚对全市下阶段招商选资工作提出三点要求：一要树立“项目为王”理念，以更强意识推进招商选资工作。二要创新四大招商体系，以更高效能推进招商选资工作。三要落实“一把手”工程，以更实举措推进招商选资工作。周勤第要求各地各部门认真学习领会本次会议精神，结合工作实际，抓好贯彻落实。他强调，四大招商体系要形成合力，招商选资要突出重点，项目落地要优化服务。会议期间，与会者实地考察了常熟市知识产权服务广场、中国智能车综合技术研发与测试中心、常熟绿色智能制造创新中心。

## 利用外资及港澳台资

【概况】　2017年，全市外资及港澳台资企业新设及增资项目166个，新增注册外资及港澳台资9.44亿美元。其中，增资项目54个，注册外资及港澳台资6.22亿美元，占全市64.88%。总投资8.09亿美元的奇瑞捷豹路虎增资项目、总投资6亿美元的江苏中振盈环保新材料项目等超9000万美元项目9

块、重点行业、重点企业，创新业态模式，培育壮大外贸发展新动能，推动本市货物进出口创历史新高，年内新增外贸企业429家，新增亿倍智能清洁、东方模具、金龙科技、腾晖光伏4家企业的4个省级出口名牌。全市一般贸易增幅扩大，全年一般贸易进出口119.31亿美元，同比增长16.25%。内资企业进出口增幅扩大，全年内资企业累计进出口67.26亿美元，同比增长25.49%，占全市27.48%。全市化工、轻工、钢铁行业进出口增幅扩大，纺织服装保持快速增长，全年化工、轻工、钢铁进出口分别为19.14亿美元、13.23亿美元、4.52亿美元，同比分别增长28.03%、4.13%、9.07%；纺织服装受益于市场采购贸易带动，进出口增长明显，累计进出口额39.02亿美元，同比增长48.88%。对美国、东盟、非洲市场出口增幅扩大，对美国出口47.83亿美元，同比增长23.8%；对欧盟出口27.07亿美元，同比增长28.28%；对东盟出口15.78亿美元，同比增长21.92%；对日本出口15.24亿美元，同比增长4.71%，对非洲出口8.69亿美元，同比增长58.11%。重点企业进出口增长明显，全市外贸前30强企业进出口135.46亿美元，同比增长22.77%，占全市的55.35%，有21家企业进出口正增长。全市与“一带一路”沿线国家贸易总额61.79亿美元，同比增长48.05%，占全市进出口25.25%，其中对东盟、西亚和南亚进出口排前三位。

**【服装城市场采购贸易方式试点启动】** （参见《商贸服务业》“常熟服装城”分目）

**【常熟东飞直通式监管点封关运作】** 2017年5月12日，常熟东飞直通式监管点在常熟综合保税区B区正式封关运作。常熟东飞直通式监管点占地面积为37912平方米，于4月19日获得南京海关批准运行。综合保税区B区在叠加了直通式监管点功能后，业务范围从传统的保税物流扩展到包含口岸物流在内的海关主要监管业务，包括加工贸易、一般贸易、陆路转关、市场采购、跨境电商等。综合保税区B区将依托常熟东飞直通式监管点重点服务常熟服装城市场采购贸易试点工作，积极拓展跨境电商业务，不断延伸新型贸易产业服务链，为广大中小微企业提供共享式的商贸流通和对外贸易大平台，全面推进常熟地区的外贸转型升级和贸易多元化。

服装城市场采购贸易广州招商推介会现场　（常熟日报社提供）

**【常熟首条国际专列开通】** 2017年7月28日，常熟服装城依托苏州中欧班列平台开通了苏州（常熟）—中亚（跨里海地区）市场采购贸易专列，专列从苏州火车西站始发，经新疆霍尔果斯口岸出境，途经阿拉木图，抵达哈萨克斯坦阿克套港口，再经船运分拨，辐射至土库曼斯坦、伊朗、阿塞拜疆、格鲁吉亚以及俄罗斯西北部地区。该趟专列装载着以服装为主，服装辅料、面料及小商品为辅的共86个标准集装箱、约392万美元货值的全品类商品。出口货物箱量中以市场采购模式报关的出口货物比例占70%以上，其余为一般贸易出口货物。截至12月底专列已开行8趟，并从10月末起基本形成每周一列的发车常态。苏州（常熟）—中亚专列的开通，缩短了出口时间，打开一条常熟通往中亚国家和地区的国际贸易新通道。

**【常熟服装贸易（广州）招商推介会】** 2017年11月2日，江苏常熟服装贸易（广州）招商推介会于在广州南丰朗豪酒店举行。中国纺织品进出口商会会长曹甲昌，中国进出口商品交易会江苏交易团团长笪家祥，常熟市委书记王飏，常熟市副市长雷波，常熟服装城管委会主任万晓军，常熟市商务局局长赵东方等出席推介会。推介会上，曹甲昌、雷波分别致辞，万晓军对常熟纺织服装产业和市场采购试点作招商推介。推介会后举办了跨国贸易采购对接会，200多名来自也门、伊拉克、伊朗、迪拜等国家与地区常驻广州的国际采购商，约50家常熟优秀生产企业、服装城商户进行了对接洽谈。随后，主办方为致力于常熟服装城市场采购贸易招商推广的广州外商代表们颁发了合作伙伴证书。常熟服装城海外营销推广网站和脸书上线仪式也在会上启动。

（陆志明）

**责任编辑　王　宏**

# 开发区建设

## 常熟经济技术开发区

【概况】 常熟经济技术开发区(简称经开区)成立于1992年8月,1993年11月被省政府批准为首批11个省级开发区之一,2010年11月升级为国家级经济技术开发区。经开区已有20多个国家和地区投资的外资企业近600家,外资总投资达333.3亿美元。2017年,沿江核心区全年实现地区生产总值408亿元,一般公共预算收入44.3亿元,分别增长20%和27%。实现工业总产值1140.5亿元,规模以上工业产值970.5亿元,分别增长10.6%和18.8%;工业开票销售首次突破千亿元,达到1057亿元,增长21.7%;高新技术产业产值216.8亿元,增长12.9%;"3+5"现代产业实现产值713.5亿元,增长20.7%;服务业开票销售566.8亿元,增长32.2%。实现全社会固定资产投资132亿元,其中工业投资90亿元;完成到账外资3.88亿美元。区域整车销量首次突破10万辆。实现汽车及零部件产业产值347亿元,同比增长20%;汽车及零部件产业占比达到30.4%,同比提高了2.4个百分点。捷豹路虎销售整车8.38万辆,综合贡献税收43.8亿元,同比分别增长34.2%和68%。观致成功引进宝能战略投资。经开区在全省经济开发区科学发展综合考评中位列第五,跻身全省开发区第一方阵。

项目建设 经开区全年开工建设工业项目26个,总建筑面积约60万平方米。奇瑞捷豹路虎二期、威仕科大衡、华安钢宝利、乐歌仓储、多米诺标识、菊水建材、拓彼亚机械、依多科、天银机电、信恒仓储、中电环保、力菱精细化工、理文化工(氯化聚氯乙烯、施胶剂扩建)、长春(铜箔二期、工程塑料扩建)、亚通二期、耀皮汽车玻璃等总建筑面积约47万平方米的18个项目竣工投产(其中外资新项目7个,内资新项目3个,增资扩建项目8个)。年底前,仍有路虎发动机二期、裕博高分子材料、海旭新材料、正大泰达物流、长春化工(电子级双氧水、双酚A三期)、长春和益精细化工、美克尼三期、康博固废扩建等总建筑面积13万平方米的8个项目正加紧建设中。其中奇瑞捷豹路虎发动机二期正在设备安装,2018年下半年进入调试阶段;长春化工电子级双氧水、长春和益精细化工等项目年底前土建竣工,设备开始安装,春节后进入调试试产;裕博高分子材料、海旭新材料、正大泰达物流、美克尼三期、康博固废扩建等项目正抓紧设计和报建,陆续开工建设。同时,中振盈环保新材料、霍曼门业、裕嘉涂料、日轮汽车部件、三禾药业、江南模塑、隽安光电标识、恒丰德国工业园、聚和三期、长春铜箔三期、哈尔沙精密轴承等总建筑面积约30万平方米的12个项目处于筹建阶段。

常熟经济技术开发区 (经开区提供)

招商引资　完成38个外资项目的注册，注册外资3.12亿美元。2017年，围绕“4+4”产业体系，引进优质项目。汽车及零部件产业，成功签约了总投资6600万美元的印度哈尔沙轴承支架项目、总投资4200万美元的日本日轮汽车管件项目、总投资1000万美元的德国DBK新能源汽车加热器项目、总投资4.5亿元的江南模塑汽车保险杠项目、总投资1.3亿元的隽安汽车标识项目、总投资6000万元的恒力通动力电池壳体项目；装备制造行业，引进了总投资6200万美元的德国霍曼工业门项目、总投资1500万美元的英国工业模块建筑项目、台湾工业刀具项目、日本半导体设备项目、法国切削工具项目；新能源新材料行业，引进了总投资6亿美元的中振盈造纸科技项目、法国帝威龙包装材料项目；生产性服务业有所突破，引进了意大利伯司乐财务中心、美国黑石仓储、杉杉运通能源服务等项目。经开区与董浜、梅李、海虞、碧溪4个镇（街道）组建经开区招商体系。建设落实了体系内“3+2办公”“信息共享”“项目会商”等工作机制，先后推荐50多个项目到各镇考察。为董浜配套园成功引进华庆汽车部件项目，梅李引进优合机械项目、黄鹄机械，海虞引进旭化成塑料粒子项目。促成上海傲垦机电设备公司与常熟显高服饰合资，盘活显高服饰闲置土地资源，新建数控装备生产项目。

管理服务　以“信息化建设”为平台。督促企业按照《中华人民共和国安全生产法》《江苏省安全生产条例》等法律法规，严格落实企业主体责任，开展隐患自查自纠，检查情况和整改情况及时上报至“安环E保”系统。截至10月底，“安环E保”企业隐患自查自纠信息的录入率达90%以上。开发“安环e保”二期系统，增加包括文件收发、隐患跟踪、培训报名、风险分布、信访举报等功能，不断完善功能，满足日常监管需求。以“网格化巡查”为抓手。全区划分5个工业企业安全生产监管网格，全年新增2名安全、6名环保网格化专职人员，重点加强对区域内企业安全、消防、环保网格化日常巡查，加强隐患排查和整改，对各类检查查出的问题定期复查，严格闭环管理。以“标准化创建”为载体。积极开展企业标准化提档升级工作。2017年，住友橡胶、诺华制药已启动一级标准化创建；奇瑞捷豹路虎、芬欧汇川等12家企业二级标准化创建正在序时推进，其中区内化工企业全面开展二级标准化创建。开发区一级标准化企业2家；二级标准化32家；三级标准化68家（含初级）。以“专业化力量”为增援。经开区整合资源，逐年加大投入，大力引入第三方专业力量，形成工作合力。全年共投入100多万元与4家第三方专业机构签订合作协议，以政府购买专业技术服务的方式，对区内所有企业进行全覆盖安全隐患诊断。同时，借助区级专家队伍，不定期地开展企业间的交叉互查。全力以赴推进“263”专项行动，完成治理船舶码头污染、治理挥发性有机物、治理环境隐患、提升环境执法监管水平项目107个，重点项目完成率为88.4%；完成9件“263”交（督）办件中5件的整改销号工作。通过专项治理，区域环境质量改善及环境隐患消除成效明显，突出环境问题得到进一步化解。以科技创新为引领，全面加强环境监管。依托经开区现有安全环保监控系统，实施大气环境监测预警系统一期工程项目，着力推进在线监控系统的升级及环境监管效能的提升。化工集中区南侧边界已安装完成4套在线监控装置，东张、吴市2个环境敏感点空气自动站正在建设中。长春化工、住友橡胶、烨辉科技和理文化工4家废气重点排放企业主要废气排放口及厂界无组织废气排放也将在年底前实现在线监控。为弥补人员及科技力量的不足，引入第三方专业机构，对重点排污企业进行全方位环保“体检”，对发现的环境问题及隐患，督促指导企业制订整改方案并整改到位。以环保督察为契机，着力化解突出环境问题。做好省环保督察迎检相关准备工作，要求各排污企业特别是信访问题突出的企业严格对照环境管理要求，全面排查存在的问题并及时落实整改措施。对查实的住友橡胶废气扰民问题，责令企业通过限产、降库存、加快无组织废气治理等措施降低废气对周边的影响。2017年，住友橡胶陆续完成了2#、3#成品仓库无组织废气治理及5个成品仓库出货口密闭化改造。不断加强风险防控，保障区域环境安全。补充完善75家企业环境风险物质台账，24家较大以上环境风险源企业完成环境安全达标建设。全面完成42家企业危险废物规范化管理达标建设，组织开展危险化学品安全综合治理和危险废物“减存量、控风险”工作。依法强化项目管理，坚持监管服务并重。配合市环保局推进建设项目环境影响评价审批制度改革，简化建设项目环评审批程序；根据《建设项目环境保护管理条例》，指导区内企业自主开展建设项目竣工环境保护验收；协调推进长春化工扩建3.6万吨/年电子铜金属薄膜项目、奇瑞捷豹路虎年产11万台发动机扩建项目等重大项目完成环评审批。配合全市开展对高速公路、重点国省道和主要内河航道沿线绿化及环境进行综合整治的工作，涉及绿化面积25万平方米，获常熟板块绿化考核第一名，经开区作为“两路一河”项目常熟市推荐考核点，在现场考核中获得苏州领导好评；完成年度项目设计招标，重新修订工程建设管理实施意见，出台工程项目团队管理办法；配合“文明城市”建设，宣传倡导社会文明秩序，做好区域各项环境卫生管理工作，继续做好区内工地、燃气安全生产常态化检查及防台防汛工作；汽车特色小镇启动申报。全年经开区自建工程中的常熟市滨江实验中学室内装饰工程（标段一）、滨江海外大厦公寓式酒店底层门厅及四至二十九层室内装饰工程、东张邻里中心三期室外配套工程等10个工程项目获省市各级施工文明示范工地、优质工程奖项荣誉，东张中学迁建装饰工程项目组获评市建筑工程2017年度QC小组成果奖一等奖。

科技创新　深入实施科技领军人才集聚工程，组织参与各类招才引智推介活动12次，苏州国际精英周对接公共嘉宾项目23个，落户园区8个。全面实施开发区“双百”引进计划，组织项目评审2批，立项项目29个。徐辰博士入选第十三批国家"千人计划",上半年获批姑苏人才计划 3 人、常熟市级领军人才项目 5 个,下半年通过姑苏人才计划答辩 3 人。进入第十四批"千人计划"面试答辩 3 人、省双创人才面试答辩 7 人。常熟科创园入选省小型微型企业创业创新示范基地,举办创融滨江拓展营活动和第五届创业服务文化周活动。双创企业申报高新技术企业 15 家,认定省高新技术产品 14 个,申请专利 200 多件,其中发明专利 130 多件。列入省知识产权人才 2 人、省六大人才高峰 4 人,列入省自然科学基金 1 项、姑苏科技创业天使计划 3 项、市现代服务业项目 3 项。推进重点项目培育工程,园内企业已实现销售总额 7.5 亿元,预计园区开票销售 1000 万元以上企业 35 家、2000 万以上企业 20 家、3000 万以上企业 10 家,全年能完成 10 亿元目标。企业新增股权融资到账 1 亿元,林奈新能源签约 1 亿美元产业化资金,获得科技信贷资金超过 7000 万元。企业与券商签订"新三板"挂牌辅导协议 3 家,完成省股权交易中心挂牌 5 家。北航智能硬件创新园签约落户,启动建设方案设计。探索与重庆理工大学合作共建新能源汽车检测平台,完成研究院建设初步方案。依托中关村二期,定制建设科技企业加速器,启动可行性论证。大连理工引进蹇锡高院士,与中利科技合作共建,入选省企业院士工作站,发起成立军转民特种高分子材料产业技术创新战略联盟,承办产业院士论坛。第十批科技镇长团迎来华东理工、重庆理工大学 2 位成员,南京理工、浸会大学、大连理工共引进博士后 3 人。南京理工、北京理工入选省级众创空间 2 家,华东理工入选省企业研究生工作站、入选苏州市众创空间。浙大研究院获批国家新药创制重大专项,是常熟市首个入围该类型的科技项目。经开区出台《关于鼓励文化创意和影视产业发展的意见(试行)》,支持北影研究院集聚影视原创项目。全年主要围绕高新技术企业、科技项目、创新平台、科技人才等方面开展政策宣传指导 80 余次,拟对上年度认定的省高新技术企业、省高新技术产品、省科技载体建设以及知识产权项目进行奖励,奖励经费约 500 万元,涉及企业超 150 家次;协助捷豹路虎在项目研发基础上,开展研发中心的创建工作,推荐通润汽车零部件申报省科技成果转化产业创新国际化合作项目;落实市级关于科技创新券的政策措施,协助企业完成科技创新券申领数达 24 项。二是强化创新带动发展。年内累计排出意向申报省高新技术企业 23 家,新申报省高新技术产品 55 个。推荐上报市级以上科技计划项目 18 项,其中省级 9 项。引导企业加强研发投入,提升自主创新能力,全区预计实现高新技术产业产值 100 亿元,规上工业研发经费 5 亿元,企业研发机构有效建有率达 86%。三是保护产权促创新。在原有省级试点园区的建设基础上,完成了省知识产权示范园区的申报创建,并正积极申报国家级知识产权试点园区。围绕"世界知识产权日"、"知识产权宣传周"组织企业开展了系列活动,完成区内 40 余位企业相关负责人参加专利诉讼、贯标与质量体系、法务能力提升等知识产权培训。实施"专利集聚计划",培育知识产权优势企业,全年预计新增申请专利 750 件,其中发明专利申请 380 件,专利授权 375 件,其中发明专利授权 110 件,发明专利拥有量累计超 390 件。

**【全省重大项目集中开工现场推进会经开区分会场活动】** 2017 年 2 月 12 日,江苏省 2017 年重大项目集中开工现场推进会常熟经济技术开发区分会场活动在经开区第一上海项目现场举行。本次活动中共有 12 个重点项目集中开工,总投资约 84.8 亿元,涉及汽车零部件、大数据、装备制造、精细化工、新材料等多个领域。

**【北控成创新能源合作项目签约落户滨江新城】** 2017 年 2 月 24 日,北控成创新能源合作项目签约落户滨江新城。北控成创新能源合作项目由江苏成创新能源科技有限公司和北京控股清洁能源集团合资设立,总投资约 2.5 亿,主要从事可再生能源、分布式能源、清洁能源、节能减排技术的开发。

**【奇瑞捷豹路虎第 10 万台整车发运】** 2017 年 3 月 20 日,奇瑞捷豹路虎汽车有限公司举行第 10 万台整车批售及发运仪式。奇瑞捷豹路虎汽车有限公司成立于 2012 年,从第 1 台整车下线到第 10 万台整车下线,奇瑞捷豹路虎仅用了 28 个月,创造了业内新速度。该公司已发布三款新车,实现捷豹、路虎的双品牌全面布局。2016 年,奇瑞捷豹路虎实现产值 167.2 亿元,同比增长 90%,贡献地方税收超 26 亿元。

**【江南印象童心小镇开街】** 2017 年 4 月 28 日,江南印象童心小镇开街。江南印象童心小镇位于滨江新城正中

2017 年 10 月 31 日,依多科(常熟)汽车材料有限公司开业 (经开区提供)

心，商业街总建筑面积5万平方米。本次开街的为项目一期，已入驻的商家有星巴克咖啡、汇银乐虎进口商品直销体验中心、大众书局、蓝枪鱼西餐厅、青城火锅、索福德足球、富侨足浴、五星电器、水鸟生活馆等知名品牌，招商率达100%，其中有许多知名品牌首次进入常熟。

**【中国电力地面光伏电站项目签约落户经开区】** 2017年5月2日，中国电力80兆瓦地面光伏电站项目签约落户经开区。中国电力地面光伏电站项目位于常熟海洋泾西侧，总投资规模约5.6亿元。

**【美桥亚洲技术中心开业】** 2017年5月，美桥亚洲技术中心在经开区开业。美桥亚洲技术中心由常熟美桥汽车传动系统制造技术有限公司投资成立，主要用于新产品研发以及对产品质量和性能的验证。技术中心初期投入1000万元，现有设备可以满足车桥及零部件台架实验和工程样件的开发装配。该公司2005年落户常熟经开区。2016年，销售超9亿元。

**【德国霍曼集团装备项目签约落户经开区】** 2017年6月5日，德国霍曼集团装备项目签约落户经开区。市委常委、开发区党工委副书记、管委会副主任张建强等出席签约仪式。霍曼集团装备项目一期占地4公顷，总投资5000万欧元，注册资本1700万欧元，从事高端电控门、控制及配套系统研发、生产和销售。计划于2018年年初开工建设，2018年年末竣工投产。

**【经开区获批省级知识产权示范园区】** 2017年8月份，江苏省知识产权局、江苏省商务厅联合发布了《关于确定2017年度江苏省知识产权试点示范园区的通知》，常熟经开区正式获批江苏省知识产权示范园区。常熟经开区省级知识产权示范园区的建设周期为2017年至2020年。其间，开发区将全面完善和落实《江苏省知识产权示范园区三年发展规划》，不断完善知识产权管理服务体系建设，加大知识产权保护力度，优化知识产权市场环境，推动产业规划类专利导航项目实施，进一步深化改革创新，以知识产权示范园区的建设推动园区产业转型升级，有效发挥知识产权在促进园区经济社会发展与提升区域竞争力中的重要作用。

**【第十一届中国国际轻量化塑料及创新材料发展论坛在常熟举办】** 2017年10月25日，第十一届（2017）中国国际汽车轻量化塑料及创新材料发展论坛暨2017第七届国际汽车轻量化技术及材料科技创新应用年度峰会、国际汽车轻量化绿色科技联盟（中国）年度峰会在常熟举办。该活动由中欧汽车材料委员会、国际汽车轻量化绿色科技联盟发起主办，常熟市人民政府协办，常熟经开区管委会承办。市委副书记、市长周勤第出席开幕式并致欢迎辞，中国汽车工业协会副秘书长叶盛基出席大会并致辞。开幕式后进行了“全球汽车轻量化与绿色科技创新（苏州）峰会”主题论坛活动。论坛上，来自汽车行业的专业人士围绕“汽车生态转型：轻量化材料科技与绿色制造革命”，分别作了相关主题报告。论坛上还开展了“变革未来：汽车业将如何实现绿色制造与创新发展？”的专题讨论。

**【瑞士EMS集团旗下两公司开业】** 2017年10月31日，瑞士EMS集团旗下的依多科（常熟）汽车材料有限公司和依弗科（常熟）智能科技有限公司举行开业仪式。市委书记王飚，市委常委、常熟经济技术开发区党工委副书记、管委会副主任张建强，管委会副主任贺勇胜，瑞士国民议会议员、EMS集团董事会主席兼首席执行官马拓容女士，瑞士驻中国总领事霍力轩等出席开业仪式。依多科（常熟）汽车材料有限公司总投资3000万瑞士法郎，注册资本1200万瑞士法郎，主要从事车用涂料、密封胶、塑料黏合剂和防护蜡的开发、生产、加工和销售。依弗科（常熟）智能科技有限公司总投资105万瑞士法郎，注册资本76.5万瑞士法郎，主要从事机器人涂胶系统与自动喷蜡系统的研发、制造、销售并提供相关售后服务。

**【华安钢宝利高新汽车板加工（常熟）有限公司开业】** 2017年11月1日，华安钢宝利高新汽车板加工（常熟）有限公司举行开业仪式。市委副书记、市长周勤第，市委常委、常熟经济技术开发区党工委副书记、管委会副主任张建强，常熟经济技术开发区党工委委员、管委会副主任贺勇胜，安赛乐米塔尔全球执行副总裁、全球汽车负责人BrianAranha，钢宝利董事长JonRiberasMera，华菱集团董事长、党委书记曹慧泉等出席开业仪式并剪彩。华安钢宝利高新汽车板加工（常熟）有限公司于2016年1月注册成立，由华安钢宝利投资有限公司投资建办，投资总额6.64亿元，注册资本2.94亿元，占地120亩，年产26万吨热冲压激光拼焊高强汽车钢板。

**【经开区举行重点项目集中开竣工仪式】** 2017年11月18日，常熟经济技术开发区在成立25周年之际，举行重点项目集中开工、竣工仪式。18个重点项目投资总额176亿元，涉及汽车及零部件、智能制造、新材料新能源、现代服务业等重点产业，契合开发区未来发展的产业方向。其中重点竣工项目共有8个，投资额约66亿元人民币、2.85亿美元，约合85亿元人民币。重点开工项目共有10个，投资额约79亿元人民币、1.8亿美元，约合91亿元人民币。

（葛昊旻）

## 常熟高新技术产业开发区

**【概况】** 常熟高新技术产业开发区（简称高新区），前身为江苏省常熟东南经济开发区，于2003年5月经江苏省人民政府批准设立，2015年9月经国务院批复升级为国家高新区，重点发展汽车及核心零部件、先进装备制造、新一代信息技术、现代服务业等主导产业。

2017年，常熟高新区完成地区生产总值163.38亿元，增长20.67%；完成一般公共预算收入26.71亿元，增长24.24%；完成工业总产值583.66亿元、工业开票销售收入612.44亿元，分别增长20%和26.41%；完成全社会固定资产投资45.24亿元，增长14.26%；完成进出口总额35.47亿美元，增长14.18%，其中出口17.40亿美元，增长8.16%。完成高新技术产业产值267.64亿元、“3＋5”产业产值479.06亿元，分别增长22.51%和17.55%，占规上工业产值比重分别为48.8%和87.5%。完成服务业开票销售收入132.30亿元，增长32.13%。税收超千万企业达58家，比上年增加11家，税收增幅24%。丰田汽车零部件、三菱电机汽车部件、大陆汽车系统、三菱电机自动化、邦达服务、康迪泰克、凯毅德、敬鹏电子、索特传动、海力达汽车系统等10家企业实现税收超亿元。在科技部火炬中心公布的全国国家高新区综合排名中位居第87位。

开发建设　对接常熟城市总体规划修编，完成南部新城核心区、东部西片区的控规报批，及武夷山路东区块控规、核心区控规调整、北区块及湖西片区控规评审和报批，实现了控规全覆盖目标。同时配合项目开发建设，做好了相关水系调整和夜景亮化景观方案设计。黄浦江路东延、珠泾路改造、银海路等工程正式竣工，黄山路南段改造、东南大道改造等工程有序推进。永旺项目已完成地下地上结构施工，顺利封顶；UWC项目一期工程获评“国家优质工程”，二期工程完成全部主体结构封顶。丰田研发中心新能源研发、丰田零部件新一代HV变速器、新中源动力电池、大陆汽车微型齿轮马达、爱斯达克汽车空调、延锋安道拓汽车部件、康迪泰克3D吹塑管、科普拉车用工程塑料、全波通信等15个项目顺利开工，博墨热能、正立蔚来、马勒空调压缩机、三菱电机自动化二期、派克欧哈尔、易动新能源汽车电机、佳合陶瓷等7个项目竣工投用。推进存量企业核心竞争力培育，推荐13家企业申报2017年度常熟市机器换人补贴政策，总技改金额超1.5亿元。兑现年度工业企业转型升级奖励资金1493.8万元，其中对18家“机器换人”企业、11个智能车间奖励1048.8万元。忠明祥和、生益科技、东方模具、宇量电池等4家企业获评常熟市智能制造示范企业，相互电子、金石机械、太普电子等6家企业的10个车间获评常熟市智能车间，索特传动、全波通信、生益科技、达伦电子等4家企业通获评常熟市“两化融合”企业，东方模具、全波通信两家企业产品获评苏州市“专精特新”产品。全力推动企业兼并重组，有效盘活资源，优必胜、维亚机械、隆昌纺织、春焱电子、辉煌置业等5家企业被收购重组。中德联信在“新三板”实现挂牌上市。人力资源服务产业园加快建设，入驻人力资源机构达159家，实现开票收入44亿元，税收4.8亿元。

2017年3月20日，世界500强日立产机系统项目签约落户常熟高新区（高新区提供）

招商引智　2017年，高新区完成注册外资5.37亿美元，增长198.55%；到账外资2.30亿美元，增长62.61%；净增民营经济注册资本54.95亿元，增长83.98%。新引进法雷奥西门子新能源汽车驱动电机、延锋安道拓汽车部件、日立产机系统、中航工业海力达汽车科技、万宝盛华区域结算中心5家世界500强企业项目，凯驰中国总部及研发中心、世界知名汽车供应商马勒新能源电动压缩机、日本佐竹冷热试验装备3家行业领军项目，超威动力电池、爱驰动力电池、易动汽车动力电机系统3家新能源汽车核心零部件项目，并吸引了法国圣让汽车系统部件、奥地利宜致汽车安全系统部件、新协基电子、金中贸五轴数控机床、瑞典诺埃克医疗等一批优质项目先后落户。区内汽车零部件一级供应商已达20多家，初步形成了新能源汽车“电池、电机、电控”三大主件生产能力。北大分子工程苏南研究院正式揭牌成立，首批入驻教授团队、校友合作等项目19个，围绕新材料、新能源、生物医药、先进制造等领域开展关键技术应用研究和集成创新。新引进金属先进加工技术研究所，围绕轻合金材料及其加工技术等方向开展产业技术研发，构建国内一流的金属材料研发中心。加快省产研院智能液晶研究所建设，推行“股份合作、团队控股、股权激励”等创新做法，新引进8个研发项目，启动运行5家孵化企业，被认定为苏州市新型研发机构。深化智能车综合技术研发与测试中心建设，成功举办2017年中国智能交通年会暨常熟国际智能汽车周系列活动，智能车展厅、无人车认知能力测试与评估实验室、监控指挥大厅投入运行。加快菱创绿色智能制造中心建设，打造国际技术转移服务、关键技术研发创新等五大平台，为百余家企业提供智能制造解决方案。以企业为主体申报各级科技计划，其中英华特涡旋技术公司等3个项目获得省科技成果转化省地联合招标项目立项;江苏集萃智能液晶科技有限公司等5个项目获得省重点研发计划项目立项。进一步加大高企、高品培育力度,新增高新技术企业21家,高新技术产品66个。推进知识产权运营与服务工作,建立全国县级市中首家提供知识产权“全产业链条”服务的服务广场。积极做好各类人才项目申报工作,累计组织154个人才项目参与14批次项目申报,新增国家千人计划人才项目1个,累计达8个;新增省双创人才项目4个,累计达22个;新增姑苏双创人才项目5个,累计达36个;新增常熟领军人才项目22个,累计达151个。启动昆承英才计划评审立项,高层次人才呈加速集聚态势。深入推进具有地方特色的众创社区及众创空间建设,高新区先进制造众创社区获批全省首批众创社区备案试点单位,新获评常熟昆承湾智车云、常熟小样青年社区、网禾智造3家省级众创空间,常熟小样青年社区、欧雷奥创新工场、同济虞创汇、沃创公社4家苏州市级众创空间。集聚省生产力促进中心及省科技创新服务联盟创新资源,建立全省首家市场化运作的苏南自创区一站式服务中心。积极探索基金产业集聚发展新模式,新引进苏州银基创投等5支创投基金,筹划成立总规模2亿元的大科园创新产业培育引导基金和总规模5亿元的开晟二期母基金。利用全省县域科技体制改革经验交流会在常召开契机,充分展示高新区科技综改主阵地风采,有力提升了高新区的品牌影响力。

管理服务　全面推进全国文明城市创建,深入实施“263”专项整治、“散乱污”企业专项整治、“两路一河”整治,小康村成功创建“江苏省水美乡村”。持续推进昆承湖生态修复,组织实施湖心水质断面达标工程,通过生态养殖等方式加大蓝藻防治力度,昆承湖生态优势得到进一步彰显。就业工作深入开展,累计开设现场招聘会34场,为1000多家用人单位提供招聘服务,投放就业岗位1.5万余个。社保扩面卓有成效,全面完成市下达的全年目标任务,全区基本养老保险覆盖率99.6%。惠民实事深入推进,引进国内优质教育资源,提升高新区教育品牌,与清华附中正式签约建设常清中学,与南师大教育发展公司合作建设南师大常熟金仓幼儿园并正式投用。引进新加坡新宁医疗项目,把国际先进医疗理念和服务复制到高新区,为区内客商及群众提供优质服务。东南文化中心正式投用,昆承湖体育公园加快推进,农民集中居住区主体改造工程和生活污水管网改造提升工程有序实施。社会治理更加深入,发挥东南街道职能作用,深入推进“平安建设”“法治建设”,开展校园周边和重点行业专项整治,推进社会性安防系统实时监管平台建设,完善和提升社会面监控管理。建立健全安全生产责任制,深入开展安全综合整治暨安全生产大检查,重点加大了对群租房、“三合一”、人员密集场所等的整治力度。开展社会矛盾大排查,配强人民调解力量,落实信访包案制度,构建矛盾化解体系,社会保持和谐稳定。

**【法国圣让汽车部件项目落户高新区】**　2017年1月23日,法国圣让汽车部件项目正式签约落户高新区。该项目一期总投资8000万美元,注册资本2150万美元,建设汽车动力系统、发动机及底盘零部件等的生产基地,并成立区域销售总部,产品市场覆盖整个亚太区域。

**【日立产机系统项目落户高新区】**

2017年3月20日,日立产机系统项目签约落户高新区。该项目由世界500强日立集团的全资子公司株式会社日立产机系统投资设立,项目总投资6000万美元,注册资本2000万美元,首期建设3万平方米厂房,主要从事空气压缩机的研发与生产。

**【北大分子工程苏南研究院成立】**

2017年5月18日,北京大学、江苏省产业技术研究院和常熟市人民政府三方正式签约在高新区共建北京大学分子工程苏南研究院。北京大学校长林建华,江苏省委常委、苏州市委书记周乃翔见证签约,并共同为研究院揭牌。该研究院重点围绕新材料、新能源、生物医药、先进制造等领域开展关键技术应用研究和集成创新,着力构建“世界领先、国内一流”的现代产业科技创新基地。

**【苏南自创区一站式服务中心揭牌启用】**　2017年5月23日,苏南国家自主创新示范区常熟一站式服务中心在高新区揭牌启用,成为全省首家市场化运作的苏南自创区一站式服务中心。

**【法雷奥—西门子合作项目落户高新区】**　2017年6月22日,由世界500强企业西门子公司与全球著名汽车零部件企业法雷奥公司共同投资设立的

2017年10月,丰田汽车研发中心(中国)有限公司加氢站落成

(常熟日报社提供)

场切换启动仪式。常熟综合保税区B区在做大做强保税加工贸易和保税物流的同时，积极拓展新型贸易方式，以常熟服装城开展市场采购贸易方式试点为契机，依托常熟东飞直通式监管点，重点发展市场采购和跨境电商，促进贸易多元化，培育新型产业贸易服务链，推进外贸转型升级，为广大中小微企业提供共享式的商贸流通和对外贸易大平台，构筑对接国际市场的便利通道，大大增强参与国际竞争的能力，从而促进地区出口贸易。2017年，常熟综合保税区B区实现海关监管货值24.45亿美元，完成海关税收9110万元，区内各物流公司保持稳定的发展，报关单量达4.55万份。通过市场采购方式出口货物11.37亿美元，报关单9097票，促进了服装城的外贸发展。

开发建设　截至2017年底，区内有14家企业，其中生产型企业2家，保税物流企业6家，保税贸易服务企业共6家。至2017年底，综合保税区B区内共有5.9万平方米标准厂房和25558平方米海关监管仓库可供使用，仓库内已有物流企业正常开展各项业务。另外，常熟综保区B区以设立常熟东飞直通式监管点和开展市场采购贸易方式试点为契机，对综保区B区内软硬件升级改造，包括设立内卡口、升级监控系统、装修6000平方米仓库，完善各项基础设施。

招商引资　综保区B区与大成电动车、广州五羊等公司积极洽谈，同时，重点发展区内保税物流、市场采购等业务，与常熟服装城紧密对接联合招商，吸引企业入驻常熟东飞直通式监管点并开展业务。另外，与江苏邮政常熟分公司密切配合，积极做好开展跨境电商业务的前期准备工作。2017年新引进一家保税服务企业，即山水网络科技有限公司。

管理服务　常熟综合保税区B区在做好招商工作的同时，不断改进服务质量，先后举办了6次各种形式的政策宣讲会和区内企业座谈会，让企业和海关、国检、外汇、工商、税务等相关部门直接对接，及时了解新的政策法规。另外，积极做好区内已有企业的服务工作，及时帮助企业解决经营过程中出现的各种问题。（丁　历）

## 常熟经济开发区高新技术产业园

【概况】　2017年，常熟经济开发区高新技术产业园（简称高新园）完成工业总产值611.89亿元，同比下降2.11%；高新技术产业产值191.53亿元，同比增长9.62%；全社会固定资产投资63.81亿元，同比增长33.19%，其中工业投资34.72亿元，服务业投资29.09亿元，同比分别增长28.59%和39.14%；一般预算收入11.5亿元，同比增长13.84%。达富电脑（常熟）有限公司、常熟开关制造有限公司、苏州通润驱动设备股份有限公司、中交天和机械设备制造有限公司等骨干企业稳健发展，有31家企业入库税收超千万元，其中3家企业超5000万元。2017年8月11日，江苏省人民政府正式批准筹建江苏省常熟虞山高新技术产业开发区，实行现行的省级高新区政策。2017年虞山镇进行了行政体制改革和区划调整，于11月28日成立常熟市常福街道，与高新园采用行政区划和功能区划深度融合的“区政合一”管理模式。

开发建设　全年在建重点工业项目22项，开工19项，美国舒尔曼、日本柏山真空顺利投产，中车环保、金龙科技新厂房项目主体建筑封顶，东方红木正式启动建设。科技载体陆续投用，2.4万平方米的先进制造业科技园完成交付，入驻35家科技型企业；瑞特创投中心项目封顶；蒲公英加速器开始装修；注册资本1亿元、总投资4亿元的“园中园”创元高新产业园完成项目建设，重点吸引高新技术企业、科技研发、现代服务业等。年度重点服务业项目2项，总建筑面积66万平方米的万达广场于7月份开业，填补常熟城北大型商超综合体空白，总建筑面积5.5万平方米的隆盈广场二期12月竣工。完善城市功能，完成《江苏省常熟虞山高新区发展战略规划》《江苏省常熟虞山高新区市政基础设施综合规划》等5个专项规划的编制及论证工作；完成虞山高新区及大义集镇区2017－2021拆迁、安置、收储及规划梳理工作；完成虞山高新区城市马路家具方案设计。全年基础设施配套累计投入5600万元，完成兴建路、台山路、联丰东路等道路建设工程，完成珠海路改造工程部分标段招标工作。全年完成联盟村村级资产、金龙机械、大宇空调、大稳电子的收储签

2017年1月6日，2017年度高新园首批招商引资项目集中签约
（高新园提供）

2017年11月24日，上海飞奥项目落户高新园　　（高新园提供）

约工作，累计收储土地7.87公顷，拆除企业房屋3.5万平方米。

招商引智　全年新增到账外资3527万美元；新增签约世界500强企业法国佛吉亚及美国英杰维特、澳大利亚爱摩德乐等外资项目11个，共计总投资2.35亿美元，注册9600万美元，其中法国弗吉亚、日本丽瀑光能等4个项目已于年内投产；全年新批内资项目735个，净增民营经济注册资本25.8亿元，新增落户总投资10亿元的上海飞奥新能源项目、总投资4亿元的尚科汽车零部件项目、总投资1.8亿元的联领智能设备项目及新华盛、健网科技等超亿元内资项目5个；飞煌工业园一期完成招商任务，二期剩余4500平方米，三期项目洽谈中。全年落户多科智能装备、苏州瑞力博新材、苏州诺维博得装备等人才企业10家；先进制造业科技园、瑞特创投中心成功申报国家级、省级科技企业孵化器；全年申报常熟领军人才项目14个，其中京浜光电、常江生物等4个项目成功立项，瑞特股份戴超获评姑苏领军人才、省双创博士，载物强劲、正昊电子等4个项目获评姑苏天使计划；成功申报省级"机器换人"项目1个、市级项目7个，合计设备投资金额8158.39万元；获评国家专精特新产品1个、苏州专精特新企业3家、常熟专精特新产品5个；通过苏州市长质量奖、苏州市技术中心、科技小巨人企业各1家。园区企业登陆资本市场，汽车饰件、瑞特股份分别在主板和创业板上市。

管理服务　排查不稳定因素，确保"两会""十九大"期间社会稳定；完成星宝花园交房，协调推进金本地块合作开发方案，回收现金流用于加宝花园后续工程及市政等建设；全年共处置"寒山闻钟""12345"等任务单773件，同比下降33%。紧绷安全生产弦，全年完成安全生产标准化创建二级2家、三级4家；开展安全生产"百日整治"行动以及粉尘涉爆企业、劳动密集型企业、"六防"等行业和领域的专项检查；积极推进安全生产专家诊断，全年未发生重大安全生产事故。以"263"专项行动为抓手，开展环保"百日会战"及"散乱污"整治专项行动，落实网格化日常巡查，稳控各类环保信访，加大对研精舍、雷允上等工业污水接管企业规范管理，严控企业污染物偷排、漏排或超标接管排放。全力以赴做好"全国文明城市"迎检工作，强化重点区域、大型商圈周边秩序，完善各类交通标识和设施，联合交警清理"僵尸"车辆，规范工地施工及车辆行驶，发动志愿者开展路面执勤，不断提升区域环境面貌。加强公共服务设施维护力度，完成区域内虞山大桥、张家港大桥等33座桥梁的检测和信息录入工作，针对问题逐步进行修复，做好雨污水管网与泵站管理。扎实开展"百村千企万户"大走访活动，机关60名党员干部累计走访城乡居民家庭101户、市场主体6267家。

**【招商引资项目集中签约】** 2017年1月6日，高新园举行首批招商引资项目集中签约仪式，3家企业分别是总投资3000万美元的澳大利亚结构化集成面板项目、总投资3.5亿元的新加坡1GW超高功率太阳能组件项目和日本东洋热交换器全球研发中心项目。此次在未新增用地指标的情况下，签约引进3个优质外资项目，实现了园区土地亩均产出效益"质"的提升。

**【汽车饰件上交所上市】** 2017年1月4日，常熟汽车饰件有限公司（股票简称常熟汽饰，股票代码603035）首次公开发行A股上市仪式在上海证券交易所举行。本次发行不超过7000万股，发行后总股本不超过28000万股，保荐机构为中国国际金融有限公司。该司成于1992年，是中国汽车内饰零部件主要供应商之一，公司下设4个子公司。

**【瑞特电气深交所上市】** 2017年1月25日，常熟瑞特电气股份有限公司（股票简称瑞特股份，股票代码300600）首次公开发行A股上市仪式在深圳证券交易所举行。常熟瑞特电气股份有限公司成立于1997年，是一家专门从事船舶及海洋工程电气、自动化系统及其系统集成的研发、生产、销售及综合技术服务的高新技术企业，本次发行2500万股，共募集资金净额为3.05亿元，拟用于"船用电气设备扩产项目""研发中心建设项目"两个募投项目以及补充流动资金。

**【李强调研高新园企业】** 2017年2月21日，省委书记、省人大常委会主任李强到高新园调研常熟开关制造有限公司。李强察看企业研发中心、产品展示大厅，了解企业实际需求，并听取了负责人关于公司科技创新和主打产品的情况介绍。李强对企业推广光伏发电系统的尝试给予高度评价，表示此举很有意义，鼓励企业紧紧把握科技发展新趋势,着力推动关键领域核心技术攻关突破,着眼未来开展战略布局,努力向一流国际企业目标迈进。

**【虞山高新区获批筹建】** 2017年8月11日,江苏省政府批复同意在高新园基础上筹建江苏省常熟虞山高新技术产业开发区,实行现行的省级高新技术产业开发区政策。虞山高新技术产业开发区核心区规划面积2.76平方千米,包括两个区块。高新园先后被授予国家火炬计划常熟电气机械产业基地、国家级出口电子信息产品质量安全示范区、江苏省两化融合示范区等称号,形成由51家省高新技术企业、90家省级民营科技企业、11家省创新型企业为梯队的创新型企业集群。

**【上海飞奥项目签约落户】** 2017年11月24日,市委书记王飚会见了上海航天工业(集团)有限公司副总裁方建平、上海航天能源股份有限公司总裁张铁军一行,并出席上海飞奥燃气设备有限公司常熟项目落户签约仪式。上海飞奥常熟项目总投资超10亿元,计划在虞山高新区批地16.67公顷设立新公司(一期为10公顷),打造"飞奥智慧能源产业园",主要从事设计燃气调压箱、膜式燃气表、燃气调压计量站成套设备及配件的研发、生产及销售,达产后预计年销售20～25亿元。

**【常熟先进制造业科技园获评国家级孵化器】** 2017年12月25日,科技部火炬中心公布全国125家科技创业服务机构为国家级科技企业孵化器,常熟先进制造业科技园入选。常熟先进制造业科技园成立于2011年5月,重点为入驻企业提供研发、中试、经营场地等共享设施,提供政策、管理、法律、财务、融资、市场推广和培训等服务。目前科技园在孵企业82家,毕业企业27家,先后引进国家千人计划1人,培育国家青年千人1人、省"双创"人才计划2项、姑苏领军人才计划5项和常熟市领军人才计划23项,涌现了金仕生物、曼隆电梯、久易光电等一批孵化器龙头领军人才企业。　　(张　晟)

## 江苏常熟新材料产业园

**【概况】** 2017年,江苏常熟新材料产业园(简称园区)完成工业总产值150.72亿元,其中规模以上工业企业完成145.72亿元,分别同比增长24.3%和21.6%;实现产品销售收入155.22亿元,同比增长26.3%;完成进出口总额14.15亿美元,其中出口额11.39亿美元,分别同比增长24.6%和25.4%;实现财政总收入7.96亿元,其中一般公共预算收入4亿元,分别同比增长3.0%和9.7%;工业企业实现利税总额19.73亿元、利润总额17.16亿元,分别同比增长35.1%和30.0%。连续五年,在中国石油和化学工业联合会对全国化工园区的综合测评中入选"中国化工园区20强"。

开发建设　园区实施的各类基础设施工程达38项,总投资超过3亿元。完成了海丰路东段排水系统、富士莱中水回用、新建10座消防取水码头、芦福沙东路延伸、园区封闭式管理一期等多个工程,消防应急救援指挥中心、园区封闭式管理二期等工程前期准备工作顺利推进。推进了污水厂二期扩建、污水集中监控池及明管翻建、金陵热电超低排放等工程。积极开展大环境综合整治工作,规范了绿化养护考核,理清了道路保洁和综合执法职能,完善了各类标志标识,提升了园区的整体环境,配合做好了文明城市创建工作。

招商引资　园区共完成新签项目11个,1个外资项目,项目总投资6600万美元,注册2200万美元,10个内资项目合计总投资18.4亿元,注册7.6亿元。同时,还储备了日本美格化学、科创改性塑料等一批优质项目信息。

管理服务　园区全面筹划启动国家级生态工业园区、省级循环经济园区和智慧园区的创建工作,通过"三大创建"推动现代产业园区建设,促进综合管理水平提升。截至2017年年底,园区在批项目累计49个,年内有立邦涂料等7个项目完成报批进入建设;在建项目累计16个,年内有新泰二期等7个项目竣工试生产。全面完成标准化提档升级工作,索尔维等10家单位通过标准化二级考评,度恩等10家单位通过标准化三级考评,吴羽等13家企业完成"两重点、一重大"企业安全仪表系统改造,大金等22家重大危险源企业罐区完成与苏州市级信息联网工作,振氟等44家企业完成"智能化二道门"建设。建成园区LDAR管理平台,做好36家化工企业LDAR相关工作,完成17家化工企业挥发性有机物提标改造、4家清洁生产企业中期评估专家评审,做好环境隐患治理年度任务,完成26

2017年7月11日,阿科玛常熟家庭日暨奠基20周年庆活动在常熟大剧院举行　　(新材料产业园提供)

家企业环境安全达标建设和36家生产企业的危废规范化管理相关任务。积极参加省内高校科研院所来常熟交流、美南专家行等对接活动，为园区发展储备人才资源；投资建设望虞水岸人才公寓，与企业共同营造吸引人才的良好氛围；组织园区企业赴常州大学、常熟理工、滨江职校开展专场招聘，协助企业解决招工难题。园区党建工作站实体化运行，重点推进大金、富士莱等非公企业党建有形化建设，以点带面，促进集群发展。

【责任关怀常熟新材料产业园委员会成立】 2017年2月13日，责任关怀常熟新材料产业园委员会宣布成立，海虞镇党委（园区党工委）书记朱惠明、园区管委会主任周志坚与阿科玛、吴羽、科慕、大金、苏威等跨国企业人员共聚一堂，围绕“责任关怀”这一主题展开经验分享交流活动，并达成一致共识，建立互学、互助、共享等机制，为建设绿色、安全、高效的现代化生态产业园而共同努力。委员会由园区内阿科玛、吴羽、科慕、大金和苏威等跨国企业自发组建而成，体现了园区在加快经济发展的同时更加注重安全生产、环境友好和人文关怀。

【恩赛生物科技有限公司谷胱甘肽项目开工】 2017年3月16日，常熟恩赛生物科技有限公司谷胱甘肽项目在苏虞生物医药产业园举行开工仪式。恩赛公司项目占地33.8亩，规划年产量100吨，投产后将实现约3亿元的年销售额。恩赛公司由香港基因港控股有限公司和四川科伦药业股份有限公司出资成立，采用世界首创的绿色环保新工艺——生物酶催化工程技术，可实现低成本高品质工业化生产谷胱甘肽，广泛应用于医药、保健食品和化妆品等多个领域。

【立邦涂料年产10万吨涂料建设项目奠基】 2017年7月15日，立邦涂料（江苏）有限公司举行年产10万吨涂料项目奠基仪式。立邦中国隶属于亚太地区最大的涂料制造商新加坡立时集团，致力于为中国市场提供全方位的涂装服务。该项目用地约100亩，项目建设期为1年，将采用世界先进的全自动生产设备，达产后预计可实现年销售收入30亿元。

【旭化成塑料（常熟）有限公司签约落户园区】 2017年8月17日，旭化成（中国）投资有限公司与园区举行项目签约仪式。日本旭化成集团是世界500强企业，是一家全球领先的以材料、住宅、健康三大领域产品为主的综合性跨国集团公司。旭化成（中国）投资有限公司作为旭化成集团在华设立的全资子公司，主要负责中国区域内的项目投资。该公司总投资6600万美元，注册资本2200万美元，规划用地约60亩，主要应用于汽车、光电、风电、办公用品等行业。

【常熟苏虞海创基金举办签约仪式】 2017年10月27日，中国风险投资有限公司、常熟市国发创业投资有限公司和海虞镇资产经营投资公司正式签订协议，确立联合组建常熟生物医药及新材料产业基金，基金名称为常熟苏虞海创创业投资基金。海创基金成功签约进一步推动海虞镇创新发展，培育发展后劲，吸引优质生物医药项目和新材料项目落户园区。

【苏威三期高性能含氟塑料生产线投产】 2017年11月7日，苏威特种聚合物（常熟）有限公司举行龙项目高性能含氟塑料生产线投产仪式。苏威公司已在园区投资建设三期项目，其中一期、二期项目及三期龙项目中的氟橡胶部分均已投产。此次投产的聚偏氟乙烯（即高性能含氟塑料部分）是高端的含氟工程塑料，具有很高的稳定性，可以耐低温、耐渗透、耐化学腐蚀、耐高温，主要应用于汽车燃油系统管道、化工设备、电子电气、锂电池和建筑涂料等领域。 （钱慧一）

2017年11月7日，索尔维龙项目聚偏氟乙烯生产线落成
（新材料产业园提供）

## 常熟国家大学科技园

【概况】 常熟国家大学科技园（简称大科园）由常熟市人民政府与国内多所高校合作共建，采用“企—园—校”逆向建园模式，是全国唯一设立在发达县域经济中的国家级大学科技园，是推进常熟市科技创新、引领产业转型升级、增强区域创新能力的重要战略平台。2017年，园区人才项目取得较大突破，获批常熟首个创新类国家“千人计划”项目。创新平台建设持续推进，智能车中心承办了2017常熟国际智能汽车周活动，与江苏省产业技术研究院加强合作，全力推动智能液晶所、北大苏南研究院、

常熟国家大学科技园　　（常熟日报社提供）

先进金属材料及应用技术研究所落地和建设。众创空间建设稳步发展，“先进制造众创社区”成功列入首批江苏省众创社区备案试点名单，全年获评国家级科技企业孵化器考核评价A类1个，省级科技企业孵化器考核评价A类2个。科技工作取得突破性进展，共有5家单位获得省重点研发计划立项，新认定13家高新企业，完成专利申请500余件，初创型企业发展迅猛，2017年园区产值16.3亿，同比增长22.7%。

开发建设　明确大科园公司运营发展新方向，持续推进大科园实体化运作模式，明晰大科园公司与大科园管委会的功能定位，突出大科园公司主要市场运营功能，制定大科园公司短期、中期、远期发展目标，实现大科园公司可持续发展。落实市、区两级安消委“263”专项整治、“散乱污”综合治理、安全生产“百日行动”等重要检查整治。打造创新平台建设新亮点，推进新型研发机构建设，推动发展动力由要素驱动向创新驱动转变。中国智能车综合技术研发与测试中心展厅、监控指挥中心以及外场一期工程完成建设；北大学生创新创业实践基地挂牌成立；先进金属材料及应用技术研究所办公用房装修完毕并投入使用。推进众创社区发展新特色。园区已累计拥有国家级众创空间1家，省级众创空间6家，苏州市级众创空间6家；各众创空间总面积超过1.5万平方米，提供工位450多个，提供独立办公室100多个，入驻团队130多个，众创集聚效应逐步凸显。

招才引智　引进先进金属材料与应用技术研究所重大科技创新平台，北京大学分子工程苏南研究院签约，园区与小样青年社区合作设立的常熟第一个飞地孵化器——常熟（北京）创新中心筹备工作基本完成。积极推进与美南专协联、北美招商、爱尔兰学联等海内外招才引智渠道的合作，参加“江苏·英国开放创新合作洽谈会”，并完成2个项目签约，组织对接苏州精英周、海外华侨华人高层次人才江苏行、欧美海智人才常熟行、侨资侨智常熟对接会等专场招才引智活动；捕捉项目信息源，拓展招商渠道，参加2017年苏州国际精英周系列活动，邀请嘉宾50余位；对接北美优秀人才、欧洲创业大赛、江苏创业大赛等项目，全方位宣传展示了常熟高新区、常熟国家大学科技园的创新创业环境；全年累计筛选各类人才项目信息1000多个，与100多个项目进行了深度对接，加强人才项目后续服务与招商经验总结，整合园区品牌，提高团队合力。全年引进创新创业团队80余支，注册资本超5亿元。获批国家千人计划创新类1人次，江苏省双创人才4人次，姑苏人才5人次，常熟市领军人才22人次，呈现出量质齐升的良好态势。此外，通过了常熟市板块上第一个项目自评机制——高新区创新人才评审办法（简称昆承英才），拓宽引才渠道，提高引才成功率，通过建立专家库、完善评审流程、明确政策兑现条件等举措，提升了项目筛选、评审的科学有效性，为前期锁定优秀人才项目，后期申报市级以上人才项目畅通了渠道，集聚了优质项目资源。

管理服务　大科园制定了《关于进一步加强常熟国家大学科技园人才项目孵化管理的实施办法》《关于常熟高新区科技创新平台项目研发及平台运行经费管理办法（试行）》等规范性文件，不断提高项目管理服务水平。促进科技项目转化新成果，积极组织园区企业完成江苏省、苏州市、常熟市科技计划项目申报，其中苏州英华特涡旋技术有限公司、苏州国嘉记忆合金有限公司等单位获得省科技资金立项，江苏省产业技术研究院智能液晶技术研究所获得苏州市新型研发机构建设立项，苏州慧康电子信息科技有限公司获得常熟市科技发展计划项目立项。完成三批高新技术企业及四批高新技术产品申报工作，其中获评高新技术企业13家，获高新技术产品认定36个，完成专利申请500余件，人才企业成长成效显著，共有销售额超亿元企业4家，超千万元企业24家。同时，园区积极探索基金产业集聚新模式，全年新引进5支基金，总规模超5亿元。筹划设立大科园科技创新引导基金，加强基金产业与大科园创新平台的协同互动效应。

**【东南创服获评国家级科技企业孵化器A类】**　2017年11月29日，科技部火炬中心公布了2016年度国家级科技企业孵化器考核评价结果，常熟大学科技园有限公司下属全资子公司——常熟东南高新技术创业服务有限公司（以下简称“东南创服”）获评为“优秀”（A类），这是东南创服首次获评A类。东南创服2014年被国家科技部认定为国家级科技企业孵化器，在做好孵化服务工作的同时，东南创服及时向科技部火炬统计调查信息系统报送有关数据，更新资料、加强对接，得到考评小组的认可。　（王　昊）

**责任编辑　王　宏**

# 港口·口岸

## 综　述

【概况】 2017年，常熟口岸完成货物吞吐量8828.1万吨，其中外贸量1632.5万吨，集装箱40.15万标箱，同比分别增长1.9%、4.2%、-3.2%。常熟港全年完成亨通港务码头、理文新码头(原益成码头)共4个泊位技术改造竣工验收。完成并发布《常熟市沿江港口和船舶污染物接收、转运及处置设施建设方案》，全港船舶污染物接收、转运及处置设施建设全部完成。“263”专项行动常熟港3项重点工作顺利推进，常熟电厂重件码头污染防治设施改造工程，华润电力码头煤水污染防治设施改造工程、船舶岸基供电设施均按时完工并投入使用。常熟口岸连续五届获得“江苏省文明口岸”称号，市口岸办获评优秀组织奖，文明口岸品牌知名度进一步提升。口岸信息化水平不断提升，“常熟服装城市场贸易采购”平台完成并通过验收。截至2017年12月底，已累计通过平台申报10010票，申报总货量99350.579吨，其中标箱量为12683个，总货值127669.0018万美元。跨境电商平台完成开发，并实现与苏州平台对接。国际贸易“单一窗口”二期项目完成验收并上线运行，实现了与智慧常熟的数据共享。常熟口岸全年共监管进出口货物1292.5万吨，货值117.5亿美元，集装箱21.8万标箱，入库税收78.4亿元，同比分别增长9.2%、30.9%、-1.4%、19.0%。共检查入出境(港)船舶2800艘次，办理船员出入境检查手续45448人次，办理登轮证等各类证件21089份，同比分别增10.8%、6.1%、1.1%。实施入出境货物检疫943.3万吨、312.5万立方米，完成入出境船员监测55006人次，集装箱检验检疫处理15.1万标箱，货物卫生除害处理108.9万吨，同比分别增长5.5%、8.8%、10.2%、-3.4%、-6.7%。共办理船舶进出口查验2845艘次，船载危险货物申报审批5241件，同比分别增长105.6%、2.1%、9.3%。常熟口岸连续五次获评江苏省文明口岸。

## 常　熟　港

【概况】 2017年，常熟港完成货物吞吐量8828.1万吨，其中外贸量1632.5万吨，集装箱40.15万标箱，同比分别增长1.9%、4.2%、-3.2%。常熟港完成亨通港务码头、理文新码头(原益成码头)共4个泊位技术改造竣工验收。完成并发布《常熟市沿江港口和船舶污染物接收、转运及处置设施建设方案》，全港船舶污染物接收、转运及处置设施建设全部完成。“263”专项行动常熟港3项重点工作顺利推进，常熟电厂重件码头污染防治设施改造工程，华润电力码头煤水污染防治设施改造工程、船舶岸基供电设施均按时完工并投入使用。港口生产安全稳定，制定《常熟市沿江港口突发事件应急预案》并由市政府发布实施，分别在2家港口企业组织了应急演练，全面提升常熟港应急反应能力。事中事后监管持续深化，出台《2017年常熟港港口企业信用评级考核办法》，参评企业由去年的17家码头企业增加至37家(含码头、仓储、物流、理货、船舶服务等港口经营企业)。制定出台《关于推进“双随机一公开”工作的实施方案》，码头企业抽查率达100%，其它港口经营企业抽查率达60%。水上过驳专项整治有序开展，开展调查摸底，明确工作思路，落实集中办公，制定常熟港水上过驳作业市场整治规范工作领导小组和工作方案，年内完成专项整治工作各项目标。坚持依法行政，深化简政放权。积极开展现场办公，严格落实政务服务“一张网”“不见面”以及行政许可行政处罚“双公示”等制度，市口岸办(港口局)被评为2017～2018全市依法行政示范点，2017年度依法行政评议考核优秀单位。严把市场准入，2017全年新发许可证7份，延续换证21份，试运行到期换证4份，注销许可证7份。强化事中监管，严格执行行政监督检查及动态巡查等制度，依法打击各类违法违规行为。全年港政监察大队外出巡查280余次，开展联合执法50次，对全港港口经营企业开展了双随机检查65次，共发出督查意见61份、行政告知书29份、限期整改通知书11份、责令改正违法行为通知书3份，开展行政约谈12次，实施行政处罚1起，并对整改情况进行督查，形成闭环机制，消除重大安全隐患。强化安全监管，组织开

2017年4月11日，常熟口岸首次开展国际航行船舶联合登临检查

（市口岸办提供）

展港口安全生产管理年活动，建立了安全监管权力清单和责任清单，严格审批港口危险货物作业，全年共审批液体化工品装卸作业3794批次、546.25万吨。开展隐患排查治理工作，全年企业累计自查出隐患487条，完成整改461条。

**【亨通公用码头技术改造工程竣工验收】** 2017年3月3日，苏州市港口管理局在常熟组织召开了苏州港常熟港区金泾塘作业区亨通公用码头技术改造工程竣工验收会，与会代表踏勘了工程现场，听取了各参建单位的工作报告，认真查阅了工程档案资料，认为该工程已按照设计和批准的规模及内容建设完成，工程质量合格、试运行情况良好，一致同意通过竣工验收。亨通公用码头工程技术改造工程项目将原有5000吨级件杂泊位按照满足20000吨级杂货船靠泊进行改造，该工程的竣工投用，得益于进港航道维护水深的提升，将极大地提高该码头的运输效率，提升企业物流服务竞争力。

**【《常熟市沿江港口和船舶污染物接收、转运及处置设施建设方案》发布】** 2017年7月11日，《常熟市沿江港口和船舶污染物接收、转运及处置设施建设方案》对外发布。根据该方案，到2017年底，沿江港口船舶污染物按规定处置，全面完成船舶污染物接收设施建设，生活污水、垃圾、含油污水、化学品洗舱水接收能力达到100%。沿江港口过驳作业区、锚地等水域船舶生活污水、垃圾、含油污水接收转运及处置能力达到100%。完成沿江港口污染物接收设施建设，到2020年年底实现港口污染物接收能力达100%。

**【华润电力煤码头电煤水处理系统竣工】** 2017年11月26日，常熟华润电力（常熟）有限公司煤码头电子絮凝煤水处理系统项目正式竣工。该煤水处理改造项目是市"263"治理船舶码头污染重点项目之一，该煤水处理系统改造采用电子絮凝处理技术，使出水水质浊度小于10NTU，达到排放标准；并在出水及进水口安装浊度计和流量计，实时监控处理效果，打造煤水处理可视化现场。

**【常熟港首个码头油气回收装置建成投用】** 2017年11月28日，常熟汇海置业有限公司码头油气回收设备投入运行，标志着常熟港首个码头油气回收装置建成投用。常熟港积极推进原油成品油码头油气回收治理工作。此次常熟汇海置业有限公司在码头区域新增了一台300方汽油油气回收设备，该设备采用冷凝和吸附技术回收油品在装卸过程中排放的油气，项目建成投用将提高尾气处理率至98%，预计月回收量达到30～50吨，起到节能和减排的双重效果。

**【兴华公司RTG"油改电"项目投运】** 2017年12月初，常熟兴华港口有限公司完成了4台集装箱轮胎吊（RTG）的"油改电"改造项目，顺利通过验收并投入运行。该项目在同等工况下对比原有柴油机组，耗油量由原来的一个月18000升左右降到9000升左右，达到50%的节油效果。兴华公司的RTG"油改电"项目被列为苏州市推进绿色循环低碳交通运输发展目标任务之一。（沈　洁）

## 常熟海关

**【概况】** 2017年，常熟市进出口总值1656.3亿元，同比增长26.3%，占苏州进出口总值的7.7%。进出口增幅创六年来新高，位列苏州辖区第一。其中，出口1134.4亿元，增长28.7%；进口521.9亿元，增长21.5%。常熟海关全年共办理进出口报关单16.9万份，同比增长14.3%；监管进出口货物1292.5万吨，货值117.5亿美元，同比分别增长9.2%和30.9%；监管运输工具3156辆艘，同比增长9.7%；优化监管查验工作机制，查验报关单5046份，查获315份。实现入库税收78.4亿元，同比增长19%；逐步实行保税监管新模式，构建加工贸易分类管理体系，加工贸易进出口额98.2亿美元，同比增长21.4%；推进引入中介机构参与稽核查作业试点，开展特许权使用费主动披露专项工作，2017年核销补税9.6亿元，稽查补税1635.8万元。至2017年底，在海关注册的常熟地区企业达到4742家，同比增长9.9%。开展打击走私"国门利剑2017"联合专项行动，立案调查行政案件220起、案值3.3亿元、

2017年7月13日，常熟出入境检验检疫局工作人员高温下对进境木材实施现场检疫　　（国检局提供）

批、28.23亿美元，同比分别下降9.41%和增长23.64%，其中入境检验检疫1.18万批、22.01亿美元，同比分别下降15.34%和增长26.56%，出境检验检疫1.11万批、6.22亿美元，同比分别下降2.17%和增长14.28%。检验检疫集装箱16.66万标箱，检疫国际航行船舶3078艘次，监测国际船员5.50万人次。年内，常熟出入境检验检疫局严守国门安全，高分通过口岸卫生检疫核心能力和口岸动植检规范化建设两个省级验收，完成口岸防控物资储备中心智能化改造，配置一线现场执法“单兵装备”，实施口岸疫情疫病、核生化反恐等跨部门防控合作；妥善处置1起国际船员猝死事件，检出1例艾滋病合并梅毒感染病例，截获医学媒介生物12种，截获外来有害生物280种，其中全国首次截获25种；退运、销毁严重不合格进口商品7批，对外出证提赔228万美元，出口退运批次同比下降2.68%。优化服务成效，深化工作模式改革，推进通关一体化、业务无纸化，在全省率先试点实施微信无纸化申报，报检无纸化率达96.5%，实施“审单放行”新模式，检验检疫放行时长比2016年12月压缩50%以上；支持常熟国际贸易“单一窗口”对接江苏省电子口岸，国际航行船舶100%“单一窗口”操作，电讯检疫占比75.5%；出台支持外贸发展十项措施，深化局领导“三联系”服务机制，开展“百千万大走访”活动；支持路虎汽车等企业利用“中欧班列”进口零部件，运行10批、143.46万美元。增强综合实力，注重队伍能力提升，在江苏检验检疫系统技能竞赛中获集体奖、1人获全省系统唯一的特别奖，引进1名博士、3人晋升高级职称、2人列入质检总局动植检专家组，开展科研、政研项目8个，重点商品质量分析工作名列全省系统前茅，专报信息被中共中央办公厅、国务院办公厅录用6篇次，国家质检总局录用15篇次；加强实验室建设，国家级金属材料实验室新扩检测项目25项，积极开展对外合作拓展市场，检疫综合实验室有害生物鉴定到种的比例跃升至88%；综合技术业务用房修缮改造项目分别获国家质检总局、常熟市政府投资立项。

**【支持常熟市场采购出口额超12亿美元】** 2017年，常熟出入境检验检疫局争取江苏检验检疫局出台12项支持市场采购贸易发展政策举措，对市场采购出口商品实施质量风险监测和大数据分析，为全省乃至全国系统首次。开展质量提升、技贸措施等技术、信息服务，形成原产地“诚信签证”、产品范围放宽、监管模式创新等先行先试经验。推进常熟服装城成为国家质检总局国际合作中心教学基地，支持开通和运行“中亚专列”。全年出口9968批、12.71亿美元。

**【推动常熟服装城市场采购贸易方式试点获批运行】** 2017年9月，常熟服装城市场采购贸易方式试点获商务部等国家8部委批准，为江苏省第二家获批单位，全年试运行17批、217万美元。为支持常熟服装城市场采购贸易、跨境电商等新贸易方式发展，常熟出入境检验检疫局提前介入，制定建设方案，序时推进人员配备、监管场所、综合监管平台等软硬件建设，推动跨境电商监管中心监管条件筹备到位。

2017年8月24日，国家质检总局检验司司长孙文康到奇瑞捷豹路虎公司调研　　（国检局提供）

【深化质量安全示范区建设】 2017年，国家质检总局先后发布公告，确认常熟出口羽绒制品、出口电子信息产品质量安全示范区为"国家级示范区"，常熟成为全国第一个拥有2个国家级质量安全示范区的县级市。6月，分管副市长在全国示范区建设会议上作经验交流发言。11月，国家质检总局批复同意"中国出口羽绒制品质量技术促进委员会"落户常熟。出口木制玩具示范区展馆落成。出口电子信息产品示范区全年出口额40多亿美元，同比增长50%。

【推动实施"同线同标同质"工程】 2017年，隆力奇公司等15家企业上线同线同标同质"三同"公共服务平台，波司登集团"三同直销店"建成开放，促进"三同"企业内外贸融合发展。吉成酱业公司成为江苏省首个上线"三同"平台的有机食品企业，全年出口额同比增长25%，内销额同比增长15%。

【打造两个"综合查验样板"】 2017年，常熟出入境检验检疫局积极推进查验模式创新，形成双随机、菜单式、直通式等"非侵入式、非干扰式"的查验模式，实施"一站式"综合查验，把码头功能延伸到大型骨干企业仓库，打造路虎进口汽车零部件、理文进口废纸两个"综合查验样板"，全年为企业节约物流成本超1300万元。

【复制推广自贸区政策】 2017年，常熟口岸实施口岸机构联合登临检查新模式，国际航行船舶通关时间缩至1小时以内。联合申报的"苏州国家高新技术产品全球维修/再制造检验检疫示范区"通过国家质检总局验收，帮扶夏普公司开展再制造业务。完成诺华等5家进出口特殊物品企业注册备案和货物监管，对UPM等5家企业实施"免除低风险动植物检疫证书清单制度"。截至2017年末，共复制推广9项自贸区试点经验。

【扩大原产地证应用成效】 2017年，常熟出入境检验检疫局开展原产地签证模式改革，推广原产地综合服务平台，原产地签证企业达950家。推进产地证无纸化，无纸化签证企业达44家。实施原产地备案和对外贸易企业备案"多证合一"改革，"多证合一"企业达133家。全年签发各类产地证3.97万份、20.90亿美元，可为企业减免进口国（地区）关税3.24亿元人民币。

【支持常熟港提质扩量】 2017年，常熟出入境检验检疫局支持大新华码头5个泊位完成技术改造、1个2万吨级泊位对外开放，开展"第三方"进口木材检验企业质量评价，临港化工实验室持续提供2小时快检服务，助力打造进口纸浆、木材、钢材等特色口岸。常熟港全年实现进口纸浆472万吨、木材318.4万平方米，进出口钢材262.3万吨，进口日本木材增长136%。

（华　莹）

## 边 防 检 查

【概况】 2017年，常熟边检站围绕党的十九大边防安保"一条主线"，把握"求稳求实求新"工作基调，推进"五大任务"，坚持稳中求进，聚力干事创业，边检工作和部队建设实现新进步新发展。高标准抓好班子建设，坚持集体领导、勇于担当作为，核心领导作用充分发挥；坚持把十九大边防安保工作作为压倒一切的头等大事，全警动员、全力以赴，全身心投入安保硬仗，出色完成安保任务，查获政治有害和暴力教唆视频等做法得到省边防总队肯定；优化完善了"双巡双管"勤务模式和边检权责清单两个品牌，探索实践了警力配备和勤务组织等新思路新举措，口岸通关便捷高效，工作经验在省边防总队"镇江边检会议"上作了交流发言。2017年共检查出入境（港）人员51760人次，出入境（港）船舶2905艘次，办理各类证件20903份，同比分别增长22%、14.9%和7.6%。部队内外安全稳定，队伍建设导向明确、机制科学，"两个经常性"工作深入细致，制度规范落实到位，3月，常熟边检站完成省边防总队2017年部队院校招生文化预考常熟考点的考务保障工作。5月，苏锡常政治工作协作区在常熟边检站举行2017年度大队级党委和所队党支部书记资格准入考试。年内，常熟边检站实现"三无"工作目标；全力打造"暖心工程"，机关警史馆、士兵之家等工程顺利完工。在双拥工作中，主动融入驻地"全国文明城"创建，积极参加无偿献血、精准扶贫等

2017年11月22日，常熟边检站完成韩国籍"金阳哈娜"轮首航入境边防检查任务
（常熟日报社提供）

公益事业，踊跃参与“百村千企万户”大走访，与理工学院围绕“七个要素”深化共建层次，联合 9 家单位开展八一文艺汇演、边检专场故事会等活动 6 次，多次应邀参加警民联欢会及全市中小学运动会等活动，积极增进警民感情。

【苏锡常政治工作协作区联席会议在常熟召开】 2017 年 4 月 11 日，苏锡常政治工作协作区 2017 年第一次联席会议在常熟边检站召开，会议由该站政委吴勇主持，协作区各成员单位政工领导和部分政工干事共 25 人参加会议。联席会议结束后，协作区成员单位官兵前往奇瑞捷豹路虎汽车有限公司，实地参观冲压车间、总装车间和质检中心，现场观摩高速伺服冲压生产线和整车气密性测试等环节，听取企业党建发展和管理经验的介绍。

【省边防总队宣讲团到常熟宣讲交流】 2017 年 7 月 27 日，省边防总队“向八一献礼”主题宣讲团一行 10 人到常熟边检站开展宣讲交流活动。宣讲团一行和常熟边检站官兵代表共 20 余人，到沙家浜革命历史教育基地开展主题党日活动。官兵们瞻仰红色遗迹、缅怀先烈遗志、追忆革命历史，接受红色教育。宣讲团还在常熟边检站举行宣讲会，40 余名官兵和常熟党建“红色联盟”成员单位 10 名青年代表现场聆听了宣讲。宁镇扬、苏锡常政治工作协作区的 300 余名官兵通过视频会议系统同步收听收看。

【省边防总队医疗巡诊队到常熟开展活动】 2017 年 12 月 14 日，省边防总队医院组织南京市中医院诊疗专家一行到常熟边检站开展“健康基层行”活动。活动中，专家对理疗方法进行现场示范教学，组织官兵进行了实际操作体验。总队医务人员以心肺复苏术为授课重点，对“第一目击者”、“急救黄金 4 分钟”、“急救白金 10 分钟”等急救概念进行了普及，并结合通过多媒体教学课件，讲解现场急救的应用情况、方式方法及注意事项，同时以教学模具示范、个人急救体验的形式。总队医院还向基层中队赠送了医疗器材及药品。

【全省梅沙系统业务应用培训班在常熟举办】 2017 年 12 月 18～22 日，省边防总队在常熟边检站举办全省梅沙系统业务应用暨后台核查实战技战法研讨培训班，全省边检站 26 名业务骨干参加了培训。培训班围绕梅沙系统基础功能、梅沙系统案件流转和证件鉴别基础技能、后台核查系统功能应用、边检机关行政许可标准化文书解读、人像鉴别技巧等方面课程为参训学员授课。同时，培训班通过集中交流、分组讨论等方式，结合工作实际，对旅客查验、船舶检查、后台核查、“一证通”“V 通关”、行政许可标准化等内容开展深入研讨。 （奚文博）

## 海　事

【概况】 2017 年，常熟海事局共办理国内船舶进出港报告 68727 艘次，国际航行船舶进出港查验 3027 艘次，同比增长 5.35% 和 9.7%；共组织搜救行动 24 次，涉及遇险船舶 29 艘，成功救助遇险船舶 26 艘，成功救助遇险人员 277 人；实施巡航巡查 3239 次，航行 8936 小时、里程 96221 海里；实施海事行政处罚 232 件，罚款金额 89.9 万元，同比增长 44.1%、59.9%；实施船员违法记分 154 人次，累计计分 436 分；征收并缴入财政港口建设费 7341.63 万元，同比增长 15.3%；常熟港完成外贸货物吞吐量 1208.3 万吨，同比增长 4.76%；全年辖区渡口渡船安全渡运渡船 3.17 万航次、车辆 29.8 万辆、旅客 39.3 万人次。年内，常熟海事局先后获评江苏省海事业务技能大赛一等奖、江苏省船舶防污染和应急技能竞赛团体冠军、江苏海事局“汇智江海创享未来”青年岗位创新大赛二等奖、江苏海事局践行“四个一”党建工作体系先进单位等荣誉。

【服务国家重点工程建设】 2017 年 1 月 12 日，常熟海事局召开世界首条 GIL 过江管廊勘探海事监管新闻发布会，中新社、《中国水运报》等 6 家媒体记者出席发布会。新闻发布会对过江管廊勘探难度、船舶航行通航环境变化、海事监管保障工作等内容进行了发布。特高压苏通 GIL 综合管廊从长江底穿江而过，管廊江底“埋线”5.5 千米，隧道盾构设计直径为 12.1 米。建成后，将促成淮南—南京—上海 1000 千伏特高压交流输变电工程与皖电东送淮南—浙北—上海工程一道，形成贯穿皖、苏、浙、沪负荷中心的华东特高压环网。常熟海事局在工程的服务保障过程中，落实领导带班值班制度，建立健全“7321”和“一窗口、两会议”工作制度，实施航道作业交通管制达 3 个月，实行封航、限航时间达 540 小时，管控大型船舶约 13440 艘次，引导小型船舶

2017 年，常熟海事局开展船舶安检专家教学活动　（海事局提供）

约 20160 艘次，完成了苏通跨江管廊勘察工程水上监管工作，实现了“零事故、零伤亡、零污染”的保障目标。

**【召开渡船安全监督管理会议】** 2017 年 3 月 9 日，常熟海事局组织召开了 2017 年度常熟渡船安全监督管理会议。苏州市地方海事局、常熟市交通局、常熟市安监局、碧溪新区管委会、常熟海事局相关部门负责人以及常熟市城投公司、常通汽渡公司相关负责人参加了会议。会议通报了 2016 年度常熟辖区渡船安全监管概况，各单位根据《内河渡口渡船安全管理规定》以及《江苏省渡口管理办法》等相关规定，交流落实渡口渡船安全监管责任情况及经验，建立健全落实企业主体责任、加强信息沟通、加强联动执法等三方面联合监管机制。

**【开启口岸国际航行船舶现场检查新模式】** 2017 年 4 月 11 日，常熟海事局、海关、出入境检验检疫局、边防检查站等口岸查验单位的执法人员在靠泊在亨通码头的巴拿马籍“福海”轮上，完成了常熟口岸首次联合登临检查，正式开启了常熟口岸国际航行船舶现场检查新模式。在查验现场，四家口岸查验单位按照各自职责分别检查了船舶联检材料，对船舶设备、个人物品、人员证件、公共卫生等方面进行检查，在所有检查工作完成后，各口岸单位根据实际情况分别开具相关文书，并联合为船舶办理进口岸查验手续。

**【央视到常熟拍摄海事服务保障工作】** 2017 年 4 月 18～19 日，中央电视台《走遍中国》栏目组到常熟海事局勘察作业现场，拍摄海事系统服务淮南一南京一上海 1000KV 特高压苏通 GIL 管廊工程勘察工作纪实。拍摄组在常熟海事局指挥中心、执法基地、苏通大桥及现场施工水域进行拍摄取景，全面展示了工程的开展和海事的监管服务情况。

**【执法模式改革成效显著】** 2017 年 8 月 1 日，常熟海事局“大动态、大静态、大督察”执法模式改革顺利完成各项改革程序，实现机构整合、职能整合、人员整合，推动监管力量向现场集中，形成“强现场、重服务、执法资源向一线倾斜”的运行模式。改革后，常熟海事局基层执法人员数量由改革前的 30 人增加至 40 人，增比达 33.3%，在本单位全体职工中的所占比例由 40.54%大幅提高至 54.05%，大大增加了基层执法力量，深度优化了资源配置。

**【首个内河港口船舶防污染应急联防能力专家评审会成功召开】** 2017 年 8 月 23 日，常熟海事局组织武汉理工大学、常熟华润化工六家石化码头召开了“常熟港石化码头船舶及其作业活动污染水域环境风险及联防能力评估”专家评审会，江苏海事局危防处丰岩处长、钟宇副处长及各分支局危防处负责人作为特邀代表出席了会议。评审会上，中国船舶油污损害理赔事务中心周舫震主任、烟台溢油应急技术中心丛旭东副主任、常熟环保局、港口局、相关石化专家等评审组成员对武汉理工大学起草的《常熟港石化码头船舶及其作业活动污染水域环境风险与联动能力评估报告》给予了高度评价，评估报告顺利通过评审，同时对常熟海事先行先试、推动内河港口首个船舶防污染应急联防体建设的首创精神予以赞扬。

**【探索运用“军管”方法管理黄砂过驳区】** 2017 年 8 月 23 日，常熟海事局召集常熟港黄砂过驳区 27 家浮吊业主召开实施“军管”宣贯会，港口局、长航公安、常熟港区水上装卸服务公司各派代表参会。作为江苏海事局“军管”工作的试点单位，常熟海事局面对繁重艰巨的实践任务，紧扣“严”字诀要求，围绕“两个安全三级责任”的科学内涵，把准“军管”工作的本质要求，抽调精干力量组建工作组，印发实施方案，完成了军管趸船的装修、定位工作，通过以统一浮吊准入机制为契机促进本质安全、以指导公司完善管理制度为导向提升管理水平、以持续推动联合执法为抓手形成监管合力、以加大违规惩处力度为依托震慑违规作业，全力推进运用“军管”方法管理黄沙过驳区进程，在 2017 年 10 月底初步形成可复制、可推广的成熟经验。11 月 17 日，交通部安委办现场调研常熟海事“军管”方法试点成效，并给予充分肯定。

**【成功处置“顺开 17”轮火灾事故】** 2017 年 10 月 7 日，常熟海事局接报，“顺开 17”轮在长江♯15 浮水域上行过程中，船舶生活区着火。接报后，常熟海事局迅速启动应急预案，立即调派海巡艇及施救拖轮赶赴现场核实相关情况，并开展救助工作。险情处置过程中，常熟海事局反应及时，处置得当，应急值班领导和执法人员迅速投入一线工作，领导靠前指挥，各部门各单位通力协作，10 名遇险船员全部获救，未发生水域污染事件。

**【《常熟市长江水域船舶污染事故应急预案》出台】** 2017 年 11 月 15 日，常熟市政府发布《常熟市长江水域船舶污染事故应急预案》。常熟海事局作为预案起草的牵头单位，多次召开专题会议，对《中华人民共和国安全生产法》、《中华人民共和国突发事故应对法》等近 20 部法律、法规进行研讨，征集了长航公安苏州分局水上消防支队、市环保局、安港口局等近 20 家单位意见。此项预案的出台，填补了常熟市在长江水域突发船舶污染事故应急方面的空白，对船舶污染事故各个方面做了充分、细致、系统的应急举措。

（丁浩伟）

**责任编辑　王　宏**

# 现代农业

## 综 述

**【概况】** 2017年，常熟市实现农业生产总值78.5亿元，同比下降1.66%。粮食生产受极端天气影响，产量为26.1万吨，同比减少5.9%，蔬菜年播种面积在2.31万公顷次，总产量74.14万吨，同比下降2.5%；渔业一产生产总产值14.8亿元，水产品总产量3.53万吨，较去年减少4.08%；畜牧业生产总体得到控制，经过三年畜禽污染专项治理和“263”专项行动，常熟市生猪存栏由24万头减至7.9702万头，全市除畜禽屠宰配送中心、市食品公司辛庄分公司、梅李分公司以外的屠宰场全部关停，协调推进全市畜禽屠宰场建设及整合，规划启动全市病死畜禽无害化处理中心建设；2017年，江苏勤川现代农业科技有限公司晋升为省级农业龙头企业，江苏阿里巴巴农业科技有限公司、江苏绿品食品配送有限公司、常熟市惠健净菜配送销售有限公司晋升为苏州市级农业龙头企业，新增江苏虞恒食品有限公司为常熟市级农业龙头企业，全市共68家农业龙头企业，其中省级10家、苏州市级16家、常熟市级42家，68家农业龙头企业年销售收入278.72亿元，实现利税13.5亿元，分别比上年同比增长8%和6%。68家企业中21家企业产品实行“互联网＋”，开展网络营销，全年实现销售额达到1.4亿元。2017年，常熟市虞山镇稻文化主题观光园入选江苏省主题创意农园；常熟市董浜农业旅游发展有限公司成功创建“全国休闲农业与乡村旅游三星级企业”；董浜镇里睦村获批“全国一村一品示范村”；董浜镇观智村获批“江苏省休闲观光农业示范村”；新美印宿田园小镇在首届江苏省创意休闲农业设计大赛中荣获铜奖。

丰收常熟田　　（常熟日报社提供）

**【创建省粮食生产全程机械化整体推进示范县】** 2016年6月，常熟市以竞争性立项得分第一的优异成绩被确立为首批创建省粮食生产全程机械化整体推进示范县，争取省级资金400万元。通过两年创建，粮食生产全程机械化综合水平从2015年的75%，上升至2017年的90.89%，增幅达15%以上，其中小麦达到90.58%、水稻达到91.11%，耕整地、种植、植保、收获、产地烘干、秸秆处理等六大环节水平分别达到耕整地99.99%、90.64%、99.9%、99.9%、74.7%、97.21%，超过了省定标准，新增75马力以上拖拉机84台、插秧机99台、小麦条播机397台、自走式高地隙喷杆式植保机53台、谷物低温烘干机172台(2111.5吨)，农机资金总投入7485万元，建成粮食生产全程机械化示范点27个，扶持农机专业化服务组织19个。结合常熟市实际，粮食生产薄弱环节主要以优化大中型拖拉机动力结构、提高水稻种植机械化水平、提升小麦机播水平、提高粮食烘干能力、增强高效植保机械化能力为目标，水平提升明显。研究制订常熟稻麦生产全程机械化技术方案及稻麦周年生产技术路线，推广应用了小麦施肥播种复式作业技术、麦秸秆机械还田及水稻机插集成技术、高效机植保防治技术、粮食低温烘干技术、秸秆机械化还田技术、稻麦联合收获机械化技术等粮食生产全程机械化主推技术。紧紧围绕补齐短板，推行“六抓推进”举措，创新思维，把“六个注重”融入其中，打造常熟特色。

**【益农信息社参加首届全国“双新双创”博览会】** 2017年11月9～12日，首届全国新农民新技术创业创新博览会在苏州举行，全国31个省（直辖市、区）和1000多家农业互联网企业参加博览会。梅李镇为农服务中心益农信息社作为全国益农信息社百佳案例的唯一代表在农业部信息进村入户展区进行特装展示。博览会筹备期间，常熟市配合中央电视台农业频道对益农信息社百佳案例进行宣传片拍摄，并应部、省指定，以梅李镇为农服务中心益农信息社的布局和服务内容为模板在农业部展区内搭建展台，同时也在苏州展馆对新农民竟风采、融合发展新业态、信息服务新模式、物联网应用等方面进行了展示。展会期间，农业部副部长屈冬玉到常熟市展区，详细询问信息社的服务开展情况，并对常熟市信息进村入户工作取得的成绩给予肯定。大会期间，全国各省（市、区）兄弟单位及多家农业互联网企业多次走进常熟市展区，交流经验、互相学习。

**【农业综合执法体制改革】** 2017年，市农委率先在市级机关开展行政综合执法改革，按照“统一、精简、效能、一支队伍管执法”的要求，制定改革方案，将常熟市渔政监督大队、中华人民共和国常熟渔港监督、常熟市农机安全监理所整建制并入常熟市农林行政综合执法大队，经市政府常务会议、市委深改组讨论通过，市政府以66号文件批准实施。

**【长江口铁黄沙整理及农业种植管理】** 2017年，市农委为配合根据市委、市政府提出的打造“沿江经济生态圈”，根据相关会议纪要要求，自2017年9月开始，市农委在20天时间完成地表近400公顷面积的初步清理，同时协调水利、福山农场、交通等开展种植规划、水利设施规划及施工、生产便道规划及施工，做好生态种植指导。先后完成336.6公顷观光油菜、红花及66.2公顷小麦的种植。

**2017年常熟市农林牧渔业总产值情况表**

表3

| 指　　标 | 本年度现价计(万元) | 按可比价计算(万元) |
|---|---|---|
| 农林牧渔业总产值 | 784747 | 791147 |
| (一) 农业产值 | 468248 | 475107 |
| 谷物及其他作物 | 85915 | 84675 |
| 其中：谷物 | 79003 | — |
| 薯类 | 1776 | — |
| 油料 | 2094 | — |
| 豆类 | 2545 | — |
| 棉花(籽棉) | 406 | — |
| 其他农作物 | 91 | — |
| 蔬菜、食用菌及花卉盆景园艺 | 354578 | — |
| 其中：蔬菜 | 341270 | — |
| 食用菌(干鲜混合) | 88 | — |
| 花卉(鲜切花) | 2600 | — |
| 其他园艺作物 | 10620 | — |
| 水果、坚果、饮料和香料 | 27755 | — |
| (二) 林业产值 | 30183 | 29919 |
| (三) 牧业产值 | 42964 | 42654 |
| 其中：猪 | 23651 | 23459.6 |
| 家禽 | 6811 | 6755.9 |
| (四) 渔业产值 | 148006 | 149444 |
| 其中：海水 | 8096 | 8030.5 |
| 淡水 | 139910 | 138777.8 |
| (五) 农林牧渔服务业产值 | 95346 | 94574.5 |
| 二、农林牧渔增加值 | 473296 | 477567 |
| (一) 农业增加值 | 305319 | 309932 |
| (二) 林业增加值 | 16826 | 16678 |
| (三) 牧业增加值 | 17185 | 17062 |
| (四) 渔业增加值 | 81381 | 82173 |
| (五) 农林牧渔服务业增加值 | 52585 | 51722 |

# 种 植 业

【概况】 2017年,常熟市小麦播种面积1.89万公顷、水稻播种面积1.89万公顷,产量25.3万吨。在上年小麦秋播期间遇长期阴雨导致播种质量差的情况下,农技部门加强技术指导,抢抓后期有利天气条件,小麦产量呈恢复性增长。由于后期齐穗后长期低温阴雨,光照不足,影响结实率和千粒重,水稻每公顷产量与上年相比有所下降。制定部省粮食绿色高产高效创建及增产模式攻关和稻田综合种养示范基地实施方案。全市共建设水稻绿色高产高效创建和增产模式攻关核心区4个,稻鸭共作、稻鳝共作稻田综合种养示范基地2个,夏熟小麦建设绿色高产高效创建示范方3个。全市完成水稻集中育供秧面积155公顷,实现大面积机插水稻15333公顷以上。水稻绿色高产高效创建根据部、省下达任务,建设核心示范区4个,稻田综合种养示范方2个。

【农技培训】 2017年,为提高全市种粮户种植水平和农技人员业务水平,市作栽站开展一系列培训。3月14日,为全力以赴抓好春耕备耕工作,做到技术早准备,物资早到位,邀请4家葡萄生产设施配套企业进行应用技术讲解,对全市近200户葡萄生产专业户进行春季栽培管理技术培训;4月11日,邀请扬州大学戴其根教授;6月30日,邀请省农委水稻生产专家,对全市种粮大户和技术人员开展了育秧技术和大田管理技术开展培训。同时,作栽站技术人员进镇村开展技术培训10多期,累计培训人数800多人次。5月10日,召开育秧现场会;6月20日,召开"全市水稻一种就管工作现场推进会",要求加强栽后管理,落实各项增产增效措施,并做好省农委全省水稻中期管理现场推进会的现场。

【职业农民培育】 2017年,市作栽站与扬州大学农学院签订培训协议,组织开展水稻绿色优质高产高效栽培技术培训,共培训骨干型新型职业农民100名、已认定2016年新型职业农民93名。围绕蔬菜园艺,市作栽站与扬州大学园艺与植物保护学院签订培训协议,组织开展园艺生产技术培训,共培训骨干型新型职业农民60名、已认定2016年新型职业农民27名。

【新品种示范推广】 2017年,市种子站引进小麦新品种"镇麦12",分别在海虞镇、支塘镇、辛庄镇3个基地进行示范种植,并与主栽品种"扬麦16"进行比较试验,将"常农粳10号""常优粳6号""苏香粳100""宁粳8号""嘉58"等5个水稻品种作为示范新品种,在各镇都设立新品种示范区,并于10月23日组织各镇农技人员进行观摩考评。

【水稻种子质量检验】 2017年,全市确定水稻主栽品种分别为"常农粳8号""常农粳10号""南粳46""南粳5055""武运粳30""常优4号""常优5号"和"常优粳6号"。市种子站对在常熟生产的水稻种子,共63个样品,进行192多次发芽率检查。同时,针对年内全省范围水稻种子质量普遍下降的局面,对外地调入种子,在调入前、调入时和用种前分三次进行种子质量检查,经检查后发现部分种子发芽率不合格,立即责令种子生产企业进行更换处理。对部分种子质量不合格的水稻品种"常农粳8号"和"常农粳10号",根据《中华人民共和国种子法》要求及时向常熟市人民政府提出申请,增加水稻播种量,确保播种质量和供种数量。全市水稻种子分别接受省种子站、苏州市种子站的质量检查,全部达标。

【落实良种补贴政策】 2017年,根据省财政、省发改委、省农委《关于印发江苏省2016年棉花目标价格改革补贴工作实施方案的通知》精神,市种子站于4月编制实施方案,及时组织各镇(区)开展棉花种植面积申报核实工作,并以村民小组为单位按户张榜公示补贴情况。经汇总,全市5个镇(区)639户农民种植棉花87.3公顷,共补贴269591.0元。

【耕地质量监测和墒情监测】 2017年,全市做好19个耕地质量监测点工作,硬化1个苏州市级点(沙家浜)监测设施,修缮1个部省级(大义)监测点的沟渠。市耕保站对全市土肥员开展两轮监测技术培训,修订完善"常熟市耕地质量监测技术规范",并下发到各镇。对各镇监测点工作进行两次现场检查,及时发现薄弱环节,提出工作改进意见。完成稻麦监测点记载、小区测产、土壤和植株样采集和送检,整体监测水平有新的提高。同时,新增1个土壤墒

常熟国家农业科技园试用岩棉栽培这一新型无土栽培方法,提高产量、节约成本。图为工人正在采摘使用新技术培育的樱桃番茄 (常熟日报社提供)

元。继续实施苏州市科技支撑项目1项,常熟市科技项目1项。

【病虫害预测预报】 2017年,全市9个病虫测报点坚持系统调查与大面积普查相结合、灯下观察与田间调查相结合开展系统测报,为病虫防治提供了精准的测报数据。6个粮作测报点在小麦赤霉病菌源充足,水稻纹枯病、稻瘟病天气条件有利病害发生的情况下,应用菌源、气候、生育期相结合的测报方法,准确预报了病害的发生趋势;3个蔬菜病虫省级测报点每周即时上报病虫信息,资料系统规范。全年粮经测报人员共开展病虫草情会商10多次,及时对发生情况进行交流,掌握第一手资料。全年针对30多种病虫害进行测报并发布情报21期,其中粮作11期,经作8期、其他2期,发生期、发生量预报准确率达到95%以上。

【开展大面积病虫草害防治】 2017年,常熟市就小麦赤霉病防治共发放防治物资107.28万元,实现小麦穗期病虫防治3.08万公顷次,平均每亩用药1.72次,药后小麦赤霉病平均病穗率1.73%,病情指数0.47,实际防治效果达89.18%,减轻危害损失;水稻病虫综合防治以推广应用新型高效低毒农药为突破口,在大面积水稻推广应用烯啶虫胺、甲维·茚虫威、康宽、噻呋酰胺、噻呋·戊唑醇、四氯虫酰胺等新型药剂,累计防治面积7.6万公顷次,占防治用药总量的75%。在一枝黄花防除上,结合全市大环境整治,做好一枝黄花春季化除和秋季综合治理,市镇二级先后召开各类防治发动会议30个,组建防除队伍201个。全市春秋二季一枝黄花发生面积766.67公顷,化除面积达372公顷,复耕复种129.2公顷,人工防治213公顷,合计防控面积727公顷,占应治面积的93.1%。

【开展田间植保科研工作】 2017年,全市共进行14项新农药筛选试验示范。参选农药品种24个,其中小麦病虫药效试验2个,水稻病虫药效试验5个,蔬菜病虫药效试验6个,一枝黄花化除1个,这些药效试验对大面积生产起到重要指导作用。通过科研项目开展和植保新技术的示范应用,全年向省市各级申报项目4项,争取项目资金168万元。

【植物检疫和农药管理】 2017年,市植保站重点做好全市种苗、繁殖材料基地的登记备案,分期对小麦、水稻等种苗进行产地检疫,全年共签发产地检疫证12批次,产检小麦种子200公顷,1500吨,产检水稻种子104公顷,777.5吨,实施调运检疫9批次,调运草坪96642平方米;继续做好重大植物疫情阻截带的建设,按照省植保站要求在碧溪、海虞、虞山镇3个监测点进行监测,对黄瓜绿斑驳花叶病毒病、扶桑棉粉蚧等重点检疫性病虫开展全市范围内的普查,重点对辛庄镇发生的福寿螺开展针对性防治6次,并完成清理;结合全市农药集中配送和高毒、高残留农药禁用,向市农药集中配送领导小组推荐了全市高效低毒农药使用目录,共172个农药品种。根据市场价格波动情况,为全年农药采购实施2次招标提供品种筛选目录。据统计,全年全市农药抽检25批次,不合格3个批次,均为个体无证经营,合格率88%。

## 渔　业

【概况】 2017年,常熟市池塘养殖面积6453.33公顷,全部为淡水养殖。水产品总产量3.53万吨,较2016年减少4.08%,其中海洋捕捞2201吨,较2016年减少22.28%,渔业总产值25.02亿元,较2016年增加0.52%。

表4

**2017年常熟市渔业生产情况表**

| 指　　标 | 单　位 | 2017年 |
|---|---|---|
| 水产品总产量 | 吨 | 35306 |
| 海洋捕捞 | 吨 | 2201 |
| 远洋渔业 | 吨 | 0 |
| 海水养殖 | 吨 | 0 |
| 淡水捕捞 | 吨 | 568 |
| 淡水养殖 | 吨 | 32537 |
| 一二三产产值(渔业经济总产值) | 万元 | 250205.4 |
| 一产(渔业)产值 | 万元 | 148006 |
| 一二三产增加值(渔业经济增加值) | 万元 | 145896.1 |
| 一产(渔业)增加值 | 万元 | 81381 |
| 水产养殖面积 | 公顷 | 10958 |
| 海水养殖面积 | 公顷 | 0 |
| 淡水养殖面积 | 公顷 | 10958 |
| 机动渔船艘数 | 艘 | 48 |
| 机动渔船总吨位 | 总吨 | 2879 |
| 机动渔船功率 | 千瓦 | 4533 |

**2017 年常熟市淡水养殖产量与面积情况表**

表 5

| 指　　标 | 单　位 | 2017 年 |
|---|---|---|
| 淡水养殖产量合计 | 吨 | 32537 |
| 池塘 | 吨 | 21277 |
| 湖泊 | 吨 | 70 |
| 水库 | 吨 | 0 |
| 河沟 | 吨 | 11180 |
| 其他 | 吨 | 0 |
| 稻田 | 吨 | 10 |
| 其中：围栏 | 吨 | 0 |
| 网箱 | 吨 | 0 |
| 工厂化 | 吨 | 2 |
| 淡水养殖面积合计 | 公顷 | 10958 |
| 池塘 | 公顷 | 6457 |
| 其中：新挖池塘 | 公顷 | 0 |
| 改造整治池塘 | 公顷 | 333 |
| 湖泊 | 公顷 | 2267 |
| 水库 | 公顷 | 0 |
| 河沟 | 公顷 | 2234 |
| 其他 | 公顷 | 0 |
| 稻田(不计入总面积) | 公顷 | 13 |
| 其中：围栏 | 平方米 | 0 |
| 网箱 | 平方米 | 0 |
| 工厂化 | 立方水体 | 6670 |

**2017 年常熟市渔业产业化情况一览表**

表 6

| 指　　标 | 单　位 | 2017 年 |
|---|---|---|
| 设施渔业 | 公顷 | 3756 |
| 高效渔业 | 公顷 | 8689 |
| 水产品批发市场 | 个 | 4 |
| 1. 交易量 | 万吨 | 1 |
| 2. 交易额 | 万元 | 45000 |
| 渔业协会 | 个 | 2 |
| 合作经济组织 | 个 | 23 |
| 合作经济组织养殖 | 公顷 | 2100 |
| 经纪人 | 个 | 485 |
| 休闲渔业单位 | 个 | 2 |
| 1. 总投资 | 万元 | 11000 |
| 其中：政府 | 万元 | 0 |
| 2. 休闲渔业 | 公顷 | 40 |
| 3. 垂钓餐饮等收入 | 万元 | 1919 |

**【高效渔业建设有序推进】** 根据《常熟市关于全面推进高标准农田（池塘）建设的实施意见》，到2020年全市标准化池塘面积达3133.33公顷，计划在“十三五”期间完成标准化池塘建设1454公顷，主要涉及古里、尚湖、辛庄、虞山、支塘、沙家浜等六个乡镇。2016年开工建设的古里镇联泾村49.3公顷、尚湖镇常兴村55.36公顷、辛庄镇金荡村50公顷建设面积已全部完成。2017年新列入的高效渔业建设项目的辛庄荷花荡23.35公顷、沙家浜芦荡社区31.3公顷已完成规划设计，并进入施工阶段。南部锡太路沿线高效水产养殖带建设在外延拓宽的同时，注重内涵的提升：一是池塘工厂化养殖。古里精品园东方锦鲤建成0.6公顷工厂化育苗设施，沙家浜产业园南美白对虾温室养殖面积扩大到2公顷；二是特色品种养殖。沙家浜产业园鮰鱼繁育100万尾，澳洲龙虾育苗100万尾，梭鲈鱼繁育900万尾。三是种养结合模式。辛庄、古里等33.35公顷面积开展“稻鱼”“稻虾”“稻蟹”种养结合先行试点。四是虾、蟹品种改良。常熟市虾、蟹品种引进主要集中在锡太路沿线4个乡镇，辛庄今年开工建设的23.34公顷连片池塘计划建成省内领先的河蟹新品种养殖示范基地。

**【完善水产医院服务功能】** 2017年，全市现有水产医院8家，其中市级2家、镇村级6家，覆盖锡太路沿线4个水产养殖重点镇及3个省级现代渔业产业园、精品园。为进一步完善服务工作，创建服务亮点，2017年，市水产技术推广站依托水产医院平台建立了党员专家服务制度，从4月份起每周1次党员专家和技术骨干前往各水产医院开展门诊服务，为养殖户免费提供水质检测、病害诊断、技术咨询等服务，指导养殖户科学用药、合理用药，确保养殖生产难题在一线得到解决。市站水产医院建立双休日值班制度。全年水产医院共接待养殖户近5000人次，检测病鱼、病蟹500多例，检测水样3000多批次。

**【加强新品种引进力度】** 2017年，为改良全市虾蟹品种，市水产技术推广站加大虾、蟹新品种引进力度，全年引进“长江1号”大眼幼体蟹苗1446千克，其中4两母本以上1179.5千克，“太湖1号”青虾原种250千克。为提高养殖户对虾、蟹新品种的认识和养殖新品种的积极性，一方面组织养殖户代表前往溧阳省级青虾良种基地参观学习，并于10月份与中国水产科学院淡水中心初步落实年底规模化引进青虾良种750千克的意向。另一方面，组织69名养殖户代表前往如东、射阳“长江1号”定点繁育场和大规格亲本委托培育点现场参观亲本繁殖挂笼，并于10月份与省淡水所河蟹新品种定点繁育场商定在如东建立“长江2号”河蟹母蟹4.5两以上精品苗种繁育基地，2018年定向供应常熟大眼幼体蟹苗1500千克以上。

**【抓好水产品质量安全】** 2017年，市水产技术推广站依托“常熟市水产投入品指导服务中心”和“常熟市水产投入品物流中心”，采用连锁经营“统一进货、统一配送、统一价格、统一管理”的运行服务模式，下设44家鱼药GSP连锁经营店，形成了覆盖全市的水产投入品指导服务网络，为全市水产养殖提供“优质、高效、安全”的水产投入品，提高用药的科学性、合理性和安全性，从源头有效控制水产品的质量安全。3月，市水产技术推广站与各经营户签订渔药连锁经营协议、合法经营责任书。3月和8月，市水产技术推广站分别召开全市水产投入品管理工作会议，对全市渔药经营户进行培训，全年组织各类优质渔药500多吨，实现销售收入550万元。市水产技术推广站继续承担省局下达的水产品药物残留快检任务500批次，由市站和沙家浜镇、辛庄镇、古里镇、支塘镇共同承担。在做好常规抽检的基础上，继续加强对苗种场、“三品”基地、健康养殖示范场、渔业产业园区的抽检力度。全年完成快检任务552批次。

**【加强水生动物疫病防控】** 2017年，全市水生动物疫病防控工作根据年度病害监测方案，重点加强对主导品种河蟹、青虾以及四大家鱼发病流行规律的调查。全市共有9个水产病害测报点，乡镇测报员9名，监测面积110公顷，利用“全国水产养殖动物病情测报信息系统”及时上传监测信息，做到“有病及时报，无病月底报”，确保“测报系统”顺利启用，提高测报工作质量和水平。全年监测病例样品41个，超额完成省局下达任务，出具检测报告41份，开展流行病学调查41次。为提高水生动物疫病防控能力，市水产技术推广站全年举办渔业乡村兽医及水生动物病害测报员培训4期，撰写疫病发生情况及预防预警建议10期，分发至各镇及水产养殖重点村。此外，全年举办职业技能理论知识和操作能力培训2期，并于4月14日开展竞赛，从中选拔10名选手参加4月18日苏州市水产技术推广站组织的比赛，6月6～7日，全市有4名选手代表苏州参加全省层面的技能比赛。

**【开展渔业科技服务工作】** 2017年，渔业科技服务工程遴选出技术指导员21名，并在农委网站进行公示，接受社会监督，培育水产科技示范户400户，覆盖全市10个镇82个行政村，示范面积830.2公顷，其中支塘盛泾村、古里李市村、沙家浜芦荡村和辛庄金荡村被列为渔业科技服务整体推进村。依托科技服务工程，全年组织各类技术培训班74期，培训2750人次。根据不同阶段养殖生产特点，开展系列服务周活动。5月23～26日开展“科技下乡服务周”活动，在5个水产重点村开展街头咨询服务，并针对蟹苗放养前池塘管理为养殖户检测水质；6月上旬开展“走农村、进社区、访农户”服务周活动，收集一批渔业生产上的社情民意，有针对性的化解生产中遇到难题；6月下旬开展“进村入社战高温，强渔富民促增收”服务周活动，针对连续高温引起的水草、水温、水质等问题，技术人员和养殖能手现场解答，破解养殖困境；9月初开展“送科技、添动能、促增收”服务周活动，保证河蟹“最后一壳”顺利脱壳；9月底开展“加强青虾后期管理，保障水产品质量安全”服务周活动，指导养殖户进行河蟹育肥管理和青虾病害防控，重点加强上市前河蟹休药期宣传。结合党建工作建立党员专家挂钩联系制度，实行“党员专家＋养殖能手＋困难户”精准帮扶模式，结对帮扶困难养殖户60户，以点带面着力提高养殖户的技术能力和水平。按照三年完成300名新型职业渔民培训计划，全年组织100名养殖能手前往无锡渔业学院和常熟理工学院进行为期10天的集中培训。对已认定的35名新型职业渔民完成一期能力提升集中培训。

【抓好专项创建工作】 2017年，常熟市跃源水产专业合作社和常熟市金唐市水产专业合作社通过农业部健康养殖示范场复审。常熟市新阳农业专业合作社联合社成功申报农业部健康养殖示范场。年内，全市共有农业部健康养殖示范场11家。常熟市辛庄镇徐伟军家庭渔场成为全市首家省级示范家庭渔场。

【做好生产许可工作】 2017年，全市新发水产苗种生产许可证1张：苏州恒洋澳龙农业科技有限公司（繁殖品种为澳洲淡水龙虾）。截至2017年年底，全市共有市级良种场1个，县级苗种场6个。根据省海洋与渔业局、苏州市渔政监督大队要求，常熟市农委对全市范围内的水生动物驯养繁殖许可证申请进行审核。截至2017年年底，全市通过审核上报、并获得省海洋与渔业局审批下发驯养繁殖许可证共5张，主要养殖品种为大鲵、珍惜淡水龟、海龟、海狮。

【抓好长江春禁工作】 2017年，为抓好“长江春禁”工作，市渔政监督执法大队重点做好宣传、制度、执法三个方面的工作。一是加强春禁宣传。通过常熟日报刊登《长江禁渔通告》，发放“禁渔告知书”“禁用渔具通知”100多份，悬挂禁渔横幅14条。二是加强刀

渔业生产　　（市农委提供）

鲚生产专项管理。办理刀鲚捕捞特许证5本，与张家港渔政、常熟海事多次协调解决交界水域渔场纠纷问题，共调处3起刀鲚捕捞渔船纠纷。三是开展长江打非专项行动。发放《禁用渔具通知》100多份，出动执法人员341人次，执法艇85艇次；清除江面违规网具，其中毛竹460根，插网12300米，地笼275条，丝网69条，鳗鱼网17口；立案查处违规捕捞案11件，罚没款24700元。同时积极与沿江三镇派出所、长航公安进行联合执法行动，按照“两法衔接”要求，配合查处涉刑案件11起。

【开展打击电捕鱼专项行动】 2017年，市渔政监督执法大队在打击电捕鱼上重点以长江、尚湖、青墩塘等市民关注的热点区域为主，按照《关于进一步加强联合执法打击非法捕鱼行为的通知》要求，加强与乡镇及各派出所的联系，联合开展打击电捕鱼行动。共出动执法车辆36辆次，出动检查人员136人次，全市共查处电鱼案件1257起，其中立案处罚7起，罚款6600元，没收电捕鱼渔具1257台（套），有效震慑违法分子的嚣张气焰，保护渔业资源生态。

【抓好海洋伏休管理服务工作】 2017年，常熟市一是大力宣传伏休政策，在渔业社区、港口、市场等场所，悬挂横幅5条，提高渔民参与休渔的自觉性。特别是在伏休前期，通过北斗星通多次发布通告，要求海洋渔船务必于5月1日12时前回港。二是进入伏休后，渔政人员到港核查，其中浒浦港有异地渔船13艘，对上述船舶，大队及时通报船籍地渔政，要求配合通知船主向常熟市渔政监督大队报到。三是对因历史生产习惯，在外市渔港休渔的常熟船籍的渔船，大队及时与当地渔政办理交接，为上述渔船办理异地休渔委托手续。

【抓好水生野生动物保护工作】 2017年，常熟市一是开展实施省首次“水生动物野调普查”，设立尚湖、沙家浜2个普查点。二是加强水生野保动物许可审批事前、事中监管。配合渔业科完成水生野生动物驯养繁殖许可证初审3件，对持证的3家单位（海星岛、海虞镇伟祥水产养殖场、辛庄镇锦源水

产养殖场）进行事中检查，其中对海星岛管理不到位导致连续发生保护动物死亡的问题，进行了责令整改。三是做好水生野生动物救助保护工作，共救助中华鲟8条、胭脂鱼14条，并进行适时放流。四是科学做好长江资源的监测工作，全年开展长江资源监测15次，鱼类15批438千克，总日产量6390千克，共30个品种。

【开展水产品质量安全宣传培训】2017年，常熟市利用技术培训、座谈会、执法检查等形式，积极开展水产品质量安全宣传培训。签订《水产品质量安全承诺书》32份，举办水产品质量安全宣传培训5期，培训237人，发放宣传资料474份。同时对登记在册的32个水产养殖合作社，11个农业部健康养殖示范场，8个苗种生产单位进行监管数据库更新完善。

【执法检查及水产品抽检】 2017年，常熟市加强水质监测，对重点养殖水域引用水源及养殖排放水进行抽样检测，共抽取水样14份，检测结果均符合相关标准。加强执法检查，共出动执法人员285人次，检查养殖单位（户）116个，“三项纪录”较为真实、完整。开展水执法抽检工作，执法和监督抽检水产品共111批次、饲料样品30份，反馈报告全部合格。组织开展专项执法行动，分别开展苗种生产专项执法行动和“三鱼两药”专项执法行动，全市8家苗种生产企业和1家鳜鱼养殖场检查率达到200%。

【开展涉渔群众权益维护】 2017年，常熟市高度重视投诉举报调查处理，全年受理12345、寒山闻钟、大走访等各类举报投诉131件，全部按时办结。受理涉渔事故纠纷6件，通过依法、细致、高效、公正的处理，为受损渔民挽回经济损失15.5万元，较好地维护养殖户的合法权益。做好渔业互助保险，全年完成保费64万元，共办理政策性雇主责任险141人10500份；政策性渔船互助保险22份；内陆人身平安互助险48人960份。办理理赔手续4起，兑付理赔款5.6万元。

【全面落实渔业安全生产责任制】2017年，常熟市组织召开全市渔业安全生产工作会议，市、镇、村、船东逐级签订2017年度渔业安全生产管理责任书，明确船东为安全生产第一责任人。完善渔业安全管理组织网络。各级各相关单位明确专人负责渔业安全生产管理，分别制定渔业安全生产管理制度并上墙公示。浒浦渔业社区落实专人值班，通过“北斗星通”终端信息系统实行24小时监控，每天发送海洋气象信息，遇到恶劣天气提前通知渔船进港。及时做好极端天气预警工作。落实专人每天关注天气情况，全年发送天气预警信息5000条。

【加强培训提升船员安全生产意识】 2017年，常熟市召开船东座谈会。利用春节及伏休，开展安全生产宣传教育，交流安全生产心得，倾听渔民有关诉求。开展“渔业安全生产宣传进社区”活动。在6月份分别在碧溪新区浒浦渔业社区、尚湖社区进行安全生产集中宣传咨询活动。现场发放宣传资料1200多份，同时向渔民群众解答互保、船检、船员换证等相关咨询30多起。开展应急演练。6月20日，在东张第二渔船厂码头开展了常熟市2017年渔业船员意外落水应急救援演练活动。参演船舶3艘，共80多人现场观摩了本次演练，按照《常熟市渔业船舶水上安全突发事件应急预案》流程，模拟启动预案、应急救援、医疗救护等演练项目。

【加强渔船登记检验源头管理】2017年，常熟市严格开展渔船年检、登记。全年办理年检渔船25艘。对于不符合登记、检验规定的，一律不予办理渔业登记证书、检验证书。同时做到一船一档、一人一档，档案资料不断健全完善。严格监督渔船建造工作。完成渔船更新改造6艘，其中长江捕捞渔船1艘，养殖渔船5艘。同时受托检验新船6艘。不断完善渔船通信导航设备更新，安排资金对海洋渔船购置、更新卫星电话、AIS终端、北斗定位等进行补助，并对长江捕捞渔船及内河养殖渔船赠送安装北斗监控终端50套。做好柴油补贴的发放工作。做好2016年度机动渔船的柴油补贴资格的审核上报与发放工作，发放油补资金360万元，涉及渔船118艘，其中海洋捕捞渔船23艘，内陆捕捞渔船8艘，养殖渔船87艘。

【加强渔船安全生产执法检查】2017年，常熟市渔业安全检查常态化。以隐患排查为重点，及时整改，不打折扣、不留死角、不走过场，同时抓好隐患整改“回头看”。共开展安全检查6轮，共检查渔船44艘次，向渔民赠送灭火器90个，张贴禁烟禁火标志100份。开展渔业安全生产“百日执法行动”。制定《常熟市渔业安全生产“百日行动”工作方案》，向涉渔乡镇下发《关于开展渔业安全生产专项检查的通知》。共开展“百日行动”专项检查11次，检查渔船46艘次，排查隐患9起，整改9起。通过北斗星通、短信平台发送安全和天气预警信息9次，共1400多条。开展外来渔船安全生产大检查。开展对非法停靠长江沿线的外来渔船检查5次，检查外来持证渔船36艘，发放限期离港通知书35份，对存在安全隐患的渔船立案23起，已结案14起，罚没款4200元全部执行到位。

## 畜牧业

【概况】 2017年，常熟市生猪存栏7.97万头，其中能繁母猪存栏0.45万头，生猪出栏11.71万头；羊存栏1.55万头，出栏2.03万头；家禽存栏28.35万羽，出栏75.17万羽；奶牛存栏4148头。全年肉类总产量9957.2吨，牛奶产量20589吨，禽蛋产量1649.4吨。

**2017 年常熟市畜牧业生产情况表**

表 7

| 指标名称 | 期末存栏数（万头、万只） | | | 当年出栏数（万头、万只） | 屠宰数（万头、万只） | 肉产量（吨） | 指标名称 | 计量单位 | 数量 |
|---|---|---|---|---|---|---|---|---|---|
| | 期末存栏数 | 其中能繁母畜 | 当年生仔畜 | | | | | | |
| 一、大牲畜 | 0.41 | — | — | 0 | 0.32 | — | 肉类总产量 | 吨 | 9957.2 |
| 1. 牛 | 0.41 | 0.26 | 0.16 | 0 | 0.32 | 0 | 其他肉产量 | 吨 | 0 |
| 其中：黄牛 | 0 | 0 | 0 | 0 | 0.32 | 0 | 奶类产量 | 吨 | 20589 |
| 乳牛 | 0.41 | 0.26 | 0.16 | 0 | 0 | — | 1. 牛奶产量 | 吨 | 20589 |
| 水牛 | 0 | 0 | 0 | 0 | 0 | 0 | 其中：水牛奶产量 | 吨 | 0 |
| 其中：奶水牛 | 0 | — | — | — | — | — | 2. 羊奶产量 | 吨 | 0 |
| 2. 马 | 0 | 0 | 0 | 0 | 0 | 0 | 3. 其他奶产量 | 吨 | 0 |
| 3. 驴 | 0 | 0 | 0 | 0 | 0 | 0 | 山羊毛产量 | 千克 | 0 |
| 4. 骡 | 0 | — | 0 | 0 | 0 | 0 | 绵羊毛产量 | 千克 | 13200 |
| 二、猪 | 7.97 | 0.45 | — | 11.71 | 32.27 | 8199 | 其中：细羊毛 | 千克 | 0 |
| 三、羊 | 1.55 | 0.32 | — | 2.03 | 1.33 | 473 | 半细羊毛 | 千克 | 0 |
| 1. 山羊 | 0.22 | 0.06 | — | 0.3 | 1.06 | 45 | 羊绒产量 | 千克 | 0 |
| 其中：奶山羊 | 0 | — | — | — | — | — | 兔毛产量 | 千克 | 0 |
| 2. 绵羊 | 1.33 | 0.26 | — | 1.73 | 0.27 | 428 | 蜜蜂年末存栏 | 箱 | 1303 |
| 其中：细毛羊 | 0 | — | — | — | — | — | 蜂蜜产量 | 吨 | 78.6 |
| 半细毛羊 | 0 | — | — | — | — | — | 禽蛋产量 | 吨 | 1649.4 |
| 四、家禽 | 28.35 | — | — | 75.18 | — | 1285.2 | 其中：鸡蛋 | 吨 | 975 |
| 1. 鸡 | 22.52 | — | — | 40.27 | — | 578.2 | 鸭蛋 | 吨 | 601 |
| (1) 专用型蛋鸡 | 3.92 | — | — | 5.74 | — | — | 鹅蛋 | 吨 | 73.4 |
| (2) 专用型肉鸡 | 9.52 | — | — | 30.29 | — | — | | | |
| 其中：黄羽肉鸡 | 9.1 | — | — | 26.64 | — | — | | | |
| (3) 兼用型鸡 | 9.08 | — | — | 4.24 | — | — | | | |
| 2. 鸭 | 4.91 | — | — | 25.58 | — | 473.4 | | | |
| 3. 鹅 | 0.92 | — | — | 9.33 | — | 233.6 | | | |
| 五、兔 | 0 | — | — | 0 | — | 0 | | | |

**【“263”畜禽污染治理】** 2017 年，市农委深入推进“263”畜禽污染治理，关停禁养区内规模养殖场 62 家，整治完成限养区内规模养殖场 174 家，均 100%完成目标任务。规模化养殖场实际治理率达 63.5%，超额完成 60%的目标任务。同时，加强补助资金管理，做好资金监督，确保补助资金按时发放到位，全年，共完成下达畜禽养殖综合整治专项补助资金 5421.39 万元。

**【持续优化全市养殖业布局】** 2017 年，市农委编制出台《常熟市畜禽养殖优化布局方案》，对规划养殖布局和探索发展种养结合生态农业的相关要求进行明确。一方面，结合各镇（新区）整治情况和发展规划，在全市范围内组织开展种养结合规划新建养殖场情况摸底调查并形成详细的调研报告，为今后工作开展提供现实依据；另一方面，对原有的规模养殖场进行改扩建，并与周边种植大户或相关农业公司签订粪污利用协议，以达到稳定生猪出栏的同时减轻环保压力的目的。截至 2017 年年底，虞山镇神农畜牧场和江苏琴川现代农业科技有限公司已经签订种养结合合作意向书；支塘镇启华养殖场正同蒋巷村讨论种养结合合作方案，就合同细节再作进一步讨论。

**【协调推进畜禽屠宰场整合】** 2017 年，为配合常熟市南部新城建设，计划对常熟市畜禽屠宰加工配送中心实施整体搬迁，拟迁建地址位于支塘镇 204 国道北侧、白茆塘东侧地块，用地面积约 70 亩。为协调好整体迁建项目，市农委作为牵头部门，多次与国土局、支塘镇和市食品公司沟通协调。经过多次调整，市食品公司明确了备案内容，与第三方环评机构江苏中瑞咨询有限公司对接开展环评工作并出具环评报告，12 月 21 日，在政府网站进行第一次公示；同时，对接西安有色冶金研究设计院进行平面设计规划，待出图以后将进行下一步的评审和内部设计。用地方面，支塘镇积极推进总规、详规等用地前期工作并已完成公示，征地环节基本结束。

【探索建立动物无害化处理体系】2017年11月14日，市农委邀请省、苏州市权威专家对在福山农场内建造农业废弃物处理中心的方案进行风险评估（主要是由于该区域附近有奶牛场），专家一致认为选址可行，防疫风险可控并出具评估意见。相关情况和完善后的实施方案已上报市政府。近年来，全市不断探索无害化处理体系建设，确立在全市范围内建成无害化处理中心1个和农业废弃物收集点15个的建设规划。

【重大动物疫病防疫检疫】2017年，在常规免疫的基础上，常熟市农委继续集中力量抓好春防、夏防、秋防三大行动，通过日常免疫和集中行动相结合，加强指导和监管，确保不漏一畜一禽。全年，共完成免疫生猪口蹄疫29.3万头、牛1.42万头、羊3.95万头，鸡高致病性禽流感64.1万羽、鸭22.08万羽、鹅9.81万羽、其他禽32.63万羽，高致病性猪蓝耳病14.94万头，猪瘟28.39万头，新城疫94.38万羽，小反刍兽疫2.94万头。各重大动物疫病应免畜禽免疫密度达100%，免疫畜禽群体平均免疫抗体合格率达70%以上，免疫耳标佩戴率100%。严格实施动物产地、屠宰检疫，强化检疫"痕迹化"管理，着力构建"检监结合、以检促防、联防联控"的工作机制。全面实施指定通道管理制度，未经指定通道检查、消毒、签章的动物、动物产品，不得运入本市。全年产地检疫生猪11.3万头，屠宰检疫生猪32.27万头，牛3177头，羊13319头，全年产地检疫覆盖率达100%，定点屠宰检疫开展面100%，屠宰检疫受检率达100%。全年全市未发生一起重大动物疫病疫情。

【做好免疫抗体监测】2017年，常熟市充分发挥常熟市动物卫生监督所实验室作用，实行飞行监测和常规监测相结合的方式加强免疫效果监测，及时分析评估实际免疫效果。2017年，共计监测238户养殖场（户），其中生猪128个场（户）血清1216份、牛4个场血清160份、羊44个场（户）血清440份、鸡20个场（户）血清200份、水禽35个场（户）血清350份，平均抗体合格率均达省级要求。布病基线调查共计监测牛血清样本648份、羊血清样本618份，监测结果均为阴性。

【动物及其产品质量监管】2017年，市农委积极开展"瘦肉精"监测不放松，全年养殖环节抽检尿样生猪873个场（户）8827份、羊65个场（户）805份，屠宰环节抽检外地生猪尿样3560批次19962份、本地生猪尿样1069批次3462份、牛317批次2008份、羊50批次760份，抽检结果全部为阴性。接受省、苏州市和常熟市对猪肉（肝）、蛋、奶等动物产品抽检351批次，兽药15个批次，饲料48个批次，抽检合格率均为100%。此外，加强安全生产和产品质量安全定期检查，全市未发生一起畜禽产品质量安全事故。

【病死动物无害化处理】2017年，市农委严格做好养殖环节和屠宰环节病死猪无害化处理工作，规范处理病死畜禽，完善登记摄像留证记录，严厉打击病死动物乱丢乱抛行为。全市共无害化处理生猪8796头，奶牛115头，羊50头。与吴江病死动物无害化处理中心对接屠宰环节病死动物的处理工作，驻场官方兽医按程序做好交接。此外，配合财政部门做好2016年度生猪养殖环节和屠宰环节无害化补贴资金共计136.224万元的下发工作，确保资金发放到位。

【开展形式多样的专项行动】2017年，为规范畜禽养殖和屠宰行为，倡导健康消费理念，常熟市畜牧与屠宰管理科组织相关科站开展了一系列专项行动。开展"家禽健康消费宣传月"活动，通过主流媒体宣传、张贴悬挂宣传材料、发放宣传册等形式，广泛宣传冷鲜禽，倡导市民树立健康消费理念。全市10个乡镇（新区）累计发放宣传手册2000本，张贴宣传贴200条，悬挂横幅20条。开展畜禽屠宰行业安全生产大检查，组织市动物卫生监督所和乡镇动物防疫站先后开展行动7次，出动执法人员34人次，集中力量对全市范围内畜禽屠宰企业安全生产情况进行全面摸底排查，后期组织"回头看"，对整治情况进行督查，巩固和提升整治成效。行动中，共完成3家企业的排查治理工作，责令1家存在安全隐患的企业限期整改，整改效果显著。同时，利用电视电台、报刊、网络、手机短信等载体进行

畜牧与屠宰执法检查　（市农委提供）

【完成省级生猪良种补贴项目工作】 2017年，按照省下达的生猪良种补贴任务数向全市优惠供应优质种公猪精液2.18万瓶，生猪一次情期受胎率92.5%，母猪平均窝产活仔数12.4头。市家畜改良站到国家核心种猪场引进8头优质后备公猪，抓好种公猪采精、稀释、检验、分装、保存运输等环节，认真执行种公猪常温精液标准，提高生猪良种补贴项目的实效。

【完成省级奶牛良种补贴项目】 2017年，按照省下达的奶牛良种补贴冻精计划，常熟市优惠供应优质种公牛冻精1680支。年内，常熟市农委还重点加强对奶牛冻精的选种选配和奶牛饲养管理的技术进行培训，根据广大奶牛养殖户的要求，将他们需要的奶牛冻精发放到位。

# 林 业

【概况】 2017年，常熟市"建设精致城市，走向生态文明新时代"的目标，发展现代林业。全面做好森林资源、湿地资源和野生动物资源保护工作，严格做好林政执法工作，规范林业项目建设。国际湿地城市认证获遴选提名，获得"江苏省湿地保护先进集体"荣誉称号。全市林业旅游水平进一步提高，获得"全国森林旅游示范县"荣誉称号。

**2017年常熟市林业产业产值情况表**

表8

| 产　业　类　别 | 计量单位 | 总产值 | 增加值 |
|---|---|---|---|
| 总　计 | 万元 | 492,586 | 29,808 |
| 一、第一产业 | 万元 | 54,565 | 3,089 |
| （一）涉林产业合计 | 万元 | 54,565 | 3,089 |
| 其中：湿地产业 | 万元 | — | — |
| 1. 林木育种和育苗 | 万元 | 21,033 | 1,191 |
| （1）林木育种 | 万元 | — | — |
| （2）林木育苗 | 万元 | 21,033 | 1,191 |
| 2. 营造林 | 万元 | — | — |
| 3. 木材和竹材采运 | 万元 | — | — |
| （1）木材采运 | 万元 | — | — |
| （2）竹材采运 | 万元 | — | — |
| 4. 经济林产品的种植与采集 | 万元 | 25,451 | 1,441 |
| （1）水果种植 | 万元 | 20,859 | 1,181 |
| （2）坚果、含油果和香料作物种植 | 万元 | 192 | 11 |
| （3）茶及其他饮料作物的种植 | 万元 | 4,400 | 249 |
| （4）森林药材种植 | 万元 | — | — |
| （5）森林食品种植 | 万元 | — | — |
| （6）林产品采集 | 万元 | — | — |
| 5. 花卉及其他观赏植物种植 | 万元 | 8,081 | 457 |
| 6. 陆生野生动物繁育与利用 | 万元 | — | — |
| （二）林业系统非林产业 | 万元 | — | — |
| 二、第二产业 | 万元 | 417,021 | 25,492 |
| （一）涉林产业合计 | 万元 | 183,821 | 12,292 |
| 其中：湿地产业 | 万元 | — | — |
| 1. 木材加工和木、竹、藤、棕、苇制品制造 | 万元 | 10,657 | 4,377 |
| （1）木材加工 | 万元 | 5,155 | 2,179 |
| （2）人造板制造 | 万元 | 5,223 | 2,182 |

续表 8

| 产　业　类　别 | 计量单位 | 总产值 | 增加值 |
|---|---|---|---|
| (3) 木制品制造 | 万元 | 279 | 16 |
| (4) 竹、藤、棕、苇制品制造 | 万元 | — | — |
| 2. 木、竹、藤家具制造 | 万元 | 140,082 | 6,042 |
| 3. 木、竹、苇浆造纸和纸制品 | 万元 | — | — |
| (1) 木、竹、苇浆制造 | 万元 | — | — |
| (2) 造纸 | 万元 | — | — |
| (3) 纸制品制造 | 万元 | — | — |
| 4. 林产化学产品制造 | 万元 | 33,082 | 1,873 |
| 5. 木质工艺品和木质文教体育用品制造 | 万元 | — | — |
| 6. 非木质林产品加工制造业 | 万元 | — | — |
| (1) 木本油料、果蔬、茶饮料等加工制造 | 万元 | — | — |
| (2) 野生动物食品与毛皮革等加工制造 | 万元 | — | — |
| (3) 森林药材加工制造 | 万元 | — | — |
| 7. 其他 | 万元 | — | — |
| (二) 林业系统非林产业 | 万元 | 233,200 | 13,200 |
| 三、第三产业 | 万元 | 21,000 | 1,227 |
| (一) 涉林产业合计 | 万元 | 21,000 | 1,227 |
| 其中：湿地产业 | 万元 | — | — |
| 1. 林业生产服务 | 万元 | — | — |
| 2. 林业旅游与休闲服务 | 万元 | 21,000 | 1,227 |
| 3. 林业生态服务 | 万元 | — | — |
| 4. 林业专业技术服务 | 万元 | — | — |
| 5. 林业公共管理及其他组织服务 | 万元 | — | — |
| (二) 林业系统非林产业 | 万元 | — | — |
| 补充资料：竹产业产值 | 万元 | — | — |
| 油茶产业产值 | 万元 | — | — |
| 林下经济产值 | 万元 | 8,088 | 458 |

**2017 年常熟市花卉产业发展情况**

表 9

| 指　标　名　称 | 计量单位 | 本年实际 |
|---|---|---|
| 年末实有花卉种植面积 | 公顷 | 1,487 |
| 切花切叶产量 | 支 | 25,900,000 |
| 盆栽植物产量 | 盆 | 5,730,000 |
| 观赏苗木产量 | 株 | 1,430,000 |
| 草坪产量 | 平方米 | 12,310,000 |
| 花卉市场 | 个 | 2 |
| 花卉企业 | 个 | 10 |
| 其中：大中型企业 | 个 | 3 |
| 花农 | 户 | 40 |
| 花卉从业人员 | 人 | 650 |
| 其中：专业技术人员 | 人 | 80 |
| 控温温室面积 | 平方米 | 115 |
| 日光温室面积 | 平方米 | 692 |

表 10

**2017 年常熟市林业投资完成情况一览表**

| 指　标　名　称 | 计量单位 | 本年实际 | 中央财政资金 |
|---|---|---|---|
| 自年初累计完成投资 | 万元 | 37,225 | 310 |
| 1. 生态建设与保护 | 万元 | 28,832 | 165 |
| (1)造林抚育与森林质量提升 | 万元 | 8,925 | 95 |
| (2) 湿地保护与恢复 | 万元 | 19,907 | 70 |
| (3) 野生动植物保护及自然保护区 | 万元 | — | — |
| (4) 防沙治沙 | 万元 | — | — |
| 2. 林业支撑与保障 | 万元 | 1,193 | 145 |
| (1) 林业改革补助 | 万元 | — | — |
| (2) 林木种苗 | 万元 | 15 | 15 |
| (3) 森林防火与森林公安 | 万元 | 728 | 80 |
| (4) 林业有害生物防治 | 万元 | 350 | 50 |
| (5) 林业科技、教育、法治、宣传等 | 万元 | 100 | |
| (6) 林业信息化 | 万元 | — | — |
| (7) 林业管理财政事业费 | 万元 | — | — |
| 3. 林业产业发展 | 万元 | 7,200 | |
| (1) 工业原料林 | 万元 | — | — |
| (2) 特色经济林(不含木本油料) | 万元 | — | — |
| (3) 木本油料 | 万元 | — | — |
| (4) 花卉 | 万元 | 1,200 | |
| (5) 林下经济 | 万元 | 2,000 | |
| (6) 木竹制品加工制造 | 万元 | — | — |
| (7) 木竹家具制造 | 万元 | — | — |
| (8) 木竹浆造纸 | 万元 | — | — |
| (9) 非木质林产品加工制造 | 万元 | — | — |
| (10) 林业旅游休闲康养 | 万元 | 4,000 | |
| (11) 其他 | 万元 | — | — |
| 4. 林业基础设施建设 | 万元 | — | — |
| (1) 棚户区(危旧房)改造 | 万元 | — | — |
| (2) 林区公益性基础设施建设 | 万元 | — | — |
| (3) 其他 | 万元 | — | — |
| 补充资料:林业扶贫资金 | — | — | — |

**【“国际湿地城市”创建】** 2017 年初，常熟市明确开展“国际湿地城市”创建工作。市农委积极与国家、省、市等各级主管部门对接工作，同时加强与南京大学、沙家浜国家湿地公园等单位的沟通协作，持续推进国际湿地城市创建工作。新建市湿地保护管理站，独立编制和预算，承担全市湿地保护和修复具体指导、管理工作；整理收集常熟湿地保护相关成果资料，编制《常熟市野生鸟类图册》《常熟湿地高等植物图志》，展示常熟生态建设特别是湿地保护方面的巨大成就。9 月，在国家林业局组织的国际湿地城市专家评估会上，常熟市获国际湿地城市认证遴选提名，并且评分位列第一。

**【湿地保护范围和手段得到提升】** 2017 年，常熟市建成江苏省县级市首个湿地生态监测中心，由湿地生态监测数据平台、湿地生态在线监测站点和湿地生态监测实验室三部分组成，形成覆盖全市域的湿地监测网络。建立常熟市望虞河清水通道湿地保护小区和常熟市昆承湖湿地保护小区，形成以沙家浜国家湿地公园和昆承湖湿地保护小区为主体的南部生态屏障区，以尚湖国家城市湿地公园和南湖省级湿地公园为核心的西部生态保育区，以长江湿地保护小区为核心的北部生态廊道。

**【举办湿地保护管理培训班】** 2017 年，常熟市邀请南京大学、苏州市湿地保护管理站等专家举办湿地城市与生态保护论坛暨2017年度湿地保护管理培训班，培训面向各镇、新区农服中心、湿地生态村主任等基层干部共计100余人，分发各类培训材料200余份，进一步提升湿地管理人员的业务水平。

【抓好公益林管护工作】 2017年，常熟市落实安排省级生态公益林管护配套资金95万元。全年根据省级公益林管理相关规定，常熟市有理有据开展公益林管护考核工作，及管护合同协调工作，努力完成《重点公益林管护合同》的签定，把生态公益林管理目标任务落到实处。

【做好行政许可管理工作】 2017年，常熟市严格按相关法律法规，加强林木采伐(挖)、林地使用管理，规范实施森林植物检疫，做好各类林业行政许可工作。全年共受理支塘镇、水利建设工程管理处等6家单位、9起林木采伐(挖)申请，核发林木采伐许可证9份，采伐面积22.967公顷，采伐(挖)蓄积897.2109立方米。受理办结虞山林场、辛庄镇等4家单位的4起使用林地申请，征占用林地面积3.2063公顷。加强港区检疫服务点建设，双休日加班服务，得到港区联检中心和木材进口企业的一致好评，站本部和港区服务点共核发森林植物检疫证书22397份、木材运输证22180份。

【开展营造林核查、林木采伐更新验收工作】 2017年，常熟市按照营造林核查相关技术规程，完成全市年度营造林核查工作，共计核查136个地块，符合营造林小班要求地块103个，面积37.55公顷。对2016年度的林木采伐(挖)单位的植被恢复情况进行检查验收，共调查40个地块，调查面积60.16公顷，对验收不合格单位当场告知，要求按期整改。

【完成林地变更调查】 2017年，常熟市林业站是苏州市唯一自行开展林地变更调查的单位。市林业局将林地"一张图"数据库时点调整到2016年底，为2017年度全省林地变更调查提供工作底图，同时按照要求做好与国土部门土地调查及其变更调查数据的有效衔接。经过紧张的外业调查和内业整理，已将变更后的2016年度林地变更调整成果上报苏州市林业局，工作成果获省森林监测中心高度评价。

【加强野生动物保护宣传】 2017年，常熟市创新宣传方式和阵地，普法宣传走进兴福禅寺，在兴福禅寺进行"科学放生"专题授课和宣传，倡导市民和信众科学合理地爱护野生动物。举办常熟市第一届湿地保护宣传周暨常熟市第32届爱鸟周活动，引导人们保护湿地资源，全面树立知鸟、爱鸟、护鸟意识，共同保护绿色家园。年内，通过"12345"热线、市民来电等方式共救助野生动物70余次，救助放生野生动物约200余只。

【抓好松材线虫病疫区拔除工作】 2016～2017年，常熟市在虞山增设200台天牛诱捕器，实施天牛种群监测，为开展松褐天牛除治、维护松林生态安全打下坚实基础。开展松材线虫秋季普查工作，以虞山林场森林资源现状图为基础，以小班为单位，逐块详细调查松材线虫病疫情发生情况。年内，松材线虫病综合治理顺利结束，全市松材线虫病疫区拔除申请已行文上报，接受省林业局组织验收。

【做好美国白蛾防控工作】 2017年，常熟市面对美国白蛾的严峻形势，市林业站积极开展疫情防控工作，建立覆盖全市范围的疫情监测网络，设置美国白蛾诱捕器55个。将全省疫情及时上报市政府，得到市领导高度重视，使美国白蛾防控工作得到全面注意。采购高扬程喷雾机等防治机械，并投入使用。开展多次疫情普查，至2017年底，全市境内尚未发现美国白蛾疫情。

【做好"三化"林木种苗培育】 2017年，常熟市及时推进省林业三新项目"珍贵树种—红豆树高效繁育技术示范推广"实施，上报"培忠杉的引进与栽培应用模式示范推广"获省林业局"林业科技创新与推广项目"立项，并以项目为抓手积极开展乡土树种培育开发工作，制订"常熟市珍贵用材树种种苗培育方案"，指导苗木企业培育珍贵树种。举办林业有害生物防控与林木种苗管理技术培训班，邀请省林业局站长陈志银、南京林业大学教授史丰厚、谈家金就林业有害生物防控、苗木行业发展与苗圃病虫害管理进行授课，全市苗木绿化企业负责人等120多人参与培训。

松材线虫病防治 （市农委提供）

【做好保障性苗圃建设】 2017年,常熟市加强全市“三化”种苗供应,提升林业重点工程苗木保障能力,确保造林绿化种苗质量和安全。3月,市林业站对全市林木种苗质量及生产经营情况进行了抽查。抽查结果表明,全市种苗生产经营许可制度执行良好,种苗质量也有一定程度提高。8月,依据种苗质量抽查结果,遴选江苏耀星生态农林科技有限公司、常熟市中阳苗木有限公司两家种苗经营单位申报江苏省保障性苗圃。其中,江苏耀星生态农林科技有限公司成功入选江苏省第一批保障性苗圃。

【林业旅游水平进一步提高】 2017年,常熟市林木覆盖面积达19846公顷,其中虞山国家森林公园林地面积1134公顷,森林覆盖率达到96%以上。全市自然湿地面积22448公顷,自然湿地保护率达64.8%。常熟依托优良的自然禀赋和发展潜力,按照全市域、多层次、多维度的保护理念,积极拓展森林湿地休闲旅游新模式,沙家浜湿地公园开展“红色经典、绿色水乡”湿地自然教育课程推介,取得较好的经济和社会效益,得到国家湿地中心的大力推介,沙家浜湿地公园承办两期国家湿地公园环境教育培训会议。9月,在“2017中国森林旅游节”开幕式上常熟被国家林业局授予“全国森林旅游示范县”荣誉称号。在由中国林业文学艺术工作者联合会、中国林场协会联合举办的“2017中国最美林场”评选中,国营常熟市虞山林场榜上有名。

【实施林木采伐更新分类管理】 2017年,常熟市出台《关于进一步完善林木分类采伐更新管理的通知》,开展林木采伐更新分类管理改革工作,实行生态公益林、规划林地和规划外林地三级管理,管住生态林,放开集体商品林,在保护生态环境的同时保障地方经济发展。

【做好“双随机”执法工作】 2017年,全市按照市农委“双随机”执法工作要求,建立《常熟市农业委员会“双随机”工作执法检查人员名录库(林业)》和《常熟市农业委员会“双随机”工作市场主体名录库(林业)》,编制随机执法清单,建立健全“双随机”机制。全年,“双随机”检查10余次,出动执法人员30余人次。 (缪慕怡)

## ·虞山林场·

【概况】 2017年,常熟市按照《省政府关于推进国有林场改革的实施意见》(苏政发〔2016〕19号)文件要求和省国有林场改革工作领导小组办公室的指示,常熟市林业站配合国营常熟市虞山林场做好国有林场改革工作。虞山林场改革实施方案获省林业局批准,实施进度在全省领先。年内,虞山林场投入资金2845.68万元,其中规划建设总计投入1645.68万元,用于步道建设和基础设施提升;森林资源保护类投入1200万元,涵盖护林防火、森林资源管理等。加强33.35公顷毛竹管理,重点关注毛竹承包户采挖春笋,留好、留足春笋,确保笋竹资源可持续发展。做好33.35公顷宝岩杨梅的管理工作,以杨梅为媒在6月1～7月31日成功举办第十四届江苏常熟森林旅游生态观光节暨第十九届虞山宝岩杨梅节。老茶田更新白茶品种1.33公顷,完成春季干茶26吨,继续保持剑门、虞山绿茶有机食品称号。完成《江苏虞山国家森林公园总体规划》修编,虞山国家森林公园通过全国首批森林公园生态环境服务认证,虞山林场荣获“2017中国最美林场”称号。组织3000多人次参与清明防火工作,建设沿山单位防火物资联防体系,确保清明、三月三期间未发生森林火灾。

【古树名木普查】 根据《全国绿化委员会办公室关于开展全国古树名木资源普查试点的通知》,结合苏州太湖名胜风景区虞山景区资源清查要求,虞山林场委托南京林业大学全面开展区域内百年以上461棵古树名木普查工作,比原来增加204棵。

【加快实施林相改造】 结合植树节活动,在维摩小香雪新栽梅花240棵,其中从南京中山陵引进优质梅花品种90棵。目前,小香雪内梅花品种主要有白须朱砂、南京红须,千鸟、内裹、淡妆宫粉、大花密江、长蕊绿萼等。各个品种花期错落,姿态各异,可延续整个春日。

【完成松材线虫病基本拔除任务】 2017年,在兴福索道、三峰寺、宝岩军营附近等重点区域共计注射松材线虫免疫剂7000支,保护松树2850棵,清理松材线虫病死疫木2904株。5月初,会同林业站安装松墨天牛昆虫信息素诱

虞山——天然氧吧 (谭瑞忠 摄)

捕器共200个，效果显著。加强虞山病虫害监测，与常熟市国检局开展爱我虞山“啄木鸟”行动，制定虞山松毛虫越冬代调查方案，并开展了两次普查。

【江苏虞山国家森林公园顺利通过森林生态环境服务认证】 3月20日，江苏虞山国家森林公园经过三个多月的审核，成功通过森林生态环境服务认证，并成为全国首批通过森林公园生态环境服务认证的单位。 （邹宇彬）

## 农业机械化建设

【概况】 2017年，常熟市加快探索区域农机服务体系建设，出台《2017年常熟市农机化发展扶持政策实施方案》，围绕全省粮食生产全程机械化示范县建设目标任务要求，全市新增农机投入3907.8785万元，累计新增各类农机具862台(套)，保障全年农业生产农机动力充足。机插秧与侧深施肥一体化试验示范与现代农业生产机械化(信息化)装备技术集成创新示范，申报常熟市科技项目。对古里镇坞坵粮食生产全程机械化示范基地建设(2016年延期)进行验收，新完成蔬菜基地机械化装备提升建设项目1个(覆盖董浜、碧溪)。落实商品化育秧面积152公顷。稻麦秸秆机械化还田率达到98.6%。

**2017年常熟市农机化渔业作业情况一览表**

表11

| 指　标　名　称 | 计量单位 | 数　量 |
|---|---|---|
| 池塘养殖总产量 | 吨 | 32537 |
| 机械投饲池塘养殖产量 | 吨 | 26680.34 |
| 机械水质调控池塘养殖产量 | 吨 | 22125.16 |
| 机械起捕池塘养殖产量 | 吨 | 292.83 |
| 机械清淤池塘养殖产量 | 吨 | 29934.04 |

【切实补齐短板】 2017年，为完成省级示范县建设目标，常熟市针对粮食生产全程机械化薄弱环节，重点补小麦机播、粮食烘干短板，缩小乡镇之间差距。3月，组织技术人员联合镇村农机管理人员对2016年小麦机播作业服务补贴进行实地核实，共核实小麦机播面积1711.45公顷，涉及补贴对象87户(包括服务组织及大户)，补贴资金51.32万元。

【做好农机技术推广】 2017年，常熟市重点做好小麦机播、粮食烘干、高效机植保技术推广。4月，在海虞镇徐桥高产创建示范方举办高效机植保现场演示培训会，组织各镇农机、植保技术人员及大户共55人参加，现场演示无人机及喷杆式高效机植保。5月27日和10月20日，在虞山镇大义管理区蜂蚁村和尚湖镇常青农场开展“三夏”和“三秋”二个大忙暨粮食生产全程机械化现场演示会。市站技术人员、各镇(区)农服中心负责人、农民技术带头人、种田大户、相关农机生产企业等128人参加现场演示会。8月，常熟市农机推广站业务骨干赴江都、海安等地进行3天的粮食生产全程机械化示范县创建能力培训。

农机检修 （常熟日报社提供）

【开展职业农民骨干农机手培训】 2017年，常熟市全年共开展农机培训11期，培训农机服务人员598人次。主要对新型职业农民、农机新驾驶人员进行培训，其中新型职业农民(农机修理工高级)2期95人，基层农机推广人员培训1期35人，拖拉机2期91人，插秧机5期267人，收割机2期41人，植保机培训1期69人。完成农机行业职业技能鉴定48人，其中高级农机修理工42人，农机修理工技师6人。其中奖补46人，非奖补2人。

【农机化示范基地建设】 2017年，常熟市围绕农机推广工作及农机化工作重点，申报并立项省农机三新工程1个、省农机监理装备项目1个、省基层农机人员培训项目1个。申报常熟科技项目2项,一是机插秧与侧深施肥一体化试验示范,二是现代农业生产机械化(信息化)装备技术集成创新示范,共争取项目经费100.1万元,对古里镇坞坵粮食生产全程机械化示范基地建设(2016年延期)进行验收,新完成蔬菜基地机械化装备提升建设项目1个(覆盖董浜、碧溪)。

**【农机维修网点建设】** 2017年,常熟市积极提升现有农机维修网点社会化服务功能。夏秋两个大忙季节,市农机推广站全体干部职工放弃双休和端午节假期,分成4组轮流进行夜间值班。为充分保障配件供应,配件供应科从早上7点30至晚上9点,做到岗位不断人,保持通讯畅通。一线服务人员分成5组,由技术精通的骨干带班,分镇进行技术服务,为全市投入抢收的700多台收割机、投入抢种的1100多台拖拉机以及近700台插秧机保驾护航。全年为广大农机户提供服务450人次,维修保养大中型机具310台次。扶持新增一个农机维修网点——虞山镇莫城顺富农业机械维修部。

**【监理装备能力建设】** 2017年,常熟市按照省农机局下达的项目,重点围绕驾驶人员考核、监理信息化等内容进行建设。根据项目实施方案及合同签订要求,全年完成设备采购,新增农机安全技术检验、驾驶人考试、执法信息化、安全宣传教育等6类28台套监理设备。

**【推进设施农业机械化装备示范推广】** 2017年,常熟市重点推广水产微孔增氧设备。在支塘镇、辛庄镇等推广安装169多套,推广面积近160公顷。组织参观上海蔬菜生产基地,观摩学习先进设施蔬菜机械化生产技术及设备,为常熟引进试验示范积累经验。

**【推进农机信息化建设】** 2017年,常熟市完成农机信息化平台建设,完成机库、机具、维修点的联网接入,实现远程监控与管理,并对当年重点新增机具优先接入系统平台,完成监控大屏安装。已建设完成的北斗农机作业精细化管理平台对400台各类农机进行作业监测和管理,并在夏收夏种进程监测中初见成效。机库统一安装电信天翼实时监控,有效的监管机库的使用,并对安全管理起到促进作用。

**【推进老旧农机报废更新】** 2017年,常熟市根据农机作业需求、节能环保和安全监管要求,加快对存在安全隐患、低效高能耗等机具的处置,促进农机装备结构的优化和提升。报废农机64台,其中拖拉机42台,收割机22台。"农业机械报废经济补偿问题的研究"项目通过省级验收。

**【规范实施农机购置补贴】** 2017年,省下达常熟市的两批农机购置补贴资金共662万元,包含2016年结转资金103.952万元,年度可用补贴资金为765.952万元。本市省补范围内的48个品目机具按照农民实际需求实行敞开补贴,本级财政明确不再进行配套补贴,全年结算7批农机购置补贴资金673.652万元。为强化补贴政策宣传,5月4日,常熟市举办农机购置补贴和秸秆机械化还田操作实务培训,传达省农机购置补贴和秸秆机械化还田暨廉政风险防控工作会议精神,进行操作实务培训,印发宣传手册500本、群发短信1000条次。为规范补贴操作,集中开展专项检查,发现问题及时要求整改。全年全市新增财政补贴农机总投入3688.2935万元,累计新增各类农机具725台(套),其中大中型拖拉机46台(其中75马力以上44台),收割机40台,乘坐式插秧机48台,育秧流水线19套,喷杆式植保机28台,低温烘干机109台(1394.5吨),旋耕机96台,旋耕播种机111台等。

**【推进秸秆综合利用】** 2017年,常熟市印发《关于扎实推进秸秆综合利用禁止露天焚烧的实施意见(2016—2018年)》,继续对全市范围实施秸秆综合利用进行补助。整合使用省、市年度秸秆综合利用资金,全年下达秸秆综合利用与禁烧工作奖补资金为813.6952万元。由市政府牵头填报2017年省级秸秆综合利用实施方案,下发2017年秸秆综合利用实施方案和奖惩办法。继续强化行政推动,将秸秆综合利用工作列入市政府对各镇的现代农业发展目标考核内容,层层签订工作责任状。通过公开采购确定两家机构进行全市20万亩的秸秆机械化还田作业补助第三方核查,中标价为每亩0.85元,明确核查要求、内容、方法,现场核查夏季18.85万亩、秋季7.26万亩,实际结算核查经费16.371万元。通过协议供货形式制作发放秸秆禁烧宣传物资1.05万份,在收获期间悬挂宣传横幅,开展全方位宣传。

**【创建全程机械化示范县】** 2017年,常熟市成立分管副市长为组长,农委、农工办、水利、财政、国土、粮食、环保、统计等部门及全市12个乡镇副镇长为组员的领导小组,并成立由相关人员组成的技术指导专家组。对在粮食烘干、小麦机条播等方面存在的不足,整合省、市(县)各级农机化资金,通过以奖代补的形式解决全市发展不平衡和个别环节短板的问题。针对在推进粮食生产全程机械化存在的不足,下发《关于2017年常熟市农机化工作重点考核指标和办法》,把任务分解到各镇、村,并列入市委、市政府对乡镇考核的细则中,确保年内完成省定目标任务。由技术专家组对各镇环节水平进行测算,根据地区农业现代提出适宜的稻麦生产全周期技术方案及路线,研究形成常熟市稻麦轮作全程机械化生产模式,确保建设取得实效。按分年度实施方案和目标任务,拨付第二批示范县建设奖补资金。

**【抓好农机安全生产】** 2017年,常熟市落实安全责任。积极推进"平安农机"创建活动,全面落实安全生产责任制,签订农机安全生产责任状1361份。开展专项检查。共开展安全检查92次,检查机具2250台,参加监管人员达到276人次。严格驾证核发。对四批参加培训的农机操作人员进行了理论和术科考试,共考核驾驶员126人次,其中增驾44人,健康审验292人。考

# 碧溪之路大家走

习仲勋　1985年11月7日

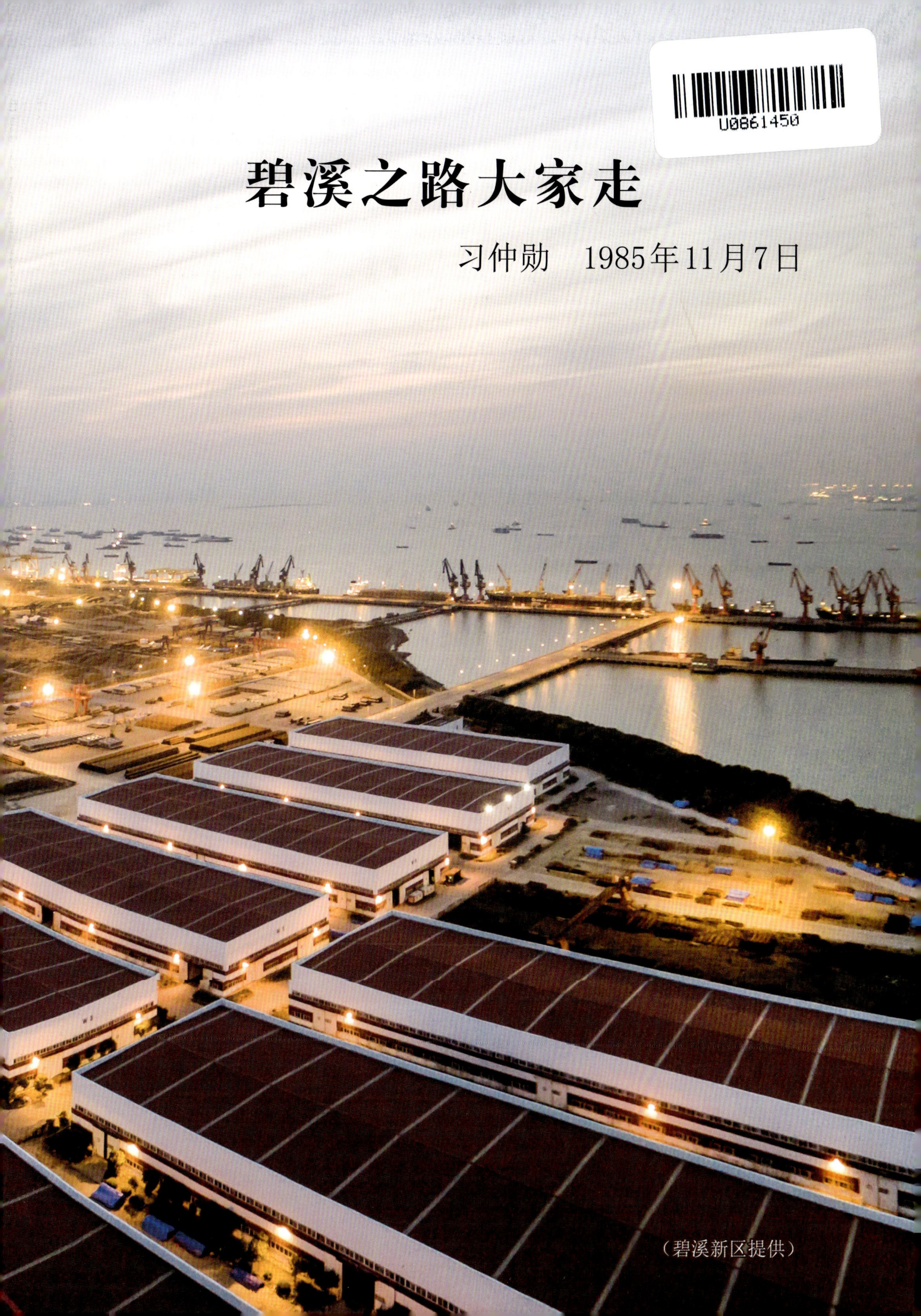

（碧溪新区提供）

（市城建档案馆提供）

# 数字常熟 2017

总面积 **1276.32** 平方千米

全市户籍人口 **106.91** 万人

地区生产总值 **2279.55** 亿元

第一产业增加值 **42.07** 亿元

第二产业增加值 **1165.76** 亿元

第三产业增加值 **1071.72** 亿元

三次产业比例 **1.85 ∶ 51.14 ∶ 47.01**

人均地区生产总值 **150530** 元

一般公共预算收入 **191.81** 亿元

一般公共预算支出 **165.80** 亿元

农业生产总值 **78.5** 亿元

粮食总产量 **26.11** 万吨

工业总产值 **4715** 亿元

规模以上工业产值 **3921** 亿元

全社会固定资产投资 **550.25** 亿元

社会消费品零售总额 **800.41** 亿元

完成房地产开发投资 **164.51** 亿元

进出口总额 **244.74** 亿美元

旅客运输量 **3558** 万人次

货物运输量 **1610** 万吨

（常熟日报社提供）

2017年7月6日，亚太地区旅游市场营销评估研讨会在常熟召开

（市旅游局提供）

2017年9月25日，“常塾·研学堂”研学游品牌正式发布　　（市旅游局提供）

# 常熟市政区图

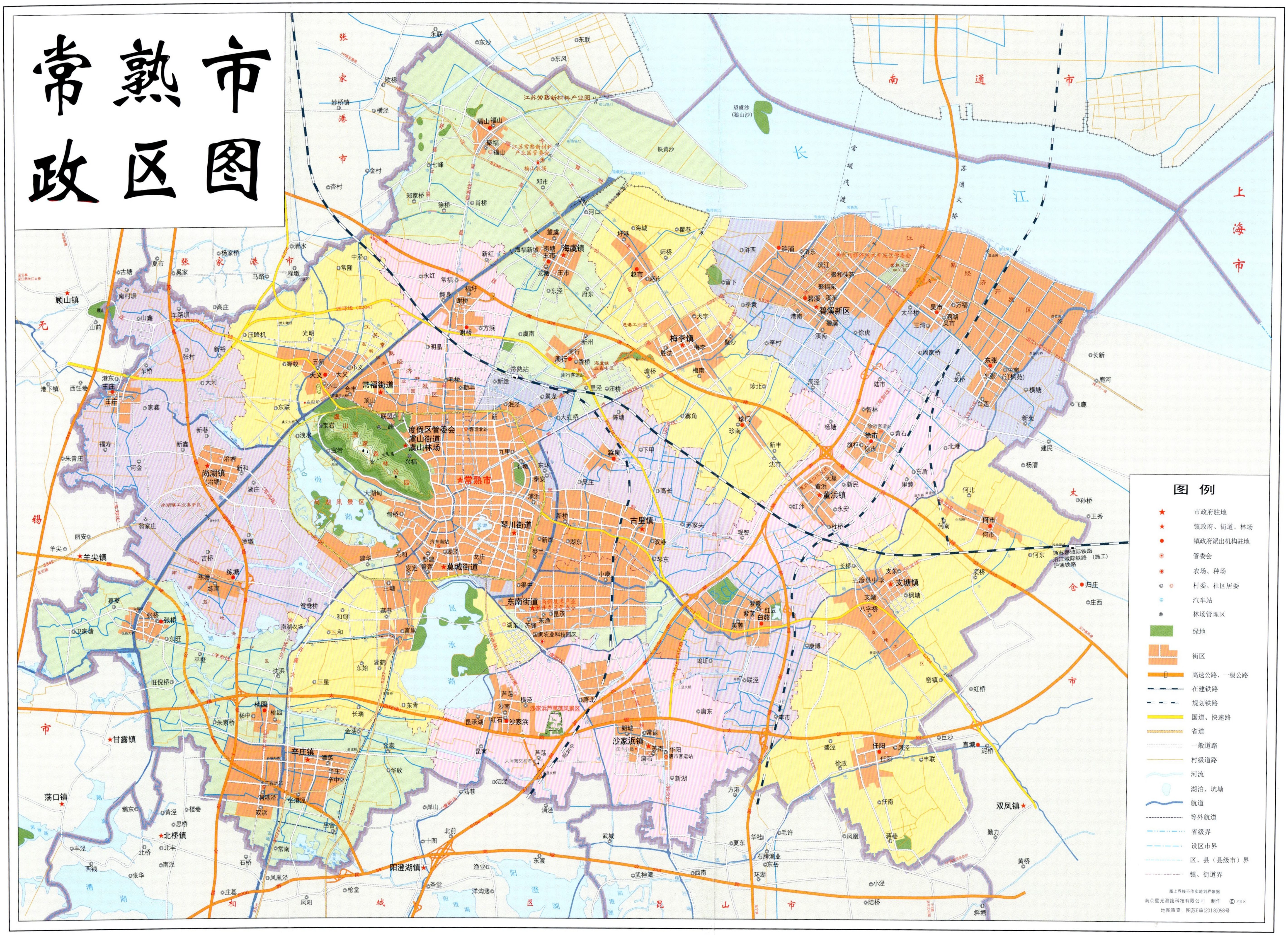

图例
市政府驻地
镇政府、街道、林场
镇政府派出机构驻地
管委会
农场、种场
村委、社区居委
汽车站
林场管理区
绿地
街区
高速公路、一级公路
在建铁路
规划铁路
国道、快速路
省道
一般道路
村级道路
河流
湖泊、坑塘
航道
等外航道
省级界
设区市界
区、县（县级市）界
镇、街道界
常熟市
虞山街道
琴川街道
莫城街道
常福街道
东南街道
碧溪新区
梅李镇
海虞镇
古里镇
沙家浜镇
支塘镇
董浜镇
尚湖镇
辛庄镇
长
江
上
海
市
南
通
市
张
家
港
市
无
锡
市
太
仓
市
昆
山
市
阳
澄
湖
昆
承
湖
尚
湖
南京星光测绘科技有限公司 制作
地图审查：图苏E审(2018)058号

## 常熟市人民代表大会

## 卫　生 · 医　疗



## 体　育 · 健　身

## Transportation & Post & Express



## Water Conservancy & Water-related Affairs



## Environmental Protection



## Finance & Taxation



## Monetary Affairs



## Comprehensive Economic Administration



## Science and Technology



## Education



## Culture & Press & Publication



## Public Health & Medicine



## Sports & Fitness

中遗留的历史问题、长期制约发展的瓶颈问题，真正把功夫下到察实情、出实招、办实事、求实效上。要雷厉风行抓落实，以年度"10项"重点工作为抓手，以上率下、压实责任，以钉钉子精神强化执行力，推动任务件件落实、承诺项项兑现，促进事业发展不断取得新突破。

3. 切实加强干部队伍建设。坚持正确用人导向，落实党管干部原则，突出政治标准，坚持事业至上，推进干部队伍专业化建设，加强干部综合分析研判，健全干部考察常态化机制，提升选人用人精准化水平，选优配强各级党政领导班子。深入推进"四个一百"梯队建设，实施年轻干部培养锻炼"一线工程"。建立健全鼓励激励、容错纠错、能上能下"三项机制"，进一步优化绩效管理和考评体系，为闯关者助力、促创新者奋进、助实干者前行。鼓励激励，重点要让能干事、会干事、干成事的人得褒奖、有实惠、受重用，充分调动党员干部干事创业的积极性主动性；容错纠错，重点要按照"三个区分开来"的要求，宽容因政策衔接、改革创新、先行先试等出现的工作失误，旗帜鲜明支持改革者、鼓励创新者、宽容实干者；能上能下，重点要形成能者上、庸者下、劣者汰的有效机制。

4. 着力提升基层组织力。树立"一切工作到支部"的鲜明导向，开展基层党建工作提升专项行动，健全完善党委管党督促指导推进机制，推动各级党组织抓党建任务落地落实，不断提升基层党建工作标准化、规范化水平。创新基层党组织设置方式，全面推进网格化党建，推行"行动支部"工作法，激发党支部工作活力。持续推进"书记项目"，完善"一个项目、一套方案、一抓到底"的工作机制，打造全市基层党建"红色地图"。抓好百名优秀基层党组织书记选树培育工作，探索打通基层党组织书记特别是优秀党组织书记进入事业、公务员队伍的通道。创新推进"两新"组织和新领域新业态党的建设，统筹抓好机关事业单位党建工作，深化党建带群团建设，构筑适应新时代要求的基层党建新格局。

5. 巩固风清气正政治生态。高标准落实中央八项规定《实施细则》和省委《具体办法》，结合常熟实际制定具体实施意见，不断巩固和拓展落实中央八项规定精神成果。民主生活会和组织生活会要把执行八项规定精神、转作风改作风作为对照检查的重要内容，认真查找"四风"突出问题特别是形式主义、官僚主义新表现，坚决防止已经遏制的问题反弹回潮。坚持挺纪在前，运用好监督执纪"四种形态"，突出抓早抓小、防微杜渐，对苗头性、倾向性问题及时提醒、坚决纠正。深化巡察巡审监督，做实派驻监督，全面落实国家监察体制改革部署，突出监督重点，织密监督网格，增强监督实效；压实"两个责任"链条，构建主体责任落实情况评价体系，推动形成明责、督责、查责、问责的工作闭环。坚持无禁区、全覆盖、零容忍，坚持重遏制、强高压、长震慑，持续加大群众身边腐败问题惩治力度，营造政治生态上的绿水青山。

同志们，潮涌催人进，风正好扬帆。让我们更加紧密地团结在以习近平同志为核心的党中央周围，在省委、苏州市委的正确领导下，全面贯彻落实党的十九大精神，锐意进取、埋头实干，为打造高质量发展特色优势，建设"强富美高"新常熟而努力奋斗！

常熟新材料产业园生态湿地　　（常熟日报社提供）

# 常熟市创建全国文明城市纪实

2012年党的十八大以来，常熟市认真贯彻落实习近平新时代中国特色社会主义思想，紧紧围绕“五位一体”总体布局和“四个全面”战略布局，始终把创建全国文明城市作为建设“强富美高”新常熟的龙头工程，把创建惠民作为文明城市创建的根本目的，把崇德向善作为文明城市创建的价值引领，把重在建设作为文明城市创建的基本方略，把机制建设作为文明城市创建的重要保障，党政主要领导亲自抓部署、抓督促、抓落实，加大创建力量投入，用干部责任感增强群众的获得感，以信心和实力成功创建全国文明城市。

## 一、创 建 概 况

### （一）组织发动，高效推进

2017年2月20日，常熟市召开争创全国文明城市工作推进会。市委书记王飚在会上讲话。市委副书记、市长周勤第，市委副书记、市政协主席、市委宣传部部长韩卫兵，市领导沈晓东、孙健、吴军、王建国、徐海东、赵红出席会议。会议由周勤第主持。虞山镇、服装城、公安局、住建局负责人作表态发言。就做好下阶段的文明城市创建工作，王飚提出三点要求：

高度统一认识，坚决打赢创建攻坚战。要以高度的主人翁精神勇担历史使命。创建全国文明城市是打造精致城市的“试金石”，要通过创建，在更高层次、更高水平上推动常熟市精致城市建设，让生活在这个城市的人们过上更加美好、更有品质的生活，让老百姓更有获得感。要以清醒的问题意识努力补齐短板，保持清醒的头脑，切实看到时间的紧迫、看到竞争的压力、看到自身的薄弱环节。要以必成的坚定信念抓住有利条件，充分看到常熟面临的机遇十分难得，自身条件较好，统一思想坚决打赢这场攻坚战。

全力冲刺目标，紧盯不放推动问题解决。重点强化“四个同步推进”：坚持全面加强与重点突破同步推进，突出服务民生，把创建工作与民生实事有机结合起来，以创建惠民的实效提升群众的认可度、满意度；坚持硬件设施与软件服务同步推进，在外在形象和品质内涵上协同发力，打造宜业宜居的城市综合环境；坚持政府推动与社会参与同步推进，充分调动各方面的积极性、主动性、创造性，营造参与氛围；坚持集中迎检与完善制度同步推进，密切关注文明城市创建的新要求新动态，有针对性地加强对接，有的放矢开展工作，精细化完善台账，常态化推进创建。

强化组织领导，动真碰硬狠抓落实。要做到守土有责，组织领导到位。有关单位都要服从创建指挥部的统一指挥，不折不扣完成下达的各项工作任务。市委、市政府督查室和创建办要切实加大督查督办力度，对因工作不力影响全市创建大局的，要一查到底、严肃问责。要勇于担当，协调配合到位。全市各级各部门要服从安排、听从指挥，克服困难，真抓实干。要真抓实创，督

2017年2月20日，全市争创全国文明城市工作推进会召开

（市委宣传部提供）

建筑风格的方塔商肆。按照江南传统民居特色实施西泾岸、琴川河传统民居保护片区等综合整治工程。对临水建筑保存较为完整的阜安湾传统民居片区，采取按照传统江南水乡建筑风貌整饰为主的做法，同步丰富岸线景观。南门坛上历史街区保护整治工程正在有效实施之中。

## 三、打造生态文明

改革开放特别是进入新世纪以来，常熟市积极倡导绿色低碳理念，注重节能减排，切实加大以治理污染为重点的城市环境综合整治力度，努力打造一流城市生态环境。

**(一)坚持铁腕治污，实践绿色低碳**

实施“退二进三”工程。严格环境准入助推转型升级，从源头上减少污染排放，严格实施项目环境准入制度，整治城市市容环境。投入200多亿元将城区200余家工业企业搬迁至工业园区内。对城市各主要入口、主次干道实施环境整治，拆除道路两侧影响市容的建筑，配套完善基础设施，高标准建设绿地小游园，形成城市入口绿色走廊。规范两侧建筑物外立面附着物安装及广告设置，体现和增强城市特色。

推进生态优化工程。实施“碧水”“蓝天”“宁静”工程，以饮用水源地保护为核心，全面强化区域水环境综合整治。实行严格大气保护措施，加快大气污染防治基础设施建设，城区范围建成禁煤区，清洁能源使用率达95%，城市空气质量常年优于国家二级标准。同时制定城市环境噪声功能区划和相应的控制标准，对商业活动、机动车辆、建筑工地产生的噪声进行严格控制。建成了集空气、水质、工业污染源远程监控、环境信息发布为一体、具有国内领先水平的环境质量自动预警系统。

推进黑臭水体治理。编制常熟市水系连通调控规划和城区畅流活水规划，制订城乡黑臭水体整治计划方案，实施48个项目工程，涉及河道211条，总投资9.55亿元，并对26条市级以上、81条乡镇级、500多条村级河流全部建立了“河长制”管护制度。

倡导低碳生产生活方式。全面实施绿色公交、太阳能路灯改造、太阳能屋顶示范、住宅建筑节能以及废旧电器回收等民生工程；向广大市民免费提供城市公共自行车，受到广泛好评。实行垃圾处理无害化，建成日处理600吨的生活垃圾焚烧发电厂，城区和近半乡镇的生活垃圾得到集中焚烧处理，实现资源化利用。日处理能力达900吨的第二生活垃圾焚烧发电厂建成。常熟经济开发区成功建成省级生态工业示范园区。

**(二)坚持民生优先，提升综合服务功能**

多年来，历届常熟市委、市政府坚持从加强和完善城市基础设施建设抓起，高度关注民生。

有效增加建设供给。始终把解决好居民住房问题作为最重要的民生大事，1997年在全国率先完成房改。经过多年努力，高档别墅房、普通公寓房、经济适用房、公共租赁房、廉租房、集宿房配置合理，较好满足不同消费群体的居住需求，城区人均住房面积达到37.2平方米。对低收入家庭做到应保尽保，保障率100%，人均面积超过20平方米。

统筹发展城乡供水。1996年建成自来水三厂解决城区居民饮用水问题以后，立即组织实施城乡区域联网供水工程，2002年全市城乡全部用上安全水，目前日供水能力达到67.5万立方米。

提高交通出行效率。加快道路建设，先后拓宽改造古城一纵二横一环和城市五大出入口道路，新建了新城区三纵七横和外三环、通港大道等交通干道，形成总面积达800万平方米的城区路网体系，并及时完善苏嘉杭、沿江高速公路，苏虞张、锡太一级公路的快捷通道建设，配置先进交通信号和指挥监控设施，成为全国首批四个道路畅通工程模范管理城之一。

积极利用清洁能源。通过建办合资公司，建造大型储罐设施，成功解决全市城乡石油液化气供应问题，2004年投资兴建了西气东输接纳工程，通向千家万户，使城乡居民及时用上了更加廉价方便的清洁能源。

推进海绵城市建设。编制常熟市海绵城市专项规划和试点建设实施方案，确定渠中片区和琴湖片区为市海绵城市建设试点示范，常熟锦荷学校列为江苏省海绵城市建设示范项目。

**(三)积极创新举措，构建有效保障体系**

为深入推进生态园林城市创建活动，有效解决新形势下不断出现的各类矛盾和问题，常熟市大胆实行改革、勇于尝试，适时推出一系列创新措施。

向管理要成效。从建章立制入手，以管理促发展。先后出台《常熟市城乡绿化管理暂行办法》《常熟市绿线管理办法》《常熟市城乡绿化设计导则》《常熟市城市绿线控制范围》《常熟市古树名木保护管理暂行办法》《常熟市城市绿地养护管理质量标准(试行)》《常熟市绿色图章审批制度》等文件，严格工程管理，确保各项建设活动符合规范。

注重生物多样性。维护生态安全和生态平衡，在生物物种普查基础上制订《城市生物多样性保护规划》，大力培育使用乡土物种，引进适生物种，防治有害物种入侵，加强古树名木保护，通过规划、论证、审批等环节进行严格把关。

改革城市绿化投资体制。近年来，常熟市先后出台《常熟市国有、集体资金投资园林(绿化)工程建设管理办法》，理顺风景区、园林建设的管理体制，由政府投资拓展到市场融资，有效促进风景园林建设和生态修复步伐。

积极探索绿化管养改革。变“以钱养人”为“以钱养业”，城市主要的公园绿地和道路绿地均面向市场，进行招标管理。从明确市场准入制度、推行养护质量标准、强化跟踪考核管理等环节入手，不断强化绿化养护管理，切实提升绿化管养水平。

(王　平　陈建东)

时，省金属材料与加工研究所也与常熟市签定落户协议；推动省生产力促进中心与常熟国家高新区共建全省第一家市场化运作的服务平台——苏南国家自主创新示范区常熟一站式服务中心正式运行。

提升载体内涵建设。科技镇长团按照打造“一区一战略产业、一县一主导产业、一镇一特色产业”的要求，对全市已建校地共建创新载体的运行情况进行全面梳理，组织专家团队做好工作指导和跟踪服务，省级以上众创空间、众创社区、创新型乡镇等品牌工作创建取得新突破。

促进校企广泛对接。通过多层次、多形式、多手段的产学研合作沟通交流和互动对接，持续提升产学研合作活动的针对性、实效性和可持续性。先后走访企业2000多家，举办专题对接大型活动10多次，组织“专家行”“企业行”“教授团、博士团”等活动100多场次，与20多所高校达成专项合作，参与企业数达到500多家(次)，意向合作项目100多项。

**(三)科技镇长团工作十年回顾活动**

2017年11月15日，科技镇长团十年“回家”活动在会议中心方塔厅举行，80多名历任及现任科技镇长团成员齐聚第二故乡常熟，聚力创新，共谋发展。《青山十里，锦绣十年——常熟科技镇长团十年工作回眸》一书首发式同时举行。10年来，已累计有10批107名科技镇长团成员先后来常熟工作，科技镇长团紧紧围绕地方中心工作，立足高校，面向基层，服务企业，接“地气”、挥“才气”、聚“人气”、夯“底气”，交出一份满意的答卷，赢得各方点赞。从常熟起源发展的科技镇长团工作，已经成为全省科技、人才工作的亮丽名片。通过科技镇长团的持续推动，常熟创新载体建设跨入快速发展通道，陆续成立北京大学苏南分子工程研究院、智能液晶技术研究所南大常熟生态研究院、西北工业大学常熟研究院、北京理工大学常熟研究院等25家校地、院地共建的产业化研发机构。建立省级以上孵化器9个，省级众创空间15个。此外，科技镇长团还推动近100家高校院所与常熟企业合作达成各类项目1250项，新建企业研发机构487个。活动中，常熟市向成员颁发常熟市创新发展顾问聘书和常熟市产学研工作咨询专家聘书。

## 三、常熟创新发展大会

为深入贯彻党的十九大精神，加快落实国务院《关于县域创新驱动发展的若干意见》、省委常委会专题研究苏州市工作会议和全省县域科技体制改革经验交流会精神，加快推进科技创新体制综合改革试点工作，进一步加强与科研院所、知名企业和机构的交流合作，促进更多科技成果到常熟实现产业化，吸引更多杰出人士在常熟创新创业，推进常熟经济社会又好又快发展。2017年，常熟市召开创新发展大会。

**(一)大会筹备**

2017年7～11月，常熟市委、市政府先后举办正式筹备会议6次、临时会议20余次，以确定大会活动方案、落实部门分工、协调各方工作、解决难点疑点、加强服务保障。期间，市委书记王飏，市委副书记、市长周勤第，副市长徐海东等领导多次牵头组织协调，市委办、市府办、宣传部、科技局、财政局等部门全力推进大会各项准备工作，为大会的顺利召开做好充分准备，打下坚实基础。

为保证筹备工作整体联动、齐抓共管，2017年8月成立常熟创新发展大会组委会。组委会由市委书记王飏担任主任，市委副书记、市长周勤第担任执行主任，市政府副市长徐海东、周晓明担任执行副主任。成立协调组、文稿组、会务和项目组、论坛和展会组、嘉宾接待和考察组、宣传组、安保组等7个工作组，明确每个工作组的牵头单位、成员单位以及职责分工。

**(二)大会概况**

2017年11月15～17日，常熟市以“约在常熟、聚力创新、共筑梦想”为主题，组织召开创新发展大会，邀请到来自中科院、工程院和外籍院士共10名，来自清华大学、北京大学、中国人民大学、上海交通大学、西安交通大学、同济大学、浙江大学、香港浸会大学等61所国内外知名高校院所的17名书记、校长、所长，及156名院长和专家教授。亚洲基础设施投资银行行长金立群等知名人士参加大会。常熟市委书记王飏在大会开幕式上讲话。

开幕式上举行项目签约启动仪式，包含华东地区绿色能源、微电网、智能电网产业基地项目，爱骋新能源汽车动力锂电池包项目、小型高效光伏发电应用系统项目、年产1920万件汽车零部件项目、年产硬质合金材料1000吨项目、智能化自动装备制造项目、智能船舶技术合作项目等高新技术产业、战略新兴规模产业和军民融合产业等领域的创新合作项目共计44个，投资额共计203亿元。

大会期间，常熟还专门组织科技镇长团十年“回家”活动。大会还安排自主创新产品展、大院大所创新成果展、创新与投资峰会、中国智能车发展论坛、特种高分子材料产业技术创新战略联盟成立仪式暨论坛等系列活动。

**(三)大会开幕式**

2017年11月16日，大会开幕式在常熟会议中心举行。科技部、省政府、省委组织部、省科技厅、省知识产权局、苏州市有关领导；常熟籍院士、常熟籍和在常工作生活过的各领域杰出人士；历任科技镇长团派出单位、院系负责人；历任科技镇长团成员；常熟创新与投资峰会的有关嘉宾；与常熟市有合作基础的其他高校院所、企事业单位、科技服务机构、科技金融机构负责人等400多位受邀嘉宾参加开幕式，常熟市领导王飏、周勤第、杨崇华、韩卫兵、沈晓东、陆文明、沈一平、孙健、张建强、陈惠良、徐海东、周晓明、陆建达；常熟理工学院主要负责人；市各部委办局主要负责人；各经济板块党政主要负责人、分管负责人、人才科技办负责人，大科园、科创园、农科园主要负责人；各银行常熟分支机构、保险公司代表、证券公司代表；在常熟的大学研究院代表；常熟市部分高新技术企业及参加相关活动企业等出席开幕式。开幕式由市政府周勤第市长主持，会上播放《美丽常熟》常熟专题宣传片，市委王飏书记作主旨演讲，进行项目签约和启动仪式，

**12 日** 常熟东飞直通式监管点在常熟综合保税区 B 区正式封关运作。

**14 日** 常熟跳远运动员石雨豪在 2017 年香港田径锦标赛上以 8 米 18 的成绩夺得冠军。

**18 日** 北京大学分子工程苏南研究院在常熟揭牌成立。

**同日** 西藏林周县党政考察团到海虞镇调研。

**同日** 北京大学校长林建华到常熟考察。

**19 日** 省"263"办、省太湖办、省环保厅组成联合督查组到常熟督查"263"行动开展情况。

**20 日** 2017 江南国际时装周暨第十八届中国江苏(常熟)服装服饰博览会在常熟方塔古迹名胜区开幕。中国纺织工业联合会会长孙瑞哲，中国商业联合会副会长梁蓉，中国纺织工业联合会副会长夏令敏出席活动。

**同日** 常熟市"百姓城管"志愿服务行动启动仪式暨"百姓城管志愿服务总队"成立仪式在石梅广场举行。

**同日** 2017 常熟 UWC 杯昆承湖帆船赛举行。

**21 日** "驿路·丝路·复兴路——行走新丝路喜迎十九大"2017 全国集邮巡回展览江苏省县级首站在常熟市文化馆举行。

**同日** 常熟市第六届青少年科技节暨常熟市第十一届青少年科技创新大赛启动仪式在塔前小学举行。

**23 日** 2017 年"党员名师送教下乡"活动启动仪式在张桥中心小学举行。

**24 日** 市委书记王飚在常熟经济技术开发区会见捷豹路虎全球董事兼奇瑞捷豹路虎董事潘庆。

**25 日** 2017 常熟市营商环境信息发布暨投资创新(上海)交流会在上海举行。

**27 日** 市委、市政府组织开展纪念王淦昌诞辰 110 周年座谈会。同日，位于支塘镇的王淦昌故居修缮竣工启用。

**28 日** 2017 沙家浜景观龙舟赛在沙家浜风景区开赛。

## 6 月

**5 日** 市环保局公布常熟市 2016 年度非国控企业环境信用评级结果。其中，21 家高污染企业上"红黑榜"，自下月起将执行"差别化水电价"。

**7～8 日** 贵州省思南县考察团到常熟考察。

**7 日** "传承虞山派——常熟市书画院作品展"在马来西亚马六甲举行。

**9 日** 首届常熟市文明家庭命名表彰暨家风故事分享会在市图书馆举行。

**11 日** 第二届 STC 大铁联赛之常熟尚湖铁人三项赛在尚湖风景区举行。

**13 日** 2017 常熟"文明与旅游同行"主题活动在沙家浜风景区举办。

**20 日** 第八届"引凤工程"创新创业大赛暨第五届中国江苏创新创业大赛初赛在常熟会议中心举行。

**22 日** 苏州市委常委、市委宣传部部长盛蕾一行到常熟调研全国文明城市创建工作情况。

**23 日** 泗洪县党政考察团到常熟考察。

**同日** 苏州市生态文明建设领域专项督查组到常熟，重点督查中央环保督察组交办及省"263"办通报的环境举报案件整改情况、环保部通报问题的整改情况、苏州市委市政府部署开展的生态文明建设情况。

**28 日** 淮南—南京—上海 1000 千伏交流特高压输变电工程苏通 GIL 综合管廊工程"卓越号"盾构机在常熟始发。

**29 日** 创业中华·建设江苏2017侨资侨智对接交流会在常熟会议中心召开。

**30 日** "长航茂海"号外轮靠泊常熟兴华港，在装载近 2 万立方米钢结构和设备后，出口到马来西亚关丹港。这是马中关丹产业园区 350 万吨钢铁项目在常熟港出口的第一个航次。

## 7 月

**3 日** 常沙线快速化改造工程的关键节点——跨申张线航道高架桥实现合龙。

**同日** 市市场监管局对香榭丽墅小区的 39 台电梯予以查封，并对尚未发现问题的 24 台电梯予以安全评估。

**5 日** 溧阳市党政代表团到常熟考察。

**同日** "'两聚一高'中的你我他"2017 年常熟市百姓名嘴风采大赛在中共常熟市委党校举行。

**6 日** 亚太地区旅游市场营销评估研讨会在常熟会议中心开幕。世界旅游组织执行干事兼亚太部主任徐京出席活动。

**7 日** 科技部副部长徐南平到常熟调研。

**11 日** 常熟绿色智能制造技术创新中心启航峰会召开。

**同日** 2017 苏州(常熟)国际精英创新创业合作洽谈会举行。

**12 日** 2017 常熟国际精英周创业竞赛在常熟会议中心举行，海内外 20 多位精英人才参加竞赛。

**同日** 常熟市党政代表团赴镇江、江阴考察。

**14 日** 全省水稻生产管理现场推进会在常熟召开。

**同日** 市市场监督管理局梅李分局成功完成全市首例个体工商户营业执照全程电子化办理工作，对镇苗一坊美容生活馆进行全程电子化登记核准，并发放电子营业执照。

**16 日** 凌晨 4 时 29 分，市公安部门接到群众报警，称虞山镇漕泾二区 74 幢发生火灾。119 指挥中心立即调集 14 辆消防车、71 名消防官兵赶赴现场处置，5 时 28 分大火被扑灭。18 时许，市委、市政府召开新闻通报会，通报漕泾二区 74 幢火灾情况及善后工作。

**17 日** 市发改委行政许可服务科发出第一张江苏省投资项目备案证。

**18 日** 2017 高校毕业生就业服务系列首场招聘会在市人才市场举行。

**19～22 日** 2017 年全国体育运动联合会田径锦标赛暨全国少年(U14—U15)田径锦标赛在辽宁省锦州市举行，市体校运动员杨雨轩以 14 秒 11 的成绩夺得男子基地 1415 组 110 米栏以“浅绛派”山水闻名于世的黄公望，列“元四家”之首。明代有周之冕，于工笔和写意之间创“勾叶点花派”，名重吴中。清初六大画家中，常熟有王翚和吴历。王翚又名王石谷，他融合南北两宗，为清初“四王”之一，他又首创“虞山画派”，被后世奉为“画圣”。清末邑人郑伦逵（1769—1837），以邑人鱼翼《海虞画苑略》为蓝本，搜罗详备，精心考证，编成《虞山画志》，所收常熟画家共488人。至近代，常熟著名画家更是众多，如庞薰琹、江寒汀、陆抑非、李泳森、俞威丹、钱延康等。

以文学而得名者，宋代有王伯广，明代有吴讷、张洪、徐复祚等，清代有钱谦益、柳如是、冯班、孙原湘等，近代有曾朴、张鸿、黄人、丁祖荫、徐枕亚、徐念慈、平襟亚、曾虚白等。善书者，唐代“草圣”——曾于开元间任常熟县尉的张旭，及至近代，杨沂孙、翁同龢、萧蜕等均为极有影响的书法名家。篆刻有“虞山印派”，代表人物为沈龢、林皋、王瑾和赵石。常熟的古琴演奏谱曲，自明代严澂发轫以来，遂有“虞山琴派”之称，近代代表人物为吴景略。手工艺方面，明代王毅以核雕《东坡赤壁夜游图》而名闻海内，有《核舟记》散文详为记述。近代有刻砚家陈端友、藏砚家沈石友，亦闻名遐迩。常熟人对历代典籍的整理收藏，其历史之长、藏家之多、收藏之丰，实为国内少有。明代张洪、瞿景淳先后任《永乐大典》副总裁官、总校。毛晋建汲古阁抄刻多种经、史及曲，因缮写精良，世称“毛抄”。著名藏书家有“脉望馆”主赵用贤、赵琦美父子，“绛云楼”主钱谦益，“汲古阁”主毛晋，“也是园”主钱曾，“借月山房”与“爱日精庐”主张海鹏、张金吾，“稽瑞楼”主陈揆，“铁琴铜剑楼”主瞿绍基、瞿镛、瞿启甲三代，“旧山楼”主赵宗建，“湘素楼”主丁祖荫等。

**【科技英才】** 民国时期，有中央研究院院士、铁路工程师、教育家、邑人凌鸿勋，他长期从事铁道工程建设，民国18年（1929）起先后主持修造了陇海、粤汉、湘桂、宝天、天成、津浦、广九铁路等重要干线，负责开发了西北地区的公路干道，成为继詹天佑之后国人自己修建重要铁路的又一先驱。海港码头设计师邵福旿，他是中国第一个自行规划、勘测、设计和建设海港工程的工程师，在葫芦岛、连云港、黄埔港及塘沽新港的建设中倾注心血。中华人民共和国成立以来，在国内外拥有众多著名的常熟籍科学家、学者、教授。这其中的翘楚——中国科学院院士、中国工程院院士共有25人次，包括夏坚白、李强、戴松恩、王淦昌、张青莲、张光斗、时钧、郑国锠、姚鑫、陆宝麟、钱人元、曹楚南、章申、徐国钧、时铭显、薛永棋、陆埮、吕达仁、陈祥宝、田禾、徐义刚等21位中国科学院院士；张光斗、黄崇祺、范滇元、屈梁生、翁宇庆等5位中国工程院院士。

**【旅游资源】** 锦绣常熟，素有“十里青山半入城，七溪流水皆通海”之说，清代邑人孙原湘“软红尘里小蓬莱，画阁文疏对岸开。七水流香穿郭过，半山飞绿进城来。酒多按节倾家酿，花不论钱遍地栽。莫笑耕夫多识字，梁时便有读书台”诗句，道出了常熟的山水交辉和秀丽风景。1986年，常熟被国务院批准为国家历史文化名城，1989年虞山又被列为国家森林公园。2001年常熟市被评为中国优秀旅游城市，2002年又被评为国家园林城市，2004年又被评为国际花园城市，2007年先后被评为中国十佳休闲旅游名市、全国首批旅游文化示范地、中国最受游客喜爱的地方、中国县域旅游品牌十强县、中国自驾车旅游品牌十大目的地，2008年又被评为中国十大文化生态旅游城市，2010年又被评为品牌中国（县域旅游）十大品牌目的地，2011年又被评为中国红色经典文化旅游名城。2013年4月，沙家浜、虞山尚湖风景区荣膺中国AAAAA级旅游景区。2017年，常熟市被评为全国文明城市、全国森林旅游示范县和国家生态园林城市。隆力奇养生小镇入选全国十大工业旅游示范基地，蒋巷村跻身首批省五星级乡村旅游区。海虞镇入选全国特色小镇，云裳小镇入选首批苏州市级特色小镇。常熟城内街巷民居与古典园林紧密相连，城外十里虞山与千顷尚湖相映成趣，形成了融山、水、城、园为一体的城市独特风貌。抗日战争时期，沙家浜地区为新四军的抗日游击根据地，更为常熟明媚秀丽的风光增添了传奇色彩。

**【重点文物保护单位】** 截至2017年年，常熟市有全国重点文物保护单位5个，江苏省文物保护单位19个，常熟市文物保护单位145个。建于明代的綵衣堂，位于城区翁家巷门翁宅内，1996年12月国务院公布其为全国重点文物保护单位。建于南宋的崇教兴福寺塔，

虞山红枫 （邹萍 摄）

### 常熟农村商业银行

董事长、党委书记　宋建明
行长、党委副书记　庄广强
监 事 长　张义良
副 行 长　施　健　薛　文　付　劲
　　　　　姜丰平　陈　稔　周　斌

### 中国邮政储蓄银行股份有限公司常熟市支行

行　　长　陈效东
副 行 长　王文姣　陆　峰　王海军

### 中国人民财产保险股份有限公司常熟中心支公司

总 经 理　王晓勇
副总经理　吴怀民　钱力飞　陈莉娟

### 中国人寿保险股份有限公司常熟支公司

总 经 理　张龙卫
副总经理　张　晨　邵　强　陈　洁

### 中国太平洋财产保险股份有限公司常熟中心支公司

总经理、党委书记　李晓敏
副总经理　秦卫刚　俞志刚
　　　　　时东鹰　张正元

### 中国平安财产保险股份有限公司常熟支公司

负 责 人　吴旭春
副总经理　吴晓明　李二伟

### 苏州市保险行业协会常熟分会

会　长　王晓勇
副会长　李晓敏　张龙卫
　　　　何　刚　马增扣
秘书长　徐翔年

### 常熟市烟草专卖局

（苏州市烟草公司常熟分公司）

局长、经理　徐黎明
副 局 长　李宏昌
副 经 理　王　渊

### 市盐务管理局 江苏省苏盐连锁有限公司常熟分公司

局长、经理　杭　杰
副局长、副经理　章炳保

### 市气象局

局　　长　曹建华
副 局 长　陆士良

## 常熟市民主党派、工商联及社会团体

### 中国民主同盟常熟市委员会

主　委　吴国华
副主委　朱利华　陈红娟　唐佩军

### 中国民主建国会常熟市委员会

主　委　张月明
副主委　徐澍中　吴忠庆　屈建龙

### 中国民主促进会常熟市委员会

主　委　殷丽萍
副主委　朱　晞　邹科惠　缪晓东

### 中国农工民主党常熟市委员会

主　委　陶　理
副主委　钱向前　赵文健　韩　冷

### 中国国民党革命委员会苏州市委员会常熟市总支

主　委　查银华

### 九三学社苏州市委员会常熟支部

主　委　周　梅

### 市工商业联合会

（市总商会）

主　　席　朱克明（兼）
副 主 席　王剑江　李明普　袁卫忠
党组书记　空缺

### 市总工会

主席、党组书记　姚建祥
副　主　席　李盛骏　戴建华
　　　　　　毛书齐　王　燕
党组副书记　李盛骏

### 共青团常熟市委员会

书记、党组书记　周　晓
副 书 记　韩晓诚　倪烨敏

### 市妇女联合会

主席、党组书记　周　燕
副 主 席　韩丽亚　钱敏霞　高　怡

### 市科学技术协会

主席、党组书记　卜鸿昌
副 主 席　沈耀文　翟俊霞

### 市文学艺术界联合会

主席、党组书记　李　忠
副 主 席　苏映红　李向东

### 市归国华侨联合会

主席、党组书记　王小民
副 主 席　张　萍　孟学军
　　　　　陈伟娟　宋　波

### 市残疾人联合会

理事长、党组书记　唐　奕
副理事长　钱　征　郑秋英　陈芳勇

### 市红十字会

会　　长　张月明（兼）
常务副会长　董　萍

## 开发区、口岸管理机构

### 常熟经济技术开发区党工委

书　　记　王　飚
副 书 记　周勤第　张建强
委　　员　王　钢　孙雪良　陆利兵
　　　　　阚国良　赵东方

### 常熟经济技术开发区管理委员会

主　　任　周勤第
副 主 任　张建强　王　钢　孙雪良
　　　　　贺勇胜　阚国良　赵东方

### 常熟经济技术开发区纪工委

书　　记　陆利兵
副 书 记　袁建军

### 常熟经济技术开发区监察室

（审计室）

主　　任　袁建军

2017 年 5 月 27 日，常熟市委、市政府举行纪念王淦昌诞辰 110 周年座谈会

（市科协提供）

熟市召开庆祝中国共产党成立 96 周年大会。市委书记王飚，市委副书记、市长周勤第，市人大常委会主任杨崇华，市委副书记、市政协主席、市委宣传部部长韩卫兵等市四套班子全体领导出席会议。王飚围绕“旗帜鲜明讲政治”这一主题，从为什么要旗帜鲜明讲政治、怎样做到旗帜鲜明讲政治以及如何增强讲政治的高度自觉三个方面，给与会的党员干部上了一堂专题党课。周勤第主持会议，并就贯彻落实会议精神提出三点要求。与会人员一同观看党建视频——《平凡岗位显风采》，江苏迎阳无纺机械有限公司党总支书记范立元、虞山镇光明村党委书记张庆保、碧溪新区江枫苑社区党委书记谢建清作为基层党组织书记代表作交流发言。会议还集中表彰 2015～2016 年度党建工作先进集体和先进个人，并命名一批示范型“新农”党组织和法治型基层党组织建设标兵。

【2017 常熟江南文化节暨沙家浜旅游节】 2017 年 9 月 25 日，2017 常熟江南文化节暨沙家浜旅游节开幕。中国电视艺术家协会名誉主席赵化勇以及来自全国各地文化界、旅游界的领导和嘉宾，常熟市委书记王飚，市委副书记、市长周勤第，市人大常委会主任杨崇华，市委副书记、市政协主席、市委宣传部部长韩卫兵出席活动。周勤第在开幕式上致辞，韩卫兵主持开幕式。开幕式上，2016 年度文化旅游重点获奖项目授牌颁奖仪式举行。常熟市被中国图书馆学会评为“2016 年书香城市（区县级）”，常熟美术馆“纪念庞薰琹诞辰 110 周年系列展”被文化部评为“2016 年度全国美术馆优秀展览提名项目”，常熟美术馆“七彩夏日”系列公共教育活动被文化部评为“2016 年度全国美术馆优秀公共教育提名项目”，翁同龢纪念馆被全国社会科学普及工作组委会授予“全国社会科学普及基地”，江苏隆力奇生物科技股份有限公司被授予“国家工业旅游创新单位”，蒋巷村被授予“江苏省五星级乡村旅游区”，阅山轩假日休闲酒店被授予“2016 全国文化主题酒店标杆企业”。另外，主办方还为第十届中国旅游电视周及 2017“文明旅游常熟行”电视短片邀请赛获奖者颁奖。

【烈士纪念日公祭活动】 2017 年 9 月 30 日，常熟市举行烈士纪念日公祭活动。市委书记王飚，市委副书记、市长周勤第，市人大常委会主任杨崇华等市四套班子领导，冒雨到市烈士陵园缅怀革命先辈，祭奠烈士英灵，寄托深切哀思。王飚宣读祭文，并代表市四套班子领导整理花篮缎带。周勤第主持公祭活动。革命烈士家属代表、少先队员代表、机关企事业单位代表、市民代表、驻常部队代表等社会各界代表 500 多人参加公祭活动。

## 重要决策

【虞山镇行政管理体制改革和行政区划调整】 2017 年 11 月 24 日，苏州市人民政府正式批复常熟市虞山镇行政区划调整方案，同意撤销常熟市虞山镇，同意设立常熟市虞山街道、常熟市常福街道、常熟市莫城街道、常熟市琴川街道。11 月 28 日，常熟市委、市政府在常熟会议中心召开虞山镇行政体制改革和行政区划调整宣布大会。市委书记王飚出席会议并讲话，市委副书记、市长周勤第主持会议，市人大常委会主任杨崇华，市委副书记、市政协主席、市委宣传部部长韩卫兵等市四套班子领导出席会议。

根据上级有关精神和《中共常熟市委、常熟市人民政府关于推进乡镇政府职能转变和深化乡镇机构改革的意见》，此次行政区划调整旨在深入贯彻落实党的十九大精神，深化乡镇机构改革，转变乡镇政府职能，建立符合新时代常熟城市发展定位、适应城镇化发展需求的新型行政管理体制，统筹协调区域发展，推进城市治理体系和治理能力现代化。虞山镇行政管理体制改革和行政区划调整的指导思想是：认真学习贯彻党的十九大精神，以习近平新时代中国特色社会主义思想为指引，按照省委常委会专题研究苏州市工作部署，自觉践行新发展理念，按照“定位更准、方向更明、特色更强、功能更优、发展更好”的要求，实施虞山镇行政管理体制改革和行政区划调整，统筹优化虞山镇、服装城、度假区区域资源布局，设立若干城区街道，探索新设街道“区政合一”管理体制，转变政府职能，减少管理层级，拓展发展空间，优化资源配置，推动体制创新，增强发展活力，提升服务效率，推动城市治理体系和治理能力现代化，努力构建简约精干、权责一致、运转高效的组织架构和运行机制，为打造精致城市，建设“强富美高”新常熟提供

2017 年 6 月 27 日，纪念建党 96 周年书画展举行　　（市委统战部提供）

人，其中民营企业和外商投资企业管理技术人员约 4 万人，中介组织和社会组织从业人员 6000 余人，自由职业人员 380 人，新媒体从业人员 200 余人。

【统战干部队伍建设】　2017 年，按照“越是做党外工作，越要心中有党”的要求，扎实推进“两学一做”学习教育，深入开展“百村千企万户大走访”和“亮身份、树形象、做表率”等活动，组织党员干部赴安徽泾县开展专题党日活动，强化党性修养。6 月，组织全市 40 余名统战干部赴省社会主义学院培训。10 月，组织全市各乡镇、板块委员 14 人赴省委党校参加首期全省乡镇街道统战委员轮训班。

【党外代表人士队伍建设】　2017 年，会同组织部制定《常熟市 2017—2020 培养选拔党外领导干部工作规划》，调整充实民主党派、无党派人士、新的社会阶层人士等各类优秀代表人物数据库。突出加强党派团体领导班子建设和后备梯队建设，推荐 12 名党外干部为市管副职后备干部建议人选，7 名党外干部为中长期培养对象建议人选。加大对民主党派、无党派人士骨干成员的教育培训力度，在宁波市委党校举办民主党派、无党派人士骨干培训班，50 余人参加培训。将优秀党外骨干纳入市领导干部和青年干部主体班次培训。

【思想政治引领】　2017 年，以迎接学习贯彻党的十九大为主线，着力夯实共同思想政治基础。深入推进坚持和发展中国特色社会主义学习实践活动，精心组织“不忘合作初心继续携手前进”主题教育、“同心喜迎十九大，助力建设新常熟”“观故居走多党合作之路”、纪念“五一口号”发布 69 周年、同心喜迎十九大征文、纪念建党 96 周年书画展以及“我为精致城市建设献一策”等七项系列活动。深入组织学习习近平总书记系列重要讲话，组织统战系统机关干部和党外人士集中收看十九大开幕会，及时向党外人士传达解读中共十九大精神，教育帮助党外人士深刻领会习近平新时代中国特色社会主义思想内涵，“四个自信”更加深入人心，“不忘合作初心、继续携手前进”成为普遍共识，有效团结引导了全市民主党派、无党派人士在聚力创新促转型、聚焦富民惠民生和打造独具魅力精致城市中发挥独特优势和积极作用。建设运行“常熟统一战线”官方微信公众平台，以新渠道、新形式、新语言传播统战知识、宣传统战政策、发布统战动态、展示统战风采，用网言网语正面发声、释疑解惑。

【多党合作事业】　2017 年，进一步完善双月座谈会双向反馈机制，组织召开双月座谈会 6 次；协助并支持各民主党派围绕“服装产业转型升级发展”和“被撤并乡镇建设发展”等课题开展联合调研，调研成果得到市委领导的肯定；进一步推进各民主党派、知联会与政府部门开展对口联系工作，为党外代表人士知情参政创造条件；优化特约人员制度，加强对特约人员的管理和培训，提高了民主监督能力；编印了联系交友手册，党委政府领导与党外代表人士交友工作有效落实。积极调查研究，形成“加强和规范县域民主党派民主监督工作思考”的理论研究报告。

【民主党派社会服务品牌】　2017 年，引导各民主党派、知联会发挥好各自优势，打造巩固具有界别特色的服务品牌，形成“一党派一品牌”的社会服务新特色。民盟市委依托“黄丝带帮扶基地”开展帮教活动；民建市委成立常熟市首个冠名慈善基金，组建成立“百姓城管”民建志愿者大队助力文明城市创建；民进市委赴贵州金沙县沙土镇常熟希望小学开展“同心彩虹”捐资助学活动，捐赠 15 万元帮助学校改善办学条件；农工党市委精准帮扶西部医疗事业，先后派遣 2 批党员分赴西藏、贵州开展医疗援助，涌现出黄轶花等先进典型。进一步整合各民主党派资源，联合民主党派开展“同心”社会服务活动，组织书画家开展“迎新春、送春联活动”，组织党外人士开展“纪念‘五一口号’发布 69 周年”大型社会服务活动和“走基层”义诊活动，为百姓群众提供医疗卫生、法律政策、生活科技等服务咨询。

【民主党派基层组织建设】　2017 年，指导各民主党派进一步巩固基层组织建设成果，年内，全市有民主党派基层支部 63 个，有规章制度的支部 63 个，实现 100%；有工作计划、总结的支部 59 个，占 93.7%；有工作台账的支部 53 个，占 84.1%；有活动室的支部 40 个，占 63.5%；有活动载体的支部 37 个，占 58.7%；每个支部全年平均活动 6 次，组织建设成效明显。协助民主党派做好组织发展工作。指导各民主党派制定年度组织发展计划，确定组织发全年为老干部赠送报刊和学习资料、传阅文件，组织老干部参加重要会议和重大活动，年初召开全市离退休干部大会，年中召开半年度情况通报会，让老干部始终保持政治坚定、思想常新、理想永存。成立中共常熟市委离退休干部工作委员会，推进离退休干部党建工作落地生根。依托老干部党校举办离退休干部党支部书记培训班、支委轮训班，国内国际形势报告会。推进"一方隶属，多方管理"党建新模式，实现老干部团组协会"彩虹桥"党支部全覆盖。分别组织地市级离休干部及市四套班子退休干部、全市离休干部、女离休干部、易地安置到常离休干部参观考察常熟及周边县市经济社会发展成果。结合重大节日、春节高温期间走访慰问老干部，重点对住院、长病卧床、孤寡、有特殊困难的老干部进行探望，全年走访慰问720多人次。用好老干部住院信息平台，深化中医专家咨询服务，为老干部提供个性化、亲情化健康关怀。深化"彩虹桥"爱心服务站建设，创新开展"红、黄、橙、绿"四色分类结对服务，构建起老干部局、老干部管理单位、社区、家庭"四位一体"服务新模式。深化老干部社区"四就近"服务工作，为老干部打造"15分钟活动圈"。组织地市级离休干部及市四套班子退休干部赴杭州保健疗养。组织全市离休干部及市四套班子退休干部参加体检，并进行义诊，卫生所门诊8000多人次，指导料理35位离休干部去世善后工作。协调老干部住房拆迁、医疗、生活待遇、家庭邻里纠纷等生活待遇信访30多件（次）。完善老干部活动中心功能布局，会同市图书馆打造标准化图书室，流动书籍实现通借通还，满足离退休干部学习阅读需要。举办"阅精致生活，读魅力金秋"第三届"彩虹韵"老干部文化体育节，组织开展"十个一"主题活动，老干部参与4000多人次。开设耆英大讲堂，读书分享会，做好老年大学老干部分校教学工作，助力老干部文化养老、精神养老。扎实开展"百村千企万户大走访"活动，组织全局13名党员干部走访支塘镇760户居民家庭，40家民营企业，梳理解决问题324条，群众满意率达100%。制度化常态化推进"上个门、逐个问"普访活动，为老干部赠送放大镜、《全面从严治党面对面》。继续开展好"情暖九○后，关爱送到家"祝寿活动，全年为82名90岁离休干部和部分四套班子老领导送上生日祝福。开展"走基层、树典型、传递正能量"系列宣传报道活动，宣传13名离退休干部先进典型，老干部在慈善募捐、扶贫帮困、社区建设、市民教育、关心下一代、老年体育事业等发展方面发挥积极作用，展示老干部金秋风采，树立老干部良好形象。出版《常熟老干部工作志（1980—2015）》。全年刊印《彩虹桥》简报4期，《"走基层、树典型、传递正能量"系列宣传报道特辑》4期，制作《不忘初心开启新征程砥砺奋进铸就新辉煌——2017年常熟老干部工作成果丰硕展翼前行》，编印《2017年常熟市老干部活动掠影》。12月，市委老干部局被省委组织部、省委老干部局、省人力资源和社会保障厅表彰为全省老干部工作先进集体。

**【中共常熟市委离退休干部工作委员会成立】** 2017年8月2日，市编办批复，同意在市委老干部局增挂"中共常熟市委离退休干部工作委员会"牌子。11月8日，市委明确：陆凤妹任市委离退休干部工委书记，王燕任市委离退休干部工委副书记。12月26日，中共常熟市委离退休干部工作委员会正式挂牌成立。市委离退休干部工委主要开展指导协调全市离退休干部党建工作；宣传和贯彻党的路线、方针、政策，抓好中央和省委、苏州市委、常熟市委关于离退休干部党建工作各项政策落实；指导各部门、各单位党组织抓好离退休干部党员教育培训和管理服务、老干部思想政治工作；利用老干部党校主阵地，组织好离退休干部党支部成员的培训工作；总结推广经验，充分发挥离退休干部党员积极作用；加强调查研究，及时向市委提出改进离退休干部党建工作的意见建议等工作，发挥对全市离退休干部党建工作领导、协调、指导、督查和桥梁作用。

**【老干部团组协会"彩虹桥"党支部成立】** 2017年4月26日，召开全市老干部团组协会"彩虹桥"党支部推进会，13个老干部团组协会根据党员人数，活动类型，成立9个老干部"彩虹桥"党支部，现有离退休干部党员154名，实现全市老干部团组协会非建制性离退休干部党组织全覆盖。

**【《常熟老干部工作志（1980～2015）》出版】** 2017年11月，《常熟老干部工作志（1980～2015）》由上海科学技术文献出版社出版。12月26日举行首发式。该书近39万字，通过图片、文字全面记录常熟老干部工作35年的发展概况，集中反映全市老干部工作取得的宝贵经验和丰硕成果，是全市老干部

2017年12月26日，中共常熟市委离退休干部工作委员会正式挂牌成立
（市委老干部局提供）

职能，杨崇华指出，市人大法制委员会于年内新设立，对承担的监督和立法相关职能以及其他工作，都处于摸索阶段，因此要在深入领会上级人大指示精神的基础上，重点从委员会职能和配合立法相关工作方面着手，进行深入的研究和探索，积极推动市人大法制委员会的建设。

**【评议政府部门工作】** 2017年6月下旬至10月，市人大常委会组织代表对市经信委、公安局、交通运输局、旅游局和检验检疫局五个部门开展工作评议。常委会组成评议调研组，通过广泛动员、个别谈话、召开各类座谈会、开展问卷调查等形式，就被评议部门在依法行政、制度规范、履职尽责、维护民生、工作创新和队伍建设等方面情况，听取代表、基层群众和服务对象的意见，在此基础上形成客观公正的评议意见，由市十五届人大常委会第六次会议审议通过，送交市政府及被评议部门予以整改，并对各被评议部门整改落实情况进行跟踪督查，有效促使各项整改措施落实。

**【组织代表主题接待日活动】** 2017年6月24日及11月15日，市人大常委会组织开展人大代表统一接待日活动。市委书记王飚、市人大常委会主任杨崇华以人大代表的身份参加了人大代表组的接待日活动。在各接待点，常熟17个代表组的各级人大代表与选民群众面对面进行了沟通，重点围绕改革发展大局和民生福祉，听取选民群众对“一府两院”工作的意见和建议。接待日后，各级人大和相关单位对群众的意见、建议进行了收集、汇总、整理、分类。群众反映问题和意见涉及全市范围并具有较强针对性和操作性的，由市人大办公室编制社情民意转交市政府处理；涉及当地政府及有关部门的，转交给所在地人大，为下一步交办处理以及形成代表议案、建议做准备。

**【组织全体市人大代表进行履职培训】** 2017年5月，市人大常委会组织40多名人大代表，分两批赴井冈山开展为期7天的专题教育培训。通过专题讲座、现场教学、情景教学、体验式教学等多种形式，组织全体参训学员实地参观井冈山革命博物馆，以及茅坪八角楼、小井红军医院等历史遗址，共同瞻仰井冈山革命烈士陵园和黄洋界烈士纪念碑等，带领代表们全面回顾井冈山革命斗争历史。9月21日，市人大举行人大代表履职培训会，市人大常委会副主任范建国主持培训。培训会上，苏州市人大常委会代表议案建议工委原主任高志罡结合苏州市十六届人大一次会议议案建议情况，从提出议案建议的重要意义、基本要求、注意事项，以及议案建议办理和市人大常委会应当提供的服务等方面，对人大代表提出议案建议作了全面的讲解辅导。中国浦东干部学院教授吴涛则重点围绕社会管理面临的新问题和新挑战作了深入浅出的讲解，并提出了相关思考对策。

市人大常委会定期组织“代表统一接待选民日”活动，收集意见建议形成书面专刊报市委、市政府，得到相关部门的及时落实　（市人大办提供）

**【组织全市镇（街道）人大工作座谈会】** 2017年2月10日，市人大常委会召开全市镇（街道）人大工作会议，听取基层人大新一年工作思路。市人大常委会主任杨崇华等参加会议。杨崇华要求各镇（街道）人大要进一步提高思想认识，坚持党的领导，充分履职尽责，不断加强自身建设。11月18日，市人大常委会召开全市镇（街道）人大工作座谈会。市人大常委会主任杨崇华等参加会议。会议向各镇（街道）人大主席通报市人大常委会2017年的工作情况及2018年的工作设想，并听取了各镇（街道）人大主席交流发言。杨崇华对各镇（街道）人大本年度工作成效给予肯定，并要求围绕“深度”，进一步增强人大监督的实效性；要围绕“力度”，进一步创新人大监督方式方法；要围绕“责任”，进一步用好人大重大事项决定权；要围绕“履职”，进一步强化人大代表作用发挥。

**【开展常委会专题调研】** 2017年，根据市人大常委会年度工作安排，市人大常委会围绕《关于常熟实施富民工程情况的调研报告》《关于加快推进全域旅游提升旅游发展水平的调研报告》《关于加强人大代表履职监督的思考》《关于进一步加强基层医疗机构建设提高医疗服务水平的调研与思考》《关于加强我市社会性安防资源建设和管理的调研报告》《关于常熟市城乡接合部环境整治工作的调研报告》等6个课题分别开展了专题调研。调研组经过长达半年的调研，多次召开座谈会听取相关部门、镇、村（社区）负责人以及其他代表的意见、建议，并学习借鉴外地成功做法和经验，结合常熟实际，形成调研报告，提出了切实可行的意见建议供市委、市政府决策时参考，对助推科角逐，12月18日，苏州市政府公布第一批市级特色小镇创建名单，常熟云裳小镇榜上有名。本次共有7家单位列入，分别为：周庄水乡生活小镇、阳澄湖半岛康体小镇、太仓天镜湖电竞小镇、常熟云裳小镇、苏州金融小镇、苏州华大生命健康小镇、沙溪生物制药小镇。这些列入名单的小镇享受苏州市级特色小镇培育创建相关政策。　（司马贤智）

## 对口帮扶

**【概况】**　2017年，常熟市不断加大对口支援、东西部扶贫、南北挂钩的工作力度，认真做好与江苏省泗洪县、贵州省思南县、重庆市云阳县、西藏自治区林周县、新疆维吾尔自治区、青海省等地区的对口帮扶工作。全年援助重庆市云阳县28万元，同比增加7.69%；援助西藏自治区林周县1253万元，同比增加8.02%；援助新疆维吾尔自治区6263万元，同比增加8%；援助青海省769万元，同比增加8.01%。积极开展与贵州省思南县“一对一”结对帮扶工作，从2014年起，市级财政层面每年安排不少于100万元资金专门用于思南脱贫帮扶项目建设，至12月，共拨付帮扶资金450万元。南北挂钩方面，市财政拨付资金1000万元，主要用于“常泗工业园”“农村脱贫攻坚”项目建设。同时，围绕“产业转型升级、转变经济发展方式”总要求，常熟市与全国各地开展优势互补、互惠互利的经济合作，引进内资质量不断提升。

**【落实对口帮扶资金】**　(1)陕西榆林：2017年援助30万元，与上年持平；(2)重庆云阳：2017年援助28万元，比上年增长7.69%；(3)西藏林周：2017年援助1253万元，比上年增加8.02%；(4)新疆：2017年援助6263万元，比上年增加8%；(5)青海：2017年援助769万元，比上年增加8.01%。

**【南北挂钩共建“常泗工业园”】**　2017年，常熟泗洪两地积极推进常泗工业园区基础设施建设，提高招商引资水平和质量。到2017年底，财政拨付援助资金5125万元(其中2017年5月上旬常熟市拨付500万元)。其间，园区共投入基础设施建设资金近9亿元，按照“精心、精细、精品”的要求，共建成“八通一平”面积达5平方千米、标准厂房约35万平方米、人才公寓3万平方米，共分为5个功能区：机械制造产业区、综合产业园区、水暖五金产业区、高新技术产业园区和金属表面处理中心。至2917年底，园区共有50家企业，就业人数2500多人。2017年实现产值6.83亿元、利税1883万元。“2+1”(机械制造、高端水暖、电子信息)特色产业集聚发展。在省级九部门联合验收中，常泗工业园因成绩突出，位列全省共建园区县级第一名。

**【东西部扶贫协作】**　2017年4月，常熟市委组织部选派王晓东和刘飞两位干部到思南挂职。王晓东任常熟对口帮扶思南工作队队长，思南县委常委、副县长；刘飞任常熟对口帮扶思南工作队队员、思南投资促进局副局长。同时发挥常熟市教育、医疗、产业发展等领域优势，实现两地资源共享。教育协作方面，至2017年底，常熟市25所中小学校分别与思南县25所中小学校建立对口交流机制，上半年举办的“乌江教育论坛”和下半年举办的“虞山教育论坛”，组织和吸引两地近200人次教师参加交流，通过挂职传授和跟岗学习等多种形式，促进两地教育质量共同提升。卫生医疗协作方面，2017年，思南卫生系统已派49人次到常熟市对口单位参观、考察、学习，其中半年以上进修学习的专业技术人员25人。常熟市各对口医疗卫生机构共派出10名医疗专家组队赴思南县开展为期3月的“传帮带教”医疗卫生对口帮扶工作。产业合作方面，常熟商务局助力“思货出山”提供物流补贴基金50万元，提升思南农特产品出山动力。积极培育思南农特产品出山渠道，逐步形成以亿农公司为上行、王四食品为下行的产销渠道，至年底，常熟专柜累计销售思南农特产品近5万元。积极帮助思南县通过王四专柜、常熟交广网等线上线下同步开展的方式，在常熟展开优质农产品宣传推介，初步与常熟两家单位和行业协会达成年货订购意向，预计订购规模可达100万元。牵线企业落户思南。常熟企业苏州聚鑫堂生物科技有限公司与思南五峰公司合作成立中药材原液提取加工厂，已签订协议，落户思南经开区，通过企业+基地+农户的模式，逐步带动贫困户脱贫摘帽。除此外，通过常熟在思南的挂职干部的牵线搭桥，贵州品界农业发展有限公司、贵州省思南县福禄寿农业发展有限公司、思南县双塘何氏红木家具经营部，2017年度已在思南

2017年11月20日，常熟·思南教育对口协作交流周开幕
（市教育局提供）

萨摩川内市进行为期1年的国际交流工作。4月10～14日，体育局副局长顾烨华率市老年人乒乓球协会代表团一行13人访问日本绫部市，开展乒乓球友好交流。4月22～29日，摩洛哥索维拉市议员萨米·卡胡率政府代表团一行6人访问常熟，开展文化旅游交流。5月8～9日，副市长赵红率市教育代表团一行6人访问澳大利亚汤斯维尔市，开展教育交流和教育项目合作探讨。5月15～19日，澳大利亚汤斯维尔市摄影师玛丽琳访问常熟，拍摄常熟人文自然景观。6月3～7日，市工商联副主席袁卫忠率市工商联友好代表团一行9人赴日本萨摩川内市，参加两市企业家经济合作恳谈会，商谈经贸往来项目。6月3～7日，市文广新局副局长何君良率市文化代表团一行11人赴日本萨摩川内市，参加该市文化节，表演文艺节目。7月29日至8月2日，市教育局副局长唐佩军率市青少年代表团一行19人赴日本萨摩川内市，开展游泳和文艺交流活动。9月6～20日，外事办联合市文联在市图书馆举办“南纬19度——友城汤斯维尔映像”摄影展，通过中澳两地摄影师镜头，向广大常熟市民展示澳大利亚友城风貌。9月17～20日，澳大利亚汤斯维尔市市长珍妮·希尔率国际教育代表团一行10人访问常熟，与常熟市进行教育交流与教育项目合作商讨，并参观“南纬19度——友城汤斯维尔映像”摄影展。10月18～21日，日本鹿儿岛县贸易协会副会长弓场秋信率萨摩川内市经贸代表团一行5人访问常熟，与市口岸办、木材厂商、贸易公司和物流公司等举行会谈。11月3～4日，韩国务安郡南岳中学校长柳仁善一行4人访问常熟，磋商当月中旬该校学生访问常熟事宜。11月6～14日，市委副书记、市政协主席、市委宣传部部长韩卫兵率市友好代表团一行5人访问加拿大本拿比市和美国劳顿郡，探讨在科技、经济、文化、教育等领域的合作交流。11月8～11日，日本萨摩川内市副市长永田一广率政府代表团一行10人访问常熟，商讨两市在经贸、旅游、文化等领域的合作交流。11月16～17日，韩国务安郡南岳中学校长柳仁善率青少年代表团一行33人访问常熟，与常熟市第一中学的学生开展交流。11月27日至12月1日，市政协副主席陆建达率市友好代表团一行6人访问日本绫部市，学习日方医养融合和社区管理经验，磋商两市医疗、青少年交流项目。

2017年11月9日，常熟友好城市日本萨摩川内市政府代表团到常熟理工学院，与在校师生交流互动 （常熟日报社提供）

【涉外接待】 2017年，外事办共接待和配合有关部门接待外宾共7批34人次。3月2日，印度驻上海领事馆总领事古光明访问常熟，寻求推动中印经贸、文化交流；3月6日，意大利对华友好协会主席皮韦蒂到常考察，与常熟市就服装企业合作、时尚品牌打造、经济文化交流等达成共识；9月4～6日，德国弗莱堡市市长迪尔特·萨勒门率团访问常熟，两市签订了友好交流备忘录；9月17～18日，马来西亚槟城记者代表团到常进行参观拍摄，宣传“一带一路”合作机遇和展示城市发展现状；9月23日，越南祖国阵线代表团到常进行新农村建设考察访问；11月22～23日，日本爱知县知事大村秀章率团到常访问，参观常熟虞山公园“乒乓外交”友谊树和纪念碑；11月26日，日本驻上海领事馆总领事片山和之到常，推动日本与常熟的经济合作。

【出国（境）管理】 2017年，外事办共申办因公出国（境）团组护照、签证38批123人次，其中自组团27批111人次，上组团11批12人。外事办根据上级有关规定，配合市出国会审小组，严格按照年初计划上报团组，做到有保有压，向招商一线倾斜。出国（境）证照收缴率100%。在APEC商务旅行卡申办工作中，积极推介，按需办理，全年成功申报APEC商务旅行卡71人次。代发外国人来华被授权单位邀请函186人次。

【友城经贸深度合作】 2017年11月8日，载着1653立方米日本杉木的“昱安”轮从常熟友城日本萨摩川内市川内港出发，驶向常熟港，萨摩川内市政府举行“川内港至常熟港木材出口首航纪念仪式”。11月27日，“昱安”轮按计划顺利靠泊常熟新泰港务码头并在当天完成卸货。这标志着经过多年的不懈努力，外事办以友城交流为支点，撬动友城经贸合作开启了崭新的篇章。

市政协领导及办公室、各专委会累计走访家庭 2800 多户，走访市场和重点项目 300 多个，收集意见并协助解决问题 400 余件。

**【苏州市十四届政协委员常熟小组活动】** 2017 年 6 月 14 日，苏州市政协委员常熟小组开展活动。市委副书记、政协主席韩卫兵参加活动。苏州市政协办、委联办领导张晟伟、夏志军、吴多法应邀出席。委员们参观苏州市政协委员企业联领智能科技的制造车间、设计研发室等，并开展小组座谈。

**【在常苏州政协委员异地视察调研】** 2017 年 12 月 4 日，市政协组织在常熟的苏州市政协委员，赴太仓市开展异地视察调研活动。常熟市委副书记、政协主席韩卫兵，市政府副市长张月明参加活动。太仓市政协主席邱震德陪同视察调研。调研组一行察看了太仓港苏州现代货箱码头有限公司、郑和纪念馆、沙溪古镇、太仓高新区德国中心等地。

**【专题党课】** 2017 年 7 月 6 日，市委副书记、市政协主席韩卫兵以"旗帜鲜明讲政治"为主题，给政协机关的全体党员干部上了一堂专题党课。他从旗帜鲜明讲政治的重要意义、内涵要求以及如何把讲政治贯穿到党性锻炼全过程等三方面，分享学习体会。并强调，政协机关党员干部要认真做好政治引领和思想引导工作，更加有效地增进共识、汇聚力量，扩大公约数、画好同心圆，为精致城市建设贡献智慧和力量。

## 重要会议

**【政协常熟市第十四届委员会第一次会议】** 2017 年 1 月 4～7 日，中国人民政治协商会议江苏省常熟市第十四届委员会第一次会议召开。会议听取并拥护王飚书记在大会开幕式上所作的讲话。会议认为，市政协各参加单位和全体委员要充分发挥自身优势，认真履职尽责，为高水平全面建成小康社会作出积极贡献。会议听取并赞同周勤第代市长所作的《政府工作报告》以及其他报告。会议审议并同意徐永达受政协常熟市第十三届委员会常务委员会委托所作的《政协常委会工作报告》，审议并同意王永明受政协常熟市第十三届委员会常务委员会委托所作的《政协常委会关于提案工作情况的报告》。会议认为，十三届政协以来，市政协常委会牢牢把握团结和民主两大主题，围绕中心、服务大局，解放思想、开拓创新，努力探索提升委员能力、发挥委员作用的新实践，与时俱进拓展政协工作的新路径，积极搭建协商于民、协商为民的新平台，科学理性议政，智慧坦诚建言，精准务实助力，为推动常熟经济发展、民生改善、社会和谐、民主政治建设作出了积极贡献。会议认为，市十三届政协常委会对新一届政协提出的建议，目标明确、重点突出，要认真组织实施，务求取得实效。会议期间，委员们围绕全市产业转型升级、城乡建设管理、生态农业发展、增进民生福祉、历史文化传承等问题，以及进一步做好新形势下人民政协工作，通过分组讨论、大会发言、撰写提案等形式，深入协商议政，提出真知灼见。会议选举产生了政协常熟市第十四届委员会主席、副主席、秘书长、常务委员。

**【政协常委会议】** 2017 年 1 月 7 日，市政协十四届一次常委会议召开。市委副书记、市政协主席韩卫兵出席会议。会议贯彻市政协十四届一次会议精神，落实王飚书记在会议开幕式讲话中提出的要求，提出政协要在五个方面作出新的努力，争取新的成效。会议审议通过市政协副秘书长、办公室正副主任、专委会正副主任及成员名单，审议通过市政协 2017 年工作要点。

3 月 24 日，市政协十四届二次常委会议召开，通报协商"提升产业特色，打造富有亮点的特色小镇"议题。市委副书记、市政协主席韩卫兵出席会议，市委常委、常务副市长沈晓东应邀参加会议。会议听取市政府专题情况通报。政协经科委，政协虞山镇、碧溪街道工委等进行了专题建言。会后上报《全力培育特色小镇，做强常熟优势产业》的建议案，提出，要将两个千亿级产业支撑的路虎汽车小镇和云裳小镇打造成为省级特色小镇，把已有一定基础的其他小镇培育成为省市专项特色小镇。这次重点协商，助力云裳小镇和沙家浜田园水乡特色小镇申报第一批苏州市特色小镇、海虞镇入选全国特色小镇。

8 月 31 日，市政协十四届三次常委会议召开，通报协商"完善养老体系建设，提升社会化养老水平"议题。市委副书记、市政协主席韩卫兵出席会议，副市长许浩应邀参加会议。会议听取市政府关于全市养老服务体系建设工作情况专题情况通报。市政协委员从不同角度进行了专题建言。会议协商决定有关人事任免事项。会后，形成《完善养老体系建设，提升社会化养老水平》的建议案，提出，要放宽准入门槛、鼓励社会参与，推出特色项目、提升生活品质，拓展育才方式、培养专业队伍等具体建议。

12 月 15 日，市政协十四届四次常委会议召开。会议决定，市政协十四届委员会第二次会议于 2018 年 1 月 2 日至 4 日召开。市委副书记、市政协主席韩卫兵出席会议，市委常委、常务副市长沈晓东应邀参加会议。会议听取《政府工作报告（征求意见稿）》起草说明，并进行协商讨论；协商通过《政协常委会工作报告（讨论稿）》和《提案工作情况报告（讨论稿）》及报告人；听取市政协十四届二次会议筹备情况汇报；协商决定召开市政协十四届二次会议的有关事宜；听取政府系统办理政协提案情况通报（书面）；审议市政协各专门委员会工作报告（书面）；协商决定相关人事任免事项；协商决定十四届政协委员调整名单。

**【政协主席（扩大）会议】** 2017 年 1 月 20 日，市政协十四届一次主席（扩大）会议召开，传达苏州市政协十四届一次会议精神，协商确定政协领导分工，协商讨论 2017 年协商课题和重要活动安排，并听取提案立案情况汇报，确定市长领办、主席督办重点提案。市委副书记、市政协主席韩卫兵出席会议。

4 月 26 日，市政协十四届二次主席

年，制订出台《巡察工作领导小组议事规则》《巡察工作办公室工作规则（试行）》《关于被巡察党组织配合市委巡察组开展巡察工作的暂行规定（试行）》《巡察“回头看”工作暂行办法（试行）》等10多项规定制度，编制《巡察工作基本流程》，编印《市委巡察工作手册》，固化巡察准备、了解、报告、反馈、移交、整改、归档等七个环节业务，为高质量实施巡察提供制度保障。

【建立巡察工作政策文件库】 2017年，从组织、财政、审计、人社、住建、行管、农办等职能部门收集涉及党建、干部选拔任用及津补贴发放、“三公”经费支出、工程建设招投标、政府采购、公务用车、农村集体“三资”管理等方面操作规程、政策规定100余个，在此基础上形成政策文件库下发各巡察组，以供巡察组在巡察工作中对照具体规定，精准发现问题。

【组织开展巡察“回头看”】 2017年8月，依托新组建的4个市委巡察组，对2015、2016年被巡察的市民政局、市发展投资有限公司、市供销合作总社、市职教中心等4家党组织开展巡察“回头看”，实地检查了解巡察反馈意见整改落实情况，促进问题整改落实到位。同时，对没见底的问题再了解，对没发现的问题再发现，持续形成新的震慑。

【配合协助做好省委巡视工作】 2017年8月至10月，省委第七巡视组对常熟市开展为期两个月的常规巡视。巡视前后，根据市委总体部署安排，突出加强组织协调、做好服务保障、推进问题整改等，为省委巡视组顺利圆满完成巡视任务提供坚强保障。12月底，对各单位上报的整改落实情况进行汇总梳理，形成市委整改落实情况报告、市委主要负责人履行整改责任报告和整改情况社会公开稿等，在规定时限内上报省委巡视办，完成上级交办的阶段性工作。

【开展乡镇巡审工作】 2017年，《农村基层巡审联动监督的意见》出台，将农村巡审工作纳入市委巡察工作总体规划，明确乡镇党委为村级巡审工作的实施主体，全市各镇（街道）、板块分别成立巡审工作领导小组并组建巡审工作组，负责区域范围内的巡审工作。按照先重点村、规模比较大、群众反映问题多的村（居），后一般村（居）的顺序，有序开展多轮村（居）巡审工作。巡审结束后，以“书面＋当面”形式向被巡审单位党组织进行反馈，加强对有关整改情况的跟踪督办。年内，先后对48个村、社区开展巡审，根据巡审移送的线索对6名农村基层党员干部的违纪违规问题进行立案审查。

## 反腐倡廉宣传教育

【概况】 2017年，以“碧水琴川”廉政文化重点活动为主线，突出党章党规党纪教育，推进家规家训家风建设，促进党员干部廉洁自律、修身齐家，努力在全市营造风清气正的良好政治生态。

【开展“学条例准则、守纪律规矩”宣传教育活动】 2017年，以学习贯彻《中国共产党党内监督条例》《关于新形势下党内政治生活的若干准则》《中国共产党巡视工作条例》为重点，扎实开展党规党纪集中宣传教育活动。将党规党纪纳入党委（党组）中心组理论学习、领导干部“菜单式”选学和党员干部学习培训计划，通过学习辅导、专题培训、知识测试等，教育引导党员干部立身正、讲原则、守纪律、有规矩、拒腐蚀。2月，举办市委中心专题学习会；4月下旬，举办科级干部轮训班，重点学习《准则》和《条例》。同时围绕全面从严治党新要求，通过开展“一把手”上廉政党课、邀请专家作专题辅导等，加强反腐倡廉形势任务教育。

【开展“讲法治颂廉洁”情景诗歌朗诵大赛】 2017年，结合“依法治国、依规治党”要求，以“讲法治·颂廉洁——喜迎党的十九大”为主题，在全市范围内开展情景诗歌创作朗诵大赛。3月活动启动后，经过宣传发动和创作评选阶段，共收到文字作品28件，选出15件进入创作排演。10月进行决赛，全面展示全市法治廉政文化建设的成果，弘扬清风正气。最终，市公安局的《虞城公安颂》和市文广新局的《廉如水法如山》获得大赛第一名。

【实施“清风林”政治生态净化工程】 2017年，按照“维护政治生态是中央对纪委工作提出的新定位”要求，认真把握“四种形态”，正确理好“树木”与“森林”的关系。4月20日，开展“同植廉心树、共育清风林”主题活动，通过让新提任领导干部及其配偶一起植树、

2017年3月28日，2017年“碧水琴川”廉政文艺基层行启动（市纪委提供）

2017年6月，不忘合作初心，继续携手前进活动走进苏州吴江毛啸岑故居
（农工党常熟市委提供）

到了常熟市委书记王飚的批示。年内，规划总面积为3600平方米，预算600万元的室内网球馆正在设计中，并已报请发改委立项，2017年开工建设。另外，王飚还对农工党市委提交的《关于加快常熟与苏州轨道交通建设的建议》进行了批示，积极争取实现苏州市域轨道交通的对接。

【社会服务】 2017年，农工党常熟市委组织医卫界党员，分别在老干部活动中心、支塘镇、碧溪新区、琴南社区开展医疗咨询服务。一院支部、二院总支、三院支部分别组织党员在服装城、古里镇、实验小学幼儿园、常熟理工学院等开展不同形式的义诊、精神卫生讲座，打造送医服务品牌，为基层群众解决看病难问题。市委派员参加“中国环境与健康宣传周”活动，多名党员承担“7·16”纵火案遇难者家属的心理干预和干预后心理督导培训，有党员受司法部门的邀请参与青少年犯罪心理咨询活动，多名党员走进直播间来到《健康优生活》，传授市民医学知识。城建支部和环境支部积极参加“和爱商城”志愿亭服务工作。同时，2017年“大手牵小手，虞山识百草”活动继续开展。截至2017年底，与石梅小学联合开展的系列活动一共组织了六期，活动遍及虞山山麓各处。下一步，市委将继续联合石梅小学开展认识身边的中草药系列活动，丰富活动形式，开展爬山识中药、中药讲座、辨药竞赛、制作香包赠送敬老院等活动，延续虞山医学传承与发展，为祖国中医药发展做出贡献。

【结对帮扶】 2017年年初，农工党内一个支部及一批党员积极响应市委号召，对梅李镇8名家境贫困、品学兼优的学生进行捐资助学，并由农工党青工委开展后续跟踪服务。10月份，市委前往常熟理工学院，为10名品学兼优的贫困大学生捐资助学。完成了农工党苏州市委的“前进慈善基金”的募集工作。党员李涛所在企业向常熟市慈善基金会捐款60万元、向常熟理工学院“金申奖学金”捐款2万元，捐助重症患者及重阳节老人慰问品等6万元。党员王维东向70名环卫工人捐出两万元的夏季防暑用品，并资助多名贫困学生。

【对口支援贵州医疗】 农工党员陈永昌和王晓锋入选赴黔援医，开展为期3个月的赴贵州省思南县的医疗支援项目。两位专家在思南期间开创了思南县医疗史上的多个首例，获得了思南人民的赞誉。6月6日，2017年度农工党苏州市委对口贵州省铜仁市医疗帮扶实施项目——农工党常熟市委、常熟市第一人民医院启动仪式在市一院职工之家举行。农工党常熟市委联合常熟市第一人民医院为前来学习的3位贵州医生安排主任医师带教及进修科室，实行“一对一”的带教。

【基层组织换届工作】 2017年5月11日，随着农工党常熟理工学院支部委员会换届会议的胜利举行，农工党常熟市委17个基层组织全部完成了换届工作。在换届过程中，市委严格遵守《基层组织换届意见》，明确换届总体要求和具体政策，规范了各项工作的流程。本次基层组织换届，共选举产生了17位基层支部主委（主任）。新当选的班子领导以70后、80后为主，每个支部领导班子中均配备了女干部，整体年龄、经历、专长、性格等搭配比较合理，符合班子成员的配备要求。由此，农工党常熟市委由2016年的1个总支、15个支部和1个直属小组变为1个总支、16个支部。

【舆论宣传工作】 2017年3月，农工党常熟市委“常熟农工”微信公众号上线运行，全年发表各类信息160篇，阅读量达20965。2017年7月3日，农工党常熟市委全市宣传骨干培训班在常熟玉蕙口腔VIP植牙中心举办。全市各基层支部的信息员参加了培训，同时农工党市委还邀请了民盟、民建和民进的宣传骨干参加了本次培训，做到资源共享。培训邀请了苏州新媒体联盟总干事姚萍娟，为30多名民主党派成员奉上了一场新媒体时代的知识盛宴。

【举行庆祝地方组织成立65周年书画摄影作品展】 2017年10月11日，庆祝中国农工民主党常熟市（县）地方组织成立65周年“同心前行”书画摄影作品展在市文化馆开幕。农工党常熟地方组织始建于1952年11月21日，到2017年已走过了65年的岁月。开幕式上，中共常熟市委常委，市委组织部、统战部部长陆文明等领导为常熟前进画院（筹）特聘画家宋磊、唐一等15

# 法治·军事

## 政法委及综治

【概况】 2017年，市委政法委推进平安常熟、法治常熟和过硬队伍建设，全市矛盾纠纷调解率、调解成功率保持在99.8%以上；刑事发案数量十连降，公众安全感达96%；“三合一”整改完成率达64.3%，出租房屋整改率达50.37%；完成全国“两会”“一带一路”国际合作高峰论坛、江苏发展大会、党的十九大期间安保工作；常熟市国安办被江苏省国家安全领导小组办公室评为2017年度江苏省示范国安办；“碧溪新区社会治理信息化建设”和“常熟市梅李战训基地”被评为苏州市综治和平安建设优秀项目；组织三轮社会稳定矛盾问题排摸工作，建立重大涉稳问题滚动排摸和月度化解数、新增数通报机制，在全市开展常态化影响社会稳定矛盾问题排摸调研工作，加强情报信息搜集研判与上报；开展社会矛盾和安全隐患大排查大整治、“四防四查”、信访维稳“百日行动”等，社会矛盾纠纷发生数和信访、公共安全事故大幅度下降；推进升级版技防城项目建设，完成社会面监控点高清化改造，村级监控高清化改造工程全部竣工投入使用；落实政府法律顾问专业化服务，推进依法行政，法治政府建设迈上新台阶；市级指挥平台完成升级改造，镇级联动指挥平台全线运行；全面开展网格化社会治理联动机制建设，打造全市社会治理创新又一重要品牌。

2017年4月12日，苏州市委常委、政法委书记俞杏楠调研常熟市社区矫正管理教育中心　（市司法局提供）

【李强与隐蔽战线专题展】 2017年4月14日，《李强与隐蔽战线专题展》揭幕仪式在沙家浜革命历史纪念馆举行。李强原名曾培洪，虞山镇人。他早期参加中国革命，在白色恐怖活动时期就追随周恩来加入了中央特科，先后担任特务股股长和通讯科科长，研制了中国共产党历史上第一部无线电收发报机，又先后架设上海和香港中国共产党历史上最早的两个秘密电台，多次为中央特科筹集经费，是中国共产党隐蔽战线的革命前辈。他还发表了著名的《发信菱形天线》，研究成果被命名为“李强公式”，成为新中国广电事业和外贸事业的先驱。

【开展多次专题培训】 2017年4月，组织梅李镇、古里镇、常熟经济技术开发区、常熟高新技术产业开发区、东南街道等镇（板块）分管稳评的领导及业务骨干人员参加由国家发改委培训中心举办的社会稳定风险评估与管理实战案例专题培训班；市综治办参加由苏州市综治办在苏州市农村干部学院举办的为期2天的苏州市综治干部培训班；5月，举办政法综合干部专题培训会，重点学习研讨政法工作创新、当前司法改革热点难点与工作创新、网格化管理的原则方法与基层社会治理等；10月27日，市国安办举行全市国安办知识培训；12月，市维稳办召集全市14家第三方稳评机构召开全市第三方稳评机构培训会，采取集中授课方式，主要讲解第三方稳评工作概念、操作、要求等800多人次。

审判辅助　继续推行公开摇号选定鉴定、评估机构，严格做好监督管理工作，全年共完成32个破产案件的管理人选任工作。全年提押人犯2088人次，值庭次数1617次，出动警力3282人次，开展安全培训12次、安全检查28次，在门卫进行安检19340人次，处置突发事件和群体性事件7次。加强司法调研、司法宣传，9篇调研文章被省级以上刊物录用，163篇次文章被省级以上媒体录用，联合录制法制节目216期。编报信息124条，录用73条。加强自媒体建设，形成“两微、两号、三端”新媒体宣传矩阵。

【优化审判运行模式】　2017年，分别制定、修订刑事、民事案件定案及签批机制，修订审委会工作规则，全面落实“让审理者裁判”。推进刑事诉讼制度改革，坚决防范冤假错案，坚持罪刑法定、疑罪从无，严格证据裁判、排除非法证据，确保刑事案件的事实和证据经得起法律考验。推进案件繁简分流，实现“简案快审、繁案精审”。诉讼服务中心及8个人民法庭成立速裁组，全年审结案件1752件，占同期法院民商事案件结案总数14.43%。制定《业绩考核办法》，体现奖勤罚懒。实行员额法官挂庭办案制度，最大限度让人案配比趋于合理，缓解人案矛盾。

【强化监督管理职责】　2017年，市法院构建院、庭长审判监督指导新机制，以清单化形式明确院长、庭长审判监督管理职责。院长、庭长加入审判团队实质性办案，全年结案9839件，分别占全院总数35.96%。压降审委会讨论案件数量，健全专业法官会议制度和院长、庭长对重大敏感、涉全局性案件的依法把关等机制，有效控制风险。

【加强审判管理】　2017年，市法院创新建立审判质效“三级体验”制度，对办案数据进行常态化“定期体验”，对异常数据进行针对性的“深度体检”，对短板问题进行有重点的“专项体检”。坚持审判运行态势分析、内网审限提示、发改案件专项评析等做法，把审限管理、审判流程管理、均衡结案等纳入规范化轨道。重点开展法官自查、日常评查、专项检查“三查”，和庭审活动、裁判文书、案件卷宗、发改案件“四评”活动，整改影响质效的短板问题和重复性错误，一审改发率0.96%，同比下降0.22个百分点，审判质量居苏州全市法院前列。

【推进司法公开】　2017年，市法院推进审判流程、庭审活动、裁判文书、执行信息四大公开平台建设，增强审判工作透明度，网上公布裁判文书16828份，互联网庭审直播504件。采用电子送达方式向1789件案件当事人送达诉讼文书2393份。在诉讼服务中心和档案室设立网上电子阅卷平台，推行诉讼档案电子借阅卷。建立常态化、制度化代表联络机制，与市人大联合出台关于建立代表联络站的《若干意见》和《实施细则》，确定以古里人民法庭为试点，在8个人民法庭设立代表联络站，主动接受人大代表监督。　（吴　欢）

## 司法行政

【概况】　2017年，全市各类人民调解委员会共组织纠纷排查12050次，调处纠纷13419件，调处成功13417件，调处成功率为99.98%；劝阻群体性上访220起1112人次，防止矛盾纠纷激化82起。全市14家律师事务所共办理案件7570件，结案5020件，受聘担任法律顾问单位1428家，通过诉讼和非诉讼方式为当事人追回欠款9.5亿元，避免经济损失13.3亿元；全市11家法律服务所共办理案件889件，结案734件，受聘担任法律顾问单位226家，为当事人追回欠款2761万元，避免经济损失4838万元；市公证处办理各类公证19342件。市法律援助中心受理指派各类案件725件，接受来电来访咨询9135起。年末在册社区服刑人员443人，在册刑满释放人员1966人。

【建材商会人民调解委员会成立】　2017年1月12日，常熟市建材商会人民调解委员会成立，进一步拓展了行业商会调解组织网络，有助于构建全市建材行业良好的市场经营环境，为建材经营户和消费者排忧解难，增强建材行业全体经营户业主及职工的法治观念。

【构建刑事法律援助案件对接机制】　2017年2月22日，市法律援助中心会同市公安局法制大队就刑事法律援助案件的指定和申请流程明确了对接机制。双方各自确定专人具体负责对接沟通刑事法律援助案件信息，确保

2017年8月18日，常熟市“青春自护 法伴成长”青少年法治夏令营举行开营仪式　（市司法局提供）

个，合计注册外资 6.89 亿美元，占全市 72.99%。全市共批准电子信息、装备制造、汽车及零部件、太阳能光伏、生物医药等新兴产业项目 53 个，占全市 31.92%，注册外资及港澳台资 1.17 亿美元，占全市 12.37%。服务业注册外资及港澳台资 2.7 亿美元，占全市 28.63%。全市实现到账外资及港澳台资 7.46 亿美元，其中服务业到帐外资 1.19 亿美元，占全市 16.02%。全市贯彻落实国务院办公厅《关于扩大对外开放积极利用外资若干措施的通知》（国发[2017]5 号）、省政府《关于扩大对外开放积极利用外资若干政策的意见》（苏政发[2017]33 号）和苏州市政府《贯彻落实扩大对外开放积极利用外资政策的实施意见》（苏府[2017]68 号），年初市政府出台《关于进一步推进全市招商选资的工作意见》及配套细则。5 月，市政府举办常熟市营商环境信息发布暨投资创新（上海）交流会，首次发布《2017 常熟市外商投资发展白皮书》。11 月，在 122 届广交会期间举办常熟市服装贸易（广州）招商推介会，在重点城市加大媒体推广力度，扩大本市投资发展、经贸合作的对外影响。年内开展各类境外专题招商活动，常熟市委书记王飚、市委副书记、市长周勤第分别带队赴欧洲开展招商活动，直接推动了德国知名车企、西门子汽车电机、意大利服装品牌等一批项目跟常熟的合作。

2017 年 11 月 28 日，凯驰中国投资公司签约落户常熟高新区

（高新区提供）

**【康迪泰克（中国）橡塑技术有限公司涂胶布项目投产】** 2017 年 3 月 21 日，康迪泰克（中国）橡塑技术有限公司涂胶布项目投产。康迪泰克（中国）橡塑技术有限公司成立于 2009 年，是德国大陆集团在常熟高新区设立的第二家汽车零部件企业。2016 年公司完成销售 14.5 亿元，上缴税收 1.08 亿元。该项目主要从事橡胶涂层产品生产，包含橡皮救生艇用材料、运动橡皮艇用材料、伸缩篷材料、密封/防振用橡胶布、空气弹簧原料和印刷用橡皮布等产品，年产能为 215.2 万平方米。

**【常熟市营商环境信息发布暨投资创新（上海）交流会】** 2017 年 5 月 25 日，2017 常熟市营商环境信息发布暨投资创新（上海）交流会举行。商务部投资促进事务局副局长李勇，江苏省驻上海办事处主任王建康，常熟市委副书记、市长周勤第出席交流会。140 多位客商参会，和常熟市政府、各板块以及沪上境内外投资界精英互话投资合作，对接交流，创新共赢。周勤第在交流会上发表主旨演讲。交流会上发布了《常熟市外商投资发展白皮书》，通过引入第三方机构的评估调研报告，客观全面地展现了常熟的营商环境。4 个投资创新合作项目进行现场签约。嘉宾与参会人员还开展投资创新互动交流活动。

**【法雷奥西门子合作项目签约落户常熟】** 2017 年 6 月 22 日，由世界 500 强企业西门子公司与全球汽车零部件企业法雷奥公司共同投资设立的新能源车驱动电机项目签约落户常熟高新区。常熟市委书记王飚，市委副书记、市长周勤第出席签约仪式。该项目旨在为全球新能源汽车提供最为核心、最为先进的汽车驱动电机及逆变器。该项目计划总投资 1 亿欧元，将按德国工业 4.0 标准，建设 3 万平方米的智能化生产车间。达产后将年产 70 万套高性能驱动电机及 40 万套车载逆变器，年销售达 100 亿元。

**【奇瑞捷豹路虎公司发动机工厂投产】** 2017 年 7 月 21 日，奇瑞捷豹路虎汽车有限公司全新发动机工厂正式投产。投产仪式前，江苏省委常委、苏州市委书记周乃翔会见了奇瑞汽车股份有限公司总经理兼奇瑞捷豹路虎汽车有限公司董事长陈安宁一行。常熟市委书记王飚出席活动。奇瑞捷豹路虎公司发动机工厂是捷豹路虎海外首个发动机工厂，自动化率高达 100%，实现柔性化生产，可同时制造多款发动机产品。工厂一期项目总投资约 14.4 亿元，规划发动机年产能 13 万台。

**【全市招商选资工作会议】** 2017 年 8 月 10 日，全市招商选资工作会议召开。常熟市委副书记、市长周勤第出席会议并就全市招商选资工作提出要求。会议传达了苏州外资工作会议精神，通报了 2017 年上半年全市招商选资工作情况；解读了上级相关利用外资政策，通报了 2017 年上半年招商选资工作考核奖励情况。

## 对外及对港澳台贸易

**【概况】** 2017 年，全市深入适应新常态下外贸转型发展需要，突出重点板新能源车驱动电机项目正式签约落户高新区。该项目旨在为全球新能源汽车提供最为核心、先进的汽车驱动电机及逆变器。项目总投资1亿欧元，按德国工业4.0标准建设3万平方米的智能化生产车间，将年产70万套高性能驱动电机及40万套车载逆变器。

**【中国首个汽车轻量化先进复合材料研发中心落户高新区】** 2017年7月10日，由碳纤维复合材料制品行业领军企业中国恒瑞有限公司与全球顶尖科研机构德国弗劳恩霍夫化学技术研究院共同成立的中国首个、亚洲最大的以汽车轻量化为主要研究方向的先进复合材料技术中心落户高新区。该中心前期设备总投资1500万欧元，研发及办公总面积超过8000平方米，建成后将专注于汽车用碳纤维复合材料轻量化领域应用科学技术的系统化研究。

**【延锋安道拓(常熟)座椅机械部件有限公司开工】** 2017年11月6日，延锋安道拓(常熟)座椅机械部件有限公司在高新区举行开工仪式。该项目总投资23亿元，占地25.35公顷，建设13万平方米自动化工厂，主要从事座椅调角器、滑轨、座椅电动调节器及整椅等产品的生产。

**【海力达汽车科技有限公司开工】** 2017年11月9日，海力达汽车科技有限公司举行开工仪式。该项目占地面积3.33万平方米，从事自动变速器电磁阀、发动机凸轮轴相位调节执行器及零部件的设计、制造，销售自产产品并提供相关的应用程序开发、工程服务、技术咨询服务及技术服务。

**【先进金属材料及应用技术研究所落户高新区】** 2017年11月16日，常熟市人民政府、Robert Sanders及团队、江苏省产业技术研究院三方签约共建先进金属材料及应用技术研究所。该项目是由江苏省产业技术研究院以项目经理的方式聘请材料先进加工技术领军人才中组部“外专千人”、前美国铝业亚太技术总监Robert Standers教授筹建的金属加工技术研究所，项目的签约对常熟进一步完善重大创新载体有着深远的意义。

**【举办常熟国际智能汽车周活动】** 2017年11月22～26日，以“联结产业·创见未来”为主题的2017常熟国际智能汽车周在常熟举行。此次智能汽车周共吸引参展企业300余家，展出面积达2.6万平方米，举办会议论坛30多场，先后成功举办了2017常熟国际智能汽车产业博览会、2017第十二届中国智能交通年会、2017第九届中国智能车未来挑战赛、2017中国智能车大会暨国家智能车发展论坛四大主题活动。

**【凯驰中国投资公司落户高新区】** 2017年11月28日，凯驰中国投资公司签约落户常熟高新区。该项目总投资2亿美元，注册资本6000万美元，是高新区首个外资投资型总部。项目成立后，将控股其在中国所有子公司，行使集中采购、销售、财务管理、核算、人力资源管理等总部职能。 （张亚明）

## 常熟综合保税区A区

**【概况】** 2017年，常熟综合保税区A区共完成进出口总额31221万美元，其中完成进口额23653万美元，出口额7568万美元。完成工业增加值14212万元，同比下降3.51%；完成工业总产值37358万元，同比下降2.50%；完成经营总收入48630万元，同比增加7.17%。重点推进保税物流产业，全年经营收入达到8915万元，同比增加25.55%。

招商引资　区内已有18家生产和物流企业落户。其中生产型企业12家，总投资1.8亿美元，注册资本8700万美元，已有10家企业正式投产。9月，区内世伟洛克公司签署了二期投资协议，增加总投资3500万美元、注册资本2380万美元建设二期工程。区内生产企业主要有以下几个特点：以欧美企业为主，占2/3；以机械加工企业为主，占2/3；全部为出口型外商独资企业。区内另有6家物流公司落户，总投资2800万元。

管理服务　以提高工作效率、改进服务质量、完善服务平台为切入点，注重区内企业的服务工作，先后5次举办了各种形式的座谈会和政策宣讲会，让企业及时了解新的政策法规。管理局基本保证与企业领导每月碰头一次，及时了解企业发展情况及中高层的人员变动情况，及时帮助企业解决生产过程中出现的问题，全年累计协调处理30多个。针对综保区存在的海关监管通关环节长、手续多、效率低等问题，综保区管理局积极利用上级调研征求意见契机，深入企业，了解企业对海关管理方面的需求，整理成文积极向上反映，希望海关能按照“严密防范质量安全风险和最大便利化”的原则，转变管理模式，最大限度减少程序性的管理手续，从而从根本上解决区内与区外管理上存在倒挂的现象，突显海关特殊监管区域的优势，促进企业的发展。同时，综保区管理局认真研究自贸区海关监管创新制度，根据自身区域发展情况，2017年底启动了向海关申请开展仓储货物按状态分类监管业务，该政策可允许非保税货物入区储存，与保税货物一起参与集拼、分拔，根据国内外采购订单最终确定货物实际离境出口或返回境内区外。该政策的实施可使区内企业有效拓展业务类型，提升增值服务能力，提高在全球价值链中的地位，促进综保区更好地对接国内外市场，同时也大大提高了综保区内仓库的利用效率。与南通电子口岸联系购买安装了分类监管仓储管理系统，对仓库内保税货物和非保税货物存放区域进行了标识，仓库内的海关视频监控系统正在安装中。

（施一玉）

## 常熟综合保税区B区

**【概况】** 2017年4月19日，南京海关批复准予在常熟综合保税区B区设立常熟东飞直通式监管点。2017年5月12日，常熟东飞直通式监管点正式封关运作，并举行市场采购贸易试点业务现涉税 862 万元，分别增长 40%、43%、39%。常熟海关不断优化服务举措，扩大“联系基层工作制度”范围；持续深入推进各项业务改革，助推新型贸易业态发展。2017 年，常熟服装城市场采购贸易方式试点申报出口报关单 10298 票，货值 12.98 亿美元。实施“一点接单、多点监管”监管模式改革，对市区海关本部、港区、常熟综合保税区 B 区等 3 个片区、4 个业务办事大厅、5 个办公地点、16 个海关监管场所的海关监管资源进行整合，对相关业务流程进行再造，改革效能初步显现。

【参与加工贸易单耗自核改革试点】 2017 年 1 月，常熟海关选择阿特斯阳光电力科技有限公司等四家企业参加海关总署单耗自核试点，减少前期行政干预，推动海关单耗管理从事前审核向事中事后监管转变，手册核销平均时间由 20 天缩短为 6 天。

【启用“移动查验单兵设备”和音视频执法记录仪】 2017 年 1 月，常熟海关正式启用“移动查验单兵设备”和音视频执法记录仪，全面覆盖常熟辖区所有查验监管现场，实现查验作业信息化操作，使查验时间缩短一半。

【常熟服装城试行市场采购海关监管方式】 2017 年 1 月 19 日，南京海关发布第 1 号公告，自 2017 年 1 月 23 日起，在江苏常熟服装城试行市场采购海关监管方式。5 月 12 日，常熟海关在市场采购贸易业务监管场所——常熟综合保税区 B 区内专门增设口岸作业区，成立常熟东飞直通式监管点，完善集拼、自拼和暂存等区域物流服务功能，通过综保区口岸功能的叠加，将市场采购贸易全程物流时效快速提升 30%。7 月 28 日，常熟海关支持企业开通市场采购国际班列即苏州（常熟）——中亚市场采购专列；该专列全年共开行 8 列，形成常态化班列。2017 年，常熟服装城市场采购贸易方式出口 10298 票，累计出口额 12.98 亿美元，拉动市场成交额增长近 5 个百分点，为常熟市全市外贸出口贡献度约 8%。

【举办高级认证企业颁证仪式】 2017 年 4 月 26 日，常熟海关和常熟经济技术开发区联合举办高级认证企业颁证仪式暨企业信用认证政策宣讲会，为奇瑞捷豹路虎汽车有限公司和江苏理文造纸有限公司等新增高级认证企业颁发海关 AEO 高级认证证书。2017 年，常熟新增高级认证企业 3 家，高级认证企业共计 6 家。

【落实免除查验没有问题企业相关费用试点工作】 2017 年 5 月起，常熟海关每月报送查验没有问题企业的相关数据至南京海关监管通关处和常熟市商务局，使相关企业及时享受到提高通关效率、减轻成本负担的政策红利。2017 年为相关企业免除查验费用共计 16.66 万元。

6 月 20 日，南京海关关长郑汉龙在常熟海关检查指导工作

（常熟海关提供）

【持续深化全国通关一体化改革】 2017 年 6 月 6 日起，常熟海关开始实施“自报自缴”税收征管方式改革；全年共计 1.21 万票报关单纳入“自报自缴”改革，占征税报关单比例的 32.21%。7 月 1 日起，常熟海关启动进口通关的全国一体化改革，实施“一次申报、分步处置”；10 月 1 日起，改革范围扩展到出口通关。2017 年，常熟海关累计放行全国一体化报关单 8.1 万份，总价 106.76 亿美元，占全年报关单的 47.85%；全年纳入“一次申报、分步处置”的报关单 2.14 万份，征收税款 43 亿元。

【提前完成通关时间压缩 1/3 以上的目标任务】 2017 年 7 月，常熟海关提前实现通关时间压缩 1/3 以上的目标。2017 年，常熟海关全年平均通关时间为进口 23.2 小时，出口 1.1 小时，分别较上年度压缩 53.5% 和 43.01%。相关做法得到南京海关批示肯定。

【完成办公场所修缮暨“一点接单、多点监管”业务监管模式改革】 12 月 18 日，修缮后的常熟海关市区办公场所重新启用并对外办理业务，“一点接单、多点监管”业务监管模式同时启动。办公场所修缮和“一点接单、多点监管”业务监管模式改革作为常熟海关 2017 年改革发展的重点项目。通过对市区办公场所的修缮和对科室、人员职能的优化调整，使部分业务科室集中搬迁到市区办公场所，实现了监管资源整合和业务流程再造。 （陶 纯）

## 出入境检验检疫

【概况】 2017 年，常熟出入境检验检疫局法定检验检疫出入境货物 2.29 万情监测点，选址在尚湖镇常兴村，已完成外围的拦网安装。

**【开展测土配方施肥示范】** 2017年，市农委推广测土配方肥的示范推广。一是完成水稻专用配方肥料补贴项目。市耕保站实施补贴项目。共发放宣传资料5000份，组织专题培训3期。整个项目供应肥料5752吨，财政补贴172万元，其中适度规模经营财政补贴151万元、镇财政补贴21万元。二是实施好2016年测土配方施肥补贴项目。全市稻麦测土配方施肥技术覆盖率92.4%，蔬菜测土配方施肥技术覆盖率76.9%。2016年沿江耕地质量提升综合示范项目已完成商品有机肥供应1100吨，生物有机肥100吨，绿肥种植53.4公顷，蔬果水肥一体化应用66.7公顷。带动全市实施各类有机肥1.2万吨，绿肥种植66.7公顷，蔬果水肥一体化应用4336公顷次。三是有步骤做好2017年度测土配方施肥项目。完成土样采集215个，安排水稻试验5个，水稻缓释肥试验共布点4个，分别在常熟辛庄镇、尚湖镇、虞山镇、海虞镇，示范面积8公顷，2017年11月1日，组织苏州农科院、苏州耕保站、常熟作栽站、种子站等专家对海虞镇试验田进行实产验收，一次性施用缓释肥的水稻每公顷产量9804千克，达到了较好的示范效果。四是开展田间肥效试验。根据测土配方施肥补贴项目合同要求，组织实施稻麦肥料肥用率试验2个，主推配方肥校正试验6个，缓释肥试验4个，蔬菜生物肥料肥效试验1个。五是开展多层次技术示范。在尚湖、古里镇设2个测土配方施肥整建制推进示范区，在海虞徐桥村、尚湖大河村、古里坞坵村等设千亩示范片。在17个农民专业合作社开展有机肥和生物有机肥应用示范，总面积达840公顷，全市各类示范面积达3000公顷。

**【开展农作物肥情调查记载】** 2017年，全市定点肥情户107个，共发布肥情简报8期。开展个性化检测服务，利用土肥实验室对家庭农场、合作社、大户开展土壤检测服务12批60项次，肥料检测3批12项次。开展肥料执法检查3次，农民反映的肥害维权4次，开展品牌农资推介3次。

**【开展休耕轮作试点示范】** 2017年，根据苏州市委市政府要求，全市1167多万公顷粮田将在5年内全面轮作休耕一次，以缓解稻麦连作茬口紧的矛盾及秸秆全量还田带来的负面影响。2017年下达轮作休耕计划面积3336公顷，实际落实3348公顷，其中绿肥、油菜轮作面积707公顷，休耕晒垡面积2641公顷。

**【农产品产地土壤重金属污染监测】** 2017年，全市开展农产品产地土壤重金属污染防治预警监测工作，布设耕地环境监测点70个，完成土样和农产品的采样工作。稳步推进重金属修复试点。年内，开展了低积累小麦品种的筛选(试验品种15个)，其他30亩试验田块使用两种钝化剂，正在观察效果。

**【水稻育种】** 2017年，常熟市有2个水稻新品种通过省(市)级审定，分别为水稻新品种常农粳11号(原名常粳13—9)，通过江苏省审定，审定编号：苏审稻20170014；三系杂交粳稻常优312(原名常优10—2)，通过上海市审定，审定编号：2017—1—0005。此外，2017年共有24个水稻新品种(组合)参加国家、省级试验。“常粳14—7”参加江苏省早熟晚粳组生产试验；“常粳15—1”同时参加浙江大学科企水稻联合体区试和生产试验；“常粳16—9”“常粳17—10”“常粳16—4”参加皖垦种业科企联合体区试或预试；“常粳17—1”参加湖北省单季晚粳组区试；新品系“C16—1”“常粳16—2”分别参加省早熟晚粳组和早熟晚粳组(早熟组)区试；“常优1293”“杂粳14—6”“常优16—15”参加江苏省杂交晚粳组区试，同时常优998参加浙江大学科企水稻联合体区试；“常优16—17”“中优16—8”参加江苏省杂交中粳组区试；“早香粳1号”分别参加江苏省区域试验和上海市区域试验；“常粳17—2”“常粳17—3”“常粳17—4”“常粳17—5”参加江苏省早熟晚粳组预试；“常粳17—6”“常粳17—7”参加江苏省中熟中粳组预试；“常粳17—8”“常粳17—9”参加江苏省迟熟中粳组预试；“常粳13—350”“常粳13—356”参加隆平高科品比试验。

**【新品种(组合)示范推广】** 2017年，在全市水稻生产条件较优的主要镇、村集中展示市农科所自主育成的水稻新品种(组合)，主要以水稻机插精确定量栽培示范展示为主。在海虞镇郑家桥村、辛庄镇卫家塘村、古里镇康博村、坞坵村、尚湖镇罗墩村建立“常优4号”“常优5号”“常优粳6号”“常农粳8号、10号、11号”示范展示基地，取到良好展示效果。10月，与省中江种业公司在大义试验基地联合举办常优系列、常农粳系列品种现场观摩会，省内外的100多名种子部门代表及种子经销商在田间检阅常熟市农科所水稻新品种。10月19日，由苏州市农委召开的2018年度苏州市主推品种推介会上确定的5个推介品种中，市农科所育成的4个品种(“常农粳8号、10号”“常优5号”“常优粳6号”)被列为主推品种。

**【蔬菜引育】** 2017年，常熟市引进大众蔬菜新品种有黄瓜、菜椒、香瓜、茄子、番茄、青菜、萝卜12个；特色保健型蔬菜有蘘荷、苤蓝、雪樱子、黑土豆新品种8个。对黄秋葵两个品种以及速生叶菜中的抗热青菜、甜菜心等品种进行进一步提纯复壮，并做好留种工作；对从吴江引进的苏州地方传统特色珍稀蔬菜品种香青菜进行试验种植，完善其栽培技术，提高品质。承担鲜食春大豆区试1个、生试1个，鲜食夏大豆区试1个，生试1个，共4组试验。围绕市科技局“特色保健型蔬菜引进筛选及配套栽培技术研究”项目展开课题研究。

**【项目申报与实施】** 2017年，全市先后有1个苏州市科技项目和1个常熟市科技项目通过验收。主持申报并获立项项目4项，包括江苏省农业三新工程项目1项、江苏省挂县强农富民工程项目1项、苏州市科技项目1项、常熟市科技项目1项，申请经费125万广泛宣传，开展安全生产宣传咨询日和警示教育活动进行集中宣传，激发全社会关心、支持畜禽安全生产的积极性。12月，常熟市农业委员会牵头，联合常熟市市场监督管理局、常熟市公安局在全市范围内组织开展严厉打击危害肉品质量安全违法违规行为“百日行动”。通过电台栏目宣传，悬挂横幅，发放告知书、宣传资料等形式广泛宣传，得到良好社会反响。截至2017年底，行动共计进行日常检查6次，联合执法2次，出动执法人员145人次，检查生猪定点屠宰单位3家、肉类产品加工企业5家、肉类小作坊8家、农贸市场46家、超市30家、学校食堂食品配送经营单位7家、餐饮单位50家。在屠宰环节，常熟市农业委员会结合“扫雷行动”进行“瘦肉精”监督抽查，共抽检生猪尿样2695份，牛尿样303份，羊尿样340份，检测结果均为阴性。在经营环节，市市场监督管理局针对肉类和肉制品“瘦肉精”和亚硝酸盐等指标开展快速检测，共采集肉类食品样品6份，快检结果均为合格，切实保障了全市的肉品质量安全。

**【兽医人才队伍建设】** 2017年，常熟市为增强兽医队伍的凝聚力和工作积极性，组织开展镇级动物防疫站领导班子座谈会，通过座谈交流，激发各动物防疫站班子成员主动参与业务工作、带动全体职工共同进步的积极性。为全面提升官方兽医职业技能，围绕重大动物疫病防控知识、动物卫生监督管理知识，全年组织开展2次集中培训，全市112名业务人员、官方兽医参加。积极参与各类职业技能竞赛，在2017年苏州市重大动物疫病采样监测技能竞赛中，通过激烈角逐，常熟市参赛人员获得采样监测团体二等奖和采样技能个人一、二、三等奖的好成绩。

**【全面实施兽药饲料质量安全承诺、告知制度】** 按照《关于开展2017年本市兽药饲料生产、经营、使用单位告知、承诺工作的通知》要求，对全市兽药饲料生产、经营、使用企业（养殖企业）进行告知并签订承诺书，规范全市兽药饲料生产、经营、使用的行为。全市共发放告知书一式两份共1232份、签订承诺书一式两份共1232份，切实落实主体责任。

**【专项整治畜禽产品抗生素、禁用化合物及兽药残留超标等不法行为】** 2017年，常熟市开展《畜禽产品抗生素、禁用化合物及兽药残留超标专项整治行动》，累计出动执法人员1575人次，涉及养殖环节498家、宠物诊疗单位20家、兽药经营环节8家、饲料生产企业7家、兽药生产企业1家，编制下发《兽用抗菌药物安全使用问答》1900份至各个环节，未发现超剂量超范围用药、违规使用原料药、不执行休药期、不按兽用处方药规定使用处方药、滥用抗菌药物等违法行为。积极应对“3·15”曝光事件，开展饲料生产经营和养殖环节非法添加物清查行动，累计出动执法人员832人次，对全市7个饲料生产企业、7个兽药经营企业、84个饲料经营单位和354个畜禽养殖场（户）进行了一次全面清查。未发现使用兽用原料药、人用药、激素类药品和国务院兽医行政管理部门规定的其他禁用药品行为，未发现超剂量超范围使用药物添加剂行为。开展兽用阿维菌素粉中非法添加非泼罗尼风险排查行动，累计出动执法人员152人次，未发现非法添加非泼罗尼的违法行为。开展蛋禽饲料生产经营企业、兽药生产经营单位和养殖场户大检查，累计出动执法人员156人次对饲料生产环节、兽药生产经营环节、蛋禽养殖场进行大检查，未发现使用、经营氟虫腈制剂或含有氟虫腈成分的杀虫剂。开展生鲜乳质量安全专项行动，累计出动执法人员16人次对全市4个规模奶牛场进行监督检查，未发现违规使用抗生素和非法添加违禁添加物的情况。开展动物诊疗机构专项行动，出动执法人员52人次，对全市21个动物诊疗机构进行监督检查，重点检查兽用处方签规范使用情况，各动物诊疗机构能够按照《兽医处方格式和应用规范》规范出具处方签、执业兽医有签名，但处方管理仍存不足。

**【开展动物防疫条件审核工作】** 2017年，常熟市对取得动物防疫合格证但以关停的养殖企业，以发布公告的方式予以动物防疫合格证注销。下发《关于开展动物防疫条件审查工作的通知》文件，对已取得动物防疫合格证和未取得动物防疫合格证但达到省界定标准的规模养殖企业全面开展一次动物防疫条件审查，并根据审查结果下发整改通知书，进一步强化源头监管，提高全市动物防疫工作水平，保障动物产品安全和公共卫生安全。加大对经营动物及动物产品集贸市场的动物防疫条件监督管理，构建动物防疫条件监管长效机制。

**【做好农业政策性保险工作】** 2017年，常熟市试点开展生猪价格指数保险，常熟市动物卫生监督所与常熟市太平洋保险公司紧密配合，在前期摸底走访的基础上，确定常熟市神农畜牧场、常熟市新龙畜牧场、常熟市启华肉猪养殖场、常熟市正均养殖场4家养殖企业作为试点企业参加生猪价格指数保险，投保生猪9700头。能繁母猪保险和育肥猪保险续保工作顺利完成，在符合养殖整治和防疫条件、农户自愿投保的基础上全市共投保能繁母猪4204头，育肥猪投保7.5万多头，提高广大养殖户抵御疫病风险的能力。

**【奶牛“两病”监测工作】** 2017年，常熟市继续做好奶牛“两病”监测工作。经过连续多年开展奶牛布氏杆菌病、结核病（以下简称两病）全面检测，无害化处理阳性奶牛，全市奶牛“两病”阳性率已得到有效控制。为进一步净化“两病”阳性奶牛，巩固已取得的成效，确保《苏州市中长期动物疫病防治规划（2014—2020）》贯彻落实，保障饮用乳品安全和奶牛业健康发展。全年开展两次监测，对达到监测年龄（布氏杆菌病8月龄以上，结核病20日龄以上为监测对象）的奶牛全部监测，共计监测5320头奶牛，一头结核阳性奶牛已无害化处置。

试合格率100%。开展警示教育。发放宣传资料4560份，制作横幅201条，出动宣传达46次，全市接受学习达1850人，农机驾驶人员受教育率达90%以上。全年，全市共发生道路外农机事故3起，其中死亡事故0起。累计年检拖拉机1039台，新注册登记54台，联合收割机年检502台，注册登记41台；按规定注销拖拉机165台，其中变型拖拉机41台。投保江苏省农机综合保险政策拖拉机1047台、联合收割机542台，参照保险条款对高速插秧机及自走式喷杆式喷雾机也列入保险范围给予财政补贴，办理高速插秧机综合保险732台，自走式喷杆式喷雾机39台。

【农机配套服务】 2017年，常熟市全年累计举办各类培训310人次。市镇两级技术人员累计维修各类农机具598台次，受理各类维修咨询电话750次，出动维修服务人员420人次。承办苏州市2017农机业务技能竞赛，本市选手取得优良成绩。农机、农艺部门成立的秸秆机械化还田和机插秧技术指导小组进村入户，深入田头，对关键技术要点进行现场指导，确保提高还田和机插质量。

# 农产品质量建设

【概况】 2017年，常熟市农产品质量安全工作以“确保不发生区域性、系统性农产品质量安全事件”为底线，坚持严格执法监管和推进标准化生产两手抓，“产出来”和“管出来”两手硬，努力构建“科学合理、职权明确、全程可控、安全长效”的农产品质量安全体系，切实维护人民群众“舌尖上的安全”。全年新申报三品27个，新增三品产地面积9万亩，有无公害、绿色食品、有机食品163家、206个产品，产量48万吨，“三品”产量占比达到40%；抽检水产品500批次，合格率100%；抽检“瘦肉精”尿样4488批24914份，全部为阴性；农产品例行监测1160个，合格率达99.9%以上。快检蔬菜15623批次，合格率达99%以上。

**2017年常熟市种植业“三品”情况表**

表12

| 指标名称 | | 计量单位 | 数量 |
|---|---|---|---|
| 种植业食用农产品“三品”产量（折算初级农产品后产量） | 无公害农产品 | 吨 | 531607.5 |
| | 绿色食品 | 吨 | 17075.2 |
| | 有机农产品 | 吨 | 364.45 |
| | 小计 | 吨 | 549047.15 |

**2017年常熟市有效无公害农产品产量情况表**

表13

| 指标名称 | 计量单位 | 数量 |
|---|---|---|
| 无公害农产品生产基地数 | 个 | 127 |
| 无公害农产品生产基地面积 | 公顷 | 39149.7 |
| 无公害农产品总产量 | 吨 | 531607.5 |
| 其中：粮　食 | 吨 | 213547 |
| 蔬　菜 | 吨 | 301874.5 |
| 水　果 | 吨 | 9812.5 |
| 畜　禽 | 吨 | 2769.5 |
| 水产品 | 吨 | 3604 |

**2017年常熟市有效绿色食品产量情况表**

表14

| 指标名称 | 计量单位 | 数量 |
|---|---|---|
| 绿色食品生产基地数 | 个 | 22 |
| 绿色食品生产基地面积 | 公顷 | 1730.6 |
| 绿色食品总产量 | 吨 | 17075.2 |
| 其中：粮　食 | 吨 | 9562.9 |
| 蔬　菜 | 吨 | 2542.1 |
| 水　果 | 吨 | 4742 |
| 畜　禽 | 吨 | 0 |
| 水产品 | 吨 | 228.2 |

分局等省级“巾帼文明岗”6个。

【妇女权益维护】 2017年，市妇联举办“三八”维权周活动，在网站、微信、微博等媒体开设普法专栏，组织维权干部、巾帼律师志愿服务团成员等进社区开展妇女法治宣传，引导家庭成员学法、知法、懂法。开展“传承家规家训·弘扬崇德尚法”法治家规家训征集活动，通过创家训格言、编家规三字经、讲家风故事等，挖掘传统道德中的法治精神和理念。举办5场“和谐家庭乡村（社区）行”活动，760名妇女参与。全力调解婚姻家庭矛盾纠纷，2017年，市妇联共接处来访、来信、来电98件，巾帼律师志愿服务团免费为48名妇女提供法律帮助。

【妇儿民生服务】 2017年，市妇联开展“精致常熟你我共享·美好生活携手同行”送温暖献爱心主题活动，关心关爱患病妇女、贫困妇女等特殊妇女群众和家庭。开展“百名妇联干部进百村访千户”活动，走访慰问全国“三八”红旗手、困难的离岗退职村妇代会主任435名，慰问资金119170元、物资价值5.14万元。举办第五批关爱患“两癌”贫困妇女“康乃馨”行动，给予12名患“两癌”贫困妇女每人1500元的资助，并为30户患“两癌”贫困妇女家庭送上爱心靠枕、被子等价值1.3万元的物资。举办“携手同行二十载·爱心相伴共成长”2017年“8·26虞城妈妈爱心行动”主题活动，为50名孤残、单亲、流动等家庭贫困儿童代表发放爱心助学金3万元和价值万元的爱心书包，并组织孩子们参加“我动手，我快乐”DIY烘焙活动。举办“小包裹、大爱心，圆梦2017”——常熟市关爱流动儿童“爱心包裹”捐赠仪式，将“四季平安包”送到流动儿童等困境儿童手中。“六一”前夕，市四套班子领导分组走访慰问多所小学、幼儿园，向孩子们送上11万元慰问金和节日祝福。

【女性人才队伍建设】 2017年，市妇联举办基层妇联主席工作讲坛，市镇村三级妇联干部120人集中学习新时期妇联组织建设、妇联发展工作等实务，并论坛交流镇妇联区域化建设、妇儿之家阵地建设、项目化建设等经验，帮助基层妇女干部提高履职能力和综合素质。通过制定规划、调研督查等，全方位、多渠道配合做好培养选拔女干部、发展女党员工作。举办“书韵·墨香”女性书法基础培训班，全市在职副科级以上女干部80人分批参加楷书、行书培训。联合市委组织部制定下发《2017—2020年常熟市培养选拔女干部工作规划》，重视和加强推优荐才工作，分别推荐常熟市级和镇级优秀女性人才46名、151名。 （谢　燕）

## 常熟市文学艺术界联合会

【概况】 2017年，常熟市文学艺术界联合会（简称市文联）着力开展“深入生活、扎根人民”主题实践和文艺志愿服务活动，着力为推进江南文化名城和“精致常熟”建设做出新贡献。市文联所属10个专业协会、15个学术团体，共有国家级会员92人，省级会员268人，苏州级会员236人，常熟市级会员1365人。2017年在全国性展赛获奖、入展入选30项，在省级展赛获奖、入展入选98项。同时，积极维护文艺宣传阵地，出刊发行6期《常熟田》，编委倾心奉献，为广大文学爱好者搭建更高展示平台；《常熟日报文联专版》报道重要文艺活动，展示基层工作特色；《常熟文艺网》更新后台制作，汇集基层文艺信息，对外宣传扩大影响；常熟市文艺交流中心配置专职人员，实行规范管理，承接各种展览，举办惠民讲座，成为文联重要宣传窗口。

【“深入生活、扎根人民”主题实践活动】 2017年，市文联组织开展以“和爱常熟”为品牌的文艺惠民和志愿服务活动。春节前，举办“春暖送万家”活动，组织书画家进三峰管理区、山前社区、小义村、星光天地、海虞镇、支塘镇送书画、送春联给百姓；组织书画家赠送书画作品给道德模范，推动孝爱文化；和市工商联联合举办书画义拍，筹集的14.1万元善款捐赠给市光彩基金，用于助学及扶贫帮困。

【中国书法之乡常熟书法篆刻作品展】 2017年1月12日，“苏风艺韵·守望虞山”——中国书法之乡常熟书法篆刻作品展开幕式在江苏省现代美术馆举行。展览汇集了50名常熟老中青书法家的书法篆刻作品近150件，书体涉及真草隶篆行，形式多样。书法篆刻作品以传统的笔墨技法和严谨考究的章法结构，较为全面地展示了常熟市当

2017年1月12日，“苏风艺韵·守望虞山”——中国书法之乡常熟书法篆刻作品展在江苏省现代美术馆举办 （市文联提供）

表15

**2017年常熟市有效有机农产品产量情况表**

| 指　标　名　称 | 计量单位 | 数　量 |
|---|---|---|
| 有机食品生产基地数 | 个 | 4 |
| 有机食品生产基地面积 | 亩 | 1987.6 |
| 有机食品总产量 | 吨 | 364.45 |
| 其中：粮　食 | 吨 | 0 |
| 蔬　菜 | 吨 | 95.15 |
| 水产品 | 吨 | 0 |

**【区域特色品牌建设】** 2017年，常熟市农委把构建符合本市特色的品牌农业作为重点工作来抓，主要发展常熟稻米等传统农产品、扩大高效设施蔬菜、果品，调整以蟹、虾为主的特种水产品，形成了中西部优质稻米、东部精品蔬菜、南部特种水产、东南部健康畜禽，以及虞山、海虞、辛庄特色果品等五大优势特色农业，并逐步形成“一核三带多园区”现代农业格局。

**【标准化生产】** 2017年，常熟市进一步完善农业标准体系建设，以农业标准化示范区和农民专业合作社为载体，加强特色农业标准的制定和标准化生产技术的推广与普及。强化农产品生产过程质量控制，通过制定农业生产实施标准、农业标准应用，推进各类作物高产、高效标准化生产示范基地建设。加大农业投入品监管，把农业产前、产中、产后各个环节纳入标准生产和标准管理的轨道，促进了生产过程的质量控制。至2017年底，全市共制定省、市地方标准21个，建立标准化生产示范基地50.6万亩。

**【“三品”认证】** 2017年，常熟市高度重视并扎实推进“三品”认证工作，加强“三品”认证指导，鼓励发展无公害农产品、绿色食品、有机农产品，经过努力，全市“三品”产量由15万吨提高到48万吨。加强对认证“三品”基地监管，要求各单位严格执行“三品”有关标准组织生产，加强农业投入品的管理，严把质量关。全面推行“环境有监测、操作有规程、生产有记录、产品有检验、上市有标识”的全程质量控制模式，确保农产品质量。

**【农药统一配送】** 2017年，常熟市全面推行农药集中配送、零差价销售，为提高农药集中配送工作的规范化水平，确保配送农药质量安全，在农资经营企业开展农资经营溯源管理建设工作，以市农药配送体系内的60家农资门店为建设重点单位，健全规范经营主体档案，统一悬挂农资经营管理信息公示栏70块、培训经营人员120人次、发放格式台账300套，基本实现农资经营溯源管理。加强渔药销售管理，将全市44个渔药店实施连锁经营，并通过GSP认证，实现药品统一采购、统一指导、统一销售，保证了渔业生产安全。建立8家水产医院，对农户养殖问题实行就地诊治，对疑难问题可进行远程诊断，切实解决养殖户的实际问题。

高地隙植保机植保作业　　（市农委提供）

**【农产品质量追溯管理体系建设】** 2017年，常熟市按照“过程可控制，内容可检查，质量可追溯，责任可追责”要求，推进农产品质量安全追溯体系建设，每年推荐确定一批农产品追溯体系建设单位，按可追溯要求建立完善的制度和完整的生产经营记录，鼓励有条件的单位运用现代信息技术建立质量追溯体系。同时对列入省农委、苏州市农委的可追溯试点企业加强跟踪管理，要求企业做好生产管理，规范信息录入工作并加强宣传报道。为确保地产农产品质量安全，根据苏州市要求，推行农产品产地准出制度，制订实施办法，要求实施追溯体系建设的单位和有条件的农产品生产单位，在销售前对地产农产品快速检测，合格后方能销售并出具证明。

**【诚信体系建设】** 2017年，常熟市开展农产品质量安全信用体系建设，制定诚信评价标准，明确A、B、C、D诚信等级，加强日常信用信息的记录和上报，完善农产品生产主体诚实守信评价和分类监管机制，通过建立黑名单制度，加大对失信农产品生产者的惩戒力度，营造诚信经营社会氛围，打造企业质量信誉度。截至2017年底，共评选出农产品质量安全诚信示范企业16家。

【加大抽样检测力度】 常熟市农业委员会先后投资为基层配备快速检测仪26台，电瓶车10台，在全市建成快速检测室11个。同时，要求每个快检室结合日常检查、监督抽检等，帮助生产主体加强质量控制，把好农产品产地准出关。全年共开展蔬菜快速检测15623批次、畜产品快速检测31177批次、水产品快速检测1158批次。同时加大定量监测力度。每年重点对蔬菜、果品、稻谷、畜产品、水产品开展农产品质量安全例行监测和监督抽查，合格率一直保持在98%以上。全年完成部、省、苏州市级抽检210批次，市本级抽检950批次，综合合格率99.9%。

【农产品质量安全移动监管平台建设】 2017年，常熟市为全面推进农产品质量安全监管工作，根据省农委的要求，加快推进农产品质量安全移动监管平台建设，利用ANDROID智能系统，在手机或平板电脑上搭载现场执法检查系统，结合全球定位系统(GPS)、二维条码扫描、无线网络通信等技术，实现农产品安全监管人员对监管对象现场执法检查、取证实时上传，使监管更加准确、高效、便捷，移动监管信息平台与省、苏州市平台实现互联互通。同时要求各地健全监管电子档案，及时上传监管信息、检测数据，实现检测数据实时上传，实时掌握各地检测情况，及时了解全市农产品质量状况，有效提高监管工作的效率。

【监管队伍建设】 2017年，常熟市组织监管人员培训。每年组织各镇监管员、村协管员参加各级农产品监管工作培训，增强监管人员法律法规水平和执行农产品监管的能力。组织监管人员参加执法资格培训，25名乡镇监管人员获得行政执法资格。加强检验检测培训。积极组织各镇快检员和“三品”单位内检员赴苏州、南京、泰州等地方参加省、苏州市和本市组织的业务培训。提高快检和内部质量管理不平。2017年，累计培训200余人次。

【农产品质量安全专项整治】 2017年，常熟市制订《2017年全市农产品安全专项整治暨“放心行动”工作方案》，明确饲料、生鲜乳、兽药及兽药残留、水产品、农资打假等七个方面的整治，重点对以甲胺磷等违禁农药兽药、渔业养殖中使用硝基呋喃等有毒有害药物，开展专项检查并整治，确保农产品安全有效。同时为使整治工作落到实处，将各个专项整治落实到具体单位，分别牵头负责，落实整治责任，确保成效。全年开展专项行动131次，出动执法人员5924人(次)，检查企业607家，检查生产经营企业1020家(次)。

【农资打假行动】 2017年，常熟市以农药、种子、兽药、饲料为监管重点，组织开展春秋季农资打假护农行动、夏季农资打假百日行动、种子双打等行动，严厉打击制售假劣农资、坑农害农等违法行为。全年实施农资监督抽检153批次，其中农药抽检30批次，不合格1批次；肥料抽检15批次；兽药抽检7批次；饲料抽检23批次，种子抽检78批次，不合格2批次，农资产品整体合格率达98%，未发生一起农资坑农害农事件，保障农业生产安全，确保粮食增产和农民增收。科学监管，执法抽查实现“双随机”全覆盖。建立随机抽查事项清单35项，65名执法检查人员名录库和614个检查对象名录库，确定检查事项后，实行“一次抽取，分批开展”的模式，随机确定检查人员和被检查对象，确保监督检查公平、公正，反映农资管理的真实面貌，有利于对症下药。创新监管模式。加强监督抽检，对农药鉴定、农产品农残药残检测、转基因农产品监测、饲料添加剂监测等专业性强的鉴定工作，采用第三方服务的形式委托专业机构做出权威检测。同时强化抽查结果应用，对发现的问题，及时向农户发布预警信息，并对违法行为严肃查处。

【农产品质量安全案件查处】 2017年，常熟市始终将查处农产品违法案件作为农产品质量监管工作的重要内容，通过案件办理，打击违法违规行为，维护农产品质量秩序。年内，办结各类农产品违法案件2件。

## 现代农业园区建设

【概况】 2017年，常熟市现代农业园区建设继续以实现“农业增效、农民增收”为目标，以“一核三带多园区”产业发展为抓手，围绕年初制定的目标任务，重点工程建设有序推进，逐步成为

智能大棚 （市农委提供）

常熟集中展示农业科技水平，引领现代农业发展的新标杆。全年共接待各类参观考察团 50 多批，共 6000 多人次。科技部副部长徐南平、国家机关青年干部调研团先后到常熟市现代农业园考察调研。园区联合省生产力促进中心、西大常熟研究院、中国功能农业产业联盟及中国科技大学苏州研究院等单位，先后举办农业科技项目及相关政策解读培训班和常熟市首届功能农业技术培训会，培训相关人员 80 多人次。组织园区党员青年干部赴浙江萧山国家农业科技园区和宁波天宫休闲农业生态园参观学习。组织虞山园区、董浜园区、尚湖园区赴浙江、陕西考察“星创天地”建设。组织董浜园区以及常熟佳盛农业科技有限责任公司的相关人员赴南京参加由中农富通举办的“三农长三角”主题沙龙。

**【蔬菜园艺创新区温室全面运行】** 2017 年，常熟市总投资近 5000 万元（包括配套设施）的蔬菜园艺创新区 3.3 万平方米温室全面运行，温室主要用于全市三大主导产业之一蔬菜园艺产业新品种、新技术、新设施的科研创新和示范引领。先后有六大代表性项目在该区温室实施。

**【基础设施建设】** 2017 年，常熟市农业科技创新中心工程完成所有建前手续办理，计划 2018 年启动实体建设；蔬菜园艺创新区温室配套设施工程；仓储用大棚工程、公共厕所、食堂宿舍、冷藏保鲜库工程完成建设并投用；园区主干道主体工程完工，周边区域绿化景观工程启动并完成大部分树种的栽种，其余绿化树种待进入适宜迁种季节后按计划组织施工；千亿斤粮食项目结余资金增建工程（园内机耕路改造）完工；瞿巷桥机耕路改造工程及驳岸工程全部完工；温室智能化环境控制系统工程完工。全年共组织工程项目招投标 6 个，在建项目 8 个，涉及建设资金约 840 万元。

**【各类项目争取及组织实施】** 2017 年，常熟市全年申报各级项目 4 个，其中省农业三新工程项目 1 个，苏州、常熟农业科技项目 3 个，争取项目资金 171 万元，分别是省农业三新工程项目《草莓高设栽培关键技术集成示范与推广》，苏州市科技项目《设施甜瓜优质高效栽培技术集成创新与示范》，常熟市科技项目《设施甜瓜高效栽培技术集成与应用》和《常熟农业星创天地发展相关问题研究》。跨年度实施的项目 6 个，其中省级项目 2 项，苏州市项目 3 项，常熟市项目 1 项。省级项目有：科技项目“苏南特色精品蔬菜”完成中期考核，根据项目要求，完成科技论文 1 篇的撰写和发明专利申报 1 项，项目将于 2018 年 6 月完成结题验收；农业产业化引导项目“国家农业科技园区蔬菜营养液栽培设施工程”已完成灌溉系统和栽培系统的安装及调试；苏州市级项目有：科技项目“设施草莓移动架式栽培关键技术集成创新与示范”已完成高密度移动栽培系统的设计安装和栽培品种筛选，撰写论文 2 篇和申报专利 1 个；科技项目“自然光型植物工厂蔬菜栽培关键技术集成创新与示范”项目已完成人工光型密闭式育苗技术和营养液控制系统的应用研究；现代农业建设项目“国家农业科技园区基础建设项目”已完成道路和驳岸建设工程。常熟市科技项目“设施蔬菜高效栽培技术集成创新与示范”已完成病虫害控制技术和采后预冷保鲜技术的应用研究。园区博士后创新实践基地首个农科所分站博士后项目《利用分子标记辅助选择培育水稻新品种（系）》通过中期考核。

**【农发公司种业公司运行良好】** 2017 年，常熟市农发公司和种业公司相关业务经营正常开展运行良好。农发公司自营农产品种管队伍建立，承担包括植物工厂、西甜瓜温室、草莓温室、蕃茄黄瓜温室及周边绿化在内的蔬菜园艺创新区 70％温室的种植管理。农产品销售渠道积极探索，网上预售、休闲采摘、饭店直供、超市销售、食堂配送等多元化多渠道销售模式，初步满足自营农产品的销售要求。农委系统 5 家国有企业（包括农机、水产、畜禽、农业资产、植保，所有者权益 3400 万元）划归农发公司事项经市领导批准，于 2017 年 12 月 28 日举行交接协议，确定 3 个月交接过渡期，相关交接工作按计划时序进度正常推进。种业公司全年完成全市的稻麦种供应和收储工作，共供应稻种 104 万千克，其中常熟地方优质品种（“常优”“常农粳”系列）33.65 万千克，麦种 52.5 万千克，其中外调麦种 24.25 万千克。种业公司仓储用房建设用地完成选址，项目涉及的大义东联村村庄规划通过专家评审。

泥仓溇景观　　（董浜镇提供）

# 休闲观光农业

**【概况】** 2017年，据初步调查，全市休闲观光与乡村旅游运营主体157家，其中休闲农园22家、休闲农庄13家、现代农业园6个、主题创意农园1个、农家乐110个，遍及全市各镇（区），此外还有民俗村3个以及休闲农业示范村2个。常熟市以"三农"资源为基础，通过转型升级，培育特色休闲观光农业品牌，形成一批具有特色的休闲观光农业生态园（点）。年内，常熟市虞山镇稻文化主题观光园入选江苏省主题创意农园；常熟市董浜农业旅游发展有限公司成功创建"全国休闲农业与乡村旅游三星级企业"；董浜镇里睦村获批"全国一村一品示范村"；董浜镇观智村获批"江苏省休闲观光农业示范村"；新美印宿田园小镇在首届江苏省创意休闲农业设计大赛中荣获铜奖。

**【基本投入】** 2017年，土地投入方面：全市休闲观光农业与乡村旅游主体投入休闲农业的土地总面积为2353.12公顷。其中，3.34公顷以下的为116家，占总数71.2%。人力资源投入方面：全市休闲农业从业人员3479人，平均每家21人，90%以上为常熟本地人。资金投入方面：全市投入休闲农业的资金总额为15.7亿元。投资额100万元以下的有6家，占3.7%；投资额101万～500万元的有122家，占74.8%；投资额500万元以上的休闲农场有35家，占21.5%。

**【经营管理】** 2017年，常熟市休闲观光农业与乡村旅游主体接待游客403万人次，单个主体接待游客人数最多的是宝岩生态观光园，为112万人。全市休闲观光农业与乡村旅游运营主体年营业收入6.85亿元，其中农副产品销售收入3.82亿元，门票收入1372万元，餐饮和其他收入2.84亿元，实现利润7967万元。

**【业态和典型】** 2017年，常熟市休闲农园主要包括休闲农园、休闲农庄、现代农业园、主题创意农园、民俗村、休闲农业示范村等类型。

休闲农园　休闲农园典型主体有海明现代农业发展有限公司、梨花郁农业生态园有限公司、苏州星圣娜玫瑰园艺有限公司、勤川现代农业科技有限公司等22家，这一类有较为丰富的农业资源，基地面积较大，具有较好的交通条件，能够规划采摘、拓展、文旅、餐饮等多种可参与性项目，个别具有住宿功能。

休闲农庄　休闲农庄典型主体有神农果园专业合作社、"仙客来"草莓农场、苏州金力奇有机农业有限责任公司、常熟市古里人家有限公司等13家，收入一般以农产品销售为主，果蔬采摘为辅，休闲垂钓园一般以休闲垂钓收入为主，水产品收入为辅。

现代农业园　现代农业园典型主体有：江苏常熟国家农业科技园区、江苏省常熟现代渔业产业园、江苏省常熟现代农业产业园区等6个。依托常熟市"一核三带多园区"的园区总体发展新格局，发展现代农业、智慧农业、观光农业，一般由政府作为投资主体，企业作为运营主体，融合科普教育、采摘垂钓、休闲旅游于一体。

农业主题公园　农业主题公园典型主体有：常熟市虞山镇稻文化主题观光园，这一类以集体资本投入为主，利用乡村自然景观或农业资源，结合农耕文化，打造乡村旅游景区或农业文化园。

农家乐　农家乐主要为虞山街道农家乐集群。虞山农家乐协会目前拥有会员105家，30%为农户自己经营，70%为租赁经营，农家乐瞄准常熟市民独特的茶文化，为常熟市民提供了周末休闲好去处。

休闲农业示范村　休闲农业示范村典型主体包括支塘镇蒋巷村、董浜镇观智村。这一类充分利用当地的农业农村资源，挖掘当地历史古迹和传统民俗，展示常熟市丰富多彩的生产生活方式以及民俗风情。（缪慕怡）

**责任编辑　陈建东**

支塘镇蒋巷村现代农业生态观光园鹭鸟飞舞　（常熟日报社提供）

# 工业和信息化

## 综　述

**【概况】** 2017年，常熟市完成工业总产值4715亿元，比上年增长3%，其中规模以上工业完成产值3921亿元，增长8.6%，实现销售收入、利税和利润分别为3921.9亿元、358.07亿元和262.48亿元，增幅分别为8.6%、10.5%和12.2%；实现规模以上工业增加值823亿元，比上年增长6.7%；全市工业经济实现开票销售收入4285.2亿元，比上年增长17.2%；实现国地税入库完成210亿元，比上年增长13%。规模以上完成出口产品交货值950.28亿元，比上年增长0.58%。全年八大新兴产业产值1877.3亿元，比上年增长10.62%。全市工业用电量154.9亿千瓦时，比上年增长7.4%。期末实有民营注册资本累计1794.47亿元，比上年增长22.0%，全年累计净增内资323亿元。是年，常熟市信息化工作和智慧城市建设继续围绕深化改革、民生服务、公共服务、融合共享、社会治理等领域开展工作，完成智慧政务服务平台二期建设，启动三期建设；完成城市大数据分析及一套图可视化服务平台建设，形成了215项分析成果，在便民服务平台及智慧旅游方面进行行业应用拓展；数据交换中心和五大数据库项目共享能力和应用水平进一步提升，汇集752类2950万条数据，在线交换信息800亿条，支撑项目应用64个，云计算中心重点构建虚拟云计算环境；信用征信平台信息归集入库数据1208万条，常熟在全国362个县级市城市信用指数排名中名列江苏第一，全国第五；市民卡综合应用功能已扩展到36项，发卡128万张；智慧产业得到深度发展，全年共有125家企业获评两化融合（贯标）企业，信息基础设施建设势头强劲。常熟市被中国智慧城市论坛授予“2017中国智慧城市发展示范城市”荣誉。

2017年7月21日，奇瑞捷豹路虎全新发动机工厂开业。图为工厂车间
（常熟日报社提供）

## 工业性投资

**【概况】** 2017年，全市完成工业投资总额为247.77亿元，比上年增长1.7%，占全社会固定资产投资额的45.03%，其中技术改造投入174亿元，增长4.17%，设备投资138.88亿元，技改投入占全部工业投入、设备投资占技改的比重分别为70.23%和79.82%。

**【新兴产业投资】** 2017年，全市八大新兴产业完成投资142.89亿元，比上年增长4.7%，占全市工业投资的57.67%，其中节能环保、新能源、软件和集成电路投资增幅较大，分别为283.9%、174.4%、113.5%；智能电网和物联网、新型平板显示和新材料降幅较大，高端装备制造投资69.33亿元，占整个新兴产业投资的48.52%。

**2014～2017 年常熟市工业投资情况表**

表 16

| 实绩 \ 年份 | | 2014 | 2015 | 2016 | 2017 |
|---|---|---|---|---|---|
| 全社会固定资产投资(亿元) | | 650.44 | 631.22 | 544.91 | 550.25 |
| 工业投资 | 总量(亿元) | 344.30 | 284.01 | 243.73 | 247.76 |
| | 占全社会投资(%) | 55.86 | 44.99 | 44.73 | 45.03 |
| 技术改造 | 总量(亿元) | 192.34 | 198.82 | 167.03 | 174 |
| | 占工业投资(%) | 56.16 | 70.00 | 68.53 | 70.23 |
| 设备投资 | 总量(亿元) | 172.05 | 159.15 | 130.41 | — |
| | 占技术改造(%) | 88.97 | 80.05 | 78.08 | — |

**【重点内资项目建设】** 2017 年，全市 76 个重点工业内资项目计划总投资 221.19亿元，当年计划投资 83.40 亿元。全年累计完成投资 81.46 亿元，占计划总投资的 36.83%；当年完成投资64.36亿元，占当年计划投资的 77%。76个重点工业内资项目，61 个项目开工建设，开工率为80.26%，其中有30个项目竣工投产。

## 技术创新

**【概况】** 2017 年，全年完成高新技术产业产值 1237.5 亿元，比上年增长 11.1%，占全市规模以上工业的比重为 31.6%；实施智能化改造项目 216 个；102 家企业获评各级智能制造车间，其中增省示范智能车间 8 家，苏州市级智能车间 13 家；培育各级"专精特新"产品(企业)46 个；新增省级科技小巨人 1 家；新增省级企业技术中心(其中 1 家为物流企业技术中心)8 家，苏州市企业技术中心 19 家，苏州市级以上企业技术中心累计达 125 家；开关制造和腾辉光伏获评苏州市首批自主品牌大企业和领军企业先进技术研究院；26 个项目参选省重点技术创新项目计划；新增苏州市级信用管理示范企业 3 家；全年争取省工业经济转型资金 5064 万元。

▲"专精特新"产品(企业)：指具有以下一项或多项特征的产品："专"——拥有自主知识产权的专利技术；"精"——设计精良，其产品性能接近或超过国外且优于国内先进水平；"特"——拥有专有技术，采用独特或独有的工艺、技术、配方研制生产的产品，或者是地方特色产品；"新"——在一定时期(通常是两年)内研发，且批量投入生产的重大新产品。拥有上述经省、苏州市或常熟市认定产品的企业，称为"专精特新"企业。

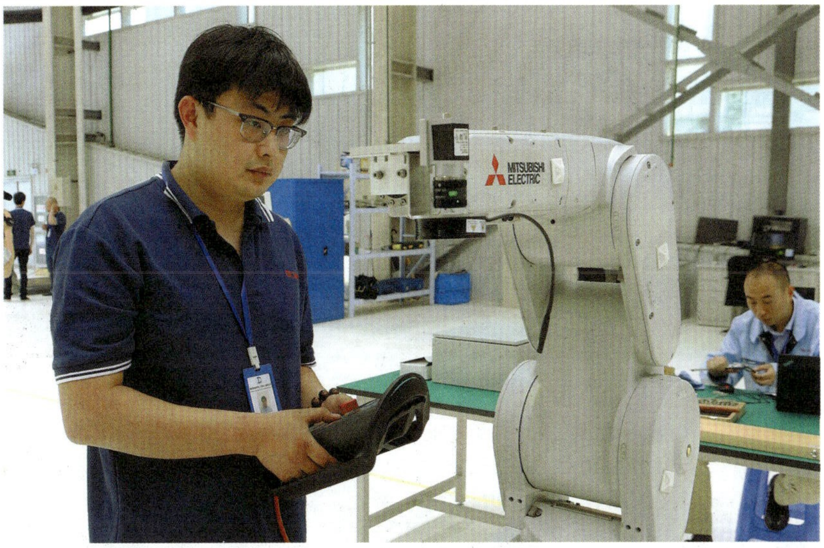


菱创智能科技(常熟)有限公司推进绿色智能制造技术，推广智能制造创新模式。图为公司员工正在调试智能机器人 (常熟日报社提供)

**【智能制造】** 2017 年，常熟市根据智能制造五大环节，排出 120 多个项目并进行重点跟踪，全面掌握智能制造推进情况。大力培育菱创智能、大众机器人、志远、沃创等当地专业技术服务平台，积极引进细分行业系统集成服务机构，逐步形成以"四大平台"为支撑、各细分行业专业服务机构联合推进的技术服务体系。全面推进"163"计划，确定命名了全市首批"十佳智能制造示范车间"，重点围绕两大传统支柱产业，在装备制造和纺织服装产业分别培育了 13 家和 11 家示范企业，以点带面营造企业转型提升氛围。全年共实施智能化改造项目数量超过前两年总和。

表 17

**2017 年常熟市工业机器人应用行业分布情况表**

| 序号 | 行业 | 累计应用工业机器人数量(台) | 累计应用工业机器人分类 | | | | | | | |
|---|---|---|---|---|---|---|---|---|---|---|
| | | | 焊接(台) | 码垛(台) | 搬运(台) | 喷涂(台) | 装配(台) | 激光加工(台) | 折弯(台) | 其他(台) |
| 1 | 汽车行业 | 1416 | 850 | — | 53 | 52 | 254 | 65 | 42 | 100 |
| 2 | 汽车零部件 | 661 | 85 | 39 | 130 | 54 | 202 | 33 | 41 | 77 |
| 3 | 装备制造 | 917 | 178 | 36 | 55 | 42 | 447 | 35 | 36 | 88 |
| 4 | 纺织服装 | 96 | 0 | 7 | 34 | 5 | 4 | 2 | 4 | 40 |
| 5 | 五大新兴产业 | 2599 | 472 | 138 | 333 | 23 | 1060 | 75 | 147 | 351 |
| 6 | 其他(冶金、货架等) | 443 | 131 | 15 | 119 | 52 | 37 | 54 | 20 | 15 |

【智能制造公共服务平台上线】 2017 年 10 月 30 日，常熟智能制造公共服务平台上线仪式暨常熟市智能制造产业联盟成立大会在常熟会议中心举行。会上，全省首个县市级智能制造供需对接交流互动平台——“智联谷”公共服务平台正式上线。“智联谷”平台以数据资源中心和企业管理、信息管理等模块为基础，通过网页、微信公众号、手机网站等媒介向企业业务流程的各个环节提供全面的技术支持。该平台由江苏省企业信息化协会和常熟市经信委指导，以常熟沃创智能制造服务中心为依托，旨在通过为众多待转型升级的制造业企业提供多方位服务，帮助企业全面了解智能制造，并根据自身实际主动进行智能化改造，同时引荐智能制造相关优秀咨询服务商，为有需求的企业提供统一的专业化服务，形成区域智能制造产业链的良性循环。首批有全市 94 家行业龙头企业和骨干企业、32 家专业技术服务机构参加，66 位专业技术专家在线服务。

【“专精特新”产品(企业)培育】 2017 年，常熟市共有 46 个产品(企业)分别被评为“专精特新”(新技术新产品)产品(企业)。其中工信部制造业单项冠军示范企业 1 家，省“专精特新”产品 1 个，4 个产品通过省“新技术、新产品”评定，12 家企业被评为苏州市“专精特新”示范企业，28 个产品被评为常熟市“专精特新”产品。常熟开关制造有限公司(原常熟开关厂)等 13 家企业获得苏州市百强“专精特新”企业称号，受到苏州市人民政府的表彰。同时，积极对上争取，部分企业获各级项目资金奖补。

【淘汰落后产能】 2017 年，常熟市坚持淘汰落后产能，为主导产业、优势产业腾出发展空间。建立“去产能”目标企业数据库，对全市关停淘汰工作实施动态管理，在巩固前期望虞河和阳澄湖水环境综合整治、大气污染防治、电镀行业专项整治等专项行动成效的基础上，继续依托村级工业用地整合，并将“263”沿江化工整治、“散乱污”企业专项整治作为我市实施关停低端低效产能淘汰企业的重点突破领域。全年共计完成关停低端低效企业 134 家，完成苏州任务的 149%；完成关停并转化工企业 81 家，完成年初下达工作目标的 147%。开展“散乱污”企业专项整治，共排查企业 8384 家，列入关停取缔类企业 501 家，列入限期整改类企业 4634 家。

【节能技改】 2017 年，常熟市完成节能技改项目 40 项，节能量超 10 万吨标准煤。中利腾辉获评工信部首批绿色工厂。8 个新上化工项目进行项目节能量交易，交易量达 12.4 万吨标煤，项目数及交易量均处于江苏省前列。

【企业资源集约利用综合评价】 2017 年，《常熟市工业企业资源集约利用综合评价细则(试行)》出台，对全市 4416 家纳入评价的企业进行综合分类评价，其中 A 类企业 737 家(占 16.7%)，B 类企业 1916 家(占 43.4%)。

## 生产制造

【概况】 2017 年，全市完成工业总产

丰田汽车(常熟)零部件有限公司车间　（常熟日报社提供）

值4715亿元，同比增长3%，增速比去年提高了2.5个百分点；其中规模以上工业产值3921亿元，同比增长8.6%，产值增速创2012年以来最高，全年呈波动上升趋势。32个行业大类中，22个行业产值同比增长，增长面为68.8%，比上年全年扩大21.9个百分点。3＋5产业完成工业总产值3026.46亿元，同比增长9.0%，高新技术产业、新兴产业产值分别增长10%和13.5%，个私经济累计注册资本1793亿元。

**2017年常熟市规模以上工业主要行业分布情况表**

表18

| 序号 | 行业 | 企业个数 | 产值 | | 占规模以上工业比重(%) | |
|---|---|---|---|---|---|---|
| | | | 实绩(亿元) | 增长率(%) | 2017年 | 2016年 |
| 1 | 汽车零部件 | 95 | 642.4 | 19.2 | 16.4 | 14.7 |
| 2 | 装备制造 | 195 | 534.2 | -0.8 | 13.6 | 14.7 |
| 3 | 纺织服装 | 477 | 775.9 | 2.5 | 19.8 | 20.7 |
| | 其中：服装 | 123 | 399.7 | -1.3 | 10.2 | 11.1 |
| 4 | 电力工业 | 9 | 98.6 | 4.4 | 2.5 | 2.6 |
| 5 | 冶金工业 | 66 | 378.8 | 18.5 | 9.7 | 8.7 |
| 6 | 机械工业 | 307 | 967.2 | 6.7 | 24.7 | 24.8 |
| 7 | 电子工业 | 80 | 532.3 | 3.5 | 13.6 | 14.1 |
| 8 | 化工工业 | 118 | 435.1 | 20.2 | 11.1 | 9.9 |
| 9 | 轻工业 | 198 | 650.6 | 3.2 | 16.6 | 17.2 |
| | 其中：造纸 | 4 | 94.1 | 26.9 | 2.4 | 2.0 |
| 10 | 建材工业 | 50 | 52.9 | 3.5 | 1.4 | 1.4 |
| | 民营企业小计 | 962 | 1909.2 | 2.9 | 48.7 | 50.7 |
| | 外资企业小计 | 348 | 2001.9 | 11.6 | 51.1 | 49.0 |
| | 高新技术产业小计 | 320 | 1237.5 | 4.1 | 31.6 | 32.5 |

**【工业结构优化】** 2017年，常熟市推进供给侧结构性改革，加快产业转型升级步伐，产业结构和工业布局不断优化。汽车及零部件、装备制造、纺织服装"三大千亿级"产业完成产值1952.40亿元，比上年增长11.0%，其中汽车零部件产业成为工业增长主引擎，全年规模以上汽车零部件产业产值增长19.2%，全年保持15%以上的增速。新兴产业占比进一步提升，苏州八大新兴产业全年完成规模以上产值1877.3亿元，增长4.3%，占规模以上工业产值比重为47.9%。其中高端装备制造、新材料、集成电路分别增长15.4%、13.3%、23.1%。常熟五大新兴产业完成规模以上产值1459.5亿元，增长2.8%，占规模以上工业产值比重为37.2%。高新技术产业完成规上产值1237.5亿元，增长4.1%，占规模以上工业产值比重为31.6%。

**2017年常熟市新兴产业发展情况表**

表19

| 分类 | 行业 | 企业个数 | 产值 | | |
|---|---|---|---|---|---|
| | | | 实绩(亿元) | 同期 | 增减(%) |
| 苏州八大战略新兴产业 | 新能源 | 27 | 248.62 | 262.80 | -5.4 |
| | 新材料 | 109 | 520.95 | 425.23 | 22.51 |
| | 生物技术和新医药 | 18 | 28.54 | 27.48 | 3.86 |
| | 节能环保 | 25 | 47.55 | 81.05 | -41.33 |
| | 集成电路 | 5 | 29.34 | 23.41 | 25.33 |
| | 智能电网和物联网 | 22 | 153.05 | 215.86 | -29.10 |
| | 平板显示 | 9 | 242.47 | 99.50 | 143.69 |
| | 高端装备制造 | 196 | 606.75 | 571.65 | 6.14 |

**【规模经济发展】** 2017年,常熟市规模以上企业总数为1316家,其中销售亿元以上企业416家,增长9.5%。全年产值增长的规模以上企业为856家,占全部规模以上企业的65%,比上年全年提高19.4个百分点。规模以上工业企业亏损面下降2.3个百分点,亏损额下降12%,实现利润总额262.5亿元,增长12.2%。全市百强企业产值累计2503亿元,增长3.9%,比上年全年提高0.3个百分点。

**2017年常熟市规模以上工业主要指标完成情况表**

表20

| 指标 | | 单位 | 2017年实绩 | 同比(±%) | 占全市规上工业比重(%) |
|---|---|---|---|---|---|
| 规模企业情况 | 规模企业数 | 家 | 1316 | -2 | — |
| | 销售亿元以上企业数 | 家 | 416 | 9.5 | — |
| | 其中:销售超10亿元 | 家 | 12 | 20 | — |
| 销售超10亿元 | 销售收入 | 亿元 | 1469.8 | 2 | 37.5 |
| | 利税总额 | 亿元 | 138.5 | 5.6 | 38.7 |
| 工业百强企业完成实绩 | 工业产值 | 亿元 | 2354 | 3.6 | 65.7 |
| | 销售收入 | 亿元 | 2509.1 | 5.3 | 64 |
| | 利税总额 | 亿元 | 267.3 | 5.2 | 74.7 |
| | 利润总额 | 亿元 | 202.4 | 4.7 | 77.1 |
| 规模以上工业主要技经指标 | 产销率 | % | 99.6 | — | — |
| | 资产负债率 | % | 54.16 | — | — |
| | 流动资产周转率(次) | 次 | 1.67 | — | — |
| | 应付职工薪酬 | 亿元 | 249.4 | 3.4 | — |
| | 亏损企业个数 | 家 | 220 | -12.7 | — |
| | 工业用电量 | 亿千瓦时 | 137.9 | 10.3 | — |

**2017年常熟市重点工业企业产值销售收入情况表**

(工业百强企业前40名)

表21

| 综合位次 | 企业名称 | 工业总产值 | | 产品销售收入 | |
|---|---|---|---|---|---|
| | | 绝对值(万元) | 增幅(±%) | 绝对值(万元) | 增幅(±%) |
| 1 | 波司登股份有限公司 | 3150292 | 2.5 | 3150484 | 3.1 |
| 2 | 奇瑞捷豹路虎汽车有限公司 | 2136595 | 27.8 | 2117712 | 29.6 |
| 3 | 达富电脑(常熟)有限公司 | 2434251 | 41.6 | 2408368 | 41.5 |
| 4 | 中利科技集团股份有限公司 | 1669207 | -3 | 1703191 | 5.2 |
| 5 | 常熟市龙腾特种钢有限公司 | 1588143 | 16.8 | 1584099 | 16.8 |
| 6 | 长春化工(江苏)有限公司 | 1069544 | 26.2 | 1055731 | 26.3 |
| 7 | 江苏理文造纸有限公司 | 459251 | 40.6 | 454450 | 29.8 |
| 8 | 常熟阿特斯阳光电力科技有限公司 | 992927 | -11.3 | 975975 | -6.6 |
| 9 | 江苏隆力奇集团有限公司 | 768672 | 0.4 | 761392 | 0.6 |
| 10 | 江苏常熟发电有限公司 | 548364 | -1 | 548364 | -1 |
| 11 | 芬欧汇川(中国)有限公司 | 454430 | 14.8 | 462921 | 16.3 |
| 12 | 三菱电机汽车部件(中国)有限公司 | 456138 | 45.9 | 482360 | 42.3 |
| 13 | 烨辉(中国)科技材料有限公司 | 665753 | 45.4 | 666006 | 30.7 |
| 14 | 丰田汽车(常熟)零部件有限公司 | 392279 | 25.7 | 403870 | 25.7 |
| 15 | 华润电力(常熟)有限公司 | 323037 | 6.5 | 319870 | 5.2 |
| 16 | 常熟开关制造有限公司 | 210477 | 16.3 | 207182 | 17.3 |

续表 21

| 综合位次 | 企业名称 | 工业总产值 | | 产品销售收入 | |
|---|---|---|---|---|---|
| | | 绝对值(万元) | 增幅(±%) | 绝对值(万元) | 增幅(±%) |
| 17 | 江苏梦兰集团有限公司 | 489075 | -19.6 | 468559 | -20.2 |
| 18 | 住友橡胶(常熟)有限公司 | 311060 | 15.9 | 312222 | 14.9 |
| 19 | 大陆汽车系统(常熟)有限公司 | 312710 | 8.5 | 310690 | 6.1 |
| 20 | 常熟三爱富中昊化工新材料有限公司 | 204101 | 32.7 | 225284 | 38.5 |
| 21 | 达明电子(常熟)有限公司 | 465686 | 11.3 | 455319 | 6.6 |
| 22 | 江苏常铝铝业股份有限公司 | 312878 | 34.4 | 306583 | 43.8 |
| 23 | 夏普办公设备(常熟)有限公司 | 316281 | -2.5 | 324801 | 0.3 |
| 24 | 江苏理文化工有限公司 | 119371 | 42 | 143366 | 50.1 |
| 25 | 苏州中来光伏新材股份有限公司 | 175602 | 36.8 | 179538 | 47.4 |
| 26 | 三菱电机自动化机器制造(常熟)有限公司 | 191245 | 37.8 | 190469 | 35.5 |
| 27 | 常熟市汽车饰件股份有限公司 | 130990 | -8.8 | 142793 | -0.6 |
| 28 | 索特传动设备有限公司 | 199889 | 273.4 | 170845 | 238.6 |
| 29 | 华普电子(常熟)有限公司 | 297410 | -2.2 | 286936 | -9.5 |
| 30 | 常熟风范电力设备股份有限公司 | 164711 | -14.1 | 163905 | -15.8 |
| 31 | 常熟通润汽车零部件股份有限公司 | 192142 | 10.8 | 249173 | 11.3 |
| 32 | 加通汽车内饰(常熟)有限公司 | 110310 | 28.3 | 110290 | 28.1 |
| 33 | 常熟美桥汽车传动系统制造技术有限公司 | 182919 | 102.8 | 178234 | 97.6 |
| 34 | 康迪泰克(中国)橡塑技术有限公司 | 155655 | 12 | 158429 | 13.5 |
| 35 | 阿科玛(常熟)氟化工有限公司 | 128598 | 27.8 | 137461 | 34.8 |
| 36 | 阿科玛大金先端氟化工(常熟)有限公司 | 102426 | 63.3 | 102328 | 94.6 |
| 37 | 大金氟化工(中国)有限公司 | 157241 | 10.6 | 165986 | 19 |
| 38 | 敬鹏(常熟)电子有限公司 | 139176 | 13 | 136386 | 14.4 |
| 39 | 观致汽车有限公司 | 172994 | -39.5 | 161119 | -36.2 |
| 40 | 明泰电子科技(常熟)有限公司 | 262967 | 2.5 | 217145 | -5.5 |

**【新增长点项目】** 2017年，全市新增销售收入超3000万元的新增长点项目97个，全年实现销售收入213.7亿元，完成年度目标的122.5%；实现应税销售211.7亿元、入库税金19.9亿元，实现利税23.9亿元，实现利润6.9亿元。分行业看，汽车制造业、化学原料及化学制品制造业及电气机械及器材制造业完成销售收入分别为296.2亿元、37.22亿元和23.79亿元。

**【“小巨人”企业培育】** 2017年，常熟市22家“小巨人”企业，实现开票销售126.20亿元，同比增长23.19%，10家培育企业中，实现开票销售46.53亿元，增长40.11%，8家企业净入库税收超千万元。

▲“小巨人”企业：指注册在常熟市，开票销售收入和缴纳地方税收收入达到一定额度，具有行业领先优势和较强发展后劲，且能履行社会责任、承担社会义务的工业内资或内资控股企业。“小巨人”是常熟市重点培育的行业龙头型企业，在政策上给予优先扶持。

**2017年常熟市“小巨人”企业情况表**

表22

| 序号 | 企业名称 | 板块 | 开票销售收入 | | 入库税收 | |
|---|---|---|---|---|---|---|
| | | | 累计数(万元) | 增长率(%) | 累计数(万元) | 增长率(%) |
| 1 | 索特传动设备有限公司 | 高新区 | 160067.85 | 213.73% | 10104.90 | 766.37% |
| 2 | 常熟巴德富科技有限公司 | 经开区 | 136038.00 | 47.75% | 5364.41 | 44.11% |
| 3 | 中交天和机械设备制造有限公司 | 虞山镇 | 134004.30 | 51.66% | 6055.38 | -4.42% |
| 4 | 江苏华大新材料有限公司 | 海虞镇 | 92959.56 | 28.49% | 1877.62 | 18.29% |

续表 22

| 序　号 | 企　业　名　称 | 板　　块 | 开票销售收入 | | 入库税收 | |
|---|---|---|---|---|---|---|
| | | | 累计数(万元) | 增长率% | 累计数(万元) | 增长率% |
| 5 | 贺利氏招远(常熟)电子材料有限公司 | 高新区 | 77062.72 | -6.50% | 5034.14 | 11.39% |
| 6 | 常熟华威履带有限公司 | 高新区 | 37022.78 | -28.12% | 4038.29 | -8.92% |
| 7 | 常熟涤纶有限公司 | 董浜镇 | 68886.63 | 19.61% | 2078.80 | 25.74% |
| 8 | 常熟市天银机电股份有限公司 | 碧溪新区 | 62416.75 | 15.37% | 4947.02 | -4.47% |
| 9 | 江苏新泰材料科技有限公司 | 海虞镇 | 42927.87 | -14.24% | 4253.86 | -59.22% |
| 10 | 江苏萃隆精密铜管股份有限公司 | 辛庄镇 | 55202.32 | 31.72% | 1474.00 | 23.17% |
| 11 | 常熟市长发铝业有限公司 | 辛庄镇 | 51818.81 | 2.08% | 1174.96 | 4.35% |
| 12 | 常熟市和弘服饰有限公司 | 梅李镇 | 36624.37 | -2.08% | 1115.71 | 12.72% |
| 13 | 江苏忠明祥和精工股份有限公司 | 高新区 | 37787.94 | -7.77% | 1411.97 | -42.65% |
| 14 | 常熟瑞特电气股份有限公司 | 虞山镇 | 40156.67 | 1.74% | 4209.32 | -12.24% |
| 15 | 苏州富士莱医药股份有限公司 | 海虞镇 | 35812.63 | 9.76% | 2181.17 | 3.65% |
| 16 | 江苏梦兰集团有限公司 | 虞山镇 | 35636.82 | 22.27% | 1483.45 | -15.56% |
| 17 | 常熟威怡科技有限公司 | 海虞镇 | 34637.95 | 13.54% | 1437.78 | -30.29% |
| 18 | 苏州南新电机有限公司 | 沙家浜镇 | 30086.12 | 45.33% | 804.39 | -15.32% |
| 19 | 苏州华光宝利印刷版材有限公司 | 尚湖镇 | 30081.46 | 5.76% | 524.33 | -62.99% |
| 20 | 常熟市常力紧固件有限公司 | 碧溪新区 | 29539.57 | 37.77% | 1808.99 | 16.79% |
| 21 | 中欧汽车股份有限公司 | 高新区 | 15522.99 | -38.68% | 829.37 | -77.14% |
| 22 | 常熟市福莱德连接器科技有限公司 | 沙家浜镇 | 15902.12 | -35.85% | 638.80 | -70.67% |

**【民营经济发展】** 2017 年，按民资统计口径，全市净增内资注册资本 323.21 亿元，完成年度目标任务的 269.3%。全市民营经济（个私）累计注册资本 1794.47 亿元，比上年增长 22.0%，其中私营企业和个体工商户累计注册资本分别为 1696.74 亿元和 97.73 亿元，分别增长 21.6%和 29.2%。全年累计新建办私营企业 11693 家，新增注册资本 254.56 亿元；私营企业完成增资 81.85 亿元；新批办个体工商户 20719 户，新增注册资本 26.29 亿元。全市实有私营企业 45437 家，个体工商户 110976 家。　（陈璐婧）

常熟企业上榜“2017 中国民营企业 500 强”　8 月 24 日，全国工商联发布“2017 中国民营企业 500 强”榜单。苏州共有 19 家民企入围，常熟 2 家企业入围，其中波司登股份有限公司排名第 188 位，市龙腾特种钢有限公司位居第 323 位，2 家企业都是自上年上榜之后继续蝉联。全国工商联同时发布了“2017 中国民营企业制造业 500 强”和“2017 中国民营企业服务业 100 强”榜单，常熟有 5 家企业入围“2017 中国民营企业制造业 500 强”。本次民企 500 强入围门槛为 120.52 亿元，较上年的 101.75 亿元增加 18.77 亿元，增速为 18.44%，较上年增速提升了 11.44 个百分点。　（吴学明）

**2017 年常熟市民营经济(个私)情况表**

表 23

| 指　标（年　份） | | 2016 年 | 2017 年 | ±% |
|---|---|---|---|---|
| 注册资本 | 累计注册资本(亿元) | 1471.26 | 1794.47 | 22.0 |
| | 其中：私营企业 | 1395.61 | 1696.74 | 21.6 |
| | 　　个体工商户 | 75.65 | 97.73 | 29.2 |
| 企业数 | 私营企业(家) | 34248 | 45437 | 32.7 |
| | 个体工商户(户) | 94741 | 110976 | 17.1 |
| 平均注册资本 | 私营企业(万元) | 407.50 | 373.43 | -8.4 |
| | 个体工商户(万元) | 7.98 | 8.81 | 10.3 |

（陈璐婧）

## 企业上市

【概况】 2017年，常熟市新增常熟汽饰、瑞特股份2家上市公司，IPO融资额10.74亿元；新增嘉洋华联、馨格股份、常熟古建、中德联信、亿倍股份、东源物流6家“新三板”挂牌企业。上市公司总数12家，其中境内10家，境外2家，10家境内上市公司累计股权债券融资额209.7亿元。“新三板”挂牌企业总数40家，其中地源科技、阳光四季、联邦化工、慧云股份、达伦股份5家进入创新层，13家“新三板”挂牌企业累计股权融资额6.1亿元。经认定的拟上市、拟挂牌企业16家，其中富士莱上市申请已获证监会受理；通达宏泰和兴华港口上市申请已获香港联交所受理；艾科瑞思、景弘盛2家企业挂牌申请已获全国中小企业股转系统受理。

【上市服务】 2017年，市上市办结合重点产业发展目标，动态筛选出符合国家产业政策、主营业务突出、竞争能力较强、盈利水平较好、具有发展潜力的重点企业120家，建立分层次、分行业、分梯队的后备资源库。成立由相关金融机构、中介机构和财税部门组成的上市挂牌工作服务顾问团，一对一为企业开展业务咨询服务。利用上市工作领导小组成员单位定期会办制度，针对企业在上市挂牌过程中遇到的政策问题，共同协商解决。引导和支持金融机构对拟上市拟挂牌企业提供创新型金融服务，满足企业上市挂牌前的资金需求。利用企业上市挂牌扶持政策，有效分担、降低企业上市挂牌成本及费用支出。跟踪并汇总全市上市挂牌企业资本运作及定增需求信息，形成项目库。会同市发投公司按照相关流程进行评估，梳理遴选符合条件的优质项目进行对接，支持服务企业开展资本运作。年内，中利集团债券融资2次，融资总额5亿元；地源科技、联邦化工、舒茨股份、达诺尔、达伦股份5家“新三板”挂牌企业定向增发5次，融资总额7795.7万元。

（周　斌）

2017年，常熟企业在深交所上市　　（虞山高新园提供）

## 名牌名品

【概况】 2017年，常熟市名牌培育重点转移到具有自主知识产权、技术创新能力强的产业集群，通过下发《关于常熟市品牌情况调研的通知》指导全市百强、工业十强等企业用问卷调查的方式进行摸底调研，建立名牌产品培育名单，先后组织96家企业参加各类名牌、质量奖培训会议，其中88家企业获苏州名牌，4家企业获苏州市质量奖。年内，常熟服装城秋冬季区域品牌申报工信部品牌培育示范。开展中国品牌培育宣传工作，全面提升品牌影响力，做好“中国品牌印象”片服务保障工作，累计获得工信部工业品品牌示范(试点)7家；2017年，苏州腾晖光伏技术有限公司入选江苏省“自主工业品牌五十强”，全市累计入选3家。

【波司登入围“CCTV中国品牌榜”】 2017年5月10日，全国首个“中国品牌日”，央视财经频道联合国家发改委、国家工商总局、国家质检总局等部委，在北京举行“CCTV中国品牌榜”启动仪式，并公布首批“CCTV中国品牌榜”名单，波司登入围上榜。波司登公司在全国服装行业率先导入工信部品牌培育管理体系并开展试点，树立全员参与品牌建设的理念，推进品牌管理建设。

（陈璐婧）

## 电力能源

【概况】 2017年，全市全社会用电量186.53亿千瓦时，比上年增长8.24%；其中工业用电量144.18亿千瓦时，增长7.45%，最高网供负荷298.23万千瓦。完成全年64万吨减煤目标任务，全市煤炭消费总量控制在1567.4万吨以内。10个项目列入太湖流域水环境综合治理专项切块资金补助范围。全市污泥干化焚烧处置项目建设启动试运行，并逐步接收处置市政污泥。《常熟市2017年有序用电方案》经市政府批准实施。

【成品油及天然气市场供应】 2017年，全市加油站总数109家，加油点27家，成品油批发企业8家。全市全社会成品油消耗43.51万吨，比上年增长1.45%；天然气消耗5亿立方，市场供需平衡。市发改委会同市安监、公安部门对油库、加油站点实行定期安全检查，共计组织检查7次、37个站点。根

光伏发电　　（海虞镇提供）

据公安部门《关于深入推进落实严控严查散装购销汽油制度的通知》及苏州市商务局关于购买散装汽油的有关要求，确定50家定点加油站，作为常熟市散装汽油灌桶供应加油站。为切实履行加油站安全生产管理责任，规范加油一站经营行为，8月，市发改委组织召开常熟市加油站安全生产责任承诺书签字仪式，全市37家成品油经营企业负责人或代表签订加油站安全生产责任承诺书。

**【项目节能评审】** 2017年，市发改委对全市131个项目开展节能评审工作，共审核22个报告书，119个承诺表，投资额计308.96亿元、共审查能耗总量29万吨标煤。

**【电力直接交易】** 2017年，常熟市推进电力直接交易工作，全市参加电力直接交易用户138家，直接交易电量约56亿千瓦时，每年可节约企业用电成本约1.3亿元。（许　斌）

**【江苏常熟发电有限公司】** 2017年，江苏常熟发电有限公司（简称常熟发电公司）累计火电发电量170.59亿千瓦时，其中30万机组61.09亿千瓦时，同比增发4.56亿千瓦时；100万机组完成109.5亿千瓦时，同比减发8.63亿千瓦时。发电量完成年度目标（160亿千瓦时）的106.62%。福山光伏电量完成6372万千瓦时。新泰光伏电量完成1209万千瓦时。累计供热量对外供汽量219.9万吨，同比增加59.4万吨，完成年度预算的122.17%。综合厂用电率完成5.39%（含供热厂用电率）；供电煤耗完成297.75克/千瓦时，低于年度预算0.25克/千瓦时。该公司2017年机组等效可用系数完成96.01%，同比上升3.06%。继续加大环保和节能改造的投入，完成1号、2号机组超低排放和生活废水改造，该公司6台机组全部完成超低排放改造。全年二氧化硫、氮氧化物、烟尘等主要污染物排放量同比分别减排262吨、684吨、131吨。

常熟发电公司积极推进清洁能源项目开发，加快在建项目进度。6月14日，福山光伏二期45兆瓦项目并网发电，取得三期10兆瓦光伏容量。11月2日，山东新泰光伏发电项目实现先期50兆瓦容量并网，12月5日实现全容量并网。11月，中电常熟燃机项目可行性研究通过电规总院组织审查，全力推进各项建设准备工作。合资成立中电常熟配售电有限公司，并第一批次取得售电资质。10月23日，完成江苏电力市场入市协议的签订，并在2018年度市场年度合同电量交易中与电厂侧成交约39亿千瓦时，签订用电量约50亿千瓦时。开展常熟开发区供水工程建设，开发工业用水市场，打造具有水、电、冷、热联供市场的区域综合能源服务基地。该公司连续获得“国家电投集团公司先进集体”荣誉称号；公司电气继保班被命名为全国质量信得过班组和优秀质量管理小组；发电部集控乙3班当选为“江苏省工人先锋号”。

（沈小明）

## 供电保障

**【概况】** 2017年，全市全社会用电量186.53亿千瓦时，比上年增长8.24%。其中第一产业用电量7904万千瓦时，第二产业用电量155.7亿千瓦时，第三产业用电量14.4亿千瓦时；居民生活用电量，城镇5.68亿千瓦时、农村9.96亿千瓦时，分别增长12.35%、14.24%。8月7日13:35，最高用电负荷329.13万千瓦，增长9.41%。是年，常熟电网运行稳定，未发生大面积停电等影响社会稳定的安全事故，最高调度负荷309.13万千瓦，增长10.08%。常熟供电公司完成售电量155.87亿千瓦时，增长10.24%。

**【电网建设和改造】** 2017年，全市新增变电容量45万千伏安，输电线路长度51.7千米。投运翁庄、雪沟变110千伏变电站工程；220千伏琴川、110千伏清江、滨江、毛桥、青墩塘变电站迁、扩建工程。

电网规模　至年末，常熟电网共有35千伏及以上公用变电站79座，主变压器146台，总容量1131.35万千伏安。其中220千伏16座，主变29台、594万千伏安；110千伏52座，主变96台、503.9万千伏安；35千伏11座，主变21台、33.45万千伏安。共有35千伏及以上输电线路210条，总长度1847.39千米。其中220千伏45条、646.49千米，110千伏103条、864.73千米，35千伏62条、336.18千米。共有10（20）千伏配电变压器12874台，总容量468.67万千伏安；20千伏线路50条189.62千米，10千伏线路928条7082.26千米。

1000千伏淮南—南京—上海特高压线路工程　完成特高压线路常熟经济技术开发区段政策处理工作及尾工工作；完成南岸引接站土地证办理、建设用地规划许可证办理以及沿江堤闸管理所工程建设管理报批等相关审批手续。6月28日，国家电网公司在工程现场召开盾构机始发动员会，省政府副秘书长王志忠，省发改委、省海事局领导，苏州市、南通市和常熟市政府主要

市供电公司防汛应急抢险演练　　（常熟日报社提供）

领导，国家电网公司总经理助理喻新强出席会议。8月19日，综合管廊隧道穿越长江江堤；11月29日穿越有害气体地层；12月11日，穿越深槽区。

**【电力供应与服务】** 2017年，常熟市供电公司受理用电报装申请35736户，容量110.7254万千伏安；完成装接通电40010户，容量104.5770万千伏安。完成110千伏常熟福山光伏发电有限公司、常熟三爱富氟化工有限责任公司(新厂)、奇瑞捷豹路虎汽车有限公司\芬欧汇川(中国)有限公司增容项目的送电。完成农村低压电网项目1783个，维修综合配电箱367台，电缆分支箱243台；维修低压架空线路887.930千米，低压电缆29.251千米；维修接户线617.844千米，接户电缆129.3185千米计32111户。

全市电力用户　截至2017年年末，常熟市电力用户共计664931户，总装接容量1414.8562万千伏安。其中，用户自备变电站：220千伏2座，主变5台、49万千伏安；110千伏24座，主变39台、84.85万千伏安；35千伏39座，主变73台、53.425万千伏安；20千伏专变220台、35.4005万千伏安；10千伏专变10123台、452.7486万千伏安。

大用户增容工程　常熟福山光伏发电有限公司，主供电源110千伏，新增一台50000千伏安2号主变，增容后合计主变容量100000千伏安。常熟三爱富氟化工有限责任公司(新厂)，主供电源110千伏，原31500千伏安主变更换为50000千伏安主变，增容后主供电源总容量为50000千伏安。奇瑞捷豹路虎汽车有限公司，将原12500千伏安2号主变更换为31500千伏安主变，增容后110千伏主供合计总容量51500千伏安。

分布式光伏发电　全市共受理企业78家，成功并网151家，其中非居民项目53个，合计42146.23千瓦，居民项目124个，合计619千瓦。为做好分布式光伏发电并网项目，营销部专门开辟“绿色通道”，公司采取主动对接，跟踪服务方式，安排专业人员“一对一”上门现场勘查，及时跟进业务进度，制定相应的供电和并网方案，提供免费的业务咨询和技术支持。

岸电系统　常熟市供电公司在沿江、内河全面实施“以电代油”，共投运岸电系统37个。采用低压变频岸电系统设备，直接向靠岸停泊的外轮供电，减少了船舶发电废气排放。　（周文华）

## 通信建设

**【中国电信股份有限公司常熟分公司】** 2017年，中国电信股份有限公司常熟分公司(简称常熟电信)共有固话用户33.5万户，天翼用户数超60万户，宽带用户数超40万户，用户申告故障率0.72%。完成全市范围200M光宽带全覆盖，启动千兆光宽带按需放装，完成全市4G信号优良覆盖。主导或配合推动了政府、企业、教育、社区、农村、交通、金融、市场等行业的综合信息建设。相继实施建设城区社会面监控改造项目、三环路快速化改造工程智能化项目、苏通GIL综合管廊工程配套天翼覆盖项目等重点项目。常熟电信网络维护中心获评“全国质量信得过班组”，政企客户行业分部获“苏州市工人先锋号”荣誉称号。

常熟电信与教育局、金土木公司签约合作　2月，常熟电信和常熟市教育局签订“教育信息化战略合作协议”。双方围绕教育城域网千兆到校、教育资源和教育公共服务平台、校园无线Wi－Fi覆盖、网络信息安全保障、幼儿园家校互动升级等方面展开合作。4月，常熟电信公司与江苏金土木建设集团有限公司签订战略合作框架协议。常熟电信公司为江苏金土木建设集团有限公司提供服务器托管、弹性云主机、云桌面、云灾备、云安全等云计算业务，并协助其建设专用企业云平台，试点开展大数据分析的业务合作。

（周　静）

**【中国移动通信集团江苏有限公司常熟分公司】** 2017年，中国移动通信集团江苏有限公司常熟分公司(简称常熟移动)运营收入超10亿元，手机客户数超120万户，市场占有率超60%，宽带用户数超20万。全年建设投资规模超7300万元，主要涉及无线覆盖、管道线路传输、家庭宽带和集团接入、传输节点机房建设等。全市移动4G基站2700多个，实现4G网络覆盖，NB－IoT物联网全覆盖。通信管道杆路长度5800多千米，光缆总量达35万皮长千米；家庭光宽带覆盖总数超50万户。该公司获评常熟全国文明城市创建工作集体三等奖。

2017年，常熟移动利用大数据建设“智慧旅游”项目。常熟旅游局通过移动大数据获取沙家浜、尚湖等景区的实

常熟移动服务"两会"代表 (王怡 摄)

时客流量、客源地及游客画像信息等数据。推进技防入户,提升基层防范建设,完成金仓花园等小区监控安装。配合常熟市政府应急办进行应急演练,完成4G手机对讲现场模拟测试。参与董浜镇智慧农业建设,提供生产者与消费者直接沟通渠道和相关微农服务信息。承接海虞镇应急指挥中心项目,利用信息化手段提高政府执法效率和管理效益,降低部门执法运营成本。为常熟市城市管理监督指挥中心提供智能工作手机2900部,利用智能手机上的办公软件管理居民信息,实现网格管理全覆盖。为中医院建设无线查房系统,从网络传输速度到用户体验反馈多方面采集客户信息,将医生做出的诊疗方案及时、准确应用于患者,有效提高医疗服务质量,降低医疗风险。 (王 怡)

【中国联合网络通信有限公司常熟市分公司】 2017年,中国联合网络通信有限公司常熟市分公司(简称常熟联通)共有移网用户26.2万户,固网用户5.6万户,营业网点123家,累计建设开通移网基站1500多个,4G网络覆盖率99.5%,家庭宽带入户带宽100M;有当地网光缆9368千米,管道2519千米,干线光缆201千米(2个干线机房11套干线系统)。获评常熟全国文明城市创建工作集体三等奖。

巩固网络保障 常熟联通通过对核心机房备份,二级核心节点进行新增、扩容、优化,提高了通信网络质量和网络健壮性。2017年下半年完成常熟6个核心机房的建设投入使用,同时完成43个综合接入区的光交环路建设;针对一批重点项目客户主动采取专项双路由优化改造,为企业用户提供安全快速的信息化服务;针对一批小区进行带宽优化分流及双上行改造,保证单小区上行带宽10G。进行高利用率站点扩容,以及居民小区、企业厂区信号点精准维护,整体信号投诉量同比上年降低15%。

助力信息化建设 常熟联通以"智慧常熟、联通你我"为目标,投入智慧家庭、智慧城市建设以及产业互联网生态的打造。在家庭用户方面,利用新技术服务用户,加强互联网营销手段,普及推广IPTV,为将来实现智能家庭信息化打下基础。在城市信息化建设方面,通过物联网、云计算、大数据等创新产品,助力智慧城市信息通道的构建。在行业用户方面,凭借联通"企企通"的实践应用,以自身互联网服务商优势,帮助企业实现创新发展。协助常熟经信委建立沃创智能制造服务中心,以常熟3+5产业为重点,是服务广大制造企业的公益平台。通过聚合智能制造相关咨询机构、智能工厂解决方案商、集成商、系统服务商、大专院校、外部智囊团等各项资源,来建设常熟本土智能制造生态圈,从而为常熟中小型制造企业的转型升级进行全面专业化服务。

(吴一蝶)

## 信息化建设

【概况】 2017年,常熟市信息化工作和智慧城市建设以加快推进城市信息化建设步伐,提高城市运行管理效率和服务社会能力,让市民、企业感受到"智慧"带来的便捷为理念,围绕深化改革、民生服务、公共服务、融合共享、社会管理等方面开展工作,重点突出"智慧城市发展中心"系列平台功能提升,加强大数据采集整合和市场化应用,企业"两化融合"水平进一步提升,整体信息化和智慧城市建设取得成效,被中国智慧城市论坛授予"2017中国智慧城市发展示范城市"荣誉。

【重大项目建设】 2017年,常熟市围绕实现市政两级政务服务联动,建设"市镇一体化"10个镇便民服务中心政务平台,并启动政务服务平台三期建设,对接省"一张网"建设;城市大数据分析及一套图可视化服务平台建设完成,形成215项分析成果,并在便民服务平台及智慧旅游方面进行了行业应用拓展。同时,智慧医疗、智慧交通、智慧旅游、平安常熟、数字化门牌、网格化管理平台、工业企业资源集约利用平台、电子政务网络提升建设等项目完成年内预期目标。

【数据共建共享】 2017年,全市提升数据交换中心和五大数据库项目的共享能力和应用水平,已有83个单位对接数据并交互信息,汇集750类信息资源,数据总量2941万条,在线交换信息达到800亿条,支撑项目应用64个;云计算中心按照承载150个机柜的要求,既能单独机柜应用,同时重点构建虚拟云计算环境,已入驻各部门79个项目,相当于440台服务器;推进一批公共服务平台应用，重点推进经济政策上平台、高端人才登平台、部门业务汇平台工作；市民卡综合应用功能已扩展到36项，发卡128万张，用卡人数达95万。

**【信息基础网络设施建设】** 2017年，全市信息基础网络设施建设依托4个通信运营商的建设，光纤宽带网络继续得到发展，固定宽带用户达65万户；移动互联网继续稳步发展，手机上网户数超过160万户，无线4G网络实现全市覆盖，正启动5G网络建设。在企业信息基础设施建设中，有22家企业获评省“企企通”试点企业。

**【企业“两化融合”】** 2017年，全市共有125家企业获评“两化融合”（贯标）企业（累计339家），其中3家企业获国家级“两化融合”贯标示范试点企业，5家获评省级“两化融合”贯标示范试点企业，6家企业获省级互联网与工业融合创新示范企业试点企业，20家被苏州市认定为“两化融合”示范试点企业；69家列入常熟市“两化融合”示范试点重点培育企业。

▲“两化融合”企业：“两化融合”是电子信息技术广泛应用到工业生产的各个环节，信息化成为工业企业经营管理的常规手段。“两化融合”是信息化和工业化的高层次的深度结合，其核心就是信息化支撑，追求可持续发展模式。“两化融合”企业是指经国家、省、苏州市和常熟市认定的“两化融合”示范、试点企业。

**【社会信用体系建设】** 2017年，常熟市突出信息整合，优化信用环境，在全国362个县级市城市信用指数排名中，常熟名列江苏第一，全国第五。在全省率先印发《关于建立完善守信联合激励和失信联合惩戒制度的实施方案（试行）》《常熟市诚信“红黑名单”制度（试行）》《常熟市失信被执行人联合惩戒办法（试行）》《常熟市城市管理失信行为管理办法（试行）》等文件。积极构建信用工作运行机制，公共信用信息系统建设完成，已对接公安、环保、安监等67个部门，归集入库297项公共信用信息数据，1205万条数据量。在“诚信常熟”网设立“红黑榜”，重点曝光严重失信主体，引导全社会共同监督。以守信及失信主体统计，已累计接收19个部门168批次，共计10632条红名单，17296条黑名单，全部向社会公示。新增苏州市级信用管理示范企业3家。

（陈璐婧）

**【电子政务建设】** 2017年，常熟市电子政务中心完成市信息化重点项目《政务中心网络设备更新项目》。该项目通过对核心交换关键节点硬件升级，实现网络安全稳定运行；通过对常熟市人民政府网站硬件升级，提高用户访问速度，畅通政民互通渠道。年内，“常熟市人民政府”网站信息共更新20000多条，政务公开信息共更新5600多条。全网页面日均访问量达64000人次，各类咨询、信件回复率达97.92%。“常熟市人民政府”网站获得2016年度中国政务网站优秀奖、省政府2016年度考核县级政府网站第二名、苏州市2016年度考核县级政府网站第一名。是年，全市共有117个单位使用电子政务办公系统，电子政务办公系统共有注册用户7800多个，其中手机移动办公活跃用户1300多人。升级改造电子政务办公系统市政府办公室流程、移动手机端系统，为市政府办公室定制工作流程，提升办公系统运行效率。（钱俊峰）

2017年5月21日，常熟纺织服装智慧商城建设共建单位战略合作签约

（常熟日报社提供）

**责任编辑　汤　涵**

# 商贸服务业

## 综　述

【概况】 2017年，全市服务业增加值占地区生产总值比重46.9%，比上年同期提高0.2个百分点。完成服务业投资302.5亿元，占全社会固定资产投资比重55%。服务业税收109.4亿元，同比增长14.9%。社会消费品零售总额804.05亿元，同比增长8.5%。新增外资项目76个，注册外资2.7亿美元，新设服务业企业9802家，注册资金197.2亿元。全年汽车服务业实现营业收入495亿元，同比增长12.7%，其中路虎汽车销售公司营业收入251亿元，同比增长28.6%。认定江苏中利集团股份有限公司、江苏动能体育用品有限公司为常熟市总部企业，预认定欧港投资(常熟)有限公司为常熟市总部企业，全市总部企业共16家。全省首家市场化运作的苏南自创区"一站式"服务中心在常熟高新技术产业开发区揭牌启用，北京大学分子工程苏南研究院项目签约揭牌，省产研院智能液晶研究所加快项目引进，常熟昆承湾智车云、常熟小样青年社区、网禾智造3家获评省级众创空间，常熟小样青年社区、欧雷奥创新工场、同济虞创汇、沃创公社4家获评苏州市级众创空间。服务外包向高端拓展，全市服务外包产业累计实现离岸接包合同额1.98亿美元，离岸接包合同执行额1.75亿美元。

现代服务业集聚区建设和城市经济同步推进，产业集聚优势逐步显现。全市服务业集聚区分布更趋合理，常熟城市综合物流园获批苏州市第八批现代服务业集聚区，年末，全市共有省、苏州市级集聚区9家，全年实现营业收入2307亿元，同比增长14.6%，上缴税收45亿元，同比增长9.8%。城市经济成为服务业发展的新动力。服装城加快转型升级，市场采购贸易方式试点工作全面推进，建成市场采购贸易呼叫中心，市场采购贸易监管通关场所运行顺畅，引进丝路通等一批跨境贸易企业，引进沃金众创等专业服务机构，组团开展义乌、广州等外籍采购商集聚区的招商推介，参加2017年加拿大国际纺织品采购展等。全年服装城实现市场成交额1489亿元，同比增长8%；服装城以市场采购贸易方式出口货值12亿美元，监管平台上完成备案商户1000家，备案外贸服务企业50家。城区四大产业园加快建设，大数据产业园展厅装修结束，做好开园前准备工作，已落户企业超30家。中金启睿、中商投(苏州)、康莱尔医疗、金柚网、石化交易平台等12个项目初步计划入驻金融园区。依托云裳小镇、常熟电子商务服务外包产业园，大电商服务中心、基金以及纺织服装产业链上下游公司成功落地，阿里巴巴跨境电商、敦煌网常熟运营中心等项目落户云裳小镇。君典影院全国总部项目落地文创产业园，常熟极地国际创新中心已经入驻唯智、海外资产管理、依晨企划3个创业孵化项目，累计开展4次创业类课程、集训营。

(周晓丽)

2017年10月21～25日，第23届义乌国际小商品博览会在义乌国际博览中心举行，常熟服装城组织优质商户、外贸企业组团参展

(常熟日报社提供)

## 商贸流通

【概况】 2017年，全市实现社会消费

品零售总额800.41亿元，同比增长8.1%。其中，住宿和餐饮业实现零售额68.87亿元，同比增长10.3%，较上年同期提升2.7个百分点；批发和零售业实现零售额731.54亿元，同比增长7.8%。市商务局重点监测的16家重点商贸企业累计完成社会消费品零售额76.39亿元，同比增长7.73%，12家重点住宿餐饮企业累计完成营业收入6亿元，同比增长9.52%。做好商务部直报平台、提质增效转型升级、全市25家重点商贸企业等各项运行数据监测统计工作，开展消费促进月活动，策划2017年"天下常熟"消费促进平台方案，搭建消费促进线上平台，全年通过"天下常熟"消费促进平台完成商家信息采集256家，发布商家集群促销信息10篇，特色餐饮商家采编20家，"吃货节"系列活动组织359家商家参与。全市履行商务领域监管执法职责，依法加强对典当、拍卖、内资融资租赁、再生资源回收和单用途商业预付卡商业等行业的监督管理，做好直销行业监管调查工作，开展《江苏省消费者权益保护条例》宣传，加强对全市单用途预付卡消费监管工作。加强商务诚信体系建设，推动"常熟服装城诚信服务平台"改版上线运行，全市4家商贸企业被评为双优示范单位。完成新一轮肉菜流通追溯运维服务招标，拓展肉菜追溯与企业运营系统对接，提高肉菜流通追溯体系使用效能，5月常客隆公司所属22家超市进入肉菜追溯系统对接。年内选出1个屠宰场、1个农贸市场和10家团体消费单位为肉菜追溯运行示范单位，并在泰安集贸市场试点新型智能溯源秤及追溯和支付二维码的应用。支持商业模式创新，做好电子商务示范县配套项目和资金的落实、跟踪工作，举办第二届"中国·常熟昆承湖互联网创新创业大会"，服装时尚公共服务平台正式启动，举办了4期有针对性的电子商务人才培训活动，累计培训人数超过200人次，推动全市电子商务产业发展。阿里研究院公布的"2016年中国大众电商创业最活跃的县域排行"，常熟市继续位列江苏省第一位、连续五年在全国电子商务发展百佳县排行榜中位列前十位。3月31日，中国商业联合会发布"2016年全国诚信兴商双优示范单位""2016年全国商业质量品牌示范单位"，常熟深国投商用置业有限公司(印象城)、常熟市江南畜禽食品有限公司、常熟建筑装饰材料市场有限公司获评"2016年全国诚信兴商双优示范单位"，常熟市香格里酒店有限公司获"2016年全国商业质量品牌示范单位"称号。

**【2017第二届中国常熟昆承湖互联网创新创业大会】** 2017年5月23日，以"聚力创新，合作共赢"为主题的第二届中国常熟昆承湖互联网创新创业大会在常熟会议中心落幕。此次大会由常熟市商务局、常熟服装城管理委员会主办，常熟市电子商务协会承办。出席会议的有跨境电商、知名专家学者及相关企业代表800余人。会议举行了2016～2018年度常熟市电子商务示范项目及常熟市电子商务协会新增理事授牌仪式。常熟服装时尚公共服务平台、常熟服装城跨境电商众创空间在会上正式启动。大会邀请亚马逊、浙江执御、上海特易咨询、4PX等多位跨境电商相关产业链负责人作主题演讲。

**【省商务厅组织参观常熟市政企追溯平台对接项目】** 2017年7月27日，省商务厅组织全省重要产品追溯体系建设工作现场会与会代表参观市政企追溯平台对接项目。50多名与会代表先后在曹家桥冷链配送中心、常客隆生鲜超市参观政企追溯平台对接和生鲜商品零售店溯源应用等情况。江苏新合作常客隆连锁超市有限公司采用合作社与超市直接对接的营销模式，建设冷链配送中心，推动30家农业专业合作社、150个农产品生产基地与常客隆超市进行"农超对接"。公司与相关部门和技术单位合作，建设追溯系统，并向政府开放内部管理系统，把企业肉菜生产流通经营数据共享给政府肉菜追溯城市管理平台。消费者不仅能通过扫描商品二维码查询肉类和蔬菜从生产到消费的全部溯源信息，在政府平台上也能了解相关信息，实现与社会共享政府追溯体系建设成果。

**【常熟·阿里巴巴跨境品牌专区签约】** 2017年11月24日，常熟·阿里巴巴速卖通跨境品牌专区签约仪式暨全球速卖通平台宣讲会举行。150多位常熟外贸企业代表和商户代表参加会议。会上签署了阿里巴巴·常熟跨境电子商务合作协议和阿里巴巴速卖通(常熟)跨境产业带品牌专区项目合作协议。常熟服装城跨贸电商综合示范园揭牌仪式在会上举行，首批入驻示范园的商家代表接受了入园授牌。阿里巴巴速卖通的运营专家为外贸企业代表和商户作了速卖通全球平台的宣讲。

(陆志明)

2017年7月27日，全省重要产品追溯体系建设现场会的与会人员走进常客隆冷链配送中心，了解全市重要产品追溯体系建设情况 (常熟日报社提供)

## 物　流

【概况】 2017年，常熟市物流体系不断完善，项目建设和企业培育同步推进。全年常熟港货物吞吐量实现8828万吨，同比增长1.9%，其中集装40.15万标箱，外贸货物吞吐量1632万吨，同比增长4.2%。常熟信恒仓储、乐歌仓储、新地物流等一批现代物流项目竣工。鼓励物流企业提档升级。截至2017年底，常熟市共有国家A级物流企业36家，其中AAAAA级1家、AAAA级15家、AAA级19家、AA级1家。江苏安达洲沿江国际物流有限公司正式被认定为江苏省第9批物流企业技术中心。

【《常熟物流》创刊】 2017年，物流协会创办《常熟物流》刊物，搭建物流企业相互学习交流的平台，成为政策宣传和信息传递的重要途径。年内，《常熟物流》先后报道了苏州华诚国际物流、苏州隆力奇东源物流有限公司、常熟市天境物流有限公司等先进事迹，为协会企业的发展提供良好参考。（周晓丽）

## 供　销

【概况】 2017年，常熟市供销合作总社全系统实现销售总额112亿元，消费品零售总额57亿元，利润总额3100万元。建设农村综合服务社10家，参与建设农民专业合作社3家，实现农药集中配送总额4064万元，布点农资电商运营点30家，完成水稻测土配方认购总量6052吨。分别获评2016年度中华全国供销合作总社"百强县级社"、江苏省"二十强县级供销社"、江苏省"创新工作优胜单位"、苏州市"供销合作社目标考核优胜(先进)单位"。

【推进农药废弃包装物统一回收集中处理前期准备工作】 2017年，常熟市供销合作总社拟定《农药废弃包装物回收处理实施意见》并由市政府常务会议审议通过，出台《常熟市废弃农药包装物统一回收集中处理实施意见》。根据文件精神，市供销总社会同相关部门详细制定了实施方案，召开专题工作会议，与各实施主体签订责任书、承诺书，确保回收处理工作于2018年1月1日起实施。

【"风速达"平台上线运行】 2017年4月10日，"风速达"平台上线运行。该平台是常熟市供销合作总社下属企业江苏新合作常客隆连锁超市有限公司对原有线上平台"家易乐"进行迭代升级而成，用户可以通过"风速达"官网、多媒体自助终端、手机终端应用三种途径下单，顾客提交订单后风速达会及时将商品送进社区，保鲜待取。"风速达"项目在全省首创驾车取货方式，建设专用车通道，为驾车一族设计"U型"快速取货通道，消费者足不出车，就可提取所订商品。（俞　斌）

## 粮　食

【概况】 2017年，常熟市粮食收购点公开挂牌收购，公示收购价格、质量标准、作价办法、服务承诺，及时结算售粮款，并向农民提供整晒场地和整晒工具，帮助农民进行整晒，代烘潮粮，切实解决农民售粮过程中的实际困难。全市小麦价外补贴订单签约大户949户，签约面积1.6万公顷，夏粮开秤指导价为中等质量标准混合麦每50千克118元，小麦价外补贴标准为每50千克10元，全市共收购小麦44812吨，油菜籽7319吨，其中价外补贴订单收购小麦43748吨。全市水稻价外补贴签约大户980户，签约面积1.48万公顷，秋粮收购开秤指导价为中等质量晚粳稻每50千克150元，水稻价外补贴标准为每50千克10元，全市累计收购稻谷49875吨，其中价外补贴订单收购49764吨。

【常熟企业入选全国放心粮油示范企业】 2017年，中国粮食行业协会公布了第六批放心粮油示范企业名单。常熟4家企业入选，分别是常熟市粮油购销有限公司入选中国粮食行业协会第六批放心粮油示范加工企业，常熟市五谷粮油配送有限公司、支塘放心粮油供应店、菱塘放心粮油供应店成功入选中国粮食行业协会第六批放心粮油示范销售店。

【新增呕吐毒素快速测定仪】 2017年5月，市粮油购销有限公司在全市范围内新增13台呕吐毒素快速测定仪，为基层粮食收购点配备了该检测系统，实现了全市收购点呕吐毒素检测全覆盖，提高了各地收购点的呕吐毒素检测能力，进一步做好了粮食卫生检测把关工作。全市各收购点均在开秤前完成辖区内的田间取样工作，掌握小麦质量情况，了解呕吐毒素指标数据，保证入库小麦

早稻收割　　（海虞镇提供）

的质量，让市民吃上放心的当地粮食。

【新增“放心粮油供应店”3 家】 2017 年 11 月，常熟市晓春粮油店、常熟市军粮代供粮油店、辛庄粮油店通过市粮食局、市市场监督管理局的验收，成为“放心粮油供应店”。全市“放心粮油供应店”总数达 41 家。验收期间，相关部门按照《常熟市“放心粮油供应店”监督管理暂行办法》规定，对 3 家粮油店进行了评定，结果显示 3 家粮油店均符合“放心粮油供应店”的挂牌要求，顺利通过评审。市粮食局对“放心粮油供应店”继续实施星级评审制度，评出一星放心粮油店 7 家，二星放心粮油店 2 家、三星放心粮油店 3 家，并给予适当奖励。

【“沙家浜”品牌大米年销售超万吨】 2017 年，市粮食部门推进地产大米品牌建设，开发新品种、新包装，形成高、中、低档系列大米。加大“沙家浜”品牌大米销售力度，“沙家浜”大米销售进入麦德龙超市(常熟店、昆山店、苏州高新区店、吴中区、无锡新区店)、盐业连锁店(常熟店、张家港店、太仓店)、常熟当地 38 所学校和全市 41 家放心粮油供应店。2017 年“沙家浜”品牌大米共销售 10249 吨。 (顾晓兰)

## 烟草

【概况】 2017 年，常熟市烟草专卖局查处各类涉烟违法案件 95 起，总案值 812.53 万元，罚没款 68.24 万元，查获各类违法卷烟 668.28 万支，其中假烟案件 22 起，查获假冒卷烟 32.34 万支；5 万元以上案件 55 起，50 万元以上案件 1 起，上报“5·16”假烟网络案件 1 起，“7·07”“5·06”2 起假烟网络案件被国家烟草专卖局认定为国标网络案件，移送公安机关 6 起涉烟案件，移送市场监管局无证经营卷烟案件 1 起。

苏州市烟草公司常熟分公司实现对系统外卷烟销售 5.53 万箱，实现销售收入 20.98 亿元，单箱结构为 3.79 万元，实现税利 6.16 亿元。 (李 瑜)

## 盐务管理

【概况】 2017 年，常熟市盐务管理局(盐业公司)通过开展打击制假贩假、边界整治等专项行动，常熟盐业市场秩序得到平稳发展。全年共出动执法人员 1104 人次，查处盐业违法案件 686 起，查处食盐 313.51 吨，没收盐产品 127.43 吨，罚金 2.87 万元。经卫生部门检测，全市碘盐覆盖率 97.33%、碘盐合格率 98.97%、合格碘盐使用率 96.33%，三率水平平稳良好。继续做好工业副产盐生产、销售监管工作，防止流入食盐市场。全年共监管工业副产盐 3.6 万吨。全年实现销售收入 5821.85 万元，实现利润 232.4 万元，销售食盐 7113.38 吨，销售工业盐 8863 吨。

【盐业市场监管】 2017 年，盐务管理局分别开展了节假日、“百日行动”等食盐安全专项行动；开展联合执法 50 余次，打击各类盐业违法案件；与公检法加强联动，做好了两法衔接工作。3 月，共查获“脚臭盐”3.94 吨，没收 3.28 吨。 (缪雯炜)

## 常熟服装城

【概况】 2017 年，常熟服装城(以下简称服装城)完成市场交易额 1489.18 亿元，比上年增长 8%，全年实现入库税金 2.12 亿元，公共财政预算收入 1.29 亿元，货物运输量 100.98 万吨，当年度新办私营企业 1759 家，新增注册资本 25.72 亿元；批办个体工商户 2904 户，新增注册资本 2.62 亿元，共新增注册资本 28.34 亿元。全社会固定资产投资 3 亿元。2017 年，服装城在建项目共 3 个，在建面积约 5.61 万平方米，总投资约 4.25 亿元。2017 年服装城公共资源平台招投标项目涉及工程类的有 22 个，涉及金额 1138 万元，中标价 900 万元，节约资金 238 万元。

【市场采购贸易方式试点】 2017 年 2 月 24 日，常熟服装城在通过江苏省政府组织的联合验收后正式启动市场采购贸易方式试点。市场采购贸易顺利开辟出口通道并逐步放量，关、检、汇、税等综合服务、监管的载体设施和系统平台正常运行，招商、推广、贸促活动常态化，采购商、市场商户、外贸公司、外运物流等贸易主体组成的系统化交易体系初步形成，公铁海外运、集组拼储运、综合商务配套等服务平台体系逐步构建。截至 12 月底，试点区域内产品通过市场采购贸易方式在常熟服装城市场采购贸易联网信息监管平台上共计出口 9985 票，金额 12.73 亿美元。监管平台上完成各类经营主体备案 1055 家(另有 7 家正在审核中)，其中备案商户 1006 家，外贸服务企业 49 家。市场采购数据显示，40 多种出口商品品类中，纺织服装类商品(包括各类男女装、童装、套裙、沙滩裤、毛衣、围巾、帽子、服装面料等)占比 90%以上，供货源自常熟的占比 80%以上，源自常熟及周边 200 千米范围内的占比 98%以上。

【第三届“百团千人”采购节】 2017 年 3 月 28～30 日，2017“百团千人”采购节暨“服装世界常来常熟”跨国贸易采购对接会在服装城文化广场时尚中心举行。俄罗斯、法国、哈萨克斯坦、巴基斯坦、坦桑尼亚、印度、孟加拉、肯尼亚、塞尔维亚、也门等 30 多个国家共计百余位外商参加本次采购对接会。

【常熟服装城赴义乌招商推介】 2017 年 4 月 20 日，常熟服装城市场采购贸易方式试点招商推介会在义乌万豪国际酒店举行，面向全球国际采购商进行专题推介。活动吸引伊拉克、印度、巴基斯坦以及迪拜等国家和地区的国际采购商 500 多人。推介会上，主办方以“服装世界，常来常熟”为主题，向国内外客商详细介绍常熟纺织服装产业及服装城市场发展情况，重点对当前积极推进的市场采购贸易方式进行了全面、深入的解读，介绍试点政策优势和常熟在试点推进过程中配套实行的贸易监管、贸易服务和贸易促进举措，

外商与广交会常熟参展企业洽谈业务　　（常熟日报社提供）

明确常熟重点出口品类和重点招商对象。推介会上，常熟服装城向国际采购商代表颁发了商贸合作荣誉证书。当天，常熟举行小型见面会，与与会外商商会代表深入交流市场采购各方面情况。海关、检验检疫、外管、国税和市场监管等部门负责人分别介绍了各自的监管政策。常熟供应商与与会外商进行了市场采购贸易对接。

**【第九届中国休闲装设计精英大奖赛】** 2017年5月13日晚，以“悦·融”为主题的第九届中国(常熟)休闲装设计精英大奖赛总决赛在北京751D·PARK第一车间内举行。活动中，经过数月多轮赛事层层选拔的25位决赛选手角逐决赛。选手梁秀栋设计作品《Inspired》夺得金奖，程雅璇设计作品《面具之下》获得银奖，包蕾设计作品《Interstellar travel》获得铜奖，艾蒙国际时尚教育、北京服装学院等10个院校获得“最佳院校合作奖”。

**【2017江南国际时装周暨第十八届中国江苏(常熟)服装服饰博览会】** 2017年5月20日，2017江南国际时装周暨第十八届中国江苏(常熟)服装服饰博览会在常熟方塔名胜古迹区开幕。时装周和服博会期间，陆续开展江南快时尚买手节、中国常熟男装指数论坛、纺织服装外贸发展国际高峰论坛等特色活动，并发布成长型品牌，讨论新锐品牌的发展，评选优店，提升服务。一批业界学者专家、各路企业精英以“东方快时尚、产业新地标”为主题，围绕产业趋势、行业热点、营销模式、品牌创新等话题进行研讨，引导常熟纺织服装产业转型和创新。

**【中亚专列市场采购贸易专列开通】** （参见《开放型经济》“对外及对港澳台贸易”分目）

**【3家新市场开业】** 2017年8月9日，NSS新外贸女装城正式开业，入驻女装商户306户，与蘑菇街美丽说、链尚、POP等专业平台对接增值服务。8月28日，新东方男装城正式开业，入驻地产男装企业318户。10月底，华盛停车楼底楼(第一楼男装)正式开业，入驻设计师品牌44户，集一级供货、原创设计、品牌集成于一体，囊括了资深工厂店，原创设计工作室、潮流品牌集成三大部分。　　（曹　洁）

## 江南集团

**【概况】** 2017年，江苏江南商贸集团有限责任公司全资及参股企业(简称江南集团)实现销售总额20亿元，实现利润307万元，集团资产总规模85亿元，其中国有净资产14亿元，国有资产保值增值率110%。全系统营业收入超5000万元的企业有9家，其中超1亿元的有3家；化轻公司、保安公司分别实现销售5.9亿元、2.6亿元；建材市场、汽车市场、农副产品交易城三大市场分别实现成交额60.80亿元、21.0亿元和28.66亿元；国际饭店、王四酒家和阆山轩3家酒店共实现销售14196万元，同比增长13%。

**【农副产品交易城检测中心投用】** 2017年3月，常熟市农副产品交易城有限公司食品安全检测中心升级工程竣工投用。检测中心面积由原来的40平方米扩展为120平方米，分为农残检测和食品添加剂检测两大区域，是常熟规模最大的食品安全快检中心。日均检测60批次升档为120批次，对检测呈阳性的不合格产品进行公示和处理，并报市场监督管理部门。

**【驾考科目二考试中心投用】** 2017年3月24日，苏州常安保安服务有限公司投资建设的机动车驾驶人科目二考试中心正式投运。该中心位于董浜镇星安路55号常安机动车检测站旁，总投资1000多万元，占地约1.33公顷。整个科目二考试场地完全按照国标进行设计建造，准考车型为小型汽车和小型自动挡汽车即C1、C2。考试场地内共有倒车入库、坡道定点停车和起步、直角转弯、曲线行驶、侧方停车5个项目，可以满足日均约150名学员进行考试。除考试场地外，考试中心还建有休息室和考前等候室，并配备9辆手动挡考试车和1辆自动挡考试车。

**【江南大厦竣工投用】** 2017年10月26日，由江南集团投资建设的江南大厦项目竣工交付；项目地址海虞南路1号，年末累计完成工程总投资约1.1亿元。招商累计完成合同签约面积约25700平方米，完成总招商面积的80%。11月27日，江南集团总部由新颜路88号搬迁至江南大厦。（周之一）

**责任编辑　虞　柳**

# 旅游业

## 综　述

【概况】　2017年，常熟旅游业围绕市委、市政府打造精致城市的目标要求，以推动城市经济发展为导向，以推进全域旅游工作为主线，积极探索“旅游+”“+旅游”产业融合发展，扬优势，补短板，重创新，强监管，全市旅游经济继续保持了良好发展态势。全年接待境内外游客2146.6万人次，同比增长8.1%，实现旅游总收入344.2亿元，同比增长13.4%。1月27～2月2日春节长假期间，全市A级旅游景区共接待游客23.25万人次，同比增长9.72%，实现门票收入306.76万元，同比增长0.56%。“五一”假期3天，全市A级景区接待游客31.07万人次，同比增长5.67%，实现门票收入395.74万元，同比增长6.97%。国庆、中秋假期8天，全市A级景区接待游客81万人次，实现门票收入874万元。全年承办全国旅游系统红色旅游工作专题培训班、亚太地区旅游市场营销评估研讨会、2017第六届联合国世界旅游组织旅游可持续发展中国观测点年度工作等会议，举办2017年“中国旅游日”常熟市主题活动、第五届“江南茶文化节”暨首届“虞城手礼”常熟旅游商品创意设计大赛、2017年常熟市旅游饭店服务技能大赛、“品质线路品牌导游”全市导游大赛总决赛，创新推出“常塾·研学堂”研学游品牌，联合中国银行常熟支行发行“常来常熟全域旅游”联名主题信用卡。全年新设立旅行社3家，新增省级工农业旅游区(点)3家。2017年，常熟获评全国森林旅游示范县、亚太地区最具休闲特质历史文化名城，蒋巷村获评江苏省首批五星级乡村旅游区，巷村案例入选世界旅游组织旅游可持续发展治理典范，聚沙园、读书台、拂水山庄、翁家花园、倚晴园入选《苏州园林名录》。市旅游局获评“2017年苏州市旅游饭店服务技能大赛”优秀组织奖、创建全国文明城市工作先进集体二等奖。

2017年10月28日，常熟乡村旅游巡礼暨2017首届蒋巷乡村旅游节在蒋巷生态园开幕　（常熟日报社提供）

【常熟城市原点落户方塔园】　2017年1月，常熟市城市古迹名胜区管理处联合江苏省测绘工程院、市国土部门完成了以常熟古城重要地标崇教兴福寺塔为城市原点的设置工作。城市原点，也叫作“坐标原点”或“零公里标识”，即城市的起点和出发点。常熟市城市原点位于方塔园内的崇教兴福寺塔塔刹顶，该标志为原点在春分(秋分)日15时23分投影。选择该处作为常熟的城市原点，不仅增加了城市文化旅游景点，还能彰显出常熟厚重的历史底蕴和文化气息，对进一步提高城市文化品位和城市知名度都有重要的意义。

【方塔园“塔影潭”假山维修改造工程竣工开放】　2017年1月，常熟方塔园“塔影潭”假山维修改造工程全面竣工并恢复对外开放。工程自2016年11月启动以来，对潭底、潭壁用钢丝网进行加固围护，并用混凝土嵌缝、浇筑，达到防漏效果。同时运用虞山本山黄石，按照水脉和山石的自然皴纹对假山进行重新堆叠，营造出咫尺山林的意境，增加了园林的空间层次感，丰富了园林的景观。

【兰花、山茶花展】 2017年2月24～26日，2017常熟花朝会系列活动之一的燕园兰花展在燕园举办。该届兰花展设五芝堂、三婵娟室、童初仙馆三个展厅，共展出来自苏州、太仓、如皋、常熟兰协及洞庭兰苑、新城兰苑等单位提供的300多盆精品兰花，并评出"花魁"供游客品鉴。兰展期间，燕园内还举办"燕谷兰香"历届优秀兰展摄影作品展和"群芳荟萃"江南传统文化雅集等活动。3月8日至4月10日，常熟方塔园举办第十七届山茶花精品展，共展出多个品种200盆精品山茶花，展览期间还推出"燕谷清风"盆景艺术展、"方塔讲堂之茶花栽培知识现场授课"等系列活动。8月17～21日，常熟市第十二届兰花展暨2017燕园建兰展在燕园举办，共展出一品梅、素梅、荷王、艳蝶、夏皇梅、军旗等50多个品种、75盆建兰。

【2017年"中国旅游日"主题活动】 2017年5月19日，以"旅游，让生活更幸福"为主题的2017年"中国旅游日"常熟市主题活动在市旅游集散中心门前广场举行。活动现场，各旅游行业相关单位开展志愿者服务和文明旅游咨询活动。当天，常熟推出系列旅游惠民举措，方塔公园、曾园·赵园、燕园、聚沙公园、翁同龢纪念馆等免费开放，蒋巷乡村旅游景区散客门票五折优惠，虞山尚湖风景区散客门票八折优惠，沙家浜风景区购票游客可免费观看实景剧，各类优免政策惠及人群超过11600人次。

【2017常熟"文明与旅游同行"主题活动】 2017年6月13日，第十届中国旅游电视周"文明旅游常熟行"电视短片邀请赛作品展播启动暨2017常熟"文明与旅游同行"主题活动在沙家浜风景区举办。活动现场，全体参会人员集体诵读30字《中国公民文明旅游公约》，积极宣传倡导绿色、低碳、文明、健康的旅游方式和行为。当天举办了"文明旅游形象大巴"和"常来常熟旅游幸福大巴"投运仪式、常熟旅游献爱心仪式、"常熟旅游推广大使"和"常熟文明旅游监督员"聘请仪式、第十届中国旅游电视周"文明旅游常熟行"电视短片邀请赛作品展播启动仪式等活动。

【首推常来常熟旅游幸福大巴】 自2017年7月1日起，常熟市旅游局首创推出一日游专线巴士线路——"常来常熟旅游幸福大巴"。"旅游幸福大巴"逢双休日及节假日每天发一班，周一至周五提供预约服务。按照班线规划，每班车早上八点从明日星城邻里中心始发，沿途停靠体育馆珠江路站和旅游集散中心两个上客点，随后前往圣百合江南糕饼创意园、赵市水鸟生活馆和隆力奇养生小镇等工业旅游区（点），下午四点结束行程回到市区，全程历时约八小时。广大市民朋友可以免费乘坐这辆巴士，体验常熟工业旅游一日游，感受常熟现代化的工业文明，共享常熟工业旅游发展成果。

【2017常熟江南文化节暨沙家浜旅游节】 （参见《中国共产党常熟市委员会》"重要活动"分目）

【第五届"江南茶文化节"暨首届"虞城手礼"常熟旅游商品创意设计大赛】 2017年11月28日，第五届"江南茶文化节"暨首届"虞城手礼"常熟旅游商品创意设计大赛在尚湖望虞台正式启动。大赛由常熟市旅游局携手常熟创意设计协会和浙江省创意设计协会，在中国美术学院、鲁迅美术学院、西安美术学院等多方院校的支持下共同举办，以"寻文脉·创虞礼"为活动主题，以创新设计旅游文化商品为切入点，以常熟人文历史文化、特色景观建筑文化、特色工艺品文化与融合为设计主旨，结合市场发展趋势，挖掘并推出一批具有鲜明常熟地方特色兼具实用性、符合大众市场需求的特色伴手礼，从而构建精品旅游品牌，推进旅游产业全域化。

## 旅游市场推介

【2017常熟春季旅游推介会】 2017年4月1日，"有一种风情叫常熟"2017常熟春季旅游推介会暨"我们结婚吧"常熟世纪婚典沪苏区域总决赛在苏州工业园区举办。推介会介绍了常熟的江南风情、魅力乡村、古城街巷、历史人文、舌尖韵味等旅游资源以及第

2017年6月13日，第十届中国旅游电视周"文明旅游常熟行"电视短片邀请赛作品展播启动暨2017常熟"文明与旅游同行"主题活动在沙家浜风景区举办
（常熟日报社提供）

26届常熟尚湖牡丹花会和春季旅游节庆活动。在世纪婚礼沪苏区域总决赛上，经过趣味问答、珠圆玉润、闻香识花、魅力赠花四大游戏环节，有13对选手成功晋级，获邀参加常熟世纪婚典。

【常熟邀请友城市民体验徒步赏花养生线路】 2017年4月15日，由常熟市人民政府主办，常熟市体育局、常熟虞山尚湖旅游度假区、常熟市旅游局主办的常熟市第五届市民徒步赏花大会在南湖湿地公园举行。为更好地加强跨域联动，常熟市旅游局专门面向周边江阴、张家港、太仓等城市招募近200人参加此次徒步大会，并同步推出常熟南湖湿地——隆力奇风情小镇（真武观—有机农场—东方蛇园—工业4.0智能化工厂）一日游线路，邀请周边市民深入实地体验。

【2017苏州、常熟旅游推介会】 2017年6月23日，“水岸上的艺术之城”——2017苏州、常熟旅游推介会在日本东京成功举办。来自日本的JTB、平和观光、全日空等近70名业界代表以及日本旅行作家协会、人民网日本株式会社、每日新闻旅行等媒体代表共同参加推介会。推介会上，工作人员对苏州、常熟的旅游资源和特色产品进行了详细介绍和全面推介，并设置了“看图猜景”以及自助交流酒会等互动环节，得到了参会嘉宾的一致肯定。国家旅游局驻日本办事处主任罗玉泉出席推介会并致辞。

【常熟组团参加苏州旅游津京推介会】 2017年6月26～27日，“人间天堂，自在苏州”2017苏州旅游推介会分别在天津、北京两地举办。常熟市旅游局组织沙家浜景区和虞山尚湖景区参加推介会，向天津、北京两地的旅行商和媒体发布了常熟最及时的旅游资讯和最新的旅游产品，重点介绍了“江南福地，研学常塾”的常熟研学游品牌和线路。常熟丰富的旅游资源和富有体验性的产品得到了当地旅行商和媒体的一致认同，并达成了初步的合作意向，为常熟旅游打开北方客源市场创造了很好的条件。

【常熟组团参加第三届中国会展（会奖）产业交易会】 2017年8月16～17日，第三届中国会展（会奖）产业交易会在上海新国际博览中心举行，常熟市旅游局组织沙家浜风景区、虞山尚湖风景区、方塔古迹名胜区等单位参展。展会期间，常熟展区围绕沙家浜红色游、虞山尚湖山水游、古城文化游、购物美食游、民俗风情游等主题进行了专题推广，并发放了相关宣传资料，吸引了不少嘉宾和参展商咨询洽谈。同时，常熟参展团代表还主动与其他参展单位进行沟通对接，交流探讨举办大型会展的经验。

【常熟组团参加中国国际旅游交易会】 2017年11月17～19日，由国家旅游局、中国民用航空局、云南省人民政府共同主办的2017中国国际旅游交易会在昆明滇池国际会展中心举办。常熟组织全市主要旅游企业组团参展，

2017年4月8日，“我们结婚吧”世纪婚典在尚湖风景区举行 （市旅游局提供）

通过主题鲜明的背景图板、丰富的宣传资料、各具特色的旅游商品等方式,重点宣传展示常熟特色旅游资源,积极推介常熟旅游新产品和新线路,有力提升了常熟旅游的品牌知名度。

**【常熟组团参加首届"水韵江苏"旅游产品交易博览会】** 2017年12月1日,首届"水韵江苏"旅游产品交易博览会在南京新庄国际展览中心E馆开幕。此次展会汇集了来自江苏、长三角周边城市、北京、天津、宁夏、新疆、西藏等多地的特色旅游产品。常熟市圣百合、隆力奇、东方红木、綵衣堂、望虞台、蒋巷6家参展企业在此次博览会中脱颖而出,展出了诸多类型丰富与本地特色产业相结合的旅游产品。此外,沙家浜·虞山尚湖景区,城市古迹名胜区,服装城,聚沙园景区向南京市民推荐各色旅游产品线路。

**【常熟强化结对帮扶力推常熟——思南无障碍旅游区】** 2017年12月10日,由常熟市旅游局主办,常熟市旅游服务中心承办的2018年常熟旅游年卡发行暨阿庆嫂旅游管家上线启动仪式在常熟万达广场举行。为做好常熟与贵州省思南县"一对一"结对帮扶工作,常熟市旅游局在2018年常熟旅游年卡中新增贵州省思南县的石林、郝家湾、腾龙峡、思南古城、万圣山森林公园等九大景区(点),并加大对思南旅游资源的宣传和推广力度,帮助思南县加快精准扶贫、精准脱贫、同步建成小康社会的进程。启动仪式上,思南县电视台记着现场向常熟市民进行了思南旅游资源推介。

## 旅游行业管理

**【开展包车客运市场专项整治行动】** 2017年2月15日,常熟市旅游质量监督管理所(旅游监察大队)与市道路运政稽查大队联合组织开展旅游包车客运市场专项集中行动,在沙家浜、尚湖景区停车场以及沙家浜高速出口处对无道路运输证非法营运、未经许可擅自从事旅游包车客运、旅行社租用无营运手续客车等违法违规行为进行查处。行动当日,共出动执法人员12人,检查江苏省籍车辆8次,外省籍车辆2次,未发现违法违规行为。

**【举办旅行社风险防范培训】** 2017年2月28日,常熟市旅游局组织召开2017年常熟市旅行社管理工作会议,邀请江泰保险经纪股份有限公司经理沈琴就全国旅游理赔案件总体情况分析、旅责险保障内容、旅行社风险防范和分担三个方面,对全市100多家旅行社及门市部负责人进行旅行社风险防范培训,为在场旅行社的保险赔付及合同签订等方面进行答疑解惑。

**【2017年常熟市旅游饭店服务技能大赛】** 2017年5月24日,2017常熟市旅游饭店服务技能大赛在中江皇冠假日酒店举行,全市16家旅游饭店的83名选手参加比赛。比赛分为中式铺床、中餐宴会摆台两个项目。最终,各项目的前六名获"常熟市旅游饭店技术能手"称号,其中天铭国际大酒店的刘春凤获得中式铺床服务第一名,常熟国际饭店的吴楚韵获得中餐宴会摆台第一名。

**【乡村旅游知识培训和民宿考察活动】** 2017年6月6~9日,2017年常熟市旅游局乡村旅游知识培训会举行。常熟市服务业办公室、旅游局、财政局、国土局、规划局、住建局、公安局、市场监督局、环保局、文广新局、消防大队、有关镇等单位分管领导,全市星级农家乐负责人参加培训会。培训会采取专家授课、分组讨论、实地学习的方式进行,邀请苏州科技大学邢夫敏教授对《乡村旅游区等级划分与评定DB32/T1666—2016》及乡村旅游发展趋势进行解读,为全面提升常熟乡村旅游和民宿发展打下了扎实基础。会后,参会人员集体赴浙江桐庐、淳安和安徽黄山市徽州区等地考察学习民宿建设,推动常熟乡村旅游区(点)提档升级。

**【刊播"文明旅游理性消费"公益宣传广告】** 为更大范围地宣传"文明旅游理性消费"的理念,提醒广大市民防范低价游,认准正规旅行社,在全市范围营造文明旅游的良好氛围。9~10月,常熟市旅游局制作了"文明旅游理性消费"公益广告宣传片,并在常熟电视台民生经济频道《今日传播》、《春来茶馆》栏目以及常熟旅游微信平台常熟旅游百事通等平台播放。公益广告以漫画的形式,形象生动地向观众宣传了如何选择正规旅行社,认清低价游陷阱,规范签订合同,视频短小精悍,浅显易懂,使"文明旅游靠大家,安全出行有保障"的宣传语深入人心。

2017年11月21日,2017第六届联合国世界旅游组织旅游可持续发展中国观测点年度工作会议在常熟举行 (市旅游局提供)

【举办"品牌导游品质线路"评选终评活动赛前培训】 为使20名导游员、讲解员,在终评的比赛中导游词创作更加主题明确、创意新颖。9月29日,常熟市旅游局邀请国家特级导游员肖雷老师,围绕终评比赛"寻山水里的常熟、访古巷里的常熟、闻书房里的常熟、品舌尖上的常熟、忆田野上的常熟、享闺阁里的常熟"6条线路,为参赛选手们上了一堂生动有趣的培训课程,为选手们进一步做好赛前准备提供了知识及技巧储备。

【常熟2名导游获授首批"苏州市十佳贴心导游"荣誉称号】 2017年10月27日,"品质苏州贴心导游"2017年苏州市导游大赛总决赛在苏州市旅游与财经高等职业技术学校举行,各市、区共有22名选手参加角逐。经过带团风采展示、规定景点讲解、自选景点讲解和知识问答等4个环节的比赛,来自常熟沙家浜风景区的何金玉和尚湖风景区的李会脱颖而出,最终分别名列第4名和第10名,被授予首批"苏州市十佳贴心导游"荣誉称号。

【"品质线路品牌导游"全市导游大赛总决赛】 2017年11月29日,"品质线路品牌导游"常熟市导游大赛总决赛在森林大酒店圆满举办。此次活动由常熟市旅游局、常熟市精神文明建设指导委员会办公室、常熟市人力资源和社会保障局、常熟市总工会、共青团常熟市委员会及常熟市妇女联合会6个部门联合举办,在前期初赛中脱颖而出的20名选手参加决赛。通过精彩的表演及激烈的角逐,最终评选出了十名金牌导游和十名银牌导游。 (赵 君)

## 虞山尚湖旅游度假区

【概况】 2017年,虞山尚湖景区实现接待185.45万人次,总收入6233.05万,同比增长3.6%。其中,门票收入3484.43万,同比增长3.64%。虞山生态步道全长21.23千米,宽度2.5米,于年底实现初步贯通。完成3只旅游厕所改造,完成3处母乳哺育室提升改造。创立"靓山使者""尚水使者"两大志愿服务品牌,设立"学雷锋"志愿服务站10处。瞄准"确保中程市场、深耕周边市场、巩固华东市场"的目标定位,在二十多个客源市场开展业务推介。联合沙家浜景区在江浙沪三省有声电台集中投放广告,品牌间互相支撑。上海高铁站"乡愁小栈"特色展厅、上海公交车身广告和苏州地铁灯箱广告宣传,展示景区形象特色。同时,利用景区微信、微博、网络APP等新媒体平台,实现线上宣传和线下活动有机结合。组办尚湖牡丹花会、宝岩杨梅节等特色品牌节庆,举办尚湖月亮节激光秀、虞山菊花展、稻草人节和风车节等专题活动,积极协办第九届长三角城市龙舟邀请赛、尚湖国际半程马拉松赛、卡亚克舟钓公开赛、STC尚湖铁人三项赛等体育赛事,助推"体育+旅游"产业融合发展,促进全域旅游迈上新台阶。年内,虞山尚湖景区正式获批"2015～2016年度江苏省价格诚信单位""苏州市健康单位",尚湖牡丹花会获"2017年度第二十届中国苏州国际旅游节优秀节庆评选二等奖",尚湖景区游客接待部获"全国巾帼文明岗",拂水山庄被苏州市人民政府列入《苏州园林名录》。

【第26届中国(常熟)尚湖牡丹花会】 2017年3月25～5月5日,"江南看牡丹,常熟尚湖来"第26届中国(常熟)尚湖牡丹花会在尚湖风景区举办。4月8日开幕式上,举行了洛阳牡丹新品推广赠送仪式,虞山生态步道开工仪式,"虞山尚湖——行走于江南的诗歌"摄影大赛颁奖典礼暨纪念册发布仪式,"花俏江南"全国中国画名家诗意牡丹常熟尚湖邀请展揭幕仪式,"我们结婚吧"全国百名新人牡丹婚典证婚仪式,"万人齐享常熟N种风情"快乐大巴启动仪式。花会期间还举办"百无禁忌——心想事成"姜太公祈福之旅、"古韵今风,旗袍情深"百名佳丽旗袍秀、四城围棋邀请赛、"情缘尚湖"第八届相亲大会、"新秀尚香"网红美人观花会暨自拍节、"留住记忆"花边义卖、水乡戏曲串联、昆曲表演、渔家乐表演、鸡年个性动漫玩偶秀等活动。

【国学传统踏青游园会暨虞山城墙风筝杜鹃花展】 2017年3～5月,国学传统踏春游园会暨虞山城墙杜鹃花展在虞山城墙景区展开。此次虞山城墙杜鹃花展与国学元素相结合,围绕国学"仁、义、诚、敬、孝"进行游园会布置,通过踏春文化的展示,文化与旅游理念的结合,打造书香景区,让游客在游览中体验中国传统文化的魅力。活动期间举办了"妙笔生花"书信大赛、全市中小学生风筝大赛、烘焙课堂等互动体验活动,立意新颖、寓教于乐。

【第九届长三角城市龙舟邀请赛】 (参见《体育·健身》"群众体育"分目)

【第十四届江苏常熟森林旅游生态观光节】 2017年6月1日至7月31

尚湖牡丹花 (常熟日报社提供)

日第十四届江苏常熟森林旅游生态观光节暨第十九届虞山宝岩杨梅节在虞山宝岩景区举行。在6月16日开幕式上进行了上海名家艺术研究协会传统文化实践基地和苏州原创读行学堂研学旅行社首批合作旅游景区揭牌仪式、常熟理工学院五星级优质合作教育基地揭牌仪式、江苏省价格诚信单位授牌仪式。节日期间,举办了“看杨梅、烧莳香、轧财神”民俗活动、杨梅酒DIY、“虞山派”树桩盆景展、“印象虞山”寻宝敲章有礼、“晨光文具杯”全国少儿美术创意绘画大赛虞山尚湖选拔赛、尚湖荷花节、“探秘水上森林”观鸟大发现、“清凉一夏”水上四重奏等活动。

**【第二届STC大铁联赛之常熟尚湖铁人三项赛】** (参见《体育·健身》“群众体育”分目)

**【第七届常熟尚湖国际半程马拉松邀请赛暨环太湖马拉松系列赛】** (参见《体育·健身》“群众体育”分目)

**【虞山红枫文化节】** 2017年9～12月,2017虞山红枫文化节在虞山尚湖景区举行。活动期间举办了虞山金秋赏枫公益徒步活动、“寻觅最美秋色”达人体验、“发现秋天的宝藏”集章有礼、“行走于江南的诗歌”全国摄影大赛获奖作品巡展、虞山金秋菊展、虞山桂花节、2017第五届江南茶文化博览会等活动。

(邹宇彬)

## 沙家浜风景区

**【概况】** 2017年,沙家浜风景区完成游客接待235.44万人次,实现自营收入1.2亿元。完成芦逸度假酒店、美芦民宿等项目建设投资1.0924亿元。启动毛晋纪念馆设计、纪念馆环幕影院、“红色遗址修复方案”;完成了唐市古镇区域内房屋的详细摸底、历史文化街区一期一、二标段仿古建筑修缮工程以及唐市古镇风貌协调区整治方案优化设计。结合《常熟市沙家浜总体规划(2016—2030)》要求,调整唐市历史文化街区范围及功能性布局,纳入沙家浜旅游度假区区域范围。2月,苏州市林业局发布《2016苏州市湿地保护情况年报》,沙家浜国家湿地公园在苏州市级以上湿地公园星级评定中获综合评定第一名。3月,沙家浜革命历史纪念馆被评选为全国首批公共文化设施学雷锋志愿服务示范单位,沙家浜旅游发展有限公司获2016年度江苏省诚信旅游示范单位。12月,沙家浜风景区获评第一批“全国中小学研学实践教育基地”。

*基础设施建设* 先后完成母婴室改造、第三卫生间建设、中型画舫维修改造、北区水域清淤、湿地亲子活动房、原沙奶奶酒家整修等;设计停车场交通优化和芦苇荡路拓宽方案、游步道及夜间亮化方案、老街部分房屋修缮方案,老街及芦荡人家污水等设计方案。实施检票系统的升级提升、北村头小岛的改造、毛晋万竹岛观景平台的改造、国防园设施拆除及河道填土工程、竹筏船翻新、指示牌的增加、外围护栏的加固、店铺休闲桌椅制作、花卉种植布局等。推进景区周边环境综合治理工作,规范经营户和商铺经营行为。完善景区智能管理系统,建立电子查询平台,电商整合推出景区+酒店、景区+项目为主的打包产品;建立游览智能化管理系统;建设二维码APP应用,手机导览。

*产品研发* 组织召开“旅游产品商讨会”,进行项目产品的研发与推广;注册“湿地小镇”沙家浜商标;推出了扎染项目、广场舞大赛、经典我来唱、年代秀拓展、时光照相馆等旅游产品;推进“江南船拳陈列馆”筹建和船拳演艺项目;“我是新四军”体验项目;探讨船游项目,通过“品茶观鸟”“船餐品蟹”“采菱寻莲”“捕蟹问渔”等不同产品组合促进高端消费与二次消费、增加订制剧本游客角色扮演或增加快闪突发性表演增强演出互动性。开展自驾“萝卜车”的运营,“企游号”合作项目、“探营沙家浜”冲锋号军事夏令营、穿越奇想营、冰雕馆、嘉年华项目等。扩大旅游商品和纪念品种类,新开发具有沙家浜元素的商品;棒棒糖、指甲套装、订制U盘等系列特色旅游纪念品。

**【沙家浜考察团赴闽东“寻根”】** 2017年3月6～11日,沙家浜旅游度假区管委会、沙家浜革命历史纪念馆共同组织了赴闽东的参观交流和红色文化调研的“寻根”之旅。考察访问团一行在霞浦、福安、屏南、蕉城、福州五个县市,走访了闽东独立团旧址及纪念园,闽东革命纪念馆,黄烽将军故居,屏南新四军第三支队第六团出发纪念碑及旧址,霍童暴动旧址,支提山闽东红军独立师成立纪念地,桃坑村闽东红军独立师集结地,百丈岩九壮士跳崖牺牲地等地,并与吴立夏红色文化研究会、闽东革命纪念馆、蕉城区新四军研究会的有关负责人,老红军家属、后代进行座

芦荡迷宫 (沙家浜旅游度假区提供)

谈交流。

**【发展中国家湿地保护培训班学员考察沙家浜】** 2017年9月16日，在杭州参加中国家湿地保护与管理培训班的14个国家24名学员到沙家浜国家湿地公园，通过课堂教学、实地考察等方式，学习中国湿地保护的经验和做法。培训班学员观看了常熟和沙家浜湿地保护的宣传片，参观了红石民俗文化、游船码头、湿地保育区和恢复区、观鸟屋、湿地自然学校、湿地科普馆和横泾老街等区域。沙家浜国家湿地公园从保护为先、合理利用、效益良好和持续发展等四方面，向学员介绍了沙家浜湿地建设管理情况。

**【国家湿地公园建设管理培训班在沙家浜举行】** 2017年9月26～28日，2017第2期国家湿地公园建设管理培训班(宣教专题第1期)在沙家浜国家湿地公园举行。培训由国家林业局湿地保护管理中心主办，江苏省林业局、世界自然基金会(WWF)和沙家浜国家湿地公园协办。培训班围绕宣教设施、人员宣教方案及运营实践，可持续的宣教活动设计，生态体验规划设计及实践、案例分析与讨论和现场教学等内容作了介绍，让学员理解湿地保育、湿地修复和湿地科普宣教的相互关系和意义。10月16～19日，2017第3期国家湿地公园建设管理培训班(宣教专题第2期)在沙家浜国家湿地公园举行。培训班围绕湿地保育、湿地修复和湿地科普宣教，介绍了湿地公园建设常见误区、国家湿地公园宣教指南解读、自然生态体验、湿地公园监测评估案例、生态教育与湿地环境解说规划设计等内容。12月25～28日，2017年第4期国家湿地公园建设管理培训班在沙家浜举行。培训班对国家湿地公园建设的相关政策进行了解读，解说国家湿地公园环境规划设计，进行《湿地公园信息管理系统》操作培训。

**【首届沙家浜冰雪狂欢节开幕】** 2017年7月9日，首届沙家浜冰雪狂欢节开幕。狂欢节设有冰雪大世界、企鹅馆等场馆，使用了500吨真冰，400平方米的冰雪场地，营造出接近零下20摄氏度的冰雪王国，为游客送来快乐与清凉，不管是投入力度还是活动规模都是沙家浜景区历年之最，也成为江苏规模最大的夏季冰雪主题节庆活动之一。该届沙家浜冰雪狂欢节开放夜场，夜场时除了上述冰雪项目之外，还有篝火晚会和露天电影以及美食夜市。

2017年4月2日，第十五届沙家浜阿庆嫂民俗风情节暨第十二届苏州(沙家浜)国际风筝节开幕 (沙家浜旅游度假区提供)

**【第十八届沙家浜阳澄湖开捕节暨沙家浜美食节开幕】** 2017年9月26日，由常熟市沙家浜镇人民政府、苏州市阳澄湖大闸蟹行业协会、江苏省常熟沙家浜旅游度假区管委会联合主办的“千亩芦花雪，蟹肥沙家浜”第十八届沙家浜阳澄湖开捕节暨沙家浜美食节在沙家浜风景区开幕。开幕式上，嘉宾们为2017沙家浜阳澄湖大闸蟹启用防伪标识，“中共苏州市委市级机关工作委员会党校党性教育基地”与“江苏省美术家协会沙家浜创作基地”揭牌，“水乡味道邂逅舌尖”——2017“芦荡全席”金牌蟹菜、水乡菜甄选品鉴活动暨常熟市芦逸度假酒店开业仪式举行。

**【不忘初心砥砺奋进——纪念“沙家浜部队”(新江抗)成立78周年】** 2017年11月6日，“沙家浜部队”(新江抗)成立78周年纪念系列活动在沙家浜革命历史纪念馆举行。“沙家浜部队”代表、新四军36位伤病员家属代表、上海新四军“沙家浜部队”历史研究会会长刘石安、驻常部队代表、沙家浜镇女子民兵连代表、沙家浜镇预备役民兵代表等参加活动。与会代表们在沙家浜革命历史纪念馆进行了研究新四军历史和弘扬传承铁军精神的经验交流。

**【2017“芦荡全席”颁奖礼暨首届沙家浜千蟹宴活动】** 2017年11月11日，由沙家浜镇人民政府、沙家浜旅游度假区管委会、常熟市烹饪协会、常熟市餐饮商会、常熟市饭店协会、常熟市金唐市水产品有限公司联合主办，泸州老窖特曲特别赞助的2017“芦荡全席”颁奖礼暨首届沙家浜千蟹宴在沙家浜风景区举行。由“金唐市”蟹业提供的一千只正宗沙家浜阳澄湖大闸蟹作为此次“芦荡全席”的蟹菜食材，景区邀请了沙家浜传统民间茶旦传承人，现场烹饪制作“芦荡全席”招牌菜式，邀请百人试吃团共享美食盛宴。通过专业评审和大众评审对入围“芦荡全席”的24道菜品进行现场试吃，评选出了“最具人气”“最高颜值”“最佳厨艺”等花样奖项，并由沙家浜镇人民政府、泸州老窖特曲、沙家浜风景区、常熟市烹饪协会、泸州老窖特曲、常熟市金唐市水产品有限公司的领导分别为获奖菜品颁发铜牌和奖金。

(潘　佳)

责任编辑　虞　柳

# 城乡建设

## 综　　述

【概况】　2017年，常熟市围绕“精致城市”建设目标，主打“民生牌”，不断提升城市品质内涵，推动城乡建设向内涵型、精细型发展，切实增强群众获得感、幸福感。全市实现建筑业总产值140.32亿元，完成房地产开发投资148.72亿元，商品住房新开工面积167.3万平方米，竣工171.5万平方米，商品住房销售223.8万平方米，存量房交易196.18万平方米。出台《关于进一步规范商品房预（销）售行为的通知》《常熟市新建商品房预售资金监管暂行办法》《关于进一步完善常熟市商品住宅销售管理工作的通知》《常熟市优先购房家庭购买普通商品住宅操作细则》等多个规范和稳控市场的政策文件。落实棚改安置房新开工2083套，基本建成安置房3836套，对33户驻常部队军人实行“补贴购房、共有产权”的保障方式，受理53家企业、43名个人优租房的申请。完成道路养护211条，摊铺沥青路面5.2万平方米，铺设各类道板5.4万平方米，砌筑平侧1.1万米，维修养护问题桥梁20多座，更换各类照明设施5297盏。新（改）建香榭路、报慈北路等城区道路27条，新改建道路总长达23.3千米；改造青禾家桥弄、青果巷、春风巷等背街小巷10条，增设盲道19.1千米。完成城区4个零星地块的整治，整治面积近2.3万平方米，向社会提供公共停车场731个。推进美丽城镇项目建设，12个项目列入苏州市2017年度美丽城镇优秀示范项目名单。新增（更新）绿地、林地67.5万平方米，林木覆盖率提高至17.66%、建成区绿化覆盖率达45.78%，建成区绿地率达42.62%，成功创建“国家生态园林城市”。

（王美娟）

市区海虞北路景观　　（常熟日报社提供）

## 城乡规划

【概况】　2017年，市规划局以加强规划引领为目标，全方位开展规划编制。《常熟市“多规合一”一张图》成果编制工作全面完成。4月，《常熟市城市总体规划（2010—2030）》（2017年修改）通过地方专家论证；5月，通过市人大常委会审议；8月，通过江苏省住房和城乡建设厅组织的规划技术审查并报省政府审批。继续加大各乡镇板块和相关部门各类规划的指导和组织论证、报批工作。指导沙家浜镇完成了总规修编，碧溪新区、董浜镇完成了总体规划的较大修改。指导各乡镇板块开展城镇建设用地范围内控规编制、控规修改。指导完成辛庄镇、古里镇、海虞镇、南部新城、虞山尚湖旅游度假区等乡镇板块控规编制15个、控规修改5个。指导各镇开展各类村庄规划编制论证报批工作。2017年联合一体办完成了支塘镇村庄布点规划调整，虞山尚湖度假区村庄整治示范点3个，综合整治村庄规划5个；各镇村庄规划22个，村庄控规23个。指导市相关部门完成了变电站、水利枢纽、天然气门站、加油站等各类项目控规14个。2017年，相继推进开展了《常熟海绵城市专项规划》《常熟市地下综合管廊专项规划》《常熟历史文化名城保护专题研究》《常熟市主城区停车设施规划》《常熟市城区城中村更新改造规划》《常熟沿江生态经济圈概念规划》等专项规划及规划研究工作。其中，海绵城市、综合管廊、城中村更新改造规划、主城区停车设施等专项规划均已完成编制成果。同时，进一步完善了《常熟历史文化名城保护专题研究》，完成了《南门坛上历史文化街区保护整治规划》的调整报批工作，启动了南泾堂和西泾岸两个历史街区保护整治规划的编制工作，开展了《常熟沿江生态经济圈概念规划》编制工作。以“规划一张图”为中心，扎实开展规划信息系统建设，完成了规划一张图信息系统升级项目，开展了基础地理信息数据更新工作。以严格规划管理措施为抓手，大力提升规划服务水平。制定了建设项目快速审批制度，对部分工业项目实施快速审批，由具备资质的勘察设计单位、建设单位在对报建方案图纸的合规性、准确性、真实性提供承诺的前提下，规划部门技术审查的承诺工作时限由原12个工作日减少至不超过5个工作日(不包含规划批前公示时间)。会同市民防局，按照市政府相关要求，委托设计院编制了《常熟市大型地下空间识别和引导规则》，有利于解决大型地下空间识别和引导系统的无序混乱问题，具有较强的指导性和可操作性。全年共核发规划审查意见及“一书两证”(选址意见书、建设用地规划许可证、建设工程规划许可证)358份，其中建设工程规划许可证建筑面积近370万平方米；出具规划设计条件82份，规划选址意见审查32项，确认用地性质89项；办理规划核实135件，核实总面积近370万平方米；完成超占地确认2份；立案查纠各类违章35起(其中2016年立案8起，2017年立案27起)，查处违章建筑及未验线先建面积20多万平方米；处理回复“寒山闻钟”“12345”、在线回复、部门信箱、人民来信等共计1007件次。

**【《常熟市城市总体规划(2010—2030)》(2017年修改)通过审议】** 2017年5月4日，《常熟市城市总体规划(2010－2030)》(2017年修改)通过2017年度常熟市城市规划委员会专业技术委员会第三次会议的专题审议。《常熟市城市总体规划(2010－2030)》自2011年获省政府批复后，切实引导着常熟市的城乡建设。但随着社会经济的发展，原有规划已无法满足产业转型升级、城市建设等需求。在从中央到地方越来越严格的规划实施管理以及问责制度下，为了切实依法行政，2016年经省住建厅同意，根据《省政府办公厅关于印发江苏省城市总体规划报审工作规则和江苏省城市总体规划修改工作规则的通知》(苏政办发〔2010〕81号)，结合常熟市发展的实际，对《常熟市城市总体规划(2010－2030)》的调整采用了较大修改的模式，修改范围仅限于原总体规划确定的中心城区范围内的用地布局调整和功能完善。规划充分征求了各部门及乡镇、板块意见，并于4月21日通过了常熟市组织的专家论证。

**【《常熟市城市总体规划(2010—2030)》(2017年修改)通过审查】** 2017年8月18日，《常熟市城市总体规划(2010－2030)》(2017年修改)(以下简称《规划》)通过江苏省住建厅组织的技术审查。为有效保护常熟市生态资源，统筹集聚空间资源，推进精致城市建设，2016年，经江苏省住建厅同意，常熟市人民政府委托江苏省城市规划设计研究院对《常熟市城市总体规划(2010－2030)》开展较大修改。规划编制工作历时近一年，其间经过多轮与省住建厅汇报对接，并经部门板块反复讨论研究后向常熟市委市政府汇报确定成果。2017年7月，规划成果在通过地方组织的专家论证、社会公示以及常熟市人大常委会审议等程序之后提交省政府审查。省住建厅技术审查是省政府报批中的关键节点。《规划》在现版城市总规实施评估的基础上，开展了绿地、义务教育设施、道路系统等强制性内容的修改论证，在中心城区规划建设用地规模不变的前提下，对用地布局、中小学、绿地、道路、市政公用设施等进行了局部修改。与会专家认为，修改成果齐全，内容符合《江苏省城市总体规划修改规则》要求，方案基本可行，原则同意该《规划》。同时也提出了修改建议，要求加强教育等公共设施的用地保障，明确天然气常熟管线的规划安全要求，污水管网与污水厂相应调整，完善涉及强制性内容的修改说明，加强与相关规划的衔接。江苏省住建厅副厅长张鑑出席了审查会议，明确该《规划》作为过渡规划，在成果表述上应加强针对性，并注意与重大交通设施的对接。对城市用地分类的新旧标准问题，明确修改成果继续使用老标准。

**【2016年度地下管线普查及监理项目通过验收】** 2017年9月26日，常熟市2016年度地下管线普查及监理服务项目通过验收。验收专家组在听取了项目承建单位和监理单位的工作汇报、监理汇报，审阅了项目文档资料后，经质询与讨论，同意项目通过验收。2016年度地下管线普查及监理项目综合运用物理探测、卫星定位测量、计算机数据处理等技术，采用内外业数据一体化的作业模式，共完成182千米的地下管线探测任务，完成1∶500综合管线图108幅。

**【《常熟市大型地下空间识别和引导规则》正式施行】** 2017年10月18日，《常熟市大型地下空间识别和引导规则》正式施行。《常熟市大型地下空间识别和引导规则》由常熟市规划局、常熟市民防局于4月委托江苏省人防与地下空间研究中心、江苏省第二建筑设计研究院有限责任公司和江苏省天安人防工程管理有限公司编制。根据要求，对涉及大型地下空间(地下建设规模超过1万平方米)的新(改、扩)建项目，项目建设单位在申请规划、人防行政许可阶段，应当提交该项目根据规则设计的“地下空间识别系统”专项方案，规划局、民防局应分别组织审查。从2018年1月1日起，对涉及大型地下空间(地下建设规模超过1万平方米)的新(改、扩)建和在建项目，在竣工验收阶段，规划局、民防局应分别将该项目地下空间识别系统建设情况纳入验收范围，民防局还应将该项目人防工程战时识别系统设计纳入平战转换预案审查内容。《常熟市大型地下空间识别和引导规则》通过统一常熟市大型地下空间识别和引导系统，有利于增强地下空间的适用性和安全性,有效提高地下空间的停留感受与服务品质。

【《常熟沿江生态经济圈概念规划》通过审议】 2017年11月17日,《常熟沿江生态经济圈概念规划》通过2017年度常熟市城市规划委员会专业技术委员会第八次会议的专题审议。《常熟沿江生态经济圈概念规划》结合了市委市政府在沿江生态经济圈设计方案讨论专题会议上提出的三个"突出"要求,对沿江生态带的功能定位、框架结构、生态管控、交通组织、配套设施等方面进行了规划整合,从市域乃至长江一太湖流域生态涵养圈的角度进一步明确了以铁黄沙为核心的沿江区域以生态为主的发展定位。

【《申张线航道(常熟段)跨河桥梁及两侧路网衔接规划研究报告》通过评审】 2017年11月23日,《申张线航道(常熟段)跨河桥梁及两侧路网衔接规划研究报告》(以下简称《报告》)通过专家评审。会上,编制单位对《报告》作了详细汇报,《报告》主要通过对申张线航道沿线公路网发展现状的分析,结合需求确定了两侧路网的规划目标、理念和原则。与会专家和领导听取了编制单位对《报告》的介绍,进行了认真的讨论和评议,同意该《报告》通过评审。

【零星用地建设】 2016年起,虞山镇人民政府启动了《常熟市主城区公共服务设施近期建设规划》的编制工作,共梳理出城区存量空间资源可利用的地块83块,面积合计1593.25亩,并对以后用作民生事业的规划用途进行了明确。2017年年初,市长周勤第在走访调研了部分城区零星地块后明确提出要在《常熟市主城区公共服务设施近期建设规划》梳理的存量空间资源的基础上进一步梳理20个左右近期可实施利用的零星地块作为2017年民生补短板的重点工作。最终,由市规划局牵头,在住建局、城管局、虞山镇等配合下,确定了16块个近期可实施利用地块。16个地块的规划用途主要作为停车场、社区用房、教育设施等。截至12月中旬,16个零星地块中4个地块已完成建设;1个地块正在施工、计划年内完工;8个在办理项目前期;3个地块即将启动。全部建成后,城区将新增6处停车设施(预计新增停车泊位1180个)、6处社区服务用房(包括社区办公、社区医疗、居家养老等)、2处教育设施、2处公用设施。文庙西侧地块、李闸路原开关厂剩余地块、保得利地块、昆承幼儿园东侧地块4个停车场项目完成施工,投用后相关区域的"停车难"问题得到缓解。

(曹 莉)

## 城市经营投资

【概况】 2017年,常熟市城市经营投资有限公司(简称市城投公司)不断完善公司治理体系,提升基础管理水平,强化下属企业监管,坚持以工程建设、经营发展、规范管理为主线,立足民生保障服务和城市重点工程建设,紧扣重点,统筹面上,加快改革创新,扎实推进全年各项工作,全力助推"强富美高新常熟"建设。2017年,新增注册产品50亿,发行公司债、中期票据等金融产品41.22亿元,公司新增各类银行贷款44.5亿元,统筹归还到期及提前归还各类债务83.42亿元;2017年,调剂统筹闲置资金2.92亿元,公司的综合融资成本保持在5.45%,基本与上年的5.48%持平;引进国寿东吴(苏州)城市产业投资企业投资,注入投资款20亿元,公司主体信用等级保持在AA+。全年承担97个项目建设任务,在建项目超50个,完成建安投资13.7亿元,竣工项目32个,其中包括衡丰家园、甸欣家园等4个动迁安置房项目(3318套)和政务服务中心、亚足联U23比赛场地改造等28个项目。同时,及时启动新丰家园二期、元和中学、北部医院等40个项目。常熟市天然气有限公司全年销售气量43878.47万立方米,新增工商业用户132家,完成小区入户安装共计超2.7万户,敷设天然气外管线及庭院管线约149千米;同时推进"煤改气"工程,着重推广分布式能源项目,进一步提高清洁能源利用率,完成了与新凯盛分布式合作项目前期合同的签订。常熟中法水务有限公司全年供水量2.15亿立方米,污水处理量2458.3万吨,积极推进智能水务建设,大规模开展城乡11000只老旧远传表系统改造工程;全面完成第二水厂深度处理和排泥水处理系统的建设,同时升级老系统,实现各工艺点无人值守并在高峰供水前投入试运行;完成第三水厂深度处理工程的详细规划并取得市政府批复。

【藕渠片区绿化慢行系统一期工程】 2017年5月,藕渠片区绿化慢行系统一期工程竣工投用。昆承南路支路(原金枫支路)绿化慢行系统起点位于渠中路,终点位于昆承南路交叉口,全长436米,道路西侧新建约20米绿化带,绿化面积8400平方米;昆承南路支二路(原香山南路)绿化慢行系统,起点位于渠中路,终点位于南三环路,全长733米,新建两侧各14.5米绿化带,绿化面积29655平方米。主要建设内容为绿化种植、游步道、休闲小广场、景观树池、矮墙、景观堆石、环卫设施、亮化、排水系统等。

【锦虹家园项目】 2017年1月,锦虹家园(原新建锦丰家园安置房一期、二期工程项目)工程实体竣工,已完成相关后期验收备案工作。该项目位于北三环路以南、新世纪大道以东,用地面积43784平方米。一期工程建筑面积94238平方米,其中地上建筑面积67878平方米,地下建筑面积26360平方米。二期工程建筑面积30998平方米,其中地上建筑面积28798平方米,地下建筑面积2200平方米。配套相应的道路、场地、绿化等公用设施。

【沪通铁路常熟站综合交通枢纽配套基础设施预留地下通道】 2017年9月,常熟站综合交通枢纽配套基础设施预留通道工程完成。该工程于2016年6月开工建设,分别为28~29号桥墩间中间通道(包括中间通道外挂附属工程)、24~25号桥墩间西侧通道以及32～33号桥墩间东侧通道。3个通道长度均为102米。中间通道为地下两层结构，宽度为21.8米，两侧通道为地下一层车行通道，宽度均为8.8米。主要建设内容：中间通道为行人联系通道和轨交S4线下穿通道，地下两层结构；西侧通道为地下车库预留南北联系车行通道，地下一层结构；东侧通道为车库预留南北联系车行通道，地下一层结构。项目规划用地面积6243平方米，总建筑面积6634.55平方米，工程初步概算总额约11250万元（其中工程费用约8000万元）。

【青墩塘变电站迁建工程】 2017年5月，青墩塘110千伏变电站迁建工程竣工。该工程于2016年5月开工，位于红梅路以南，宝山路以东，三环高架以西。项目由变电站及附属设施组成，规划用地面积为5510平方米，总建筑面积5074.05平方米。项目总投资约为20014万元，其中土建工程投资约3221万元。该工程由市城投公司负责组织变电站用地红线范围内的土建、水电、暖通、消防、内部装饰、市政、绿化等工程建设实施工作，项目其他建设实施工作由市供电公司负责，城投公司配合。

【亚足联比赛场地改建工程】 2017年9月，亚足联U23锦标赛常熟赛区比赛场地改建工程竣工。改建工程包括体育中心比赛场地、江苏省常熟中学的训练场地，均按国际赛事标准要求进行改建，总投资约350万，改建面积约15000平方米。改建工程从2017年7月动工，9月初改建基本完工，交由专业单位负责养护。两处改建主要清除了原有足球场半米厚的泥土，换上更为透水的碎石和沙层，再在表面覆盖种植土。改造后的砂土层增加了排水速率，更利于草坪生长，原来种植普通草坪换成中科院最新研发的专业足球场草坪。常熟中学场地更是增设了自动喷灌系统，对草坪进行全面覆盖喷灌；新建了运动员的休息用房，内设淋浴房和更衣室。

【市政务服务中心办公用房】 2017年12月，常熟市政务服务中心办公用房完成竣工验收。该工程位于凯文路以南，香山北路以西，于2015年6月15日正式开工，总建筑面积57403平方米。1至2楼为市政务服务中心办事大厅，3楼为公共资源交易中心，4至6楼为城建档案馆、不动产档案馆及市人力资源和社会保障局档案馆。服务中心增设了社保、供电、邮政速递等便民服务。配备有285个窗口、6个开标室、6个评标室及配套的会议室、办公室，402个机动车停车位置，780个非机动车停车位置，能满足内部办公人员300人、外来人员2500人次/天的办公需求。

【城区绿地主要节点和游园提升改造工程】 2017年11月3日，城区主要游园、节点提升改造工程的零散地块项目完工。零散地块的改造点分散于城市各个区域（包括新世纪大道部分绿地、冠云园、明珠园等30个地块），改造内容主要有精减过密灌木色块、播撒花卉草籽、修缮廊架、景墙等硬质景观、增加坐凳座椅、垃圾筒等。该工程的新世纪大道东侧（白茆塘大桥一渠中路）滨河绿地景观工程及城区主要游园节点、游园提升工程（标二）项目于2017年11月中旬开工建设，改造建设内容主要有园路广场硬质铺装，木平台、亭子廊架景观安装及绿化种植、养护，原有苗木内外移植等。

【香山中路贯通工程】 2017年5月，文化片区香山北路贯通工程（凯文路——青墩塘路）竣工通车。该路段全长555米，宽38米，双向6车道，配套雨污水、管线、绿化、路灯等市政设施，工程于2015年4月开工建设。（唐　彬）

## 城市管理

【概况】 2017年，全市城市管理工作以创建全国文明城市为着力点，以推进城乡环境综合整治、“两减六治三提升”专项行动为结合点，以建立常态管理机制为突破点，高压管控、集成创新，以良好的市容秩序和环境卫生面貌，助推常熟荣膺全国文明城市称号，打造了具有常熟特色的城管品牌。通过日间日常管控和夜间专项整治相结合的方式，在城区实行全区域巡查，全年累计查纠各类违反城市管理规定的行为34万多起；办结行政处罚案件2979件；运输处置垃圾56.2万吨，清理河道漂浮物1.7万吨；焚烧处理垃圾55.89万吨，发电量20239.5万千瓦时，上网电量16767.8万千瓦时；处理炉渣10.5万吨；安全处置飞灰1.34万吨，达标处理垃圾渗滤液10.73万立方米；清运和处理粪便3.39万吨；谢桥建筑垃圾堆场接纳建筑装修垃圾20多万吨。

【探索城管办高位协调机制】 2017

爱心驿站　（常熟日报社提供）

年，市政府出台《关于进一步加强城区建设和管理工作的实施意见》，结合文明城市创建工作，城管办通过协调会、现场会、督办单等形式，协调公安交警、住建、市场监管等部门及属地板块，妥善解决了城市出入口户外广告整治、非法洗车店、噪音扰民、公房维修等一批民生难题，发挥了高位协调的作用。其中，重点针对商圈管理，查处乱停车、乱设摊、乱堆放、乱张贴、乱设广告等乱象3700多起（处），清理各类垃圾30多吨，督促修复路灯、道板等设施100多处，制定商圈管理办法；取缔琴川市场周边等9个马路水产市场。同时，稳步推进城管体制改革，6月底完成服装城城管体制改革。

**【城乡环境综合整治】** 2017年，市城管部门开展全省城市环境综合整治"931"接续行动、城乡环境"再整治、再巩固""两路一河"沿线绿化与环境整治、全市暴露垃圾整治等一系列专项行动，分别制定整治方案、明确整治重点、梳理项目清单，并通过召开推进会、协调会以及定期督查、不定期抽查、每月编发简报等形式，推进各项环境综合整治行动。2017年，累计完成城市环境综合整治"九整治"项目4个、"三规范"项目40个、拆违120处1.1万平方米、210个城市家具项目；清理城区主次干道、城中村及集镇、村庄等区域各类乱象13.1万处、各类垃圾6.4万吨、整饰建筑立面8.7万平方米、美化景观绿化29.6万平方米、完善基础设施4300多处，城乡环境面貌显著提升。

**【建立严管重罚机制】** 2017年，市城管部门将主干道管理标准覆盖城区所有道路、重点区域，实行全面严禁、全面取缔，强化对城区75条主次干道、2条商业大街、8大商圈、33家集贸市场、38所学校等周边市容秩序的执法管理。处罚额度从200元提高到1000元，对流动摊贩经营工具暂扣期限从30天延长至60天，大幅增加当事人违法成本。累计暂扣卡车、桌椅、广告牌等各类经营物品3.8万件，其中三轮车721辆、卡车122辆、车辆行驶证60本。2017年累计查纠城区各类乱象34万多起，同比翻一番；处罚金额达730多万元，同比增长近4倍；拆除、修复广告设施1.2万平方米，同比增长3.5倍。

**【完善"城管十"模式】** 2017年，常熟全面推广"城管＋保安"模式，通过社会化的运作，聘请保安400名，在城区主次干道、商业大街、商圈、集贸市场、学校等重点区域开展驻守管理，并通过明确工作责任、制定考核标准、强化监督考核等措施，提高保安队伍业务水平和服务质量。在学校周边实行"城管＋学校"模式，在外国语中学试点将学生购买流动摊贩食品的行为与学生评选"三好学生"挂钩，从源头上杜绝流动摊贩；在居住小区实行"城管＋社区"模式，形成城管、社区志愿者、物业三方联动的管理模式；在建设工地实行"城管＋部门联动"模式，建立与住建、环保、建设工地发包方和施工方多方联系制度，及时沟通、信息共享。

**【推行"非现场执法＋信用联动惩戒"执法新模式】** 2017年，针对"门前三包"处罚难、执行难的全国性难题，制定出台《江苏省常熟市城市管理失信行为管理办法（试行）》，第一次将社会法人、自然人违反城市管理行为的失信记录纳入征信体系，成为全国县级市中的首创。在此基础上，推出"非现场执法＋信用联动惩戒"执法新模式，视频监控、执法仪固定证据，法院支撑非诉执行以及失信黑名单、诚信积分和新市民积分联动惩戒，该模式被《中国建设报》专题刊发，获得住建部肯定，住建部于12月组织全国10多个省市在常熟开展调研，以常熟办法为蓝本起草《城市管理领域失信行为联合惩戒实施办法》，拟在全国推广。

**【"牛皮癣"治理】** 2017年，市城管部门制定《常熟市"牛皮癣"专项整治实施方案》《城市"牛皮癣"长效治理工作方案》，落实运营商停机、每日巡查制、八小时清理制、缴费代清理制、部门移送制等常态管理措施，并督促属地政府设置便民服务栏，有效控制"牛皮癣"蔓延趋势。2017年，累计暂停通讯服务电话号码5834个、移送公安机关、卫计委176个，在全市范围内清理乱涂贴近37万余处约5.3万平方米，违法行为人主动缴纳代清除费137起。

**【"263"专项行动生活垃圾治理】** 2017年，常熟加快垃圾终端处理设施建设，推进第二生活垃圾焚烧发电厂扩建项目建设，10月底单体工程开工；推进建筑材料再生资源利用中心建设项目，完成建筑装修垃圾分拣和综合利用方案制定，两个项目均由市水投公司负责具体实施；督促乡镇建成10个农村生活垃圾临时填埋场，总库容约80万立方米，并配套制定《常熟市农村生活垃圾临时填埋场运行管理标准》。积极开展城区生活垃圾分类，完成城乡生活垃圾分类与治理专项规划和城市餐厨废弃物处理规划。着力推进建筑装修垃圾、绿化垃圾、大件垃圾、废旧服装等的分类减量。2017年，城区集中收运处置建筑装修垃圾约20万吨，回收废旧服装约600吨，日均回收废布料约50吨，在城区设置垃圾分类收集设施5000多组，生活垃圾分类设施覆盖率达60%，建成26个生活垃圾分类示范点，其中锦荷佳苑、琴枫苑小区、虞山尚园被确定为省级垃圾分类示范小区。推进农村有机垃圾分类就地处置工作，各板块新建成7座有机垃圾处理站，44个村实行有机垃圾分类投放、分类收集、分类运输、就地处置。

**【公共服务】** 2017年，常熟完成公共自行车二期项目升级，更新104个站点、4000辆自行车。在总结城区8条道路试点经验的基础上，完善智慧停车系统建设，智慧停车系统已有注册用户5.1万余人，累计使用停车服务56.4万车次。完成城区70座公厕无障碍设施改造，增设无障碍公厕引导标识牌120套，对543座环卫公厕统一设置等级标牌，对10座公厕增设了第三卫生间等人性化设施，提升公厕设施配套和服务质量。

**【"百姓城管"志愿服务】** 2017年，

"百姓城管"总队成立，下设13个大队、38个中队，聘请36名"百姓路长"，设立28个常态化服务阵地。明确百姓城管志愿者四大职能即充当"运动员、宣传员、引导员、监督员"，完善"三固定"模式，在城区主次干道、八大商圈、37个社区、34所学校固定区域、固定服务时间、固定服务内容，组织开展关爱环卫工人、大手牵小手等大型公益行动，引导市民群众持续关注、支持、参与城市管理。同时，规范队伍管理，建立考核机制，表彰奖励"四十佳"百姓城管，全面推动志愿服务工作项目化、阵地化、常态化发展。"百姓城管"累计开展活动4500多次，参与志愿者7.2万人次，服务时间15万个小时。

（王　意　仲陈双）

## 城乡绿化

【概况】 2017年，常熟市新增（更新）林地、绿地67.5万平方米，完成省级村庄绿化示范村创建2个，其中城区新增各类绿地30万平方米，建成区绿地率42.67%，建成区绿化覆盖率45.83%，人均公共绿地面积19.64平方米。经省林业局认定公布，常熟市2016年底森林覆盖面积19847公顷，林木覆盖率17.66%。

【义务植树活动】 2017年3月3日，市委书记王飚，市长周勤第，市人大常委会主任杨崇华，市政协主席韩卫兵等市四套班子领导带领市级机关干部、董浜镇机关干部以及志愿者代表等200多人参加义务植树活动，共种植榉树1500多株。植树节期间，全市各镇（区）相关部门、单位陆续组织开展植树节活动，共种植榉树、香樟、桂花等6600多棵，种植绿化面积6万多平方米。

【农村绿化建设】 2017年，全市完成新增林地绿地67.5万平方米，其中成片林37.6万平方米。开展高速公路、国省道沿线绿化及环境专项整治工作，完成绿化补植148.1万平方米，补植各类乔木14.8万株。完成"三化"树种应用18.2万株。完成碧溪新区留下村、董浜镇智林村2个省级村庄绿化示范村建设。

【城区绿化建设】 2017年，全市城区完成文化片区金山路、宝山路、红梅路、开元大道、昆承南路附属慢行系统工程、城区游园节点提升改造等绿化建设项目，实施常浒河北侧绿化和慢行系统工程建设，新增各类绿地30万平方米。

绿化造景　　（常熟日报社提供）

【绿化行业管理】 2017年，全市绿化行业健康有序发展，全年新增项目负责人共计70人，其中当地48人，外地22人。借助行业协会平台，积极开展优良工程评比，新建甸新家园安置房绿化景观工程、南湖湿地露营地绿化工程等16个项目获得苏州市园林绿化优秀工程称号。落实安全生产主体责任，全年开展检查4次，下发限期整改通知书12份，并及时复查，确保管理制度落实到位。

【绿色图章审批】 2017年，全年完成居住区绿化竣工备案61项，市区内树木砍伐、移植审批20项，市区占用或临时占绿审批99项，绿化工程设计方案审批（审查）46件。

【绿化养护管理】 2017年，完成城区1413多万平方米绿地养护，实施9条重点国省道及7个高速道口、3个入城节点、5个进出城市主要道路沿线共计63个点位的绿化专项整治工作，投入资金200万元，整治面积16万平方米。同时，修订《常熟市三环路外绿化属地养护考核办法》，完善督查机制，全年开展考核11次，召开养护考核例会10次。同时，及时开展"回头看"工作，共发出书面整改通知书7份，对未按期完成整改或整改未到位的2个乡镇作出停发1个月管养经费的处理。

【古树名木保护】 2017年，根据《全国绿化委员会办公室关于开展全国古树名木资源普查试点的通知》，开展全市古树名木及后续资源的普查工作，完成了自查摸底、外业调查、资料整理、复查以及信息录入工作，建立了古树名木文字、表格、照片齐全的动态管理档案。全市共有古树名木572株，其中一级古树23株、二级古树117株、三级古树432株，后续资源206株。（王　平）

## 重点工程建设

【概况】 2017年，市政府成立了城区

建设和管理委员会，其中城区建设委员会办公室设在市住建局。市城建办统筹协调推进扎口管理的38项重点工程建设，其中新建项目18项，续建项目20项，完成总投资约6.1亿元。

**【新开发片区建设】** 2017年，常熟市推进城铁片区、琴湖片区、南部新城北区块路网建设，实施城铁片区沪通铁路涉铁通道工程、龙腾片区沪通铁路涉铁通道工程、沪通铁路常熟站综合交通枢纽配套基础设施预留地下通道工程、常昭路一期工程（泰山路—金达路）、泰山路北延工程（北三环—常昭路）、泰山路北延二期（黄浦路东延二期）、龙腾路工程（景龙路—琴川大道）、琴湖路支路（琴湖路改造—阜湖路东延）、阜湖路东延工程（海虞南路—新世纪大道）、湖苑路工程（琴湖路支路—新世纪大道）、胜湖北路工程（湖苑路—阜湖路东延）、金湾路工程（新沈路—庙港路）、香江路工程（沈青路—常昆公路）、沈青路工程（外环南路—东南大道）、全港路工程（银湾路—常昆公路）、渔丰路工程（银湾路—香江路）、永青路工程（外环南路—金湾路）、银湾路工程（全港路—常昆公路）、新沈路工程（外环南路—金湾路）、金湾路工程（庙港路—常昆公路）、庙港路工程（常沙线—常昆公路）、东环河大桥工程22项市政工程，新建、续建道路19.2千米，其中沪通铁路常熟站综合交通枢纽配套基础设施预留地下通道工程、泰山路北延二期（黄浦路东延二期）2项工程已完工；推进片区绿化建设，完成昆承南路道路附属绿化工程（藕渠片区绿化慢行系统一期）、长江路东延道路附属绿化工程（龙腾片区绿化慢行系统一期）两项绿化工程，新增绿化面积3.4万平方米；理顺片区水系，组织实施文化片区河道水系整治工程，完成总体形象进度20%。

**【完善城区市政路网】** 2017年，实施香榭路贯通工程（富泰路南—金山苑娄稍河）、划船浜路贯通工程（琴湖路—已建划船浜路）、富康路东延道路工程一期（金山苑四区北入口—香椿路）、金山路和珠江路电杆占道整治工程、沙家浜路西延（琴湖路—莲花路）道路工程、报慈北路改造工程（珠江路—北三环）、昭文路道路改造工程（衡山路—香山中路）、文庙周边综合整治工程、和莫路北延道路工程（元和路—翡翠路）等9项工程，新建、续建道路8.5千米。其中8项工程全部完工。

**【提升城区景观质量】** 2017年，实施城区景观亮化提升改造工程、常浒河北侧绿化和慢行道建设工程、城区主要节点、游园提升改造工程等3项城区景观提升工程。其中城区景观亮化提升改造工程、城区主要节点、游园提升改造工程已完工，全市新增景观亮化建筑物和构筑物23处，安装各类景观照明灯具2.5万盏，改造绿化面积达10万平方米；常浒河北侧绿化和慢行道建设工程完成总体形象进度80%。

**【保障性住房建设】** 2017年，继续推进晨枫家园保障性住房建设，小区总建筑面积10.4万平方米，8幢住宅楼及1幢社区物业配套用房，其中813套为经适房，204套为公租房，小区共计1017套。该工程于2017年6月完工。

**【城市基础设施建设】** 2017年，城市基础设施建设，一是结合文明城市创建，完成主次干道的改造提升，重点对青墩塘路、海虞南北路、泰山路、长江路、淮河路、李闸路等29条道路人行道及盲道进行增设和维修，共计新建和维修各类人行道3.5万米，增设盲道6685平方米，新建下沉式缘石坡道122只，对道路两侧缺失的行道树及色块地被等进行补植，补植各类绿化6万多平方米。对方塔街、环城北路、甬江路、枫林路等40多条道路的沥青路面进行了维修，共计修补沥青路面16826米。对李闸路局部、淮河路局部的管线进行入地，对金沙江路、阜湖路等12条道路的线路进行整理。二是按照市领导对《关于城区17块近期可利用零星地块规划用途及建设相关情况的建议》的批示精神，完成昆承幼儿园东侧地块、原开关厂地块、保得利地块等4个地块整治工作，整治面积2.3平方米，可向社会提供公共停车位731个。 （薛 青）

## 市政公用事业

**【概况】** 2017年，市政公用事业围绕市政设施管养、市政施工行业管理、燃气行业管理三个方面开展工作，全面实现市政公用各项事业健康平稳发展。

**【市政基础设施管养】** 2017年，出台《常熟市城市景观照明管理办法》，编制了《常熟市主城区景观照明（近期）建设规划》，拟定了《常熟市城市景观照明实施细则》和《常熟市城市景观照明考核办法》等配套政策，完善了《常熟市市政设施建设标准》《常熟市市政设施维修养护标准》等相关办法和标准，确保市政基础设施管养工作有章可循。对城区主要道路、街巷里弄的设施制订整治提升计划，设施完好率达95%以上，亮灯率99%。黄河路、香山南路2项养护片被评为苏州市优质养护片。

**【城市桥梁】** 2017年，组织常熟经济技术开发区、常熟高新技术产业开发区、虞山镇、服装城等6个桥梁权属单位明确桥梁管辖范畴，完善"一桥一档"。至2017年末，常熟市各板块共有城市桥梁535座（住建局202座）；2017年度城区桥梁检测157座，对迎春桥、五号桥、服一桥3座桥梁进行加固维修；对行灶桥用线形预埋观测点进行跟踪检测，确保桥梁的安全运行。

**【燃气行业】** 2017年，常熟市共计销售天然气5亿多立方米，比上年同期增长2亿立方米，新增居民用户27910户，新增工商用户115户，新增天然气管道197.73千米。全面排查安全隐患，组织开展燃气安全联合检查295次，重点查处违章存放、私自充装倒灌及经营超期限未检测甚至报废瓶充装燃气等行为，排查出的燃气经营、使用安全隐患全部在规定时间内完成整改，暂扣各类燃气钢瓶724只，取缔无证经营站点8个，处罚违规行为13起，有效规范了常熟市燃气市场的经营秩序。

【市政施工行业】 2017年，市政企业完成总产值21.94亿元，其中建筑业总产值18.27亿元，同比增长9.95%和15.1%。加强对市政工程的现场管理，采取日常检查、突击检查等方式对工程施工过程中存在的危险源进行排查，针对隐患，及时采取施工安全技术措施，防止安全生产事故的发生。全年共检查159个工地716次，排查各类问题及隐患约1348条，出具整改通知书49份。严格履行安全监督管理职责及办理工程安全监督相关手续，做好开工安全生产条件复查，全年共对64个工程进行了建设工程开工安全生产条件现场复查，对3个不符合开工条件的工程监督整改；严格发放要求和程序，规范市政建设工程施工许可证发放管理和人员押证管理，共发放建筑工程施工许可证113份，合同总价10.64亿元，同比分别增长56.94%和36.94%。

（凌　莉）

## 村镇建设

【概况】 2017年，常熟市村镇建设工作全面推进。城镇基础设施和公共服务设施加快配套，空间布局更加合理，城镇特色风貌鲜明，镇村生态环境优良，城镇文化内涵明显提升，城镇综合实力大幅提高。

【村镇创建】 2017年，村镇创建工作取得良好成效。海虞镇成功创建“全国特色小镇”，碧溪新区问村老街、梅李镇沈市老街、辛庄镇吕舍老街获得省级“传统村落”称号。以创促建，重在建设，形成特色，通过创建提升了城镇和新农村建设整体品位，提高了镇村基础设施配套和园林绿化水平，改善了人居环境。

【美丽城镇建设】 2017年，在苏州市美城办的统一安排下，以三大重点任务为抓手，坚持规划引领和项目落实，统筹协调，层层分解，深入实施，紧扣“美丽”主旨，在特色风貌、功能提升上下功夫，深化镇容镇貌整治，提升基础设施水平，加强园林绿化美化，改善城镇环境面貌，全年共实施302个项目，并有12个项目列入苏州市美丽城镇优秀示范项目名单。

【特色田园乡村建设】 2017年，推进特色田园乡村建设。支塘镇蒋巷村蒋巷、董浜镇观智村天主堂、古里镇坞坵村陈家湾进入苏州市级特色田园乡村首批试点名单。

村镇新貌　　（支塘镇提供）

【常熟市农村人居环境调查】 2017年，继续开展常熟市农村人居环境调查工作。对常熟市12个板块共计209个行政村的地址信息、基本情况、基础设施、公共环境、建设管理等信息进行了全面的摸底调查，并将信息录入全国人居环境信息系统。为上级部门更好地把握和评估农村人居环境状况提供了切实可靠的依据。（徐正环　艾鸣阳）

## 防震减灾

【概况】 2017年，围绕与苏州市人民政府签订的《苏州市2017年度防震减灾工作目标管理责任书》，年初制订了年度重点工作计划，切实加强工作措施，制定月度工作计划，对各板块工作进行月度、季度督查，做到市镇两级上下联动，全面完成了各项工作任务。年内，常熟市行政区域内未发生有感以上地震。

【地震监测】 2017年，年初制定了《2017年度监测预报短临跟踪方案》，每月上旬对支塘地下水观测仪器进行巡检。每季度对支塘观测站和苏州台网中心设在常熟市的5个测震子台进行仪器维护和保养，全市观测资料连续率达100%，观测资料质量获省地震局效能考核优秀。随着全市环境整治，全市已有的20个宏观观测点有30%需要调整，为避免观测种类的单一性，经过梳理，调整了虞山镇、沙家浜镇、尚湖镇、董浜镇、古里镇等7个地震宏观观测点，并对新调整的宏观观测人员进行了业务培训，明确了注意事项，制订观测员岗位职责和工作制度。

【地震应急】 2017年，继续做好镇、村（社区）及相关企业地震应急预案的修订。年内各板块完成镇级预案的修订，同时做好村（社区）和相关单位预案修编的指导工作，全市14个板块及村（社区）完成了修订预案40个，新编预案21个。按照省级中心避难场所20

万平方米面积的标准，增加了虞景文华的人防工程和石梅广场空旷场地。加强对各板块应急避难场所建设工作的指导，与设计人员一起到现场对基础设施建设进行布点，截至年底，全市已建成中心避难场所2个，固定避难场所16个。完善地震应急物资的储备，完成了货物分类上架和清点，制定了仓库管理制度、仓库管理员职责和货物标签。4月份，按照江苏省地震局要求，统一安装了“12322”地震应急灾情速报系统平台，通过专业培训，使速报员熟练掌握速报技能。省地震局、苏州市地震局、常熟市地震局“12322”地震灾情速报平台，每月对全市速报员进行震情速报测试，有效回复率达100%。5月，在“防灾减灾日”期间，全市各中小学校进行了一次地震应急疏散演练，使学生能够及时掌握地震应急逃生技能，提高了学生处置突发事件的能力，并要求学生把应急逃生技能传授到家庭，让一个学生带动一个家庭。建立地震应急灾情速报网络系统，各板块的防震减灾科员和1名民政工作人员作为地震应急灾情速报员。

**【科普知识宣传】** 2017年5月初，召开了各镇(板块)科员、地震安全社区、省级科普教育基地和科普示范社区负责人参加的防震减灾宣传工作专题会议，研究活动内容，制定活动方案，确保宣传活动的顺利开展，要求各单位紧紧围绕“减轻灾害风险，提升基层减灾能力”这一主题，做到市、镇、村(社区)上下联动，充分发挥微博、微信等新媒体作用，采取放置展板、分发资料、现场咨询、场馆体验和科普讲座等方式，开展“积极、慎重、科学”的防震减灾宣传活动。经统计，全年共发放《防震减灾知识读本》19000本，展板巡展8个社区和20个企业，开展防震减灾科普讲座18场次，利用电子屏幕宣传50次，设摊咨询活动23次，防震减灾知识竞赛8次，书法比赛1次，征文活动3次，拉横幅50条，组织参观省级防震减灾科普教育基地5000人次，各板块电视字幕播放8次。 (韩仁良)

# 建筑业

**【概况】** 2017年，全市实现建筑业总产值140.32亿元，新开工建筑工程460个，新开工建筑面积558.83万平方米，合同造价137.83亿元。与上年同期相比，产值增加5.46%，工程个数减少4.3%，建筑面积增加29.9%，合同造价增加57.93%。

**【建筑业企业】** 2017年，全市建筑行业转型升级成效显著，高资质企业数量不断提升，企业结构逐步优化，综合实力进一步提高，建筑工程施工总承包特级企业实现了零突破，总承包壹级企业8家，专业承包一级企业20家，甲级工程监理企业5家，全市共有施工总承包企业59家，专业承包企业149家，劳务分包企业15家，设计施工一体化企业14家，工程监理企业12家。2家企业入选江苏省首批装配式建筑相关名录，8项工程入选2016年度第一批江苏省建筑业绿色施工(示范)工程名单，工程总承包试点及全过程工程咨询试点工作稳步推进。

**【建筑市场秩序】** 2017年，常熟市全面启用江苏省建筑市场监管与诚信一体化平台，统一规范施工许可、施工合同备案、劳务分包备案、监理备案等建筑市场行为的管理。以工程质量安全提升行为为主要抓手，有计划有步骤地开展了建筑业企业信用综合评价考核检查、季度综合大检查、工程监理专项检查等工作，全面推进建筑市场行为“双随机”督查，建立健全分级分类差别化管理机制，加大建筑市场整治力度，严肃查处违法违规行为，切实规范参建各方市场行为，促进建筑市场秩序好转。全年开展建筑业企业信用综合评价考核检查2次，检查房建项目73个；开展季度综合检查2次，抽查房建项目42个；开展建设工程监理专项检查2次，抽查房建项目56个；开展“双随机”督查260项次，出具整改通知书77份。

**【放管服工作】** 2017年，建筑工程施工许可行政审批制度改革工作完成，通过简化申报条件、信息共享、电子化“一站式”申报、建立并联审批机制和电子证书发放制度等措施，克服了施工许可工作中时间长、材料多、环节多等多个难题，有效提高了联合审批效率和施工许可出证的速率，通过提前介入、导办、帮办、绿色通道、延时服务等优化措施，进一步提升了施工许可服务效能，整个审批流程控制在20天以内，达到了常熟市“3540”改革工作目标要求。

**【诚信体系建设】** 2017年，全面完成2016年度建筑业企业、工程监理企业综合考评工作，30家施工企业和4家监理

建筑工地 (海虞镇提供)

企业信用等级被评为A等级,B等级512家,C等级13家,D等级2家。结合综合考评结果,完成2017年度常熟市建筑业企业信用管理手册核验、换(发)证工作,对连续两年信用登记评定为A等级,且连续三年无拖欠民工工资记录的市内24家建筑业企业发放《苏州市建筑业企业农民工工资支付保证金免交证书》。健全不良行为记录管理制度和诚信体系"红黑名单"管理制度,全年记录不良行为235条,报送诚实守信"红名单"20条。

【建筑科技进步】 2017年,全面践行创新发展理念,大力推广应用"建筑业十项新技术"和BIM技术,引导推动建筑领域科技进步。出台《常熟市建筑业企业级工法管理办法》,建立了建筑业企业级工法编制审定工作机制,完善了工法从企业级、省级到国家级的层次架构体系。全年共有23项新技术应用示范工程申报省住建厅评审验收;4项施工工艺获得国家发明专利,5项施工工艺获得国家实用新型专利;16项QC活动成果参加省级发布,4项QC活动成果参加国家级发布,获国家级一等奖2项、二等奖2项;形成1项行业标准和3项省级工法,各项成果在苏州市范围内均处于领先地位。

【防欠清欠工作】 2017年,进一步加强建筑从业人员信息化管理,落实了推广应用"人脸识别"考勤系统、建立民工工资支付专用账户、探索民工工资银行代发机制三项措施,全市697个工程项目实行信息化管理,信息入库建筑工人43371人,建筑领域农民工实名制管理实现全覆盖,民工工资支付专用账户覆盖率达63%。加强工程款履约保证金和民工工资支付保证金的管理,充分发挥保证金应急周转、化解矛盾作用,全年缴纳工程款履约保证金10046.31万元、民工工资支付保证金3911.79万元。配合属地政府全力做好"新茂星河湾""弘阳上园""琴川碧桂园""万达广场""县南街改造项目"等多个重点工程项目的纠纷调处工作,共受理各类民工工资拖欠纠纷投诉22起次,涉案金额1629.5万元,涉及民工873余人。

【建筑文明施工】 2017年,以全国文明城市创建工作为主线,全面加强建筑工地环境卫生综合整治工作,对建筑工地现场的公益广告设置、扬尘防治、封闭围挡、道路硬化、空地绿化、垃圾处置以及生活区环境卫生等进行全方位治理。进一步强化"建筑施工标准化文明示范工地"的创建过程管理,以创建带动整个建筑行业不断提升建筑施工安全文明管理水平,全年创建"建设工程项目施工安全生产标准化工地(即国家级文明工地)3个,常熟市级标准化文明示范工地119个。

【施工扬尘治理】 2017年,制定了《施工工地扬尘排污费征收管理监督考核办法(试行)》,指导监督第三方机构全面做好扬尘排污费征收管理工作,全年扬尘排污费申报项目达到667个,完成征收项目数226个,入库总额257.47万元;开展现场考核1211人/次,平均得分79.42分,优秀率13.37%、不合格率3.46%。 (张 杰)

【建设工程招投标管理】 2017年,全市建设工程招标投标工作以规范交易行为为重点,引导有序竞争为核心,强化监督管理为保障,多措并举稳步推进。全年共办理项目登记392个,建筑面积686.02万平方米,投资总额679.68亿元,分别比上年同期增长38.52%、49.92%、58.80%。新开工项目1077个标段,建筑面积574.92万平方米,中标价158.29亿元,分别比上年同期增长4.36%、49.87%、61.26%。其中招标发包585个标段,建筑面积194.86万平方米,中标价65.89亿元,标底价75.11亿元,节约资金9.22亿元,前三项分别比上年同期增长1.21%、81.62%、51.31%。直接发包492个标段,建筑面积380.06万平方米,承包价92.41亿元,分别比上年同期增长8.37%、37.54%、69.20%。通过修订完善各类招投标管理办法,进一步规范常熟市建设工程项目招投标程序。在电子化评标系统中,利用"标书雷同性分析"模块,分析投标文件"工具制作Mac地址"是否存在一致情况,打击串通投标行为,全年共依法查处6起投标文件制作机器码一致的情况。加强招标代理机构和评标专家的管理。对招标代理机构实行节点动态考核,专家实行一标一评制度,全年分别累计计分79次、482次。 (倪广悦)

【建设工程造价管理】 2017年,常熟市建设工程继续深入贯彻执行《建设工程工程量清单计价规范》(GB50500—2013)及9本工程量计算规范、江苏省各专业工程计价定额(2014版)、江苏省建设工程费用定额(2014版)。开展全市咨询企业综合考评、结算审核质量检查、工程量清单和招标控制价质量检查以及施工企业竣工结算专项检查。简化外地进市工程造价咨询企业资质核验和单项业务备案手续,全年经备案在常熟市承接业务的外地咨询企业共有31家。测报和发布人工指导价,选择当地5家有代表性的施工企业负责测报,按期汇总上报上级造价管理部门。发布《常熟市工程造价简报》,简报内容分建材参考价以及典型工程经济指标、典型工程造价案例三部分。2017年,常熟市内2家咨询企业资质延续,4家资信变更,全市共有7家当地造价咨询企业,其中4家为甲级资质,3家为乙级资质。 (谢晓芳)

【建设工程质量监督】 2017年,新受监建设工程437项567.42万平方米,其中建筑工程309项,市政基础设施工程128项。推进质监工作创新,全面实施建设原材料登记管理制度,结合常熟实际制定出台《关于对房屋建筑和市政基础设施工程建设材料实施登记管理的通知》,在常熟市建筑工地全面推行"原材料登记"管理工作。制定和完善"非公共建筑装饰装修质监手续办理"等特殊业务流程,推进"放管服"和"不见面、一站式"审批服务,针对推进重点项目建设、简化质监手续办理等进行探讨并制定优化措施,做好工业项目"3540"推进工作。推进工程质量安全提升行动,编制下发《常熟市工程质量安全提升行动实施方案》。严格质量监管，保证受监工程监督到位率100%、竣工验收合格率100%。开展以建设原材料、市政工程、工程质量检测机构、预拌混凝土企业为整治重点的一系列整治活动，并对整治情况进行集中点评，取得良好效果。加强对绿色建筑工程施工质量监管，强化监管措施。严格执行住宅工程质量分户验收制度。全年组织工程质量监督抽检2059次，开展住宅、市政等工程质量监督抽测268项，监督抽检各类原材料475组。发出整改通知书162份、局部停工通知书16份，记录不良行为12项19次，12项违规工程移交城建监察大队处理。全年通过竣工监督验收工程395项554.17万平方米，提交质量监督报告322份，完成竣工验收备案320份。处理各类工程质量咨询、投诉352起次，维护了消费者（住户）的合法权益和社会的和谐稳定。全市建设工程质量始终处于受控状态，施工质量和管理水平得到进一步提升。（周伟民）

【建设工程安全监督】 2017年，组织开展建筑施工安全生产“三项建设”“四项行动”“百日专项治理”“百日会战”“建筑施工安全生产大检查”“安全生产月”“国家宪法日”与“安全生产法”宣教、落实企业安全生产主体责任以及企业信用综合评价、企业综合考评、企业安全保证体系专项检查等一系列安全生产基础性工作，组织开展春节节后复工安全生产专项检查、建筑起重机械设备、建筑施工脚手架、深基坑、高支模、建筑施工消防安全、施工扬尘等各类专项整治以及创建全国文明城市专项行动、“中高考”绿色护考专项行动、建筑起重机械设备安全专项整治回头看、校安工程安全专项检查、季度综合大检查、监理专项检查、夏季汛期和冬季施工季节性安全专项检查、节假日、两会、“十九大”等重点时期和重点时间段的阶段性安全生产专项整治活动。全年共计排查建筑工程项目1460个/次，检查建筑面积4050.61万平方米，发出《建设工程施工安全隐患整改通知书》1043份，《建设工程施工局部停工整改通知书》184份，《建设工程安全生产监督抽查记录表》233份，督促企业排查治理一般安全隐患4424条，重大安全隐患198条；核发建筑起重机械设备产权登记证88台/次、使用登记证645份；对112人/次建筑施工安全生产管理违规人员实施安全生产管理行为考核记分，对24家/次建筑业企业的20名安全生产管理人员记录安全生产管理不良行为；督促企业对146个达到一定规模的危险性较大分部分项工程编制专项安全施工方案并进行专家论证，组织开展常熟市建筑施工消防应急救援演练活动，有效提高建筑施工突发安全事故的应急处置和抢险救援能力。

（钱沛澄）

【建筑施工图审查】 2017年，重点审查工程地质勘查、结构安全、消防安全、抗震设防，着力推进建筑节能减排、新技术、新材料和装配式建筑的推广应用，从源头上保障建设工程的质量。全年共审查房屋建筑工程施工图设计文件1511项、勘察文件235项，审查面积652万平方米。其中民用居住建筑498项，建筑面积343万平方米。共涉及建筑设计单位111家，勘察单位50家。发放施工图审查合格证415份，对共计635条违反强制性条文和5152条强制性标准及7563条涉及图纸深度问题的施工图文件进行了纠正；审查装饰装修项目208项，面积51万平方米，审查出违反强制性条文174条、强制性标准484条；审查幕墙项目21项，审查出违反强制性条文和标准75条。（焦晓军）

## 墙体材料改革

【概况】 2017年，经全省砖瓦行业整治后，常熟市拥有非黏土新型墙体材料企业13家，年设计生产能力182.7万立方米（折12.49亿标砖），全年新墙材产量为4.81亿块标砖，混凝土实心砖产量为0.13亿块标砖，非黏土墙材总产量为4.94亿块标砖，利用废弃物约30.46万吨。全年新型墙体材料建筑竣工项目为143项，竣工面积为335.38万平方米，其中非黏土新墙材建筑竣工面积为335.35万平方米，占总建筑竣工面积的99.99%。全年返退墙改专项预收款3193.11万元，基金结转1671.62万元。

【“禁粘”乡镇创建】 2017年，常熟市继续开展“禁粘”乡镇创建工作，通过制定工作实施方案，明确了“禁粘”乡镇的创建的指导思想、禁粘范围、工作目标、组织分工、时间进度，以及具体工作措施。4月至5月，对创建乡镇古里镇全域在建工程进行逐一排查，并通过组织会议、投放LED广告、发放宣传册、张拉横幅标语等手段在社区、工地进行大面积宣传，取得良好成效。同年11月，古里镇“禁粘”乡镇创建工作顺利通过省级专家组验收。

【建设工程新墙材应用执法检查】 2017年，市墙改办实时接收建设单位、施工单位的预约验收申请，每周安排2—3次工程现场执法检查，全年累计检查在建工程185个，未发现违规使用黏土砖制品的情况，未发现符合行政处罚条件的工程。同时，充分利用墙改管理系统，每月动态采集工程开工信息数据，通过新墙材销售流向信息数据库，实时掌握全市在建工程的新墙材认定产品使用情况，为在建工程执法检查提供参照作用。

【新墙材认定产品监督管理】 2017年，市墙改办积极拓展监管手段，紧抓新墙材认定产品监督管理工作不放松。加强新墙材登记管理制度，联合市住建局对进入常熟市建筑市场的新墙材产品进行登记管理，有效遏制未认定产品进入市建筑工程；加强全市新墙材生产企业产品质量抽检，委托常熟市检验检测中心对全市新墙材认定产品质量进行动态抽检，全年累计抽检62个批次，产品合格率为85.5%，抽检结果作为新墙材产品认定、换证的依据，列入新墙材生产企业年度产品合格率统计范围；加强新墙材产品的换证和认定工作，积极探索执行新墙材认定和换证第三方专家评审制度，并不定期对已认定企业的生产情况、各项原始台账的完成情况进行监督抽查，对违法违规生产的企业提请省墙改办取消认定证书。全年全市累计换证企业9家，认定产品19个。

【新墙材专项基金返退】 自2017年4月1日起，墙改专项基金停止征收，市墙改办积极做好墙改专项基金逐步返退工作，利用墙改基金管理信息系统完成审批，并严格执行基金返退公示制度，确保每个工程项目的基金返退过程都规范、公正、高效。全年累计收款61项，金额1044.99万元，返退工程143项，返退面积335.38万平方米，返退金额3193.11万元，转入基金1671.62万元(包含对2008年逾期清理的结转基金1511万元)。

【新墙材行业转型升级】 2017年，全市积极响应全省砖瓦生产企业专项整治，强制关停混凝土砌块生产企业6家，去除产能4.35亿块标砖。年内，全市有混凝土砌块生产企业5家，加气混凝土砌块企业5家，蒸压灰砂砖2家，烧结类企业1家，总产能约182.7万立方(折12.49亿标砖)，产能过剩局面趋于缓解；出台扶持政策，鼓励新型墙体材料产业转型升级，引导全市新墙材企业向加气混凝土砌块生产、PC装配式构件生产等方向进行技术改造。

（陈璐婧）

# 房地产业

【概况】 2017年，常熟市完成房地产开发投资164.51亿元，同比增加14.47%；商品房施工面积828.11万平方米，同比减少12.63%，其中商品房新开工面积188.96万平方米，同比增加22.81%；商品房竣工面积215.67万平方米，同比增加41.24%。全市批准商品房预售面积95.87万平方米(该年度无政策性项目预售)，同比减少46.24%；年末累计可售面积80.30万平方米(不含政策性项目194.46万平方米)，较2016年底减少96.97万平方米，同比减少54.70%。剔除政策性项目，全市商品房成交175.26万平方米，同比减少36.46%。全市商品住宅(不含政策性住宅)平均成交价格12672元/平方米，同比上涨22.49%。存量房交易面积214.80万平方米，同比增加9.37%。

【制定优先购房政策，落实公正摇号选房制度】 2017年8月，出台关于进一步完善常熟市商品住宅销售管理工作的通知、常熟市优先购房家庭购买普通商品住宅操作细则，制定优先购房政策，确保刚需购房者优先购房；落实“公开、公平、公正、透明”的销售原则，明确购房客户大于可供房源的项目，应采用由公证机构主持的公开摇号等方式公开销售商品住宅。全年办理优先购买普通商品住宅证明4055份，会同公证处对客户累积大于可供房源的新开盘商品住房项目，结合优先购房家庭购买普通商品住宅政策，采取由公证机构主持的摇号等方式公开销售商品住房，指导及第阁、紫云名邸、湖畔现代城等项目组织电视公证摇号选房，避免出现新的社会矛盾。

【市场风险管控】 2017年，出台《常熟市新建商品房预售资金监管暂行办法》《常熟市新建商品房预售资金监管实施细则》，从10月1日起全面实行新建商品房预售资金监管，完成主体结构封顶的，累计申请使用资金额度不得超过监管资金的50%；其中地上建筑为12层及12层以上，完成主体结构一半，申请使用资金额度不得超过监管资金的25%；完成房屋建筑工程竣工验收的，累计申请使用资金额度不得超过监管资金的75%；完成商品房交付使用备案的，累计申请使用资金额度不得超过监管资金的95%；完成不动产首次登记的，解除商品房预售资金监管。成品住宅精装修费用在装修工程验收完毕后可一次性申请使用。化解商品房预售资金潜在风险，维护购房群众合法权益，完善房地产市场诚信体系和中介监管服务平台，构建完整的市场监管体系。

【房产开发企业实行信用管理】 2017年，连续第三年对常熟市147家房地产开发企业进行信用等级评定和公布，其中B级114家、C级20家、D级13家，按信用等级实行差别化管理，对违规失信的企业将在对其开发项目的立项、用地、规划、建设、预售、融资等予以限制。从源头保护广大购房市民的合法权益，促进房地产开发企业依法经营、诚信经营。

【新版存量房交易网上备案系统上线】 修订出台常熟市存量房买卖网上管理办法，上线新版存量房交易网上备案系统，并召开系统操作培训会。首次开启短信验证功能，确保“真委托”。新增房源核验二维码功能，确保“真房源”。房源信息实行动态管理，杜绝虚假揽客行为。取消委托居间代理经纪服务限制，提供便利服务。

【物业服务行业管理】 2017年，出台常熟市物业管理优秀项目和先进物业服务企业考评办法、常熟市住宅小区物业管理工作考核办法，建立和完善物业服务企业和物业项目经理信用机制，对全市137家物业服务企业开展信用等级评定和公示，其中：A级9家、B级122家、C级3家、D级3家。指导并做好海虞海福新城、碧溪聚和佳苑二区、翡翠湾小区创建省级示范小区工作，3个小区通过了省级考评；指导张桥广福家园、东南天玺生活广场、沙家浜春来家园、碧溪聚和佳苑申报(复检)苏州示范物业管理项目，对属地政府推选的26个市级优秀小区进行实地考评。2015—2017年，全市共有省级示范项目3个，苏州市示范项目18个。

【住宅专项维修资金管理】 2017年3月，制定常熟市住宅专项维修资金专户银行招标工作方案，成立维修资金专户银行招标领导小组，选聘代理机构。随后，委托代理机构按照规定和流程组织实施了开标、评标，常熟农商行、农行常熟分行、中行常熟支行为中标单位，服务期限为五年。存款利率由原来的在基准利率的基础上上浮 20%～30%提高到上浮 40%，房管处与中标单位签订了管理服务合同，从 2017 年 11 月 1 日起，新增维修资金按照规定存入中标银行；存量维修资金待存款到期后，按规定存入中标银行。该举措进一步规范住宅专项维修资金的归集、使用和监督管理，促进维修资金的保值增值。

【开展文明城市创建工作】 2017 年，下发关于开展物业管理区域文明城市创建“回头看”活动的通知、关于物业管理区域开展文明城市创建工作的通知、进一步加强物业管理区域文明城市迎检工作的通知，督促属地政府、物业企业加强物业管理区域内物业服务工作。出台 2017 年度维修资金应急使用指导意见、2017 年度综合交接费使用指导意见。根据属地政府调查摸底情况，对维修项目进行初步审核。对虞山镇、服装城、度假区上报的 141 个小区 255 个维修项目内容进行初步审核，确认 129 个维修内容可使用维修资金或综合交接费。2017 年，综合交接费备案 147 份 1175 万元，拨付 44 份 208 万元。做好各项检查工作，5 月 18 日至 5 月 25 日，分 8 组对城区 172 个物业管理项目进行“回头看”督查。5 月 31 日至 6 月 6 日，抽查城区 16 个物业管理项目进行复查。7 月中旬会同虞山镇对 40 个小区进行省测迎检情况的检查，7 月下旬对第三方测评三次通报中涉及到的 20 个物业管理区域进行回头看督查。8 月下旬，对前四次第三方测评中涉及到的 17 个小区进行“回头看”督查。9 月，对《全国文明城市现场考察点位清单》中 60 个社区附近涉及的 18 个小区和全市五次第三方测评中涉及的 25 个小区进行督查。会同物业管理协会印制并下发物业行业行为准则 3000 份，业主文明居住行为规范 10000 份。指导物业管理协会印制“倡议书”1 万份并张贴小区进行宣传引导业主“拒绝爆竹，文明过节”。

【房屋安全管理】 2017 年，对擅自拆改房屋结构等行为加大处罚，严格落实关于进一步加强房屋装饰装修拆改行为管理的通知，督促物业服务企业认真履行房屋装饰装修管理职责，规范业主装修拆改行为。1～12 月，对 405 处装饰装修中涉及拆改房屋结构的事项进行实地查勘，整改到位 238 处。2017 年度完成房屋安全鉴定 132 处 4.5 万平方米，创新白蚁防治手段，完成白蚁灭治 1428 户 4 万平方米；新建预防 342 万平方米。

【实现直管公房属地化管理】 2017 年，全市有直管公房 8750 户 46.91 万平方米，自 2017 年起全面实施属地管理，由各镇（板块）对辖区内直管公房进行管理、修缮。出台常熟市直管公房管理办法，房管处积极指导属地政府开展直管公房管理工作。

**2017 年常熟市房地产行业各类企业情况表**

表 24

| 序号 | 名　称 | 总数（家） | 资　质 | | | | 备　注 |
|---|---|---|---|---|---|---|---|
| | | | 一级 | 二级 | 三级 | 暂定三级 | |
| 1 | 开发企业 | 162 | 1 | 8 | 1 | 43 | 暂定二级 109 家 |
| 2 | 物业企业 | 137 | 20 | 12 | 76 | 29 | 一级资质中外地企业 19 家 |
| 3 | 评估企业 | 6 | 1 | 5 | — | — | 分支机构 4 家 |
| 4 | 中介机构 | 437 | — | — | — | — | 分支机构 57 家 |

（汤逸纯）

## 房屋征收

【概况】 2017 年，全市房屋征收搬迁计划项目（含历年结转项目）共 83 个，其中市级项目 42 个，乡镇项目 41 个，共涉及民宅 3613 户，面积约 96.8 万平方米。至年末，累计完成各类房屋征收搬迁 1810 户，其中市级项目 410 户，乡镇 1400 户，拆除总面积约 49.75 万平方米。城区共交付琴湖片区综合改造工程、原色织二厂旧城区改建工程、南门坛上历史街区保护工程（一、二期）等 17 个征搬迁项目申请安置对象 570 户、安置房 814 套，面积 8.7 万平方米。

【房屋征收搬迁】 2017 年，市房屋征收办会同相关部门推进市级重点项目房屋征收搬迁工作。其中，龙腾片区一期、龙腾片区沪通铁路涉铁通道工程项目于年内全面完成住宅房屋征搬工作。火车站片区（三、四期）搬迁快速推进，分别完成 122 户、112 户，年内完成率均达 97%以上。南门坛上全家福饭店加固整修工程涉及的 8 户民宅已完成 7 户，言子旧宅维修及周边环境整治工程 26 户完成 23 户。常熟突出重点推进结转项目拆迁扫尾，房屋征收办建立重点结转项目工作联系机制，会同属地政府定期召开例会，针对重点难点问题进行研究会商，全力推进重点项目扫尾工作。年内新增签约 37 户，其中琴湖片区国有土地 2 户，琴湖片区集体土地 4 户，原酒厂地块二期 10 户，文化片区（中南地块）及楔形绿地地块 3 户，莲花路贯通工程 1 户，新世纪大道北延一期工程 14 户，沪通铁路建设工程 1 户，七浦塘拓浚整治工程最后 2 户。年内，完成南门坛上（二期）1 户补偿决定行政复议答复工作，复议结果维持补偿决定。加强协调规划、国土等相关职能部门做好启动司法程序前的未经登记建筑认定、处理、未经登记土地确权等工作。2017年，协调规划部门启动琴湖片区杨家桥区域、原酒厂地块二期6户未经登记建筑认定与处理，完成4户。协调国土部门对琴湖片区杨家桥区域1户土地使用面积作出确认。

【房屋征收估价管理】 2017年，常熟首次引入年度房屋征收估价机构招标制度，完成2017－2018年度房屋征收估价定点服务机构招标工作，向社会公布了7家年度房屋征收估价机构名录。同时，为进一步规范房屋征收估价市场管理，常熟引入房屋征收估价机构备案机制，出台了估价备案、年度考核办法等制度文件，不断推进房屋征收估价行为公开、公平、公正。

衡丰家园 （邹萍 摄）

【安置房建设】 2017年，常熟城区共涉及安置房建设项目17个，用地面积约68.57万平方米，计划建设安置房8473套、安置面积约96.16万平方米。年内计划新开工项目3个，拟建安置房约1308套，可安置面积约10.37万平方米。其中，新丰家园二期、金山苑三区二期年内陆续开工建设；结转项目14个，建造安置房7165套，可安置面积约85.79万平方米。至年末，金桂家园二期、甸欣家园、衡丰家园等6个安置房地块共计2766套已完成竣工验收，正式移交房屋征收办并录入安置房管理系统，锦虹家园、藕渠家园陆续进入竣工验收阶段，其余均在主体施工阶段。

【安置房源调配】 2017年，常熟继续加强安置房交付审核工作监管，切实履行对征搬对象安置房源的交付核对、审批工作。2017年度竣工移交的房源中，金山苑四区二期99套、常福四区二期40套、花园浜家园143套已完成安置，共计282套，215户；甸欣家园完成选房155套，计79户。积极研究措施方法，盘活存量安置房源。房屋征收办梳理近年来预拆迁房源的使用情况以及古城区周边存量情况，会同属地政府对历年已调拨未安置房源进行汇总排查，将部分建成时间较长、房屋坐落位置一般、对搬迁户吸引力较差的房源清理出来，归还建设单位，由其进行妥善处置。

【安置房管理信息系统建设】 2017年，在建设城区安置房管理信息系统的基础上，房屋征收办继续开发常熟房屋征收与补偿管理信息系统和各镇（街道、板块）安置房管理信息系统，逐步实现签约、安置、结算全程网络监管，并开通系统手机版，以扩展房屋征收补偿信息系统的应用范围；在安置房源明细方格化显示的同时，结合地理信息GIS，开发类似地图功能，以更直观的方式显示安置房小区的地理位置、基本情况等；逐步将网上签约适用范围扩展至乡镇，继碧溪新区、董浜镇开通网签后，2017年，又在梅李镇开发网签系统。通过信息系统的优化完善，逐步实现项目成本的核算归集功能。

【资金监管】 2017年度，房屋征收办共拨付原酒厂地块旧城区改建工程（二期）、南门坛上历史街区（启动区）保护与整治工程（二期）、规划莲花路以南旧城区改建工程（一期）等13个征收项目征收补偿专项资金合计2871.23万元；完成审核庞浜村城中村改造工程、章狼桥宅基及周边地块城中村改造工程、文化片区东区综合改造工程（一至六期）等16个搬迁项目补偿资金申请合计81530.4万元；同时，完成言子旧宅维修及周边环境整治工程项目搬迁资金测算，为确保搬迁补偿资金足额到位提供依据。 （张 逸）

责任编辑 刘品玉

# 交通·邮政·快递

## 交通建设

**【概况】** 截至2017年底，常熟市境内公路总里程达3418千米。其中，一级公路278.1千米，二级公路677.5千米，三级公路531.2千米，四级及等外公路1849.2千米。航道总里程达527.27千米。其中，五级航道112.76千米、六级航道37.88千米、七级航道66.64千米，等外航道309.99千米。通航船闸3座。2017年，交通部门负责实施政府投资项目18项，总投资约130亿元，其中续建工程6项，新开工12项，年内完成投资约17亿元。

**2017年常熟市公路基本情况表**

表25

| 类别 | | 公路里程（千米） |
|---|---|---|
| 高速公路 | | 82 |
| 等级公路 | 一级公路 | 278.1 |
| | 二级公路 | 677.5 |
| | 三级公路 | 531.2 |
| | 四级公路及等外公路 | 1849.2 |
| 公路总里程 | | 3418 |

**公路建设** 常沙线快速化改造工程，高架部分正式更名为“昆承快速路”，地面部分更名为“昆承大道”。昆承快速路2017年12月28日实现通车，年内完成建安投资7.8亿元，项目完成总投资9.5亿元；苏嘉杭高速沙家浜互通扩容同步完成。通港路快速化改造工程，主线高架桥桩基全部完成，一、二、三标上部结构完成11.2%；四标高架现浇箱梁主体结构全部完成，常浒河大桥完成70%，地面道路完成12%；年内完成建安投资8亿元，累计完成总投资16.7亿元。新世纪大道北延一期工程，涉及民房258户，已拆除200户；企业14家，已拆除7家；非住宅及两特10家，已拆除1家。项目用地预审7月5日通过省国土厅批复，用地组卷材料报省政府待批；12月26日完成招投标，施工单位进场开始道路路基施工。G524（安定转盘—相城界）快速化改造工程，方案已基本确定并通过省发改委工可审查，施工单位进场开始保通道路建设。常浒河九里段节点改造工程5月12日竣工通车。东南大道东延，以常台高速公路常熟东互通连接线工程报省发改委立项，工可已批复，根据市委市政府统一部署，纳入2018年新开工项目。常昆线改扩建工程2018年1月10日开始实施道路封闭施工。辛羊线周塘河大桥改扩建工程累计完成投资3089万元。2017年农村公路大中修完成投资3000万元。镇村道路提档升级，续建工程累计完成建安费约6300万元，新建工程完成建安费约4200万元。

昆承快速路摊铺沥青 （常熟日报社提供）

**铁路建设** 截至2017年末，沪通铁路常熟段完成清障扫尾工作，累计完成铁路搬迁民宅713户、非民宅57处、特种养殖133处、特种种植56处，完成沪通铁路71.58公顷用地划拨手续。

铁路下部结构已全部完成，箱梁架设完成85%，常熟站初步设计已审待批。车站配套预留地下通道完成施工，站前广场地下空间完成施工图设计。110条涉铁通道已开工104条、完工55条。苏南沿江铁路正在按目标推进各项前期工作，工可报告已审待批，正在推进初步设计工作。通苏嘉铁路按时速350千米开展设计，正在修编预工可报告和工可报告。

航道建设　配合上级部门完成申张线航道改线常熟段选址预审，组织召开涉水方案研究报告咨询会议，稳定工程方案。白茆塘科技园段航道整治工程完成招投标，开始进场施工。穿越沪通铁路段航道拓宽疏浚及护岸建设工程完工，完成投资1746万元。

公交设施建设　推进公交优先三期工程，年内完成黄河路、枫林路及富兴路等20个主要道路交叉口公交优先改造，海虞南路实现路口公交优先，完成元和路和报慈北路全线公交专用道设置；公交调度控制中心已进行装修设计招投标；公交换乘站、候车亭抓拍及出租车待客区具体建设方案已确定。新建、改建150个候车亭，新建、改建8处公交场站。

**【常熟市“十三五”交通运输规划出台】** 2017年5月，常熟市“十三五”交通运输规划正式出台，明确了近期任务与远期目标，常熟市未来交通运输发展蓝图逐渐清晰。2017年，常熟市域轨道交通规划基本确定思路，正开展方案研究；青墩塘路快速化改造、S342常熟西段改线方案基本稳定；苏嘉杭高速常熟东互通移位、新增高新区互通、东南大道东延正在抓紧推进各项前期，力争2018年开工建设；开展民航机场选址咨询。

**【昆承快速路通车】** 2017年12月28日，昆承快速路正式通车。该快速路是常沙线快速化改造工程高架部分，整个改造工程位于常熟主城区以南，北起南三环，南至苏嘉杭高速沙家浜收费站，全长8.6千米，工程总投资25.8亿元。采用“主线高架＋地面辅道”形式，全线设3处互通式立交。高架双向六车道，宽25米，设计速度80千米/小时；地面双向六车道，宽42米，设计速度50千米/小时。2016年5月，开工建设。该工程地面道路“昆承大道”将于2018全部完工，为双向六车道，标准断面宽42米，设计速度50千米/小时。

## 交通运输

**【概况】** 2017年，全市营业性交通运输完成公路、水路客运量3558万人次，与上年基本持平，客运周转量140906万人千米，比上年上升4.7%；完成公路水路货运量1610万吨、货物周转量284463万吨千米，分别比上年增加10.5%和11%。

客运　全市拥有客运车辆3158辆(其中出租车759辆、班车客运客车702辆、旅游客车208辆、包车客车290辆，其他客车1199)，客运船舶4艘。客运企业17家，其中公交企业3家、道路旅客运输企业10家、出租客运企业3家、水路客运企业1家。开通长途客运省际班线151条、市际班线102条、县际班线15条。全市新增客运车辆108辆，新增、更新公交车133辆，新开通公交线路5条、优化调整16条。加大绿色能源车辆投放，上年新增、更新133辆公交车，其中108辆为新能源与清洁能源车辆，占比81%。全市759辆巡游出租车完成车载终端改造，行业智能管理系统全面升级。

城市公交　城市公交拥有营运车辆659辆，公交线路41条(其中夜班31条)，线路总里程728.6千米。日均行驶里程10.41万千米，日均运送旅客17.36万人次。

城乡公交　城乡公交共有运营车辆513辆(其中干线385辆，镇村128辆)，运营线路78条(其中干线33条、镇村公交45条)，全年完成旅客周转量3.56亿人千米。日均行驶里程10.5万千米，日均运送旅客6.24万人次。

货运　年内，全市新增、更新货运车辆1561辆，其中危化品运输车辆57辆。至年末，全市共有各类货运车辆11958辆，其中集装箱车96辆、危险品运输车辆513辆。货运船舶11艘，载重吨位35056吨。道路货物运输业户(企业)6049户(家)，其中个体

三环高架通港路互通　　(常熟日报社提供)

运输业户2526户、专业运输企业755家(含集装箱运输企业155家、道路危险品运输企业29家)。水路货物运输企业4家。

机动车维修及驾驶员培训　全市共有一二类维修企业270家,其中一类4S32家,一类综合修理34家(含危货维修1家);二类4S8家,二类综合修理198家。全市共有驾校12家,教练车613辆,教练员832人,全年培训机动车驾驶员36012人。

## 交通管理

**【概况】**　常熟市交通运输局内设科室6个,分别是党政办公室、组织人事科、财务管理科、计划规划科、安全科、法制科。直属行政事业单位共计18个,分别是常熟市第一交通管理中心所、常熟市第二交通管理中心所、常熟市第三交通管理中心所、常熟市第四交通管理中心所、常熟市虞山交通管理中心所、常熟市服装城交通管理中心所、常熟市交通运输管理处、常熟市交通工程管理处、江苏省常熟市公路管理处、常熟市地方海事处、常熟市航道管理处、江苏省虞山船闸管理处、常熟市机动车维修管理处、常熟市机动车综合性能检测站、常熟市客货配运输载管理所、常熟市交通工程质量监督站、常熟市农村公路养护管理所、常熟市铁路建设工作办公室。

运政管理　2017年,市交通运输管理部门全年办理道路运输许可7406件,其中客运车辆3169件、危险品车辆513件。实施网约车管理新政,规范行政许可业务办理流程,全年共受理申请1047件,发放行政许可及运输证960件。完成道路运输IC卡换发7058件,办理道路运输证8085本。全年组织"安澜"行动55次,安排出租车专项整治的"深蓝"行动46次;全市运政稽查共计查处案件1170件,其中非法运营行为(黑车)213起、客运违法行为159起(含出租车违规行为60起)、货运违法行为798起。严格实施出租车驾驶员记分考核办法,对20人次的违章行为进行了记分。运政监控中心全年共处理安全监管信息42258条(包含"两客一危"车辆及教练车),其中4310条异常类信息及时流转相关部门;共受理来电来人工单5179起,其中投诉举报类1434起,咨询服务等其他类3745起。加强机动车维修市场行业管理,一二类企业日常检查330家次,三类维修业户检查和市场巡查300家次,车辆检测共14030辆次。

路政管理　查处各类污染公路违法行为36起,罚款金额为2.45万元。处理各类损坏公路路产案件73起,收取路产赔(补)偿费44.57万元。开展路域环境集中整治,共清除摊点761个,非标511块,清除障碍物913立方米,封闭非法道口18处,安装护栏105块约420米。开展污染源整治行动22次,及时和与辖区内新增污染源单位签订协议书和承诺书,发放各类宣传资料600多份。对S227、S228等施工路段加强监管工作,制作监管记录89份,发出整改通知书11份,停工通知书20份。对辖区内桥梁隐蔽部位进行长效管理,共检查桥梁695座次,清理堆积物454立方米,安装隔离栏240余米,隔离网680米,安装防抛网380米。

航道及港口管理　2017全年无新增碍航设施和临跨河违章建筑物。全面完成本年度220家码头扬尘治理工作,出动270多人次,车船45辆次以上。推进内河港口重点工程项目的建设管理,同时推进常熟中心粮库码头竣工验收和档案验收工作。落实22家危货码头完成企业主体责任工作,组织两次第三方安全检查,共发现安全风险162条。组织参与6次安全检查,检查码头30次,相关企业累计投入整改经费400多万元。督促22家危货码头完成码头事故应急预案的报备并开展预案演练7次,酸碱类码头开展职业危害和防泄漏等方面演练9次。本年度规费征收任务基本完成,航道处收取赔补偿费250.37万元,虞山船闸征收过闸费770万元。

内河水上交通安全管理　全年组织上航检查6988人次,出动海巡艇1472艘次,检查船舶3117艘次,处理各类违章200多次。三个风景区客船、旅游船艇安全检查率达100%,船员适任、船舶适航率达100%,做好沙家浜、尚湖AAAAA级景区的水上旅游安全保障。开展了对辖区12个水上加油站(油囤)、23家危品码头消防安全和通航安全检查,全年检查水上加油站点14次,检查危品码头28次,检查油库12次。全年122社会联动接处警39起,救助遇险船舶17艘,救起船员2名。全年完成营运船舶检验145艘,总吨位10245总吨,主机功率10011千瓦,船检必检项目执行率100%,证书发放合格率100%。　　(黄心珏)

## 邮　　政

**【概况】**　2017年,中国邮政集团公司江苏省分公司全年实现邮政业务总收入34913万元,同比增长8.01%;实现收支差额4030万元。业务总收入、收支差额均完成全年计划,收入规模位列全省县级邮政前列。截至2017年底,全市共有邮政服务网点63处,报刊亭30处,移动合作营业厅6处;现设投递线路182条,日投递邮路里程约8530千米;邮运线路共7条,每天运行里程1211千米。全年累计收寄邮政快递包裹1450万件,同比增长241%。快递包裹业务实现收入5496万元,同比增长87.22%。邮件运递及投送能力均跨入全省先进行列。

年内,常熟邮政出台《国内普通包裹投递服务新要求》,完善邮政服务网络布局。不断提高网点营业人员服务水平,年度用户综合满意度指数为91.65分,服务质量稳步上升;成功保持"全国用户满意企业"荣誉称号。重点打造"邮乐购"电商服务品牌,年内新建"邮乐购"加盟店125家,累计建成400家,行政村覆盖率提升至80%,围绕《千里江山图》等新邮发行,结合地方文化关联性开发《雅集．虞山如画》《音律华章》等纪念邮品,传播常熟的地方文化。

邮政快递包裹处理现场 （常熟日报社提供）

举办“一带一路”主题邮展。年内，继续获评“常熟市文明单位”荣誉称号，兴福支局、董浜支局成功创建“2014－2016年度常熟市文明单位”。参与地方全国文明城市创建活动，获评“创建全国文明城市先进集体三等奖”。职工周斌获评“江苏省学雷锋岗位标兵”、全省邮政“十佳道德模范”荣誉称号，钱志红被授予“苏州市五一劳动奖章”。

【实施企业经营组织架构改革】 2017年，常熟邮政分公司按照上级公司统一部署，于7月落实了企业经营组织架构改革，出台《常熟市分公司机构编制调整实施方案》，通过整合机构、人员、薪酬资源，设立1个综合职能部门、2个经营部门、5个经营支撑部门和1个直属单位，进一步优化整合企业组织资源。

【全省县域邮政首台自动分拣设备投入使用】 2017年11月11日，全省县域邮政首台自动分拣设备在常熟邮政顺利投产。该设备由总控区、供包区、识别区、传送区及30个格口框组成，通过对接集团公司订单系统数据实现快递包裹自动分拣。相比人工分拣每小时约2000件的处理速度，自动分拣设备处理量可高达每小时5000件，确保了旺季快递包裹出口运营平稳。

【开发《东方之美》邮册】 2017年4月，基于东方红木公司木雕版《富春山居图》的推广和宣传需求，常熟邮政开发了《东方之美》邮册。邮册内设《富春山居图》、《丁酉年》及《明清家具－承具》邮票各1套，并以1∶1比例将富春山居图和木雕版富春山居图融为一体进行配图，通过木雕纹理呈现“东方之美”；文字编写采用中英文对照，宣传了黄公望、东方红木和常熟文化。在台湾举办的“黄公望主题两岸文创设计大赛颁奖仪式”上，《东方之美》的亮相，推动了常熟地方特色文化在海峡对岸的传播。 （尹 婧）

## 快 递

【概况】 2017年，常熟市快递服务企业完成业务量29466.02万件，同比增长32.50%，占苏州全市28.32%；快递业务收入23.13亿元，同比增长40.34%，占苏州全市17.44%。其中，同城快递完成业务量3879.93万件，业务收入1.78亿元，同比分别增长－10.41%和－13.83%；异地快递完成业务量25432.27万件，业务收入19.27亿元，同比分别增长43.52%和50.89%；国际及港澳台地区快递完成业务量153.82万件，业务收入0.88亿元，同比分别增长－18.26%和9.41%；其他快递业务收入1.20亿元，同比增长43.02%。

全年，同城、异地、国际及港澳台地区快递业务量分别占全部快递业务量的13.17%、86.31%和0.52%；业务收入分别占全部快递收入的7.70%、83.31%和3.80%，其他快递业务收入占全部快递收入的5.19%。

2017年3月3日，常熟市快递协会成立 （常熟邮管局提供）

2017年常熟邮政管理局登记备案快递企业一览表

表26

| 序号 | 企业名称 | 经营品牌 |
|---|---|---|
| 1 | 常熟市申通快递有限公司 | 申通 |
| 2 | 常熟市神舟实业有限公司 | 圆通 |
| 3 | 常熟市中通吉快递有限公司 | 中通 |
| 4 | 常熟市韵达快运有限公司 | 韵达 |
| 5 | 常熟市海航天天快递有限公司 | 天天 |
| 6 | 常熟鸿优物流有限公司 | 优速 |
| 7 | 常熟市鑫久鸿快递服务有限公司 | 速尔 |
| 8 | 常熟市优速快递有限公司 | 优速 |
| 9 | 常熟市神龙货运代理有限公司 | 快捷 |
| 10 | 常熟德邦物流有限公司 | 德邦 |
| 11 | 常熟市华驿货运有限公司 | 国通 |
| 12 | 常熟市全峰货运有限公司 | 全峰 |
| 13 | 常熟市汇通快递有限公司 | 百世 |
| 14 | 常熟市快乐民俗体育用品销售有限公司 | 百世 |
| 15 | 常熟旋鹰物流有限公司 | 百世 |
| 16 | 苏州星瀚物流有限公司 | 百世 |
| 17 | 常熟旭阳物流有限公司 | 百世 |
| 18 | 中国邮政速递物流股份有限公司江苏省常熟市分公司 | EMS |
| 19 | 中外运一敦豪国际航空快件有限公司常熟分公司 | DHLExpress |
| 20 | 苏州霞丰国际货运代理有限公司常熟分公司 | 其他 |
| 21 | 苏州优速快递有限公司常熟直营分公司 | 优速 |
| 22 | 深圳市原飞航物流有限公司常熟分公司 | 原飞航 |
| 23 | 欧西爱司物流(上海)有限公司常熟分公司 | OCS |
| 24 | 优比速包裹运送(广东)有限公司常熟分公司 | UPS |
| 25 | 杭州百世网络技术有限公司苏州分公司常熟营业部 | 百世 |
| 26 | 苏州品骏物流有限公司常熟营业部 | 品骏 |
| 27 | 南京晟邦物流有限公司常熟分公司 | 晟邦 |
| 28 | 苏州工业园区顺丰速运有限公司常熟营业部 | 顺丰 |
| 29 | 嘉里大通物流有限公司常熟分公司 | 嘉里大通(暂停营业) |
| 30 | 上海佳吉快运有限公司常熟分公司 | 佳吉快运(暂停营业) |
| 31 | 山东广通速递有限公司常熟分公司 | 广通速递(暂停营业) |
| 32 | 常熟市卡航供应链管理有限公司 | 龙邦速递(暂停营业) |
| 33 | 常熟港中能达货运有限公司 | 港中能达(暂停营业) |
| 34 | 苏州灵犀快递有限公司 | 宅急送(暂停营业) |

(范思佳)

责任编辑　张　军

# 水利·水务

## 综　述

【概况】 2017年，常熟市完成水利水务建设投入16亿元（其中争取到省级以上资金1.36亿元），出台《关于全面深化河长制的工作方案》，落实河长制。“畅流活水”工程全面推进，望虞河除险加固和西控工程开工，超额完成省水利厅下达的年度建设任务。完成水生态文明城市省级试点建设和水资源管理现代化省级试点建设任务，通过国家节水型社会达标县创建验收。修编供水规划，健全水务管理规划体系，制定《常熟市应急水库启用应急预案》，持续推进城乡生活污水治理。

## 防汛防旱防台

【概况】 2017年汛期，小东门观测站实测总降雨量862.3毫米，（2016年同期为1022.8毫米，百年平均为622.9毫米），比百年平均值多38.4%，属雨水偏多年份。9月23～26日，全市普降大暴雨，城区累积降雨量达226.4毫米，是当年梅雨量的1.2倍。

【汛期险情与灾情】 2017年9月23～26日大暴雨，城区积水主要集中在海虞北路、珠江路、李闸路及沿福山塘、耿泾塘边的道路和小区，其中锁澜路老泰安新村、城区阜湖路、元和大兴村积水严重，服装城区域近300户商户进水。白龙港区、谢桥方浜工业园区严重积水，多辆私家车抛锚。古里镇白茆塘、青墩塘沿线外河倒灌。董浜镇红沙村、观智村部分未设防半高田区域受淹。沙家浜镇唐市社区、芦荡社区等村受淹，范段圩、石墩圩、奚沿圩圩堤过水。辛庄镇金家大圩圩内积水，王泾圩圩堤决口、五四大圩圩堤过水，北十八圩圩堤决口、南吴舍圩、南十八圩圩堤过水。望虞河、锡北运河沿线部分外河水倒灌。支塘镇任阳社区、任南、丰联等村受淹。梅李镇梅南村、塘桥村等未设防地区受淹。经济技术开发区理文化工厂区积水较深。全市2000余户住宅进水、600余处道路积水、300多家厂房进水，约2666.7万平方米农田受淹。

2017年5月3日，苏州市委副书记、代市长李亚平视察望虞河
（市水利局提供）

【防灾减灾】 2017年9月25日上午9点，城区小东门水位达3.87米，市防指启动防汛IV级应急响应。9月25日下午1点，副市长陆继军主持召开全市防汛应急工作会议，部署防汛工作。会后，陆继军带班前往城区阜湖路20号和五星三区等区域实地查看受淹情况。9月25日下午4点，城区小东门水位涨至4.05米，气象台发布暴雨橙色预警，市防汛防旱指挥部将应急响应提升至III级。针对全市积水严重区域，市城区防洪工程管理所全力抢排，同时向居民发放吸水膨胀袋等防汛物资，指导自救。9月25日晚22点，城区小东门水位涨至4.21米，市防指启动防汛II级应急响应。9月25日晚23点，市委副书记、市长周勤第召开防汛紧急会议，部署安排防汛应急工作，决定开启昆承湖闸、莫城河闸泄洪，降低城区水位。为确保学生安全，26日全市160多所小学、幼儿园停课。此次防汛工作期间投入应急抢险人员约3000人次，全力确保人民群众生命财产安全。

【水利工程调度】 2017年，沿江各闸共计引水500潮次、6.85亿立方米，排水855潮次、7.86亿立方米（不含望虞河枢纽），在保证防汛安全的前提下全面提升水环境质量,确保生产生活用水安全。

## 河长制工作

【概况】 2017年,常熟市《关于全面深化河长制的工作方案》出台,落实市镇村三级河长457名,其中市级河长27名、镇级河长109名、村级河长321名。配合做好省、市、县三级河长密集认河、巡河。配合苏州市河长办完成七浦塘、望虞河(含嘉菱荡)等10条流域、区域河道和阳澄湖的"一河一策"行动计划编制,完成30条市级重要河湖"一河一策"行动计划编制和"一事一办"工作清单部署,全面转入治河、护河阶段。设立"河长制"公示牌100块,河长制APP正式上线运行,组织全市河长制工作培训两期。出台河长制会议、督查、信息报送、信息共享、验收、工作交办、考核七项制度以及河长履职标准化流程,通过苏州市河长办的河长制建立工作验收。

▲"一河一策":根据中共中央办公厅、国务院办公厅发布的《关于全面推行河长制的意见》要求,推行河长制必须坚持问题导向、因地制宜,立足不同地区不同河湖实际,统筹上下游、左右岸,实行一河一策、一湖一策,解决好河湖管理保护的突出问题。

▲"河长制":即由各级党政主要负责人担任"河长",负责组织领导相应河湖的管理和保护工作。

【全面推行"河长制"】 2017年5月2日,市委、市政府印发《关于全面深化河长制的工作方案》,明确建立市、镇、村三级河长体系,市第一总河长由市委书记担任,总河长由市长担任,落实市、镇、村三级河长457名。41条市级重要河湖明确27名市四套班子领导担任市级河长,所在镇镇长任镇级河长。成立常熟市全面深化河长制工作领导小组,领导小组下设办公室(简称河长办),办公室设在市水利局,承担全市河长制工作日常事务,主任由水利局主要负责同志兼任,副主任由环保局、农委、水利局和经信委分管领导担任。先后出台河长制会议、督查、信息报送、信息共享、验收、工作交办等配套制度,制订河长履职标准化流程。11月28日,常熟市河长制建立工作通过苏州市级验收。市河长办负责编制的30条市级重要河湖"一河一策"行动计划全部完成。

【"河长制"成效】 2017年5月,市委、市政府任命新的河长以来,各级河长履职主动,把河长制工作融入日常、抓在经常,坚持一线调查、一线督导、一线推动,各项工作取得阶段性成效。河湖断面达标率不断提高,1～11月,全市41条市级以上重点河道70个监测断面平均值达标52个,总体达标率为74.3%,同比上升9个百分点;III类水比例47.1%,同比上升0.2个百分点。其中10个国考、省考断面全部达标,同比上升23.1个百分点;III类水质比例76.9%,同比上升15.4个百分点。10月下旬,苏州市水利局对苏州大市规模以上排污口进行抽样监测,常熟市72个排污口各时段监测数据全部合格,成为苏州大市范围内唯一全部达标的板块。在河长制工作和"263"行动推动之下,虞山尚湖旅游度假区仅用一个月即完成蒋家村河沿河违建清理,确保了河道治理的顺利进行。

2017年5月5日,市委书记王飚调研河长制及长江防汛工作
(市水利局提供)

## 水利工程建设与管理

【概况】 "畅流活水"工程2016年度项目完成21个,投资3.8亿元,颜荡泾拓浚、金泾塘整治、青墩塘枢纽已全部开工,计划2018年汛前主体工程完工。2017年新开工项目16项,总投资4.8亿元,年内完成防洪大包围建筑物工程完成15%、河道整治工程完成40%。望虞河除险加固和西控工程(常熟段)新(改)建口门建筑物10座,在建7座,完成投资2.26亿元,超额完成省水利厅下达的年度建设任务。全市共排查出问题水体306条,完成整治103条、在建21条,投资9200万元。曹家湾河、蒋家村河治理成为黑臭水体治理典型。

▲"畅流活水"工程:指按照水系循环、引水调流总体布局,加快市域骨干河网整治,基本建成全市骨干水系连通调控体系。

【"畅流活水"项目】 2017年度16项工程包括城区防洪大包围以及拓浚整治市镇二级河道15条(73.1千米),总投资9.77亿元,其中城区防洪大包围项目总投资4.67亿元,当年完成投资1.02亿元,形象进度22%;15项河道整治工程总投资5.1亿元,当年完成投资

2.43亿元,形象进度48%。城区防洪大包围项目包括新建城区常浒河枢纽、青墩塘枢纽、白茆塘枢纽、肖泾港枢纽、横泾塘东枢纽、横泾塘西闸、元和塘闸、太平港枢纽、山前塘枢纽、陈泾闸10座控制建筑物。拓浚整治市镇二级河道15条包括火灯浜、方浜、杨树娄、迈步塘、西横塘、黄瓜浜、三泾、沙槽河、颜荡泾、金泾塘、花园浜、曲塘泾、横泾河、张家浜、唐洞泾。

【黑臭水体整治】 2017年6月,市政府成立以市长为组长,分管市长为副组长,相关部门板块主要负责人为成员的常熟市黑臭水体整治工作领导小组,统筹协调全市黑臭水体整治工作。市水利局负责对常熟市三环路主城区范围内所有水体开展排查,各镇(区)负责对辖区内所有水体进行排查。至2月底,全市共排查出城镇黑臭水体138条(主城区19条,各镇、街道119条)。根据《关于全面深化河长制的工作方案》通知要求:各镇板块119条黑臭河道2017年完成40%为48条,结合“263”专项行动考核目标,全市确定2017年度黑臭水体整治任务数为59条。随着“263”行动的推进,市河长办发出专门通知,要求各地进一步进行彻底排查,不留死角,明确将所有存在水质黑臭现象的河道水体全部列入问题河道清单。至7月10日,全市城乡排查并确认问题河道306条(主城区19条,各镇、街道287条)。根据年度目标任务,水利局扎实推进黑臭水体整治工作。城区黑臭水体2017年度整治工作中,曹家湾黑臭水体整治已完工,蒋家村黑臭水体整治完成95%;山湖苑河已经进入招投标程序;西横浜、后浜河、黄泥溇财政评审即将完成;三环路新开河即将报财政评审;漕泾新村河、湖前圩河、东段圩河、小泾河正在进行初步设计报告编制;明日星洲小区河、吴家角河、尤墩河、里菱塘、红枫苑东侧河道、荡墩河、蔡家浜、石家浜8条河道已进行设计招标。年内各镇、街道开工黑臭河道122条,其中完成102条。至12月底,全市共完成黑臭水体整治103条。

【望虞河除险加固西岸控制工程】 望虞河除险加固工程由省发改委以苏改发农经发〔2016〕440号文批复工程初步设计,主要建设内容包括:堤防维修加固6.573千米;护岸拆(新)建10.137千米;青坎护砌0.297千米,口门建筑物共14座。概算总投资15990万元。截至2017年底,望虞河除险加固工程Ⅰ、Ⅱ标已组织完工验收,Ⅲ、Ⅳ标完成主体工程,Ⅴ、Ⅵ标在建,累计完成护岸拆建约10千米、堤防加固约5.8千米,口门建筑物完成8座(其中拆建3座、加固5座)。望虞河西岸控制工程由省发改委以苏改发农经发〔2016〕1232号文批复工程初步设计,主要建设内容包括:新建望虞河西岸23座支河口门建筑物及配套水系调整工程。概算总投资39774万元。截至2017年年底,望虞河西岸控制工程完成土建施工Ⅰ标(中泾塘套闸、陆家小河涵闸、宗家宅基河涵闸3座口门),水系调整工程分为2个标段开工建设,完成河道疏浚6条、桥涵2座。

金泾河道“畅流活水”整治工程。图为建筑工人在青墩塘段建造生态挡墙

(常熟日报社提供)

## 农村水利工程建设与管理

【概况】 2017年度,全市农村水利建设共疏浚河道196条、加高加固圩堤20.2千米、新建圩堤护岸11.7千米,新(改)建各类闸站55座、农桥62座。完成2017年小型农田水利重点县项目、2017年中央高效节水灌溉梅南村项目和2014年规模化节水灌溉项目结余资金增做工程,新建高效节水灌溉面积733.3万平方米。实施中小河流治理重点县第一期项目增做工程和辛庄项目区工程,综合整治河道11条,新开河2条。稳步推进农业水价综合改革,试点区董浜镇3333.3万平方米耕地已基本完成改革任务。积极开展“两路一河”专项整治,沿线629条河道均落实定期保洁;476处围网、渔簖,完成整治239条;31条废弃船只清理、13.5千米护坡修建、5处立面修复任务已经完成。市水利局承担的课题《基于物联网的现代农业节水灌溉综合管理系统》获省政府农业技术推广二等奖。

▲“两路一河”:指铁路、高速公路和内河主航道沿线河道环境整治。

【小型农田水利重点县项目】 项目位于碧溪新区、古里镇、辛庄镇和沙家浜镇,项目区总面积3495.5万平方米,改善灌溉面积1073.6万平方米,改善排涝面积2609.9万平方米。工程于2017年3月10日开工,10月22日完工,12月8日进行合同工程完工验收。共新建高效节水灌溉面积501.6万平方米,新建灌溉站19座,铺设低压管道8.38千米;新建排涝站4座、排涝闸站1座、排灌站1座、防洪闸1座,箱涵1

座；新建圩堤挡墙 1.24 千米，筑土圩堤 3.57 千米，引水沟清理 0.65 千米。工程总投资概算 3439 万元，其中中央财政补助资金 1000 万元、省级财政补助资金 700 万元，其余由地方财政配套。

**【农业水价综合改革】** 2016 年全省农业水价改革工作会议召开后，为切实推进改革试点工作，水利局成立“推进农业水价综合改革工作领导小组”。通过强化组织领导，各乡镇和发改委、财政、农委等相关职能部门统筹联动，协作配合，共同推进农业水价改革试点工作。在调查摸底的基础上，委托南通大学编制《常熟市农业水价综合改革实施方案（2016－2020 年）》，确定把节水灌溉发展较好的董浜镇作为改革先行试点区，方案获得市政府同意批复。为加强对高效节水设施的管护，董浜镇率先在民政部门注册成立“民办公助”的节水灌溉协会，通过协会对全镇区域内节水灌溉工程实行统一管理、统一收费、统一维护，实现了农村水利服务体系和农民合作组织的有机结合。2017 年，按照农业水价综合改革的要求，董浜镇补充安装水稻区计量设施 15 套，连同原有的数千只水表中的数据一并接入节水灌溉控制中心信息系统平台；节水灌溉协会与各村分别签订农业用水收费协议；供用水双方协商定价并报市物价局、水利局备案；镇政府明确节水奖补政策。

## 水资源管理

**【概况】** 2017 年，常熟市完成水生态文明城市省级试点和水资源管理现代化省级试点建设任务，通过国家节水型社会达标县创建验收。开展水效领跑者活动，芬欧汇川公司创建成为 2017 年国家重点用水企业“水效领跑者”，董浜镇高效节水灌区（蔬菜区）成为苏州市首批“水效领跑者”。完成规模以上排污口和电厂温排水口核查监测，全市 72 个排污口各时段监测数据全部合格，成为苏州大市范围内唯一全部达标的板块。泥仓溇、南湖 2 个省级水利风景区通过评审，尚湖、南湖荡等 6 个湖泊完成健康评估。做好节水载体创建工作，执行水资源费超计划加价征收制度，完成两费征收 9249 万元。

**【饮用水源地保护】** 建设长江水源地保护区上下游水质自动监测站工程进行供电系统优化改造，2018 年春节前可以建成调试投运。委托中国科学院水生生物研究所开展应急水库生态建设调研，计划分三年实施，已完成水库进行两次采样分析。6 月底完成第二自来水厂深度处理工程，已投入运行，出厂水质和饮水口感得到改善。第三自来水厂深度处理工程取得发改委核准批复，完成前期准备工作，已启动次氯酸钠投加系统和综合楼改造。滨江水厂深度处理工程正前期准备，开展方案设计，项目用地需求已上报国土资源局。

**【完成水生态文明城市省级试点中期评估】** 2017 年，常熟市在继续按照《常熟市水生态文明城市建设方案（2014－2017 年）》，明确各部门职责分工，全力推进各项工作的同时，按照省水利厅统一部署，完成《常熟市水生态文明城市建设试点中期评估报告》的编制，9 月 8 日通过省水利厅中期评估验收。自 2014 年开展试点建设至年末，常熟市水生态文明组织体系和制度建设日趋完善，各项评估指标稳步提升，“一核、两带、三片”的水生态系统总体格局初步体现。

▲“一核”指突出虞山尚湖生态文化保护区核心引领作用，充分挖掘虞山城市之“肺”的生态功能优势，严格防治水土流失，加强水源涵养，保护和延续常熟“枕山而城”的独特景观。“两带”指维护滨江生态发展保护带和望虞河清水通道保护带水生态健康。“三片”指打造北部通江水网畅通片、中部城区水系连通片、南部湖群湿地涵养片，促进江河湖水系连通。

**【完成水资源管理现代化省级试点评估】** 2017 年，常熟市完成《常熟市水资源管理现代化省级试点建设自评估报告》。8 月 21 日通过省水利厅评估验收，水资源管理现代化省级试点建设完成。常熟市是首批省级水资源管理现代化建设试点，2013－2015 年，常熟市依据《常熟市水资源管理现代化建设方案（2013—2015 年）》，围绕水资源管理现代化 6 大类 20 项评价指标及其目标值，按时序进度开展各项建设任务，至 2015 年年底，试点建设任务全面完成。

**【执行超计划加价征收水资源费规定】** 按照《江苏省水资源管理条例》《江苏省节约用水条例》等法律法规的规定，实施水资源费超计划加价征收，针对 2016 年市主要领导自然资源资产离任审计中发现的“2013－2015 年部分自备水源取水户超计划未实施加价收费”问题，水利局与相关水利站反复研究，制定整改方案，到各企业反复宣传、会商，取得各企业的理解支持。至 2017 年 8 月，除幸福化工已关闭外，其余 7 家企业的加价收费全部到账，合计 123.35016 万元。2016 年度全市共有 14 家自备水源取水户超计划取水，各水资源管理单位按照相关规定及时组织人员开展征收。至 2017 年年底，水资源费加价征收全部到账，合计 41.49594 万元。

## 依法行政

**【概况】** 2017 年，常熟市水政监察大队水务中队成立，常熟市长江河道采砂管理执法基地建成，进一步完善了执法网络。全年出动 4300 人次、1297 车次、执法艇 46 艘次，查处水事违法案件 130 起，其中水资源案 13 起、河道案 72 起、水务案 45 起，拆除违章搭建 210 平方米，清理违章占用 603 平方米。开展政务服务一张网梳理，按时完成行政处罚、行政许可“双公示”，大力推进水利行政许可“不见面审批（服务）”和“双随机、一公开”监管工作。全年办理行政许可 246 件，全部按时办结，无一起投诉,同步做好许可项目监管验收。

▲“双随机、一公开”:指在监管过程中随机抽取检查对象,随机选派执法检查人员,抽查情况及查处结果及时向社会公开。

【优化行政管理方式】 市水利局制订下发2017年度法制工作要点,积极配合省级镇域综合执法改革试点工作,明确2名工作人员作为联络员,水政监察大队与各镇综合执法局加强联系沟通,做好执法业务的咨询与指导。4月底,按照市政务服务管理办公室统一要求,开展政务服务“一张网”梳理工作,共包含行政许可15项,行政奖励9项,行政确认1项,行政征收7项,其他权力16项。申请开通网上业务办理事项36项,包含行政许可10项,行政奖励9项,行政确认1项,其他权力16项。

【规范水行政许可】 2017年,市水利局共办理行政许可208件,均按时办结。规范许可项目验收工作,全年组织2次涉水许可项目监督检查活动。加快推进“网上办、集中批、联合审、区域评、代办制、不见面”,以不见面审批(服务)为原则,见面审批(服务)为例外,9月着手梳理上报不见面审批清单,10月根据市紧急会议精神,重新梳理38个项目作为水利不见面审批项目,同步开展网上报批相关资料的整理,在10月28日全省“不见面审批(服务)”事项清单公布前全部完成。

【水政执法】 推进行政处罚网上公开运行,所有立案处理的水事案件做到上网公开运行,2017年度有2件行政处罚案件。截至2017年11月底,全市共出动人员4300人次,出动车辆1297车次。共查处水事违法案件130起,拆除违章搭建198平方米,清理违章占用615平方米。其中水资源案13起,河道案69起,水务案44起,立案2起。年内,《常熟市浅层地下水开发利用办法》由市政府发布施行。

【水法宣传】 2017年“世界水日”“中国水周”期间,市水利局围绕“落实绿色发展理念,全面推行河长制”宣传主题,开展水法宣传活动,不断加大舆论宣传依法治水力度,进一步营造全社会珍惜水资源的法治环境。各单位共进行电视宣传1次,广播宣传2次,报纸宣传1次,网络宣传7次,电子屏宣传56次,展板(含黑板报)宣传19次、横幅90条,橱窗宣传40次,街头宣传32次,村企宣传78次,共发放宣传资料4280多份,宣传纪念品4380多份,宣传期间进行专项巡查共269次,水法律法规培训5次。5月14～22日是第26个全国城市节约用水宣传周,常熟市教育局、常熟市水利局、城市节水办在全市小学生中开展“节水在我心中,共建美好家园”为主题的绘画比赛活动,共收到作品514件。

## 水 务 管 理

【概况】 2017年,常熟市修编供水规划,编制排水防涝和区域再生水利用规划,健全水务管理规划体系。启动实施第三自来水厂深度处理工程,推进滨江自来水厂深度处理前期工作。制定《常熟市应急水库启用应急预案》,做好突发供水事件应急处置工作。推进村级供水管网、陈旧管网和低压区管网改造建设,进一步提升村级供水水压和水质。持续推进城乡生活污水治理,对全市城镇生活污水接纳现状进行排查并编制控源截污方案,全面掌握现状情况,指导今后工程实施及行业管理。实施城区污水工程建设,持续推进全市中心镇、撤并乡镇小区、机关企事业单位、沿街商铺和工业企业生活污水收集处理。农村分散式污水处理PPP一期项目进入商业运行期,建成二期PPP项目,全面完成苏州市农村生活污水治理三年行动计划目标任务。

【涉水规划】 2017年,《常熟市供水专项规划(2013－2030)》修编,明确了第三自来水厂与滨江自来水厂深度处理规划方案,并报市政府批准。编制《常熟市中心城区排水(雨水)防洪综合规划(2017－2030)》并通过专家论证。编制《常熟市城东净水厂再生水利用规划方案》,并完成专家论证,指导城东净水厂再生水利用具体方案设计。

【城乡供水】 2017年,全市供水量21539万立方米,比上年上升1.19%,平均日供水量58.93万立方米。全年自来水出厂水水质综合合格率100%,管网水水质综合合格率100%。完成第二自来水厂深度处理和排泥水处理系统的建设,同时对老系统进行升级改造,达到自控水厂标准,各工艺点实现无人值守。第三自来水厂深度处理工程已取得市发改委项目核准批复,市环保局环评批复,进入规划许可、卫生许可、安评、能评、职业卫生评价等项目前期准备。制定《常熟市应急水库启用应急预案》。全年完成自来水管网工程建设竣工验收项目114项,管道总长度117.58千米。全市设立136个水质采样监测点,在常规水质监测的基础上加强对长江、尚湖饮用水源保护区、应急水库、工艺过程水、二次供水水箱和泵房进行水质监测,共检测各类样品7793份,完成检测数据量为103927个,比上年同期增加10个水质检测点,检测数据相应增加。完善二次供水泵站的综合监控系统,已完成212个小区的313个泵房数据接入。推进村级供水管网、陈旧管网和低压区管网改造建设,提升村级供水水压和水质,投资1415万元、受益7922户,其中水质改善1187户,压力改善6735户。

【城乡生活污水治理】 编制《控源截污方案》,全面掌握现状情况,指导工程实施及行业管理。实施城区污水工程建设,加快实施琴湖路污水主干管工程,为创想凯旋湾、佳和水岸、待建琴和家园等污水未收集区域配套污水主管网。持续推进通林路、碧云路、破龙涧路污水主管网建设,以缓解虞山北路区域污水运行超负荷情况。至2017年年底,De160以上管径的约1200千米,污水处理率98.2%(处理量口径),主城区实际污水收集处理率达93.8%(排放量口径）。推进城区“散乱污”整治工作，加强对城区各类餐饮户、洗车店的排水管理，减少污水管网堵塞、污水漫溢等现象发生。共查出457家需要整治的小餐饮等“散乱污”企业，完成146家，其中餐饮114家，企事业单位6家，洗车行10家，其他类排水户16家，累计敷设市政污水管网约3.3千米。持续推进全市中心镇、撤并乡镇小区、机关企事业单位和沿街商铺生活污水收集，完成主次、控源截污管网70千米，266家工业企业生活污水收集处理。加快推进城东净水厂（总规模10万立方米/天，一期5万立方米/天）及其配套污水转输管网和洪洞净水厂（城北污水厂搬迁）相关前期工作，完成城东净水厂可行性研究、初步设计论证，转输管网开工建设，洪洞净水厂开展地块内房屋征收搬迁工作。

**【农村生活污水治理】** 2017年度完成苏州下达的888个自然村庄的生活污水治理目标任务，其中重点村庄、特色村庄221个，农村地区一般村庄634个，城镇化地区一般村庄33个。完成苏州农村生活污水治理三年行动计划工作任务，全市共治理1916个村庄，71070户，其中重点村庄、特色村庄769个、32078户，农村地区一般村庄1076个、36025户，城镇化地区一般村庄71个、2967户，农村污水处理率达82.01%。农村分散式污水处理一期PPP项目进入商业运行期，实施二期PPP项目，通过政府采购，选定标一为中国中车，标二为北京首创，分别由两家公司出资65%、市水投公司出资35%组建项目公司，以特许经营25年的方式负责项目融资、建设及运营维护，政府每年支付服务费，经营期满项目设施及相关权益完好、无偿移交政府部门。

（钱烨宁）

**责任编辑　汤　涵**

沙家浜镇圩区　　（常熟日报社提供）

# 环境保护

## 综　述

**【概况】** 2017年，常熟市调整强化生态文明领导小组，出台生态环保“一票否决”制度，制定《常熟市生态环境保护工作责任规定(试行)》，将生态环保“党政同责、一岗双责”落到实处。优化调整生态红线管控区范围，在红线区域设立60块标志牌，完成落地上图工作。举办生态论坛，吸引520家企业、2400人次参加，创新举行绿色公益组织公众参与圆桌会议，搭建了政府—组织—公众“面对面”交流的新平台。市环保局作为基层环保部门代表在全国生态文明论坛惠州年会法制分论坛交流工作经验。开展“两减六治三提升”专项行动，印发“1+13”方案体系，建立市领导挂钩联系点、工作例会、暗访曝光、挂牌销号、自查自纠、约谈问责、督查通报7项工作机制，实施285个年度重点项目，全年减少煤炭消费量64万吨，关停化工企业78家，完成黑臭水体整治103条，新改建污水收集管网70千米，完成村庄生活污水治理项目561个、工业企业生活污水收集处理266家，完成62家禁养区养殖户关停、174家限(适)养区养殖户治理、220处内河码头扬尘污染治理、370项挥发性有机物治理、95家企业环境安全达标建设。中电环保污泥焚烧处置项目投运，启动第二生活垃圾焚烧厂扩建，建成乡镇垃圾临时填埋场10个。开展“散乱污”企业专项整治，累计排查企业8384家，完成限期整改4552家，关停取缔501家。设立有奖举报热线，开通微信公众号平台，在市级媒体设立专栏，拓宽群众参与渠道，全年新闻曝光突出环境问题65期。贯彻落实新颁布的《中华人民共和国大气污染防治法》，完成电力行业燃煤锅炉提标改造11台、淘汰燃煤工业窑炉237台、完成干洗行业等挥发性有机物整治97家，开展挥发性有机物排放清单调查。年内，制定出台《常熟市水环境区域补偿工作方案》，完成257个太湖项目、12个阳澄湖生态优化项目以及2201个“水十条”项目，落实“河长制”和“断面长制”。编制出台《常熟市土壤污染防治工作方案》，成立土壤污染防治工作联席会议制度，开展全市土壤污染重点企业遥感核实工作，完成1232个点位的筛选和空间位置测定。出台水处理污泥规范化管理暂行办法，规范水处理污泥产生、贮存、运输、处置等全过程的管理要求。市镇两级全面落实省级环保督察各项整改要求，组织开展“蓝天行动”“碧水行动”等环保专项执法检查48次，查处各类环境违法行为860件，全市环保行政处罚499件、处罚金额2909万元(其中乡镇处罚283件、处罚金额1698万元)。市环保局、公安局、检察院、法院等部门60名骨干参加环保司法联动培训班，全年办理35件环境违法涉刑涉拘案件。强化环境应急管理，举办突发环境事件和“环辐七号”应急综合演练。积极推进环评审批制度改革，落实简政放权要求，优化环保审批程序，全年审批建设项目环评文件344件、备案登记表594件，劝退不符合产业政策、环境污染重、资源消耗大的建设项目6个，总投资超过4.7亿元。在“中国常熟”网公开环保法律法规、环境质量、行政执法等内容，全年召开2次环保新闻发布会，保障了公众的环境知情权、参与权和监督权。深化企业环保监督员制度，延伸到一般监管企业。在全省创新开展企业环境管理标准化培训，编发环境管理标准化手册，制

2017年6月5日，纪念第46个“6·5”世界环境日宣传活动在石梅广场举行　　（常熟日报社提供）

作企业日常环境管理须知短片，分板块培训 91 场次、覆盖 6100 人次。公布企业环境信用评级“红黑榜”，出台差别化水电费政策，督促企业环保信息全公开，试点第三方环保“体检”，有效落实企业环保主体责任。

## 环保宣教

【概况】 2017 年，常熟市举办生态文明暨“263”工作论坛，创新召开绿色公益组织公众参与圆桌会议。围绕“6·5”世界环境日主题，举办环境文艺专场。积极开展环保宣传和绿色创建活动，参加全国生态文明年会并交流工作经验。

【环境保护新闻发布会】 2017 年 1 月 3 日，常熟市召开 2017 年生态环境保护工作新闻发布会。市环保局新闻发言人通报 2016 年全市空气、水和声环境质量状况，回顾全年生态文明建设、污染治理、环境执法等环保工作成效，介绍 2017 年环保工作要点。

【生态文明建设暨“263”工作论坛】 2017 年 6 月 4～19 日，第二届常熟市生态文明建设暨"263"工作论坛举行。论坛首次邀请绿色公益组织及市民代表参与，与相关政府部门面对面交流互动，共同探讨城市生态文明建设。论坛开设能源结构绿色转型、工业污水减排和治理、大气污染防治及挥发性有机物治理技术交流、黑臭河道治理、垃圾分类及资源化利用、污染场地评估与修复等 8 个分论坛，邀请知名院校专家以及行业领先企业代表举办专题讲座 24 场，共吸引 520 家企业、2400 人次参会交流。

【“关爱绿色未来”环保夏令营活动】 2017 年 7 月 19 日，常熟市环保局、教育局以及芬欧汇川（中国）有限公司联合开展“关爱绿色未来”小学生环保夏令营活动，全市 100 多名小学生参加。小营员们以“环保从我做起、从身边做起”为主题，通过观看芬欧汇川公司环保资料片、举办环保知识竞赛、制作衍生纸和黏土环保创意作品等丰富多彩的活动，学到了环境保护知识、提高了生态环境意识。

【参加全国生态文明年会并交流工作经验】 2017 年 12 月 2 日，常熟市环保局参加中国生态文明惠州年会，作为全国唯一县级环保部门代表在法制分论坛交流环境执法工作经验。常熟市明晰“企业、部门、属地”三大责任，促进“司法、网格、公众”三大联动，强化“科技、信用、管理”三大手段等环境执法经验得到与会各方的好评，起到示范推广作用。

## 环境建设

【概况】 2017 年，常熟市推进制度建设，将生态环保“党政同责、一岗双责”落到实处。优化调整生态红线管控区范围，在红线区域设立 60 块标志牌，完成落地上图工作。完善环保信用评价体系，发挥经济杠杆作用。

【实施与污染物排放总量挂钩的财政政策】 2017 年 3 月 14 日，常熟市人民政府办公室印发《关于实施与污染物排放总量挂钩财政政策的通知》，正式实施与污染物排放总量挂钩的财政政策。将各地排放的化学需氧量、氨氮、二氧化硫、氮氧化物、总磷、总氮以及挥发性有机物七项污染物总量作为考核挂钩标的，年初由市财政按标准分板块收取污染排放统筹资金，年终根据污染总量减排和环境质量考核结果向各板块按比例返还上缴资金，返还资金全部用于环境治理与保护。

【公布企业环保评级“红黑榜”】 2017 年 6 月 5 日，常熟市公布 2016 年度 535 家非国控企业环境信用评级结果。全市有 21 家高污染企业列入“红黑榜”，其中“红色”企业 13 家、“黑色”企业 8 家。2017 年，常熟市首次启动“差别化水电价”政策，对评为环保“红色”“黑色”的企业将提高征收污水处理费和电费。

【修订完善生态环境保护“一票否决”制度】 2017 年 6 月 13 日，常熟市委、市政府印发《常熟市生态环境保护“一票否决”办法》，正式修订完善“一票否决”制度。2016 年，常熟市在全省率先出台生态环保“一票否决”试行办法，试行后为全面落实生态环境保护“党政同责、一岗双责”，以及企事业单位在污染防治方面的主体责任提供了制度保障。针对试行中发现的部分问题，该次修订进一步明确“一票否决”对象为全市生态文明建设领导小组成员单位、各镇（板块）政府、企事业单位及其领导班子，否决内容为相关对象在满足否决条件和程序的基础上，在当年度评优评先、表彰奖励等方面予以一票否决。

【《2017 年度生态红线区域保护实施方案》出台】 2017 年 7 月 24 日，常熟市印发《2017 年度生态红线区域保护实施方案》。重点围绕优化调整省级生态红线区域、落实生态红线区域管控、规范专项资金管理使用、推进红线保护工程建设、强化生态红线区域专项执法等 5 个方面，加强对生态红线区域保护和监管。同时，强化生态红线区域保护监督管理考核考核工作，有效落实生态红线保护责任。

【生态红线保护区域完成落地上图】 2017 年 12 月，常熟市省级一、二级生态红线保护区域 60 块标识牌全部设立到位，标志着生态红线保护区域实现落地上图。按照“保护优先、合理布局、管控结合、分级保护、相对稳定”的原则，常熟市划定了 4 大类 9 个省级生态红线区域，总面积达到 164.81 平方千米，占全市国土面积的 20.03%，制定出台《常熟市生态红线区域保护监督管理考核办法》，积极落实各项监管和保护措施。在风景名胜区、饮用水源地等生态红线区域边界醒目设置生态红线保护标识牌，明确生态红线名称、类型、级别、面积、范围以及相应管控要求，为进一步提高全民生态红线保护意识、落实生态红线管控责任奠定坚实的基础。

## 治污行动

【概况】 2017年，常熟市开展“两减六治三提升”（简称“263”）专项行动，印发“1+13”方案体系，实施285个年度重点项目。开展“散乱污”企业专项整治，累计排查企业8384家，完成限期整改4552家，关停取缔501家。

【“两减六治三提升”专项行动动员会召开】 2017年1月15日，常熟市委、市政府召开“两减六治三提升”专项行动动员会。下发《常熟市“两减六治三提升”专项行动实施方案》，全面部署了“减少煤炭消费总量”“减少落后化工产能”“治理流域水环境”“治理畜禽养殖污染”“治理生活污染”“治理船舶码头污染”“治理挥发性有机物污染”“治理环境隐患”“提升生态保护水平”“提升环境经济政策调控水平”“提升环境执法监管水平”11项重点工作的目标任务、职责分工和具体措施。

【“散乱污”企业整治】 2017年8月1日，常熟市人民政府印发《关于集中开展“散乱污”企业专项整治工作方案》。市“两减六治三提升”专项行动领导小组办公室增设“散乱污”企业专项整治工作组，从市相关部门抽调人员集中办公、集中精力推进整治。明确重点整治死灰复燃的小造粒、小开毛，无证无照的电镀、化工、木器加工，污水未规范处理的平网印花、水洗和缩绒企业等关停取缔类企业，以及印染（含水洗、印花）、货架、木器等存在消防、安全和环境隐患的限期整改类企业。按照“重大隐患必须消除、脏乱差现象必须整治”的原则，通过关停取缔一批、限期整改一批实施分类整治。至12月31日，全市累计排查企业8384家，完成限期整改4552家，关停取缔501家。

## 环境监管

【概况】 2017年，常熟市组织开展“蓝天行动”“碧水行动”等环保专项执法检查48次，查处各类环境违法行为860件，全市环保行政处罚499件、处罚金额2909万元，全年办理35件环境违法涉刑涉拘案件。在全省率先开展企业环境管理标准化培训，编发环境管理标准化手册，制作企业日常环境管理须知短片，分板块培训91场次、覆盖6100人次，有效落实企业环保主体责任。连续印发关于加强环境安全排查、化解环境信访矛盾和环境安全执法三个“百日行动”方案，全面排查环境隐患，保障环境安全和社会稳定。

2017年12月，常熟市省级一、二级生态红线保护区域60块标识牌全部设立到位，标志着生态红线保护区域实现落地上图（市环保局提供）

【全市环境保护法制教育大会】 2017年2月13日，常熟召开全市环境保护法制教育大会，全市400多家重点排污单位法人代表或主要负责人，各板块分管领导，市法院、检察院、公安局分管领导及相关部门负责人，环保办、综合执法局、派出所，环境网格员，市环保局相关人员700多人参加会议。江苏省高级人民法院环境资源审判庭副庭长陈迎和苏州市公安局环境与食品药品警察支队副支队长黄晨分别作《环境污染两高最新司法解释解读》和《环境污染典型案例》专题讲座，参会企业提交了《环境保护承诺书》。

【太湖安全度夏“斩污”环保专项行动】 2017年5月11日，常熟市启动太湖安全度夏“斩污”环保专项行动。市环保局14个检查小组60多名执法人员对望虞河常熟段70家企业和规模型畜禽养殖场进行全面检查。行动期间，通过“双随机”抽查、“你点我查”、联合执法、环保司法联动等方式，查处环境违法行为。

【环境执法大练兵活动启动】 2017年6月8日，常熟市环保局印发《2017年环境执法大练兵活动实施方案》并召开动员部署会，全市环境执法大练兵活动正式启动。活动历时5个月，与日常环境执法监管以及正在开展的“263”专项行动、太湖流域安全度夏专项行动、工业污染源全面达标排放计划、长江经济带化工企业污染整治和水源地环保执法专项行动等工作相结合，组织开展市镇两级业务实战比武，通过树立先进典型，全面规范环境执法行为、切实加大违法案件查处力度、有效提升环保执法队伍能力水平。

环保执法检查　　（市“263”专项办提供）

【常熟市出台考核办法深化环境监管网格化工作】 2017年7月3日，常熟市出台环境监管网格化工作考核办法，明确对全市乡镇环境监管网格的考核内容、标准、评分细则以及奖惩措施，进一步深化环境监管网格化工作。自2015年在苏州地区率先开展网格化工作以来，常熟市新增143名乡镇环保网格员，开展多轮业务培训，建成投用环保网格信息化管理平台。同时，结合镇域综合执法改革试点，向乡镇下放39项环保行政处罚权力，海虞镇开出全省首张镇级环境行政处罚罚单，初步建立了“属地管理、分级负责、全面覆盖、责任到人”的环境网格化监管体系。

【在全省率先开展企业环境管理标准化培训】 2017年9月，常熟市环保局印发《关于深入推进企业环境管理培训活动的通知》，在梅李镇召开企业环境管理培训启动仪式暨动员现场会。这次标准化培训对象从重点环境监管企业延伸到一般监管企业，分板块分批分类组织培训。通过企业法人代表递交环保责任书、发放《常熟市企业环境管理标准化手册》、集中观看《企业日常环境管理须知》宣传片、现场答疑解惑等环节，帮助企业及时掌握环境管理中最欠缺、最急需、最实用的内容，推动提升企业环境管理水平，落实环保主体责任，打通环保服务企业的“最后一公里”。至12月31日，全市培训91场次、覆盖6100人次。

## 环境整治

【概况】 2017年，常熟市推进大气污染防治工作，编制出台《常熟市2017年大气污染防治工作计划》，推进实施936项重点工程项目，开展挥发性有机物排放清单调查。出台《常熟市2017年水污染防治工作计划》，分解落实15项重点工作任务和2201项重点工程项目，实施257个太湖治理项目和12个阳澄湖生态优化行动项目，创新出台《常熟市水环境区域补偿工作方案》。编制出台《常熟市土壤污染防治工作方案》，成立土壤污染防治工作联席会议制度，开展全市土壤污染重点企业遥感核实工作，完成1232个点位的筛选和空间位置测定。出台《水处理污泥规范化管理暂行办法》，规范水处理污泥产生、贮存、运输、处置等全过程的管理要求。印发《常熟市土壤污染防治工作方案》，通过十大措施实现保障土壤环境安全的目标任务。出台《全市水环境区域补偿工作方案》，创新运用经济杠杆落实水环境保护责任。召开挥发性有机物污染治理推进会，抓好六个关键推进挥发性有机物污染治理。

【望虞河流域水环境综合整治】 2017年3月15日，常熟市人民政府印发《望虞河流域水环境综合整治实施方案》，正式启动新一轮望虞河流域水环境综合整治。通过建立严于全省的氮磷控制制度、推进工业企业绿色转型发展、提升生活污染治理水平、大幅削减农业面源污染负荷、加强船舶港口污染治理、构建健康生态水系6项重点措施，力争到2020年，望虞河及主要入河支流水质达到“十三五”水环境目标要求，其中望虞河干流高锰酸盐指数、氨氮、总磷年平均值优于三类水标准，其余指标年均值稳定达标，主要入河支流水质稳定达到国家和省考核要求，完成上级下达的流域总氮、总磷排放量削减任务。

【《水处理污泥规范化管理暂行办法》出台】 2017年5月23日，常熟市《水处理污泥规范化管理暂行办法》出台，全面明确了污泥规范化管理适用范围、具体措施要求、政府部门的职责以及污泥产生单位、运输单位、处置单位的责任和要求，为全市水处理污泥规范化、无害化处置提供了保障。

【《全市水环境区域补偿工作方案(试行)》出台】 2017年10月16日，《全市水环境区域补偿工作方案(试行)》出台，创新运用经济杠杆落实水环境保护责任。以落实属地责任、改善水环境质量为目标，以“谁达标、谁受益，谁超标、谁补偿”为原则，在镇域(板块)之间开展主要污染因子水环境区域补偿工作，对列入补偿的水质考核断面，实行“双向补偿”。当断面水质主要污染因子超标时，由上游行政辖区对下游行政辖区(或市财政)予以补偿；当水质所有主要污染因子达标时，由下游行政辖区(或市财政)对上游行政辖区予以补偿。

# 环境能力

**【概况】** 2017年,常熟市建成投用全省首个环境监管网格化信息平台,在苏州地区率先投用餐饮油烟在线监控系统,开发了全市断面水环境质量手机端实时查询APP系统,启用机动车尾气排放遥感监测车,环境监测和信息化水平有了显著提升。强化环境应急能力,加强环境应急物资库和应急队伍建设,举办全市突发环境事件和“环辐七号”应急综合演练。

2017年9月22日,2017年苏州市(常熟)突发环境事件和“环辐七号”应急综合演练举行 (市环保局提供)

**【常熟市在全省率先建成环保网格化管理信息平台】** 2017年1月10日,“常熟市环境保护网格化管理业务平台”项目通过专家组验收,标志着常熟市建成投用了全省首个环境保护网格化管理业务平台。该系统由电脑端和移动端两部分平台组成,环保管理部门通过系统电脑端平台实时发布任务、及时掌握环保网格员工作状况、实现定期绩效考核。环保网格员通过系统移动端平台实现现场巡查、信息查询、工作上报等功能,有效提高了环保网格管理信息化水平。

**【餐饮油烟在线监控平台建成】** 2017年3月3日,“常熟市餐饮油烟在线监控平台”项目通过专家组验收。全市首批18家规模型餐饮企业安装了餐饮油烟在线监控设备,油烟浓度数据通过无线网络传送至市环保局监控平台,实现油烟浓度数据实时显示、汇总统计、趋势曲线、报表统计、异常报警、短信发送等功能。通过信息化手段有效减少餐饮业油烟对大气环境的污染,解决餐饮油烟扰民问题。

**【机动车尾气排放遥感监测车投用】** 2017年6月,常熟市环保局正式投用机动车尾气排放遥感监测车。该车辆通过遥测仪可以快速对路面经过车辆尾气中的一氧化碳、二氧化碳、一氧化氮、碳氢化合物以及不透光度等指标进行光谱分析,并将数据通过无线传输方式输送到监测检测设备上,通过电脑计算分析后显示出相应的监测结果,平均0.8秒可以分析出一辆车的尾气排放是否超标。

**【推进环境信息公开压实企业主体责任】** 2017年7月,常熟市环保局组织全市69家重点排污单位开展环境信息公开工作。一是规范信息填报。开发建设环保企业通系统,统一填报平台,组织企业将基础信息、排污信息、污染防治设施建设运行情况、建设项目环评以及其他环境保护行政许可情况等信息进行如实填报。二是规范审核发布。各镇(板块)环保部门对辖区内重点排污单位填报工作进行指导,对相关内容进行审核。相关环境信息通过“中国常熟”平台统一发布。三是规范长效管理。根据《企业事业单位环境信息公开办法》要求,对重点排污单位名单每年动态调整,将符合要求的排污单位及时纳入,强化对企业公开信息的监督检查,督促及时填报并及时更新相关信息。

**【突发环境事件和“环辐七号”应急综合演练】** 2017年9月22日,2017年苏州市(常熟)突发环境事件和“环辐七号”应急综合演练举行。演练模拟了化工园区道路上发生交通事故,一辆氢氟酸槽罐车侧翻,造成部分氢氟酸泄漏。接报后常熟市政府第一时间启动应急预案,组织环保、公安、消防、安监、卫生等部门开展应急监测和救援。救援过程中,事故现场发现有辐射标志,运输物品中可能有放射源。市环保局报请市政府同步启动辐射应急预案,开展辐射应急监测、辐射应急处置。经过多部门配合协作,事故得到妥善处置,未对周边环境造成明显影响。此次推演严格按照全市突发环境应急预案的要求,以快速响应、多级联动、配合密切,处置科学为目标,充分体现了信息化条件下环境应急管理与决策指挥系统功能,达到了锻炼队伍、磨合机制、提升能力的实战效果。

**【水环境移动查询平台投用】** 2017年11月,“常熟水环境”APP平台投用,通过安装手机客户端可随时查询全市断面水质状况。该平台集成了全市所有断面地理信息和水质监测数据,在首页通过不同颜色显示各断面的实时达标状态。通过点击每个点位可将其添加关注或转入详细查询界面,实时查询断面地理位置、所属河流、水质数据、达标情况等信息。同时,可根据需求自定义设置监测因子、时间段等不同的查询条件,通过图表形式直观显示不同时段水质变化情况,使各级“河长”“断面长”对流域水环境质量“一目了然”。

(海星恒)

责任编辑 浦君芝

## 财　　政

【概况】　2017年，全市完成一般公共预算收入191.8亿元，比上年增加18.23亿元，增长10.5%。其中，税收收入完成165亿元，增加19.49亿元，增长13.39%，税收占比86.04%，增加2.19个百分点。一般公共预算收入占国内生产总值(GDP)的比重由2016年的8.2%提高到8.4%，提高0.2个百分点。经济技术开发区和高新技术产业开发区完成一般公共预算收入71亿元，比上年增长25.97%，占全市收入比重为37%，比上年增加4.54个百分点。是年，全年一般公共预算支出165.8亿元，增长4.45%。其中，各项民生支出130.23亿元，占一般公共预算支出比重78%。

加速经济动能转换　全市拨付资金20多亿元，用于支持科技创新、产业转型升级、人才引进、市场贸易采购等。持续推进落实“三去一降一补”供给侧结构性改革五大任务，牵头做好“降成本”工作，认真贯彻落实上级企业减负政策，全年取消、停征涉企政府性基金及行政事业性收费项目10项，为企业减轻非税负担8892万元，有效降低实体经济企业运行成本。继续优化人才发展专项资金、科技创新专项资金支出结构，用好科技创新券、省“苏科贷”、苏州市“科贷通”、市“集合信贷”等工具，引导金融资源服务创新创业。

2017年2月23日，全市财政工作暨财政系统作风效能建设会议召开
（市财政局提供）

持续增进民生福祉　居民基本(农村合作)医疗保险筹资标准提高至每人每年1000元，基本公共卫生服务专项资金提高至每人每年80元。出台社会办医政策，出台财政支持院前急救体系改革方案，促进医疗卫生事业健康持续发展。出台困难残疾人生活补贴和重度残疾人护理补贴两个实施细则，提高困难人群生活水平。出台支持社会办学前教育财政奖补政策，2所新建社会办幼儿园投运。出台《常熟市公共财政支持新市民子弟学校发展专项资金管理办法》，优化新市民子弟学校发展的政策环境。实施镇村道路提档升级和农桥改造工程，实施高标准农田建设，打造特色田园乡村，出台新一轮常熟市生态补偿政策，改善农村环境，保护农业生产，促进农民增收。推动改善生态环境，保障“263”专项行动，梳理汇总“263”财政政策17项，完成《263专项行动提升环境经济政策调控水平实施方案》。

【政府性债务管理】　2017年，常熟市争取省转贷新增债券18亿元，用于全市重大基础设施建设，全年用政府债券置换存量政府债务40.83亿元。按照上级文件要求，对地方政府违规融资、违规担保行为全面清理整改。9月，出台《常熟市政府性债务风险评估及预警管理暂行办法》《常熟市政府性债务风险应急处置预案》，进一步规范地方政府性债务管理。制定并向省财政厅上报全口径债务化解方案。乡镇政府性融资实行限额管理。

**【预算绩效管理】** 2017年，预算绩效管理持续“扩面增量”，实现预算主管部门全覆盖。2017年度专项资金中103个项目纳入绩效目标管理，涉及财政资金38.68亿元；对2016年度财政支出107个项目开展绩效评价，涉及财政资金31.76亿元。9个镇财政试点开展预算绩效管理，涉及资金3600万元。3月，制定出台《常熟市财政支出绩效评价结果应用管理办法》，提高财政资金绩效。

**【“智慧财政”平台建设】** 2017年，“智慧财政”信息平台建设启动，建设范围是市镇两级财政和预算单位。建设的业务范围涵盖10个财政业务领域，分别是基础数据管理、预算编审、预算执行、国库管理、非税管理、财政监督、绩效管理、行政管理、决策支持、移动应用，计划建设时间为2017～2019年，分三个阶段完成。2017年核心业务系统完成整合。

**【会计廉政知识竞赛】** 2017年7～10月，市财政局、市纪委、市级机关党工委联合举办常熟市“依法理财、依规治党”财政会计廉政知识竞赛，增强行政事业单位会计队伍的法纪意识和业务素质。全市行政事业单位从事财税、会计、审计的会计从业人员以及分管领导参与竞赛。1139人参加普及阶段网上答题，47支代表队、195名选手参加预赛阶段机考组队，8支代表队进入决赛，国税局获一等奖，住建局、市级机关事务管理中心获二等奖，辛庄镇、粮食局、水利局、文广新局、高新区获三等奖。

**【PPP项目入选全国典型案例】** 2017年，常熟市农村分散式污水处理一期项目入选“国家发改委第二批PPP项目典型案例”(共43项)，是全国唯一入选的农村分散式污水处理项目，全部竣工验收。继续推广实施农村分散式污水处理二期项目，对全市398个自然村实施生活污水收集治理，受益农户13549户，总投资3.15亿元，被列入省财政厅2017年度第二批政府和社会资本合作(PPP)入库项目。

**【开展行政事业单位内控制度建设】** 2017年12月8日，在全省县(市)中率先出台《关于深入推进常熟市行政事业单位内部控制建设的指导意见》(常政办发〔2017〕249号)，形成《常熟市行政事业单位内部控制实施指南(试行)》，包含预决算、收支、资产、工程、政府采购、合同六项业务配套指南，提出重点关注的风险点42处，绘制各业务流程图15幅，着重体现“不相容岗位相互分离”控制要求，指导市镇两级所有463家行政事业单位建立规范运转、有序执行的全员内控工作体系。

(徐颖婷)

## 国家税务

**【概况】** 2017年，市国税局围绕全市发展大局和税收现代化目标，研判经济税收形势，充分发挥税收职能作用，全面提升风险管理效能，持续优化纳税服务举措，及时兑现各类优惠政策，实现国税收入与全市经济的协调发展。全年共组织国税收入251.81亿元，比上年增长19.09%；完成地方公共财政预算收入109.03亿元，比上年增长34.95%。年内，市国税八分局获评江苏省“巾帼文明岗”等一批先进典型。

税收征管　市国税部门以深化税收征管改革试点为重点，着力提升风险应对质效，领导带头全面落实“实体化”制度，细化职能纵深推进“团队化”运作，出台《常熟市局综合应对团队管理工作方案(实行)》，在全局应对团队间推广应对任务竞标，组建综合管理团队和专业支持团队，全程监控应对过程。全年风险应对总成效达3.03亿元，在苏州“四市三区”排名第二。加强欠税管理，全年发布24次欠税情况报告，按季向“诚信常熟”推送欠税6个月以上的欠税黑名单，对1489户次欠税纳税人发布联合公告，欠税金额净减少446万元，成为苏州市唯一欠税数额只减不增单位。对无证无照经营申请代开发票实施专项防控，防控期内的无证无照申请代开普通发票份数同比减少80%，金额同比减少88%。有序推进原先分散18个增值税专用发票代开点，规范增值税专用发票代开管理。同时，前移出口退税防控关口，全年实地核查318户次，不予退税212万元。对不同等级的纳税人进行分级管理，为全市17119户企业开展纳税信用等级评定，营造诚信纳税的良

2017年4月11日，江苏省国家税务局党组书记、局长胡道新一行到常熟市国家税务局调研税收管理改革和风险管理工作　　(市国税局提供)

好氛围。全年为全市纳税人落实各项税收优惠134.11亿元，同比增长28.36％。其中，出口退税100.5亿元，同比增长20.63％；高新技术企业享受企业所得税优惠7.98亿元；小微企业享受减免税4.97亿元，纳税人享受优惠政策面达100％。

税务稽查　市国税部门以建设智慧稽查为重点，组建智慧税务稽查远程支持中心，结合常熟实际，开发稽查案源管理系统，有机整合案源信息接收、分类、处理、分配、结果使用等各环节，有效提高税务稽查质效。集中力量开展以前年度稽查积案清理，全年稽查立案检查140户，结案116户，累计查补税金3268万元，入库2961万元。同时，积极培养组建法律人才团队，重视行政复议、行政诉讼案件的应对处理，及时总结涉税案件处理过程中的经验与不足，形成书面材料供上级参考。全年共处理行政复议案件2件、行政诉讼案件1件，做到流程清晰、适用法律条目准确，未引发任何负面舆情。同时，成立国地税联合稽查工作领导小组，建立联合稽查办案中心，全年国地税双向移送案件10件，联合办案2次。

税收服务　针对营改增后，国税纳税人户数增长、营改增纳税人政策辅导需求量大、“金税三期”上线等税收工作新变化，市国税部门通过深入开展简政放权、全方位加强国地税合作、全面推行一窗式业务通办等方式，全面提升纳税服务便捷化、人性化。同时，推广线上办税，成立发票配送中心，全年各类涉税事项非接触式办理量为260万户次，非接触办理比例82.55％。撤销分布在各乡镇的办税延伸点，强化行政服务中心国税窗口功能，实施一窗式标准化服务。试行特服号座席业务分类接入接听，月均解答纳税人咨询1.6万次，在全省纳税人满意度调查中，市国税局纳服工作综合得分在全省排名第二、苏州地区排名第一。在此基础上，加快实体办税厅转型，完善主办税厅“线上体验区、自助办税区、实体办税区、咨询辅导区、信息公告区”五大功能区域配置，积极推动实体办税厅业务功能从基础业务受理向体验、辅导、自主和预约办理转型。国地税合作进一步深入，依托“一人一机一窗双系统”，在苏州地区率先完成联合办税厅国地税业务“一窗受理，业务通办”。继续开设国地税联办纳税人学堂，开展一对一大企业政策解读和市场采购贸易试点服务。

**【人大代表为纳税服务建言】**　2017年2月9日，市国税局与地税局先后走访江苏梦兰集团有限公司董事长钱月宝，波司登股份有限公司董事局主席兼总裁高德康两位全国人大代表，听取他们对税收工作的意见。钱月宝是连续四届的全国人大代表，对国地税机关推进营改增全面落实、精准实施多元化纳税服务、推进大企业风险管理等工作，特别是对江苏省国税局“十个只减不增”举措表示赞赏，同时，针对电子商务发展较快，网上交易数量猛增，税收流失现象较多的实际，她建议国家尽快制定、出台相应的电商交易税收法规，在公平线上、线下商业模式税负的同时，将纳税人网上交易产生的增值税纳入抵扣链条，进一步为实体经济减负。高德康代表希望税务机关深化“一对一”服务，以满足企业多元化个性需求。同时，为大企业设置政策服务绿色通道，为企业提供更多更专业的涉税业务解答，在业务上及时提醒，降低企业涉税风险。常熟国地税两部门负责人表示，将认真对待全国人大代表对税收工作提出的建议，发挥好税收配置资源、调节经济结构等职能作用，全力支持和服务好企业的发展，帮助企业用足用好税收法规，为常熟经济社会发展作出贡献。

**【服务市场采购贸易方式试点落地】**　2017年，市国税部门围绕试点方案与上级国税部门做好沟通汇报，争取涉税政策的平稳衔接，配合市政府建设内外贸结合市场，参与义乌小商品市场和南通叠石桥家纺市场调研，学习当地国税部门的先进经验。实地走访了解企业需求，组织4场集中培训，利用“12366”、常熟国税特服号等途径提供咨询服务，有效加快出口退免税进度。会同相关部门简化对市场采购商户的备案要求，常熟市场采购贸易方式全年出口货值12.6亿美元，顺利完成省政府当年争取出口10亿美元的目标任务。

**【开展纳税企业信用评价】**　2017年4月，市国税部门对上一年符合评定范围的企业开展信用评价。全市2686户企业评定A级信用级别，占参评企业的15.76％。对纳税信用评价为A级的纳税人，税务机关将主动向社会公告纳税人名单，纳税人可单次领取3个月的增值税发票用量，需要调整增值税发票用量时即时办理；对纳税信用评价为B级的纳税人，税务机关实施正常管理；对纳税信用评价为C级的纳税人，税务机关将依法从严管理；对纳税信用评价为D级的纳税人，税务机关将公开纳税人及其直接责任人员名单，对直接责任人员注册登记或者负责经营的其他纳税人纳税信用直接判为D级，并将纳税信用评价结果通报相关部门，建议在经营、投融资、资质审核等方面予以限制或禁止。对于被评定为D级纳税人的企业将被列为重点监控对象，并提高对该企业的监督检查频次。

**【推出“网上申领、邮政专递”发票业务】**　2017年5月，市国税部门推出纳税人“网上申领、邮政专递”发票业务，常熟市明顺佳商业设备有限公司成为第一家自行通过互联网成功“下单”的企业。全市16000余户纳税信用等级为A、B类的纳税人，通过互联网登录江苏国税电子税务局，或通过江苏国税手机APP申请发票，发票配送中心后台订单批量处理，通过邮政速递将发票配送给纳税人。“网上申领、邮政专递”的非接触式服务，减轻了服务大厅办税窗口的压力，节约了纳税人的办税成本。

表 27

**2017 年度常熟市国税局税收收入情况表**

金额单位:万元

| 收入项目 | 累计收入 | | | | | |
|---|---|---|---|---|---|---|
| | 小计 | 中央级 | 地方级 | 上年同期 | 增减数 | 增减(%) |
| 一、国税收入合计 | 2518055 | 1417051 | 1101004 | 2114356 | 403699 | 19.09 |
| (一) 国内两税收入 | 1718645 | 911013 | 807632 | 1449507 | 269138 | 18.57 |
| 1. 国内增值税 | 1615264 | 807632 | 807632 | 1358481 | 256783 | 18.90 |
| (1) 货物、劳务增值税直接收入 | 1013122 | 506561 | 506561 | 950061 | 63061 | 6.64 |
| (2) 营改增增值税直接收入 | 297142 | 148571 | 148571 | 159790 | 137352 | 85.96 |
| (3) 货物、劳务增值税免抵调库 | 305000 | 152500 | 152500 | 246000 | 59000 | 23.98 |
| (4) 营改增增值税免抵调库 | — | — | — | 2630 | -2630 | -100.00 |
| 2. 国内消费税 | 103381 | 103381 | — | 91026 | 12355 | 13.57 |
| (二) 其他各税收入 | 799410 | 506038 | 293372 | 664849 | 134561 | 20.24 |
| 1. 企业所得税 | 743443 | 450072 | 293371 | 609468 | 133975 | 21.98 |
| (1) 内资企业 | 263863 | 159175 | 104688 | 213574 | 50289 | 23.55 |
| ① 国有企业所得税 | 202 | 121 | 81 | 332 | -130 | -39.16 |
| ② 集体企业所得税 | 14 | 8 | 6 | 88 | -74 | -84.09 |
| ③ 股份制企业所得税 | 164079 | 99182 | 64897 | 98667 | 65412 | 66.30 |
| ④ 私营企业所得税 | 99363 | 59741 | 39622 | 114467 | -15104 | -13.20 |
| ⑤ 其他内资企业所得税 | 205 | 123 | 82 | 20 | 185 | 925.00 |
| (2) 外资企业 | 479580 | 290897 | 188683 | 395894 | 83686 | 21.14 |
| 2. 个人所得税(利息税) | 3 | 2 | 1 | 3 | — | — |
| 3. 车辆购置税 | 55964 | 55964 | | 55378 | 586 | 1.06 |
| 二、出口退税 | -1005000 | -1005000 | — | -833130 | -171870 | 20.63 |
| 1. 出口货物退税合计 | -700000 | -700000 | — | -584500 | -115500 | 19.76 |
| ① 出口货物退增值税 | -698220 | -698220 | — | -583192 | -115028 | 19.72 |
| ② 改征增值税出口退税 | -1780 | -1780 | — | -1308 | -472 | 36.09 |
| ③ 出口货物退消费税 | — | — | — | — | — | — |
| 2. 免抵调减增值税 | -305000 | -305000 | — | -248630 | -56370 | 22.67 |
| ① 免抵调减增值税 | -305000 | -305000 | — | -246000 | -59000 | 23.98 |
| ② 免抵调减改征增值税 | — | — | — | -2630 | 2630 | -100.00 |

(孙益新)

# 地方税务

**【概况】** 2017 年,常熟地税局共组织各项收入 169.96 亿元,同口径比上年增长 13.85%,其中税收收入 83.78 亿元,同口径比上年增长 17.66%;征收基金费 86.18 亿元,比上年增长 10.38%。累计完成一般公共预算收入 56 亿元,同口径比上年增长 9.62%。常熟地税局以绩效考评第一名的成绩获评苏州地税系统绩效考核先进单位,在常熟市机关绩效考核中以条线垂直管理部门第一的成绩获"服务地方发展优胜单位"。

**税收征管** 常熟地税局强化企业所得税管理,推行"辅导式"汇缴,企业所得税入库 16.89 亿元,增长 38.64%。深化高收入高净值人群个税管理,推进机关事业单位个税扣缴,个人所得税入库 27.04 亿元,增长 29.63%。完善土地增值税管理链条,清算审核项目 93 个,完成计划比例 310%。推动建立环保税征管协作机制,确保环保税顺利开征。健全基金费岗责体系,完善社保费征缴流程,规范欠费管理、强制执行等措施,征收社保费 75.63 亿元,增长 11.19%。规范中等风险应对流程,建立风险应对工作例会制度,完善案件评审机制,深化第三方数据利用,完成中等风险应对任务 1673 户,应对税款 4.26 亿元。落实双随机抽查实施方案,组织开展省级重点税源企业检查,做好涉税举报、协查等工作。全年立案检查 51 户,查补税款 1.09 亿元。

**税收服务** 常熟地税局以全面深化"百村千企万户大走访"活动为契机,确定"大企业必访、高新企业必访、有服务需求的企业必访”的工作目标，结合省科技“综改”试点工作，积极开展经济转型升级、科创企业发展等调查研究，为党委政府决策提供参考。2篇调研报告受到省政府领导批示肯定。积极支持创新发展，依托“落实税收优惠政策服务平台”，落实“六项减税”政策，为60户企业兑现研发加计扣除1.66亿元，户数、税额分别增长11%、34.76%，45户高新技术企业减征企业所得税2.42亿元，户数、税额分别增长18.42%、34.48%，为4232户小微企业减免企业所得税5088.59万元，户数、税额分别增长7.14%、53.28%，支持了大众创业万众创新。落实“放管服”改革部署，主动对接政务服务“一张网”建设，实施不动产交易登记“一窗受理、集成服务”，缩短了办理时间。推出“税企心邮”，完善容缺服务制度，便利纳税人办税。拓展“银税互动”范围，联合建设银行、宁波银行、中信银行等金融机构建立守信激励服务机制。帮助38户企业获得银行贷款3542万元，33人次获得银行贷款363万元。

地税干部在税收宣传月期间服务商户　（地税局提供）

税收改革　常熟地税局继续完善税收征管机制，适应营改增及“金三”上线新变化，调整部分机构职能和管理职责，整理、下发税源管理事项清单，进一步理顺应对分局工作职责和分工。调整税收违法举报机制，规范涉税检举管理流程。推进国地税合作，明确联合办税、税法宣传、欠税公告、个体管理等22项重点合作事项。成立联合稽查工作领导小组，建立联合稽查办案中心，制定联合稽查工作实施方案。实行联合欠税公告、协同共管，共联合公告779户纳税人、清理欠税116.79万元。加大欠税失信惩戒力度，定期向经信委、人民银行推送红、黑名单，报请公安边防部门阻止24户欠税户法定代表人出境。

**【创新“苏州地税GIS地理信息辅助系统”】**　2017年，常熟地税局承担“苏州地税GIS地理信息辅助系统”开发任务，推进大数据治税工程，与市经信委、国土、规划、环保等部门对接，在税收征管系统中引入GIS技术，将房产、能耗、环保等相关信息接入地理信息系统，推动多部门信息共享共用，提升土地税收征管质量，促进土地节约利用，实现行政效率提升、纳税人减负等多方共赢。圆满承办“GIS”系统推广现场会。获评苏州地税系统创新项目一等奖。

**2017年常熟市地方税(费)收入情况表**

表28　单位：万元

| 项　　目 | 收入实绩 | 上年同期 | 增长率(%) |
|---|---|---|---|
| 各项收入总计 | 1699640 | 1674288 | 1.51 |
| 同口径(剔除“营改增”) | 1699640 | 1492815 | 13.85 |
| 一、税收收入合计 | 837816 | 893530 | -6.24 |
| 同口径(剔除“营改增”) | 837816 | 712057 | 17.66 |
| 1. 营业税 | 2088 | 181281 | -98.85 |
| 其中省级： | -7 | 40756 | -100.02 |
| 2. 企业所得税 | 168958 | 121872 | 38.64 |
| 3. 个人所得税 | 270466 | 208645 | 29.63 |
| 4. 城建税 | 101699 | 95321 | 6.69 |
| 5. 房产税 | 87220 | 79753 | 9.36 |
| 6. 印花税 | 22625 | 18536 | 22.06 |
| 7. 土地使用税 | 40985 | 42168 | -2.81 |
| 8. 土地增值税 | 74286 | 82613 | -10.08 |
| 9. 车船税 | 13927 | 12839 | 8.47 |

续表 28

| 项 目 | 收入实绩 | 上年同期 | 增长率(%) |
|---|---|---|---|
| 10. 契税 | 25628 | 37198 | -31.1 |
| 11. 耕地占用税 | 4080 | 4927 | -17.19 |
| 12. 改征增值税 | 25854 | 8377 | 208.63 |
| 二、基金费收入 | 861824 | 780758 | 10.38 |
| 1. 教育费附加 | 91622 | 84555 | 8.36 |
| 2. 两金 | 0 | 8 | -100.00 |
| 3. 文化事业费 | 0 | 54 | -100.00 |
| 4. 防洪基金 | 0 | 2105 | -100.00 |
| 5. 社保 | 756320 | 680218 | 11.19 |
| 6. 农保 | — | — | — |
| 7. 人防基金 | — | — | — |
| 8. 教育基金 | — | — | — |
| 9. 绿化费 | — | — | — |
| 10. 退管费 | — | — | — |
| 11. 工会经费 | 8234 | 7762 | 6.09 |
| 12. 残保金 | 5618 | 6039 | -6.97 |
| 13. 职教培训经费 | — | — | — |
| 14. 税务部门罚没收入 | 29 | 17 | 71.6 |

（程 军）

**责任编辑 汤 涵**

2017 年 11 月 2 日，苏州地税 GIS 地理信息辅助系统推广现场会在常熟举行 （常熟地税局提供）

# 金　融

## 综　述

【概况】 2017年，全市实现金融业增加值115.56亿元，同比增长9.20%；实现营业收入162.33亿元，同比增长2.26%。2017年新增各类金融(准金融)机构20家，其中新增银行3家、证券公司3家、创投企业12家和商业保理公司2家。截至年末，全市各类金融(准金融)机构总数达195家，形成了以银行为主体、业态丰富的多元金融体系。全市新增“三大主导产业和五大新兴产业”贷款25.31亿元，增长6.35%；新增小微企业贷款46.88亿元，增长6.72%。累计登陆“苏州综合金融服务平台”企业2052家，实际发生业务954家，获得金融机构授信329.47亿元，放款168.05亿元。其中，339家企业获得信保贷授信13.65亿元，信保贷放款12.09亿元。农村小额贷款公司全年累计发放贷款4.16亿元，期末贷款余额11.20亿元。全市创投基金总规模80.43亿元，项目投资总额38.34亿元。融资性担保公司全年累计提供担保金额2.38亿元，期末在保余额4.16亿元。　　（蒋　澄）

**2017年常熟市金融业发展情况表**

表29

| | 主 要 指 标 | 数　量 | 上年同期 | 同比(%) |
|---|---|---|---|---|
| 行　业 | 金融业增加值(亿元) | 115.56 | 105.82 | 9.20% |
| | 营业收入(亿元) | 162.33 | 158.74 | 2.26% |
| 银　行 | 机构数(家) | 33 | 30 | 10.00% |
| | 存款余额(亿元) | 3119.21 | 2913.64 | 7.06% |
| | 贷款余额(亿元) | 2375.50 | 2262.72 | 4.98% |
| | 表外融资余额(亿元) | 1257.83 | 1130.88 | 11.23% |
| 保　险 | 机构数(家) | 43 | 46 | -6.52% |
| | 保费收入(亿元) | 50.76 | 45.56 | 11.41% |
| | 给赔付支出(亿元) | 19.03 | 18.25 | 4.27% |
| 证　券 | 机构数(家) | 17 | 14 | 21.43% |
| | 股票账户数(万户) | 52.64 | 48.22 | 9.15% |
| | 交易量(亿元) | 5458.90 | 6227.57 | -12.34% |
| | 期末市值(亿元) | 429.89 | 460.10 | -6.57% |
| 担　保 | 机构数(家) | 3 | 4 | -25.00% |
| | 注册资本(亿元) | 9.00 | 10.80 | -16.67% |
| | 期末在保余额(亿元) | 4.16 | 8.08 | -48.51% |
| 创　投 | 机构数(家) | 71 | 59 | 20.34% |
| | 基金规模(亿元) | 80.43 | 75.87 | 6.01% |
| | 项目投资额 | 38.34 | 34.48 | 11.19% |
| 小　贷 | 机构数(家) | 8 | 8 | 0.00% |
| | 注册资本(亿元) | 13.68 | 14.06 | -2.70% |
| | 期末贷款余额(亿元) | 11.20 | 11.43 | -2.01% |
| 典　当 | 机构数(家) | 9 | 9 | 0 |
| | 营业(万元) | 848.87 | 784.69 | 8.18% |

# 金融监管

**【概况】** 2017年，全市有市政府金融工作办公室（简称市金融办）、中国人民银行常熟市支行（简称市人民银行）、中国银行业监督管理委员会苏州监管分局常熟市监管办事处（简称市银监办）、国家外汇管理局常熟市支局（简称市外汇管理局）4家金融监管与服务机构。

金融服务　2017年，金融办协调各银行组建"类银团"1个，对2个"类银团"作出调整。指导"企业转贷资金池"发挥作用，全年累计服务企业270家，发放"过桥"贷款426笔、42.13亿元。金融纠纷调委会全年累计调解纠纷11件、1.28亿元，实现不良贷款的快速处置。先后组织开展企业集资风险、涉非风险、预付卡、代币发行融资、"现金贷"等多轮金融风险专项排查，切实摸清风险底数。组织"防范非法集资"宣传月活动2次、巡回宣传活动30场，累计在报纸、电视、网络等媒体发布专题宣传报送30余次，张贴海报标语2500多张、发放宣传资料近3万份、户外电子屏播放约1000次。推进互联网金融风险化解工作，全年累计压降互联网金融违规业务8.6亿元，摸排32家外省分支机构并报请上级整治办协调查处。

银行业监管　2017年，人民银行落实稳健中性货币政策，服务供给侧结构性改革，促进地方经济稳增长、调结构。向常熟农商行发放4笔支农再贷款合计金额6.5亿元。联合市委农工办、金融办印发《常熟市农村承包土地经营权抵押贷款试点暂行办法》，开展"3＋5"重点产业贷款监测统计制度和常熟市制造业信贷政策导向效果评估工作，支持和引导银行业加大对重点领域和薄弱环节的支持力度。重点针对第三方支付机构和相关机构资金托管领域非法集资情况排查；对"类银行"现象予以纠正、对存在违规开展业务的予以制止。对辖内多起冒名开户情况及时向地方经侦部门反馈，并成功侦破1起。2017年，平安银行常熟支行、浙商银行常熟支行加入人民银行金融管理与服务体系，渤海银行常熟支行进入预申报阶段。开展常熟市普惠金融指标体系填报工作，普惠金融指标体系得分位居全省县级市首位。推进国库集中支付电子化建设，制定《常熟市国库集中支付业务电子化管理暂行办法》，与两家代理银行分别签订集中支付业务管理协议和清算无纸化协议，11月完成联网试运行。

2017年，全年处置不良贷款44.61亿元，年末辖区不良贷款余额42.72亿元，不良率1.80%，完成市政府下达的年度不良贷款压降目标任务。针对因苏南重工系贷款等风险暴露出现辖内银行业不良贷款率持续攀升形势，召开不良贷款防控专题会议，签订压降目标责任书。开展各类行政许可审查工作，全年完成3家银行成立常熟支行开业验收工作；完成常熟农商行新一届董事会和监事会成员任职资格谈话和村镇银行新任董事、高管人员任职资格谈话等。督促常熟银行业金融机构开展防范打击非法集资宣传月活动，参加常熟市金融办组织的互联网金融风险专项整治行动，配合排查"现金贷"情况。年内，辖区银行业金融机构未发生职务犯罪案件（百万元以上大案要案）和针对银行机构的诈骗案件发生。改进金融服务水平、创新金融产品，降低企业融资成本。一年来因利率下调及减收各项手续费等降低企业融资及财务成本3亿元以上。银监办全年共受理服务类信访28件，办结率100%。

（张朔亦　肖　民）

外汇管理　2017年，国家外汇管理局常熟市支局（简称常熟外汇支局）深入推进市场采购贸易外汇管理改革创新工作，通过专题调研、座谈会等形式，推进工作开展。重点推进市场采购贸易外汇管理、全口径跨境融资宏观审慎管理等创新工作，重点落实跨境人民币双向平衡管理、境外投资分类管理等中心工作，重点走访一线企业和银行，及时解决实际问题。继续执行资本项目和跨境人民币项下大额支付报备工作，全年受理银行事前报备42笔，对江苏省外汇分局下发的大额购付汇名单企业进行监测约谈，全年对辖内企业开展核查41家次，并根据要求调整制订了辖区自身的监测约谈工作机制。全年完成出口不收汇、虚假贸易融资、延收预付异常企业、溢价转股流出4项专项核查，对12家企业作了降级处理。针对国家外汇总局下发的"打击'逃骗汇、非法套汇'等外汇违法违规行为专项行动"三个批次的检查线索开展检查。

**【加大小微企业信贷支持】** 2017年，金融管理部门引导督促法人机构加强对小微企业信贷支持，年内常熟农商行单列小微企业信贷计划，确保信贷指标中小微企业贷款投放不低于40亿元工作目标，累计为8.1万户小微企业主、个体工商户和家庭小作坊提供融资服务。截至2017年12月，该行小微企业贷款余额438.21亿元，比年初增加40.72亿元，小微企业贷款户数3.96亿户，比年初增加0.81亿户。　（张朔亦）

# 银行业

**【概况】** 截至2017年末，全市银行业金融机构从业人员5846人，其中在编人数5607人。全市累计33家银行落户常熟，分别为政策性银行分支机构1家，国有商业银行分支机构5家，股份制银行分支机构12家，城市商业银行分支机构6家，农村中小法人金融机构2家、农村中小法人金融机构分支机构1家，专类金融机构1家，外资银行分支机构5家。该年度浙商银行常熟支行、平安银行常熟支行、渤海银行常熟支行开业，全年净减营业网点2家，年末全市银行机构网点数357家，其中347家正常营业。全市离行式自助银行118家，各类ATM机（取款机）、CDS机（存取款一体机）、交易查询机等自助设备1540台。该年度多家银行为适应支付无现金趋势，在调整自助服务机具同时，重点推广移动端产品，加快手机银行功能开发，增加远程视频柜员机和智能柜台等半自助设备，提升柜面服务效率,提高客户体验满意度。截至2017年末,辖内银行业金融机构资产规模3949.26亿元,负债总额3815.62亿元。本外币各项存款余额3119.21亿元,比年初增加205.57亿元,增幅7.06%;各项贷款余额为2375.50亿元,比年初增加112.79亿元,增幅4.98%。不良贷款余额42.72亿元,不良贷款率1.80%。（肖　民）

**【中国农业发展银行常熟市支行】** 中国农业发展银行常熟市支行(简称常熟农发行)是农业政策性银行,在职员工17人,主要职责是承担农业政策性金融业务,以服务农业供给侧结构性改革为主线,着眼服务国家粮食安全,支持农业农村基础设施建设和城乡一体化建设,改善农民生产生活条件,为农业和农村经济发展服务。2017年末各类支农贷款余额11.64亿元,其中发放市县级储备粮贷款1.79亿元,投放农发重点建设基金支持常熟市水系连通调控规划2.5亿元。常熟农发行获批全苏州首笔“三优三保”土地集约节约利用项目7亿元大力支持常熟辛庄农业综合开发建设。（项依伊）

**【中国工商银行股份有限公司常熟支行】** 2017年,中国工商银行股份有限公司常熟支行(简称工商银行常熟支行)本外币各项存款余额239.97亿元,较年初减少5.28亿元;本外币各项贷款余额247.58亿元,较年初增长18.90亿元。人民币各项存款余额226.63亿元,较年初增长28.58亿元;人民币各项贷款余额247.31亿元,较年初增长20.63亿元。不良贷款余额6.57亿元,较年初增加4.06亿元;不良率2.65%,较年初增加1.56%。工商银行常熟支行加大对全市重点项目和民生领域项目的信贷支持,年内通过审批项目28个,审批金额66.84亿元。挂牌成立小微金融业务中心,推进小微金融业务专业化经营模式。奇瑞捷豹路虎国产、进口两条供应链融资业务顺利开展,2017年年末,准入经销商子客户206户,累计发放供应链融资289.61亿元。工商银行常熟支行积极开展“3·15消费者权益保护日”活动、防范非法集资宣传月活动、“6·14信用记录关爱日”活动、“普及金融知识万里行”等义务宣传活动,提升金融消费者的自我保护意识和风险防范意识。（王　贤）

**【中国农业银行股份有限公司常熟分行】** 2017年,中国农业银行股份有限公司常熟分行(简称市农行)本外币存款余额655.2亿元,比年初增加66.2亿元。本外币信用总量达447亿元,本外币贷款余额396亿元,比年初增加4.6亿元。拨备前利润12.7亿元,拨备后利润4246万元,存贷利差2.58%,实现国际结算98亿元。年内,市农行牵头组建5个银团贷款用于支持棚户区改造项目,共计金额59.5亿元,解决5451户家庭的住房问题;中标常熟市住宅专项维修资金专户银行合作项目;完成系统内首支百强县国企改革基金—常熟市国有企业改革发展基金全额提款,金额总计45亿元。开立6个区镇总调度账户,开发“村级资金联动监管系统”并在全市5个板块,23个村上线启用;配合市纪委、市农工办要求推行非现金结算,开列“村务卡”572张。为常熟市房产交易中心成功上线商品房预售资金监管系统,开立首个商品房预售资金监管专用账户;新增长春化工集团及大连化工集团两个双向人民币资金池,实现业务量5.41亿元。推进网点转型,撤并降级低效二级支行、分理处5家,撤并优化低效自助银行8个,调整撤销低效设备5台,至年末,全行网点37家、离行式自助银行(含单机)33家。年内,获评苏州市银行业金融安全优秀贡献奖,全年成功堵截电信诈骗34起,避免客户经济损失90多万元,各类票据诈骗案件12起,金额50多万元。（支敏怡）

**【中国银行股份有限公司常熟支行】** 2017年末,中国银行股份有限公司常熟支行(简称中国银行常熟支行)本外币存款余额210.81亿元,其中人民币存款余额185.84亿元,外币存款余额3.82亿美元;本外币贷款余额263.59亿元,其中人民币贷款余额262.44亿元,外币贷款余额0.18亿美元。全年清收化解不良贷款1.02亿元,不良率控制在0.77%。年内,为全市三大主导产业及五大新兴产业发放贷款44.58亿元。为常熟市首笔PPP入库项目开通“绿色审批通道”,完成农村分散式生活污水处理一期项目1.88亿元授信审批。成功发起苏州市首支公募绿色债券。全年堵截诈骗案件6起,为客户挽回损失74.3万元。2017,在人民银行年度考核中被评为A类银行,在外汇局年度考核中被评为A类银行,并获评国际收支统计申报工作先进单位。（蔡　菲）

2017年5月25日,中国银行常熟支行24家网点智能柜台全面投产
（常熟日报社提供）

【中国建设银行股份有限公司常熟分行】 2017年，中国建设银行股份有限公司常熟分行（简称市建行）年末本外币一般性存款余额249.28亿元，其中对公存款余额164.69亿元，储蓄存款余额84.59亿元；本外币各项贷款余额330.33亿元，其中对公贷款余额247.31亿元，个人类贷款余额83.02亿元；全年清收不良贷款74735.21万元，年末五级分类不良贷款余额4.663亿元，贷款不良率1.89%。银政联手签约“常熟产业私募，基金”“常熟绿色发展私募基金”“常熟城市发展私募基金”，对接常熟市财政局及国资公司，2017年以来，已累计实现基金项目投放3.8亿元，分别为产业基金2.5亿元、城市基金1.3亿元，为当地产业升级、结构调整以及保障房建设提供了综合金融服务支持。此外，通过与常熟市基金办对接，双方梳理拟投资页目20余亿元，为市属国资公司延伸债券直融服务30余亿元、提供款支持12余亿元。年内精神文明建设取得新进展，获得“第五届总行文明单位”荣誉称号。 （邓　焕）

【交通银行股份有限公司常熟分行】 2017年末，交通银行股份有限公司常熟分行（简称市交行）本外币存款余额69.03亿元，比年初增加20.20亿元。人民币各项存款56.77亿元，其中对公人民币存款余额37.56亿元，对私人民币存款余额19.21亿元；外币存款余额18767万美元。本外币贷款余额72.37亿元，其中人民币贷款余额67.79亿元，外币贷款余额7002万美元。不良贷款余额2.90亿元，较年初减少8576万元，贷款不良率4.01%。年内，市交行支持市政基础设施项目建设，实现45亿元基础设施道路项目私募型资产证券化成功落地；引入智易通系列化自助银行设备，市交行获评2017年度常熟市平安金融创建活动先进集体，2人次受到常熟见义勇为基金会表彰，1人次获常熟市创建全国文明城市工作三等奖；市交行获评常熟市银行业金融机构2017年执行人民银行政策A级行；市交行营业部再次获评中国银行业协会2017年度中国银行业文明规范服务“千佳”示范单位。 （曹　昱）

【中国邮政储蓄银行股份有限公司常熟市支行】 2017年度，中国邮政储蓄银行股份有限公司常熟市支行（以下简称常熟支行）累计完成业务收入19667.8万元，比上年增长23.29个百分点，收入规模列全省系统内县级支行第二；累计实现利润12280.78万元，比上年增长30.82个百分点，利润规模列全省系统内县级支行第二；年末各项人民币个人存款余额139.46亿元，较年初增长11.62亿元；本外币贷款余额73.31亿元，其中人民币贷款余额54.55亿元，外币贷款余额2.98亿；年末，贷款不良率0.07%，较年初下降0.04个百分点。2017年，常熟支行国际业务取得突破，年结算量达15亿美元，比上年增长209.01个百分点；全年累计发放各项贷款34.09亿元。年内，荣获系统内苏州市分行“2016—2017年度先进基层党组织”“2017年度杰出贡献奖”等荣誉称号。 （邹　丹）

2017年，市建行开展读书分享会活动 （常熟日报社提供）

【苏州银行股份有限公司常熟支行】 2017年，苏州银行股份有限公司常熟支行（简称苏州银行常熟支行），本外币存款余额40.72亿元，其中对公存款余额30.64亿元，储蓄存款余额10.08亿元。本外币各项贷款余额34.68亿元，其中对公贷款余额21.71亿元，个人贷款余额12.97亿元。不良贷款余额0.42亿元，不良率为1.21%。年内，专业专注服务实体经济，围绕常熟市三个千亿级产业，对智能制造、汽车零部件行业、生物医药行业等领域精耕细作，新增授信实体客户76户，实体客户新增占比达95%。新增NRA账户网银汇划、内保直贷业务，成为苏州银行全行首单。在常熟外管局年度考核中，获A类银行殊荣。获评苏州市工人先锋号。获评常熟市平安金融创建活动先进集体。下辖古里支行获评江苏银行业普惠金融文明规范服务五星级营业网点、获评苏州银行2017年度总行级先进集体。 （曹敏育）

【江苏常熟农村商业银行股份有限公司】 2017年，江苏常熟农村商业银行股份有限公司（简称常熟农商银行）总资产1377.31亿元（数据为母公司口径，下同），较年初增加141.97亿元，增长11.49%；总存款913.16亿元，较年初增加85.09亿元，增长10.28%；总贷款672.29亿元，较年初增加76.62亿元，增长12.86%。全年纳税6.89亿元，其中常熟地区纳税6.16亿元。全年实现净利润12.07亿元，同比增加1.7亿元，增长16.39%，资本收益率11.95%，资产收益率0.92%。不良贷款率1.14%，逾期欠息90天以上贷款比例74.60%。年内，常熟农商银行大力支持实体经济，首次发布“1号文件”明确全面支持实体经济发展理念，实体经济贷款514.20亿元，增量占总贷款增量的85.60%。优化小微普惠金融，小微贷款较年初增加52.29亿元，完成小微企业信贷投放“三个不低于”目标。

深耕三农金融服务，涉农贷款453.38亿元，占总贷款比重为72.47%，推广农村集体资金管理系统，常熟地区覆盖率达74%，获评2017年农村合作金融机构支农支小服务示范单位和苏州市银行业金融机构小微企业金融服务工作先进单位。推动区域银行建设，泰州、苏州分行开业，非常熟地区机构37家分布在江苏省内9个地级市。年内，常熟农商银行获评最值得信任的风控管理银行，在英国《银行家》杂志公布的2017年千强银行排名中位居第559名，中国银行业百强榜位居第93名，在常熟市银行业社会民主评议中排名榜首。

（支敏怡）

**2017年常熟市银行业管理机构及银行机构基本情况表**

表30

| 名　　称 | 性　质 | 成立时间 | 负责人 | 单位地址 | 2017年机构网点数 | 2017年机构网点临时歇业 | 从业人数 | 在编人数 | 离行式自助银行 | 各类自动服务机具 |
|---|---|---|---|---|---|---|---|---|---|---|
| 中国人民银行常熟市支行 | 央行派出机构 | 1986年7月 | 陈　平 | 常熟市海虞北路21号 | 1 | 0 | 40 | 40 | — | — |
| 中国银行业监督管理委员会苏州监管分局常熟监管办事处 | 银监会派出机构 | 2003年12月 | 魏　军 | 常熟市海虞北路21号 | 1 | 0 | 3 | 3 | — | — |
| 1. 中国农业发展银行常熟市支行 | 政策性银行分支机构 | 1996年10月 | 金春萍 | 常熟市李闸路167号 | 1 | 0 | 19 | 17 | 0 | 0 |
| 2. 中国工商银行股份有限公司常熟支行 | 国有商业银行分支机构 | 1984年9月 | 江运昌 | 常熟市海虞北路23号 | 22 | 0 | 421 | 421 | 14 | 130 |
| 3. 中国农业银行股份有限公司常熟分行 | 国有商业银行分支机构 | 1980年2月 | 孙　波 | 常熟市海虞北路17号 | 56 | 0 | 743 | 734 | 29 | 462 |
| 4. 中国银行股份有限公司常熟支行 | 国有商业银行分支机构 | 1985年10月 | 祁德元 | 常熟市海虞北路13号 | 25 | 1 | 417 | 417 | 12 | 173 |
| 5. 中国建设银行股份有限公司常熟分行 | 国有商业银行分支机构 | 1979年9月 | 高雪峰 | 常熟市海虞北路34号 | 27 | 0 | 400 | 399 | 18 | 177 |
| 6. 交通银行股份有限公司常熟分行 | 国有商业银行分支机构 | 1993年8月 | 齐　竝 | 常熟市枫林路38号 | 4 | 0 | 104 | 100 | 3 | 32 |
| 7. 江苏常熟农村商业银行股份有限公司 | 农村中小法人金融机构 | 2001年11月 | 宋建明 | 常熟市新世纪大道58号 | 108 | 2 | 2205 | 2133 | 20 | 281 |
| 8. 苏州常熟建信村镇银行股份有限公司 | 农村中小法人金融机构 | 2010年12月 | 王荣华 | 常熟市海虞北路33号 | 5 | 0 | 70 | 62 | 0 | 0 |
| 9. 江苏张家港农村商业银行股份有限公司常熟支行 | 农村中小法人金融机构分支机构 | 2014年1月 | 季少华 | 常熟市黄河路22号汇丰时代广场 | 1 | 0 | 36 | 28 | 0 | 3 |
| 10. 中信银行股份有限公司常熟支行 | 股份制商业银行分支机构 | 1997年6月 | 冯　科 | 常熟市海虞北路48号 | 3 | 0 | 69 | 57 | 3 | 17 |
| 11. 上海浦东发展银行股份有限公司常熟支行 | 股份制商业银行分支机构 | 2002年11月 | 吴　忠 | 常熟市海虞北路33号 | 4 | 0 | 78 | 69 | 3 | 36 |
| 12. 华夏银行股份有限公司常熟支行 | 股份制商业银行分支机构 | 2008年7月 | 邵　岗 | 常熟市海虞北路58－1号 | 1 | 0 | 35 | 28 | 0 | 2 |
| 13. 中国民生银行股份有限公司常熟支行 | 股份制商业银行分支机构 | 2008年9月 | 刘　翔 | 常熟市黄河路22号汇丰时代广场 | 3 | 0 | 106 | 93 | 8 | 36 |
| 14. 中国光大银行股份有限公司常熟支行 | 股份制商业银行分支机构 | 2008年11月 | 周晓霞 | 常熟市海虞北路45号 | 3 | 0 | 53 | 47 | 1 | 9 |
| 15. 招商银行股份有限公司常熟支行 | 股份制商业银行分支机构 | 2009年2月 | 朱文娟 | 常熟市珠江路176号 | 2 | 0 | 60 | 52 | 2 | 17 |
| 16. 兴业银行股份有限公司常熟支行 | 股份制商业银行分支机构 | 2012年4月 | 吴　民 | 常熟市海虞北路19号 | 1 | 0 | 21 | 21 | 2 | 7 |
| 17. 恒丰银行股份有限公司常熟支行 | 股份制商业银行分支机构 | 2012年12月 | 王中平 | 常熟市长江路143号、145号 | 1 | 0 | 36 | 29 | 0 | 2 |

续表 30

| 名　　称 | 性　质 | 成立时间 | 负责人 | 单位地址 | 2017 年机构网点数 | 2017 年机构网点临时歇业 | 从业人数 | 在编人数 | 离行式自助银行 | 各类自动服务机具 |
|---|---|---|---|---|---|---|---|---|---|---|
| 18. 广发银行股份有限公司常熟支行 | 股份制商业银行分支机构 | 2013 年 11 月 | 曹栋华 | 常熟市闽江路世贸中心世纪尚城 15 幢 15—4 | 1 | 0 | 19 | 19 | 1 | 5 |
| 19. 平安银行股份有限公司常熟支行 | 股份制商业银行分支机构 | 2017 年 2 月 | 何　俊 | 常熟市珠江东路 92 号世贸中心创富世纪 3 幢 | 1 | 0 | 19 | 11 | 0 | 2 |
| 20. 浙商银行股份有限公司常熟支行 | 股份制商业银行分支机构 | 2017 年 7 月 | 王罗保 | 常熟市黄河路 22 号汇丰时代广场 | 1 | 0 | 27 | 27 | 0 | 4 |
| 21. 渤海银行股份有限公司常熟支行 | 股份制商业银行分支机构 | 2017 年 12 月 | 徐　效 | 常熟市海虞北路 40 号 | 1 | 0 | 18 | 16 | 0 | 2 |
| 22. 江苏银行股份有限公司常熟支行 | 城市商业银行分支机构 | 2005 年 6 月 | 钱维东 | 常熟市海虞北路 56—1 号 | 3 | 0 | 56 | 55 | 0 | 6 |
| 23. 苏州银行股份有限公司常熟支行 | 城市商业银行分支机构 | 2011 年 5 月 | 詹　巍 | 常熟市黄河路 12 号 | 6 | 0 | 101 | 101 | 2 | 29 |
| 24. 宁波银行股份有限公司常熟支行 | 城市商业银行分支机构 | 2011 年 1 月 | 倪朝晖 | 常熟市海虞北路 21 号 | 2 | 0 | 46 | 43 | 0 | 3 |
| 25. 南京银行股份有限公司常熟支行 | 城市商业银行分支机构 | 2012 年 7 月 | 程颖毓 | 常熟市枫林路 77 号 | 1 | 0 | 28 | 26 | 0 | 3 |
| 26. 浙江泰隆商业银行股份有限公司常熟支行 | 城市商业银行分支机构 | 2013 年 1 月 | 蒋　龙 | 常熟市红旗南路 2 号 | 4 | 0 | 63 | 63 | 0 | 5 |
| 27. 上海银行股份有限公司常熟支行 | 城市商业银行分支机构 | 2013 年 6 月 | 唐千里 | 常熟市闽江路世贸世纪中心创富世纪 101—107 室 | 1 | 0 | 20 | 19 | 0 | 2 |
| 28. 中国邮政储蓄银行股份有限公司常熟市支行 | 专类金融机构 | 2008 年 4 月 | 陈效东 | 常熟市海虞北路 3 号 | 64 | 7 | 477 | 423 | 0 | 95 |
| 29. 三井住友银行(中国)有限公司常熟支行 | 外资银行分支机构 | 2010 年 12 月 | 金城裕俊 | 常熟市东南大道 333 号科创大厦 8 楼 | 1 | 0 | 20 | 20 | 0 | 0 |
| 30. 汇丰银行(中国)有限公司常熟支行 | 外资银行分支机构 | 2012 年 11 月 | 王　春 | 常熟市东南大道 333 号科创大厦 1 楼 | 1 | 0 | 6 | 6 | 0 | 0 |
| 31. 瑞穗银行(中国)有限公司常熟支行 | 外资银行分支机构 | 2014 年 5 月 | 朱　海 | 常熟市东南大道 333 号科创大厦 7 楼 | 1 | 0 | 16 | 14 | 0 | 0 |
| 32. 东亚银行(中国)有限公司常熟支行 | 外资银行分支机构 | 2015 年 10 月 | 赵　育 | 常熟市东南大道 333 号科创大厦 1 楼 | 1 | 0 | 5 | 5 | 0 | 0 |
| 33. 三菱东京日联银行(中国)有限公司苏州常熟支行 | 外资银行分支机构 | 2016 年 8 月 | 中里浩一 | 常熟市东南大道 333 号科创大厦 12 楼 | 1 | 0 | 9 | 9 | 0 | 0 |
| 合　　计 | | | | | 357 | 10 | 5846 | 5607 | 118 | 1540 |

说明：1. 中国农业银行股份有限公司常熟分行于 2011 年 12 月由支行升格为分行，交通银行股份有限公司常熟分行于 2011 年 12 月由支行升格为分行；中国建设银行股份有限公司常熟分行于 2013 年 3 月由支行升格为分行

2. 全市网点数 357 家，不含央行和银监会派出机构

3. 从业人数包含在编人员和编外人员，不包括各类外包公司人员

4. 常熟农村商业银行于 2001 年 11 月由常熟农村信用社联合社改制而成，并在异地开立分支机构，本表相关数据仅反映常熟辖区网点数和人员数

5. 邮政储蓄银行网点 64 家，含邮政局储蓄代理网点 52 家

## 保　险　业

**【概况】** 2017年年末，常熟市共有保险公司和营销服务部43家。全市保费收入首次突破50亿元，达50.76亿元，比上年同期增长4.64%，给付、赔付支出19.03亿元，同比增长4.27%。其中寿险保费收入29.23亿元，同比增长3.25%，(其中期缴新保7.52亿元，同比增长10.75%)，给、赔付7.86亿元；财产险保费收入21.53亿元，同比增长6.58%，财产险赔付款11.51亿元，为全社会提供1.74万亿元的财产保障。2017年全市保险深度2.23%，保险密度4789元/人(按户籍人口统计)。

(陈　芳)

**【保险协会】** 2017年，苏州市保险协会常熟分会正式会员单位35家，其中财险公司19家，寿险公司15家，保险代理公司1家。3月增富德生命人寿和一迪代理公司，4月增大地财险公司，7月增农银人寿，9月幸福人寿恢复会员。全市财险公司入会率达到86%，寿险公司入会率增至72%。全市保险网点104个，保险从业人员8560人。2017年，苏州市保险行业协会常熟分会召开全体会员大会，选举产生了新一届协会理事会组成人员，完善了产、寿险专委会组织架构，增设了车险和寿险自律公约督查小组。“常熟市保险行业协会”名称核准通过，市民政局正式颁发了“准予常熟市保险行业协会成立登记决定书”，及“社会团体法人登记证书”(正副本)，常熟市保险行业协会正式成立。至年末，协会共受理各类投诉52件。配合市政府参与“7.16”漕泾纵火案的理赔安抚工作。本次纵火案理赔涉及人保财险、友邦保险、中国人寿、人民人寿、富德生命、苏州招商信诺六家产、寿险公司，共赔付289.05万元，另外人保财险无偿捐赠50万元。

(陈　芳)

**【中国人民财产保险股份有限公司常熟中心支公司】** 2017年，中国人民财产保险股份有限公司常熟中心支公司全年实现保费收入7.99亿元，占当地市场份额的37.13%，同比增长1.44%，全年受理赔案81769件，支付各类赔款4.3亿元。年内，与市人民法院签署“执行无忧”悬赏保险协议，为法治常熟作贡献。

(王一秋)

**【中国人寿保险股份有限公司常熟支公司】** 2017年，中国人寿保险股份有限公司常熟支公司(简称中国人寿常熟支公司)实现保费收入9.66亿元，同比增长19.80%，市场份额达到33.04%，继续保持了市场和系统的双领先地位。2017年，累计给付、赔付2.08亿元，其中为14894(人次)提供了理赔身故、人身意外伤害及医疗保险金等理赔服务。新推出“国寿e柜面”体验服务项目，2017年重要业务离柜率达50%，柜面等待时长缩短一半；重点推广“国寿e店”“国寿e宝”项目，推行无纸化投保流程，促进销售转型，推进服务升级；新建“国寿移动体检室”并投入运营。继续推广惠民爱心工程——“城乡居民小额保险”，2017年为全市近5万人次提供保额达6亿的保险保障，为全市5.2万人次中、小学生提供保额达72.8亿元的学生平安保险。年内，获中国人寿苏州市分公司“2017年度先进单位”称号；在常熟市第七届投资理财博览会评选中，公司获“金融创新特别贡献奖”和“服务民生特别贡献奖”，产品“国寿福(至尊版)保险组合计划”和“鸿福至尊保险组合计划”分别获“最受欢迎健康险”和“最受欢迎养老年金险”。

(王敏倩)

**【中国太平洋人寿保险股份有限公司常熟中心支公司】** 2017年中国太平洋人寿保险股份有限公司常熟中心支公司，(简称太平洋寿险常熟中心支公司)实现保费收入84127万元，比上年增长19.5%，占当地保险市场份额的31.2%。其中：直销总保费保持市场份额第一，核心业务期缴保费、非健险保费市场份额第二。年内新推少儿补充医疗保险、城乡居民综合保险、0—3岁科学育儿保险等惠民保险。全年为610124人次中、小学生提供保额达79.32亿元的学生平安保险。全年为72555人次支付养老金、教育金、婚嫁金、红利等人寿保险金额18280.04万元，受理医疗、身故、意外伤残保险理赔案6742件，支付理赔款2462.26万元。携手太平洋产险完成寿代产保费收入4800万元，产代寿、寿代产业务双双获太平洋寿险苏州分公司综合排名第一。向全市310名计划生育家庭子女赠送“少儿健康保险”。“少儿补充医保”正式投入营运，第一例“少儿补充医保”成功获得理赔。常熟第七届投资理财博览会上，保险产品“金佑人生A款(2017版)”获健康保险产品优秀奖，

2017年9月30日，常熟市人民法院与人保财险常熟中心支公司共同签署“执行无忧”悬赏保险合作协议　　(人保财险常熟中心支公司提供)

"少儿超能宝2.0"获少儿保险产品优秀奖;公司获得"年度金融创新特别贡献奖"和"年度服务民生特别贡献奖"。

（谢宛茜）

**【中国太平洋财产保险股份有限公司常熟中心支公司】** 2017年,中国太平洋财产保险股份有限公司常熟中心支公司(简称太平洋产险常熟中心支公司)实现保费收入7.59亿元,车险保费收入5.76亿元,非车险保费收入1.83亿元,占当地保险市场份额的35.26%,持续名列保险行业前茅。年内开发多项创新型险种。政策性农业保险方面创新开发了"大闸蟹气温指数""露地蔬菜气象指数""露地葡萄气象指数"以及"生猪价格指数"4个新险种,新增保费收入203.84万元;农村重疾险在2016年试点的基础上实现较大增长,2017年,全年保费收入356万元;村级红白事保险保费收入69.05万。连续六年向全市农村低保户家庭免费提供最高可赔付8.1万元的"农家险"保障。截至2017年12月，累计保额超过10亿元。

（钱冬梅）

## 证券业

**【概况】** 2017年,全市有证券机构17家,比上年增加3家。全年实现股票交易额5458.90亿元,同比下降12.34%;期末股票账户数52.64万户,同比增长9.15%;期末股票市值429.89亿元,同比下降6.57%。

（蒋　澄）

**2017年常熟市证券机构情况一览表**

表31

| 序号 | 公　　司 | 营业收入(万元) | 地　　址 |
|---|---|---|---|
| 1 | 东吴证券股份有限公司常熟分公司 | 5983.15 | 阜湖路9号 |
| 2 | 华泰证券股份有限公司常熟金沙江路证券营业部 | 1793.16 | 金沙江路18号 |
| 3 | 海通证券股份有限公司常熟海虞北路营业部 | 3093 | 海虞北路20号 |
| 4 | 南京证券股份有限公司常熟吉祥商城证券营业部 | 1943.24 | 吉祥商城1号楼 |
| 5 | 安信证券股份有限公司常熟北门大街证券营业部 | 295.88 | 北门大街虞景文华1—2幢3楼 |
| 6 | 中国银河证券股份有限公司常熟海虞北路证券营业部 | 3093 | 海虞北路5号华府世家 |
| 7 | 中信建投证券股份有限公司常熟锁澜南路证券营业部 | 302.42 | 锁澜南路25—27号 |
| 8 | 西南证券股份有限公司常熟海虞北路证券营业部 | 106.67 | 海虞北路33号裕坤美城大厦1306室 |
| 9 | 中信证券股份有限公司常熟海虞北路证券营业部 | 121.93 | 海虞北路48—1号中信银行大楼3楼 |
| 10 | 中泰证券常熟海虞南路证券营业部 | 265.66 | 海虞南路32号 |
| 11 | 财通证券常熟枫林路营业部 | 570.83 | 枫林路186—6—7号 |
| 12 | 光大证券常熟珠江东路证券营业部 | 35.1 | 珠江东路93—6、7号 |
| 13 | 国联证券常熟海虞北路证券营业部 | 24.87 | 金沙江路中汇广场101、127 |
| 14 | 东方证券股份有限公司常熟营业部 | 35.1 | 李闸路65号 |
| 15 | 东海证券股份有限公司常熟海虞北路证券营业部 | 34.4 | 海虞北路33号裕坤美城大厦 |
| 16 | 国泰君安证券股份有限公司常熟黄河路证券营业部 | — | 黄河路22号汇丰时代广场 |
| 17 | 万和证券股份有限公司常熟联丰东路证券营业部 | — | 联丰东路68号 |

**【海通证券股份有限公司常熟营业部】** 2017年,海通证券常熟海虞北路证券营业部全年完成股基交易量712亿元,实现利润1927万元。全年新增资金账户3071户,融资融券开户88户,新增授信2.47亿,完成产品销售3421万元。

（张　风）

**【东吴证券股份有限公司常熟营业部】** 2017年,东吴证券常熟分公司全年完成A股、基金交易量1708.19亿元,开放式基金及理财产品日均保有量为19224.28万元,融资融券开户176户,累计4977户,累计授信额度52.98亿,累计完成交易342.21亿。在综合金融业务方面,完成常熟城投公司等4单公司债,挂牌新三板3单,2单IPO持续推进中。

（李佳诚）

**【南京证券股份有限公司常熟吉祥商城证券营业部】** 2017年,南京证券股份有限公司常熟吉祥商城证券营业部完成交易量422亿元,实现利润1237万元。3月,总部迁址至江中东路,公司形象提升。年内,金罗盘客户端成功上线,全年新增用户3200户。

（张　怡）

责任编辑　张　军

# 综合经济管理

## 发展规划

**【概况】** 2017年，市发改委及时编制下达2017年度国民经济和社会发展计划和固定资产投资、重大项目建设、压减过剩产能等专项计划，并对重点目标任务抓好分解落实、协调推进、监测评估。全年全市经济运行总体平稳、稳中有进、稳中向好，实现地区生产总值2280亿元，增长7.3%，一般公共预算收入192亿元，增长10.5%，全社会固定资产投资550.25亿元，增长1.0%，社会消费品零售总额800.4亿元，增长8.1%，进出口总额244.74亿美元，增长23.3%，全体居民人均可支配收入48800元，增长8.3%，城镇登记失业率1.8%，居民消费价格总水平涨幅1.4%，较好地完成了十五届人大一次会议确定的各项目标任务，并成功入选第五届全国文明城市。

**【重点工作取得新进展】** 开展"263"专项行动，2017年全市用煤企业减少118家，煤炭消费总量较上年净减少76万吨，超额完成了苏州下达的64万吨减煤目标任务。单位地区生产总值能源消耗下降和化学需氧量、二氧化硫、氨氮及氮氧化物等主要污染物排放总量削减完成上级下达任务。大力推进"三去一降一补"，对五大领域154项民生补短板项目进行专项督查，"十三五"期间计划投资856.5亿元，2017年完成投资103.6亿元。多措并举为企业降低成本超过9949万元。组织30个项目参加全省集中开工活动，当年累计完成投资45.95亿元。成功举办常熟市创新发展大会暨投资峰会。经济发展质量实现新提升，经济结构进一步优化，发展后劲不断增强。

▲"三去一降一补"：即去产能、去库存、去杠杆、降成本、补短板五大任务。

**【完成热电联产规划修编工作】** 2017年，为支撑常熟工业经济稳定健康发展，做好热电联产工作，加快常熟市燃煤小锅炉的关停，整合完善热源点布局，常熟市启动常熟市热电联产规划修编工作。2017年9月，《常熟市热电联产规划(2017—2020)》经过省工程咨询中心第三方论证，由省发改委发文批准实施。 （曹 昊）

2017年11月15日，常熟市创新发展大会投资峰会举行 （市发改委提供）

## 国有资产监督管理

**【概况】** 2017年，常熟市持续实施政(事)企分离改革。调整水利局、口岸办下属企业和住建局下属部分企业的管理关系，纳入直属国资公司管理。重组农委系统下属企业资本和管理关系，整合交通系统下属同质型、小、散、弱的企业。推进国资产业布局。对全市206家市属国有企业情况开展摸底调查、专题分析研究，明确构建城市产业、水务投资、文化旅游、商贸服务、交通投资、类金融板块、现代农业7个主业板块。新设常熟市水务投资发展有限公司和常熟文化旅游发展有限公司为市政府直属国资公司。完善法人治理结构，出台《市直属国资公司中层管理人员选拔任用管理暂行办法》，规范选拔任用程序，调整各直属国资公司董事、监事会成员，提升董监事的履职能力；指导直属公司制订贯彻落实“三重一大”决策制度实施细则；推动国有企业资本证券化，积极实施中法水务国有控股企业上市，IPO工作有序推进，重点解决了同业竞争问题，完成相关划转资产的审计、评估工作，加快推进相关土地房屋资产权证办理工作。实施完成保安公司改制工作。

组织开展监事会年度检查及专项检查工作，发现问题48个，提出建议48条。全年共组织开展各类内审项目21个，通过市场招聘招录直属国资公司专职监事2名，出台配套制度，加强对二级公司的监事会建设。推进监事会履职评价情况报告工作，外派监事会履职情况向市主要领导作专题汇报。加强资产租赁管理，出台《市直属国资公司资产租赁管理暂行办法》。开展章程核准备案工作，根据章程指引及组织部门关于将党建内容写入公司章程要求，对各直属国资公司及所属子企业公司章程进行修订审核。加强安全生产工作，制定出台《常熟市直属国资公司“三合一”隐患专项整治工作方案》及《市直属国资公司资产租赁管理暂行办法》，开展全市市属国有企业出租资产安全隐患专项整治工作，进一步规范企业资产租赁行为。

至2017年年末，全市公有企业共计67户（统计到一级），公有企业资产总额1668.06亿元，负债总额1137.93亿元，所有者权益总额530.14亿元，全年利润总额7.15亿元。其中，归属于公有的净利润为4.11亿元。所有者权益中属于公有的资本及其权益总额为491.75亿元。其中，国有资产总量490.95亿元。是年，四大直属国资公司实现考核利润总额7.1亿元；经营性国有资产剔除客观增减因素后，平均保值增值率为13.18%。（周宇峰）

**【市发展投资有限公司】** 截至2017年年末，市发展投资有限公司对外投资余额42.435亿元，资产187.28亿元，净资产85.02亿元，全年实现利润总额2.3亿元，国有资产保值增值率118.91%。新增融资19.3亿元，其中流动资金贷款14.3亿元，对外融资余额89.3亿元。为各板块、各国资公司提供担保总额142.73亿元。其中，新增担保14笔，总额约15.8亿元。全年续转对外担保29笔，总额4.47亿元，公投公司累计对外担保27.79亿元；做好农建公司对各乡镇的22.5亿元对外担保。年末，发投、公投、农建3家公司累计担保总额193.02亿元。年内，发投公司通过利用互联网技术和模式创新，逐步拓展类金融服务业务，以互联网思维全面布局保理业务、不良资产交易管理、农村产权交易等新金融业态。7月，吴越保理相继完成工商注册和内部组织架构搭建。至年末，公司共召开3次项目评审会，通过5个项目，共授信3.45亿元，年末发放保理款余额7500万。9月15日，与苏州农村产权交易中心有限公司共同出资，设立常熟市农村产权交易中心有限公司。至年末，挂牌数134笔，完成交易项目43笔，成交金额945万，成交面积（房屋、土地）15.3万平方米。由发投公司下属子公司国发创投牵头，成功组建虞诚尚和公司制基金，并完成基金业协会的产品备案。2017年，国发创投联手高新产业经营投资有限公司联合投资4亿元，引进优秀基金管理团队——中金资本，参与股权投资中金启辰股权投资基金。

（蔡月宇）

## 统　　计

**【概况】** 2017年，常熟市统计调查部门贯彻落实《关于深化统计管理体制改革提高统计数据真实性的意见》的文件精神，发挥“数说市情，服务发展”的统计品牌效应，积极实施统计改革创新，优化统计服务，夯实统计基础，实现了统计四大系统的新升级，获得2017年度苏州市（县）区统计调查工作综合考评第一名。

统计调查　常熟市统计局以实际需求为导向，紧跟党委政府中心工作需求，紧跟经济发展需求，紧跟社会民生需求，保质保量开展各项统计调查工作。一是做好各项统计年定报常规调查。规范统计报表上报制度，加强业务培训、沟通协调和数据审核，扎实完成了工业、服务业、房地产建筑业等20多个统计专业的年定报工作。此外，早学习、早计划、早落实，完成了200户住户记账样本轮换和20个村的农产量样本轮换工作。二是做好社情民意专项调查。以严谨扎实的工作作风，围绕社会的热点焦点问题开展了社会公众满意度、党风廉政建设满意度、农民工市民化、文化企业发展现状等社情民意调查，及时有效地满足政策调控、决策管理的需要。三是认真贯彻落实统计方法制度改革。按照国家、省、苏州市统计方法制度改革安排部署，结合常熟市统计实际，积极稳妥地推进了投资、贸易、科技等多项统计方法制度的改革，充分适应新时代经济社会发展对统计工作的新要求。

统计服务　统计服务是统计工作永恒的主题，常熟市统计局坚持以服务为宗旨，从“高度、深度、广度”三个维度优化统计服务，为党政领导和社会各界提供更优质的统计服务，充分发挥“晴雨表”“风向标”和参谋助手作用。一是在服务全市经济社会发展上体现高度。参与板块“创先争优”考核方案以及服装城、度假区的个性化考核方案的制定，高度关注GDP运行走势，准确把握全市主要经济指标预计及完成情况。牵头做好了中国中小城市发展测评、县域经济基本竞争力与县域科学发展评价两项城市参评工作，配合做好了全国文明城市、中国人居环境奖、生态文明建设、质量强市等各类创建、复核工作，积极支持智慧城市宏观数据库数据定期更新，提供了150多项统计指标。二是在统计数据分析解读上体现深度。聚焦社会关切、领导关注，深度挖掘解读新时代经济社会发展中体现的新特点、新变化、新问题，开展了专题调查研究，形成《常熟与吴江、江阴转型升级进程比较研究》《常熟市工业经济提质增效路径研究》等3篇统计课题，发布了

430篇统计信息，80余篇统计分析，远超全年计划任务量。其中《1～2月全市投资持续下滑，亟须引起重视》《关于常熟市2017年高新产值统计工作的报告》等4篇分析受到市领导的重视和批示，充分体现出统计信息分析的质量和水平。三是在服务内容和范围上体现广度。紧跟热点、推陈出新，不断丰富统计资料。在党的十九大召开之际，及时编印了《党的十八大以来常熟经济社会发展系列报告》，全面展现了五年来常熟市所取得的辉煌成就。并在十九大召开前发送至全市各级领导手中，受到一致好评。同时，更新版面、丰富内容、扩大发放面，精心编发《常熟统计年鉴》《常熟市情市力—2017》《常熟经济运行报告》《常熟统计月报》《常熟服务业统计月报》《常熟工业百强》等统计资料，做到月度、季度、年度统计资料不断档，不断增强统计资料的参考价值，统计工作在各级领导、社会各界心中的重要性得到进一步提升。

统计法治　常熟市统计局始终将数据质量视为统计工作的生命线、高压线，实行管控和问责双管齐下，有效保障统计数据真实性。一方面通过规范化建设、法治宣传、法治培训，强化管控机制。坚持"典型引路，学有样板；分类指导，上下联动；模式管理，鼓励创新；贵在坚持，全面规范"工作思路，协同推进"五位一体"规范化建设。全年对14个板块、12个村、101家企业开展了"回头看"检查指导，对全部115家新入库的企业开展指导验收，验收合格率达到了100%。突出新法新规，增强法治观念。《统计法实施条例》8月1日起正式施行。常熟市统计局研究制定了学习贯彻该《条例》的工作方案和宣传月活动实施方案，系统推进普法工作。8月17日，局长李志刚在《常熟日报》上发表署名文章宣传解读该《条例》，进一步强化了普法宣传效果。同时，结合新媒体不断创新统计普法宣传形式，制作了2部统计法治宣传片。其中，《依法统计需要您》获得常熟市法治公益文创设计大赛的优秀奖和人气奖，《李师傅的账本》获得全市法治微电影大赛三等奖。组织全市统计系统逾3000人参加了统计继续教育在线学习，提升基层统计人员的业务水平。另一方面通过执法检查、质量追溯、行政处罚，强化问责机制。为推进依法行政，保证行政执法行为的公开、公平、公正，常熟市统计局制定《常熟市统计局行政执法全过程记录制度（试行）》《常熟市统计局重大执法决定法制审核制度》《常熟市统计局行政执法公示制度》等一系列制度规范，进一步规范统计行政执法行为，保障公民、法人和其他社会组织合法权益。同时加大统计行政执法检查力度，采用"双随机"和重点检查相结合，对海虞镇、体育局和人社局2个部门、80家企业和5个投资项目进行统计执法检查，追溯数据质量问题源头，对其中2家企业的统计违法行为，依法给予警告的行政处罚，切实维护统计法的权威。

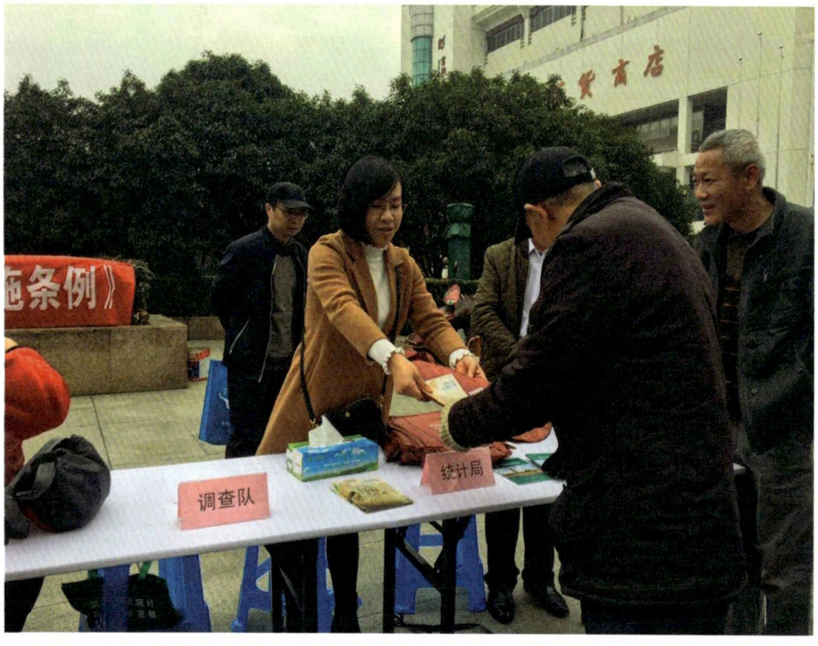

2017年，常熟市统计局开展街头普法宣传活动　（市统计局提供）

【开展第三次全国农业普查】　全力攻坚克难圆满完成入户登记。常熟市于2017年1月1日正式开展入户登记。常熟市登记户数在苏州县区中工作量最大，同时登记阶段适逢春节长假，时间紧任务重。为确保登记工作顺利进行，统计局建立了节假日值班、登记工作序时进度上报和登记工作督查三项工作机制，采取专业人员集中录入。于3月底顺利完成了登记工作，PDA上传率100%，共登记农户11.07万户、规模农业经营户1867户、农业经营单位864户。坚持逐片逐项严格开展普查数据审核。3月下旬，分5期对全市13个普查区进行分片会审，对普查小区地图、清查摸底底册、普查登记表等进行逐项检查，确保普查数据真实准确，并顺利通过了国家和省级事后质量检查。

【常熟市提质增效转型升级监测统计】　2017年，为探索服务地方经济发展的指标监测，跟踪监测常熟市三个口袋、"3+5"产业、城市经济的发展情况，常熟市统计局牵头实施提质增效转型升级监测统计。反复探讨、制定方案。通过主动走访相关部门、认真筛选指标和反复研究商讨，制定常熟市提质增效转型升级监测统计实施方案，建立包含50多项指标的监测统计指标体系。健全机制、保障实施。制定配套的监测统计报表制度，对上报表式、指标解释、职责分工等内容作明确规定，协调、指导相关部门规范开展监测工作。监测有力、成效初显。在对数据进行监测的基础上，进一步加强对数据变动的跟踪研究，及时撰写《2017年上半年常熟市"三个口袋"监测报告》等多份专项报告。监测结果准确灵敏，弥补原先常规统计监测的不足，为市委、市政府领导决策

提供有力参考依据。（刘　姝）

## 物　价

【概况】　2017年，常熟市发改委按照江苏省、苏州市价格工作部署要求，创新思路谋发展，主动作为求突破，积极推进价格改革，大力加强市场监管，全力维护价格稳定，各项工作取得积极进展。继续实行价格调控目标责任制，年初，市政府制定并下发《常熟市2017年价格调控目标责任制实施意见》（常政办发〔2017〕62号），将年度价格调控目标逐步细化，分别落实到22个部门和各镇（区），并加大工作跟进力度。定期召开保供稳价联席会议，分析市场价格动态，部署稳价工作措施，强化通胀预期管理。强化价格监测预警，充分发挥120个监测点的作用，做好农副产品、日用品、药品、建材、农资等重要商品和服务价格的跟踪监测。全年发布《重要民生商品价格信息》228期、《常熟市价格监测》48期、《信息简报》24期，为科学调控市场提供依据。积极探索开展夏季保淡绿叶菜价格指数保险，在夏季保淡期间对全市15家农贸市场的蔬菜价格每日监测，确保绿叶蔬菜价格和供应稳定。发挥平价商店稳价惠民的作用，全市已建成平价商店32家，在春节、五一、端午等重要节日期间，督促平价商店投放质高价廉的农产品，保证节日市场供应。健全平价商店管理长效机制，对市区32家平价商店开展年度考核，其中优秀3家、良好6家、合格23家，落实考核奖励补贴72.5万元。完善社会救助和保障标准与物价上涨挂钩联动机制，全年因居民消费价格指数或低收入居民基本生活费用价格指数涨幅未超过标准，未启动困难群众物价补贴发放工作。认真落实社会弱势群体的各项收费减免优惠政策，对全市低保、五保对象减免有线电视费、水电费共计约199.4万元。全年全市居民消费价格指数同比累计上涨1.4%，低于3.0%的预期调控目标，价格总水平保持基本平稳。

【价格改革】　2017年，常熟市发改委加强对价格改革工作的总体谋划与统筹部署，加快完善重点领域价格形成机制，各项价格改革稳步推进。．稳步推进水电价格改革，认真贯彻落实省市自来水价格改革政策，进一步规范水资源费征收管理，4月1日起将非居民用水及特种用水水价中的水资源费并入基本水价中，总水价保持不变。极宣传并帮助企业参与全省电力直接交易平台竞价工作，降低大工业用户企业用电成本。截至年末，全市已有103家企业进行了申报，预计交易电量将达50亿千瓦时，节约企业用电成本1.5亿元。完善常熟市煤热价格联动机制，经测算，全年常熟市蒸汽中准销售价格未作调整，现执行的供热中准价格具体标准为206元/吨。积极发挥经济杠杆促进治污减排，市环保局严格实行排污费差别化征收政策，全年征收金额7212.34万元（含扬尘排污费）。对225个建设工地开征267万元扬尘排污费、到账金额231.5万元。深入开展排污权有偿交易探索，共涉及交易二氧化硫9.43吨、氮氧化物64.7吨，累计交易资金33.2万元。市经信委积极推动工业企业实施节能改造，全年无企业因能耗超过限额或使用国家明令淘汰的高耗能设备而受到差别电价的处罚。

【价费管理】　2017年，常熟市发改委认真贯彻执行上级降费减负各项措施，认真落实国家、省取消、停征和降低17项行政事业性收费标准的政策，涉及减免金额9949万元，切实减轻了企业和群众负担。组织开展全市涉企经营服务性收费、行业协会商会收费专项清理，及时公布行政事业性收费目录和政府定价、指导价的经营服务性收费目录。创新收费监管方式，依托“六制度一平台”做好收费巡访及年度报表上报，并对市司法局等4家单位进行抽查，未发现违规收费现象。2016年度全市行政事业性收费收费总额近32.6亿元，比上年度减少0.68亿元，减幅为2%。开展船舶过闸费优惠政策落实情况督查，各项优惠政策执行到位。加强教育收费管理，在全市开展幼儿园收费及发展状况调研，合理调整公办幼儿园保育教育费收费标准，调整后，城区新生家长每年增加负担约500元，乡镇新生家长每年增加负担约1300元。完善民办教育收费形成机制，完成常熟国际学校、新市民子弟学校学费调整。进一步规范住房及物业收费行为，完善商品房价格备案管理工作，严格执行商品房销售明码标价规范。全年共申报备案普通商品住宅26批次，申报面积为84.73万平方米。出台《常熟市普通住宅物业公共服务分类分项分级标准及政府指导价标准》，维护业主和物业服务企业的合法权益。强化民生价格监管，对全市养老机构收费情况进行摸底和数据汇总，完成全市基层医疗卫生机构医疗服务价格调整模拟测算，对医院病房床位费进行核定。

【价格监管】　2017年，常熟市价格部门全力加强市场价格行为监管，营造公平正义的市场价格环境。健全价格监督服务网络，目前共有价格监督服务站15个、分站23个、服务点40个、服务台31个，持有监督员证的监督员120人，基本实现“站、点、台、员”四级价格监督服务网络全覆盖。通过各价格监督服务站发放电商企业价格政策提醒函近两万份，组织各监督站长参加了苏州市局举办的培训班，为监督服务网络充电加油。根据上级统一部署，组织开展“市场价格行为规范年”活动，对宾馆酒店、教育收费、电力价格、涉企收费等重点领域开展专项检查，组织节假日市场巡查、中高考期间市场价格巡查，有效规范了相关行业价格和收费行为。积极构建价格诚信体系，全市有3家单位（常熟市虞山尚湖旅游发展有限责任公司、中国联合网络通信有限公司常熟市分公司、常熟市方塔商场有限公司）荣获“2015—2016年度江苏省价格诚信单位”。稳妥处理好专业维权举报和疑难复杂举报，全年受理各类举报投诉825件（其中专业维权人士举报308件），退还消费者多收价款3万余元；下发《行政警示书》54份，查处违法所得108.2万元，开具行政处罚30万元，有效维护了市场价格秩序。

【价格服务】 2017年，常熟市发改委做优做强价格公共服务，不断满足群众对价格服务的需求。加强农本调查工作，完成生猪、奶牛、小麦、粳稻等农本调查任务，每月做好全市两家大规模养猪场的生猪生产成本动态调查，不断增强服务政府宏观调控和农民增收的能力。加强成本监审工作，累计监审成本项目8项，涉及公办幼儿园保育教育收费、国际学校教育收费、体育中心游泳馆培训收费、新市民子弟学校教育收费、虞山景区龙殿山庄景点门票、思亲苑骨灰堂运行管理费等多方面，为政府合理定价提供科学依据。加强价格认定工作，完成各类价格认定业务2831件，认定标的总额23.99亿元。结合"3·15"消费者权益保护日、"七五"普法要求，先后开展价格服务进社区活动、街头宣传活动、发放各类宣传读物1000余册，设立"12358"价格监督检查流动服务站，为市民提供方便高效的价格服务。 （曹　昊）

## 市场监督管理

【概况】 2017年，常熟市市场监督管理局紧扣"效能提升年"主题和"新起点、新突破、新高地"年度目标，深入推进行政执法、综合监管、市场监管信息化平台"三项工作"格局，全面落实市场主体年报公示方式改革、专项整治和专项执法行动实施方式改革、监督抽检实施方式改革、线索管理方式改革、绩效考核办法改革、分局监管执法一体化改革、食品许可流程改革、辅助执法人员考核方式改革、督查督办方式改革、社团组织运行方式改革"十大改革"任务，全面优化行政指导服务，推进党的建设、监管效能、执法办案水平、信息化建设、行政服务水平、改革创新成效、民生安全工作、队伍建设"八个迈上新台阶"，有效维护稳定有序的市场秩序。

年内，深入推进商事制度改革，严格落实"3540"改革要求，近9500家新设企业实现三个工作日开业。推进"不见面"审批改革，各级名称登记实现网上申报，企业全程电子化登记和个体工商户手机APP登记全面试行，电子营业执照逐步普及。为民惠民服务更加完善，全年共处置各类咨询、投诉、举报共计12059件，为消费者挽回经济损失252万元。全年立案查处一般程序案件1935件，办理"三重一大"案件177件，依法移送追究刑事责任案件55件72人次。出台广告和食品类案件指导意见，规范统一行政处罚定性和幅度，被上级局应用推广，进一步拓展行政执法工作的广度与深度，实施12项专项执法行动，查处香榭丽墅小区电梯、莱芙寇传销、非法添加罂粟壳、12·8特大商标侵权等一批典型案例。在2017年度成功创建"省级食品安全示范城市"，被江苏省人力资源和社会保障厅、江苏省食品药品监督管理局评为"全省食品药品监管系统先进集体"。

【综合监管】 2017年3月6日，市市场监督管理局印发《常熟市市场监督管理综合监管工作实施办法（试行）》，决定对本市范围内市场主体、社会主体涉及市场监管法定事权内容实施一体化监督管理活动。探索开展综合监管工作，通过厘清监管职能边界、整合条线监管职能，明确监管主要内容、实施问题闭环处置，强化对市场主体和社会主体的事中事后监管，促进各项监管业务的深度融合。全年对2512户市场主体和社会主体开展综合监管，发现一般问题1324个、较重问题2302个、严重问题372个，立案、列异300多件，闭环处置率达92%。从3月开始，每月对综合监管报告进行集体研判，形成综合监管指导意见6期，实现综合监管序时进度、评判标准、处置方式的三个统一和均衡推进。

【信息化建设】 2017年，市市场监督管理局价款推进信息系统。坚持业务工作全程信息化要求，建成覆盖食品生产、加工、流通全程的食品安全监管系统，建立整合各类投诉举报渠道的投诉举报处置系统，建立行政处罚案件集中办理和全程留痕的行政执法系统。实现食品生产经营日常监督检查、餐饮服务动态等级评定移动监管，文书现场生成，数据实时上传，与行政处罚、投诉举报、检验检测、健康体检等数据实现对接，并预留接口实现智慧城市数据共享需求。全年投诉举报系统处理信息2.2万件；行政执法系统案件信息1662件，不予立案信息1285件；食品安全监管系统出具监督意见2803份，检查笔录1736份，简易处罚426件；餐饮量化评分6347次，综合查询4.8万多次。

【食品安全监管】 2017年，市市场监督管理局坚持做好食品安全工作，制定《2017年常熟市餐饮服务食品安全监管工作要点》等一系列工作规划和办法，进一步规范全市餐饮环节食品安全管理，推动食品安全主体责任的有效落实。制定食品小作坊登记管理办法和登记规程，完成食品小作坊登记57家，其中7家被评为苏州市小作坊管理示范点；出台食品摊贩备案管理工作意见，对50个早餐摊位试点备案。17家食品生产经营单位建立完善质量安全电子追溯系统。完成食品及相关产品监督抽检5300批次，合格率达99%以上，对不合格食品全部依法处置，销毁各类罚没物资约15吨。开展各类培训203场次1.3万人次。做好市"两会"高考、创新发展大会等20起重大活动保障任务，加强网络订餐交易监管，建立农村家宴食品安全事故公示制度，印象城购物中心、星光天地纳入首批食品安全工作站建设单位。查处食品行政案件440件，依法移送追究刑事责任案件21件。全年未发生区域性、系统性食品安全事故。成功创建"省级食品安全示范城市"，被江苏省人力资源和社会保障厅、江苏省食品药品监督管理局评为"全省食品药品监管系统先进集体"荣誉。

【特种设备安全监察】 2017年，对各镇（板块）开展特种设备的督查，全年特种设备作业人员培训5212人次。全年全市新纳入监管特种设备6284台，新增持证操作人员5008人，检验检测特种设备28930台次。落实“百日行动”要求，开展重点场所电梯、场内机动车、气瓶充装单位等专项整治14项。处置动态隐患923条，压降未经登记特种设备2098台，全市特设隐患控制在两位数以内。查处特种设备安全责任事故案件6件，配合做好“2·17”电梯井道坠亡事件的调查处置，对香榭丽墅小区电梯存在重大问题的39台电梯予以查封。对1625户特种设备使用单位进行全面体检，立案查处特种设备安全案件110件，查封设备122台，对82户特种设备使用单位进行了立案调查，全市未发生较大及以上和具有较大社会影响的特种设备安全事故。发挥96333电梯应急处置服务平台作用，统计分析电梯应急救援情况，做好风险预警，处置电梯困人故障674起，解救被困人员1305人，启动网格救援单位38起。

**【药品医疗器械安全监管】** 2017年，市市场监督管理局围绕“保药械质量安全”中心任务，健全药械监管各项业务工作基础。完善保化品生产企业基本数据，推进保化品经营单位监管基础档案建设，全年巡查经营单位8000户次，抽样32批次。做好非特化妆品备案工作，现场检查备案产品347种，新增化妆品不良反应哨点单位3家。加强药品和医疗器械质量安全监管，全年检查生产经营和使用单位1450家次，其中放射性药品、中药注射液生产企业等高风险单位日常检查全覆盖。扎实推进可待因、罂粟壳、麻醉药等特殊药品监管，全年未发生源头性药品和医疗器械安全质量事故。完成药品抽检156批次，医疗器械3批次，实现在产基本药物品种实现抽样全覆盖。查处药械违法案件173件，立案93件，移送公安10件，查获“羚羊角粉、纯麝香粉、伟哥王”等假药16个品种。加强药械不良反应监测，审核并上报药品不良反应1178例，医疗器械不良事件309例。

**【产(商)品质量监管】** 2017年，市市场监督管理局围绕大力提升质量，建设质量强市这一目标，实施质量提升行动，对78家企业开展名牌企业“大走访”活动，新增苏州名牌88件，苏州市质量奖企业4家，26家企业被确认为江苏省工业企业质量信用A级企业，1家企业被确认为江苏省工业企业质量信用AA级企业，1家企业被确认为江苏省工业企业质量信用AAA级企业。落实技术标准战略，13家企业21项国行标获得市政府奖励，4家企业获得标准化专项补助50万元。紧密结合社会热点和投诉重点，自主开展儿童用品、服装产品、汽柴油等质量监督抽查、专项抽检和质量监测合计384批次，依法查处检测不合格产(商)品，加强媒体曝光力度，及时发布消费警示。加强检验机构监管，组织专家对7家(8个站)机动车安全技术检验机构相关资格证书和检验人员持证上岗等情况进行详细核查。开展工业生产企业分类监管，强化证后监管，组织128种产品共133家获证企业开展质量自我声明工作。组织开展第40个全国“质量月”宣传活动，提高全社会对质量工作的认知度。

**【市场主体监管】** 2017年，市市场监督管理局实施年报公示“三步催报法”(公告提示、电话提醒、信函)，依托经营异常名录信用管理手段，切实推动市场主体履行年报公示责任，完成2016年度全市市场主体年报公示，企业年报率达87%，位列苏州县(区)前三。开展年报公示信息抽查，抽查企业739户，将2015年度未按期年报、无法取得联系和公示信息弄虚作假的5827户企业列入经营异常名录。落实放宽市场主体住所(经营场所)登记条件改革，全年累计疏导办照10213户，核发食品经营许可证7499件，查处无照经营案件92件，罚没款11.67万元。结合市创建全国文明城市工作要求，对校园周边环境进行专项整治，对168户无证无照经营户进行了重点清理，清理规范数达100%；完成上级督查整改22批次，整改户数涉及265户，完成整改率100%。对驾驶员培训、教育培训、人力资源中介等无照经营、超范围经营等违法现象突出的行业领域开展集中整治，依法引导237户经营户依法办照、变更经营范围，取得了良好的整治成效。

**【商标广告监管】** 2017年，市市场监督管理局深入推进商标战略，积极对接苏州工商局商标处及软件公司，加快商标监管软件开发，建立辖区企业商标台账，有效掌握辖区内注册商标的基础信息和动态信息。积极深化新《中华人民共和国商标法》及商标战略知识的自身及对外宣传和培训工作，培育企业树立创牌意识。全年累计新增国内商标注册申请4000件，马德里国际注册21件，新申报驰名商标1件、省著名商标15件、苏州知名商标14件，董浜“筒管

2017年3月15日，市市场监督管理局开展咨询服务活动

(市市场监管局提供)

玉丝瓜”成为全市首个地理标志产品。辅导帮助各类市场主体争创驰名、著名、知名商标，积极推动企业办理国内外商标注册申请，组织企业负责人参加马德里商标国际注册培训等。认真抓好广告监管工作，积极探索自身特色，加大对虚假违法广告的打击力度。全年累计监测网络广告4761条次，监测大众媒体广告376841条次。结合市防范非法集资宣传月，严密监控并依法规范涉及投资咨询业务、金融咨询等业务活动的广告，禁止发布误导和欺骗社会公众的非法集资广告。加大对市广告协会的扶持力度，探索广告备案制度，建立协会自审机制，累计备案179件。全年累计查处广告案件458件。联合市司法局开展“法润琴川”公益广告大赛，征集作品252件，进一步推动全市广告业健康发展。

**【市场信用监管】** 2017年，市市场监督管理局开展网络巡查、核对3256家企业站点，实现网站挂标率97.23%、重点平台监管率100%，加强“线上线下”一体化监管，责令改正网站18个，查办网络案件立案343件，主办、协办各类涉网投诉共2746件。专业商品交易市场信用分类监管工作取得阶段性成果，37家市场信用建设工作制度全部建立健全。全年完成苏州市级“重守”复查272家、推荐申报38家，完成推荐江苏省级“守重”企业公示共计67家，完成对常熟市级552家及新申报38家“重守”企业年度复查与认定工作。优化动产抵押、股权质押、商标权质押等助企融资服务，全年办理动产抵押注销登记113件，变更登记9件，新登记234件，累计助企融资35.39亿元，实现当场办结率、信息公示及时率、业务办理正确率三个100%。规范拍卖行为，办理拍卖活动备案48件，拍卖成交额1.8亿元，实现拍卖备案规范化率100%。强化格式合同监管，形成具有常熟特色的信用建设工作机制。

**【标准化及计量监管】** 2017年，市市场监督管理局做好采标和企业标准的审核、备案工作，全年完成采标36项，企业产品标准备案390项。推进标准化建设，加大宣传力度，实行企业执行产品标准动态管理。落实技术标准战略，13家企业21项国行标获得市政府奖励，4家企业获得标准化专项补助50万元。针对列入《中华人民共和国强制检定的工作计量器具目录》，并用于贸易结算、安全防护、医疗卫生、环境监测等四大类的计量器具从2017年4月1日开始全面暂停征收计量检定费用，共免费检定强制计量器具90678台(件)。为民惠民服务更加完善，“两免费”检定覆盖全市镇村级基层医疗卫生机构、养老机构和全市76家主要集贸市场，共免费检测在用医疗计量器具3121台，完成了12个计划生育指导站22台B超和17台血压计，“五统一”电子计价秤2197台。开展春耕农资定量包装商品计量、二季度定量包装产品和商品包装计量、中秋国庆定量包装产品和商品包装计量、停车场计时计费装置计量、加油机计量等七项监督抽查。

**【推进商事制度改革】** 2017年，市市场监督管理局持续优化市场准入环境，全面落实“放管服”改革和商事制度改革举措，积极探索“证照分离”等重点热点改革举措，深入研究改革举措落实过程中遇到的“老问题”与“新现象”，着力解决衔接不畅、机制不全等政策落实“卡顿”问题。深入推进“不见面”审批，积极推广名称网上登记、企业全程电子化登记和个体工商户手机APP注册等审批新模式，为方便群众办事提供更多选择。贯彻市委市政府“3540”改革要求，发挥部门牵头作用，持续优化企业开办方案，确保全面践行3个工作日完成承诺，营造更加便捷高效的营商环境。不断优化窗口资源配置，乡镇9个登记窗口入驻乡镇便民服务中心。完成“多证合一”“一照一码”最后一公里，全市已换照企业占应换照企业总数的93%，在苏州市县(区)名列前茅。全市全年新设立各类企业10520家，其中新设立内资企业10404家，注册资本279.10亿元，新设立外资企业116家，注册资本9.57亿美元，新设个体工商户17572家，资金总额22.13亿元。截至12月底，全市实有私营企业45437户，累计注册资本1696.74亿元，实有个体工商户110976户，累计资金总额97.73亿元。

（王旻晥）

## 审　计

**【概况】** 2017年，常熟市审计局全年完成审计项目38个，并实施跟踪审计项目6个。审计共查出违规和管理不规范金额58.31亿元，工程造价结算审计核减工程款1.46亿元。全年出具审计决定10份、移送处理书2份、审计专报1份，提出审计建议149条，编报审计信息、宣传、统计分析稿件77篇，被各级采用105篇次，审计报告、专报、统计分析、信息等被领导批示31篇次。

**【同级财政审计】** 2017年，同级财政审计工作报告首次由苏州市审计局审定。审计中，以促进财政增收节支、盘活存量、优化结构、提高绩效、防范风险为目标，坚持“预算全口径、资金全涵盖、过程全跟踪、公开全方位”模式，加强对公共财政预算、政府性基金预算、国有资本经营预算、社会保险基金预算“四本预算”的全口径监督，依托“数字化审计分析平台”，重点关注预算编制代编和细化程度、公共财政预算和政府性基金预算的收支合规性以及省市级财政专项资金的投向和使用绩效等，推动建立全面规范、公开透明的政府预算体系。其中，对社保基金2016年度预算执行情况进行单独立项审计。此外，作为同级审的重要组成部分，开展常熟经济技术开发区和常熟高新技术产业开发区的2016年度预算执行情况及其他财政收支情况审计。围绕“营改增”的新变化，开展同级地税征管审计，重点审查了当期税收优惠政策的贯彻落实情况，关注欠税管理和清欠力度。审查业务系统数据的内部约束和控制情况，对新设立账簿印花税申报缴纳、数据填报约束等方面提出审计建议。

**【经济责任审计】** 2017年全年对15个部门、单位及板块的17名党政领导干部实施了经济责任审计，其中“三责联审”项目4个。审计中，围绕全面从严治党的战略部署，坚持把权力运行和责任落实作为经济责任审计的重点，对领导干部经济决策开展全过程审计，将管理主线与资金主线相对接，关注“三重一大”决策及执行情况，考量权力是否到位、缺位、越位。强化延伸审计，对乡镇、部门下属单位加大审计监督力度，实行延伸审计。充分发挥经济责任审计工作联席会议的作用，强化协调配合，推进信息共享，完善查处违法违纪案件的协调机制。

**【政府投资工程审计】** 2017年，对沪通铁路常熟站综合交通枢纽配套预留地下通道工程实施跟踪审计，对七浦塘拓浚整治工程、中医院改建、三环路生态绿化和慢行系统工程、铁黄沙边滩整治工程等工程进行结算审计，严把工程结算关，共完成工程造价结算80份，出具阶段性意见52份，送审总造价334438.75万元，审定总造价319797.77万元，核减工程造价14640.97万元，核减率4.38%。积极转型投资审计工作，逐步减少直接审价业务，不再局限于单个项目的造价审计，开展了对水利局建设项目的建设管理情况审计调查，从宏观上查找水利项目在招投标、现场管理等方面存在的普遍性、突出性问题并提出审计意见。组织实施审计署安排的宜兴市保障性安居工程跟踪审计。

**【专项审计及审计调查】** 2017年，共开展5个专项审计（调查）项目。围绕政策措施落实情况监督，开展上级条线部署的国家和省重大政策措施落实情况跟踪审计，通过政策与资金两条主线，重点开展放管服政策的落实和重点项目跟踪落实情况的检查，确保重大政策措施落到实处。围绕“三农”问题，开展2015～2016年全市村级财力建设扶持资金专项调查审计，关注经济薄弱村管理体制、运行机制和发展模式，衡量财政专项资金的在贯彻“三农”政策中的实际业绩。围绕生态环境建设，开展2014～2016年苏州生态补偿条例执行情况专项调查，关注《生态补偿条例》《生态红线保护规划》的落实进程和生态补偿资金的运行情况，客观评价政策执行效果，提出合理化建议。

**【企业审计】** 2017年，围绕全市国企改革工作，实施国兴置业资产负债净资产审计，在审计中，以核实实物资产、货币资产的真实性、准确性为基础展开审计，着重进行前瞻性分析，为国有企业稳健发展提供针对性的审计建议。此外，在其他类型的审计项目中关注了乡镇、开发区和部门下属企业的运行情况，对企业体制机制创新、规范经营、内控体系建设、经营风险防范、反腐倡廉等内容开展审计监督。

**【强化内部审计】** 2017年，全市内部审计共完成各类审计及审计检查项目401个，提出建议意见被采纳282条，促进增收节支262万元。

**【试点开展自然资源资产离任审计】** 2017年，建立以市政府常务副市长为召集人，以纪委、组织部、国土、环保、住建、水利、农委、审计等部门为成员的领导干部自然资源资产离任审计联席会议制度。作为首次试点，组织实施了梅李镇主要领导自然资源资产离任审计，关注自然资源的存量分布、开发利用、保护补偿等情况，通过此次尝试，探索适合常熟实际的自然资源离任审计模式，为全面推开自然资源离任审计积累经验。

**【加强审计整改工作】** 2017年，推动市政府印发《关于进一步加强审计整改工作的意见》。严格执行审计发现问题整改销号制度，对整改不到位、不及时的单位进行督促，明确每年两次对审计整改情况进行回头看，年内向市人大常委会主任会议汇报审计整改工作进展，年底向市政府汇报全年整改情况。发出《关于进一步落实审计整改工作的通知》，要求各地、各部门，特别是2013年以来接受审计的单位，对照审计揭示的问题和提出的处理处罚意见开展整改情况自查，并对部分单位整改情况开展督查。

（程　旻）

## 国土资源管理

**【概况】** 2017年，常熟市国土资源工作牢固树立和贯彻落实新发展理念，围绕“保护资源、节约集约、维护权益、改革创新”总要求，不断加大保护资源力度、增强保障发展能力、提升为民服务水平。完成永久基本农田划定工作，耕地更加集中连片。有序实施占补平衡、增减挂钩项目，严格占优补优，提升复垦耕地质量。常态化开展动态巡查，全面推行“慧眼守土”视频巡查，提升执法监管水平。引导科学选址和节约集约用地，推进低效用地再开发，盘活存量土地资源，实现城乡土地高效利用。完成土地利用总体规划调整完善工作，规划空间布局不断优化。完成“三优三保”专项规划全覆盖目标，实现“三优三保”行动落地见效，推动全市范围资源统筹配置。扎实提升不动产登记服务质量，深入推进不见面审批（服务）改革，不断提高便民服务水平。

**【土地登记管理】** 2017年，常熟市国土资源局不动产登记窗口整合交易、纳税职能设立综合窗口，全面推行“一窗受理、集成服务”，不动产交易、登记业务实现一次预约、全程服务，一窗受理、内部流转，一次告知、集中收费。同时，在梅李镇设置分中心，除商品房首次登记以外的其他登记类型，均可在分中心完成受理和发证；在市农商银行开设受理点，受理抵押登记、抵押注销登记、换证及发证业务，缩短服务半径。目前，除政府组织开展的农村宅基地不动产登记和非公证的继承、受遗赠等复杂的不动产以及大宗批量不动产登记外，全面承诺5个工作日办结。不动产抵押、换证办结时限提速至3个工作日。2017年共发放不动产权证61820份，不动产登记证明36862份，首次登记证明31671份。

2017 年 11 月 8 日，省国土资源厅副厅长李如海一行调研常熟市"三优三保"工作推进情况　（市国土局提供）

【地政地籍管理】 2017 年，常熟市国土资源部门认真做好土地资源要素保障工作，为各类建设用地的报批、供地做好土地权属、地类的复核工作，共计复核报省勘测定界成果报告书 144 份，建设用地项目勘测定界成果报告书 112 份。组织上报 6 个年度计划批次 186.25 公顷，9 个增减挂钩批次 110.85 公顷，17 个单独选址项目 79.40 公顷。合理安排用地时序，保障重点项目和民生项目用地，全年完成建设用地供应 153 宗 613.58 公顷。科学制定年度土地储备计划，加强收储地块管理，全年完成土地收储 141.49 公顷。加大存量建设用地盘活力度。通过企业用地回购、存量用地自行改造、增资技改和集体建设用地征为国有后供地等方式，盘活存量建设用地 602.94 公顷。

【土地执法监察】 2017 年，常熟市国土资源部门全面推行"慧眼守土"视频巡查，国土分局每个工作日利用探头对辖区进行视频巡查，并做好监控台账记录，实现了对大范围内违法用地易发区、基本农田保护区全天候、全方位、多角度、交互式实时监管。同时常态化开展动态巡查，组织开展土地执法监察动态巡查 1489 次，巡查项目 984 个。推动国土资源综合执法改革，将非法占地、非法转让、破坏耕地等 10 项国土资源行政处罚权下移至各板块。

【耕地资源保护】 2017 年，常熟市国土资源部门完成"十三五"期间耕地保护和永久基本农田保护责任书逐级签订工作，将耕地和永久基本农田保护任务责任落实到位。出台《市国土局 2017 年度生态文明建设工作目标耕地保护考核办法》，发挥考核指挥棒、风向标作用，引导各板块做好耕地保护工作。完成永久基本农田 40952.93 公顷的划定工作，全市永久基本农田更加集中连片。增减挂钩 91 个项目 160.13 公顷，占补平衡 45 个项目 108.47 公顷全部通过苏州市级验收。

【土地收储管理】 2017 年，常熟市国土资源部门做好收储资金管理，认真调研制定土地储备和资金管理运作机制，切实保障土地储备及土地开发整理的资金。科学制定年度土地储备计划，加强收储地块管理，准确把握供地节奏。完成收储土地 141.49 公顷，储备土地用于经营性用地出让 16 宗，面积 68.12 公顷，出让金 130.97 亿元。　（徐　勉）

## 安全生产监督管理

【概况】 2017 年，常熟市安全生产监督管理局（简称市安监局）紧紧围绕"双下降、一杜绝"工作目标（事故起数和死亡人数下降，坚决杜绝较大及以上生产安全事故），聚焦责任落实，细化工作措施，突出事前防范，严管非法违法行为，全市安全生产形势进一步稳定好转，工矿商贸领域共发生生产安全事故 42 起，死亡 42 人，未发生一起死亡 2 人和较大社会影响的事故，事故起数和死亡人数分别同比下降 4.5%。海虞镇、虞山尚湖旅游度假区、服装城、新材料产业园四个板块实现安全生产零死亡。市安监局被总局评为 2016～2017 年度"全国安全生产新闻宣传工作先进单位"，在 2017 年度苏州市安全生产目标管理责任考核的结果为优秀等次。

聚合力、建体系，安全责任实现新延伸　加强制度建设。制定下发了《常熟市安监局安全生产执法检查"双随机"工作意见》《常熟市工业企业职业病危害风险分类监督管理实施办法（试行）》《常熟市工业企业职业病危害风险分类监督管理实施细则》《常熟市安全生产执法年活动方案》《关于以"六防"为抓手集中开展安全生产大检查大整治的通知》和《常熟市安全生产"百日行动"工作方案》等文件和纪要，为安全生产提供制度保障。抓好责任落实。认真落实"一票否决"和警示约谈等制度，在重点时段和重要节点，党政领导带队检查安全生产，定期研究分析安全生产形势，各地各部门逐级签订安全生产责任书 700 多份。织密部门监管网，市政府印发《常熟市政府有关部门和单位安全生产工作职责规定》，按照"三必须"要求，各部门加强所属行业的安全管理工作。压实企业主体责任，持续推进落实企业主体责任三年专项行动，对 7994 家生产经营单位发放了安全生产、职业卫生告知书，"企业安全我有责、企业安全我尽责、企业安全我负责"的理念在员工中逐步形成，全市 278 家企业落实了安全总监制度，131 家高风险重点企业投保安全生产责任保险，250 家企业推行危险因素辨识和管控工作。严格事故调查处理和责任追究。严格安全生产"四严查、四问责"机制，按照"四不放过"的原则，认真调查每起事故，分析事故原因，提出整改措施，全年因失职党政纪处分 33 人，刑事追责 25 人，形成了震慑警示。

盯重点、控风险，隐患治理取得新成效　重大隐患挂牌督办。坚持三级政府重大隐患挂牌制度，各板块、行业部门高度重视，主要领导亲自过问，党政联席会议研究推进过程中出现的问题，确保了隐患整改责任、措施、资金、时限、预案“五落实”，全市共投入整改资金5.14亿元，完成重大隐患整改项目79个。深化重点行业领域专项治理。扎实开展“危化品安全综合治理”、“两减六治三提升”、“四个一批”“百日行动”等专项行动，强化企业风险辨识和管控措施，闭环管理查纠隐患，依法查处危化品企业违法违规行为11起，处罚179万元。粉尘涉爆企业整治以“十大问题”为重点，关闭6家，取缔工艺1家，28家企业安装了远程视频监控，粉尘涉爆企业视频巡检实现常态化。根据市政府烟花爆竹禁放要求，注销三环路内烟花爆竹经营户47家，加大巡查力度，规范环外经营户经营行为。深刻吸取昆山“7·7”事故教训，组织285家企业管理人员举办有限空间作业专题培训，督促企业在有限空间现场安装护栏和张贴作业安全告知牌等安全防护措施。深入开展职业病危害专项治理。全面开展职业卫生现状普查，建立全市工业企业职业病危害基本情况数据库，普查企业7571家，数据全部录入苏州市安全生产监管信息系统；以普查数据为依托，开展职业病危害企业分类分级监管试点，对工业企业职业病危害风险程度进行综合分析评估，确定工业企业职业病危害风险类别，定期检测1386家企业的合格率为90.50%，动态检测70家企业的合格率为90.8%；组织4万多人开展职业病健康体检，合格率为97.3%，对发现的问题，及时督促企业落实复查、调离、诊断等相关措施；推进有机溶剂、高危粉尘职业病危害治理，督促企业改善工作场所环境和条件。深入开展安全生产“百日行动”。各级党政领导积极参与、靠前指挥，各职能部门按照“三个必须”要求，各司其职、各负其责，以“六防”为抓手，通过任务部署、工作推进和工作督查等形式，扎实开展安全生产“百日行动”，部分板块通过“一防一讲”的形式，对企业安管员、网格员开展业务培训，全市累计排查整治各类隐患34322条，关闭化工企业62家。

重事前、强警示，执法工作取得新突破　扎实开展执法年活动。按照《常熟市安全生产“执法年”活动方案》，精心组织、细化措施，通过会议，督查、通报等方式扎实推进；坚持深夜检查、节假日检查和双随机检查常态化，共检查企业2865家，事前执法立案516件，事前执法处罚金额1015万元，占总处罚数额的62.4%，事前处罚案件数和处罚金额分别同比上升141.1%和202.9%，提请关闭企业2家，曝光企业25家。着力推进主体责任落实。扩大检查的覆盖面，将专项执法检查内容拓展到企业安全生产责任制、安全培训、安全投入、应急救援、工伤保险、职业病危害防治等；加大对企业实际控制人和安全生产管理人员的问责力度，重点检查培训持证情况、危险因素辨识管控情况、工程外包、有限空间管理等，约谈违法违规企业8家次；对知法违法、限期不改、重复违法等行为加大处罚力度，全年办理事前处罚5万元以上案件67件。放大反面典型警示效应。利用新媒体公开曝光存在严重违法违规行为的企业、重大问题隐患整改不力的企业和“黑名单”企业，分2批次曝光安全生产违法企业25家；紧盯大案要案，对一家非法出租危险化学品仓储设施的企业实施行政处罚141万元，创近年来全市单起事前处罚数额之最；加强事故统计分析，针对性地开展防坠落专项治理，2017年坠落事故起数和死亡人数同比分别下降31.8%。

夯基础、严监管，安全生产得到新保障　抓源头管理。严把项目许可审核关，高危项目实行联审，2017年共审查危化项目63个，否决13个；完成生产经营单位二、三类易制毒经营备案48家，危险化学品生产、经营许可证审核155家，生产储存使用危险化学品单位现状评价报告备案74家，重大危险源备案17家，危化品建设项目安全审查和设施设计审查39家，安全设施竣工验收16家次；完成安全设施“三同时”建设项目166只，用人单位工作场所职业病危害现状评价57家，生产安全事故应急预案备案473家，督促39家使用储存危险化学品的规模以上工贸企业开展安全现状评价工作。抓标准化创建。始终把安全标准化创建作为提升企业安全管理水平的基础工作，综合运用行政和经济手段，推进企业标准化提质扩面，2017年完成一级标准化创建企业3家、4家正在评审中，二级63家，三级48家，同时对120家三级标准化企业进行审计，提升运行质量，一级标准化创建数量列江苏省之首。抓安监机构能力建设。深化苏州市安监机构能力建设推进会成果，联合市编办对乡镇安监机构的设置定位、主要职责进行了再明确，全市14个板块安监机构人员、专职安全网格员、执法车辆、执法装备等已全部符合上级规定，安监大队通过了省局执法规范化建设复审。加强新上岗人员培训，9个板块的执法证持证比例超过50%。组织312个监管网格的430名网格监管员，对工业企业进行摸底调查，按照《常熟市工业企业安全生产基本情况表》要求，完善7994家企业一企一档，实行动态管理。抓双重预防机制试点。通过先易后难、逐步推广的方法，科学制定安全风险评估辨识规范，在经开区开展双重预防机制试点工作，建立完善企业安全风险、事故隐患数据库和信息管理系统，绘制安全风险等级和重大事故隐患分布图，为全市推行双重预防长效机制建设积累经验。抓安全文化建设。通过“一报两台”、常熟安监网站、微信公众号等媒体，加强安全生产宣传，全市共播放广播、电视、网络新闻信息300余条，发送短信条数3300条，安全生产月期间举办安全文艺演出25场次，悬挂宣传横幅631条，发放安全生产宣传材料65000余份，开展各类应急演练活动124次，常熟美克尼化工有限公司被评为省安全文化示范企业。市安全生产培训中心共举办247期“三类人员”培训班，培训人员2.3万人，特种作业人员培训复审率稳步提高。

强队伍、优服务，安监形象得到新提升　推行挂点服务制度。抽调业务骨干,深入企业及时了解安全生产状况,指导企业做好安全预防、隐患排查整治,加强事前监控;将300家重点监管企业分解到职能科室,通过科室全面督导、专家现场指导、中介机构提供服务等形式,提高企业的本质安全水平;对安全管理相对薄弱的C类和红色企业,指派专人到企业重点帮扶、重点辅导,与企业一道查找安全管理薄弱环节,制定针对性措施,帮助企业夯实安全生产管理基础,提升安全管理水平。加强行政指导。通过权责事项清理、网上审批完善、审批时限压缩等一系列措施,把简、放、服向纵深推进。压缩许可事项办理期限,应急预案的办理期限缩短了60%,易制毒经营备案的办理期限缩短了40%;对行政许可到期的企业,提前6个月,除通过网上公示,上门告知外,对仍不按期进行申报的的企业,进行电话通知,共完成提示告知350家次;全年开展预约服务28次、延时服务43次、上门服务8次、加急服务9次。推行党务政务公开。加强党风廉政建设,组织党员开展《关于新形势下党内政治的若干准则》和《中国共产党党内监督条例》的学习,排查廉政风险点,制定廉政防控措施,通过专题报告、警示教育片、集体交流讨论,强化纪律和规矩意识,筑牢反腐倡廉防线。开展政风行风评议,听取企业、群众的意见建议,向基层和企业公开办事流程,行政处罚、事故处理网上运行,对群众举报的安全隐患和事故,第一时间处置、反馈,全年共受理各类举报200多起,处置满意率达95%。市安监局1人被安监总局评为2017年度全国安全生产监管监察先进个人。 (陈文军)

## 政务服务

**【概况】** 2017年,政务服务管理办公室着力打造“互联网+政务服务”综合入口和大通道,不断增加“不见面”和“见一次面”政务服务事项数量,积极推行“网上批、快递送、不见面”审批模式,切实落实“3540”改革各项措施,减少企业和群众办事经济成本和时间,在畅通公共服务渠道、营造优质透明政务环境和激发市场创新活力方面发挥了重要作用。全年办件量达到66.38万件,同比增长17.6%。

**【推进“互联网+政务服务”工作】** 2017年,政务办积极开展智慧政务服务平台(二期)建设,改造扩展服务平台功能,横向连通各部门,通过数据对接、使用通用版系统等方式实现省政务服务一张网对接;纵向覆盖10个镇(街道)便民服务中心。12月20日,智慧政务服务平台(二期)通过终验评审。开展智慧政务平台三期改建,与省一张网实现对接。对照省“三级四同”清单,梳理确定六类政务服务事项1199项,开通在线办理1146项,开通网上办理比例达95.58%。完成91451条电子证照信息入库,各类材料、表单实现了电子化。通过“一网、一端、一号”三个服务渠道,连接线下办事大厅,为用户提供线上线下实时在线服务。6月28日上线运行,截至2017年底,达到APP下载量超过1.5万人,用户注册量近1.5万人的成效。

**【完善公共资源电子化交易平台】** 2017年,市政务办推进公共资源交易门户网站建设,实现工程建设、采购交易、土地交易、资产资源、镇级交易等交易信息的实时发布。同时,加快公共资源交易信息化系统建设,实现工程建设招标、采购交易、产权交易及监管电子化。

**【完善公共资源交易市场主体和从业人员信用信息库】** 2017年,政务办依托“互联网+政务服务”,持续完善公共资源交易平台交易主体企业信息及人员信息功能模块开发,做好信用信息库交易主体、项目主体的入库工作。完成入库数量:招标人836家、采购单位500家、工程承包商1214家、采购供应商1934家。

**【做好模拟审批和联合竣工验收工作】** 2017年,市政务办不断完善模拟审批机制,做好联合竣工验收和绿色通道服务。2017年全年为36个项目提供模拟审批服务,其中13个项目通过模拟审批已经取得施工许可证。组织42个批次开展联合竣工验收,服务项目100个,总面积151万平方米,最终通过率80%。绿色通道服务内资项目31个,外资项目30个。

**【实施不动产登记“一窗受理、集成服务”】** 自2017年第三季度起,设立不动产业务综合服务窗口,对税费缴纳、不动产登记实行“一窗受理、集成服务”。由地税、国土两个窗口分别受理调整为一窗合署办理,由缴税登记“两步走”变为全流程联合办、“一步走”。

**【实施不动产业务网上预审】** 2017年,市政务办牵头国土、地税、住建部门,开发不动产业务网上预审系统。2017年10月,不动产窗口配合开通网上预审业务快速办理通道,实现网上预先提交材料、预先审核、微信单独预约、业务专窗受理,为已通过网上预审的申请人快速办理业务。

**【配合组建农村产权交易中心】** 2017年,市政务办配合市纪委、农工办、发投公司,筹建常熟市农村产权交易中心,完成办公场所选定、资金人员到位、组织架构搭建、规章制度修订、网站系统建设等一系列工作。2017年9月中旬,常熟市农村产权交易中心正式挂牌成立,负责全市农村产权交易的组织实施,为业务交易提供场所和服务。

**【完善镇(街道)便民服务中心建设标准】** 2017年,市政务办制定《镇(街道)便民服务中心建设标准》和《镇(街道)便民中心考核细则》。引入第三方测评机制,加强对便民服务中心的日常监督。实行班子成员联系镇级中心制度,加强沟通协调和业务指导,切实提高政务服务整体水平。组织镇(街道)便民服务中心年度考核,评选出3个先进便民服务中心。 (徐丽)

责任编辑 陈建东

# 科学技术

## 综　述

【概况】 2017年，全市新认定高新技术企业118家、省民营科技企业154家、省高新技术产品363个，实现高新技术产业产值1238亿元，占规模以上工业产值的31.56%。对省科技厅财政厅国地税等四部门新认定高新企业的一次性奖励每家10万元，共83家计830万元。支持虞山高新园申报省级高新区，省级高新区(筹)已获批。组织国家火炬常熟高分子材料特色产业基地、汽车零部件特色产业基地、生物医药特色产业基地和电气机械产业基地开展总结工作。组织申报省重点研发计划“产业前瞻与共性关键技术”26项，立项5项，共拨款600万元。组织实施“上市助力”“军民融合”及“主导产业1＋N”等常熟市级科技计划项目，前瞻性项目立项2项，拨款40万元；工业攻关项目9项，后补助经费500万元。验收国家火炬项目2项、创新基金项目4项，省级创新基金项目4项、支撑计划项目2项，苏州市级纳米专项3项，常熟市级项目4项。

年内，农业项目申报项目情况：省农业科技计划项目8项(其中重点项目3项)，申报省社会发展科技计划项目12项，申报苏州农业项目8项，上述申报数量与2016年相当。其中立项情况：省级有农业类2项，经费100万元，社会发展1项，经费100万元，农村科技超市易购奖补2项，44万元。苏州市级有农业5项，经费147.34万元，生物医药类2项，4.11万元。向上争取经费共计约510.51万元。常熟市级项目按照科技项目管理办法进行指南发布，组织申报等工作，农业立项21项，下达经费228万元，社会发展立项26项，下达经费75万元。2017年3月省科技厅发文，常熟特种水产产业分店及常熟设施蔬菜产业分店被评为优秀分店，其他6个便利店通过现场评估。年内农村科技服务超市服务农民超过1.4万人次，发布各新成果新技术8项，举办各类大型活动72余次，促成转化、示范、推广新成果，新技术11次，培训农民超过3000人次，带动大户165户，人均增收超过1800元。

年内，科技“综改”经验全省推广：推进创新管理体制改革。借鉴深圳等创新地区先进经验，市级层面探索组建科技创新委员会，突出统筹协调，整合和强化科技创新管理职能，建立适应创新驱动发展的领导机构和工作体系；加快财政科技投入结构性改革。推进总额100亿元的科技创新产业引导基金、双创人才创业投资基金、新型研发公司基金等产业升级专项基金落地运营，大力构建企业主体、财政引导、社会资本共同参与的多元化科技投入体系，全年共推荐新型研发公司基金项目7个，双创人才项目50个，常熟大众机器人研究院有限公司、常熟市瑞特创业发展有限公司2家公司顺利完成招募。大力实施“科技创新券”工程，变“定投”为普惠，重点支持小微企业成长、企业研发能力提升、科技“小巨人”培育等领域，全年兑现额度4200万元，覆盖企业超过300家；加大创新政策供给。贯彻落实省40条、苏州1＋3等

2017年2月20日，全市科技创新和产业升级推进大会召开　(市科技局提供)

政策文件,启动新一轮科技创新政策补短板工作,出台《关于聚力产业科技创新的工作意见》《关于提升存量企业竞争力的工作意见》等4个意见和细则,明确规定"扩大普惠政策受惠面、支持企业开展研发活动、打通科技成果转移转化通道"等具体内容,全力分解落实省级创新政策措施。3月,省政府办公厅印发了《关于学习推广常熟市、海安县科技创新体制综合改革试点经验的通知》。4月11日,全省县域科技体制改革经验交流会在常熟召开,在全省推广常熟市在科技管理体制、工作机制和发展模式等方面取得的经验,科技"综改"试点取得阶段性成效。

**2017年常熟市新认定高新技术企业一览表**

表32

| 序号 | 名　　称 | | 序号 | 名　　称 | |
|---|---|---|---|---|---|
| 1 | 常熟市天银机电股份有限公司 | 碧溪新区 | 37 | 常熟市徐润机电有限公司 | 古里镇 |
| 2 | 常熟市华银焊料有限公司 | 碧溪新区 | 38 | 江苏华大新材料有限公司 | 海虞镇 |
| 3 | 江苏国茂纺织科技有限公司 | 碧溪新区 | 39 | 常熟三爱富中昊化工新材料有限公司 | 海虞镇 |
| 4 | 创美工艺(常熟)有限公司 | 董浜镇 | 40 | 苏州千色纺化纤有限公司 | 海虞镇 |
| 5 | 常熟骏驰科技有限公司 | 董浜镇 | 41 | 常熟三禾精工科技有限公司 | 海虞镇 |
| 6 | 苏州恒瑞达家用地垫有限公司 | 董浜镇 | 42 | 常熟世名化工科技有限公司 | 海虞镇 |
| 7 | 南大(常熟)研究院有限公司 | 度假区 | 43 | 苏州富士莱医药股份有限公司 | 海虞镇(虞山镇) |
| 8 | 江苏亿通高科技股份有限公司 | 度假区 | 44 | 苏州光舵微纳科技股份有限公司 | 经开区 |
| 9 | 常熟中材装备重型机械有限公司 | 度假区 | 45 | 苏州英特模汽车科技有限公司 | 经开区 |
| 10 | 常熟市亚邦船舶电气有限公司 | 度假区 | 46 | 苏州宏创高频加热设备有限公司 | 经开区 |
| 11 | 常熟市红洲模具有限公司 | 高新区 | 47 | 江苏德易普传感科技有限公司 | 经开区 |
| 12 | 常熟昊虞电子信息科技有限公司 | 高新区 | 48 | 江苏德长医疗科技有限公司 | 经开区 |
| 13 | 常熟凯弘节能环保科技有限公司 | 高新区 | 49 | 烨辉(中国)科技材料有限公司 | 经开区 |
| 14 | 西部技研环保节能设备(常熟)有限公司 | 高新区 | 50 | 江苏艾科瑞思封装自动化设备有限公司 | 经开区 |
| 15 | 迪思特空气处理设备(常熟)有限公司 | 高新区 | 51 | 江苏舒茨测控设备股份有限公司 | 经开区 |
| 16 | 思达耐精密机电(常熟)有限公司 | 高新区 | 52 | 苏州汉宜检测科技有限公司 | 经开区 |
| 17 | 苏州驭奇材料科技有限公司 | 高新区 | 53 | 苏州鼎驰金属材料有限公司 | 经开区 |
| 18 | 江苏唯安信息科技有限公司 | 高新区 | 54 | 江苏亨通高压海缆有限公司 | 经开区 |
| 19 | 苏州闻捷传感技术有限公司 | 高新区 | 55 | 常熟英特电子科技有限公司 | 经开区 |
| 20 | 苏州本草芙源医疗设备有限公司 | 高新区 | 56 | 长兴特殊材料(苏州)有限公司 | 经开区 |
| 21 | 江苏浩昱驰汽车电子有限公司 | 高新区 | 57 | 常熟华东汽车有限公司 | 梅李镇 |
| 22 | 苏州科威视数字技术有限公司 | 高新区 | 58 | 常熟中信建材有限公司 | 梅李镇 |
| 23 | 苏州优智软件有限公司 | 高新区 | 59 | 常熟市龙腾特种钢有限公司 | 梅李镇 |
| 24 | 常熟东南相互电子有限公司 | 高新区 | 60 | 常熟市大发经编织造有限公司 | 梅李镇 |
| 25 | 苏州信美通信技术有限公司 | 高新区 | 61 | 江苏鼎新印染有限公司 | 梅李镇 |
| 26 | 常熟市屹浩食品包装材料科技有限公司 | 高新区 | 62 | 常熟市异型钢管有限公司 | 梅李镇(度假区) |
| 27 | 苏州标新力亿信息科技有限公司 | 高新区 | 63 | 江苏长飞中利光纤光缆有限公司 | 沙家浜镇 |
| 28 | 江苏祥兆文具有限公司 | 高新区 | 64 | 常熟市中联光电新材料有限责任公司 | 沙家浜镇 |
| 29 | 索特传动设备有限公司 | 高新区 | 65 | 江苏中利电子信息科技有限公司 | 沙家浜镇 |
| 30 | 江苏新凯盛企业发展有限公司 | 高新区 | 66 | 江苏中利集团股份有限公司 | 沙家浜镇 |
| 31 | 苏州中德联信汽车服务股份有限公司 | 高新区 | 67 | 常熟市兄弟玻璃模具有限公司 | 沙家浜镇 |
| 32 | 江苏常铝铝业股份有限公司 | 古里镇 | 68 | 常熟市宇龙模具有限责任公司 | 沙家浜镇 |
| 33 | 常熟市宏宇钙化物有限公司 | 古里镇 | 69 | 江苏沙家浜医药化工装备股份有限公司 | 沙家浜镇 |
| 34 | 常熟市常轴轴承有限公司 | 古里镇 | 70 | 江苏沙家浜金属科技股份有限公司 | 沙家浜镇 |
| 35 | 苏州冠达磁业有限公司 | 古里镇 | 71 | 常熟市恒信粘胶有限公司 | 沙家浜镇(尚湖镇) |
| 36 | 常熟市东宇绝缘复合材料有限公司 | 古里镇 | 72 | 常熟市金成机械有限公司 | 尚湖镇 |

续表 32

| 序号 | 名　　称 | | 序号 | 名　　称 | |
|---|---|---|---|---|---|
| 73 | 常熟市金申医化制品有限责任公司 | 尚湖镇 | 96 | 中铝稀土(江苏)有限公司 | 虞山镇 |
| 74 | 常熟风范电力设备股份有限公司 | 尚湖镇 | 97 | 常熟市欣鑫经纬编有限公司 | 虞山镇 |
| 75 | 江苏联领智能科技股份有限公司 | 尚湖镇(高新区) | 98 | 苏州通润驱动设备股份有限公司 | 虞山镇 |
| 76 | 常熟市惠一机电有限公司 | 辛庄镇 | 99 | 江苏中科梦兰电子科技有限公司 | 虞山镇 |
| 77 | 江苏明昊新材料科技股份有限公司 | 辛庄镇 | 100 | 江苏亚特尔地源科技股份有限公司 | 虞山镇 |
| 78 | 常熟阿特斯阳光电力科技有限公司 | 辛庄镇 | 101 | 苏州颢裕智能科技有限公司 | 虞山镇 |
| 79 | 常熟特联精密器件有限公司 | 辛庄镇 | 102 | 中铝稀土(常熟)有限公司 | 虞山镇 |
| 80 | 常熟市迅达粉末冶金有限公司 | 辛庄镇 | 103 | 常熟市海鑫船舶机械制造有限公司 | 虞山镇 |
| 81 | 苏州弗乐卡电器科技发展有限公司 | 辛庄镇 | 104 | 江苏明福钢结构有限公司 | 虞山镇 |
| 82 | 苏州弘远机械制造股份有限公司 | 辛庄镇 | 105 | 常熟安通林汽车饰件有限公司 | 虞山镇 |
| 83 | 常熟市新世纪化工设备有限公司 | 辛庄镇 | 106 | 常熟市宏宇电力工程有限公司 | 虞山镇(高新园) |
| 84 | 江苏萃隆精密铜管股份有限公司 | 辛庄镇 | 107 | 苏州京浜光电科技股份有限公司 | 虞山镇(经开区) |
| 85 | 常熟市佳盛农业科技发展有限公司 | 辛庄镇 | 108 | 常熟非凡新材股份有限公司 | 虞山镇(沙家浜镇) |
| 86 | 苏州泰岳太阳能玻璃有限公司 | 辛庄镇 | 109 | 江苏迎阳无纺机械有限公司 | 支塘镇 |
| 87 | 江苏山水节能服务股份有限公司 | 辛庄镇 | 110 | 苏州长晟无纺科技有限公司 | 支塘镇 |
| 88 | 常熟市久昇电器有限公司 | 辛庄镇 | 111 | 苏州惠丰润滑材料有限公司 | 支塘镇 |
| 89 | 常熟高嘉能源科技有限公司 | 辛庄镇 | 112 | 苏州高夫高分子材料有限公司 | 支塘镇 |
| 90 | 常熟开关制造有限公司(原常熟开关厂) | 虞山镇 | 113 | 常熟市伟成非织造成套设备有限公司 | 支塘镇 |
| 91 | 江苏金龙科技股份有限公司 | 虞山镇 | 114 | 常熟明辉焊接器材有限公司 | 支塘镇 |
| 92 | 常熟长城轴承有限公司 | 虞山镇 | 115 | 江苏汉斯通药业有限公司 | 支塘镇 |
| 93 | 常熟市泓博通讯技术股份有限公司 | 虞山镇 | 116 | 常熟市永得利水刺无纺布有限公司 | 支塘镇 |
| 94 | 常熟雷允上制药有限公司 | 虞山镇 | 117 | 江苏奥森新材料有限公司 | 支塘镇 |
| 95 | 常熟瑞特电气股份有限公司 | 虞山镇 | 118 | 苏州九一高科无纺设备有限公司 | 支塘镇 |

## 重 要 会 议

**【科技创新和产业升级推进大会】** 2017年2月20日,常熟召开科技创新和产业升级推进大会,全面贯彻中央、省委、苏州市委对科技创新、产业升级的一系列部署,结合常熟实际,研究落实措施,以科技创新的新突破,推动产业发展迈上新台阶。市委书记王飚在会上强调,要以创新引领“两大高地”建设,加快结构调整和动力转换,实现更高质量、更可持续的“精明增长”。市委副书记、市长周勤第,市人大常委会主任杨崇华,市委副书记、市政协主席、市委宣传部部长韩卫兵等市四套班子领导出席会议。(见“专记”类目)

**【全市科技和知识产权工作会议】** 2017年2月24日,全市科技和知识产权工作会议举行。会议总结2016年全市科技和知识产权工作情况,部署2017年工作。会议明确,2017年在科技创新工作上要大力构建现代产业体系,不断壮大科技型企业规模和层次,加速推进重大创新平台建设,全力补齐科技创新工作短板,持续强化科技管理和创新服务;在知识产权工作上要推进知识产权管理体制机制改革,实施知识产权强企行动计划,推进知识产权保护和服务,实施专利质量提升工程。

**【全省县域科技体制改革经验交流会】** 2017年4月11日,全省县域科技体制改革经验交流会在常熟召开,总结交流常熟、海安等地科技体制综合改革试点经验,研究部署全省县域科技创新工作任务,切实推进“两聚一高”和“强富美高”新江苏建设。省委副书记、省长石泰峰,副省长张敬华,省政府秘书长王奇,省政府副秘书长王志忠等出席会议。各市、县(市、区)设分会场,各设区市市长、各县(市、区)长,市、县(市、区)有关部门和创新园区、部分企业负责同志参会。副省长张敬华主持会议。石泰峰对常熟在科技体制改革工作上取得的成效予以充分肯定。他说,常熟近年来倾力打造创新型园区,主攻高科技,培育新产业,很有成效。各地要扎实推进创新型园区的建设,使之成为县域创新发展的有力抓手和核心载体。

**【常熟创新发展大会】** 2017年11月15日至11月16日,着力实施创新驱动发展战略,立足常熟经济社会发展需求,深化国内外合作交流,促进更多科技成果到常熟实现产业化，吸引更多杰出人士来常熟创新创业，集聚更多资源为区域发展助力，推动以科技创新为核心的全面创新，支撑常熟经济社会又好又快发展（见“专记”类目）。

## 科 技 成 果

【概况】 2017年，常熟市累计申报各级各类科技计划项目337项，已获得立项或认定（备案）项目117项。其中，获得省成果转化专项资金支持项目5项，省新型研发机构奖励1项，省首批众创社区试点1项，省院士工作站1家，省工程技术研究中心6家，省研究生工作站（优秀）16家，国家级科技企业孵化器2家，苏州市级及以上众创空间13家，获得认定的苏州新型研发机构3家。累计争取到上级科技项目经费支持5433.8289万元。同时，继续实施企业创新能力、创新载体科技创新券补助，新增40家企业申领创新券800万元。开展科技成果转化省地联合招标，以“汽车零部件与高端装备制造”为重点规划和着力培育的战略产业，支持开展汽车轻量化、绿色化、智能化关键技术研究，开展先进控制与优化、精密成型等高端装备制造领域关键技术研究，集中受理投标项目7项，经评定确立中标项目3项。组织申报面上择优类、高新区战略性新兴产业类、产业创新国际化类项目，通过完善项目选拔推荐机制，经形式审查、专家预审、征信查询等流程确定推荐11项，其中华益科技和新泰材料科技2个面上择优类项目在全省项目角逐中获得立项。实施科技成果转化项目专项补助，重点推进科技成果转化项目备案和科技成果作价入股评估费专项补助。目前，获得苏州科技成果转化备案项目4项，申请科技成果作价入股评估费补助1项。跟踪做好科技成果立项后管理，重点督查去年度立项项目中期检查完成情况，整体完成进度与合同约定保持一致，经省科技厅现场考察，有9项顺利通过。2017年全市大中型工业企业和规模以上高企研发机构建有率达92.66%，较去年增长10%以上。其中，全市现有规模以上企业1312家，规模以上高企169家，规模以上高企中建有研发机构167家，建有率达98.82%。新增省级众创空间备案6个，苏州众创空间认定7个，全市累计孵化器载体面积达44.8万平方米。2017年获得省级科学技术奖1项，苏州市科学技术奖13项。获批省级众创空间6家省级众创社区试点1家，苏州众创空间7个。

【规划布局特色产业创新平台】 2017年，全面摸排全市各经济板块特色产业科技创新平台载体50余个，以“三区一园”主导优势产业为核心、以“一镇一特色”产业为建设方向，从技术研发、科技公共服务以及双创孵化等建设维度，强化对特色产业科技创新平台的建设谋划。联合市委市政府加强特色平台督查，重点查看15个创新平台建设，其中沙家浜玻璃模具特色产业创新平台、知识产权服务广场、瑞特科技创业中心、大众机器人研究院、菱创智能等特色产业创新平台建设成效初显，得到了市委市政府的充分肯定。其他各乡镇板块也陆续结合各自特点建设创新平台，各方载体正有效集聚创新技术、要素和人才。

【创新培育科技企业孵化器】 2017年，全市着力打造专业型省级科技企业孵化器，集聚智能船舶领域专家，培养国内舰船领域创新项目和初创企业。同时，大力支持孵化机构运营机制创新，鼓励其在北京、上海、武汉、青岛等地设立“飞地式”创新中心，积极对接产业引导基金，探索运用市场化手段支持企业孵化器发展。此外，现有常熟国家大学科技园和常熟高新技术创业服务有限公司2017年因孵化成效显著，获得苏州科技孵化载体能力提升后补助。

【智能液晶技术研究所确定首批研发项目】 2017年2月9～10日，美国肯特州立大学教授John West、美国工程院院士Nick Abbott、美国科学院院士Noel Clark以及北京大学、南京大学、复旦大学、美国APS公司副总裁等十多位国际智能液晶权威汇聚江苏省产业技术研究院智能液晶技术研究所，就该所首批研发项目展开论证，确定了液晶基生物化学传感器、智能玻璃、智能纤维、液晶光子器件等10个项目。智能液晶技术研究所是由江苏省产业技术研究院、薛九枝博士团队和常熟市人民政府三方合作共建的开放式新型研发机构，于2016年落户常熟。研究所致力于液晶技术的研发、专利技术的转化和产业化开发、液晶相关高科技企

2017年8月23～26日，第十二届全国大学生智能汽车竞赛总决赛在常熟理工学院举行
（常熟日报社提供）

业的衍生孵化等，采用“股份合作、团队控股、股权激励”的创新机制，吸引世界一流科技人才参与平台建设。此次论证的项目是研究所成立后开展的首批研发项目，将加快研究所的人才引进和团队建设，推动智能液晶非显产业的集聚发展。

【全市研发机构建设推进会】 2017年2月27日，常熟市科技局举行全市研发机构建设推进会。会议邀请江苏省科技厅副厅长蒋跃建就新型研发机构建设作专题讲座。浙江大学苏州工业技术研究院、上海光机所南京先进激光技术研究院、江苏省产业技术研究院石墨烯材料研究所等5家单位代表依次发言，就研发机构建设、新兴产业培育等方面作经验交流。

## 科技合作

【概况】 2017年，全市组织申报8项省级国际科技合作项目，江苏鑫华能环保工程股份有限公司等3个项目列入，共获得省级经费资助270万元。运用“小微企业科技创新券”等财政后补助支持方式，支持企业向研发机构购买科研服务或自行购置研发设备，引导中小企业加大创新能力投入，缓解资金困难。2017年度177家企业提出了4224万元的创新券申领需求，根据相关要求，发放小微科技企业创新券2000万元，覆盖企业132家。至年底，共兑现2批30家企业，资助经费243.46万元。2017年度通过集合信贷5笔2000万元贷款业务以产学研合作研发项目为依托，全面发动全市企业设立技术副总或副总工程师兼职岗位，从国内一流高校院所柔性引进一批高层次科技人才，指导企业开展技术创新，强化创新管理，提升创新能力。在推动合作研发项目实施的同时，充分发挥科技副总自身专长，2017年发动全市企业申报7人，列入4人。

落实“科技贷款贴息”和“科技保险费补贴”政策。2017年度经过初审的贷款贴息企业共43家，保费补贴企业共36家，科技局合作科针对所有申报项目进行了形式审查，并组织了银行、保险公司的相关专家进行了技术评定，最终常熟市科技贷款贴息30家企业、科技保险费21家企业，共计补贴经费199.015万元。2017年推荐新增28家“苏州市小微科技培育企业”，充分整合科技资源，给予培育企业重点辅导，着力培育一批成长性好的中小科技企业，为全市高新技术产业发展奠定坚实基础，推动产业结构调整和经济发展方式转变。主动对接高校引进创新资源。新增产学研合作项目200余项，组织企业参加各级各类产学研活动超100场次。参与拟订科技人才工作政策措施，全市科技人才队伍的建设和管理，会同管理市领军型创业创新人才计划项目。

【全面推广重点产业智库建设】 加强建设“常熟市高端装备制造、纺织服装产业科技人才智库系统”，为全市企业研发人员、创业领军人才遇到问题时及时获取专业咨询和解决方案，在重大决策时获得定制化数据支持和专家意见。8月22日智库平台在“智慧常熟”上线运行，收录8500条专家信息。为了更好地发挥智库功能，提高服务企业的成效，组织了面向全市企业的5场培训，有200多家企业参加，收集反馈问卷148份，总访问数1051次，总搜索数1876次。

【合力推动校地互动发展规划的实施】 2017年是《常熟市·常熟理工学院“十三五”校地互动发展规划》实施的第二年，在局领导的带领下，多次组织局相关科室、市财政局职能科室的人员，与常熟理工学院6个项目组沟通、交流，积极推进“新能源智能汽车技术研究院建设”“新材料公共检测服务平台建设”“特色产业经济创新创业教育学院建设”“联合技术转移中心建设”“县域科技体制综合改革与发展研究中心建设”“产业学科（4个）建设”6项校地合作项目，确保完成年度任务，配合开展绩效目标管理。

【积极构建新形势下镇长团工作的有效机制】 2017年，为进一步发挥镇长团的桥梁纽带作用，在常熟经济社会发展中取得深层次、宽领域的成效，从组团、培训、服务、考核建立了一系列切实可行的制度和办法，与镇长团团长、组织部、人才办等一起打造了一支有思路、勤思考、拉得出、有成效的镇长团队伍。通过团员牵线搭桥，2017年度申报各级科技项目50项以上，吸引20个以上科技、人才项目来常对接洽谈。

【参加第五届江苏科技创业大赛】 为吸引海内外优秀创业团队及企业到江苏创业，打造推动经济发展新功能，

2017年8月22～23日，市科技局面向全市举办了5场重点产业智库使用专题培训会
（市科技局提供）

江苏省举办了第五届江苏科技创业大赛，科技局与符合大赛参赛条件的高新区、各级科技企业孵化器、省级以上备案众创空间联动，做好大赛宣传和推介活动，引导全社会对大众创新创业支持，共有44家创业型企业报名参赛，苏州美房云客软件科技股份有限公司获得三等奖，任昌义团队、济嘉生物科技团队获得优秀团队称号。

**【南理工常熟研究院通过省重大创新载体建设项目验收】** 2017年2月19日，江苏省科技厅组织专家在南京理工大学常熟研究院召开"江苏省产学研联合创新资金/重大创新载体建设项目——南京理工大学常熟研究院建设项目"验收会。由南京工程学院等高校教授组成的验收专家组认真听取项目建设情况汇报，审阅相关资料，考察平台建设情况，经质询和讨论，一致认为南京理工大学常熟研究院建设项目完成了合同规定的目标任务，同意通过验收。南京理工大学常熟研究院作为校地合作的重大创新载体，以科技研发和产学研合作作为重点，以科技服务和人才培养为基础，开展了各项建设工作，实现了校地共建研究院的宗旨和目标，推进了常熟地区的科技创新能力提升，为地方企业科技创新以及创新型乡镇、创新型城市建设提供了智力支持。

## 知识产权

**【概况】** 2017年，全年专利申请总量6914件、专利授权总量3088件，分别同比上升5.22%、0.32%。其中，发明专利申请量2823件，发明专利授权量640件。全市万人发明专利拥有量26.4件。常熟开关制造有限公司（原常熟开关厂）的发明专利"断路器的动触头"（ZL200710025637.6）获第十届江苏省专利项目优秀奖。观致汽车有限公司等4家企业的"用于评估热活化单元运行状态的装置及其方法"（CN201410239736.4）等4件发明专利列入江苏省2017年百件优质发明专利。百件优质发明专利列入数为历年新高。155件发明专利列入申请2017年省高价值专利资助专项资金名单。

推进知识产权"贯标"工作，以高新技术企业、大中型企业、民营科技型拟上市企业为重点，指导企业建立标准化知识产权管理体系。全年新增知识产权"贯标"创建企业53家，累计"贯标"创建企业147家。11家企业新申请知识产权"贯标"绩效评价。天银机电股份有限公司获省知识产权战略推进计划重点项目支持，获支持经费100万。新增2家有效发明专利达30件及以上的规模企业，目前累计15家。推荐1家企业申报国家知识产权优势企业评选。企业发明专利授权"零突破"取得新进展，继2016年全市百家企业实现发明专利授权"零突破"后，又有35家企业实现发明专利授权"零突破"。高新技术企业发明专利"全覆盖"行动有效推进，高新技术企业发明专利覆盖率达75.5%，较年初提高1.7个百分点。

加强知识产权保护。积极建立完善知识产权保护工作机制，继续探索建立在上级部门主导下的集中统一的专利行政执法工作机制，提升知识产权行政执法水平。落实知识产权"护航"行动工作机制，制定知识产权执法维权"护航"专项行动工作方案，协同配合上级部门，开展以全市流通领域专业市场和商贸街区为重点的打击侵犯知识产权和假冒专利行为。强化知识产权维权援助，在专利引导资金中设立知识产权（专利）维权援助专项资金，建立知识产权（专利）行政维权援助工作机制，为常熟市企业知识产权维权特别是海外维权提供资金支持。

制订印发2017年知识产权人才培训计划，全年举办知识产权实务培训班8期，培训企业知识产权实务人才800人次。在4.26知识产权日期间，开展了知识产权企业"公益行"活动，200多名企业人员参加了企业知识产权管理专题讲座培训活动。

**【发展知识产权服务业】** 完善知识产权服务链，推进建设高新区知识产权服务业集聚区，构建集信息服务、维权援助、管理咨询、布局策划、转化运营于一体的知识产权服务体系，推动服务机构高端化、规模化、多元化、集聚化发展。支持"知识产权广场"主动对接江苏国际知识产权运营交易中心，建设区域知识产权交易市场。探索加强对在常提供服务的知识产权代理服务机构的管理工作，提高其规范服务企业的能力和水平。新增核准登记备案的专利代理机构20家，累计核准登记备案的专利代理机构58家。

**【推进知识产权强市建设】** 落实常熟市"十三五"知识产权发展规划和局市共建合作会商议定书确定的目标任务要求，制定下发了全年知识产权重点目标和考核要求相关文件。重视发挥知识产权联席会议的制度功能，强化知识产权宏观管理能力。召开专题会议并印发全市各板块知识产权工作主要目标任务完成情况通报。优化完善知识产权资助政策，强化财政资金的导向功能。重点丰富了知识产权密集型企业培育专项资助政策内涵，支撑知识产权密集型产业培育工作。推进重点经济板块知识产权区域试点示范，继高新区之后，经开区于2017年列入省级知识产权示范园区认定名单，年底列入国家知识产权试点园区认定名单，一年连上两个台阶；推进高新技术产业开发区国家知识产权试点园区以建设"知识产权服务广场"为内容的内涵建设，知识产权认证权威机构中规（北京）认证有限公司、奥凯等在常分支机构注册。

**【开展知识产权宣传周活动】** 2017年4月20～26日，在全市范围内开展知识产权宣传周活动。活动主题为创新创造改变生活知识产权竞争未来。宣传"十三五"开局以来知识产权事业发展的新思路、新举措、新成绩，以及贯彻落实加快知识产权强国建设的若干意见、深入实施国家知识产权战略行动计划、"十三五"国家知识产权保护运用规划的情况。宣传市各成员单位、各经济板块在打击侵权假冒等加强知识产权保护方面采取的行动和取得的突出成果，树立常熟市依法保护知识产权的良好形象。宣传我市在提升知识产权质量方面出台的政策和举措，挖掘报道在提高知识产权创造质量、运用效益、保护效果、管理能力和服务水平方面的典型案例，引导全社会更加注重知识产权质量、价值和效益。宣传国家知识产权法律法规和基本知识，着重宣传知识产权领域的专业知识，把宣传普及提升到传播以“尊重知识、崇尚创新、诚信守法”为核心理念的知识产权文化层面，增强全社会知识产权意识。

【举行全市知识产权专题讲座暨公益行启动仪式】 4月25日，全市知识产权专题讲座暨公益行启动仪式在常熟召开。苏州大学知识产权研究院、苏州市知识产权服务业商会、常熟市人民政府知识产权联席会议成员单位分管领导、常熟市各乡镇、开发区知识产权分管领导、科技助理、全市规模以上企业和高新企业代表共250多人参加了启动仪式。启动仪式由常熟市人民政府办公室副主任沈卫东主持，苏州市知识产权局副局长施卫兵、常熟市人民政府副市长徐海东出席活动。在启动仪式上，苏州市知识产权局副局长施卫兵作了动员发言，要求常熟市切实提高企业知识产权意识，做好各类知识产权培训工作，提升常熟市的知识产权综合能力；常熟市副市长徐海东要求常熟市知识产权局深入研究国内外知识产权发展形势，努力为企业和知识产权服务机构之间搭建好平台，在提高服务机构总体水平、企业专利申请质量、发明专利拥量上下功夫，要让企业成为创新的主体、知识产权创造产出的主体，为企业提供优质、精准的知识产权服务。

【举办专利操作实务培训班】 10月26～29日，市知识产权局在常熟市知识产权服务广场举办为期4天的专利信息分析利用实务培训班。来自市知识产权优势企业、高新技术企业、规上企业、人才计划企业和开展专利预警分析企业的40余名专利管理人员和骨干研发人员参与培训。该次培训班邀请2位来自国家知识产权局的资深审查员，集中为常熟市专利信息分析利用实务培训班学员授课。培训班涉及专利分析方法、分析检索、检索数据处理、结果评估和分析图表制作等主要内容。通过专家现场指导加上机操作培训为主，授课为辅的教学形式，学员在小组互助学习下，尽快掌握了专利信息的检索、分析、利用等实务技能。课堂师生互动良好，培训效果初显。

## 科技人才

【概况】 2017年，全市共组织申报国家“千人计划”项目6项；申报江苏省“双创”计划26项(创新创业人才25项，外国院士创新团队1项)；申报苏州“姑苏计划”二批次共59项(创新创业人才57项、重大创新团队2项)；申报苏州“姑苏创业天使计划”85项，已立项14项。其中，徐辰、薛九枝入选国家千人计划，赵田力等人的10个项目获得江苏省“双创”立项，席军强等人的14个项目获得“姑苏计划”立项，苏州耐德佳天成光电等14个项目获得“姑苏科技创业天使计划”资助，省双创博士企业创新类2人；配合完成姑苏中期检查7项，项目验收10项。同时，受理常熟市级人才申报151项，其中第一批64项，第二批87项，常熟市级人才项目立项第一批19项，第二批22项；组织常熟市级项目中期检查两批共36个项目，其中第一批20项，第二批16项，常熟市级项目验收2批共39项。

【服务人才企业，推进科技创新】 2017年1月11～13日，在市人才办牵头下，市科技局、财政局等部门走访了常熟科创园、大科园等6个板块的2016年第二批科技创新创业领军人才企业，在走访中，倾听企业声音，详细解读项目，宣传科技政策。市科技局就项目合同签订及项目管理办法逐一介绍，同时就项目实施过程中有关专利申请、技术合同认定登记、高企认定、高品申报等相关问题进行了政策普及。

【开展科技创新创业领军人才项目签约培训】 2017年1月11～13日，常熟市2016年第二批科技创新创业领军人才项目签约培训由市人才办牵头，科技局及相关单位负责人，赴各有关镇、开发区辅导人才企业做好项目合同签订工作，同时还就项目管理与科技金融服务、技术合同认定及高企高品申报等方面进行了详实解析。

【双创人才徐辰博士、薛九枝博士入选第十三批国家“千人计划”特聘专家】 2017年5月，江苏思特威电子科技有限公司董事长徐辰博士、江苏集萃智能液晶科技有限公司董事长薛九枝博士成功入选第十三批国家“千人计划”特聘专家。

【举办科技、人才管理实务培训】 2017年12月13日，常熟市科技镇长团、常熟市人才办公室和常熟市科学技术局共同举办科技、人才管理实务培训。市政府副市长周晓明到会并致辞。实务培训邀请到江苏省科技评估中心朱志凌主任和苏州市科技服务中心研究员吴建荣老师。主讲人围绕企业研发机构建设要点与评价、双创人才工作实务与评价和科技政策及项目申报信息化平台利用等三个主题展开讲解培训。来自市科技镇长团团员，各板块的科技、人才工作负责人、骨干企业代表等50多人参加培训。

**2017年常熟市新增苏州市级以上高层次人才一览表**

表33

| 类　别 | 姓　名 | 引才(或创办)企业 |
|---|---|---|
| 国家千人计划 | 徐　辰 | 江苏思特威电子科技有限公司 |
| | 薛九枝 | 江苏集萃智能液晶科技有限公司 |

续表33

| 类　　别 | 姓　名 | 引才(或创办)企业 |
|---|---|---|
| 省高层次创新创业人才计划 | 于宏旭 | 苏州市光生环境科技有限公司 |
| | 张亚妮 | 苏州鼎烯聚材纳米科技有限公司 |
| | 张　渊 | 苏州实创德光电科技有限公司 |
| | 赵田力 | 苏州赛客爱茵智能科技有限公司 |
| | 周荣海 | 苏州萤石光电科技有限公司 |
| | 曾小勤 | 苏州慧驰轻合金精密成型科技有限公司 |
| | 孙　剑 | 苏州华川交通科技有限公司 |
| | 王春鹏 | 苏州秦鲁电气科技有限公司 |
| | 池永贵 | 苏州山青竹生物医药有限公司 |
| | 薛九枝 | 江苏集萃智能液晶科技有限公司 |
| 姑苏创新创业领军人才计划 | 孙英钦 | 苏州途视电子科技有限公司 |
| | 周荣海 | 苏州萤石光电科技有限公司 |
| | 席军强 | 北理慧动(常熟)车辆科技有限公司 |
| | 于宏旭 | 苏州市光生环境科技有限公司 |
| | 张　渊 | 苏州实创德光电科技有限公司 |
| | 吴建耀 | 苏州新生命医疗科技有限公司 |
| | 冯亚东 | 苏州云电电力科技有限公司 |
| | 陈　凡 | 复拓科学仪器(苏州)有限公司 |
| | 王鹏飞 | 苏州凯文堡尼光电科技有限公司 |
| | 任昌义 | 牧世复合材料科技(苏州)有限公司 |
| | 池永贵 | 苏州山青竹生物医药有限公司 |
| | 王　宁 | 苏州金泉新材料股份有限公司 |
| | 戴　超 | 常熟瑞特电气股份有限公司 |
| | 蒋　轶 | 江苏中利电子信息科技有限公司 |

(缪　岚)

# 气象科技

**【概况】** 2017年,常熟市气象局气象观测数据质量和天气预报质量保持稳定,国家气象站数据上传到报率99.99%、及时率99.98%、可用率99.98%、晴雨预报准确率96.02%。制定决策气象服务实施细则,全年提供专题气象服务64期,完善预警信息发布流程,全年发布预警信息77次,短信推送139条,启动全市三、四级高温应急响应各一次;加强公共气象服务,天气预报和预警信息发布渠道更加完善,在传统媒体、网络、APP、气象信息显示终端外,常熟气象公众微信号上线。发布森林火险等级预报180次,海事搜救气象服务81次,完成大闸蟹、裸地蔬菜、葡萄三个气象指数保险的相关数据和气象数据采集点确认工作。2017版《常熟市气象灾害应急预案》经市政府批准颁发,调整气象信息员队伍,持续做好防灾减灾体系建设。利用"3·23"世界气象日、"5·12"防灾减灾日、安全生产月等,宣传气象防灾减灾和气象科普知识。完成防雷许可优化工作和防雷技术服务体制改革,规范行政审批,做好放管服工作;落实《省政府办公厅关于优化建设工程防雷许可有关事项的通知》的精神,协调住建、政务中心调整新建、改建、扩建工程防雷许可职能,向社会公众发布《关于调整建设工程防雷行政许可事项的公告》,完成审批事项优化工作;开展防雷机构、业务、职能、人员调整和体制机制改革,放开防雷技术服务市场,进一步加大对市场的监管力度,初步形成政事企职能明晰、运转协调的防雷减灾行政管理方式;按照市审改办的统一部署,做好政务服务"一张网"相关工作,确定"不见面审批(服务)"清单共10项,"不见面审批(服务)"率100%。加强对霾天气的预测预报、预警工作,加强与环保部门的沟通合作,积极应对霾天气和大气污染,完成霾天气分析报告和城市热岛效应分析。与国土资源局联合开展汛期地质灾害气象预警预报联防工作。

**【主要气象数据】** 2017年气温略偏高,降水偏多,日照正常。全年平均气温17.6℃,比历年(1981～2010年)平均偏高1.4℃(历年平均值为16.2℃)。7月24日,最高气温40.9℃,创历史新高。全年降水量1458.9毫米,比历年平均偏多323.3毫米(历年平均值为1135.6毫米)。6月19日入梅,7月6日出梅,入梅略偏迟、出梅偏早,梅长17天,较常年偏短7天,梅雨量196.7毫米,较常年偏少4%。全年日照时数为1827.9小时,比历年平均偏多14小时(历年平均值为1813.9小时)。

**【气象灾害】** 2017年9月24～25日,受暴雨和大暴雨影响,城区普遍出现内涝现象,给居民生活带来一定影响。7月12～29日,常熟市出现持续的高温天气,其中22～25日最高气温超过40度,对生产和生活造成一定影响。

(张海君)

**责任编辑　陈建东**

## 综 述

**【概况】** 2017年，常熟全市有公办学校93所。其中，小学50所、初中31所、普通高中6所、完中1所、职业学校3所、九年一贯制学校2所；公办幼儿园53所。公办学校、幼儿园共计学生151540人。另有民办学校15所（其中含新市民子弟学校12所），民办（集体办）幼儿园33所。民办（集体办）学校、幼儿园的学生、幼儿共计24972人（其中含新市民子弟学校在读的义务教育阶段学生14722人）。全市学生总计176512人；全市在编教职工10800人，专任教师9758人。

教育经费投入　2017年，全市财政教育支出34.96亿元；生均公用经费普通高中1000元、中等职业学校1100元、初中1150元、小学1000元、独立法人幼儿园1000元；全市校安工程投入5000万元；财政扶贫帮困支出383.2万元；校车专业化运行财政补助830.87万元；非义务教育阶段学校（单位）继续参照义务教育阶段实施绩效工资。免费义务教育所需资金全部按时、足额到位，特殊教育继续实行全部免费，对义务教育阶段新市民子弟免除学杂费。对普通高中学校的特困生，按3000元/生·年标准发放助学金；对所有中等职业学校学生实施学费全免，对中等职业学校一、二年级涉农专业及家庭经济困难学生按2000元/生·年标准发放助学金；对初中学校的特困生，按3500元/生·年标准发放助学金；对小学的特困生，按3000元/生·年标准发放助学金；对幼儿园的特困生，按1200元/生·年标准发放助学金。

2017年5月23日，“党员名师送教下乡”活动启动　　（市教育局提供）

教育工程建设　列入2017年度全市民生实事工程的9个市属项目、16个镇属项目中，东张中学、唐市中学、唐市中心小学幼儿园、敬文幼儿园、金仓幼儿园正式投用。海虞幼儿园、赵市幼儿园、杨园幼儿园、碧溪中心小学、福山中学等工程开始建设；锦荷学校及幼儿园、元和中学、兴隆中学、衡丰幼儿园等新建、改扩建工程逐步推进；报慈幼儿园、凯文小学及幼儿园、公望小学及幼儿园、游文中学、言里小学及幼儿园、常清中学、莫城幼儿园等工程进入项目准备阶段。

教育信息化建设　全市教育技术建、配、管、用同步提升。规划优化“三通、二平台”建设，完成常熟市教育信息化公共服务平台可行性方案优化论证工作。在直属学校中完成建设覆盖中小学校园并服务中小学生及家长、教职员工的基于市民卡的智慧教育卡监管服务应用系统，拓展并加载校园应用，开展学生信息化生活服务、学习信息收集。实验小学、石梅小学、职教中心开展应用信息技术实践，三所学校接受苏州市“智慧校园”示范校终期评估验收。开展课堂教学与信息技术融合应用研究，将“未来教室”作为信息时代探索课堂教学变革的主阵地，实施“一师一优课，一课一名师”活动，组织教师参加晒课活动，全市全年共晒课1976节。

平安校园建设　加强学校食堂食品安全监管，推进学校食堂“五常法”管理模式和“明厨亮灶”工程。校车公司投入84辆国标校车为25所学校提供服务，春、秋季两学期分别接送8700名、8400名学生。构建校园安全网格化管理体系，形成了以乡镇（板块）为单位、覆盖全市公民办学校、幼儿园、托儿所、看护点的协作型校园安保工作体系。开展校园安全月查月报工作制度，年内对民办幼托机构、非学历教育机构、新市民子弟学校进行消防安全专项整治"百日行动"。

国际教育交流与合作　年内，新增国外友好学校2所，全市共有34所公办学校拥有国外友好学校。7所学校成为苏州市国际理解教育项目实验学校。全年共组织484名学生参加出国研学旅行，其中203名学生到国外友好学校学习交流。选派11位教师赴美国、英国、加拿大等国家培训，考察学习国际先进教育、办学理念，交流融通国际教育；选派4名学生赴日本萨摩川内市开展文化交流。澳大利亚维多利亚州、昆士兰州、新南威尔士州、美国罗德岛州、新加坡等11批教育访问团来常熟访问。

**2017年常熟市幼儿园、小学、初中、普通高中、职业高中一览表**

表34

| 序号 | 单位名称 | 单位性质 | 在校/园生数（人） |
|---|---|---|---|
| 1 | 常熟市崇文幼儿园 | 公办幼儿园 | 747 |
| 2 | 常熟市周行学校幼儿园 | 公办幼儿园 | 456 |
| 3 | 常熟市莫城幼儿园 | 公办幼儿园 | 956 |
| 4 | 常熟市商城幼儿园 | 公办幼儿园 | 389 |
| 5 | 常熟市元和小学幼儿园 | 公办幼儿园 | 326 |
| 6 | 常熟市实验幼儿园 | 公办幼儿园 | 818 |
| 7 | 常熟市颜港中心幼儿园 | 公办幼儿园 | 523 |
| 8 | 常熟市琴湖小学幼儿园 | 公办幼儿园 | 209 |
| 9 | 常熟市报慈幼儿园 | 公办幼儿园 | 454 |
| 10 | 常熟市世茂幼儿园 | 公办幼儿园 | 1269 |
| 11 | 常熟市兴福中心小学幼儿园 | 公办幼儿园 | 217 |
| 12 | 常熟市红枫小学幼儿园 | 公办幼儿园 | 195 |
| 13 | 常熟市绿地幼儿园 | 公办幼儿园 | 986 |
| 14 | 常熟市新区幼儿园 | 公办幼儿园 | 316 |
| 15 | 常熟市东南幼儿园 | 公办幼儿园 | 1386 |
| 16 | 常熟市五爱小学幼儿园 | 公办幼儿园 | 275 |
| 17 | 常熟市谢桥幼儿园 | 公办幼儿园 | 494 |
| 18 | 常熟市星城幼儿园 | 公办幼儿园 | 830 |
| 19 | 常熟市虞山园区小学幼儿园 | 公办幼儿园 | 168 |
| 20 | 常熟市大义幼儿园 | 公办幼儿园 | 623 |
| 21 | 常熟市花溪小学幼儿园 | 公办幼儿园 | 285 |
| 22 | 常熟市董浜幼儿园 | 公办幼儿园 | 467 |
| 23 | 常熟市练塘小学幼儿园 | 公办幼儿园 | 516 |
| 24 | 常熟市张青莲幼儿园 | 公办幼儿园 | 603 |
| 25 | 常熟市张桥幼儿园 | 公办幼儿园 | 558 |
| 26 | 常熟市虞园小学幼儿园 | 公办幼儿园 | 352 |
| 27 | 常熟市塔前幼儿园 | 公办幼儿园 | 785 |
| 28 | 常熟市梅李幼儿园 | 公办幼儿园 | 1108 |
| 29 | 常熟市何市小学幼儿园 | 公办幼儿园 | 264 |
| 30 | 常熟市任阳幼儿园 | 公办幼儿园 | 468 |
| 31 | 常熟市白茆幼儿园 | 公办幼儿园 | 429 |
| 32 | 常熟市沙家浜幼儿园 | 公办幼儿园 | 452 |
| 33 | 常熟市杨园幼儿园 | 公办幼儿园 | 476 |
| 34 | 常熟市古里幼儿园 | 公办幼儿园 | 782 |
| 35 | 常熟市森泉幼儿园 | 公办幼儿园 | 386 |
| 36 | 常熟市唐市小学幼儿园 | 公办幼儿园 | 497 |
| 37 | 常熟市碧溪幼儿园 | 公办幼儿园 | 694 |

续表 34

| 序号 | 单　位　名　称 | 单位性质 | 在校/园生数(人) |
|---|---|---|---|
| 38 | 常熟市赵市幼儿园 | 公办幼儿园 | 408 |
| 39 | 常熟市吴市幼儿园 | 公办幼儿园 | 414 |
| 40 | 常熟市海虞幼儿园 | 公办幼儿园 | 829 |
| 41 | 常熟市义庄幼儿园 | 公办幼儿园 | 578 |
| 42 | 常熟市珍门幼儿园 | 公办幼儿园 | 341 |
| 43 | 常熟市东张幼儿园 | 公办幼儿园 | 453 |
| 44 | 常熟市王庄幼儿园 | 公办幼儿园 | 462 |
| 45 | 常熟市尚湖幼儿园 | 公办幼儿园 | 522 |
| 46 | 常熟市昆承幼儿园 | 公办幼儿园 | 1090 |
| 47 | 常熟市徐市幼儿园 | 公办幼儿园 | 568 |
| 48 | 常熟市浒浦幼儿园 | 公办幼儿园 | 549 |
| 49 | 常熟市石梅小学幼儿园 | 公办幼儿园 | 469 |
| 50 | 常熟市福山幼儿园 | 公办幼儿园 | 674 |
| 51 | 常熟市辛庄幼儿园 | 公办幼儿园 | 708 |
| 52 | 常熟市练塘中心幼儿园鸳鸯桥分园 | 公办幼儿园 | 208 |
| 53 | 常熟市游文幼儿园 | 公办幼儿园 | 358 |
| 54 | 常熟市湖苑幼儿园 | 集体办幼儿园 | 336 |
| 55 | 常熟市西庄街幼儿园 | 民办幼儿园 | 246 |
| 56 | 常熟市大义果果幼儿园 | 民办幼儿园 | 94 |
| 57 | 常熟市同汇幼儿园 | 民办幼儿园 | 272 |
| 58 | 常熟市尚湖精英宝贝幼儿园 | 民办幼儿园 | 394 |
| 59 | 常熟市常兴路幼儿园 | 民办幼儿园 | 310 |
| 60 | 常熟市商城中路幼儿园 | 民办幼儿园 | 307 |
| 61 | 常熟市牛顿幼儿园 | 民办幼儿园 | 56 |
| 62 | 常熟市莫城莫干路幼儿园 | 民办幼儿园 | 157 |
| 63 | 常熟市耕心明珠幼儿园 | 民办幼儿园 | 425 |
| 64 | 常熟外国语小学附属幼儿园 | 民办幼儿园 | 266 |
| 65 | 常熟市凌阳幼儿园 | 民办幼儿园 | 342 |
| 66 | 常熟市湖畔幼儿园 | 民办幼儿园 | 437 |
| 67 | 常熟国际学校附属幼儿园 | 民办幼儿园 | 152 |
| 68 | 常熟国际学校附属第二幼儿园 | 民办幼儿园 | 262 |
| 69 | 常熟市皖青小学附属幼儿园 | 民办幼儿园 | 160 |
| 70 | 常熟市耕心元和幼儿园 | 民办幼儿园 | 185 |
| 71 | 常熟市耕心锦荷幼儿园 | 民办幼儿园 | 210 |
| 72 | 常熟市安琪幼儿园 | 民办幼儿园 | 210 |
| 73 | 常熟市阳光学校幼儿园 | 民办幼儿园 | 308 |
| 74 | 常熟市耕心福圩幼儿园 | 民办幼儿园 | 141 |
| 75 | 常熟市常兴路幼儿园汇龙新城分园 | 民办幼儿园 | 225 |
| 76 | 常熟市湘江苑果果幼儿园 | 民办幼儿园 | 94 |
| 77 | 常熟市精英宝贝幼儿园 | 民办幼儿园 | 171 |
| 78 | 常熟市伊顿幼儿园 | 民办幼儿园 | 163 |
| 79 | 常熟市东张邻里中心幼儿园 | 民办幼儿园 | 251 |
| 80 | 常熟市昭文幼儿园 | 民办幼儿园 | 213 |
| 81 | 常熟市滨江幼儿园 | 民办幼儿园 | 520 |
| 82 | 常熟市东方新阳幼儿园 | 民办幼儿园 | 487 |
| 83 | 常熟市敬文幼儿园 | 民办幼儿园 | 19 |
| 84 | 常熟市金仓幼儿园 | 民办幼儿园 | 96 |

续表 34

| 序号 | 单位名称 | 单位性质 | 在校/园生数(人) |
|---|---|---|---|
| 85 | 常熟市耕心支塘幼儿园 | 民办幼儿园 | 62 |
| 86 | 常熟市虞山伟才幼儿园 | 民办幼儿园 | 59 |
| 87 | 常熟市崇文小学 | 公办小学 | 926 |
| 88 | 常熟市游文小学 | 公办小学 | 534 |
| 89 | 常熟市莫城中心小学 | 公办小学 | 2520 |
| 90 | 常熟市商城小学 | 公办小学 | 1050 |
| 91 | 常熟市元和小学 | 公办小学 | 1161 |
| 92 | 常熟市实验小学 | 公办小学 | 2011 |
| 93 | 常熟市颜港小学 | 公办小学 | 1264 |
| 94 | 常熟市琴湖小学 | 公办小学 | 590 |
| 95 | 常熟市报慈小学 | 公办小学 | 1713 |
| 96 | 常熟市世茂实验小学 | 公办小学 | 2549 |
| 97 | 常熟市兴福中心小学 | 公办小学 | 445 |
| 98 | 常熟市红枫小学 | 公办小学 | 569 |
| 99 | 常熟市绿地实验小学 | 公办小学 | 1527 |
| 100 | 常熟市新区小学 | 公办小学 | 985 |
| 101 | 常熟市东南实验小学 | 公办小学 | 2047 |
| 102 | 常熟市五爱小学 | 公办小学 | 556 |
| 103 | 常熟市谢桥中心小学 | 公办小学 | 1343 |
| 104 | 常熟市星城小学 | 公办小学 | 1661 |
| 105 | 常熟市虞山园区小学 | 公办小学 | 507 |
| 106 | 常熟市大义中心小学 | 公办小学 | 1546 |
| 107 | 常熟市花溪小学 | 公办小学 | 807 |
| 108 | 常熟市董浜中心小学 | 公办小学 | 855 |
| 109 | 常熟市练塘中心小学 | 公办小学 | 1689 |
| 110 | 常熟市张青莲小学 | 公办小学 | 1395 |
| 111 | 常熟市张桥中心小学 | 公办小学 | 1232 |
| 112 | 常熟市虞园小学 | 公办小学 | 772 |
| 113 | 常熟市塔前小学 | 公办小学 | 1799 |
| 114 | 常熟市梅李中心小学 | 公办小学 | 1919 |
| 115 | 常熟市任阳中心小学 | 公办小学 | 1149 |
| 116 | 常熟市白茆中心小学 | 公办小学 | 940 |
| 117 | 常熟市杨园中心小学 | 公办小学 | 1049 |
| 118 | 常熟市赵市中心小学 | 公办小学 | 1109 |
| 119 | 常熟市古里中心小学 | 公办小学 | 1733 |
| 120 | 常熟市淼泉中心小学 | 公办小学 | 971 |
| 121 | 常熟市唐市中心小学 | 公办小学 | 1244 |
| 122 | 常熟市碧溪中心小学 | 公办小学 | 1487 |
| 123 | 常熟市何市中心小学 | 公办小学 | 747 |
| 124 | 常熟市沙家浜中心小学 | 公办小学 | 1110 |
| 125 | 常熟市吴市中心小学 | 公办小学 | 1009 |
| 126 | 常熟市义庄小学 | 公办小学 | 1931 |
| 127 | 常熟市珍门中心小学 | 公办小学 | 711 |
| 128 | 常熟市东张中心小学 | 公办小学 | 1149 |
| 129 | 常熟市王庄中心小学 | 公办小学 | 905 |
| 130 | 常熟市尚湖中心小学 | 公办小学 | 1220 |
| 131 | 常熟市辛庄中心小学 | 公办小学 | 1711 |

续表 34

| 序号 | 单 位 名 称 | 单位性质 | 在校/园生数(人) |
|---|---|---|---|
| 132 | 常熟市昆承小学 | 公办小学 | 1888 |
| 133 | 常熟市徐市中心小学 | 公办小学 | 1019 |
| 134 | 常熟市石梅小学 | 公办小学 | 1386 |
| 135 | 常熟市福山中心小学 | 公办小学 | 1512 |
| 136 | 常熟市海虞中心小学 | 公办小学 | 1748 |
| 137 | 常熟市周行学校 | 公办九年一贯制学校 | 2036 |
| 138 | 常熟市浒浦学校 | 公办九年一贯制学校 | 1714 |
| 139 | 常熟市特殊教育学校 | 公办特教 | 124 |
| 140 | 常熟市梅李中学 | 公办初中 | 1446 |
| 141 | 常熟市杨园中学 | 公办初中 | 424 |
| 142 | 常熟市尚湖中学 | 公办初中 | 522 |
| 143 | 常熟市王庄中学 | 公办初中 | 409 |
| 144 | 常熟市滨江实验中学 | 公办初中 | 1264 |
| 145 | 常熟市东张中学 | 公办初中 | 637 |
| 146 | 常熟市董浜中学 | 公办初中 | 923 |
| 147 | 常熟市何市中学 | 公办初中 | 432 |
| 148 | 常熟市任阳中学 | 公办初中 | 491 |
| 149 | 常熟市沙家浜中学 | 公办初中 | 524 |
| 150 | 常熟市唐市中学 | 公办初中 | 577 |
| 151 | 常熟市古里中学 | 公办初中 | 1128 |
| 152 | 常熟市淼泉中学 | 公办初中 | 557 |
| 153 | 常熟市白茆中学 | 公办初中 | 529 |
| 154 | 常熟市辛庄中学 | 公办初中 | 710 |
| 155 | 常熟市张桥中学 | 公办初中 | 599 |
| 156 | 常熟市赵市中学 | 公办初中 | 568 |
| 157 | 常熟市莫城中学 | 公办初中 | 701 |
| 158 | 常熟市兴隆中学 | 公办初中 | 590 |
| 159 | 常熟市谢桥中学 | 公办初中 | 852 |
| 160 | 常熟市外国语初级中学 | 公办初中 | 2297 |
| 161 | 常熟市实验中学 | 公办初中 | 4683 |
| 162 | 常熟市第一中学 | 公办初中 | 1544 |
| 163 | 常熟市昆承中学 | 公办初中 | 1620 |
| 164 | 常熟市藕渠中学 | 公办初中 | 998 |
| 165 | 常熟市海虞中学 | 公办初中 | 996 |
| 166 | 常熟市福山中学 | 公办初中 | 755 |
| 167 | 常熟市孝友中学 | 公办初中 | 1465 |
| 168 | 常熟市练塘中学 | 公办初中 | 552 |
| 169 | 常熟市大义中学 | 公办初中 | 837 |
| 170 | 常熟市第八中学 | 公办初中 | 761 |
| 171 | 常熟市王淦昌中学 | 公办完中 | 1855 |
| 172 | 常熟市梅李高级中学 | 公办普高 | 1728 |
| 173 | 常熟市浒浦高级中学 | 公办普高 | 1823 |
| 174 | 常熟外国语学校 | 公办普高 | 1631 |
| 175 | 常熟市尚湖高级中学 | 公办普高 | 2359 |
| 176 | 江苏省常熟中学 | 公办普高 | 2188 |
| 177 | 常熟市中学 | 公办普高 | 2184 |
| 178 | 常熟市浙浦中星小学 | 民办学校 | 436 |

续表 34

| 序号 | 单 位 名 称 | 单位性质 | 在校/园生数(人) |
|---|---|---|---|
| 179 | 常熟市阳光学校 | 民办学校 | 2272 |
| 180 | 常熟市皖赴虞皖青小学 | 民办学校 | 1352 |
| 181 | 常熟市豫驻虞龙华学校 | 民办学校 | 1500 |
| 182 | 常熟市育才学校 | 民办学校 | 1298 |
| 183 | 常熟市皖赴虞立志小学 | 民办学校 | 901 |
| 184 | 常熟市安琪小学 | 民办学校 | 1528 |
| 185 | 常熟市博文小学 | 民办学校 | 461 |
| 186 | 常熟市尚湖镇行知学校 | 民办学校 | 539 |
| 187 | 常熟市外国语小学 | 民办学校 | 604 |
| 188 | 常熟市梅李镇琼宇学校 | 民办学校 | 1338 |
| 189 | 常熟市涟虞创新学校 | 民办学校 | 1248 |
| 190 | 常熟市东吴学校 | 民办学校 | 1347 |
| 191 | 常熟市湖山学校 | 民办学校 | 963 |
| 192 | 常熟国际学校 | 民办学校 | 1555 |
| 193 | 江苏省常熟中等专业学校 | 公办职高 | 5905 |
| 194 | 常熟高新园中等专业学校 | 公办职高 | 2016 |
| 195 | 常熟市滨江职业技术学校 | 公办职高 | 2496 |

## 基础教育

【概况】 2017年，全市公、民办学校在读的小学生82268名，初中生33641名，高中生(普高)13042名。全市适龄儿童小学入学率、巩固率、普及率和毕业率均为100%，初中入学率、巩固率和毕业率均为100%，残疾儿童少年入学率、贫困家庭子女入学率为100%，高中段毛入学率100%，普职高比4.5：5.5，高等教育毛入学率达69.9%。年内，继续实施新市民子女积分入学，全市138所公办学校中共开放128所，开放比例达92.8%，共为新市民子女提供公办学位11131个，其中纯积分入学5441个、以房入学5558个、浒浦学校和周行学校六年级直升132个。

年内，浒浦幼儿园、崇文幼儿园创建省优质园，游文幼儿园创建苏州市优质园；民办园昭文幼儿园、东张邻里中心幼儿园创建苏州市优质园，完成现场验收；30多所幼儿园接受省优质、省示范幼儿园复审工作。练塘中学、沙家浜中学创建为江苏省节水型学校。崇文小学、滨江实验中学等5所学校创建成苏州市节水型学校。新增实验小学、辛庄中心小学等7所学校成为“2017年全国青少年校园足球特色学校”，全市共有17所学校成为“全国青少年校园足球特色学校”；省中、昆承小学、梅李中心小学3所学校被评为“全国蓝球特色学校”；谢桥中心小学获评“2017年度苏城最美校园图书馆”。杨园中心小学的课本剧《孔子拜师》获得全国少儿戏曲小梅花奖荟萃展演最佳集体节目奖。星城小学夺得“江苏省第十三届国际跳棋特色学校比赛”团体冠军；世茂实验小学、实验中学在苏州市中小学生合唱比赛中均获得金奖，其中实验中学的合唱项目被选拔为“首批全国第六届中小学生艺术展演苏州市重点打造项目单位”。普通高中学生在各类学科奥林匹克竞赛中获全国一等奖5个、省一等奖81个。

2017年9月27日，世茂实验小学与澳大利亚佩恩斯维尔小学开展友好交流活动
（常熟日报社提供）

年内开设特殊教育职业高中(烹饪)班，为特殊儿童提供特殊的教育服务；组织全市随班就读及个别化教育系列研讨活动；进行特殊教育办班标准化与合格

资源教室验收；进行医教结合康复研讨；开展特殊教育档案工作检查，各学段分管特殊教育领导业务培训；举办苏州市特殊教育（常熟）师资培训班，对全市特殊教育送教上门的师资进行专项培训；参加省特殊教育第二期特殊教育行动计划部署会议，落实常熟市相关规划。

**【扶持社会力量办学】** 2017年，市政府出台《常熟市关于新市民子弟学校帮扶提升工作的实施意见》和《常熟市公共财政支持新市民子弟学校发展专项资金管理办法》，推进第二轮新市民子弟学校提档升级工作，并从秋季起，对全市新市民子弟学校中符合条件的学生实行免收学杂费；出台《常熟市关于支持社会力量举办学前教育的实施意见》，由常熟市教育投资有限公司与南京师范大学合作举办敬文幼儿园、金仓幼儿园，于秋季学期招生投用。

**【对口援助贵州省思南县教育工作】** 2017年，按照国务院《关于开展对口帮扶贵州工作的指导意见》，常熟市继续对思南县进行教育帮扶。4月，组织近30位中小学骨干教师前往思南县参加"第二届常熟—思南教育对口协作交流周暨思南区域课改推进三周年四新成果展演活动"。11月，"第三届常熟—思南教育对口协作交流周活动"在常熟市举办，9个协作型教育集团承办相关开闭幕式、课程展示活动、虞山教育论坛，组织思南县教育界代表考察常熟市青少年活动中心、江苏省常熟中学虞山课程基地。自2016年两地建立结对帮扶关系以来，常熟已到思南开展教育对口帮扶86人次，举办教育专题讲座24场次，专家上示范课60节，思南先后安排教师赴常熟学习培训300多人次。江苏省常熟中学与思南中学、常熟市中学与思南第八中学等20所学校结对。

**【实验小学"全息学习"研究成果在《人民教育》发表】** 《人民教育》2017年第22期用6个版面7000多字的篇幅，展示了常熟市实验小学"全息学习"项目研究的阶段性成果，阐述了基于儿童立场的全息学习方式。"全息学习"的"先学"方式，通过"导航单"的大问题串联，重建学习内容，通过时段前置、阵地移位，学生在课前自主探索，带着"先学"的成果走进课堂，在课堂上交流互动，让个性化学习得以真正发生。

**【义务教育学校实施绿色办学评价】** 2017年5月，常熟市教育局出台《常熟市义务教育学校办学绩效绿色评价方案（试行稿）》。学校办学绩效绿色评价指标分为学生素质、教师发展、学校管理、社会认同4个一级指标，15个二级指标，34个三级指标组成，每学年度评估一次。评估过程主要通过"常熟市义务教育学校办学绩效绿色评价系统"平台呈现，评估结果和学校文明单位评选、校长年度考核和选拔任用、学校绩效工资奖励相挂钩。绿色办学评价旨在全面激励学校走内涵发展、自主发展、绿色发展之路，从而实现全市义务教育从基本均衡向优质均衡迈进。

**【普通高考成绩实现"七连冠"】** 2017年，全市本二以上上线3319人（其中本一1621人），本二以上上线比例达96.6%，本一上线比例达47.2%，列江苏省第一方阵。上线人数和比例均居苏州各县（市、区）第一，实现"七连冠"。省中考生徐忱以411分列苏州市文科第一名。全市录取985高校108人（3人被清华、北大录取），录取211高校（不含985）427人，其中省中录取985高校88人，录取211高校（不含985）236人。

**2017年普通高校招生分类录取情况统计表**

表35

| 批次名称 | 合计 | 文科 | 理科 | 艺术类 | 体育类 |
|---|---|---|---|---|---|
| 提前本科军事院校 | 3 | 0 | 3 | 0 | 0 |
| 提前本科公安政法 | 18 | 6 | 12 | 0 | 0 |
| 提前本科航海院校 | 1 | 0 | 1 | 0 | 0 |
| 提前本科其他院校 | 12 | 1 | 11 | 0 | 0 |
| 提前本科乡村教师 | 9 | 6 | 3 | 0 | 0 |
| 本科一批 | 1341 | 282 | 1059 | 0 | 0 |
| 本科二批 | 1807 | 559 | 1248 | 0 | 0 |
| 艺术本科1小批 | 29 | 0 | 0 | 29 | 0 |
| 艺术本科2小批 | 158 | 0 | 0 | 158 | 0 |
| 艺术本科3小批 | 19 | 0 | 0 | 19 | 0 |
| 体育特殊（高水平、体育单招） | 4 | 2 | 1 | 0 | 1 |
| 体育本科 | 17 | 0 | 0 | 0 | 17 |
| 本科合计 | 3418 | 856 | 2338 | 206 | 18 |
| 高职单招提前录取 | 193 | 104 | 85 | 4 | 0 |
| 高职专科 | 180 | 108 | 72 | 0 | 0 |
| 艺术专科（省统考） | 14 | 0 | 0 | 14 | 0 |
| 体育专科 | 2 | 0 | 0 | 0 | 2 |
| 高职注册入学 | 4 | 2 | 1 | 1 | — |
| 专科合计 | 393 | 214 | 158 | 19 | 2 |
| 总计 | 3811 | 1070 | 2496 | 225 | 20 |

说明：报文科1067人，报理科2503人，报艺术类210人，艺术兼报文科类27人，艺术兼报理科类19人，报考体育类7人，体育兼报文科类8人，体育兼报理科类17人，非统考3人

## 职业教育

【概况】 2017年,全市3所职业学校,共有在校学生10417名,夏季毕业学生2896名,中职学校毕业生双证持有率为95.83%,就业率为99.4%。2017年全市普通高校单独招生考试实考人数为398人,本科录取210人,录取率为52.76%(名列苏州各县市区第二),大专达线率为100%;转段本科68人,转段专科108人,专科录取175人,中职注册入学281人,总录取人数为842人,总录取率为92.02%。

全市"双师型"教师占专任专业教师比例为70.5%,聘请195名具有实践经验的专业技术人员、高技能人才担任兼职教师,比例为20.6%。职教中心申报江苏省第一批高水平示范校建设,继续完善捷豹路虎现代学徒中心建设,创建汽车运用与维修省级现代化实训基地。常熟高新园中专加快建设校园二期工程,并于2017年9月成功创建江苏省现代化优质特色学校。滨江职校启动奇瑞观致数控技术现代学徒中心建设,为创建江苏省优质特色校作准备。年内,职业学校教师在苏州级教学竞赛中有2人获一等奖,7人获二等奖,并有3人参加江苏省级教学竞赛。学生在苏州市级技能大赛中共获得一等奖23个,二等奖67个,三等奖125个,获奖数量名列苏州第一,荣获苏州市技能大赛团体一等奖;在江苏省级技能大赛中共获得一等奖1个,二等奖17个,三等奖23个。常熟市荣获苏州市技能大赛团体一等奖。

【现代学徒制全面推行】 2017年,根据《江苏省职业教育深入推进现代学徒制的实施意见》,4月承办省教育厅现代学徒制推进会,全省25个试点单位齐聚常熟,共同探索现代学徒制办学模式、校企合作、专业建设、课程建设、实训基地建设、师资队伍建设、校企文化渗透等重要内容。全面推进现代学徒制的本土化实践,在滨江职校召开现场会,组织现代学徒制"3+3+3"校企合作签约仪式。颁布实施《常熟市关于推进现代学徒制试点工作实施意见》和《常熟市现代学徒制招生(工)实施办法》,推进省现代学徒制试点工作。江苏省常熟中等专业学校被确认为教育部第二批现代学徒制试点学校。

【开展中高职教育衔接试点】 2017年,常熟市三所职业学校与常熟理工学院开办"3+4"汽车检测与维修专业和会计专业分段培养项目,招生70名;与沙洲职业工学院、苏州经贸职业技术学院、江阴职业技术学院、常州纺织服装职业技术学院、常州工程职业技术学院等12个高职院开展"3+3"衔接试点,涉及机械制造、机电技术、计算机应用、工艺美术、化工等22个专业。2017年秋季,全市三所职业学校共招新生3139人。 (吕　东)

2017年4月18日,江苏省现代学徒制试点工作现场推进会在常熟举行

(市教育局提供)

## 高等教育

【概况】 常熟理工学院是在常熟市的唯一一所江苏省省属公立全日制普通本科院校。2017年,学校占地面积120公顷,建筑面积60万平方米,教学仪器设备资产总值2.5亿元。图书馆馆藏纸质文献151万册,数据库33个,数字信息资源量30TB。学校设有14个二级学院(部),61个本科专业。学校普通全日制在校本科生19756人,联合培养全日制研究生100人,成人学历教育在籍学生6554人,首次招收来自中亚国家的学历留学生58名。现有教职工1200人,其中专任教师900人,高级职称530人,博士340人。其中国务院政府特殊津贴、省有突出贡献中青年专家、省"333工程"、"青蓝工程"、"六大人才高峰"培养人选等100人,国家级教学名师、省级教学名师4人,省科技创新团队3个,省优秀教学团队2个。2017届毕业生共有5029人,年终就业率为98.45%,其中协议就业率为86.60%,灵活就业率为2.41%,升学出国率为9.45%

年内,学校在"中国最好大学排名"中位居综合排名第284位,培养结果位居第62位,居全国同类高校前列;在中国高等教育学会发布的《2012—2016年全国普通高校竞赛评估结果(本科)》排行榜中,学校排名第194位,在全省52所本科高校中常熟理工学院排名第18位。年内,学校获批教育部"百千万"工程首批试点单位;获全国暑期社会实践先进单位、江苏省共青团工作先进单位、"全省百佳学生资助工作单位典型"、2015—2016年度江苏高校"党建工作创新奖"等荣誉。

队伍建设　学校完成新一轮干部聘任,全年选拔、调整中层干部43人次、科级干部26人次;开展"双抓双促"大走访大落实活动;完成19个二级党组织和107个党支部换届;实施教师党支部书记"双带头人"培育工程;协助省

委组织部完成2名副校级领导的试用期满考察和1名副校长的推荐考察，共提拔正处级领导干部11人，副处级领导干部31人，正科级领导干部28人，聘任正处级领导干部1人，交流处级领导干部38人次。年内，学校全面启动落实国家产教融合工程项目。引进教师75人，其中博士54人，正高5人，副高9人；聘用讲座教授6人，客座教授15人，课程特聘教师107人。

教育教学　2017年，获省级教学成果一、二等奖各1项。完善学校学科体系，被省学位办列为2017－2023年硕士学位授予立项建设单位。新增省级科研平台1个、苏州市级平台1个，平台总数达到36个。获批2个省级科研创新团队。年内，获批立项大学生实践创新训练项目585项，其中省级重点项目22项、省级一般项目20项、省级指导项目25项、省级校企合作基金项目10项，创业项目12项。继续打造原创话剧《芦荡情缘》，全新编排了大型舞剧《柳如是》，探索开展话剧展演月系列活动。获第五届江苏省大学生艺术展演一等奖5项，二等奖8项，三等奖26项；获江苏省第十五届"挑战杯"课外学术科技作品竞赛一等奖1项，二等奖2项，三等奖3项。学生在各级各类学科竞赛中获国家级奖项127项，省级奖项544项。中美大学生双向交流项目纳入招生计划。

科研工作　年内获批教育部2017年第一批产学研合作协同育人项目19项；获批省部级项目33项，其中国家自然科学基金项目21项；全年纵向项目到账经费1200万元，签订横向项目128项，同比增长30.6%，合同经费2000万元，同比增长76.42%，实际到账经费1100万元，同比增长26.99%；

校地合作　围绕《支持共建常熟理工学院重点项目三年行动计划(2016－2018)》和《常熟市·常熟理工学院"十三五"校地互动发展规划》，服务区域发展，与苏州市人民政府、常熟高新区、中国建设银行苏州分行、常熟农商行等合作签约，筹集共建经费1亿元；与行业、企业、各类科研院所签订合作协议百项；召开了三届一次理事会，完成理事会换届工作，新吸收理事单位四家；召开校地合作领导小组第六次会议，探索共建常熟理工学院智能制造研究院(公司)；完善培训体系，承办地方企事业单位、教师培训项目142项，培训人数9218人。

**【承办第12届大学生智能汽车全国总决赛】**　2017年8月24～26日，第十二届全国大学生"恩智浦"杯智能汽车竞赛全国总决赛在常熟理工学院东湖校区体育馆隆重举行。本次比赛由教育部高等学校自动化类专业教学指导委员会主办，恩智浦(中国)管理有限公司协办，常熟理工学院、共青团常熟市委员会承办，来自全国200所高校及中小学校的300支队伍、1600名师生参赛。该届全国大学生智能汽车竞赛为历届竞赛规模最大的一次，作为赛事承办方的常熟理工学院，此次共有4支队伍参加总决赛，分别在四旋翼导航组、光电四轮组获得两个一等奖，在电磁节能组、双车对抗组获得两个二等奖。

**【实施校企合作自主招生考试】**　人文学院、机械工程学院、化学与材料工程学院、经济与管理学院、汽车工程学院、艺术与服装工程学院、物理与电子工程学院、电气与自动化工程学院8个学院与12个行业、企业开展合作，签订协议。招生专业有本科的机械工程、机械电子工程、车辆工程、电气工程及其自动化、电子信息工程、服装设计与工程、安全工程、市场营销、财务管理、学前教育等。10月15日，顺利完成各项校企合作自主招生考试工作，通过自主招生考试录取500名企业员工。

**【原创话剧《芦荡情缘》全新献演】**　由常熟理工学院团委、艺术中心联合打造的话剧《芦荡情缘》于2016年7月在常熟大剧院首演，其精彩的表演与渗透于其中的革命精神获得社会广泛关注，同年11月在校内首演亦获得师生们一致好评。为将这一校园文化精品项目传承下去，最新改编的《芦荡情缘》于11月1日在常熟理工学院齐之厅上演。该话剧主要讲述了发生在常熟沙家浜的故事：新四军战士赵健在芦苇荡里的一次战斗中负伤，被当地群众翠花与其母所救。赵健养伤期间，和翠花及其母、阿庆嫂在与当地汉奸洪天祥等人斗智斗勇中产生了感情。随后，赵健康复，回到部队，继续跟随新四军南征北战，九死一生。金戈铁马九个春秋，赵健跟随新四军用生命捍卫了祖国的尊严。

（闫　飞）

## 社会教育

**【概况】**　2017年，全市共有4163人报名参加成人高考(其中高升专1135人，高升本311人，专升本2717人，申请免试127人，改革项目1486人，成绩互认2人，退役士兵100人)，实际参考2548

常熟理工学院CIT车队举行2017新车发布会　　（常熟理工学院提供）

人(其中高升本 311 人,高升专 778 人,专升本 1459 人),实考率为 93.1%。录取人数共 3791 人,其中高升本 251 人,高升专 983 人,专升本 3557 人,录取率为 88.93%。全年自学考试报考人数 3260 人(含增考 731);全年报考课次(含增考)7387 门;全年毕业生 108 人中有本科 68 人,专科 40 人。全年参加计算机英语证书考试共有 26510 人,其中全国计算机等级考试(NCRE)报名 11731 人,全国英语等级考试(PETS)报名 3058 人。江苏省书法等级考试全年报名 1153 人。教师资格考试报名(国考)583 人。大学英语四六级考试全年报名 20790 人。

2017 年,虞山镇、辛庄镇创建成江苏省级标准化社区教育中心;碧溪新区、尚湖镇创成苏州市学习型乡镇;董浜镇创建成江苏省教育服务"三农"高水平示范基地;全市各镇创建江苏省标准化居民学校 24 家。全市从业人员继续教育年参与率达 65%以上,老年教育参与率达 35.5%,职工教育培训总量超过 22 万人。年初,在常熟市森林大酒店成功承办苏州市村(居)市民学校校长(负责人)培训会。6 个苏州市社区教育实验项目和 5 个教育惠企、惠农、惠民项目成功结题,以项目实验和教育科研来促进社会教育的内涵发展。

全年共新批 6 所民办教育机构,其中小学 1 所,幼儿园 3 所,非学历教育机构 2 所;1 所培训中心办理注销,1 所学校办理变更办学范围手续。年内,开展了全市非学历教育培训机构年度检查,对 76 所通过年检的、5 所暂缓通过的颁证和备案培训机构进行了网上公示。利用"中国常熟""诚信常熟""江苏政务服务"等网站,探索网上审批,拓展网上公示渠道,实现行政许可信息的全面公示。

## 师资建设

**【概况】** 2017 年末,全市中小学(幼儿园)共有在编教职工 10800 人,专任教师 9758 人。全市幼儿园、小学、初中、高中专任教师的学历合格率均达 100%。研究生(含在读)比例初中 5.8%、普高 20.1%、职高 20.5%;幼儿园、小学、初中本科学历比例分别达 79.6%、83.9%、96.7%。全市骨干教师比例达 39%。2017 年内招录新教师 222 名,其中幼儿教师 45 名,小学教师 76 名,特殊教育教师 1 名,中学教师 84 名,职业学校教师 16 名,新招录教师中有 28 名硕士学历教师。年内,教育局组织常熟市级骨干教师评选,149 名教师命名为常熟市第十九批学科带头人,26 名教师为常熟市第十三批学术带头人;13 名教师为常熟市第六批德育带头人,7 名教师为常熟市第七批高级"双师型"教师,1 名教师为常熟市第二批教育技术应用带头人,470 名教师为常熟市第十三批教学能手,38 名教师为常熟市第三批教科研能手,48 名教师为常熟市第七批德育能手,25 名教师为常熟市第七批中级"双师型"教师。

构建人事、教研、培训、协作区、学校之间教师队伍建设纽带,组建特级教师后备班、名教师培训班、校长园长培训班,分别到东北师大、浙江大学、武汉大学、西安交大等著名高校实施浸润式培训一周;青年后备干部到江苏大学集中培训后到南京名校跟岗培训;通过自培和委培、集中培训和分散自学结合,新培养常熟市领军人才 1 名、拔尖人才 4 名。普通高中教师研究生比例由去年的 14.58%提升到 18.4%,提高 3.82 个百分点。全市市级及以上骨干教师比例由去年的 34%提升到 39.9%,提高 5.9 个百分点。新培养常熟市级骨干教师 777 名,30 名骨干教师成功获评苏州市学科教改带头人。深化义务教育阶段教师交流,年内新增交流支教教师 176 人,其中支教 31 人,刚性抽调 33 人。截至年底,全市义务教育阶段学校交流支教教师共有 495 人,另有 42 名校级领导异地交流任职。

**2017 年常熟市中小学教师职务、学历情况统计表**

表 36

| 教师类别 | 总人数 | 博士毕业 | 硕士毕业 | | | | 本科毕业 | | | | 专科毕业 | | | 中专(高中)及以下 | |
|---|---|---|---|---|---|---|---|---|---|---|---|---|---|---|---|
| | | 其中 | 其中 | | | | 其中 | | | | 其中 | | | 其中 | |
| | | 助理及以下 | 正高 | 副高 | 中级 | 助理及以下 | 正高 | 副高 | 中级 | 助理及以下 | 副高 | 中级 | 助理及以下 | 中级 | 助理及以下 |
| 高中教师(中职) | 2236 | 1 | 1 | 137 | 164 | 44 | 4 | 708 | 811 | 328 | 2 | 20 | 14 | 2 | 0 |
| 初中教师 | 2627 | 0 | 0 | 68 | 80 | 8 | 0 | 753 | 1248 | 352 | 5 | 48 | 52 | 6 | 7 |
| 小学教师(幼儿园) | 5200 | 0 | 0 | 9 | 34 | 12 | 0 | 185 | 2638 | 1276 | 2 | 616 | 273 | 113 | 42 |
| 校外机构 | 262 | 0 | 0 | 5 | 4 | 14 | 2 | 61 | 48 | 121 | 0 | 4 | 3 | 0 | 0 |
| 合计 | 10325 | 1 | 1 | 219 | 282 | 78 | 6 | 1707 | 4745 | 2077 | 9 | 688 | 342 | 121 | 49 |

说明:1. 本表统计对象为 2017 年 3 月在册在职的中小学教师(其中 2017 年 2 月底前到达退休年龄,3 月办理退休手续的人员不列入本表统计范围)

2. 校外机构含:招办、考办、教育装备技术中心、教研室、教师发展中心等非学校类事业单位编制人员

## 教育科研

【概况】 2017年，常熟市教育科研工作继续走在全国县级市前列。2月，常熟市教育局教研室作为全国26个县级市教研室代表之一，参加在北京会议中心召开的全国教研工作会议。教研员教科员全年参加学术讲座150多次，听课9000多节；在苏州市中小学教师专业素养竞赛中，全市共有130位教师在初高中12门学科中分别获一二三等奖。全市中小学教师参加各级各类比赛获奖、教科研成果均居苏州大市前列。

年内，出台《常熟市"省、市规划办课题"管理办法》，专著《微中见大、微亦足道——常熟市微型课题研究》正式出版发行；对21所三星级学校开展义务教育阶段教科研星级学校的复评；培育江苏省、苏州市精品课题，利用微型课题研究助推一线教师的专业成长，面向全市学校开展教科研培训，对第七批834项微型课题分学段开展现场结题，第八批1035项微型课题成功立项，并实施月度研讨活动。完成了"十二五"规划课题中9项省规划课题、9项苏州市规划课题的结题指导和论证，10月成功申报常熟市"十三五"第一批规划课题。

【年度教研重要成果】 实验小学《小学全息学习的范型建构和实践推进》获得江苏省教学成果特等奖；特殊教育学校《医教结合促进残障儿童综合康复的实践研究》、石梅小学《童心语文：靠儿童更近的语文》分别获得江苏省教学成果一等奖；尚湖高级中学《基于课堂透视的"认知·情境"教学研究》、常熟市中学《普通高中文化浸润课程的校本实践》、常熟高新园中等专业学校《机械图形技术课程群"一式两化"教学改进的实践与探究》分别获得江苏省教学成果二等奖。在苏州市政府组织的首届教学成果评比中，常熟市获特等奖4项（基础教育领域3项、职业教育领域1项），一等奖4项（基础教育领域2项、职业教育领域2项）。

## 预科教育

【概况】 中国常熟世界联合学院（简称"常熟UWC"）是UWC在中国内地的第一所学校，全世界第15所。常熟UWC于2015年9月建成并招收第一届学生。学校占地面积100亩，一期建筑面积64,000平方米，二期7,000平方米。2017年，在校学生共计554人，来自全球近百个国家和地区。全校教职工共计140人，其中外籍教师占教师总人数的三分之二。

学校目前设有英文系、中文系、数学系、科学系、人文系和艺术系。学校提供两年的IBDP课程和一年的Pre－IBDP课程，Pre－IBDP阶段绝大部分是中国学生，IBDP阶段中国学生约占三分之一，其余的来自世界各地。

【常熟UWC首届学生毕业】 2017年5月，首届90名学生中，除了选择间隔年的4名学生，其他86名学生都升入世界各地的大学，有常青藤大学如哈佛大学、耶鲁大学，有进入著名文理学院如韦尔斯利学院等。一位来自北京"蒲公英"民工子弟学校的学生，完成了IB课程而且获得美国文理学院全额奖学金录取。 （吕　东）

责任编辑　张　军

中国常熟世界联合学院 （东南街道提供）

# 文化·新闻·出版

## 综 述

【概况】 2017年,常熟市文化广电新闻出版局(简称市文广新局)打造文化品牌,传承文化遗产,深化文化惠民,规范文化市场,培育文化产业,努力推动常熟文化建设再上新台阶。完成文化节系列活动的组织实施。文化节期间,举办常熟博物馆成立20周年纪念活动、"纪念王翚逝世三百周年虞山画派艺术学术研讨会"暨"山水清晖——虞山画派精品特展";弘扬"虞山琴派"特色文化,开展第6届中国古琴艺术节,活动包括常熟国家历史文化名城古琴保护论坛、纪念吴景略诞辰110周年——"琴重虞山"中国古琴名家音乐会、金秋雅集、古琴进校园(常熟理工学院、世界联合学院常熟分校)等活动;祭孔大典9月28在常熟文庙举行,学龄儿童"开笔礼";举办纪念庞薰琹诞辰110周年"中国现代设计之父"美术展;组织实施2017年状元文化节。

## 文学艺术创作

【概况】 2017年,市文广新局致力于文化艺术精品生产和展示。开展文化品牌活动,深化书香城市建设,推出系列精品展览,创新文化惠民,加强队伍建设,不断塑造城市精神,传承历史文脉。

【深化书香城市建设】 2017年4月,第十届常熟市阅读节暨第七届常熟市少儿阅读节启动。该届阅读节与各乡镇阅读节有机整合,举办各类阅读活动185项。阅读节期间开展了"让革命英雄主义代代相传"——读《沙家浜小英雄》征文比赛、举办"阅读点亮人生"我的阅读故事征文演讲比赛、"金曾豪优秀儿童文学作品诵读大赛"等活动。新建图书分馆、流通服务点11家,常熟市图书馆星光天地分馆、漫猫咖啡明日星城店流通点等场馆陆续揭牌投入使用。启动"图书漂流"行动,建起300多个图书漂流小屋和图书漂流书架,通过"带走一本,放入两本书"的简单规则,供市民交流取阅。承办"江苏省农民读书节"的启动仪式。

2017年6月10日,白茆山歌亮相首届江苏民歌大会 (常熟日报社提供)

【推出原创精品】 2017年4月,原创中篇评弹《芦荡枪声》首演。7月于苏州昆剧院公演,同月于上海天蟾逸夫舞台公演。获得江苏曲艺最高奖项"芦花奖";短篇评话《奔吴》选送第三届江苏省政府"文华奖"展演,获"文华创作奖";短篇评弹《招牌菜》参评常熟市首届文学艺术奖获一等奖;完成2017年度苏州市优秀群众文艺作品重点项目申报,白茆山歌小组唱《呕哎歌》等6个项目入选,获苏州市扶持资金18万元。举办首届常熟市群众文艺原创作品"星光奖"评奖活动并对优秀作品进行扶持。一大批原创作品获第二届苏州市群众文化"繁星奖"。

【举办精品展览】 2017年1月,"苏风艺韵守望虞山"中国书法之乡常熟书法篆刻展在江苏省现代美术馆举行,展览被列为"苏风艺韵"2017艺术轮展首展。“方寸博雅——常熟博物馆藏虞山印派篆刻特展”3月在福建民俗博物馆开展。4月推出“旧邦新命——新文化运动百年纪念展”。美术馆完成《温肇桐全集》《常熟籍艺术家系列展：含英咀华——郑济炎中国画作品集》编撰。“如此设计——‘中国现代设计之父’庞薰琹展览。6月，在马来西亚历史古城马六甲举行“传承虞山派——常熟市书画院作品展”，常熟书画家赴马六甲与当地艺术家进行学术交流。组织白茆山歌、传统锡剧、江南舞蹈等文艺节目赴日本友城萨摩川内市参加艺能祭文化节演出。8月，“居园画境——常熟博物馆藏古代园林绘画展”在北京中国园林博物馆展出。

【传承特色文化】 2017年，积极实施文化遗产的“解读”和“展示”，5月公布5处常熟市第十批文物保护单位。举办首届常熟市“非遗”博览会，通过现场70多个非遗项目的集中展示、展销和展演，让广大市民感受常熟非遗魅力。举办“市民看非遗”公益体验活动，安排3条线路，涵盖全市非遗场馆、工作坊等，通过微信平台自由报名参与，让市民近距离了解常熟非遗项目的工艺流程和发展利用。

【完善示范区建设长效机制】 2017年，文化惠民公益演出推出“点单式”配送，由各地群众根据观赏需求“点菜”，探索文艺下乡的“菜单式配送”新机制，“情暖常熟”“村村行”“评弹进百村”分别演出60场、90场、125场；积极推进镇级文化设施建设。2017年，尚湖镇文化艺术中心投资560万元，建筑面积1500平方米建成就绪，部分对外开放。东南街道文化活动中心投资1500万元，建筑面积7000多平方米新建落成。虞山镇文化站全面完成搬迁改建，文化站设施面积4250平方米。海虞镇文化站搬迁改建工程落实启动。推进村（社区）综合性文化服务中心建设。

【创新文化惠民】 2017年，组织实施“我的舞台我的梦”—常熟舞王大赛，共171支城乡团队报名，700多人参赛，经海选、晋级赛、PK赛、半决赛等23场比赛，10月完成总决赛；举办2017“非遗进校园”活动。文庙内设专门文化互动体验区，供游客进行碑帖拓片、古建筑斗拱组装、书法篆刻临摹创作等文化体验活动。图书馆承办的常熟市青年社区学校，常年面向全市青年提供免费文化艺术综合培训。文化馆举办常熟市第七届摄影艺术展等公益展览，开展元旦、五一、国庆公益影院等公益演出，市民公益艺术培训中心做好了周一至周五京剧、越剧、沪剧、评弹、锡剧五个戏曲门类及老年舞蹈班面向市民的公益培训班等活动；“翁氏家风传习馆”正式开馆揭牌，市锡剧团安全生产专题巡演24场、环保专题巡演13场。

## 文化出版事业

【概况】 2017年，市文广新局编辑出版系列地方文化典籍，维护出版市场秩序，加强新闻出版管理，致力于常熟文化出版事业发展完善。

【维护出版市场秩序】 2017年，全面开展“净网”“护苗”和“秋风”等专项行动和春节两会出版物市场专项检查。深入“扫黄打非”，开展省“扫黄打非”工作先进基层示范点创评，完善市、镇、村三级网络，设立村（社区）“扫黄打非”联系点329个，实现联系点全覆盖。

中篇评弹《芦荡枪声》巡演 （常熟日报社提供）

【新闻出版管理】 2017年，完成全市出版物经营单位年检换证199家和印刷企业年检366家。组织参加首届江苏印刷业创新博览会。成功承办第七届江苏农民读书节启动活动暨农家书屋纳入村综合文化服务中心推进会。重新确立22家版权重点单位。5月成立苏州市（常熟）版权工作站。

【《常熟摩崖石刻》出版】 全书综合收录了80余处常熟摩崖石刻，并对其传拓、辨识、标点。每处摩崖有照片、拓片、全景位置图，同时增加摩崖上人物简介，按摩崖所处的位置排列顺序。

【系列非遗专著出版】 整理出版《常熟花边经典作品图案集锦》《常熟非遗图典》等非遗专著，编辑出版《常熟非遗研究2017年刊》。

## 文化遗产保护

【概况】 2017年，全市文化遗产保护工作坚持保护、传承、发扬原则稳步推进。文物保护管理工程全力实施，文物普查工作深入开展，非遗保护传承进一步加强。

【实施文物维修工程】 2017年，完成文庙前沿琴川河牌楼言祠坊、泮宫坊建设工作。琴川河驳岸（学前街段）维修工程全力推进，编制《古运河琴川局部整治与修复保护方案》，修复琴川河学前街段北侧驳岸90米。10月，启动整治北侧部分驳岸总长100米，修补南侧及北侧驳岸总长199.3米。年底完成尊经阁整修工程。完成王淦昌故居修缮、环境整治工程及相关布展。周神庙弄民国建筑修缮工程竣工，修缮完

良渚文化遗址　　（常熟日报社提供）

成李氏义庄、魏浣初墓、唐洪培墓、大义蜂蚁节孝坊，启动广嗣桥环境整治与修缮。编制言子旧宅维修及周边环境整治工程方案，编制工程概算并送审，完成项目征收、可研报告等前期工作。启动中共常熟党史馆暨李强故居修缮工程方案编制工作。

【开展文物管理工作】 2017年，完成第十批常熟市文物保护单位的申报和公示、公布。加强环虞山古墓葬类别文物保护单位的管理及安全工作，与业余文保员签订“古墓葬保护责任书”。完成全市一般不可移动文物调研。编制兴福寺保护修缮方案，获省文物局批准。开展2018年文物修复经费预算及省市级文物专项修复经费预算安排。

【开展文物保护宣传】 2017年，组织开展“5·18”国际博物馆日活动。精心策划实施第十二个中国文化遗产日系列活动，包括公布常熟市第十批文物保护责任单位，22家乡镇和部门向市政府递交文物保护责任书。“扬子清波——历代廉政文化展”入选江苏省文物巡回展，在南京、连云港等各地展出。举办第六届常熟状元文化节，“翁氏家风传习馆”正式开馆揭牌。常熟文庙儒学文化展进校园社区。指导常熟市收藏家协会举行“常熟市民免费鉴宝暨2017常熟春季民间藏品交流会”等。“常熟文物信息”官方微信开通。

【开展文物普查工作】 2017年，完成第一次全国可移动文物普查工作，市文广新局被评为省级先进集体。做好了相关总结与表彰工作，编制并发布《常熟市第一次全国可移动文物普查工作报告》。全面开展地下文物埋藏区勘察。配合苏州考古研究所完成水文化遗产调查摸底与普查。完成全市一般不可移动文物的调研，并完成调研报告。

【加强非遗传承宣传】 2017年，组织开展2017“文化和自然遗产日”系列活动，成功举办2017“非遗进校园”活动，在前两年基础上，进一步优化项目和形式，由古琴、评弹、锡剧、白茆山歌、灯谜、花边等动静态结合非遗项目以专场演出、知识讲座、示范性表演等形式走进全市各中小学及高校、职校。进校园期间举行《守护精神家园——常熟市百项非遗图片展》；创新举办“市民看非遗”公益体验活动，通过微信平台报名参与，活动共安排3条线路，涵盖常熟非遗场馆、基地、工作坊等。 （罗文青）

## 常熟日报

【概况】 2017年，常熟日报社全程关注党的十九大以及会议召开后的中央重要报道，刊发版面30个。头版、二版联动，开设《全面贯彻落实党的十九大精神》专栏，传达学习党的十九大精神，重点突出全市学习宣传贯彻落实十九大精神的举措，着力营造学习贯彻十九大精神的良好氛围。3月26日，常熟日报社在常熟国际饭店会议中心举办2016年“常熟十大领军人物(企业)”及“常熟十大新经济人物(企业)”颁奖典礼。新华报业传媒集团党委委员、副总编辑金伟忻，江苏经济报社副社长、副总编辑樊万朝出席颁奖典礼。

【助力全国文明城市创建】 2017年，常熟日报社全方位、多角度策划新闻报道，快时效、高密度同步网络传播，策划重点系列报道12组，刊发报道377篇。刊发《社会主义核心价值观》《讲文明树新风》等主题公益广告118期次。通过消息、通讯、记者见闻、言论、公益广告等多种形式以及全媒体覆盖的良好态势，营造人人知晓、人人参与、人人共建、人人共享的浓厚创建氛围。报社获创建全国文明城市工作二等奖先进集体。

【策划异地采访活动】 2017年，常熟日报社走进结对扶贫的思南县，深入村镇一线，重点围绕教科研、医疗、特色产业领域，通过采访一线援助工作者、结对村、思南当地群众，全面报道两地对口帮扶工作，记录两地携手共进的足迹。《常熟思南对口帮扶推动精准脱贫》系列宣传报道在头版刊登，报道被新浪等大

常熟日报社开展“与文明同行　建精致城市”活动　　（常熟日报社提供）

型门户网站转载。与市委宣传部、市广电总台联合组织开展“访特色小镇、建精致城市”异地采访活动。活动选取11个特色小镇，分线路进行采访报道。跳出常熟看各地前沿发展，为常熟特色小镇和精致城市建设提供鲜活样板。

【深化“走基层”活动】 2017年，常熟日报社每月安排1名记者或编辑蹲点村(社区)，深入群众，大力挖掘基础鲜活经验，刊发蹲点日记报道40篇。开设了《走基层·现场见闻》《走基层·记者手记》《走基层·深度调查》专栏，刊发报道70篇。老百姓的镜头更多了，基层的声音更响亮了，新闻报道的亲和力、吸引力和感染力也进一步提升。

【推进媒体融合发展】 2017年，常熟日报社进一步加强新媒体技术研究，实现微信视频直播和图文直播双重直播模式。为文明常熟、琴湖新韵、碧水琴川党政公众号提供了文明城市问卷、文明家庭投票、微信现场签到等方面的功能服务。实现“网络新闻发布厅”运行常态化，围绕市民关注的热点问题、最新推出的政策进行解读，全年发布16期。

【拓展多元化发展渠道】 2017年，常熟日报社与江苏经济报联合开展“常熟十大领军人物”及“常熟十大新经济人物”推举活动，开展了服博会优店评选活动，宣传推广店铺50家，成功举办常熟投资理财博览会、品牌家居建材博览会，与市体育局合作策划室内五人制足球等体育赛事。发展文化培训事业，不断壮大小记者队伍，成立媒介素养基地校；常熟日报职业培训学校获批设立。全年编辑出版《青青芦苇——走进沙家浜》《王淦昌》《2017年度投资策略报告》等书籍8部。

【提升志愿服务融合能力】 2017年，常熟日报社牵头开展“聚·和”基层行党建服务联盟活动，联合12家单位每月1次深入基层，先后走进辛庄镇辛庄社区、董浜镇徐市社区、梅李镇天字村和古里镇康博村等12地，派出党员和工作人员3200人次，服务基层群众超过8000人次，为群众普及法律政策、健康知识和科学技术，丰富了群众的精神文化生活。 (胡方圆)

## 广播电视

【概况】 2017年，常熟市广播电视总台(简称市广电总台)组织策划专题(系列)报道20多个，举办社会活动70多场。创优作品获省级奖6项、苏州市级奖50项，获奖数量质量名列苏州各县市前茅。年内，市广电总台被评定为“常熟市2016年度机关绩效考核优胜单位”，获全国文明城市创建工作先进集体二等奖。市广电总台台长张怡当选中国电视艺术家协会第六届理事会理事。

【舆论引导积极有为】 2017年，市广电总台围绕“人大、政协两会”“百村千企万户”大走访、创建全国文明城市、服博会、全省县域科技体制改革经验交流会、常熟首届创新发展大会、学习宣传贯彻党的十九大精神等重要会议活动开展宣传报道，开设“民生实事看落实”“科技人员在行动”“聚力创新在路上”“263常熟在行动”“履职进行时”“聚焦百日行动”“家在常熟，共筑梦想”“砥砺奋进的五年”等20多个专题系列报道，以及“新春走基层”“来自基层一线的报道”“高温下的常熟”等走转改报道。推出向党的十九大献礼电视系列片《十八大以来常熟党建工作巡礼》，以及读原著学原文悟原理“常熟网上学习会”大型音频学习栏目。

【创新节目改版栏目】 2017年，市广电总台交通广播丰富节目形态，引进《晓梅服务时间》《家在常熟》同频播出，“直播态”从周一至周五延伸至双休日；新闻广播微信平台推出“听新闻”栏目，实现手机听新闻功能。《春来茶馆》推出“每天一句常熟话”小版块和常熟文化名人老陆、根根担当的周末特别节目，开设“常熟小故事”版块。《今日传播》创新报道形式，探索无人机、手持云台相机在电视民生新闻中的使用，使新闻画面组合更加丰富多样。开展“访特色小镇、建精致城市”异地采访。采访常熟籍专家学者，推出“家在常熟共筑梦想”“情系家乡话发展”2场微访谈。

【承办宣教公益活动】 2017年，市广电总台承办“第十届中国旅游电视周”“苏州市统战学习党的十九大精神知识竞赛”“常熟城市定向赛”“家在常熟·时尚海虞”等五进城展示活动，沙家浜道德模范现场交流活动；举办“午间风·两会现场直播”，建军90周年军民联欢晚会、常广新闻年度人物评选、护士节纪念表彰活动、妇联家庭风采大赛、全市财政会计廉政知识竞赛等。组织“芬欧汇川”杯环保图片评比活动、“传播公益行温暖过春节”“《今日传播》相亲大会、开发区相亲会”“新市民歌唱大赛、新市民看常熟、新市民集体婚礼”等公益活动。

【打造品牌服务社会】 2017年，市广电总台打造活动品牌，服务群众生活，举办春季房车展、“江南美食节”“苏作红木博览会”“家装建材节”“品牌名品特卖会”、大衣节等会展活动；组织书法大赛、舞蹈大赛、模特大赛、旗袍秀、特色旅游等。摄制资料片30多个，《美好常熟》在全市创新大会上播出。少儿播音主持考级探索向全省各地拓展，与淮安、昆山、江阴、武进、泰兴等市县达成合作意向。“i常熟”各项指标继续保持苏州市政务类公众号前列，“枫叶直播”对服博会开幕式、《民声汇》共建文明城市等进行微信直播，首次尝试护城河连续8天全天候看樱花微信视频直播，社会反响较好。

【外宣创优取得佳绩】 2017年，市广电总台广播对外发稿407篇，电视专题节目外发黄河台和江苏国际频道18部次，新闻节目被地级以上电视台录用300多条，其中《江苏常熟举办江南文化节》《传承保护古琴艺术千年古韵焕发》在央视新闻节目中播出，获得年度江苏电视新闻繁荣奖。广播电视获苏州市级政府奖50项，其中一等奖9项；获省级政府奖6项，其中二等奖2项；广播《小伙伴》栏目荣获广电总局2016年度少儿节目精品发展专项资金扶持项目，获奖数量质量名列苏州县市前列。此外，在第五届“全国市县电视台推优活动”中《民声汇》《常熟星舞蹈大赛决赛》分别荣获电视栏目类、综艺晚会类一等奖。《金色翅膀》获全国教育电视条线“优秀栏目”评比一等奖，广电少儿合唱团合唱《雪花》获第十二届江苏省“五星工程奖”优秀作品。

2017年9月25日，第十届中国旅游电视周优秀旅游电视节目颁奖仪式在常熟森林大酒店举行　（市广电总台提供）

**【事业建设稳步推进】** 2017年，市广电总台发射塔重建工程完成项目财政概算评审、发改委初步设计立项，省施工图终审等前期工作，取得建设用地使用权、工程规划许可证，移交城投公司代建。强化安播人防机制建设，开展安全隐患大排查，实施安播应急演练，针对检查中发现的薄弱环节进行整改，实现全国两会、党的十九大等重要安播期的广播电视安全优质播出。技术创优作品获省科技创新奖三等奖2项，节目技术质量奖二等奖2项。

**【新闻融媒体指挥中心建成】** 2017年，市广电总台集约利用采编资源，打造全媒体采编播平台。5月，新闻融媒体指挥中心启用。指挥中心由一台84吋触控屏和8台55吋LCD电视、8台电脑及相关周边设备构成，系统集成新闻高清制作网、广播制作网、新媒体客户端、网络爆料平台和网络爬虫等功能，实现新闻制作全流程、新媒体影响评价和爆料内容的实时显示，满足融媒体新闻“一次采集、多种生成、多元传播”的制播要求，更好地为广大市民提供权威、及时和贴心的新闻服务。

**【《春来茶馆》栏目改版】** 2017年7月1日，《春来茶馆》改版。栏目主持人梁贤承担每周一到周四的常规节目，嘉宾主持，常熟当地文化名人老陆（陆建华）、根根（汪跃进）担当每周五到周日的特别节目。改版后主持人及内容和风格有较大变动。基本构架为，第一段落为热点话题的点评，第二段落为特别节目。栏目组根据两位嘉宾主持的风格进行编辑，为嘉宾主持提供较大的发挥空间，力求呈现给观众更有亲和力、更接地气的方言类新闻节目。周日节目仍为“春来大舞台”，内容有较大的提升，主要是老陆向观众推荐评弹、根根向观众推荐锡剧。

**【“难忘的岁月”特别节目开播】** 2017年，《春来茶馆》栏目联合市党史办、文明办、民政局等部门，从7月1日起，推出“难忘的岁月——追忆常熟革命故事”特别节目，采制任天石、薛惠民、李建模、徐青萍、朱爱秾等7位革命人士的12个革命故事。通过老陆、根根用方言声情并茂地讲述，配以视频片段和图片资料，追忆革命烈士，弘扬革命精神，把革命先烈的英雄事迹展现在电视荧屏、微信公众号上，受到网友和观众好评。

**【第十届中国旅游电视周】** 2017年9月25日，由中国视协、江苏省文明办、江苏省旅游局、江苏省文联、江苏省视协、中共常熟市委员会、常熟市人民政府联合主办的第十届中国旅游电视周颁奖仪式在森林大酒店举行颁奖仪式，同时对“文明旅游常熟行”电视短片邀请赛获奖作品进行表彰。“文明旅游常熟行”电视短片邀请赛邀请旅游卫视、新华网、中国网、腾讯视频以及苏州周边县市电视台、多家文化传媒机构参赛，并向社会广泛征集作品。16家各级媒体，24部电视作品，全方位、多角度地用电视手段诠释文明旅游的内涵和常熟秀丽的山水景色。

**【广播电视业务论文集出版】** 2017年，市广电总台、市广电学会出版《实践与探索——常熟市广播电视业务论文集（2012～2016卷）》论文集，收录5年来，全市广电业务论文评选中获得二等奖以上的93篇作品，共分“常熟电视三十年专辑”“媒体融合发展研究”“节目采编及节目主持人研究”“改革、管理、营销研究”“广播电视技术研究”“广电有线网络研究”6个部分。

**【《今日传播》使用无人机进行报道】** 2017年，《今日传播》启用大疆精灵3无人机采编电视民生新闻，累计飞行超过一百架次，航拍常熟城区和各个乡镇。无人机的航拍镜头，出现在重大工程竣工、农业丰产丰收、节庆旅游、群众性体育活动等诸多报道中，播出大量具有视觉冲击和美感的画面，航拍画面剪辑成小视频，发布在微博、微信公众号等新媒体，推动传统媒体和新媒体融合，得到观众和网友的好评。（俞　纲）

责任编辑　虞　柳

## 综　述

**【概况】** 2017年，常熟市共有卫技人员9507人，千人拥有医生数（常住人口）2.60人，千人拥有护士数（常住人口）2.51人。全市医疗机构总床位8247张，千人拥有医疗机构床位5.44张。全市医疗机构门急总数13623154人次、出院总数265704人次，同比分别增长4.3%、1.7%。2017年平均期望寿命82.23岁，其中男性平均期望寿命79.75岁，女性平均期望寿命84.65岁。2017年，常熟市卫生信息化达到国家四级甲等水平。

**【第二届“医德之星”评选】** 2017年10月9日，市文明办、市卫计委联合向全市医疗卫生计生单位发出《关于组织开展第二届常熟市“医德之星”推选活动的通知》，至10月20日，市推委会办公室共收到有关单位推选候选人34名，在经单位推荐、部门会审、媒体公示、公众投票、专家评审和推委会汇总讨论的基础上，12月20日市文明委发文授予市第三人民医院杨忠等10名同志第二届常熟市“医德之星”荣誉称号，沙家浜卫生院汪东兴等10名同志第二届常熟市“医德之星”提名奖。

**【区域影像心电用血平台建成】** 2017年11月，全市医疗区域影像、心电、用血平台项目通过市信息化办、财政局、发改委的联合验收。截至11月，区域影像平台已检查汇总11.9万份影像数据，其中影像远程会诊检查量为985份；区域心电平台已检查汇总40.9万份心电数据，其中心电远程会诊检查量超千份；各医院通过输血平台共申请1.2万张用血申请单，输血4万袋。建成区域影像平台，实现全市医院所有影像资料的数字化存储、归档管理、数据共享和跨机构影像诊断业务协同，基层医院通过平台提出诊断申请后，由上级医院实时出具会诊意见及报告，方便市民就近快速得到高质量的诊疗服务。建成区域心电平台，实现全市心电数据的统一采集、诊断、质控和共享利用，基层医院能够接收到市级专家的会诊结果，提高了诊断质量，减轻了医疗负担。建成区域用血平台，满足医院临床输血管理的日常业务需求，保障群众的输血安全。

**【卫生信息化达到国家四级甲等水平】** 2017年5月，常熟市通过国家医疗健康信息互联互通标准化成熟度四级甲等认证，成为国内第二家、江苏省内首批通过该项认证的区县级城市。区域健康信息平台已实现269家医疗卫生机构的基础业务支撑及健康信息共享，涵盖2家三级医院、5家二级医疗机构、29家一级医院、32家社区卫生服务中心（乡镇卫生院）和222家社区卫生服务站。2017年4月25日通过国家医疗健康信息互联互通标准化成熟度评测现场考核。

**【市第一人民医院通过JCI认证】** 2017年1月9～13日，美国JCI总部的5名评审官，进驻常熟市第一人民医院（简称市一院）进行为期5天的正式评审。评审组进行文件审查、质量访谈、单个患者、部门服务质量监测追踪、设施巡查、人员资质访谈、归档患者医疗记录审查、供应链管理以及循证采购访谈和追踪、伦理框架和安全文化访谈等对全院的组织架构、管理体系、设施安全、药物系统、院感防控、质量检测与改进、员工资质、设施安全和供应链等方面进行细致的检查和综合评估，最终JCI评审官员对市一院做出高度评价并通过认证。

**【市第二人民医院建院30周年庆典】** 2017年11月28日，常熟市第二人民医院（简称市二院）举行建院30周年庆典暨医学前沿高峰论坛。市委书记王飏出席庆典并讲话，扬州大学医学院院长史宏灿致辞。市委副书记韩卫兵与市人大常委会副主任陶理为胸痛救治中心揭牌。副市长张月明与市二院院长吴钢为苏州市临床重点专科泌尿外科揭牌，庆典由市卫计委主任朱兴元主持。庆典结束后，举行医学前沿高峰论坛与《三十履痕》新书首发式。1987年12月30日，市二院正式对外开诊。2011年，建成三级乙等综合性医院。目前有4个院区、1720名职工、32个病区、1300张床位，年门急诊人次、出院病人数、手术例数分别从1988年的5万人次、3026人次、1052例增加到2017年的184万人次、5.4万人次、2万例。

**【市中医院建成虞山国医馆】** 常熟

2017年11月28日,常熟市第二人民医院建院30周年庆典暨医学前沿高峰论坛举行　　　　(市二院提供)

市中医院在方塔公园西侧建设虞山国医馆,总面积900平方米,设有吴门医派虞山医学流派研究所、常熟名中医江育仁纪念馆,由江苏省名中医李葆华、邵亨元等一批资深中医名家、医联体成员单位中医专家坐堂,提供中医诊疗、针灸、推拿等特色服务,10月16日开诊至年底诊疗3712人次,在方便古城区患者就近诊疗的同时,也成为古城中医药服务及中医药文化旅游的一个特色项目。在中医院门诊四楼建成中医特色诊疗区,总面积1400平方米,设有虞山名医馆、中医综合治疗区(针灸室、推拿室、中医综合治疗室)、中医护理操作室、中药标本展示区等。

(徐建良　仲　雷)

## 医政医管

【概况】 2017年,本市登记注册医疗卫生机构490个。全市共有医院20家;卫生机构8家;社区卫生服务中心9家;卫生院(分院)22家;社区卫生服务站220家;门诊部47家;护理院(站)6家;诊所63家,企事业单位卫生所、校医室92家;单采血浆公司1家;其他2家。市政府印发《常熟市关于加快发展社会办医的实施意见(试行)》,进一步放宽社会办医疗机构设置条件。2017年全市批准设置民营医疗机构25家,其中,护理院1家,门诊部10家,诊所14家;批准执业注册民营医疗机构22家,其中,护理院1家,门诊部6家,诊所13家,护理站1家,内设医务室1家。开工建设北部医院(暂名)。年内,深化公立医院改革,完善财政补偿政策,实施医保支付方式改革。推进医疗联合体建设,全面提升基层医疗机构服务能力。虞山尚湖旅游度假区社区卫生服务中心与市一院建立医联体。重点培育建设10家基层医疗机构特色科室。家庭医生签约服务在全市范围推开,高血压、糖尿病两类重点人群家庭医生签约率达31.6%,家庭医生签约服务信息化平台投入应用。完善慢病下沉管理和精神门诊前移工作,新增下沉管理病种6个,同步新增慢病药物用药目录。下发《医疗安全专项整顿活动工作方案》,开展全市医疗安全专项整顿活动。全年全市共发生纠纷总数111起,结案82起,同比略有下降。贯彻落实《中医药法》,基层医疗机构形成相对独立的中医综合服务区,提供基本中医药诊疗服务。新建1个无偿献血文明小屋,全年无偿献血19234人次,同比下降7.19%,采集全血18214人次,22746.5单位,同比下降7.71%;机采血小板1029人次,同比上升21.49%。2017年,市中医院通过三级乙等中医院复评,市一院通过二级甲等综合医院复评,市第五院人民医院(以下简称五院)通过二级乙等综合医院复评。

【院前医疗急救水平提高建设】 为建立科学、合理、快速和可持续健康发展的全市院前医疗急救体系,下发《市政府办公室印发〈关于深化常熟市院前医疗急救体系建设的实施方案〉》及配套文件《关于进一步加强常熟市医疗急救机构运行经费保障的通知》《关于加强急重症病人市域外转运工作的通知》,院前医疗急救体系建设按照方案的稳步推进。海虞、辛庄急救站自12月起调整为24小时运行,全市新设3家市级长途转运服务站自2018年1月1日起正式投入运行。

【五大救治中心建设】 根据《关于下发推进苏州市健康市民"531"行动计划实施方案的通知》,市属重点医院按照序时进度要求,推进辐射城乡的胸痛、卒中、创伤、危重孕产妇和危重新生儿协同救治中心建设。市二院胸痛救治中心通过中国胸痛中心认证。市一院创伤救治中心、卒中救治中心、危重孕产妇救治中心、市二院卒中救治中心、市中医院危重孕产妇救治中心、危重新生儿救治中心通过苏州市卫计委组织验收并确认,市二院创伤救治中心确认为建设单位。

【医疗服务改善三年行动计划】 实施《"健康苏州·为民务实"持续改善服务三年行动计划》,2017年主题是"优质服务年",有效落实10项具体新举措:二级以上医疗机构开展日间手术;推行临床路径诊疗模式;开展检验项目解套、检查结果互认;开展"三合理"规范落实;进行抗菌药物合理应用督查;进一步规范医疗机构及医务人员诊疗行为;继续推进预约诊疗工作,扩大分时段预约及转诊预约的覆盖面;完成市血液管理信息系统建设,实现医疗机构与采供血机构信息互联互通,推进用血费用院内直报工作;强化护理内涵建设,着重推进基层医疗机构优质护理服务,患者满意度达95%;积极探索"以医院为支撑、居家为基础、社区为依托"的延伸护理服务模式。

**【卫生对口支援贵州思南县工作】** 根据思南县卫计系统帮扶需求，2017年，常熟市医疗机构派出10名医疗专家组队赴思南县开展‘对口支援’，派驻专家除了技术支援，还承担专科建设指导任务，受援医院开展了多项新技术（项目），服务能力明显提升，特别是泌尿外科微创手术、消化科内镜治疗、眼科、妇科、影像科建设等取得突破性进展，急重症救治水平明显提升。思南县卫计系统选派49人次到常熟市对口单位参观、考察、学习，其中半年以上进修学习的专业技术人员25人。（卫正洪）

市中医院开展“爱心送到家健康你我他”科普日宣传义诊活动

（常熟日报社提供）

## 社区卫生服务

**【概况】** 2017，开展基层医疗卫生服务能力提升年活动，全年完成10家新、改扩建社区卫生服务站，并同步完成辖区内服务人群基本医疗及公共卫生工作。完成4家市民健康管理综合服务平台转型建设。建成1家全国群众满意乡镇卫生院，建成6家省示范社区卫生服务站。组织开展“务实进修”、高校毕业生全科医师规范化培训、乡村医生实用技能培训等。组织全科医生、社区护士开展苏州市基层卫生岗位练兵和技能竞赛活动并参加苏州市决赛。唐市中心卫生院获得国家卫生和计划生育委员会评选的2016—2017年度群众满意的乡镇卫生院称号，服装城琴南社区建成国家流动人口社会融合示范社区，虞山镇枫泾、东青社区卫生服务站、古里镇吴庄社区卫生服务站、尚湖镇湖庄社区卫生服务站、碧溪新区聚和佳苑、白莲社区卫生服务站建成省示范社区卫生服务站。

**【家庭医生签约服务】** 家庭医生签约服务列为2017年市级重点民生实事项目，在虞山镇城区、藕渠社区卫生服务中心及王庄医院开展家庭医生个性化签约服务试点工作。6月，市政府召开全市家庭医生签约服务工作现场推进会，市卫计委印发《关于全面推进家庭医生签约服务工作的通知》，在全市范围内正式开展家庭医生签约服务，逐渐转变基层医疗卫生机构服务模式，促进“基层首诊、分级诊疗”就医格局的形成。年内完成签约7.6万人、增值包3.1万人。

**【基层特色科室培育】** 2017年，对练塘中心卫生院、沙家浜卫生院等10家基层医疗机构的特色科室进行重点培育与帮扶。古里中心卫生院康复医学科申报创建江苏省基层医疗机构特色科室，辛庄中心卫生院呼吸科、浒浦卫生院针灸推拿科、莫城社区卫生服务中心老年科申报创建苏州市基层医疗机构特色科室。3月，古里中心卫生院康复医学科、沙家浜卫生院糖尿病专科通过现场评估验收，获“苏州市特色科室”称号。6月，沙家浜卫生院中医骨伤科荣获“江苏省基层医疗机构特色科室”称号。（周晓霞）

## 卫生计生监督

**【概况】** 2017年，常熟卫生监督部门全年出动卫生监督执法人员6594人次，检查各类生产经营单位4653户次，实施行政处罚88起，罚没款16.3285万元，移送涉嫌刑事犯罪案件11起（含镇域综合执法6起），受理投诉举报90起，处理率100%。随机抽检公共场所、生活饮用水、放射卫生、学校卫生、医疗卫生传染病防治290家单位，抽检完结率100%。卫生计生行政许可办结2320件。开展医疗机构依法执业信用等级评价、医疗机构和医师不良执业记分管理，对58名医师进行记分。立案查处医疗机构3起，立案查处医疗机构医务人员14人。依法查处涉嫌非法组织他人卖血案1起，移送公安部门立案侦查。取缔非法行医点58次，没收药品610kg、各类医用器械228件，行政处罚29件，移送公安机关案件4件。再生育审批许可建立“低门槛准入、高强度监管”模式，全年市镇两级发出《再生育审批告知函》56份、《生育登记告知函》933份。调整3名卫生计生执法人员进驻各镇（街道）综合执法局。推进政务服务“一张网”建设，制订《常熟市卫计委“应上尽上，全程在线”工作制度》，明确工作要求和保障措施，重新梳理卫生计生政务服务事项47项（内含57个业务项）。

（周志英）

## 疾病防控

【概况】 2017年，全市共报告法定甲乙类传染病13种，共计1945例，报告死亡9例，报告发病率、死亡率分别为99.58/10万、0.46/10万。与2016年相比，报告发病率下降18.95%，报告死亡率上升53.33%。实施国家免疫规划疫苗接种395321剂次，接种率均达95%。全市共检测艾滋病病毒抗体164852人次，新发现86例艾滋病病毒抗体阳性者。对全市372例艾滋病病人和感染者免费提供抗病毒药物治疗。完成全市中小学校11.8万名学生健康监测工作和7671名三年级学生23063颗牙齿窝沟封闭。食源性疾病哨点医院病例监测1034份，阳性检出率24.97%，发放从业人员健康证79726份。全面落实民生实事项目，完成18.3万名65周岁以上老年人健康管理工作，为16.66万名高血压患者、4.16万名糖尿病患者提供慢性病管理服务。建立电子健康档案138.3万份。

【落实苏州市健康市民“531”行动计划】 根据项目工作基础和当地医疗机构技术水平，确定梅李镇、支塘镇、辛庄镇、古里镇、虞山镇城区、藕渠社区卫生服务中心等单位作为心脑血管疾病高危人群筛查和干预项目点，开展老年人健康管理工作，完成初筛评估49909人，其中脑卒中高危10759人、心血管病高危7451人、合并两种疾病高危2383人；转诊高危人群中接受颈动脉超声和心脏超声4570人次，发现颈动脉超声异常432人次、心超异常555人次。在全市范围内开展肿瘤筛查工作，老年人体检增加肿瘤指标检测，对检测结果异常人员进行量化评分，完成肿瘤高危人群筛查量表992份，相关数据均录入电脑，与2017年肿瘤新发病库进行初步核对，发现肿瘤病人78人。

【健康证办理电子化】 5月1日起，在市疾病预防控制中心体检大厅放置并正式使用3台健康证办理自助机，办理健康证人员只要在自助机上通过刷取二代身份证即完成登记，关注“常熟疾控”微信公众号后，体检合格后自动推送电子版健康证或自主打印健康证，健康证的材质由原来的普通纸张塑封改为PVC卡。 （高　科）

【血吸虫病、寄生虫病和地方病防治】 制定下发《2017年常熟市血吸虫病、寄生虫病和地方病防治工作意见》，全市共培训查灭螺工作人员2300余人次，未发现钉螺；未发现当地血吸虫急性感染病人；对全市1131名历史晚期血吸虫病人进行随访和体检，对其中74名符合省晚血治疗救助条件的患者实施医疗救助，发放救助款26.87万元；发现4例境外输入疟疾病例，均经规范治疗痊愈，未发生二代病例。完成儿童蛲虫感染率调查573人，对其中15名蛲虫阳性患者进行规范处理；抽取2个镇开展居民肠道线虫感染率调查共1000多人；完成《江苏省重点寄生虫病防治规划（2007－2015年）》常熟市终期评估工作。 （沈　洪）

## 卫生应急

【概况】 2017年，全市发生并上报Ⅳ级（一般）突发公共卫生事件3起，经及时妥当处置。市卫计委联合市农委开展人感染H7N9禽流感疫情的应急处置演练，加强卫生应急培训、演练和技能竞赛。调整充实卫生应急处置队伍。全年有效处置聚集性疫情656起、食品安全类事件20起，成功处置尚湖高中小高考期间诺如病毒感染疫情以及4起人感染H7N9禽流感疫情。参与“7·16”纵火案等事件紧急医学救援工作15次，完成2017年中高考、市民徒步大会、大型演唱会、服装服饰博览会等活动现场医疗卫生保障工作49次。年末，常熟市顺利通过国家级卫生应急工作规范化市复评和梅李镇创建省卫生应急示范镇验收。

【卫生应急队伍能力建设】 调整部分市级卫生应急处置队伍成员，组成7大类10支共158人卫生应急队伍，基本建成统一组织、平急结合、反应迅速、保障有力的卫生应急救援队伍体系。7月，市卫计委和市总工会联合举办全市卫生应急技能竞赛，开展急救理论知识、法律法规和心肺复苏、气管插管等常见急救技术的培训和竞赛，应急条线100人参加比赛，通过以赛促学、以赛促练，提高医疗机构急诊急救技能水平。组队参加苏州和省级竞赛，获省级个人三等奖。 （何国军）

## 妇幼保健

【概况】 2017年，全市共有活产数14316人，孕产妇实现零死亡，孕产妇健康管理率92.46%，新生儿访视和产后访视率达93.44%，住院分娩率100%。全市7岁以下儿童88779人，健康管理率99.55%，五岁以下儿童死亡率3.77‰，婴儿死亡率2.37‰，新生儿29种疾病筛查率达98.80%，托幼机构保健合格率达100%，围产儿出生缺陷发生率4.86‰。2017年，全市共筛查产妇14197人，发现Ⅰ类高危2334人，Ⅱ类高危4274人，Ⅲ类高危384人，根据不同情况及时转诊到不同级别医疗机构进行分类管理。市一院、市中医院建成苏州市危重孕产妇救治中心，市中医院建成危重新生儿救治中心，成功救治危重孕产妇146例和危重新生儿1496例。全年共免费婚检9988人（4994对），婚检率97.25%。3927对夫妇接受孕前检查。新生儿29种代谢性疾病筛查14144人，筛查率达98.80%，发现4例甲低患儿，听力筛查14197人，筛查率达99.99%，发现70例听力障碍患儿，均得到早期干预。

【妇女健康优质服务和省“两癌”项目】 按照为本市户籍20－34岁育龄妇女每两年免费提供一次妇女病普查和计生优质服务及为本市户籍35－64岁妇女每两年免费提供一次“两癌”初筛要求，常熟市将妇女病普查、计生优质服务和“两癌”检查结合起来开展，全年完成检查服务142512人，普查率90.43%，妇女病患病率15.93%，其中完成省“两癌”项目任务宫颈癌检查27774人，共发现宫颈癌13例，宫颈细胞内瘤变197例，癌前病变84例；完成乳腺癌检查27078人，发现乳腺癌12例。选择浒浦卫生院服务区域内的村社区作为HPV检测试点地区，为1400多名妇女开展HPV检测。 （查建英）

## 爱国卫生

【概况】 2017年，市爱国卫生运动委员会更名为市爱国卫生运动与健康促进委员会。国家卫生城市通过苏州市级复审，3个省级卫生村通过省级复审。建成1个省级健康镇、8个省级健康村和6个省级健康单位、1个WHO健康城市合作中心健康单位。市爱健委命名177家“无烟单位”和131户“健康家庭”。全市建成109个健康自助检测点（健康小屋）。“四害”密度常年控制在国家标准范围内。全市农村无害化卫生户厕普及率100%。常熟市中医药博物馆成为首批江苏省爱国卫生教育（健康教育）基地。市爱健办印制的宣传品荣获江苏省三等奖。出台禁控烟工作系列文件，大力开展无烟党政机关、无烟学校等“无烟单位”建设，申报单位186家，对177家“无烟单位”进行了命名。组织开展第30个“世界无烟日”主题活动，市爱健办、市健教所荣获江苏省世界无烟日活动优秀组织奖。 （李 墨）

## 计划生育

【概况】 2017年，全市审核发放计划生育家庭特别扶助金3622人次、2385万元；发放持证企业退休人员一次性奖励金16367人、5892万元，手术并发症52人、18.9万元；农村部分计生家庭奖励金35493人、3317万元；计划生育公益金225人、65.9万元。总计11679万元。办理生育服务登记6386例（其中流动人口生育服务登记232例），户籍人口出生7312人（其中女性3589人），违法生育2例；流动人口出生6156人（其中女性2962人），违法生育123例。全市出生人口性别比为105.6，出生政策符合率99.07%。市计生协会组织举办全市0—3岁科学育儿健康大讲堂，对2014年7月至2016年6月生育家庭，组织开展一年二次免费亲子活动，通知服务率81%。2017年政府出资8万元为全市2.5万0—3岁婴幼儿办理0—3岁科学育儿团体保险，保险责任包括意外身故、意外残疾/烧伤、突发疾病身故、意外门诊、意外住院。全年开展计划生育政策法规宣传、优生优育指导和健康咨询，宣传服务52974人次。策划创作方言表演唱《快快乐乐生两孩》，参加文化惠民村村行公益文艺巡演、百姓大舞台戏曲专场和百姓大舞台纳凉晚会演出。

【全国生育状况抽样调查】 开展动员部署，4月27日市卫计委召开由13个板块计生办主任及信息统计和流动人口条线工作人员参加的全市生育状况抽样调查工作会议，明确工作要求。7月24日，在全市12个样本点基本完成入户调查工作后，对入户调查情况进行互查互审，按时录入系统。

【流动人口卫生计生均等化服务】 组织开展流动人口育龄妇女健康检查活动，全年服务44000人。与安徽省明光市、铜陵市驻苏州流动人口计划生育工作站、青阳县、潜山县、萧县、江西省湖口县等地签订区域协作协议，开展区域协作活动，促进均等化工作。全年开展健康教育巡讲41场，流动人口落实长效措施一次性奖励163人37100元，免费技术服务落实率100%；免费孕环情检查（B超）服务10720人次，流动人口“两癌”初筛和妇女病普查12272人。

【创建国家流动人口融合示范社区】 年初，确定服装城琴南社区为创建国家流动人口社会融合示范社区，成立以市卫计委分管领导为组长的创建领导小组和由服装城卫计、民政等部门成员组成的创建工作小组，制定创建方案，落实创建专项经费和市级“以奖代补”项目经费15万元。11月，服装城琴南社区接受省卫计委流动人口基本公共卫生计生服务均等化工作评估验收。11月16日，获得国家流动人口社会融合示范社区殊荣。 （徐建良 张剑鸿）

**责任编辑 张 军**

# 体育·健身

## 综　　述

【概况】　2017年，常熟市组织举办了室内五人制国际足球邀请赛、尚湖国际半程马拉松赛、尚湖国际铁人三项比赛、第五届市民徒步大会、城市定向越野比赛，承办全国围棋甲级联赛、省第49届县级门球联谊赛、长三角龙舟邀请赛、苏州市"桥协杯"桥牌赛等品牌赛事。常熟市在苏州市级比赛获得94金72银85铜，省级比赛获得31金15银10铜，共获得125块金牌。全年共向苏州市级输送人才37名，向省级以上输送人才5名。常熟市体育局荣获"全国群众体育先进单位"称号。

## 竞技体育

【概况】　2017年，全市举办了室内五人制国际足球邀请赛、国际男篮争霸赛、国际女排对抗赛等大赛。常熟市运动员在苏州市级比赛获得94金72银85铜，省级比赛获得31金15银10铜，共获得125块金牌。县组田径比赛（8金）实现了奖牌数和总分历史上最高。在2017年江苏省青少年篮球锦标赛（县组）中，常熟体校男子篮球队获得男子组总成绩第一名。杨雨轩在全国14～15岁青少年锦标赛中获得110米栏冠军。吴心怡蝉联全国少年儿童跳水锦标赛冠军。年仅15岁的我市花游小将张依瑶，在天津全运会花样游泳比赛中，获得双人项目第七名和集体自由组合项目的银牌。全市共有15名选手参加第十三届全运会，取得了优异成绩。

【跳远运动员石雨豪创亚洲纪录】2017年5月15日，在2017年香港田径锦标赛中，常熟籍跳远运动员石雨豪以8.18米的成绩夺得男子跳远冠军，达到伦敦世锦赛的参赛标准。8月6日，2017年伦敦世界田径锦标赛，石雨豪以8.23米获得第六名，创造亚洲青年跳远记录。跻身世界一流跳远选手行列。

2017年9月16日，第十五届全国篮球城市体育交流活动在市体育中心开幕　　（常熟日报社提供）

**【杨雨轩夺得青少年锦标赛中110米栏冠军】** 2017年7月22日，2017年全国体育运动联合会田径锦标赛暨全国少年(U14—15)田径锦标赛在锦州市滨海体育运动中心举行，在男子基地1415组110米栏(0.914米)的决赛中，常熟市中学高一学生、常熟市体育运动学校运动员杨雨轩以14秒11的成绩夺得冠军。

**【吴心怡连得全国少年儿童跳水锦标赛冠军】** 2017年8月6～11日，2017年“洲克．泳者之星”杯全国少年儿童跳水锦标赛在河南郑州举行。由常熟市体育运动学校培养并输送的10岁的吴心怡，获得了女子乙组跳台冠军、三米板亚军、全能亚军。这也是吴心怡第三年在该赛事上夺冠。

**2017年在常熟市举办的重要体育赛事一览表**

表37

| 赛　事　名　称 | 比赛时间 | 比赛地点 | 比　赛　规　模 | 获奖情况 |
|---|---|---|---|---|
| “大金杯”国际男篮争霸赛 | 6月23～25日 | 市体育中心 | 江苏队、喀麦隆队、黑山队、新西兰队 | 喀麦隆队夺冠 |
| 2017年国际女排对抗赛 | 7月29日 | 市体育中心 | 塞尔维亚国家队、江苏中天钢铁 | 塞尔维亚国家队获胜 |
| 2017中国足协室内五人制足球国际锦标赛 | 10月20～22日 | 市体育中心 | 中国、荷兰、越南、克罗地亚四只队伍 | 克罗地亚队获胜 |

## 群 众 体 育

**【概况】** 2017年，常熟市组织开展了长三角城市龙舟邀请赛、尚湖国际铁人三项比赛、常熟城市印记定向挑战赛、第五届市民徒步大会、尚湖国际半程马拉松赛等群众体育大赛。开展常熟市第22次全民健身月和第9届体育节活动、全民健身大拜年志愿服务活动、第12届市级机关健身运动会、第13届机关乒乓球比赛、第11届外资企业登山比赛、第9届村级农民篮球赛、足篮羽三大联赛、老年气排球、门球、台球、广场舞、木兰拳、柔力球、武术比赛等传统群体赛事。健身月期间共组织举办、指导各类赛事活动50多项，直接参与人数达3万多。

**【长三角城市龙舟邀请赛】** 2017年5月6日，2017第九届长三角城市龙舟邀请赛成功举办。江浙沪12支代表队的300多名运动员参赛。此次龙舟赛由江苏省体育局、上海市体育局、浙江省体育局、常熟市人民政府主办，江苏省龙舟协会、常熟虞山尚湖旅游度假区管委会、常熟市体育局承办。进行200米直竞赛道、500米直竞赛道两个项目的角逐，上海海洋大学龙舟队、浙江兰溪兰江龙舟队、江苏铁人男队分获前三名。

**【尚湖国际铁人三项比赛】** 2017年6月10～11日，2017年STC大铁联赛常熟尚湖铁人三项赛举行，600名铁三选手参与，来自国内20个省、自治区和直辖市，还吸引了100余位来自24个国家地区的外籍选手。比赛共设有KOL精英组、奥运标准距离个人和接力组，以及半程奥运距离个人组。其中KOL精英组别是STC大铁联赛在2017年推出全新精英组别(King of the Lake)及特别奖金机制。KOL(King of the Lake)组是针对高水平选手设立的特殊组别，分为男女组别。

**【常熟城市印记定向挑战赛】** 2017年9月17日，城市印记·2017常熟城市定向挑战赛正式打响。这是常熟市连续第二年举办该项比赛。约1500人参赛，按照各自选定的线路参加挑战。参赛选手以5人为一队，凭赛事服装及号码布免费乘坐市内公交车前行，以城市主要地标性建筑和场所为点标，运用地图及任务指令，在最短时间内到访指定的点标，按要求完成点上的不同任务即算签到成功，最终用时最少的队伍获得该条线路的冠军。

**【第五届市民徒步大会】** 2017年4月15日，常熟市第七届体育运动会第二十二个“全民健身月”启动仪式暨“农商银行杯”第五届市民徒步大会在南湖湿地公园举行。徒步大会吸引了5000多名徒步爱好者参加。徒步路径涵盖整个环湖健身步道，路程全长约8.4千米。

2017年6月10～11日，2017年STC大铁联赛常熟尚湖铁人三项赛举行
（市体育局提供）

本次徒步大会在终点处设立盖章点，活动参与者在终点处持徒步参赛证盖章，作为对全程参与徒步活动的纪念。

【尚湖国际半程马拉松赛】 2017 年 10 月 29 日，2017 第七届常熟尚湖国际半程马拉松赛暨环太湖马拉松系列赛（常熟站）举行。来自全球 24 个国家和地区、国内 33 个省 120 个地市的 1 万名跑者参加。10000 多名参赛者用时 6 分多钟才全部跑出起点区域。其中，20 多位盲人运动员参与比赛。经过激烈的争夺，来自中国的选手魏小杰以 1 小时 18 分 38 秒的成绩获得女子半程组的冠军。陈燕以 41 分 56 秒的成绩获得女子 10 千米短程马拉松冠军。ABEREYO-SEFWORKINEH 以 1 小时 08 分 34 秒摘得男子全程组冠军。白红新以 34 分 06 秒的成绩获得男子 10 千米短程马拉松冠军。

2017 年 7 月 29 日，"沙家浜冰雪节"杯国际女排对抗赛在常熟市体育中心举行 （市体育局提供）

## 体育产业

【概况】 2017 年，常熟市体育彩票体彩总销量 3.6479 亿元，较去年增幅 8.36%；其中概率型 1.86 亿元、即开型 0.31 亿元、竞猜型 1.47 亿元。全年新注册的体育产业 40 家，启动市体育产业发展规划和建立常熟市体育产业统计制度；依据江苏省《关于组织申报 2017 年省级体育产业发展专项资金项目的通知》精神，两家体育类企业申报体育产业专项资金 350 万元。动员沙家浜镇、尚湖度假区开展体育特色小镇创建，作为苏州首批参与创建的体育特色小镇，在 2017 年苏州创博会上进行展示。 （陆雪怡）

责任编辑 张 军

全民健身 （常熟日报社提供）

# 人力资源和社会保障

## 劳动就业

【概况】 2017年，全市新增就业人数2.8万人，高校毕业生就业率98.61%；开展技能培训1.2万人，各类创业培训1269人。城乡就业困难人员实现就业6530人，城镇登记失业率为1.8%。开发公益性岗位1166个，认定就业困难人员6656名。年内，常熟人才就业微官网获评2017亚太人力资源开发与服务博览会“十大微信公众号奖”；北门大街社区获评第四批国家级充分就业社区；全市2家创业孵化基地获评2017年度省级创业示范基地。1镇、22个社区获评首批江苏省省级创业型街道（乡镇）、社区（村）。

【高校毕业生就业】 2017年，全市共有6638名应届高校毕业生。人社部门对6638名应届高校毕业生继续实施实名制就业管理工作。以政府购买服务方式对离校未就业高校毕业生开展“企业直通车”和“职业规划指导”项目，实施人才就业微服务和掌上求职招聘月活动等。全市共开展17场高校毕业生主题公益性招聘专场，1041家次企业提供19036个就业岗位。7～9月，在人社、卫计、民政等部门开发33个公益性岗位，用于托底安置困难家庭和就业困难高校毕业生就业，最终招录高校毕业生31名。全市累计提供高校毕业生就业岗位19031个，开发高校毕业生见习岗位825个，吸纳高校毕业生674人参加见习。

【常熟人才就业公众号升级】 2017年年初，市人力资源和社会保障局整合线上线下的求职招聘资源，对常熟人才就业微信公众号进行智能化升级。求职人员只要通过手机关注常熟人才就业微官网并注册，就可以实现职位搜索、职位订阅和简历投递；微信系统可根据求职人员的自身条件进行岗位匹配推送，实现人岗精准对接。同时，企业可远程自助报名参会、展位预定、职位发布、职位管理、岗位推送、接收查看电子简历、安排面试等。

【第四届常熟市十佳HR经理人评选活动】 2017年2～3月，开展第四届常熟市十佳HR经理人评选活动。江苏隆力奇生物科技股份有限公司管同刚等10人获评“第四届常熟市十佳HR经理人”称号，常熟服装城集团有限公司的夏艳红等11人获评“第四届常熟市优秀HR经理人”称号。常熟市十佳HR经理人评选活动由市人力资源和劳动保障学会、市人力资源管理服务中心联合举办，每两年举办一次，自2011年至2017年，共产生40名“十佳HR经理人”，63名“优秀HR经理人”。

【第四届常熟市青年创新创业大赛】 2017年5月初，“第四届常熟市青年创新创业大赛暨中国微商创业大赛（常熟赛区）启动仪式”在中江皇冠假日酒店举行。该届大赛是苏州地区首次

2017年5月6日，第四届常熟市青年创新创业大赛暨中国微商创业大赛（常熟赛区）启动 （市人社局提供）

微商创业大赛,大赛的主题是“中国梦,创业梦”。10月底,第四届常熟市青年创新创业大赛暨中国微商创业大赛(常熟赛区)落幕。11个项目分别获得品牌、团体、个人荣誉奖项。得奖项目除获有现金奖励外,还有海虞电子商务产业园园区办公工位或魔方微谷微商生态小镇办公室一年的免费使用权、以及微商大会的各项赞助。

【就业援助联盟成立】 2017年5月21日,市人力资源和社会保障局、市总工会、残疾人联合会共同发起成立就业援助联盟。就业援助联盟旨在为残疾人、大龄人员、长期失业人员等就业困难人员搭建就业平台,提供就业帮扶。通过常熟市至诚义工协会具体推进,联盟共有82家成员单位,涵盖政府、企业、社团、社区(村)等各层级。

【家庭服务行业协会成立】 2017年6月15日,常熟市家庭服务行业协会成立,协会有49家会员单位,吸纳从业人员2000多人,分布于家政、家庭教育、幼儿早教、社区服务、搬家、家庭营养保健等各领域。常熟市家庭服务信息平台同日上线运营。该平台由常熟市人社部门主导规划,具有管理、服务、宣传三大功能,即通过平台,政府部门、行业协会等可以实现政策兑现、统计汇总、情况分析、通知发布、投诉举报受理、公示等;同时也重点提供家服企业与客户的对接服务,包括会员注册、供求信息发布、质量评价跟踪。此外,还可以进行政策文件解读、工作动态发布、先进典型介绍等,平台同时与常熟人才就业网实现链接,发布用工求职信息。

【校企合作】 2017年7～8月,常熟市开展“2017年国内著名高校本科生、研究生到常熟参加社会实践活动”。有南京农业大学、厦门大学、天津工业大学等4所高校37名学生参与,分别与常熟知名企业南农大(常熟)新农村发展研究院有限公司、常熟市城市经营投资有限公司、江苏金龙科技股份有限公司等企业结对合作,共同参与课题开发研究。

2017年11月23日,全省发展家庭服务业工作座谈会在常熟举行

(市人社局提供)

【首届家庭服务业职业技能竞赛举行】 2017年8月5日,由人社局、人才办、总工会、团市委、市妇联联合主办,常熟市家庭服务行业协会协办的常熟市首届家庭服务业职业技能竞赛在常熟市高新园中专举行。竞赛分为家政服务员、育婴员、养老护理员3个工种,各个工种分设甲、乙两组。大赛共有31人获得参赛相应工种高级职业资格证书,13人获得参赛相应工种中级职业证书。

【首个社区职业指导站成立】 2017年8月10日,全市首个社区职业指导站“实心之家”职业指导站揭牌启动仪式在颜北社区举行。“实心之家”职业指导站重点为未就业高校毕业生、失业人员、残疾人和安置帮教对象等人员提供专业化的职业指导服务。

【全省发展家庭服务业工作座谈会在常熟举行】 2017年11月23日,全省发展家庭服务业工作座谈会在常熟举行,省内13个市以及3个省管县(市)人社部门农民工工作处(家服办)的相关负责人参加会议。会议分析了当前家庭服务业发展面临问题,对2018年重点工作进行部署。与会人员还赴常熟市家庭服务业就业创业广场和苏州家庭服务业培训示范基地常熟高新园中等专业学校进行实地参观。

## 人才培育

【概况】 全年组织企业开展赴外引才活动44次,共有465家次用人单位累计提供23586个就业岗位。其中,赴外地校园引才33次,分别在西北大学、南京信息工程大学、河海大学、云南省化工高级技工学校等高等院校开展引才招聘活动。编制发布2017年度重点产业紧缺人才需求目录。外国专家工作室省级挂牌1家,苏州市级挂牌16家。落实各项人才优惠政策涉及141人次共计395万元。全年新增博士后创新实践基地及分站8家,新进站博士后8名。新增省双创博士6人,5个高层次人才项目获得“六大人才高峰”C类资助。全市新增高技能人才2168人。

【2017年度重点紧缺人才需求目录发布】 2017年4月,常熟市人才办、市人社局联合发布《常熟市2017年度重点产业紧缺人才需求目录》。《目录》共涉及九大产业领域:汽车及零部件、装备制造、纺织服装、新能源、新材料、节能环保、新一代信息技术、生物医药及高端医疗器械、生产性服务业;共

收录重点岗位88个，基本框架和内容包括岗位名称、岗位职责、岗位类型、专业要求、学历要求、相关工作年限要求、任职能力要求、岗位年薪和紧缺指数九个部分。其中，紧缺指数共分“1～5”五个等级，5级为紧缺程度最高的急缺岗位，在88个岗位中，共有26个岗位的紧缺指数达到5级，属于急缺岗位。

【外国人来华工作许可制度“两证合一”】 2017年5月3日，全省实施外国人来华工作许可制度推进会举行，全面推进外国人入境就业和外国专家来华工作“两证合一”。8月起，常熟新设受理点正式对外受理外国人来华工作许可相关业务的办理。“两证合一”后的《外国人工作许可证》是外国人在中国工作的合法证件，一人一码，终身不变。

【纺织服装产业系列培训启动】 2017年7月5日，“常熟市服装城天虹商业精英班”在常熟天虹服装城开班，共近百名服装城经营业主参加培训。2017年，人社部门对全市的纺织服装产业开展职业技能培养工作，该次“常熟市服装城天虹商业精英班”拉开了“纺织服装产业培训计划”的序幕。“纺织服装产业培训计划”从6月初到10月底，对全市试点的十家企业及服装城专业市场进行针对性培训，包括员工素质培训、中高层管理人员管理能力提升培训、企业职工技能培训、营业员培训项目等。

【苏州国际精英创业周常熟分会场系列活动】 2017年7月11～12日，常熟市成功举办2017年(第九届)苏州国际精英创业周常熟分会场系列活动。精英周期间，共有海内外250余名高层次创新创业人才与常熟14个创业载体板块、40家意向企业进行对接，大会现场签约项目27个，实际落户项目87个。该届精英周活动应对大数据时代背景开展营销模式创新主题论坛，历届精英周落户企业近200位代表参加研讨。精英周创业竞赛共集聚20个公共嘉宾项目参与，决出6个优胜奖和4个优秀奖，优胜奖项目获得直接进入常熟领军人才评审面试资格。此外，首次与社会人才中介机构合作举办重点产业紧缺人才猎聘会，89家企业现场提供月薪5000以上职位1134个，专业猎头顾问定向邀约职位候选人300多人入场与企业洽谈，进一步提高人才服务的精准度。

【常熟5项目入选省博士后科研资助计划】 2017年8月8日，江苏省人力资源社会保障厅和财政厅联合下发《关于公布入选2017年度“江苏省博士后科研资助计划”资助人员及项目名单的通知》，常熟5名博士后承担的项目入选，其中B类资助3人、C类2资助2人，共获得科研资助15.5万元。

【常熟选手在省传统技艺技能大赛上获奖】 2017年10月9日，由省人社厅、省委组织部、省委宣传部等部门主办的江苏省首届乡土人才传统技艺技能大赛总决赛在南京国际博览中心举行。比赛设现场竞赛和作品参赛两个类别，共计20个项目，常熟参加明式家具、木工、瓦工、美发、木雕5个项目的9名选手全部进入总决赛。其中常熟市虞林红木的倪建枰获得明式家具制作一等奖，常熟市东方红木的姚向东获得明式家具制作三等奖，常熟市古建公司的韩峰、蒋耀明获得木工比赛三等奖。

## 人事管理

【概况】 2017年，全市计划招录公务员123名，录用120名；全市录用事业单位人员597名；接收安置军转干部33名。完成2016年度公务员考核，参加考核5630人，其中优秀等次1082人，称职4405人，不定等次142人，基本称职1人。出台《关于进一步加强机关公务员平时考核工作的实施意见(试行)》，在全市全面推行平时考核工作。组织147名优秀公务员健康疗养。执行事业单位聘用制度，全市事业单位合同签订率100%。完善机关事业工资福利政策和收入分配制度改革，调整全市机关事业单位工作人员基本工资标准和离休人员基本离休费标准，机关事业单位工作人员人均月增资约200元，离休人员人均月增资约510元。

【公务员招录】 2017年，全市48个单位部门计划公开招考录用公务员(含参公管理单位工作人员)123名，其中市级机关40名、参照公务员法管理单位34名、乡镇机关49名。报考人数5444人，平均考录比例达到32:1。审核通过4385人，通过率81%，最终缴费3942人，缴费率90%。组织笔试3041人，设置115个考场；3401人参考，参考率78%。资格复审362人，1人不合格，12人放弃，实补12人。根据上级要求，除市法院、检察院15个助理岗位参加苏州面试外，全市实有323名考生面试竞争108个岗位，设置13个面试考场。最终录用120名。

【事业单位招录】 2017年，全市共有36个部门120个事业单位计划公开招考录用事业人员176名，其中市区各部门事业单位109名，乡镇事业单位67名。最终报考人数4280人，有5个岗位因未满开考比例而取消招录5人。审核通过4104人，通过率96%，最终缴费3972人，缴费率97%。笔试共设置考场133个，分设2个考点，其中职业教育中心校设置考场105个，参考人数3150人；孝友中学考点设置考场28个，参考人数822人。两个考点共参加考试的考生3819人，参考率96%。全市共有478名考生参加面试，面试中有2个岗位考生面试因不达及格线而不被录用。政审考核中有2人放弃录用，有1个岗位因报名人数不够而相应减少录用人数1人。2017年，全市事业单位公开招聘共录用165人。另外，为吸引文艺人才，市文广新局在全国范围内共招聘了4名播音、音响等专业人才。

【公务员培训】 2017年7月，2017年度常熟市公务员核心能力培训在常熟大剧院举办，邀请南京中医药大学经贸管理学院教授曾智作了题为《快乐职场，幸福生活——机关公务员压力调适和情绪管理》的专题讲座，全市80多家单位的近千名公务员参加学习。9月23～28日，全市124名新录用公务员参加初任培训。培训班设置了理论知识教学、常熟社情介绍、实用技能教学、工作经验交流等多种课程，帮助新录用公务员切实提高政治素质和业务能力，培育公务员精神，尽快完成角色转变。

**【机关事业单位工资福利】** 2017年，调整全市机关事业单位工作人员基本工资标准和离休人员基本离休费标准，共涉及5703名机关公务员、22018名事业单位工作人员和255名离休人员，在调整基本工资标准的同时，按规定将部分规范津贴补贴和绩效工资纳入基本工资，并对临时性补贴项目进行扣减。调整后，机关事业单位工作人员人均月增资约200元，离休人员人均月增资约510元。

**【军转干部安置】** 2017年，全市接收安置军转干部33人，同比增幅40%，其中团职干部6名、营职干部15名、连职干部4名、技术干部8名。

## 社会保障

**【概况】** 2017年，全市本地户籍劳动力养老保险覆盖人数55.88万人，全市外来人员正常参保缴费21.1万人，城镇养老保险参保人数64.7万人，医疗、工伤、生育、失业分别参保89.3万人、51.22万人、59.04万人、47.4万人。调整城乡居民退休人员养老待遇水平，调整后居民养老保险人均463.38元/月，企业退休人员人均1969元/月。完善定点医药机构协议管理，新增79家零售药店、26家医疗机构。全年慰问退休人员8.12万人次，组织健康体检12.49万名，异地居住人员养老待遇网上资格认证率90.6%，全市组织开展各类文体活动2334次，参与退休人员约12.15万人次。为2272人发放2016年度医疗救助金1030.35万元。

**【常熟实现异地就医联网结算】** 2017年1月，常熟市实现省内异地就医联网结算。第一人民医院、第二人民医院、中医院（新区医院）、第五人民医院4家市级医疗机构在全省异地就医结算平台上线。符合异地就医条件的参保人员，在参保地办理登记备案手续、就医地办理接收手续后，持社会保障卡至约定医疗机构就医时，可以直接划卡结算医疗费用，无需先行垫付。8月，常熟市第一人民医院、常熟市第二人民医院、常熟市中医院（新区医院）、常熟市第五人民医院等4家医院成为首批全国医保联网异地就医结算医院。全市参保人员到国内联网地区医院就医，只需携带身份证、社会保障卡、异地居住证明或异地工作证明到市社保中心进行登记备案，其发生的住院医疗费用即可在就医地直接结算。

**【居民养老保险待遇调整】** 2017年7月1日起，全市居民养老保险基础养老金调整，社会化发放8月执行到位。此次调整的对象为2017年6月30日前达到养老年龄办理按月领取居民养老保险基础养老金手续的人员。按规定按月领取居民养老保险基础养老金和个人账户养老金的居保退休人员，每人每月按照调整前本人居民养老保险月养老待遇的6.5%增加基础养老金；对2017年6月30日年满70周岁不足75周岁、年满75周岁不足80周岁和满80周岁以上的上述人员，每人每月分别再增发5元、10元和15元。按规定认定为无地无保障的老年人员，每人每月增加26元基础养老金。未领取其他待遇只按月领取居民养老保险基础养老金的其他老年农民（居民），每人每月增加16元基础养老金。

**【机关事业养老保险制度改革】** 2017年，《关于开展机关事业单位养老保险参保登记工作的通知》出台，上半年完成全市635家机关事业单位养老保险参保登记。7～10月基本完成机关事业养老保险业务经办全业务上线工作，顺利启动机关事业单位工作人员保险费和职业年金结算、退休养老待遇发放工作。全市机关事业养老保险参保登记单位622家，参保登记在职人员2.72万人，退休人员1.57万人。2017年9～12月征收养老保险费13879万元，职业年金5612万元，发放退休养老保险待遇24130万元。

**【企业职工社会保险缴费基数标准调整】** 2017年7月1日起，社保最低缴费基数从每月2025元上调到2387元；补缴基数从每月2092元上调到3978元。并出台补充办法，允许参保人员到龄办理养老退休手续后，继续以灵活就业身份缴费参加医保，直到缴满应缴年数后再办理医保退休手续。

**【“文化退管”品牌建设】** 2017年，市人社局退管中心与虞山镇劳动部门共同推出“文化退管”品牌建设，在虞山镇率先启动退休人员精神文化建设创新工作。市老年大学校长沈沛代表“文化退管”研究基地与15个社区签订退休人员精神文化产品个性化定制协议。退休人员精神文化产品个性化定制分为“菜单选择式”和“项目预订式”，各试点社区可从研究基地每年制定的文化、家政、戏曲、历史、体育等培训菜单中自由选择，也可根据本社区居民的需求和特点提出培训需求，由“文化退管”研究基地视承担能力接受定制任务并组织实施。

## 劳动关系

**【概况】** 2017年，全市企业签订有效劳动合同42.95万份，各建工会的劳动用工企业实现集体合同签订的基本全覆盖。累计日常巡查单位1865家，专项检查508家，“双随机”检查65家。立案301家，清欠职工工资295.27万元，约谈企业60户，督促发放工资17.31万元。共处理各类劳动争议4118件，其中案前调解成功2551件，案前调解率61.9%。仲裁立案处理1567件，当期审理结案1552件，结案率95.68%。实施“互联网＋书面审查”工作，完成书面审查5846家。开展企业职位工资指导价位（人工成本）调查，共157家单位、24428名职工。开展劳资矛盾隐患排查化解百日行动，共排查单位2552户，调解劳动关系13起。

**【专项检查】** 全年开展农民工工资支付、禁止使用童工、清理整顿人力资源市场秩序、女职工劳动保护、高温劳动保护、社会保险6次专项检查。其中高温劳动保护专项检查首次采取“双随机”抽查检查，从全省联动举报投诉平台行政执法人员名录库和检查对象基础数据库随机抽取执法检查人员和被检查单位，全面检查用人单位遵守劳动保障法律法规的情况。专项检查508家，“双随机”检查65家。

**【打击非法用工清理整顿劳务市场专项行动】** 2017年，人社部门成立4个专项行动执法工作组，连续对服装城周边的琴湖、莫城、虞山尚湖旅游度假区、方塔、虹桥、兴福、大义等重点区域集中开展执法行动。检查共涉及疑似童工350人，立案调查157家，查处童工160人，行政处罚264万元，对121家无证无照作坊采取限制生产性用电措施。7月，由市场监督、人社、公安、城管组成联合执法组，取缔莫城、虞山尚湖旅游度假区3家作坊，进一步震慑违法使用童工行为。同时加强对人力资源非法中介机构清理整顿，对大义管理区小义村、东南小康村非法中介机构进行4次集中整治打击行动，取缔非法机构46家，关停5家。

**【劳动保障诚信制度建设】** 2017年，对460家获得A级称号的用人单位颁发奖状并在“诚信常熟”红榜公示。年内全市41家单位获苏州市2A级劳动保障信誉单位，13家单位获苏州籍劳动保障信誉单位，7家单位获苏州市4A级劳动保障信誉单位，2家单位获苏州市5A级劳动保障信誉单位。

**【省调解仲裁督查组到常熟督查】** 2017年10月10日，省人社厅调解仲裁督察组到常熟督查调解仲裁工作。督查组听取了全市劳动争议调解仲裁总体情况介绍，并实地参观市劳动人事争议仲裁院的办公区域、庭审场所，重点了解了常熟市劳动争议调解仲裁工作在提质增效、便民服务方面所实施的举措。 （陈晓英）

**责任编辑　汤　涵**

2017年11月21日，常熟市道德模范与身边好人现场交流活动暨第三届“感动董浜·三好人物”颁奖典礼在董浜镇举行

（常熟日报社提供）

# 社会民生

## 民政

【概况】 2017年，全市共有养老机构23家，各类养老床位数16400张，每千名老人拥有养老床位数42张。编制完成新版《常熟市政区图》和《常熟市城区地名图》《常熟市吴文化地名保护名录》（第一期）、《常熟市道路地名储备库》《中华人民共和国标准地名词典》（常熟部分）。与全市5户留守儿童家庭签订监护责任书并分别建档成册。办理儿童收养89例，涉外送养1名，收容弃婴2名，避救1名，市儿童福利院在册孤儿（含成年孤儿）48名。全年共救助流浪乞讨人员610人次，护送返乡64人次。市儿童福利院新楼和虞山思亲苑二期工程完工并投入使用。全市共销售福利彩票3.81亿元，筹集本级福彩公益金3579.48万元，常熟再次获评“全省福利彩票十强县”。常熟市民政局被苏州市委、市政府和苏州军分区联合表彰为“拥军优属先进单位”。常熟市老龄工作委员会办公室被江苏省老龄工作委员会办公室表彰为“全省2016—2017年度老龄宣传工作先进单位”。

救灾扶贫和残疾人工作　2017年，常熟市民政局印发《关于建立困难家庭“一户一档一策”推进精准救助帮扶工作的通知》，推动出台《常熟市支出型贫困家庭精准帮扶暂行办法》。初步建成“常熟市居民家庭经济状况核对系统”，信息化比对程度和范围得到拓展。城乡低保标准调整至875元/月，机构孤儿养育标准提高至2210元/月，社会散居孤儿养育标准提高至1660元/月，其余救助对象标准随低保标准同步提高。全市共有2151户3368人纳入城乡低保、501人纳入特困人员救助供养、750人纳入低保边缘重病困难对象救助、41名儿童纳入孤儿等困境儿童基本生活保障、10153人次享受到临时生活救助和慈善帮扶，市镇两级全年救助帮扶资金达1.6亿元。连续第六年实施“自然灾害民生综合保险”，全年共向受灾群众197人次支付380.48万元民生保险理赔金。开展“全国综合减灾示范社区”创建活动，完善社区防灾减灾体制机制，支塘镇蒋巷村成功创建“全国综合减灾示范社区”。出台《常熟市困难残疾人生活补贴实施细则》和《常熟市重度残疾人护理补贴实施细则》，全年向4730名困难残疾人发放生活补贴3422.8万元、向7488名重度残疾人发放护理补贴1134.4万元。

“八一”慰问　　　　　　　　　　（市民政局提供）

慈善事业　2017年，全市共计发放各类慈善救助金1925万元，惠及各类困难对象9233人次。开展“慈善助学”项目，全年为898名贫困家庭学子发放助学金164万元。对包括孤儿、“五保户”、低保对象、低保边缘重病困难对象在内的贫困对象和“因病致贫”大病困难人员实施慈善基金“阳光助医”项目，共向1198名贫困患者发放救助金584万元。开展助残、安居等其他慈善项目，对政府救助体系作出有益补充。9月，举行“同在阳光下共传一份爱”大型慈善募捐活动，全年共募集善款近9000万元。

老龄事业　2017年，常熟市老年人

口32.35万人，老龄化率30.26%。常熟市民政局推进全市公办养老机构改革工作，常福街道敬老院、梅李颐年苑、古里镇敬老院、碧溪街道浒浦敬老院被列入先行改革范围。落实市政府《关于常熟市居家养老服务政策的补充意见》，1月1日起，将全市户籍年满84周岁的高龄老年人纳入政府购买居家养老服务补助对象范围，全年共有7000多位符合条件的老年人申请享受政府购买居家养老服务，总服务时长超20万小时。自费购买居家养老服务市场得到拓展，市居家养老服务中心共计呼出呼入关爱电话30多万次。落实市政府《关于加快推进养老服务业发展的实施意见》，将新建住宅区养老服务用房配置要求纳入规划审批的前置条件，并通过置换等方式落实老旧住宅区养老用房要求，全市住宅小区社区养老用房全面增加。全年新增老年人日间照料中心64家、累计建成219家，新增老年人助餐点60个、累计建成211个，覆盖至全市66%的村（社区），全市实行社会化运营的日间照料中心达107家。10月，组织开展常熟市“第十三届百对金银婚夫妻代表大会”等敬老系列活动。全年共办理有关养老服务体系建设的人大建议、政协提案9件。

社区建设和村民自治　2017年，全市7个乡镇的20个社区开展以“3+3”为目标的“社区服务社会化”试点工作，5家承接机构积极探访试点社区群众、组织社区活动、开展各类培训。继续推动“政社互动”，签约率和履约率均达100%，坚持对“政社互动”3份目录的“一年一调整”，坚持部门工作进社区的“准入制”，社区“减负增效”落到实处。进一步推进城区“三社联动”试点，升级“社区大家乐”公益采购活动，启动实施“创享空间”计划，社会力量参与社区治理的热情得到激发。继续开展“农村社区建设”试点，探索集中安置区、农民集中居住区社区建设新模式，有效发动居民群众参与小区治理。打造“两平台双议事”民主协商机制，探索推进基层协商民主。规范实施村规民约、居民公约“七步工作法”，大力推动村（居）民自治工作。开展社区信息化管理平台整合，完成“智慧社区”平台建设前期调研。探索开展社区“全科社工”工作模式，在城区2个社区率先启动试点。

社会组织管理　2017年，常熟市民政局制定《常熟市社区社会组织登记管理暂行办法》，推进社会组织登记制度改革。举办“第三届常熟市公益会暨第四届公益创投（采购）”活动，开辟“虞城论善”论坛，投入资金200多万元，面向社区社会组织设置社区公益服务项目33个，惠及城乡居民群众8万多人次。委托市流水琴川和爱社会工作发展中心管理运营市社会组织培育中心，通过举办培训、座谈沙龙及组织双向交流等活动，提升社会组织能力，扩大社会影响。原社会组织培育中心党支部升格为党总支，指导成立和爱社工和梅李聚沙成塔爱心团两个党支部。制定《常熟市行业协会商会负责人任职管理办法（试行）》，加强对全市行业协会商会的监管。引导专业社工机构发展，全年新增注册社工机构6家，累计注册13家。全市注册登记社会组织1990家，每万人拥有注册登记的社会组织数达18.77家。组建成立常熟市社会工作者协会，启动“社工加油站”项目，持续提升社工专业水平。全市持证社工人数增加至1247人，每万名常住人口拥有持证社工8.2人。

优抚安置拥军优属　2017年，常熟全年为享受定期定量补助的4466名优抚对象发放抚恤经费3300万元，为791名现役军人发放优待金约1970万元，为1099名重点优抚对象发放节日慰问金109.9万元，为372名退役士兵发放一次性经济补助金3036.12万元，为25名退役士官发放一次性经济补助金292.3万元，91名企业军转干部享受到专项慰问金。落实大学生义务兵入伍奖励金和复学生活补助金、光荣人家牌发放和部分优抚对象免费乘坐公交和游览风景名胜等优抚事宜。组织2016、2017年秋季退役士兵全员参与创业意识培训。出台《关于完善拥军政策增强军人荣誉感的实施办法》，对军人荣誉制度建设作出系统设计和政策要求，省双拥模范城“八连冠”创建通过苏州市级初评。调整市、镇两级双拥工作领导小组，开展“八一”、春节期间双拥走访慰问活动，与“沙家浜”部队、“常熟舰”部队等单位开展互动交流，密切军地联系。制定《2017年常熟市双拥工作要点》《2017年常熟市国防教育工作要点》，建立全民双拥国防教育网络。举办庆祝建军90周年“军民鱼水情”军民联欢会、中篇弹词《芦荡枪声》双拥巡演、“最美兵妈妈”评选表彰、“常熟舰”官兵捐资助学常熟籍贫困学生等系列双拥宣传活动。举行国防教育报告会、

2017年8月21日，2017年常熟市“8·26”虞城爱心妈妈行动举行

（市民政局提供）

演讲会、图片展、国防知识竞赛等,将国防和双拥教育列入全市中小学校教学计划,广泛开展双拥国防教育。

勘界地名　2017年,常熟市开展第二次全国地名普查工作,共整理确定地名目录11大类11465条,形成地名成果表11465张、成果图12张、地名标志登记表574张。其中,陆地水系467条、陆地地形10条、行政区域15条、群众自治组织554条、非行政区域8条、居民点6492条、交通运输设施3211条、水利电力通信设施152条、纪念地及旅游景点101条、建筑物80条、具有地名意义的单位375条。完成《中华人民共和国标准地名词典》常熟部分的编纂,共收录词条70条,其中镇(街道)11条、自然村23条、道路19条。编纂完成《常熟市道路地名储备库》和《常熟市吴文化地名保护名录》(第一期),完成新版《常熟市政区图》和《常熟市城区地名图》的编制。开展不规范地名清理整治工作,共清理有地无名、多地重名、一地多名等不规范地名共计210条,其中更名90条、销名14条。开展地名管理行政指导,共出具《地名管理行政指导提示书》8份。完成城区行政区划调整相关工作,省政府批准撤销虞山镇,分设虞山、琴川、莫城、常福4个街道。

殡葬管理　2017年,全市共火化遗体10371具,免除殡葬基本服务费1241.207万元。全市搬迁散坟2606穴,清明祭扫群众达80多万人次,完成大寒散坟搬迁和清明祭扫等工作。虞山思亲苑二期工程完工。筹建成立常熟市殡葬协会,加强殡葬行业自律管理,倡导厚养薄葬文明新风,推进移风易俗工作。

**【乡镇公办养老机构社会化改革】** 2017年8月,《常熟市公办养老机构改革实施意见》出台,为全市公办养老机构改革提供政策制度保障。公办养老机构改革得到社会各界的高度关注,市人大代表、政协委员、民主党派等多次以建议、提案等形式为公办养老机构改革出谋划策。各镇(街道)统一认识,结合各自实际,积极推进改革各项准备工作。按照分类推进、分步实施的要求,将条件相对成熟的常福街道敬老院、碧溪街道浒浦敬老院、梅李镇颐年院、古里镇敬老院列入第一批改革范围。

**【社区养老服务设施建设】** 2017年,全市新增老年人日间照料中心64家、累计建成219家,新增老年人助餐点60个、累计建成211个。各镇(街道)利用老村委会用房、原老年活动室等闲置资源,或通过收回集体租赁房屋,采取改扩建或新建等方式,落实社区养老服务设施用房。对新建的日间照料中心,由市镇两级民政部门联合进行验收考核,根据验收情况,给予每家10万～30万元不等的建设补贴,全年共发放建设补贴922万元。通过以奖代补等方式,支持培养品牌发展,逐步形成"连锁经营、连片辐射、品牌建设",全市已签约社会化运营的日间照料中心107家,其中连锁运营5家及以上日间照料中心的社会组织12家。

**【专业社工人才引进和培育】** 2017年,常熟市社会工作者协会成立,持证社工的继续教育即"社工加油站"项目启动。2017年度共有160人考取社工证书,全市持证社工人数达1247人,常住人口每万人拥有持证社工8.2人。新注册社工机构6家,累计注册13家。探索开发专业社会工作目录库,初步形成为老服务、青少年服务、助残服务等五大类75个小类的社会工作题材库。研究开发专业社工岗位,在社会福利院、儿童福利院、救助管理站等单位率先试行社工室的设置和功能探索。组织编写《社会工作个案案例汇编》,提升持证社工实际操作能力。

**【开展"社区服务社会化"试点工作】** 2017年,"社区服务社会化"试点工作启动。全市7个镇(街道)的20个社区开展试点,采用"1+2"模式,工作内容为"3+3"服务要求。年内,该项目共探访居民群众1590户,建档539户,开展个案131节,开展小组31节,开展社区活动356场,形成工作报告24份,累计受益人数达11868人,后期将在全市各镇(街道)试行全面铺开。

**【开展"三社联动"和"农村社区建设"试点工作】** 2017年,常熟市继续推动"三社联动"和"农村社区建设"试点工作。结合"锋火行动"——创新党建引领公益项目和"创享空间"——社区创意大赛的探索性开展,升级虞山镇"社区大家乐"公益品牌,推动党组织为民服务经费的项目落实,激发社区社会组织参与社区治理热情,城区社区普遍开展较有特色的"三社联动"项目。继续在古里镇开展"农村社区建设"试点工作,探索动迁安置小区的基层民主自治,发动居民群众参与

2017年9月29日,虞山尚湖旅游度假区三峰日间照料中心开业运营
(常熟日报社提供)

小区治理，建成独立开展活动的社区社会组织5个。

【第三届常熟市公益汇暨第四届公益创投(采购)活动】 2017年9月28日，常熟市第三届公益汇暨第四届公益创投(采购)"活动举行。"常熟公益汇"是常熟市民政局在连续多年开展公益采购活动基础上打造的的爱心平台。2017年的"公益汇"开设了公益采购、"虞城论善"论坛、"公益大讲堂""锋火行动"之创新党建引领公益项目、"创享空间"社区创意大赛等子项目，实现全市各镇(街道)的全覆盖、爱心资源构成的多元化、公益采购结构的多样化。

【虞山镇行政区划调整】 (参见《中国共产党常熟市委员会》"重要决策"分目)。

【虞山思亲苑二期启用】 2017年12月20日，常熟虞山思亲苑二期正式启用，可供市民存放5.5万格骨灰。思亲苑二期工程位于一期以南，共有4幢楼。二期骨灰安放柜在原来单格、双格、三格的选择基础上，又增加了"满代型"格位，即上下三层可安放三代人的骨灰，还留有一格可用于存放祖先遗物，方便后代祭祀及保存家族记忆。在一期工程的基础上，二期工程扩建了苑内道路，骨灰柜均采用大平层、大通道安放。 (顾君才)

**2017年常熟市婚姻登记总体情况统计表**

表38

| 工作总量 | 结婚登记(对) | | 离婚登记(对) | 撤销结婚登记(对) | 补发结婚证(对) | 补发离婚证(对) | 出具婚姻登记证明(对) | 补录历史数据(对) |
|---|---|---|---|---|---|---|---|---|
| | | 补办登记(对) | | | | | | |
| 10463 | 5888 | 702 | 2249 | 0 | 2149 | 174 | 3 | 2 |

说明：工作总量＝结婚登记＋离婚登记＋撤销结婚登记＋补发结婚证＋补发离婚证＋出具婚姻登记证明；其中，补录历史数据已包含在结婚登记和离婚登记中

**2017年常熟市结婚登记婚姻状况分类统计表**

表39

| 结婚登记人数 | 按婚姻状况分类(人) | | | | | | | | | |
|---|---|---|---|---|---|---|---|---|---|---|
| | 初婚人数 | | | | 再婚人数 | | | | | |
| | | | | | | | | | 复婚人数 | |
| | 合计 | 占登记人数% | 男性 | 女性 | 合计 | 占登记人数% | 男性 | 女性 | 合计 | 占再婚人数比例% |
| 11776 | 9057 | 76.9 | 4551 | 4506 | 2719 | 23.1 | 1337 | 1382 | 662 | 24.3 |

(顾君才)

## 便民服务

【概况】 2017年，常熟市便民服务平台共受理诉求1340138件，比上年同期增长25.46%。其中"12345"热线1115469件，增长21.19%，直接答复957094件，派发任务单158375件，及时签收率99.72%，及时办理率99.43%，群众满意率98.92%。寒山闻钟论坛9168件，比上年同期增长14.19%，及时签收率100%，及时办理率100%。省政风热线共95件，比上年同期增长17.28%，及时签收率100%，及时办理率100%。省"12345"热线平台312件，及时签收率100%，及时办理率100%。苏州便民热线833件，及时签收率100%，及时办理率100%。市政风行风热线261件，比上年同期增长14.47%，及时办理率100%，上线38家单位，一把手上线率97.37%。在线咨询2711件，比上年同期增长46.07%，及时签收率97.83%，及时办理率98.01%。单位信箱共1241件，比上年同期增长34.60%，及时签收率98.15%，及时办理率98.47%。数字城管累计收到上报案件209463件(含现场处置案件)，较上年同期增长54.00%。其中现场处置50358件，派遣154832件，结案率99.74%。企业检查上报583件，已办结558件，及时办结率95.71%。"民情直通车"APP受理54件。

【推进常熟市城市综合治理联动指挥平台建设】 2017年，常熟市便民服务中心推进常熟市城市综合治理联动指挥平台的建设，在原有"五位一体"平台深度融合的基础上，划细工作网格、配置网格人员，全市共划分一级网格14个、二级网格358个、三级网格1612个，按照"一长四员"工作机制，每个网格均配备网格长、网格指导员、网格巡查员、网格协管员、网格信息员；年内建好数字化城管、企业监管、行业场所监管、综合治理等工作清单，对网格检查做到主动发现、快速响应、及时办理。

【推进标准化建设】 2017年，常熟市便民服务中心作为"12345"热线标准规范起草单位之一，根据GB/T1.1—2009给出的起草规则，参与《政府热线服务评价(中华人民共和国国家标准GB/T33357—2016)》的起草，最终制定并实施。2017年12月，中心按照标准化建设要求，进行了一系列热线服务标

准建设。制定了常熟市“12345”便民服务热线服务规范；常熟市“12345”便民服务热线工单归口类型标准；常熟市“12345”便民服务热线任务单办理时限规范；常熟市“12345”便民服务热线任务单诉求归口类型项目表，形成一整套规范化、标准化体系。（邹　艳）

## 新市民管理

【概况】 2017年，市新市民事务中心推进新市民积分入学、入医、入市民卡工作，共受理入学申请12515人、入医申请18654人、入市民卡申请27569人，分别排名准入11205人、15000人、27544人。全市登记新市民122.39万人，即时实有96万人，其中共采集黑诊所从业人员77人、黑网吧从业人员38人、无证幼儿园从业人员11人、行为异常人员75人，怀孕妇女688人，每月向职能部门发送信息通报，全年共发送12期；采集出租房屋房东13.28万户、承租户40.47万户，其中承租户准予备案26.21万户、不予备案14.26万户，备案率达64.76%，每月向属地政府发送不予备案承租户信息通报，全年共发送12期。举办第四届“常熟是我家杯”社区辅警职业技能大赛，4名选手获“常熟市市民歌唱大赛，首届“一站到底”常熟新市民法律文明知识竞赛等多个大型系列融入活动。

【动态调整积分管理办法】 2017年9月，市新市民事务中心牵头开展积分管理办法修订工作。经请示，由市府办向全市各板块、各部门代发征求意见通知，共发送120家单位。2017年10月，组织召开四次办法调整座谈，与职能部门逐条研究，并形成统一意见。新办法进一步提高学历、职业资格分值，修改社保计分形式，将公积金缴纳列入加分项，提高献血和献血小板分值。完善一票否决涵盖项目，被市级部门列入失信“黑名单”的自然人及社会法人，新市民个人与企业法人在申请新市民积分管理时予以一票否决。增加“小升初”获得市级及以上三好学生的加分项，对六年级升入初中一年级的新市民子女，获得常熟市级及以上三好学生加15分，以当年度教育主管部门评选及红头文件为评分依据。

【第四届社区辅警职业技能大赛】 2017年11月10日，市新市民事务中心、市公安局、市总工会、团市委和市人社局联合主办的“常熟是我家杯”第四届社区辅警职业技能大赛决赛落幕。8月开始，新市民事务分中心会同派出所对全市社区辅警进行全面选拔，成绩优异的选手又经历分区赛的比拼，最终36名选手进入此次决赛。36名社区辅警按辖区内负责的新市民总数分成3个组别进行比赛，每组12名选手同时上场。决赛有新市民照片辨认题、VCR场景题、附加题、抢答题等，形式多样。最终甲、乙、丙3组分别决出特等奖1名、一等奖1名，二等奖4名，三等奖6名。

2017年8月12日，首届新市民法律文明知识竞赛举行　（汤若冰　摄）

【“牵手新市民”大型系列活动】 2017年，市新市民事务中心联合文明办、广电总台、司法局、旅游局、卫计委、团市委、市妇联、总工会举办“新家园新梦想”2017常熟“牵手新市民”大型系列活动。5月20日，在常熟东方百合文化创意园举办首届“缘来常熟情定一生”常熟新市民集体婚礼。6月2日，在常熟星光天地商场举办首届常熟新市民歌唱大赛。8月12日，在常熟广播电台举办首届“一站到底”常熟新市民法律文明知识竞赛决赛，服装城代表队获冠军，碧溪代表队获亚军，常熟理工学院、琴湖代表队获季军。副市长赵红观摩新市民歌唱大赛决赛、“一站到底”常熟新市民法律文明知识竞赛决赛并作赛后点评。（汤若冰）

## 公积金管理

【概况】 2017年，全市新增公积金缴存单位1192家，新增缴存职工123467人。年末应缴职工317173人，比年初净增加28153人，12月应缴金额为3.03亿元；全年归集公积金35.35亿元，比上年增加5.12亿元，同比增长16.94%，年末公积金余额80.57亿元；职工月平均缴存额由年初的915元增加至年末的957元，增幅4.59%；全年共审核公积金提取27.18亿元，比上年增长18.85%，其中审核大病提取128笔652.11万元；全年审批发放公积金贷款3568笔15.01亿元；发放保障房公积金贷款贴息249笔50.61万元；全年共对4797名长期未使用账户职工发放补贴437.4万元；累计发放住房低息

公积金服务技能竞赛　　（公积金中心提供）

贷款 53489 户，已有 26749 户还清贷款本息。年末，公积金贷款余额 70.79 亿元，资金利用率 87.86%。年内从公积金增值收益中为市政府补充廉租房建设资金 6766 万元。市政府将缴存公积金纳入《常熟市新市民积分管理办法》。11 月 20 日，苏州市住房公积金管理中心常熟分中心办公场所和服务大厅搬迁至海虞北路 57 号。

**【简化外地户籍职工离职提取手续】** 2017 年 1 月 1 日起，外地户籍职工因调离常熟提取公积金的，取消原需提供外地户口簿或苏州地区居住证（暂住证）的规定，改为直接由工作人员通过住房公积金综合业务系统查询获取。职工在个人公积金账户封存的前提下，只需携带本人身份证、公积金卡、与所在单位解除或终止劳动关系证明及与公积金卡所绑定的银行借记卡即可完成办理。全年为外地户籍职工便捷化办理离职提取 53573 笔 1.94 亿元。

**【公积金累计归集突破 200 亿元】** 2017 年，苏州市住房公积金管理中心常熟分中心出台《常熟市镇（区）住房公积金业务考核办法（试行）》，快速推进扩面工作。5 月底，历年公积金累计归集 200.96 亿元，突破 200 亿元。6 月底，2016 年度结息工作全面完成，结息 10673.9 万元，首次突破亿元大关。

**【推进“互联网＋政务服务”】** 2017 年 7 月，常熟正式接入全国住房公积金异地转移接续平台，职工办理跨区转移接续业务只需直接到转入地公积金中心办理，不再需要到转出地公积金中心申请。11 月，开通自助提取服务，2 台自助服务终端启用。年末，在行业内首批利用人脸识别技术认证查询公积金个人账户，市民用手机即可查询公积金账户信息。　（吴　燕）

## 住房保障

**【概况】** 2017 年，常熟市调整住房保障申请标准，降低准入门槛，低收入家庭人均月可支配收入调整为 2270 元以下；中等偏低收入家庭人均月可支配收入调整为 3630 元以下；购房补贴上限标准参照 2016 年度市区新建商品住房市场均价的 50%计算，调整为每平方米 6000 元。启动 2017 年度住房保障申请工作，共有 217 户住房困难家庭通过初审，最终对 69 户购房补贴申请合格家庭和 123 户租房补贴申请合格家庭进行公示。对 33 户驻常部队军队人员实行“补贴购房、共有产权”的保障方式。至年末，累计保障全市户籍中等偏低及以下收入住房困难家庭 3763 户，其中累计发放购房补贴 44 户补贴金额 1008.72 万元，购买经济适用住房 2345 户，累计发放租赁补贴 891 户补贴金额 1170.68 万元；累计廉租住房实物配租 320 户；累计公共租赁住房实物配租 94 户。2017 年度，常熟市已完成新开工棚户区改造安置房 2083 套，达目标任务的 104.15%；已完成基本建成 3836 套，达目标任务的 239.75%。

**【实施优租房管理】** 2017 年，《常熟市优租房租赁管理办法》出台，向本市辖区内各单位引进的稳定就业人员等提供短期自住的租赁性保障性住房。组织召开优租房管理办法宣讲暨培训，通过电视、电台、微信平台等开展政策宣传。按照先单位注册再个人申请的原则，通过网上服务平台受理优租房网上申请，第一批次申请时间为 2017 年 12 月 18 日至 2018 年 1 月 31 日，以后每个日历月定为同一批次。至年末，优租房注册企业通过 53 家，个人申请 43 人。

**【制定新一轮老住宅小区改造方案】** 2017 年，市房管处制定新一轮老住宅小区（零星公寓房）综合整治方案，计划按照“三年基本完成、两年扫尾”的总目标，用 5 年时间完成整治任务，2018 年启动整治面积不少于 10 万平方米，2019 年计划启动整治面积不少于 15 万平方米，2020 年计划启动整治面积不少于 15 万平方米，2021 年和 2022 年计划完成约 20 万平方米整治扫尾工作。该方案已经市政府同意，市房管处牵头，代建单位市城投公司与属地政府对未改造区域进行梳理准备。

（汤逸纯）

## 关心下一代工作

**【概况】** 2017 年，常熟市关心下一代工作委员会坚持创新发展理念，围绕青少年所思所需所盼，服务青少年健康成长成才。年内，全市 14 个镇（街道）和 323 个社区（村）关工委班子的组织建设保障到位，最基层的村（居）民小组长参与关工事业服务奉献，2242 个关工委组

2017年6月9日，“万枚画信喜迎十九大”优秀作品展暨颁奖仪式在石梅小学举行　　（市关工委提供）

织强化基层建设。市民企关工委在“服务企业发展服务青工成才服务社会奉献”上亮特色、创品牌，其成功经验在全省民企关工工作会议上得到肯定和推广。各镇（街道）在校外教育示范站和教育实践基地建设中，着力培育新基地、新亮点。泥仓溇湿地公园青少年科普教育实践基地特色鲜明，成为全市中小学生校外活动的教育实践基地。市关工委联合相关单位组织开展以“崇德守法听党话励志成才跟党走”为主题的教育实践活动，与“中国梦”教育、“社会主义核心价值观”教育、“文明礼仪”教育有机结合，组织开展“大手牵小手文明伴我行”“家德家风教育社区行”“童心向党快乐成长”万枚画信创作大赛、“孝爱同行喜迎十九大快乐健康迎新春”舞蹈大赛等活动，使主题教育丰富多彩。市关工委配合市综治委贯彻落实《江苏省预防未成年人违法犯罪条例》，深化细化预防青少年违规违法措施的落实，使青少年法治自律意识得到提升。各级关工委组织注重发挥“五老”优势，打造富有常熟特色的关心下一代工作品牌。全市240多名“五老”义务监督员定期或不定期地对所在辖区的营业性网吧坚持明查暗访，杜绝未成年人进入网吧现象。至年末，常熟关工委网站点击量超59万次。《关心下一代工作简讯》全年出刊14期，刊发“领导讲话”“要闻报道”“基层动态”“五老风采”“工作交流”等各类文章200多篇。为纪念常熟市关工委成立25周年，编辑《党史国史宣讲材料》《托起明天的太阳——常熟市关工委成立25周年纪念画册》《常熟市关心下一代工作委员会规范化建设文件汇编》《常熟市基层关工委经验总结汇编》。

**【全省民企关工委工作座谈会在常熟召开】** 2017年10月16日，全省民企关工委工作座谈会在常熟召开。省关工委主任曹鸿鸣、常务副主任王敏生、副主任王学成，常熟市委常委、组织部长、统战部长陆文明参加会议并致辞。会议听取了苏州市关工委和常熟、吴江、昆山关工委以及常熟市民企关工委的工作汇报，座谈了新形势下推进民企关工事业发展的新举措，实地考察了常熟市民企关工委、中利集团关工委和隆力奇集团关工委。　　（吴静君）

责任编辑　汤　涵

“和美尚湖”志愿服务驿站　　（常熟日报社提供）

# 街道·镇

## 虞山街道

【概况】 2017年11月，常熟市委、市政府根据省政府、苏州市政府《关于调整常熟市部分行政区划的批复》，决定撤销虞山镇，设立虞山、常福、莫城、琴川4个街道。虞山街道下辖6个村委会和33个居委会，区域面积62.7平方千米，常住人口20.7万人。虞山街道办事处驻虞山尚湖旅游度假区（虞山林场）兴福管理区境内，办公地址为寺路街8号。

社会事业 2017年，虞山街道推进全国文明城市创建工作，发行虞山尚湖文明创建宣传手册1.5万册。修复破损路面2.93万平方米，补植绿化12.2万平方米，改造公共厕所无障碍设施10座，修复下沉窨井150多只，更换缺损窨井盖601处。处置违法建筑309宗，拆除面积8275.64平方米。清理乱涂、乱写、乱张贴47836处；清理乱拉、乱挂、乱堆放381处；处置毁绿种菜156处，589平方米；处置违章横幅、广告牌220条/块。新增机动车停车泊位1200个、非机动车泊位350个、交通隔离桩7000个。取缔占道经营3200余起，查处流动摊贩15405余起。设计制作2000多处公益广告，基本形成“抬头可见、驻足即观”浓厚氛围。在北门大街社区、西泾岸社区、华山社区建成10个虞山尚湖学雷锋志愿服务站点和3处交通文明志愿服务岗。完成南门坛上新一批市级文保单位的申报工作，“周孝子庙”被列为第九批常熟市文物保护单位，完成控保单位“老三星副食品商店”“和平理发店”维修方案的申请工作，并得到文物局同意。

人民生活 2017年，虞山街道新增就业岗位6448个，提供高校毕业生就业岗位2138个。实现城乡失业人员再就业4687人次，兴福管理区被评为常熟市创业型示范社区。启用医疗保险报销窗口方便群众就近报销，完成退休人员各类慰问7320人次。对638家企业，859家小作坊的用工情况和工资支付情况进行检查记录。调解和处理各类企业劳动争议80起，10人以上集体纠纷1起。发放各类抚恤经费673万元。向现役军人、烈军属发放义务兵家庭优待金及立功奖励金36万元，发放退伍军人安置金230万元。确定北门大街社区、颜北社区作为“社区服务社会化”工作试点单位，启动“和爱方塔幸福家园”社区服务社会化项目，南门社区、三峰日间照料中心正式启用，花园浜、烟雨社区的日间照料中心进入设计和招投标工作阶段。新市民中心受理申请入学532名，申请入医810名，申请办理市民卡1591名。启动城中村自主更新改造试点工作，完成编制泰安社区东、西横头，开发大厦西侧（闸口桥）3个区域的试点方案，涉及居民146户。改造完工30个大院户，并已基本完成预拆迁房屋安置前的各项相关手续。同时逐步推进辖区内危险私房落架大修工作，及时解危解急。五星二区13幢、焦桐街24号、山塘泾岸81号已基本完工，角里7号正在施工。县南街31号、粉皮街34－1号综合改造相关遗留工程的图纸设计工作已基本完成。开展方塔街沿线、新建家园污水改造工程的相关协调工作。

社会管理 2017年，虞山街道完成市“263”专项办挂牌督办问题整改7个。全面落实“河长制”，关停望虞河沿线12家污染企业；排查黑臭河道，做好元和蒋家村河、甸桥曹家湾河等6条问题水体的专项整治；关停4家制砖企业，整改1家含挥发性有机物企业；开

虞山城墙 （常熟日报社提供）

展望虞河、张家港河、南三环342省道节点沿线大环境专项整治，清理各类脏乱点269处，取缔违章124处，清理河道漂浮物36处。推进农村有机垃圾分类处置，采购分类垃圾桶1960只。组织3000多人次参与清明防火工作，建设沿山单位防火物资联防体系。排查出“三合一”场所2295家，已整改1627家，其中集体资产“三合一”94家，已整改72家。查封“三合一”场所30家。安全生产大检查关停取缔企业8家，打击非法违法违规行为23起，立案23起，行政处罚23起；对区域工贸企业检查596家次，发现一般隐患897条，已整改860项，整改率96%；重大隐患4项，已全面完成整改。“六防”专项整治以机械加工行业领域为重点，按照区划由属地村、社区、管理区全覆盖检查，安监办随机检查，共出具现场检查记录98份，发现隐患168处，完成整改166处，实现整改率98.8%。同时组织开展劳动密集型加工企业专项整治、有限空间专项检查、农家乐消防安全专项整治、突出火灾隐患大整治、大排查等各类专项行动。全面落实烟花爆竹禁放相关政策，累计发放各种宣传资料近10万份，电子鞭炮412件，其他各类禁放物资4000余件，回收烟花爆竹4260只。

**2017年虞山街道各村(社区)基本情况表**

表40

| 村(社区) | 面 积(平方千米) | 户数(户) | 人口数(人) | 集体经济总收入(万元) | 人均纯收入(元) | 总资产(万元) | 党组织书 记 | 村(社区)主 任 |
|---|---|---|---|---|---|---|---|---|
| 花园浜社区 | 0.4 | 1038 | 2401 | — | — | — | 张 竹 | 张 竹 |
| 四丈湾社区 | 0.5 | 1283 | 3040 | — | — | — | 顾玉萍 | 顾玉萍 |
| 学前社区 | 0.42 | 2112 | 3708 | — | — | — | 曹 宇 | 曹 宇 |
| 报本社区 | 0.5 | 1796 | 4664 | — | — | — | 吴 琼 | 吴 琼 |
| 清和坊社区 | 0.46 | 1766 | 4421 | — | — | — | 张 益 | 张 益 |
| 北门大街社区 | 0.47 | 3200 | 9082 | — | — | — | 苏咏梅 | 苏咏梅 |
| 西泾岸社区 | 0.5 | 2053 | 6101 | — | — | — | 林妹萍 | 林妹萍 |
| 西庄街社区 | 0.46 | 1552 | 4251 | — | — | — | 金 洁 | 金 洁 |
| 烟雨社区 | 0.5 | 1255 | 3220 | — | — | — | 邹 艳 | 邹 艳 |
| 南门社区 | 41 | 1533 | 3512 | — | — | — | 陈幼兰 | 陈幼兰 |
| 湖中社区 | 0.51 | 315 | 825 | — | — | — | 徐建明 | 徐建明 |
| 尚湖社区 | 2.7 | 170 | 563 | 207 | 35008 | 1293 | 张明华 | 夏 铭 |
| 山前社区 | 0.72 | 1052 | 3064 | — | — | — | 沈 婵 | 沈 婵 |
| 菱塘社区 | 0.44 | 2600 | 4633 | — | 46000 | — | 彭循佳 | 彭循佳 |
| 常福社区 | 1 | 1850 | 5213 | — | — | — | 秦建环 | 秦建环 |
| 甬江社区 | 0.41 | 2254 | 3174 | — | — | — | 张梅芳 | 张梅芳 |
| 泰安社区 | 0.4 | 2495 | 5565 | — | — | — | 陈 韫 | 陈 韫 |
| 五星社区 | 0.8 | 4978 | 14200 | — | — | — | 徐 利 | 徐 利 |
| 琴枫社区 | 0.6 | 2125 | 1376 | — | — | — | 俞 玲 | 俞 玲 |
| 闽江社区 | 1 | 1342 | 3791 | — | — | — | 陈 锦 | 陈 锦 |
| 张坝社区 | 1 | 520 | 1507 | 1081 | 34442 | 9339 | 张振良 | 张振良 |
| 星海社区 | 0.5 | 3529 | 5090 | — | — | — | 蒋艳兰 | 蒋艳兰 |
| 李桥社区 | 1.5 | 517 | 1956 | 703 | 33287 | 6631 | 张志文 | 张志文 |
| 兴福社区 | 0.36 | 470 | 1517 | 405 | 32607 | 2165 | 钱 勇 | 周 清 |
| 明晖社区 | 0.5 | 3073 | 3810 | — | — | — | 陈晓雯 | 陈晓雯 |
| 报南社区 | 0.38 | 1819 | 5831 | — | 50000 | — | 顾建芬 | 顾建芬 |
| 报北社区 | 0.8 | 2370 | 4912 | — | — | — | 徐 鄞 | 徐 鄞 |
| 华山社区 | 0.3 | 2293 | 2723 | — | — | — | 叶 澄 | 叶 澄 |
| 南沙社区 | 0.41 | 2018 | 6059 | — | — | — | 陆振良 | 陆振良 |
| 枫林社区 | 0.652 | 1974 | 2705 | — | — | — | 冯爽英 | 冯爽英 |
| 虞北社区 | 0.45 | 202 | 563 | — | — | — | 王 洁 | 王 洁 |
| 望湖社区 | 1.02 | 760 | 258 | — | — | — | 王 薇 | 王 薇 |
| 梅园社区 | 0.37 | 1097 | 3291 | — | — | — | 钱 雯 | 钱 雯 |
| 宝岩村 | 2.5 | 706 | 2653 | 600 | 38289 | 2597 | 李文新 | 陈雪中 |
| 甸桥村 | 2.5 | 1036 | 2761 | 878 | 36624 | 15161 | 潘国良 | 陆俊华 |
| 元和村 | 2 | 1125 | 4487 | 1029 | 39730 | 8992 | 钱卫春 | 严 黎 |
| 洩水村 | 1.8 | 514 | 1789 | 1053 | 37244 | 3571 | 蒋雪峰 | 陶建华 |
| 大湖甸村 | 1.8 | 535 | 1460 | 374 | 36162 | 2748 | 缪 钧 | 张 明 |
| 建华村 | 1.5 | 412 | 1747 | 1811 | 37926 | 10147 | 赵建国 | 顾国明 |

【全市首张村（社区）公务卡在李桥社区启用】　2017年3月1日，全市首张村（社区）公务卡在虞山街道李桥社区启用，标志着全市推行村（社区）公务卡工作进入先行试点阶段。村（社区）公务卡实现了村（社区）集体资金的非现金支付，通过公务卡的痕迹管理做到资金流向的有据可查，规范集体资金支付流程，压降村（社区）非生产性开支，杜绝资金使用管理中的不正之风。该公务卡还融合了移动支付功能，可与微信、支付宝绑定，提高资金使用效率。

（徐　俊）

## 常福街道

【概况】　2017年11月，常熟市委、市政府根据省政府、苏州市政府《关于调整常熟市部分行政区划的批复》，决定撤销虞山镇，设立虞山、常福、莫城、琴川4个街道。常福街道下辖21个村，10个社区（含1个撤村建居单位），区域面积86.6平方千米，常住人口24.3万人，区域交通便捷，沿江两条高速公路和204国道等交通干道交汇贯通。常福街道办事处驻顶山村境内，办公地址为联丰路58号。

经济发展　2017年，常福街道实现地区生产总值118.7亿元，一般公共预算收入11亿元。全年累计新增签约世界500强企业法国佛吉亚及美国英杰维特、澳大利亚爱摩德乐等外资项目11个，总投资约2.35亿美元，注册9600万美元。年内2.4万平方米的先进制造业科技园交付使用，已入驻35家科技型企业，正在申报国家级孵化器；瑞特创投中心项目封顶，蒲公英加速器开始装修。加快引进培育优质科技人才项目，全年获评姑苏天使计划4项。推进存量企业提升，达明电子、安博电子、研精舍等台企通过“机器换人”、新品开发等方式加速转型，产值、纳税均有30%以上增长；获评国家专精特新产品1个、苏州专精特新企业3家、常熟专精特新产品5个；通过苏州市长质量奖、苏州市技术中心、科技小巨人企业各1家。万达广场开业投用。都市生态农业产业园成功申报科技部星创天地项目，入选全国农村创业创新园区（基地）目录。

社会事业　2017年，常福街道安置房建设加快推进，龙蟠佳苑二期、五新花园三期交付，江河天绒地块、五新花园四期前期准备加快推进。美丽乡村建设实施村庄组团7个，其中整洁村庄4个、三星级康居村庄3个。全年建设高标准农田78.47公顷，整合优化低端工业用地14.58公顷。持续推进“263”专项行动，年内关停取缔“散乱污”企业41家，限期整改121家；开展干洗、餐饮行业VOC治理和大义鸽球、谢桥福圩印染区域废气治理；落实“河长制”“断面长制”，实施望虞河、张家港河、东巨塘排污治理；完成黑臭水体的工程措施治理11条，在建5条，污水接管工作同步跟进；完成河码头扬尘污染治理26家。完成兴建路、台山路、联丰东路等道路建设工程，加快推进望虞路改建工程。

人民生活　2017年，常福街道举办春风行动、高校毕业生、就业援助等招聘专场6场次，全年共登记各类求职人员2.2万人，实现就业1.9万人次。发放失业保险金762万元，居民医疗保险参合率达到99%。发放低保补助金244万元，优抚对象补助金305万元。全年审批农村“落架大修”871户，在建599户，验收200户。推进大义幼儿园迁建工程，完成沉海圩健康主题公园建设，推动翻身、勤丰、中泾、压路机村的日间照料中心建设。落实新市民积分管理，通过积分排名进入公办学校读书的新市民子女382人。积极开展“中国梦”、社会主义核心价值观等主题宣传活动，举办“我们的节日”系列活动、“喜迎十九大幸福齐分享”文艺专场暨文化退管、健康家庭表彰、“孝老爱亲”模范表彰等各类文体活动。

社会管理　2017年，常福街道完成谢桥集镇技防街区工作；依托新红村三星级康居乡村，创建法治文化示范点。对大义法治文化广场、达富生活区法治文化宣传阵地进行升级改造。在五新花园一、二期探索建立拆迁安置小区社区化管理模式，新启用绿地社区办公用房，推进碧海、珠海、新义、游文、怡馨5个社区筹备工作。完成星宝花园交房，协调推进金本地块合作开发方案，回收现金流用于加宝花园后续工程及市政等建设。

常福街道街景　（常福街道提供）

表41

### 2017年常福街道各村(社区)基本情况表

| 村(社区) | 面积(平方千米) | 户数(户) | 人口数(人) | 集体经济总收入(万元) | 人均纯收入(元) | 总资产(万元) | 党组织书记 | 村(社区)主任 |
|---|---|---|---|---|---|---|---|---|
| 合丰村 | 2.2 | 566 | 2085 | 1050 | 35378 | 8978 | 薛建国 | 刘文军 |
| 联盟村 | 1.25 | 440 | 1740 | 1338 | 35675 | 11564 | 李保全 | 金　翔 |
| 顶山村 | 1.36 | 396 | 1505 | 650 | 31400 | 6102.94 | 赵丽亚 | 郭　龙 |
| 毛桥村 | 6.02 | 1533 | 5645 | 3143 | 38228 | 21544 | 陈　俭 | 归燕青 |
| 明晶村 | 4.16 | 1089 | 3800 | 1006 | 26871 | 3465 | 吕　飞 | 陈永华 |
| 勤丰村 | 6.15 | 1586 | 6251 | 4645 | 41821 | 39191 | 张建昌 | 陈培中 |
| 翻身村 | 3.14 | 655 | 2365 | 693 | 25805 | 4605 | 丁　科 | 卿　英 |
| 永红村 | 4.78 | 843 | 3216 | 889 | 30088 | 4170 | 徐　威 | 蔡学文 |
| 常福村 | 2.6 | 570 | 2458 | 743 | 27631 | 2727 | 常振良 | 倪建东 |
| 新红村 | 2.18 | 654 | 2393 | 741 | 27985 | 1722 | 陈　麟 | 金　辉 |
| 福圩村 | 2.63 | 700 | 2461 | 1006 | 29500 | 6118 | 何正祥 | 薛志青 |
| 方浜村 | 6.04 | 1820 | 6642 | 2103 | 33292 | 14875 | 丁建明 | 鱼利锋 |
| 小山村 | 2.66 | 942 | 2859 | 1521 | 32361 | 9243 | 宗顺林 | 丁　俞 |
| 五新村 | 3.5 | 548 | 1724 | 648 | 31473 | 4949 | 赵俊发 | 吴　刚 |
| 压路机村 | 5.67 | 1034 | 3787 | 1222 | 33170 | 8966 | 林志刚 | 王志荣 |
| 蜂蚁村 | 5.58 | 1166 | 4110 | 1126 | 28102 | 5594 | 范　斌 | 王晓东 |
| 东联村 | 6.1 | 1213 | 4076 | 1016 | 30556 | 9688 | 张　益 | 朱卫东 |
| 光明村 | 4.74 | 970 | 3268 | 1546 | 10500 | 8733 | 张庆保 | 吴锦宇 |
| 小义村 | 6.18 | 1309 | 4896 | 1500 | 34268 | 7714 | 殷文元 | 王　峰 |
| 中泾村 | 5.54 | 1024 | 3734 | 1656.58 | 29882 | 12258.23 | 范益民 | 钱　良 |
| 常隆村 | 4.9 | 888 | 3016 | 980 | 32006 | 7947 | 徐建锋 | 邢翔燕 |
| 丁坝社区 | 0.45 | 439 | 1580 | 1280 | 35468 | 12503.65 | 谭惠明 | 李　华 |
| 谢桥社区 | 1.2 | 950 | 2030 | — | — | — | 王国祥 | 王国祥 |
| 绿地社区 | 0.98 | 2032 | 5026 | — | — | — | 钱红燕 | 钱红燕 |
| 景泰社区 | 1.4 | 143 | 331 | — | — | — | 胡　敏 | 胡　敏 |
| 大义社区 | 1.95 | 1258 | 2806 | — | — | — | 章彩萍 | 章彩萍 |

**【都市生态农业产业园入选全国农村创业创新园区(基地)目录】** 2017年6月7日,常福街道都市生态农业产业园入选全国农村创业创新园区(基地)目录,是全市唯一一家入选单位。该产业园区面积0.14万公顷,以中泾村为核心,已建成高标准农田灌溉系统866.67公顷,高效温室大棚设施面积33.33公顷,优质稻米加工基地1个,同时拥有上海交大(常熟)新农村发展研究院基地和科技部"星创天地"项目。

**【常熟万达广场开业】** 2017年7月22日,常熟万达广场开业。常熟万达广场位于北三环与珠海路交汇处,于2014年9月26日开工,项目总建筑面积约66万平方米,涵盖大型购物中心、影院、沿街商铺、百变SOHO、住宅,是集购物、餐饮、文化、娱乐、商务、休闲等多功能于一体的商业综合体。

**【勤川现代农业获评省级重点龙头企业】** 2017年10月,勤川现代农业科技有限公司获评"农业产业化省级重点龙头企业"称号。该公司成立于2012年5月,是常福街道勤丰村下属现代农业生产加工企业,苏州市农业龙头企业。公司依托万亩优质水稻基地(种植面积660多公顷),通过大规模农业机械化,发展现代农业。

**【首届中国戈汕红木文化论坛在常熟召开】** 2017年9月28日,由中国文联民间文艺艺术中心、国家非物质文化遗产家具制作技艺处、苏州中外名人研究会联合举办的首届"中国戈汕红木文化研讨会"在常熟东方红木家俱艺术馆召开,特邀嘉宾共同为"中国苏作红木文化研究中心""国家级非物质文化遗产家具制作技艺苏作红木文化艺术传承保护基地"揭牌。中国红木家俱界的专家以及苏州红木非物质遗产传人代表等近300人参加研讨会。

（金 悦）

## 莫城街道

【概况】 2017年11月，常熟市委、市政府根据省政府、苏州市政府“关于调整常熟市部分行政区划的批复”，决定撤销虞山镇，设立虞山、常福、莫城、琴川4个街道。莫城街道下辖14个村、3个社区，区域面积40.8平方千米，常住人口约17万人。莫城街道办事处驻青莲村境内，办公地址为商城中路1号。

2017年，莫城街道实现地区生产总值124亿元，一般公共预算收入3.38亿元，全社会固定资产投资11亿元，新增民营企业注册资本36亿元，工业总产值62亿元，工业销售收入60亿元。截至17年9月，云裳小镇总投资7.85亿的11个投资项目，已完成5.2亿元。《常熟云裳小镇城市规划设计》完成。小镇联盟正式成立，阿里巴巴、敦煌网等龙头跨境服务商，吴憋、陈坤等13家设计师工作室及相关行业陆续入驻；承塘圩、长瑞湿地公园、张西荡水八仙园3块现代农业基地规划设计初步完成，区域内主干道路、绿化等基础设施的改造工程已相继立项；社区服务中心全年开展门诊服务1.7万人次，完成村民居民健康档案9291份；完成1779名退休人员、2000多名小学生等的年度体检工作；完成企业用人单位各类登记业务，新增就业岗位1566个、城乡失业人员实现再就业已完成1983人、城乡就业困难人员实现就业206人；完成对各类低保、低保边缘、困难群众和优抚对象、80周岁以上老年人发放各类慈善救助金、补助金。老年大学新增戏曲班和书法班，总数达到5个班级。卫生应急救护培训和健康知识讲座开展16场。开展“5·29”“9·25”等系列宣传活动，加强对流动人口信息采集登记管理。积极协调处置劳资纠纷，成功调处49起劳资纠纷，调解金额24.2万余元；设立劳动督查（童工）举报专线电话，加强日常用工排查，企业工资支付检查570家，非法使用童工排查共1700多家，查实176名，移送监察立案处理96名。完成征兵任务，输送合格士兵，及时发放义务兵优待金、优秀义务兵奖励金和退役义务兵一次性安置金。开发研制服装城法治服务微信平台，为商户提供服务。先后建成社会面监控体系93套、村级监控419套、村民居民私房摄录一体机2000套、主要路口高清抓拍系统5套，新增社会面监控48套、主要路口高清抓拍系统10套，做到技防设施高密度、广覆盖。

【敦煌网常熟数字贸易馆投入运营】 2017年10月26日，敦煌网常熟数字贸易馆在“云裳小镇”揭牌并投入运营。该馆是集展示、交易、数据、培训、孵化、服务为一体的现代化数字贸易系统，分为展示区、活动区及服务区。服务区主要是为上线企业提供代运营、运营指导、数据分析、海外推广、纠纷处理等方面的客户服务。除此以外，数字贸易馆还将为地方政府提供数据服务，定期提供不同国别、不同品类外贸走势分析报告，为政府决策和企业转型升级提供精准指导。

**2017年莫城街道各村（社区）基本情况表**

表42

| 村（社区） | 面积（平方千米） | 户数（户） | 人口数（人） | 集体经济总收入（万元） | 人均纯收入（元） | 总资产（万元） | 党组织书记 | 村（社区）主任 |
|---|---|---|---|---|---|---|---|---|
| 青莲村 | 1.78 | 591 | 2622 | 1218 | 41169 | 6615 | 赵林根 | 邵仁明 |
| 湖泾村 | 1 | 426 | 1513 | 1461 | 66071 | 6301 | 刘 俭 | 周建新 |
| 新建村 | 1.1 | 412 | 1605 | 983 | 39625 | 6316.3 | 杨建清 | 石心刚 |
| 安定村 | 1.73 | 840 | 2418 | 779 | 42022 | 4698 | 秦文元 | 周雪强 |
| 言里村 | 3.2 | 916 | 3439 | 1210 | 35097 | 6446 | 张永刚 | 牛建平 |
| 三塘村 | 4 | 1002 | 3871 | 1232 | 39659 | 4212 | 戴福根 | 顾文云 |
| 湖鹤村 | 2.3 | 694 | 2533 | 917 | 33350 | 6804 | 陆建洪 | 周正伟 |
| 东始村 | 4.8 | 796 | 2642 | 709 | 22500 | 2687 | 毛惠明 | 王月亮 |
| 东青村 | 3.88 | 665 | 2528 | 797 | 33470 | 4791 | 金伟祖 | — |
| 长瑞村 | 3.1 | 570 | 2070 | 815 | 35940 | 4990 | 时小兵 | 金 炎 |
| 燕巷村 | 2.3 | 555 | 2122 | 1903 | 35289 | 27936 | 龚惠民 | 陆建军 |
| 和甸村 | 1.59 | 283 | 1171 | 826 | 35800 | 5978 | 吴丽军 | 叶 平 |
| 三星村 | 6.75 | 1145 | 4248 | 1009 | 36200 | 7058 | 钱志方 | — |
| 三和村 | 4 | 712 | 2780 | 646 | 39500 | 3366 | 邹伟刚 | 朱 敏 |
| 琴南社区 | 0.9 | 2211 | 1415 | — | — | — | 陈艳婷 | 赵 赴 |
| 山湖社区 | 1.2 | 1837 | 1408 | — | — | — | 陶雪琴 | 王 欢 |
| 莫城社区 | 1.16 | 791 | 1664 | — | — | — | 丁永明 | — |

（曹 洁）

# 琴川街道

琴川街道街景　　（钱伟春　摄）

【概况】　2017年11月，常熟市委、市政府根据省政府、苏州市政府《关于调整常熟市部分行政区划的批复》，决定撤销虞山镇，设立虞山、常福、莫城、琴川4个街道。琴川街道下辖23个村和28个居委会，区域面积48.7平方千米，常住人口21.5万。琴川街道办事处驻百盛社区境内，办公地址为金山路9号。街道以打造科技文化为核心的城市经济集聚区为目标，以“发展城市经济、服务城市发展”为工作主线，以创新社会治理、服务城市发展、提升公共服务能力为主要职能，整合土地、社会资源，促进科技、文化、金融、大数据等产业发展。年内，街道各条线、村、社区先后获评江苏省健康单位1个，省标准化居民学校3个，第一批省级创业型村（社区）4个，省民主法治村（社区）2个，省文明村（社区）2个。

经济发展　2017年，琴川街道实现地区生产总值229.65亿元，一般公共预算收入20.24亿元、工业总产值103亿元，工业销售收入31.56亿元。“金融、大数据、文创、企业服务”等新兴产业载体建设与招商选资加快推进，阿里巴巴、支付宝、顺丰等70家电商企业入驻陶山路电子商务服务外包产业园，注册资金1.41亿元，租赁面积1.39万平方米，全年销售达4.4亿元，其中开票销售额1.5亿元；12月，常熟企业服务产业园开园，注册入驻企业100多家。年内，街道村均总收入约1120万元，村均稳定收入845万元。

社会事业　2017年，琴川街道推进征收搬迁工作，启动市级新开工项目4个380户，完成签约352户。推进琴湖、中南片区等地块扫尾，市、镇两级结转项目共新增签约16户。推进文明城市创建工作，打造漕湖社区、锦绣苑小区、琴湖家园3条文明风景线，创建锦绣苑小区和湖苑小区幸福楼组，设立陶山路公共文明引导志愿服务岗，疏通管道堵塞更换及维修毁损道板320处；完成花溪里道路大修、琴湖二区小游园改造、湖圩范家村河道驳岸、湖苑小区道路改造等工程。新建龙腾新村垃圾池9个，翻建龙腾路盲道200米，对东环新村游园景观长廊进行重建，维修公厕2座。配合水利局对花溪、荷花、庞浜、青龙、渠中污水管网进行设计与建设；配合市房管处制订花溪新村老新村改造实施方案，完成东仓街73－2幢D级危房解危解急签约及相关交房手续3户。

人民生活　2017年，琴川街道新增就业岗位8000多个，新增就业人数14000人，城乡实现再就业失业人员6500多名，社会保险覆盖率、征缴率、参保率分别达99.7%、97.7%和95%以上。引进张家港明德公益事业发展中心等社会化服务，培育公益项目37个；加快“益路阳光”志愿服务联盟、“民声议站”等平台建设，漕湖社区成功创建江苏省“优秀志愿服务社区”。实行社区工作人员“AB岗”制度。围绕“社会管理有序、生态环境优美、公共服务完备、社会文明和谐、特色亮点彰显”5大类8项重点任务，全面实施“精致虞城·幸福家园”三年行动计划。新启用富阳社区、百盛社区用房2个、新增荷花等日间照料中心6个，实现日间照料中心社会化运行覆盖率达56%以上。东环获评省和谐社区建设示范社区，枫泾卫生服务站被推荐为省级示范点。

社会管理　2017年，琴川街道开展“百日”“专项”行动，设立花溪片区驻点工作站，全面整治“三合一”隐患、非法用工、秩序混乱和环境脏乱差现象。落实领导干部稳控工作“一岗双责”制，建立重大突发事件现场处置、舆情引导和社会面管控“三同步”机制，重点围绕征地安置、售后包租、环境保护、股权纠纷、劳资纠纷、农宅翻建等矛盾，及时调处“12345”“寒山闻钟”“大走访”等各类群众诉求6000多件。市、镇重大隐患挂牌整改项目成功摘牌，持续深化“局镇联动”机制，创新设置勤务区管理架构，落实“三定”（定人、定责、定区域）措施，形成城市管理精细化管理格局。

**2017年琴川街道各村（社区）基本情况表**

表43

| 村（社区） | 面　积（平方千米） | 户数（户） | 人口数（人） | 集体经济总收入（万元） | 人均纯收入（元） | 总资产（万元） | 党组织书　记 | 村（社区）主　任 |
|---|---|---|---|---|---|---|---|---|
| 绿源社区 | 0.9 | 1193 | 3342 | — | — | — | 唐妹心 | 唐妹心 |
| 漕湖社区 | 0.4 | 796 | 2274 | — | — | — | 曹卫娟 | 曹卫娟 |
| 湖苑社区 | 0.47 | 1760 | 2811 | — | — | — | 周　瑜 | 周　瑜 |

续表 43

| 村(社区) | 面 积(平方千米) | 户数(户) | 人口数(人) | 集体经济总收入(万元) | 人均纯收入(元) | 总资产(万元) | 党组织书 记 | 村(社区)主 任 |
|---|---|---|---|---|---|---|---|---|
| 迎春社区 | 1.05 | 2300 | 5492 | — | — | — | 仲为平 | 仲为平 |
| 花溪苑社区 | 0.78 | 1045 | 3274 | — | — | — | — | — |
| 藕渠社区 | 0.4 | 338 | 844 | — | — | — | 叶文娟 | 叶文娟 |
| 洪泾里社区 | 0.8 | 1464 | 3968 | — | — | — | 张燕芳 | 张燕芳 |
| 金山社区 | 0.48 | 682 | 1678 | — | — | — | 沈 琴 | 沈 琴 |
| 锦荷社区 | 0.9 | 1543 | 3991 | — | — | — | 季 琼 | 季 琼 |
| 富阳社区 | 0.8 | 830 | 1838 | — | — | — | 崔红平 | 崔红平 |
| 胜湖社区 | 0.95 | 1241 | 3956 | — | — | — | 吴 燕 | 吴 燕 |
| 百盛社区 | 0.47 | 562 | 1433 | — | — | — | 周德明 | 周德明 |
| 颜北社区 | 0.2 | 1970 | 4400 | — | — | — | 邵秋萍 | 邵秋萍 |
| 枫泾社区 | 0.47 | 1388 | 3404 | — | — | — | 周虞军 | 周虞军 |
| 阜湖社区 | 0.3 | 2195 | 6586 | — | — | — | 陆 军 | 陆 军 |
| 昭文社区 | 0.6 | 1495 | 4241 | — | — | — | 张华英 | 张华英 |
| 虞东社区 | 0.6 | 1796 | 5159 | — | — | — | 杨月芳 | 杨月芳 |
| 虞园社区 | 0.6 | 1862 | 5088 | — | — | — | — | — |
| 兴隆社区 | 0.83 | 746 | 1804 | — | — | — | 潘琴芬 | 潘琴芬 |
| 泰山社区 | 1.2 | 1583 | 4523 | — | — | — | 朱 洪 | 朱 洪 |
| 珠江社区 | 0.8 | 1550 | 4352 | — | — | — | 邹 洁 | 邹 洁 |
| 润欣社区 | 0.36 | 769 | 1930 | — | — | — | 徐 娟 | 徐 娟 |
| 衡山社区 | 1 | 1017 | 2893 | — | — | — | 薛 萍 | 薛 萍 |
| 世茂社区 | 1 | 1428 | 3661 | — | — | — | 徐文洁 | 徐文洁 |
| 衡泰社区 | 0.28 | 869 | 2293 | — | — | — | 邵志红 | 邵志红 |
| 虞枫社区 | 0.54 | 233 | 518 | — | — | — | 陈 英 | 陈 英 |
| 中南南苑 | 1 | 919 | 2378 | — | — | — | 汪 伶 | 汪 伶 |
| 琴湖社区 | 0.8 | 101 | 465 | 874 | 37782 | 10307 | 杨生生 | 费增荣 |
| 渠中村 | 4 | 876 | 3729 | 2978 | 38000 | 20932 | 陈 飞 | 周建青 |
| 新库村 | 1.7 | 310 | 1497 | 2250 | 35888 | 14264 | 朱元生 | 陶 毅 |
| 青龙社区 | 1.17 | 362 | 1395 | 917 | 42300 | 10174 | 钱建国 | 曹瑞良 |
| 梦兰村 | 1.2 | 201 | 987 | 2294 | 45388 | 41024 | 钱月宝 | 何 明 |
| 庞浜社区 | 1 | 352 | 1556 | 708 | 31178 | 4402 | 陈保生 | 徐建刚 |
| 荷花社区 | 1.1 | 332 | 1520 | 873.98 | 41600 | 7547 | 陆永元 | 范剑荣 |
| 湖圩村 | 2.5 | 588 | 2686 | 1375 | 31500 | 11885 | 陈瑞明 | 汤伟明 |
| 花溪社区 | 1.18 | 466 | 1863 | 609 | 41109 | 5446 | 何卫东 | 石永元 |
| 戈庄村 | 1.1 | 372 | 1499 | 517 | 31909 | 3935 | 陆金元 | 陶静华 |
| 环湖社区 | 0.33 | 247 | 1066 | 1423 | 44483 | 10996 | 钱伟平 | 王利明 |
| 泯泾村 | 1.9 | 812 | 3095 | 959 | 31105 | 6961 | 卢文东 | 浦东华 |
| 泰慈村 | 1.8 | 565 | 2431 | 1018 | 34000 | 9539 | 汪建新 | 顾建明 |
| 九里村 | 2 | 553 | 2017 | 800 | 35060 | 6181 | 徐忠祥 | 金国祥 |
| 泰安村 | 1 | 488 | 1913 | 1030 | 30204 | 11526 | 冯振中 | 陈 敏 |
| 石墩村 | 1.67 | 562 | 2386 | 1142 | 33600 | 14579 | 高根祥 | 徐 俊 |
| 浦浜村 | 1.2 | 265 | 1148 | 1168 | 31881 | 14678 | 顾卫康 | 浦生保 |
| 东环村 | 1.8 | 544 | 2259 | 1377.37 | 33858 | 9273.33 | 朱雪虎 | 张健健 |
| 大虹桥村 | 1.63 | 550 | 2025 | 645 | 32306 | 5750 | 张 军 | 殷维峰 |
| 景龙村 | 2.66 | 824 | 3173 | 783 | 34396 | 4400 | 周春华 | 吴国青 |
| 新造村 | 1.2 | 486 | 1930 | 791 | 29731 | 6027 | 顾建忠 | 常德明 |
| 杨荡社区 | 1.25 | 565 | 2149 | 730 | 32310 | 6126 | 陶 义 | 俞国刚 |
| 漕泾社区 | 0.9 | 567 | 2120 | 643 | 34110 | 5469 | 陈 良 | 王建华 |

【全市首个红十字公益项目在颜北社区启动】 2017年5月8日，全市首个红十字“博爱家园”公益项目在颜北社区启动，近百名红十字志愿者和居民代表参加活动。颜北社区红十字博爱家园项目前期以社区老年人为主要服务对象，针对不同类型的老年人开展家庭救护知识技能宣传培训、社会救助、生活照料、医疗保健等关爱服务。

【常熟企业服务产业园开园】 2017年12月5日，常熟企业服务产业园开园仪式暨首届企业服务虞山国际论坛在常熟国际饭店举行。该产业园以人力资源、技术服务、企业咨询、信息服务、财税金融、认证检测、法律服务、培训教育8大方面为主导业态，提供人工智能、工业设计、影视人才、动漫人才、大数据、现代金融、现代物流、电子商务、高端餐饮、职业经理人十类人才的培养与孵化。开园启动仪式上，举行了首批入驻企业、首批十大专家工作室、首批十大培训基地集中授牌。在随后的首届企业服务虞山国际论坛中，中外专家作了题为《凝聚优秀人才的人事制度/ROSIC活用》《日本优秀企业的人才培养之道》《智能化财税机器人为企业服务插上智慧的翅膀》的演讲。（杨蒙威）

## 海虞镇

【概况】 海虞镇地处长江之滨，镇域面积109.97平方千米，下辖1个管理区、2个办事处、1个农场、5个社区和17个行政村。户籍人口8.95万人，暂住人口4.1万人。先后获评全国重点镇、全国特色小镇、全国环境优美镇、国家卫生镇、全国小城镇建设示范镇、全国创建文明村镇工作先进镇、全国发展改革试点小城镇、全国第一批试点示范绿色低碳小城镇、中国苏作红木家具名镇、中国苏作红木产业转型升级试点镇、中国产学研合作创新示范镇、中国美丽乡村建设示范镇。

经济发展 2017年，海虞镇实现地区生产总值98.12亿元、一般公共预算收入9.98亿元、全社会固定资产投资30.59亿元、实际利用外资3092万美元。完成工业总产值251.63亿元，实现工业开票销售262.98亿元，增长22.37%；规模以上工业总产值205.72亿元，增长12.97%；规模以上工业营业利润18.98亿元，增长28.94%；工业固定资产投资18.72亿元。新材料产业园连续5年入选“中国化工园区20强”，化工新材料规模以上企业实现产值137亿元，增长21%，占全镇规模以上总产值的66.7%。“3+5”产业健康发展，实现产值86.6亿元，占全镇规模以上总产值的42.2%。全镇在批项目58个，在建项目13个，其中福山光伏二期项目建设完工，通润装备扩建项目、和创化学及立邦涂料等8个市级重点工业项目顺利推进。全年完成12个新增产业投资签约项目。科技创新成果显现，高新技术产业产值超过73亿元，增长15.5%，研发投入超过2.7亿元。新增高层次人才40名，高技能人才9名，4家人才企业落户。华益科技和新泰材料立项省级重大科技成果转化项目，常吉化工立项省级前瞻性研发项目，农服中心等3个单位立项市级科技项目。新增省级技术中心1家，省级研究生工作站3家，苏州市级企业工程技术研究中心1家。新增高新技术企业6家、高企后备企业3家、科技小巨人企业2家。新增发明专利25件，产学研项目13个。申报市级两化融合企业8家、省级两化融合试点企业1家、苏州级两化融合示范企业1家，获评市级“专精特新”产品4个，省级“专精特新”产品1个。完成总投资3484万元的邓市、望虞高标准农田建设、府东村小型农田水利建设、成片置换区土地整理等项目，改造农田480公顷。投资1625万元推进七峰、福山高标准农田建设。新增农机38台套，成功创建省级农机库1个，苏州市级农机库2个。新申报绿色食品1个，无公害产地2个，创建市级农产品质量安全追溯管理示范单位2家，全年各类农产品在市、镇两级抽检中全部合格。实现服务业增加值32.56亿元，增长10%；服务业投入11.8亿元，增长67.4%；服务业入库税收2.65亿元，增长15.7%；社会消费品零售总额39.8亿元，增长8%。城市综合物流园获批“苏州市第八批现代服务业集聚区”，并同“中国供销智慧供应链投资建设联盟”达成战略合作意向，共同打造“云慧物流小镇”。电商园成功打造家居服特色产业分园，完成众创魔方载体建设，获评苏州市电子商务示范基地。与京东战略合作建设“云尚工坊”服装产业大数据分析应用平台项目，亮相省服博会海虞展区。联合京东召开初期成果发布会，启动项目二期服装设计师服务平台开发建设。启动苏作文化生活园建设，并被列入苏州市文化产业重点项目。

社会事业 2017年，海虞镇完成特色小镇规划编制，推进中心集镇、周行、

海虞镇殿山

福山集镇规划修编。安置房海洲新城二期、聚福佳苑二期、海盛家园、海新家园开工建设，丽都花园二期完成交付，全年实施343户农宅搬迁工作。开展学校重点工程建设，总投资3亿多元。其中周行中心幼儿园改建工程完成，周行学校初中部迁建工程即将竣工，福山中学教学楼改扩建工程、海虞幼儿园扩建工程正在推进。海虞卫生院扩建工程进入项目环评阶段。建成海福新城社区精神障碍日间康复驿站、市民健康管理综合服务中心，整合配置9个慢病自我检测站，完成红光社区卫生服务站改建。实施周行片区香桥、吴宗等社区卫生服务站整合。开展家庭医生签约服务工作，完成签约4469人。完成望虞村省级健康村、海福新城苏州级健康社区创建工作，建成村级健康小游园2个。新建村(社区)老年人日间照料中心4家，落实预防接种、妇幼保健、老年健康、疾病防控等各项工作。实施15个组团美丽乡村建设，投资6000多万元。完成3个三星级康居村庄和5个市级整治村庄验收。完成新州村后桥宅基河道治理及村庄环境整治，全年开展"两路一河"沿线环境整治。完成农村生活污水收集项目2500多户。实施叶范路、海福路西延和新泾塘桥等镇村道路提档升级，完成七峰村、府东村和河口村相关道路及桥梁建设项目，新建停车场50个、公共厕所15个。年内获评中国美丽乡村建设示范镇、第二批全国特色小镇。

人民生活 2017年，海虞镇新增就业6778人，新增缴存住房公积金职工2070人，全镇养老保险覆盖率99.6%，纯农个体人员正常缴费率96%，社会养老保障率100%。举办"慈善一日捐"和"同在阳光下"慈善募捐活动，共筹集善款549.8万元。全年共发放各类救助资金1246万元，救助各类困难群众2000多人；发放各类优抚资金1087.8万元；发放计划生育特殊困难家庭扶助、独生子女父母奖励等各类奖扶资金1150多万元。"福地惠民"重疾险全覆盖，为全镇人民投入200多万元保费，并实现超额兑付。推进文联创作基地建设，完善东泾村、海福新城和七峰村"红杉树书场"功能，新峰美术馆全年举办大型书画展6场。举办喜迎十九大"东方广场故事台"品牌活动，以全国志愿服务"四个100"项目为原型，创作排演大型原创沪剧《海虞妈妈》，开展"我们的节日"系列活动、新春书场、戏曲大舞台等文化活动，举办阅读节、文艺"三下乡""家在常熟·时尚海虞"五进城主题展示活动。推进文学艺术界在西藏卡孜乡的文创基地建设和市级文物保护建筑赵宅第二期修缮工作。开展"百村千企万户"大走访活动，举办2017年政风行风热线海虞基层行活动，解决群众的各类问题，回访率和满意率均为100%。开展"两学一做"学习教育，开展七五普法系列宣传活动及廉政评弹《忠魂》巡演、海虞法制廉政书画篆刻作品展、"清风传万家"家庭助廉评比表彰等活动。

社会管理 2017年，海虞镇开展生态文明建设，推进"263"专项行动。全年完成"263"项目任务1778个。整改期限为2017年度的41件督办挂牌件全部整改完成并销号。全年改造或淘汰窑炉8台；完成关停或转无化工仓储经营企业6家；完成21.7万方生活垃圾临时填埋场建设；完成5条黑臭水体整治和3条河道疏浚；关停畜禽养殖场26家，治理26家；完成70家企业挥发性有机物治理；完成治理环境隐患单位25家。投入180万元建成镇级农村有机垃圾资源化处理中心1座，开展周行片区2721户农村生活垃圾分类收集试点。投入200万元建立废布料回收体系，形成政府主导、部门联动、市场参与的废布料垃圾收运机制。配合全国文明城市创建行动，获评市创建全国文明城市工作先进集体二等奖。开展"三个百日"专项行动，推进"散乱污""三合一"、人员密集场所等消防安全专项整治。完成3个市级挂牌隐患和3个镇级挂牌隐患整改，"三合一"整改进度达到市级要求，全年火灾事故发生率较去年下降16%。成立镇社会综合治理联动指挥中心，实施"五位一体"警务室分类建设。新安装村级监控126套，新增技防入户590户，刑事案件发生率同比下降14.9%，破案率同比上升6.5%。全年完成31项重大项目、重大事项的社会稳定风险评估。推进小作坊专项整治登记工作，首次发放食品小作坊登记证。落实严重精神障碍患者的监护等各项工作。完成新材料产业园规划、环评优化工作，推进园区封闭式管理和企业LDAR信息综合管理平台、污水处理厂扩建等项目建设，进一步强化安全生产基层基础。

**2017年海虞镇主要经济社会指标情况表**

表44

| 项 目 | 数 量 | 项 目 | 数 量 | 项 目 | 数 量 |
|---|---|---|---|---|---|
| 地区生产总值 | 98.12亿元 | 工业企业 | 1048家 | 在职教师 | 706人 |
| 一般公共预算收入 | 9.98亿元 | 工业总产值 | 251.63亿元 | 医院/病床 | 1/160所/张 |
| 耕地面积 | 3761公顷 | 工业销售收入 | 249.31亿元 | 社区卫生服务站 | 17个 |
| 用电总量 | 140964万千瓦时 | 固定资产投入 | 30.59亿元 | 农村合作医疗参入率 | 99.51% |
| 农业总产值 | 4.57亿元 | 新增民营企业注册资本 | 30.49亿元 | 农村养老保险覆盖率 | 99.60% |
| 粮食总产量 | 3.72万吨 | 完成注册外资 | 4653万美元 | 最低生活保障对象 | 246/420户/人 |
| 出栏生猪 | 0.53万头 | 实际利用外资 | 3092万美元 | 年末存款余额 | 90.63亿元 |
| 出栏家禽 | 2.49万羽 | 中小学校 | 10所 | 农民人均可支配收入 | 35991元 |
| 农村合作社 | 23家 | 在校中小学生 | 8324人 | 农民人均住房 | 76平方米 |

2017年海虞镇各村(社区)基本情况表

表45

| 村(社区) | 面　积(平方千米) | 户数(户) | 人口数(人) | 集体经济总收入(万元) | 人均纯收入(元) | 总资产(万元) | 党组织书记 | 村(社区)主任 |
|---|---|---|---|---|---|---|---|---|
| 王市社区 | 4.5 | 2542 | 5614 | — | — | — | 张国珍 | 周伟刚 |
| 福山社区 | 3.21 | 1390 | 2941 | — | — | — | 许晓青 | 王志忠 |
| 周行社区 | 1 | 717 | 2056 | — | — | — | 邵华文 | 金利峰 |
| 海福新城 | 0.37 | 59 | 163 | — | — | — | 徐月红 | 徐锦良 |
| 南塘社区 | 0.31 | 8 | 21 | — | — | — | 黄　逸 | 窦建国 |
| 府东村 | 4.98 | 1457 | 5219 | 351 | 35781 | 3866 | 陆志君 | 陆志亚 |
| 河口村 | 7.12 | 1472 | 4914 | 659 | 35434 | 4904 | 张东青 | 张良华 |
| 望虞村 | 4.48 | 1063 | 3350 | 352 | 36377 | 2366 | 肖学峰 | 何继康 |
| 龙墩村 | 4.65 | 1133 | 3917 | 290 | 36825 | 5683 | 钱　胜 | 黄　逸 |
| 东泾村 | 3.59 | 1033 | 3867 | 348 | 35808 | 3812 | 施志英 | 彭利峰 |
| 邓市村 | 5.75 | 1309 | 4925 | 472 | 35676 | 6267 | 周国刚 | 李　进 |
| 聚福村 | 4.86 | 1258 | 4419 | 447 | 36637 | 5574 | 袁保中 | 王栋椿 |
| 福山村 | 8.53 | 2019 | 6857 | 752 | 35993 | 6094 | 时朝阳 | 钱　欢 |
| 七峰村 | 7.94 | 1421 | 5660 | 1163 | 35125 | 12612 | 时晓刚 | 傅　桥 |
| 徐桥村 | 5.69 | 1061 | 4227 | 1031 | 37057 | 11242 | 陆　忠 | 朱　健 |
| 郑家桥村 | 4.82 | 859 | 3357 | 432 | 34331 | 4415 | 王学新 | 金　虎 |
| 肖桥村 | 7.97 | 1674 | 6385 | 658 | 35109 | 8039 | 程　刚 | 张叶峰 |
| 新州村 | 5.46 | 1498 | 5371 | 562 | 34979 | 4490 | 温学锋 | 程　伟 |
| 虞南村 | 4.03 | 991 | 3682 | 818 | 35481 | 5559 | 钱晓东 | 叶家胜 |
| 汪桥村 | 1.65 | 521 | 2011 | 1179 | 40412 | 10246 | 周　虹 | 黄建青 |
| 里泾村 | 3.9 | 1218 | 4701 | 680 | 37346 | 4826 | 冯惠国 | 季丽明 |
| 香桥村 | 5.03 | 1554 | 5737 | 649 | 36500 | 7203 | 叶　彪 | 胡育成 |

2017年海虞镇骨干企业基本情况表

表46

| 企　业　名　称 | 销售收入(万元) | 利税总额(万元) | 法人代表 |
|---|---|---|---|
| 常熟市交电家电有限责任公司 | 461119 | 7842 | 邵建洪 |
| 常熟三爱富中昊化工新材料有限公司 | 225284 | 47116 | 徐忠伟 |
| 江苏新合作常客隆连锁超市有限公司 | 195527 | 829 | 包乾申 |
| 大金氟化工(中国)有限公司 | 165986 | 11269 | 丰岛直树 |
| 阿科玛(常熟)氟化工有限公司 | 137461 | 23924 | 戴仁威 |
| 阿科玛大金先端氟化工(常熟)有限公司 | 102328 | 32157 | 戴仁威 |
| 江苏华大新材料有限公司 | 89369 | 3862 | 尹国平 |
| 江苏通润装备科技股份有限公司 | 76505 | 7542 | 柳振江 |
| 常熟华新特殊钢有限公司 | 61209 | -2913 | 陈震强 |
| 常熟一统聚氨酯制品有限公司 | 59091 | 1366 | 陶林元 |
| 苏威特种聚合物(常熟)有限公司 | 46628 | -15857 | 孙立宏 |
| 常熟三爱富氟化工有限责任公司 | 45886 | 9913 | 刘文杰 |
| 科慕(常熟)氟化物科技有限公司 | 42509 | 9385 | 苏孝世 |
| 江苏新泰材料科技股份有限公司 | 40449 | 21264 | 吴锡盾 |
| 苏州富士莱医药股份有限公司 | 37112 | 9890 | 钱祥云 |

2017 年 3 月 23 日,常熟云尚工坊和京东云签约合作　　　　（海虞镇提供）

【苏州市华侨文化交流基地落户新峰美术馆】 2017 年 1 月 20 日,"亲情中华——苏州市华侨文化交流基地"揭牌仪式在海虞镇新峰美术馆举行,该馆成为苏州侨联在常熟设立的第 4 个基地。新峰美术馆是画家姚新峰在海虞镇人民政府的支持下创办的民办公助美术馆,是常熟市文明单位。此次侨文化交流基地的建立既有利于海虞文化事业的发展,又有利于整合社会资源,推进优势互补,弘扬中华优秀文化,促进中外文化交流。

【海虞企业与京东云签约合作】 2017 年 3 月 23 日,常熟云尚工坊与京东云在北京国家会议中心签订协议,双方在"大数据＋服装产业"领域建立长期、全面的合作关系,共同建设"云尚工坊"服装产业大数据分析应用平台。此平台将服装企业的生产数据、产品数据、经营数据及实体零售店的场景数据、顾客行为数据等与京东电商大数据相整合,通过数据建模、挖掘、分析帮助服装企业预判市场需求及优化资源配置,帮助企业深度挖掘数据价值,实现精准化营销、精益化客户服务和柔性化生产。

【常熟首个企业慈善冠名基金成立】 2017 年 8 月 28 日,常熟首个由企业冠名的爱心慈善基金常熟市慈善基金会"富士莱医药爱心慈善基金"在海虞镇成立。在成立签约揭牌仪式上,苏州富士莱医药股份有限公司向市慈善总会捐款 10 万元,定向用于困难群众助医、助学、助残、助老等慈善救助项目。苏州富士莱医药股份有限公司创办于 2000 年,是中国专业生产硫辛酸系列产品、肌肽系列产品、GPC 甘油磷脂酰胆碱三大系列营养保健产品原料的厂家之一。

【翔鹰特纤项目获中纺联科技进步奖】 2017 年 12 月 18 日,"纺织之光"2017 年度中国纺织工业联合会科技教育奖励大会在北京人民大会堂举行。大会对 2017 年度纺织行业科技、教育、技能人才,科技创新人才和企业进行表彰,共表彰一等奖 12 项、二等奖 36 项、三等奖 40 项。其中,常熟市翔鹰特纤公司聚丙烯腈长丝及导电纤维产业化关键技术等三项化纤成果获科学技术进步一等奖,这三项成果主要集中于节能减排及资源回收利用技术、提升纺织品的应用领域和附加值的先进工艺技术等方面。　　　　（王亿苑）

## 碧溪新区(碧溪街道)

【概况】 碧溪新区(碧溪街道)地处常熟市东北边缘,北濒长江,与南通隔江相望,是中国农村改革开放三十年的历史典范之一"碧溪之路"的发祥地。区域总面积 113.79 平方千米,下辖 23 个行政村、7 个社区居委会,全区总人口 10.36 万人,外来暂住人口 6.61 万人。先后获评国家卫生镇、全国环境优美镇、中国化纤名镇、中国时尚羊毛·羊绒制品名镇、中国苏作红木家具名镇、中国毛衫名镇、中国人居环境范例奖、国家园林城镇、中华诗词之乡、江苏省园林小城镇、江苏省纺织服装行业特色小镇——毛衫小镇、江苏省诗教先进单位。

经济发展　2017 年,碧溪新区(碧溪街道)实现地区生产总值 52 亿元,工业总产值 122.68 亿元,完成固定资产投资 13.25 亿元。年内,新增绿色食品 3 个。"吉礼葡萄"被认定为 2017 年度省农产品质量应用追溯示范单位。推进 648.07 公顷高标准农田建设项目,常熟市碧溪新区现代设施农业科技示范园区被认定为全省首批蔬菜全产业链示范园区。推进天银机电、金华机械、通润铸造、新合化纤 4 个市级重点工业内资项目建设,当年完成投资 1.9 亿元。完成机器换人 100 台,完成省高新产业产值 13.06 亿元,完成规上企业研发经费 6142 万元,完成 4 个产学研合作项目,华葆药业被列入 2017 年第一批省民营科技企业。完善集体资产管理方案,启用碧溪新区农村集体资产交易中心,开通村级资金银行联动监管系统,推进村级财务"第三方代理",规范三资管理。

社会事业　2017 年,碧溪新区(碧溪街道)总体规划、村级工业用地整合规划、综合整治村庄规划、"三优三保"规划完成专家论证。安置房三期工程(地块 A)、幸福小区进入桩基施工阶段。聚和佳苑二区完成综合服务用房装饰。完成农户农宅置换 146 户。启动 2017 年度中远期空间置换区解危解急预置换工作,完成 130 户预置换对象搬迁,完成 22 户动迁户扫尾。创建 3 个三星康居村和 2 个整洁村庄。推进浒浦、东张撤并乡镇建设试点工作,合计完成 36 个项目建设,投资总额 6.4 亿元。完成 11 条村道改善工程,危桥

滨江体育公园　　（经开区提供）

改造3座，新增绿化面积1.5万平方米。年内，新增2家社会化运营的日间照料中心，新东张中学投用，碧溪中心小学改扩建及滨江小学新建工程有序推进，浒浦高级中学2017年高考本一上线率57%，本二上线率100%。浒浦幼儿园创建省优质幼儿园。碧溪新区便民服务中心政务服务平台系统试用。在聚和佳苑社区建立全市首家社区民防科普馆，建成聚和佳苑社区志愿服务中心，扶持成立全市首家乡镇义工协会。

**人民生活**　2017年，碧溪新区（碧溪街道）村级可用财力10971.63万元，比上年增长128.29万元，增长率1.18%，农村人均收入3.34万元，增长率8.09%。完善就业服务体系，新增就业岗位3665个，提供高校毕业生就业岗位876个，开发公益性岗位118个。基本养老保险覆盖率、养老保险参保率、个体、纯农正常缴费率均达96%以上，外来人员城保扩面覆盖率达80%以上，全民参保登记实现常态化管理。修订完善《碧溪新区困难家庭大病补充医疗救助暂行办法》，扩大救助范围，发放镇级救助金70余万元。严格落实新市民积分管理，受理新市民入学、入医、入市民卡申请5000多人次。加强人武、双拥工作，向部队输送新兵28名。举办文化惠民活动72场，文化下村公益演出20场，完成农村数字电影公益放映312场，完成6所公办学校对外体育设施开放工作。启动《碧溪新区志》和常熟市首部地名志《碧溪新区地名志》编纂工作。

**社会治理**　2017年，碧溪新区（碧溪街道）全面推进“263”专项行动，三个百日行动和“散乱污”企业专项整治工作。完成落后化工产能关停工作，3家单位拆除生产设备，燃煤窑炉整治淘汰126台。开展安监、消防网格化管理优化工作，完成市级重大安全生产事故隐患单位挂牌整改项目2个、镇级4个。推进综治网格化管理，完成3条技防街区建设，新增高清监控15套，高清抓拍14套，村级监控181套，完成安装技防入户设备1450套和“智慧云家庭守护神”技防设备997套，启动“智慧滨江”社会治理信息化建设项目，完成聚和佳苑社区管理全媒体信息中心建设工程。开展“七五”普法工作，完成社会稳定风险评估项目5个。

**2017年碧溪新区（街道）主要经济社会指标情况表**

表47

| 项　目 | 数　量 | 项　目 | 数　量 | 项　目 | 数　量 |
|---|---|---|---|---|---|
| 地区生产总值 | 52亿元 | 工业企业 | 475家 | 在职教师 | 936人 |
| 一般公共预算收入 | — | 工业总产值 | 122.68亿元 | 医院/病床 | 4所/195张 |
| 耕地面积 | 50205.1公顷 | 工业销售收入 | 117.63亿元 | 社区卫生服务站 | 29个 |
| 用电总量 | 240550万千瓦时 | 固定资产投入 | 13.25亿元 | 农村合作医疗参入率 | 99.6% |
| 农业总产值 | 5亿元 | 新增民营企业注册资本 | 5.71亿元 | 农村养老保险覆盖率 | 99.62% |
| 粮食总产量 | 4539.9万吨 | 完成注册外资 | 0万美元 | 最低生活保障对象 | 200户/371人 |
| 出栏生猪 | 0.25万头 | 实际利用外资 | 0万美元 | 年末存款余额 | 197.42亿元 |
| 出栏家禽 | 4.27万羽 | 中小学校 | 9所 | 农民人均可支配收入 | 33387元 |
| 农村合作社 | 30家 | 在校中小学生 | 11486人 | 农民人均住房 | 70.33平方米 |

**2017年碧溪新区(街道)各村(社区)基本情况表**

表48

| 村(社区) | 面　积(平方千米) | 户数(户) | 人口数(人) | 集体经济总收入(万元) | 人均纯收入(元) | 总资产(万元) | 党组织书记 | 村(社区)主任 |
|---|---|---|---|---|---|---|---|---|
| 碧溪市镇社区 | 2.50 | 474 | 1035 | — | — | — | 陈建军 | — |
| 溪东村 | 4.18 | 1810 | 6628 | 663 | 33649 | 3633 | 陈　健 | 殷维华 |
| 溪南村 | 4.33 | 960 | 3308 | 492 | 32024 | 1656 | 龚文科 | 施仲辉 |
| 聚福苑社区 | 6.90 | 2415 | 8291 | 591 | 35276 | 4733 | 曹继军 | 张　乐 |
| 聚和佳苑社区 | 0.21 | 352 | 1372 | — | — | — | 陈　健 | 薛　晓 |
| 港南村 | 4.30 | 1647 | 5721 | 796 | 36172 | 4932 | 殷政军 | 韩国强 |
| 周泾村 | 3.40 | 1018 | 3519 | 547 | 32962 | 2870 | 戴伟华 | 王　振 |
| 徐虎村 | 4.00 | 735 | 2716 | 359 | 32702 | 1832 | 王雪明 | — |
| 李村村 | 2.60 | 584 | 2110 | 464 | 32433 | 2650 | 朱建华 | 钱志光 |
| 浒浦集镇社区 | 2.90 | 2020 | 5616 | — | — | — | 陈　燕 | 宋建良 |
| 浒浦渔业社区 | 0.90 | 413 | 1119 | — | — | — | 倪建新 | — |
| 滨江社区 | 4.30 | 224 | 611 | — | — | — | 季利峰 | — |
| 浒西村 | 4.13 | 1423 | 4782 | 718 | 33183 | 4532 | 王　俊 | 季峰平 |
| 留下村 | 2.40 | 611 | 2173 | 608 | 33525 | 3389 | 张黎东 | 陆　亚 |
| 李袁村 | 4.08 | 1251 | 4343 | 2156 | 36266 | 8013 | 崔贻峰 | 袁新春 |
| 浒东村 | 2.80 | 1602 | 4962 | 426 | 34443 | 2653 | 薛　锋 | 居　润 |
| 吴市市镇社区 | 0.50 | 333 | 576 | — | — | — | 顾丽亚 | — |
| 泗湖村 | 1.40 | 1296 | 4364 | 332 | 33394 | 1533 | 夏文虎 | 夏振达 |
| 三湾村 | 4.00 | 1555 | 5040 | 591 | 33873 | 2861 | 陈丹益 | 黄国明 |
| 周家桥村 | 4.00 | 832 | 2901 | 468 | 31248 | 3215 | 孔维军 | 陈卫标 |
| 太平桥村 | 2.10 | 339 | 1156 | 489 | 33697 | 5528 | 陈建明 | — |
| 小市村 | 1.99 | 344 | 1123 | 394 | 31918 | 3123 | 陈　健 | 薛　晓 |
| 万福村 | 0.80 | 1056 | 3554 | 441 | 32864 | 1635 | 张卫星 | 宗　健 |
| 东张市镇社区 | 1.20 | 339 | 625 | — | — | — | 陆建华 | — |
| 龙桥村 | 4.32 | 872 | 3292 | 550 | 31738 | 2758 | 江俊芳 | 龚爱东 |
| 中南村 | 4.36 | 2726 | 10198 | 1100 | 32392 | 5922 | 谢建清 | 林惠锋 |
| 白莲村 | 2.65 | 1349 | 5199 | 596 | 32160 | 4565 | 秦建飞 | 赵建良 |
| 新苑村 | 3.21 | 548 | 2124 | 528 | 31497 | 3608 | 徐向阳 | 蔡明艳 |
| 横塘村 | 4.43 | 882 | 3308 | 756 | 31397 | 3596 | 王建新 | 顾志杰 |
| 新闸村 | 3.20 | 465 | 1813 | 303 | 32756 | 4094 | 何永球 | — |

**2017年碧溪新区(街道)骨干企业基本情况表**

表49

| 企　业　名　称 | 销售收入(万元) | 利税总额(万元) | 法人代表 |
|---|---|---|---|
| 江苏恒通印染集团有限公司 | 110902 | 3427 | 陈建云 |
| 常熟市天银机电股份有限公司 | 61512 | 17825 | 赵晓东 |
| 苏州市通润机械铸造有限公司 | 32175 | 1139 | 张　鹤 |
| 江苏豪威富集团有限公司 | 31973 | 217 | 秦惠明 |
| 常熟市常力紧固件有限公司 | 29365 | 4462 | 包正芳 |
| 江苏常润纤维集团有限公司 | 29159 | 146 | 张　健 |
| 常熟市海立复合材料有限公司 | 19784 | 496 | 钱燕飞 |
| 常熟市国盛针织机械厂 | 18632 | -128 | 谭卫国 |
| 苏州市富贵虎纺织服饰有限公司 | 17045 | 95 | 张海英 |
| 欧米亚钙业(常熟)有限公司 | 16117 | -675 | 孙　岚 |

【碧溪新区全民健身月暨“灵动碧溪”长跑邀请赛】 2017年4月28日，碧溪新区第22次全民健身月启动仪式暨“灵动碧溪”长跑邀请赛在爱上草原生态园举行。全市11支代表队，155名运动员报名参赛。开发区代表队的李燕奎、刘星、张东连分获男子10千米组前三名，开发区代表队的池玉珍、梅李镇代表队的陆建芳、虞山镇城区代表队的钱丽英分获女子5千米组前三名。

【第二届灵动碧溪上鹞灯节】 2017年9月29日，第二届“灵动碧溪”上鹞灯节全国邀请赛在碧溪新区管委会大楼南侧草坪举行。省风筝协会副秘书长谢小丽、刘长胜出席比赛。全国各地共22支风筝代表队，近160名运动员参加比赛。镇江市风筝协会、碧溪新区风筝协会获得夜光风筝团体一等奖；上海黄浦外滩风筝协会顾吉连、山西太原风筝协会王新龙、南京市运动风筝协会严庆亮分别获得夜光风筝个人前三名。

【碧溪新区与台湾农业企业签约合作】 2017年10月30日，碧溪新区项目合作恳谈会暨签约仪式在中国台湾嘉义市举行。碧溪新区与中国海峡两岸农业协会、嘉农农业发展基金会、广兴农业、中营兰园、龚氏洋兰园、京漾生技、益发生物等13家台湾农业知名企业签署了现代农业投资合作意向协议。双方将在城乡一体化建设、特色农业、高科技农业等多个领域开展合作。

【“江上田园”创意休闲乡村总体规划通过评审】 2017年10月21日，常熟碧溪新区“江上田园”创意休闲乡村总体规划通过论证评审。“江上田园”创意休闲乡村总体规划以碧溪新区李袁村、浒西村与留下村的行政辖区为规划范围，借鉴中国台湾发展创意休闲农业的经验，布局了“饮水思源”“彩虹文化”“兰花主题”三个特色休闲村，设计了“爸妈许（浒）你（李）留”主题套装农业休闲旅游模式，以“碧溪的”创意品牌，贯穿“江上田园”的特色精品蔬果、创意农庄、生态农业、优质花卉、农产品加工、滨江休闲体验等区域，打造集科技种植、深度加工、观光旅游为一体的一二三产融合的田园综合体。规划限期为2017年至2030年。

【“家在常熟·灵动碧溪‘五进城’”主题展示活动】 2017年10月28日，“家在常熟·灵动碧溪‘五进城’”主题展示活动在常熟市体育馆举行。活动由市委宣传部等单位主办，展示了碧溪新区各项发展成果、先进典型、民俗文化、乡村旅游、农副产品。展示活动上还举行了《浒浦渔业志》首发式。

（张逸欢）

2017年9月29日，第二届“灵动碧溪”上鹞灯节全国邀请赛在碧溪新区举行

（碧溪新区提供）

## 东南街道

【概况】 东南街道位于常熟市东南部，行政区域面积27.98平方千米，辖4个行政村，1个社区居委会，户籍人口1.8万人，外来人口7.4万人。东南街道和昆承湖管委会实行“两块牌子一套班子”管理，以创新服务品牌为抓手，立足精致城市管理，不断拓展社会管理服务的触角，为常熟高新区打造科技创新“核心区”保驾护航，主要承担社会管理和服务职能。

社会事业 2017年，东南街道开展常昆路拓宽及昆承工业坊拆迁工作，基本完成常昆路拓宽红线范围内建筑拆除，昆承工业坊32家企业已全部交房并拆除；完成安达洲商服地块2.7万平方米、东佳精密光电地块4万余平方米拆除工作；完成凯文纺织房屋、中法水务藕渠增压站辅房拆除工作；完成海星岛收储协议签订，并支付首笔30%补偿款。启动江南集团（王四食品、日和豆制品）、常凌混凝土及唐北村沙场的拆迁评估工作；科磊经纬编商业用房征收进入签约洽谈阶段。制定《东南街道实施社区股份合作社股权固化改革的指导意见》，指导各村股权固化工作；启用村级支付银行联动监管系统，同时推行集体小额支付“村务卡”制度，实现村级资金支付非现金结算。开展社区工作站建设，年内投用2个。推进居家养老建设，以打造精品村、精品社区标准，推进“四村一社区”家园建设工作。组织开展“生态补偿金”民意调查，确保区域内生态补偿金及时落实和规范使用。根据“大走访”中提出的突出问题，实施小康村区域村庄整治工程和生活污水管网改造提升工程，惠及农户3000多户。实施农民集中居住区主体改造工程。以金仓花园三区为试点，对小区景观、绿化、道路、通讯、水利、文化、管理等进行提升型改造。

人民生活 2017年，东南街道引进南师大常熟金仓幼儿园，并于9月完成第一届招生。陆续在各村、社区开展送戏下乡50余次，送影下乡40余次，“我

东南邻里生活广场　　（常熟日报社提供）

们的节日”主题活动、各类专场演出等文化工作也在社区蓬勃开展。深入推动道德讲堂建设，全年共开展道德讲堂宣讲活动20余次，开展了东南街道首届“文明家庭”推荐评选工作。新建7000多平方米东南文化中心，内设健身房、图书馆、24小时阅览室、评弹室、综合性文化展厅、老年活动室等多个功能区块，其服务功能辐射整个高新区。区域内多功能运动场增至18个，体育活动室增至3个，健身路径增至35套，健身步道数长度增加了4.5千米。全年发放尊老金31万元，优抚安置30万元，残疾人补助26万元，对困难群众发放救助款43万元，发放慈善救助金27万元。开展基本公共卫生服务项目十三项内容，其中包括，建立孕产妇保健册管理340人，预防接种1619人，接种各类疫苗4357份。开展健康村创建，全区建成健康小屋2座。

社会管理　2017年，新增两支环境应急队伍，签订坞丘区域、法字湖、小尤泾等临时保洁合同，纳入常规保洁范围；更换道路两侧、游园果壳箱260只；对区域内2个户外高炮广告牌、14辆公交车和东南大道、状元堤等道路户外广告统筹管理，共布置户外广告1万余面，发放宣传册6万余份，发放宣传品3万余件。加强志愿服务队伍建设，在东南街道3个社区服务站和17个住宅小区设立志愿服务站点，组织志愿服务队伍20支，志愿者由上年底的997人增加到1285人。组织对志愿服务团队、社区志愿者、党员志愿者等开展培训，全年共有1000余人次参与培训。着力打造了湖畔现代城技防街区。与辖区内4所学校、两个外来人员集宿区签订公共视频接入安防平台协议，实现监控资源力量整合。积极打造湖畔现代城综合治理项目，建立全市首批居民小区人民调解工作室，确定新世纪花苑、金狮薇尼诗、东湖京华3个居民小区作为首批试点。成立街道调委会，共计调解案件308起。接待受理来访群众较上年同期下降30%。综合服务中心投入运行，群众办事流程进一步简化。召开小康村及金仓花园绿化工程项目等突出问题专家论证会5次，完成征地、建设工程项目等社会稳定风险评估个案12起，发放稳评调查问卷200余份。结合“两路一河”绿化及环境专项整治方案，推进区内苏嘉杭高速高新区段3.8万平方米绿化补植，申张线，白茆塘高新区段4.3万平方米绿化补植工作。启动环保执法，同时不间断开展夜间专项执法检查，确保区域内各企业安全有序运行。

**2017年东南街道各村（社区）基本情况表**

表50

| 村（社区） | 面　积（平方千米） | 户数（户） | 人口数（人） | 集体经济总收入（万元） | 人均纯收入（元） | 总资产（万元） | 党组织书记 | 村（社区）主任 |
|---|---|---|---|---|---|---|---|---|
| 小康村 | 16.529 | 2717 | 11162 | 2055 | 34383 | 15622 | 季金华 | 陈永祥 |
| 苏锋村 | 2.96 | 380 | 1777 | 1683 | 37489 | 13652 | 陈建良 | 范忠林 |
| 东渔村 | 0.96 | 267 | 1201 | 1774 | 35942 | 7824 | 秦祥生 | 顾永明 |
| 昆承村 | 0.573 | 461 | 2158 | 1640 | 32376 | 15038 | 于　宙 | 石俊华 |
| 湖东社区 | 3.3 | 1182 | 2751 | — | — | — | 周文燕 | 周文燕 |

（刘　蕾）

# 梅　李　镇

**【概况】**　梅李镇位于常熟东北部，总面积80.84平方千米，辖15个行政村，3个社区居委会，户籍人口80017人，外来人口约4万人。梅李镇是江苏省经济发达镇行政管理体制改革试点镇、苏州市城乡一体化发展综合配套改革试点工作先导区、苏州市美丽城镇示范点。该镇先后获评中国人居环境范例奖、国家园林城镇、国家卫生镇、国家级生态镇、中国经编名镇。

经济发展　2017年，梅李镇实现地区生产总值82.74亿元，完成一般公共预算收入8亿元，固定资产投资19.17亿元。新增高标准农田186.4公顷，完成商品化集中育秧11.33公顷，成功创建省级粮食高产高效核心示范方1个，农业综合机械化水平达90%，水稻平均亩产量620千克。加快农业品牌建设，新增有机食品6个，绿色食品2个，无公害农产品2个。吉健葡萄园被认定为省级园艺标准园。全年完成规模以上工业产值295.78亿元，同比增长15.3%，其中，高新技术产业产值25.89亿元，同比增长32.8%，“3+5”产业产值262.89亿元，同比增长13.4%；完成工业投资7.7亿元，服务业投资11.32亿元，到账外资1781万美元。“1+1”产业（主导产业+特色产业）发展导向日趋鲜明，被中国纺织工业联合会评为中国纺织服装行业十大活力集群，被省纺织工业协会认定为全省第一批经编居家特色小镇。加快推进生产过程自动化、信息化、智能化改造，实施机器换人项目16只，建成市级智能车间17个。新增高新技术企业4家、省级民营科技企业10家、省高新产品13个，实现省科技成果转化1项。培育江苏省名牌1个、苏州名牌1个，省著名商标1个、苏州知名商标3个。

社会事业　2017年，梅李镇加快推进村庄规划及控规编制，完成村级工业用地整合优化、“三优三保”专项行动规划，以及《常熟市梅李镇总体规划（2010—2030）》较大修改规划论证。盘活存量土地16公顷，珍南佳苑二期交付使用，天和佳苑二期竣工。新建改建镇村道路79条38.2千米，完成珍大北路等3条农村道路提档升级工程、吴祥浜路等3条村道改善工程。加强村庄综合整治，完成2个三星级康居村庄和5个整洁村庄建设工作。完成58个自然村庄污水治理工程，惠及农户1727户，农村生活污水处理率53.3%；完成集镇区36个收水点的污水收水工作，收水面积384.11公顷，收水率73.7%；完成25家工业企业生活污水接管工程。蒋泾圩区建成投用。开展古镇格局风貌和历史文化遗存整体性保护工作，完成市控保单位冯宅修缮工程、19个苏州美丽城镇建设示范项目建设任务，聚沙塔修缮（综合保护）工程、建设工程网上巡视监管系统获评“2017年苏州市美丽城镇建设优秀示范项目”。全年完成448户农宅审批工作，新增绿化面积11万平方米。

人民生活　2017年，梅李镇推进全民参保登记工作，基本实现户籍劳动年龄人口参保全覆盖，稳定就业的外来职工社会保险参保率达83.02%，居民医保参保率达99.42%。新增就业岗位3095个，高校毕业生就业率达95%以上，城乡登记失业率控制在1%以内。慈善募捐筹集善款865余万元，发放民政经费1385万元。5家日间照料中心实行社会化运作。完成聚沙村、沈市村、师桥村江苏省“市民学校”创建工作，成功举办苏州地区镇级“市民学校”示范现场会。推进新市民积分管理工作，新市民吸纳率达85%。珍门社区卫生服务中心新大楼建成投用，农村妇女两癌筛查惠及6900多人次。开展家庭医生签约服务，累计签约6044人次。成功创建江苏省健康镇。在瞿巷村、胜法村试点开展基层协商民主工作，“三社联动”取得成效。张太夫人故居纪念馆开馆并免费向公众开放。央视《传奇中国节·中秋》特别节目走进梅李，“龙园杯”江浙沪“道德评弹”名家展演入选苏州市精神文明建设十佳新事，《聚沙·梅李当代百姓故事》影集出版并成功展出，开展“龙园杯·孝爱梅李”曲艺创作大赛。成功举办第三届“聚沙塔杯”民间大厨蒸菜厨艺技能大赛。吴义纲家庭获评江苏省“最美家庭”。

社会管理　2017年，城市综合治理联动指挥中心梅李分中心挂牌成立，同步推进村“六位一体”警务室和社会治理联动工作站一体化建设。率先在苏州地区建成“综合战训基地”、全市乡镇首个“全媒体信息管理中心”、第一套数字化应急通讯指挥系统和应急智能广播系统，率先整合视频监控系统，立体化社会治安防控体系愈加稳固，案件发案率同期下降6.6%。梅李社区被评为国家级无邪教示范社区。推进企业安全生产标准化建设，建成标准化二级、三级达标企业8家，小微企业标准化示范单位20家。丰富“七五”普法载体，完善公共法律服务体系，开设“法律顾问法治大讲堂”，建立梅李综合市场、梅李人民医院公共法律服务诊所，推动法治宣传与法治实践相互融合。制定《梅李镇人民政府重大行政处罚案件集体讨论办法》，完善《梅李镇重大行政决策程序规定》，依法作出重大行政处罚案件决定30起。积极疏导和妥善解决群众诉求，受理各类来信来访3550件，办结率100%。发挥行政管理体制改革优势，探索行政服务新模式，挂牌成立全市首个行政审批局，新增不动产登记等窗口，综合窗口改革稳步推进。启用新版网上办事大厅，324项行政审批项目实现不见面或见一面审批，占全部审批项目的98%。

**2017年梅李镇主要经济社会指标情况表**

表51

| 项　目 | 数　量 | 项　目 | 数　量 | 项　目 | 数　量 |
|---|---|---|---|---|---|
| 地区生产总值 | 82.74亿元 | 工业企业 | 820家 | 在职教师 | 529人 |
| 一般公共预算收入 | 8亿元 | 工业总产值 | 328亿元 | 医院/病床 | 1所/242张 |
| 耕地面积 | 3028公顷 | 工业销售收入 | 352.67亿元 | 社区卫生服务站 | 18个 |
| 用电总量 | 195460万千瓦时 | 固定资产投入 | 19.17亿元 | 农村合作医疗参入率 | 99.42% |
| 农业总产值 | 7.54亿元 | 新增民营企业注册资本 | 20.74亿元 | 农村养老保险覆盖率 | 99.6% |
| 粮食总产量 | 2.2万吨 | 完成注册外资 | 1153万美元 | 最低生活保障对象 | 194户/353人 |
| 出栏生猪 | 1.59万头 | 实际利用外资 | 1781万美元 | 年末存款余额 | 109.36亿元 |
| 出栏家禽 | 9.14万羽 | 中小学校 | 8所 | 农民人均可支配收入 | 35273元 |
| 农村合作社 | 66家 | 在校中小学生 | 8806人 | 农民人均住房 | — |

**2017 年梅李镇各村(社区)基本情况表**

表 52

| 村(社区) | 面　积(平方千米) | 户数(户) | 人口数(人) | 集体经济总收入(万元) | 人均纯收入(元) | 总资产(万元) | 党组织书记 | 村(社区)主任 |
|---|---|---|---|---|---|---|---|---|
| 梅李居委会 | 5.00 | 2372 | 5933 | — | — | — | 曹建良 | 袁玉芳 |
| 珍门居委会 | 1.80 | 361 | 834 | — | — | — | 张俊峰 | 张俊峰 |
| 赵市居委会 | 2.50 | 456 | 921 | — | — | — | 金建祥 | 金建祥 |
| 胜法村 | 5.98 | 1906 | 6484 | 1279 | 37689 | 7794 | 温利芬 | 杨立新 |
| 聚沙村 | 3.50 | 1529 | 5133 | 623 | 37509 | 6686 | 方建文 | 朱品石 |
| 天字村 | 5.53 | 1838 | 6378 | 1513 | 41134 | 12450 | 戴志健 | 秦增发 |
| 寨角村 | 5.98 | 1469 | 5127 | 986 | 34506 | 7583 | 高建锋 | 张忠岳 |
| 梅南村 | 3.30 | 1107 | 3595 | 683 | 33105 | 2692 | 陈立新 | 李志欢 |
| 塘桥村 | 4.70 | 975 | 3244 | 751 | 35055 | 3757 | 龚　旭 | 吴建青 |
| 沈市村 | 7.37 | 1395 | 5267 | 856 | 34718 | 4178 | 唐晓东 | 李　峰 |
| 珍南村 | 5.35 | 976 | 3642 | 447 | 32752 | 3056 | 袁正红 | 龚利丰 |
| 珍北村 | 6.48 | 1476 | 5102 | 819 | 29287 | 4367 | 计建刚 | 吴　锋 |
| 新丰村 | 6.48 | 1096 | 3729 | 656 | 30913 | 3299 | 沈　旦 | 董志军 |
| 圩港村 | 4.63 | 1447 | 4705 | 767 | 35529 | 3270 | 龚国平 | 陆建红 |
| 海城村 | 5.82 | 1344 | 4582 | 634 | 33858 | 4732 | 陆志刚 | 胡　烈 |
| 赵市村 | 6.68 | 2015 | 6765 | 1028 | 35310 | 6419 | 戈学峰 | 温志国 |
| 瞿巷村 | 1.10 | 418 | 1554 | 705 | 36961 | 7051 | 邵国平 | 杨学良 |
| 师桥村 | 7.58 | 2093 | 7022 | 832 | 36659 | 3217 | 张建军 | 赵　俊 |

**2017 年梅李镇骨干企业基本情况表**

表 53

| 企　业　名　称 | 销售收入(万元) | 利税总额(万元) | 法人代表 |
|---|---|---|---|
| 常熟市龙腾特种钢有限公司 | 1584099 | 84977 | 季丙元 |
| 斗山电子(常熟)有限公司 | 111211 | 11306 | 李钟元 |
| 泰光化纤(常熟)有限公司 | 103899 | 580 | 沈载赫 |
| 江苏美迪洋皮革皮件有限公司 | 68257 | 5168 | 毛建华 |
| 常熟市标准件厂 | 46448 | 2421 | 赵庆云 |
| 常熟华东汽车有限公司 | 43640 | 2582 | 江建龙 |
| 苏州辽鞍机械有限公司 | 39119 | 1941 | 关宏强 |
| 江苏良基集团有限公司 | 36663 | 1571 | 吴雪良 |
| 江苏中诚建材集团有限公司 | 35565 | 5018 | 王卫东 |
| 常熟盈德气体有限公司 | 32026 | 10988 | 王　健 |

【梅李科技创业中心晋级国家级科技企业孵化器】 1月，常熟市梅李科技创业中心被科技部确定为2016年国家级科技企业孵化器，成为全市乡镇首家、常熟第三家国家级科技企业孵化器。梅李镇现有工业企业近800家，其中外资企业60多家，规模以上企业118家，年销售收入超亿元企业34家，初步形成了以大型成套装备及部件制造为核心，汽车零部件、特种装备、现代通信装备等产业协同配套，经编家纺特色产业集群发展的园区经济发展格局。

【"聚沙·梅李"当代百姓故事专题图片集首发】 5月14日，梅李镇第八个"孝爱日"系列活动之"聚沙·梅李"当代百姓故事专题图片集首发式暨图片展览开幕式在梅李培华美术馆举行。"聚沙·梅李"当代百姓故事专题图片集通过30多位拍摄者的镜头，记录下了49组梅李各行各业普通老百姓的生活状态和精神面貌。

【央视梅李直播中秋】 10月4日，中央电视台《传奇中国节·中秋》特别节目组在梅李镇聚沙园现场直播。节目介绍了江南精致小城——常熟，展示了中秋民俗和梅李孝爱文化特色。现场除了有滚灯、打莲湘、荡湖船、旗袍秀等常熟人逢年过节喜爱观看的民间文艺表演，还展示了梅李的"拜月"民俗和评弹演出。节目通过央视一套、四套的并机直播，让全球华人共同领略这座江南小镇的喜庆氛围。

【梅李镇行政审批局成立】 2017年11月1日，全市乡镇首个行政审批局——梅李镇行政审批局揭牌成立。该局启用"梅李镇行政审批专用章"，实现全镇行政审批集中办理。可办理发改、财政、教育、公安、民政、人社、城管、住建、规划、不动产、交通、水利、商务、文广新、卫计委、环保、安监、市监、国税、地税、新市民、经信委、公积金、烟草、报社、CA认证、公共资源交易27个部门的许可审批及服务类事项365项。

【张太夫人故居纪念馆开馆】 2017年12月12日，梅李镇张太夫人故居纪念馆开馆。张太夫人为翁咸封之妻，翁心存之母。故居为常熟市文物保护单位，位于梅李镇东街，为清代建筑，是清乾隆年间修职郎、镇江府训导张尹宾（张太夫人之父）之宅，现存一轴三进式院落。纪念馆展示了张太夫人及翁氏家族的家风家训。 （王 杨）

2017年10月4日，中央电视台《传奇中国节·中秋》特别节目走进梅李

（梅李镇提供）

## 辛 庄 镇

【概况】 辛庄是常熟的南大门，东连沙家浜，南接苏州，西邻无锡，是新规划的苏州市"两大一类"小城镇之一，苏虞张一级公路和锡太一级公路在镇区内交汇，227省道、227省道复线贯穿全境。全镇总面积104.26平方千米，户籍人口75902人，常住人口超过10万人，下辖2个办事处、20个村、3个社区居委会和1个农场，是国家卫生镇、国家级生态镇、中国针织服装名镇、江苏省文明乡镇、江苏省创新型乡镇，小城镇建设管理获评"江苏人居环境范例奖"。

经济发展 2017年，辛庄镇实现地区生产总值101.0亿元，增长1.7%；一般公共预算收入6.06亿元，增长8.9%。实现工业开票销售收入274.4亿元，增长6.6%；规模以上工业产值274.6亿元，清洁能源、日化医药、装备制造和精密机械四大主导产业开票销售、入库税金占规模以上比重分别达88.3%和85.6%；高新技术产业产值149.1亿元、"3＋5"产业产值152.9亿元，分别占规模以上工业产值比重的55.3%和56.4%；累计完成固定资产投资27.0亿元，实际利用外资1061万美元。规划建设智能制造产业园区，临港常熟产业集聚区项目达成战略合作，布局科技康养小镇，新引进总投资规模16亿元的重点项目10个。举办智能制造创新发展论坛，累计完成工业技改投入13亿元，14个"机器换人"项目总投资规模达4亿元，新认定"两化融合"示范试点企业6家。支持隆力奇特色养生街区建设，鼓励企业实施众创空间二期等建设项目，隆力奇养生小镇获评"国家工业旅游示范基地"。推进文化创意与旅游产业融合发展，乐器商会展览馆落成开馆。辛庄科技创业中心获评国家级科技企业孵化器，新增省高新技术企业5家、省民营科技企业13家、市科

张港泾生态景观河　　（辛庄镇提供）

技“小巨人”企业9家，新建省工程技术中心3家、省企业研究生工作站3家，新认定省高新产品43只，获评苏州“海鸥计划”1项、“姑苏天使计划”1项、市级双创人才2项。

社会事业　2017年，辛庄镇中心集镇、工业园区控制性详规、综合整治村庄规划经市政府批准实施，杨园、张桥集镇控制性详规完成规划编制。签订企业补偿搬迁合同279家，图斑面积40.73公顷，复耕土地35公顷。系统完成城市南部1.89平方千米功能拓展区城市经营开发方案，按计划推进2个经营性地块开发。完成张港泾河一期生态景观工程建设，新建4个康居村庄和4个整洁村庄，实施农路提档升级，渔民新村一期、辛庄派出所、交警中队等一批社会实事工程竣工交付。强化“两路一河”专项整治，取缔无证摊贩、占道经营、乱涂乱贴、违规广告等乱象。推进“星级文明户”评选，深化“家风家训”活动，“小厨大爱”德善坊志愿服务项目入选苏州市一类重点志愿服务扶持项目，黄阿雪入选“中国好人”。建成24小时图书馆，成功举办“‘家在苏州·德善辛庄’三进城”展示活动。建成3千米健身步道2处，获评2014—2017年群众体育先进单位。试点开展社区服务社会化，合泰村、朱家桥村获评省和谐社区示范单位。与贵州省思南县香坝镇建立东西部扶贫协作关系，制定对口帮扶行动计划。

人民生活　2017年，辛庄镇完成515.33公顷高标准农田（池塘）建设，推出10000平方米商品化硬地育秧，农业机械化率超过85%，荷花荡渔业基地获批农业部健康养殖示范基地，稻渔综合种养基地获批省级工程项目。推进镇级合作农场示范园区建设，探索“自然农法”种养模式，深化与苏州大学校地合作，科学规划洞港泾陶沙浜田园综合体。引导“互联网＋农业”，杨中村与佳盛农业合作建成13000平方米花卉电商专用温室。完成农村承包土地经营权确权颁证，做好社区股份合作社股权固化改革。规范“三资”管理，推行村级财务第三方代理，加快推进凤兰小学、洞港泾物业用房等一批增收实事工程，启动卫家塘村级工业保留点提档升级工程，与深圳国投合作成立创投基金。加快推进张桥中学、杨园幼儿园校安工程建设，建成苏州大学机器人教育与创新实践基地。建成辛庄中心卫生院国医馆，推动家庭医生签约服务。居家养老服务惠及84岁以上老人760多名，新建4个村老年人日间照料中心。完善公交运行线路，启动镇区首批公共自行车试点投放。基本养老保险覆盖率、社会养老保障率均达99.6%。开展劳动技能免费培训，新增就业岗位2356个，解决本地劳动力就业2213人，城镇登记失业率控制在3%以内。开展特殊人群帮扶关爱，启动“阳光扶贫”计划，为户籍居民购买大病商业保险，构建多元化医疗补助体系。

社会管理　2017年，辛庄镇推进“263”专项行动，按计划完成减煤、减化任务；建成镇村两级“河长制”体系，完成九里河、储巷浜、周泾浜等重点环境问题整改，疏浚河道62条，完成镇域范围畜禽养殖、围网养殖和网簖清理整治；推进城乡生活污水收水治理，铺设管网46千米，完成企业生活污水收集40家；完成年度挥发性有机物、码头扬尘污染治理任务，建成农村有机垃圾处理站，试行废布料回收处理，推进双浜区域塑料行业等突出环境问题整改，56个挂牌督办项目全部完成整改销号或阶段性销号。推进“散乱污”企业专项治理，关停取缔“散乱污”企业62家、整改606家。启动农村有机垃圾分类收集，建成农村有机垃圾处理站，试行废布料回收处理。推动“七五”普法，聘请律师顾问团，设立法律诊所，开展“工法同行”，推进律师进派出所服务；开展3个“百日行动”，整改安全生产隐患3900项，整改“三合一”消防隐患729家、出租房屋323家，关停无证无照网吧和教育培训（咨询）机构16家，完成5个重大事故隐患挂牌项目整改。分类处理群众来信来访272件，调解各类矛盾纠纷1121起。开展老旧小区综合安防整治，完成村（社区）警务室提升改造和杨园、张桥集镇两个技防街区建设，新增家庭技防1060户。启用社会综合治理联动中心，实现网格划分全覆盖。

## 2017年辛庄镇主要经济社会指标情况表

表54

| 项　　目 | 数　　量 | 项　　目 | 数　　量 | 项　　目 | 数　　量 |
|---|---|---|---|---|---|
| 地区生产总值 | 100.96亿元 | 工业企业 | 1231家 | 在职教师 | 456人 |
| 一般公共预算收入 | 6.06亿元 | 工业总产值 | 311.2亿元 | 医院/病床 | 2所/186张 |
| 耕地面积 | 3333公顷 | 工业销售收入 | 298.49亿元 | 社区卫生服务站 | 18个 |
| 用电总量 | — | 固定资产投入 | 27.0亿元 | 农村合作医疗参入率 | 100% |
| 农业总产值 | 5.93亿元 | 新增民营企业注册资本 | 12.99亿元 | 农村养老保险覆盖率 | 99.6% |
| 粮食总产量 | 1.99万吨 | 完成注册外资 | 591万美元 | 最低生活保障对象 | 276户/360人 |
| 出栏生猪 | 0.2万头 | 实际利用外资 | 1061万美元 | 年末存款余额 | 65.99亿元 |
| 出栏家禽 | 11.74万羽 | 中小学校 | 6所 | 农民人均可支配收入 | 34260元 |
| 农村合作社 | 59家 | 在校中小学生 | 7522人 | 农民人均住房 | 64平方米 |

## 2017年辛庄镇各村（社区）基本情况表

表55

| 村（社区） | 面　积（平方千米） | 户数（户） | 人口数（人） | 集体经济总收入（万元） | 人均纯收入（元） | 总资产（万元） | 党组织书记 | 村（社区）主任 |
|---|---|---|---|---|---|---|---|---|
| 金荡村 | 3.83 | 612 | 2061 | 888 | 34095 | 2161 | 张惠中 | 范文元 |
| 潭荡村 | 4.49 | 916 | 3332 | 535 | 33957 | 2984 | 朱　芳 | 陈建新 |
| 辛中村 | 2.88 | 689 | 2262 | 300 | 33638 | 1687 | 李　刚 | 周金明 |
| 张港泾村 | 4.03 | 860 | 2966 | 490 | 34466 | 5329 | 潘　琪 | 朱　慧 |
| 常南村 | 4.49 | 839 | 2877 | 660 | 34178 | 3071 | 陈孝明 | 顾燕庆 |
| 吕舍村 | 5.84 | 1183 | 3943 | 552 | 34380 | 4493 | 胡生明 | 沈建强 |
| 华欣村 | 6.13 | 908 | 3162 | 992 | 33252 | 3418 | 沈伟中 | 朱冬春 |
| 合泰村 | 4.82 | 672 | 2386 | 530 | 34168 | 2766 | 陈伟忠 | 周文明 |
| 双浜村 | 4.19 | 1003 | 3577 | 585 | 34140 | 1662 | 曹　良 | 高　瑛 |
| 洞港泾村 | 8.64 | 1868 | 6555 | 903 | 33713 | 4229 | 李　亮 | 龚　刚 |
| 桃园村 | 1.38 | 37 | 109 | 339 | 34524 | 2697 | 邹　强 | 张文兵 |
| 杨中村 | 6.80 | 1211 | 4132 | 495 | 34262 | 4353 | 毛国明 | 严叶军 |
| 朱家桥村 | 5.32 | 920 | 3359 | 392 | 34583 | 2297 | 唐志军 | 姚　增 |
| 沈浜村 | 5.02 | 729 | 2544 | 412 | 33938 | 1643 | 王新刚 | 陈　敏 |
| 旺倪桥村 | 5.51 | 1068 | 3809 | 854 | 35661 | 5084 | 袁宝明 | 顾洪英 |
| 平墅村 | 5.31 | 864 | 3129 | 1065 | 33875 | 2812 | 张立新 | 朱建峰 |
| 东旺村 | 2.93 | 661 | 2456 | 403 | 33262 | 2817 | 巫优通 | 高　军 |
| 张家桥村 | 4.06 | 1196 | 4411 | 1446 | 36082 | 6502 | 顾卫新 | 平新峰 |
| 嘉菱村 | 6.14 | 908 | 3212 | 1244 | 34561 | 6618 | 陶月明 | 邹建华 |
| 卫家塘村 | 8.74 | 1628 | 5857 | 1599 | 33898 | 7235 | 马文林 | 王建东 |
| 辛庄居委会 | 1.52 | 986 | 2302 | 120 | — | 259 | 陆建华 | 陈建军 |
| 杨园居委会 | 0.78 | 1476 | 4352 | 90 | — | 201 | 殷文康 | 宁培庆 |
| 张桥居委会 | 1.41 | 1131 | 3109 | 89 | — | 263 | 杨志忠 | 范永刚 |

**2017 年辛庄镇骨干企业基本情况表**

表 56

| 企　业　名　称 | 销售收入(万元) | 利税总额(万元) | 法人代表 |
|---|---|---|---|
| 常熟阿特斯阳光电力科技有限公司 | 975976 | 15909 | 瞿晓铧 |
| 江苏隆力奇集团有限公司 | 761392 | 65490 | 徐晓平 |
| 苏州福斯特光伏材料有限公司 | 83379 | 15548 | 林建华 |
| 常熟鲁花食用油有限公司 | 77932 | 9045 | 王力强 |
| 江苏萃隆精密铜管股份有限公司 | 56187 | 1727 | 陆明华 |
| 常熟市长发铝业有限公司 | 48317 | 1160 | 蒋剑飞 |
| 常熟长发装饰材料有限公司 | 45323 | 140 | 张家明 |
| 苏州赛历新材料科技股份有限公司 | 37881 | 1600 | 胡云宗 |
| 华凌光电(常熟)有限公司 | 35347 | 203 | 廖育斌 |
| 常熟特联精密器件有限公司 | 26756 | 3020 | 张国兴 |
| 常熟市佳美金属制品有限公司 | 25277 | 1759 | 戴明华 |
| 江苏省常熟环通实业有限公司 | 24225 | 885 | 范建平 |
| 苏州博涛机电设备有限公司 | 21035 | 1737 | 霍李均 |
| 苏州汇科机电设备有限公司 | 18317 | 4251 | 徐家郁 |
| 常熟市雅兰制衣有限公司 | 18243 | 340 | 平海刚 |

**【荷花荡渔业基地获批农业部健康养殖示范基地】** 2017 年 1 月,辛庄镇荷花荡现代渔业示范基地获批农业部健康养殖示范基地。基地以“特种水产养殖”为主要特色,投入资金 1600 万元,建成标准化池塘 46.67 公顷、整理河道 13.33 公顷、建设生产道路 5000 米,通过“太湖 1 号”青虾、“长江 1 号”“长江 2 号”河蟹、沙塘鳢等新品种引进,示范推广循环水养殖,基地虾蟹混养池塘亩(1 亩约等于 0.067 公顷,下同)均产值 1.4 万元,亩净效益 0.8 万元以上。

**【第三届全国青少年机器人大赛在辛庄举行】** 2017 年 7 月 23 日,“大闹天宫乐聚杯”第三届全国青少年机器人及人工智能创新大赛在辛庄中心小学举行。全国 11 个省(市、自治区)共 360 多名学校教师和学生选手参加比赛。比赛共分为拼装、表演、竞技、创新、教师评比、大学创意、AELOS 机器人等七大类内容,包含武器专家、仿人机器人舞蹈、聪明的家具、建筑大师、表情机器人、果园助手、遥控 2v2 足球、简易风洞、避障等 24 个比赛项目。

**【2017 智能制造创新发展论坛】** 2017 年 7 月 24 日,辛庄镇举办“新智造新科技新动能”2017 智能制造创新发展论坛。辛庄镇党委书记芮卫国、苏州大学机电学院院长孙立宁、隆力奇集团董事长徐之伟、苏州晶洲装备科技有限公司总经理蒋新、菱创智能科技(常熟)有限公司技术总监严华分别演讲。论坛还进行新入驻企业、高层次人才项目、政产学研合作项目签约。

**【辛庄科技创业中心获评国家级科技企业孵化器】** 2017 年 12 月,辛庄科技创业中心获评国家级科技企业孵化器。辛庄科技创业中心位于辛庄镇工业园内,占地面积近 30000 平方米,旨在以科技型创业企业为服务对象,通过开展创业培训、辅导、咨询,提供研发、试制、经营的场地和共享设施,以及政策、法律、财务、投融资、企业管理、人力资源、市场推广和加速成长等方面的服务,以降低创业风险和创业成本,提

隆力奇养生小镇　　(辛庄镇提供)

高企业的成活率和成长性，培养成功的科技企业和企业家。自2014年成立以来，为辛庄引进高层次人才项目8个，申报国家或省部级重大项目2项，引进申报入选常熟市级创业人才计划3名、入选国家“千人计划”人才或省“双创”人才1名、“姑苏人才”计划1名。

（顾　辰　郑　坤）

# 古　里　镇

**【概况】** 古里镇位于常熟市东郊，距市区5千米，全镇面积96.46平方千米，常住人口6.6万人，下辖2个办事处，17个村（社区）。该镇先后获评国家卫生镇、全国环境优美镇、中国历史文化名镇、中国羽绒服装名镇、中国针织名镇、中国民间文化艺术之乡、中国绿色名镇、国家级生态镇及中国人居环境范例奖、中国针织面料创新基地、中国针织行业转型升级示范镇、全国纺织行业先进党建工作示范单位、国家火炬生物医药特色产业基地、全国首家“中国（古里）朗诵艺术基地”。

经济发展　2017年，古里镇完成地区生产总值163.1亿元，一般公共预算收入7.51亿元；工业总产值508亿元，其中高新产值66.2亿元，“3＋5”产业产值444.8亿元；工业开票销售收入305亿元，利税45亿元；完成全社会固定资产投资26.8亿元，其中工业投资16.5亿元；实现到账外资1640万美元，外贸进出口总额9.6亿美元，其中出口8.9亿美元。全镇116家规模以上企业实现工业总产值460.9亿元，利税42.1亿元。实现服务业增加值34.4亿元，服务业开票销售收入619亿元，服务业入库税金2.02亿元，占全镇财政入库税金总额的14.5%。成功签约苏州聚鑫堂生物科技、鑫创精密模具，推进苏州顺创新能源科技、格力浦电子扩建等已签约项目，奥林汽车零部件和费森尤斯透析器扩产开工建设，中路轨道设备、墨菲斯精密模具、罗伯泰克扩产项目投产。常熟医疗器械公共技术服务中心建成投用，科创园新引进高层次人才创业项目2个，组织申报人才、科技计划及奖项21项，6家企业开展知识产权贯标创建工作。深入开展产学研合作，组织实施产学研合作项目19项，申报省博士后创新实践基地、省研究生工作站等省级企业创新平台7个，新建企业科协3家，江苏德禧成功转化上海医工院1000万以上技术项目。金土木大厦竣工投用，古建园林挂牌“新三板”，碧桂园房产入驻古里集镇文学街南、北两侧地块，波司登商学院进入开工报批阶段，金域蓝湾四期首期预售取得成功。水稻产业园区被认定为首批“江苏现代农业（稻麦）产业技术体系推广示范基地”，示范稻麦新品种17个、新技术13项，承担实施省、市级农业科技项目7项。完成白茆毛娄区域中央财政小型农田水利重点项目工程、芙蓉村高标准农田和联泾村高标准池塘建设，实现圩堤土方加高加固2.25千米，圩堤护岸4.66千米，新、改建排涝站4座、三闸3座，完成田间板沟渠、暗管2.76千米，完成新、改建农桥9座。

社会事业　2017年，古里镇庐山路两侧片区控规进入报批阶段，淼泉集镇、镇区西北片区、青墩塘路南侧、武夷山路西侧片区、白茆红豆山庄片区控规，古里中心镇区水系调整规划完成审批，高长村、琴东村规划已进入报批阶段。城乡一体化示范小区金源佳苑一期交付使用，紫霞花园二期、铁琴花园二期正在推进，全年累计竣工验收安置小区12.25万平方米。完成下甲淼东支路等3条农村道路提档升级工程，苏家尖联丰路等9条村道改善工程通过市级验收，白茆西大桥便桥顺利通车。完成52个村庄的生活污水收集治理，受益农户1746户。持续推进实事工程，刘氏敦厚堂修缮工程顺利竣工，古里消防中队、淼泉卫生院建设进展顺利，白茆中心小学校安工程启动。做好动迁安置工作，搬迁农户305户，拆除面积8.54万平方米；落实沪通铁路204户拆搬迁的安置及征地农户的补偿安置工作。

人民生活　2017年，古里镇提供新市民子女积分入学学位277个，吸纳率超过86%；完成无偿献血838人次，发放计生家庭奖励和特扶对象补助467万元；紫霞村、双港社区政社互动签约率达到100%，古里中心卫生院建成全科医师规范化培训实践基地和市民健康管理综合服务平台，康博村成功创建省级健康村，吴庄社区卫生服务站通过省示范验收，陈塘村连心家园建成苏州市示范点；全镇基本养老保险覆盖率达92.9%，老年农民社会保障率达99.6%，累计建成13家日间照料中心和3家老年关爱之家；提供就业岗位5149个，发放失业救济金568.81万元，获评2017年度苏州市就业高质型乡

2017年6月23日，市委副书记、市长周勤第带领调研组到波司登公司进行“党代表看党建、市领导督党建”调研视察　（古里镇提供）

镇;调处劳动纠纷 471 起;对全镇困难、残疾对象发放救助金 540 万元,开展慈善募捐活动,筹集慈善资金 696.3 万元。开展农村集体“三资”专项治理,推进线上交易程序,成立农村财务监管中心,实现村级集体非现金结算和资金支付银行联动线上监管,完成 10 个村、0.186 万公顷流转土地的公开发包;村级稳定性收入增长 7%,农民人均收入增长 8%。落实文明城市创建常态化管理,先后接受省级、国家级测评组考核;康博村、苏家尖村、波司登公司分别获评“全国文明村”“省级文明村”和“省级文明单位”称号;组织开展道德讲堂 78 场。举办书香古里阅读节、古旧书籍交流会,《书香古里》参加第七届江苏省农民读书节启动仪式展演;“一村一品”特色群众文艺大展演获评苏州市优秀文化活动品牌;白茆山歌应邀参加江苏省电视台“茉莉花开”首届民歌大会,并赴北京大学专场演出;双港社区获评“全国书香社区”,《呕哎歌》荣获第二届苏州市群众文艺“繁星奖”银奖。

社会管理　2017 年,古里镇实施“263”专项行动,明确 9 大类 183 项重点项目整治任务,完成 24 台工业窑炉清洁能源替代工作,关停并转 4 家化工企业,指导 30 家企业开展生活污水纳管工程,推进滃头河等 8 条黑臭河道和 27 只扬尘码头治理,完成 30 家企业挥发性有机物治理和 3 条畅流活水工程。开展“两路一河”专项整治,完成 13 条镇级河道“一河一策”编制验收,推进白茆塘等水环境综合整治,绿化补植 2 万多棵。完成限期整改 204 家和关停取缔 75 家,关停整治区域养殖户 120 家,建成 9.5 万方生活垃圾临时填埋场,新改建公厕 41 座,新建垃圾收集桶房 12 座。创建 3 个三星级康居乡村和 9 个整治村庄;加强环境信访调处力度,调处各类纠纷 410 起,立案查处环境违法案件 43 起。推进安全生产和消防工作,新创二级标准化 2 家、三级标准化 7 家,市、镇两级挂牌整改项目全部完成摘牌。推进三个“百日行动”,排查“三合一”隐患场所,整改 544 家,拆除泡沫夹芯板等易燃材料超 1.5 万平方米,持续完善镇村两级安防监控体系,刑事发案率较去年下降 19.02%。建成社会综合治理联动中心并开始运行。

**2017 年古里镇主要经济社会指标情况表**

表 57

| 项　目 | 数　量 | 项　目 | 数　量 | 项　目 | 数　量 |
|---|---|---|---|---|---|
| 地区生产总值 | 163.08 亿元 | 工业企业 | 1471 家 | 在职教师 | 668 人 |
| 一般公共预算收入 | 7.51 亿元 | 工业总产值 | 508.02 亿元 | 医院/病床 | 3 所/186 张 |
| 耕地面积 | 2222 公顷 | 工业销售收入 | 498.51 亿元 | 社区卫生服务站 | 24 个 |
| 用电总量 | 104838 万千瓦时 | 固定资产投入 | 26.83 亿元 | 农村合作医疗参入率 | 99.60% |
| 农业总产值 | 6.77 亿元 | 新增民营企业注册资本 | 7.73 亿元 | 农村养老保险覆盖率 | 99.60% |
| 粮食总产量 | 2.93 万吨 | 完成注册外资 | 3010 万美元 | 最低生活保障对象 | 157 户/254 人 |
| 出栏生猪 | 1.72 万头 | 实际利用外资 | 1640 万美元 | 年末存款余额 | 104.66 亿元 |
| 出栏家禽 | 5.46 万羽 | 中小学校 | 7 所 | 农民人均可支配收入 | 34458 元 |
| 农村合作社 | 36 家 | 在校中小学生 | 7288 人 | 农民人均住房 | 65 平方米 |

**2017 年古里镇各村(社区)基本情况表**

表 58

| 村(社区) | 面　积(平方千米) | 户数(户) | 人口数(人) | 集体经济总收入(万元) | 人均纯收入(元) | 总资产(万元) | 党组织书　记 | 村(社区)主　任 |
|---|---|---|---|---|---|---|---|---|
| 新桥村 | 7.06 | 1223 | 5160 | 1267 | 35767 | 6817 | 沈建华 | 姚志高 |
| 湖东村 | 3.63 | 551 | 2395 | 742 | 36800 | 7057 | 艾生豹 | 吴雪生 |
| 双港村 | 2.24 | 1601 | 4963 | 875 | 34904 | 3948 | 张义刚 | 密春华 |
| 琴东村 | 5.00 | 690 | 2873 | 1137 | 36824 | 4431 | 吴建明 | 张进峰 |
| 苏家尖村 | 7.31 | 1052 | 4181 | 1045 | 35062 | 4942 | 薛　鹤 | 何　强 |
| 高长村 | 5.99 | 981 | 4043 | 1011 | 32810 | 4296 | 周　俊 | 潘建刚 |
| 下甲村 | 5.50 | 1365 | 5100 | 1067 | 34265 | 4386 | 邱　峰 | 王卫国 |

续表 58

| 村(社区) | 面积(平方千米) | 户数(户) | 人口数(人) | 集体经济总收入(万元) | 人均纯收入(元) | 总资产(万元) | 党组织书记 | 村(社区)主任 |
|---|---|---|---|---|---|---|---|---|
| 吴庄村 | 6.89 | 1536 | 6028 | 2322 | 39830 | 8078 | 周培岐 | 周雪龙 |
| 陈塘村 | 5.71 | 1593 | 5922 | 1294 | 35297 | 6119 | 吴均敏 | 陶培明 |
| 淼泉社区 | 2.50 | 973 | 3206 | 673 | 34526 | 2593 | 张晓峰 | 王瑞新 |
| 紫芙社区 | 6.80 | 1516 | 4831 | 690 | 33640 | 3629 | 丁亚军 | 王桂良 |
| 康博村 | 3.00 | 432 | 1700 | 1321 | 37239 | 10159 | 高德康 | 严晓波 |
| 紫霞村 | 7.10 | 1041 | 4356 | 1274 | 35209 | 5452 | 周建良 | 李玉英 |
| 芙蓉村 | 7.28 | 813 | 3503 | 815 | 35528 | 2829 | 姚建东 | 刑利君 |
| 坞丘村 | 7.06 | 949 | 3790 | 1739 | 30007 | 6567 | 严雪军 | 朱忠英 |
| 联泾村 | 6.01 | 602 | 2401 | 700 | 29440 | 2810 | 陈　进 | 俞敏东 |
| 李市村 | 7.16 | 667 | 2506 | 271 | 28634 | 2316 | 周建元 | 陈建良 |

**2017 年古里镇骨干企业基本情况表**

表 59

| 企业名称 | 销售收入(万元) | 利税总额(万元) | 法人代表 |
|---|---|---|---|
| 波司登股份有限公司 | 3150484 | 325467 | 高德康 |
| 江苏常铝铝业股份有限公司 | 306583 | 17522 | 张　平 |
| 江苏强盛功能化学股份有限公司 | 52204 | 12020 | 应志耀 |
| 常熟市誉恒针纺有限公司 | 51314 | 2638 | 顾宏伟 |
| 江苏费森尤斯医药用品有限公司 | 48446 | 8081 | Breith Gerhard |
| 江苏金辰针纺织有限公司 | 46404 | 5534 | 殷金华 |
| 雄鹰针织品印染(常熟)有限公司 | 45151 | 668 | 黄世雄 |
| 江苏长江纸业有限公司 | 30998 | 243 | 张建江 |
| 常熟派特家居用品有限公司 | 27697 | 415 | 薛颂文 |
| 常熟市新光毛条处理有限公司 | 24287 | 144 | 瞿建德 |

**【古里法庭人大代表联络站成立】** 2017 年 5 月 22 日，全市首个“人民法庭”人大代表联络站——古里人民法庭人大代表联络站揭牌成立，首批人大代表特约联络员正式上岗。人大代表联络站确立工作通报、建议和来信办理、聘请执法监督员、走访人大代表等 10 项工作制度，以常态化联络，向人大代表通报法院工作，邀请人大代表对法庭的纪律作风进行监督等 10 项工作内容，确保联络站各项工作有序开展。

2017 年 5 月 22 日，古里人民法庭人大代表联络站揭牌成立（古里镇提供）

**【奥林汽车零部件项目落户古里】** 2017 年 5 月 31 日，奥林汽车零部件项目落户古里签约仪式在古里镇举行。奥林汽车零部件项目总投资 5 亿元，注册资本 2 亿元，主要产品为 PM2.5 传感器、空气传感器、发动机零部件。

**【古里镇“稻鱼共作”再生稻栽培获成功】** 2017 年 8 月 16 日，由省农科院、扬州大学组成的专家组对“稻鱼共作”再生稻栽培进行测产，亩（约等于 0.067 公顷）实收稻谷 567.76 千克。专家组认为，古里镇“稻鱼共作”再生稻有机丰产高效栽培技术获得成功。古里镇首次开展的再生稻试验，选用 23 个优良食味粳稻品种进行选种，采用钵苗机插种植方式和有机丰产高效栽培技术，整个生育期比常规栽培方式肥料减施 40%。

**【白茆山歌在北京大学展示演出】** 2017 年 10 月 26 日，北京大学中文系、中国俗文学学会、常熟市文广新局、古里镇政府和北京大学民俗学会联合举行的《乡野天籁·白茆山歌北大行》展示演出活动在北京大学举行。演出分情歌篇、生活篇、劳动篇、原生态改编篇 4 个篇章，采用了急口山歌、盘歌等不同的原生态唱法，共展示了 10 多首经典山歌。北京大学 300 多名专家学者、中外研究生观看了演出。古里镇还与北京大学签订设立常熟市古里镇“民间文学和吴方言采风实践基地”的意向书。

**【康博村获评“全国文明村”】** 2017 年 11 月 17 日，全国精神文明建设表彰大会在北京召开，古里镇康博村被授予“全国文明村”荣誉称号。康博村面积 3 平方千米，户籍人口 432 户 1700 人。该村以波司登公司为后盾，坚持“以工促农，工农并举”，通过工农业的品牌化运作，建成一批规模化的品牌企业和现代农业示范基地、合作组织，带动村级经济稳步持续发展，成为远近闻名的富裕村、文明村、和谐村。 （陆逸冰）

## 支塘镇

**【概况】** 支塘镇位于常熟市东南部，距国家一类口岸常熟港、太仓港各 20 千米。镇域面积 128.96 平方千米，集镇区面积 3.70 平方千米，下辖 3 个社区居委会和 16 个行政村，设任阳、何市 2 个办事处，总户数 19693 户，户籍人口 70261 人，暂住人口 38563 人。支塘镇先后获评国家卫生镇、国家环境优美镇、中国非织造布及设备名镇、江苏省环境与经济协调发展示范镇。是国家建设部确定的 500 家重点建设小城镇之一和江苏省人民政府确定的 100 家新型示范小城镇之一，苏州市确定的重点中心镇之一，常熟市明确的“一城四片区”中的东部中心镇。

经济发展 2017 年，支塘镇实现地区生产总值 74.23 亿元，财政总收入 13.18 亿元，其中公共财政预算收入 3.9 亿元；完成工业总产值 161.68 亿元，其中规模以上工业产值 120.18 亿元；实现工业开票销售收入 206.2 亿元，新增内资注册资本 12.97 亿元，到账外资 686.46 万美元。全年完成规模以上企业工业产值 119 亿元，纳税超百万企业超过 70 家，其中纳税超千万企业 7 家。九一高科、通塑机械、童海金属、鑫盛制袋等一批在建项目陆续竣工投产。汽车零部件配套产业园建设加快推进，兰生创晋产业园、佳德汽车零部件、英常汽车内饰、长晟无纺科技、聚强电子等签约项目正式开工建设，其中兰生创晋产业园已与上海信浩机电、日本希那基汽车零部件和新加坡新来贺隐藏门系统等 11 个项目签约。全年完成工业技改投入 5.78 亿元，申报“机器换人”项目 10 家、“专精特新”产品 13 只、市级“两化深度融合”企业 14 家、智能车间 12 家；新增省工程技术研究中心 1 家、省研究生工作站 2 家、省高新技术企业 6 家，省高新技术产品 17 个，新授权发明专利 23 件，签订产学研合作协议 8 项。启动村级低效工业租赁用地退出工作，盘活存量闲置土地资源和整合村级零星工业用地 180 亩，盘活闲置厂房 5.4 万平方米，引进智伟建筑科技、弗瑞斯特汽车新材料、永协汽车零部件、日博原华汽车配件等项目。完成窑镇、阳桥 333.33 公顷省级高标准农田建设项目，推进丰联、八字桥、凤泾 1333.33 公顷土地整理项目。农村土地承包经营权确权登记颁证工作全面完成并通过市级验收，农村社区股份合作社股权固化工作基本完成。全年农民人均纯收入 3.48 万元，同比增长 8.68%；村级平均可用财力 708 万元，同比增长 6%。完成全社会消费品零售总额 22.92 亿元，服务业开票销售收入 28 亿元，入库税金 7600 万元。“芝川·创客空间”竣工投用，4 家企业入驻运营，全年实现网上交易 3 亿元。蒋巷村实施旅游配套设施提升改造工程，举办首届乡村旅游节，获评首批“江苏省五

支塘镇全景 （支塘镇提供）

星级乡村旅游示范村"称号。

社会事业　2017年,支塘镇"三优三保"专项规划通过市级评审,支塘镇总规修改、集镇控规修改、村庄布点规划调整、村级工业用地整合优化规划编制全面完成,古镇保护与复兴修建性详规编制基本完成。七浦塘拓浚整治工程交工验收、沪通铁路主线和1000千伏特高压工程顺利收尾,农宅置换商品房试点工作稳步实施,"东馨佳苑"交付使用。农宅"解危解急"稳妥推进,全年通过会审900多户,其中576户已实施落架大修。全镇道路、管网等配套日趋完善,园区新风路、新风东路竣工通车,朝阳南路北段竣工完成,全年硬化村道巷道32千米,改造农村危桥12座。工业园区企业生活污水接管基本完成,农村生活污水治理预计完成60个村组1500多户。全年建设康居村庄2个,整洁村庄5个,提升改善村道8条。

人民生活　2017年,支塘镇三大重点工程农户土地换保障工作全面完成,全镇养老保险、居民基本医疗保险基本实现全覆盖,外来人员城保参保率达89%;全年提供就业岗位3450个,举办职业技能培训班11期,城镇居民失业率保持在3%以下;全年发放低保金及生活补助317.9万元,慈善救助资金104.25万元,残疾人生活补助及护理补贴552.51万元,举办"同在阳关下"慈善募捐活动,共募集慈善捐款749万元。民生实事项目快速推进,任阳卫生院新大楼、任阳农贸市场正式投用,新建支塘人民医院即将投用。启动何市幼儿园建设前期准备工作。承办第七届江苏农民读书节启动活动。配合举办王淦昌诞辰110周年系列纪念活动,王淦昌故居落成开放并获"苏州市统一战线传统教育基地"称号。举办支塘镇第四届全民运动会。做好镇村两级图书馆、公办学校体育设施、古镇区文博场馆向市民开放工作,蒋巷村农家书屋获评江苏省五星级示范农家书屋。

社会管理　2017年,支塘镇开展"百村千企万户"大走访活动。推进"平安支塘"建设,落实化解信访矛盾百日行动。做好全国文明城市创建工作,落实"263"专项行动、"散乱污"企业专项整治、"两路一河"绿化和环境整治、"河长制"等重点任务,完成规范化垃圾临时填埋场工程,常态化推进畜禽养殖污染整治、河道综合整治、秸秆禁烧工作,改善镇村两级生态环境。成立社会治理大联动分中心,进一步扩大治安技防设施覆盖面。推进"七五"普法,实施新市民积分管理。安全生产百日行动、消防安全专项整治百日行动全面完成,智慧网格排查系统上线运行。镇域综合执法改革,全年办理各类行政处罚案件411件,罚没款总计195.6万元。

**2017年支塘镇主要经济社会指标情况表**

表60

| 项　目 | 数　量 | 项　目 | 数　量 | 项　目 | 数　量 |
|---|---|---|---|---|---|
| 地区生产总值 | 74.23亿元 | 工业企业 | 1120家 | 在职教师 | 516人 |
| 一般公共预算收入 | 3.9亿元 | 工业总产值 | 161.68亿元 | 医院/病床 | 3所/200张 |
| 耕地面积 | 5488公顷 | 工业销售收入 | 158.39亿元 | 社区卫生服务站 | 18个 |
| 用电总量 | 81114万千瓦时 | 固定资产投入 | 16.51亿元 | 农村合作医疗参入率 | 99.8% |
| 农业总产值 | 7.34亿元 | 新增民营企业注册资本 | 12.97亿元 | 农村养老保险覆盖率 | 99.7% |
| 粮食总产量 | 37289万吨 | 完成注册外资 | 978.2万美元 | 最低生活保障对象 | 203户/337人 |
| 出栏生猪 | 4.9万头 | 实际利用外资 | 686.46万美元 | 年末存款余额 | 83.44亿元 |
| 出栏家禽 | 45.5万羽 | 中小学校 | 6所 | 农民人均可支配收入 | 34880元 |
| 农村合作社 | 44家 | 在校中小学生 | 6068人 | 农民人均住房 | 78平方米 |

**2017年支塘镇各村(社区)基本情况表**

表61

| 村(社区) | 面　积(平方千米) | 户数(户) | 人口数(人) | 集体经济总收入(万元) | 人均纯收入(元) | 总资产(万元) | 党组织书记 | 村(社区)主任 |
|---|---|---|---|---|---|---|---|---|
| 阳桥村 | 3.20 | 371 | 1517 | 733 | 35471 | 4038 | 密建青 | 邹利新 |
| 八字桥村 | 6.39 | 1203 | 4719 | 1004 | 34724 | 4130 | 陆庆丰 | 陆喜明 |
| 窑镇村 | 6.29 | 848 | 3284 | 1490 | 33947 | 5131 | 洪　卫 | 刘军良 |
| 枫塘村 | 9.16 | 1250 | 4843 | 1746 | 33933 | 4280 | 高拥军 | 吴叶锋 |
| 长桥村 | 4.99 | 1126 | 4465 | 846 | 33836 | 4175 | 顾卫东 | 苏正华 |
| 支东村 | 5.20 | 1300 | 5119 | 1084 | 34314 | 3697 | 周　军 | 张正国 |

续表 61

| 村(社区) | 面　积(平方千米) | 户数(户) | 人口数(人) | 集体经济总收入(万元) | 人均纯收入(元) | 总资产(万元) | 党组织书记 | 村(社区)主任 |
|---|---|---|---|---|---|---|---|---|
| 蒋巷村 | 1.63 | 192 | 879 | 2174 | 45000 | 31092 | 常德盛 | 蒋玉英 |
| 凤泾村 | 2.77 | 822 | 3389 | 774 | 35810 | 2656 | 陈　青 | 王文清 |
| 盛泾村 | 6.06 | 654 | 2513 | 886 | 34225 | 3549 | 陈永梅 | 任建平 |
| 徐政村 | 4.39 | 756 | 2850 | 484 | 34810 | 2344 | 沈骁骅 | 王利娟 |
| 丰联村 | 7.62 | 924 | 3712 | 2412 | 37908 | 6764 | 王建刚 | 陈雪中 |
| 任南村 | 7.19 | 1131 | 4119 | 1240 | 36581 | 4260 | 王建平 | 杨　飞 |
| 何东村 | 9.24 | 1292 | 4642 | 1035 | 33384 | 3153 | 叶映朴 | 姚利军 |
| 项桥村 | 6.72 | 1136 | 4072 | 671 | 33593 | 3991 | 周　慧 | 周　慧 |
| 何南村 | 6.59 | 1431 | 4325 | 747 | 36501 | 3143 | 马庆峰 | 周燕飞 |
| 何北村 | 7.72 | 1713 | 6120 | 961 | 33820 | 3884 | 王国峰 | 李　平 |
| 市镇社区 | 3.60 | 2437 | 6344 | — | — | — | 密建青 | 黄军英 |
| 任阳社区 | 2.29 | 1333 | 4256 | 208 | 34357 | 1060 | 葛春挺 | 丁建荣 |
| 何市社区 | 2.00 | 1157 | 2956 | — | — | — | 王荣明 | 刘志平 |

**2017 年支塘镇骨干企业基本情况表**

表 62

| 企　业　名　称 | 销售收入(万元) | 利税总额(万元) | 法人代表 |
|---|---|---|---|
| 江苏凯隆铝业有限公司 | 316181 | 2804 | 陈喜龙 |
| 江苏常盛集团有限公司 | 75724 | 8608 | 常德盛 |
| 常熟联邦化工股份有限公司 | 48387 | 8927 | 苏仁球 |
| 江苏迎阳无纺机械有限公司 | 34582 | 4809 | 范　伟 |
| 常熟市金顶无纺布有限公司 | 25988 | 5379 | 陆伟明 |
| 常熟市鑫盛制袋有限责任公司 | 21721 | 1246 | 张友根 |
| 常熟市富尔威纺织品有限公司 | 19254 | -81 | 周志锋 |
| 苏州傻明食品有限公司 | 17966 | 2464 | 黄建清 |
| 常熟市三佳磁业有限公司 | 17695 | 2300 | 胡惠国 |
| 江苏环湖宏顺彩钢泡塑有限公司 | 16922 | 1136 | 曹福兴 |

**【王淦昌故居修缮竣工启用】** 2017 年 5 月 27 日，王淦昌故居修缮竣工启用。王淦昌故居位于支塘镇南街，属清代建筑，整座院落坐东朝西，核心建筑现存三进，建筑面积 250 多平方米，2009 年被常熟市政府列为文物保护单位。2017 年初，支塘镇实施王淦昌故居修缮及周边环境整治工程，并将故居周边部分传统民居及建筑纳入整体保护范围，在故居两侧建筑内设置生平展览和功德碑廊。修缮完成后，王淦昌故居总建筑面积达到 930 多平方米，成为宣传王淦昌事迹、弘扬王淦昌精神的重要场所。

**【越南代表团到支塘考察】** 2017 年 9 月 23 日，越南祖国阵线中央委员会副主席张氏玉映率越南祖国阵线代表团一行 5 人到支塘镇蒋巷村，考察该村新农村建设情况。代表团一行参观了蒋巷村村史馆、生态园、现代化优质粮油生产基地，详细了解蒋巷村“农业起家、工业发家、旅游旺家”的科学发展思路。张氏玉映表示，中国的新农村之所以发展得如此好，与基层党员领导干部发挥的带头作用是分不开的。她说，农村的基层党组织，特别是以村支部书记为代表的农村基层党组织带头人发挥了引领农村群众实现新农村建设目标的作用。

**【支塘镇社会治理联动指挥分中心成立】** 2017 年 11 月 30 日，支塘镇社会治理联动指挥分中心成立。分中心设业务区、大屏指挥、联动办以及视频研判室，并建设 18 个村级联动工作站。

全镇共划分一级网格1个,二级网格20个,三级网格98个,配有网格长、网格指导员、网格巡查员、网格协管员、网格信息员。　(陈珺南)

## 沙家浜镇

【概况】　沙家浜镇位于常熟市东南隅,区域面积80.4平方千米,总人口84071人,其中户籍人口40874人,下设13个村、2个社区、1个办事处,和沙家浜旅游度假区实行“区镇合一”管理,是中国历史文化名镇、全国重点镇和全国文明镇。是中国玻璃模具产业基地、中国玻璃模具之都、中国休闲服装名镇、省创新型试点乡镇和省光伏产业基地、中国特色景观旅游名镇,先后获评中国人居环境范例奖和联合国人居署迪拜国际最佳范例奖。

经济发展　2017年,沙家浜镇地区生产总值100.48亿元、一般公共预算收入7.04亿元、财政总收入15.98亿元。实现工业总产值324.9亿元、开票销售收入262.7亿元,完成全社会固定资产投资21亿元,其中工业投资12.81亿元,净增民营注册资本21亿元。新能源、装备制造、玻璃模具、服装纺织4大产业架构持续优化,“两新”企业产值占比超过70%。59家规模以上企业实现工业总产值276.14亿元,利税15.56亿元、利润11.24亿元,占比均超80%。全镇拥有产值超亿元企业33家,纳税超亿元企业3家,超千万元企业11家。莲南汽车、华新汽车、苏州软石智能、第一工园等项目落地签约。市镇两级20多项重点项目顺利推进,中联光电竣工达产,中翼汽车开工建设,中来分布式光伏进程加快。联合中来股份设立“中聚沙”光伏产业基金,完善新能源产业链,培育经济发展新的增长点。依托“三优三保”、村级工业用地整合优化规划,淘汰落后产能,盘活环立轧辊、奇士达辅料、金利特不锈钢等企业20公顷闲置资源。加快“智能制造”进程,江苏中利、拉波尼服饰、颉良纺织等企业入围常熟市智能制(改)造示范培育企业名单,腾晖光伏建成2个省级智能车间。整合成立中利集团综合检测服务平台和玻璃模具特色产业创新平台,提供覆盖全行业的技术研发、产品检测、集成管理为一体的多元服务。申报姑苏及常熟创新创业领军人才各1人,获批首批省级企业院士工作站、省重点骨干企业“双创”平台示范工程、苏州自主品牌及领军企业先进技术研究院各1个,新签订产学研合作项目15个,全年认定高新技术企业7家、高新技术产品39个。发挥现代渔业产业园引领带动作用,认定新型职业农民30人,培训1500人次,示范推广长江1号大闸蟹、太湖1号青虾“虾蟹混养”等新品种、新技术,全镇2650公顷水面产值达5.6亿元,线上销售贡献超20%。与省淡水水产研究所共同完成的《沙家浜镇现代农业产业发展规划》获批复,成立省农科院中利光伏农业产业研究院,并召开首次理事会。成功备案国家级“星创天地”。推进农田水利项目,完成35公顷高标准池塘改造,实施库浜、三塘址、倪家堰等排涝站建设,完成尤泾、南湾等圩区挡墙工程。推动全镇文化、旅游资源保护开发,申报省级特色小镇。

2017年8月25日,沙家浜镇人民政府、常熟检验检测中心共建检验检测公共服务平台签约　(沙家浜镇提供)

社会事业　2017年,沙家浜镇完成《沙家浜镇总体规划》申报,《沙家浜镇控制性详细规划》《沙家浜镇村级工业用地整合规划》获批,《沙家浜镇“三优三保”专项规划》完成常熟市级评审。美丽乡村建设通过年度市级验收,完成沙南路生态广场、三塘街疏导点、中环路综合整治等民生实事工程,启动凌云南路、陶介堂桥等7处路桥提档升级,实施沙南村西堰头路、朗城村周家堰路等8处“村道改善”工程。一体化示范小区南丰苑、春来家园·春和坊二期竣工交付。淘汰3台重污染窑炉,关停并转化工企业3家,取缔“散乱污”企业30家、整改191家,清理禁(限)养区畜禽规模养殖点8个。推进“河长制”,完成杨家溇、朱家湾等21条垃圾、黑臭河道治理,实施农村分散式污水治理653户。启动“两路一河”“常沙线”沿线环境整治,沿线村庄环境、看护棚整治、大闸蟹市场立面整饰全面完成,户外高炮广告牌35只、楼顶广告4家全部拆除,绿化工程和东升路路面修复、立面改造序时推进。全镇7个村3483户居民纳入垃圾分类试点,申报江苏省生态文明示范乡镇。

人民生活　2017年,沙家浜镇完成13个村社区股份合作社股权固化改革和8个村农村土地承包经营权确权登记颁证。设立土地整理专项基金及奖励办法,实现耕地占补平衡、宅基地复耕复垦全年目标。村级联合置业公司成功购置万丰一区、南丰苑、春来家园·春和坊商业用房,发展村级集体经济。唐北村、红石村等5家日间照料中心建成,发放各类帮扶款项1030万元。

新增就业岗位3256个，完成培训1671人次，开展社会保险缴费基数申报和公积金扩面工作，昆南村成功创建省级创业型村(社区)。唐市中学和唐市幼儿园投入使用，推进家庭医生签约服务，唐市中心卫生院获评“群众满意的乡镇卫生院”，沙家浜卫生院糖尿专病、中医伤骨科分创苏州、省级特色科室，各项计生奖励资金兑现率达100%。开通便民服务中心智慧政务服务平台，有效延伸服务半径，全年办结各类事项121696件。“义警”分会、“春来志愿社”“和阿姨”等义工团队积极开展志愿服务，累计注册志愿者4813人，志愿服务时长达17.2万小时。举办“春来杯”篮球邀请赛、“巾帼”门球赛、“白雪杯”乒乓球赛等赛事，沙家浜选手获第七届市运会奖牌榜前三名。原创作品《留韵流芳沙家浜》《尝春》获市群众文艺原创作品星光奖金奖和苏州繁星奖银奖，阿庆嫂文化广场落成，《沙家浜景区志》出版发行，《沙家浜镇志》入选全国名镇志文化工程。

社会管理　2017年，沙家浜镇开展各类执法检查17073次，专项整治236次，作出行政处罚292起，收没罚款944874.9元。全年实施各类应急抢修126次，修补各类路面2600平方米，维修公用设施287处。开展3个“百日行动”，整改安全生产隐患5673条、重大隐患挂牌项目4个、“三合一”消防隐患807个、出租住房屋消防安全隐患532个、网吧和教育培训(咨询)场所10个。建立社会综合治理联动分中心，联通市网格化大联动机制，实现网格划分全覆盖。推进矛盾纠纷排查，及时有效化解重大矛盾纠纷29起。开展“百村千企万户”大走访，分阶段走访群众、企业和重点项目3795户(个)，解决问题826个。

**2017年沙家浜镇主要经济社会指标情况表**

表63

| 项　目 | 数　量 | 项　目 | 数　量 | 项　目 | 数　量 |
|---|---|---|---|---|---|
| 地区生产总值 | 100.49亿元 | 工业企业 | 764家 | 在职教师 | 255人 |
| 一般公共预算收入 | 7.05亿元 | 工业总产值 | 324.87亿元 | 医院/病床 | 2所/90张 |
| 耕地面积 | 120公顷 | 工业销售收入 | 291.65亿元 | 社区卫生服务站 | 10个 |
| 用电总量 | 87618万千瓦时 | 固定资产投入 | 21亿元 | 农村合作医疗参入率 | 99% |
| 农业总产值 | 7.96亿元 | 新增民营企业注册资本 | 21亿元 | 农村养老保险覆盖率 | 99.60% |
| 粮食总产量 | 0.11万吨 | 完成注册外资 | 0万美元 | 最低生活保障对象 | 103户/143人 |
| 出栏生猪 | 0.06万头 | 实际利用外资 | 200万美元 | 年末存款余额 | 106.53亿元 |
| 出栏家禽 | 0.6万羽 | 中小学校 | 4所 | 农民人均可支配收入 | 34080元 |
| 农村合作社 | 6家 | 在校中小学生 | 3457人 | 农民人均住房 | 81平方米 |

**2017年沙家浜镇各村(社区)基本情况表**

表64

| 村(社区) | 面　积(平方千米) | 户数(户) | 人口数(人) | 集体经济总收入(万元) | 人均纯收入(元) | 总资产(万元) | 党组织书记 | 村(社区)主任 |
|---|---|---|---|---|---|---|---|---|
| 红石村 | 5.8 | 692 | 2829 | 512 | 34868 | 3178 | 邓永林 | 赵志明 |
| 芦荡村 | 4.6 | 577 | 2124 | 933 | 35019 | 5408 | 时利明 | 毛建荣 |
| 昆承湖村 | 6.24 | 496 | 1905 | 987 | 35183 | 4479 | 金荣保 | 计文明 |
| 沙南村 | 5.2 | 600 | 2213 | 751 | 35632 | 4695 | 吴卫良 | 苏国明 |
| 苏南村 | 3.4 | 246 | 832 | 538 | 33802 | 2820 | 徐建英 | 王春雷 |
| 华阳村 | 8 | 296 | 951 | 606 | 31321 | 2608 | 周纪忠 | 杨建文 |
| 朗城村 | 3.99 | 591 | 2132 | 545 | 33443 | 3825 | 姚志江 | 王建明 |
| 新湖村 | 5.2 | 721 | 2553 | 613 | 32041 | 2384 | 周建明 | 包拥军 |
| 唐东村 | 5.58 | 741 | 2514 | 524 | 31631 | 2099 | 叶晓华 | 王洪贤 |
| 唐北村 | 9.1 | 830 | 3293 | 869 | 37391 | 3903 | 钱　进 | 沈建江 |
| 常昆村 | 5.1 | 831 | 2845 | 810 | 34812 | 5333 | 平雪云 | 平敏佳 |
| 横泾村 | 4.4 | 768 | 2903 | 720 | 35159 | 5355 | 张坤云 | 金建新 |
| 昆南村 | 4 | 746 | 2660 | 698 | 32409 | 2925 | 陆建明 | 袁文中 |
| 芦荡社区 | 2.81 | 1303 | 3529 | — | — | — | 顾伟清 | 赵惠中 |
| 唐市社区 | 1.29 | 2509 | 7591 | — | — | — | 徐建英 | 徐建英 |

表 65

2017 年沙家浜镇骨干企业基本情况表

| 企业名称 | 销售收入(万元) | 利税总额(万元) | 法人代表 |
|---|---|---|---|
| 苏州腾晖光伏技术有限公司 | 636941 | 9375 | 王伟峰 |
| 江苏中利集团股份有限公司 | 321538 | 17441 | 王柏兴 |
| 苏州中来光伏新材有限公司 | 179538 | 34596 | 林建伟 |
| 江苏中利电子信息科技有限公司 | 146805 | 29822 | 王柏兴 |
| 常熟金像电子有限公司 | 89279 | -6294 | 杨长基 |
| 扬宣电子(苏州)有限公司 | 66082 | 391 | 张国强 |
| 苏州郎诚金属制品有限公司 | 61907 | 3483 | 沈　滨 |
| 华达利家具(常熟)有限公司 | 62858 | -213 | 潘用达 |
| 江苏白雪电器股份有限公司 | 59752 | 415 | 朱勤保 |
| 通达宏泰科技(苏州)有限公司 | 49529 | 3222 | 王亚榆 |

**【沙家浜镇与双王城生态经济园签约合作】** 2017 年 6 月 19 日,山东省寿光市考察团到沙家浜镇考察调研。期间,沙家浜镇与寿光市双王城生态经济园管委会签署《合作备忘录》。通过建立定期互访、信息交流、互动合作等机制,在生态旅游、项目建设、改革创新等多层次多维度进行全方位的学习借鉴,实现两地共同发展。

**【唐市中学和唐市幼儿园投用】** 2017 年 9 月 1 日,唐市中学、唐市幼儿园新校区投用。其中,唐市中学占地面积 28306.7 平方米,建筑面积 19731 平方米,共设 13 个班,在校学生 576 名;唐市幼儿园占地面积 12173.3 平方米,建筑面积 7600 平方米,共设 14 个班,在园学生 497 名。

**【沙家浜镇获评"中国玻璃模具之都"】** 2017 年 11 月 8 日,在中国厦门举行的中国日用玻璃协会第七届四次理事会上,沙家浜镇被授予"中国玻璃模具之都"荣誉称号。沙家浜镇是玻璃模具研发和生产基地,先后被授予"中国玻璃模具之乡"及"中国玻璃模具产业基地"荣誉称号。该镇拥有玻璃模具生产企业 110 多家,从业人员 3500 多人,年产玻璃模具 150 多万套。

2017 年 6 月 24 日,"吴地芬芳"沙家浜巾帼公益联盟基地揭牌

(沙家浜镇提供)

**【省农科院中利光伏农业产业研究院成立】** 2017 年 12 月 7 日,江苏省农业科学院中利光伏农业产业研究院在沙家浜镇揭牌成立,并召开第一次理事会。会议明确了各方理事人选、选举产生了理事长、审议通过了研究院章程。研究院的成立旨在探索政研企紧密合作的有效模式,发挥三方优势,促进农业科技成果尽快转移转化。

**【阿庆嫂文化广场落成揭牌】** 2017 年 12 月 28 日,全市首家社会化运营的社区文化服务中心——阿庆嫂文化广场举行启动仪式。阿庆嫂文化广场是由沙家浜镇政府联合江苏新合作常客隆连锁超市有限公司,按照公共文化服务"8+X"功能配置要求进行全面建设,并由常客隆公司进行管理的社区文化服务中心。重点规划了图书室、多功能厅、文化广场、特色文化场馆等项目,并根据市民日常生活需求和常客隆自身优势,推出了一系列便民服务项目。

**【沙家浜镇综合治理联动分中心投运】** 2017 年 12 月 27 日,常熟市城市综合治理联动指挥中心沙家浜分中心正式投入运作。沙家浜镇投资 120 万元,整合便民服务中心"12345"、公安非警务类事项、"数字城管"指挥平台等职能,并在全市率先接通社会面监控系统平台、社会性安防监管平台、九小场所监管平台，实行实时共享。沙家浜镇划分有一级网格1个，二级网格16个，三级网格67个，其中二级三级网格长85人，网格指导员55人，专业网格巡查员30人，网格协管员70人，网格信息员210人。各二级网格对接镇联动分中心，采集上报辖区基础信息，及时发现和上报辖区内的安全隐患和各项社会管理问题，组织、协调处置职能范围内涉及社会综合服务管理问题等，实现网格全域覆盖。 （王平成）

## 董浜镇

【概况】 董浜镇位于常熟市东部，紧邻常熟经济技术开发区，距国家一类口岸常熟港7千米，苏嘉杭高速公路、沿江高速公路、常昆高速公路、苏通长江大桥在境内交汇，建设中的沪通铁路穿境而过。镇域面积62.5平方千米，下辖14个行政村和2个社区，常住人口约6.22万人。先后获评国家卫生镇、全国环境优美镇、国家级生态乡镇、中国民间文化艺术之乡，江苏省安全文明镇、江苏省文明镇。

经济发展 2017年，董浜镇实现地区生产总值36.15亿元，一般公共预算收入2.33亿元；完成工业总产值83.6亿元，其中规模以上企业产值64.82亿元；全镇实现工业开票销售收入82.82亿元，完成服务业开票销售收入13.49亿元；完成全社会固定资产投资15.63亿元，其中工业投资12.01亿元；完成服务业投资3.62亿元。华庆公司、上海东制以及祥鑫汽配新能源车汽配件项目落户董浜，总投资共5.22亿元。祥鑫模具、利来轻量化材料项目完成建设，古汉汽饰、华庆汽配项目开工建设。全年完成技改投入6.5亿元，凯博公司自主研发自动焊接机器人投入生产应用，并对外销售。全年申报省高新技术企业4家，认证高新技术产品13个。新建农业园区“智慧田园”众创空间，获批科技部第二批国家级星创天地，汽车零部件产业园创新服务中心建设有序推进。成功签约产学研项目17个。钢特威公司获评省级研究生工作站，创美公司成功创建苏州市级工程技术研究中心，友邦公司与上海电力学院签订合作协议，华德公司完成创新实践基地博士后进驻以及“科技副总”签约。推进企业资源集约利用，关停不达标、淘汰产能企业8家。增加镇区商品房土地供给，亲水湾东地块完成挂牌出让。建设高标准农田743.33公顷。育苗基地提供种苗1200万株。推进可腐垃圾资源化利用试点工作，绿博公司液态有机肥通过农业部检测认证，水稻区实现测土配方施肥“全覆盖”。实施“商标富农”工程，筒管玉丝瓜成为全市首个获国家地理标志产品。打造“董浜乡情十二品”区域农业品牌，“童颜”黄金小玉米对外销售100吨，带动合作社农户每亩(0.07公顷)增收1500元。泥仓溇湿地公园举办常熟农特微电商孵化营暨新美印宿开园仪式，园内田园生态文化景观获得首届江苏省创意农业大赛铜奖，并通过“省级水利风景区”评审。

董浜镇 （董浜镇提供）

社会事业 2017年，《董浜镇总体规划调整》等7项规划编制完成，《“三优三保”专项行动规划》通过省国土资源厅论证审批。完成徐市顾宅、《大众报》创刊发行地两处文保单位修缮工程。集中安置农户44户，审批保留区落架大修518户。文丰佳苑安置小区竣工交付，安置农户127户，旗杆小区完成联合验收。整合优化土地2.99公顷，复耕复垦土地16.85公顷。红沙路正式通车，塘南路、华阳路主路段和29条村道、桥梁修建完工。开展“263”专项行动，项目化推进31个重点工程实施，完成上级交(督)办案件整改17件、群众举报问题整改3件。推进畜禽养殖整治，落实整治1家、关停5家。落实“两减”任务，实现减煤3.3万吨，取缔燃煤窑炉1家，关停区外化工企业2家，治理挥发性有机物单位5家，完成内河码头扬尘污染治理6个。加强水环境综合治理，完成“两路一河”沿线绿化和环境整治工作，治理黑臭河11条、疏浚镇村河道12条，推进七一桥、北渡桥断面达标整治工作，“畅流活水”工程进展顺利。完成污水厂一期改造项目，农村生活污水管网覆盖新增1638户。推进农村垃圾分类，建立餐厨垃圾、农业废弃物收运体系。完成7个“三星级康居乡村”和3个“整洁村庄”创建工作，获评苏州市“美丽村庄建设先进集体”。做好征(使)用土地补偿安置，共计发放工程安置资金7644万元，支付征地补偿费407万元。全面完成村股权固化改革工作，挂牌成立镇农村财务监管中心，实行村级集体财务集中核算管理。启用“农村集体资金管理系统”，推行村级集体资金支付银行联动监管。完成农村土地承包经营权确权登记颁证工作，并通过市级验收。

人民生活 2017年，董浜镇社保养老覆盖率、参保率、征缴率分别为99.62%、97.19%、96.10%。举办春、夏两季大型招聘会，城乡失业人员实现再就业7980人次。完善镇村医疗保障,医保参保率99.8%。开展社会救助,发放救助金556万元。组织慈善活动,认捐总额537万元。新建日间照料中心5家,总数13家,覆盖率为81.3%。推进新市民积分制管理,受理积分申请1180人次。组织开展义务献血,献血量13万毫升。开展家庭医生签约服务,全面完成育龄妇女两癌筛查和妇女病普查。镇便民服务中心全年累计办件9.2万件。开展文明创建志愿服务行动,累计活动787次,服务时长1.8万小时。培育和践行社会主义核心价值观,以"道德讲堂""善行义举榜"为载体助推乡风文明建设,开展"十佳美德少年""最美家风家训"评比,举办第三届"感动董浜·三好人物"评选活动。举办"第三届董浜·徐市灯谜大世界""泥仓溇杯"摄影大赛、第二十二个全民健身月系列活动,开展"一村一品"文艺展演,舞蹈作品《泥仓鹭影》获"星光奖"银奖,全年送戏、送影、送展、送书下乡230场次。

社会管理　2017年,董浜镇完成市镇两级重大事故隐患摘牌整改任务。开展3个"百日行动"和"散乱污"专项治理,消除一批社会安全隐患。开展食品安全"放心行动",发放首批食品小作坊登记证。提高技防监控网络覆盖率,安装社会面监控探头751套,新增技防街区67套,安装各类高清设备110套。融合执法局、安监、环保、消防等力量,新建镇联动治理指挥中心。建立零星项目预选承包商名录,出台公共资源交易企业投标行为管理规范。开展"七五普法"弘扬法治精神。组织矛盾纠纷排查408次,调解247起。办理行政处罚案件175件,获评常熟市依法行政示范点。

**2017年董浜镇主要经济社会指标情况表**

表66

| 项　目 | 数　量 | 项　目 | 数　量 | 项　目 | 数　量 |
|---|---|---|---|---|---|
| 地区生产总值 | 36.15亿元 | 工业企业 | 589家 | 在职教师 | 262人 |
| 一般公共预算收入 | 2.33亿元 | 工业总产值 | 83.6亿元 | 医院/病床 | 2所/80张 |
| 耕地面积 | 3177公顷 | 工业销售收入 | 83.2亿元 | 社区卫生服务站 | 12个 |
| 用电总量 | 53812万千瓦时 | 固定资产投入 | 15.63亿元 | 农村合作医疗参入率 | 99.80% |
| 农业总产值 | 6.28亿元 | 新增民营企业注册资本 | 3.82亿元 | 农村养老保险覆盖率 | 99.62% |
| 粮食总产量 | 0.81万吨 | 完成注册外资 | 15万美元 | 最低生活保障对象 | 75户/106人 |
| 出栏生猪 | 0.94万头 | 实际利用外资 | 600万美元 | 年末存款余额 | 48.53亿元 |
| 出栏家禽 | 3.91万羽 | 中小学校 | 3所 | 农民人均可支配收入 | 35348元 |
| 农村合作社 | 66家 | 在校中小学生 | 2797人 | 农民人均住房 | 66平方米 |

**2017年董浜镇各村(社区)基本情况表**

表67

| 村(社区) | 面　积(平方千米) | 户数(户) | 人口数(人) | 集体经济总收入(万元) | 人均纯收入(元) | 总资产(万元) | 党组织书记 | 村(社区)主任 |
|---|---|---|---|---|---|---|---|---|
| 董浜社区 | 2.7 | 579 | 1203 | 86 | — | 64 | 赵丽红 | 王向东 |
| 徐市社区 | 2.7 | 1837 | 5136 | 115 | — | 50 | 徐耀文 | 凌月娟 |
| 观智村 | 4.6 | 856 | 3522 | 733 | 36621 | 3318 | 沈雪明 | 张　烨 |
| 红沙村 | 3.1 | 624 | 2615 | 461 | 37857 | 3461 | 王　进 | 周志军 |
| 天星村 | 4.68 | 1257 | 4693 | 383 | 36472 | 3079 | 陈惠中 | 石建刚 |
| 新民村 | 4.88 | 756 | 2829 | 284 | 35296 | 4882 | 何　军 | 王　飞 |
| 永安村 | 3.45 | 822 | 3050 | 458 | 33060 | 4476 | 蒋佩东 | 朱振荣 |
| 杜桥村 | 5.36 | 821 | 3501 | 680 | 37628 | 4160 | 唐福兴 | 王利军 |
| 陆市村 | 4.26 | 1098 | 3629 | 518 | 34691 | 2537 | 沈晓波 | 钱晓斌 |
| 智林村 | 4.62 | 1120 | 3873 | 378 | 34377 | 3262 | 姚贤军 | 钱丽亚 |
| 旗杆村 | 4.16 | 605 | 2073 | 500 | 34216 | 3036 | 姚雪军 | 钱学锋 |
| 东盾村 | 4.09 | 1005 | 3557 | 696 | 33937 | 4857 | 王义军 | 谢　磊 |
| 北港村 | 3.4 | 915 | 3299 | 641 | 36018 | 2873 | 石振云 | 马　悦 |
| 黄石村 | 3.1 | 673 | 2380 | 522 | 35899 | 3264 | 钱文标 | 张　健* |
| 里睦村 | 3.35 | 770 | 2853 | 430 | 35024 | 3306 | 顾　雁 | 屠晓波 |
| 杨塘村 | 3.75 | 1087 | 3754 | 402 | 34212 | 3192 | 庾卫平 | 庾卫平 |

说明:"*"号表示村党委副书记主持村委会工作

**2017 年董浜镇骨干企业基本情况表**

表 68

| 企 业 名 称 | 销售收入(万元) | 利税总额(万元) | 法人代表 |
|---|---|---|---|
| 江苏东盾木业集团有限公司 | 113621 | 9007 | 李友余 |
| 常熟涤纶有限公司 | 67050 | 3961 | 程建良 |
| 创美工艺(常熟)有限公司 | 32655 | -1737 | 大迁纯生 |
| 风范绿色建筑(常熟)有限公司 | 22151 | 1395 | 赵建军 |
| 常熟市华坤针纺织有限公司 | 21885 | 760 | 樊 红 |
| 常熟市无缝钢管有限公司 | 21728 | 642 | 陈国强 |
| 苏州利来汽车配件有限公司 | 19564 | 1022 | 高坚霄 |
| 苏州固力化纤有限公司 | 16827 | 118 | 刘肖和 |
| 苏州恒瑞达家用地垫有限公司 | 16770 | 530 | 夏益杨 |
| 苏州钢特威钢管有限公司 | 14216 | 895 | 吴振环 |
| 常熟市顺丰混凝土有限公司 | 13836 | 757 | 顾文青 |
| 常熟岳林钢管有限公司 | 12707 | 86 | 李振宇 |
| 奕东电子(常熟)有限公司 | 12704 | 1286 | 饶辉志 |
| 苏州联台针纺织有限公司 | 11707 | 313 | 王晓枫 |
| 百事高工艺品(常熟)有限公司 | 11652 | 336 | 加藤伸治 |

**【新美印宿田园小镇开园】** 2017 年 5 月 28 日，常熟(董浜)农特微商孵化营暨新美印宿田园小镇开园仪式在常熟泥仓溇湿地公园内举行。活动中，上海布拉旅行联合新美印宿与董浜镇政府正式签约。新农人联合会向常熟现代农业产业园区授牌，并向常熟新农联孵化营成立授旗。新美印宿田园小镇将湿地公园内经过湿地构建、江南传统农耕文化和非物质文化遗产展示、湿地社区营建以及蛙稻共生、稻鱼共生、桑基鱼塘等传统生态农业示范等多方面的建设。打造成集湿地生物多样性保护、永续农业展示、科普教育、影视摄制、江南传统乡土文化演绎、亲子娱乐、生态旅游等多功能湿地生态休闲小镇。

董浜乡情十二品之“黄金小玉米” (董浜镇提供)

**【第三届董浜·徐市灯谜大世界】** 2017 年 9 月 22～24 日，2017 常熟江南文化节——第三届董浜·徐市灯谜大世界在董浜镇举行。全国各地的 80 多位谜友参加活动。中华灯谜学术委员会主任郑育斌、常委兼活动竞赛部部长武骝出席活动。该次谜会举行了湿地文化专题创作赛、谜评佳作评选、“泥仓溇杯”灯谜与湿地文化高层论坛、全国个人精英邀请赛等多项活动。在场嘉宾以谜会友，以谜联谊，交流心得，弘扬传统文化。

**【董浜“智慧田园”建成国家级星创天地】** 2017 年 11 月，位于董浜镇东盾村的“智慧田园”星创天地被科技部认定为国家级星创天地。董浜“智慧田园”星创天地依托江苏省常熟现代农业产业园区，利用国内领先的智慧农业和农村电商平台，对涉农人才和企业进行孵化，对涌现出的创新创业主体积极引导、扶持和培养，积极组织创业主体参加农产品电子商务培训，提高从事电商业务实践能力，创新农产品流通方式，促进农业增效，从而促进农民创业和增收致富。 (顾 伟)

## 尚 湖 镇

【概况】 尚湖镇东靠虞山街道、莫城街道，南接辛庄镇，毗邻无锡、江阴、张家港，是常熟市的西大门。全镇总面积112.50平方千米，下辖2个办事处、1个水产养殖场、22个行政村、3个社区居委会，户籍人口7.93万人，外来人口5.96万人。2017年，尚湖镇在2017全国综合实力千强镇中排名第80位。

经济发展 2017年，尚湖镇实现地区生产总值77.5亿元；一般公共预算收入4.98亿元，财政总收入12.27亿元，分别同比增长14.5%、39%；社会消费品零售总额29.35亿元，同比增长7.7%。全社会固定资产投资6.09亿元，对外贸易进出口总额4.3亿美元，同比增长11%。万宝桥梁、众捷汽车、欧伏罱电子等企业入库税金超千万元，亨利医疗、苏州瑞翔、金申医化等7家企业入库税金超500万元。亿倍公司挂牌“新三板”。欧伏罱电子二期、众捷汽车二期等重点项目加快推进，日立汽车增资扩产、上海交大慧驰、柯蔓装备制造等优质项目落地。装备制造、汽车零部件、纺织服装“三大主导产业”完成规模以上产值58亿元，占规模以上工业总产值的53%。实现高新技术产业产值35亿元。新增景泽环保等省高新技术企业4家，省高新技术产品17个。实现工业总产值158亿元、工业开票销售收入161.06亿元，分别同比增长10.4%、10.7%。苏州仁和纳入首批常熟市装备制造行业智能制造示范培育企业，苏州大阳、业神、阳光等传统货架企业加快推进智能化转型。服务业完成开票销售收入58亿元，同比增长26.3%，服务业增加值占国内生产总值比重提高至38.8%，中和集团创成市级总部经济企业。完成新和、翁家庄、常兴村366.67公顷高标准农田、池塘建设。建成粮食生产全程机械化示范镇，农业机械化水平达90%。新增省级、苏州市级示范家庭农场各2家。

社会事业 2017年，尚湖镇完成王庄中学雨污水管网、王庄小学活动中心等学校基础设施提升改造工程。投资2400万元，完成69条、约26千米村道改善工程。投资2200万元，完成吉桥顾巷、福寿巷东泾2个三星级康居乡村和新鑫西花林、山鑫范家塘等4个整洁村庄建设。完成金坝河“畅流活水”整治工程，疏浚河道19.5千米，改造农桥5座、灌溉站10座，新建渠道1.2万米、排涝站1座。实施落架大修527户、一般维修23户。完成村级工业用地整合优化和“三优三保”专项规划，完成颜巷村、东桥村等16个村村庄规划。依据规划成果，在中心集镇、练塘片区梳理出多个成熟经营性用地约19.33公顷。永平路北侧居住地块挂牌交易。完成民房拆搬迁、安置92户，其中拆搬迁32户、安置60户。道路工程、园区建设等8大类、48项政府重点投资项目加快实施。城乡一体化示范小区建设有序推进，建筑总面积39万平方米，竣工交付27万平方米，已安置入住486户，其中南湖苑、陈塘小区建成投用，新和佳苑一期工程加快推进。邓家湾村路、王金支路等5条镇级道路大中修工程全面完成，颜巷中心路、中印东路、车南路提档升级改造工程加快实施。

人民生活 2017年，尚湖镇村均稳定性收入达584万元，同比增长8.7%，其中经济薄弱村稳定性收入同比增长12.5%。完成农村承包土地确权登记颁证工作的档案归集和移交，并通过上级验收。完成22个村社区股份合作社股权固化改革，在练南村试点开展“政经分开”，完成新一轮土地流转及发包工作。完成“健康管理中心”建设，建成投用翁家庄、蒋巷社区卫生服务站，湖庄社区卫生服务站通过省级示范村卫生室验收。推进医联体建设，家庭医生签约率达32%。镇级图书馆和24小时自助图书馆建成投用，更新3个文明展示馆，中央电视台戏曲频道专题报道“王庄戏曲”特色文化。开展全民健身系列活动，尚湖中心小学等6所学校的体育设施对外开放。基本养老保险覆盖率99%，外来人员社会保险覆盖率81.68%，新增住房公积金缴存职工2158人。农村居民基本医疗保险覆盖率100%，医疗补偿22万人次，补偿金额近2900万元。新增就业岗位3800多个，城乡失业人员实现再就业5700多人。大中专毕业生和特困家庭劳动力就业率分别达97.7%、100%。率先探索实现日间照料中心社会化运行，新增翁家庄、南村坝、吉桥3家日间照料中心，全镇累计已建成20家。居家养老服务普惠扩面，累计为623名老人提供免费上门服务。发放各类困难群体、优抚对象等补助金1600多万元。开展慈善大募捐活动，共募集善款近千万元。

2017年11月16日，“交大慧驰”轻量化产业园项目签约落户尚湖镇
（尚湖镇提供）

社会管理 2017年，尚湖镇完成市镇两级挂牌督办整改项目9个。推进不予备案出租房屋整治，做好安保维稳

工作，打击各类违法犯罪活动，刑事案件发案率同比下降28%。新增社会面监控306个，家庭技防840套，建成并启用镇联动指挥分中心。受理各类矛盾纠纷803起，调处成功率100%。累计受理并按时办结入学、入医、入市民卡申请3340人次。完成60台炉窑整治，实现削减3.5万吨煤炭消费，超额完成市级下达任务；推进环境隐患整治，关停日辉化工、迅达化工等14家化工企业。实施生态红线区域管控，关停永生新型墙体材料等5家企业。推进大气污染防治，完成招商织染等9家单位的挥发性有机物综合治理，50家内河码头（堆场）的扬尘整治。开展望虞河沿岸水污染源调查，对沿线18个工业集中区开展水污染防治能力评估。完成龙腾金属制品、永生热镀锌等8家工业企业废水提标治理工程。落实河长制，明确334条河道河长并落实相应责任，整治黑臭河道11条。关停畜禽养殖污染户40家，整治11户。安装独立分散式污水设备1100多套，日处理污水量达550吨，涉及82个自然村庄、2168户农户。新增生活污水接管企业40家。完成冶塘垃圾中转站迁建，生活垃圾填埋场一期、二期工程完成，并通过市级验收。开展"散乱污"专项整治，对排查出的466家"散乱污"企业进行全面整治，其中已关停取缔99家。开展"两路一河"专项行动，对沿线村庄进行环境整治和绿化补植，共清理垃圾3000多吨，补植绿化近1.2万平方米。

**2017年尚湖镇主要经济社会指标情况表**

表69

| 项目 | 数量 | 项目 | 数量 | 项目 | 数量 |
|---|---|---|---|---|---|
| 地区生产总值 | 77.5亿元 | 工业企业 | 1095家 | 在职教师 | 444人 |
| 一般公共预算收入 | 4.98亿元 | 工业总产值 | 158亿元 | 医院/病床 | 3所/125张 |
| 耕地面积 | 3664公顷 | 工业销售收入 | 161.06亿元 | 社区卫生服务站 | 19个 |
| 用电总量 | 73123万千瓦时 | 固定资产投入 | 6.09亿元 | 农村合作医疗参入率 | 99.90% |
| 农业总产值 | 5.05亿元 | 新增民营企业注册资本 | 9.88亿元 | 农村养老保险覆盖率 | 99% |
| 粮食总产量 | 5.22万吨 | 完成注册外资 | 1000万美元 | 最低生活保障对象 | 230户/322人 |
| 出栏生猪 | 0.83万头 | 实际利用外资 | 205万美元 | 年末存款余额 | 90.56亿元 |
| 出栏家禽 | 4.43万羽 | 中小学校 | 7所 | 农民人均可支配收入 | 34048元 |
| 农村合作社 | 77家 | 在校中小学生 | 5814人 | 农民人均住房 | 70平方米 |

**2017年尚湖镇各村(社区)基本情况表**

表70

| 村(社区) | 面积(平方千米) | 户数(户) | 人口数(人) | 集体经济总收入(万元) | 人均纯收入(元) | 总资产(万元) | 党组织书记 | 村(社区)主任 |
|---|---|---|---|---|---|---|---|---|
| 王庄社区 | 27.98 | 586 | 1371 | — | — | — | 倪静洁 | 贡卫东 |
| 冶塘社区 | 32.99 | 739 | 1554 | — | — | — | 汪新华 | 殷伟刚 |
| 练塘社区 | 34.17 | 1251 | 2738 | — | — | — | 陶文军 | 张建平 |
| 河金村 | 2.34 | 589 | 2186 | 795 | 36001 | 2716 | 王卫明 | 钱　云 |
| 车路坝村 | 4.05 | 831 | 3062 | 696 | 32468 | 2566 | 夏士江 | 唐　波 |
| 福寿村 | 6.01 | 929 | 3504 | 1115 | 32991 | 4547 | — | 宋建东 |
| 东桥村 | 4.02 | 884 | 2938 | 840 | 35257 | 2971 | 张　斌 | 叶红梅 |
| 张村村 | 1.9 | 454 | 1642 | 684 | 34047 | 3289 | 范云元 | 王振刚 |
| 家鑫村 | 5.1 | 664 | 2399 | 998 | 38074 | 2871 | 陆伟新 | 丁　锋 |
| 南村坝村 | 1.52 | 318 | 1156 | 709 | 33905 | 1822 | 钱建国 | 王　勇 |
| 山鑫村 | 3.04 | 633 | 2378 | 647 | 34661 | 2660 | 周亚军 | 顾新伟 |
| 大河村 | 4.8 | 1117 | 3763 | 1248 | 30678 | 5237 | 王学忠 | 顾卫明 |
| 湖庄村 | 5.3 | 1519 | 5137 | 785 | 32088 | 6577 | 沈国英 | — |
| 新和村 | 3.5 | 949 | 3255 | 584 | 34793 | 2795 | 曹建国 | 龚丽艳 |
| 新鑫村 | 5.6 | 777 | 2808 | 890 | 37498 | 2754 | 邵满保 | 查友清 |
| 新巷村 | 4.01 | 733 | 2445 | 639 | 39319 | 3352 | 周小江 | 宗海峰 |
| 蒋巷镇村 | 3.58 | 902 | 3345 | 461 | 33699 | 2470 | 屠雪华 | 徐　新 |

续表 70

| 村(社区) | 面　积<br>(平方千米) | 户数(户) | 人口数(人) | 集体经济总收入(万元) | 人均纯收入(元) | 总资产(万元) | 党组织书记 | 村(社区)主任 |
|---|---|---|---|---|---|---|---|---|
| 新裕村 | 6.2 | 1318 | 4304 | 1002 | 32781 | 3661 | 徐敬国 | 张夏亚 |
| 常兴村 | 4.03 | 1057 | 3990 | 920 | 31117 | 5489 | 高立锋 | 李国峰 |
| 鸳鸯桥 | 3.62 | 809 | 3181 | 938 | 35682 | 5131 | 殷建忠 | 张国华 |
| 吉桥村 | 5.46 | 1655 | 5658 | 1827 | 35199 | 5070 | 陆雪明 | 朱向东 |
| 罗墩村 | 6.7 | 1538 | 5360 | 1108 | 31530 | 4283 | 朱方明 | 陆　军 |
| 练南村 | 4.2 | 830 | 2879 | 1187 | 30986 | 4780 | 浦明华 | 孙　仁 |
| 颜巷村 | 2.84 | 845 | 3118 | 582 | 34510 | 1364 | 唐增元 | 金卫良 |
| 翁家庄村 | 7.32 | 1540 | 5144 | 1785 | 36961 | 7237 | 蒋斌雄 | 查志明 |

**2017 年尚湖镇骨干企业基本情况表**

表 71

| 企　业　名　称 | 销售收入(万元) | 利税总额(万元) | 法人代表 |
|---|---|---|---|
| 常熟风范电力设备股份有限公司 | 163905 | 16507 | 范建刚 |
| 博众优浦(常熟)汽车部件科技有限公司 | 50123 | 437 | 陈　杰 |
| 常熟市亿嘉纺织品有限公司 | 34652 | 1166 | 郑久土 |
| 日立汽车系统(常熟)有限公司 | 33377 | 6863 | 蒲生庆一 |
| 苏州卡迪亚铝业有限公司 | 33330 | －879 | 吴志强 |
| 苏州华光宝利印刷版材有限公司 | 31343 | 585 | 杜喜坤 |
| 苏州浦石精工科技有限公司 | 27834 | 54 | 周洪江 |
| 常熟市永力不锈钢制品有限公司 | 26482 | 356 | 范云峰 |
| 苏州众捷汽车零部件有限公司 | 19983 | 3637 | 王海燕 |
| 常熟市华林钢管有限公司 | 19495 | 403 | 李德观 |

**【罗墩良渚文化遗址修复保护一期工程完成】** 2017 年初，良渚文化遗址修复保护一期工程完成，正式对市民开放。该修复保护工程是尚湖镇政府重点实事工程之一，修复遗址面积近 400 平方米，在对遗址以及周边区域的高台泥土、杂草、杂物进行清理，并加装保护木栅栏的基础上，重点恢复 14 座古墓葬旧貌。同时，配套建设观景高台等设施，方便市民俯瞰遗址全景。

**【尚湖镇首个“行动支部”成立】** 2017 年 8 月 17 日，尚湖镇首个“行动支部”——尚湖百姓戏曲大舞台党支部正式成立。该党支部以“双重管理、双向登记、双向活动、双岗服务”为原则，对常年参加戏曲大舞台活动的指导老师、评委、参赛选手和热心票友中的党员在“行动支部”和组织关系所在支部均进行登记，发放党组织党员活动证，持证参加组织活动。“持证党员”除参加原支部重大问题决策、发展党员以及换届选举会议外，平时参加“行动支部”的日常组织生活；执行双岗履职，持证党员同时在两个支部认领服务岗位，作双岗履职承诺；“行动支部”和其组织关系所在支部对“持证党员”进行双重管理，实行量化积分考核，年底进行双向反馈。

**【江苏中和集团总部基地项目落成投用】** 2017 年 10 月 10 日，江苏中和集团总部基地项目在尚湖镇正式落成投用。该企业以推广和销售李宁、安踏、探路者等国内外知名运动休闲品牌和产品为核心业务，集连锁零售、电子商务、仓储物流、酒店餐饮、房地产经营、信息技术开发等为一体的大型综合性集团公司。2016 年，中和集团在常熟区域实现产品销售 10 多亿元。落成投用仪式上，江苏中和集团向常熟市慈善总会捐款 60 万元。

**【尚湖乡风文明馆、常熟钱氏名人馆开馆】** 2017 年 12 月 22 日，尚湖镇在南村坝村举行尚湖乡风文明馆、常熟钱氏名人馆捐赠暨开馆仪式。常熟钱氏名人馆建筑面积近千平方米。回廊东面布置为尚湖镇乡风文明展示，西面布置为南村坝村乡风文明展示，主楼三层陈列展出钱氏历史名人，有宋、明、清三朝进士 30 人，举人 20 人，展出有历史突出贡献的 20 人，同时展示钱氏优秀家风家训。（钱佳炜）

**责任编辑　汤　涵**

# 人物·荣誉

## 新闻人物

**徐义刚** 男，汉族，1966年生，江苏常熟人。1983年毕业于江苏省常熟中学，1987年毕业于浙江大学，1994年在法国巴黎第七大学获博士学位。2017年当选为中国科学院院士。现任中国科学院广州地球化学研究所所长。

主要从事地幔岩石学研究。发现峨眉山玄武岩喷发之前的快速地壳穹状隆起，揭示峨眉山LIP的深部结构、地壳穹窿以及火山岩类型空间分布存在协同变化规律，确证其与中一晚二叠世生物灭绝事件同时，为地幔柱影响下固体地球不同圈层的系统行为研究提供了范例。通过重建岩石圈热状态，为华北岩石圈巨量减薄提供了关键证据；厘定幔源岩浆从同位素富集型向亏损型转变是克拉通破坏的重要标志，提出岩石圈减薄的热一化学侵蚀机制。发现中国东部新生代火山岩源区普遍存在西太平洋俯冲板片组分，阐明大陆板内玄武岩的形成与大洋俯冲的成因联系。曾获国家自然科学奖二等奖、广东省科技进步奖一等奖、李四光地质科学奖等。

**黄阿雪** 男，1963年生，常熟市辛庄镇张港泾村人。1986年毕业于南京大学，九三学社苏州工业园区金鸡湖支社社员，任职于苏州工业园区公租房管理中心。2017年入选12月"中国好人榜"。多年来，黄阿雪创新慈善公益方式，奔走在社会公益的最前端。在他的倡议和组织下，先后成立了辛庄中学80届高中同学关爱基金、顾泾学子关爱基金和吕舍爱心基金等多个关爱基金，筹集爱心款75万元，累计发放33万元，辛庄镇的60多户困难家庭从中受益。他先后荣获"常熟首位最美人物"" 苏州首位最美人物""苏州市2014年度道德模范·精神文明建设十佳新人""2014年度江苏好人"等称号。他的事迹还登上苏州市首个"善行义举榜"。常熟首个"乡风文明馆"设在黄阿雪的家乡——辛庄镇张港泾村。

## 常熟市享受副县(处)级以上政治待遇的离休干部逝世人物一览表

表72

| 编号 | 姓　名 | 性　别 | 出生年月 | 籍　　贯 | 原工作单位与曾任职务 | 逝　世　时　间 |
|---|---|---|---|---|---|---|
| 1 | 刘汉文 | 男 | 1931年2月 | 常熟 | 市机械冶金工业局干部 | 2017年3月 |
| 2 | 张合明 | 男 | 1923年12月 | 安泽 | 市血防办副主任 | 2017年5月 |
| 3 | 沈元辉 | 男 | 1932年6月 | 江都 | 市交通局党委纪检委员 | 2017年6月 |
| 4 | 蔡必荣 | 男 | 1919年12月 | 滨海 | 市物资局副局长 | 2017年8月 |
| 5 | 顾恒昌 | 男 | 1928年5月 | 常熟 | 市供销合作社调研员 | 2017年9月 |
| 6 | 李　良 | 男 | 1924年12月 | 阜宁 | 市人大常委会副主任 | 2017年9月 |
| 7 | 胡蔚然 | 男 | 1925年9月 | 郾县 | 四川残废军人休养院秘书 | 2017年12月 |

# 先进集体

## 全国条线及省级表彰的先进集体

| 受表彰者 | 荣誉称号 | 表彰者 | 表彰时间 |
|---|---|---|---|
| 常熟市农机技术推广站 | 2014—2016 全国农牧副业丰收奖二等奖 | 农业部 | 2016 年 12 月 |
| 国网江苏常熟市供电公司虞山供电所 | 国家电网公司五星级乡镇供电所 | 国家电网公司 | 2017 年 1 月 |
| 常熟开关制造有限公司 | 江苏制造突出贡献奖优秀企业(智能制造先进企业) | 省政府 | 2017 年 3 月 |
| 常熟市尚湖旅游服务有限公司游客接待部 | 全国巾帼文明岗 | 全国妇联 | 2017 年 4 月 |
| 常熟市公安局经侦大队 | 全国优秀公安基层单位 | 公安部 | 2017 年 5 月 |
| 常熟市虞山镇都市农业生态产业园 | 全国农业创业创新园区(基地) | 农业部 | 2017 年 6 月 |
| 董浜镇里睦村 | 全国一村一品示范村镇 | 农业部 | 2017 年 8 月 |
| 海虞镇 | 全国特色小镇 | 住建部 | 2017 年 8 月 |
| 常熟市红十字会 | 《中华人民共和国红十字会法》暨全国红十字应急救护知识竞赛最佳组织三等奖 | 中国红十字会 | 2017 年 8 月 |
| 常熟市虞山镇北门大街社区 | 国家级充分就业社区 | 人社部 | 2017 年 8 月 |
| 常熟市供销合作总社 | 2016 年度全国供销社百强县级社 | 中华全国供销总社 | 2017 年 9 月 |
| 常熟市 | 全国森林旅游示范县 | 国家林业局 | 2017 年 9 月 |
| 常熟市红十字会 | 2017 年度中国红十字会总会报刊宣传先进集体二等奖 | 中国红十字会 | 2017 年 9 月 |
| 常熟市人民检察院 | 第九届全国检察机关“文明接待示范窗口” | 最高人民检察院 | 2017 年 10 月 |
| 常熟市城建支部委员会 | 参政议政工作先进集体 | 中国农工民主党中央委员会 | 2017 年 11 月 |
| 常熟沙家浜旅游度假区管理委员会 | 全国中小学生研学实践教育营地 | 教育部 | 2017 年 11 月 |
| 常熟市 | 第五届全国文明城市 | 中央文明委 | 2017 年 11 月 |
| 江苏省常熟现代农业产业园区 | 第二批星创天地 | 科技部办公厅 | 2017 年 11 月 |
| 康博村 | 全国文明村镇 | 中央文明委 | 2017 年 11 月 |
| 江苏省苏州隆力奇养生小镇 | 国家工业旅游示范基地 | 全国旅游资源规划开发质量评定委员会 | 2017 年 11 月 |
| 沙家浜镇 | 全国文明镇 | 中央文明委 | 2017 年 11 月 |
| 江苏沙家浜渔业科技有限公司 | 星创天地 | 科技部办公厅 | 2017 年 11 月 |

| 受表彰者 | 荣誉称号 | 表彰者 | 表彰时间 |
|---|---|---|---|
| 沙家浜风景区 | 第一批全国中小学生研学实践教育基地 | 教育部办公厅 | 2017年12月 |
| 常熟市工商业联合会 | 2017年度全国"五好"县级工商联 | 全国工商联办公厅 | 2017年12月 |
| 常熟市人民检察院驻常熟市看守所检察室 | 第五届全国检察机关派驻监管场所一级规范化检察院 | 最高人民检察院 | 2017年12月 |
| 常熟市水产技术推广站 | 第八届江苏省农业技术推广奖一等奖 | 省政府 | 2018年1月 |

# 先进个人

## 全国条线及省级表彰的先进个人

| 受表彰者 | 荣誉称号 | 表彰者 | 表彰时间 |
|---|---|---|---|
| 王　中(市农机站) | 全国农牧渔业丰收奖二等奖 | 农业部 | 2016年12月 |
| 金俊龙(常熟液压工具厂) | 江苏制造突出贡献奖先进个人(江苏制造工匠) | 省政府 | 2017年3月 |
| 周越峰(市红十字会) | 2017年度中国红十字会总会报刊宣传先进个人三等奖 | 中国红十字会 | 2017年9月 |
| 许晓东(市委政法委) | 全省党的十九大安保维稳工作先进个人 | 省委、省政府 | 2017年11月 |
| 江燕华 | 中国农工民主党开展坚持和发展中国特色社会主义学习实践活动"先进个人"称号 | 中国农工民主党中央委员会 | 2017年11月 |
| 黄阿雪(苏州工业园区公租房管理中心) | 中国好人 | 中央文明办 | 2017年12月 |
| 吴春加(辛庄镇) | 第八届江苏省农业技术推广奖二等奖 | 省政府 | 2018年1月 |
| 刘金桥(市人民法院) | 先进个人 | 最高人民法院 | 2018年1月 |
| 陈新环(市农机站) | 江苏工匠 | 省政府 | 2018年1月 |
| 龚学兴(沙家浜镇) | 2017—2018中国品牌建设杰出贡献奖(金葵奖) | 中国市场学会创新与品牌委员会 | 2018年1月 |
| 何　奇(市水产站) | 第八届江苏省农业技术推广奖一等奖 | 省政府 | 2018年1月 |
| 徐旦红(市水产站) | 第八届江苏省农业技术推广奖一等奖 | 省政府 | 2018年1月 |
| 沈彩娟(市水产站) | 第八届江苏省农业技术推广奖三等奖 | 省政府 | 2018年1月 |

责任编辑　李明芳

## 媒体聚焦

# 以存量创新探索县域经济发展之路
# 常熟集聚发展新动能

王伟健

5月18日，北京大学分子工程苏南研究院在常熟揭牌成立，成为北京大学“十三五”期间全国首家筹建的专业研究院。

这是常熟集聚创新资源推动经济发展的一个例子。经济新常态下，县域经济提升发展的质量和效益是一个热门课题。常熟积极探索经济转型之路，激发现有企业竞争力，营造优质创新环境，通过存量创新集聚发展新动能。常熟的探索，正在逐步深入。

存量企业竞争力的提升，离不开创新驱动。作为国家重点高新技术企业，常熟开关制造有限公司尤其注重自主创新能力的培育。每年，该公司用于研发新产品的经费占到当年销售收入的4.5%，产品关键零部件的80%都采用多工位级进模加工，产品精度达到国际先进水平。

常熟不仅有开关制造这样的“小巨人”企业，还有众多专精特新企业、行业龙头企业，在发展中通过技术创新、工艺改进、智能制造、销售模式创新等方式推动行业转型升级。

当下，纺织服装这一常熟最大的传统产业，正积极革新生产模式，降低人力成本，提升生产效率。苏州市拉波尼服饰有限公司与缝纫机企业联合推出智能云模机，一人操作4台机器，机器智能化、自动化识别生产任务、检测生产故障等，极大提高了生产效率，改变了服装行业的竞争格局。

近两年，汽车及零部件、高端装备制造业等新兴产业发展迅猛，优质项目正带动产业发展。2月22日，位于常熟经济技术开发区的奇瑞捷豹路虎汽车有限公司迎来了第10万台整车下线，从第一台到第10万台，该企业只用了28个月时间。近年来，拥有奇瑞捷豹路虎和观致两辆整车、丰田亚洲最大研发中心的常熟，正逐渐成长为中国最年轻的汽车城。

值得注意的是，常熟在注重发展质效的同步提升，不以牺牲环境为代价。这是常熟发展的“底线”。国家级开发区常熟经济技术开发区积极推行补链招商，成功培育了垂直整合生态产业链、高档造纸生态产业链、化工行业生态产业链等8条循环经济产业链，既减少了污染，又提高了资源利用率，成功建成国家生态工业示范园区。

去年，常熟市政府出台科技创新券政策，企业在规定时间内完成相关科技创新投入，就可凭创新券到政府部门兑现有效鼓励。这项制度有效激励了中小企业加大创新投入，同时也引导政府科技经费“精准”投入到创新活动。

位于常熟经济技术开发区内的常熟科创园也正成为企业成长的摇篮。在这里，入园企业超200家，70%的孵化企业实现产业化，园内拥有常熟市领军型人才或团队148个，列入国家“千人计划”10人，成为常熟地区领军型人才和留学归国创业人才最为集中的创业园区。

（摘自2017年06月14日《人民日报》16版）

# 江苏常熟农村生活污水处理率达70%<br>水清了，村美了，人乐了

姚雪青

河水潺潺，白鹭翩跹。江苏省常熟市虞山镇东联村，村民陈建芬和几位乡邻在自家屋檐下小憩："水清了，村美了，看着就很舒心。"

常熟地处江南水乡，水是城市的灵魂，更是发展的命脉。近年来，常熟按照"政府主导、企业运作、分类指导、统筹推进"原则，探索实践"统一规划、统一建设、统一运行、统一管理"新模式，着力构建"政府购买服务、企业一体化运作、委托第三方监管"新机制，生活污水治理从"量小散乱"向"规模统筹"转变，从"多头管理"向"专业运行"转变。

常熟农村生活污水治理位居全国领先水平，被住建部评为"县域村镇污水综合治理示范区"。

**纳管收集与分散处理结合，预计年内处理率将达80%以上**

在村里居住了30年的陈建芬，用"巨变"来形容近年来村貌发生的变化。

过去，生活污水是农村生态环境的短板。2008年以前，全市共有生活污水处理厂（站）30多座，分散式污水处理设施15套。然而，由于市、镇、村各自投资建设、多头管理，不仅效率低、资源浪费、运行不够经济合理，而且设施质量和技术工艺得不到有效保障，正常运转率偏低。东联村村民们介绍，以往大量生活污水直接排到河里或者随雨水漫到田里，造成污水横流、蚊蝇孳生、臭气熏天。

农村污水的治理，和城市有所不同。因为村庄形态各异，空间分布零散，水处理设施全覆盖成了一道难题。

"首先需要打破镇村行政区划，统筹规划农村生活污水治理。"常熟市水务局副局长皇甫建国介绍，遵循"能集中则集中、宜分散则分散"的因地制宜原则，合理选定纳入污水管网和就近分散处理方式，72%的农户生活污水纳管收集处理，剩余农户生活污水根据村庄形态和规模，选用相对集中、村组处理和分户处理三种分散处理方式。村庄规模大、农户密集的，以组团相对集中处理为主；规模较小、村庄农户团状形态分布的，以村组处理为主；零星散户及村庄农户条状形态分布的，以分户处理为主。5年内将撤并的村庄实施临时生态户厕改造。

在海虞镇、古里镇、梅李镇的6个片区，村庄分布相对集中、距离污水管网近，采用纳管收集处理的方式，纳入了位于海虞镇的周行污水处理厂的收水范围。

而在古里镇东头的康博村，由于距离主管网较远，建造管道造价高、地下水渗漏风险大，就近建了分散式污水处理设施。记者在村里看到，康博苑小区430户村民的生活污水，通过出户管道连接到泵站，灰黑色的污水经过处理后，通过水生植物池进行二次净化，再排放到河道或进行农田灌溉。

依山而建的虞山国家森林公园是当地人休闲的好去处，但高低起伏的地势、较高的地下水位，给附近饭店、茶室、公厕等的污水自流收集带来了困扰。2012年，常熟依托中科院生态环境研究中心真空排导技术，将重力管难于收集的污水通过真空压力管道收集后，排入市政排水干管。

目前，常熟建成投用10个生活污水处理系统、11座污水处理厂、7000多套分散式污水治理设施，日处理总规模近35万吨。农村生活污水处理率从原来不足20%提升到70%，设施正常运转率从原来不足50%提高到98%。预计年内将实现重点、特色村生活污水收集全覆盖，农村生活污水处理率达到80%以上。

**告别"九龙治水"局面，让专业的人干专业的事**

以往，常熟全市生活污水治理建设资金由乡镇承担20%。为提高乡镇治污积极性，2015年开始，改为由市级财政统一融资、全额承担。

常熟将所有生活污水处理设施划归水务局统一管理，告别了以往"九龙治水"的局面。同时，组建市给水与排水管理所，专门负责全市供水和污水运行、维护等方面的管理和监督考核；市水质监测站对进出水水质进行监测；环保等部门和乡镇协调配合，依法监督，形成了城乡一体、职责明确、运转顺畅的管理体制。

"100分是满分，90分以上全额支付；低于90分则每低1分扣1%的服务费；60分以下不予支付。"常熟市给水与排水管理所副所长苗丽萍告诉记者，行业主管部门根据生活污水处理运行考核办法，每月对污水设施运行及进出水水质等现场抽检，每个季度开展阶段性考核，并将抽检考核结果严格作为污水处理费支付依据。

"去年上半年，我们对一家负责运营维护的企业进行现场抽查，发现设施由于缺乏管护而变得运行不稳定，周围环境也是杂草丛生。仅是管护不到位这一项就给该企业扣了5分，最后的得分为88分。根据规定，扣除了其2%的服务费。"苗丽萍告诉记者。企业负责人坦言，一开始没有想到会有这样严格的打分和执行机制，扣分不仅是损失几千元钱的问题，而且"在同行面前十分丢人"。据介绍，企业迅速进行了整改，安排专人进行管护。3个月后，当考评人员再次对其现场进行检查的时候，发现设备运行和出水状况很稳定，周围环境也干净整洁。

在常熟市农村生活污水监控中心显示大屏上，集中式生活污水处理厂以及农村分散式污水处理设施的运行状况，一目了然。如果发生水质异常或设备故障，监控平台将自动报警。

记者了解到，常熟依托中科院技术支持，开展专项课题研究，制定了农村分散式生活污水处理设施运行管理规定、运行监管细则和考核办法等制度。为了克服人力不足等困难，还与中科院合作开发远程监控系统，实现农村生活污水治理的远程集中管理。监控中心大屏，便是这一系统的直观表现。在此基础上，常熟市通过政府购买服务，将中国科学院生态环境研究中心作为第三方监管单位，为农村生活污水治理提供技术支撑。

**拓宽融资渠道，助力新兴产业发展壮大**

为减轻财政压力，降低投资和运行风险，常熟2015年在全国首推农村分散式污水处理PPP模式，将330个自然村总规模6亿元的农村分散式污水治理项目，按照政府采购程序选定中车股份作为合作单位，由其出资65%、市国资公司出资35%，组建项目公司常熟中车水务有限公司，以特许经营25年的方式全过程、一体化负责项目融资、设计建设及运营维护，根据建设、运行维护和财务融资成本测算并确定每户每年服务费。经营期内政府委托第三方监管，按抽检考核结果支付费用。

皇甫建国介绍，在测算建设费、运行费时，因难以确定水量，而改为采用以户为单位的测算方式。此外，目前我国还没有农村污水处理排水标准，常熟参照城镇生活污水处理一级B排放标准，从5个指标上对出水水质进行考核。

东联村132户村民的生活污水处理设施，就是PPP模式结出的果实。走在村里，随处可见处理生活污水的净化槽。常熟中车水务有限公司副总经理徐连红说，经过生物接触氧化设备处理，主要出水水质指标可达到一级B标准。

“农村污水治理特别是分散式治理，规模大，前景广。有专家预测，其市场规模可能达千亿级。企业参与这一PPP项目，除了收益稳定以外，也期待通过常熟的示范效应，进军农村生活污水治理这个新兴产业领域。”徐连红说。中车股份还投资引进国际先进技术，在常熟建立农村分散式污水处理设施生产及研发基地。

记者了解到，目前常熟市正在继续推动农村分散式污水处理二期PPP项目，实施范围包括398个村庄农户、公厕、公建设施等。二期项目分区域划分两个标段，通过公开发布、资格预审和竞争性磋商，从4家企业中选择了中车股份和首创股份2家供应商。

“常熟市实施的农村分散式污水处理项目在全国首次采用PPP模式，为我国广大农村生活污水处理与环境连片综合治理，提供了一种新的路径。”东南大学法学院教授叶树理认为。

（摘自2017年8月5日《人民日报》10版）

## 打造精致城市　提升幸福指数

苏　雁

11月初，正是江南地区水稻收割的季节。中午，在江苏省常熟市瞿巷村9组，81岁的村民陈浩明和老伴徐巧咲正准备吃午饭。“上午在村里建的免费茶馆喝茶、下午通过村里免费安装入户的无线调频广播听听戏，家里屋外干干净净，景致不比城里的公园差。”陈浩明大声说，“我们老百姓对目前生活的评价就是四个字：心满意足。”

江苏省常熟市委书记王飚告诉记者，站在新的历史起点上，常熟市将以培育和践行社会主义核心价值观为根本，打造一座有温度、有质感、有品位的精致城市，全面提升城乡居民的幸福指数。

### 志愿服务引导全民参与

在常熟市历史文化名城保护区，沿着秦川河支流一路往北走，粉墙黛瓦的江南民居坐落在河道两岸。在这样的老社区，记者看到的是清澈的河水、整洁的路面，小院子的角角落落都被主人用心种上了凌霄、夜饭花等易活而又漂亮的植物。老社区为何能如此整洁有序？答案就在随处可见的志愿者身上。

“百姓河长”建珍阿婆今年已经78岁，她是常熟市北门大街社区的一位老党员，也是社区爱河护河的20名志愿者之一。琴川河等常熟的“母亲河”在他们的“护卫”下，河水越发清澈。就连遛狗人士清理小狗粪便的纸张，附近的志愿者也会每天放到路边的小木箱里，文明遛狗在常熟已经深入人心。

常熟市委副书记、宣传部部长韩卫兵告诉记者，精神文明创建说到底是做凝聚人、引领人、培育人的工作，常熟尊重人民群众的主体地位，引导、激励群众广泛参与志愿者活动，在参与中受到教育、提升境界、影响更多身边的人。

在几十公里外的海虞镇海福新城社区，来自周边多个自然村的4000余名农民陆续“洗脚进城”，生活在一个和谐的“大家庭”里。这里，经常传出这样温馨的故事：在志愿者的帮助下，2幢3单位92岁的巫永林和楼下91岁的老闺蜜姚根云，又坐到一起拉家常了；26幢84岁双腿截肢的陈奶奶被志愿者用轮椅推到小区的小游园里来看风景，顺便还去社区卫生站量了量血压。“我们社区共有这样的志愿者150余人，分为13支队伍，他们有一个共同的名字叫‘海福金乡邻'。"海福新城社区主任徐月红介绍。

目前，常熟市已注册志愿者13万余人，年参与志愿服务40多万人次，"爱水护河"志愿服务项目、"海虞妈妈"助学关爱志愿服务项目先后入选全国最佳志愿服务项目。

**榜样引领共同的价值追求**

常熟，因爱而温暖，因爱而和谐。

黄阿雪出生于常熟市辛庄镇的一个农民家庭，大学毕业后留在苏州城里工作。2010年，他联系了分散在五湖四海的辛庄学子，借鉴苏州市党员关爱基金的做法，在全镇建立了第一个助学基金——"顾泾学子关爱基金"。2014年，辛庄镇整合"顾泾学子关爱基金""吕舍爱心基金"等10多个爱心基金，挂牌成立"辛庄德善基金"。目前，这个"草根"基金已累计发放尊老金、奖学(教)金400多万元。同时，该基金每年还组织在外辛庄籍医务人员多次返乡义诊，4000多人次的乡邻不出家门就享受到了专家们的医疗服务。

"最美老乡"黄阿雪的事迹，登上了苏州市首个"善行义举榜"，常熟市文明办更是建立了基层"善行义举素材库"和市级"身边好人典型库"，在全省率先开通"道德楷模，身边榜样"常熟好人网上展厅，发动全市人民一起寻访像黄阿雪这样的道德模范和身边好人。并依托全市400多所道德讲堂等阵地，组织"道德评弹故事汇""一村宣讲一故事"等活动。

见贤思齐、崇德向善在常熟蔚然成风。"德善辛庄""孝爱梅李""仁风古里"……一个个具有示范效应和独特民风的模范乡镇，构成了文明常熟的生动背景。目前，常熟已培育选树了两位全国道德模范、3位江苏省道德模范，13位中国好人和1个"全国最美家庭"。

**优秀文化塑造精致城市品格**

常熟是国家级历史文化名城，是吴文化的重要发祥地。如何依托优秀传统文化涵养百姓、塑造城市品格，是常熟在精神文明建设中的"必答题"。

虞山琴派传人朱晞向记者介绍，20世纪90年代，他发起成立了全国首家少儿古琴社——虞山少儿古琴社，建立起古琴三级传承网络。今天，他的10多位弟子已从中央音乐学院等高校的古琴专业本科或研究生毕业，走上了古琴传承之路。而在这座江南小城里，有超过3000人常年学习古琴。

"老祖宗传下来的这么多'雅文化'，在保护好的同时，应该转化为引领百姓精神生活的动力。"韩卫兵说，"要想得到百姓认可，必须让文化在基层'立牢脚头'。"

目前，常熟已建成江南文化艺术中心等一批文化设施，江南文化节、古琴艺术节等重点文化活动精彩纷呈。群众艺术馆内，政府出资的戏曲公益培训吸引了票友们的广泛参与；"三下乡""村村演"等文化惠民活动每年举办公益巡演、广场文艺超过300场，其中，"送戏下乡"采用"点菜看戏"的形式，常熟市文化艺术中心和锡剧团每年送出100多台脍炙人口的节目到田间地头。

文化熏陶着这座城市的居民，也塑造了这座城市的品格。生活在常熟的人们，在实践文明建设的同时，也是文明成果的最终得益者。今年以来连续6次第三方文明城市问卷调查结果显示，常熟市民对创建的支持率均超过96%。

11月14日，中央文明办公布了第五届全国文明城市名单，江苏常熟成功入选。"我们将以十九大精神为引领，推进精神文明创建活动向常态化、纵深化方向发展，用老百姓实实在在的获得感和幸福感作为文明创建最终的衡量标准。"常熟市市长周勤第告诉记者。

（摘自2017年11月27日《光明日报》04版））

## 常熟经济技术开发区提升区域综合竞争力
## 转型突破，加速迈向现代产业园区

陆耀光　葛昊旻　李仲勋

近日，省政府公布《关于2016年度全省经济开发区科学发展综合考核评价情况的通报》，常熟经济技术开发区在全省110个经济开发区评比中排名第五。这项排名主要围绕经济发展、科技创新、开放水平、生态文明、集约水平、社会贡献、管理水平7大类共64项指标进行评价打分。能够在众多开发区的竞争中跻身前列，足以体现常熟经济技术开发区的综合竞争力。

"我们将以国内知名的开发区为标兵取长补短，以省内领跑的开发区为标杆谋篇布局，在经济总量、汽车产业、创新能力等方面争先进位，加快向现代产业园区转型。"常熟市委常委、常熟经济技术开发区党工委副书记、管委会副主任张建强说，常熟经济技术开发区坚持走精准发展道路，以产业之精带动发展之精，以精准定位实现精明增长，力争为精致常熟建设提供强大动力。

**"4+4"战略掀起转型发展"冲击波"**

纵观20多年的发展历程，常熟经济技术开发区始终注重产业的更新，但这种更新并非不顾一切推倒重来，而是基于自身优势的理性选择，旨在实现培育新动能与改造传统动能的同步推进。

在发展初期，依托滨江临港优势，常熟经济技术开发区重点发展并形成了“电力能源、高档造纸、精细化工、钢铁建材、港口物流”五大传统产业集群。近年来，尤其是“十二五”期间，随着观致汽车和奇瑞捷豹路虎汽车两大整车企业的落户，开发区大力发展新兴产业，培育了“汽车及零部件、装备制造、新能源新材料、现代物流、创新创意”五大新兴主导产业，形成了“新老齐飞”的产业发展新格局。

进入“十三五”，常熟经济技术开发区在产业发展上绘制了新一轮发展路线图，以实施“4＋4”转型战略，推动钢铁、造纸、化工、港口物流4大传统产业向高端转型，增强适应市场和环境要求的能力，尽快实现破茧重生；发展汽车、大数据、新能源、新材料4大新兴产业，特别是培育好汽车主导产业发展，使新经济成为新增长的动力源泉。

构建新产业格局，“破局者”依然是“汽车”。除了两大整车项目，常熟经济技术开发区还吸引了40多家国际知名汽车零配件企业落户，行业总投资超过65亿美元。今年前三季度，沿江核心区汽车及零部件产业产值完成245亿元，同比增长21％。

可以说，汽车产业正在塑造新的产业格局。因此，推进“4＋4”转型战略，核心就是壮大汽车主导产业。常熟经济技术开发区发力推动整车横向扩张，产业纵向延伸，构建汽车全产业链发展新生态，打造“活力汽车城”。

横向发展，打造先进整车制造基地。在扩大整车产销规模的同时，拓展整车产品门类，特别是加大新能源汽车研发投入，推动纯电动汽车、混合动力汽车的研发生产。

纵向延伸，打造汽车产业创新高地。瞄准汽车后市场，推进总投资10亿元的汽车主题公园项目；优化零部件产业布局，积极打造整车企业20公里零部件配套圈；发展汽车金融产业，促进汽车行业消费。

“4＋4”转型战略推出后，掀起了阵阵发展“冲击波”。烨辉科技积极对接汽车产业，发展汽车镀锌钢板方向，优化产品结构，适应市场需求；耀皮玻璃将原有平板玻璃生产线转为汽车玻璃和节能镀膜玻璃生产，有效化解落后产能。今年以来，这里的传统优势产业掀起升级热潮：钢铁产业重点转型生产汽车钢板产品，配套区内整车制造需求；化工产业从一般化工转型为精细化工和化工制药，特别是转向汽车用锂电池负极材料；港口物流利用常熟港公铁水联运优势，发展整车物流和平行进口车业务。

**聚力创新为可持续发展布局“能量场”**

“4＋4”产业布局之下，新兴产业蓬勃发展，传统产业蝶变重生，而在不远的将来，常熟经济技术开发区也铿锵落子，积极引进各类创新创业项目，为产业的持续更新布局“能量场”。

吸引海内外科技企业和高水平研发机构落户，提高科技创新能力。常熟经济技术开发区与南京理工大学、北京理工大学、浙江大学、香港浸会大学、中国人民大学、北京电影学院等9家大学研究院（所）共建大学研究院，这些研究院积极对接本土产业发展，提供科研创新技术支持，并大力引进科技双创企业。

依托创新创业载体，加快培育一批具有市场竞争力的创新创业项目。目前，常熟经济技术开发区拥有各类科技创新载体42个，成功创建国家级科技企业孵化器、中国科协国家级海智基地、国家级区域性博士后科研工作站、国家火炬计划公共创新平台等创新载体。

推进产城融合，为产业发展提供良好环境。滨江新城是常熟经济技术开发区为配套区内国际产业、提升沿江城市功能而打造的一个国际化、现代化、生态化的城市新区，规划用地21.02平方公里，中心区4.3平方公里已初露端倪。学校、医院、公园、政府服务机构等公共配套基本建成投用；滨江花园、长泰花园、华臣天邑等住宅小区陆续形成；滨江邻里中心、江南印象童心小镇、宝鸿商业广场等项目构成的多层次商业格局日趋成形。

“企业的每一步成长，都离不开常熟经济技术开发区营造的良好发展环境。比如，起步之初，我们得到了资金、住房以及办公用房等各项补贴，使企业团队能够安心地进行研发工作，为发展奠定了基础。”海归博士史晓华毕业于英国巴斯大学光电子学专业，曾在英国知名公司担任多年研发总监，拥有丰富的技术积累。几年前，史晓华来到常熟经济技术开发区，创办苏州光舵微纳科技有限公司，主要研发生产应用于半导体、光学光电、生物检测行业的微纳米压印设备。得益于优良的创业环境，史晓华和他的公司实现了快速发展，成功研发出国内首款全自动量产型纳米压印设备，一举打破国外垄断这一市场的局面。公司至今已申请专利20多项，还成功登陆“新三板”。

一个要素集聚“强磁场”已在长江边建成。常熟经济技术开发区至今已引进200多个海内外高层次人才创业项目，其中列入国家“千人计划”的12人、江苏省“双创人才”计划54人，苏州市“姑苏人才”计划42人。未来，常熟经济技术开发区将突出“高精尖缺”导向，引进和培育复合型创新创业人才、高科技领军人才、战略性新兴产业高端人才和高技能人才。依靠实施科技人才“双百”引进计划和“533”培育计划，“十三五”期间，力争再引进100名领军型“双创”人才、100家高科技成长型企业，“双百”企业年销售超1000万50家、超3000万30家、超亿元3家以上。

**128项环保工程向生态文明要效益**

走在常熟经济技术开发区，只见碧水蓝天，绿荫环绕，鹭鸟成群，处处给人宁静的感觉。得益于坚持不懈推进生态文明建设，绿色成为常熟经济技术开发区的“发展底色”。

强力治污保绿。今年以来，常熟经济技术开发区全力以赴推进“263”专项行动，以项目化落实减少煤炭消费总量、治理船舶码头污染、治理挥发性有机物、治理环境隐患等环保整治任务，到年底将基本完成128项重点工程。其中，常熟电厂、华润电力两家大型发电厂的超低排放改造项目总投资约4.5亿元，创造了非常可观的环境效益，每年能减少排放1400吨二氧化硫、610吨烟尘和2160吨氮氧化物。

在环境保护上出“硬招”的同时，常熟经济技术开发区还大力“掘金”循环经济，从源头减少污染，并成功争创“国家循环化改造重点支持园区”。

“小循环”。烨辉科技、科弘材料主要从事镀锌、彩涂生产，为解决钢材酸洗过程中废酸的出路，两家企业从奥地利全套引进单套价值达300多万美元的废酸再生回用装置，盐酸回收率可达95%以上。此外，在彩涂钢板的生产过程中，配套建设了有机废气催化焚烧装置和废热回收系统，年节约天然气用量超过500万立方米。

“大循环”。引进美国特种矿物有限公司与芬欧汇川合作组建常熟美特钙业公司，以芬欧汇川热电厂锅炉尾气作为原料，将净化后二氧化碳与石灰反应生产造纸用碳酸钙，在降低生产成本的同时，降低了锅炉温室气体的排放。又比如，推进理文化工建设氢压站扩建及氢气管道输送项目，将氢气压缩提纯至99.9%后，液化空气(常熟)有限公司负责采购高纯氢气，经加工生产后可满足开发区及周边企业的需求。

“再循环”。夏普办公设备(常熟)有限公司复印机再制造项目通过对收回旧复印机进行再制造，以较少的原材料消耗，就可以使复印机性能达到新机水平，既降低了成本，又保障了质量要求。目前已通过省出入境检验检疫局现场验收。

开发区还致力于提升区域安全环境管理水平。通过推进大气环境监测预警系统项目，保证系统在监测到污染物超标排放时能第一时间发出预警，让企业在第一时间作出反馈。同时，建设监控预警及应急指挥系统，对重点危险源进行全方位的监测、预警和日常管理。

(摘自2017年11月17日《新华日报》24版)

# 文件选编

## 关于构筑精神文明高地助力精致城市建设的实施意见

常发〔2017〕21号

为深入贯彻省文明委《构筑道德风尚建设高地行动方案(2016—2020年)》和常熟市第十三次党代会精神，加快构筑精神文明建设高地，助力精致城市建设，根据我市实际，现提出如下实施意见。

**一、总体要求**

1. 指导思想。全面贯彻落实党的十八大和十八届三中、四中、五中、六中全会精神，深入贯彻习近平总书记系列重要讲话精神特别是在视察江苏时的重要讲话精神，按照市委第十三次党代会要求，紧紧围绕建设“强富美高”新常熟目标定位，以培育和践行社会主义核心价值观为根本，以创建全国文明城市为抓手，从最能形成共识的“爱、敬、诚、善”着手，引导广大市民说文明话、办文明事、做文明人，不断提升市民文明素质和城乡文明程度，构筑常熟精神文明高地，为打造独具魅力的精致城市提供强大精神动力。

2. 主要目标。到2020年，努力把常熟建设成为文明之城、道德之城和幸福之城。基本实现以下目标：

核心价值观深入人心。把培育和践行社会主义核心价值观作为凝魂聚气、强基固本的基础工程，融入常熟文化之中，使核心价值观像空气一样无处不在、无时不有。积极弘扬“爱、敬、诚、善”，使之成为常熟人的鲜明特质。各类道德典型发现、推荐、评价、礼赞机制不断完善。重大典型、道德模范、身边好人等先进人物数量居于国内同等城市前列。

市民公共场所文明素质明显提升。市民文明素质显著提升，全社会文明程度普遍提高。市民文明出行、文明旅游、文明餐桌、文明礼仪等基本成为自觉，城乡公共场所文明有序，人们生活方式健康和谐。公共场所不文明陋习得到明显遏制，随地吐痰、乱扔垃圾、闯红灯等不文明行为明显减少。

社会文明风尚更加浓厚。文化礼堂和道德讲堂遍布城乡，形成一批有影响的道德建设载体和工作品牌。诚信激励惩戒机制更加完善，践诺守信蔚为风尚。志愿服务覆盖城乡，注册志愿者占城镇人口比例达到15%。“八礼四仪”养成教育深化拓展，践礼养德成为未成年人的自觉行为。“书香常熟”建设扎实推进，市民综合阅读率达到90%。科学知识普及率明显提升，农村移风易俗富有成效，法治思维和法治方式深入人心。

文明创建长效机制更加完善。文明城市创建的常态化、长效化体制机制基本形成。文明城市、文明村镇、文明单位、文明家庭和文明校园创建工作扎实推进，社会文明程度测评指数达90以上。文明高地建设组织领导、人才队伍、经费保障、督查考核等制度基本健全，精神文明建设步入制度化、规范化、科学化运行轨道。

**二、重点工作内容**

(一)核心价值观培育工程

1. 深化核心价值观宣传教育。把社会主义核心价值观贯穿到形势宣传、成就宣传、主题宣传、典型宣传之中。充分发挥各类媒体传播核心价值观的主渠道作用，常熟日报和常熟电视台在事实报道、舆论监督中体现正确导向，“一网、二微、一端”(中国常熟门户网，微信、微博、移动客户端)等新媒体传播平台用群众乐见、生动鲜活的“网言网语”传达主流“好声音”。组织“核心价值观在常熟”公益广告征集活动，制作、展示一批具有常熟特色的核心价值观公益广告。注重把核心价值观融入法治建设全过程，强化法治手段对道德建设的促进作用，进一步完善市民公约、村规民约、学生守则、行业规范，在推进社会治理中体现正确的价值导向。在文化礼堂、道德讲堂、文化场馆等开展"爱、敬、诚、善"主题教育活动，推动形成广泛的道德示范和道德体验，使核心价值观成为人们的行为准则和基本遵循。

2. 积极弘扬地方优秀文化。大力弘扬优秀传统文化、革命文化和社会主义先进文化，切实增强文化自信。深入挖掘吴文化中符合核心价值观的时代内涵，大力宣传沙家浜精神、王淦昌"两弹一星"精神和"碧溪之路"精神。突出抓好以核心价值观和中国梦为主题的现实题材、以历史事件和人物为主题的重大题材、以常熟历史文化为主题的地域题材、以百姓生活为视角的民生题材的文艺创作，推出更多有道德、有筋骨、有温度的优秀文艺作品，在潜移默化中引导主流价值入脑入心。积极运用董浜灯谜、白茆山歌、尚湖戏曲、碧溪诗词等形式宣传核心价值观，在传统节假日组织开展民俗文化、经典诵读、非遗文化展示等活动，深入挖掘传统文化、传统节日蕴含的讲仁爱、重民本、崇正义、尚和合、求大同等思想的时代价值，使优秀传统文化成为涵养核心价值观的重要源泉。

3. 大力崇尚优秀传统道德。抓好道德教育载体建设，突出道德讲堂主体地位，按照"全面覆盖、创新发展、有效运用"原则，推动道德讲堂在镇村、社区、文明单位全面覆盖。注重内容和形式创新，开设"道德微讲堂""网络讲堂"，推动向不同领域、不同群体延伸。建好用好网上发布厅、乡风文明馆等道德教育实践基地，广泛开展事迹报告、现场交流，形成多层次、立体化的道德教育体系。加强社会诚信建设，依法加强信用信息征集，推动部门信用信息互联互通、交换共享，构建覆盖全市、运行高效的信用信息系统。开展诚信人物、诚信企业等宣传活动。深化信用信息应用，对诚实守信者在行政许可、资格认定、公共服务、政府采购等方面实行优惠政策，完善"红黑榜"发布制度，建立多部门参与的失信惩戒、守信激励联动机制，使失信者一处失信、处处受限。抓好家风家训建设，坚持古为今用、守正出新，开展"我的家风家训"征集活动，倡导每个家庭围绕核心价值观立家训、树家风。突出领导干部、公众人物家风家规建设，为广大群众树立良好家风起到示范作用。运用各类媒体、宣传阵地开展家风家训宣传活动，进一步弘扬中华优秀传统美德。

（二）市民文明素养提升工程

1. 实施文明行为示范活动。发挥先进人物示范带动作用，大力选树道德模范、"身边好人"、"最美人物"、"美德少年"，持续开展"寻访身边道德模范"和"我推荐、我评议身边好人"行动。深化常德盛、钱月宝、钱敏丹道德典型学习宣传，办好道德模范和身边好人现场交流、网络发声活动，继续开展道德模范关爱礼遇活动，在全社会营造争当先进、争做好人的浓厚氛围。在领导干部、知名人士和公众人物中开展"重品行、树形象、做榜样"活动，进一步发挥他们的感召力、影响力和带动作用，营造崇德向善、见贤思齐的良好社会风尚。加强网络文明引导，主动适应网络传播特点和网民接受习惯，围绕精神文明建设领域热点问题组织互动交流，引导网民形成正确的道德判断和道德责任。探索建立"媒体＋互联网"全媒体公益平台，开展扶贫帮困、支教助学、无偿献血等网络公益活动，引导网民参与"微公益"、传播"微文明"，让文明风尚充满网络空间。深化网络生态综合治理，引导网络从业者绿色办网、网民文明上网，持续开展"净网"行动，针对网络戾气等不文明现象，组织导向正确的网络评论，传递健康向上力量。

2. 切实规范市民公共场所文明行为。强化文明行为的正面引导，通过先进典型、重点人群示范带动，开展文明交通、文明旅游、文明餐桌等文明引导行动，使文明行为成为市民的自觉行为。抓好轻微不文明行为的规劝工作，对随地吐痰、乱扔垃圾、铺张浪费等现象，通过媒体适度曝光、志愿者及时劝止等措施，敦促人们改变不文明习惯。加大严重不文明行动的惩戒力度，对行人和非机动车乱闯红灯、室内公共场所和公共交通工具内吸烟、破坏公共绿化、随意放养宠物等行为，探索实施纠正训导、"道德法庭"、公益诉讼等办法，通过多种手段和道德约束进行治理。规范城市街区、广场公园、商场超市、集贸市场秩序管理，加大对无证摊点、占道经营等行为的整治力度，通过法治手段和道德约束提升市民文明素养。

3. 提升新市民文明行为。切实增强新市民文明自觉，依托道德讲堂、市民课堂，广泛开展"常熟是我家"新市民文明教育行动，通过文明知识讲座、礼仪培训等形式，让新市民熟知文明规范、公共礼仪。建立新市民权益保障机制，举办各类关爱新市民活动，为新市民设置维权中心、开辟绿色维权通道，畅通民情反馈渠道，让他们权益有保障、人格受尊重。建立流动党员支部，推荐新市民参选人大代表、政协委员，引导他们增强城市归宿感、主动融入常熟。完善新市民文明行为激励措施，在《常熟市新市民积分管理办法》中增加文明指标权重，对积极参与志愿服务、无偿献血等公益活动的先进个人，在教育、医疗等方面给予优待，激励更多新市民做好人、做好事。

（三）未成年人成长工程

1. 加强未成年人思想道德教育。抓好学校德育工作，始终把核心价值观作为学校德育的核心，找准结合点确定不同阶段的教育内容，使核心价值观得到未成年人广泛认知认同。充分利用法定节日、传统节日、重大事件纪念日，运用童谣传唱、经典诵读等形式，开展主题宣传教育，组织"做一个有道德的人""爱祖国、爱学习、爱劳动"等活动，引导未成年人在实践中获得道德涵养。持续办好"传统文化进校园""非遗文化进校园""高雅艺术进校园"等活动，做强"金色翅膀"少儿电视和"小伙伴"少儿广播栏目品牌，鼓励少儿题材文化产品创作，更好发挥文化在立德树人中的滋养作用。深化文明礼仪养成教育，突出抓好"八礼四仪"教育，在学校开设"情景课堂"，举办仪式现场观摩，组织"文明小义工""爱心小天使"等实践活动，在潜移默化中提升未成年人文明素养。推动文明礼仪养成教育进社区、乡村少年宫、文博场馆等，形成全社会共同参与的良好局面。

2. 净化社会环境。开展专项整治行动，加大互联网、手机媒体、出版物、荧屏声频等传播媒体整治力度，规范网吧经营秩序，取缔“黑网吧”和变相经营网吧。开展校园周边环境治理，打击违法违规经营行为，消除安全隐患，保障未成年人健康成长。加强未成年人权益保护，充分发挥市未成年人健康成长指导中心作用，提升未成年人专业心理咨询服务水平。改善民工子女就学条件，加强对流浪儿童、孤残儿童、边缘儿童的特殊群体帮扶救助，让他们充分享受社会关爱。

3. 强化学校家庭社会的有效衔接。推进未成年人社会实践基地建设，新建、改扩建一批校外辅导站、儿童活动中心和中小学生素质教育基地。发挥“一中心二基地”（市青少年活动中心、蒋巷基地、沙家浜国防教育园）功能作用，推动爱国主义教育基地、公共文化设施“馆校对接”，提升未成年人社会实践能力。建好、管好、用好乡村少年宫，规范乡村学校少年宫运行管理，进一步发挥少年宫以乐促智、以技促能、以读养德功能，更多惠及广大未成年人。加强家长学校建设，完善学校和社区的家长学校制度，办好网上家长学校，上线“名师谈家教”微视频专栏，做好家庭教育指导工作，引导广大家长以身作则、言传身教，为孩子健康成长营造良好的家庭环境。

（四）乡风文明建设工程

1. 弘扬乡村文明新风。稳步推进移风易俗，在农村广泛开展群众性科普活动，引导农民崇尚科学精神，反对封建迷信，破除愚昧落后。各村（社区）结合修订村规民约、社区居民公约，综合运用积分管理、物质奖励、精神鼓励、负面曝光等手段，引导农民逐步摒弃各种陈规陋习。发挥农村道德评议团、红白理事会等群众组织作用，研究制定农村红白喜事参照标准，切实解决婚丧嫁娶大操大办问题。推进殡葬改革，倡导厚养薄葬，使勤俭节约蔚然成风。深入开展不放烟花爆竹宣传倡议活动，推动形成节俭、文明的节日喜庆新习俗。积极培育文明乡风品牌，注重挖掘地方特色，大力发展辛庄“德善文化”、梅李“孝爱文化”、古里“书香文化”、碧溪“诗词文化”等特色文明乡风品牌。积极培育“乡贤文化”，更好发挥农村优秀干部、身边好人等当代乡贤的示范引领作用。加大社会公益宣传，在村委会、进村主要道路、村民集中居住区等公共区域，设置多种形式的“讲文明树新风”公益广告。开展文明户评比活动，分类制定“星级文明户”标准，研究出台评比和星级考核方案，建立激励表彰机制，推动“星级文明户”创建评选活动广泛、扎实开展。大力宣传文明户的先进事迹，用“身边人讲身边事、身边事教育身边人”的方式，充分发挥文明户的标杆作用，使文明户成为广大群众学习的榜样、追求的目标，激发广大农民群众崇德向善的正能量。

2. 全面实施农村文化礼堂建设。建立农村文化礼堂体系，围绕打造农村公共文化服务体系“升级版”，按照“文化礼堂、精神家园”的定位，在全市农村区域建立以镇（街道）文化站、行政村文化礼堂、组团村庄综合文化服务室为核心的农村三级文化礼堂体系。推进农村文化礼堂标准化建设，按照农民实际文化生活需求，综合考虑村庄经济实力、人口规模、群众需求等多种因素，以“五有三型”（有场所、有展示、有活动、有队伍、有机制，学教型、礼仪型、娱乐型）为基本要求，研究制定农村文化礼堂建设标准，努力把文化礼堂打造成为一个集宣传核心价值、展示特色文化、开展道德讲堂、乡风文明展示、实施仪式教育和丰富农民文化活动等诸多功能于一体的村级文化阵地综合体。按照标准要求，立足实际、因地制宜，新建或整合村文化活动中心、购买村民闲置住宅等方式，着力在建筑风格、展示内容、活动样式等方面形成特色，形成“一村一色”“一堂一品”。丰富农村文化礼堂服务功能，在农村文化礼堂中广泛设置善行义举榜、好人榜等各种宣传平台，深入开展核心价值观宣传和乡风评议活动，把农村文化礼堂打造成为农村主流意识形态传播的主阵地。在文化礼堂中设置展览场所，展示民风民俗、历史掌故和村里的典型人物，把农村文化礼堂打造成展示特色乡村文化的主阵地。在结婚等人生重要时间节点举办多种形式的文化礼仪教育活动，吸引村民广泛参与，增强村民对文化礼堂的亲近感、认同感和归属感，把农村文化礼堂打造成农村礼仪教育的主阵地。整合各条线优势资源，结合科技文化卫生“三下乡”、“文化惠民村村行”等项目，在农村文化礼堂常态化开展文化惠民活动，把农村文化礼堂打造成农村文化服务的主阵地。建立农村文化人才队伍，每村配备 1 名懂文化、会管理、热心文化事业的文化礼堂专职管理员，使礼堂真正用起来、转起来、活起来。积极挖掘和培育村民文体活动队伍，每村至少建有 1 支文化队伍。充分发挥志愿者队伍在农村文化礼堂中的作用，每村至少建立 1 支志愿者服务队伍，积极发动社会力量开展志愿服务活动。

3. 改善提升农村治理。完善村民自治机制，发动村民全程参与美丽村庄建设，推行村民“门前三包”责任制，试点由村民担任村内河浜道路的河长、路长，引导村民自觉维护村庄环境卫生，自觉参与公共设施维护与管理。加强农村协商民主，积极探索民情恳谈会、村民听证会、村民议事会等协商形式，通过利益相关方民主协商的方式处理农村公共事务，发挥村民民主协商在乡村治理中的积极作用。畅通农民利益表达渠道，深入开展农村法治宣传教育，引导农民增强学法尊法守法用法意识。健全依法维权和化解纠纷机制，引导和支持农民群众通过合法途径维权，理性表达合理诉求。

（五）志愿服务提升工程

1. 加强志愿服务文化培育和制度建设。大力弘扬志愿服务精神，围绕打造“和爱常熟”志愿服务品牌，积极宣传普及志愿服务知识和志愿服务活动经验，开展优秀志愿者、优秀志愿服务团队推荐评选和征集群众最喜爱的志愿服务项目、志愿者心得体会等活动，增进全社会对志愿服务的认知认同，使志愿服务逐步成为人们的生活方式和价值追求。完善志愿服务制度，完善“常熟志愿者注册记录云平台”的信息发布、宣传管理功能，发布《常熟志愿者诚信公约》，完善志愿者招募培训、时间记录、星级评定、服务回馈、激励保障等长效工作和活动运行制度，探索建立分级分类培训机制和褒奖嘉许制度。加强志愿者权益保护，实行志愿服务保险制度，探索实施星级志愿者免费乘坐公共交通工具，试点我市旅游景点对星级志愿者免费开放制度。各板块有年度服务记录的注册志愿者人数达到本地城镇人口数15%，各部门注册志愿者人数超过在职人数的50%，人均年服务时间超过25小时。

2. 广泛开展志愿服务活动。推进志愿服务阵地化建设，设立市志愿者之家、各分会志愿服务协调分中心，推进志愿服务组织依法登记，支持各板块建立志愿服务团队孵化基地，建设扶持一批活动规范有序、作用发挥明显、社会影响力强的示范性志愿服务组织和项目。加强志愿服务站点建设，全面提高村、社区和文化场馆、车站、医院等场所学雷锋志愿服务站规范化水平，不断扩大志愿服务覆盖面。推动志愿服务常态化开展，在公共场所常态开展文明引导、文明旅游、文明礼仪等志愿服务，在社区小区常态开展"邻里守望"关爱空巢老人、关爱流动儿童、关爱农民工、关爱残疾人、关爱生命等志愿服务，在农村常态开展扶贫帮困、爱护留守儿童、关心空巢老人等志愿服务，在全市范围广泛开展无偿献血、环境保护、文明交通、文明旅游等志愿服务，使志愿服务工作内涵更加丰富、服务群众更加广泛、社会效应更加显著。

3. 引导社会组织参与公益事业。培育发展公益类社会组织，探索建立公益类社会组织孵化机制，重点培育为老年人、残疾人、失业人员、困难家庭等特定群体服务的社会组织，采取降低准入门槛、简化登记手续等，鼓励、支持公益类社会组织积极参与公益事业。加强培养公益类社会组织人才，提高社会组织公益服务的专业化水平。依托各级各类志愿服务组织、公益团队等，建立社会组织与公益组织的合作联盟，提高社会组织参与公益事业的成效。建立项目引导扶持机制，结合政府职能转变和行政审批改革，将公益类服务交由社会组织承担。探索以项目为载体的模式，推动爱心企业、爱心商会协会与公益类社会组织有效对接，引导公益类社会组织对接民生需求、服务城市治理。

（六）文明创建长效化工程

1. 完善文明创建长效机制。建立健全属地管理机制，坚持重心下移、属地管理原则，进一步理清职责与权限，合理划分条块职能，在明确各部门单位工作责任的同时，强化各板块、管理区、社区在文明创建工作中的主体地位，统筹其辖区范围内的有关创建工作，逐步建立起"属地管理、条块结合、以块为主、社会支持、全民参与"的创建工作新格局。建立创建工作网格化管理机制，根据行政区划，合理划分创建工作大网格和单元网格，形成创建工作网格体系，确保文明城市创建工作网格覆盖全域。配齐配强网格工作力量，推动党员干部下沉到网格，开展日常巡查，发现并上报问题。畅通网格问题反映和处理机制，积极利用12345等现有渠道，推进问题整改落实，建立市领导挂钩联系协调机制，协调解决重难点问题。完善公共秩序管理机制，推进城市管理综合执法体制改革，结合城关镇行政管理体制改革和镇域综合执法改革，整合机构、理顺职能，推进执法重心和执法力量下移。优化交通组织管理机制，大力发展公共交通，建立公交优先和保障公交路权制度。加强公交车、出租车、客运车营运以及网约车管理，开展"星级评比"和"亮牌营运"活动，倡导文明行车。完善集贸市场环境卫生管理，制定集贸市场文明公约，落实商户门前"三包"责任制，实施集贸市场"星级经营户"评价制度，彻底整治集贸市场"脏乱差"的问题。

2. 推动文明创建全域共建。以文明城市创建为总抓手，统筹开展文明城市、文明单位、文明村镇、文明家庭、文明校园五大创建，推动城市文明向全域辐射。广泛开展文明单位创建，着力抓好示范带动，加强结对帮扶，树立行业新风，试行省级文明单位在媒体发布社会责任年度报告制度。加强文明村镇创建，着力抓好"乡风文明示范工程"，在乡风民风美、人居环境美、文化生活美上下功夫，促进民富村美、风正人和。持续推进文明家庭创建，贴近群众生活实际和心理特点，开展寻找"最美家庭"等活动，引导群众传家训立家规扬家风，以好的家风带动社风民风。深入开展文明校园创建活动，围绕立德树人根本任务，充分发挥广大师生参与文明校园创建的积极性。

3. 促进文明创建全民参与。以全媒体手段加强宣传动员，在主流媒体、城乡宣传阵地开设文明创建专题专栏，在"两微一端"等新媒体精准推送文明创建信息，形成"1＋1＞2"的叠加效应，让文明创建工作家喻户晓。扩大群众参与，将创建工作规划、重要举措、所办实事等公开发布宣传，听取群众意见建议，动员、吸纳本地网络"大V"参与文明创建活动，尝试培育文明创建工作网络"大V"，广泛吸纳市民参与创建活动过程，不断提升文明城市共建共享水平。建立健全群众评价机制，把群众满意作为衡量工作成效的最高标准，定期采取问卷调查、民意测评等方式，查找存在突出问题，及时进行整改，不断增进群众获得感。

三、保障措施

1. 加强组织领导。常熟市精神文明建设指导委员会统筹推进精神文明高地建设工作，建立联席会议制度，定期听取工作进展情况汇报，推动工作落实。各地各部门结合实际制订落实方案，细化目标任务，明确职责分工，强化工作指导，狠抓督导落实。市委宣传部、市文明办做好协调推进工作，强化工作指导，研究破解工作中的相关问题，加强基层经验总结推广，把各方面积极性调动好、发挥好，凝聚起推动精神文明建设的强大合力。市各有关部门要加强协调与配合，建立部门协作、市镇联动机制，常态化、长效化推进精神文明高地建设。

2. 加强队伍建设。加强宣传战线队伍建设，按照上级有关文件规定，全面实施乡镇（街道）、板块党（工）委宣传委员专职化，宣传委员任免要征求市委宣传部意见。同时，根据区域内公共文化设施所承担的职能、任务及服务人口规模，配齐配强镇（街道）、板块宣传办和文化站工作人员，配备专职宣传干事1～2名，文化站专职人员至少3名，落实村（社区）专兼职宣传人员，推动每个行政村（社区）有不少于1个政府购买的宣传文化公益岗位。加强对宣传思想文化战线人员的业务指导和培训，明确重点工作方向，创新基本工作方法。

3. 加大投入力度。逐步加大对精神文明建设工作领域的财政投入力度，加强基层公共文化基础设施建设投入，将精神文明建设经费纳入公共财政经常性支出预算，保持精神文明建设的财政支出与经济社会发展总体水平和政府财力的增长相适应。鼓励和引导社会资金参与精神文明建设，有效扩大经费来源。完善经费管理使用办法，加强绩效评估和审计，强化社会监督，提高各类经费使用效益。

4. 强化督促考评。把精神文明高地建设纳入党建工作责任制和意识形态责任制考核，落实党委(党组)抓精神文明建设的领导责任和领导干部的主体责任，发挥领导干部在精神文明建设中的带头示范作用，建立工作督查制度、评估考核制度和激励褒奖制度，推动精神文明建设取得实效。把精神文明高地建设纳入年度绩效考核体系，增加精神文明建设指标及其权重，促进精神文明各项工作落到实处。

# 关于进一步推进科技创新创业人才优先发展的实施意见

常发〔2017〕56 号

为深入实施创新驱动发展战略，聚焦人才是创新第一资源的导向，以人才优先发展塑造新一轮发展优势，根据中央《关于深化人才发展体制机制改革的意见》和江苏省《关于聚力创新深化改革打造具有国际竞争力人才发展环境的意见》、苏州市《关于进一步推进人才优先发展的若干措施》精神，结合常熟实际，现就进一步推进科技创新创业人才(以下简称“双创”人才)优先发展，提出如下意见。

**一、实施更加聚焦产业的“双创”人才引进培养政策**

1. 集聚“双创”人才。围绕全市“3＋5”产业发展方向，进一步突出“高精尖缺”导向、聚焦产业细分领域，重点支持具有较强行业影响力和产业引领力的“双创”人才。对经认定的“双创”领军人才，给予最高 400 万元的项目资助；项目通过验收，择优给予 50～100 万元的再支持。对培养入选国家“千人计划”(长期创新类)特聘专家、“万人计划”“双创”领军人才的企业，给予最高 50 万元的奖励。全职引进海内外院士、国家最高科技奖获得者等顶尖人才的支持政策“一事一议”。(责任部门：人才办、科技局)

2. 扶持“双创”团队。围绕全市重点产业发展核心技术需求，积极引进能够引领和推动我市产业跨越发展的重大“双创”团队。至 2020 年，力争培育入选江苏省“双创团队”和姑苏重大创新团队 1～3 个。对入选姑苏重大创新团队的，统筹财政资金和产业升级基金，给予最高 5000 万元的项目综合扶持，并给予引才单位 100 万元奖励。(责任部门：人才办、科技局)

3. 汇聚国际化人才。拓宽招才引智国际化视野，落实“海鸥计划”，支持企业、科研机构等各类主体多渠道引进外国专家，给予引才单位最高 50 万元的补贴。鼓励跨国公司在常熟建立地区总部、研发中心或与我市企业共建实验室和研究院等人才培养基地，吸引更多国际化人才，对符合条件的人才项目给予一定资助。(责任部门：人社局、商务局、人才办)

**二、打造更具承载能力的“双创”载体平台**

4. 加强引才聚才园区建设。坚持聚焦产业、集聚人才，加快推进重点园区载体建设，着力打造特色产业集聚区，推动全市各板块差异化发展。鼓励常熟经济技术开发区围绕汽车及零部件、新能源、新一代信息技术等重点领域，提升科技企业孵化器承载水平，加快培育壮大产业集群。鼓励常熟高新技术产业开发区围绕汽车零部件、装备制造、现代服务业等重点领域，加快推进创新研发平台建设，打造创新要素集聚高地。发挥江苏省虞山高新技术开发区近城区位优势，围绕装备制造、新一代信息技术等产业领域，建设科技创新成果孵化加速基地。鼓励其他板块结合自身产业定位，探索多元化载体建设模式，在全市打造一批多要素、市场化、专业化的特色载体。鼓励区镇联动，加强人才项目引进、孵化、中试、加速、产业化等环节的信息互通、资源互补，助推人才项目发展，实现互惠共赢。(责任部门：科技局、发改委、经信委，各经济板块)

5. 加强企业创新平台建设。着力提升企业研发和创新能力，支持企业建设重点实验室、工程技术研究中心、技术中心、工程中心等各类研发创新平台，为引进高端人才及其发展提供支撑。鼓励重点企业自建或与科研院所等单位联合共建产业研究院等新型研发机构，推动创新链与产业链在企业内部高度融合，提高创新效率和效益。支持企业加强博士后科研工作站建设，对新建的国家级博士后科研工作站、省级博士后创新实践基地、分站，分别给予 60 万元、30 万元、15 万元的资助。对进站并通过中期考核的博士后给予 12 万元的科研资助和生活补贴。对出站留常工作的博士后科研人员给予 12 万元薪酬补贴。(责任部门：科技局、发改委、经信委、人社局)

6. 完善校地合作机制。瞄准重点高校、科研院所、国家重点实验室、国家级学会等单位，加大产学研合作力度，导入创新资源要素。完善校地常态化合作机制，推动政产学研合作不断深入。发掘院士资源，加强项目合作，拓展合作范围。用好科技镇长团资源，支持高校院所与我市共建大学研究院、公共服务平台、技术转移中心等。支持常熟理工学院与我市校地互动发展，建设一批与产业发展需求相匹配的专业学科，集成校地政策和资源平台，共同满足企业引才用才需

求。(责任部门:科技局、人才办、经信委、人社局、科协)

**三、完善更加贴近需求的“双创”人才扶持体系**

7. 强化科技金融支持。对重点“双创”人才企业进行上市辅导,优先推荐上市挂牌,引导企业有效利用多层次资本市场融资。完善省、苏州、本市和区镇四级联动的科技信贷风险补偿机制,同时依托苏州综合金融服务平台等资源,缓解“双创”人才企业首保首贷和直接融资难题。引导天使投资机构投资本市初创期“双创”人才企业,按实际投资额给予最高15%(单个项目最高50万元)补贴。对天使投资机构完成投资三年内发生投资损失的,按首轮投资实际发生损失额最高20%(单个项目最高200万元)给予风险补偿。(责任部门:科技局、金融办、财政局、发改委、人才办)

8. 实施产业基金引导。切实发挥产业升级基金的引领作用,借助金融工具促进科技、资本与本地产业深度融合,吸引更多社会资本参与“双创”人才企业投资。设立首期规模5亿元的“双创”人才创业投资基金,通过股权或股债联动等方式进行投资,对单个“双创”人才企业投资不超过该企业总投资的50%,优先支持发展前景好的“双创”人才企业。(责任部门:财政局、人才办、科技局,发投公司)

9. 加强产业产品扶持。发挥企业家在创新驱动发展中的关键作用,支持企业家整合技术、资金、人才、产业等资源,推动“双创”人才与本地企业家对接合作、共赢发展。用好已落户“双创”人才企业的资源,鼓励“双创”人才推荐引进上下游产业链配套项目,努力打通产业链条,增强企业协同效应和产业集群效益。将“双创”人才企业研发生产的产品或技术、服务等,纳入《全市创新产品推荐目录》,加大本地推广应用力度。对非政府采购中本市企业首次采购“双创”人才企业创新产品,给予采购单位实际采购价10%且最高不超过50万元的首购补贴。(责任部门:经信委、科技局、工商联、财政局、人社局、人才办,各相关部门)

**四、构建更具竞争优势的“双创”人才发展生态**

10. 加强人才服务平台建设。加强全市科技和人才工作领导小组及人才办自身建设,定期会商、加强协调、通报进度、反馈结果,合力化解人才项目发展难题。推进“一站式”人才服务中心建设,整合科技创业服务中心和高层次人才服务窗口资源,为“双创”人才提供政策咨询、项目申报、项目路演、融资对接、业务办理等服务。探索建立人才社会化服务联盟,对“双创”人才企业购买(使用)科技咨询、技术交易、检验检测、技术转移等专业化服务以创新券形式给予补贴。加强信息化建设,建立高效便捷的线上线下人才服务模式,提高人才服务效率。(责任部门:人才办、人社局、科技局,各相关部门)

11. 精准服务重点“双创”人才。认真组织实施精准服务百名高端潜质人才工程,建立遴选机制、分层分类建库、实施动态调整,带动相关领域人才梯队建设。建立联系走访机制,掌握重点“双创”人才的项目进展、需求信息及意见建议,加强分类梳理、专题研究、提出对策,实现人才服务的精准供给。对重点“双创”人才在项目申报、资本对接、金融服务、产品推广等方面给予优先支持。组织人才发展论坛、人才沙龙等活动,推动人才增进友谊、协同创新、跨界交流。完善人才荣誉制度和激励体系,选树宣传优秀人才先进典型,大力培育创新文化,积极弘扬创业精神,在全社会营造尊才、重才、爱才、惜才的良好氛围。(责任部门:人才办、人社局、科技局、宣传部,各相关部门)

12. 落实人才生活待遇保障。分层分类向引进的“双创”人才提供安家补贴、租房补贴等待遇,以货币化、市场化方式解决人才住房问题。完善公办学校吸纳“双创”人才子女入学(园)制度,获评市级及以上“双创”领军人才的非本市户籍子女就读幼儿园和义务教育阶段学校,享受本市户籍学生待遇,由教育部门按照就近原则妥善安排入学(园)。落实“双创”人才医疗保健服务,在全市主要医院开通人才预约诊疗“绿色通道”,给予医疗补助和医疗保险待遇,定期组织“双创”人才国情考察、健康体检。(责任部门:人社局、国土局、教育局、卫计委、人才办,各相关部门)

各板块、各部门要高度重视人才工作,主动担当、切实作为,积极营造“双创”人才良好发展环境。要及时根据本意见制定相应的实施细则,抓好政策落地。本意见涉及的人才支持政策和待遇不重复享受。上级政策如有调整,按有关规定执行。本意见中涉及的相关经费,除已有科技、产业等资金渠道安排的外,从市人才发展专项资金中列支。

本意见自印发之日起施行,执行期限三年。既往相关政策与本意见不一致的,以本意见为准。

## 关于建立中共常熟市虞山街道工作委员会、常福街道工作委员会、莫城街道工作委员会、琴川街道工作委员会和常熟市人民政府虞山街道办事处、常福街道办事处、莫城街道办事处、琴川街道办事处的通知

常发〔2017〕65号

根据《省政府关于调整苏州市虎丘区常熟市部分行政区划的批复》(苏政复〔2017〕103号)和《苏州市人民政府关于常

熟市虞山镇行政区划调整的批复》(苏府复〔2017〕62号)精神，经研究，决定建立“中共常熟市虞山街道工作委员会”、“中共常熟市常福街道工作委员会”、“中共常熟市莫城街道工作委员会”、“中共常熟市琴川街道工作委员会”，为中共常熟市委员会派出机构，正科级建制；建立“常熟市人民政府虞山街道办事处”、“常熟市人民政府常福街道办事处”、“常熟市人民政府莫城街道办事处”、“常熟市人民政府琴川街道办事处”，为常熟市人民政府派出机关，正科级建制。

同时，撤销常熟市虞山镇，撤销“中共常熟市虞山镇琴湖管理区工作委员会”、“常熟市虞山镇琴湖管理区管理委员会(琴湖办事处)”、“中共常熟市虞山镇方塔管理区工作委员会”、“常熟市虞山镇方塔管理区管理委员会(方塔办事处)”、“中共常熟市虞山镇兴福管理区工作委员会”、“常熟市虞山镇兴福管理区管理委员会(兴福办事处)”、“中共常熟市虞山镇虹桥管理区工作委员会”、“常熟市虞山镇虹桥管理区管理委员会(虹桥办事处)”、“中共常熟市虞山镇谢桥管理区工作委员会”、“常熟市虞山镇谢桥管理区管理委员会(谢桥办事处)”、“中共常熟市虞山镇莫城管理区工作委员会”、“常熟市虞山镇莫城管理区管理委员会(莫城办事处)”、“中共常熟市虞山镇大义管理区工作委员会”、“常熟市虞山镇大义管理区管理委员会(大义办事处)”，撤销“常熟市虞山镇人民政府招商城办事处”、“常熟市虞山镇人民政府山湖办事处”。

## 常熟市关于加快发展社会办医的实施意见(试行)

常政发〔2017〕30号

为贯彻落实《国务院办公厅印发关于促进社会办医加快发展若干政策措施的通知》(国办发〔2015〕45号)、《国务院关于印发“十三五”深化医药卫生体制改革规划的通知》(国发〔2016〕78号)、《江苏省政府办公厅转发省发展改革委等部门关于鼓励和引导社会办医加快发展实施意见的通知》(苏政办发〔2015〕117号)等上级文件精神，深化医药卫生体制改革，创新社会资本办医机制，构建多元办医格局和良性竞争机制，更好地满足人民群众不断增长的多层次医疗服务需求，现结合常熟实际，就加快推进社会资本举办医疗机构提出如下实施意见。

**一、明确目的意义、指导思想和主要目标**

(一)目的意义。社会资本举办医疗机构是医疗卫生事业的重要组成部分。鼓励和引导社会资本举办医疗机构是增加医疗卫生投入、优化医疗资源配置、提高医疗服务供给的重要途径。促进社会资本举办医疗机构健康发展有利于形成投资主体多元化、投资方式多样化的办医机制，构建政府主导、社会参与、多元办医、健康发展的医疗服务体系，形成公立医疗机构和社会办医疗机构良性竞争、相互促进、共同发展的格局。

(二)指导思想。以体制机制创新为抓手，以建立健全法人治理结构为途径，充分发挥市场在医疗资源配置中的基础性作用，创新医疗卫生事业发展模式，大力引入社会资本举办医疗机构，着力扩大医疗服务供给，延伸、拓展健康服务产业链。政府依法履行行政服务、宏观调控、行业监管等职责，保障不同举办主体医疗机构在国家政策规定范围内公平竞争、健康发展。

(三)主要目标。根据《常熟市“十三五”医疗卫生机构设置规划》，合理控制公立医疗机构数量和规模，切实拓展社会办医发展空间，加快形成公立与社会办医疗机构专业互补、有序竞争和良性发展的多元化格局。到2018年末，社会办医疗机构床位数占全市医疗机构总床位数的比例达到30%以上，服务量占比在2015年基础上力争提高5个百分点，整体医疗质量和服务水平得到明显提高。

**二、开放社会资本举办医疗机构环境**

(四)统筹制订医疗机构发展规划。将社会资本举办医疗机构纳入全市卫生计生事业发展规划，统筹公立和社会办医疗机构协调发展。根据“非禁即入”的原则和医疗机构设置规划，进一步放宽社会办医疗机构设置条件，调整和新增医疗资源优先保障社会资本进入。积极引导企事业单位、慈善机构、基金会、商业保险机构等采取各种形式参与办医。进一步加大医疗市场对外开放力度，鼓励境外投资者以合资、合作、独资等形式举办医疗机构。严格控制公立医院的不合理扩张，除部分结构优化调整外，严格控制公立医院盲目增加规模及开设特需医疗服务。鼓励和引导社会资本投向医疗资源稀缺以及特需医疗服务领域，逐步形成专科特色鲜明、互补错位发展、符合本地医疗需求的社会办医服务体系。卫生行政部门根据医疗机构类别、服务人口与服务半径、现有医疗机构布局和城市整体规划等要求，指导社会办医疗机构设置申请人合理选择医疗机构地址。

(五)全面开放医疗服务领域。社会资本可依法自主选择举办医疗机构类别。优先鼓励社会资本举办非营利性医疗机构；优先鼓励社会资本举办康复医院、老年病医院、护理院等特色专科医疗机构；在新建城区、城乡结合部、边远地区等医疗资源配置相对不足的区域，支持社会资本开展基本医疗服务，快速增加基本医疗服务供给。支持社会办医疗机构按照批准的执业范围、医院等级、服务人口数量等，合理配备大型医用设备。

(六)实施社会办医品牌发展战略。积极引导各级各类医疗机构通过资源整合、连锁经营、托管共建等方式向“高、专、精、优”方向发展，建成一批技术能力强、服务质量好、社会赞誉度高的社会办医疗机构新品牌。鼓励有条件的社会办医疗机构向高水平、规模化的大型医疗机构发展。在城市以及医疗资源相对充足的区域，引导社会资本举办二级及以上级别的高水平、上规模的医疗机构。优先引入大型医疗投资管理集团、上市企业，做大做强社会办医疗机构。特别是要积极创造条件，吸引境外资本及国际知名品牌医疗实体到我市举办医疗机构，探索知名品牌医疗实体与医院管理公司以品牌资产、知识产权作价入股参与举办医疗机构。

**三、加大社会办医政策扶持力度**

（七）加强用地政策保障。（责任部门：国土局、规划局、住建局、消防大队）

医疗机构设置和建设必须符合我市城乡土地利用规划，政府和相关部门要在年度用地计划中统筹安排医疗机构设置用地，充分保障社会办医疗机构的合理用地需求。

1. 社会办非营利性医疗机构的各项建设项目规费减免与公立医疗机构享有同等待遇。社会办非营利性医疗机构可以划拨方式取得土地使用权，未经批准不得转让、出租。社会办非营利性医疗机构停办后，其通过划拨方式取得的土地使用权由政府收回或经批准后转由其他社会办非营利性医疗机构使用，地上建筑物根据市场评估价予以补偿。

2. 社会办营利性医疗机构原则上通过有偿使用方式取得土地使用权，社会办营利性医疗机构的各项地方建设项目规费减半收取。

3. 支持社会办医疗机构按规定以租赁或先租后让的方式取得土地使用权。鼓励社会办医疗机构购买或租赁商业（办公）用房按规定举办医疗机构。

4. 严格禁止社会办医疗机构擅自改变土地用途。

（八）落实财税优惠政策。（责任部门：国税局、地税局、发改委、财政局）

根据医疗机构的不同经营性质落实相应的财税优惠政策。

1. 社会办非营利性医疗机构同等享有公立医疗机构的各项税收待遇。各类社会办医疗机构提供医疗服务取得的收入免征增值税。

2. 社会办非营利性医疗机构自用的房产、土地，免征房产税、城镇土地使用税。社会办营利性医疗机构自用的房产、土地，自取得执业许可之日起 3 年内免征房产税、城镇土地使用税；期满后经营困难的可按规定提出房产税减免申请。

3. 对社会办非营利性医疗机构免征行政事业性收费，对社会办营利性医疗机构减半征收行政事业性收费。

4. 社会办非营利性医疗机构医疗服务项目按照国家和省规范设立，社会办营利性医疗机构医疗服务项目自行设立。社会办医疗机构所有医疗服务项目价格实行市场调节价，按规定及时向物价、卫计部门告知并向社会公示。

5. 所有社会办非营利性医疗机构享受与公立医院相同的用水、用电、用气价格政策。

6. 将提供基本医疗卫生服务的社会办非营利性医疗机构纳入政府补助范围，在临床重点专科建设、人才培养等方面享受与公立医疗机构同等待遇；对提档升级的给予一次性奖补。积极推动符合条件的社会办医疗机构承接当地公共卫生和基本医疗服务，并逐步扩大购买范围。

（九）加强投融资政策保障。（责任部门：金融办）

鼓励金融机构按照风险可控、商业可持续原则加大对社会办医疗机构的支持力度，建立风险可控的医疗机构低息贷款与贷款贴息机制。

1. 支持金融机构允许社会办医疗机构以出让方式获得的土地、产权清晰的房产进行抵押贷款，以收费权、商标、专利、政府采购订单、应收账款等进行质押贷款。

2. 社会办营利性医疗机构可以其自有资产为自身债务提供担保。积极探索医疗信托投资、医疗健康债券，支持社会办医疗机构按规定利用办医结余和捐赠资助设立医疗基金，收益用于医疗机构发展。

3. 鼓励社会办营利性医疗机构探索创建医疗私募股权投资基金，发展医疗卫生产业。支持社会办医疗机构以股权融资、项目融资等方式筹集建设发展资金。支持符合条件的社会办医疗机构上市。

（十）建立投资激励制度。（责任部门：卫计委、人社局、民政局）

建立完善投资激励制度，同等对待社会资本举办的各类医疗机构投资主体。建立社会办医疗机构适度的、差别化的回报机制。社会办非营利性医疗机构在扣除办医成本、预留发展基金以及提取其他有关费用后，如当年仍有收支结余，经医疗机构决策机构同意并经审计符合规定的，报卫生行政主管部门审核，可从收支结余中提取一定比例用于奖励举办者，年奖励总额不超过以举办者累积出资额为基数的银行一年期贷款基准利率 2 倍利息额，具体奖励方案应报市卫计委备案。社会办非营利性医疗机构经依法清算后，其资产增值部分主要以捐赠形式纳入当地政府专项资金，并可对举办者给予一次性奖励，奖励总额不超过资产增值部分的 15%。社会办营利性医疗机构依法享有相关产权与经济收益，按市场机制办医，获取利润。

（十一）加强人力资源政策保障。（责任部门：卫计委、人社局、编办、人才办）

创新人事用工政策，引导人才合理流动，积极探索破除公立医疗机构人员到社会办医疗机构工作的身份障碍。

1. 社会办医疗机构享有用工自主权并依法签订劳动合同。

聘用外籍或港澳台地区的卫生技术人员，按照国家有关规定执行。市人力资源服务机构为社会办医疗机构的人才引进、人力资源招聘等提供服务。

2. 社会办医疗机构面向社会招聘员工。

各社会办医疗机构应按照“公平、公正、公开”的原则，面向社会公开招聘所需人才，市卫计委切实履行好监督职能。新录用的人员，按照《中华人民共和国劳动法》等，与社会办医疗机构签订劳动合同，缴纳企业养老保险，鼓励建立企业年金等补充保险制度，进一步提高新员工将来的退休待遇。加强新招录医卫人员的培养力度，由市卫计委纳入统一的规范化培训。

3. 鼓励本地市属医院事业人员参与社会办医。

畅通卫生技术人员合理流动渠道，依托市卫计委下属的卫生人力资源管理服务中心，对在不同举办主体、具备一定规模的医疗机构之间有序交流的具备一定资历的卫生技术人员进行管理。卫生技术人员在不同医疗机构流动的，其任职工龄予以连续计算。公立医疗机构正式在聘的卫生技术人员经主管部门同意应聘到社会办医疗机构工作后，在职时人事关系纳入卫生人力资源管理服务中心管理，参照事业单位工作人员办法参加社会保险。遇全市医疗机构系统性调整，经市委、市政府同意，人事关系可保留在原单位。公立医疗机构正式在聘的卫生技术人员应聘到社会办医疗机构满一定的服务期限后，如本人申请，并经主管部门同意，可回公立医疗机构工作。积极引导医师规范开展多点执业，为社会办医疗机构提供人才和技术支撑。

4. 积极引进高层次人才参与社会办医。

引进的高层次人才纳入卫生人力资源管理服务中心管理。市人社局对中心进行岗位总量核定，市卫计委按要求对中心内管理的事业人员进行岗位设置和聘任，中心岗位设置方案报市人社局审批，人员聘用信息报市人社局备案。聘用人员事业工资做入档案，缴纳事业养老保险，进行年度考核，按规定正常晋升工资。在社会办医疗机构工作期间，与所在社会办医疗机构同类人员进行同样的考核奖惩，并兑现相关的工资福利待遇。鼓励社会办医疗机构建立面向全国的优秀医疗卫生人才引进机制。引进符合条件的高层次人才在安家补贴、家属工作安置、子女入学等方面同等享受市政府人才引进优惠政策。具体的引进方案由市卫计委、人社局和人才办协商制订。

5. 建立公立医疗机构对口帮扶社会办医疗机构机制。

经组织选派到社会办医疗机构工作的公立医疗机构卫生技术人员，工作期间人事关系、社会保险待遇等保持不变，其工资福利、社会保险费单位应缴部分由所在社会办医疗机构按原标准承担，并享受该社会办医疗机构的应有待遇。选派工作期限届满后，卫生技术人员返回原单位，由原单位安排与选派前同等的职位。卫生技术人员经选派在社会办医疗机构工作视同对口支援经历。

（十二）加强科教学术等政策保障。（责任部门：人社局、卫计委、科技局、财政局）

不同举办主体医疗机构在临床重点学科建设、医学院校临床教学基地以及住院医师规范化培训基地等资格认定方面一视同仁。不同举办主体医疗机构的人员在职称评定、参加学术活动与业务竞赛、科研立项及其经费资助和成果鉴定、评先评优等方面享有同等待遇，同等享有在行业协会、学术团体担任与其学术水平和专业能力相适应的领导职务的权利。

（十三）加强政府购买公卫服务政策保障。（责任部门：人社局、卫计委、民政局、财政局）

人社、卫计、民政等部门应当将符合规定的社会办医疗机构按政策纳入职工基本医疗保险、居民基本医疗保险、工伤保险、生育保险、城乡医疗救助等社会保障定点服务机构，执行与同级公立医院相同的准入和报销政策。相关部门同等支持不同举办主体医疗机构进入公共卫生服务领域，采取政府购买服务等形式选择符合条件的医疗机构承担公共卫生服务以及政府下达的医疗卫生支农、支边、对口支援等任务。发生突发公共卫生事件时，社会办医疗机构应执行政府下达的指令性任务，并按同等待遇获得政府补偿。

（十四）加强其他相关政策保障。（责任部门：发改委、监察局、卫计委、经信委）

社会办医疗机构可自主采购药品、器械，也可参加政府药品集中采购活动。其药品销售按国家有关价格政策执行，可以不实行零差价销售，但纳入医保定点的社会办医疗机构的药品零售价，不得高于省药品集中采购结果确定的限价。允许社会资本在申请设置医疗机构的同时，申请与投资规划、专科相适应的大型医疗设备配置，业务用房建设和大型设备配置同步进行。将不同举办主体医疗机构纳入全市区域卫生信息化建设，保障公立与社会办医疗机构在政策知情和信息、数据等公共资源共享方面的同等权益。

**四、加强社会办医疗机构的服务和管理**

（十五）实行分类管理。社会办医疗机构按照营利性或非营利性分类登记管理。社会办非营利性医疗机构由市民政局按照民办非企业单位登记管理。社会办营利性医疗机构由市市场监督管理局按照企业或个体工商户注册登记。社会资本举办并已确认选择为非营利性医疗机构的原则上不得转为营利性医疗机构，如确需转为营利性医疗机构，须经原审批部门批准并依法办理相关手续。社会办营利性医疗机构自主经营、独立核算、自负盈亏、自担风险，其出资财产属于举办者所有。社会办非营利性医疗机构在机构注销时，其清算资产不得私分。

（十六）依法维护合法权益。切实维护社会办医疗机构合法权益，严禁对社会办医疗机构乱摊派、乱检查、乱罚款，不得增加其额外负担。鼓励社会办医疗机构积极参加医疗事故责任保险。发生医疗纠纷时，政府及各部门应积极指导和支持社会办医疗机构依法依规处置。医疗纠纷人民调解委员会应积极协助解决医疗纠纷，维护医患双方合法权益和正常医疗秩序。社会办医疗机构要秉承医疗卫生行业救死扶伤的人道主义精神，坚持以患者为中心，加强医德医风建设和卫生技术人员人文精神教育。鼓励社会办医疗机构通过设立救助基金、开展义诊、慈善募捐等方式回馈社会。

（十七）依法诚信执业。社会办医疗机构应建立健全法人治理结构。设床位的医疗机构要成立董事会（理事会）和监事会，董事会（理事会）要规范制定医疗机构办医章程和董事会（理事会）章程，保障院长（负责人）依法行使职权。不同举办主体的医疗机构均应按照法律法规和相关规定开展执业活动，接受有关部门的监督检查。医疗机构应完善内部管理制度,依法经营、规范管理。严格按照核定的执业范围开展诊疗活动,严格遵守诊疗技术规范和各项规章制度,切实规范医疗服务行为。合理控制医疗费用,严禁诱导和过度医疗。对不当谋利、损害患者合法权益的,相关职能部门应依法予以惩处。

(十八)加强财务监管。按照医疗机构分类管理规定,根据医疗机构的性质、社会功能及其承担的任务,实行不同的财税、价格政策及会计核算和财务管理规定。社会办非营利性医疗机构参照执行公办医疗机构《医院财务制度》《医院会计制度》《民间非营利组织会计制度》等相关规定,社会办营利性医疗机构执行《企业会计制度》等规定。有关部门应加强对有公共财政资金投入的社会办医疗机构的监督,保障公共财政资金的安全与效益。充分发挥会计师事务所等中介机构的审计监督作用,指导社会办医疗机构建设发展。各相关部门要加强社会办非营利性医疗机构的资产监管,督促其每年做好经济审计评估,评估报告分别报市审计局、卫计委和民政局审核。

**五、营造社会办医快速发展环境**

(十九)加强组织领导,营造合力促进环境。政府和有关部门要充分认识加快社会资本举办医疗机构建设发展的重要性和必要性,切实加强组织领导,明确责任分工,转变观念、转变职能、协调配合、齐抓共管、加强服务,促进社会办医疗机构持续、快速、健康发展。卫计、发改(物价)、编办、财政、人社、税务、市场监管(食品药品监管)、国土资源、民政和环保等部门要根据本意见,进一步制定细化可操作性的政策文件,为加快推进社会办医提供强有力的组织和政策保障。推进工作中,各有关部门要加强沟通合作,狠抓工作落实,发现问题,及时会商解决,确保社会资本举办医疗机构的快速发展。

(二十)注重先进引领,营造健康发展环境。各相关部门要充分利用广播、电视、报纸、网络等媒体,大力宣传各级政府及部门鼓励、支持、引导社会办医疗机构发展的方针、政策,宣传社会办医疗机构在构建新型医疗卫生服务体系中的重要地位和作用,宣传和表彰社会办医疗机构中涌现出的先进典型,扩大社会办医疗机构的影响,形成有利于社会办医疗机构发展的良好社会氛围。要充分发挥行业协会、学会及中介组织的指导和服务功能,引导社会办医疗机构依法、规范、诚信、有序开展诊疗活动,保障社会办医疗机构健康发展。

(二十一)统筹规划布局,营造"项目引资"环境。各板块要针对本辖区医疗服务需求和资源布局现状,研究制订社会资本办医规划方案,通过统筹规划、合理布局、调整完善,给社会资本办医预留足够的发展空间,形成一定数量规模和占比的社会医疗服务市场。要编制好社会资本办医"项目引资"指南,引进或推出一些带动性强、示范性好的优质资源,遴选出热心医疗事业、办医指导思想端正和有一定资金实力的社会组织、个人投资办医。

(二十二)强化监督管理,营造公平竞争环境。相关部门要加强依法行政和政务公开,积极主动提供相关行政服务,公开准入条件、公开审批程序、公开审批结果,定期向社会公布对社会办医疗机构的监督检查结果。同时按照各自职责,进一步完善监督管理体系,强化社会办医疗机构事中事后监管,依法严厉打击非法行医行为,整治发布虚假医疗广告行为,维护正常的医疗市场秩序。市卫计委要按照有关法律法规和区域卫生规划,把好社会办医疗机构准入质量关,强化诊疗科目核准和人员准入管理,定期和不定期开展对社会办医疗机构执业活动和医疗质量安全的指导和监管,认真做好不良执业行为记分管理,督促、引导社会办医疗机构依法、规范、诚信、有序地开展诊疗活动,保证医疗质量和安全。

本意见自发布之日起施行。市政府及相关部门以前出台的相关文件规定,与本意见不一致的,以本意见为准。

## 常熟市公办养老机构改革实施意见

常政发〔2017〕54号

为了充分利用好公办养老机构的资源优势,提升机构养老服务水平,根据《江苏省"十三五"养老服务业发展规划》和苏州市政府《关于公办养老机构改革实施意见的通知》(苏府〔2015〕126号)文件精神,结合我市实际,制定本实施意见。

**一、改革目标**

坚持"以老为本、保障基本,盘活资源、提高效能,公开透明、规范有序"的原则,按照"适度保留、适当集中、科学运行、功能升级"的要求,先易后难、分类推进、全面展开,调整完善公办养老机构职能定位和管理体制,逐步建立职能明确、运行高效、权责明晰、监管有力的养老机构管理服务体系。保留常熟市敬老院为公办公营养老机构,主要承担保障城乡"三无"、"五保"老人和政府明确的特殊老年人群的养老服务需求,履行兜底保障职能,其它公办养老机构均纳入改革范围。到2018年,全市50%的公办养老机构实现社会化运营;到2020年,全市除常熟市敬老院外,其它公办养老机构全部实现社会化运营。

**二、改革要点**

对纳入改革范围的公办养老机构,要按照确保"公有资产不流失、养老用途不改变、服务水平有提升、医养融合深度发展"的原则,引入市场机制,实行公建民营(公建民营是指通过公开招标途径，以承包、委托、联合经营等方式，将政府和集体经济组织拥有所有权的养老机构运营权交由企业、社会组织或个人的运营模式）运营机制改革。

（一）实施主体。养老机构所有权方主管部门具体负责组织实施公建民营。其中，市属养老机构由市民政局组织实施；镇（街道）属养老机构在市民政局的指导下由镇（街道）组织实施。

（二）实施方式。养老机构所有权方原则上通过公开招标（招募）方式引入养老机构经营主体。鼓励引进热心养老事业、拥有资本实力、具有养老服务行业运营经验的法人组织实行规模发展、连锁经营。养老机构所有权方负责组织拟制招标文件，经征求相关部门意见，报市公办养老机构改革领导小组审核后，向社会发布招标（招募）公告。

（三）工作进度。由属地政府根据上级养老机构建设要求，结合当地老年人口状况、现有公办养老机构建设规模、入住情况、运营服务、周边环境等，有计划推进改革工作。到“十三五”末，实现全市每千名老人拥有养老机构床位数不少于45张，护理床位占养老机构床位70%，社会力量举办或经营的养老床位数占比达到70%以上。

（四）资产处置。要认真做好清产核资工作，由所有权方制定实施方案，进行需求分析和可行性论证，委托有资质的第三方机构进行资产评估，出具资产评估报告。按照“不动产租赁、动产转让”的处置办法，确保国有集体资产保值增值。

（五）员工安置。要根据现有工作人员的不同身份性质，切实做好安置分流工作，做到依法合规、有情操作，确保人员稳定并顺畅衔接过渡。事业性质人员原则上保留其身份性质并由各板块安置其适当岗位。对于与原单位建立劳动关系的企业化用工人员，改革后的用人单位应按不低于改革前的原劳动合同期限与其重新签订劳动合同，安排合适的工作岗位，改革前后的本单位工作年限连续计算；企业化用工人员如本人不愿意与改革后的单位建立劳动关系的，经协商，可与原单位解除劳动关系，享受解除劳动合同经济补偿。

（六）收费原则。做好现有已入住老人的收费服务衔接过渡工作，对已入住老人收费标准自改制正式实施运营之日起原则上三年内保持不变，确保已入住老人安心安定，今后逐步与市场接轨。新入住老人的收费标准由运营方根据市场需求自主确定，一次性收费期限不得超过1年，相关部门要加强指导，承接方要协同做好沟通解释工作，确保养老机构稳定运营。

（七）医养融合。实施公建民营改革的公办养老机构护理型床位不少于总床位数的70%。各养老机构应内设医疗机构，对床位数在100张以上的养老机构，必须在院内设立卫生室、医务室等相应的医疗机构，配备必要的医疗器械、康复器具等，并聘请具有执业资格的医药卫技人员提供相应的医疗、康复、护理服务；对床位数在100张以内的养老机构，无条件设立卫生室、医务室的，应与就近医疗机构签订服务协议，建立应急通道，通过医护人员定期上门巡诊提供基本的医疗服务，必要时转诊；具有养老院、护理院双重法人资格的养老机构，可综合利用护理院医疗卫生服务资源，为全体老人开展医疗卫生服务。

**三、扶持政策**

（一）建设补贴。对实施社会化改革的公办养老机构，且床位数达100张及以上的，市财政按照每张床位1万元给予一次性建设补贴，补贴经费分期拨付，改革完成当年经验收合格后拨付50%，入住率达到70%后，分两年付清余额。镇级公办养老机构的补贴下拨至所属镇（街道）、市级公办养老机构的补贴下拨至市民政局，由镇（街道）及民政局根据各自实际自主确定下拨。

（二）考核奖励。引入考核评价机制，通过对养老机构运营管理状况进行评估，根据评估结果，按优秀、良好、合格不同等级分别给予一定奖励补贴（具体考核办法另行制定），促进养老服务水平提升，实现公有资产与社会运营管理主体相结合的最大效益。

（三）其它。对公办养老机构实行社会化运营的，运营补贴、特殊对象供养补贴、养老护理员持证奖励、税费优惠等相关优惠政策按照《常熟市扶持养老服务组织发展的实施办法》（常政发）〔2015〕11号）、《常熟市特困家庭老年人和高龄老年人政府资助老人办法》（常政发规字〔2016〕2号）执行。

**四、保障措施**

（一）加强组织领导。公办养老机构改革工作政策性强，社会关注度高，各级政府应高度重视，加强领导。成立市公办养老机构改革领导小组，分管副市长担任组长，发改委、民政局、财政局、审计局、监察局、国资办、农办、人社局、卫计委、国土局、规划局、住建局、公安局、市场监管局、编办、江南集团、消防大队为成员单位，统筹协调，及时研究解决改革中出现的问题。市领导小组办公室设在民政局，承担领导小组日常工作。各镇（街道）相应成立镇级公办养老机构改革领导小组，领导小组办公室设在各镇（街道）民政部门。

（二）加强宣传引导。要广泛听取社会各界意见和建议，争取干部职工的理解和支持，切实做好对已入住公办养老机构的老年人和申请入住的老年人及其家属的宣传解释工作，营造良好改革氛围，调动社会力量参与的积极性。

（三）加强行业监管。建立健全养老机构准入、退出和监管制度，形成政府指导、行业自律、社会监督的监管体系，切实保障老年人合法权益。市镇两级民政部门要加强对改革后养老机构的业务指导，协助运行主体落实有关扶持政策，加强日常运行管理，建立养老机构信用体系，制定信息披露制度，接受社会监督。

（四）加强绩效考核。细化公办养老机构改革任务，将养老机构床位建设和社会力量举办、经营养老机构建设列为“新风杯”考核内容，加强督促指导，提升公办养老机构改革的质量和效率。

本意见自下发之日起施行，执行时间至2020年12月31日。本意见由市民政局负责解释。

# 市政府关于公布第一批常熟市历史建筑的通知

常政发〔2017〕59号

为推进我市历史文化名城保护工作，完善名城保护体系，进一步加强对历史建筑的保护与管理，根据《省住房城乡建设厅关于转发〈住房城乡建设部办公厅关于进一步加强历史文化街区划定和历史建筑确定工作的通知〉的通知》（苏建函规〔2017〕359号）提出的目标任务，按照《历史建筑确定标准（参考）》（建办规函〔2016〕681号），经研究，确定午桥弄8号民居等88处建筑为常熟市第一批历史建筑，现予以公布。请各地区、各部门、各单位严格按照《江苏省历史文化名城名镇保护条例》、《苏州市历史文化名城名镇保护办法》等有关规定，各司其职，加强对历史建筑的保护、管理和宣传，积极研究历史建筑的保护利用措施，共同做好我市历史文化名城保护相关工作。

附件：常熟市第一批历史建筑名录

## 附件：

常熟市第一批历史建筑名录

表73

| 序号 | 年代 | 历史建筑 | 详细地址 |
|---|---|---|---|
| 1 | 清 | 午桥弄8号民居 | 虞山镇午桥弄8号 |
| 2 | 清 | 午桥弄28号民居 | 虞山镇午桥弄28号 |
| 3 | 清 | 南泾堂18号民居 | 虞山镇南泾堂18号 |
| 4 | 清 | 南泾堂60号民居 | 虞山镇南泾堂60号 |
| 5 | 清末 | 山塘泾岸31号民居 | 虞山镇山塘泾岸31号 |
| 6 | 清 | 山塘泾岸108号民居 | 虞山镇山塘泾岸108号 |
| 7 | 清 | 中巷72号民居 | 虞山镇中巷72号 |
| 8 | 清 | 虹桥下塘3号民居 | 虞山镇虹桥下塘3号 |
| 9 | 清 | 虹桥下塘23号民居 | 虞山镇虹桥下塘23号 |
| 10 | 清 | 虹桥下塘25号民居 | 虞山镇虹桥下塘25号 |
| 11 | 清 | 虹桥下塘29号民居 | 虞山镇虹桥下塘29号 |
| 12 | 清 | 虹桥下塘51号民居 | 虞山镇虹桥下塘51号 |
| 13 | 清 | 健康巷8号民居 | 虞山镇健康巷8号 |
| 14 | 清 | 和平街45号民居 | 虞山镇和平街45号 |
| 15 | 清、民国 | 西言子巷18号民居 | 虞山镇西言子巷18号 |
| 16 | 清 | 原城隍庙建筑 | 虞山镇西门大街、石梅广场北侧 |
| 17 | 清 | 原钟楼湾民居 | 虞山镇西门大街、西城楼阁内 |
| 18 | 清 | 南赵弄20号民居 | 虞山镇南赵弄20号 |
| 19 | 清 | 秀崖弄14号民居 | 虞山镇秀崖弄14号（含秀崖弄10号、12号） |
| 20 | 清末民初 | 秀崖弄1号民居 | 虞山镇秀崖弄1号（含山塘泾岸36号、秀崖弄3号） |
| 21 | 清 | 乌衣弄3号民居 | 虞山镇乌衣弄3号 |
| 22 | 民国 | 虞阳里2号民居 | 虞山镇虞阳里2号 |
| 23 | 民国 | 虞阳里4号民居 | 虞山镇虞阳里4号 |
| 24 | 民国 | 寺后街32号民居 | 虞山镇寺后街32号 |
| 25 | 清 | 寺后街16号民居 | 虞山镇寺后街16号 |
| 26 | 清末民初 | 西言子巷26号民居 | 虞山镇西言子巷26号 |

续表 73-1

| 序　号 | 年　代 | 历 史 建 筑 | 详 细 地 址 |
|---|---|---|---|
| 27 | 民国 | 六房湾 18、18—1 号民居 | 虞山镇六房湾 18、18—1 号 |
| 28 | 清、民国 | 后花园弄 6 号(含后花园弄 2、4、8 号)民居 | 虞山镇后花园弄 6 号(含后花园弄 2、4、8 号) |
| 29 | 清 | 四丈湾 55、57 号民居 | 虞山镇四丈湾 55、57 号 |
| 30 | 民国 | 四丈湾 77 号民居 | 虞山镇四丈湾 77 号 |
| 31 | 清 | 缪家湾 18 号民居 | 虞山镇缪家湾 18 号 |
| 32 | 清、民国 | 君子弄 47 号民居 | 虞山镇君子弄 47 号 |
| 33 | 清 | 通河桥弄 36 号(含通河桥弄 38、40、42 号)民居 | 虞山镇通河桥弄 36 号(含通河桥弄 38、40、42 号) |
| 34 | 清末民初 | 青禾家桥一弄 2 号(含青禾家桥 4 号)民居 | 虞山镇青禾家桥一弄 2 号(含青禾家桥 4 号) |
| 35 | 清 | 梅李北街 71 号、73 号民居 | 梅李北街 71、73 号 |
| 36 | 清 | 梅李西街 40 号民居 | 梅李西街 40 号 |
| 37 | 清 | 君子弄季宅 | 虞山镇君子弄 44 号 |
| 38 | 清 | 戚家弄 14 号民居 | 虞山镇戚家弄 14 号 |
| 39 | 清 | 恒盛久记典当行旧址 | 虞山镇君子弄 42 号 |
| 40 | 民国 | 福民医院旧址 | 虞山镇平桥街和穆家弄交界口 |
| 41 | 清 | 永宁巷姚宅 | 虞山镇永宁巷 21、23 号 |
| 42 | 清 | 上塘街 84、86、88 号民居 | 虞山镇上塘街 84、86、88 号 |
| 43 | 民国 | 上塘街曹宅 | 虞山镇上塘街 48、48—1 号 |
| 44 | 民国 | 老三星副食品商店 | 虞山镇平桥街与君子弄之间 |
| 45 | 民国 | 和平理发店旧址 | 虞山镇平桥街与君子弄之间 |
| 46 | 民国 | 浴春池浴室 | 虞山镇平桥街 55 号 |
| 47 | 清 | 西仓前下塘 17 号民居 | 虞山镇西仓前下塘 17 号 |
| 48 | 清 | 东仓街周宅 | 虞山镇东仓街 81 号 |
| 49 | 清末民初 | 四丈湾吕宅 | 虞山镇四丈湾下塘 176 号 |
| 50 | 民国 | 四丈湾范宅 | 虞山镇四丈湾 38、40 号 |
| 51 | 清 | 税务弄俞宅 | 虞山镇税务弄 10 号 |
| 52 | 清 | 山塘泾岸杨宅 | 虞山镇山塘泾岸 50 号(含山塘泾岸 48 号) |
| 53 | 清 | 河东街张宅 | 虞山镇河东街 170 号后门 |
| 54 | 清 | 柳河沿曹宅 | 虞山镇柳河沿 12 号 |
| 55 | 清 | 焦桐街朱宅 | 虞山镇焦桐街 45 号 |
| 56 | 清 | 焦桐街徐宅 | 虞山镇焦桐街 3、5 号 |
| 57 | 民国 | 焦桐街强宅 | 虞山镇焦桐街 43 号 |
| 58 | 民国 | 午桥弄 23 号民居 | 虞山镇午桥弄 23 号 |
| 59 | 民国 | 午桥弄 29 号民居 | 虞山镇午桥弄 29 号(含 25、27 号) |
| 60 | 民国 | 南泾堂 78 号民居 | 虞山镇南泾堂 78 号 |
| 61 | 清末民初 | 唐市金桩浜陆宅 | 沙家浜镇唐市金桩浜 45、46 号 |
| 62 | 民国 | 唐市金桩浜邹宅 | 沙家浜镇唐市金桩浜 3 号 |
| 63 | 民国 | 唐市金桩浜陈宅 | 沙家浜镇唐市金桩浜 24、25 号 |
| 64 | 清 | 唐市中心街陈宅 | 沙家浜镇唐市中心街 108、110 号 |
| 65 | 清 | 唐市中心街杨宅 | 沙家浜镇唐市中心街 95 号 |
| 66 | 民国 | 唐市仁和医院旧址 | 沙家浜镇唐市中心街 72、74 号 |
| 67 | 民国 | 唐市中心街 26、28 号民居 | 沙家浜镇唐市中心街 26、28 号 |

续表 73-2

| 序号 | 年代 | 历史建筑 | 详细地址 |
|---|---|---|---|
| 68 | 清 | 唐市北新街朱宅 | 沙家浜镇唐市北新街 24 号 |
| 69 | 清 | 唐市北新街许宅 | 沙家浜镇唐市北新街 22、23 号 |
| 70 | 民国 | 支塘北街 35 号民居 | 支塘镇北街 35 号 |
| 71 | 民国 | 吴铨叙旧居 | 支塘镇旅馆弄 7 号 |
| 72 | 民国 | 预和医院旧址 | 城区菜园弄 12 号 |
| 73 | 清 | 徐市忠恕堂(程飞白故居) | 董浜镇徐市东街 |
| 74 | 民国 | 徐市东街 37 号民居 | 董浜镇徐市东街 37 号 |
| 75 | 民国 | 徐市东街 35 号民居 | 董浜镇徐市东街 35 号 |
| 76 | 清末民初 | 徐市东街 30 号民居 | 董浜镇徐市东街 30 号 |
| 77 | 民国 | 徐市西街 8、10 号民居 | 董浜镇徐市东街 8、10 号 |
| 78 | 清 | 衣莊公所旧址 | 城区南门大街 18 号 |
| 79 | 民国 | 醉尉街张宅 | 城区醉尉街 10 号 |
| 80 | 清 | 古里继善堂 | 古里镇后街 14 号 |
| 81 | 清 | 塔湾顾宅 | 城区塔湾 66、67 号 |
| 82 | 清 | 董浜邵宅 | 董浜镇镇区卫生服务站西侧 |
| 83 | 清 | 甸桥村石牌坊 | 虞山镇甸桥村山前塘 |
| 84 | 清 | 冯班墓石牌坊 | 虞山镇北门大街小山台下 |
| 85 | 清 | 支塘虹桥 | 支塘镇东街白茆塘与盐铁塘交会口 |
| 86 | 民国 | 合兴坊 | 虞山镇南新街南端 |
| 87 | 清 | 濮河桥 | 辛庄镇吕舍村西桥头 |
| 88 | 现代 | 红桥 | 沙家浜镇鱼田泾和尤泾河交界处 |

## 常熟市美丽城镇建设实施意见(2017～2020年)

常政办发〔2017〕78 号

为了进一步推进全市新型城镇化建设,提升城乡一体化发展水平,根据《苏州市美丽城镇建设实施纲要(2016～2020年)修订稿》(苏委办发〔2016〕38 号)精神,结合全市城镇建设发展实际,制定本实施意见。

**一、指导思想**

深入贯彻习近平总书记系列重要讲话,特别是视察江苏重要讲话精神,紧紧围绕"迈上新台阶、建设新江苏"发展定位,按照《全国县级文明城市测评体系》要求,积极开展城镇环境整治提升,着力改善镇容镇貌,同时不断加快设施配套、健全公共服务、落实长效管理、转型产业经济、提升特色内涵,改善人居环境,努力培育一批规划科学、经济发展、功能完善、特色鲜明、宜居宜业的具有较强人口和产业集聚能力的现代化新型小城镇,更好地承担连接城乡、服务农村、带动周边的作用。

**二、总体目标**

从 2017 年开始,在全市除城关镇以外的全部 9 个镇(区)推进美丽城镇建设工作。具体工作目标如下:

(一)首批 2 个示范镇(梅李镇、海虞镇)

——优化提升、探索创新(2017 年 1 月～2020 年 12 月):按照镇总体规划和《全国县级文明城市测评体系》要求,继续试点示范、优化提升,重点是整治提升被撤并镇区环境面貌、挖掘塑造城镇特色、配套完善公共服务、转型升级产业经济、健全落实长效管理等,并在此基础上挖掘潜力、实践创新,努力探索小城镇建设发展体制机制,创新投融资机制,完善公共服务供给体制,优化产业发展环境等,着力实现城镇内生动力和发展活力显著增强。原则上要在 2020 年底前完成镇区环境(包括被撤并镇区)的整治提升。

(二)其他 7 个镇(区)(沙家浜镇、辛庄镇、尚湖镇、古里镇、支塘镇、董浜镇、碧溪新区)

——集中整治阶段(2017 年 1 月～2017 年 12 月):按照《全国县级文明城市测评体系》和"九整治、三规范"等相关要求,着力抓好中心镇区范围内的镇容环境、基础设施等的集中整治，努力改善镇容镇貌，着力实现城镇环境面貌有效改善。

——综合提升阶段（2018年1月～2020年12月）：在继续重点抓好中心镇区范围内的镇容环境、基础设施等建设整治基础上，兼顾被撤并镇区，并逐步开展配套基础设施、挖潜特色内涵、落实长效管护等方面提升工作，着力实现城镇综合环境面貌明显改善、活力内涵稳步提升。

**三、基本原则**

1. 以人为本，关注民生。坚持把美丽城镇建设作为保障和改善民生的重要内容，集中力量解决社会关注、群众反映强烈的突出问题。精心组织、有序实施，切实做到体现民意、服务民生，严防民生工程变为扰民工程。

2. 因地制宜，集约节约。结合各地实际情况，综合考虑经济社会发展、城乡空间优化、生态环境保护、文化特色彰显等方面要求，科学制定项目实施计划，合理配置人力、物力和财力，坚持集约节约，务求取得实效。

3. 科学整治，有序建设。强化组织实施的科学性，对实施计划进行项目化管理和标准化建设，坚持点、线、面结合，先易后难、远近结合，分步实施、扎实推进。要充分发挥优秀项目的示范引领作用，全面提升建设成效。

4. 标本兼治，注重长效。加强源头管控，剖析问题根源，注重设施配套，力求完善功能，落实治本措施。坚持整治、建设与管理并重，以整治促建设、以建设促管理、以管理促规范，建立完善长效管理机制，切实巩固建设整治成果。

5. 政府主导，社会参与。坚持政府统一领导，注重上下联动与条块结合，强化部门协作配合，形成工作合力。开展广泛宣传，动员居民群众积极参与，发挥群众主体作用，形成政府主导、部门联动、社会参与的良好局面。

**四、实施内容**

（一）首批2个示范镇（梅李镇、海虞镇）

继续优化提升、探索创新，着力实现城镇内生动力和发展活力显著增强。

1. 优化提升内容：

（1）规划引领完善配套设施。明确规划在新型城镇化中的引领作用，注重规划的权威性、科学性及可操作性；坚持高标准、高质量，超前规划，突出特色，密切联系实际，做到“一本规划一张蓝图干到底”。按照规划进一步加强道路、污水处理等市政基础设施质量提升，完善教育、医疗、养老等公共服务设施的配套，积极开展海绵城市、绿色建筑、无障碍设施等的建设。

（2）着力整治提升撤并镇区。高度重视被撤并镇区建设管理，科学确定被撤并镇区的功能定位，理顺中心镇区和被撤并镇区、村（社区）关系，做好被撤并镇区资源整合与分类管理。重点先做好撤并镇区的控制性详细规划，并根据规划逐步开展环境综合整治，配套基础设施，完善公共服务，加强社会管理，增强发展活力。

（3）塑造特色彰显城镇个性。加强新建建筑控制性引导，尊重地域特色，并在传承地域文化基础上作创新；深入挖掘地方历史文化资源，保护传承非物质文化；明确产业定位，因地制宜发展高新技术产业，扶持打造特色鲜明、高产高效、生态环保产业；融合特色产业、文化、旅游、社区等功能于一体，建设具有常熟特点的特色小镇。

（4）健全机制落实长效管理。建立健全设施维护、河道管护、绿化养护、垃圾收运等队伍，推进城乡环卫一体化，实现农村垃圾“户分类、村收集、镇转运、市处理”，落实环境常态化、专业化、社会化管理措施；推广使用“数字城管”，实行网格化管理，清除镇区主要街道两侧违章搭建，规范车辆停放秩序，科学建立城镇管理长效机制；完善工程质量监管体系，落实安全生产日常监管，加强公益广告宣传，在公共场所和公共设施采取张贴悬挂、刊登刊播等方式宣传展示核心价值观；制定广大居民普遍接受的社规民约，引导群众主动参与，共同维护美好家园。

2. 探索创新内容：

（1）创新发展体制机制。健全城乡统一的商品流通、市场监管、社会保障等制度，促进土地、技术、资本、劳动力等要素在城乡平等交换、自由流动；构建新型社会管理模式，实现就业、社保、医疗等各项制度的城乡融合。

（2）推进多规融合试点。推进国民经济和社会发展规划、城乡规划、土地利用规划、生态环境保护规划等多个规划相互融合，统筹资源配置，优化功能布局，促进集约用地，着力实现“一个地区、一本规划、一张蓝图”。

（3）推广海绵城市理念。推进海绵型道路建设，增强绿化带对雨水的消纳功能，推广透水铺装，实施雨污分流；在老旧小区、镇中村改造中有效解决积水内涝问题，因地制宜推广屋顶绿化、雨水收集利用；恢复河湖水系自然畅通。

（4）完善公共服务体制。构建上接城市、下联农村的综合服务平台，健全基本公共服务体系，提升服务水平；加快常住人口市民化，注重改善民生，推动基本公共服务均等化，重点改善社区服务、养老服务、公共交通、文化娱乐等设施和服务。

（5）创新多元融资机制。协调运作财政资金与金融资本、社会资本，发挥政府资金引导和市场融资功能，加快建立多元化投融资机制；推广运用政府和社会资本合作PPP模式，推动社会资本参与镇域基础设施投资、建设和运营。

（二）其他7个镇（区）（沙家浜镇、辛庄镇、尚湖镇、古里镇、支塘镇、董浜镇、碧溪新区）

按照“九整治、三规范”要求开展集中整治，坚持以项目示范为抓手，因地制宜、量力而行，着力改善镇区（包括被撤并镇区）环境面貌，在有所成效基础上逐步配套基础设施、挖潜特色内涵、落实长效管护，着力实现城镇综合环境面貌明显改善，活力内涵稳步提升。

1. 集中整治内容：

（1）“九整治”。整治街头巷尾，有序实施街巷立面整治，展示地方风貌特色；整治镇郊结合部，逐步实施综合改造，塑造具有地域特色的出入口景观；整治老旧小区，因地制宜、量力而行，合理安排老旧小区综合改造，改善居住环境；

整治镇中村，配套基础设施，改善人居环境，规范流动人口管理；整治危旧住房，消除安全隐患，提升居住质量；整治低洼积水地段，提高防洪除涝能力；整治河道水系，倡导建设生态驳岸，彰显水乡风貌特色；整治建筑工地，减少扬尘污染；整治农贸市场，实施老旧农贸市场改造，方便居民日常生活。

（2）"三规范"。规范占道经营，整治主要道路、社区和学校等公共场所周边，合理设置经营疏导点，规范经营行为；规范车辆停放，整治机动车乱停乱放，规范道口秩序，完善交通设施，建设公共停车场所，缓解停车供需矛盾；规范广告店招，整治广告设施，清除非法广告，鼓励有条件的结合街巷立面整治，出新店招店牌，彰显区域特色。

2. 综合提升内容：

（1）配套基础设施。加强供水、雨污水、垃圾等市政基础设施建设；道路质量良好，设施配套，线路架设有序；加大公共停车场建设力度；健全各类防灾设施，主要公共场所推行无障碍设施；配套完善城镇教育、文化、医疗、养老、商业等各类公共服务设施。

（2）挖潜特色内涵。加强新建建筑控制性引导，整体建筑风貌协调统一；深入挖掘地方历史文化资源，传承开发优秀传统文化和民间特色工艺，推动文化旅游深度互动；实施古建筑保护工程，打造一批有影响力的文化名镇；重点扶持和打造特色鲜明、高产高效、生态环保产业，努力形成规模集聚效应，加快转型升级步伐。

（3）落实长效管护。建立健全设施维护、河道管护、绿化养护、垃圾收运等队伍，推进城乡环卫一体化，实现农村垃圾"户分类、村收集、镇转运、市处理"，落实环境常态化、专业化、社会化管理措施；推广使用"数字城管"，清除镇区主要街道两侧违章搭建；加强公益广告宣传，在公共场所和公共设施采取张贴悬挂、刊登刊播等方式宣传展示核心价值观；制定广大居民普遍接受的社规民约，引导群众主动参与，共同维护美好家园。

**五、实施步骤**

1. 明确任务，制定方案。各镇（区）要按照美丽城镇建设实施意见，明确各阶段任务，研究制定年度计划，因地制宜、量力而行。各镇（区）应在当年度3月底前制定完成本年度的实施计划。

2. 积极推进，有效落实。各镇（区）要按照制定的年度实施计划，广泛动员和组织各方面力量，抓紧启动落实各项美丽城镇建设任务，并及时向社会公布实施进度情况，保质保量完成各项建设任务，达到年度预期目标。

3. 考核评估，通报结果。每年年初组织对上年度目标任务完成情况进行考核，综合评估各镇（区）工作，结果在全市通报。对工作推进力度大、群众参与度高，城镇面貌、人居环境对比明显和群众满意度较高的镇（区）及相关单位予以通报。

**六、保障措施**

1. 加强领导，落实责任。美丽城镇建设坚持政府主导，以各镇（区）党委政府为实施主体，市负责对美丽城镇建设工作进行指导、督促和检查，一级抓一级，层层抓落实。美丽城镇建设工作领导小组由市政府主要领导任组长，市委、市政府分管领导任副组长。美丽城镇建设领导小组及下设的美丽城镇建设办公室负责统筹协调各项工作。市住建局局长担任美丽城镇建设办公室主任，相关镇（区）纳入美丽城镇建设组织领导体系，并成立领导机构，有序组织推进。

2. 明确分工，形成合力。由住建局牵头，市委宣传部、农工办，市发改委、财政局、规划局、城管局、水利局、环保局、交通运输局等部门按照职责分工，密切配合，协同推进各项工作。

3. 统筹兼顾，保障经费。各部门要统筹兼顾，整合各级、各类政策和项目资金，支持美丽城镇建设各项工作。

4. 制定标准，严格考核。对美丽城镇建设实行目标管理，把美丽城镇建设工作成效作为考核政府和领导干部工作实绩的重要内容。市美丽城镇建设办公室负责组织协调和督查考核，实行定期和不定期的督促检查和情况通报，实施月报告、季检查、年考核，并将居民群众的满意度作为督查考核的重要依据。

5. 深入宣传，营造氛围。充分发挥广播、电视、报刊、网络等媒体的舆论引导作用，大力宣传开展美丽城镇建设的重大意义，尊重社情民意，扩大公众参与，引导居民群众养成良好生活方式和行为习惯，不断增强环境卫生意识和保护观念，全面提升文明素养，努力形成全社会关心、支持和参与的良好氛围。

## 《关于推动城市经济发展的实施细则（试行）》的通知

常政办发〔2017〕206号

根据市政府《关于推动城市经济发展的工作意见》（常政发〔2017〕3号）文件精神，对照文件所明确的各项目标任务，现就相关配套政策和措施，制订如下实施细则。

**一、政策措施**

（一）推动服装城转型

1. 支持市场业态提升。对服装城打造精致街区、创意园区、公路港等重大载体项目，以产业基金投资的形式给予支持。对专业市场集聚工厂店、旗舰店等多种方式提升市场经营商品的品质、品类和品牌，按市场成交额、店铺租金水平等综合指标，给予转型升级成效明显的市场不超过50万元的奖励。

2. 支持品牌孵化培育。鼓励原创品牌孵化培育，对本市品牌获得“中国服装成长型品牌”的，给予不超过5万元/个的奖励；获得“品牌之星”的，给予不超过10万元/个的奖励。鼓励引进国内外知名品牌，推荐产业基金对并购市场前景好的品牌给予投资；对成功引进国际知名品牌的运营企业给予不超过100万元的奖励。

3. 支持产业资源集聚。鼓励打造快时尚中心，对建设服装设计交易、面料展示、打版服务、创意会客等公共服务平台，按平台投入，给予不超过100万元的补助。鼓励搭建高层次贸易和时尚交流平台，支持通过举办多元化、常态化的主题活动，带动纺织服装产业链提升发展，按投入和成效，给予不超过100万元的补助。对本市企业在上海、杭州等城市设立专业机构，集聚各类高端人才为本市纺织服装产业提供研发设计等服务，按取得的成效，给予不超过50万元的奖励。

4. 支持智慧商城建设。鼓励建设纺织服装产业数据中心，对开发面向市场管理、精准营销、物流配送、供应链整合等大数据应用项目，按项目投入和运营成效，给予不超过100万元的补助。

5. 支持人才引进培育。鼓励引进具备专业素养和职业背景，德才兼备、成绩突出、影响广泛的纺织服装领域跨境贸易、创意设计和紧缺技能人才，纳入市高层次专业人才体系，支持传帮带培养本地创新人才，出台专项人才计划实施意见，分类择优给予落户补助、贡献奖励。

6. 支持会展融合发展。对服装城时尚中心和国际展览中心提升性改造项目，以产业基金投资的形式给予支持。对利用采购节、买手节、购物节等多种形式导入外部会展资源，帮助企业和商户拓展营销渠道，给予展会主办机构一定补助。对组织企业商户参加全国性的专业服装服饰展会，按照展会影响力及参会规模，给予一定补助。

（二）推动城区四大产业园建设

明确城区金融服务、大数据应用、电子商务和文创四大产业园范围，园区运营管理机构和入驻企业享受以下专项政策。

7. 支持金融产业园建设。鼓励园区引进投资基金及其管理机构，按新增地方经济社会发展贡献，前三年给予园区100%奖励，后两年给予园区50%奖励，由园区用于企业引进和培育。对园区引进金融服务重大项目，可采取一企一策、一事一议等方式给予补助或以产业基金投资的形式给予支持。

8. 支持大数据产业园建设。对园区建设公共配套设施和服务平台，按软硬件投入，给予不超过100万元的补助。鼓励园区引进大数据企业，按新增地方经济社会发展贡献，前三年给予园区100%奖励，后两年给予园区50%奖励，由园区用于企业引进和培育。对园区引进大数据应用重大项目，可采取一企一策、一事一议等方式给予补助或以产业基金投资的形式给予支持。

9. 支持电子商务产业园建设。鼓励园区引进国内外知名电商平台和专业运营服务商，按新增地方经济社会发展贡献，前三年给予园区100%奖励，后两年给予园区50%奖励，由园区用于企业引进和培育。对园区引进电子商务重大项目，可采取一企一策、一事一议等方式给予补助或以产业基金投资的形式给予支持。

支持文创产业园建设和文创企业引进培育，可参照电子商务产业园相关标准给予扶持。

（三）推动全域旅游发展

10. 支持旅游服务水平提升。鼓励完善智慧旅游平台，对开发具备信息发布、旅游指南、酒店预订、购票订餐、导游讲解等功能的互联网应用产品，按服务内容和应用效果，给予不超过100万元的运营补助。鼓励旅游企业策划推广内容丰富、主题鲜明的旅游线路，对有效串联整合旅游资源，并在吸引、服务游客等方面取得突出成效的，给予不超过20万元的奖励。

11. 支持休闲度假产品开发。对开发具有较强参与性、体验性的休闲度假产品，按开发投入和运营成效，给予不超过50万元的补助。对建设特色度假酒店和精品客栈（民宿），按项目投入和运营成效，分别给予不超过100万元和30万元的补助。对开发建设度假旅游综合体等全域旅游重大项目，可采取一企一策、一事一议等方式给予补助或以产业基金投资的形式给予支持。

（四）推动现代商贸发展

12. 支持邻里中心加快发展。鼓励以便民、利民、为民为出发点，围绕社区配套功能，建设布局合理、业态齐备、功能完善、价格实惠、服务有序的新型社区商业——邻里中心。对建筑面积1万平方米以上，集聚10种以上社区商业业态，按运营成效，给予不超过50万元的奖励。

13. 支持商贸企业做强做优。鼓励商业模式创新和商贸企业升级改造，重点扶持具有发展前景优势的商贸流通企业和服务平台，对符合条件的，给予不超过100万元的奖励。鼓励商贸企业代理新品牌，对新增单一品牌年销售额首次超过5000万元的，给予不超过30万元的奖励。对商贸零售企业（包括直营连锁店）首次年零售额超过3亿元的，给予不超过30万元的奖励。

（五）推动城市配送发展

14. 支持城市配送园区建设。鼓励园区建设现代化物流载体和引进专业物流配送企业，按项目投入和运营成效，给予不超过100万元的补助。对园区引进物流配送重大项目，可采取一企一策、一事一议等方式给予补助或以产业基金投资的形式给予支持。鼓励仓储资源整合和提升，对实施自动化立体仓储、机器人分拣等智能仓储改造项目，按项目投入，给予不超过100万元的补助。

15. 支持物流配送体系建设。对建设完善城市配送综合服务平台，按平台投入和应用效果，给予不超过100万元的运营补助。支持物流配送企业提档升级，对获评国家3A、4A、5A级现代物流企业分别给予20、30、50万元的分档奖励,提档升级的,给予差额奖励。对物流配送企业新建投资额200万元以上的供应链管理系统,按投入和运行成效,给予不超过30万元的补助。

**二、保障措施**

16. 建立工作机制。建立城市经济工作联席会议制度,研究具体事项,协调解决企业发展和项目推进过程中的实际困难和问题。鼓励建立城市经济相关领域行业协会或产业联盟,可采用政府购买服务的方式,支持社会组织承担部分专项工作,包括产业调研、数据汇总、企业交流、项目申报、宣传培训等具体工作。

17. 提供优质服务。对城市经济重点领域的企业注册、人才引进、企业运营等提供全方位、便捷化服务,建设项目优先列为市级服务业重点项目,并对项目审批全程跟踪,确保报批报建顺畅推进。

18. 优化扶持方式。对城市经济的扶持采用财政资金有偿与无偿、基金与资金相结合的方式。城市经济发展基金优先投向城市经济重点领域和薄弱环节,对城市经济相关领域实施的具有创新引领作用、市场前景好的项目,由城市经济发展基金以债权或股债联动等方式进行投资。市级服务业引导资金优先支持城市经济相关领域的载体平台建设、企业引进培育和创新发展。

**三、其他事项**

19. 本市原有企业入驻城区四大产业园,新增地方经济社会发展贡献应扣除企业入驻前贡献基数。

20. 本细则由市发改委会同相关部门负责解释,并按照相关规定组织申报、评审、使用管理和绩效评价。本市以往相关政策与本细则不一致的,按本细则执行,不重复享受。

21. 本细则自2017年1月1日起试行,试行期两年。

## 2017年中国共产党常熟市委员会主要文件目录

| | | |
|---|---|---|
| 2月3日 | 常发1号 | 关于2016年度绩效考核情况的通知 |
| 1月26日 | 常发3号 | 关于深入开展“创新四问”活动的通知 |
| 2月13日 | 常发5号 | 关于同意“中国共产党常熟市电信局委员会”更名的批复 |
| 2月17日 | 常发7号 | 市委、市政府印发《关于全面深化“百村千企万户大走访”活动的实施意见》的通知 |
| 2月21日 | 常发8号 | 印发《中共常熟市委关于加强巡察工作的实施办法(试行)》的通知 |
| 2月24日 | 常发13号 | 市委、市政府关于印发《常熟市“两减六治三提升”专项活动实施方案》的通知 |
| 2月27日 | 常发14号 | 市委、市政府关于印发《常熟市关于推进乡镇政府职能转变和深化乡镇机构改革的实施意见》的通知 |
| 3月21日 | 常发16号 | 印发《中共常熟市委关于把握运用监督执纪“四种形态”的意见》的通知 |
| 3月23日 | 常发17号 | 市委、市政府关于表彰2016年度城乡一体化改革发展(农业农村工作)先进集体和先进个人的通报 |
| 3月21日 | 常发18号 | 市委、市政府关于2016年度常熟市工业经济、开放型经济、服务业、人才与科技创新工作先进个人的通报 |
| 3月23日 | 常发19号 | 市委、市政府印发《关于建设幸福镇村的实施意见》的通知 |
| 3月22日 | 常发20号 | 市委、市政府关于2016年度生态文明建设工作先进个人的通报 |
| 3月28日 | 常发21号 | 印发《关于构筑精神文明高地助力精致城市建设的实施意见》的通知 |
| 4月1日 | 常发23号 | 市委、市政府关于表彰2016年度国防工作先进个人的通报 |
| 4月27日 | 常发27号 | 市委、市政府关于表彰2014～2016年度常熟市劳动模范的决定 |
| 5月2日 | 常发28号 | 市委、市政府关于印发《关于全面深化河长制的工作方案》的通知 |
| 5月8日 | 常发32号 | 市委、市政府关于印发《2017年常熟市市级机关部门绩效管理工作实施意见》的通知 |
| 5月8日 | 常发33号 | 市委、市政府关于印发《常熟市2017年度镇(开发区、服装城、度假区)绩效管理工作实施意见》的通知 |
| 5月8日 | 常发34号 | 市委、市政府关于开展2017年度全市楹块经济发展“创先争优”考核的实施意见 |
| 6月13日 | 常发38号 | 市委、市政府关于印发《常熟市生态环境保护“一票否决”办法》的通知 |
| 6月23日 | 常发41号 | 关于2015～2016年度党建工作先进集体和先进个人的通报 |
| 7月6日 | 常发42号 | 市委、市政府关于授予2017年第一批常熟市科技创新创业领军人才称号的决定 |
| 7月4日 | 常发44号 | 市委、市政府关于印发《关于深化行政审批制度改革加快简政放权激发市场活力的实施意见》的通知 |
| 7月28日 | 常发48号 | 市委、市政府关于完善拥军政策增强军八荣誉感的实施办法 |

8月1日　常发49号　关于印发《中共常熟市委十三届四次全体(扩大)会议决议》和《在市委十三届四次全体(扩大)会议上的工作报告》的通知
8月11日　常发50号　关于印发《常熟市规范运用监督执纪“第一种形态”实施办法(试行)》的通知
8月18日　常发52号　市委、市政府关于聚焦富民持续提高城乡居民收入水平的工作意见
9月6日　常发56号　市委、市政府印发《关于进一步推进科技创新创业人才优先发展的实施意见》的通知
9月4日　常发57号　市委、市政府关于印发《常熟市2017年度生态文明建设目标任务制》的通知
11月7日　常发60号　关于虞山镇行政管理体制改革的实施意见
11月9日　常发61号　关于印发《中共常熟市委十三届五次全体会议决议》的通知
11月28日　常发65号　关于建立中共常熟市虞山镇街道工作委员会、常福街道工作委员会、莫城街道工作委员会、琴川街道工作委员会和常熟市人民政府虞山街道办事处、常福街道办事处、莫城街道办事处、琴川街道办事处的通知
12月7日　常发66号　市委、市政府关于授予2017年第二批常熟市科技创新创业领军人才称号的决定
11月29日　常发67号　印发《关于从严从实加强干部日常管理监督的若干规定》的通知
12月21日　常发70号　市委、市政府关于创建全国文明城市工作先进集体和先进个人的通报

## 2017年常熟市人民政府主要文件目录

1月13日　常政发2号　关于印发《2017年政府投资项目年度计划》的通知
1月11日　常政发3号　关于印发《关于推动城市经济发展的工作意见》的通知
1月16日　常政发5号　关于决定将“沙家浜国家湿地公园”申报为国际重要湿地的通知
1月13日　常政发6号　关于印发《关于进一步推进全市招商选资的工作意见》的通知
1月12日　常政发7号　关于印发《关于提升存量企业竞争力的工作意见》的通知
1月12日　常政发8号　关于印发《关于聚力产业科技创新的工作意见》的通知
2月17日　常政发12号　关于2016年度常熟市工业经济、开放经济、服务业先进企业、人才与科技创新工作先进集体的通报
2月17日　常政发13号　关于颁发2016年度常熟市科学技术奖的决定
3月6日　常政发15号　关于认定虞山镇都市生态农业产业园为常熟市农村创业创新示范园区(基地)的通知
3月14日　常政发18号　关于印发《关于进一步加强城区建设和管理工作的实施意见》的通知
3月31日　常政发27号　关于认定常熟市总部企业的决定
4月7日　常政发28号　关于表彰2016年度常熟市城建工作先进集体和先进个人的通报
4月12日　常政发29号　关于表彰2016年度信访工作先进个人的通报
4月20日　常政发30号　关于印发《常熟市关于加快发展社会办医的实施意见(试行)》的通知
5月8日　常政发33号　关于给予农委等集体和邵军等个人记功奖励的决定
5月15日　常政发34号　关于印发常熟市交通运输“十三五”发展规划的通知
5月26日　常政发35号　关于印发《常熟市关于支持社会力量举办学前教育的实施意见》的通知
5月26日　常政发36号　关于批转《常熟市2017年秋季高级中等学校招生计划》的通知
5月31日　常政发37号　关于公布和调整常熟市文物保护单位的通知
6月19日　常政发38号　关于确定2017年～2018年市级依法行政示范点的通知
7月19日　常政发41号　市政府、市人民武装部关于表彰2016年度征兵工作先进单位和先进个人的通报
7月21日　常政发42号　关于印发《常熟市政府有关部门和单位安全生产工作职责规定》的通知
7月28日　常政发43号　关于印发《常熟市驻常部队军队人员住房保障管理办法》的通知
7月26日　常政发44号　关于印发《常熟市加强长江流域生态环境保护工作方案》的通知
8月1日　常政发45号　关于印发《全市化解信访矛盾维护社会稳定“百日行动”工作方案》的通知
8月1日　常政发46号　关于印发《常熟市安全生产“百日行动”工作方案》的通知
8月4日　常政发47号　关于印发《2017年度常熟市高标准农田(池塘)建设项目(任务)》的通知
8月9日　常政发51号　关于命名2017年常熟十佳智能制造示范车间的决定

| | | |
|---|---|---|
| 8月11日 | 常政发53号 | 关于印发《常熟市科学技术发展“十三五”规划》的通知 |
| 8月16日 | 常政发54号 | 关于印发《常熟市公办养老机构改革实施意见》的通知 |
| 8月31日 | 常政发59号 | 关于公布第一批常熟市历史建筑的通知 |
| 9月1日 | 常政发60号 | 市政府、市人武部二〇一七年征兵命令 |
| 9月5日 | 常政发61号 | 关于印发《进一步加强畜禽养殖污染防治长效管理工作实施方案》的通知 |
| 9月4日 | 常政发62号 | 常熟市占用耕地耕作层剥离和再利用工作实施意见 |
| 9月12日 | 常政发64号 | 关于公布“2016年度常熟市重合同守信用企业”名单的通知 |
| 9月21日 | 常政发65号 | 关于印发《关于调整完善生态补偿政策的意见》的通知 |
| 9月29日 | 常政发66号 | 关于印发《常熟市农业综合执法体制改革实施方案》的通知 |
| 9月29日 | 常政发67号 | 关于印发《常熟市土壤污染防治工作方案》的通知 |
| 10月16日 | 常政发68号 | 印发《关于推进常熟市耕地轮作休耕的实施意见》的通知 |
| 10月16日 | 常政发69号 | 关于印发《常熟市水环境区域补偿工作方案（试行）》的通知 |
| 10月16日 | 常政发70号 | 关于印发《常熟市〈声环境质量标准〉适用区域划分及执行标准的规定》的通知 |
| 10月18日 | 常政发71号 | 关于印发《常熟市大型地下空间识别和引导规则》的通知 |
| 10月23日 | 常政发72号 | 关于进一步完善市与区镇财政管理体制的通知 |
| 10月31日 | 常政发73号 | 关于进一步推进镇域综合执法工作的实施意见 |
| 11月21日 | 常政发75号 | 关于印发《常熟市安全生产“十三五”规划》的通知 |
| 11月21日 | 常政发76号 | 印发《关于进一步加强审计整改工作的意见》的通知 |

# 统计资料

**2017年常熟市户籍人口民族构成情况表**

| 民族 | 人数 | 民族 | 人数 |
|---|---|---|---|
| 汉 | 1065505 | 羌 | 9 |
| 壮 | 523 | 哈萨克 | 7 |
| 土家 | 403 | 达斡尔 | 5 |
| 回 | 299 | 水 | 5 |
| 满 | 254 | 锡伯 | 4 |
| 苗 | 182 | 布朗 | 3 |
| 朝鲜 | 142 | 俄罗斯 | 3 |
| 蒙古 | 113 | 哈尼 | 3 |
| 侗 | 95 | 维吾尔 | 3 |
| 布依 | 53 | 仫佬 | 3 |
| 拉祜 | 44 | 傈僳 | 2 |
| 彝 | 37 | 土 | 2 |
| 瑶 | 35 | 保安 | 1 |
| 黎 | 23 | 傣 | 1 |
| 畲 | 22 | 独龙 | 1 |
| 仡佬 | 14 | 景颇 | 1 |
| 白 | 13 | 纳西 | 1 |
| 藏 | 11 | 怒 | 1 |

## 2017年常熟市户籍人口姓氏统计表

| 姓 | 人数 | 姓 | 人数 | 姓 | 人数 | 姓 | 人数 | 姓 | 人数 | 姓 | 人数 | 姓 | 人数 | 姓 | 人数 | 姓 | 人数 | 姓 | 人数 | 姓 | 人数 |
|---|---|---|---|---|---|---|---|---|---|---|---|---|---|---|---|---|---|---|---|---|---|
| 王 | 75053 | 胡 | 6380 | 杜 | 2204 | 卜 | 844 | 杭 | 439 | 雷 | 185 | 车 | 85 | 匡 | 38 | 农 | 18 | 步 | 9 | 敬 | 7 |
| 张 | 57972 | 蔡 | 6182 | 颜 | 2125 | 樊 | 839 | 吉 | 426 | 付 | 180 | 强 | 82 | 水 | 38 | 祖 | 18 | 迟 | 9 | 麻 | 7 |
| 陈 | 57043 | 冯 | 5903 | 费 | 2050 | 钟 | 814 | 傅 | 418 | 耿 | 176 | 代 | 79 | 崇 | 37 | 都 | 17 | 丛 | 9 | 庆 | 7 |
| 徐 | 43682 | 毛 | 5548 | 平 | 2000 | 须 | 803 | 窦 | 396 | 莫 | 176 | 蒯 | 78 | 赖 | 37 | 师 | 17 | 但 | 9 | 生 | 7 |
| 周 | 41453 | 倪 | 5264 | 褚 | 1957 | 宁 | 792 | 柏 | 391 | 印 | 171 | 钮 | 76 | 兰 | 37 | 萧 | 17 | 官 | 9 | 疏 | 7 |
| 顾 | 37598 | 谢 | 5255 | 葛 | 1871 | 庄 | 792 | 景 | 375 | 贝 | 168 | 巩 | 71 | 远 | 37 | 雍 | 17 | 户 | 9 | 隋 | 7 |
| 陆 | 37207 | 严 | 4976 | 尤 | 1808 | 鱼 | 790 | 伍 | 375 | 裴 | 165 | 岱 | 71 | 冉 | 35 | 智 | 17 | 丘 | 9 | 铁 | 7 |
| 朱 | 36987 | 瞿 | 4884 | 霍 | 1796 | 史 | 767 | 邬 | 372 | 司马 | 161 | 宓 | 68 | 辛 | 34 | 厉 | 16 | 位 | 9 | 仰 | 7 |
| 钱 | 31916 | 程 | 4819 | 魏 | 1719 | 花 | 766 | 阚 | 372 | 干 | 160 | 覃 | 68 | 边 | 33 | 宿 | 16 | 沃 | 9 | 野 | 7 |
| 吴 | 31204 | 叶 | 4758 | 屈 | 1687 | 韦 | 736 | 廖 | 353 | 巫 | 154 | 廉 | 67 | 郜 | 33 | 环 | 15 | 羊 | 9 | 伊 | 7 |
| 李 | 29686 | 章 | 4650 | 于 | 1680 | 童 | 726 | 席 | 339 | 段 | 153 | 东 | 66 | 裘 | 33 | 朴 | 15 | 乙 | 9 | 掌 | 7 |
| 沈 | 25412 | 温 | 4037 | 邱 | 1632 | 梁 | 701 | 滕 | 338 | 解 | 153 | 关 | 65 | 刁 | 32 | 战 | 15 | 原 | 9 | 甄 | 7 |
| 黄 | 20007 | 谭 | 3716 | 余 | 1626 | 狄 | 694 | 翟 | 333 | 坎 | 148 | 路 | 65 | 侍 | 32 | 凡 | 14 | 诸葛 | 9 | 邸 | 7 |
| 杨 | 18492 | 盛 | 3706 | 翁 | 1625 | 成 | 684 | 阮 | 315 | 牛 | 148 | 聂 | 63 | 茆 | 32 | 古 | 14 | 仝 | 9 | 沐 | 7 |
| 陶 | 15474 | 吕 | 3694 | 祝 | 1611 | 鲁 | 684 | 贺 | 309 | 白 | 144 | 树 | 62 | 皇 | 30 | 姬 | 14 | 眭 | 9 | 别 | 6 |
| 金 | 15375 | 秦 | 3676 | 江 | 1598 | 贾 | 678 | 乔 | 309 | 郎 | 143 | 齐 | 61 | 宫 | 29 | 戎 | 14 | 巴 | 8 | 藏 | 6 |
| 姚 | 14047 | 汤 | 3658 | 孟 | 1547 | 应 | 678 | 荆 | 298 | 柳 | 140 | 游 | 61 | 楼 | 28 | 乌 | 14 | 党 | 8 | 鄂 | 6 |
| 曹 | 13703 | 邓 | 3635 | 尹 | 1537 | 归 | 633 | 密 | 296 | 苗 | 136 | 康 | 60 | 双 | 28 | 阳 | 14 | 皋 | 8 | 辜 | 6 |
| 赵 | 13494 | 石 | 3632 | 邢 | 1514 | 池 | 622 | 冷 | 287 | 山 | 135 | 尚 | 59 | 征 | 28 | 是 | 13 | 勾 | 8 | 宦 | 6 |
| 邵 | 12998 | 施 | 3621 | 仲 | 1505 | 项 | 609 | 熊 | 281 | 庾 | 135 | 堵 | 58 | 曲 | 26 | 索 | 13 | 苟 | 8 | 开 | 6 |
| 刘 | 12108 | 韩 | 3485 | 桑 | 1483 | 鲍 | 608 | 茅 | 277 | 岳 | 132 | 封 | 56 | 阙 | 26 | 部 | 13 | 还 | 8 | 况 | 6 |
| 高 | 11588 | 缪 | 3313 | 支 | 1471 | 梅 | 602 | 储 | 272 | 晋 | 127 | 乐 | 55 | 承 | 25 | 从 | 12 | 亢 | 8 | 栗 | 6 |
| 孙 | 11157 | 查 | 3233 | 谈 | 1468 | 沙 | 598 | 隆 | 268 | 闫 | 118 | 舒 | 55 | 楚 | 25 | 冀 | 12 | 鹿 | 8 | 满 | 6 |
| 马 | 10932 | 方 | 3194 | 郁 | 1447 | 宣 | 593 | 左 | 268 | 郝 | 115 | 殳 | 55 | 练 | 25 | 励 | 12 | 米 | 8 | 母 | 6 |
| 唐 | 10863 | 浦 | 3006 | 奚 | 1428 | 卞 | 582 | 毕 | 260 | 连 | 113 | 喻 | 54 | 欧阳 | 24 | 南 | 12 | 年 | 8 | 尧 | 6 |
| 范 | 10265 | 罗 | 2871 | 田 | 1343 | 屠 | 570 | 柯 | 249 | 衡 | 110 | 卓 | 54 | 展 | 24 | 禹 | 12 | 漆 | 8 | 衣 | 6 |
| 丁 | 9191 | 任 | 2738 | 董 | 1322 | 晏 | 563 | 闵 | 247 | 龙 | 110 | 涂 | 52 | 荀 | 24 | 訾 | 12 | 渠 | 8 | 英 | 6 |
| 戴 | 9055 | 时 | 2729 | 万 | 1293 | 闻 | 557 | 贡 | 245 | 房 | 107 | 桂 | 50 | 鄢 | 23 | 班 | 11 | 汝 | 8 | 佟 | 6 |
| 殷 | 9045 | 宗 | 2726 | 姜 | 1291 | 孔 | 546 | 薄 | 232 | 易 | 106 | 候 | 49 | 仓 | 22 | 豆 | 11 | 圣 | 8 | 郗 | 6 |
| 邹 | 8617 | 郭 | 2664 | 濮 | 1233 | 武 | 546 | 嵇 | 232 | 臧 | 106 | 靳 | 49 | 全 | 22 | 燕 | 11 | 宛 | 8 | 岑 | 6 |
| 薛 | 8311 | 包 | 2602 | 计 | 1180 | 洪 | 541 | 过 | 230 | 束 | 105 | 於 | 48 | 栾 | 22 | 占 | 11 | 望 | 8 | 昌 | 5 |
| 蒋 | 7981 | 郑 | 2594 | 华 | 1172 | 皇甫 | 528 | 谷 | 227 | 詹 | 105 | 笪 | 48 | 简 | 21 | 敖 | 10 | 欣 | 8 | 扶 | 5 |
| 俞 | 7937 | 凌 | 2574 | 居 | 1032 | 侯 | 522 | 芦 | 224 | 芮 | 103 | 欧 | 47 | 阎 | 21 | 闭 | 10 | 扬 | 8 | 盖 | 5 |
| 许 | 7312 | 汪 | 2550 | 单 | 1007 | 荣 | 509 | 戚 | 212 | 黎 | 100 | 相 | 47 | 贲 | 21 | 海 | 10 | 苑 | 8 | 荷 | 5 |
| 季 | 7154 | 彭 | 2538 | 糜 | 973 | 娄 | 504 | 符 | 209 | 司 | 99 | 胥 | 46 | 丰 | 20 | 井 | 10 | 莳 | 8 | 权 | 5 |
| 龚 | 7079 | 林 | 2451 | 庞 | 947 | 焦 | 501 | 纪 | 204 | 甘 | 95 | 牟 | 45 | 寇 | 20 | 劳 | 10 | 琚 | 8 | 寿 | 5 |
| 何 | 7040 | 管 | 2436 | 曾 | 928 | 鞠 | 500 | 骆 | 203 | 安 | 93 | 饶 | 43 | 冒 | 20 | 蒲 | 10 | 晁 | 8 | 斯 | 5 |
| 苏 | 6829 | 戈 | 2415 | 崔 | 883 | 艾 | 484 | 诸 | 203 | 端木 | 93 | 伏 | 41 | 经 | 19 | 帅 | 10 | 洑 | 7 | 危 | 5 |
| 袁 | 6518 | 卢 | 2408 | 穆 | 879 | 虞 | 471 | 申 | 199 | 向 | 88 | 商 | 41 | 蓝 | 18 | 潭 | 10 | 淡 | 7 | 伟 | 5 |
| 夏 | 6517 | 肖 | 2357 | 常 | 877 | 祁 | 470 | 郏 | 196 | 文 | 87 | 柴 | 40 | 蒙 | 18 | 腾 | 10 | 端 | 7 | 鲜 | 5 |
| 潘 | 6451 | 宋 | 2352 | 卫 | 869 | 仇 | 446 | 言 | 188 | 惠 | 86 | 茹 | 39 | 明 | 18 | 邝 | 10 | 和 | 7 | 壮 | 5 |

续表

| 姓 | 人数 | 姓 | 人数 | 姓 | 人数 | 姓 | 人数 | 姓 | 人数 | 姓 | 人数 | 姓 | 人数 | 姓 | 人数 | 姓 | 人数 | 姓 | 人数 | 姓 | 人数 |
|---|---|---|---|---|---|---|---|---|---|---|---|---|---|---|---|---|---|---|---|---|---|
| 佘 | 5 | 蒿 | 4 | 岁 | 3 | 伋 | 2 | 宽 | 2 | 字 | 2 | 登 | 1 | 建 | 1 | 妙 | 1 | 托 | 1 | 夭 | 1 |
| 蔺 | 5 | 璩 | 4 | 藤 | 3 | 阿 | 2 | 令狐 | 2 | 纵 | 2 | 第五 | 1 | 将 | 1 | 谬 | 1 | 尉迟 | 1 | 仉 | 1 |
| 间 | 5 | 昝 | 4 | 校 | 3 | 哀 | 2 | 么 | 2 | 隗 | 2 | 东方 | 1 | 蕉 | 1 | 牧 | 1 | 悟 | 1 | 依 | 1 |
| 采 | 4 | 扈 | 4 | 忻 | 3 | 拜 | 2 | 偶 | 2 | 郄 | 2 | 懂 | 1 | 戒 | 1 | 娜 | 1 | 西 | 1 | 僮 | 1 |
| 操 | 4 | 竺 | 4 | 牙 | 3 | 保 | 2 | 盘 | 2 | 奕 | 2 | 洞 | 1 | 界 | 1 | 纳 | 1 | 习 | 1 | 贠 | 1 |
| 慈 | 4 | 昂 | 3 | 义 | 3 | 宝 | 2 | 澎 | 2 | 恽 | 2 | 度 | 1 | 介 | 1 | 殴 | 1 | 仙 | 1 | 谯 | 1 |
| 法 | 4 | 巢 | 3 | 阴 | 3 | 才 | 2 | 卿 | 2 | 淦 | 2 | 芳 | 1 | 锦 | 1 | 朋 | 1 | 心 | 1 | 茌 | 1 |
| 凤 | 4 | 大 | 3 | 勇 | 3 | 茶 | 2 | 台 | 2 | 濮阳 | 2 | 飞 | 1 | 京 | 1 | 芶 | 1 | 信 | 1 | 沣 | 1 |
| 弓 | 4 | 歹 | 3 | 由 | 3 | 丑 | 2 | 未 | 2 | 迮 | 2 | 甫 | 1 | 库 | 1 | 侨 | 1 | 刑 | 1 | 泮 | 1 |
| 果 | 4 | 奉 | 3 | 宇 | 3 | 传 | 2 | 蔚 | 2 | 肽 | 2 | 府 | 1 | 旷 | 1 | 倾 | 1 | 幸 | 1 | 溥 | 1 |
| 后 | 4 | 弗 | 3 | 元 | 3 | 达 | 2 | 问 | 2 | 禚 | 2 | 敢 | 1 | 阔 | 1 | 秋 | 1 | 褐 | 1 | 瑜 | 1 |
| 化 | 4 | 刚 | 3 | 镇 | 3 | 禤 | 2 | 先 | 2 | 钭 | 2 | 公 | 1 | 拉 | 1 | 容 | 1 | 延 | 1 | 梓 | 1 |
| 巨 | 4 | 国 | 3 | 植 | 3 | 定 | 2 | 玄 | 2 | 雒 | 2 | 冠 | 1 | 莱 | 1 | 洒 | 1 | 演 | 1 | 橐 | 1 |
| 来 | 4 | 怀 | 3 | 主 | 3 | 尔 | 2 | 雪 | 2 | 把 | 1 | 贯 | 1 | 朗 | 1 | 僧 | 1 | 冶 | 1 | 杲 | 1 |
| 历 | 4 | 揭 | 3 | 亓 | 3 | 福 | 2 | 要 | 2 | 佰 | 1 | 光 | 1 | 蕾 | 1 | 申屠 | 1 | 仪 | 1 | 睢 | 1 |
| 蓬 | 4 | 粱 | 3 | 佴 | 3 | 辅 | 2 | 业 | 2 | 盧 | 1 | 合 | 1 | 立 | 1 | 神 | 1 | 羽 | 1 | 羿 | 1 |
| 羌 | 4 | 麦 | 3 | 谌 | 3 | 富 | 2 | 宜 | 2 | 宾 | 1 | 宏 | 1 | 莲 | 1 | 矢 | 1 | 玉 | 1 | 綦 | 1 |
| 钦 | 4 | 门 | 3 | 郇 | 3 | 庚 | 2 | 音 | 2 | 博 | 1 | 呼 | 1 | 寥 | 1 | 首 | 1 | 愿 | 1 | 貊 | 1 |
| 随 | 4 | 闽 | 3 | 郦 | 3 | 哈 | 2 | 银 | 2 | 菜 | 1 | 狐 | 1 | 吝 | 1 | 顺 | 1 | 在 | 1 | | |
| 吾 | 4 | 那 | 3 | 苌 | 3 | 赫 | 2 | 油 | 2 | 长 | 1 | 湖 | 1 | 留 | 1 | 太 | 1 | 真 | 1 | | |
| 咸 | 4 | 皮 | 3 | 庹 | 3 | 滑 | 2 | 雨 | 2 | 畅 | 1 | 淮 | 1 | 篓 | 1 | 檀 | 1 | 种 | 1 | | |
| 岩 | 4 | 莊 | 3 | 逯 | 3 | 慧 | 2 | 院 | 2 | 辰 | 1 | 火 | 1 | 潞 | 1 | 塘 | 1 | 竹 | 1 | | |
| 宰 | 4 | 仁 | 3 | 颉 | 3 | 稽 | 2 | 云 | 2 | 揣 | 1 | 基 | 1 | 矛 | 1 | 堂 | 1 | 子 | 1 | | |
| 佐 | 4 | 韶 | 3 | 訾 | 3 | 教 | 2 | 湛 | 2 | 淳 | 1 | 籍 | 1 | 蜜 | 1 | 添 | 1 | 踪 | 1 | | |
| 冼 | 4 | 粟 | 3 | 睢 | 3 | 接 | 2 | 仲长 | 2 | 催 | 1 | 嘉 | 1 | 庙 | 1 | 徒 | 1 | 宗政 | 1 | | |

**2017 年常熟市 90 岁以上人口分布情况表**

| 派　出　所 | 90—99 周岁 | 百岁以上 | 派　出　所 | 90—99 周岁 | 百岁以上 |
|---|---|---|---|---|---|
| 方塔派出所 | 427 | 13 | 滨江派出所 | 152 | 2 |
| 琴湖派出所 | 319 | 4 | 东张派出所 | 153 | 0 |
| 度假区派出所 | 153 | 4 | 梅李派出所 | 284 | 3 |
| 兴福派出所 | 188 | 2 | 赵市派出所 | 143 | 2 |
| 虹桥派出所 | 169 | 3 | 支塘派出所 | 328 | 2 |
| 服装城派出所 | 69 | 4 | 任阳派出所 | 73 | 0 |
| 莫城派出所 | 153 | 0 | 尚湖派出所 | 143 | 3 |
| 谢桥派出所 | 136 | 2 | 练塘派出所 | 131 | 2 |
| 大义派出所 | 209 | 6 | 王庄派出所 | 132 | 1 |
| 高新园派出所 | 84 | 1 | 古里派出所 | 112 | 0 |
| 东南派出所 | 46 | 0 | 白茆派出所 | 106 | 2 |
| 沙家浜派出所 | 167 | 2 | 淼泉派出所 | 99 | 2 |
| 海虞派出所 | 139 | 0 | 辛庄派出所 | 207 | 4 |
| 福山派出所 | 211 | 1 | 张桥派出所 | 117 | 1 |
| 周行派出所 | 96 | 0 | 董浜派出所 | 143 | 1 |
| 碧溪派出所 | 396 | 6 | 徐市派出所 | 184 | 4 |

**2017 年常熟市 86 岁以上人口数量情况表**

| 年龄 | 人口数 | | |
|---|---|---|---|
| | 合计 | 男 | 女 |
| 86 | 3040 | 1080 | 1960 |
| 87 | 3052 | 1038 | 2014 |
| 88 | 2540 | 797 | 1743 |
| 89 | 2342 | 721 | 1621 |
| 90 | 1417 | 372 | 1045 |
| 91 | 1098 | 318 | 780 |
| 92 | 880 | 223 | 657 |
| 93 | 687 | 155 | 532 |
| 94 | 524 | 113 | 411 |
| 95 | 349 | 80 | 269 |
| 96 | 214 | 40 | 174 |
| 97 | 150 | 23 | 127 |
| 98 | 105 | 15 | 90 |
| 99 | 45 | 7 | 38 |
| 100 | 31 | 2 | 29 |
| 101 | 18 | 2 | 16 |
| 102 | 5 | 1 | 4 |
| 103 | 15 | 2 | 13 |
| 104 | 3 | 2 | 1 |
| 105 | 2 | 0 | 2 |
| 106 | 2 | 1 | 1 |
| 107 | 1 | 0 | 1 |

（市公安局提供）

# 2017 年常熟市国民经济和社会发展统计公报

2017 年，全市上下以习近平新时代中国特色社会主义思想为指导，坚持稳中求进工作总基调，坚定不移贯彻新发展理念，以“两聚一高”为目标，以精致城市建设为路径，统筹推进稳增长、促改革、调结构、惠民生、防风险各项工作，全市经济社会总体呈现稳中有进、稳中向好的发展态势。

## 一、综　　合

经济运行稳中有进。全年实现地区生产总值 2279.55 亿元，比上年增长 7.2%。其中：第一产业增加值 42.07 亿元，比上年下降 0.4%；第二产业增加值 1165.76 亿元，增长 6.6%；第三产业增加值 1071.72 亿元，增长 8.2%。三次产业比例调整为 1.85:51.14:47.01。按常住人口计算，人均地区生产总值 150530 元。

图1　2013年—2017年地区生产总值及其增长速度

财政收入平稳增长。全年实现一般公共预算收入 191.81 亿元，比上年增长 10.5%，其中税收收入 165.02 亿元，增长 13.4%，入库税收占一般公共预算收入的 86.0%。全年实现一般公共预算支出 165.80 亿元，比上年增长 4.5%。

图2　2013年—2017年一般公共预算收入及其增长速度

物价水平温和上涨。全年居民消费价格比上年上涨 1.4%。八大类消费品和服务项目价格全面上涨，其中食品烟酒类价格上涨 1.5%，衣着类价格上涨 1.2%，居住类价格上涨 1.6%，生活用品及服务类价格上涨 1.5%，交通和通信类价格上涨 0.7%，教育文化和娱乐类价格上涨 2.2%，医疗保健类价格上涨 1.1%，其他用品和服务类价格上涨 1.9%。

图3　2017年城镇居民消费价格指数

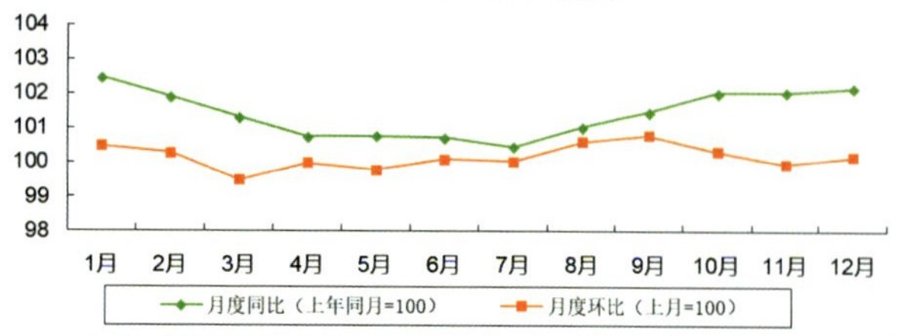


就业形势保持稳定。全年新增就业岗位9.58万个，提供高校毕业生就业岗位1.94万个，开发公益性岗位1166个，新增就业人员2.80万人。年末城镇登记失业率1.8%，本市籍高校毕业生就业率达98.6%。

## 二、农林牧渔业

农业生产有所放缓。全年粮食总产量26.11万吨，比上年下降5.9%。其中，夏粮产量8.24万吨，比上年下降4.3%；秋粮产量17.87万吨，比上年下降6.7%。全年肉类总产量9982吨，比上年下降6.0%；禽蛋产量2015吨，下降49.1%；牛奶产量20589吨，下降23.1%。水产品产量35306吨，比上年下降4.1%。

图4　2013年—2017年粮食总产量及其增长速度

**2017年主要农产品产量及其增长速度**

表1

| 产品名称 | 计量单位 | 产　量 | 比上年增长% |
|---|---|---|---|
| 粮食 | 吨 | 261068 | -5.9 |
| #夏粮 | 吨 | 82356 | -4.3 |
| #小麦 | 吨 | 81323 | -4.4 |
| 秋粮 | 吨 | 178712 | -6.7 |
| #水稻 | 吨 | 171914 | -6.6 |
| 蔬菜 | 吨 | 741415 | -2.5 |
| 茶叶 | 吨 | 40 | 1.3 |
| 生猪出栏 | 万头 | 11.71 | -11.4 |
| 家禽出栏 | 万只 | 75.18 | 30.9 |
| 牛奶 | 吨 | 20589 | -23.1 |
| 水产品 | 吨 | 35306 | -4.1 |

现代农业加速推进。全市高效设施农业面积比重、高效设施渔业面积比重分别达16.0%、30.4%，农业机械化水平达91%。年末拥有常熟市级农业龙头企业68家；各类新型农村合作经济组织572家；累计申报无公害农产品158只、绿色食品32只、认证有机食品30个。建成全省首个县级湿地生态监测中心，获得国际湿地城市认证遴选提名。

## 三、工业和建筑业

工业生产运行平稳。全年实现规模以上工业总产值3548.28亿元，比上年下降3.7%。按企业规模分，大型企业产值1532.71亿元，比上年下降23.1%；中型企业产值845.56亿元，增长31.8%；小微企业产值1170.01亿元，增长11.4%。按注册类型分，内资企业产值1535.54亿元，比上年增长5.7%；外资及港澳台企业产值2012.74亿元，增长12.3%。按轻重工业分，重工业产值2398.00亿元，比上年增长9.7%；轻工业产值1150.28亿元，下降23.3%。

图5　2013年—2017年规上工业总产值及其增长速度

全市规上工业32个行业大类中，有21个行业产值比上年实现增长，占行业总数的65.6%，其中13个行业增速超过10%，占行业总数的40.6%。前十大行业合计实现产值2885.13亿元，比上年下降6.4%，占规上产值的81.3%。

**2017年规模以上工业前十大行业产值及其增长速度**

表2

| 指　　标 | 产值(亿元) | 比上年增长% |
|---|---|---|
| 计算机、通信和其他电子设备制造业 | 505.44 | 3.4 |
| 电气机械和器材制造业 | 494.44 | -9.1 |
| 汽车制造业 | 477.46 | 23.6 |
| 化学原料和化学制品制造业 | 379.41 | 3.4 |
| 黑色金属冶炼和压延加工业 | 273.41 | 20.2 |
| 纺织业 | 272.08 | -11.1 |
| 通用设备制造业 | 153.00 | -13.2 |
| 纺织服装、服饰业 | 116.31 | -71.5 |
| 造纸和纸制品业 | 107.69 | 28.1 |
| 有色金属冶炼和压延加工业 | 105.89 | 14.2 |

主导产业规模壮大。全年“3+5”产业实现产值3026.46亿元，比上年增长9.0%。“三大千亿级”产业实现产值1952.40亿元，比上年增长11.0%。其中，汽车零部件产业产值642.36亿元，比上年增长19.2%；装备制造产业产值534.18亿元，增长15.4%；纺织服装产业产值775.86亿元，增长2.5%。

**2017年规模以上工业企业主要**
**工业产品产量及其增长速度**

表3

| 产品名称 | 计量单位 | 产　量 | 比上年增长% |
|---|---|---|---|
| 产品名称 | 计量单位 | 产量 | 比上年增长% |
| 纱 | 万吨 | 3.62 | -0.6 |
| 布 | 万米 | 1150 | -9.2 |
| 服装 | 万件 | 10927 | -5.0 |
| 人造板 | 万立方米 | 83.17 | 10.0 |

续表 3

| 产品名称 | 计量单位 | 产量 | 比上年增长% |
|---|---|---|---|
| 化学纤维 | 万吨 | 26.43 | 13.9 |
| 橡胶轮胎外胎 | 万条 | 1344.85 | 6.7 |
| 钢材 | 万吨 | 551.82 | 3.0 |
| 模具 | 万套 | 74.59 | 6.4 |
| 汽车 | 万辆 | 10.04 | 13.3 |
| 太阳能电池(光伏电池) | 万千瓦 | 344.07 | 12.2 |
| 电子元件 | 亿只 | 155.87 | 1.1 |
| 印制电路板 | 万平方米 | 79.44 | 10.8 |
| 发电量 | 亿千瓦时 | 312.49 | -1.9 |

企业亏损有所收窄。全年规模以上工业企业实现产品销售收入3550.50亿元，比上年下降2.3%；利税总额297.40亿元，下降8.3%，其中利润总额213.64亿元，下降9.4%。亏损企业数量有所缩减，比上年下降19.8%亏损面收窄3.9个百分点；亏损额为30.07亿元，下降6.6%。

建筑行业略有回升。全年资质以上总承包和专业承包建筑业企业实现建筑业总产值139.63亿元，比上年增长3.4%；竣工产值137.37亿元，下降7.9%。资质以上总承包和专业承包建筑业企业房屋施工面积1140.21万平方米，比上年下降7.8%，其中新开工面积469.59万平方米，增长2.9%；竣工面积437.94万平方米，下降11.0%。资质以上总承包和专业承包建筑业企业实现工程结算收入141.65亿元，比上年下降16.3%；利润总额6.05亿元，下降18.7%。

## 四、固定资产投资

投资需求逐步回稳。全年完成全社会固定资产投资550.25亿元，比上年增长1.0%。分行业看，工业投资完成247.77亿元，比上年增长1.7%；服务业投资完成302.48亿元，增长0.4%。分投资主体看，国有经济完成投资108.93亿元，比上年下降23.3%；港澳台及外商投资86.33亿元，下降9.8%；民间投资354.98亿元，增长15.6%，民间投资占全社会投资的比重达64.5%，比上年提高8.1个百分点。

图6 2013年—2017年固定资产投资及其增长速度

"两新"投资占比提升。全年八大新兴产业完成投资142.89亿元，比上年增长4.7%，占全社会投资的比重为26.0%，比上年提高0.9个百分点；全年高新技术产业完成投资53.14亿元，比上年增长13.4%，占工业投资的比重为21.4%，比上年提高2.2个百分点。

房产市场平稳发展。全年完成房地产开发投资164.51亿元，比上年增长14.5%；房屋施工面积828.11万平方米，下降12.6%。全年实现商品房销售面积195.39万平方米，比上年下降8.3%；销售额239.69亿元，增长18.1%。

**2017年房地产开发和销售主要指标完成情况及其增长速度**

表 4

| 指标 | 单位 | 绝对数 | 比上年增长(%) |
|---|---|---|---|
| 投资额 | 亿元 | 164.51 | 14.5 |
| #住宅 | 亿元 | 120.06 | 9.8 |
| 房屋施工面积 | 万平方米 | 828.11 | -12.6 |
| #住宅 | 万平方米 | 607.07 | -10.5 |
| 房屋新开工面积 | 万平方米 | 188.96 | 22.8 |
| #住宅 | 万平方米 | 143.24 | 19.0 |
| 房屋竣工面积 | 万平方米 | 215.67 | 41.2 |
| #住宅 | 万平方米 | 176.96 | 50.9 |
| 商品房销售面积 | 万平方米 | 195.39 | -8.3 |
| #住宅 | 万平方米 | 165.99 | -13.9 |
| 商品房销售额 | 亿元 | 239.69 | 18.1 |
| #住宅 | 亿元 | 208.19 | 12.4 |

## 五、国内贸易

消费市场稳步提升。全年实现社会消费品零售总额800.41亿元，比上年增长8.1%。按行业分，批发和零售业零售额731.54亿元，比上年增长7.8%；住宿和餐饮业零售额68.87亿元，增长10.3%。按经营地分，城镇消费品零售额663.32亿元，比上年增长8.0%；乡村消费品零售额137.09亿元，增长8.5%。

限额以上批发零售贸易企业零售额中，建筑及装潢材料类零售额比上年增长16.2%；家具类增长16.0%；服装鞋帽针纺织类增长14.8%；金银珠宝类增长5.3%；石油及制品类增长3.6%；汽车类下降2.7%；通讯器材类下降5.7%；家用电器和音像器材类下降8.4%。

图7 2013年—2017年全社会消费品零售总额及其增长速度

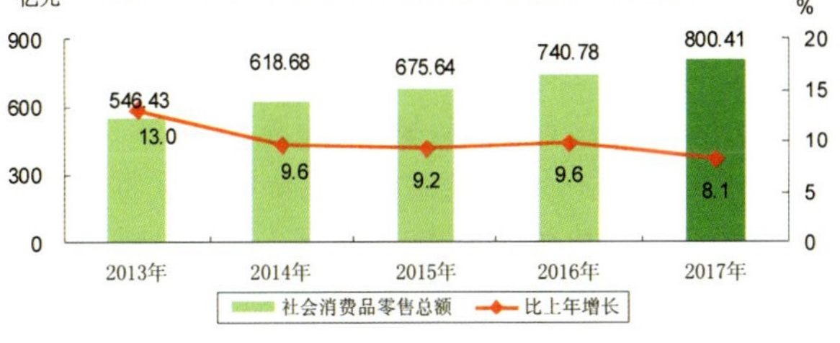


## 六、开放型经济

外资利用持续下降。全年新批外商投资项目注册外资9.75亿美元，比上年下降5.6%；实际使用外资6.09亿美元，下降3.4%。

对外贸易全面复苏。全年实现进出口总额244.74亿美元,比上年增长23.3%。其中,进口77.14亿美元,比上年增长18.7%;出口167.60亿美元,增长25.5%。进出口差额(出口减进口)90.46亿美元,比上年增加21.87亿美元。分出口方式看,加工贸易出口75.02亿美元,比上年增长21.7%;一般贸易出口78.91亿美元,增长12.2%。分出口市场看,对欧盟市场出口比上年增长28.3%,对美国市场出口增长23.8%,对东盟市场出口增长21.9%。

**2017年货物进出口总额及其增长速度**

表5

| 指　　标 | 绝对数(亿美元) | 比上年增长% |
|---|---|---|
| 货物进出口总额 | 244.74 | 23.3 |
| 货物出口额 | 167.60 | 25.5 |
| #一般贸易 | 78.91 | 12.2 |
| 加工贸易 | 75.02 | 21.7 |
| #机电产品 | 92.75 | 20.4 |
| 高新技术产品 | 61.73 | 25.9 |
| 货物进口额 | 77.14 | 18.7 |
| #一般贸易 | 40.40 | 25.2 |
| 加工贸易 | 22.99 | 17.8 |
| #机电产品 | 40.73 | 10.5 |
| 高新技术产品 | 11.83 | -31.5 |

**2017年对主要国家和地区货物进出口额及其增长速度**

表6

| 国家和地区 | 进出口额(万美元) | 比上年增长% | 出口额(万美元) | 比上年增长% | 进口额(万美元) | 比上年增长% |
|---|---|---|---|---|---|---|
| 美国 | 548334 | 24.5 | 478309 | 23.8 | 70025 | 29.2 |
| 日本 | 296669 | 12.8 | 152404 | 4.7 | 144265 | 22.8 |
| 欧盟 | 419968 | 23.5 | 270715 | 28.3 | 149254 | 15.7 |
| 东盟 | 288865 | 39.8 | 157826 | 21.9 | 131039 | 69.8 |
| 拉丁美洲 | 168839 | 25.9 | 89444 | 31.2 | 79395 | 20.3 |
| 韩国 | 96453 | -6.8 | 55912 | 4.4 | 40542 | -18.8 |
| 中国台湾 | 112201 | 15.2 | 23156 | 11.2 | 89045 | 16.3 |
| 巴西 | 85848 | 30.0 | 20703 | 50.0 | 65145 | 24.7 |
| 新加坡 | 70604 | 55.7 | 25128 | 27.5 | 45476 | 77.4 |
| 泰国 | 59149 | 23.2 | 38210 | 8.8 | 20939 | 62.7 |

外经外包稳健发展。全年新增境外企业9家,新批中方境外投资额1.91亿美元,比上年下降10.4%。全年境外承包工程完成营业额2.41亿美元,比上年增长28.8%。全年服务外包接包合同额2.52亿美元,比上年下降20.4%;离岸接包执行额1.86亿美元,下降3.2%。

## 七、交通、邮电和旅游

交通运输平稳有序。全年旅客运输量3558万人次,比上年下降0.7%;旅客周转量14.09亿人公里,增长3.3%。全年货物运输量1610万吨,比上年增长10.5%;货物周转量28.45亿吨公里,增长11.0%。全年常熟港货物吞吐量达8828万吨,比上年增长1.9%。其中,外贸货物吞吐量1632万吨,比上年增长4.2%;集装箱吞吐量40.15万标箱,下降3.1%。年末民用汽车保有量达43.53万辆,比上年增长11.2%,其中私家车保有量38.37万辆,增长11.2%。

交通基础设施加快建设。昆承快速路全线通车,通港路快速化改造、昆承大道等重大工程稳步推进,完成常浒线九里段道路节点改造、农村公路大中修等工程,开工建设新世纪大道北延一期三环至常昭路段、常昆线改造工程,逐步推进镇村公路提档升级。更新公交车辆133辆,完成20个主要道路交叉口公交优先改造,设置元和路、报慈北路(三环至

黄河路段)全线公交专用车道,完成城区候车亭亮化,新建改建 150 个公交候车亭。

邮电业务增势较好。全年实现邮电业务总收入 48.72 亿元,比上年增长 17.0%。其中,邮政业务收入 26.67 亿元,比上年增长 34.6%;电信业务收入 22.05 亿元,增长 1.0%。

旅游市场稳步增长。全年接待境内外游客 2146.58 万人次,比上年增长 8.1%;实现旅游收入 344.20 亿元,增长 13.4%。接待国内游客 2137.52 万人次,比上年增长 8.1%;实现国内旅游收入 335.98 亿元,增长 13.1%。接待境外过夜游客 4.30 万人次,比上年增长 8.9%,实现旅游外汇收入 10198 万美元,增长 8.6%。

图10　2013年—2017年旅游总收入及其增长速度

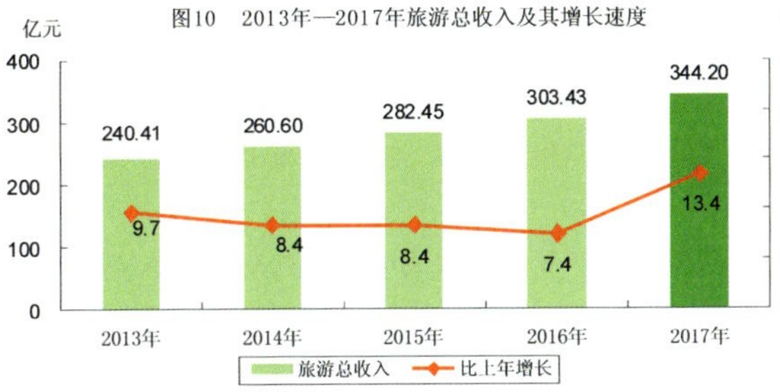


## 八、金融、证券和保险业

金融信贷运行良好。年末全部金融机构本外币各项存款余额 3119.21 亿元,比年初增加 205.57 亿元,其中人民币存款余额 2893.55 亿元,增加 200.67 亿元。年末全部金融机构本外币各项贷款余额 2375.42 亿元,比年初增加 112.70 亿元,其中人民币贷款余额 2264.68 亿元,增加 125.19 亿元。

**2017 年全部金融机构本外币**

**存贷款余额及其增长速度**

表 7

| 项　　目 | 年末数(亿元) | 比年初增长% |
|---|---|---|
| 各项存款 | 3119.21 | 7.1 |
| #住户存款 | 1239.05 | 2.7 |
| #人民币住户存款 | 1225.95 | 2.8 |
| 非金融企业存款 | 1183.64 | 2.8 |
| 广义政府存款 | 625.44 | 22.0 |
| 各项贷款 | 2375.42 | 5.0 |
| 境内贷款 | 2371.12 | 4.9 |
| #住户贷款 | 683.25 | 22.0 |
| 短期贷款 | 166.62 | 26.0 |
| 消费贷款 | 68.34 | 65.8 |
| 经营贷款 | 98.28 | 8.0 |
| 中长期贷款 | 516.63 | 20.7 |
| 消费贷款 | 472.57 | 20.8 |
| 经营贷款 | 44.06 | 19.8 |
| 非金融企业及机关团体贷款 | 1687.87 | -0.7 |
| #短期贷款 | 913.11 | 5.1 |
| 中长期贷款 | 698.73 | -5.3 |
| 境外贷款 | 4.30 | 31.1 |

证券交易保持平稳。年末证券交易股票开户总数 52.64 万户,比上年增长 8.8%;全年各证券营业点股票交易额 5458.90 亿元,下降 6.8%。年末证券机构托管股票市值 429.89 亿元,比上年下降 6.4%。

保险行业较快发展。全年保险机构保费收入 52.54 亿元,比上年增长 12.8%。其中,寿险业务保费收入 26.38 亿元,比上年增长 14.6%;财产险业务保费收入 20.68 亿元,增长 10.0%。全年支付各类赔款及给付 19.25 亿元,比上年增长 3.5%。

## 九、科学技术和教育

科技创新能力增强。全年全社会研发与试验发展经费支出占地区生产总值的比重预计提高到 2.60%。新认定高新技术企业 118 家、高新技术产品 363 只,省高新培育企业入库 34 家。实施企业研发能力提升计划,全年新增各类省级企业研发机构 22 家。区域创新布局不断优化,众创空间加速拓展,签约落地重大创新合作项目 64 个,新实施省重大科技成果转化项目 5 个,新增苏州市级以上众创空间、孵化器 17 个。

专利发展质量提升。全市专利申请量和授权量分别达 6914 件和 3088 件,其中发明专利申请量和授权量分别为 2823 件和 640 件。年末拥有有效发明专利 4003 件,按常住人口计算的万人发明专利拥有量增加至 26.4 件,比上年增加 2.0 件。

创新人才加速集聚。年末全市人才总量 32.09 万人,其中高层次人才 2.40 万人,高技能人才 7.27 万人,比上年分别增长 6.4%、9.3%和 3.0%;拥有各类专业技术人员 23.85 万人,其中高级职称 1.21 万人,中级职称 4.18 万人,比上年分别增长 6.8%、7.4%和 4.0%。年末拥有国家"千人计划"人才 23 人,省"双创人才"67 人、省"双创团队"1 个,"姑苏领军人才计划"人才 107 人,本市级双创人才(团队)374 个。

教育事业明显加强。以促进教育内涵发展为中心,推进素质教育,深化教育改革,优化教育资源,教育均等化水平不断提高,元和中学、锦荷学校及幼儿园、兴隆中学等新改扩建工程稳步推进,高等教育毛入学率达 69.9%。年末拥有各类学校 110 所,在校学生数 15.76 万人,毕业生数 3.48 万人,专任教师 1.07 万人;拥有幼儿园 86 所,在园幼儿数 3.70 万人。

**2017 年各类学校在校生及专任教师情况**

表 8

| 指　　标 | 所数(所) | 在校生数(人) | 毕业生数(人) | 专任教师(人) |
|---|---|---|---|---|
| 合计 | 110 | 157576 | 34762 | 10695 |
| 普通高等学校 | 1 | 19526 | 4549 | 1037 |
| 普通中等专业学校 | 3 | 8359 | 2687 | 940 |
| 高中 | 8 | 13042 | 3830 | 1268 |
| 初中 | 38 | 33641 | 9967 | 2557 |
| 小学 | 59 | 82268 | 13503 | 4856 |
| 特殊教育(随班就读) | – | 616 | 225 | – |
| 特殊教育学校 | 1 | 124 | 1 | 37 |
| 附:幼儿园(含民办) | 86 | 37020 | 11093 | 1946 |

## 十、文化、卫生和体育

文化事业全面繁荣。成功举办江南文化旅游节、首届“非遗”博览会、中国古琴艺术节，原创评弹《芦荡枪声》获省曲艺“芦花奖”。加快综合文化设施建设，年末人均公共文化设施面积达0.36平方米。年末全市共有博物馆1个，艺术表演场馆2家，美术馆2个；公共图书馆1个、图书分馆25个，总流通102.92万人次；文化馆1个，文化站10个，社区文化活动室105个，村文化活动室215个。全市现有文物保护单位170处，其中全国重点5处、省级17处，非物质文化遗产名录100件。

卫生事业加速提升。推动基层医疗机构提档升级，统筹推进综合医改，新改扩建10家基层医疗机构，北部医院开工建设。实施健康市民“531”行动计划，完善院前急救体系建设，完成1.89万人次应急救护培训。年末拥有各类医疗卫生机构483个，拥有床位8247张。年末拥有卫生技术人员9508人，其中执业医师（助理）3944人，注册护士3801人；乡村医生和卫生员244人。

**2017年医疗卫生机构基本情况**

表9

| 指标 | 个数（个） | 床位数（张） | 卫生技术人员（个） |
|---|---|---|---|
| 合计 | 483 | 8247 | 9508 |
| 医院（含民营医院、护理院） | 22 | 6368 | 5396 |
| 乡镇卫生院 | 24 | 1674 | 2190 |
| 社区卫生服务中心 | 7 | 205 | 427 |
| 村卫生室 | 135 | - | 17 |
| 社区卫生服务站 | 83 | - | 267 |
| 门诊部 | 48 | - | 408 |
| 诊所（卫生所、卫生室、校医室） | 155 | - | 427 |
| 卫生计生机构 | 8 | - | 374 |
| 其他卫生机构 | 1 | - | 2 |

体育事业蓬勃发展。举办第七届体育运动会、国际男篮争霸赛等大型活动赛事。群众性文体生活丰富多彩，建成58.9公里健身步道，虞山步道开工新建21.23公里，学校体育设施免费向社会开放率达76.8%。基本建成“10分钟体育健身圈”，年末全民健身工程（点）达548个，人均公共体育场地面积达3.9平方米。全民健身活动广泛开展，举办群众性体育活动380次，参加人数达70万人次。省级以上比赛获金牌31枚、银牌15枚、铜牌10枚；苏州市级竞赛获金牌94枚、银牌72枚、铜牌85枚。

## 十一、环境保护、节能降耗和安全生产

生态环境日益改善。出台生态环保“一票否决”制度，制定生态环境保护工作责任规定，优化调整生态红线管控区范围，通过国家节水型社会达标县创建验收。持续深化大气污染防治，PM2.5年均浓度较上年下降17.4%，空气质量优良天数比例（按AQI标准统计）71.8%。制定出台《常熟市水环境区域补偿工作方案》，省考断面Ⅲ类以上地表水比例80.0%，集中式饮用水水源地水质达标率100%。新增人工造林面积563亩，林木覆盖率达17.7%。严格落实“河长制”，完成黑臭水体整治103条，完成561个村庄、1.57万户农村生活污水收集处理，新改建污水收集管网70公里，完成266家工业企业生活污水收集处理，城区、集镇、农村生活污水处理率分别达93.8%、84.4%、67.3%。持续推进“美丽镇村”建设，累计建成省美丽乡村“面上示范”5个（组团，下同）、省三星级康居乡村21个、苏州市美丽村庄示范点13个、苏州市三星级康居乡村98个。

资源利用效率提升。完成上级下达节能减排任务，主要污染物排放强度持续下降，完成电力行业燃煤锅炉提标改造10台，淘汰燃煤工业窑炉237台，减少煤炭消费量76万吨，淘汰低端低效产能企业134家，关停并转化工企业81家。推进“三优三保”和村级工业用地整优，盘活存量土地9044亩。

全年发生生产安全事故1680起，死亡153人，其中道路交通事故632起，死亡110人。亿元GDP生产安全事故死亡人数为0.067人。

## 十二、人口、人民生活和社会保障

人口总量缓慢增长。年末全市户籍人口106.91万人，比上年末增加0.04万人。全年出生8679人，人口出生率6.84‰；死亡9325人，人口死亡率8.72‰；人口自然增长率为−0.60‰。年末常住人口151.61万人，比上年末增加0.35万人；城镇化率为68.23%，比上年末提高0.37个百分点。

居民实现持续增收。全年全市居民人均可支配收入49066元，比上年增长8.9%。其中，城镇居民人均可支配收入59015元，比上年增长8.5%；农村居民人均可支配收入30288元，增长8.3%；城乡居民收入比为1.95∶1。全年全市居民人均生活消费支出29398元，比上年增长7.5%。其中，城镇居民人均生活消费支出33428元，比上年增长6.1%；农村居民人均生活消费支出22757元，增长8.2%。

社保体系加快完善。建立富民“1＋N”政策体系，民生支出占一般公共预算支出比重达78.6%。年末城镇职工基本养老保险参保人数（含参保离退休人员）89.08万人，城镇职工基本医疗保险参保人数（含参保离退休人员）89.30万人，失业保险、工伤保险、生育保险参保人数分别达48.13万人、48.16万人、48.07万人。年末城乡居民基本养老保险参保人数（含参保退休人员）8.97万人，居民基本（农村合作）医疗保险参保人数36.65万人。主要险种保险覆盖率均超99%，居民基本医疗保险（含大病补充医疗保险）人均筹资标准提高到1000元。城乡低保标准提高到每月875元，其他各类生活救助（补助）标准同步提高，发放各项救助帮扶资金近1.6亿元。新开工各类保障性住房2083套，基本建成4036套，新增缴存住房公积金职工6.58万人。公办养老机构社会化改革稳步推进，已建成老年人日间照料中心219家，老年人助餐点211个，镇级居家养老服务管理中心覆盖率100%，拥有各类养老床位达1.64万张。

**注释：**

[1] 本公报中部分数据因四舍五入的原因，存在着与分项合计不等的情况。

[2] 地区生产总值、各产业增加值和人均地区生产总值绝对数按现价计算，增长速度按不变价格计算。

[3] 新型农村合作经济组织包括农民专业合作社，农村劳务合作社，农地股份合作社，社区股份合作社，富民合作社。

[4] 规上工业企业统计口径调整，原集团统计口径企业调整为仅统计在本市范围内实现的数据，同期数据未作同步调整。

[5] 八大新兴产业包括新能源产业，新材料产业，生物技术和新医药产业，节能环保产业，集成电路产业，智能电网和物联网产业，平板显示产业，高端装备制造产业。

[6] 高新技术产业投资包括航空航天制造业，电子计算机及办公设备制造业，电子及通讯设备制造业，生物医药制造业，仪器仪表制造业，智能装备制造业，新材料制造业，新能源制造业。

[7] 邮政业务收入统计口径包含邮政（不含邮政储蓄银行直接营业收入）、EMS和规模以上社会快递公司。

[8] 保险行业统计口径为纳入统计的保险机构。

[9] 各类学校统计口径包含外来工子弟学校，幼儿园统计口径包含民办幼儿园。

[10] 总流通人次是指本年度内到图书馆场馆接受图书馆服务的总人次，包括借阅书刊、咨询问题以及参加各类读者活动等。

[11] 常住人口是指实际经常居住在某地区一定时间（半年以上，含半年）的人口。

[12] 常住人口城镇化率是指一个地区常住于城镇的人口占该地区常住总人口的比重。

[13] 养老机构床位数统计口径包含居家养老床位数。

（市统计局提供）

**责任编辑　邹　萍**

# 索 引

**说明：**

（1）本索引采用主题分析索引方法，按主题词汉字拼音字母顺序排列，同音字按声调排列，音调相同按下一字的音序排列。

（2）索引主题后括号内的阿拉伯数字是主题内容所在的页码。

（3）重复出现的主题，索引中只排列一次，页码中间以“，”分隔，按顺序排列。

（4）索引标引词一般采用中心词和简称，一级类目以大号字为索引款目，以便检索。

## A



## B



## C

## K



## L

## R



## S

## T



## W

# 虞山十八景

常熟素以悠久的人文历史、秀丽的山川景色、丰饶的物产资源享誉江南。常熟“虞山十八景”之说，形成于明、清之际，其后邑内外文人墨客留下许多“虞山十八景”的咏诗和绘图。现分年刊出邑人赵宗维所绘“虞山十八景”图，赵宗维早年师从王澹如，是清末民初虞山画派的重要代表。

## 普仁秋爽

城北虞山公园北半山腰，原有始建于明万历间的普仁禅寺，俗称“铁佛寺”。寺院四周林木茂密，多落叶乔木。每到秋季，树色斑烂，宛然若画，登林观赏，令人爽心悦目。过去附近尚有“竺仙”和“截流”两泉，可供品茗。中华人民共和国成立后普仁寺不存，而林泉之景至今犹在。

虞山十八景

# 五渠渔乐

一说“藕渠渔乐”。五渠旧名五衢、五瞿，后以其地多产莲藕更名藕渠。地处昆承湖畔，水网交织，鱼塘密布，旧时渔民聚居此处，泛舟湖上，捕鱼捞虾，设市买卖。渔村岸柳成行，塘面莲藕成片，菱角铺展，红绿相间，风光旖旎。村外浩淼水面，舟帆点点，昔人赞曰“诚渔乐也”。

虞山十八景

# 拂水晴岩

位于虞山最高峰锦峰之藏海寺前。岩上架有“长寿”“花香”两桥，桥下两崖中豁，形成陡直峻峭之深谷。雨后涧水泻成悬瀑，若遇东南风，水自倒卷而起，如万斛珍珠凌空飘洒，即使晴日行至桥上，仍有细雨扑面之感。明沈周云“绝壁云扶将坠石，豁崖风勒下奔泉”，尤为脍炙人口。

虞山十八景

# 吾谷枫林

位于城区西门外1公里虞山南麓罗汉肚脐之牛角湾。“牛角”即常熟语“吾谷”之谐音。明天启年间，学者孙艾曾在此种植枫树9999棵，系金缕梅科枫香属木本植物，取名“吾谷枫林”。每逢秋季，枫叶由绿转红，继之漫山红遍。秋风吹来，红叶片片落下，铺满大地，别有一番情趣。

虞山十八景

# 三峰松翠

位于距城区3公里的虞山北坡、三峰寺之西南。原有万松林，系成片黑松与马尾松，经数代培植，中间多百年古树，参天蔽日，幽旷深秀，为三峰寺胜景。抗日战争时期，古树为日军伐毁，仅存古松45株。“文化大革命”中寺院和松林遭毁。现随三峰寺重新修复，万松林处已补植新松。

沙家浜风景区芦苇荡景观